Das große Heimwerkerbuch

Das große
Heimwerker-buch

Renovierungsarbeiten • Reparaturen und Verbesserungen • Sicherheitsmaßnahmen
Dämmung und Lüftung • Elektroanlagen • Installation • Garten

Albert Jackson
David Day

Originaltitel: Complete DIY Manual

Autor und Verlag danken allen Firmen, die mit Fotos und Informationsmaterial zur Entstehung dieses Buches beigetragen haben.

Fotos: Paul Chave, Peter Higgins, Albert Jackson, Simon Jennings, Otto Maier, Tobias Pehle, Pool Fotostudios, Karl H. Schubert, Tom-Foto, Neil Waving, Shona Wood, Wolfgang Zöltsch
Zeichnungen: David Day, Robin Harris, Ingrid Hecht
Übersetzung: Friedhelm Flagmeier, Helmut Neuberger, Walter Spiegl
Redaktion: VerlagsService Dr. Helmut Neuberger & Karl Schaumann GmbH, Heimstetten/Sylvia Winnewisser
Herstellung: VerlagsService Dr. Helmut Neuberger & Karl Schaumann GmbH, Heimstetten/Harald Kraft

Satz: VerlagsService Dr. Helmut Neuberger & Karl Schaumann GmbH, Heimstetten

102370197X817 2635 4453 6271

1108901X04 03 02 01

BITTE BEACHTEN SIE

Autoren und Verlag haben sich mit großer Sorgfalt darum bemüht, Ihnen mit diesem Buch einen zuverlässigen Ratgeber zu den im Heimwerkeralltag häufigsten Arbeiten an die Hand zu geben. Dabei wurden die Beschreibungen der Arbeitsabläufe so konzipiert, daß auch ein weniger geübter Heimwerker in der Regel damit zurechtkommen sollte. Bei Arbeiten, die zusätzliche Kenntnisse erfordern, wird empfohlen, einen Fachmann hinzuzuziehen. Dies gilt grundsätzlich für alle Arbeiten im Bereich der Elektroinstallation. Hier besteht bei unsachgemäßem Vorgehen oder Umgehung der notwendigen Sicherheitsvorkehrungen akute Lebensgefahr.

Bedenken Sie, daß Sie durch unsachgemäßes Vorgehen auch bei weniger gefährlichen Handwerksarbeiten hohe Sach- und Vermögensschäden verursachen können, für die Sie in vollem Umfang haften.

Was Sie sich zutrauen können, entscheiden Sie allein. Wir empfehlen Ihnen, vor jeder selbstgestellten Aufgabe sorgfältig zu prüfen, ob Sie über die erforderlichen Fähigkeiten und gegebenenenfalls die nötigen Werkzeuge verfügen. Wenn hier auch nur in einem Punkt Unsicherheit besteht, wird sich der Gang zum Fachmann als der letztlich bessere und billigere Weg erweisen.

Die empfohlenen und beschriebenen Materialien sind auf das Angebot gutsortierter Heimwerkermärkte abgestimmt. Deren Sortiment ist aber zeitlichen wie örtlichen Schwankungen und Veränderungen unterworfen. Bei spezielleren Aufgabenstellungen wird der Fachhandel, speziell der Baustoffhandel, mitunter die besseren Lösungen anbieten.

Bauliche Veränderungen sind in Deutschland, aber auch in Österreich und der Schweiz strengen und keineswegs einheitlichen Vorschriften unterworfen, die überdies einem gewissen Wandel unterliegen. Versäumen Sie daher nie, beim Bauamt Ihrer Gemeinde nachzufragen, ehe Sie größere Baumaßnahmen in Angriff nehmen. Erkundigen Sie sich auch, welche Arbeiten Sie legal ausführen dürfen. In einigen Fällen – besonders auf dem Gebiet der Elektroinstallation – bietet Ihnen der Handel Material an, das streng genommen nur der Fachmann verarbeiten darf. Sollten Sie einen Unfall verursachen, haften Sie in solchen Fällen nicht nur für den entstandenen Schaden, sondern machen sich möglicherweise auch strafbar.

ZU DIESEM BUCH

Wer heute beschließt, handwerkliche Arbeiten in Haus und Garten selbst auszuführen, wird in diesem Vorhaben von einem hochentwickelten und in jeder Hinsicht befriedigenden Angebot an Werkzeugen und Arbeitsmaterialien unterstützt. Denn im Gefolge der Do-it-yourself-Bewegung hat sich ein florierender Wirtschaftszweig entwickelt, der dem Anfänger den Einstieg erleichtert und dem Fortgeschrittenen alle Möglichkeiten der Handwerkskunst erschließt.

Ob sich die jeweils erforderlichen Investitionen lohnen, muß jeder für sich entscheiden. Wir empfehlen, zunächst mit einer Grundausstattung zu beginnen, die nach den Hinweisen im 9. Kapitel zusammengestellt werden kann, und nur nach Bedarf zu kaufen. Aber Do-it-Yourself ist eben mehr als eine Sparmaßnahme, ist die Befriedigung beim Umgang mit elementaren Materialien, die Freude an der Herausforderung. Dieses Buch beschreibt neben einfachen auch sehr anspruchsvolle Arbeiten und orientiert sich bei den erforderlichen Werkzeugen und Materialien am Angebot der Heimwerkermärkte. Was er sich zutrauen kann, muß jeder selbst entscheiden. Hinweise auf die Zuständigkeit des Fachmanns sollten ernstgenommen werden. Gerade in Deutschland ist das Bauwesen strengen Reglementierungen unterworfen, und für alles, was Sie tun, tragen Sie vor dem Gesetz auch als Heimwerker die volle Verantwortung!

Farbkode
Farbige Griffmarken erleichtern Ihnen den Zugriff auf die verschiedenen handwerklichen Sparten.

Kolumnentitel
Die Stichworte des Kolumnentitels geben einen ersten Hinweis auf die Arbeiten, die auf der jeweiligen Seite beschrieben werden.

Zahlen im Text
Fettgedruckte und in Klammern gesetzte Zahlen im Text verweisen auf eine zugehörige Abbildung. Besonders bei Schritt-für-Schritt-Beschreibungen sind Bilder oft aussagekräftiger als Worte.

Gelb unterlegte Kästen
Diese Unterlegungen lenken Ihre Aufmerksamkeit auf besondere Probleme und weisen auf Gefahren und Risiken hin.

Überschriften im Grauraster
Diese Überschriften trennen die einzelnen Arbeiten oder, bei komplexen Aufgaben, auch einzelne, aber in sich abgeschlossene Arbeitsschritte eines größeren Vorhabens.

Hauptüberschriften
Diese im Farbfeld stehenden Überschriften fassen den Inhalt der Seite in Schlagworten zusammen.

Querverweise
Bei vielen Arbeiten ist es sinnvoll oder sogar notwendig, bei verwandten oder korrespondierenden Gebieten weitere Informationen einzuholen. Die Querverweise richten Ihre Aufmerksamkeit auf Seiten oder Kapitel, die Sie im jeweiligen Zusammenhang beachten sollten.

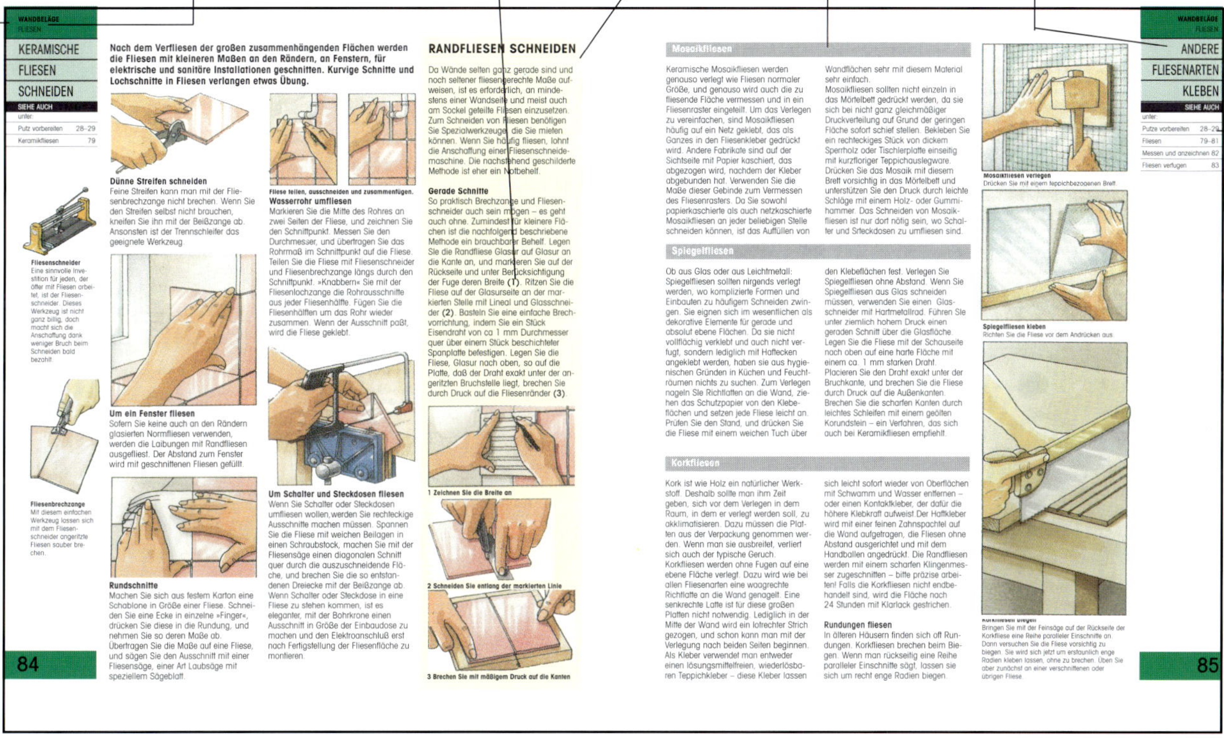

Werkzeuge und Material
Die in diesem Buch empfohlenen Werkzeuge und Materialien sind überwiegend in Heimwerkermärkten erhältlich. Wo dies unüblich oder zweifelhaft ist, wird auf den Fachhandel verwiesen. Gerade bei Baumaterial ist das Angebot aber keineswegs einheitlich, sondern variiert entsprechend den jeweiligen landschaftlichen Gepflogenheiten.
Die gewählten Bezeichnungen richten sich nach den Angeboten der Baumärkte und den Angaben der Hersteller. Diese sind mitunter recht uneinheitlich, so daß nahezu identische Produkte bisweilen unter sehr unterschiedlichen Bezeichnungen angeboten werden.

INHALT

1

VORPLANUNG

2

RENOVIERUNG

INHALT

3 REPARATUREN UND VERBESSERUNGEN

4 SICHERHEIT IN HAUS UND GARTEN

5 DÄMMUNG UND LÜFTUNG

INHALT

6 ELEKTRIZITÄT

7 INSTALLATION

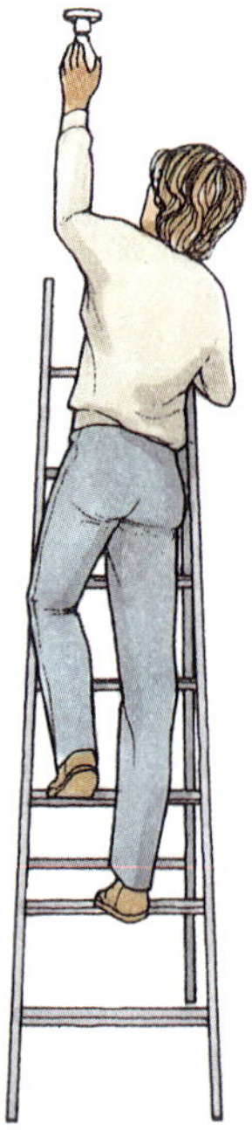

INHALT

8

GARTEN

9

WERKZEUGE

10

ANHANG

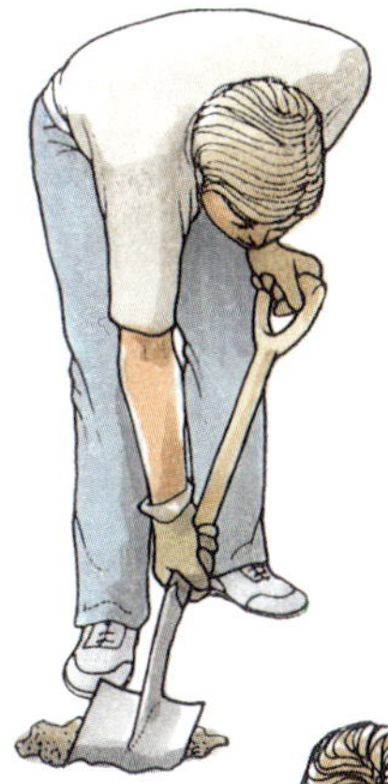

ERSTES KAPITEL

VORPLANUNG

VORPLANUNG

SIEHE AUCH
unter:
Was kommt auf Sie zu 13

Die Planung von Renovierungen am Haus kann Freude bereiten oder zum Alptraum werden. Gehen Sie die Sache systematisch an. Nur wohlgeplante Schritte werden sich als gute Investition erweisen. Größere Baumaßnahmen lohnen sich in der Regel nur beim Eigenheim. Wohnt man zur Miete, muß vor jeder größeren Veränderung die Zustimmung des Eigentümers eingeholt werden. Schützen Sie sich bei selbstfinanzierten Baumaßnahmen vor Vermögensverlusten.

Checkliste
Die Suche nach einem neuen Heim ist eine aufregende Sache, und wenn das Gesuchte endlich gefunden ist, kann es sein, daß man in der Euphorie des Augenblicks über Mängel und Nachteile hinwegsieht, die ohne weiteres erkennbar gewesen wären und die sich später unangenehm bemerkbar machen. Sinnvoll ist daher eine Checkliste, anhand derer ein angebotenes Objekt nach zuvor festgelegten Kriterien besichtigt und bewertet wird. Damit kann mit einiger Wahrscheinlichkeit ausgeschlossen werden, daß es später ein böses Erwachen gibt, weil das neue Domizil den eigenen Lebensumständen nicht angemessen ist oder entscheidende Mängel aufweist, die nur mit höheren Kosten beseitigt werden können.
Möglicherweise ist die Bewertung des gegenwärtigen eigenen Heimes sogar schwieriger. Alles paßt wie ein alter Schuh, und es ist gar nicht so leicht, wirklich sinnvolle Verbesserungsmöglichkeiten zu erkennen. Versuchen Sie die Sache ohne Emotionen zu betrachten, befragen Sie – möglichst sachkundige – Freunde, und hören Sie auf deren Rat. Keine Immobilie ist ohne Mängel, und gute Planung ist die Voraussetzung für optimale Lösungen.

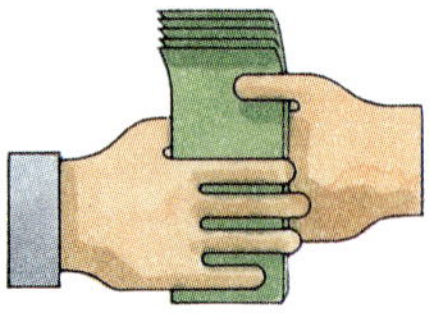

Bevor Sie sich entschließen
Ein Eigenheim ist vermutlich die größte Einzelinvestition im Leben. Lassen Sie sich nicht von ersten Eindrücken fehlleiten. Beachten Sie sorgfältig die Liste der wichtigsten Aspekte, bevor Sie in teure Fachgutachten investieren, aber leisten Sie sich den Gang zum Experten, bevor Sie eine möglicherweise problematische Entscheidung treffen. Auch bei gemieteten Objekten schützt eine sorgfältige Prüfung vor bösen Überraschungen.

Grundbedingungen

Bevor Sie sich zum Kauf oder zur Anmietung eines Hauses oder einer Wohnung entschließen, sollten Sie zur Absicherung die Stellungnahme eines Fachgutachters einholen. Eine punktuelle Untersuchung sollte hier vorab klären, ob es lohnt, Geld in ein Gutachten zu investieren.
Wichtig ist es, ein Gebäude oder die Wände einer Wohnung auf Rißbildung zu untersuchen. Risse können harmlos sein, wenn sie vom Schwinden des Putzes kommen. Wenn es sich aber um von innen nach außen durchgehende Trennrisse handelt, weisen sie auf gefährliche und kostenträchtige Veränderungen im Bauwerk hin. Nur der Fachmann kann unterscheiden, ob es sich dabei um Veränderungen handelt, die andauern und sich verschlimmern können, oder um abgeschlossene Vorgänge, deren Schadensbild unbedenklich saniert werden kann. Untersuchen Sie den Zustand des Schornsteins, da Schäden hier beachtliche Auswirkungen haben können.
Inspizieren Sie dann den Zustand des Daches. Sollten größere Bereiche mit verschobenen Ziegeln zu sehen sein, so könnte die Reparatur auf eine komplette Dacherneuerung hinauslaufen.

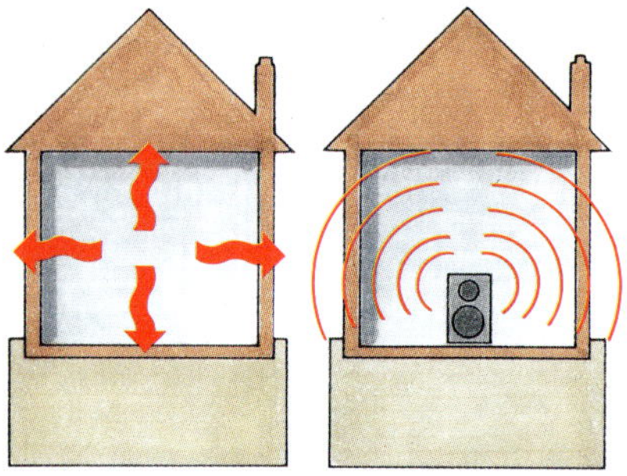

Isolation

Untersuchen Sie, welche Materialien zur Wärmedämmung eingebaut wurden. Der Stellungnahme des Gutachters sollte stets zu entnehmen sein, ob die gesetzlich geforderten Mindestwerte erreicht werden.

EINBRUCHSSICHERHEIT

Prüfen Sie, ob Türen und Fenster mit modernen Sicherheitsschlössern und -beschlägen versehen sind. Den Schließzylinder der Haustür werden Sie ohnehin wechseln. Eine Alarmanlage ist nur von Vorteil, wenn sie zuverlässig funktioniert und intelligent installiert ist. Auch Außenbeleuchtungen mit Bewegungsmelder sind für Einbrecher ein Ärgernis.

Haustechnik

Diese Prüfungen sind in erster Linie für den Eigenheimkäufer von Bedeutung. Die Erneuerung alter Installationen ist in der Beschreibung eines Maklers mit großer Wahrscheinlichkeit erwähnt. Fehlt dieser Hinweis, so ist die jeweilige Installation näher zu betrachten. Hier steht die Heizung an erster Stelle. Sind Kessel und Brenner über zehn Jahre alt, kommen bald größere Investitionen auf Sie zu. Alte Anlagen sind zudem meist überdimensioniert und damit unwirtschaftlich. Sind die Warmwasserleitungen wärmegedämmt und überall kostensenkende Thermostatventile angebracht? Lassen Sie sich Kachelöfen und Kamine vorführen. Zieht der Schornstein? Wenn Rauch in den Raum zurückdrückt, ist Vorsicht geboten.
Alte Schalter und Steckdosen müssen kein Nachteil sein. Erst ein Blick in den Zählerkasten und in einige Verteilerdosen läßt Rückschlüsse auf Qualität und Zustand der Hauselektrik zu. Prüfen Sie, ob Zahl und Lage der Steckdosen in jedem Raum dem Bedarf entsprechen. Alte Wasserleitungen können korrodiert oder verkalkt sein und müssen erneuert werden. Bleirohre – bei alten Bauten noch anzutreffen – müssen aus gesundheitlichen Gründen ersetzt werden.

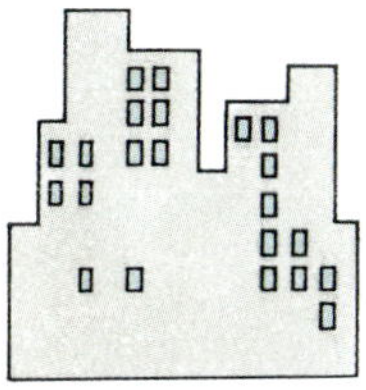

• Etagenwohnungen
Bei Kauf oder Anmietung eines Appartements sind weitere Bewertungskriterien zu berücksichtigen. Erfolgt der Zugang über Treppen oder gibt es einen Personenaufzug? Sind Räume zur Aufstellung von Waschmaschinen und Wäschetrocknern vorhanden. Gehören Keller- und Speicherräume zur Wohnung? Gibt es Gemeinschaftsflächen wie zum Beispiel Trocken- und Fahrradkeller? Wirkt die Wohnanlage gepflegt oder ungepflegt?

Erscheinungsbild

Zustand
Als Käufer sollten Sie sowohl die Fassade als auch die Innenausstattung einer Immobilie sorgfältig prüfen. Ein guter Fassadenschutz, optisch wie funktionell einwandfreie Türen und Fenster beeinflussen den Wert eines Objekts. Wenn hier Mängel festzustellen sind, sollten Sie gegenüber dem Verkäufer auf entsprechenden Preisnachlässen bestehen. Als Mieter achten Sie besonders auf den Pflegezustand von Treppenhäusern und, falls vorhanden, Grünanlagen. Deren Zustand sagt viel über die Qualität der Hausverwaltung aus.

Renovierungen
Renovierungen sollten mit Geschmack und sicherem Stilempfinden durchgeführt werden. Zahllose architektonisch wertvolle Fassaden wurden z. B. durch den Einbau praktischer, aber unpassender Fenster ruiniert. Orientieren Sie sich im Zweifelsfall an stilistisch ähnlichen Objekten in der Umgebung. Im Zweifelsfall ist ein unrenoviertes Objekt einem schlecht renovierten allemal vorzuziehen.

Was kommt auf Sie zu?

Wenn Sie Ihr Wunschobjekt gründlich überprüft haben, sollten Sie Bilanz ziehen. Schlagen Sie hierzu die nachfolgend bezeichneten Kapitel dieses Buches nach. Damit verschaffen Sie sich einen Überblick über den erforderlichen Arbeitsaufwand.

BAUEN FÜR MENSCHEN

Funktion, Komfort und Stil sollten bei der Planung eines Hauses gleichrangig berücksichtigt werden. Gute Architekten orientieren sich bei der Konzeption ihrer Bauten stets an den Bedürfnissen der späteren Bewohner und legen ihren Entwürfen Erfahrungswerte zugrunde, die sich aus der Beobachtung menschlicher Verhaltensweisen im privaten wie beruflichen Bereich ergeben.

Ergonomie
Die Ergonomie, die Wissenschaft von der Anpassung der Arbeits- und Lebensbedingungen an den Menschen, hat gezeigt, daß es trotz individueller Unterschiede im Körperbau der Menschen für Möbel und Räume gewisse Standardmaße gibt, die den Eigenschaften des menschlichen Körpers optimal angepaßt sind. Diese Ergebnisse sind von Herstellern und Designern beachtet worden, weshalb die meisten Einrichtungsgegenstände für Bad, Küche, Eß- und Wohnzimmer in ihren Dimensionen standardisiert wurden. Dies betrifft insbesondere die Kücheneinrichtung, die ein Optimum an integrierten Details und an Funktionalität erfordert. So erlaubt die Standardisierung der Arbeitshöhe zwar Abweichungen innerhalb gewisser Grenzen, gewährleistet aber die Unterbaufähigkeit von Geräten wie Waschmaschine, Wäschetrockner oder Geschirrspüler. Auch dem Design von Stühlen, Tischen und Arbeitsplatten liegen ergonomische Standards zugrunde.
Eine ergonomische Gestaltung von Wohn- und Arbeitsbereichen ist der Gesundheit zuträglich und verringert außerdem Unfallgefahren.

Verfügbaren Raum nutzen
Größe und Funktion der Möbel sowie deren Positionierung im Raum sollten nach ergonomischen Gesetzen geplant werden. Eine intelligente Raumkonzeption ist die Voraussetzung für zweckmäßige Funktion und rationelle Raumnutzung. Angesichts der heutigen Wohnraumknappheit sind sowohl ausreichend Bewegungsfreiheit als auch optimale Ausnutzung der Stellflächen gefordert. Wenn Sie beabsichtigen, Möbel zu kaufen oder Pläne für die Möblierung Ihres Heims schmieden, ist es sinnvoll, sich mit den Größenangaben auf den nächsten Seiten vertraut zu machen. Diese werden Ihnen eine nützliche Entscheidungshilfe bei Raumplanung und Einkauf sein.

SIEHE AUCH unter:

Eingangsbereich 14
Möblierung 14
Badezimmer 15
Schlafzimmer 15
Eßzimmer 15
Küche 16
Stauraum für Küchengeräte 16

BEWERTUNG DER RÄUME

SIEHE AUCH UNTER

Sobald Sie sicher sind, daß das erstrebte neue Domizil in baulicher und technischer Hinsicht Ihren Ansprüchen entspricht, sollten Sie prüfen, was Ihnen auch der versierteste Gutachter nicht sagen kann: Ist es das richtige Zuhause für Sie und Ihre Familie? Hier ist in erster Linie Ihre Phantasie gefordert: Welcher Raum soll welchen Zwecken dienen? Wie werden vorhandene Möbel in der neuen Umgebung wirken? Welches neue Mobiliar muß angeschafft werden? Wie könnte ein Raum nach der geplanten baulichen Veränderung aussehen?
Planen Sie so zukunftssicher wie möglich. Überlegen Sie, wie lange das neue Domizil genutzt werden soll und ob es Ihrer Familienplanung für diese Zeit entspricht.

AUSMESSEN EINES RAUMS

Wenn Sie mit dem Gedanken spielen, einen Raum zu verändern und Bedenken hinsichtlich der optischen Wirkung hegen, messen Sie den Grundriß aus und übertragen die Maße maßstabsgetreu auf ein Blatt Millimeterpapier. Vergessen Sie nicht, Türen, Fenster und Heizkörper einzuzeichnen. Anschließend messen Sie Ihre Möbel ab und zeichnen deren Umrisse im gleichen Maßstab auf ein zweites Blatt Millimeterpapier. Wenn Sie die »Möbel« ausschneiden und auf den Zimmergrundriß legen, können Sie die verschiedenen Möglichkeiten durchspielen, um zu einer optimalen Lösung zu gelangen.

Grundrißzeichnung auf Rasterpapier

Flur

Wenn Sie das Haus oder die Wohnung besichtigen, haben Sie Gelegenheit, den Eingangsbereich zu testen. Bietet die Garderobe genügend Raum für Mäntel, Anoraks, Schuhe und Regenschirme? Ist der Bereich geräumig genug, um Gäste angemessen empfangen zu können oder stößt man bereits beim Anziehen des Mantels an die Wände? Bietet die Treppe genügend Raum für den Transport Ihrer sperrigsten Möbelstücke in die oberen Räume? Ist der Platz vor der Haustür gut beleuchtet, und bietet er ausreichenden Wetterschutz?

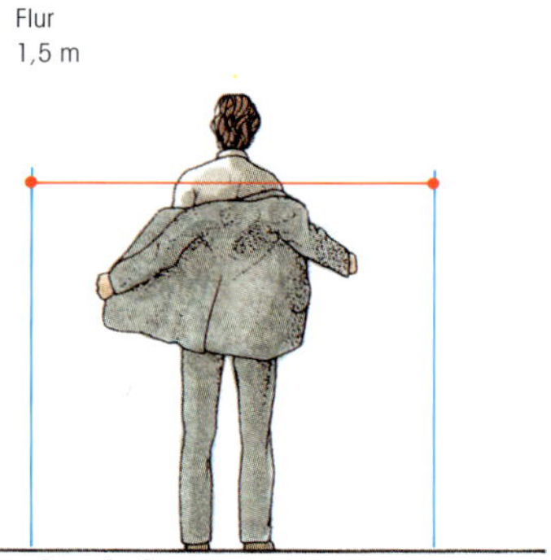

Ablegen einer Jacke
Ab 1,5 m Breite erlaubt der Flur das bequeme Ablegen einer Jacke oder eines Mantels.

Lichte Höhe im Treppenaufgang
Laut Bauordnung sind 2 m absolutes Mindestmaß.

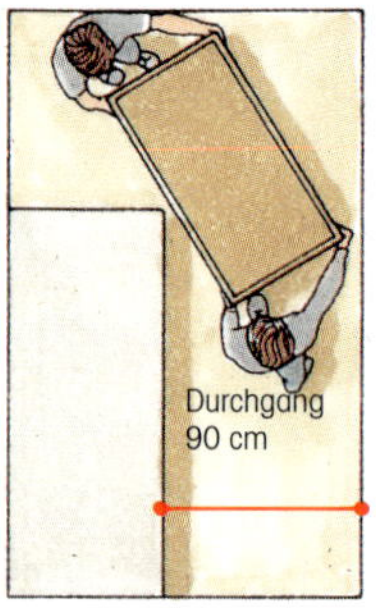

Verwinkelte Flure
Flure sollten eine lichte Weite von mindestens 90 cm aufweisen.

Wohnzimmer

Wie viele Zimmer können für Wohnzwecke genutzt werden? Bei den heute üblichen großen Wohnzimmern sollte noch ein weiterer Raum für Studien, Musik oder Hobbys verfügbar sein, wenn die Wohneinheit von mehreren Personen bewohnt wird. Sonst sind Interessenkonflikte unvermeidlich. Bietet das Wohnzimmer ausreichend Raum für Ihre Möblierungswünsche oder sind bauliche Änderungen erforderlich? Bei sehr großen Wohnräumen könnten Sie an Raumteilungsmöglichkeiten denken – etwa durch den Einbau einer Falt- oder Schiebetür.

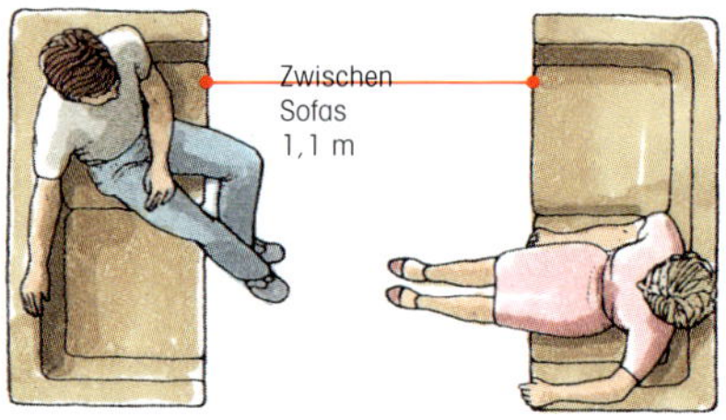

Stellen von zwei Sofas
Der Mindestabstand zweier gegenüber aufgestellter Sofas sollte 1,1 m betragen.

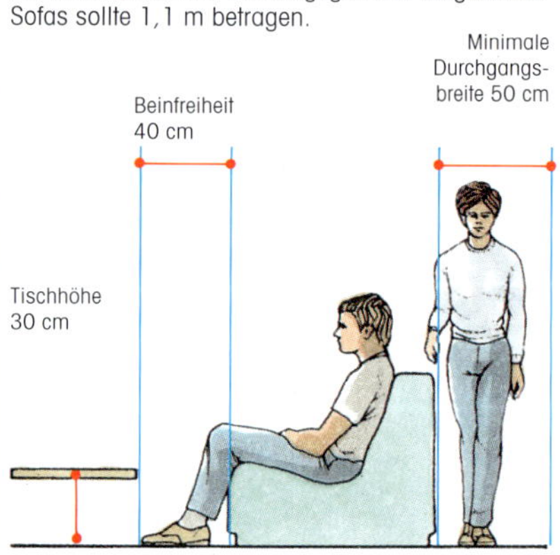

Niedriges Sitzen

Bei Polstermöbeln kann man nicht von festen Größenstandards für Sitzfläche und Lehne ausgehen. Hier ist von der zierlichen Bergère bis zur wuchtigen Wohnlandschaft alles möglich. Grundsätzlich ist eine feste Polsterung der allzu weichen vorzuziehen. Achten Sie beim Kauf auf eine ergonomische Sitzhaltung. Der Rücken sollte nicht gekrümmt, sondern gut abgestützt sein, die Polsterung muß ein müheloses Aufstehen ermöglichen. Stellen Sie den Couchtisch so auf, daß Sie Ihren Platz ohne Verrenkungen verlassen können. Wählen Sie Möbel im Zweifelsfall lieber etwas kleiner als zu groß.

BEWERTUNG DER RÄUME

SIEHE AUCH
unter:

Mauerdurchbruch	106
Wände entfernen	108–109
Räume teilen	111–115
Brandschutz	200
Entlüftung, Ventilation	217–218
Dunstabzugshauben	220
WC-Installation	276–277
Waschbecken installieren	279–282
Bad installieren	283–285
Dusche installieren	286–287
Bidet installieren	288

Eßzimmer

Bei vielen Neubauwohnungen und Einfamilienhäusern ist der Eßplatz als Eßecke in das Wohnzimmer integriert. In kleinen oder älteren Wohneinheiten dient mitunter auch die Küche als Eßzimmer. Wenn Sie häufig Gäste empfangen, ist jedoch ein separates Eßzimmer zu empfehlen. Der Eßplatz sollte stets in der Nähe der Küche liegen. Außerdem muß er so viel Platz bieten, daß die Familie und deren Gäste bequem ihre Plätze einnehmen können und daß auch bei festlichen Essen reichlich Abstellfläche für Platten, Schüsseln und Getränke zur Verfügung steht.

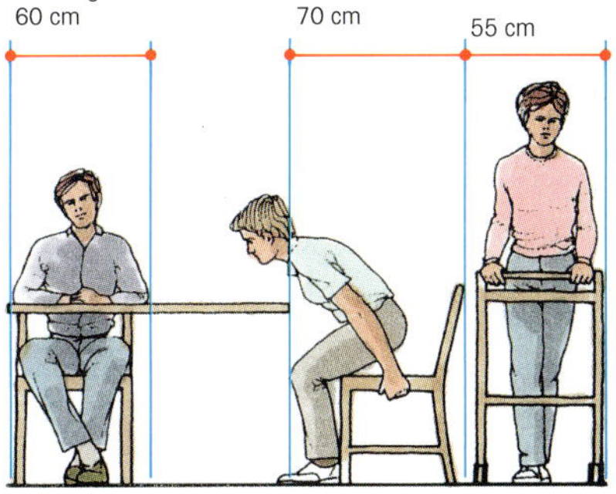

Am Tisch sitzen
Sitzen am Eßtisch oder Schreibtisch erfordert annähernd den gleichen Raum. Stellen Sie die Möbel so, daß möglichst alle Plätze leicht erreicht werden können.

Frühstücksbar
Frühstücksbar und Arbeitsplatten haben 90 cm Höhe.

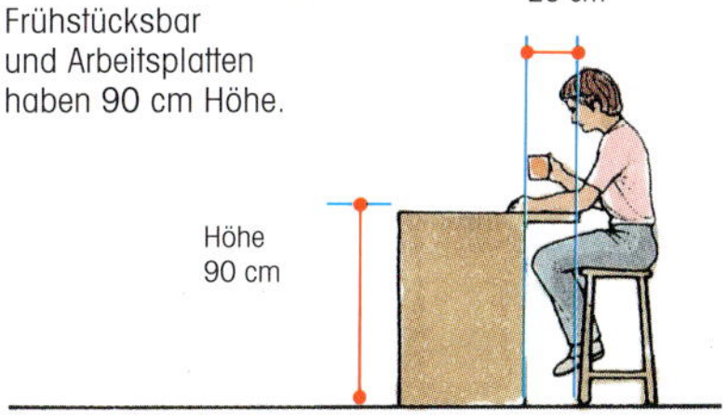

Schlafzimmer

Ob gemietet oder gekauft – Wohnraum ist teuer. Überlegen Sie vor einer Veränderung genau, welchen Bedarf Sie voraussichtlich haben werden. Ist Familienzuwachs geplant? Dann muß ein Kleinkinderzimmer in unmittelbarer Nähe des Elternschlafzimmers bereitgehalten werden. Brauchen heranwachsende Kinder eigene Zimmer? Erwarten Sie häufig Übernachtungsgäste oder könnte es notwendig sein, einen Großelternteil für längere Zeit aufzunehmen? Dann benötigen Sie ein Gästezimmer, das für den letztgenannten Fall möglichst im Erdgeschoß liegen sollte, um älteren Menschen unnötiges Treppensteigen zu ersparen. Ein solcher Raum muß sich zum Zurückziehen eignen, er sollte also eine Waschgelegenheit bieten, evtl. das Zubereiten kleiner Mahlzeiten und heißer Getränke erlauben und unbedingt mit Rundfunk- und Fernsehanschlüssen ausgestattet sein. Ältere Immobilien weisen oft eine Reihe von Durchgangszimmern auf. Diese eignen sich gut als Eß- oder Spielzimmer, keinesfalls aber als Schlafräume. Wenn Ihr neues Heim an einer vielbefahrenen Straße, einer Eisenbahnlinie oder nahe einer sonstigen Lärmquelle liegt, sollten die Schlafräume auf der dieser abgewandten Seite liegen. Schallschutzfenster sind nur ein Notbehelf. Große Räume können vielleicht durch eine Zwischenwand geteilt werden.

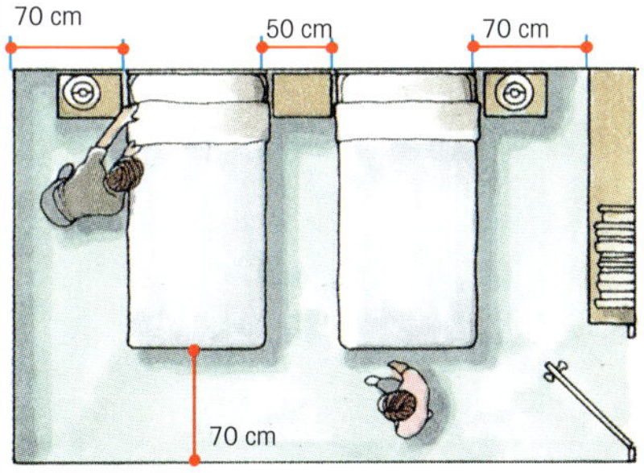

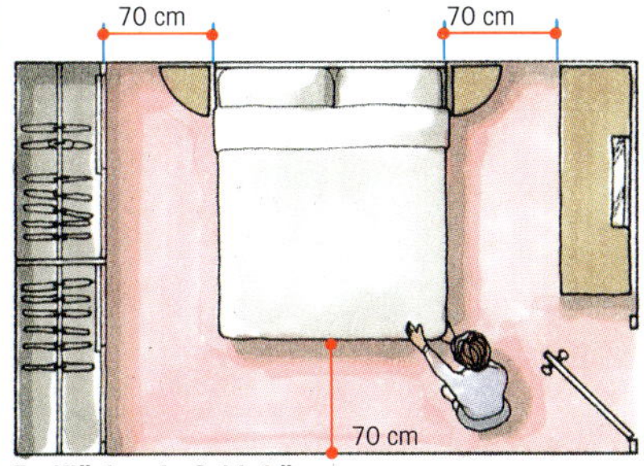

Freiflächen in Schlafräumen

Badezimmer

Badezimmer in Neubauten bieten meist ausreichend Komfort, während bei älteren Objekten oft umfangreiche Umbauten erforderlich sind. Meist ist das Badezimmer zu klein. In diesem Fall kann vielleicht eine benachbarte Kammer oder Toilette einbezogen werden. Oft findet sich auch ein Sammelsurium an veralteten Heißwassergeräten. In solchen Fällen sollte geprüft werden, ob nicht die Investition in eine moderne Zentralheizung auf Dauer die wirtschaftlichste Lösung darstellt. Bei Elektrogeräten ist zunächst die elektrische Sicherheit zu prüfen. Alle Geräte müssen das VDE-Zeichen tragen. Elektroinstallationen gehören nicht in die Hand des Heimwerkers, sondern des Fachmanns.

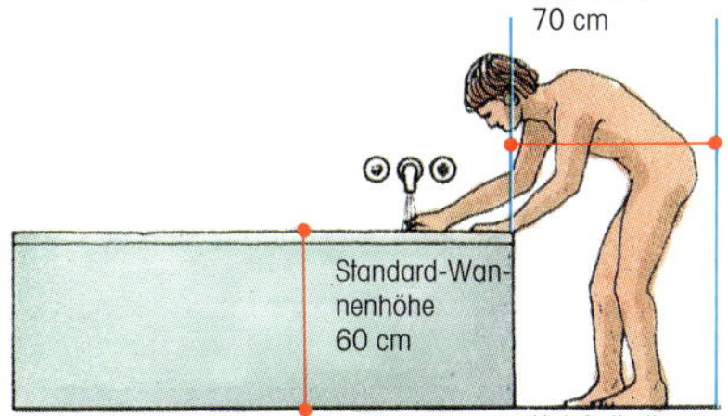

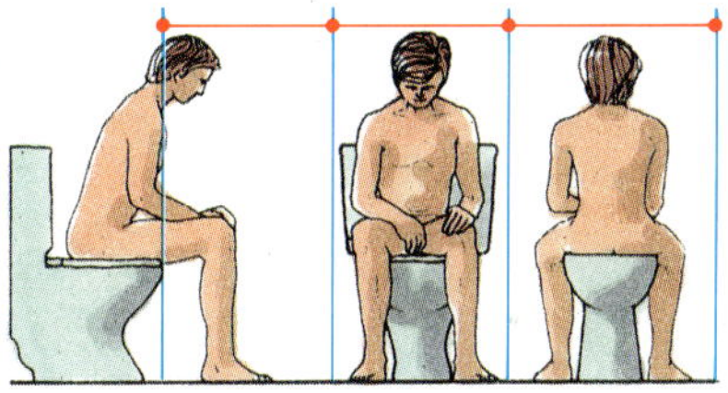

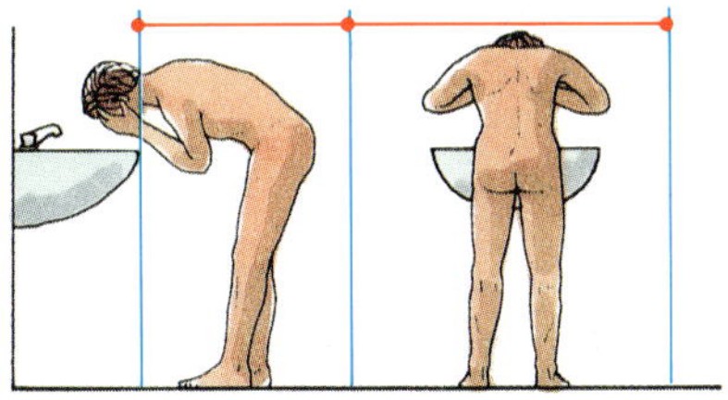

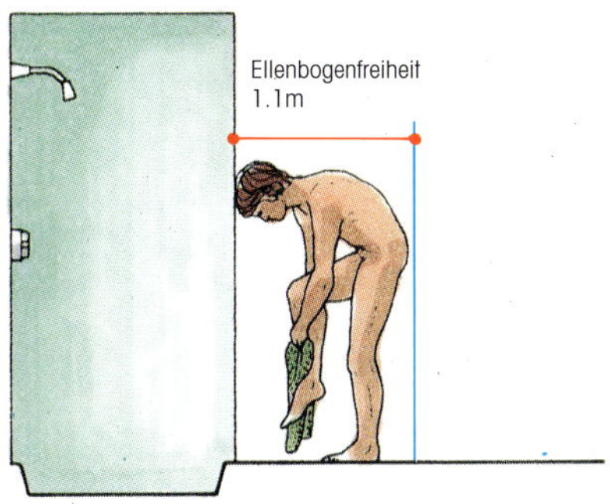

Zwischen Badewanne und Wand
muß soviel Platz sein, daß man sich bequem mit einem Badetuch abtrocknen und ohne Verrenkungen putzen kann.

WC und Bidet
erfordern nach vorn den gleichen Raum für die Knie und zum Bücken. Das Bidet verlangt zusätzliche Kniefreiheit nach beiden Seiten.

Waschbecken
Sie brauchen nach hinten genügend Platz, um sich über das Becken zu beugen, nach der Seite, um z.B. die Haare zu waschen oder einem Kind beim Waschen zu helfen.

Dusche
70 cm sind der Mindestabstand zwischen Duschkabine und Wand. Wird es enger, stoßen Sie beim Abtrocknen an.

BEWERTUNG DER RÄUME

SIEHE AUCH

unter:

Spülbecken	289–290
Geschirrspüler anschließen	291
Gartenplanung	294–296
Zäune/Mauern	298–325
Regale	116–117

Küche

Die Qualität von Küchen und deren Ausstattung variieren erheblich, jedoch gibt es für gute Küchen Grundregeln, auf die hier näher eingegangen werden soll.

Arbeitssparende Gestaltung

Die Zubereitung von Mahlzeiten wird zur Mühe, wenn sie mit unnötigen Wegen verbunden ist. Der ideale Arbeitsablauf in einer Küche findet innerhalb eines Dreiecks statt, das Herd, Spüle und Arbeitsfläche verbindet. Die Summe der Kantenlängen liegt bei max. 6–7 m. Dort stehen auch die wichtigsten Geräte – Kühlschrank und Spülmaschine.

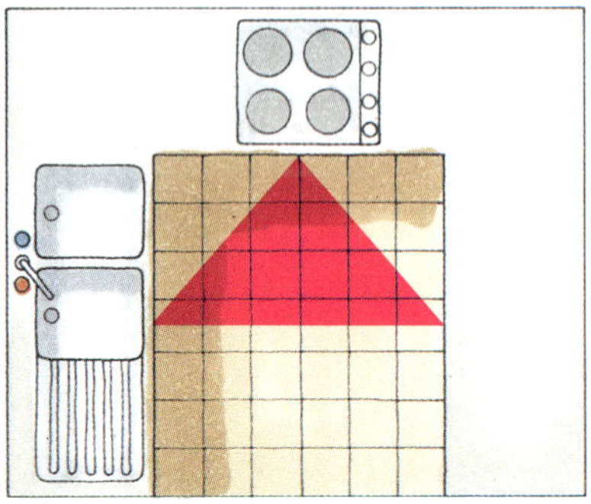

Arbeitsablauf im Küchendreieck
Das ideale Dreieck in der Küche verbindet Spüle, Herd und Arbeitsfläche für die Vorbereitung.

Stauraum

Ganz gleich, ob der Stauraum in Küche, Schlafraum, Arbeitszimmer oder Speicher eingerichtet wird, alles sollte leicht erreichbar sein. Beim Öffnen der Türen und Schübe darf keine Verletzungsgefahr entstehen.

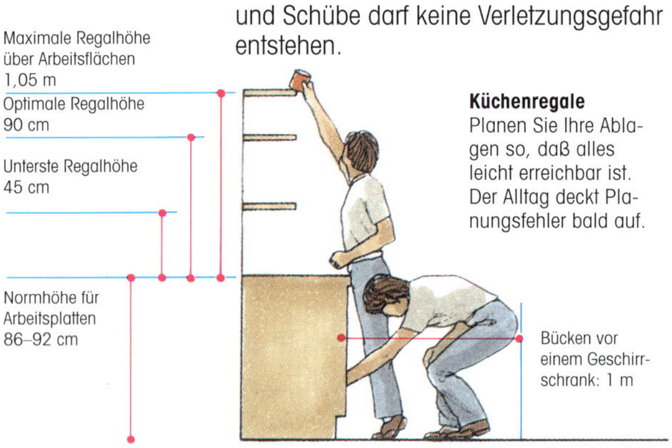

Küchenregale
Planen Sie Ihre Ablagen so, daß alles leicht erreichbar ist. Der Alltag deckt Planungsfehler bald auf.

Schubladen öffnen
Bücken vor einem Schubladenschrank: 1,25 m

Stauraum und Küchengeräte

Das besagte »Arbeitsdreieck« erfordert ringsum genügend Stauraum, wenn es effektiv sein soll. Kühlschrank und Lebensmittelvorräte sollten nahe der Arbeitsflächen sein. Ein Tiefkühlgerät ist in der Küche bequem, in einem kühlen Kellerraum aber energiesparender untergebracht. Herd und Backofen sind benachbart, Töpfe, Pfannen und das übrige Küchengerät leicht erreichbar. Die Arbeitsflächen sollten aus hitzebeständigem Material bestehen, so daß warme Gefäße dort ohne Schaden abgestellt werden können. In einem kleineren Haushalt werden auch Waschmaschine und Trockner oft in der Küche aufgestellt, obwohl dafür ein eigener Hauswirtschaftsraum oder eine Waschküche im Keller günstiger wäre.

SICHERHEIT IN DER KÜCHE

Eine unübersichtliche und übervolle Küche provoziert Unfälle. Mehrere Personen sollten sich gleichzeitig dort aufhalten können, ohne sich gegenseitig zu behindern.

- Vermeiden Sie möglichst eine Raumeinteilung, die die Küche zum Durchgangszimmer macht.
- Kinder dürfen weder an die Kochfelder kommen noch Töpfe und Pfannen erreichen können. Das verhindert z.B. ein Schutzgitter, das um die Herdplatte angebracht wird, so daß Töpfe nicht von den Kochfeldern gezogen werden können.
- Der schlechteste Platz für den Herd ist das Ende einer Arbeitsplatte. Idealerweise soll zu beiden Seiten des Kochfelds ausreichend Abstellfläche zur Verfügung stehen. Unfallträchtig ist auch der Platz direkt vor dem Fenster.

Ein gefährlich plazierter Herd
Kochstellen gehören nicht unters Fenster!

NEBENGEBÄUDE UND GARTEN

Garage und Werkstatt

Großzügige Garagen und Gartenhäuser sind stets von Vorteil. Viele Familien unterhalten heute nicht nur ein Auto, sondern auch den Zweitwagen, ein Motorrad oder einen Anhänger. All das sollte in der Garage Platz finden und eine Ecke für die Winterreifen dazu. Falls Sie gern am Auto schrauben: Garagen dürfen nicht als Werkstatt genutzt werden. Dafür brauchen Sie einen abgetrennten Raum. Sie könnten z. B. einen Kellerraum dafür herrichten. Dieser Raum sollte groß genug für Sie, Ihr Material und Ihre Gerätschaften und außerdem gut zugänglich sein.
Ein Anbau oder eine Hütte für Gartengeräte erweitern Ihre Abstellflächen und müssen Eindruck und Charakter der Gesamtanlage nicht verschlechtern – geschickte Standortwahl und Ausführung vorausgesetzt.
Sperrige, unregelmäßig genutzte Gegenstände wie Camping- oder Sportausrüstung müssen normalerweise die meiste Zeit des Jahres im oder am Haus aufbewahrt werden. Garage oder Nebengebäude wären dafür ideal. Daneben eignet sich dafür auch der Dachboden.

Der Garten

Wenn Sie kein Hobbygärtner sind, ist ein großer, arbeitsintensiver Garten natürlich überflüssig. Sollten Sie aber Wert auf eine grüne Umgebung legen, müssen Sie darauf achten, daß sich das Gelände für Ihr Gartenkonzept eignet. So werden Sie als begeisterter Rosenzüchter keinen Garten wählen, der vollständig von altem Baumbestand beschattet wird.
Stellen Sie sich vor, wie die Anlage im Sommer aussieht, wenn Sie ein Anwesen im Herbst oder Winter besichtigen. Ein gepflegter Garten sieht auch in der kalten Jahreszeit gepflegt aus, ein verwilderter wird im Sommer zum Dschungel. Prüfen Sie, ob Zäune, Mauern oder Hecken für eine intime Privatsphäre sorgen.
Wenn Sie ein Haus am Wochenende besichtigen, fragen Sie nach Verkehr, Betrieben oder anderen Umgebungseinflüssen, die sich werktags störend auswirken könnten.
Wenn Sie kleine Kinder haben, müssen die Einfriedungen unbeabsichtigte »Ausflüge« zuverlässig verhindern. Achten Sie auch auf Giftpflanzen wie Thujen, Goldregen oder Eisenhut, die in einem Garten, in dem Kinder spielen, nichts zu suchen haben.

ZWEITES KAPITEL

RENOVIERUNG

ARBEITS-GRUNDLAGEN

SIEHE AUCH
unter:
Arbeitsplattform 20

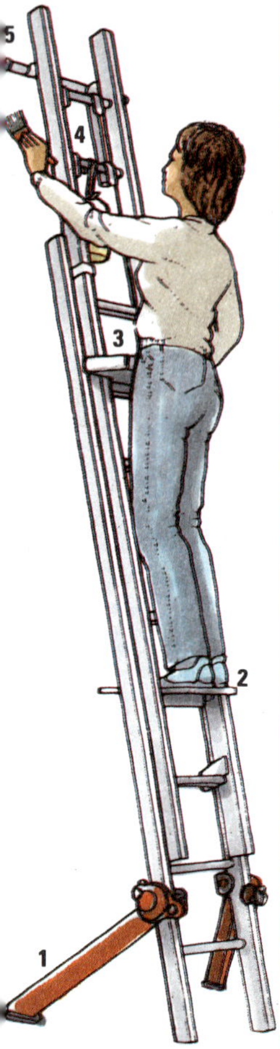

Sicherer Stand
Diese Leiter hat anklemmbare verstellbare Stützen (1) für unebenen Boden, ein bequemes Trittbrett (2), einen Haken zum Aufhängen der Farbeimer (3), eine Werkzeugablage (4) und einen Abstandshalter (5), um das Leiterende von Traufe und Dachrinne fernzuhalten.

BEVOR SIE BEGINNEN

Zeitliche Abstimmung, Wetter und die Bauplatzverhältnisse sind wichtige Voraussetzungen für Malerarbeiten im Außenbereich. Im Innenbereich müssen Einrichtungsgegenstände entfernt oder mit Plastikfolien gut abgedeckt werden, bevor Sie beginnen. Fenster und Türen werden mit Folie und Kreppband ebenfalls gut abgeklebt.

Außenarbeiten

Sommer und Herbst sind die idealen Jahreszeiten für einen neuen Außenanstrich. Ein paar vorangegangene Sonnentage sollten die Außenmauern erwärmt und ausgetrocknet haben. Streichen Sie weder an regnerischen noch an heißen Sonnentagen, da beides den neuen Anstrich verderben kann. Folgen Sie der Sonne um das Haus herum, damit deren Wärme vor dem Streichen die Feuchtigkeit der Nacht abgetrocknet hat. Arbeiten Sie nicht bei stürmischem Wetter, damit sich kein Staub auf der frischen Farbe absetzt. Sandige oder staubige Flächen im Umkreis des zu streichenden Objekts werden regelmäßig mit Wasser besprengt.
Entfernen Sie alles, was bei der Arbeit hinderlich sein könnte, und decken Sie gepflasterte Wege mit Folien ab. Schneiden Sie insbesondere alle Äste und Zweige von Bäumen und Sträuchern so weit zurück, daß sie weder bei der Arbeit behinden noch bei starker Luftbewegung mit der gestrichenen Fläche in Berührung kommen können

Innenarbeiten

Notwendige Reparaturen an Wänden, Türen oder Fenstern werden vor dem Streichen erledigt. Räumen Sie das Zimmer so weit wie möglich aus. Verbliebene Möbelstücke werden in der Mitte zusammengestellt und mit Folie sorgfältig abgedeckt.
Fußböden werden gesäubert und, soweit sie nicht im Zuge der Renovierung erneuert werden, gut abgedeckt. Holzeinbauten werden ebenfalls mit Abdeckplanen geschützt und mit Kreppband abgeklebt.
Entfernen Sie alle Einrichtungen wie Bilder und Lampen und schrauben Sie Tür- und Fenstergriffe ab. Den Türgriff behalten Sie in dem zu renovierenden Raum, damit Sie diesen nach Belieben verlassen können und sich nicht versehentlich einschließen.

Für Malerarbeiten braucht man geeignete Leitern. Eine stabile, möglichst doppelseitige Stufenleiter genügt im allgemeinen für die üblichen Innenanstriche. Hier erfüllt eine solide Holzleiter durchaus ihren Zweck. Wenn Sie aber die Außenwände Ihres Hauses streichen wollen, ist eine ausziehbare Leiter unerläßlich. Hier müssen Sie im Interesse Ihrer Sicherheit auf Qualität, um der Handhabung willen auf geringes Gewicht achten, so daß nur eine gute Leichtmetalleiter in Frage kommt.

Leiterarten und Zugangsausrüstungen

In den meisten Haushalten findet sich eine mehr oder weniger brauchbare Trittleiter. Für die meisten Arbeiten im Innenbereich wird diese ausreichen, solange sie so stabil ist, daß sie festen Stand bietet. Wenn Sie in einem Altbau mit hohen Räumen arbeiten, muß die Leiter so lang sein, daß Sie beim Deckenstreichen nicht auf der obersten Stufe stehen müssen. Praktisch zum Streichen der Wände ist eine zweite, kurze Trittleiter. Bei Bedarf lassen sich beide Leitern mit einem dicken, breiten Schalungsbrett zu einer Arbeitsplattform verbinden. Mit Vorsicht benutzen!
Für den Außenanstrich muß die verwendete Leiter so lang sein, daß Sie darauf bequem den Dachfirst erreichen können. Einige zweiteilige und die meisten dreiteiligen Leitern werden mit Seil und Rolle bedient, so daß man sie in aufgerichtetem Zustand ein- und ausziehen kann. Es gibt auch eine Reihe von Mehrzweckleitern, die von Stehleitern zu Ausziehleitern umgewandelt werden können. Bei ausreichender Verstellbarkeit lassen sich damit die meisten Innen- und Außenarbeiten sicher bewältigen. Dies gilt auch unter schwierigen Bedingungen wie in Treppenhäusern
Die sicherste Arbeitsplattform bildet jedoch eine solide Konstruktion aus Gerüstteilen, wie sie für Innen- und Außenarbeiten in jeder passenden Höhe aufgebaut werden kann.
Breite Füße an den Grundelementen verhindern, daß der Turm im Boden versinkt, und verstellbare Ausführungen erlauben eine Anpassung an jede gewünschte Arbeitshöhe.

Zubehör für Leitern

- **Abstandshalter** Ein Abstandshalter ist ein wichtiges Zubehör und erspart gefährliche Akrobatik beim Streichen z. B. von überhängenden Traufen und Dachrinnen.
- **Verstellbare Beine** Auf unebenem Boden sorgen verstellbare Füße für sicheren Stand.
- **Farbeimerhalter** Für die Arbeit auf der Leiter gilt: eine Hand für die Arbeit, die andere für den Mann. Farbeimer hängt man deshalb mit einem Metallhaken in bequemer Reichweite an eine Sprosse.
- **Werkzeugablage** Eine fest montierte Ablage ist ideal, um darin eine kleine Werkzeugauswahl griffbereit zu halten.

Alu-Trittleiter

Mehrzweckleiter

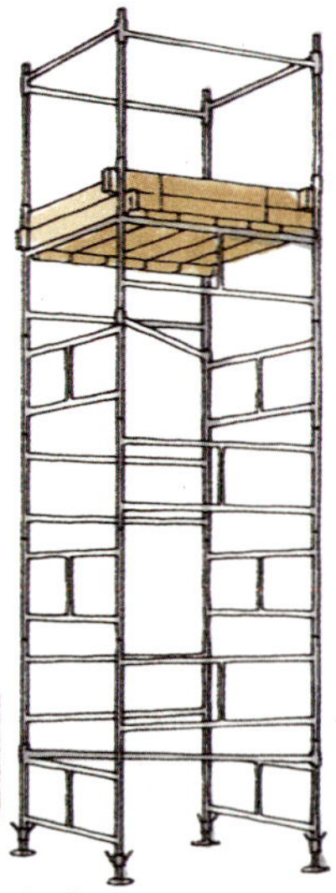
Gerüstplattform

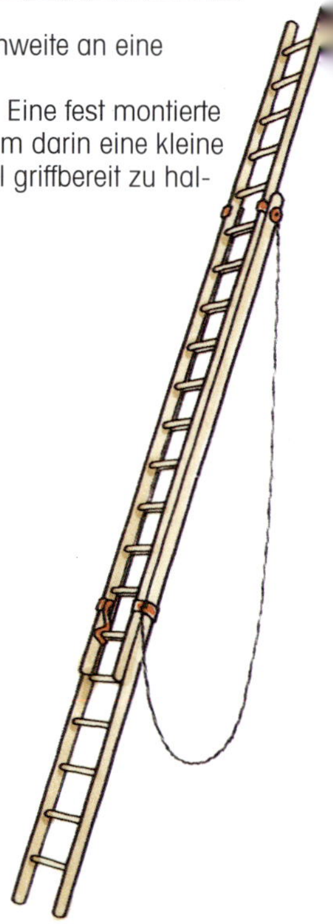
Ausziehleiter

AUF DER LEITER

Beachten Sie bei Kauf oder Miete einer Leiter:

- Qualitätsholzleitern haben Hartholzsprossen, die mit den Holmen verzapft und durch Keile gesichert sind.
- Holzsprossen, mit Metallstangen verstärkt, sind sicherer als ohne.
- Baumleitern, die sich nach unten verbreitern, stehen sicherer als Leitern mit parallelen Wangen.
- Verstellbarkeit ist ein wichtiges Kriterium. Wählen Sie eine Leiter, die Ihren Bedürfnissen entspricht. Als Besitzer eines Flachdachbungalows brauchen Sie keine Dreifachausziehleiter.
- Bei Ausziehleitern müssen hintereinanderliegende Sprossen unbedingt auf gleicher Höhe liegen, da nur so ein wirklich sicherer Stand gewährleistet ist.
- Wählen Sie möglichst eine Ausziehleiter mit Seil, Rolle und automatischer Verriegelung für die Verlängerung.
- Viele Leichtmetall-Trittleitern haben praktische Ablagemulden für Werkzeug. Diese bieten zwar meist keinen sicheren Stand für Farbdosen, aber einen brauchbaren Griff zum Festhalten.
- Trittleitern mit breiten, flachen Stufen bieten bequemen Stand.
- Hölzerne Trittleitern werden entweder durch ein Seil oder durch ein Scherengelenk gesichert. Bei Aluminiumleitern klappt beim Öffnen meist die oberste Stufe nach unten und rastet in ein entsprechendes Widerlager ein.

Betriebssicherheit prüfen

Überprüfen Sie Ihre Leiter regelmäßig, besonders nach der Winterpause. Achten Sie bei Holzleitern auf offene Risse in den Holmen, auf fehlende oder gebrochene Sprossen, auf feste Verbindungen. Vergewissern Sie sich durch Peilen entlang der Holme, daß sich die Leiter nicht verzogen hat. Holzwurm und Fäulnis verringern die Festigkeit des Holzes. Schon wenige Löcher oder Schwammbefall können die Tragfähigkeit wesentlich verringern.
Im Zweifelsfall werfen Sie die Leiter weg.
Scharniere und Rollen werden geölt, schadhafte Seile sofort ersetzt.
Eine regelmäßige Behandlung mit Lasur oder Klarlack schützt das Holz, wobei die Sprossen, die das meiste Gewicht tragen müssen, eine Extraschicht erhalten. Verboten ist ein Anstrich mit Lackfarbe, da dieser ernsthafte Schäden verdeckt.
Bei Aluleitern achtet man auf Beulen, Quetschungen, gelockerte Verbindungen, Materialbrüche und schlecht einrastende Sicherungen.

Der richtige Umgang mit einer Leiter

Leitern sind schwer und unhandlich; gehen Sie richtig damit um, damit Sie keinen Schaden anrichten.
Tragen Sie die Leiter stets aufrecht, nicht über die Schulter. Halten Sie dazu die Leiter senkrecht, beugen Sie leicht die Knie, und stützen Sie die Leiter an Ihrer Schulter ab. Greifen Sie nun eine Sprosse tiefer, stützen Sie die Leiter mit der anderen Hand in Kopfhöhe, und richten Sie sich auf.
Um eine lange Leiter aufzurichten, legen Sie diese auf den Boden, mit den Füßen zu einer Wand. Nehmen Sie die Leiter auf, und bewegen Sie sich auf die Wand zu, während Sie die Leiter über dem Kopf abstützen, bis diese senkrecht steht. Ziehen Sie nun die Füße so weit von der Wand weg, daß die Leiter in einem Winkel von ca. 70 Grad zur Wand steht.
Ausziehleitern werden – je nach Konstruktion – auch beim Ausziehen möglichst senkrecht gehalten.

Leiter aufstellen
Die Leiter muß so an die Wand gelehnt werden, daß der Abstand zur Wand ca. ein Viertel der Höhe beträgt. Bei diesem Anstellwinkel laufen Sie keine Gefahr, daß die Leiter am Boden wegrutscht oder daß Sie oben das Übergewicht bekommen und nach hinten abstürzen.

SICHERER GEBRAUCH EINER LEITER

Durch unsachgemäßen Gebrauch einer Leiter verunglücken Jahr für Jahr mehr Heimwerker als durch Fehler im Umgang mit Werkzeugen. Vor dem Aufstieg richten Sie die Leiter lotrecht aus. Steigen Sie ab, und stellen Sie die Leiter um, sobald die Arbeitsfläche außer Reichweite ist. Wer sich zur Seite lehnt, läuft Gefahr, das Gleichgewicht zu verlieren und abzustürzen.

Sicherung der Leiter

Auf weichem Boden verteilen Sie den Druck durch ein breites Brett, das Sie unter die Füße der Leiter legen; schrauben Sie eine Latte auf das Brett, damit die Leiter nicht abrutschen kann.
Auf hartem, glattem Boden vergewissern Sie sich vor dem Aufstieg, daß die Leiter Antirutschkappen hat.
Als zusätzliche Sicherung bei Außenarbeiten treiben Sie Pflöcke in den Boden, und binden Sie die Leiterfüße daran fest **(1)**. Beim Ausziehen einer Leiter sollten die Teile wenigstens ein Viertel der Länge überlappen. Lehnen Sie die Leiter niemals an Dachrinnen, Abfluß- und Regenrohre und schon gar nicht an Glasflächen, da diese nachgeben bzw. brechen können.
Wenn die Leiter vor einem Fenster steht, läßt sie sich auf folgende Weise optimal sichern: Legen Sie eine starke Holzlatte quer über die Maueröffnung. Die Latte muß auf jeder Seite ungefähr 300 mm überstehen; um die Wand zu schützen werden die Enden gepolstert **(2)**. Nun wird eine Leitersprosse fest mit der Latte verzurrt.

Sicherheit auf der Leiter

Steigen Sie nie höher als vier Stufen unter die oberste Sprosse. Der Handlauf muß stets in Griffhöhe sein, und eine Hand dient zum Festhalten. Beugen Sie sich nicht zur Seite.
Tragen Sie Schuhe mit griffigen Sohlen, und streifen Sie die Schuhe vor dem Aufstieg an einem alten Fußabstreifer ab.
Wenn der Hersteller nichts anderes empfiehlt, benutzen Sie die Leiter bitte nicht als waagerechten Laufsteg.
Trittleitern neigen zum Kippen nach der Seite. Wenn Sie eine stabile Leiste mit zwei Schraubzwingen als Schrägstütze an die Leiter klemmen, stehen Sie selbst auf unebenen Böden einigermaßen sicher **(3)**.

SIEHE AUCH
unter:
Arbeitsplattform 20
Lasuren 62

1 Festbinden
Pflöcke und Schnüre sichern die Leiterfüße gegen Verrutschen.

2 Verankerung
Eine Leitersprosse, durch ein möglichst weit oben liegendes Fenster fest mit einer querliegenden Leiste verzurren.

3 Stütze für die Trittleiter
Klemmen Sie eine Leiste mit starken Schraubzwingen schräg an die Leiterholme. So steht auch eine wackelige Trittleiter halbwegs fest.

ARBEITSPLATTFORMEN BAUEN

SIEHE AUCH
unter:

Leitern	18-19
Gerüstplattform	18

Viele Arbeiten können ohne weiteres von der Leiter aus durchgeführt werden. Bequemer ist es jedoch, eine Arbeitsplattform zu bauen, die es einem erlaubt, größere Flächen zu bearbeiten, ohne ständig auf- und absteigen zu müssen. Sie können zu diesem Zweck Malerböcke mieten und zwei davon mit einem starken, breiten Brett zu einer einfachen Bühne verbinden. Sorgen Sie dabei unbedingt für haltbare Verbindungen, am besten durch zwei starke Schraubzwingen an jeder Seite. Das gleiche funktioniert auch mit zwei Trittleitern **(1)**. Wenn zwei Personen auf der Bühne arbeiten, sollten Sie zwei Bretter übereinander legen. Besser und sicherer ist es, Gerüstelemente zu einer beweglichen Bühne zusammenzusetzen **(2)**. Wählen Sie zum Malen und Tapezieren von Decken Geräte mit feststellbaren Laufrollen.

1 Improvisierte Arbeitsbühne
Eine einfache Plattform aus Trittleitern und einem Gerüstbrett gebaut. Besser sind aber Gerüstböcke.

2 Bewegliche Bühne
Ein nützliches Hilfsmittel, das aus Gerüstelementen zusammengesetzt wird.

Arbeiten in Treppenhäusern

Verschönerungsarbeiten in Treppenhäusern sind für den Heimwerker besonders schwierig. Die Verwendung einer asymmetrisch verstellbaren Treppenleiter, die der Stufenhöhe angepaßt werden kann, ist die einfachste Methode **(3)**.
Sichern Sie den Stand durch Schrauböschen, die Sie in die Stufen einschrauben, und ein Seil, das Sie durch deren Augen ziehen und um die Sprossen binden.

Oder aber Sie konstruieren aus Leitern und Brettern eine »maßgeschneiderte« Bühne für ihr Treppenhaus **(4)**. Prüfen Sie, ob Bretter und Leitern zusammengebunden sind, und daß die Leiterfüße nicht auf den Stufen abrutschen können. Schrauben Sie notfalls Latten an die Stufen, um ein Rutschen des Leiterfußes zu verhindern.

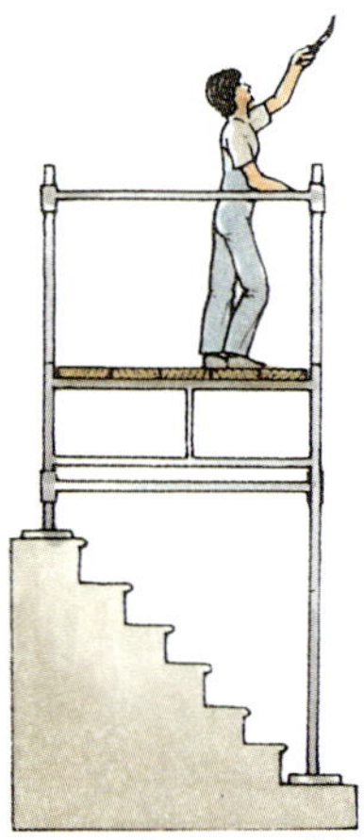

Treppengerüst
Errichten Sie eine Plattform aus Gerüstteilen, um das Gefälle von Treppenstufen auszugleichen.

3 Asymmetrisch verstellbare Leiter
Verbinden Sie Treppenabsatz und eine Sprosse der Treppenleiter mit einem stabilen Brett.

4 »Maßgeschneiderte« Plattform
Bauen Sie aus Brettern, Leitern, Trittleitern und Kisten eine für Ihr Treppenhaus passende Plattform.

ARBEITSPLATTFORM IM AUSSENBEREICH

Gerüste sind die beste und oft auch einzige Methode, um eine sichere Arbeitsplattform für den Außenanstrich eines Hauses zu schaffen. Es gibt genügend Firmen, die solche Baugerüste gegen entsprechendes Entgelt verleihen. Dort wird man Sie auch kompetent über die Auswahl des für Ihren Zweck geeigneten Gerüstsystems und die erforderliche Ausrüstung beraten.
Zum sicheren Aufbau eines Gerüsts gehört einige Erfahrung, und deshalb sollte der Heimwerker diese Arbeit grundsätzlich den Fachleuten der Verleihfirma überlassen. Die meisten Firmen, die Gerüste verleihen, stellen sie auch auf. Nehmen Sie einen solchen Service immer in Anspruch, es sei denn, Sie hätten selbst einen Fachmann zur Hand, unter dessen Anleitung Sie mitarbeiten können. Natürlich geht das nicht gratis, aber bedenken Sie, daß einige bezahlte Arbeitsstunden immer noch billiger kommen als ein mehrwöchiger Krankenhausaufenthalt.
Eine elegante Alternative zum Baugerüst bietet in vielen Fällen die Hebebühne, die Sie sicher und bequem auch an weniger gut zugängliche Stellen Ihrer Fassade bringt. Auch dieses Gerät wird von Gerüstbaufirmen nicht selten zum Verleih angeboten.

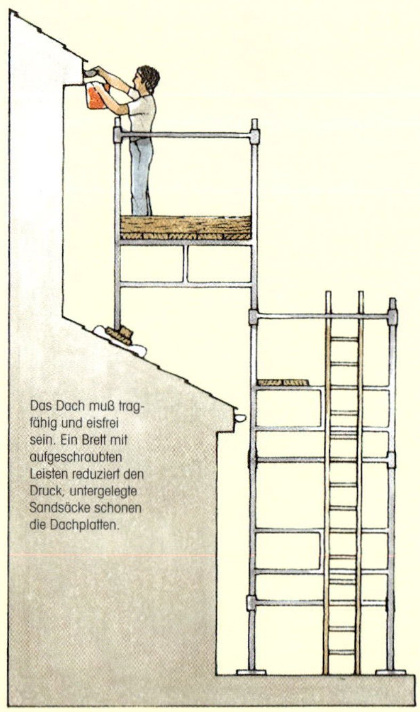

Aufbau einer Auslegerplattform: Der Auslegerteil steht auf einem Brett, um die Last zu verteilen.

VORBEREITUNG UND GRUNDIERUNG

SIEHE AUCH

unter:
Wasserdichtes Mauerwerk 24
Grundierung von Ziegelwerk 24
Abblätternde Farbe 26
Putz vorbereiten 28
Holzoberflächen vorbereiten 31
Kunstholzplatten 32
Metalle vorbereiten 38–39

Für Neu- und Wiederanstriche ist die gründliche Vorbereitung der Oberflächen notwendig. »Vorbereitung« bedeutet die Beseitigung von Schmutz, Fett und losen oder bröckeligen alten Anstrichen, ebenso das Ausbessern von Schäden wie Rissen, Löchern, Korrosion und Fäulnis.
Auch neues Mauerwerk, Holz und Metallteile müssen gegen Umwelteinflüsse versiegelt sein. Grundsätzlich besteht ein fachgerecht aufgebauter Anstrich aus Grundierung, Vor- und Deckanstrich. Die untenstehende Tabelle hilft Ihnen bei der Auswahl der für Ihre speziellen Zwecke am besten geeigneten Grundierung. Ziehen Sie die Tabelle auf dieser Seite für Einzelheiten über Grundierungen und Voranstriche zu Rate.

GRUNDIERUNGEN UND VORSTREICHFARBEN

Für unterschiedliche Verwendungszwecke gibt es

Holzeinlaßgrund
Farbloser Porenfüller für alle Holzarten. Verhindert das Eindringen von Flüssigkeiten in die Holzstruktur.
Universalgrundierung
Grundierung auf Lösungsmittelbasis zum Auftrag auf Holz- und Metalluntergründe. Bildet einen tragfähigen Untergrund für einen nachfolgenden Anstrich mit Kunstharz-Lackfarbe.
Acrylgrund
Grundierung für anschließende Lackierung mit Acryllacken.
Schnellschliffgrund
Spezialgrundierung für Hölzer, die mit extrem belastbarem Siegellack überzogen werden, z. B. Parkette.
PVA-Dispersionskleber
Ein flüssiger Universalkleber für viele Baustoffe. Verdünnt eine durchaus brauchbare Grundierung für Holz. Auch zur Abdichtung von Holzverbindungen geeignet.
Metallgrundierung
Verhindert Korrosion an Metallen und liefert eine Grundlage für die Farbe.
Latexmilch
Grundierkonzentrat zur Isolierung von Mauerwerk gegen das Eindringen von Wasser.
Fluat
Alkalibeständige Grundierung. Verhindert, daß die alkalihaltigen Teile einiger Stoffe Kunstharzlacke angreifen.
Tiefgrund
Bindet sandende oder bröckelige Putz- und Maueroberflächen für den nachfolgenden Farbanstrich.

GRUNDIERUNGEN UND ISOLIERUNGEN – EIGNUNG, TROCKENZEIT, ERGIEBIGKEIT

	Tiefgrund	Holzgrund	Acryl-Grundierung	Schnellschliff-grund	Universalgrund	● Zinkstaubfarbe	● Metallgrund	● Rostumwandler	PVA-Weißleim	Latexmilch	Fluat (Olafin)	Quarzbrücke
Geeignet für												
Ziegel	●				●				●	●	●	●
Stein	●				●				●	●	●	●
Stein	●				●				●	●	●	●
Beton	●				●				●	●	●	●
Putz	●				●				●		●	●
Gipskartonplatten	●				●						●	●
Leimfarbe	●											●
Kalk	●											
Zementfarbe	●											
Teerfarben									●			●
Faserzementplatten	●				●				●		●	●
Weichholz		●	●		●							
Hartholz		●	●	●								
Spanplatte		●	●	●	●							●
Hartfaserplatte		●	●	●	●							
Sperrholz		●	●	●	●							
Holzschutzmittel												●
saugfähige Holzfaserplatte	●										●	●
Eisen (Innenbereich)						●	●	●				●
Eisen (Außenbereich)						●	●	●				●
Galvanisiertes Metall						●						
Aluminium						●						
Trockenzeit												
Grifftrocken	3	4-6	0.5	4-6	4-6	4	2	2	3	1	4	6-8
Überstreichbar	16	16	2	16	16	16	5-6	6	16	16	16	12
Ergiebigkeit (m²/l)												
Glatte Oberfläche	6	12	12	13	12	13	8	8	9	3-6	10	-
Rauhe Oberfläche	7	10	10	11	9	10	6	6	7	2-3	7	3

Bleigehalt in Farben
Das giftige Blei wurde früher oft in lösungsmittelhaltigen Lackfarben und Grundierungen verwendet (dagegen enthalten wasserlösliche Dispersionsfarben kein Blei). Heute sind die handelsüblichen Produkte der Farbenindustrie bleifrei. Da alte Anstriche erhebliche Mengen an Blei enthalten können, sollten Sie nicht in Anwesenheit von Kindern abschleifen oder -beizen. Vor allem sollten Kleinkinder keine altlackierten Gegenstände in den Mund nehmen.

ZIEGEL- UND STEINMAUERN REINIGEN

SIEHE AUCH
unter:
Mauerwerk streichen 44–46
Wände dämmen 211–212

Bevor Sie die Außenseite eines unverputzten Ziegel- oder Bruchsteinhauses streichen, überprüfen Sie den Zustand des Mauerwerks. Führen Sie zunächst die notwendigen Reparaturen aus. Grundsätzlich spricht nichts dagegen, unverputztes Mauerwerk weiß zu schlämmen, und in einigen Gebieten ist dies sogar Tradition – aber Vorsicht: einmal gestrichene Mauern lassen sich nicht in ihren ursprünglichen Zustand zurückversetzen, wenn Ihnen der Anstrich nicht mehr gefällt.

Fleckiges Ziegelwerk

Organischer Bewuchs

Ausblühungen

Behandlung von neuem Mauerwerk

Neues Ziegel- oder Mauerwerk soll für ungefähr drei Monate trocknen, bevor eine weitere Behandlung erwogen werden kann. Weiße, pulvrige Ablagerungen, Ausblühung genannt, können in dieser Zeit an die Oberfläche kommen. Aber man kann sie einfach mit einer harten Bürste oder einem Stück trockenen Sackleinens abbürsten. Danach sollten Ziegel und Mörtel wasserdicht sein – wozu es normalerweise keiner besonderen Behandlung bedarf.

Entfernen von Bewuchs und Pilzbefall

Es gibt unzählige Arten von Schimmelpilzen oder Flechten, die sich auf unverputztem Mauerwerk einnisten und erst als winzige, farbige Flecken auf Mauern erscheinen und allmählich verschmelzen, bis die Oberfläche mit den unterschiedlichsten Farben bedeckt ist, die von Hellorange zu Gelb oder Grün, Grau und Schwarz reichen.

Da Schimmel und Flechten nur in feuchter Umgebung gedeihen, sollten Sie die Ursache dieses Problems bekämpfen, bevor Sie den Bewuchs behandeln. Eine immer der Sonne abgewandte Seite des Hauses hat keine Gelegenheit, richtig durchzutrocknen. Oft muß dichtes Laubwerk radikal ausgeschnitten werden, um die Belüftung dahinterliegender Hauswände zu verbessern.

Schutt- und Erdhaufen, an der Außenwand aufgeworfen, sind ideale Feuchtigkeitsspeicher, die eine Mauer mit der Zeit durchfeuchten.

Gerissene oder korrodierte Fallrohre, die auf die Mauer lecken, sind eine andere Ursache für organischen Bewuchs. Prüfen Sie mit dem Finger oder einem Handspiegel, ob die Rohre, die das Wasser aus den Regenrinnen ableiten, dicht sind.

Beseitigung des Bewuchses

Bürsten Sie die Mauer kräftig mit einer harten Bürste. Verwenden Sie aber keine Drahtbürste, weil diese die Oberfläche von Ziegeln beschädigen würde.Tragen Sie bei dieser unangenehmen, staubigen Arbeit eine Atemschutzmaske. Führen Sie die Bürste stets vom Körper weg, damit Ihnen keine Teile in die Augen fliegen. Die winzigen Sporen, die auch nach dem Bürsten unweigerlich an der Wand zurückbleiben, lassen sich mit einem handelsüblichen Haushalts-Bleichmittel bekämpfen. Mischen Sie dazu ein Teil Haushaltsbleiche mit vier Teilen Wasser. Streichen Sie die Lösung mit einem alten Pinsel auf die Wand. 48 Stunden später waschen Sie die Oberfläche mit sauberem Wasser und einer Schrubberbürste ab. Bei starkem organischem Bewuchs empfiehlt sich eine zweite Behandlung.

Verwendung von Fungiziden

Pilzgifte sollten Sie nur in Ausnahmefällen bei extremem Befall einsetzen. Es gibt in Drogerien gebrauchsfertige Lösungen in Sprühflaschen, mit denen die befallenen Stellen eingesprüht werden.

Ausblühungen am Mauerwerk

Die in Baustoffen wie Zement, Ziegel, Stein und Putz enthaltenen löslichen Salze wandern allmählich mit dem Wasser an die Oberfläche, wenn die Mauer austrocknet. Das Ergebnis ist eine weiße, kristalline Ablagerung, die Ausblühung genannt wird.

Dieselbe Erscheinung kann auch an altem Mauerwerk auftreten, wenn es überdurchschnittlich durchfeuchtet ist. Die Ausblühungen können chemisch aggressiv sein, und die Quelle der Feuchtigkeit muß beseitigt werden, bevor ein Anstrich aufgetragen werden kann. Beachten Sie zum Trocknen der Mauer die Hinweise im vorangegangenen Absatz.

Bürsten Sie die Ablagerung regelmäßig mit einer harten Bürste oder grobem Sackleinen von der Mauer, bis sich keine Kristalle mehr bilden. Versuchen Sie nicht, die Kristalle abzuwaschen – diese würden sich bloß im Wasser lösen und in die Mauer zurücksickern. Vor allem versuchen Sie nicht, eine Mauer zu streichen, die noch ausblüht und deshalb feucht ist.

Wenn die Mauer vollständig trocken ist, schlämmen Sie die Oberfläche mit Kalkmilch oder einer handelsüblichen Dispersionsfarbe für außen. Beide Anstriche lassen die Mauer atmen und behindern nicht deren Austrocknung. Sollte eine Mauer aber trotz aller Bemühungen nicht austrocknen, muß der Fachmann zu Rate gezogen werden, ehe größere bauliche Schäden entstehen können.

SICHTMAUERWERK NEU VERFUGEN

SIEHE AUCH
unter:
Abbeizmittel 37

REINIGUNG ALTEN MAUERWERKS

Ob Sie Ihre Ziegel- oder Bruchsteinfassade nun weiß streichen oder nur reinigen wollen – in jedem Fall müssen alle losen Teile und der Schmutz mit einer harten Bürste entfernt werden. Sofern das Mauerwerk nicht übermäßig verschmutzt ist, sollten Sie dazu keine Drahtbürste verwenden, da diese Kratzspuren hinterlassen kann. Um losen Mörtel zu entfernen, bürsten Sie entlang der Mauerfugen. Schadhafter Mörtel kann zu diesem Zeitpunkt leicht ausgebessert werden (siehe rechts).

Entfernung unansehnlicher Flecken
Keine Angst vor Wasser beim Säubern von Ziegel- und Bruchsteinfassaden. Das bißchen Feuchtigkeit schadet dem Gemäuer nicht. Im Gegenteil: Waschen mit sauberem Wasser verschönert das natürliche Aussehen von Stein und Ziegel. Richten Sie einen Schlauch mit langsam fließendem Wasser vorsichtig auf das Mauerwerk, und schrubben Sie dieses mit einer harten Bürste ab **(1)**. Starke Ablagerungen entfernen Sie mit Ammoniaklösung (eine halbe Tasse Ammoniak auf einen Eimer Wasser). Mit klarem Wasser nachspülen. Schaben Sie kleine Zementflecken oder andere Markierungen mit einem Stück ähnlichfarbigem Ziegel vom Ziegel oder schrubben Sie sie mit einem Reiniger. Entfernen Sie Farbreste mit einem geeigneten Abbeizmittel **(2)**.

1 Entfernen von Schmutz und Staub mit Wasser

2 Abbeizer auf verschüttete Lackfarbe tupfen

Bei Sichtmauerwerk werden die Mörtelfugen zwischen Ziegeln und Steinen im Alter porös und lassen Wasser in die Mauer eindringen. Dadurch entstehen Feuchtigkeitsflecke, und Anstriche blättern ab. Die Erneuerung der wasserableitenden Mörtelfugen ist zeitaufwendig, aber notwendig. Gehen Sie nur eine kleine, überschaubare Fläche an. Bevorzugen Sie bei mangelnder Erfahrung einen fertig gemischten Mörtel.

Auftragen von Fugenmörtel

Kratzen Sie den alten Mörtel mit einer dünnen Holzlatte bis zu einer Tiefe von 12mm aus. Mit einem Meißel oder einem speziellen Kratzeisen und einem Fäustel werden eingelagerte feste Teile entfernt und die Fugen dann mit einer harten Bürste gesäubert.
Nässen Sie den zu bearbeitenden Mauerabschnitt gründlich mit einer alten Malerbürste, damit Ziegel oder Steine nicht zuviel Wasser aus dem frischen Mörtel aufsaugen. Mischen Sie den Mörtel nach Anweisung des Herstellers in einem Eimer. Geben Sie eine nicht zu große Menge davon auf eine Glättkelle oder ein Mörtelbrett. Nehmen Sie jeweils kleine, wurstförmige Mengen Mörtel auf den Rücken einer kleinen Spitzkelle, und drücken Sie diese fest in die (senkrechten) Stoßfugen. Um herabfallenden Mörtel aufzufangen, legt man das Handbrett unterhalb der Fugen an.
Füllen Sie nun die (waagrechten) Lagerfugen, indem Sie das Mörtelbrett jeweils bündig am unteren Fugenrand anlegen und den Mörtel mit der Fugenkelle in die Fugen drücken. Kratzen Sie überstehenden Mörtel sofort ab. Sobald Sie einen Daumenabdruck auf dem Mörtel hinterlassen können, ist er fest zum Glätten.

Ausformung der Fugen

Die hier gezeigten Fugen werden gewöhnlich für Ziegelmauern verwendet, eignen sich aber auch für anderes Sichtmauerwerk.

Vollfugen
Vollfugen werden da verwendet, wo die Mauer geschützt ist oder gestrichen wird. Man reibt die verfugte Mauer mit Sackleinen ab und beginnt dabei mit den Stoßfugen.

Geriebene (gerundete) Fugen
Maurer verwenden dazu ein halbrund gebogenes, kufenförmiges Spezialwerkzeug. Für den Heimwerker erfüllt ein kurzes Stück Metall- oder Kunststoffrohr den gleichen Zweck. Höhlen Sie den Mörtel aus, indem Sie das Rohr flach über die Fugen ziehen.

Winkelschaber zum Fugen glätten

Ausgekratzte Fugen
Ausgekratzte Fugen sollen den Mauerverband des Sichtmauerwerks betonen. Sie passen nicht für weiche Ziegel oder für Mauern, die nach der Wetterseite stehen. Kratzen Sie ein wenig von dem Mörtel aus, dann glätten Sie die Fugen mit einer 9 mm breiten Latte.

Wetterfugen
Durch das geneigte Profil läuft das Regenwasser von der Mauer ab. Diese Fugenart wird mit dem Rand der Spitzkelle geformt. Beginnen Sie mit den Stoßfugen, und neigen Sie diese durchgängig in eine Richtung. Überstehender Mörtel wird ebenso wie tropfender Mörtel abgestreift. Maurer arbeiten dabei mit einem Fugeneisen, einem Winkelschaber, der eine schmale Klinge mit einer rechtwinklig gebogenen Spitze aufweist. Dieses Werkzeug ist in Baumärkten nicht immer erhältlich. Es läßt sich aber aus einem rechtwinklig abgebogenen und angeschliffenen dünnen Metallstreifen, dessen eines Ende Sie mit Klebeband als Griff umwickeln, leicht selbst herstellen.
Ziehen Sie die Klinge des Fugeneisens mit Hilfe einer Latte an der Unterkante der Fuge entlang. Damit schneiden Sie überstehenden Mörtel ab. Nageln Sie an beide Enden der Latte ein Stück Sperrholz als Abstandhalter, damit Sie die Klinge sauber führen können.

- **Mörtel abtönen**
  Oft werden Sie feststellen, daß Ihr Fugenmörtel farblich vom Original abweicht. In solchen Fällen müssen Sie Ihren Mörtel so abtönen, daß er zu den bestehenden Fugen paßt. Den gleichen Farbton zu finden, ist schwierig.

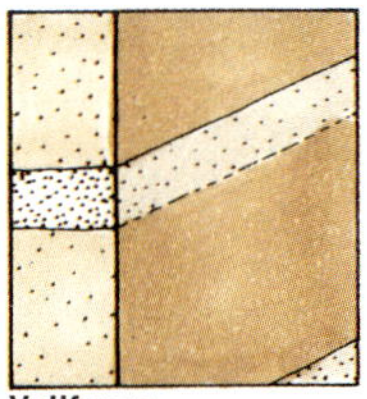
Vollfugen

Geriebene Fugen

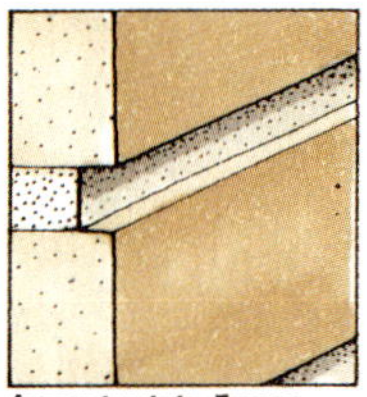
Ausgekratzte Fugen

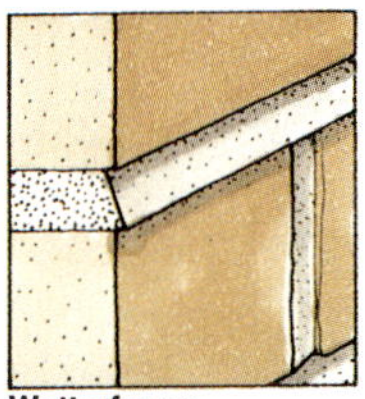
Wetterfugen

SCHADHAFTE SICHTMAUERN REPARIEREN

SIEHE AUCH
unter:
Wände dämmen 211

Stabilität testen
Der Laie kann kaum feststellen, ob es sich bei einer Rißbildung um einen andauernden oder abgeschlossenen Vorgang handelt. Hier ist der Fachmann gefragt. Dieser wird anhand sog. »Gipsmarken« auf dem Riß nach längerer Beobachtung feststellen, inwieweit Reparaturmöglichkeiten bestehen. Tiefe Risse müssen vom Fachbetrieb durch Injektionen verpreßt werden.

Risse in Außenwänden ziehen unter Umständen durch eindringende Feuchtigkeit Ihre Innenausstattung in Mitleidenschaft. Manchmal sind sie aber auch Anzeichen für ein wesentlich ernsthafteres Problem: die Absenkung des Fundaments. Sie müssen solche Warnzeichen beachten und unverzüglich Abhilfe schaffen.

Ausfüllen von Rissen im Mauerwerk

Erscheinen erhebliche Risse in einer Ziegel- oder Steinmauer, müssen Sie zur Ermittlung der Ursache einen Fachmann zu Rate ziehen.
Sind die Risse stabil, können sie ausgefüllt werden. Folgen sie den Mörtelfugen, kratzt man diese lediglich aus und verfugt sie in der üblichen Weise neu. Bei einem Riß, der einen oder mehrere Ziegel oder Steine gespalten hat, müssen die schadhaften Steine ersetzt werden. Wenn die Wand gestrichen werden soll, kann er ebenfalls ausgefüllt werden. Verwenden Sie Fertigmörtel, dem PVA-Kleber zugefügt wurde, um die Haftung zu verbessern. Nässen Sie das schadhafte Mauerwerk, damit der Mörtel tief in den Riß eindringt.

Der Riß folgt nur den Fugen

Gebrochene Steine können Bauschäden anzeigen

Grundierung von Ziegelwerk

Unverputzte Ziegelmauern bleiben in den meisten Fällen ungestrichen. Es gibt aber auch im deutschsprachigen Raum Gegenden, in denen es nicht ungebräuchlich ist, Sichtmauerwerk weiß zu schlämmen. Man verwendet dazu traditionell Kalkmilch, die mit feinem Sand versetzt wurde. Normalerweise muß dazu nicht grundiert werden. Bei porösem oder sandendem Sichtmauerwerk empfiehlt es sich aber, die Wand mit Tiefgrund zu verfestigen.

Wasserdichtes Mauerwerk

In besonders ungünstigen Lagen oder feuchtem Klima kann es sinnvoll sein, Sichtmauerwerk gegen Feuchtigkeit von außen zu imprägnieren. Hierzu verwendet man moderne Siliconharz-Imprägnierungen. Diese farblosen Lösungen dringen tief in saugfähige mineralische Baustoffe ein und unterbinden den Transport von Feuchtigkeit, ohne das Äußere zu verändern. Sie verbessern damit die Frostsicherheit des Steins und wirken – bei Sichtmauerwerk besonders wichtig – Ausblühungen und Algen- bzw. Moosbewuchs entgegen.
Diese Art der Imprägnierung beeinträchtigt auch das Raumklima nicht, da die behandelte Wand trotz der Wassersperrwirkung dampfdurchlässig bleibt und so Feuchtigkeit von innen nach außen verdunsten läßt.
Bereiten Sie die Oberfläche sorgfältig vor, bevor Sie die Flüssigkeit auftragen: Schließen Sie die Risse in Ziegeln oder Fugen, entfernen Sie organischen Bewuchs, und lassen Sie die Wand gründlich austrocknen.
Der Auftrag erfolgt mit einer großen Malerbürste. Damit wird die Wand bis zur Sättigung eingestrichen. Nach dem Austrocknen erfolgt ein zweiter Anstrich. Besonders bequem ist der Auftrag mit einer ganz normalen Gartenspritze, wie sie zur Schädlingsbekämpfung verwendet wird. Auch bei dieser Methode wird das Imprägniermittel zweimal bis zur Sättigung aufgetragen.

1 Austausch eines gebrochenen Ziegels
Den auf der Ober- und an einer Schmalseite mit Mörtel bestrichenen neuen Ziegel schiebt man in das ausgeschnittene Loch.

AUSGEBROCHENES MAUERWERK AUSBESSERN

Normalerweise ist es der Frost, der nicht imprägniertes Sichtmauerwerk schädigt: Feuchtigkeit, die in saugfähige Mauersteine eindringt, dehnt sich bei Minusgraden aus und läßt die Außenseite des Steins abplatzen. Dieser Vorgang, als »Absplittern« bekannt, sieht nicht nur unschön aus, sondern erhöht das Risiko von Feuchtigkeitsschäden.
Schäden durch Absplittern können repariert werden, die Methode hängt vom Ausmaß des Schadens ab.

Frostschaden an Sichtmauerwerk

Bei kleinen Schäden wird man einzelne Ziegel oder Steine ausschneiden und sie durch passende ersetzen. Bei großerflächigen Schäden ist zu vermuten, daß die gesamte Wand porös ist. Hier müssen nicht nur die betroffenen Steine ausgewechselt, sondern es sollte die ganze Wand mit Tiefgrund verfestigt und anschließend wie linksseitig beschrieben, imprägniert werden.

Austausch eines abgesplitterten Ziegels

Mit Meißel und Fäustel kratzt man die den Ziegel umgebenden Fugen aus. Anschließend bohrt man ihn mit einem großformatigen Steinbohrer – am besten mit dem Bohrhammer – so lange an, bis er sich mit Meißel und Hammer leicht zertrümmern läßt. Die Stücke kann man einfach herausnehmen.
Um den Ersatzziegel einzufügen, wird die Öffnung gut angefeuchtet, dann Mörtel auf dem Boden des Lochs und an einer Seite aufgetragen. Geben Sie Mörtel auf Ober- und eine Stirnseite des feuchten Ersatzziegels, und schieben Sie ihn bündig in das Loch **(1)**.

REPARATUREN AN PUTZ

Ziegelmauern werden üblicherweise mit Fein- oder Rauhputz verkleidet. Dieser weist häufig Schäden durch Frost und Feuchtigkeit auf, die sich in Rissen, Beulen und Verfärbungen zeigen. Bevor Sie eine verputzte Wand streichen, müssen Sie jeden erkennbaren Schaden ausbessern und die Oberfläche von Schmutz, Schimmel- und Algenbewuchs sowie von bröckeligem Material reinigen.

Risse lassen Feuchtigkeit eindringen

Hier löst sich der Putz großflächig von der Wand

Ein Leck in der Dachrinne verursacht Rostflecken

Reparatur von schadhaftem Putz

Größere Risse im Putz kommen meist nicht von ungefähr. Bevor Sie rissigen Putz reparieren, lassen Sie durch Fachleute feststellen, ob Baufehler zu den Rissen beigetragen haben. Lose Teile werden abgebürstet. Ist die Wand staubig, tragen Sie einen Haftgrund auf. Feine Haarrisse können Sie übersehen, wenn Sie die Wand mit Latexfarbe streichen, die kleine Fehler überdeckt. Kratzen Sie größere Risse mit einem Meißel aus, nässen Sie sie mit Wasser und füllen sie dann mit Außenfüllstoff. Breite Risse werden mit einer Mörtelmischung aus 1 Teil Zement und 4 Teilen Bausand, der Dispersionskleber zur Haftungserhöhung am Mauerwerk zugefügt wurde, gefüllt. Beulen im Putz zeigen, daß sich dieser vom Mauerwerk gelöst hat. Klopfen Sie leicht mit einem Hammer, um den Umfang dieser hohlen Fläche zu bestimmen, dann schlagen Sie das Material bis zu den heilen Rändern ab. Man unterhöhlt die Ränder des Lochs, um dem Füller einen besseren Halt zu geben. Bürsten Sie die Reste ab, und tragen Sie dann eine Schicht Dispersionskleber auf. Haftet er, spachteln Sie die Mörtelmischung auf und glätten sie dann mit einer nassen Kelle.

Verstärkung eines Risses im Putz

Um zu verhindern, daß sich ein Riß im Putz wieder öffnet, muß die Reparaturstelle verstärkt werden. Dazu verwendet man Gittergewebe, wie es im Baustoffhandel angeboten wird.
Kratzen Sie zunächst den Riß aus, bis alles lose Material entfernt ist. Nässen Sie die Reparaturstelle, und füllen Sie den Riß mit handelsüblichem Reparaturmörtel. Nach völligem Durchtrocknen streichen Sie eine Fläche von ca 10 cm zu beiden Seiten des Risses satt mit Bitumen-Kautschuk-Anstrich ein. Schneiden Sie ein passendes Stück Glasfasergewebe zu, und stippen Sie es mit einem festen Pinsel in die feuchte Farbe. Überziehen Sie die Reparaturstelle nach dem Trocknen mit einer zweiten Schicht Bitumen. Nach abermaligem Trocknen kann mit Wandfarbe überstrichen werden.
Vorsicht: Manche Farben haften nicht auf Bitumen! Lassen Sie sich beraten!

Ausbessern von Rauhputz

Rauhputz besteht aus kleinen Steinen, die in einer dünnen Putzschicht auf der Unterputzschicht kleben. Gelangt Feuchtigkeit unter den Rauhputz, können sich die eine oder beide Schichten lösen. Schlagen Sie losen Putz bis zum festen Untergrund ab und versiegeln Sie diesen mit einer Haftbrücke. Falls notwendig, reparieren Sie zunächst die erste Schicht des Putzes. Verwenden Sie dazu einen fertig gemischten Feinputz für den Heimwerker. Erneuern Sie nach dem Aushärten die Struktur der obersten Putzschicht. Am einfachsten geschieht dies mit einem fertig gemischten Putz. Diese Putze sind in verschiedenen Körnungen erhältlich, so daß sich hoffentlich ein Material findet, das mit der Struktur des vorhandenen Putzes harmoniert. Sie müssen allerdings darauf achten, daß Sie für die Reparatur einen dem alten entsprechenden Putz kaufen. Mineralische und Kunststoffputze können nicht kombiniert werden. Rauhputz wird angeworfen. Wenn Sie diese Technik nicht beherrschen, tragen Sie den frischen Putz am besten mit einem Pinsel Schicht um Schicht auf, bis die originale Putzstärke erreicht ist.
Sollte der alte Putz eine künstliche Struktur aufweisen, versuchen Sie diese so gut wie möglich zu imitieren. Da es hierzu viele Möglichkeiten gibt, ist bisweilen Improvisationstalent gefordert.

Entfernung von Rostflecken

Mangelhafte Klempnerarbeiten rächen sich oft in Gestalt häßlicher Roststreifen auf einer verputzten Wand. Einfaches Überstreichen mit Fassadenfarbe nützt nicht viel; denn bald schlagen die Flecken wieder durch. Vor dem Streichen müssen Sie zunächst die Ursache des Rostflecks beseitigen, also ggf. die schadhafte Dachrinne auswechseln. Grundieren Sie dann die Rostflecken großflächig mit Fluat, und streichen Sie mit Fassadenfarbe.

SIEHE AUCH
unter:
Fassadenanstrich 42
Außenputz 144–147

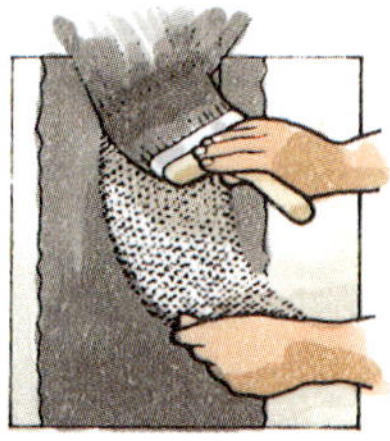

1 Matte feststupfen

2 Mit Bitumen rollen

Mit einer Drahtbürste stupfen Sie ein Muster in den frisch aufgetragenen Putz – eine von vielen Möglichkeiten, Reibeputz zu strukturieren

GESTRICHENE AUSSENWÄNDE

SIEHE AUCH
unter:
Grundierung 21
Ausgebrochenes Mauerwerk 24
Mit Bitumen rollen 25

Gestrichene Innenwände sind gewöhnlich in recht gutem Zustand. Zur Vorbereitung eines neuen Anstrichs genügt gutes Abwaschen, um Staub und Fett zu entfernen, und leichtes Abschmirgeln. Außen ist es anders: Hitze, Kälte und Regen ausgesetzt, ist die Fassade wahrscheinlich durch Flecken, abblätternde Farbe und Kalkablagerungen mehr oder minder in Mitleidenschaft gezogen.

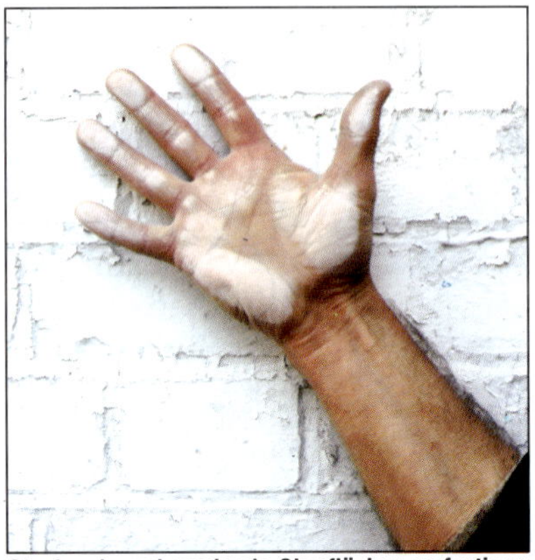

Staubende und sandende Oberflächen verfestigen

Abblätternde Anstriche restlos entfernen

Durch Versottung verfleckter Schornstein

Gestrichenes Mauerwerk

Reiben Sie mit der Handfläche leicht über die Wandoberfläche. Reibt sich die Farbe als pulvrige Ablagerung ab, muß die Wand behandelt werden, bevor man sie neu streicht. Entfernen Sie den lokkeren Staub mit einer harten Bürste, und streichen Sie dann die ganze Wand großzügig mit Tiefgrund ein, der die kalkige Oberfläche bindet, damit der folgende Anstrich haftenbleibt. Verwenden Sie möglichst weißen Tiefgrund, der als Voranstrich dienen kann. Auch verdünnte Kunststoffdispersion eignet sich zum Verfestigen staubender Anstriche. Sollten umliegende Holzteile mit Tiefgrund bespritzt worden sein, müssen sie mit Waschbenzin gesäubert werden. Ist die Wand sehr staubig, tragen Sie nach 12 Stunden einen zweiten Tiefgrundanstrich auf. Nach weiteren 12 Stunden kann dann mit Fassadenfarbe gestrichen werden.

Abblätternde Farbe

Abblättern ist gewöhnlich auf schlechte Oberflächenvorbereitung oder auf falsche Kombination von Vor- und Deckanstrich zurückzuführen. Doch auch feuchte Wände lassen die Farbe abblättern. In solchen Fällen müssen die Ursachen bekämpft werden. Schließlich können auch zu viele übereinanderliegende Farbschichten die oberste Schicht abblättern lassen.
Auf abblätternder Farbe hält kein Anstrich. Deshalb muß sie restlos entfernt werden. Handelt es sich bei der abblätternden Schicht um Leimfarbe, muß die Wand mit reichlich Wasser gründlich abgewaschen werden. Ansonsten wird mit einem Farbkratzer und einer harten Bürste alles lose Material entfernt. Die Übergänge schleifen Sie mit grobem Schleifpapier. Zumindest bei älteren Häusern sind die Wände meist mit mehreren Farbschichten bedeckt, deren Zusammensetzung nicht mehr zu rekonstruieren ist. Es empfiehlt sich daher stets, solche Wände vor einem Neuanstrich mit Tiefgrund oder einer Kunststoffdispersion zu stabilisieren.

Flecken am Schornstein

Braune Flecken auf dem Schornstein weisen auf Schäden an der Innenauskleidung hin, die vom Fachmann behoben werden müssen, ehe Schönheitsreparaturen sinnvoll sind. Vor einem Neuanstrich muß mit Fluat isoliert werden.

ASBESTZEMENT

Asbestzement galt lange Jahre als eine Art Universalwerkstoff für preiswerte Dach- und Fassadenerneuerung. Zahllose Gewerbe- und Billigbauten wurden mit Wellplatten gedeckt, und unter dem Slogan »Eternit macht Häuser fit« nagelte man die preiswerten Platten zu Hunderttausenden zum Zweck der Wärmedämmung und zum Verdruß von Kreisbaumeistern, Heimat- und Denkmalpflegern an alle möglichen und unmöglichen Fassaden.
Inzwischen jedoch ist Asbestzement ins Gerede gekommen: Die spitzen Asbestfasern lagern sich in der Lunge ab, und zahlreiche Fälle von Lungenkrebs sollen auf ihr Konto gehen.
Damit versteht sich von selbst, daß Asbestzementplatten, wo denn noch solche übrig sein sollten, nicht mehr neu verlegt werden. Was aber tun, wenn man das Zeug bereits an der Wand hängen hat? Einfach auf die Leiter klettern und abreißen? Vorsicht! Ob zu Recht oder zu Unrecht: Für die Entsorgung asbesthaltiger Stoffe bestehen strengste Bestimmungen. Zur Entfernung muß der gesamte Bereich luftdicht abgeschlossen und mit Spezialfilteranlagen be- und entlüftet werden. Das können nur Spezialisten. Denn das eingesetzte Personal muß Schutzanzüge und schweres Atemgerät tragen und vor dem Verlassen der Arbeitszone dekontaminiert werden, als habe sich an Ihrer Nordwand ein nuklearer GAU ereignet. Das kostet Sie ein kleines Vermögen, ist aber nicht zu umgehen. Wenden Sie sich dazu an den Bauhof Ihrer Gemeinde.

Umgang mit Asbest am Haus
Was aber tun, wenn Ihr Haus bereits mit einer Eternitfassade versehen ist, die Sie aus bestimmten Gründen nicht entfernen wollen oder können? In solchen Fällen sollten Sie zumindest die Oberfläche versiegeln, um den schädlichen Fasern den Weg an die Luft zu versperren. Streichen Sie die Fassade mit einer guten Latex-Fassadenfarbe. Tragen Sie dabei eine Atemschutzmaske. In der Regel muß Asbestzement nicht grundiert werden. Ein Voranstrich mit verdünnter und ein Deckanstrich mit unverdünnter Farbe versiegeln die Oberfläche so lange, bis Sie sich in – hoffentlich nicht zu ferner – Zukunft dazu entschließen, das umweltschädliche Material trotz der hohen Kosten endgültig aus Ihrer Umgebung zu verbannen.

REPARATUREN AN BETON

Beton wird im Hoch- und Tiefbau für Fundamente und Geschoßdecken sowie für Wände in Fertigbauweise sowie als Bodenbelag für Kellerräume, Garagen, Werkstätten, für Zufahrten und Wege verwendet. Trotz außerordentlicher Widerstandsfähigkeit leidet auch dieses Material unter den Auswirkungen von Feuchtigkeit, kann reißen und abplatzen. Risse sind besonders bedenklich, da durch die eindringende Feuchtigkeit die Armierungsstähle korrodieren können, durch die das Material seine Belastbarkeit auf Zug erhält.

Versiegelung von Beton

Bei alten Betonwänden wurde mitunter am Zement gespart. Solche Wände neigen zum Sanden und müssen vor dem Anstrich mit Tiefgrund verfestigt werden. Das Problem des Versiegelns von Betonflächen begegnet dem Heimwerker üblicherweise bei Keller- und Garagenböden.

Da viele Betonoberflächen Unebenheiten, Buckel und Mulden aufweisen, sollte hier zunächst für eine ebene Oberfläche gesorgt werden. Man gießt dazu die Betonfläche mit selbstverlaufender Bodenausgleichsmasse aus. Nach dem Trocknen wird mit ölbeständiger Bodenbeschichtung lackiert.

Reinigung von verschmutztem Beton

Verschmutzte Betonflächen findet man in erster Linie in Garagen und Garagenzufahrten. Größere Ölpfützen binden Sie mit Sand oder, besser, Katzenstreu.

Dann wird mit Schrubber, Wasser und einem Haushaltsreiniger geputzt. Vorsicht: Bindemittel und auch das ablaufende Wasser sind Sondermüll.

Bindung von staubigem Beton

Staubende und sandende Betonwände findet man in einigen Altbauten, bei deren Errichtung dem Beton zu wenig Zement beigemischt wurde. Verfestigen Sie solche Wände mit Tiefgrund oder einer Kunststoffemulsion, bevor Sie mit Wandfarben streichen. Sandende Betonböden werden abgekehrt und zweimal mit einer speziellen Betonfarbe gestrichen.

Ausbessern von Rissen und Löchern

Zunächst werden alle losen Bestandteile aus Rissen und Löchern gekratzt **(1)**. Ist der Riß weniger als 6 mm breit, verbreitern Sie ihn mit Hammer und Meißel, um Platz für eine ausreichende Menge Füllstoff zu schaffen. Versuchen Sie den Riß so auszukratzen, daß er sich nach unten verbreitert, so daß die Füllung nach dem Abbinden nicht mehr herausfallen kann

Für die Füllung eines Risses oder Loches verwenden Sie Beton- und Reparaturspachtel, wie er in jedem Baumarkt erhältlich ist. Er bindet schnell ab und verbindet sich zuverlässig mit dem vorhandenen Material.

Abplatzender Beton

Abplatzender Beton ist meist eine Folge von Feuchtigkeit, die durch Risse in das Material eindringt und beim Gefrieren auch größere Stücke absprengt. Bei tragenden Bauelementen sind solche Schäden gefährlich, weil dadurch die eingelagerten Armierungsstähle korrodieren. Behandeln Sie bei Schäden wie dem rechts gezeigten alle sichtbaren Armierungen mit Rostschutzfarbe, ehe Sie mit Beton- und Reparaturspachtel die Schadstelle schließen.

Rostende Armierungen lassen Beton abplatzen

AUFBEREITUNG EINES BETONFUSSBODENS

Im Wohnbereich wird üblicherweise kein Bodenbelag unmittelbar auf Fundamentplatte oder Geschoßdecke verlegt. Vielmehr wird als glatte Unterlage für jede Art von Bodenbelag zumeist schwimmender Estrich verlegt. In Garagen, Werkstätten und sonstigen Nutzräumen werden aber mitunter Bodenbeläge, meist hochstrapazierfähige Keramik- oder Kunststoffbeläge, unmittelbar auf Betongrund verlegt.

Untergrund vorbereiten

Betonflächen sind selten so glatt, daß sich darauf Bodenbeläge verlegen lassen. Prüfen Sie zunächst, ob der Untergrund sauber, trocken und unbeschädigt ist. Weist die Betonfläche Risse auf, so werden diese in der links beschriebenen Weise ausgebessert. Bei Beschädigungen, die bis auf die Armierung gehen, müssen die bloßliegenden Baustähle mechanisch entrostet – z. B mit einer Drahtbürste – und anschließend mit Rostschutzfarbe behandelt werden, ehe man die Schadstelle mit Beton- und Reparaturspachtel schließt.

Feuchte Betongründe müssen mit einer wassersperrenden Beschichtung gegen Bodenfeuchtigkeit abgedichtet werden. Die Dichtschlämme wird entweder mit der Malerbürste oder mit der Glättkelle in einer Schichtstärke von mindestens 2 mm gleichmäßig aufgetragen.

Nach Durchtrocknen der Dichtschlämme prüfen Sie den Untergrund noch einmal auf Unebenheiten, indem Sie eine lange, absolut gerade Latte auflegen, und vermutlich werden Sie dabei fündig werden. Solche Unebenheiten werden mit selbstverlaufender, porenglatter Bodenausgleichsmasse ausgefüllt. Damit diese Masse die gewünschten Eigenschaften entwickelt, müssen die Herstellerangaben bezüglich des Mischungsverhältnisses und natürlich auch der Bodenvorbereitung genau beachtet werden. Die Ausgleichsmasse wird in einer dicken Schicht auf die Betonfläche ausgegossen und mit der Glättkelle verstrichen **(2)**. Die optimale Schichtstärke beträgt ca. 10 mm. Dabei beträgt der Materialverbrauch ca. 13 kg/m². Vergessen Sie nicht, an Türen und anderen Öffnungen Schalungen anzubringen, damit die Masse nicht nach außen fließt. Die Ausgleichsmasse muß gut austrocknen und dient dann als Untergrund für den gewünschten Bodenbelag.

SIEHE AUCH
unter:
Beton mischen 327

- **Reparaturmörtel** auf Zementbasis eignet sich ebenfalls zum Ausbessern von Schäden auf Beton-oberflächen. Dieser Mörtel ist eine gute Grundlage für Dichtschlämme.

1 Risse auskratzen

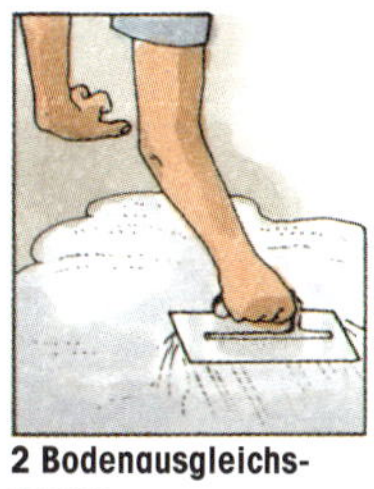

2 Bodenausgleichsmasse mit der Glättkelle gut verteilt, schafft eine perfekte Unterlage für Bodenbeläge.

PUTZ VORBEREITEN

SIEHE AUCH
unter:

Grundierungen	21
Makulatur	70
Trockenausbau	140–141

Bei Häusern in Massivbauweise werden Außen- und Innenwände normalerweise verputzt. Während Innen- und Außenputz bei Neubauten normalerweise keine Probleme bereiten, können rissige oder schlecht haftende Putze in Altbauten dem Heimwerker beim Renovieren einiges Kopfzerbrechen bereiten. Alte Häuser haben fast immer Balkendecken, die von beiden Seiten mit Brettern verschlagen sind. Damit der Putz auf einer solchen Unterlage hält, wurden schmale Latten oder Schilfmatten aufgenagelt, an denen der Mörtel Halt fand. Solche Decken schwingen beim Begehen, und die Hölzer können arbeiten. Die Folge: Besonders an den Decken ist der Putz in Altbauten oft rissig, so daß vor Verschönerungsarbeiten einige Reparaturen erforderlich sind.

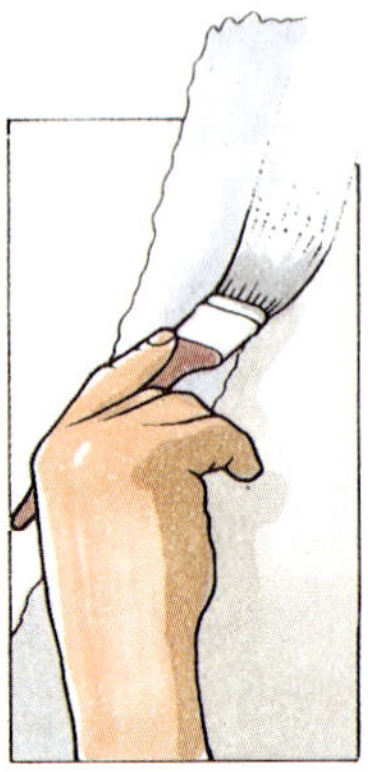

Glatte Fläche
Kleine mit Gips oder Füllstoff ausgebesserte Reparaturstellen werden fast unsichtbar, wenn Sie das Füllmaterial mit einem nassen Pinsel leicht ausstreichen.

RENOVIERUNGSARBEITEN VORBEREITEN

Neuer Verputz

Frischer Putz muß gründlich durchgetrocknet sein, bevor man ihn streichen oder tapezieren kann. Sollen die Wände mit Dispersionsfarbe gestrichen werden, ist eine weitere Vorbereitung nicht notwendig. Zweckmäßigerweise trägt man aber vor dem Endanstrich einen Voranstrich mit verdünnter Dispersionsfarbe auf, da frische Putze stark saugen.
Wird die neu verputzte Wand tapeziert, sollten Sie einmal mit Tapetenkleister vorstreichen. Verwenden Sie einen guten Markenkleister. Wählen Sie eine Sorte, die Wirkstoffe gegen Schimmelbildung enthält. Denn gerade bei Neubauten sind die Mauern mitunter nicht genügend durchgetrocknet, so daß es hinter Möbeln und in Zimmerecken mitunter zu unliebsamen Überraschungen kommen kann.

Alter Verputz

In einem gut gepflegten Haus macht alter Putz bei Verschönerungsarbeiten in der Regel wenig Kummer. Meistens genügt es, Wände und Zimmerdecken nach Löchern und Rissen abzusuchen und diese mit einem geeigneten Füllstoff, z. B. Moltofill, zu verspachteln. Solche Risse sind in Altbauten mit Balkengeschoßdecken besonders häufig, da die Deckenkonstruktion beim Begehen leicht mitschwingt. Die Risse treten an der Zimmerdecke und in Hohlkehlen auf und werden auch nach dem Streichen oft bald wieder sichtbar. Wer's mag, kann das betroffene Zimmer einschließlich der Decke mit Rauhfasertapete tapezieren und hat dann zumeist seine Ruhe. Vorsicht ist geboten, wenn sich der Putz nach außen beult und beim Abklopfen hohl klingt. In diesem Fall hat er seine Bindung zur Mauer verloren. Die betreffende Stelle muß großflächig abgeschlagen und neu verputzt werden.

Gipskartonplatten

Gipskartonplatten (Rigips) werden nach dem Einbau verfugt. In die Fugenmasse eingelegte Gewebestreifen verhindern spätere Rißbildung, so daß die Stöße unsichtbar sind. In diesem Zustand können Wände aus Gipskartonplatten wie verputzte Wände weiterbehandelt werden. Die früher gefürchteten Flecken durch rostende Befestigungsnägel oder -schrauben sind bei Verwendung des von den Herstellern empfohlenen Materials heute kein Thema mehr.

Gestrichener Putz

Vor einem Neuanstrich ist zunächst zu prüfen, ob der vorhandene Farbgrund gut haftet und wasserfest ist. Rubbeln Sie mit einem feuchten Tuch über eine Wandstelle. Zeigt sich Wandfarbe an dem Tuch, muß der alte Anstrich mit viel Wasser gründlich abgewaschen werden. Ansonsten haben Sie es mit einem Dispersionsanstrich zu tun, der überstrichen werden kann. Prüfen Sie Wände und Decken auf abblätternde Farbe. Diese muß mit einer Spachtel vollständig abgekratzt, die betroffene Stelle mit Füllstoff verspachtelt werden. Ansonsten reicht es aus, die Wände mit einem feuchten Tuch von Schmutz und Staub zu reinigen – bei starker Verschmutzung schadet auch etwas Spülmittel nicht.

Risse in festem Putz

Kratzen Sie alles lose Material mit der Kante einer Spachtel **(1)** ab. Bei größeren und breiteren Rissen kratzen Sie die Ränder so aus, daß sich der Riß nach innen verbreitert, so daß der Füllstoff nach dem Erhärten eingekeilt ist und auch dann nicht herausfallen kann, wenn er die Bindung zum umgebenden Material verliert.
Mischen Sie handelsübliche Innenspachtelmasse zu einem steifen Brei, oder benutzen Sie einen vorgemischten Füllstoff.
Nässen Sie den Riß mit einem Pinsel, pressen Sie den Füllstoff mit einer Spachtel in den Riß, und streichen Sie die Reparaturstelle glatt **(2)**. Die meisten Füllstoffe verlieren beim Aushärten etwas an Volumen. Profis lassen die Füllung deshalb ein wenig über die Oberfläche herausragen. Mit etwas Fingerspitzengefühl schließt die Füllung nach dem Trocknen bündig mit der Wandfläche ab. Wenn nicht, ist es leichter, die Füllung mit Sandpapier etwas abzuschleifen, als nachzuspachteln.
Mit den meisten modernen Füllstoffen lassen sich auch tiefere Risse in einem Arbeitsgang füllen, doch erzielen Sie meist ein besseres Ergebnis, wenn Sie tiefe Schadstellen in mehreren Schichten auffüllen, die Sie jeweils gut aushärten lassen.

1 Kratzen Sie loses Material ab

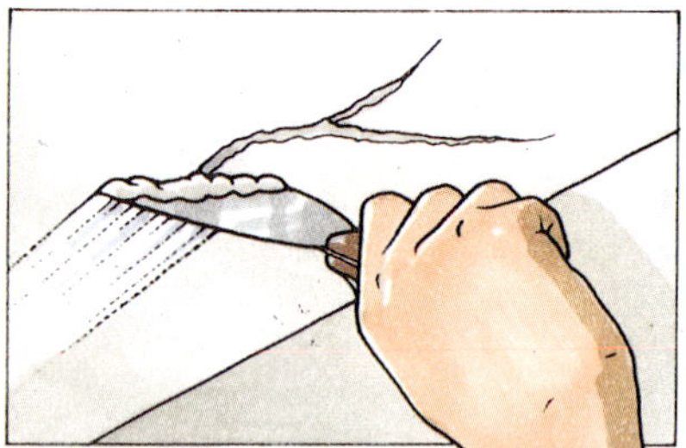

2 Füllstoff in den Riß drücken

Risse zwischen Wand und Zimmerdecke schließen Sie, indem Sie etwas Füllstoff mit dem Finger in die Schadensstelle streichen. Wiederholen Sie den Vorgang, bis der Riß bündig gefüllt ist.

LÖCHER IM PUTZ AUSFÜLLEN

SIEHE AUCH
unter:

Gundierungen	21
Asbestzement	26
Wände verputzen	133

Putz auf Holzlatten

Dieser archaischen Form des Innenputzes begegnet man gelegentlich noch in sehr alten Häusern. Sind die Latten intakt, werden die Löcher genauso wie bei massivem Putz verputzt. Ein Loch unter ca. 7 cm Größe kann einfach nach alter Väter Sitte mit einer Kugel aus nassem Zeitungspapier gefüllt werden, die in Mörtel getaucht wurde – primitiv, aber es funktioniert. Füllen Sie nach dem Trocknen bündig bis zur Oberfläche mit Füllstoff.

Falls einige Latten gebrochen sind, verstärkt man die Reparatur mit einem Stück Drahtgeflecht. Schneiden Sie das Geflecht mit etwas Übermaß zu **(1)**, schieben Sie es so in die Schadensstelle, daß die Ränder hinter den Verputzrändern liegen **(2)**, und fixieren Sie es mit ein paar U-Haken **(3)**. Dann tragen Sie mit der Glättkelle Reparaturmörtel auf, bis die Schadensstelle sauber und bündig verputzt ist.

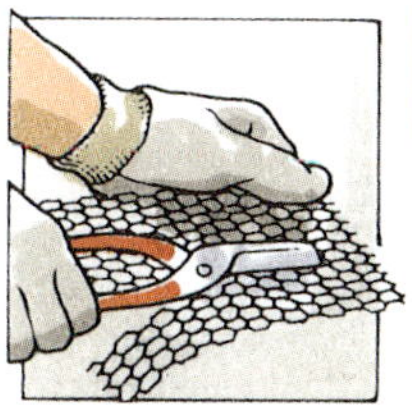
1 Zuschneiden

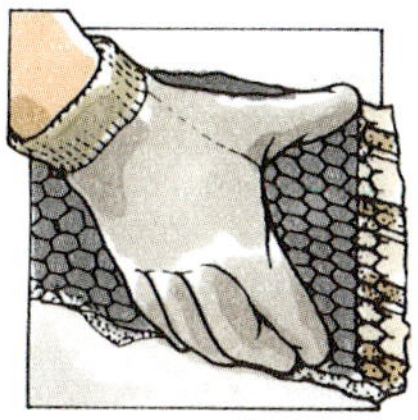
2 Geflecht einlegen

3 Geflecht fixieren

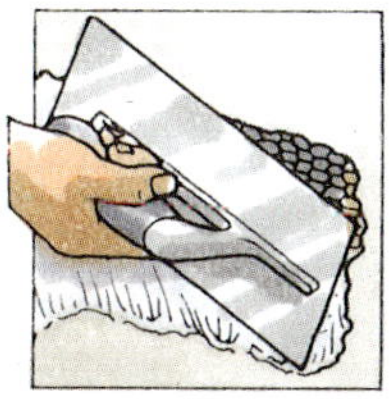
4 Verputzen

Wand und Decke aus Gipskartonplatten

Ein großes Loch in einer Gipskarton-Wand oder -Decke kann nicht einfach mit frischem Putz ausgefüllt werden. Schneiden Sie die beschädigte Platte mit Tapezierermesser und langem Lineal bis zum nächsten Ständer oder Deckenträger rechtwinklig aus. Halten Sie den Ausschnitt so klein wie möglich **(1)**.

Schneiden Sie aus einem Rest eine genau passende Gipskartonplatte zu, und nageln Sie diese mit verzinkten Nägeln an Stütze oder Träger. Streichen Sie mit der Glättkelle großflächig Spachtel über die Schadensstelle **(2)**. Schleifen Sie die Schadensstelle mit feinem Schleifpapier und Schleifklotz.

1 Platte bis zu den Ständern aussschneiden

2 Reparaturstück annageln, verspachteln

Kleine Löcher in Gipskartonplatten

Löcher bis zu 9 mm spachteln Sie mit dem von den Leichtbauplattenherstellern angebotenen Spezialspachtel einfach zu. Dieser ist kunststoffvergütet und mit Fasern gefüllt **(1)**. Nur bei größeren Löchern legen Sie einen Flicken aus Glasfasermaterial auf, der gut festgespachtelt wird. Nach dem Erhärten großflächig verspachteln und gut schleifen.

Alternativ schneiden Sie ein Stück Rigips so zu, daß Sie es gerade noch durch das Loch schieben können. Durchbohren Sie das Plättchen mittig und sichern Sie es mit Schnur und Nagel **(2)**. Bestreichen Sie die Ränder mit Weißleim, schieben Sie das Stück durch das Loch, richten Sie es aus, und lassen Sie den Leim unter Zug abbinden **(3)**. Spachteln Sie das Loch in mehreren Schichten zu.

1 Flicken gut festspachteln

2 So wird gesichert

3 Unter Zug abbinden

UMGANG MIT LEIMFARBEN

Leimfarben waren noch vor etwa vierzig Jahren die gebräuchlichsten Wandfarben. In Altbauwohnungen, die lange nicht renoviert wurden, könnten Sie u. U. damit zu tun bekommen. Auf Leimfarben hält keine Dispersion und keine Tapete: Sobald es feucht wird, löst sich der Untergrund von der Wand. Da hilft nur eines: abwaschen. Bürsten Sie alles lose Material ab, und waschen Sie dann mit Malerbürste und viel Wasser nach. Ein nachfolgender Anstrich mit Tiefgrund – und die Wand trägt. Besonders Stukkaturen wurden jahrzehntelang gnadenlos mit Leimfarben zugedeckt. Man kann sie nur mit viel Mühe entfernen. Bearbeiten Sie jeweils nur eine kleine Fläche. Nässen Sie diese mit viel Wasser, und schrubben Sie die Leimfarbe mit einer alten Zahnbürste ab, bis die Details des Stuckes hervortreten. Dann kratzen Sie die geweichte Farbe mit einem spitzen Holzstück, z. B. einem Schaschlikspieß, aus Ecken und Fugen.

Entfernung von Leimfarben
Man schrubbt mit einer Zahnbürste, dann kratzt man die Farbe mit einem spitzen Stab aus.

Kalk- und Zementfarben

Andere wasserverdünnte Farben, wie Kalk- und Zementfarben, bringen weniger Probleme, wenn sie überstrichen werden sollen, sofern sie in gutem Zustand sind. Kratzen Sie mit einer harten Bürste alle lockeren und sandenden Bestandteile ab. Stark verschmutzte Oberflächen werden mit Fluat behandelt. Ein Anstrich mit Tiefgrund oder verdünnter Kunststoffdispersion ergibt eine brauchbare Oberfläche.

Außenecken
Feuchten Sie die abgesplitterte Ecke an; dann tragen Sie den Füllstoff von beiden Seiten der Ecke mit einer Spachtel auf **(1)**. Sobald der Füllstoff abbindet, formen Sie mit einem nassen Finger das ursprüngliche Profil **(2)**.

1 Füllstoff spachteln

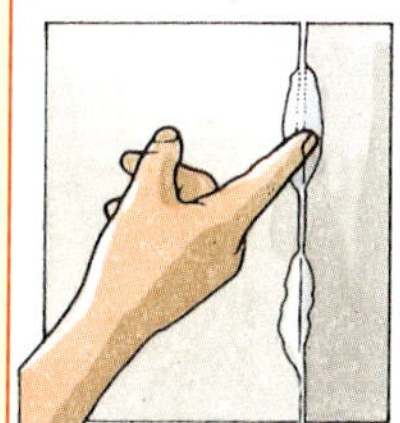
2 Mit Finger formen

TAPEZIEREN VORBEREITEN

SIEHE AUCH
unter:
Grundierungen 21
Putz vorbereiten 28
Tapeten 70–78

Dampfablöser
Für die Entfernung von gestrichenen und abwaschbaren Tapeten benutzt man einen Dampfablöser – eine Art von Bügeleisen mit Wasserboiler, das aus seiner Bodenplatte Dampf abgibt. Bei der Benutzung des Geräts hält man die Platte gegen die Wand, bis der Dampf eindringt, das Papier aufweicht und den Kleister auflöst. Dann entfernt man die Tapete mit einer Spachtel.

SCHIMMELBILDUNG

Schimmel bildet sich in feuchtem Milieu und zeigt sich gewöhnlich in Form von schwarzen Flecken. Da er nicht nur unästhetisch wirkt, sondern auch im Verdacht steht, mit seinen Sporen der Gesundheit zu schaden, muß er bekämpft werden. Der Einsatz chemischer Mittel bekämpft dabei nur die Symptome. Entscheidend ist dagegen, die Ursachen der Schimmelbildung zu beseitigen. Aus feuchten Mauern wird man den Schimmel nie ganz vertreiben können. Hier hilft nur eine sachgerechte Trockenlegung durch den Fachmann.
Häufig findet sich Schimmel aber auch an normalerweise trockenen Wänden, bevorzugt im Winter und an außenliegenden Zimmerecken. Das geschieht meist in schlecht beheizten Räumen und immer dann, wenn Kälte und Wind die Außenmauern des Hauses so weit abgekühlt haben, daß der Taupunkt – die Temperatur, bei der sich die Luftfeuchtigkeit in Form von Wasser niederschlägt – innen an der Wandoberfläche liegt. Dann kondensiert die Luftfeuchtigkeit an der Wand und bietet dem Schimmel einen idealen Nährboden. Vielfach genügt es in solchen Fällen schon, das betreffende Zimmer besser zu heizen und zu belüften, etwa indem man einen Schrank von der Wand abrückt, hinter dem sich Schimmel gebildet hat.
Zur Schimmelbekämpfung gibt es in Drogerien aufsprühbare Mittel, die gleichzeitig die häßlichen Flecken entfärben. Auch Wandfarben und Tapetenkleister mit fungizider Wirkung werden angeboten und sollten in schimmelgefährdeten Räumen verwendet werden.

Schimmel zeigt sich in Form schwarzer Flecken, erst vereinzelt, dann flächendeckend. Er gedeiht auf feuchtem Putz oder Tapete

Eine tapezierte Oberfläche in einwandfreiem Zustand kann ohne weiteres übertapeziert werden. Mehr als drei Tapetenschichten sollte man seinen Wänden allerdings nicht zumuten, und deshalb wird man nicht umhinkönnen, die alten Tapeten eines Tages mit mehr oder weniger großer Mühe abzulösen. Wieviel Aufwand dafür erforderlich ist, hängt in erster Linie von der Art der geklebten Tapeten ab. Während sich einfache Papiertapeten meist willig vom Untergrund lösen, zeigen sich beschichtete oder überstrichene Tapeten in dieser Hinsicht oft bemerkenswert störrisch.

Ablösen der Tapeten

Tränken Sie die Tapete mit warmem Wasser, dem Sie Tapetenlöser nach Herstelleranweisung beigemengt haben, um den Kleister aufzuweichen. Tragen Sie die Flüssigkeit mit einem Schwamm oder einem Pflanzensprüher auf. Lassen Sie das Wasser für 15 bis 20 Minuten einwirken, und versuchen Sie dann, die erste Bahn mit einer Spachtel von den Rändern her abzulösen. Wiederholen Sie gegebenenfalls die Prozedur. Idealerweise läßt sich die Tapete nun bahnweise abziehen.
Wählen Sie für diese Arbeit nach Möglichkeit einen hellen Tag mit guter Beleuchtung. Denn zum Ablösen der Tapeten müssen Sie die Abdeckungen von Schaltern und Steckdosen abnehmen, und dies sollten Sie nicht tun, ohne die entsprechenden Sicherungen abzuschalten. Elektrizität und Wasser sind eine tödliche Kombination: wenn möglich, lösen Sie daher trocken um Schalter und Steckdosen. Benutzen Sie vor allem keine Sprühflaschen nahe elektrischen Installationen. Sammeln Sie die abgelösten Tapeten ein, und waschen Sie die Wand mit warmem Wasser ab.

Abwaschbare Tapeten ablösen

Abwaschbare Tapeten sind in der Regel PVC-beschichtet. Diese Beschichtung verhindert zuverlässig das Eindringen des zum Aufweichen des Kleisters nötigen Wassers. Um sie aufzureißen, wird die Tapete aufgerauht, am besten mit einem Edelputzkrätzer. Zur Not tut's auch eine Drahtbürste oder sehr grobes Sandpapier. Danach wird die Tapete wie oben beschrieben abgelöst.

Ablösen von Vinylschaumtapeten

Vinylschaumtapeten bestehen aus einer dünnen Lage Vinylschaum, die auf einen Papierrücken kaschiert ist. Beim Abnehmen bereitet diese Tapetensorte die wenigsten Probleme. Denn die Kunststoffschicht wird einfach abgezogen, während die Papierrückseite auf der Wand verbleibt. Diese kann entweder überstrichen werden, oder man verwendet sie als Makulatur für eine neue Tapete. Um die Vinylschaumschicht zu entfernen, werden die beiden unteren Ecken angehoben und gleichmäßig von der Wand gezogen. Die Kunststoffschicht läßt sich dabei fast immer bahnweise abziehen.

Abziehen gestrichener Wandbehänge

Überstrichene Tapeten können beim Ablösen Probleme bereiten. Wie bei der beschichteten Tapete ritzen Sie die Oberfläche mit Drahtbürste oder Krätzer **(1)**. Anschließend wird mit warmem Wasser und Tapetenablöser eingeweicht.
Der Dampfablöser leistet in solchen Fällen besonders gute Dienste. Gegen die gestrichene (oder abwaschbare) Tapete gehalten, löst er mit seinem heißen Dampf auch hartnäckigen Kleister, so daß die Tapete mit einer breiten Spachtel einfach abgehoben werden kann **(2)**.

1 Tapetenkrätzer
Sie müssen kein teures Fertigprodukt kaufen. Ein paar Dutzend lange Nägel, durch einen Weichholzblock getrieben, erfüllen denselben Zweck.

HOLZ-OBERFLÄCHEN VORBEREITEN

SIEHE AUCH
unter:
Grundierungen 21
Holzveredelung 54–64

Die Holzteile und -flächen in und an unseren Häusern stehen am schnellsten zur Renovierung an, insbesondere die Außenseiten von Fenstern und Türen, Holzverkleidungen und Balkongeländer. Der Grund ist naturgegeben wie der Baustoff Holz selbst. Holz quillt bei erhöhter Feuchtigkeit auf und schrumpft unter dem Einfluß von Sonnenlicht und Zentralheizung. Weder Farbanstriche noch andere Oberflächenbeschichtungen halten dieser Beanspruchung auf Dauer stand.

Behandlung von neuem Holz

Holzkauf war früher Vertrauenssache. Denn befriedigende Ergebnisse erzielte man nur, wenn das Material sorgsam ausgewählt und getrocknet war. Heute sind die dem Heimwerker angebotenen Hölzer – Dielen, Nut- und Feder-Bretter, Kant- und Leimhölzer – herstellerseitig auf einen bestimmten Feuchtigkeitsgrad vorgetrocknet, so daß sich Verzug und Materialschwund in Grenzen halten. Vorgefertigte Einbauteile wie Türen und Fenster sind oft vorbehandelt, doch sollte man sie im Lieferzustand dennoch nie der Witterung aussetzen.
Am Anfang jeder Oberflächenbehandlung bei Holz steht das Schleifpapier. Schleifen Sie die jeweilige Holzoberfläche mit Schleifpapieren verschiedener Körnung. Beginnen Sie mit Schleifpapier grober (40) und wechseln Sie dann auf solches mittlerer Körnung (80–120). Verwenden Sie dazu für ebene Flächen am besten einen Schwingschleifer, und schleifen Sie stets in Richtung der Maserung. Natürlich können Sie auch von Hand mit dem Schleifklotz schleifen,

Harznester mit Schellack abdichten

aber das wird bei größeren Flächen recht mühsam. Zum Schleifen gerundeter Flächen, z. B. Hohlkehlen, legen Sie das Schleifpapier um einen entsprechend gerundeten Gegenstand, etwa einen Bleistift. Nach jedem Schleifgang wird die Holzoberfläche sorgfältig entstaubt.
Nun wird das Holz gewässert. Tragen Sie dazu mit einem Schwämmchen gleichmäßig etwas lauwarmes Wasser auf. Beim Trocknen stellen sich die beim Schleifen zusammengedrückten Holzfasern auf und können in einem zweiten Schleifgang mit Schleifpapier feiner Körnung (180–240) abgeschliffen werden – jetzt bitte nicht mehr mit dem Schleifklotz und schon gar nicht mit dem Schwingschleifer, sondern mit der Hand und wiederum nur in Faserrichtung.

Astlöcher retuschieren

Äste im Holz wirken nicht nur unschön, sie neigen auch zum Herausfallen. Soll das Holz mit einer deckenden Farbe gestrichen werden, reicht es zumeist aus, die Fugen um den Ast mit Ölspachtel auszufüllen. Lockere Äste müssen allerdings herausgebohrt oder -geklopft und die Löcher mit Holzkitt ausgefüllt werden. Besser und haltbarer ist es, das Astloch auszubohren und mit einem passenden Holzplättchen zu verschließen. Sie brauchen dazu eine Bohrmaschine mit langsamer Drehzahl, am besten mit Bohrständer, ein zu dem bearbeiteten Werkstück passendes Rundholz sowie einen Forstnerbohrer oder einen Flachfräsbohrer in einer Größe, die dem Durchmesser des Rundholzes entspricht.
Setzen Sie den Bohrer so an, daß die Spitze genau in der Mitte des Astes auftrifft, und bohren Sie das Astloch mit niedriger Drehzahl aus. Wenn Sie ohne Bohrständer arbeiten, müssen Sie die Bohrmaschine genau lotrecht halten. Falls Sie mit einem normalen Holzbohrer arbeiten, sollten Sie mit einem kleineren Bohrer vorbohren. Sägen Sie von dem Rundholz eine Scheibe ab. Diese soll etwa $\frac{1}{2}$–1 mm höher sein als das Bohrloch tief ist. Geben Sie etwas Weißleim in das Bohrloch, und drücken Sie die Holzscheibe fest hinein. Wischen Sie herausquellenden Leim mit einem feuchten Tuch ab. Nach dem Abbinden wird die Reparaturstelle mit dem Schwingschleifer plan geschliffen.
Im Gegensatz zu einem Ast fällt eine solche Reparatur nach entsprechender Oberflächenbehandlung kaum auf.

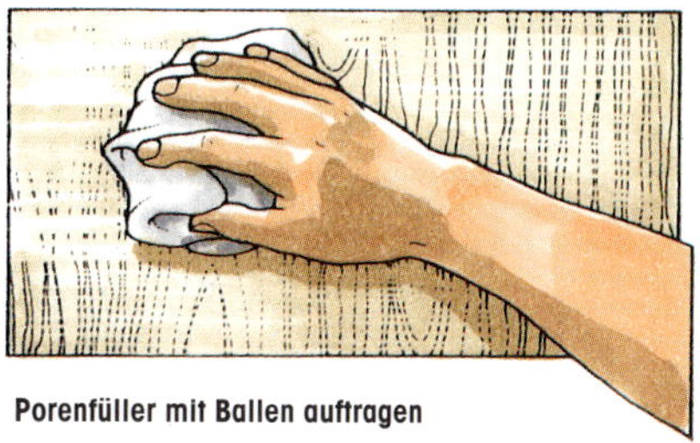

Porenfüller mit Ballen auftragen

Füllen der Poren

Nach dem Schleifen erfolgt die Oberflächenbehandlung mit Lacken oder Lasuren. Lacke bilden einen geschlossenen Film über der Holzoberfläche, während offenporige Lasuren das Holz zwar gegen eindringende Feuchtigkeit versiegeln, aber eingeschlossene Feuchtigkeit nach außen entweichen lassen – das Holz kann »atmen«. Hölzer, die farblos lackiert werden sollen, benötigen eine Grundierung mit Holzfüllgrund, der die Poren schließt. Bei deckenden Lackierungen kann man sowohl Füllgrund als auch eine beliebige Universalgrundierfarbe verwenden. Bei einer Lackierung mit Acryllack kann entweder mit Acrylgrund oder sogar mit verdünntem Lack grundiert werden.
Zu lasierendes Holz sollte nur grundiert werden, wenn es stark strapaziert oder

Zwischenschliff mit feinem Schleifpapier

den Witterungseinflüssen ausgesetzt ist. In diesem Fall streicht man es vor dem Auftrag der Farblasur mit einer Wetterschutzlasur, die tief in die Holzstruktur eindringt.
Nach jeder Grundierung erfolgt vor dem Endanstrich ein Zwischenschliff von Hand mit feinem Schleifpapier (220–320).

KUNSTHOLZPLATTEN

SIEHE AUCH
unter:
Grundierungen 21
Innenvertäfelung 67–69
Tapeten 71–78
Gipsplatten spachteln 140–141

Die vielseitigen und zumeist preiswerten Kunstholzplatten werden viel im Haus verwendet, besonders beim Trockenausbau, zur Herstellung von Einbauten und Möbeln sowie als tragfähige Unterlage für die verschiedensten Fußbodenbeläge.

1 Sperrholz
2 Tischlerplatte
3 Spanplatte
4 MDF
5 Hartfaserplatte (Rückseite)
6 Hartfaserplatte (Sichtseite)
7 Weichfaserplatte

Auswahl und Verwendung von Kunstholzplatten

Kunstholzplatten bestehen ebenfalls aus Holz, weisen jedoch andere Eigenschaften auf als Massivholz. Das am Bau – sei es für Trockenausbau oder Renovierung – meistverwendete Material ist die Spanplatte. Zu ihrer Herstellung werden Holzfasern und Sägespäne unter hohem Druck mit Kunstharzleim verklebt. Spanplatten sind biegesteif und verzugsfest. Sie lassen sich mit Dispersionsfarbe streichen, lackieren und tapezieren, mit Parkett und Kunststoffböden belegen und sogar mit Fliesen bekleben. Spanplatten gibt es in verschiedenen Qualitäten und mit den unterschiedlichsten Beschichtungen für nahezu jeden Verwendungszweck. Die MDF ist die edlere Version der Spanplatte. Für Tischlerplatten werden Stäbe aus unedlem Holz zwischen Sperrfurniere geleimt, während Sperrholz aus unterschiedlich vielen jeweils quer zur Faserrichtung verleimten Furnieren besteht. Diese Materialien werden bevorzugt im Möbelbau verwendet.

HOLZ BLEICHEN

Verfärbtes oder fleckiges Holz kann zur Vorbereitung für eine nachfolgende Behandlung mit Farbbeizen und Polituren gebleicht werden. Eine solche Behandlung ist allerdings nur dem erfahrenen Heimwerker zu empfehlen. Grundsätzlich ist es kaum möglich, mit Bleichen z. B. eine gebeizte Holzoberfläche fleckenlos zu entfärben. Dabei sollte man stets die gesamte Fläche behandeln. Gute Ergebnisse erzielt man dagegen beim Bleichen heller Hölzer wie Ahorn oder Birke.
Schreiner verwenden zum Bleichen zumeist Wasserstoffperoxid, erhältlich im Chemikalienhandel oder in der Apotheke für Holz. Gehen Sie vorsichtig mit diesem Mittel um, und tragen Sie bei der Arbeit Gummihandschuhe.

Tragen Sie das Bleichmittel mit Pinsel oder Schwamm gleichmäßig auf. Sobald der gewünschte Bleichungsgrad erreicht ist, wird mit klarem Wasser nachgewaschen

SIEHE AUCH
unter:
Holzveredelung 54–56
Fußboden legen 152–155

Ein geschliffener und versiegelter Parkettboden ist eine Augenweide – der schönste Schmuck für gepflegte und repräsentative Wohn- und Büroräume. Aber auch ein rustikaler Dielenboden wird durch Abschleifen wieder wie neu.

Holzfußböden ausbessern – lohnt der Aufwand?

Es hat keinen Zweck, Zeit und Geld auf das Schleifen eines Bodens zu verwenden, der in schlechtem Zustand – beschädigt, lückenhaft oder vom Holzwurm befallen – ist. Während moderne Fertigparkette in dieser Hinsicht kaum Probleme bereiten, findet man in Altbauten mitunter Fußböden in beklagenswertem Zustand, die an die Verlegung eines neuen Bodens denken lassen. Bei einfachen Dielenböden ist dies tatsächlich oft die bessere Lösung. Bei Edelholzparketten rechtfertigt jedoch allein der Materialwert auch umfangreichere Sanierungsarbeiten bis hin zur Neuverlegung – eine Arbeit, die den Heimwerker in aller Regel überfordert. Ziehen Sie stets einen Fachmann zu Rate, ehe Sie durch unsachgemäße Arbeiten Schaden anrichten. Kleinere Ausbesserungsarbeiten sind dagegen kein Problem, und bei der Reparatur einfacher Dielenböden wird ein erfahrener Heimwerker kaum etwas falsch machen. Wurmstichige und verfaulte Dielenbretter – erkennbar an den Fraßlöchern bzw. an Verfärbungen – sind zu ersetzen, und wo dilettantische Vorarbeiter Nägel unvollständig eingeschlagen haben, sind diese zu versenken, weil sie sonst das Schleifband bzw. die Schleifscheibe ruinieren.

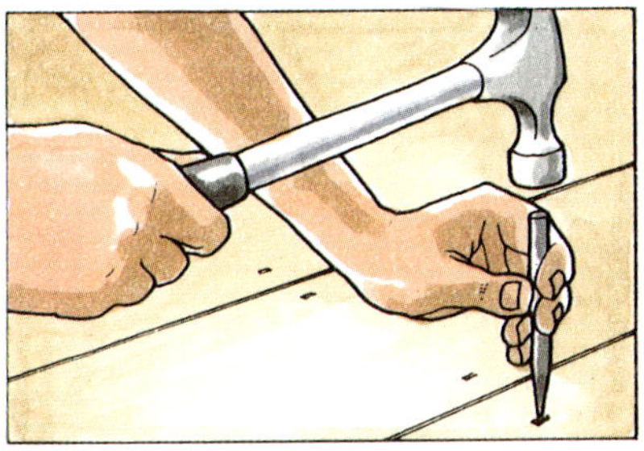

Hervorstehende Nägel müssen versenkt werden

Lücken zwischen Dielenbrettern schließen

Ein paar breitere Fugen gehören zu einem alten Dielenboden. Wenn sich aber größere Lücken auftun, muß gehandelt werden.

Lücken schließen

Wenn eine größere Fläche zu breite Fugen aufweist, besteht die einzig befriedigende Lösung darin, die Dielenbretter abzulösen und auf Stoß neu zu verlegen. Sofern es sich um einen neueren Dielenboden mit Nut und Feder handelt, erfordert diese Arbeit einiges an Gefühl, da diese Böden meist unsichtbar durch die Nut an die Deckenbalken genagelt wurden. Beim unvorsichtigen Abziehen kann leicht die Nut ausbrechen. Klopfen Sie die abgelösten Bretter nach Ausziehen der Nägel mit einem Gummihammer zusammen. Die beim Zusammenschieben entstehende Lücke an der Wand füllt man mit einem passend zugeschnittenen Dielenbrett.

Provisorische Reparaturen

Gibt es nur wenige Lücken, rühren Sie aus Zeitungspapier und Tapetenkleister mit etwas wasserlöslicher Holzbeize einen steifen Papiermachékleister an, den Sie in die Lücken spachteln. Breitere Spalte werden mit passend zugeschnittenen und gehobelten Holzleisten verschlossen, die stramm sitzen sollen. Streichen Sie Weißleim in den Spalt, und klopfen Sie die Leiste mit einem Holz- oder Gummihammer bündig ein. Eventuell überstehende Teile werden mit einem Handhobel abgehobelt.

Drücken Sie das Papiermaché fest in die Ritzen

Breite Spalten füllen Sie mit einer Holzleiste

VERWENDUNG EINER SCHLEIFMASCHINE

Walzen- oder Tellerschleifmaschinen zum Abschleifen von Fußböden können Sie in den meisten Baumärkten mieten. Wenn Sie noch keine Erfahrung haben, sollten Sie die Walzenschleifmaschine bevorzugen, da große Tellerschleifmaschinen durch sehr sensible Gewichtsverlagerungen »gesteuert« werden müssen und zum Ausbrechen neigen. Für die Randzonen dagegen ist eine kleinere Tellerschleifmaschine, der »Kantenschleifer«, bestens geeignet. Wenn Sie keinen bekommen können, tut es zur Not auch ein kräftiger Bandschleifer. Beachten Sie aber, daß Heimwerkergeräte meist nicht auf Dauerbelastung ausgelegt sind.

Walzenschleifer
Zweifellos die beste Maschine zum Abschleifen großer Flächen

Kantenschleifer
Eine kleinere Tellerschleifmaschine dient zum Abschleifen wandnaher Bereiche

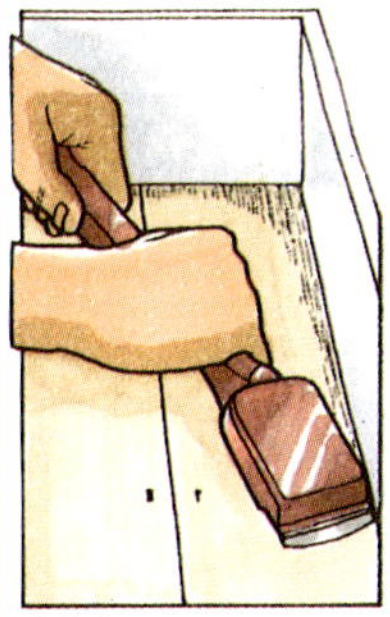

Schaber
Ein Schaber holt Schmutz und alten Lack auch aus unzugänglichen Ecken. Decken Sie sich mit einigen Ersatzklingen ein, da die Schaberklingen beim Abziehen von Lack schnell stumpf werden.

MIT SCHLEIFMASCHINEN ARBEITEN

SIEHE AUCH
unter:
Schleifmaschine 33
Holzveredelungsmittel 55

Schleifmittel montieren

Genaue Anweisungen für die Montage des Sandpapiers auf die Schleifmaschine sollten mit der gemieteten Ausrüstung geliefert werden, oder der Vermieter wird Ihnen zeigen, was Sie tun müssen. Ziehen Sie vor dem Wechseln des Schleifpapiers unbedingt den Netzstecker aus der Dose. Bei den meisten Maschinen wird das Schleifpapier einfach um die Walze gewickelt und mit einer anschraubbaren Schiene gesichert. Überzeugen Sie sich, daß das Papier fest eingespannt ist. Tellerschleifmaschinen arbeiten mit 30-cm-Schleifscheiben, die mit Zwischenlagen einfach unter den Antriebsteller gelegt werden.

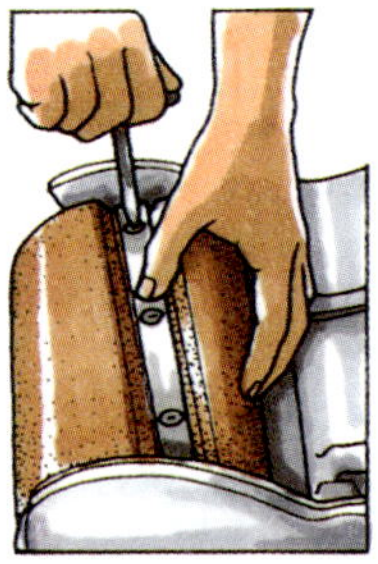

Walzenschleifer

Kantenschleifer

Handhabung eines Walzenschleifers

Bevor Sie eine Bahn schleifen, kippen Sie den Walzenschleifer zurück, damit die Walze vom Boden abgehoben ist. Hängen Sie sich das Stromkabel über eine Schulter, damit es nicht unter den Schleifer gerät. Starten Sie die Maschine, und senken Sie die Walzen vorsichtig auf den Boden. Die Maschine muß sich sofort in Bewegung setzen. Selbst ein kurzes Verharren schleift eine tiefe Delle in den Boden. Die Schleifmaschine bewegt sich durch eigene Kraft vorwärts. Halten Sie die Maschine so unter Kontrolle, daß sie sich langsam, aber stetig mit langsamster Schrittgeschwindigkeit in gerader Linie vorwärtsbewegt. Das geht am besten, wenn Sie der Maschine mit langsamen Trippelschritten folgen. Erreichen Sie die andere Seite des Raumes, kippen Sie die Maschine hoch, schalten sie ab und warten, bis die Wal ze steht. Ziehen Sie die Maschine auf den hinteren Laufrollen so an den Ausgangspunkt zurück, daß Sie die nächste Schleifbahn genau neben die erste setzen. Da der Walzenschleifer über eine Staubabsaugung verfügt, ist er dem Tellerschleifer vorzuziehen.

Alte Böden werden durch Abschleifen wie neu

Gebrauch eines Tellerschleifers

Halten Sie den Griff oben an der Maschine fest, und legen Sie sich das Stromkabel über die Schulter. Kippen Sie den Schleifer auf die hinteren Rollen zurück, um die Scheibe vom Boden abzuheben. Schalten Sie die Maschine ein, und senken Sie sie ab. Berührt sie den Boden, führen Sie die Maschine in stetiger Bewegung über die Fläche. Sie darf dabei niemals an einer Stelle stehenbleiben, da sonst Kerben ausgeschliffen werden. Große Tellerschleifmaschinen steuert man durch vorsichtiges Heben und Senken des Handgriffs.

1 Schleifen Sie erst in die eine …

2 … dann in die andere diagonale Richtung

Der Schleifvorgang

Zum Abschleifen des Fußbodens wird das betreffende Zimmer vollständig leergeräumt. Gegen den entstehenden Staub sollten Sie sich mit einer Atemmaske schützen, besonders wenn Sie Harthölzer wie Buche und Eiche abschleifen, deren Schleifstaub als gesundheitsgefährdend gilt. Vor Arbeitsbeginn wird der Raum gründlich gesäubert, damit sich keine Steine oder andere harte Gegenstände mehr auf dem Fußboden befinden.

Alte Dielenbretter pflegen sich mit den Jahren schüsselförmig zu verziehen. Um diese Mulden auszugleichen, schleifen Sie den Boden mit grobem Schleifpapier in beiden diagonalen Richtungen **(1–2)**. Profis verwenden dafür Körnung 20, der Heimwerker sollte Körnung 24 wählen. Wenn die Vertiefungen damit ausgeschliffen sind, schleifen Sie mit Papier mittlerer Körnung (60) in Faserrichtung. Ansonsten wiederholen Sie den Vorgang. Schleifen Sie parallel zu den Brettern **(3)**, bis Sie eine glatte, ebene Fläche erzielt haben. Diese wird zuletzt mit feinem Schleifpapier (100) noch einmal überschliffen. Die Randzonen des Raumes schleifen Sie mit der Tellerschleifmaschine, notfalls auch mit dem Bandschleifer. Achten Sie darauf, daß Schleifzeiten und die Körnung der Schleifmittel den Schleifgängen mit der Walzenschleifmaschine annähernd entsprechen.

Selbst der Kantenschleifer kann nicht bis zu den Fußleisten oder in die Ecken vordringen. Auf diesen kleinen Flächen entfernen Sie alten Lack und Schmutz mit einem Schaber. Für den anschließenden Feinschliff eignen sich der Schwingschleifer – oder der Schleifklotz.

Vorsicht ist beim Abschleifen neuerer Riemchen- oder Schiffsbodenparkette geboten, da die Edelholzschicht meist recht dünn ist.

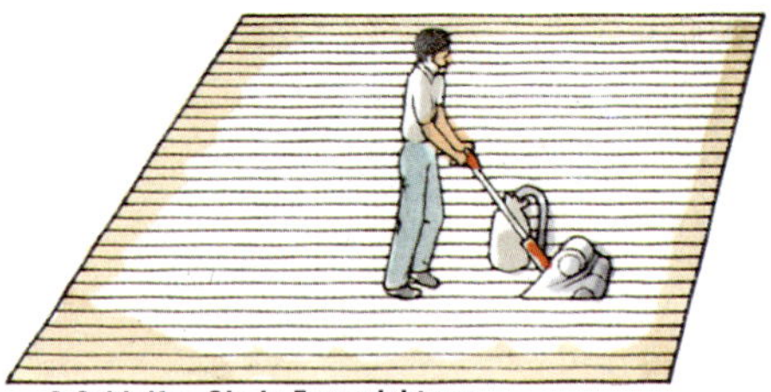

3 Schleifen Sie in Faserrichtung

4 Schleifen Sie Ränder mit dem Kantenschleifer

HOLZFUSSBODEN AUFDOPPELN

SIEHE AUCH

unter:

Bodenbeläge	88–95
Parkettböden	92–93
Teppichböden	94
Kunststoffbodenbeläge	98
Bügelsägen	354

Fliesen, PVC- oder Teppichböden kann man nicht direkt auf einen unebenen Holzboden verlegen. Fliesen würden sich aus dem Mörtelbett heben oder brechen, Teppichboden Unebenheiten zeigen. Die Lösung ist, den Fußboden mit Spanplatten zu vertäfeln.

Welches Material für meinen Boden?

Sie leben in einem alten Haus, dessen Parkett beim besten Willen nicht mehr zu retten ist? In ihrem Wochenendhaus zieht es durch den einfachen Bretterboden? Sie wollen den fleckigen und ramponierten Dielenboden Ihrer Küche gegen einen pflegeleichten Fliesenboden eintauschen? Kein Problem! Wenn Sie Ihren unebenen, federnden Holzboden mit Fußbodenplatten aus Preßspan belegen, haben Sie eine stabile Unterlage für alle gängigen Bodenbeläge. Diese Spanplatten lassen sich dank Nut und Feder leicht verlegen und dichten den Boden nach unten zuverlässig ab. Es gibt sie in 2 Stärken (10 und 20 mm), wobei Sie nach Möglichkeit der stärkeren Ausführung den Vorzug geben sollten. Für PVC- und Teppichboden würde allerdings auch ein – billigerer – Belag aus 3-mm-Hartfaserplatten ausreichen.

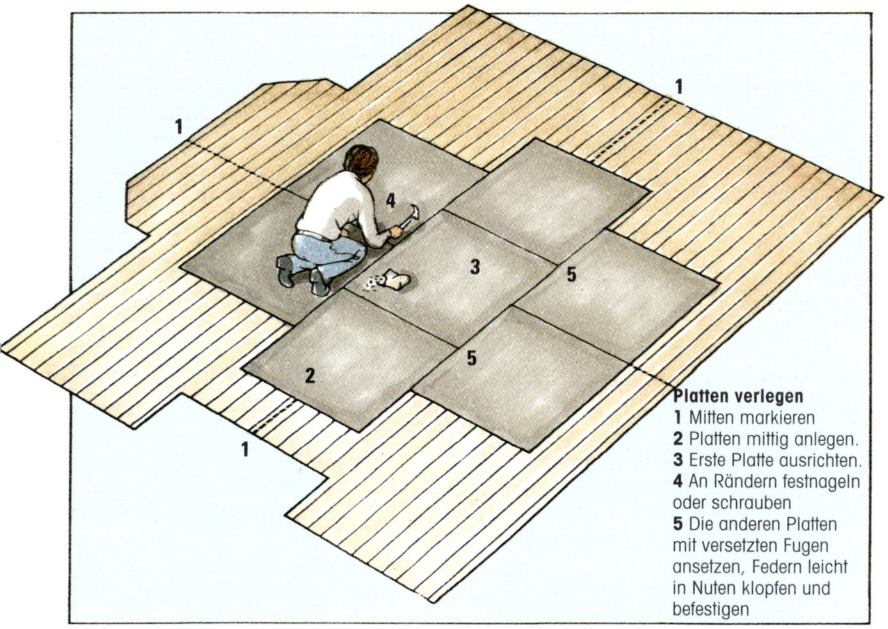

Platten verlegen
1 Mitten markieren
2 Platten mittig anlegen.
3 Erste Platte ausrichten.
4 An Rändern festnageln oder schrauben
5 Die anderen Platten mit versetzten Fugen ansetzen, Federn leicht in Nuten klopfen und befestigen

Nageln Sie Spanplatten auf die Dielen
Schrauben halten noch wesentlich besser.

Randstreifen füllen

1 Anlegen

2 Anzeichnen

3 Anschrauben

Türausschnitt

4 Anlegen

5 Türstock übertragen

6 Ausschneiden

Verlegen der Platten

Inspizieren Sie zunächst den Holzboden. Nageln Sie lose Bretter fest, hobeln Sie erhabene Stellen plan, und versenken Sie hervorstehende Nagelköpfe.
Messen Sie die Schmalseiten des Raumes aus, markieren Sie jeweils die Mitte, und verbinden Sie beide Punkte mit einem Bleistiftstrich. Nehmen Sie die Mitte dieser Linie, und ziehen Sie von dort aus genau rechtwinklige Linien zu den Längswänden. Legen Sie an den Seiten, auf denen sich die Feder befindet, weitere Platten an, und richten Sie alles so aus, daß Sie möglichst ohne Verschnitt die beiden Wände erreichen. Halten Sie dabei ca 1 cm Abstand zur Wand. Nageln Sie die erste Platte mit 30 mm langen Stiften an den Boden. Die Konstruktion wird noch stabiler, wenn Sie Spax-Schrauben entsprechender Größe verwenden. Bei Verwendung von Fußbodenplatten mit Nut und Feder müssen Sie diese nicht unbedingt versetzt anordnen, doch bringt eine solche Anordnung ebenfalls Stabilitätsvorteile. Fügen Sie nun die übrigen Platten unter Zugabe von Weißleim zusammen. Schrauben oder nageln Sie diese ebenfalls fest. Schneiden Sie die Randstücke entsprechend den obenstehenden Abbildungen **(1–3)** zu. Rechnen Sie dabei wiederum ca. 1 cm Abstand zur Wand ein, den Sie brauchen, um die Federn der Randstücke in die Nuten zu schieben. Von Hand wird Ihnen das kaum gelingen, aber es geht ganz einfach, wenn Sie die Schneide eines Hammers zwischen Platte und Wand schieben und den Hammerstiel mit Vorsicht als Hebel verwenden. Türstöcke schneiden Sie aus, wie rechts außen abgebildet **(4–6)**.

FLIESEN AUF HOLZ

Keramikbodenfliesen können auch auf einem Holzboden verlegt werden, sofern dieser so stabil ist, daß er weder schwingt noch sich durchbiegt. Dielenböden und Parkette kann man durch aufgeschraubte Sperrholz- oder Fußbodenplatten aus Preßspan entsprechend stabilisieren. Wichtig ist, daß die Platten alle 30 cm an den Rändern an den Untergrund geschraubt werden.

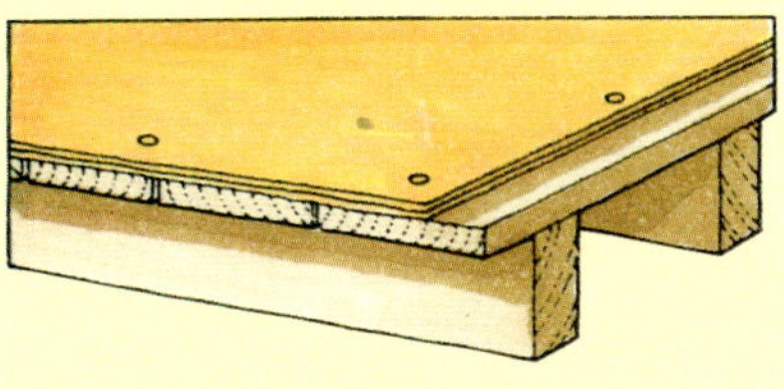

Die Bodenplatten werden alle 30 cm verschraubt

- **Kürzen einer Tür**
  Wenn Sie einen Boden mit Spanplatten oder Sperrholz aufdoppeln, müssen Sie die Türen unten entsprechend weit abhobeln. Heben Sie die Tür(en) aus den Angeln, und markieren Sie die zusätzliche Höhe des Bodenbelags, wobei sich die Stärke des Belags zur Stärke der Platten addiert. Hobeln Sie von beiden Seiten zur Mitte hin, damit die Kanten nicht absplittern.

LACKIERTE UND LASIERTE HOLZARBEITEN

SIEHE AUCH
unter:

Die meisten Holzarbeiten im und am Haus sind lackiert oder lasiert. Intakte Lack- und Lasuroberflächen bilden einen guten Untergrund für neue Anstriche. Sind aber zu viele Lackschichten übereinander aufgetragen, verschwinden filigrane Zierleisten unter der dicken Schicht und der Anstrich wirkt grob und unschön. Am besten entfernt man die alten Farbschichten bis auf das rohe Holz und baut Schicht um Schicht eine neue, perfekte Lackierung auf. Wenn alte Anstriche verrottet sind und Blasen werfen, rissig sind oder abblättern, müssen sie ebenfalls restlos entfernt werden.

Abwaschen
Bei sehr gut erhaltenen Anstrichen kann es ausreichen, die Oberfläche mit Universalverdünnung abzuwaschen. Auf diese Weise werden Fett- und Schmutzablagerungen entfernt und die Oberfläche leicht angelöst, so daß der neue Anstrich gut haftet. Dieses einfache Verfahren empfiehlt sich aber nur, wenn der alte Anstrich keine Schäden aufweist. Da die Dämpfe sowohl brisant als auch gesundheitsschädlich sind, muß bei dieser Arbeit stets gut gelüftet werden.

Abblätternder Lack

Mehrfach überstrichene Lackschichten

Verwitterte lasierte Holzfläche

Gut erhaltene Anstriche vorbereiten

Waschen Sie den alten Anstrich mit einer Lösung aus warmem Wasser und Haushaltsreiniger von unten nach oben ab. Achten Sie dabei besonders auf die Flächen um Tür- und Fenstergriffe, wo Schmutz und Fett am häufigsten sind. Spülen Sie mit sauberem Wasser von oben nach unten, um zu verhindern, daß verschmutzte Flüssigkeit auf die frisch gereinigte Oberfläche läuft. Schleifen Sie nun die Lackfläche mit feinem Naßschleifpapier, bis sie gleichmäßig matt aussieht. Grundieren Sie rohes Holz vor dem Lackieren. Füllen Sie offene Fugen oder Löcher mit Öl-oder Acrylspachtel. Schleifen Sie gespachtelte Oberflächen nach dem Trocknen. Achten Sie bei Fenstern und verglasten Türrahmen auf losen und bröckeligen Fensterkitt. Schadhafter Kitt sollte entfernt, die betreffenden Stellen neu verkittet oder mit Silikon befestigt werden.

Schadhafte Anstriche vorbereiten

Schadhafte Anstriche oder Lasuren müssen bis auf das rohe Holz abgelöst und entfernt werden. Es gibt hierzu verschiedene Methoden. Stets wird zuerst alles lose Material abgekratzt. Ist die Farbe besonders rissig oder weitgehend abgeblättert, genügt es mitunter, sie mit einem Schaber oder einer Spachtel trocken abzukratzen und mit Schleifpapier nachzuschleifen. Haftet die Farbe dagegen fest am Holz, entfernt man sie nach einer der unten und auf der gegenüberliegenden Seite beschriebenen Methoden.

Farbschichten mit der Lötlampe abbrennen

Die traditionelle Methode zum Ablösen alter Farbe ist das Abbrennen mit einer Lötlampe. Die mit Petroleum gefüllte, fauchende Lötlampe ist allerdings kaum mehr in Gebrauch. Heute verwendet man einen bequemen, sicheren Gaslötbrenner, der mit Flüssiggas in austauschbaren Dosen oder Kartuschen betrieben wird.
Das Abbrennen von alter Farbe führt zwar am schnellsten zum Ziel, will aber gelernt sein. Die Flamme des Lötbrenners wird dabei vorsichtig über die Farbfläche geführt, bis der Lack weich wird und sich zu kräuseln beginnt. In diesem Zustand kann man ihn mit einer Spachtel abschaben.
Anfängern passiert es leicht, daß die Farbe beim Abschaben Feuer fängt oder daß die darunterliegende Holzoberfläche angekohlt wird. In diesem Fall wird das schnellste Verfahren zum aufwendigsten. Denn Sie müssen die verkohlten Stellen vor der Neulackierung sorgfältig ausschleifen und spachteln. Übrigens sind nicht nur Farbreste in Dosen, sondern auch abgeschabte Altlacke Sondermüll und müssen entsorgt werden.
Beginnen Sie mit dem Abbrennen an Leisten und sonstigen Verzierungen. Größere Flächen werden zuletzt bearbeitet. Arbeiten Sie stets von unten nach oben. Halten Sie die Flamme niemals auf eine Stelle, sondern schwenken Sie den Brenner, damit Sie das Holz nicht versengen. Entfernen Sie alle brennbaren Materialien aus der Nähe Ihres Arbeitsplatzes und halten Sie für den Fall der Fälle je einen Eimer mit Wasser und Sand bereit. Am besten arbeiten Sie im Freien. Sobald die Farbe erweicht ist, kratzen Sie sie mit einer Ziehklinge ab.

Profilschaber für Zierprofile

Gerade Flächen kratzt man mit der Spachtel ab

SIEHE AUCH

AUSWAHL UND GEBRAUCH VON ABBEIZMITTELN

Alte Farbe kann durch Abbeizmittel entfernt werden, die mit Farbe und Lasur chemisch reagieren. Für den Heimwerker ist diese Form der Lackentfernung sicherlich die praktikabelste. Es gibt grundsätzlich zwei Arten von Abbeizmitteln: gelartige, die auf Methylenchloriden basieren, und Abbeizer in der Form einer dicken Paste aus Ätznatron.
Allen gemeinsam ist ihre stark ätzende Wirkung. Abbeizmittel sind gefährlich, wenn sie auf die Haut oder in die Augen gelangen. Um dies zu verhindern, muß man geeignete Vorsichtsmaßnahmen ergreifen:

- Tragen Sie bei der Arbeit Gummihandschuhe und eine Sicherheitsbrille. Wenn Sie zu Atemwegserkrankungen neigen, ist eine Atemmaske zu empfehlen.
- Arbeiten Sie im Freien oder in gutbelüfteten Räumen. Chemische Abbeizmittel können Dämpfe entwickeln, die Ihre Gesundheit gefährden.
- Abbeizmittel wirken ätzend. Gelangen trotz entsprechender Vorsichtsmaßnahmen Spritzer auf Ihre Haut, müssen Sie die betroffenen Hautstellen sofort mit viel kaltem Wasser abwaschen. Spritzt Abbeizer in Ihre Augen, waschen Sie sie ebenfalls sofort unter fließendem Wasser aus und suchen unverzüglich einen Arzt auf.
- Kinder und Haustiere sind beim Arbeiten mit chemischen Abbeizern fernzuhalten.
- Chemische Abbeizmittel für Kinder unzugänglich aufbewahren.
- Auch bei chemischen Abbeizern gilt: die entstehenden Abfälle sind Sondermüll und müssen sachgerecht – getrennt vom Haushaltsmüll – entsorgt werden.
- Es gibt heute chemische Abbeizer, die auch ohne umweltschädigende Inhaltsstoffe mehrere Schichten Lack in einem Arbeitsgang entfernen können. Wählen Sie bevorzugt solche Produkte.

Anwendung chemischer Abbeizer

Decken Sie den Boden mit Plastikfolie oder mehreren Schichten Zeitungspapier ab. Tragen Sie das Abbeizmittel mit einem festen Pinsel – ein alter, für feine Lackierungen nicht mehr geeigneter Flachpinsel ist dafür gerade recht – satt auf die abzubeizende Farbfläche auf. »Massieren« Sie den Abbeizer mit stupfenden Pinselbewegungen in die Lackfläche ein. Achten Sie darauf, daß auch Vertiefungen gut mit dem Mittel ausgefüllt werden.
Lassen Sie das Abbeizmittel nach Herstellerangabe einwirken. Das dauert normalerweise zwischen 10 Minuten und einer halben Stunde. Danach sollte die Lackierung auf der gesamten Fläche kleine Blasen werfen. Versuchen Sie nun die Lackschicht mit einer Spachtel abzuschaben. Besonders wenn mehrere Farbschichten übereinanderliegen, kommt es vor, daß dies nicht auf Anhieb gelingt. In solchen Fällen tragen Sie noch einmal wie beschrieben eine dicke Schicht Abbeizmittel auf und lassen diese einwirken. Bevorzugen Sie in solchen Fällen Abbeizpasten, die mit dikken Farbschichten meist besser fertig werden.
Kratzen Sie nun die Farbe mit einer Spachtel oder, besser, mit einem Schaber von der ebenen Oberfläche ab. Verwenden Sie einen Schaber mit auswechselbaren Klingen, und wechseln Sie diese regelmäßig. Zum Auskratzen von Ecken, Winkeln und Profilen verwenden Sie einen Profilschaber. Vertiefungen im Holz wischen Sie mit feiner Stahlwolle aus. Vorsicht bei Eichenholz! Hier dürfen Sie keine Stahlwolle verwenden, da der Kontakt mit dem Metall das Holz verfärbt. Nehmen Sie statt dessen grobes Sackleinen.
Ist die meiste Farbe entfernt, säubern Sie Farbreste mit einem in Abbeizer getauchten Knäuel Stahlwolle. Reiben Sie mit dem Verlauf der Maserung und wechseln Sie die Stahlwolle häufig. Zuletzt wird die abgebeizte Holzfläche mit klarem Wasser gründlich abgewaschen. Nach dem Trocknen wird das Werkstück wie rohes Holz weiterbearbeitet.

Abbeizen lassen

Professionelle Abbeizfirmen arbeiten mit Abbeizbädern. Sie sparen sich viel Mühe und Schmutz, wenn Sie dort abbeizen lassen. Hüten Sie sich aber vor den in dieser Branche nicht seltenen schwarzen Schafen. Manches schöne Stück ist durch unsachgemäße Behandlung im Abbeizbad ruiniert worden.

Heißluftgebläse

Schnell und gründlich lassen sich alte Anstriche mit dem Gaslötbrenner entfernen, aber das Verfahren birgt einige Risiken: Sie können dabei das Werkstück so ankohlen, daß es für eine Nachbehandlung mit Lasuren unbrauchbar wird, und bei fahrlässiger Handhabung können Sie sogar Ihr Haus anzünden. Eine gute Alternative bilden Heißluftgebläse, wie sie von fast allen namhaften Herstellern von Elektrowerkzeugen angeboten werden. Ein solches Gerät arbeitet im Grunde wie ein Haartrockner. Kommen Sie aber bitte nicht auf die Idee, es zur Körperpflege zweckentfremden zu wollen – die weit höheren Temperaturen wären Ihrer Haarpracht nicht zuträglich.
Einige Gebläse werden mit einer Auswahl von Düsen für verschiedene Arbeiten geliefert (siehe unten). Halten Sie das Gebläse ca. 50 mm über die Farboberfläche, und bewegen Sie es langsam vor und zurück, bis die Farbe Blasen wirft. Entfernen Sie die Farbe sofort mit einem Schaber. Richten Sie die Heißluft konzentriert auf eine kleine Fläche vor dem Schaber, so daß Sie gleichmäßig arbeiten können.
Alte Grundierungen lassen sich mit einem Heißluftgebläse manchmal nur schwer entfernen. Wollen Sie das Holz wieder lackieren, schleifen Sie die Oberfläche einfach ab. Ansonsten entfernen Sie Grundierungsreste mit in Abbeizer getauchter Stahlwolle.

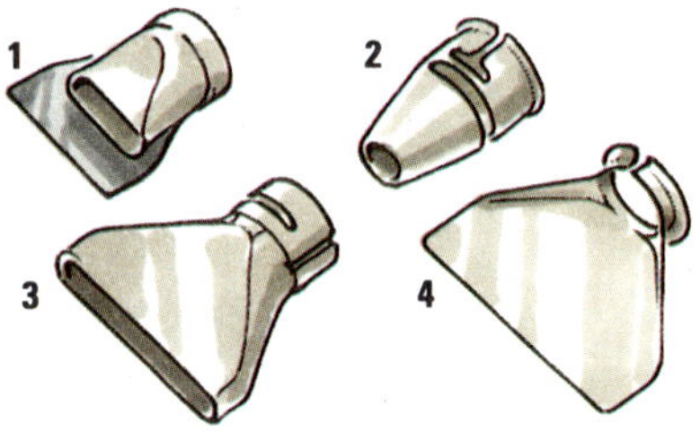

Düsen für Heißluftgebläse
Heißluftgebläse werden mit einer normalen, runden Düse für allgemeine Arbeiten geliefert, aber viele bieten nützliche Zusätze an, so eine breite Düse mit integriertem Schaber **(1)** und eine konische Düse, um die Heißluft auf eine kleine Fläche zu konzentrieren **(2)**. Einige bieten auch Düsen für die breitflächige Verteilung der Heißluft **(3)**, oder eine Glasschutzdüse für dünne Glasrahmen **(4)**.

Mit Heißluft können Sie Holz kaum ansengen

METALL: EISEN UND STAHL

SIEHE AUCH
unter:

Grundierung	21
Abbeizmittel	37
Metalle streichen	65–66

- **Kupferdachrinnen**
Sie dürfen Eisenblechdachrinnen nur dann gegen solche aus Kupfer austauschen, wenn auf dem Wasserweg keine Rohre aus unedlem Metall liegen, sonst korrodieren diese sehr schnell (siehe auch unter »Fließregel« im Kapitel über Installationen.)

Metalle sind zumeist hoch belastbare Materialien, die auch am Bau verarbeitet werden – für Geländer, Fensterrahmen, Dachrinnen, Wasserleitungen, Regenrohre und Heizkörper, um nur einige zu nennen. Unedle Metalle, die mit Wasser in Berührung kommen, sind besonders anfällig für Korrosion. Lack allein bietet keinen ausreichenden Schutz. Deshalb sind oft spezielle Behandlungen erforderlich.

Schmiedeeiserner Zaun, stark korrodiert

Verrosteter Metall-Fensterrahmen

Stark angerostetes Fallrohr

Was ist Rost?

Rost ist eine Form von Korrosion, die nur Eisen angreift – besonders Eisen und Stahl – und auf eine erlektrochemische Reaktion unter dem Einfluß von Wasser und Sauerstoff zurückzuführen ist. Dabei wird das Eisen in Eisen(II)- und Eisen(III)-oxid umgewandelt. Um diesen Vorgang zu verhindern oder wenigstens zu verlangsamen, gibt es verschiedene Möglichkeiten.

Die Behandlung blanken Metalls

Schleifen Sie leichte Rostablagerungen mit Stahlwolle oder feinem Naßschleifpapier ab. Ist der Rostbefall so stark, daß die Oberfläche des Metalls bereits Vertiefungen aufweist, benutzen Sie eine Topf- oder Scheibendrahtbürste oder eine Kniebürste, die den Vorzug aufweist, je nach Laufrichtung Sandstrahl- oder Poliereffekt zu liefern. Alle diese Werkzeuge werden als Einsatz für die elektrische Bohrmaschine verwendet. Dabei wird vom brutalen Rotorschrupper bis zum eher sanften Nylonfächerschleifer für praktisch jede Arbeit das Richtige angeboten. Lassen Sie sich beraten. Tragen Sie beim Entrosten stets eine Schutzbrille, um Ihre Augen vor herumfliegenden Teilchen zu schützen – auch wenn Sie nur mit der Handdrahtbürste arbeiten.

Wenn sich das Werkstück mechanisch nicht vollständig entrosten läßt, streichen Sie es mit einem in Autozubehörläden erhältlichen Rostumwandler. Folgen Sie dabei den Hinweisen des Herstellers: Einige Rostumwandler bilden einen widerstandsfähigen Haftgrund für nachfolgende Lackierungen, andere müssen nach einigen Minuten abgewaschen werden. Waschen Sie Fettflecke mit Waschbenzin und Drahtwolle ab. Auf das saubere, blanke Metall tragen Sie eine handelsübliche Metallgrundierung auf. Am besten wählen Sie eine Zinkphosphatgrundierung. Die früher üblichen bleihaltigen Grundierungen (Mennige) werden wegen ihrer Giftigkeit nicht mehr verwendet. Beschichten Sie das Werkstück gleichmäßig, an scharfen Rändern und Ecken großzügig.

Nachlackieren bereits lackierten Metalls

Unbeschädigten Lack waschen Sie mit Schmierseife oder einem Haushaltsreiniger ab, spülen und trocknen ihn. Rauhen Sie Glanzlack mit feinem Schleifpapier (Korn 400) auf.
Zeigt der Lack Risse oder hat er gar Blasen geworfen, müssen alle losen Lack- und Rostteilchen in der oben beschriebenen Weise restlos entfernt werden. Tragen Sie Rostumwandler auf die blanken Stellen auf. Grundieren Sie blankes Metall sofort; Rost kann sich schnell wieder bilden.
Wenn Sie Dachrinnen aus Blech streichen wollen, entfernen Sie zunächst Schmutz und altes Laub. Streichen Sie die gründlich gereinigte Dachrinne innen und außen erst mit einem guten Metallgrund und dann mit dem gewünschten Farblack. Prüfen Sie aber zuerst, ob das Material noch so gut ist, daß sich die Mühe lohnt. Stark korrodierte Dachrinnen sollten Sie durch solche aus Kupfer ersetzen. Sie sind teurer, aber auch ohne Schutzanstrich sehr haltbar.
Ein Sonderkapitel sind Neulackierungen an Kraftfahrzeugen. Da es hier meist auf eine einwandfreie optische Wirkung ankommt, gehören sie in die Hand des Fachmanns. Der Heimwerker wird sich meist mit kleinen Ausbesserungen – etwa von Steinschlägen – begnügen. Drahtbürste und Bohrmaschine haben dabei in der Regel nichts zu suchen. Bei sehr kleinen Schäden genügt es meist, die Schadensstelle mit einem Farbtupfer aus dem »Lackstift« abzudecken. Bei größeren Rostblasen kratzt man zunächst alles lose Material mit einem feinen Instrument, etwa einem kleinen Schraubenzieher, ab und behandelt die Schadstelle mit Rostumwandler. Anschließend wird mit feinem Naßschleifpapier sorgfältig geschliffen und eine Zinkphosphatgrundierung aufgetragen. Nach dem Trocknen kann in den meisten Fällen mit einem Lackspray passender Farbe nachlackiert werden. An exponierten Stellen oder wenn der Rost die Blechoberfläche bereits angegriffen hat, wird die Schadstelle mit einem geeigneten Lackspachtel und einer kleinen Japanspachtel ausgespachtelt. Die geeigneten Werkzeuge und Materialien erhalten Sie im Kraftfahrzeugzubehörhandel. Achten Sie bei allen Lackausbesserungen darauf, die Schadstelle möglichst klein zu halten.

SIEHE AUCH
unter:
Grundierungen 21
Metalle streichen 65–66

Abbeizen von Metallen

Grundsätzlich lassen sich alle chemischen Abbeizmittel auch für lackierte Metalle verwenden, doch sind die mechanischen Entlackungsverfahren hier in der Regel vorzuziehen. Die Verwendung des bei Holz so praktischen Heißluftgebläses scheidet aus, da Metall die Wärme zu schnell ableitet. Auch der Lötbrenner sollte nur mit Vorsicht eingesetzt werden, da punktuelles Erhitzen etwa bei Gußeisen zum Springen des Werkstücks führen kann. Auch im professionellen Bereich wird zu entlackendes Blech eher sandgestrahlt als abgebeizt.

Korrosion von Aluminium

Aluminium korrodiert nicht im gleichen Maße wie Eisenmetalle. Heutzutage sind z. B. aluminiumlegierte Fenster und Türrahmen so gebaut, daß sie auch ohne schützenden Lackanstrich wetterfest sind. Dennoch kann Aluminium unter ungünstigen Bedingungen matt grau korrodieren und sogar weiße Kristalle auf der Oberfläche bilden. Zur Entfernung der Korrosionsspuren schmirgeln Sie das Aluminium mit feinem Naßschleifpapier ab. Verwenden Sie Schritt für Schritt immer feineres Schleifpapier (bis Körnung 600), bis sich der aluminiumtypische matte Glanz wieder einstellt.

Streichen von verzinktem Metall

Eisen und Stahl werden in einem heißen Tauchbad verzinkt. Damit läßt sich der nach heutigem Stand der Technik dauerhafteste Korrosionsschutz erzielen, weshalb das Verfahren auch im Automobilbau angewandt wird. Auf frisch verzinkten Blechen haften die meisten handelsüblichen Lacke ziemlich schlecht. Aber in vielen Fällen hat der Hersteller das verzinkte Material für eine sofortige Grundierung und Lackierung chemisch vorbehandelt.

Erhaltung von Messing und Kupfer

Messingteile finden sich am Haus in der Regel nur in Form von Beschlägen an Türen und Fenstern. Solche Teile werden normalerweise nicht mit Farblack gestrichen, da ihre schöne Goldfarbe als dekoratives Element genutzt wird.
Lackierte Messingteile kann man ohne weiteres mit einem chemischen Abbeizer behandeln. Wenn man sie anschließend auf Hochglanz poliert, sehen sie wieder wie neu aus. Am besten verwendet man dafür ein handelsübliches Polierset. Es besteht aus einer Filzscheibe zum Vor- und einer Schwabbelscheibe zum Nachpolieren sowie je einem Stück Vorpolier- und Polierpaste. Die Polierscheiben werden in die elektrische Bohrmaschine eingespannt. Arbeiten Sie nie ohne Schutzbrille. Auch die Verwendung einer leichten Atemschutzmaske – in jedem Baumarkt erhältlich – wird beim Polieren von Metallen empfohlen.
Kupfer wird am Haus für Dachrinnen, Fallrohre und Dach- bzw. Kaminverblechungen verwendet. Es benötigt keinen schützenden Anstrich, sondern entwickelt im Lauf der Jahre von selbst die geschätzte Patina.

Pflege von Blei

Auf Grund seiner Giftigkeit wird Blei am Bau heute nicht mehr verwendet. In sehr alten Häusern stößt man aber gelegentlich noch auf Bleiwasserleitungen. Halten Sie sich nicht mit Verschönerungsmaßnahmen auf, sondern wenden Sie sich zwecks Ersatz durch weniger bedenkliche Materialien an Ihren Installateur. Dank moderner, genormter Kupferleitungen und leicht zu handhabender Quetschverbindungen lassen sich viele Installationsarbeiten auch von erfahrenen Heimwerkern ohne weiteres durchführen.
Blei begegnet man am und im Haus normalerweise nur noch in Form von Bleifassungen an den im rustikalen Wohnstil so geschätzten Butzenscheiben. Werden bleigefaßte Verglasungen der Witterung ausgesetzt, kann es zu Korrosion kommen, die in Form weißer Ablagerungen auftritt. Diese werden gegebenenfalls mit Seife und feiner Stahlwolle wegpoliert. Anschließend wäscht man das betroffene Fenster mit viel warmem Wasser nach, in das man einen Schuß Haushaltsreiniger gegeben hat.

KORROSION AN MESSINGBESCHLÄGEN

Messing korrodiert zu einer stumpfen, braunen Farbe, aber sie ist mit einer Metallpolitur gewöhnlich leicht zu entfernen. Sind Messingbeschläge der Witterung ausgesetzt, bilden sich schwer abzupolierende Ablagerungen.
Mischen Sie einen gestrichenen Eßlöffel Salz mit der gleichen Menge Essig in 275 ml heißem Wasser. Mit dieser Lösung und feiner Stahlwolle schmirgeln Sie die Oxidschicht ab. Säubern Sie das Metall anschließend mit heißem Wasser und Reinigungsmittel, spülen und trocknen Sie es vor dem Polieren.

Reinigen Sie Messing mit einer Salz- und Essiglösung

Entfernung von Grünspan

Stark verwittertes Messing kann grüne Ablagerungen, Grünspan, entwickeln. Da diese starke Korrosion das Metall zerfrißt, muß sie sofort bekämpft werden. Legen Sie eine Plastikschüssel mit Aluminiumfolie aus. Binden Sie Fäden an die Messingteile und legen Sie diese auf die Folie. Lösen Sie eine Tasse Waschsoda in 2 Liter heißem Wasser, und geben Sie alles in die Schüssel, so daß die Messingteile bedeckt sind. Lassen Sie die Lösung einige Minuten sprudeln und brodeln, dann heben Sie die Messingteile an den Fäden heraus. Legen Sie immer noch korrodierte Teile zurück. Gegebenenfalls wird der Vorgang mit frischer Lösung und neuer Folie wiederholt.

Grünspan entfernt man mit Waschsodalösung

FLIESEN-PFLEGE

SIEHE AUCH

Fliesen werden zur Verkleidung von Wänden, Böden und Decken verwendet. Es gibt sie in vielen Materialien – Keramik, Kork und Teppich –, vielen Oberflächenstrukturen und zahllosen Dekors. Sehen sie schäbig aus, wird man versuchen, ihr Dekor bzw die Oberfläche durch eine gründliche Reinigung aufzufrischen. Bei manchen Fliesen, etwa Riemchen, kann man durch Überstreichen interessante Effekte erzielen.

Gereinigt erstrahlen die Farben im alten Glanz

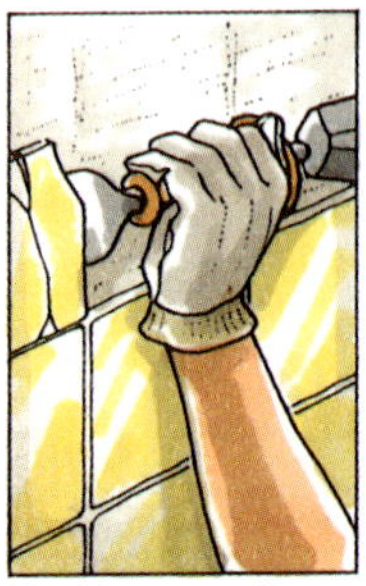

Abschlagen von Keramik- oder Steinfliesen
Zum Abschlagen alter Fliesen zertrümmern Sie wenigstens eine Fliese mit einem Meißel. Dann schlagen Sie die anderen von der Wand, indem Sie einen breiten Maurermeißel mit leichten Schlägen zwischen Fliese und Wand treiben. Schlagen Sie auch alle verbliebenen Fliesen-, Kleber- und Mörtelreste mit dem Meißel ab.

REINIGUNG EINES ALTEN STEINFLIESENFUSSBODENS

Alte Steinfliesen sind porös, und Schmutz und Fett sind in die Oberfläche eingedrungen. Wenn alle Haushaltsreiniger versagen, sollten Sie einen Fachmann zu Rate ziehen. Es ist hier nicht der Ort, um alle denkbaren Reinigungsmittel vorzustellen. Versuchen Sie Art und Alter der Fliesen so genau wie möglich festzustellen. Ihr Fachhändler hat dann sicher den richtigen Tip parat.
Im Außenbereich läßt sich ein Hochdruckreiniger verwenden.

Porentiefe Verschmutzungen
Mit der Scheuerseite eines Haushaltsschwamms läßt sich auch hartnäckiger Schmutz entfernen.

- **Kunststofffliesen**
Vorsicht bei der Arbeit mit Kunststofffliesen! Die meisten PVC-Fliesen enthielten Asbest. Tragen Sie bei der Arbeit einen Atemschutz.

Wand- und Bodenfliesen

Keramikfliesen werden mit einem Spezialkleber an Wand oder Boden geklebt, Steinfliesen mit Mörtel. Sie abzuschlagen, um einen Raum neu zu gestalten, ist schmutzig und zeitraubend, aber langfristig oft die befriedigenste Lösung. Sie können auch neue Fliesen direkt auf die alten kleben, aber die Oberfläche muß dazu vollkommen eben sein. Prüfen Sie die Wand mit Hilfe eines Richtscheits. Klopfen Sie die Wand genau ab, um lose Fliesen zu finden. Diese werden abgeschlagen, die Lücke bündig zur Wandoberfläche mit Mörtel gefüllt. Waschen Sie die Wand ab, um Fett und Öl zu beseitigen.
Genauso können alte Stein- oder Keramikbodenfliesen neu gefliest werden. Behandeln Sie einen unebenen Boden zuvor mit einer selbstausgleichenden Spachtelmasse.
Dagegen kann man nicht über alte Keramikwandfliesen tapezieren, da der Kleber auf der glatten Oberfläche nicht haftet. Außerdem würden sich die Fugen unter der Tapete abzeichnen. Dagegen können geflieste Wände mit einer gewebten Glasfasertapete überklebt werden, die später gestrichen wird. Damit sich dieses grobe Material nicht ablöst, muß die Oberfläche heil und frei von Schmutz und Öl sein.

Deckenplatten aus Polystyrol

Polystyrolfliesen werden mit einem wasserlöslichen oder lösemittelhaltigen Kleber direkt auf die Zimmerdecke geklebt und sind deshalb schwer zu entfernen. Früher wurden meistens fünf kleine Tupfen Kleber pro Fliese aufgetragen. Diese Methode ist heutzutage aus Brandschutzgründen verboten. Die Hersteller empfehlen, den Kleber vollflächig aufzutragen, was das Entfernen noch schwieriger macht.
Fliesen und Kleberreste werden mit einem breitklingrigen Schaber abgenommen. Hartnäckige Klebstoffflecken weichen Sie mit warmem Wasser, Tapetenentferner oder – notfalls auch Abbeizer ein. Tragen Sie dabei unbedingt Schutzbrille, PVC-Handschuhe und möglichst einen alten Hut, da Spritzer nicht zu vermeiden sind. Für größere Kleberflächen verwenden Sie eine Ammoniaklösung (siehe unten).
Angesichts dieses beträchtlichen Aufwands sollten Sie überlegen, ob Sie die Deckenfliesen nicht einfach durch einen Anstrich mit Dispersionsfarbe verschönern – nachdem Sie den Staub von der Oberfläche entfernt haben, versteht sich. (Aus Brandschutzgründen darf in diesem Bereich keine lösungsmittelhaltige Lackfarbe benutzt werden.) Sie erhalten sich damit die wärmeisolierende Wirkung, und das Ergebnis sieht oft ganz gut aus.

Kunststoffbodenfliesen

Vor drei Jahrzehnten waren sie der letzte Schrei – heute kann sie kein Mensch mehr sehen: PVC-Bodenfliesen sind nicht einmal ein guter Untergrund für einen neuen Bodenbelag. Nur einen Teppichboden können Sie problemlos darauf verlegen. Im Zuge einer Renovierung müssen sie deshalb entfernt werden. Am besten funktioniert meist diese Methode: Erwärmen Sie Fliesen und Kleber mit einem Bügeleisen, und heben Sie die Fliese mit einer Spachtel ab. Die Kleberreste lassen sich oft mit einer Haushaltsreinigerlösung abwaschen, der man pro Eimer eine halbe Tasse Salmiakgeist beigegeben hat. Der saubere Boden wird mit Wasser nachgespült. Vorsicht! Salmiakgeist ist ätzend!

Korkfliesen

Korkfliesen gibt es in verschiedenen Qualitäten und Ausführungen. Als Bodenbelag können sie – sofern der Boden eben ist – bei Renovierungen beliebig mit Teppichböden belegt werden. Dank ihrer Elastizität bilden sie auch einen guten Untergrund für schwimmend verlegte Schiffsboden-Fertigparkette. In diesem Fall kann man sich sogar die Trittschalldämmung sparen.
Kork als Wandbelag kann überstrichen werden, wenn die Fliesen fugenlos verlegt sind und die Oberfläche unbeschädigt ist. Dabei kann die feine Struktur unter der Farbe sehr reizvoll wirken. Auch zum Übertapezieren eignet sich dieser Untergrund. In diesem Fall sollte man aber unter die eigentliche Tapete eine Untertapete in waagrechten Bahnen kleben.

Zum Finish zählen flüssige oder halbfeste Substanzen, die trocknen oder aushärten und das damit beschichtete Material – Holz, Metall oder Mauerwerk – mit einer klaren oder farbigen Schutzschicht überziehen. Schlußanstriche für Holz umfassen neben Farblacken auch Beizen, Klarlack, Öl, Wachs und Schellackpolitur; diese werden verwendet, wenn man die Maserung in ihrer natürlichen Schönheit zeigen will.

Zusammensetzung von Farben

Farben bestehen grundsätzlich aus festen Pigmenten, die in einem flüssigen Bindemittel oder Träger schweben. Diese Pigmente bilden Farbe und Körper des Produkts, das Medium erlaubt die Verarbeitung – Streichen, Rollen oder Spritzen – und bildet einen festen Film, in dem es die Pigmente bindet und auf die Oberfläche klebt. Dabei unterscheidet man grundsätzlich zwischen wasser- und lösungsmittelhaltigen (auch als Ölfarben bezeichneten) Farben.

Farbauftrag

Kein Anstrich kann nur mit einer Schicht einen dauerhaften Schutz bieten. Daher ist für jedes Farbsystem ein sachkundiger Aufbau des Anstrichs erforderlich.

- Wandanstriche bestehen aus zwei oder drei Schichten derselben Farbe.
- Lackierungen auf Holz oder Metall erfordern einen Aufbau aus zwei bis drei Schichten unterschiedlichen Materials. Ein typischer Lackaufbau für Holzarbeiten ist unten erläutert.

SIEHE AUCH

unter:

Grundierungen	21
Vorbereitung der Farbe	42

GEBRÄUCHLICHE FARBEN UND ADDITIVE

Die Auswahl der Farbe hängt sowohl vom zu beschichtenden Material als auch von der beabsichtigten Wirkung sowie vom Verwendungszweck ab.

Lösungsmittelhaltige Farben

Als Träger dienen meist in Lösungsmittel gelöste Kunstharze. Vorteile der Kunstharzlacke sind kurze Trockenzeit und hohe Oberflächenqualität. Auch Nitrolacke gehören in diese Gruppe. Eine Sonderrolle spielen Naturharzlacke wie Schellack – die in Spiritus gelösten Ausscheidungen der Schildlaus.

Wassergelöste Farben

Dispersionsfarben sind die verbreitetsten wasserlöslichen Farben. Sie haben Bindestoffe aus künstlichem Harz, meist Vinyl. Diese sind aber in Wasser gelöst. Dispersionsfarben werden meist für Wandanstriche verwendet. Viel verwendet werden Acryllacke, Lacke und Lackfarben auf der Basis wassergelösten Acrylharzes – umweltgerecht und leicht zu verarbeiten.

Additive

Keine Farbe wird nur aus Bindemitteln und Pigmenten hergestellt. Additive sorgen für erwünschte Eigenschaften wie schnelles Trocknen, hohen Glanz, gute Streichfähigkeit, Tropffestigkeit

- Thixotropische Farben, unter Bezeichnungen wie »Fester Lack« im Handel, sind im Topf dickflüssig, fast geleeartig. Sie füllen den Pinsel, ohne zu tropfen, lassen sich aber gut streichen.
- Verlängerer sind als Füllstoffe zugefügt, um den Farbfilm zu verstärken. Billige Farben enthalten zu viele davon, und sie verschlechtern die Deckkraft.

Verdünner

Eine zu dicke Farbe kann nicht sauber gestrichen und schon gar nicht gespritzt werden. Sie muß vor dem Gebrauch verdünnt werden. Einige Lacke erfordern vom Hersteller empfohlene Verdünner, aber die meisten Kunstharzfarben werden mit Universalverdünnung verdünnt, Dispersionsfarben und Acryllacke mit Wasser. Nitro-(Zellulose-)lacke benötigen spezielle Verdünnungen.

Hochglanz oder Mattanstrich?

Das Verhältnis der Pigmente zum Harzanteil bestimmt die Glanzstufe des Lackes. Ein Glanzlack enthält ungefähr gleiche Harz- und Pigmentanteile, während ein höherer Anteil von Pigmenten einen matten (stumpfen) Lack ergibt. Durch entsprechende Abstimmung der Anteile ist es möglich, eine Lackfarbe auf Seiden- oder Mattglanz einzustellen. Matte Farben decken durch ihren höheren Pigmentanteil besser, Glanzfarben sind dank größeren Harzanteils härter.

Fachgerechter Aufbau einer Lackierung auf Holz
Mehrere Schichten unterschiedlicher Farben schaffen dauerhaften Schutz.

FASSADEN-ANSTRICHE

SIEHE AUCH
unter:
Leitern und Arbeitsplattformen 18–20
Mauerwerk 22–27

Die Außenwände eines Hauses brauchen aus optischen Gründen einen Anstrich, aber auch zum Schutz gegen die Unbilden des Wetters. Welches Material Sie für den Schlußanstrich verwenden und wie Sie es verarbeiten, hängt von der Art der Fassade, ihrem Zustand und der witterungsbedingten Beanspruchung ab. Verputzte Wände werden normalerweise gestrichen, um die stumpfe, graue Farbe des Zements aufzuhellen. Kieselrauhputz benötigt einen Farbanstrich, um die Flecken zu verdecken. Holzverkleidungen haben als Fassadengestaltung besonders im Alpenraum Tradition und erfreuen sich steigender Beliebtheit. Sie müssen aber durch geeignete Holzschutzmittel vor dem Verwittern geschützt werden.

SICHERHEIT BEIM STREICHEN

Malerarbeiten sind nicht gefährlich, solange Sie geeignete Vorsichtsmaßnahmen zum Schutz Ihrer Gesundheit treffen.

- Sorgen Sie während des Streichens und Trocknens für eine gute Belüftung.
- Rauchen Sie nicht beim Streichen oder in der Nähe frisch lackierter Flächen.
- Im Außenbereich verschüttete Farbe darf nicht in die Kanalisation gelangen.
- Geraten Farbspritzer in die Augen, waschen Sie diese mit viel Wasser aus. Suchen Sie einen Arzt auf, wenn Beschwerden auftreten.
- Bei empfindlicher Haut arbeiten Sie mit Schutzhandschuhen. Zusätzlich sollten Sie die Hände eincremen. Manche Farben lassen sich nur mit der entsprechenden Verdünnung von der Haut abwaschen. Waschen Sie die betroffenen Hautstellen sofort mit viel Wasser und Seife nach.
- Bewahren Sie Lacke und Verdünner außer Reichweite von Kindern auf. Besteht Verdacht, daß ein Kind Lack oder Verdünner geschluckt hat, suchen Sie sofort einen Arzt auf.

Systematisch vorgehen

Planen Sie Ihre Arbeit sorgfältig, bevor Sie mit dem Hausanstrich beginnen. Abhängig von den Vorbereitungen kann Sie sogar eine kleines Haus wochenlang beschäftigen.
Es ist nicht notwendig, aber besser, die gesamte Arbeit in einem Zug zu erledigen. Das Wetter kann zum Nachteil Ihres Zeitplans wechseln. Sie können Ihre Arbeit in Einzelschritten einteilen, mit freien Tagen, ja sogar Wochen dazwischen, solange Sie die Wand in überschaubare Abschnitte einteilen. Hausecken, aber auch Fenster, Türrahmen, Erker, Regenrohre und Verkleidungen bilden den Unterbrechungslinien, die Nahtstellen verbergen.
Beginnen Sie mit Fassadenarbeiten stets oben. Rechtshänder arbeiten von rechts nach links (Linkshänder umgekehrt).

Alte Farbe abseihen
Gießen Sie alte Farbe durch einen Nylonstrumpf, um Brocken von eingetrockneter Farbe zurückzuhalten.

Dose gut verschließen
Klopfen Sie den Rand der Lackdose mit dem Hammer und einem Holzklötzchen gut fest. Kleben Sie einen Streifen breiten Tesabands über den Rand des Deckels.

VORBEREITUNG DER FARBE

Unabhängig davon, ob Sie frische Farbe oder Reste früherer Arbeiten verwenden, müssen Sie vorher einige Grundregeln beachten.

- Die Farbdose abstauben und den Deckel mit dem Rücken einer Messerklinge heben. Verwenden Sie keinen Schraubendreher; er würde nur den Deckelrand verbiegen, ein luftdichtes Verschließen verhindern und das Wiederöffnen erschweren.
- Rühren Sie flüssige Farbe vorsichtig mit einem Holzstab, damit die Pigmente mit dem Bindemittel vermischt werden. Thixotropische Farben brauchen nicht umgerührt zu werden, solange sich das Bindemittel nicht abgesetzt hat. Müssen sie umgerührt werden, lassen Sie sie erst gelieren, bevor Sie sie verarbeiten.
- Hat sich auf der Farbe eine Haut gebildet, trennen Sie diese mit einem Messer vom Rand und heben sie mit einem Holzstab in einem Stück ab. Besser ist es, die Dose auf dem Kopf stehend zu lagern, damit sich keine Haut auf der Farbe bilden kann.

Fassadenanstriche	Dispersions-Fassadenfarbe	Silikat-Fassadenfarbe	Rollputz	Holzschutz-Lacke	Holzschutzlasuren	Bodenbeschichtung
Verwendbar für						
Ziegel	●	●	●			
Stein	●	●	●			
Beton	●	●	●			●
Zementputz	●	●				
Rauhputz	●	●				
Dispersionsfarbe	●	●				
Lasierte Holzverkleidungen				●	●	
Lackierte Holzverkleidungen	●	●	●	●	●	●
Trockenzeit in Stunden						
Griffest	1–2	1–2	24	4–6	6	2–3
Überstreichbar	24	24	48	12	12	3–16
Verdünnung						
Wasser	●	●	●	●	●	
Universalverdünnung				●	●	●
Anstriche						
Normale Bedingungen	2	2	1	2	2	1–2
Ergiebigkeit						
Quadratmeter pro Liter				4–6	4–6	5–8
Quadratmeter pro Kilo	1–6	1–6	0,3–0,4			
Auftrag mit						
Pinsel	●	●	●	●	●	●
Roller	●	●	●	●	●	●
Airless-Spritzpistole	●	●		●		

FASSADENGEEIGNETE FARBEN

Verschiedene Farbsorten sind für Schmuck und Schutz von Außenwänden geeignet. Farben für den Außenbereich sind in der Regel höherwertig und daher teurer als solche für den Innenbereich.

Farben für Außenmauerwerk

Zementfarben
Früher ein beliebter, weil preisgünstiger Anstrich, werden Zementfarben heute wegen ihrer gegenüber modernen Fassadenfarben unbequemen Handhabung (Zementfarben werden in Pulverform geliefert und müssen mit Wasser angerührt werden) und ihrer unterlegenen Gebrauchseigenschaften auch im Heimwerkerbereich kaum mehr verwendet.

Latexfarben
Latexfarbe ist eine wasserverdünnte, harzhaltige Farbe, der Glimmerschiefermehl oder ein ähnlich feiner Zuschlag zugefügt wurde. Sie trocknet als Strukturoberfläche, die sogar außergewöhnlich aggressiven Witterungseinflüssen, wie sie in Küsten- oder Industriegebieten auftreten, standhält. Zwar müssen Risse und Löcher vor dem Streichen ausgefüllt werden, aber Haarrisse werden von Latexfarbe geschlossen. Tragen Sie unter normalen Bedingungen zwei Anstriche auf.

Silikatfarbe
Fertig angemischte, besonders hochwertige Fassadenfarbe ohne Kunstharzzusätze, die annähernd die gleichen Schutzeigenschaften aufweist wie Latexfarbe, aber umweltverträglicher und atmungsaktiver ist. Besonders im Profibereich gibt man Silikatfarben heute den Vorzug.

Lösemittelverdünnte Fassadenfarben
Einige Fassadenfarben sind mit Nitro verdünnt, aber ihre Basis besteht aus speziellen Harzen. Für normale Fassadenanstriche werden sie aus Gründen des Umweltschutzes normalerweise nicht verwendet, und für den Heimwerker sind sie nicht zu empfehlen.
Im professionellen Bereich werden sie gelegentlich zur Sanierung verwitterter Betonfassaden verwendet. Sie haben allerdings den unbestreitbaren Vorzug, daß man sie außer bei Regen unter fast allen Wetterbedingungen verarbeiten kann.

Strukturanstriche

Für dicke Strukturanstriche verwendet man Rollputz, der wie normale Fassadenfarbe mit dem Roller auf Innen- und Außenmauern aufgetragen wird. Es ist ein sehr wasserdichter, einfarbiger Anstrich auf Kunstharzlatex-Basis, der mit allen üblichen Fassadenfarben überstreichbar ist, aber auch mit Volltonfarben abgetönt werden kann, um beliebige Farbtöne zu erreichen. Ziegelwerk sollte bündig verputzt, große Risse gespachtelt sein. Kleine Risse und Unebenheiten werden dagegen überdeckt. Nach dem Auftragen bildet der Rollputz eine gleichmäßig strukturierte Oberfläche, die mit einfachen Mitteln, z. B. einer Strukturwalze, beliebig strukturiert werden kann.

Holzschutz an der Fassade

Holz als Fassadenverkleidung wirkt behaglich und bildet gleichzeitig eine gute Wärmedämmung. Kein Wunder, daß es besonders in rauhen Gebirgsgegenden seit langem beliebt ist und zunehmend verwendet wird.
Holz hat jedoch den Nachteil, daß es ungeschützt rasch verwittert. Auch wenn das charakteristische Grau – von alten Wiesenstadeln wohlbekannt – von Ökofreaks geschätzt wird, ziehen es die meisten Hausbesitzer vor, ihre Holzverkleidung mit Holzschutzlasuren zu schützen. Obwohl einige davon in vergangenen Jahrzehnten wegen hochgiftiger Inhaltsstoffe in Mißkredit gekommen sind, kann man sie heute bedenkenlos verwenden. Sie schützen sowohl gegen Witterungseinflüsse als auch gegen pflanzliche (Pilze) und tierische (Holzwürmer, Holzwespen) Schädlinge. Beim – recht häufig erforderlichen Neuanstrich – muß weder abgebeizt noch geschliffen werden. Daher hat die Holzschutzlasur die früher vielfach übliche Lackierung nahezu völlig abgelöst.

Estrichfarben

An Fußbodenbeschichtungen werden besonders hohe Ansprüche an Abriebfestigkeit und Unempfindlichkeit gegenüber Chemikalien, besonders Heizöl und Benzin, gestellt, werden sie doch meist in stark beanspruchten Räumen wie Kellern, Werkstätten und Garagen verwendet. Für weniger strapazierte Böden (Hobbyräume) sollte man eine lösungsmittelfreie Beschichtung, z. B. auf Reinacrylat-Latex-Basis, vorziehen. Der zu beschichtende Boden muß sauber und trocken, öl- und fettfrei sein. Streichen Sie den Rand einer größeren Fläche mit einem Pinsel, die Fläche selbst mit einem Roller.

Praktisch: ein Roller mit Verlängerungsstange

Streichen Sie in überschaubaren Abschnitten
Sie können das ganze Haus kaum in einem Durchgang streichen. Deshalb teilen Sie jede Fassade in überschaubare Abschnitte ein, um die Nahtstellen zu verbergen. Das waagerechte Sims teilt die Wand säuberlich in zwei Abschnitte, und auch die erhabenen Tür- und Fensterumrandungen sind günstig für eine Pause.

SIEHE AUCH
unter:

Grundierungen	21
Mauerwerk	22–23
Strukturputz	53

MAUERWERK STREICHEN

SIEHE AUCH
unter:

Arbeitsplattform 18–20
Mauerwerk 22–23

1 Stupfen Sie die Farbe in die Ecken

3 Kehren Sie eine strukturierte Wandoberfläche vor dem Neuanstrich gründlich mit einem Handbesen ab.

2 Decken Sie Fallrohre mit Zeitungspapier ab

4 Für schnellen Farbauftrag eignet sich am besten der Roller. Die Länge des Flors sollte der Oberflächenstruktur angepaßt sein: langer Flor für strukturierte, kurzer Flor für glatte Oberflächen.

5 Spritzen Sie Außenecken in einem Zug

6 Spritzen Sie die Flächen getrennt

Streichen mit dem Pinsel

Wählen Sie zum Streichen von Wänden mit den handelsüblichen fertigen Wandfarben einen 100 bis 150 mm breiten Pinsel; breitere Pinsel sind schwer und ermüdend. Ein guter Qualitätspinsel mit groben Borsten hält bei rauhen Wänden länger. Für eine gute Deckung streichen Sie die Farbe kreuzweise auf. Bei strukturierten Oberflächen wird die Farbe eingetupft. Die früher für den Wandanstrich übliche Malerbürste wird nur noch bei sehr dünnflüssigen Wandanstrichen, z. B. Kalkmilch, verwendet, außerdem zum Stupfen der Farbe bei stark strukturierten Oberflächen.

Kanten streichen

Das Einfassen von Hervorhebungen wie Tür- und Fensterrahmen mit Wandfarbe gelingt am besten, wenn man die Kante mit einem Streifen Krepp-Klebeband abklebt. Je nach Oberflächenstruktur kann man nun die Farbe mit einem möglichst ruhigen Pinselstrich bei glatten oder durch Stupfen bei stark strukturierten Oberflächen auftragen (1).

Streichen hinter Rohren

Um Regenrohre zu schützen, werden sie mit Zeitungspapier abgedeckt. Formen Sie aus mehreren Lagen ein Rohr, und schließen Sie es mit Schlauch- oder Kabelbindern. Notfalls genügt auch ein Streifen Kreppband. Tupfen Sie mit einem Pinsel Farbe hinter das Rohr, und schieben Sie die Papierröhre nach unten, um den nächsten Abschnitt zu streichen.

Streichen mit dem Farbroller

Mit dem Roller läßt sich die Farbe dreimal so schnell auftragen wie mit einem Pinsel. Für tiefe Strukturen verwenden Sie eine Rolle mit langem Flor, für flache Strukturen oder glatte Oberflächen eine solche mit mittellangem Flor. Rollen verschleißen schnell auf rauhen Wänden. Halten Sie deshalb eine Ersatzrolle griffbereit (die Rolle ist meistens auswechselbar). Streichen Sie Decken und Wände, indem Sie Bahn an Bahn setzen und anschließend im Quergang mit ziemlich trockener Rolle über die gestrichene Fläche rollen, um eine gleichmäßige Deckung zu erreichen. Streichen Sie vorher alle Ecken und Kanten, die Sie mit der Rolle nicht oder nur schlecht erreichen können, mit einem Pinsel.

Wandfarben spritzen

Spritzen ist die schnellste und effektivstre Art, Farbe auf eine große Fläche aufzutragen. Aber Sie müssen alle Teile, die nicht gestrichen werden sollen, mit Zeitungspapier und Klebeband abdekken. Die Farbe muß zum Spritzen nach Herstelleranweisung verdünnt werden. Grundsätzlich können Sie Wandfarben sowohl mit Druckluft (Kompressor erforderlich!) als auch airless spritzen. Halten Sie die Pistole ungefähr 25 cm von der Wand entfernt und bewegen Sie sie in geraden, parallelen, leicht überlappenden Bahnen. Tragen Sie dabei die Farbe lieber zu dünn als zu dick auf, und überspritzen Sie die bearbeitete Fläche anschließend im Kreuzgang. Spritzen Sie die Ecken, wie in den Abbildungen gezeigt (5 und 6).
Bei der Verarbeitung von Wandfarben bringt die Spritzpistole gegenüber dem Roller keinen nennenswerten Vorteil, zumal da die Reinigung recht umständlich ist. Anders verhält es sich bei lackierten Flächen, bei denen ein perfekter Farbauftrag fast nur mit der Pistole möglich ist.

Säulen spritzen
Säulen z. B. als Teile des Haupteingangs, sollten mit einer Reihe von überlappenden waagrechten Streifen gespritzt werden. Die Streifen werden durch seitliches Schwenken der Spritzpistole aufgetragen, während man abwärts arbeitet.

INNENWÄNDE UND DECKEN STREICHEN

SIEHE AUCH

unter:

Grundierungen	21
Mauerwerk	22–29
Tapeten ablösen	30
Zementfarben	43

Innenwände und Decken sind meistens verputzt und tapeziert oder gestrichen, falls es sich nicht um einen Neubau handelt. Obwohl innen ein gleichmäßiger, matter Endanstrich für Wände und Decken allgemein bevorzugt wird, können Sie auch Anstriche mit Glanz- und Seidenglanzeffekt oder auch einen Strukturanstrich verwenden.

Anstriche für Sichtmauerwerk

Unverputzte Wandflächen können sowohl im Innen- als auch im Außenbereich reizvolle Effekte ergeben. Fassaden aus Sichtmauerwerk erfreuen sich vor allem in Norddeutschland großer Beliebtheit, gehören aber auch im Süden – zum Beispiel bei bayerischen Bauernhöfen des vorigen Jahrhunderts – zu den landschaftstypischen Bauweisen. Sichtmauerwerk, das weder Verschmutzungen noch Risse oder Ausblühungen aufweist, kann mit einer Imprägnierung auf Silikonbasis wirksam vor Witterungseinflüssen geschützt werden. Ein solcher Anstrich erhält die Diffusionsfähigkeit der Wand, verhindert aber das Eindringen von Feuchtigkeit. Deckende Anstriche können nach Auftragen einer lösungsmittelhaltigen Grundierung gestrichen werden.

FARBAUSWAHL FÜR INNENOBERFLÄCHEN

Für Innenanstriche werden heute fast ausschließlich Dispersionsfarben verwendet. Sie sind relativ preisgünstig, praktisch geruchlos und in mehreren Ausführungen für praktisch jeden Verwendungszweck erhältlich. Um besondere Effekte zu erzielen, lassen sich Dispersionsfarben auch in Kombination mit anderen Farbensorten einsetzen.

Dispersionsfarben

Dispersion, der beliebteste und praktischste Anstrich für Wände und Decken, ist, dickflüssig oder thixotropisch, als matter oder seidenglänzender (halbmatter) Anstrich erhältlich. Auf einer seidenglänzenden Dispersionsfarbe sind Fingerabdrücke und Schrammen weniger auffällig. Eine hochwertige nichttropfende, thixotropische Farbe weist deutliche Vorteile beim Streichen von Decken auf und deckt mit einem Anstrich. Auf neuen, stark saugenden Putzen müssen Sie mit verdünnter Dispersionsfarbe vorstreichen, ehe der deckende Endanstrich mit unverdünnter Farbe folgt.
Dispersionsfarben gibt es auch mit pilztötenden Zusätzen zur Verwendung in schimmelgefährdeten Räumen sowie mit körnigen Zusätzen, die beim Anstrich einen Rauhfasereffekt ergeben.
Dispersionsfarbe ist auch in fester, pastoser Form erhältlich. Diese »feste Farbe« gibt es sowohl in matter als auch in seidenglänzender Qualität. Sie wird in Weiß sowie in mehreren Pastelltönen angeboten. Da man feste Farbe nicht mit Volltonfarben mischen kann, ist man auf die herstellerseitig vorgesehenen Töne beschränkt. Feste Farbe wird in flachen Schalen geliefert, aus denen sie sich mit dem Roller leicht aufnehmen läßt. Auch der Anfänger kann sie ohne Tropfen oder Spritzen verarbeiten.

Silikatfarbe
Eine besonders hochwertige – und hochpreisige – Dispersionsfarbe, die vor allem für Fassaden, aber auch zum Streichen von Rauhfasertapeten verwendet wird. Wegen der ätzenden Wirkung des Bindemittels müssen Glas- und Keramikflächen, aber auch Lacke sorgfältig abgedeckt werden.

Hochglanz- und Seidenglanzanstriche

Seidenglanzoberflächen lassen sich auf Wänden auch mit Dispersionsfarben erreichen. Hochglänzende Oberflächen jedoch erzielt man ausschließlich mit Lackfarben. Obwohl diese umgangssprachlich oft noch als »Ölfarben« bezeichnet werden, haben sie mit den klassischen, weichen und langsam trocknenden Öllacken auf Leinölbasis nichts mehr gemein. Für moderne Lackfarben werden fast ausschließlich wasser- oder lösungsmittelgelöste Kunstharze verwendet.
Mit den wasserfesten Dispersionsfarben ist auch der einst in Badezimmern und Küchen so beliebte »Ölsockel« aus unseren Haushalten verschwunden. Obwohl sich Lackfarben auch zum Anstreichen von Wänden eignen, verwendet man sie im Innenbereich doch im wesentlichen für Holzarbeiten. Eine Ausnahme bilden Anstriche auf Glasfasertapeten. Bei Verwendung eines hochglänzenden Acryllacks erhält man eine strapazierfähige Oberfläche mit interessanten Struktureffekten. Vorsicht bei schlechten Wänden: Hochglänzende Lacke betonen Unebenheiten.

Lackierte Wandverkleidungen geben einem alten Haus Charakter

Farben für Wände und Decken
Dispersionsfarbe in ihren vielen Formen ist die meistbenutzte Farbe für Innenwände und Decken. Verwenden Sie Lackfarben für fest eingebaute Holzarbeiten wie Fuß- und Bilderleisten. Das Beispiel oben zeigt den Vorteil kontrastierender Strukturen: matte Dispersion für die Wand, Glanzlack für Bilder- und Scheuerleisten, Seidenglanzlack für die Wandverkleidung.

BÜRSTE, PINSEL, ROLLER UND KISSEN

SIEHE AUCH
unter:
Arbeitsplattform 20
Farben spritzen 44

Farbauftrag mit der Malerbürste

Verwenden Sie zum Streichen von Wänden und Decken eine Malerbürste oder einen Flächenstreicher von guter Qualität. Billige Pinsel verlieren leicht Borsten, was ärgerlich ist und eine baldige Neuanschaffung erforderlich macht. Kaufen Sie für schnelles Arbeiten eine Bürste von ca. 200 mm Breite. Die Arbeit mit diesem Werkzeug ist allerdings ermüdend,wenn man nicht daran gewöhnt ist. Die Verwendung eines Flächenstreichers von150 mm Breite und eines 50 mm breiten Flachpinsels für die Ränder und Ecken ist weniger anstrengend, obwohl die Arbeit länger dauert.

Eintauchen des Pinsels

Tauchen Sie nur das erste Drittel des Pinsels in die Farbe, und streifen Sie den Überschuß an der Seite des Farbbehälters ab, um Tropfen zu vermeiden **(1)**. Wenn Sie thixotropische Farben verwenden , können Sie mit dem Farbauftrag beginnen, ohne den Überschuß zu entfernen.

Gebrauch eines Pinsels

Halten Sie den Pinsel in der für Sie bequemsten Art. Gut bewährt hat sich der rechts unter **(2)** gezeigte Griff.
Tragen Sie die Farbe mit senkrechten Strichen auf, und verstreichen Sie sie im Quergang für eine gleichmäßige Deckung. Bei gleichmäßigem Farbauftrag trocknet Dispersionsfarbe, ohne Pinselspuren zu hinterlassen. Anstriche mit Lackfarben werden zuletzt noch einmal mit leichten Strichen im Längsgang geglättet.

1 Nur das untere Drittel des Pinsels eintauchen

2 Finger und Daumen an der Metallfassung

Farbauftrag mit dem Roller

Ein Farbroller mit auswechselbaren Rollen ist ein ausgezeichnetes Werkzeug für den Farbauftrag auf große Flächen. Handelsübliche Roller bestehen aus einem hohlen Kunststoffgriff, der auf eine konische Verlängerungsstange aufgesteckt werden kann, und einem Metallbügel, auf den die Rolle einfach aufgesteckt wird. Für das Streichen von Wänden und Decken wählen Sie eine 300 mm breite Rolle.
Rollen gibt es in verschiedenen Ausführungen entsprechend den unterschiedlichen Farbsorten und Oberflächen. Für den Auftrag von Dispersionsfarbe auf eine glatte oder strukturierte Oberfläche wählen Sie eine Lammfell- oder Plüschrolle mit langem Flor. Mit diesem Werkzeug erhält Dispersionsfarbe beim Auftrag auch auf glatten Flächen eine feine Struktur. Ist diese Struktur auf einer absolut glatten Fläche unerwünscht, verwendet man eine Plüschrolle mit kurzem Flor.
Für Lackierungen gut bewährt haben sich Schaumstoffrollen, mit denen sich Lackfarben fast ebenso glatt und sauber auftragen lassen wie mit der Spritzpistole. Wenn man sie nach dem Streichen luftdicht in eine Plastiktüte packt, kann man sie über eine begrenzte Zeit für mehrere Anstriche verwenden. Ansonsten wirft man sie nach der Arbeit weg. Auswaschen lohnt sich wegen des niedrigen Preises nicht.

Spezialroller

Zum Deckenstreichen ohne Arbeitsbühne gibt es ausziehbare Verlängerungsstangen, die sich mit ihrem konischen Ansatzstück in die Griffe der meisten Roller einschieben lassen. Einige Roller haben einen eingebauten Farbtank, der die Rolle eine Weile mit Farbe versorgt, und es gibt sogar Modelle mit Pumpe für eine kontinuierliche Farbzufuhr – nette Spielereien ohne nennenswerten Nutzeffekt. Für unzugängliche Ecken, etwa hinter Heizkörpern, gibt es schmale Roller.

Gebrauch eines Rollers

Sie benötigen eine Farbschale, um einen Roller zu füllen. Tauchen Sie die Rolle leicht in die Farbe und verteilen Sie diese durch wiederholtes Hin- und Herrollen auf der geriffelten Abstreiffläche. Notfalls reicht auch ein Abstreifgitter **(1)**.
Rollen Sie zickzackartig oder im Kreuzgang **(2)** mit leichtem Druck über die zu streichende Fläche. Setzen Sie erst am Ende jedes Striches ab. Setzen Sie nur mit stehender oder langsam rotierender Rolle ab. Geschieht das zu schwungvoll, rotiert die Rolle weiter und verspritzt die Farbe.

1 Eintauchen und Farbe durch Abrollen verteilen

2 Nach Zickzackauftrag in einer Richtung streichen

1 Füllen eines Farbpads
Führen Sie das Pad ohne Druck über die farbführende Rolle in der Farbwanne.

Streichen mit dem Farbpad

Paint pads oder Farbkissen – Plüschkissen mit Griff – findet man hin und wieder in Baumärkten. Gegenüber dem Roller haben sie keine Vorteile.

Führen Sie das Kissen kreuz und quer

WÄNDE UND DECKEN STREICHEN

Selbst ein erfahrener Maler kann ein Tropfen der Farbe nicht ganz verhindern. Deshalb streichen Sie erst die Decke, dann die Wände, vor allem, wenn Sie verschiedene Töne verwenden. Arbeiten Sie systematisch, um auch große Flächen fehlerlos zu streichen. Von Vorteil ist eine Arbeitsbühne. Wählen Sie das richtige Werkzeug für rationelles Arbeiten. Ziehen Sie die untenstehende Tabelle zu Rate.

Oberflächen müssen trocken, sauber und frei von Fett oder organischem Bewuchs sein.

EMPFOHLENE ANSTRICHE FÜR WÄNDE UND DECKEN

	Dispersionsfarbe (Latexfarbe)	Silikatfarbe	Feste Farbe	Kalk	Leimfarbe	Acryllack	Zweikomponentenfarbe
GEEIGNETER GRUND							
Putz	●	●	●	●	●		
Tapete	●	●	●		●	●	
Ziegel	●	●	●	●			
Stein	●	●	●	●	●		
Beton	●	●	●	●	●	●	●
Alter Anstrich	●	●	●				
TROCKENZEIT IN STUNDEN							
Griffest	1–2	3–4	1–2	6	1–2	4	1–2
Überstreichbar	4	4	4	12	4	12	12
VERDÜNNUNG							
Wasser	●	●	●	●	●	●	●
Universalverdünnung							
ANSTRICHE							
Normale Beanspruchung	2	1	2	2–3	1–2	2	2
ERGIEBIGKEIT							
m^2 pro Liter	9–15	8	10	4–5	10–14	2–3	
m^2 pro kg							1–6
AUFTRAGEN MIT							
Bürste/Pinsel	●	●	●	●	●	●	●
Roller	●	●	●	●	●	●	●
Spritzpistole	●	●				●	

Wände streichen

Streichen Sie die Ränder mit einem nicht zu breiten Pinsel, und beginnen Sie in der obersten Ecke des Raumes. Rechtshänder arbeiten von rechts nach links, Linkshänder umgekehrt. Streichen Sie Quadrate mit ca. 600 mm Seitenlänge. Dispersion wird in waagrechten Streifen gestrichen, Lackfarbe in senkrechten, da Übergänge zu sehen sind, wenn Sie die feuchten Ränder nicht schnell genug verschlichten. Streichen Sie stets eine komplette Wand, sonst treten Farbunterschiede zwischen den verschiedenen Abschnitten auf.

1 Dispersionsfarbe streicht man horizontal

2 Lackfarbe streicht man vertikal

Deckenanstrich

Beginnen Sie in einer Ecke nahe dem Fenster, und streichen Sie die Ränder sorgfältig mit einem kleinen Pinsel.

Die Ränder zuerst streichen

Vom Rand aus streichen Sie in etwa 60 cm breiten Bahnen vom Licht weg. Ob Sie mit der Bürste oder dem Roller arbeiten – tragen Sie die frische Farbe auf die alte Farbschicht auf, und verschlichten Sie die Übergänge für einen gleichmäßigen Anstrich.

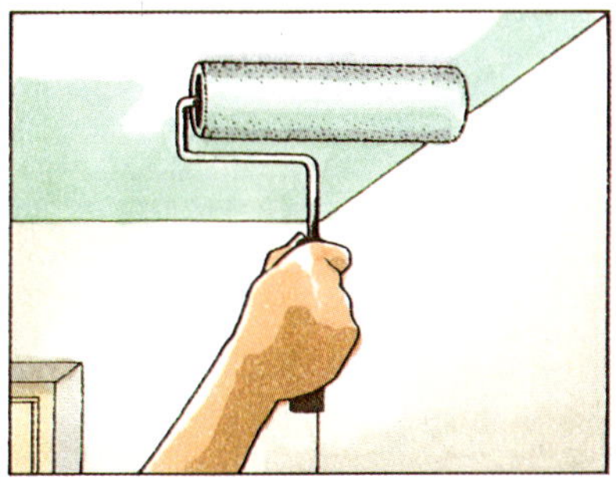

Von den Rändern aus zur Mitte streichen

Elektrische Installationen

Ziehen Sie bei Deckenleuchten die Rosette, die den Anschluß verdeckt, ein Stück ab, so daß Sie darunter streichen können. Diese ist oft mit einer kleinen Schraube gesichert

Vorsicht! Schalten Sie hierzu stets die zugehörige Sicherung aus!

Nehmen Sie die Rosette ab

SIEHE AUCH

unter:

DEKORATIONS-EFFEKTE

SIEHE AUCH
unter:

Putz vorbereiten	28–29
Farben	45
Streichen von Wänden	45–47

Mit Farben gestaltete Dekorationseffekte gehören zu den alten und traditionsreichen Methoden der Raumgestaltung. Sie lassen sich auf Wänden ebenso anwenden wie auf Möbeloberflächen. Üblicherweise dem Fachmann vorbehalten, sind einige dieser Verfahren dank moderner Materialien auch vom Heimwerker zu bewältigen.

Ohne Übung geht es nicht

Obwohl einige dieser Techniken relativ leicht erscheinen, sollten Sie Ihre Fertigkeiten und die erreichbare Wirkung zunächst auf einem Stück Hartfaserplatte oder einem anderen Material von geringem Wert erproben, ehe Sie sich damit an die Wände Ihrer Wohnung wagen. Sie prüfen dabei nicht nur Ihre Geschicklichkeit, sondern auch die Verträglichkeit der verwendeten Farben.

Aufbringen des Grundtons

Obwohl einige dieser Dekorationseffekte auch auf Holzflächen gut aussehen können, entfalten sie ihre dekorative Wirkung in der Regel am besten auf großen Putzflächen. Jede der nachfolgend beschriebenen Methoden basiert auf einem einfarbigen Grundton Ihrer Wahl, der zunächst gestrichen wird.

Oben:
Die Kombination von Fleckenmustern und einfarbigen Flächen verleiht diesem Stilzimmer seinen einzigartigen Reiz.

Unten:
Schablonierte Borten an einfarbigen Wänden verleihen diesem Landhaus seinen urwüchsig-behaglichen Charakter.

DEKORATIONS-EFFEKTE

SIEHE AUCH
unter:
Farben 45

Spritzeffekt

Ein attraktives Punktemuster läßt sich erreichen, wenn man auf eine einfarbig mit Dispersionsfarbe vorgestrichene Fläche in einer oder mehreren Kontrastfarben kleine Punkte aufspritzt. Achten Sie darauf, wenn Sie eine solche Dekoration planen, daß die Hintergrundfarbe der optisch vorherrschende Ton bleiben muß. Die aufgespritzten Punkte müssen also nicht nur mit der Grundfarbe harmonieren, sondern sich dieser optisch unterordnen.
Bei dieser Technik läßt es sich nicht vermeiden, daß ziemlich viel Farbe verspritzt wird. Es ist also notwendig, nicht nur den Fußboden, sondern auch Türen, Fenster, Schalter und Steckdosen sorgfältig abzudecken und abzukleben. Zum Aufspritzen verwenden Sie am besten seidenglänzenden Acryllack, der bis zur geeigneten Konsistenz verdünnt wird. Die Farbe darf aber nicht so dünn werden, daß die Tupfen nach unten verlaufen. Auch hier hilft nur ausprobieren. Zum Aufspritzen verwenden Sie eine Bürste mit steifen, elastischen Borsten, etwa eine alte Haar- oder Kleiderbürste. Tauchen Sie die Bürste mit den Borstenspitzen vorsichtig in die Farbe, halten Sie sie etwa 10 cm vor die zu bespritzende Wandfläche, und ziehen Sie ein Lineal von vorn nach hinten über die Borsten **(1)**. Dabei schleudern die zurückfedernden Borsten feine Tropfen auf die Wand. Achten Sie auf gleichmäßige Verteilung und lassen Sie jede Farbschicht trocknen, ehe Sie die nächste aufspritzen.

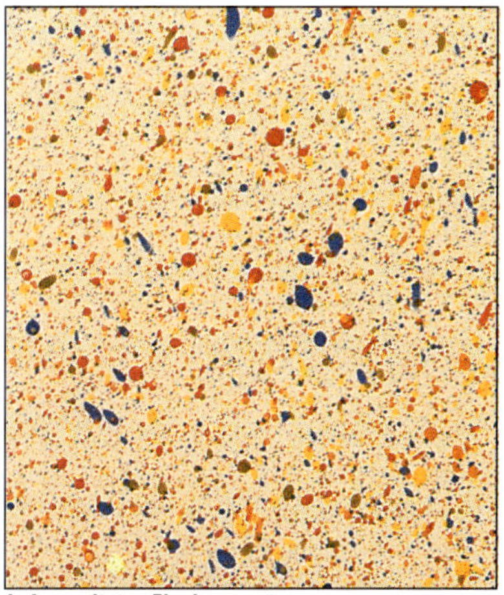

Aufgespritztes Fleckenmuster

1 Farbe spritzen
Mit einer harten Bürste und einem Lineal läßt sich ein feiner Spritzeffekt erzielen.

Marmorieren mit dem Schwamm

Tupfen Sie mit einem Naturschwamm ein reizvolles Muster auf einen einfarbigen Wandanstrich. Verwenden Sie dazu eine hellere Grundfarbe, die mit Bürste oder Roller auf die Wand aufgetragen wird. Tupfen Sie mit dem Schwamm einen dunkleren Ton der gleichen Farbe auf den abgetrockneten Grundton. Lassen Sie einen hochwertigen Naturschwamm in reichlich Wasser aufquellen. Drücken Sie ihn gründlich aus. Geben Sie einen Eßlöffel Farbe in eine flache Schale, und nehmen Sie diese mit dem Schwamm auf. Nehmen Sie überschüssige Farbe ab, indem Sie den Schwamm auf einem Blatt Papier abtupfen, bis der gewünschte Marmorierungsgrad erreicht ist. Dann tupfen Sie die Farbe ohne Druck auf die Wand **(2)**. Im Idealfall entsteht ein feines Ton-in-Ton-Muster, bei dem der Grundton dominiert. Vorsicht! Wenn Sie zu fest aufdrücken, malt der Schwamm einen dicken Klecks an die Wand.

Elegantes schwamm-getupftes Muster

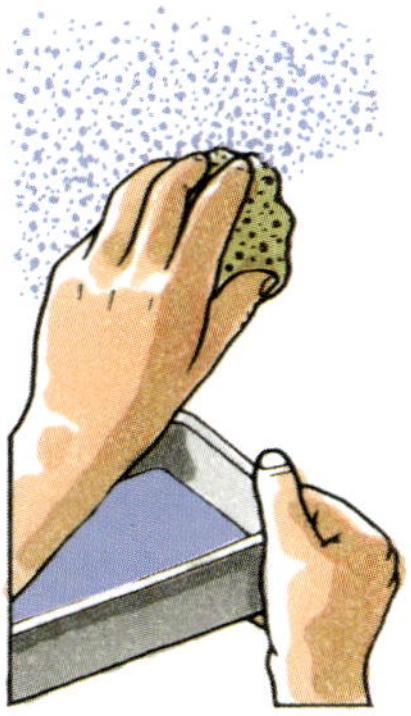

2 Schwammtupfen
Ein feines, elegantes Muster ergibt sich, wenn man mit einem Naturschwamm Ton in Ton Farbe auf eine vorgestrichene Wand tupft.

Spritzmuster
(Links unten)
Wände und Heizkörper wurden einheitlich in Spritztechnik lackiert.

Schwamm tupfen
(Rechts unten)
Die mit dem Schwamm Ton in Ton marmorierten blauen Wände harmonieren prächtig mit dem Holz der Möbel.

DEKORATIONS-EFFEKTE

SIEHE AUCH
unter:

Putz vorbereiten	28–29
Farben	45
Wände streichen	45–47

Marmorieren mit einem Lappen

Obwohl das Verfahren im Grunde gleich ist, ergibt sich ein wesentlich lebendigeres Muster, wenn man Farbe mit einem zerknüllten Lappen anstelle des Schwammes auftupft. Formen Sie aus einem alten, aber sauberen Lappen einen Ball, und tauchen Sie ihn in die Farbe, bis er sich damit vollgesogen hat. Drücken Sie das Stoffknäuel gut aus, und tupfen Sie ein Blatt Papier ab, bis der gewünschte Effekt erreicht ist **(1)**. Nun tupfen Sie das Muster nach Belieben an die Wände. Achten Sie aber auf Gleichmäßigkeit.

Marmorieren mit Plastikfolie

Beim Marmorieren mit Plastikfolie wird keine Farbe aufgetragen, sondern bereits aufgetragene Farbe abgenommen, um ein attraktives Muster zu erzielen. Auch hier ergibt eine Ton-in-Ton-Kombination die schönsten Effekte. Streichen Sie die Wand zuerst mit dem helleren Ton, und lassen Sie die Farbe gut trocknen.
Für die Weiterbearbeitung sollten Sie einen Helfer heranziehen. Verdünnen Sie die dunklere Farbe mit 50 Prozent Wasser. Bereiten Sie soviel Farbe vor, daß es für eine komplette Wand reicht, und decken Sie angrenzende Flächen gut ab. Nun trägt Ihr Helfer die Farbe mit Bürste oder Rolle in einem Streifen von rund 60 cm satt auf. Nehmen Sie eine Plastiktüte, die Sie zur Hälfte mit alten Lumpen gefüllt haben, und stupfen Sie damit in die feuchte Farbe **(2)**. Stupfen Sie gleichmäßig, indem Sie die bearbeiteten Flächen leicht überlappen. Wischen Sie den Plastikballen immer wieder mit einem Lappen ab.

Marmorieren durch Abrollen

Mit der Abrolltechnik lassen sich ähnliche Effekte erzielen wie mit der Plastiktüte. Auch hier sollten Sie einen Helfer haben, der die zu bearbeitende Fläche jeweils einstreicht, während Sie das Muster rollen. Die besten Ergebnisse erzielt man mit seidenglänzenden Lackfarben auf Lösungsmittelbasis und einem relativ hellen Grundton, der mit einem dunkleren Ton überstrichen wird. Die Deckfarbe wird vor dem Anstrich mit 50 Prozent eines geeigneten Lösungsmittels verdünnt. Falten Sie nun ein Stoffstück zweimal und drehen Sie es zu einer Rolle zusammen Rollen Sie diese Rolle von unten beginnend über die feuchte Deckfarbe **(3)**. Auf diese Weise entsteht ein sehr lebhaftes, unregelmäßiges Muster.
Wenn Sie die Decke erreichen, tupfen Sie den Rand der bearbeiteten Fläche mit den Enden der Rolle ab. Wechseln Sie den Lappen, sobald er die Farbe nicht mehr gut aufnimmt.

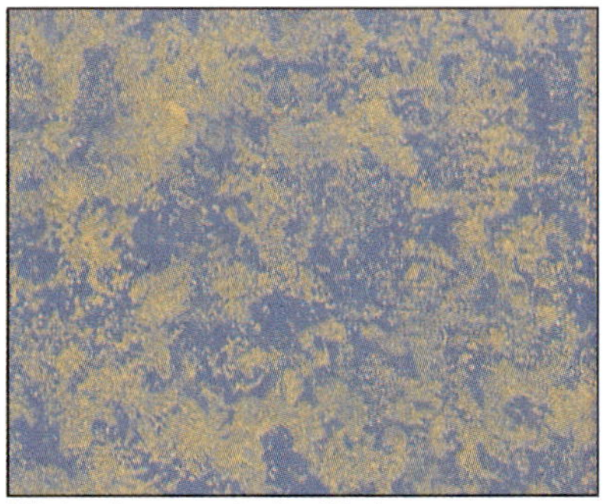

Mit dem Lappen getupftes Muster

Mit der Plastikfolie marmorierte Fläche

Die Tuchrolle schafft ein lebhaftes Muster

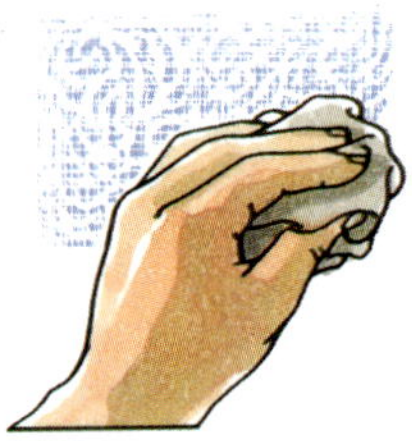

1 Tupfen
Tupfen mit einem zerknüllten Lappen ergibt tolle Muster.

2 Abtupfen
mit Plastikfolie

3 Abrollen
Mit einem Lappen wird Deckfarbe abgenommen, so daß die Grundfarbe als Muster durchscheint.

Abtupfen
(Unten links)
Durch Abtupfen mit Folie entstand diese wirkungsvolle Lackarbeit.

Abrollen
(Unten rechts)
Abgerollte Wände schaffen ein stilvolles Interieur.

DEKORATIONS-EFFEKTE

SIEHE AUCH

unter:

Putz vorbereiten	28–29
Farben	45
Wände streichen	45–47

Marmorieren und Ädern

Während sich mit den bisher geschilderten Methoden nur marmorähnliche Effekte erzielen lassen, ist das traditionelle Marmorieren eine Kunst, die erlernt und geübt werden will. Erproben Sie Ihre Fertigkeiten, bis Sie mit dem Ergebnis zufrieden sind. Sehen Sie sich verschiedene Marmorsorten an, und versuchen Sie, Tönung und Maserung naturgetreu abzustimmen.

Zum Marmorieren eignen sich am besten Künstler-Ölfarben, da diese zum einen gut decken, zum anderen langsam trocknen. Denn beim Marmorieren arbeiten wir ausschließlich mit der nassen Farbe. Wenn größere Flächen zu marmorieren sind, wird man aus Kostengründen möglichst langsam trocknende Lackfarben wählen, wobei seidenglänzende Qualitäten die besten Ergebnisse liefern.

Profis arbeiten mit Öllasur, die es als Leinölfirnis im guten Fachhandel zu kaufen gibt. Wenn man sie nicht fertig gemischt erhält, kann man sie aus 60 Prozent Terpentin, 30 Prozent (trocknendem) Leinöl, 10 Prozent Trockenmittel (Sikkativ) und einem Eßlöffel Schlämmkreide pro Liter selbst mischen. Tragen Sie diesen Firnis mit einem Ballen von faserfreiem Stoff auf die im Grundton vorgestrichene zu marmorierende Fläche auf.

Muster auftragen

Tönen Sie Leinölfirnis mit Ölfarben ab, bis der gewünschte Farbton erreicht ist. Malen Sie mit einem 25 mm breiten Pinsel ein unregelmäßiges Fleckenmuster auf die nasse Firnisfläche. Legen Sie nach Belieben ein zweites Fleckenmuster in einem korrespondierenden Farbton darüber. Die einzelnen Farbflecken dürfen einander auch überlappen. Nehmen Sie den Stoff, den Sie zum Auftragen des Firnisses verwendet haben, und stupfen Sie damit das Fleckenmuster, bis es sich in eine unregelmäßig gemusterte Fläche ohne scharfe Konturen verwandelt hat. Vervollständigen Sie den Marmoreffekt mit einem sauberen, weichen Pinsel, den Sie behutsam und mit sanften Strichen über die bemalte Fläche führen, um weiche Farbübergänge zu schaffen. Falls Ihnen einige Bereiche zu dunkel geraten sind, setzen Sie ein entsprechendes Fleckenmuster im Grundton darüber, und verstreichen Sie es, bis die erwünschten verwaschenen Übergänge erreicht sind.

Geäderte Flächen

Malen Sie die Adern mit einem Künstlerpinsel und getöntem Firnis in die nasse Firnisfläche. Nehmen Sie allenfallsige Farbkleckse mit Küchenkrepp auf, und verstreichen Sie die Äderung vorsichtig mit einem weichen Pinsel, bis weiche Übergänge entstanden sind. Lassen Sie Marmorierung oder Äderung gut trocknen, und versiegeln Sie die Fläche mit einem seidenglänzenden Klarlack.

Gute Marmorierungen wirken sehr naturgetreu

Mit freier Hand gemalte Äderung

Gesprenkelter Marmor (unten links)
Die starke Marmorierung der Wände läßt das Zimmer reich und wertvoll erscheinen.

Geäderter Marmor (unten rechts)
Geäderte Marmorierungen sind ein beliebtes Dekor für repräsentative Badezimmer in alten Villen.

SCHABLONIEREN UND MASKIEREN

SIEHE AUCH
unter:
Putz vorbereiten 28–29
Farben 45
Wände streichen 45–47

1 Schablone schneiden

2 Farbe auftupfen

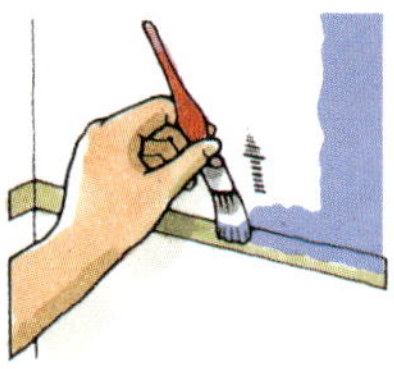

3 Saubere Kanten
Kleben Sie die gewünschte Kante mit Maskierband ab, streichen Sie immer vom Klebeband weg.

4 Zierband
Mit farbigem Klebeband lassen sich sehr gut Linien anbringen, die mit Pinsel und Farbe nicht gelingen würden. Hier eine doppelte Zierlinie aus dem Kfz-Zubehörhandel.

Schablonieren

Das Schablonieren von Wänden und Zimmerdecken ist eine angelsächsische Gepflogenheit, die sich auf dem Kontinent nie hat durchsetzen können. Mit etwas Sorgfalt lassen sich damit jedoch hübsche Dekorationen zaubern, die, wie die Abbildungen unten zeigen, keineswegs nur für Kinderzimmer geeignet sind.

Fertige Schablonen erhalten Sie in Fachgeschäften für Graphiker- und Künstlerbedarf. Reizvoller ist es allerdings, eigene Muster zu entwerfen. Wählen Sie Ihre Vorbilder mit Bedacht. Besonders in der Volkskunst findet man eine Fülle von Anregungen. Zeichnen Sie Ihr Motiv auf festen Karton oder starre Kunststoffolie auf, und schneiden Sie es mit einem scharfen Bastelmesser – erhältlich z. B. unter der Bezeichnung »Balsamesser« im Modellbaufachhandel – aus **(1)**.

Achten Sie darauf, daß alle Elemente durch ausreichend breite Stege verbunden bleiben.

Schablonieren ist ein wenig mühsam, aber einfach und billig. Denn das geeignetste Material ist preiswerte Dispersionsfarbe. Ansonsten brauchen Sie nur noch Klebeband zum Anheften der Schablone an der Wand und einen Schablonierpinsel. Markieren Sie die genaue Position der Schablone, richten Sie diese mit Hilfe der Wasserwaage aus, und heften Sie sie mit zwei kurzen Streifen Kreppband an die Wand. Stupfen Sie nun mit dem Schablonierpinsel Farbe in die Ausschnitte der Schablone **(2)**. Verwenden Sie die Farbe lieber zu sparsam als zu üppig. Wenn Sie eine Borte schablonieren wollen, richten Sie die Schablone in gleichen Abständen und gleicher Höhe aus.

Die Illusion eines offenen Himmels bietet dieses originelle Schablonenmuster

Moderne Schablonenmotive mit gemalten Linien

Schablonierte Blumenmotive im Flur

Scharfe Kanten

Um auf Wänden, die mit Dispersionsfarbe überstrichen werden, gut abgegrenzte Farbflächen zu erhalten, genügt es meist, die gewünschte Farbkante mit Kreppband abzukleben. Drücken Sie die Kante des Klebebands mit dem Daumennagel gut fest. Lackierte Flächen müssen aber mit Maskierband oder einem anderen festen und gut haftenden Klebeband abgeklebt werden.

Linien markieren

Waagrechte Linien zieht man mit Hilfe einer langen, geraden Latte – besser noch einer Stahlschiene – und einer Wasserwaage. Vertikale Linien gelingen am verläßlichsten mit dem Senkblei.

Eine Kante malen

Legen Sie Klebeband an einem Ende der markierten Linie an, und heften Sie es immer genau entlang der Linie an. Achten Sie darauf, daß das Band weder überdehnt wird noch Kurven wirft. Drücken Sie es vor dem Streichen gut an. Malen Sie die Kante mit einem kleinen Pinsel, und führen Sie diesen stets mit kurzen Strichen vom Klebeband weg, damit keine Farbe unter das Band gedrückt wird und keine unschönen Wulste entstehen **(3)**.

Ein farbiges Band malen

Nach Fertigstellen des Hintergrundes kleben Sie die gewünschte Farbfläche mit zwei parallel laufenden Streifen Klebebands ab. Malen Sie den Zwischenraum mit einem kleinen Pinsel aus. Alternativ können Sie aufklebbare Linien aus dem Kfz-Zubehörhandel verwenden **(4)**.

Maskierte Linien täuschen Kassetten vor

SIEHE AUCH
unter:

Putz vorbereiten 28–29
Tapeten ablösen 30
Gipsbauplatten 140–141

AUFTRAG EINES STRUKTURPUTZES

Reibeputze und viele Rollputze werden mit einer Glättkelle aus Edelstahl auf die Wand aufgezogen. Dazu gibt man mit der Maurerkelle eine nicht zu große Menge Putz auf die Glättkelle und schmiert diesen mit einer ziehenden Bewegung an die Wand. Reibeputze werden auf Kornstärke abgezogen, also so weit wie möglich glattgestrichen. Die Putzschicht darf in diesem Fall nicht dicker sein als die gewählte Kornstärke. Rollputze auf Kunstharzlatex-Basis können meist direkt aus dem Gebinde mit einem Farbroller – gut geeignet ist die Erbslochwalze – aufgetragen werden. Kunststoffputze können in Grenzen mit Abtönfarbe eingefärbt werden. Wird ein satter Farbton gewünscht, kann der Putz nach Belieben mit Dispersionsfarbe überstrichen werden.

Putzen um Elektroanschlüsse
Mit einem kleinen Pinsel streichen Sie den Kunststoffputz um die abgeklebten Schalter und Steckdosen und an Kanten. Betupfen Sie den Putz mit dem Pinsel, bis er annähernd die Struktur der umgebenden Oberfläche aufweist, oder streichen Sie ihn als abgesetzten Rand mit dem Pinsel glatt.

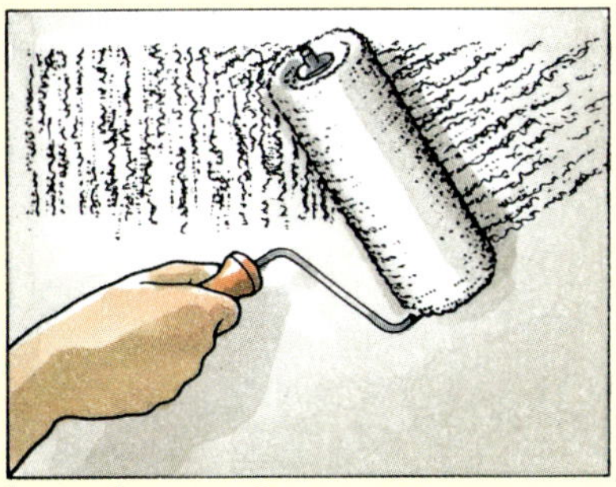

Strukturieren
Reibeputze werden durch Verreiben mit der Kunststoff-Glättkelle strukturiert. Dabei ist die erzielbare Struktur abhängig von Bewegungsrichtung und Kornstärke. Bei Rollputzen können Sie mit vielen Werkzeugen experimentieren, um unterschiedliche Strukturen zu schaffen, etwa mit Strukturwalzen.

Strukturierte Wandflächen lassen sich mit Hilfe moderner Roll- und Reibeputze auch von Heimwerker gestalten. Der Fachhandel bietet eine große Auswahl an verarbeitungsfertigen Kunststoffputzen, die meist mit der Glättkelle aufgezogen, zum Teil aber auch sehr einfach mit dem Farbroller aufgetragen werden. Kunststoffputze sind für den Innen- wie für den Außenbereich geeignet. Reibeputz ist ein Strukturputz, der nach dem Aufziehen mit der Kelle abgerieben wird und dabei durch Steinchen unterschiedlicher Körnung seine Struktur erhält. Rollputz strukturiert man mit einem Strukturroller.

Vorbereitung

Kunststoffputze können auf fast jeden Untergrund aufgebracht werden, sofern dieser sauber und frei von Ausblühungen oder organischem Bewuchs ist. In jedem Fall empfiehlt sich ein Anstrich mit einer lösungsmittelfreien Grundierfarbe, die in der Farbe des Putzes abgetönt wurde, damit bei unterschiedlichen Schichtstärken die Farbe des Untergrunds nicht durchschlägt.

Natürlich müssen größere Risse und Unebenheiten ausgefüllt werden. Kleinere Schäden werden beim Aufziehen des Putzes gefüllt.
Wie vor Anstrichen mit Dispersionsfarben müssen Fenster und Türen, dazu alle Installationen, Schalter, Steckdosen und Holzeinbauten mit 5 cm breitem Kreppband und Abdeckfolie sorgfältig abgeklebt werden.

1 Diamantmuster

2 Getupftes Muster

3 Wirbelmuster

4 Bogenmuster

5 Borkenmuster

6 Stukkierte Linien

1 Geometrische Muster
Verwenden Sie einen Roller mit karoartigen oder diagonalen Rillen: Ziehen Sie den Roller leicht über den frischen Rollputz.

2 Getupfter Anstrich
Tupfen Sie den frischen Rollputz mit einem feuchten Schwamm ab, um ein vertieftes Profil zu schaffen.

3 Wirbel
Drehen Sie in gleichmäßigen Abständen einen feuchten Schwamm auf der zu strukturierenden Oberfläche, und ziehen Sie ihn aus der Drehung weg.

4 Bogenmuster
Eine Zahnspachtel läßt sich zum Strukturieren von Rollputz vielfältig einsetzen: Bögen, gekreuzte Muster oder wellige Schnörkel – Ihrer Phantasie sind keine Grenzen gesetzt.

5 Borkenmuster
Ziehen Sie mit dem Roller leichte diagonale Rillen, die mit einer Spachtelkante durchzogen werden.

6 Stukkierte Linien
Ziehen Sie mit der runden Ecke eines Spachtels kurze, gerade Striche in den frischen Putz.

HOLZ-VEREDELUNG

SIEHE AUCH

Lack war einst der übliche Schlußanstrich für Holzarbeiten in und am Haus. Zumindest im Außenbereich haben ihm heute die lasierenden Holzschutzmittel weitgehend den Rang abgelaufen. Beizen, Lasuren oder Polituren werden nicht nur für Möbel verwendet, sondern auch für hochwertige Holzarbeiten im Innenausbau, wenn man die natürliche Schönheit der Maserung nicht überdecken will; transparente Anstriche sind eine gute Alternative für die Erhaltung der natürlichen Holzfarbe. Wählen Sie den Anstrich stets entsprechend der Beanspruchung.

Von links nach rechts
1 Kunstharzlack glänzend
2 Kunstharzlack seidenglänzend
3 Acryllack glänzend
4 Wasserbeize
5 Holzschutzmittel deckend
6 Holzschutzmittel lasierend
7 Klarlack seidenglänzend
8 Zweikomponentenlack
9 Mattierung
10 Wachsbeize

Für die Behandlung von Holzarbeiten im und am Haus gibt es zahlreiche Möglichkeiten. Wählen Sie den Anstrich entsprechend dem Material, dem Standort und dem Verwendungszweck des jeweiligen Werkstücks. Jeder Anstrich hat die Aufgabe, das Holz sowohl zu schützen als auch seine ästhetischen Qualitäten zur Geltung zu bringen. Aussehen und Eigenschaften sind jedoch sehr unterschiedlich.

HOLZVEREDELUNGSMITTEL

Kunstharzlack

Die lösemittelhaltigen Kunstharzlacke sind die im Innen- wie im Außenbereich hochwertigsten deckenden Anstriche. Hervorzuheben ist die angebotene Vielfalt an Produkten und Farbtönen, dazu die Haltbarkeit des Anstrichs. Kunstharzlacke gibt es in verschiedenen Glanzstufen: matt, seidenglänzend, hochglänzend. Sie lassen sich mit Pinsel, Roller oder Spritzpistole auftragen und müssen vor der Verarbeitung mit dem passenden Lösungsmittel auf Streich- bzw. Spritzfähigkeit verdünnt werden. Kunstharzlacke benötigen für eine hochwertige Oberfläche einen oder zwei Anstriche mit einer geeigneten Grundierung, die der Farbenhändler auf Wunsch bereits zum Deckanstrich passend einfärbt. Eine Besonderheit stellen thixotrope Lacke dar, die geleeartig sind und sich unter mechanischer Einwirkung – Streichen, Umrühren, Schütteln – verflüssigen. Diese Lacke haben den Vorteil, daß sie nach dem Auftrag nicht mehr verlaufen, so daß die gefürchteten »Rotznasen« auch von weniger Geübten vermieden werden können. Hinsichtlich der Trocknungseigenschaften und der Umweltverträglichkeit haben Kunstharzlacke in den letzten Jahren gegenüber den Acryllacken stark aufgeholt.

Acryllacke

Wasserlösliche Lackfarben dominieren seit Jahren das Angebot für den Heimwerker. Ihre Vorteile gegenüber den lösungsmittelhaltigen Lackfarben liegen in der besseren Umweltverträglichkeit, der geringeren Geruchsbelästigung und der einfachen Reinigungsmöglichkeit der Werkzeuge durch Auswaschen mit klarem Wasser. Außerdem können Grundierung und Deckanstrich mit der gleichen Farbe ausgeführt werden. Acryllacke trocknen schneller als lösungsmittelhaltige Farben und eignen sich für den Innen- wie für den Außenbereich.

Lasuren

Holz ist ein lebendiger Werkstoff. Es nimmt Feuchtigkeit auf und gibt sie wieder ab, es dehnt sich aus und zieht sich wieder zusammen. Lackfarben überziehen den Werkstoff mit einem geschlossenen Film, dessen Elastizität nicht immer ausreicht, dem »Arbeiten« des Holzes zu folgen. Sie werden brüchig, der Film reißt und blättert mit der Zeit ab. In der Holzveredelung gibt man daher heute im allgemeinen lasierenden Anstrichen den Vorzug. Lasuren bilden im Gegensatz zu Lacken eine »offenporige« Schutzschicht. Sie dichten die Holzoberfläche zwar gegen eindringendes Wasser ab, lassen aber im Material gespeicherte Feuchtigkeit nach außen entweichen: Das Holz kann atmen. Auch optisch haben Lasuren gegenüber Lackfarben einige Vorteile. Denn sie schützen das Holz, ohne dessen Struktur und Maserung zu verdecken.
Lasuren gibt es ebenso wie Lacke pigmentiert und unpigmentiert, auf Lösungsmittel oder Wasserbasis und für praktisch jeden Verwendungszweck.
Lasuren sind anwenderfreundliche Werkstoffe. Denn bei Renovierungsarbeiten müssen sie nicht mühsam abgeschliffen oder abgebeizt werden. Meist genügt es, die zu renovierende Fläche leicht zu überschleifen und mit der gleichen Lasur einzulassen.
Eine besondere Rolle spielen Dickschichtlasuren, die im Außenbereich einen besonders guten Schutz gewährleisten.

Beizen

Beizen dienen zum Tönen oder Färben von Hölzern, deren Oberflächenstruktur und Maserung sichtbar bleiben sollen. Mit Ausnahme der Wachsbeizen dienen sie ausschließlich zum Färben des Holzes. Die gebeizte Holzfläche wird also wie rohes Holz weiterbehandelt.
Beizen gibt es entweder in Pulverform oder gebrauchsfertig angemischt. In vielen Farben und Holztönen. Im Gegensatz zu Lackfarben dringen Beizen sehr tief in das Holz ein, können also nicht durch bloßes Abschleifen wieder entfernt werden.
Wachsbeizen färben und schützen das Holz in einem Arbeitsgang. Wenn man sie nach dem Streichen ausbürstet, erzielt man eine elegante, matt glänzende Oberfläche. Wachsbeizen eignen sich allerdings nur für wenig strapazierte Möbel im Innenbereich.

Holzschutzmittel

Im Außenbereich verbaute Hölzer – Zäune, Gartenhäuser, Holzverkleidungen – sind nicht nur der Verwitterung ausgesetzt, sondern auch durch Schädlinge wie Pilze und Insekten bedroht.
Obwohl Hölzer aus Heimwerkermärkten in der Regel vorbehandelt sind, muß im Außenbereich verbautes Holz einer besonderen Schutzbehandlung unterzogen werden. Hierzu gibt es eine große Auswahl an Holzschutzmitteln, die das Holz gegen eindringende Feuchtigkeit schützen und gegen die verschiedenen Schädlinge wirksam sind. Entsprechend ihrer Wirksamkeit tragen diese Mittel auf der Verpackung folgende Kennzeichnungen:

P = wirksam gegen Pilzbefall
W = geeignet für der Witterung ausgesetzte Hölzer
Iv = vorbeugend wirksam gegen Insektenbefall
Ib = wirksam bei Insektenbefall
F = macht die behandelten Hölzer schwerer entflammbar

Die Zeiten, in denen Holzschutzmittel durch die darin enthaltenen Gifte in die Schlagzeilen gerieten, sind längst vorbei. Dennoch enthalten sie je nach Verwendungszweck Wirkstoffe, denen Sie sich nicht ständig aussetzen sollten. Daher sind die Herstellerangaben bei der Verarbeitung unbedingt zu beachten.

Wachse

Wachs ist zum Holzschutz ausschließlich im Innenbereich und für wenig beanspruchte Hölzer geeignet. Gute Wachse sollten Bienenwachs und ein Hartpoliturwachs wie Carnauba enthalten. Einige Wachse enthalten Silikone, die der Oberfläche mehr Glanz verleihen.
Wachse gibt es in fester und flüssiger Form, gefärbt und ungefärbt. Man kann sie als einzigen Holzschutz auftragen oder zur Auffrischung behandelter Oberflächen verwenden. Nur gewachste Holzoberflächen sollten regelmäßig aufgefrischt werden. Durch Abreiben mit einem weichen Tuch oder Abbürsten erhalten gewachste Holzoberflächen ihren geschätzten, charakteristischen Glanz.

SIEHE AUCH

unter:

Grundierungen	21
Fußböden	92

Schellackpolitur
Schellack ist ein natürlich vorkommendes Harz, das aus den Ausscheidungen der Schildlaus besteht und in Alkohol gelöst zur Oberflächenbehandlung edler Hölzer verwendet wird. Dabei wird der Schellack mit einem Trikotballen Schicht um Schicht – mitunter bis zu 50 Schichten – aufgetragen, bis eine spiegelglatte, hochglänzende Oberfläche entstanden ist. Polierte Oberflächen sind sehr empfindlich und weder Wasser- noch alkoholresistent. Sie werden deshalb vorwiegend für wertvolle Antiquitäten verwendet. Ballenmattierung bewirkt einen ähnlichen Effekt.

Schellackpolitur
Auf edlen Holzoberflächen zeigt die Schellackpolitur ihren unvergleichlichen Glanz. Keine Veredelung wirkt schöner – keine ist empfindlicher.

HOLZ-VEREDELUNG

SIEHE AUCH
unter:

- **Lackfehler ausbessern** Schmutzpartikel oder Pinselborsten auf einer frischlackierten Fläche nicht entfernen, wenn sich bereits eine Haut auf der Farbe gebildet hat. Schmirgeln Sie die Verunreinigungen mit Schleifpapier ab, sobald der Lack durchgetrocknet ist. Genauso verfahren Sie mit Läufern.

Bedenken Sie beim Streichen von Holz, daß es sich um ein faseriges Material handelt, das eine festgelegte Maserung, eine unterschiedliche Saugfähigkeit und vielleicht Äste mit tropfendem Harz aufweist – alles Eigenschaften, die bei der Auswahl der zu benutzenden Farben, Arbeitstechniken und Werkzeuge bedacht werden müssen.

Grundregeln zum Lackieren

Vor dem Deckanstrich müssen Sie das Werkstück gründlich vorbereiten und grundieren. Rohes Holz wird gewässert, damit sich die Holzfasern aufrichten, und nach dem Trocknen mit feinem Schleifpapier absolut glatt geschliffen. Wenn Sie Lackfarbe verwenden, grundieren Sie ein- oder zweimal mit einer passenden Grundierfarbe. Einfärben der Grundierung auf den Ton des Decklacks verbessert die Deckkraft. Jeder Voranstrich wird nach dem Trocknen mit feinem Sandpapier geschliffen, dann wird die Oberfläche mit einem feuchten Tuch abgewischt.

Qualitätspinsel sind immer noch die besten Werkzeuge zum Streichen von Holzflächen. Wählen Sie Pinsel mit 25 mm und 50 mm Breite und einen 12 mm breiten Pinsel zum Streichen von Sprossen. Tragen Sie die Farbe im Längsgang auf, und verstreichen Sie im Quergang. Mit leichten Strichen im Längsgang – Verschlichten genannt – vollenden Sie die Oberfläche. Streichen Sie größere Oberflächen wie Türblätter stets in einem Zug, sonst zeichnen sich Ränder ab. Streichen Sie niemals ein zweites Mal über eine gerade trocknende Farbschicht.

ARBEITSABLAUF

Stimmen Sie Ihre Arbeiten stets so ab, daß Türen und Fenster nach Einbruch der Nacht geschlossen werden können.

Innenbereich

Streichen Sie als erstes die Fenster, anschließend die Türen. Arbeiten Sie im übrigen von oben nach unten – erst die Holzdecke, zuletzt die Sockelleisten –, und säubern Sie die jeweils nächste Ebene vor der Bearbeitung.

Außenbereich

Richten Sie sich nach dem Sonnenstand und streichen Sie keine Flächen, die der prallen Sonne ausgesetzt sind oder während des Trocknens sein werden, sonst gibt es Läufer und Blasen. Meiden Sie feuchte oder windige Tage: Regentropfen und fliegender Staub zerstören jede frisch lackierte Oberfläche.

Streichen einer Türfüllung
Streichen Sie den Rand einer Türfüllung von der Mitte aus: Biegen sich die Borsten gegen den Rand, beginnt die Farbe zu laufen.

Auch von Leisten werden die Pinselborsten ungleichmäßig gebogen, so daß zuviel Farbe fließt: an solchen Stellen gut verschlichten!

Streichen einer geraden Kante
Setzen Sie einen schmalen Pinsel wenige Millimeter neben dem Rand auf und ziehen Sie die Linie, während Sie deren Breite durch Druck regulieren.

Alle Oberflächen müssen fest, sauber, trocken und frei von organischem Bewuchs sein.

Anstriche für Holzoberflächen

	Kunstharz-lack	Acryl-lack	Holzbeize	Holzschutz-mittel	Wetterschutz lasierend	Wetterschutz deckend	Möbel-lasur	Zweikompo-nentenlack	Wachsbeize	Holzwachs	Schellack-politur
Geeignet für											
Weichhölzer	●	●	●	●	●	●	●	●	●	●	
Harthölzer	●	●	●	●	●	●	●	●	●	●	●
Geschliffene Hölzer	●	●	●	●	●	●	●	●	●	●	●
Gehobelte Hölzer			●	●	●	●		●	●	●	
Sägerauhe Hölzer				●							
Innenbereich	●	●	●				●	●	●	●	●
Außenbereich	●	●		●	●	●			●		
Trockenzeit in Stunden											
Staubtrocken	4	1–2	0.5	0.5–4	1–2	2–4	1	1	1		0.5
Überstreichbar	16	4–6	6	4–16	2–4	14	8	2	6	1	24
Verdünnung/Lösungsmittel											
Wasser		●	●	●	●	●	●				
Universalverdünnung	●		●	●	●		●		●	●	
Methylalkohol											●
Spezialverdünnung								●			
Anzahl der Anstriche											
Innenbereich	1–2	1–2	2–3				2	2–3	3	2	10–15
Außenbereich	2–3	1–2		1–2	2	2					
Ergiebigkeit											
Quadratmeter/Liter	15–16	10–14	6–8	10–25	8–12	8–12	8–14	6–8	6–8	Variabel	Variabel
Auftrag											
Pinsel	●	●	●	●	●	●	●	●	●	●	
Roller	●	●	●		●	●		●			
Ballen			●				●		●	●	●
Spritzpistole	●	●			●	●	●	●			

TÜREN STREICHEN

Türen mit Füllungen weisen mehrere voneinander abgesetzte Oberflächen auf mit entgegengesetzten Maserungen, die einzeln gestrichen werden müssen. Folgen Sie beim Streichen von glatten, Füllungs- oder verglasten Türen den folgenden Empfehlungen.

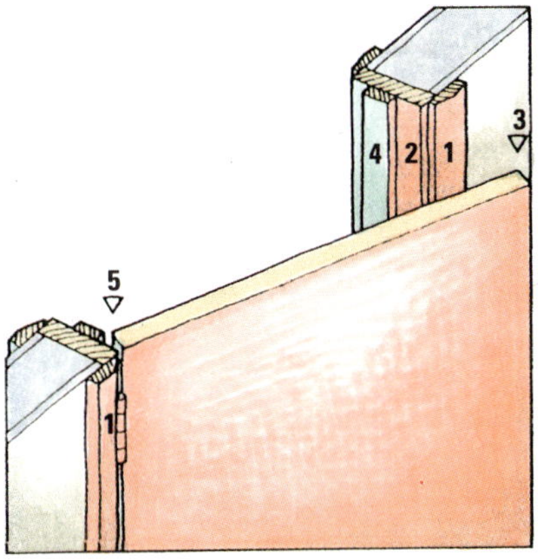

Seiten in verschiedenen Farbtönen streichen
Stellen Sie sicher, daß alle Oberflächen von Blatt und Rahmen, die im geöffneten Zustand sichtbar sind, in demselben Farbton gestrichen werden.

Öffnungsseite: Streichen Sie Rahmen **(1)** und Laibung bis einschließlich des Anschlages **(2)** in einer Farbe. Streichen Sie Vorderseite und Kante **(3)** des Blattes in demselben Farbton.

Rückseite: Streichen Sie Rahmen und Laibung **(4)** mit dem zweiten Farbton, ebenso Rückseite und Scharnierkante des Türblattes **(5)**.

Vorbereitung und Technik

Entfernen Sie die Türgriffe, schrauben Sie die Beschläge ab und verkeilen Sie die offene Tür, damit sie nicht zufallen kann. Legen Sie den Türgriff ins Zimmer oder, besser, stecken Sie ihn in die Tasche. Falls Ihnen die Tür trotzdem zufällt, können Sie sich nicht einsperren.
Streichen Sie Tür und Rahmen bzw. Zarge getrennt. Auf diese Weise vermeiden Sie am einfachsten eine versehentliche Berührung mit frisch gestrichenen Flächen. Beginnnen Sie dabei mit dem Türblatt, und streichen Sie Rahmen oder Zarge erst, wenn die Farbe auf dem Türblatt mindestens griffest getrocknet ist.

Abgesperrtes Türblatt

Glatte Türen werden von oben nach unten in Abschnitten gestrichen, die miteinander verschlichtet werden. Tragen Sie die Farbe mit leichten, senkrechten Pinselstrichen auf jedem Abschnitt auf und verteilen Sie sie im Kreuzgang. Anschließend streichen Sie die Ränder. Streichen Sie von den Rändern aus, nicht zu diesen hin, sonst läuft die Farbe und bildet auf der Türkante einen Grat, der nach dem Trocknen abgeschliffen werden muß. Zuletzt verschlichten Sie die gesamte Fläche mit leichten senkrechten Pinselstrichen.

Türflügelrahmen mit Füllungen

Bei Füllungstüren müssen die verschiedenen Teile in einer logisch sinnvollen Reihenfolge gestrichen werden. Streichen Sie jedes Teil mit parallelen Strichen in seiner Faserrichtung.
Unabhängig von der Art der Türfüllung, beginnen Sie mit den Füllungsleisten **(1)**, gefolgt von den Füllungen **(2)**. Streichen Sie als nächstes den mittleren der senkrechte Türstege **(3)**, dann die gekreuzten Querstege **(4)**. Beenden Sie die Seite mit dem Streichen der äußeren, senkrechten Stege **(5)**, und streichen Sie zuletzt die Türkante **(6)**.
Für einen guten Anstrich streichen Sie die Hölzer des Türflügelrahmens in einem Zug und nehmen die Farbränder auf, bevor die Farbe antrocknen kann und beim Verschlichten Pinselspuren und ausgegangene Borsten zu sehen sind. Für ein gutes Ergebnis muß man schnell arbeiten. Falls die Füllungen farblich abgesetzt werden sollen, streicht man sie zuletzt.

Abgesperrtes (glattes) Türblatt

Füllungstürblatt einfache Methode

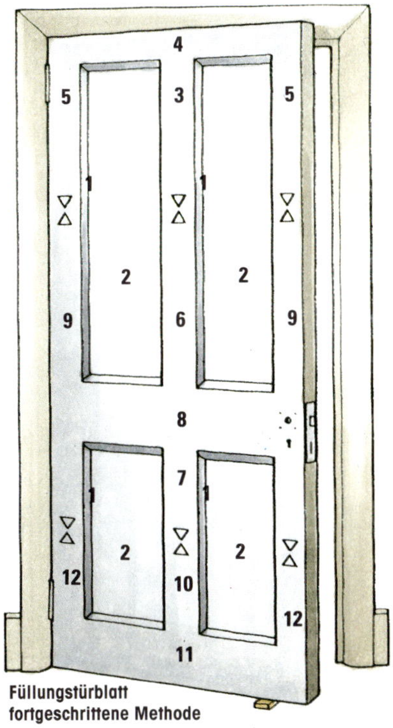

Füllungstürblatt fortgeschrittene Methode

SIEHE AUCH

unter:

Verglaste Türen
Beim Streichen einer verglasten Tür beginnt man mit den Sprossen und folgt der Reihenfolge für Füllungstüren.

Glatte Türen
Tragen Sie Farbe in rechteckigen Abschnitten von oben nach unten auf, verschlichten Sie mit leichten senkrechten Pinselstrichen.

Füllungstür, einfache Methode
Folgen Sie der numerierten Reihenfolge, um die verschiedenen Teile zu streichen. Verschlichten Sie in Faserrichtung.

Füllungstür, fortgeschrittene Methode
Arbeiten Sie schnell nach der numerierten Reihenfolge, um einen Anstrich herzustellen, der frei ist von Nahtstellen zwischen den Abschnitten.

FENSTER STREICHEN

SIEHE AUCH
unter:

Putzen Sie die Fenster
Putzen Sie die Fensterscheiben vor dem Streichen, um die Aufnahme von Staub mit dem Pinsel zu vermeiden.

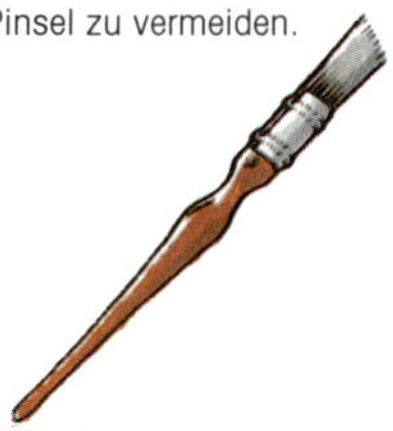

Strichzieher
Streichen Sie Fenstersprossen mit einem Strichzieher, einem Pinsel mit angeschrägten Borsten, damit Sie mit einem dünnen Pinselstrich bis an das Glas arbeiten können.

STREICHEN SIE DEN RAHMEN, NICHT DAS GLAS

Im Grunde ist es nicht weiter tragisch, wenn beim Fensterstreichen ein paar Lackspritzer auf die Scheibe kommen. Denn dank seiner Härte läßt sich das Glas mit einfachen mechanischen Mitteln von derart unwillkommenen Spuren säubern. Es genügt eine Rasierklinge, die man der besseren Handhabbarkeit wegen in einem Kunststoffhalter steckt, wie sie in Baumärkten angeboten werden. Die scharfe Klinge schabt mühelos Lackspuren von der Scheibe, ohne Kratzer zu hinterlassen.

Besser ist es jedoch, die Scheiben so abzukleben, daß sie beim Streichen nicht verschmutzt werden. Man verwendet dazu kein Kreppband – mit dem sich auf glatten Flächen keine einwandfreie Farbkante erreichen läßt –, sondern ausreichend breiten Klebefilm. Wer will – oder der eigenen Sorgfalt mißtraut –, kann das Scheibeninnere jeweils noch mit Zeitungspapier abkleben.

Beim Streichen von Fensterrahmen sollten Sie darauf achten, daß die Lackschicht mit einem Rand von ungefähr 2 mm Breite in die Scheibe reicht. Auf diese Weise kann kein Wasser zwischen Glasscheibe und Holzrahmen fließen. Dies geschieht sowohl von außen durch Regen- als auch von innen durch Kondenswasser und führt auf lange Sicht zum Faulen des Rahmenholzes

FENSTERFLÜGEL FIXIEREN

Fenster, deren Flügel nach außen öffnen, gibt es im deutschsprachigen Raum selten und wenn, dann fast nur bei sehr alten Gebäuden. Zum Streichen der Innenseiten müssen Sie die Fensterflügel in einem Winkel zur Hauswand fixieren. Schlagen Sie einen Nagel in die Unterkante des Fensterflügels. Wickeln Sie Bindedraht um den Nagel, und befestigen Sie ihn an geeigneter Stelle am Rahmen.

Wickeln Sie Bindedraht um einen Nagel an der Rahmenunterkante, und benutzen Sie ihn als provisorischen Feststeller

Wie Türen, so müssen auch Fenster mit ihren verschiedenen Bestandteilen so gestrichen werden, daß sie vor Einbruch der Dunkelheit wieder geschlossen werden können. Dieser Forderung haben sich sowohl der zeitliche Arbeitsplan als auch die ausgewählten Materialien – Lacke und Lasuren – zu unterwerfen.

Welche Fenster brauchen Farbe?

Das einst unerläßliche Fensterstreichen ist heute nicht mehr in allen Fällen notwendig. Pflegeleichte Kunststoffenster sind inzwischen so witterungsbeständig, daß sie keines weiteren Schutzanstrichs bedürfen, und auch Leichtmetallfenster erfordern in dieser Hinsicht kaum Aufmerksamkeit.

Im Wohnbereich werden jedoch nach wie vor Holzfenster bevorzugt, die in einer schier unüberschaubaren Fülle an Bauarten und Formen angeboten werden. Diese sind zwar in der Regel von Herstellerseite vorbehandelt, brauchen aber einen Wetterschutz. Hierzu werden heute in erster Linie Lasuren verwendet. Den traditionellen Anstrich mit Farblacken findet man deshalb heute meist nur noch bei Altbauten.

Reihenfolge für ein Drehflügelfenster mit Sprossen

Drehflügelfenster streichen

Drehflügelfenster findet man in praktisch allen Altbauten, aber auch bei Neubauten erfreuen sie sich wieder zunehmender Beliebtheit, allerdings fast immer in Verbindung mit einem einseitigen Dreh-Kipp-Mechanismus. Und mit dem Niedergang der strengen kubischen Bauformen feierten auch die Sprossenfenster ihre Renaissance.

Drehflügelfenster gibt es in einer Fülle von Ausführungen, in Deutschland aber auf Grund der rauhen Witterung praktisch immer als Doppelfenster oder doppelt verglaste Fenster, zum Teil in Form teilbarer Fensterflügel.

Wo immer möglich, sollte man Drehflügelfenster zum Streichen aushängen, und bei teilbaren Fensterflügeln ist diese Maßnahme unerläßlich. Besorgen Sie sich eine ausreichende Anzahl an einfachen Unterstellböcken, wie sie, meist aus Buchenholz gearbeitet, in Baumärkten wohlfeil zu haben sind.

Legen Sie die einzelnen Fensterflügel auf je zwei Böcke. Streichen Sie zunächst die Sprossen **(1)**, dann die Quer- **(2)** und die Längsholme **(3)**. Mit den Kanten **(4)** beenden Sie die Arbeit. Während die Fensterflügel trocknen, streichen Sie den Fensterrahmen.

Legen Sie die Fensterflügel auf Unterstellböcke

HOLZ IM AUSSENBEREICH STREICHEN

Holzverkleidungen
Vor allem im Alpenraum hat es Tradition, die Obergeschoße von Bauernhöfen und Einfamilienhäusern entweder in Blockbauweise zu erstellen oder mit einer Holzverbretterung zu verkleiden. Sonne und Regen lassen diese Holzflächen schnell verwittern, wenn sie nicht entsprechend geschützt werden. Streichen Sie deshalb Holzbauten und -verkleidungen mindestens alle zwei Jahre mit einem guten Holzschutzmittel, das sowohl vor Verwitterung schützt als auch gegen Pilz- und Insektenbefall wirksam ist.

Fachwerk
Die Erhaltung historischer Bausubstanz ist nicht nur eine Angelegenheit der Denkmalpflege. Im Gegenteil verwenden zunehmend auch Privatleute viel Zeit und Mittel auf die Restaurierung alter Häuser. Wer ein altes Fachwerkhaus besitzt oder erwerben will, sollte sich auf jeden Fall mit dem zuständigen Landesdenkmalamt in Verbindung setzen. Dort erhält er nicht nur fachmännischen Rat, sondern bei denkmalwürdigen Objekten mitunter einen nicht unbeträchtlichen Zuschuß. Zum Beispiel sollte Fachwerk nicht nach Laune, sondern stets in der landschaftstypischen Weise eingefärbt werden. Dabei reicht die Palette von Schwarz, Braun, Rotbraun bis Rot. Vereinzelt sind auch Grün, Blau und Weiß ortsüblich.
Fachwerk muß ebenso wie anderes Holz im Außenbereich vor dem Verwittern geschützt werden. Hierbei haben sich besonders Dispersions-Lackfarben gut bewährt. Vor dem Anstrich sind die Balken gründlich zu reinigen. Schmutz und alter Anstrich sind – am besten mit einer Drahtbürste – restlos zu entfernen. In der Regel weisen die Balken durch Quell- und Schwundbewegungen mehr oder weniger große Risse auf. Diese sind zwar grundsätzlich unbedenklich, müssen aber aufgefüllt werden. Kleine Risse werden beim Streichen mit Farbe verfüllt, größere sollten vor dem Anstrich mit einer pastosen Mischung aus Holzleim und Sägemehl ausgefüllt werden. Nach dem Füllen werden die Balken mit Schleifpapier geschliffen und mit einem Holzprimer grundiert. Nach gründlichem Trocknen erfolgt dann der Endanstrich mit Dispersionslackfarbe.

Auch für den Heimwerker sollte es selbstverständlich sein, daß er sich für die Erhaltung kultureller Werte einsetzt. Dies beginnt mit einer sensiblen Behandlung historischer Bausubstanz – wenn man z. B. einen alten Bauernhof sein eigen nennt – und setzt sich fort im Innenbereich, etwa bei der Renovierung antiken Mobiliars. Deshalb soll hier eine traditionelle Form der Holzbemalung vorgestellt werden, die sich für antike, bäuerliche Möbel und feste Holzeinbauten gleichermaßen eignet: die Kleistermalerei.

Vorbereitung

Kleistermalerei ist eine Kunst des bäuerlichen Handwerks, das stets bemüht war, höfische und bürgerliche Verfahren mit einfachsten Mitteln nachzuahmen. Als Bindemittel dient Stärkekleister, der denkbar einfach zuzubereiten ist: Rühren Sie 4 Eßlöffel feines Mehl in $^1/_8$ Liter kalten Wassers ein und füllen Sie mit $^7/_8$ Litern kochenden Wassers auf. Umrühren, erkalten lassen, fertig.
Der Kleister kann mit allen wasserlöslichen Farben eingefärbt werden, doch verwendet der Fachmann ausschließlich Erdfarben, die als »Staubfarben« im Fachhandel erhältlich sind. Dabei unterscheidet man lasierende (Umbra, Siena) und deckende (Ocker, Zinkweiß, Zinnoberrot usw.) Farben. Die Staubfarben werden über Nacht in wenig Wasser »eingesumpft« und dann mit der zwei- bis fünffachen Menge Kleister verdünnt. Deckende Farben verdünnt man 1 : 1.
Zur Kleistermalerei eignet sich ausschließlich fettfreies rohes Holz. Bereits bemalte Hölzer müssen restlos abgeschliffen werden, weil der Kleister sonst nicht haftet. Das gilt auch für in Kleistertechnik bemalte Hölzer, z. B. alte Bauernschränke. Nur kleinere Schäden lassen sich durch einfaches Übermalen mit einem Pinsel ausbessern.
Grundieren Sie die zu bemalende Holzfläche mit farblosem Kleister, den Sie über Nacht trocknen lassen.

Gestalten

Mit einem breiten Grundierpinsel wird der farbige Kleister auf eine nicht zu große Fläche, z. B. eine Schranktür oder ein Türfüllungsfeld, satt aufgetragen. Die gestrichene Fläche wird sofort in der gewünschten Weise verziert. Dabei gestattet der mit einem Stahl- oder Kunststoffkamm durchgeführte »Kammzug« die Imitation von Edelholzmaserungen, indem mit den Kammzinken die Kleisterfarbe in mehr oder weniger gleichmäßigen Streifen abgetragen wird. Auch die auf Seite 48 bis 51 vorgestellten Marmorierungs- und Äderungstechniken stammen ursprünglich meist aus der Kleistermalerei und lassen sich dort einsetzen. Dabei wird das Holz mit einer deckenden Kleisterfarbe eingestrichen und nach dem Trocknen mit lasierender Farbe dekoriert.

Kammzug
Ziehen Sie mit dem Stahlkamm parallele Linien in den aufgetragenen Kleister. So wird eine Edelholzmaserung imitiert. Für gute Ergebnisse muß man einige Zeit üben.

Das fertige Kammzugmuster
In bäuerlichem Ambiente wirken solche Flächen sehr dekorativ. Schützen Sie wenig beanspruchte Flächen mit Wachs, stark beanspruchte mit einem matten Klarlack.

SIEHE AUCH
unter:

Holz vorbereiten	31
Holz streichen	56
Holz lasieren	62

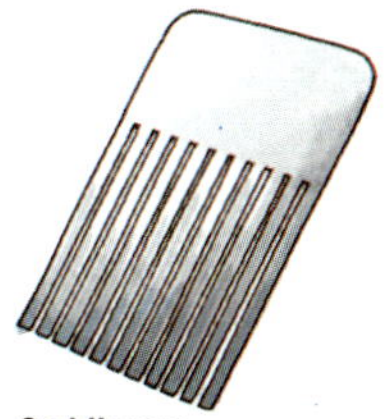

Stahlkamm

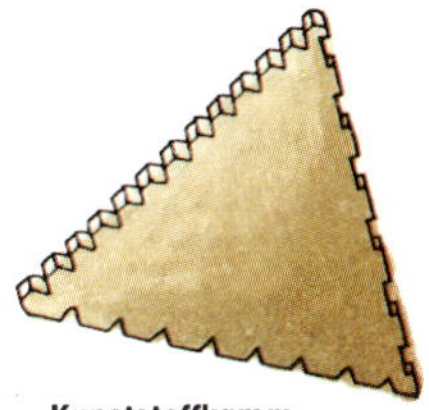

Kunststoffkamm

Stiftmarmorierer

HÖLZER

BEIZEN

SIEHE AUCH
unter:
Füllen der Poren 31
Holzveredelungsmittel 55
Holz vorbereiten 31
Anstriche vorbereiten 36–37

Beizprobe
Probieren Sie das Aussehen einer Beize stets an einem Probestück gleichen Materials aus, ehe Sie Ihr Werkstück damit behandeln. Erst nach der Endbehandlung mit Lack oder Lasur läßt sich die Wirkung sicher beurteilen.

Malkissen

Pinsel

Ballen

Nur absolut sauberes und fettfreies Holz nimmt die Beize an. Ist das Holz nicht optimal vorbereitet, wird das Beizergebnis fleckig und unansehnlich. Alte Anstriche müssen deshalb immer restlos entfernt, das rohe Holz mit Schleifpapier zunehmend feinerer Körnung gründlich abgeschliffen werden.

Teststreifen beizen

Die Wirkung einer Holzoberfläche wird bestimmt von der Holzart bzw. der Furniersorte, der verwendeten Beize – sowohl der Art der Beize als auch der Anzahl der Beizgänge – und der abschließenden Oberflächenveredelung. Mit einem oder mehreren Teststreifen können Sie die Wirkung der geplanten Oberflächenbehandlung zuverlässig beurteilen, ohne Ihr Werkstück zu verderben. Wenn Sie sich hinsichtlich des gewünschten Ergebnisses noch nicht sicher sind, können Sie auf diese Weise nach Belieben experimentieren, bis Sie den Farbton gefunden haben, der Ihnen zusagt. Die rechtsstehenden Abbildungen zeigen eine Auswahl von Teststreifen.
Wichtig ist, daß Sie Ihre Versuche auf Proben des gleichen Materials ausführen, das Sie später bearbeiten wollen, und daß Sie sich Notizen machen, so daß Sie den gewählten Ton zuverlässig treffen. Streichen Sie zunächst den ganzen Streifen mit Beize ein. Ist die Beize eingedrungen, tragen Sie eine zweite Schicht auf, sparen dabei aber einen Teil der Holzfläche aus.
Mehr als zwei Schichten sind in der Regel nicht erforderlich, aber zum Ausprobieren tragen Sie einen dritten oder sogar vierten Anstrich auf. Dabei wird wiederum jeweils ein Teil des vorherigen Anstrichs freigelassen.
Ist die Beize vollkommen getrocknet, behandeln Sie eine Hälfte des Streifens mit dem Material, das Sie für die abschließende Oberflächenveredelung vorgesehen haben. Das kann entweder ein farbloser Lack sein – erhältlich in Matt, Seidenglanz und Hochglanz –, eine farblose Lasur oder eine Mattierung. Für wenig beanspruchte Werkstücke eignen sich auch Wachse. Das Ergebnis Ihrer Arbeit sollte nun so aussehen wie die unten abgebildeten Teststreifen. Nur bei der Verwendung von Wachsbeizen können Sie auf eine Oberflächenbehandlung verzichten. Wählen Sie nun die Ihrem Geschmack entsprechende Variante.

DER BALLEN

Tragen Sie bei der Arbeit mit dem Ballen Schutzhandschuhe. Tauchen Sie den Ballen in die Beize, bis er sich vollgesogen hat, und drücken Sie ihn so aus, daß er nicht mehr tropft. Nun tragen Sie die Beize auf.

Beizen mit dem Trikotballen

Holzbeizen

Holzbeizen gibt es entweder gebrauchsfertig oder in Form von Pulver, das nach Anleitung mit Wasser angemischt werden muß. Normale Holzbeizen dienen ausschließlich zum Einfärben bzw. Abtönen von Holzflächen und haben keine Holzschutzwirkung.
Tragen Sie die Beize mit einem breiten Pinsel, einem Ballen aus nichtfaserndem Trikotstoff oder einem Schwamm zügig auf das Werkstück auf. Streichen Sie zunächst in Richtung der Maserung, anschließend quer dazu. Die überschüssige Beize nehmen Sie mit einem ausgedrückten Schwamm wieder auf.
Wenn Sie mit dem Pinsel arbeiten, sollten Sie einen 100 mm breiten Beizpinsel verwenden. Beizpinsel haben im Gegensatz zu normalen Lackierpinseln keine Metallteile. Dies ist zweckmäßig, da sich einige Beizen bei Kontakt mit Metallen verfärben. Aus dem gleichen Grund sollten Sie Beizen nie aus Metallgefäßen – alten Konservendosen usw. –, sondern stets aus Glas- oder Keramikgefäßen verarbeiten.

SIEHE AUCH

unter:

Holz vorbereiten 33–35

Anstriche vorbereiten 36–37

Holzveredelungsmittel 55

Türen streichen 57

Eine Holzfläche beizen

Schleifen Sie das Werkstück mit Schleifpapier feiner Körnung glatt, und entstauben Sie es. Decken Sie die Arbeitsumgebung gut ab. Da Beizen sehr dünnflüssig sind, spritzen sie leicht. Wenn Sie eine wassergelöste Beize verwenden, können Sie sich das Wässern sparen. Tragen Sie die Beize wie beschrieben auf. Arbeiten Sie bei senkrecht stehenden Werkstücken, z. B. Paneelen, von unten nach oben. Lassen Sie die Beize über Nacht trocknen. Nach dem Beizen wird das Werkstück mit feinem Schleifpapier gründlich geschliffen, sorgfältig entstaubt und mit der gewünschten Veredelung behandelt.

Wachsbeizen

Eine Sonderstellung unter den Beizen nehmen die Wachsbeizen ein, die manchmal auch als Farbwachs bezeichnet werden. Bei diesen ist das Färbemittel einer Wachslösung beigemischt, so daß hier die Tönung und Oberflächenveredelung des Holzes in einem Arbeitsgang durchgeführt werden können.
Wie alle Wachse sind Wachsbeizen nur für wenig beanspruchte Holzflächen zu empfehlen. Deshalb eignen sie sich z. B. nicht für Tische, auf denen Flaschen und Gläser abgestellt werden oder für Möbel in Küchen und Badezimmern. Auch zur Verwendung im Außenbereich sind Wachsbeizen absolut ungeeignet. Ihre Qualitäten entfalten Wachsbeizen am besten an edlem Mobiliar, gut gepflegten Türen und Paneelen. Dort entfalten sie bei sachgerechter Anwendung einen besonders delikaten Seidenglanz.

Wachsbeizen anwenden

Tragen Sie die Wachsbeize mit einem weichen Pinsel mit Kunststoffborsten auf das Werkstück auf. Streichen Sie dabei nur in Richtung der Maserung. Lassen Sie die Wachsbeize gut trocknen, am besten über Nacht. Anschließend wird die gebeizte Oberfläche aufpoliert. Sie können dazu jedes weiche, nichtfasernde Tuch verwenden. Profis allerdings polieren mit Wachsbeize behandelte Oberflächen mit einer Pferdestriegelbürste. Diese weist genau die richtige Härte auf und verleiht der Oberfläche den begehrten Seidenglanz.

Beizen einer Füllungstür
Da Beizen sehr dünnflüssig sind, ist es vorteilhaft, das zu beizende Werkstück waagrecht aufzulegen. Eine Tür zum Beispiel hängt man aus und legt sie auf Böcke. Glatte Türen beizt man wie andere glatte Holzflächen mit Pinsel, Schwamm oder Ballen. Lediglich für die Kanten sollte man unbedingt einen nicht zu feuchten Ballen verwenden, damit keine Beize in die Unterseite laufen und diese verderben kann.
Bei Füllungstüren sollten Sie der numerierten Reihenfolge (unten) folgen. Anders als beim Lackieren werden hier die Füllungsleisten zuletzt gebeizt. Während die Beize mit einem Pinsel in die Füllungen gestrichen werden kann, empfiehlt sich für Leisten, Kanten und Stege die Verwendung eines Ballens.

Malkissen
Diese praktischen Malwerkzeuge haben hierzulande noch nicht die Verbreitung gefunden, die sie verdienen. Denn sie vereinen die Vorteile von Pinsel und Ballen in sich. Wenn Sie in Ihrem Baumarkt ein Malkissen finden – probieren Sie es aus!

HOLZSCHUTZ IM AUSSENBEREICH

Für die Verwendung im Außenbereich sind Beizen nicht geeignet. Sie weisen keine holzschützenden Zusätze auf und bleichen unter Sonneneinstrahlung meistens ziemlich schnell aus. In solchen Fällen verwendet man lichtechte Farben, denen spezielle Zusätze zur Bekämpfung von bzw. Vorbeugung gegen Pilz- und Insektenbefall beigemischt sind. Da diese Zusätze gegen Schädlinge toxisch wirken, können sie nicht so harmlos sein wie Holzschutzmittel für den Innenbereich. Eine scharfe staatliche Materialprüfung sorgt jedoch dafür, daß alle in Deutschland angebotenen Holzschutzmittel bei Beachtung der Gebindevorschrift des Herstellers gesundheitlich unbedenklich sind. In der Vergangenheit sind Holzschutzmittel mehrfach in den Verdacht geraten, gesundheitliche Schäden zu verursachen. Bei den heute erhältlichen Präparaten ist das – hoffentlich – nicht mehr zu befürchten.

Gesetzliche Vorschriften

In einigen Fällen ist der Gebrauch solcher Holzschutzmittel sogar zwingend vorgeschrieben: So müssen bestimmte tragende Bauteile, die der Standsicherheit von Gebäuden dienen, z. B. Dachstühle, mit Holzschutzmitteln behandelt werden, die das amtliche Überwachungszeichen der Materialprüfungsanstalt für das Bauwesen tragen. Da diese Mittel nur bei sorgsamer Beachtung der Verarbeitungsvorschriften unbedenklich sind, sollte ihre Verwendung dem Fachmann vorbehalten bleiben.

Gütezeichen

Beim Einkauf von Holzschutzmitteln sollten Sie darauf achten, daß diese das RAL-Zeichen tragen. Bei solchen Produkten wurde amtlich geprüft, daß sie sowohl die geforderte Wirksamkeit aufweisen als auch gesundheitlich unbedenklich sind. Das RAL-Zeichen wird nicht nur Holzschutz-, sondern auch speziellen Schädlingsbekämpfungsmitteln, z. B. Mitteln gegen Holzwurmbefall, verliehen.

Umweltzeichen

Das offizielle Umweltzeichen, auch »Blauer Engel« genannt, wird besonders schadstoffarmen Produkten – in der Regel für den Innenbereich – verliehen. Holzschutzpräparate mit fungizider oder insektizider Wirkung können es nicht erhalten.

Gütezeichen RAL

Holzschutzmittel

LASUREN HOLZARBEITEN

SIEHE AUCH
unter:

Bei Lasuren handelt es sich um offenporige Anstriche. Sie dienen hauptsächlich dazu, das Holz gegen eindringende Feuchtigkeit und Verschmutzung zu schützen und ihm einen Glanz zu verleihen, der die Schönheit der Maserung betont. Lasuren werden farblos oder getönt angeboten.

Lasuren
Die Abbildungen zeigen, wie verschieden Lasuren auf dem gleichen Material (Birkensperrholz) wirken (von oben nach unten): unbehandeltes Holz; farblose Lasur matt; Mahagonilasur glänzend; weiße Lasur matt; deckende Wetterschutzfarbe (Consolan rotbraun).

Lasuren verarbeiten

Gegenüber Lacken und Lackfarben, die das Holz hermetisch abdichten, bilden Lasuren sogenannte »offenporige Anstriche«, das heißt sie dichten das Holz zwar gegen eindringende Feuchtigkeit ab, lassen es aber »atmen«. Außerdem sind Lasuranstriche in der Regel elastischer. Sie machen die Dehnungs- und Schwundbewegungen des Holzes mit und sind somit haltbarer.
Ein weiterer Vorteil der Lasur: Wenn ein neuer Anstrich fällig wird, muß der alte nicht mühsam entfernt werden. Lasierte Oberflächen werden nur leicht angeschliffen und können dann sofort überstrichen werden. Bei getönten Lasuren und vielen übereinanderliegenden Anstrichen kann allerdings mit der Zeit der lasierende Effekt zugunsten einer undurchsichtigen Pigmentschicht verlorengehen. Achten Sie beim Einkauf von Lasuren für den Innenbereich darauf, daß das Produkt den »Blauen Engel« für Umweltfreundlichkeit trägt.
Auch bei den Holzschutzfarben für den Außenbereich handelt es sich um Lasuren. Von den Lasuren für den Innenbereich unterscheiden sie sich in erster Linie durch die schädlingsbekämpfenden Zusätze, die im Innenbereich nicht benötigt werden. Für den Außenbereich geeignet, doch frei von Holzschutzmitteln ist die Dickschichtlasur, die eine gegenüber normalen Lasuren doppelte Schichtdicke erreicht und eine geschlossene Oberfläche bildet.

Lasuren auftragen

Grundsätzlich werden Lasuren genauso verarbeitet wie Lacke. Sie lassen sich streichen oder spritzen, doch wird man hier – im Gegensatz zum Lack – mit Pinsel oder Ballen meist das bessere Ergebnis erzielen.
Lasuren werden stets in Richtung der Maserung, zügig arbeitend, mit einem weichen Pinsel aufgetragen und danach quer zur Maserung verschlichtet. Zuletzt wird der Pinsel noch einmal in Richtung der Maserung in einem Zug und ohne abzusetzen über die ganze Fläche gezogen.
Ein besonders gutes Ergebnis erzielt man, wenn man die Lasur mit dem Ballen verarbeitet. Verdünnen Sie dazu für den ersten Anstrich die Lasur mit 10% Universalverdünnung bzw. dem vorgeschriebenen Verdünnungsmittel, und reiben Sie die verdünnte Lasur gut mit dem Ballen in Richtung der Maserung in das Holz.
Tragen Sie den zweiten Lasuranstrich nach etwa sechs Stunden in der gleichen Weise, aber mit unverdünnter Lasur, auf. Sind mehr als 24 Stunden vergangen, sollten Sie die Oberfläche vor dem nächsten Anstrich mit feinem Sandpapier aufrauhen. Wischen Sie die Oberfläche danach mit einem mit Verdünnung leicht angefeuchtetem Tuch ab, um Staub und Fett gründlich zu entfernen, dann tragen Sie einen nächsten Lasuranstrich auf.
Wenn die Oberfläche großen Belastungen ausgesetzt sein wird, sollten Sie einen dritten Anstrich auftragen. Dabei werden farblose und farbige Lasuren in gleicher Weise verarbeitet.

UNSAUBERE OBERFLÄCHEN

Wenn Ihre Klarlack- oder glänzende Lasuroberfläche häßliche Einschlüsse von Staubpartikeln aufweist, können Sie das Werkstück nach dem Trocknen mit feinem Schleifpapier abschleifen, gut säubern und noch einmal streichen. Sie können aber auch einen kleinen Trick anwenden: Geben Sie etwas Wachspolitur auf ein Knäuel feinster Stahlwolle und polieren Sie damit, Strich für Strich der Maserung folgend, die mißlungene Oberfläche. Sie werden erstaunt sein, wie leicht die Unsauberkeiten verschwinden. Hochglanz läßt sich mit diesem Verfahren zwar nicht erzielen, wohl aber ein schöner Seidenglanz.

Stahlwolle und Wachs ergeben seidigen Glanz

SCHELLACK-POLITUR

Eine Schellackpolitur gilt als die Krönung der Oberflächenveredelung. Daher bleibt sie in der Regel kostbaren und überwiegend antiken Möbelstücken vorbehalten. Für den Heimwerker ist es nicht leicht, mit dieser anspruchsvollen Technik zu einem guten Ergebnis zu kommen, üben Sie also zuerst an einem minder wertvollen Stück.

Schellack ist ein natürliches Harz, das aus den Ausscheidungen der Lackschildlaus gewonnen wird. Im Handel wird der rohe Schellack in zerkleinerter Form als sog. »Körnerlack« angeboten. Unbehandelter Schellack ist dunkel gefärbt und wird als »Granatlack« bezeichnet. Durch Reinigen, Auswaschen und Umschmelzen erhält man hellere Sorten wie Tafel- oder Blätterlack. Als besonders hochwertig gilt der helle Lemonschellack. Für Polituren auf Edelhölzern verwendet man zumeist farblosen Schellack, der durch Bleichen mit Chlor gewonnen wird. Als Lösungsmittel dient Alkohol in Form von Spiritus.

SIEHE AUCH
unter:

Die klassische Schellackpolitur

Die zu polierende Oberfläche muß mit feinster Körnung makellos plan und glatt geschliffen und mit Porenfüller – oder auch einigen Schichten Politur – grundiert sein. Wählen Sie für eine Schellackpolitur einen gleichmäßig temperierten, staubfreien und gut beleuchteten Arbeitsraum. Bei zu niedrigen Temperaturen wird die Politur wolkig. Halten Sie den geöffneten Ballen auf der offenen Handfläche und geben Sie soviel Schellack auf die Baumwollfüllung, bis diese gut getränkt, aber nicht ganz gesättigt ist. Drücken Sie den geschlossenen Ballen auf einem sauberen Abfallbrett aus, bis die Ballensohle gleichmäßig befeuchtet ist. Verteilen Sie mit dem Finger etwas Leinöl als Schmiermittel auf der Ballensohle.

Schellackpolitur auftragen

Tragen Sie den Schellack in Maserungsrichtung Strich um Strich leicht überlappend auf. Wenn die gesamte Oberfläche auf diese Weise eingestrichen ist, führen Sie den Ballen in kreisenden und achtförmigen Bewegungen über die gesamte Oberfläche. Vollenden Sie die Lackschicht wiederum mit überlappenden Strichen in Faserrichtung.
Solange der Ballen gut angefeuchtet ist, brauchen Sie nur wenig Druck aufzuwenden. Der erforderliche Druck steigt mit dem Arbeitsfortschritt. Sollte der Ballen nicht mehr richtig gleiten, geben Sie etwas Schellack auf die Füllung und einen Tropfen Leinöl auf die Sohle.
Da Schellack sehr schnell trocknet, muß der Ballen ständig in Bewegung sein. Also stets am Rand ansetzen und über die gesamte Fläche führen, ohne abzusetzen. Wenn der Ballen auch nur kurze Zeit auf der Holzoberfläche liegt, entstehen Abdrücke, die ausgeschliffen werden müssen.
Sobald die erste Lackschicht gleichmäßig und makellos ist, lassen Sie den Anstrich 30 Minuten trocknen. Dann wiederholen Sie die Prozedur. Bringen Sie auf diese Weise fünf Lackschichten auf. Diesen Vorgang wiederholen Sie an den folgenden Tagen, bis mindestens 20 Schichten aufgetragen sind. Erstklassige Polituren bestehen aus bis zu 50 Schichten. Vor dem Lackauftrag wird jeweils mit 800er Schleifpapier leicht überschliffen

Auspolieren

Geben Sie ein paar Tropfen Spiritus auf den nahezu trockenen Ballen, und führen Sie diesen unter kräftigem Druck in Faserrichtung über die polierte Fläche. Sobald der Ballen zieht, geben Sie wiederum etwas Spiritus zu. Polieren Sie, bis die vom Leinöl verursachten Schlieren verschwunden sind und eine hochglänzende, glasartige Oberfläche entstanden ist. Polieren Sie nach 30 Minuten mit einem weichen Staubtuch nach.

EINE GUTE ALTERNATIVE: DIE BALLENMATTIERUNG

Da eine gute Schellackpolitur sehr viel Zeit und Geduld in Anspruch nimmt, wird dieser hochwertige, aber wenig strapazierfähige Lack auch in der professionellen Holzverarbeitung mitunter mit dem Pinsel verarbeitet. Sofern dazu ein hochwertiger Marderhaarpinsel verwendet wird, können damit durchaus brauchbare Ergebnisse erzielt werden. Der Heimwerker ist mit einer Ballenmattierung meist besser bedient. Dieser schnelltrocknende Speziallack wird ebenfalls mit dem Ballen in hauchdünnen Schichten aufgetragen. Dabei kann immer wieder mit feinstem Schleifpapier (Körnung 800!) zwischengeschliffen werden. Den Grad des Hochglanzes bestimmen Ihre Geschicklichkeit und Ihre Geduld. Wichtig ist, daß der Ballen mit zunehmendem Hochglanz immer trockener gehalten wird.

Gleichmäßig mit dem Pinsel auftragen

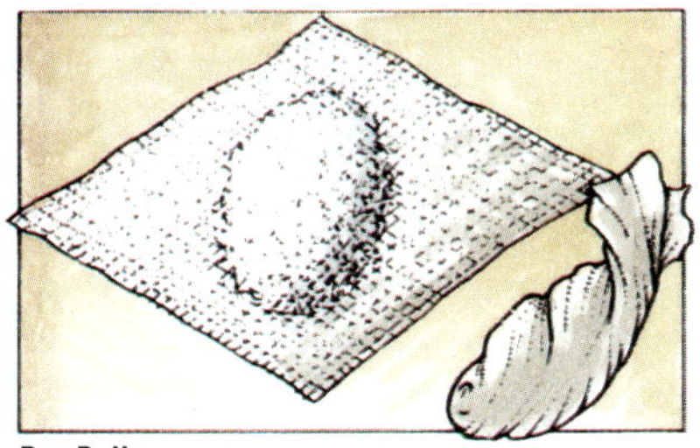

Der Ballen
Traditionsgemäß wird Schellackpolitur mit einem Ballen aus nichtfaserndem Stoff – bevorzugt Trikot – aufgetragen. Nehmen Sie eine Handvoll Baumwollstrickgarn, ballen Sie es kräftig zu einem Knäuel, und legen Sie es in die Mitte eines rechteckigen Tuchstücks von ca. 30 cm Seitenlänge. Schlagen Sie das Tuch zusammen, und verdrehen Sie die Ecken. Die Sohle des Ballens ist faltenfrei.

Politur auftragen
Tragen Sie die Politur mit überlappenden Strichen, kreisenden und achtförmigen Bewegungen und zuletzt wieder parallelen Strichen auf. Sie halten Ihren Ballen gebrauchsfähig, wenn Sie ihn über Nacht in einem verschlossenen Schraubglas aufbewahren.

ZWEI-KOMPONENTEN-LACK

SIEHE AUCH unter:

Zwei- oder Mehrkomponentenlacke sind Anstrichstoffe, die unmittelbar vor der Verarbeitung aus mehreren Komponenten in einem genau definierten Verhältnis zusammengemischt werden. Erst die Mischung ermöglicht eine chemische Reaktion, die zum schnellen Aushärten des Werkstoffs führt. Mehrkomponentenlacke bestehen aus dem Stammlack, einem Harz, dem Härter und gelegentlich einem Beschleuniger. Meist muß jedoch nur der Härter zum Stammlack gemischt werden. Das Verhältnis von Härter und Stammlack bestimmt die »Topfzeit« – die Zeit, in der das Material verarbeitungsfähig ist. Wird die Topfzeit überschritten, erhärtet der Lack unlösbar im Gefäß. Mehrkomponentenlacke können also nicht angemischt für spätere Reparaturen aufbewahrt werden. Beim Anmischen von Mehrkomponentenlacken muß mit äußerster Präzision vorgegangen werden, um die vorgesehene Aushärtzeit zu erreichen. Deshalb werden diese Anstrichstoffe auch überwiegend im professionellen Bereich – etwa zur Betonsanierung oder für Autolackierungen – verwendet. Auf Grund ihrer überragenden Festigkeit gegen mechanische und chemische Beanspruchung verwendet man Mehrkomponentenlacke in der Holzverarbeitung zum Beschichten stark beanspruchter Flächen, etwa von Hartholzparketten.

Vorbereiten und anmischen

Der zu versiegelnde Untergrund muß absolut sauber, trocken und frei von chemischen Rückständen sein, da diese den Aushärtungsprozeß der Lackschicht beeinflussen können.
Beim Versiegeln von Parketten müssen etwaige Wachsrückstände restlos und porentief entfernt werden. Notfalls müssen Sie die Parkettbretter mit in Universalverdünnung getränkter feinster Stahlwolle schrubben. Waschen Sie in diesem Fall mit einer Haushaltsreiniger-Lösung und zuletzt mit Essigwasser nach.
Gute Zweikomponenten-Siegellacke werden meist in mischfertigen Gebinden geliefert. Dabei liegt in der Dose ein Blechgefäß mit Härter über dem Stammlack. Zum Mischen wird nur der Boden des Härtergefäßes durchstoßen, so daß der Härter in den Stammlack einfließen kann. Nach gründlichem Umrühren ist der Lack gebrauchsfähig.

Zweikomponentenlack verarbeiten

Zweikomponentenlacke müssen in gleichmäßig und nach Herstelleranweisung temperierten Räumen verarbeitet werden. Zu hohe Temperaturen beschleunigen den Aushärtungsprozeß, zu niedrige verzögern ihn. Tragen Sie den Lack mit einem großen Flächenstreicher, einem kurzflorigen oder einem Schaumstoffroller zügig auf. Bei größeren Flächen, z. B. Parkettböden, gießen Sie am besten eine reichliche Menge Lack über die zu beschichtende Fläche aus und verteilen diese mit dem Streichwerkzeug. Achten Sie besonders auf Kanten und Ecken. Dabei müssen Sie nicht unbedingt auf eine gleichmäßig dünne Schicht achten, da auch dickere Schichten gleichmäßig und glatt aushärten. Bei Bedarf streichen Sie nach etwa zwei Stunden eine zweite Schicht.

- **Selbstentzündung**
  Mit Lacken und Verdünnungen getränkte Lappen sollten schnellstmöglich entsorgt werden. Keinesfalls sollten sie über Nacht in Häusern und Wohnungen aufbewahrt werden, da Fälle von Selbstentzündung bekannt geworden sind.

Zu Ihrer Sicherheit

Obwohl Zweikomponentenlacke keineswegs besonders umweltbelastend sind, werden bei der Beschichtung größerer Flächen größere Mengen an chemischen Dämpfen frei, wenn auch weniger als bei der Verwendung lösungsmittelhaltiger konventioneller Lacke. Wenn die Verarbeitungstemperatur nicht beeinträchtigt wird, sollten Sie lüften. Ansonsten empfiehlt sich eine Atemschutzmaske. Vorsicht im Umgang mit Härtern. Sie sind ätzend und dürfen nicht auf die Haut kommen.

WACHS – EIN VIELSEITIGES MATERIAL IN DER HOLZBEARBEITUNG

Lacke und Lasuren sind gute Materialien zur Veredelung neu verbauter oder geschreinerter Hölzer. Aber was geschieht mit der alten Fichtenholzkommode aus dem 19. Jahrhundert, die Sie auf dem Speicher gefunden, mit dem alten Bauernschrank , den Sie geerbt haben? Ein Anstrich mit Lack oder Lasierung würde diese wertvollen Antiquitäten verderben.
Hier bietet sich eine Oberflächenveredelung mit dem ältesten und traditionsreichsten Material an, das wir für solche Zwecke haben: dem Wachs. Puristen mischen sich ihr Möbelwachs selbst, indem sie Bienenwachs in reinem Terpentinöl erhitzen. Einfacher und – wegen der Brandgefahr – risikoloser geht es mit handelsüblichen Farb- und Antikwachsen.
Schleifen Sie Ihr gutes Stück zunächst mit dem Schwingschleifer und Schleifpapier mittlerer Körnung (120) vorsichtig ab. Falls sich die Beschläge leicht abnehmen lassen, sollten Sie diese entfernen. Im Zweifelsfall schleifen Sie von Hand oder mit dem Deltaschleifer um die Beschläge herum. Eventuelle Lackreste müssen restlos entfernt werden. Zuletzt wird von Hand mit feinem Schleifpapier (240) nachgeschliffen.
Untersuchen Sie das Möbel nun auf Holzschäden. In der Regel werden Sie nicht nur Wurmlöcher, sondern auch Absplitterungen und Löcher finden, die von ausgezogenen Nägeln und Schrauben stammen. Verschließen Sie diese Löcher mit einem farblich passenden Stangenwachs, das in nahezu jedem Holzton erhältlich ist. Das geht sehr einfach: Erwärmen Sie das Stangenwachs über einer Kerzenflamme, und drücken Sie das weiche Wachs mit einem erwärmten Löffelstiel in die Schadensstellen. Mit einer Japanspachtel, einem Stechbeitel oder der Klinge eines Tapezierermessers wird die Oberfläche geglättet.
Tragen Sie nun mit einem weichen Pinsel oder einem Ballen flüssiges Antikwachs auf, oder reiben Sie das Möbel mit festem Antikwachs ein. Farbwachs sollten Sie nur verwenden, wenn die Oberfläche der Antiquität sehr fleckig ist. Die gewachsten Flächen werden mit einer nicht zu weichen Bürste nachpoliert – fertig. Die honigfarben glänzende Wachsschicht kann jederzeit aufgefrischt werden.

OBERFLÄCHENVEREDELUNG AN METALLEN

SIEHE AUCH

unter:

Auf angerosteten Eisen- und Stahlteilen hält kein Anstrich. Bei der Oberflächenveredelung von Metallen steht daher die Vorbereitung an oberster Stelle. Ein sorgfältiger Korrosionssschutz bildet die Grundlage jeder Oberflächenbeschichtung.

Am Anfang Ihrer Suche nach einer geeigneten Metallbeschichtung steht die Überlegung nach dem Verwendungszweck. Der Metallic-Lack, der Ihre Jukebox in neuem Glanz erstrahlen läßt, wird auf der schmiedeeisernen Gartentür zumindest exzentrisch wirken.

Anwendung

Die meisten der unten aufgeführten Beschichtungen können mit dem Pinsel aufgetragen werden. Lediglich Eisenschwärze, ohnehin selten verwendet, wird mit einer alten Zahnbürste eingerieben. Im allgemeinen gelten also die gleichen Regeln wie für das Lackieren von Holz. Lediglich bei Rostschutzlacken auf Bitumenbasis gilt, daß diese nur aufgetragen, aber nicht verschlichtet werden. Bei Metallgegenständen, bei denen es auf eine optisch einwandfreie Oberfläche ankommt – Blechmöbel, Metallverkleidungen, ggf. Heizkörper usw. –, wird man mit der Spritzpistole in der Regel die besten Ergebnisse erzielen. Ansonsten lohnt der Aufwand kaum. Nichteisenmetalle werden selten gestrichen. Messing kann mit einer Schicht Zaponlack vor Oxidation geschützt werden, für Bauteile aus Zinkblech gibt es spezielle Zinkhaftfarben, und die begehrte Grünspanschicht auf Kupfer kann künstlich erzeugt werden.

Anstriche für Metalloberflächen

	Kunstharzlack	Hammerschlaglack	Metallic-Lack	Bitumen-Lack	Sicherheitslack	Heizkörperfarbe	Eisenschwärze	Klarlack	Badewannenbeschichtung	Gleitschutzbeschichtung
Trockenzeit in Stunden										
Griffest	4	0,5	4	1–2		2–6		0,25	6–10	4–6
Überstreichbar	14	1–3	8	6–24		7–14			16–24	12
Lösungsmittel										
Wasser				●						
Universalverdünnung	●		●	●	●		●		●	●
Spezialverdünnung		●				●				
Nitroverdünnung								●		
Zahl der Anstriche										
Normale Beanspruchung	1–2	1	1–2	1–3	1	1–2	–	1	2	2
Ergiebigkeit										
Quadratmeter pro Liter	12–16	3–5	10–14	6–15	2,5	13	–	18	13–14	3–5
Auftrag										
Pinsel	●	●	●	●	●	●	●	●	●	●
Malkissen	●	●		●						
Spritzpistole	●	●		●				●		
Ballen oder kleine Bürste							●			

HEIZKÖRPER STREICHEN

Zum Lackieren von Heizkörpern dürfen ausschließlich temperaturbeständige Alkyd- oder Acryllacke verwendet werden. Diese werden auch als Heizkörperlacke angeboten.
Vor dem Lackieren muß der Heizkörper abkühlen. Schleifen Sie den alten Lack mit Schleifpapier (80er Körnung) an, kehren Sie den Heizkörper mit einem Handfeger ab. Wenn Ihr Staubsauger über eine Heizkörperbürste verfügt, verwenden Sie diese. Schützen Sie den Boden mit einigen Lagen Zeitungspapier, und stellen Sie einen Karton zum Schutz der Wand hinter den Heizkörper. Da Heizkörper zum Lackieren meist nicht abgebaut werden können, brauchen Sie einen Winkelpinsel oder einen Heizkörperroller mit langem Griff. Damit ist es möglich, auch an festmontierten Heizkörpern die hinterste Rippe zu erreichen. Für die vielfach eingebauten Rippenheizkörper ist die Spritzpistole das ideale Werkzeug. Verdünnen Sie den Lack mit Hilfe des DIN-Viskositätsmeßbechers auf Spritzfähigkeit, und spritzen Sie den Heizkörper in dünnen Farbschichten, um Läufer zu vermeiden.

Der Winkelpinsel
Mit einem langstieligen Winkelpinsel können Sie die Rückseite eines flachen bzw. die hinteren Rippen eines Rippenheizkörpers streichen, ohne diesen abzumontieren. Bei den flachen Heizkörpern der Gasheizungen dürfen die kleinen Lamellen nicht verkleben.

OBERFLÄCHENVEREDELUNG METALL

SIEHE AUCH
unter:
Grundierungen 21
Metall vorbereiten 38–39
Heizkörper streichen 65
Sicherheit im Haus 194–200

1 Beim Streichen von Fallrohren schützen Sie die dahinterliegende Wand mit Pappe.

2 Zaponlack auf Messing streicht man mit weichem Malpinsel.

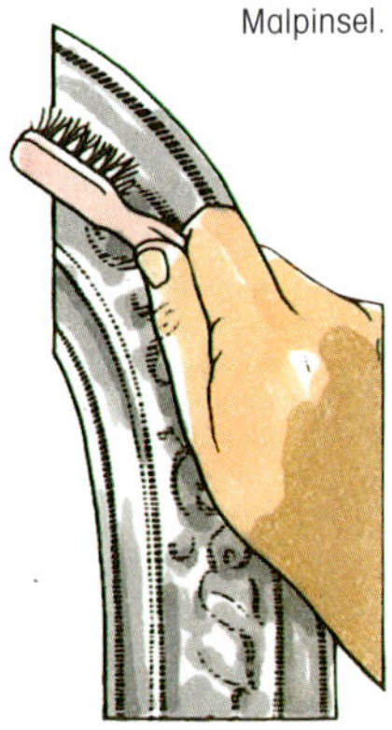

3 Eisenschwärze reiben Sie mit einer alten Zahnbürste in die Oberfläche des Werkstücks.

Dachrinnen und Fallrohre

Dachrinnen und Fallrohre bestehen meist aus verzinktem Blech und werden selten gestrichen. Will man sie aus optischen Gründen lackieren, verwendet man eine spezielle Zinkhaftfarbe **(1)**. Andere Lacke blättern rasch ab und werden unansehnlich. Noch besser ist es, man ersetzt alles (!) durch haltbarere Kupferausführungen.

Metallfenster

Metallfenster bestehen zumeist aus Aluminium. Dieses Metall bildet bei atmosphärischer Beanspruchung eine dicke Oxidschicht und muß daher nicht unbedingt lackiert werden. Anodisch oxidiertes Aluminium wie Eloxalaluminium ist ebenfalls weitgehend witterungsbeständig. Wenn bei lackiertem Aluminium ein Neuanstrich fällig ist, sollte man der Haltbarkeit wegen zu Alkydharzlackfarben oder Polyurethanlackfarben greifen.

Beschläge konservieren

Nichteisenmetalle wie Kupfer oder Messing werden selten gestrichen. Man kann sie aber mit einem Überzug von Acryl- oder Zaponlack vor Oxidation schützen. Das bietet sich besonders bei Möbel- und Türbeschlägen aus Messing an, die so ihren goldenen Glanz behalten. Polieren Sie das Werkstück zunächst auf Hochglanz. Waschen Sie es dann in einer Haushaltsreinigerlösung, und trocknen Sie es mit einem gut saugenden Tuch. Tragen Sie den Zaponlack mit einem weichen, möglichst langhaarigen Künstlerpinsel auf **(2)**. Lassen Sie den Lack gut über die Kanten des Beschlags laufen. Anstelle des Zaponlacks könen Sie auch farblosen Acryllack verwenden.

Eisenschwärze

Eisenschwärze verleiht Gußeisenteilen einen eleganten schwarzen Schimmer. Man erhält es als Paste in Tuben. Drükken Sie ein Stück Paste auf eine alte Zahnbürste, und massieren Sie die Schwärze fest in die Eisenoberfläche **(3)**. Polieren Sie mit einem weichen Tuch bis zum Seidenglanz. Nach mehreren Anwendungen bildet Eisenschwärze eine edle, wasserabweisende Patina.

LACKE UND FARBEN FÜR METALLE

Lösemittelhaltige Lackfarben

Die üblichen Kunstharzlacke sind hervorragend geeignet. Wichtig ist bei Eisenmetallen eine gute Grundierung mit Rostschutzfarbe, am besten einer Zinkstaubfarbe. Normalerweise genügen zwei Anstriche.

Hammerschlaglacke

Ein Effektlack, der Beimengungen von feinen Aluminium-Plättchen enthält , die sich z. T. senkrecht zur Lackschicht stellen und kreisförmig anordnen. Dadurch wirkt die Oberfläche wie gehämmertes Metall. Bei Hammerschlaglacken genügt ein Anstrich. Rostige Untergründe müssen grundiert werden.

Metallic-Farben

Wählen Sie eine Lackfarbe, die Aluminium-, Kupfer- oder Bronzepartikel enthält. Diese Farben sind wasserfest und halten Temperaturen von über 100 °C stand. Im Automobilbau sind sie längst Standard.

Bitumenlacke

Wenn Sie einen preisgünstigen Rost- und Wetterschutz für im Freien stehende Tanks und Leitungen suchen, ist ein Bitumenlack erste Wahl. Normalerweise schwarz, gibt es heute auch eine begrenzte Farbauswahl.

Badewannenbeschichtungen

Eine relativ neue Lackart zur Renovierung stumpf gewordener Badewannen. Ein Gebinde reicht für eine Badewanne. Badewannenbeschichtungen sind ausgesprochen teuer – aber allemal billiger als eine neue Wanne

Heizkörperlacke

Heizkörper von Warmwasserheizungen erreichen Temperaturen von 90 °C, solche von Dampfheizuungen sogar bis zu 160 °C. Normale Lackfarben halten diesen Temperaturen nicht stand. Deshalb streicht man Heizkörper mit Speziallackfarben, die besonders wärmebeständig, geruchsarm und vergilbungsfrei sind und als Heizkörperlacke angeboten werden. Es gibt sie sowohl auf Alkyd- als auch auf Acrylbasis. Heizkörper werden am besten mit der Spritzpistole lackiert. Decken Sie Wand und Fußboden großflächig ab. Stellen Sie den Lack mit dem DIN-Viskositätsmeßbecher durch Zugabe einer geeigneten Verdünnung auf Spritzfähigkeit ein. Spritzen Sie den Heizkörper in mehreren dünnen Schichten. Spritzen Sie die Pistole nach jedem Spritzgang mit Verdünnung durch, damit die empfindliche Mechanik nicht verklebt.

Eisenschwärze

Eine Paste aus Graphit und Wachsen, die im Innenbereich für Gußeisenteile, z. b. Kerzenleuchter, verwendet wird. Nach wiederholter Anwendung erhalten die Eisenmetallteile durch Eisenschwärze eine schöne Patina.

Klarlack

Eine Schicht Klarlack schützt Metalle auch im Außenbereich gegen Oxidation. Für diesen Zweck eignen sich sowohl alle Acryllacke als auch der altbewährte Zaponlack. Polyurethanlacke dagegen neigen zum Vergilben.

Schrumpflack

Effektlack, der sich beim Auftrocknen zusammenzieht und eine Oberfläche bildet, die an genarbtes Leder erinnert, wird z. B. für Gerätegehäuse verwendet.

Innenvertäfelungen eignen sich gut, um Wände in schlechtem Zustand zu verdecken, solange diese nicht feucht sind. Auch eine notwendig gewordene Wärmedämmung läßt sich auf diese Weise elegant kaschieren. Für Innenvertäfelungen verwendet man entweder Nut- und Federbretter aus Massivholz oder Paneele aus Holzfaserplatten, die mit Edelholz furniert oder mit Holz- oder einem anderen Dekor bedruckt sind.

Nut- und Federbretter

Nut- und Federbretter haben als Wand- und Deckenverkleidungen weite Verbreitung gefunden. Sie bestehen aus Massivholz, normalerweise Fichte oder Kiefer, und werden in den verschiedensten Längen, Breiten und Qualitäten angeboten. Für den Heimwerker sind sie ein sehr geeignetes Material; denn sie sind leicht und ohne große Vorkenntnisse zu montieren und in jedem Baumarkt in größerer Auswahl erhältlich. Holzfachhandlungen führen über die üblichen Standardqualitäten hinaus auch höherwertige Ware, die sich durch ausgesuchte Hölzer oder besondere Oberflächenveredelung auszeichnet, zu entsprechend höheren Preisen.
Besonders die einfacheren Qualitäten können von Lieferung zu Lieferung beträchtlich voneinander abweichen. Achten Sie daher beim Kauf darauf, daß Sie Ware aus einer Lieferung erhalten. Auch den Materialverbrauch sollten Sie keinesfalls zu knapp kalkulieren. Selbst höherwertige Qualitäten enthalten Ausschuß

Paneele

Vorgefertigte Paneele bestehen üblicherweise aus Holzfaserplatten, die entweder mit Edelholz furniert oder kunststoffbeschichtet und mit unterschiedlichen Dekoren bedruckt sind. Die einzelnen Paneele sind rundum mit eingefrästen Nuten versehen und werden mit eingeschobenen Federn aneinandergefügt. Dekorpaneele sind im Gegensatz zu Nut- und-Feder-Brettern häufig ohne weitere Oberflächenbehandlung auch in Feuchträumen einzusetzen. Vergewissern Sie sich in solchen Fällen aber vor dem Einkauf bei Ihrem Fachhändler, ob das gewählte Material tatsächlich feuchtraumgeeignet ist.

KONTERLATTUNG MIT HINTERLÜFTUNG

Wandvertäfelungen aus Holz oder Holzfaserplatten kann man nicht unmittelbar an einer Wand befestigen, auch wenn diese eben und in gutem Zustand ist. Lediglich Gipskartonplatten können direkt auf die Wand geklebt werden.
Für jede Art der Wandverkleidung mit Holz oder Holzfaserplatten benötigt man in jedem Fall eine Unterlattung, das ist eine Unterkonstruktion aus Holzlatten, auf der die Verkleidungselemente befestigt werden. Diese Unterlattung wird quer zur Laufrichtung der Vertäfelung verlegt und mit Dübeln und Schrauben an der Wand befestigt. Perfektionisten verwenden dafür gehobelte Latten in den Maßen 50 mal 25 mm, doch billige, sägerauhe Dachlatten erfüllen den gleichen Zweck.
Wichtiger ist es, mit Hilfe der Unterlattung eventuelle Wandunebenheiten auszugleichen. Bei offensichtlich schiefen Wänden müssen Sie die Latten entsprechend hobeln. Ansonsten legen Sie zu diesem Zweck eine absolut gerade Meßlatte an die fertige Lattung an. Kleinere Ausbuchtungen nach außen werden einfach abgehobelt. Bei Einbuchtungen lösen Sie die nächstliegenden Befestigungsschrauben und gleichen durch Unterlegen von Abfällholz aus, ehe Sie die Schrauben wieder anziehen.
Holzvertäfelungen dienen nicht nur der Verschönerung, sondern auch der Wärmedämmung. Deshalb verwendet man sie besonders gern für Außenmauern und als Dachinnenverkleidung bei Speicherausbauten. Im letztgenannten Fall muß das Dach unbedingt mit geeigneten Isolierstoffen zusätzlich wärmegedämmt werden. Am besten eignet sich dazu Klemmfilz, der zwischen den Sparren verlegt wird. Wenn über die gesamte Fläche eine kräftige PE-Folie getackert wird, entsteht gleichzeitig eine wirksame Dampfsperre. Eine solche brauchen Sie auch, wenn Sie Außenwände vertäfeln. Denn bei tiefen Temperaturen kann sonst auch bei beheizten Räumen der Taupunkt an die Innenfläche der Wand rücken. Kondenswasser und Schimmelbildung sind die Folge. Heften Sie mit rostfreien Stahlstiften PE-Folie an die Wand, ehe Sie die Lattung anbringen. Wenn die Wände aber atmen sollen, empfiehlt sich eine hinterlüftete Vertäfelung: Bringen Sie die Lattung in Laufrichtung an, und schrauben Sie quer dazu eine Konterlattung auf, an der die Paneele befestigt werden. Lattenabstand immer ca. 50 cm.

1 Vertikale Täfelung: Unterlattung wird quer verlegt, kurze vertikale Stücke für Sockelleisten.

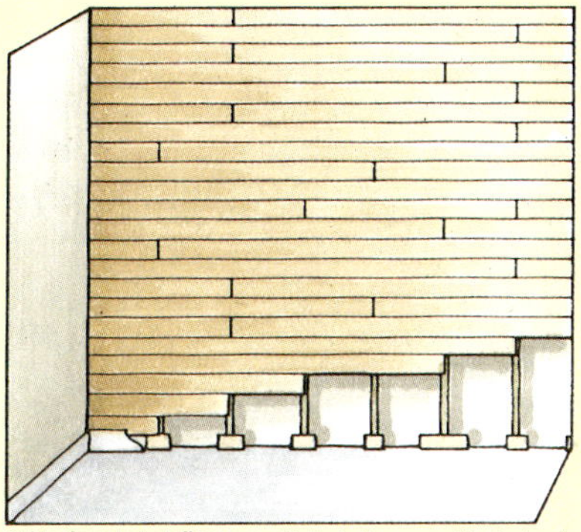

2 Horizontale Täfelung: Unterlattung vertikal. Auch ohne Konterlattung ausreichend hinterlüftet.

3 Diagonale Täfelung: Die Unterlattung entspricht der für eine vertikale Täfelung.

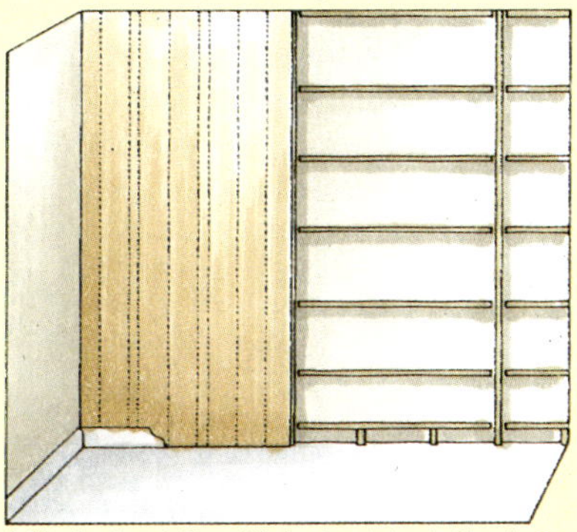

4 Gipskartonplatten: Die horizontalen Latten liegen mit ca 2 cm Abstand zwischen den vertikalen. Kurze senkrechte Stücke dienen zur Befestigung der Sockelleisten.

SIEHE AUCH
unter:
Bausubstanz 100–101
Dämmstoffe 207

Nut-und-Feder-Bretter, auch Profilholz genannt, sind in einer großen Auswahl an Längen (bis ca 5 m), Breiten und Profilen, mit und ohne Oberflächenveredelung erhältlich. Gebräuchliche Profile sind (von oben nach unten) das einfache Kantenprofil **(1)** – meist sehr preiswert –, das Rundprofil **(2)** und das Landhausprofil **(3)**.

VERTÄFELUNGEN MONTIEREN

SIEHE AUCH
unter:
Elnergie sparen 222

Montage einer senkrechten Profilholz-Vertäfelung

Wählen Sie die Länge Ihres Profilholzes so, daß sich ein minimaler Verschnitt ergibt. Mitunter kann es vorteilhafter sein, sehr lange Bretter mittig zu teilen, als bei einem kürzeren Normmaß größeren Verschnitt in Kauf zu nehmen. Profilholz wird meist in folienverschweißten Gebinden geliefert. Öffnen Sie einige Tage vor der Montage die Verpackungen, und lagern Sie die Bretter in dem Raum, in dem sie montiert werden sollen. Sondern Sie Ausschußbretter aus. Diese lassen sich vielleicht als Randbretter oder für Nischen verwenden. Schneiden Sie das Profilholz vor der Montage auf das exakte Maß zu, am besten mit einer Kappsäge.
Profis befestigen Profilholz vielfach mit Nägeln oder Tackerklammern. Das geht schnell, und wenn man diese schräg durch die Fräskante der Feder treibt, sind sie später nicht zu sehen **(1)**.

1 Verdecktes Nageln

Brett behutsam mit Beilage in die Nut klopfen

Profilholzkrallen

Etwas zeitaufwendiger, aber weitaus besser ist die Befestigung mit Profilholzkrallen **(2)**. Diese werden so auf die Nut aufgesteckt, daß die Metallzunge in die Nut greift, und dann auf der Lattung befestigt. Das kann mit Nägeln oder Tackerklammern geschehen, am besten aber mit Spanplattenschrauben passender Größe. Wenn man einen Akkuschrauber zur Hand hat, dauert das Schrauben kaum länger als das Nageln. Der große Vorteil dieses Verfahrens: Wenn die Vertäfelung eines Tages ganz oder teilweise wieder abgenommen werden muß – etwa weil bauliche Maßnahmen es erfordern, kann dies ohne Beschädigung des Profilholzes geschehen. Außerdem hat das Holz so mehr Spielraum zum arbeiten.

2 Profilholzkralle aufstecken

Anfang und Abschluß

Beginnen Sie stets in einer Ecke. Schneiden Sie vom ersten Profilholzbrett mit der Kreissäge die Nut ab, wenn Sie verdeckt nageln, die Feder, wenn Sie Profilholzkrallen verwenden wollen, und nageln Sie es mit Sockelleistenstiften auf die Lattung. Abschlüsse an Tür- und Fensterlaibungen können Sie mit Profilleisten gefällig gestalten. Schneiden Sie die Bretter so zu, daß die Profilleiste bündig mit der Laibungskante abschließt. Für innen bündig eingebaute Fenster und Türen empfiehlt sich ein aus mehreren Profilleisten gestalteter Abschluß (siehe unten), der in der gekennzeichneten Reihenfolge gebaut und in der Farbe des Fensters gestrichen wird.

Ecken vertäfeln

Innenecken

Schneiden Sie das letzte Brett einer Wand so zu, daß es fast bis zur Ecke reicht, schieben Sie es schräg in die Nut, und befestigen Sie es mit Sockelleistenstiften. Schneiden Sie vom anstoßenden Brett mit einer Kreissäge die Nut ab, glätten Sie die Schnittfläche mit dem Hobel, und passen Sie die Kante sorgfältig an. Bei spaltfreiem Sitz befestigen Sie es mit Sockelleistenstiften.

Eine sauber eingepaßte Innenecke

Außenecken

Schneiden Sie das überlappende Brett bündig zur Außenkante zu, und fixieren Sie es mit Stahlstiften **(1)**. Bei waagrechten Vertäfelungen setzen Sie eine passende Profilleiste ein

1 Senkrechte Vertäfelung

2 Waagrechte Vertäfelung

Zimmerdecken vertäfeln

Decken werden in den gleichen Arbeitsschritten getäfelt wie Wände. Zum Einfügen der Bretter sollten Sie einen Helfer haben.

PANEELE MONTIEREN

ELEKTRISCHE ANSCHLÜSSE

Steckdosen und Lichtschalter müssen natürlich auf die Ebene der neuen Wandoberfläche gebracht werden. Mitunter ist es auch wünschenswert, Schalter und Steckdosen bei dieser Gelegenheit zu verlegen oder neue elektrische Anschlüsse zu legen.
Alle Elektroinstallationen müssen vorbereitet werden, bevor Profilholzbretter oder Paneele an der Unterlattung befestigt werden. Schalten Sie zunächst den Strom am Sicherungskasten ab, dann schrauben Sie die Abdeckplatten aller Schalter und Steckdosen ab und ziehen diese ab. Prüfen Sie mit dem Phasenprüfer, ob alle Kontakte stromlos sind. Lösen Sie die Schrauben, die die Spreizkrallen auseinanderdrücken, bis Sie Schalter oder Steckdose aus der Wanddose ziehen können. Prüfen Sie, ob alle Kabelanschlüsse lang genug für die Neumontage sind – ggf. mit Hilfe eines geeigneten Kabelstücks und Lüsterklemmen verlängern – und sichern Sie die freien Kabelenden mit Lüsterklemmen. Montieren Sie die Elektroinstallationen am besten während des Vertäfelns, wenn Kabel und Wand noch leicht zugänglich sind. Verwenden Sie zur Montage ausschließlich Hohlwanddosen, die mit Klammern an der Vertäfelung befestigt werden. Wahrscheinlich werden Sie die Wand hinter der Dose aufstemmen müssen, damit diese nach hinten genügend Platz hat. Schneiden Sie nun mit der Lochsäge eine exakt zur Dosengröße passende Bohrung an die gewünschte Stelle im Paneel, setzen Sie diese ein, und prüfen Sie, ob alles paßt. Die Hohlwanddose hat vorn einen verstärkten Rand. Dieser darf keinesfalls durch die Bohrung rutschen. Nun befestigen Sie das Paneel. Mit einem scharfen Messer öffnen Sie entsprechend der Kabelzahl die Durchgänge der Hohlwanddose. Vergewissern Sie sich mit dem Phasenprüfer, daß kein Kabel Strom führt, und entfernen Sie die Lüsterklemmen. Ziehen Sie die Kabel durch die Öffnungen der Hohlraumdose, setzen Sie diese in die Bohrung im Paneel und ziehen Sie die beiden Befestigungsschrauben an, bis die Dose unverrückbar fest sitzt. Nun können Sie Steckdosen- und Schaltereinsätze montieren. Verwenden Sie dabei möglichst neues Material. Stecken Sie die Leiterenden in die jeweiligen Klemmen, schrauben Sie den Einsatz in die Dose, und montieren Sie die Abdeckung.

Paneele montieren

Die Montage von Wandpaneelen aus Holzfaserplatten unterscheidet sich im Grunde nicht von der Arbeit mit Profilholz. Besondere Sorgfalt ist beim Schneiden von kunststoffbeschichteten Paneelen geboten, da die Beschichtung leicht absplittert. Verwenden Sie dazu eine spezielle Paneel-, ersatzweise eine Feinsäge, und sägen Sie stets von der Sichtseite aus. Montiert werden Paneele mit den bewährten Profilholzkrallen. Dabei wird jeweils die Feder in die Nut des bereits montierten Paneels geschoben und das nächste darangesetzt.

Zimmerdecken vertäfeln

Sowohl Profilholz als auch folienbeschichtete Paneele werden nicht nur zur Vertäfelung von Wänden, sondern bevorzugt von Zimmerdecken verwendet. Die Verarbeitung entspricht im Prinzip der Wandvertäfelung.
Zunächst wird die Unterlattung angebracht. Bei Betondecken ist das Bohren der Dübellöcher mit der Schlagbohrmaschine eine mühselige Angelegenheit. Verwenden Sie hierzu besser einen Bohrhammer. Wenn Sie längere Profilholzbretter anbringen wollen, empfiehlt es sich, mit einem Helfer zu arbeiten. Dieser hält das jeweilige Brett in Arbeitshöhe und stützt es ab, während Sie die Feder in die Nut einpassen, mit einem Gummihammer oder leichten Hammerschlägen auf eine Beilage vorsichtig festklopfen, die Profilholzkrallen einsetzen und festschrauben. Falls Sie ohne Helfer arbeiten, benötigen Sie je nach Raumgröße eine oder mehrere Paneelklammern, die an die Lattung geklemmt werden und mit einem vorstehenden Stift das Brett in Position halten.

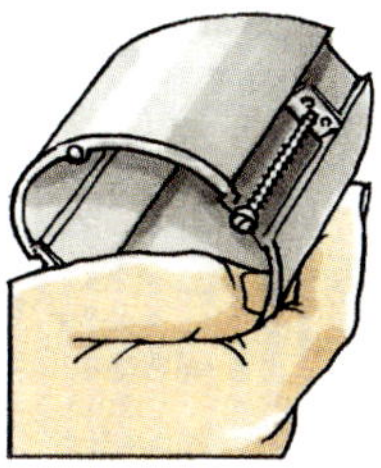

Hohlwanddose
Anders als normale Dosen müssen Hohlwanddosen nicht eingegipst werden, um einen Schalter oder Stecker aufnehmen zu können. Verstellbare Klemmen halten sie sicher in Vertäfelungen und Rigipsplatten.

Lochsäge
Mit der Lochsäge schneiden Sie die Bohrung für die Hohlwanddose. Stellen Sie die Bohrmaschine auf ca. 1000 U/min. ein. Die Bohrung muß genau passen, damit die Dose nicht durchrutschen kann.

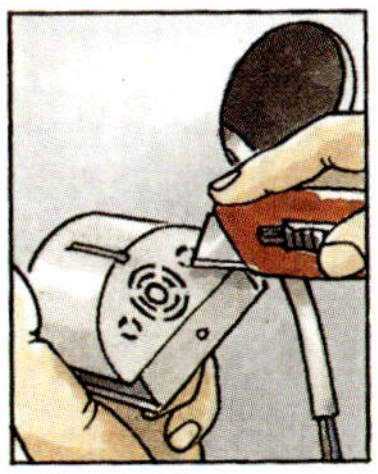

Durchbrüche öffnen
Mit einem scharfen Tapezierermesser schneiden Sie die benötigten Durchbrüche zur Kabeldurchführung in der Hohlwanddose auf.

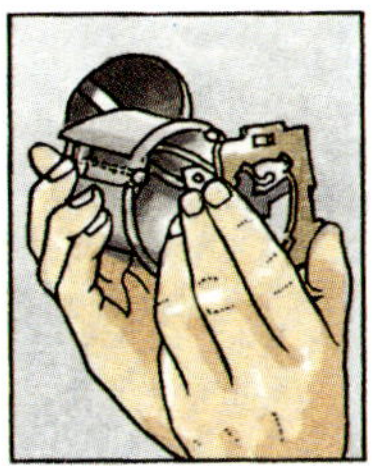

Steckdose montieren
Wenn die Kabelenden lang genug sind, können Sie die Steckdose auch außerhalb der Wand in die Dose montieren. Die Einheit wird eingeschoben und die Klemmschrauben angezogen.

Die praktische Paneelklammer

Paneelmontage an der Zimmerdecke
Sichern Sie das Paneel mit Paneelklammern, während Sie es anpassen und festschrauben oder in geeigneter Weise befestigen.

SIEHE AUCH
unter:
Holzveredelungsmittel 55
Lasuren 62
Konterlattung 67

Feder
Die meisten Fertigpaneele werden mit Federn verbunden, die in vorgefräste Nuten eingesetzt werden. Die Federn verdecken die darunterliegenden Profilholzkrallen.

Stumpfer Stoß
Große furnierte Paneele werden oft mit Fugen montiert. Das hinter der Fuge sichtbare Kantholz bildet einen hübschen Kontrast.

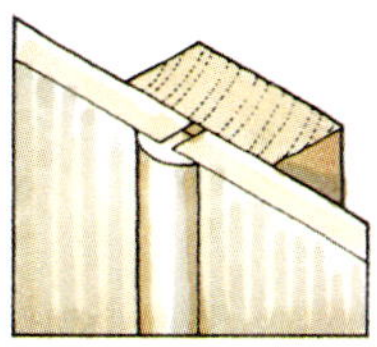

Deckleiste
Edel wirkt auch eine Deckleiste aus dem gleichen Holz, aus dem das Paneelfurnier besteht.

TAPETEN

SIEHE AUCH
unter:

Tapeten 70–71
Decken tapezieren 78

Oben rechts
1 Isoliertapete
2 Makulatur
3 Rauhfasertapete

Unten links
4 Handdruck
5 Maschinendruck

Unten rechts
6 Relieftapeten
7 Prägetapeten
8 Vinylschaumtapete

Unter den Heimwerkern steht das Tapezieren ganz oben auf der Beliebtheitsskala. Fast jede zweite Rolle, die in den Handel kommt, wird heute im Do-it-yourself-Verfahren verklebt. Tapeten gibt es in einer kaum überschaubaren Auswahl und in einer Vielfalt von Materialien. Neben den traditionellen Tapeten aus bedrucktem Papier gibt es solche aus Stoff, Gras, Kork und geschäumten Kunststoffen. Selbst Metall- und Glasfasertapeten werden für besondere Effekte und Verwendungszwecke angeboten. Praktisches Spezialwerkzeug ist in allen Baumärkten erhältlich.

Wichtig ist eine tragfähige Oberfläche
Obwohl die meisten Tapeten kleinere Wandschäden gnädig überdecken, müssen Decken und Wände zum Tapezieren fest, glatt und sauber sein. Auf sandendem Putz oder alter Leimfarbe kann keine Tapete halten. Daher steht am Anfang die Vorbereitung des Untergrunds.

UNTERTAPETEN

Obwohl schlechte Untergründe aufbereitet werden sollten, gibt es Tapeten, die besonders geeignet sind, Mängel an Wänden und Decken zu kaschieren.

Isoliertapete
Die Isoliertapete besteht aus einer dünnen Schicht Styropor und wird direkt auf die Wand geklebt. Sie eignet sich gut zur Innenisolierung, wobei das Kunststoffmaterial gleichzeitig als Dampfsperre wirkt. Ein Nachteil ist die Brüchigkeit des Materials.

Makulatur
Ein billiges Material, das zur Verbesserung der Wand quer zur Laufrichtung der Tapete geklebt wird. Wird heute kaum mehr verwendet.

Rauhfasertapete
Einschlüsse von kleinen Holzstückchen im Papier sorgen hier für eine strukturierte Oberfläche, die, mit Wandfarbe überstrichen, an groben Putz erinnert. Rauhfaser ist die vielseitigste und derzeit beliebteste Tapetensorte.

1 2 3

Bedruckte Tapeten
Bedruckte Tapeten sind in einer unglaublichen Fülle an Mustern und Qualitäten erhältlich. In den Musterbüchern der großen Hersteller findet jeder das Richtige für seinen Geschmack. Nehmen Sie sich die Zeit, zum Tapetenkauf einen Fachhändler aufzusuchen, und geben Sie sich nicht mit der begrenzten Auswahl zufrieden, die Baumärkte vorrätig halten. Fast alle der heute angebotenen bedruckten Tapeten sind maschinenbedruckt. Gegenüber handbedruckter Ware sind sie preiswerter, gleichmäßiger und daher leichter zu hängen.

Präge- und Relieftapeten
Präge- und Relieftapeten eignen sich am besten, um kleinere Unregelmäßigkeiten an Wänden und Decken zu kaschieren. Vielfach sind sie nicht eingefärbt und müssen mit geeigneten Farben gestrichen werden. Besonders reizvolle plastische Effekte lassen sich erzielen, wenn eine zweite Farbe über den Grundton gestrichen und mit einem Gummispachtel wieder abgewischt wird. Anaglypta besteht aus zwei zusammengeklebten Papierblättern, die durch einen Prägeroller laufen. Eine stärkere Ausführung, Supaglypta, wird aus Baumwollfasern anstelle von Zellstoff gefertigt und verträgt tiefere Prägungen.

4 5

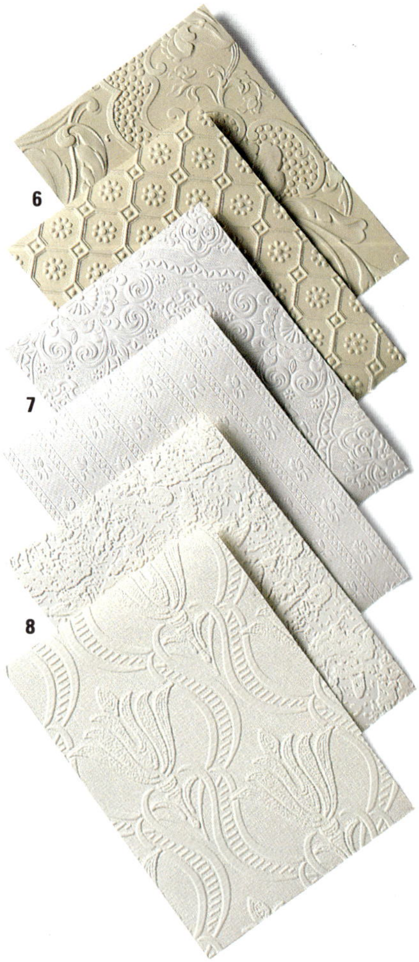

6 7 8

TAPETEN

Abwaschbare Tapeten
Bedruckte Papiertapeten, die mit einer dünnen PVA-Schicht imprägniert sind. Sie lassen sich mit einem feuchten Tuch oder Schwamm vorsichtig abwaschen, werden aber durch festes Reiben zerstört.

Vinylschaumtapeten
Eine Papier-Trägerschicht wird mit einer Vinylschicht kaschiert, die mit dem Muster bedruckt ist. Das Ergebnis ist eine dauerhafte und wirklich abwaschbare Tapete, ideal für Badezimmer und Küchen. Zur leichten Verarbeitung werden Vinyltapeten vielfach vorgekleistert geliefert.

Metalltapeten
Extravaganter und kostspieliger, weil meist noch in Handarbeit hergestellter Wandbelag. Handgearbeitete Metalltapeten sind meist unbeschnitten und müssen nach dem Kleben beschnitten werden. Es gibt auch maschinenbedruckte und beschnittene Metalltapeten.

Velourstapete
Bei Velourstapeten werden die Hauptelemente des Musters durch einen feinen Flor hervorgehoben, indem Kunst- oder Naturfasern (wie Seide oder Wolle) auf einen Papierrücken geklebt werden, so daß sie als Relief mit einer samtartigen Struktur herausstehen.
Standardvelours ist schwierig zu verarbeiten, da der Kleister den Flor zerstören kann. Vinylvelourstapeten sind weniger empfindlich und können überall gehängt werden. Es gibt sie sogar vorgekleistert. Um Flecken zu entfernen, können Sie Velours abwaschen, aber bürsten Sie Staub von dem Flor ab.

Grastapeten
Naturgräser werden mit sehr dünnen Fäden zu dünnen Matten geflochten und auf eine Trägerschicht aus Papier geklebt. Grastapeten sind sehr dekorativ, aber nicht leicht zu verarbeiten.

Korktapete
Meist wird ein Dekor aus Korkgranulat auf die Trägerschicht gebracht. Es gibt aber auch Tapeten mit durchgehender Korkbeschichtung.

Textiltapeten
Feinste Baumwoll-, Leinen- oder Seidengewebe auf einer Trägerschicht aus Papier. Textiltapeten sind meist exklusiv und empfindlich. Ihre Verarbeitung ist nur Könnern zu empfehlen. Aber die Wirkung einer edlen Textiltapete ist unvergleichlich elegant.

Unkaschierter Stoff
Mit Möbelbezugsstoffen überzogene Rahmen ergeben interessante raumgestalterische Effekte.

SIEHE AUCH
unter:

Putz vorbereiten	28–29
Schimmelbildung	30
Tapeten ablösen	30

Links nach rechts
1 Abwaschbare Papiertapeten
2 Strukturtapeten
3 Vinylschaumtapeten
4 Velourstapeten
5 Textiltapeten
6 Grastapeten
7 Korktapeten

TAPETEN: BEDARF ERMITTELN

SIEHE AUCH
unter:
Tapeten

Ihr Tapetenfachhändler wird die gewünschte Tapete in den seltensten Fällen vorrätig haben. Um so wichtiger ist es, daß Sie beim Einkauf den voraussichtlichen Bedarf kennen. Um diesen zu ermitteln, müssen Sie zwangsläufig zu Meterstab und Bleistift greifen. Bei den üblichen Raumhöhen von bis zu 2,75 m ist das sehr einfach: Messen Sie die Breite aller Wände des Zimmers. Teilen Sie die so gefundene Zahl durch 1,5, und Sie haben die Anzahl der Rollen, die Sie benötigen. Die Berechnung ist so einfach, weil die Tapetenhersteller ihre Produkte dankenswerterweise genormt haben. Die sog. »Euro-Rolle« mißt 53 cm in der Breite und gut 10 m in der Länge. Sie reicht bei normalen Zimmerhöhen also für 3 Bahnen. Der Rest reicht zuverlässig für alle kleinen Flächen um Fenster und Türen sowie für eine kleine Reserve, die man für Ausbesserungen stets zurückbehalten sollte.

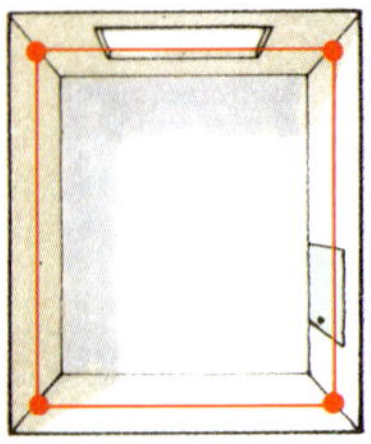

Ausmessen für Euro-Rollen
Türen und Fenster werden mitgemessen.

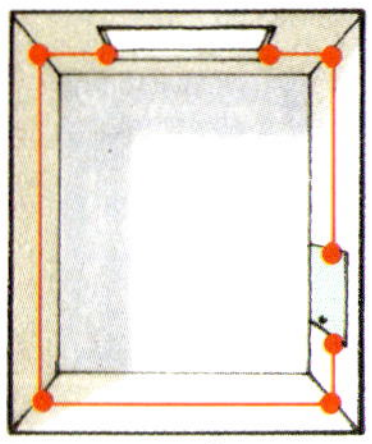

Ausmessen für nicht genormte Tapeten
Bei teuerem Spezialmaterial ziehen Sie die Maße von Türen und Fenstern ab. Meist reichen die Reste auch so für die verbleibenden kleinen Flächen, und es ist billiger, bei Bedarf eine Rolle nachzubestellen, sofern Ihr Fachhändler überzählige Rollen nicht zurücknimmt. Fragen Sie ihn danach.

Tapeten ohne Normmaße

Schwieriger wird die Berechnung bei Tapeten, die sich nicht nach der Euro-Norm richten. Das ist bei einigen Spezialtapeten wie z. B. Grastapeten oft der Fall.
Messen Sie die Höhe der Wände vom Boden bis zur Decke bzw. dem gewünschten Abschluß. Messen Sie nun die Breite sämtlicher Wände, und ziehen Sie die Breiten von Türen und Fenstern ab. Stellen Sie fest, wie viele komplette Bahnen Sie aus einer Rolle schneiden können, und notieren Sie die Breite der tapezierten Fläche pro Rolle. Teilen Sie die Zahl der Wandmeter durch diese Zahl. Damit haben Sie die Anzahl der benötigten Rollen. Überschlagen Sie, ob der Verschnitt für die kurzen Bahnen über Türen und Fenstern und unter Fenstern ausreicht.

Qualitätsprüfung

Normalerweise stammen Ihre Tapeten aus einem Fertigungslos. Das läßt sich anhand der Seriennummer leicht feststellen. Öffnen Sie trotzdem alle Rollen, rollen Sie ein kleines Stück ab, und prüfen Sie die Tapeten auf Farbabweichungen. Wenn solche feststellbar sind, geben Sie die betreffende Rolle zurück.

Messen Sie Ihr Zimmer aus, und finden Sie unter den betreffenden Rubriken dieser Tabelle die benötigte Anzahl an Euro-Rollen.

Wände (Summe der Wandbreiten einschließlich Türen und Fenstern in m)	Zimmerhöhe ab Fußboden bis Oberkante Tapete: 2–2,25m	2,25–2,5m	2,5–2,75m	2,75–3m	3–3,25m	3,25–3,5m	3,5–3,75m	3,75–4m
	Anzahl der benötigten Euro-Rollen							
10 m	5	5	6	6	7	7	8	8
10,5 m	5	6	6	7	7	8	8	9
11 m	5	6	7	7	8	8	9	9
11,5 m	6	6	7	7	8	8	9	9
12 m	6	6	7	8	8	9	9	10
12,5 m	6	7	7	8	9	9	10	10
13 m	6	7	8	8	9	10	10	10
13,5 m	7	7	8	9	9	10	10	11
14 m	7	7	8	9	10	10	11	11
14,5 m	7	8	8	9	10	10	11	12
15 m	7	8	9	9	10	11	12	12
15,5 m	7	8	9	9	10	11	12	13
16 m	8	8	9	10	11	11	12	13
16,5 m	8	9	9	10	11	12	13	13
17 m	8	9	10	10	11	12	13	14
17,5 m	8	9	10	11	12	13	14	14
18 m	9	9	10	11	12	13	14	15
18,5 m	9	10	11	12	12	13	14	15
19 m	9	10	11	12	13	14	15	16
19,5 m	9	10	11	12	13	14	15	16
20 m	9	10	11	12	13	14	15	16
20,5 m	10	11	12	13	14	15	16	17
21 m	10	11	12	13	14	15	16	17
21,5 m	10	11	12	13	14	15	17	18
22 m	10	11	13	14	15	16	17	18
22,5 m	11	12	13	14	15	16	17	18
23 m	11	12	13	14	15	17	18	19
23,5 m	11	12	13	15	16	17	18	19
24 m	11	12	14	15	16	17	18	20
24,5 m	11	13	14	15	16	18	19	20
25 m	12	13	14	15	17	18	19	20
25,5 m	12	13	14	16	17	18	20	21
26 m	12	13	15	16	17	19	20	21
26,5 m	12	14	15	16	18	19	20	22
27 m	13	14	15	17	18	19	21	22
27,5 m	13	14	16	17	18	20	21	23
28 m	13	14	16	17	19	20	21	23
28,5 m	13	15	16	18	19	20	22	23
29 m	13	15	16	18	19	21	22	24
29,5 m	14	15	17	18	20	21	23	24
30 m	14	15	17	18	20	21	23	24

Zimmerdecken
Messen Sie den Umfang der Fläche. Dieser ist identisch mit der Summe der Wandbreiten. Die Anzahl der benötigten Euro-Rollen entnehmen Sie der nebenstehenden Tabelle.

Zimmerdecken: Anzahl der benötigten Euro-Rollen

Umfang des Zimmers	Anzahl der Rollen	Umfang des Zimmers	Anzahl der Rollen	Umfang des Zimmers	Anzahl der Rollen	Umfang des Zimmers	Anzahl der Rollen
11m	2	16m	4	21m	6	26m	9
12m	2	17m	4	22m	7	27m	10
13m	3	18m	5	23m	7	28m	10
14m	3	19m	5	24m	8	29m	11
15m	4	20m	5	25m	8	30m	11

TAPETEN EINKLEISTERN

SIEHE AUCH
unter:
Tapeten 70–71
Vorgeleimte Tapteten 76

RAPPORT

Gemusterte Tapeten müssen so geklebt werden, daß sich die zusammenpassenden Partien des Musters im Stoß ohne Versatz aneinanderfügen. Man kann also nicht einfach Bahn neben Bahn bündig an die Zimmerdeckenkante hängen. Den Abstand, in dem sich das Muster wiederholt, nennt man Rapport. Dieser Rapport muß bei der Berechnung des Tapetenbedarfs im Prinzip stets zur Zimmerhöhe hinzugerechnet werden. In der Praxis spielt er aber nur bei großen Mustern und großem Rapport eine Rolle. Den Rapport finden Sie sowohl auf der Tapete als auch bereits im Musterbuch vermerkt.

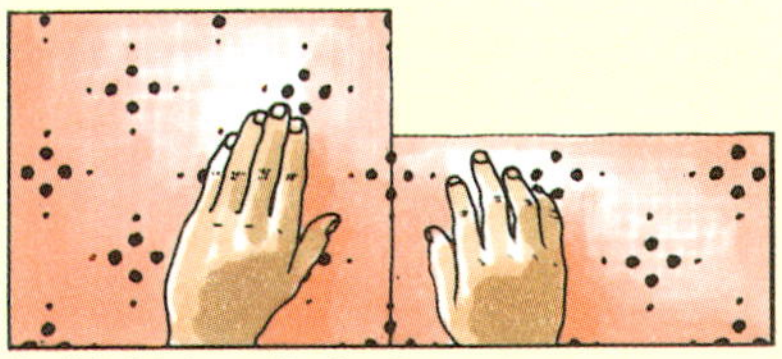

Berücksichtigen Sie den Rapport
Der Abstand, in dem sich die Muster wiederholen, ist bei der Bedarfsberechnung zu berücksichtigen.

TAPETENKLEISTER

Normaler Tapetenkleister wird in Pulverform verpackt und mit einer vom Hersteller festgelegten Menge Wassers angerührt. Man läßt ihn einige Zeit quellen, schlägt ihn noch mal kräftig durch – fertig. Dabei variiert das Mischungsverhältnis je nach Verwendungszweck zwischen 50 : 1 für leichte und mittelschwere und 20 : 1 für schwere Tapeten. Mit diesen Kleistern auf Methylzellulosebasis (Metylan) lassen sich die meisten handelsüblichen Tapeten kleben. Sie sind leicht zu verarbeiten und hinterlassen normalerweise keine Flekken auf der Tapete, sofern man Spritzer sofort abwischt. Es gibt sie auch für besondere Einsatzgebiete, z. B. mit fungiziden Zusätzen.
Für Textiltapeten und andere sehr schwere Wandbeläge, für die die Klebkraft normalen Kleisters nicht ausreicht, verwendet man Dispersionskleber wie Ovalit. Diese kann man auch zur Erhöhung der Klebkraft in normalen Kleister mischen.
Für Isoliertapeten verwenden Sie ebenfalls keinen Metylzellulose-, sondern einen Styroporkleber. Dieser wird nicht auf die Tapete gestrichen, sondern mit einer Zahnspachtel auf die Wand aufgetragen. Damit lassen sich auch dickere Styroportapeten kleben.

Wenn Sie öfter tapezieren, ist die Anschaffung eines Tapetentisches ein Muß. Diese praktischen, klappbaren Tische kosten nicht die Welt und haben den Vorteil, daß man darauf eine ganze Bahn einkleistern kann. Notfalls können Sie darauf sogar ein Buffet anrichten. Für den Anfang tut es allerdings auch ein Leihtisch von Ihrem Fachhändler.

Kleister auftragen

Mischen Sie den Kleister in einem normalen Plastikeimer an. Beachten Sie dabei das Mischungsverhältnis. Wenn Sie nicht sicher sind, in welche Kategorie die Tapete Ihrer Wahl gehört, lassen Sie sich von Ihrem Fachhändler beraten. Lassen Sie den Kleister nach Herstellerangabe quellen. Schlagen Sie ihn nach der Quellzeit mit einem Rührholz gründlich durch. Auch eine Bohrmaschine mit einem Rührstab leistet dabei gute Dienste.
Verwenden Sie zum Einstreichen eine Malerbürste. Dabei genügt eine einfache Qualität. Vorteilhaft ist ein Haken am Griff zum Einhängen an den Eimerrand. Tragen Sie den Kleister satt auf die Mitte der jeweiligen Bahn auf, und verteilen Sie ihn gleichmäßig. Rücken Sie die Bahn seitlich an den Tischrand, so daß sie leicht übersteht, und verstreichen Sie den Kleister zu dem überstehenden Rand hin. Verfahren Sie ebenso mit dem anderen Rand, so daß die ganze Bahn mit einer gleichmäßig dünnen Schicht Kleister überzogen ist.
Wenn Ihnen nur ein kurzer Tisch zur Verfügung steht, kleistern Sie in der beschriebenen Weise eine Hälfte der Bahn ein. Schlagen Sie die eingekleisterte Bahn zur Mitte hin ein, ziehen Sie den Rest der Bahn auf den Tisch, und streichen Sie diesen ein.
Leichte Tapeten können sofort an die Wand gehängt werden, schwere müssen zuerst weichen. Dazu werden sie wie abgebildet ziehharmonikaförmig zusammen- und beiseite gelegt.
Den schnellsten und gleichmäßigsten Kleisterauftrag erhalten Sie mit einer Kleistermaschine. Wer viel tapeziert sollte über diese – nicht ganz billige – Investition zumindest nachdenken.

Vorgekleisterte Tapeten

Diese wasserfesten Tapeten werden vor dem Kleben nur noch in einen Trog mit kaltem Wasser getaucht.

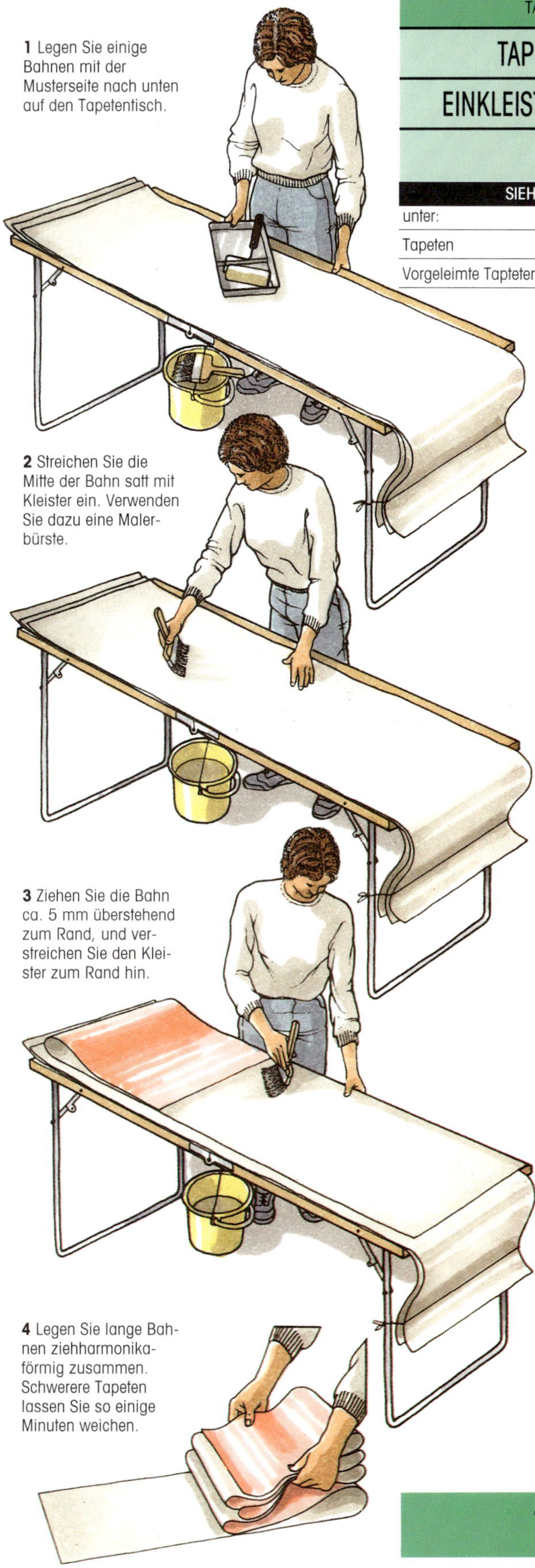

1 Legen Sie einige Bahnen mit der Musterseite nach unten auf den Tapetentisch.

2 Streichen Sie die Mitte der Bahn satt mit Kleister ein. Verwenden Sie dazu eine Malerbürste.

3 Ziehen Sie die Bahn ca. 5 mm überstehend zum Rand, und verstreichen Sie den Kleister zum Rand hin.

4 Legen Sie lange Bahnen ziehharmonikaförmig zusammen. Schwerere Tapeten lassen Sie so einige Minuten weichen.

WÄNDE TAPEZIEREN

SIEHE AUCH unter:

Putze vorbereiten	28–29
Tapeten	70–71

- **Wenn Sie großgemusterte Tapeten kleben, läßt es sich nicht vermeiden, daß die Bahnen an einer Stelle im Muster unpassend aufeinandertreffen. Legen Sie solche häßlichen Stöße in eine dunkle Ecke.**

Kantenroller
Auch wenn die Bahnen nicht ganz auf Stoß geklebt sind, erhalten Sie mit dem Kantenroller saubere Übergänge.

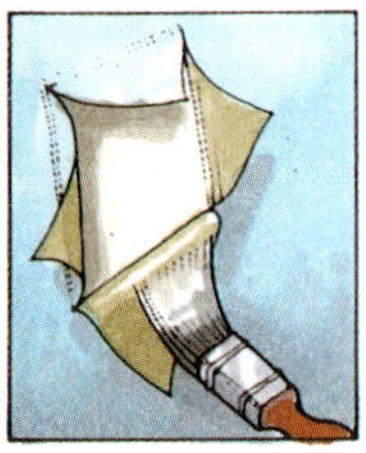

Blasen ausbessern
Die meisten Blasen verschwinden beim Trocknen. In hartnäkkige injizieren Sie etwas Kleister und walzen sie glatt. Hilft das nicht, machen Sie kreuzförmige Einschnitte, streichen die Innenseiten mit Kleister und walzen fest.

MAKULATUR KLEBEN

Das Verkleiden einer Wand vor dem Tapezieren mit Makulatur ist nur notwendig, wenn die Wand so schadhaft ist, daß sich Risse durch das dünne Papier der Tapete abzeichnen würden. Auch bei schweren Textiltapeten, die mit Dispersionskleber (z. B. Ovalit) verklebt werden, empfiehlt es sich, zunächst eine Schicht Makulatur zu kleben. Man verwendet dazu eine spaltbare Rollenmakulatur. Wenn die Tapete wieder abgenommen werden soll, lösen sich die Makulaturschichten, und man hat sofort wieder einen guten, übertapezierbaren Untergrund.

Makulatur wird waagerecht tapeziert, damit die Nähte von Tapete und Untertapete nicht aufeinanderliegen. Arbeiten Sie von rechts nach links, wenn Sie Rechtshänder sind, und umgekehrt. Ziehen Sie, eine Rollenbreite von der Decke entfernt, eine waagerechte Linie an der Wand entlang. Halten Sie die harmonikaartig gefaltete Bahn in einer Hand; beginnen Sie in der oberen rechten Ecke der Wand zu kleben, und richten Sie den unteren Rand an der markierten Linie aus. Streichen Sie die Tapete mit einer Tapezierbürste glatt. Arbeiten Sie von oben nach unten weiter.

Noch vor wenigen Jahrzehnten war es üblich, auf nicht sehr belastbare Wandoberflächen vor dem Tapezieren Streichmakulatur aufzutragen. Dies ist eine pulverige Mischung aus Zellulosefasern und Leim, die mit Wasser angerührt und mit der Bürste aufgetragen wird. Heute stehen zum Verfestigen von Wandoberflächen bessere Mittel wie z. B. Baudispersion zur Verfügung.

Makulatur kleben
Die Makulaturtapete wird aus der Ziehharmonikafalzung waagrecht verklebt.

Die erste Bahn

Tapezieren Sie erst, wenn alle anderen Renovierungsarbeiten an Decken und Wänden abgeschlossen sind: Decken sollten gestrichen, Holzeinbauten fertiggestellt sein. Üblicherweise arbeitet man beim Tapezieren vom Fenster weg. Auf diese Weise sind überlappende Stöße am wenigsten sichtbar. Bei großflächigen Mustern beginnt man so, daß sich eine symmetrische oder zumindest harmonische Verteilung der Muster ergibt, z. B. zentral über einem Kamin oder mittig zwischen zwei Fenstern. Am einfachsten hängt man die erste Bahn neben ein Fenster, das nahe an einer Ecke liegt, und arbeitet dann nach beiden Seiten vom Licht weg. Die tapezierten Flächen sollten sich in einer dunklen Ecke treffen, wo es nicht auffällt, wenn die Muster nicht zusammenpassen.

Zentrieren über einem Kamin

Zentrieren zweier Bahnen zwischen Fenstern

Eine Wand tapezieren

Die Wände eines Raumes sind selten wirklich rechtwinklig, deshalb benutzen Sie ein Senkblei, um eine senkrechte Linie anzuzeichnen, an die Sie die erste Tapetenbahn anlegen. Beginnen Sie an einem Wandende und ziehen Sie die Senkrechte eine knappe Bahnbreite von der Ecke entfernt, so daß die erste Bahn einen guten cm in die angrenzende Wand reicht.

Entfalten Sie den oberen Teil der eingekleisterten Tapete und legen Sie diese so an die senkrechte Linie an, daß an der Decke bzw. an der Oberkante der tapezierten Fläche etwas Überstand bleibt. Mit einer Tapezierbürste streichen Sie die Bahn von der Mitte aus vorsichtig in alle Richtungen fest. Markieren Sie die Oberkante mit der stumpfen Schere, ziehen Sie den oberen Rand etwas ab, schneiden Sie entlang des Knickes und streichen Sie den Rand wieder fest. Entfalten Sie die Tapetenbahn ganz, legen Sie die Kante sauber an und streichen Sie alles fest. Beschneiden Sie die Bahn an der Sockelleiste wie oben beschrieben. Kleben Sie die nächste Bahn in gleicher Weise Stoß an Stoß mit der ersten.

Beim Beschneiden der Tapetenbahnen ist eine Tapezierschiene aus Aluminium mit Schneidekante eine große Hilfe. Sie legen die Schiene bündig an die Kante oder Endmarkierung an, streifen die Tapetenbahn darüber und schneiden.

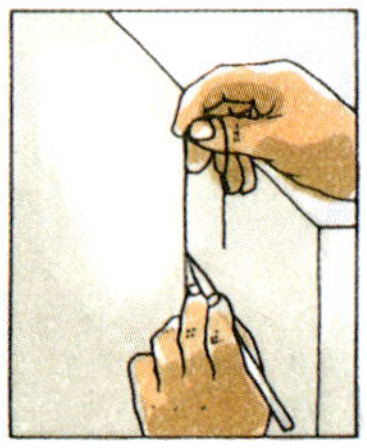

1 Nehmen Sie das Lot
Ziehen Sie mit dem Senkblei eine senkrechte Linie, eine knappe Bahnbreite von einer Ecke entfernt. Die Bahn soll gut 1 cm in die anliegende Wand ragen.

2 Die erste Bahn
Schneiden Sie die Bahn mit 5 cm Zugabe an jedem Ende. Einkleistern und weichen lassen. Legen Sie eine Seitenkante an der Lotrechten an, und streichen Sie die Bahn von der Mitte aus fest.

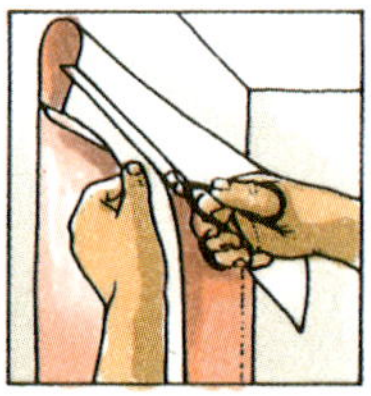

3 Oben beschneiden
Bahn oben leicht in den Knick drücken. Die stumpfe Seite der Schere die Deckenkante entlangführen. Ziehen Sie die Bahn ein Stück ab, und schneiden Sie entlang dem Falz.

4 Unten beschneiden
Das Ende der Bahn leicht in die Kante zwischen Wand und Sockelleiste drücken, genau an der Kante nach oben falzen, etwas abziehen und im Knick schneiden.

PROBLEMZONEN TAPEZIEREN

SIEHE AUCH
unter:

Putze vorbereiten	28–29
Tapeten	70–71

Um Türen und Fenster tapezieren

Kleben Sie eine Bahn so neben den Türrahmen, daß sie exakt auf Stoß mit der angrenzenden Bahn abschließt. Die gegenüberliegende Seite muß den Türrahmen leicht überlappen. Schneiden Sie den überstehenden Teil entlang der Oberkante der Laibung ein **(1)**, und streichen Sie ihn in die Laibung. Mit einer großen Kunststoffspachtel drücken Sie die Tapete in die Kante zwischen Laibung und Türrahmen. Schneiden Sie den Überstand genau im Falz mit einem Klingenmesser ab.
Schneiden Sie aus Verschnitteilen ein Stück Tapete in der Breite des Überstands so zu, daß es die Laibung mit etwas Überstand sowohl zur Wandfläche als auch zum Türrahmen abdeckt, und kleben Sie es ein **(2)**. Dazu müssen Sie den Überstand der Tapetenbahn über der Laibung nach hinten abziehen, so daß Sie den Überstand des Füllstücks nach oben über die Laibungskante feststreichen können. Streichen Sie den Überstand der Tapetenbahn darüber fest, und beschneiden Sie über der Laibungskante mit einem unregelmäßigen Schnitt **(3)**. Rollen Sie die Schnittkante mit dem Kantenroller gut fest.
Kleben Sie eine volle Bahnbreite über die Tür bis zum Türrahmen, und schließen Sie daran Stoß an Stoß die nächste ganze Bahn an. Tapezieren Sie die Laibung wie beschrieben. Drücken Sie die Tapetenüberstände mit dem Kunststoffspachtel in die Kante des Türrahmens, und beschneiden Sie alle Überstände mit dem Klingenmesser.

1 Überstand diagonal zum Winkel einschneiden

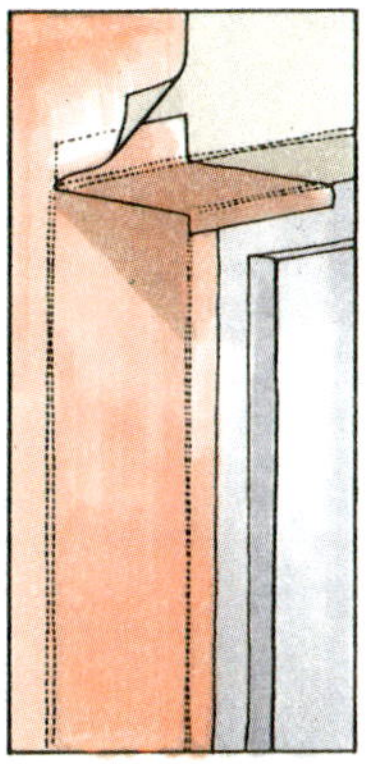
2 Falz unter die Bahn

3 Wellig schneiden

Ecken tapezieren

Für eine saubere Innenecke teilen Sie die letzte Bahn der bereits tapezierten Wand so, daß sie an jeder Stelle mit reichlich 1 cm Überstand in die Ecke reicht. Hierzu müssen Sie den Meterstab zu Hilfe nehmen, da die Zimmerwände auch bei Neubauten nur selten absolut gerade und im Lot sind. Bei Altbauten betragen die Abweichungen nicht selten mehrere Zentimeter. Kleben Sie die geteilte Bahn, drücken Sie den Überstand mit der Plastikspachtel gut in die Ecke, und beschneiden Sie die Bahn wie beschrieben. Bei nicht oder unauffällig gemusterten Tapeten fahren Sie mit einer ganzen Bahn fort, bei großflächigen Mustern mit dem abgeteilten Streifen. Messen Sie die Breite der angrenzenden Bahn ab, und ziehen Sie an dieser Stelle mit Hilfe des Senkbleis eine lotrechte Orientierungslinie. Richten Sie die eingekleisterte Bahn nicht an der Ecke, sondern an dieser Orientierungslinie aus – wiederum mit mindestens 1 cm Überstand zu Decke und Fußboden, und streichen Sie die Bahn von der Ansatzlinie zur Ecke fest. Außenecken werden in der gleichen Weise tapeziert, nur sollte hier der Überstand 25 mm betragen, da die folgende Bahn ca. 1 cm von der Ecke ansetzt, um Ungenauigkeiten auszugleichen.

Innenecke

Außenecke

Hinter Heizkörpern tapezieren

Wenn Sie den Heizkörper nicht abnehmen können, schalten Sie ihn ab und lassen ihn abkühlen. Mit einem Metermaß messen Sie die Lage der Heizkörperhalterungen an der Wand. Übertragen Sie diese Maße auf eine Tapetenbahn, und schlitzen Sie diese an der Markierung von unten nach oben. Die eingekleisterte Tapete wird hinter dem Heizkörper an den beiden Seiten der Halterung entlang, abwärts geschoben und mit einem Heizkörperroller festgerollt.

Um Schalter und Steckdosen tapezieren

Schalten Sie am Zählerkasten den Strom ab. Nehmen Sie die Abdeckung des Schalters/der Steckdose ab, und prüfen Sie die Anschlüsse mit dem Phasenprüfer. Kleben Sie die Tapete über Schalter oder Steckdose. Markieren Sie mit dem Fingernagel den Rand des Metallrahmens, und schneiden Sie mit dem Klingenmesser entlang dieser Linie aus. Montieren Sie die Abdeckung.

Schneiden Sie am Metallrahmen entlang

- **Arbeiten mit der Tapetenschiene**
  Dieses praktische Werkzeug erleichtert das Beschneiden von Tapeten in Ecken oder entlang von Markierungslinien ungemein. Dabei handelt es sich um ein Aluprofil mit aufgesetzter Stahlschnittkante. Sie legen die Schiene einfach mit der vorderen Kante exakt in der Ecke oder einer Markierung an, streifen die Tapete darüber und schneiden mit Messer oder Scherenklinge entlang der Schnittkante. Sie nehmen die Schiene ab und streichen die Bahn fest. Sie endet mit sauberem Schnitt genau in der Ecke oder an der Markierung.

TREPPEN-HÄUSER

SIEHE AUCH
unter:

Arbeitsplattform	20
Putze vorbereiten	28–29
Tapeten	70–71

Problematisch sind beim Tapezieren eines Treppenhauses nur die ganz langen Bahnen vom Fuß der Treppe bis zur Decke. Um hier sicher arbeiten zu können, müssen Sie eine stabile Arbeitsplattform über die Stufen bauen. Loten Sie die längste Bahn aus, und hängen Sie sie diese zuerst. Die Stirnwand über der Treppe wird dabei ca. 12 mm überlappt. Das Tragen und Hängen der bis zu 5 m langen Bahnen ist recht mühselig. Kleistern Sie die Bahn daher großzügig ein, damit sie beim Aufhängen nicht trocknet, und legen Sie sie in Ziehharmonikafalten. Zum Besteigen der Plattform hängen Sie sich die Bahn über den Arm. Während Sie die Bahn an der Decke ansetzen, stützt ein Helfer von unten das Gewicht der eingekleisterten Bahn ab. Diese wird beim Abwärtsarbeiten Zug um Zug entfaltet. Drücken Sie die Tapete mit der Plastikspachtel an der abgewinkelten Fußleiste an, und schneiden Sie sie ab. Vergessen Sie beim Zuschneiden der Bahn nicht die Zugabe für diesen Winkel; messen Sie die längste Kante. Arbeiten Sie von dieser ersten Bahn in beide Richtungen, dann tapezieren Sie die Stirnseite. Wo der Handlauf in die Treppenhauswand eingelassen ist, ordnen Sie die Bahnen so an, daß die Geländerhalterung zwischen den gestoßenen Bahnen liegt. Hängen Sie die Bahnen bis an das Geländer, schneiden Sie die letzte Bahn am Rand waagerecht in der Mitte des Geländers ein und dann kreisförmig, damit die Tapete um das Geländer gelegt werden kann.

Arbeitsablauf
1. Beginnen Sie stets mit der längsten Bahn.
2 Drücken Sie die Bahn mit der Plastikspachtel in die Kante der Treppenwange und schhneiden Sie dort.
3 Die Bahn soll etwas in die Stirnwand überstehen.
4 & **5** Arbeiten Sie von der ersten Bahn in beide Richtungen weiter.
6 Tapezieren Sie die Stirnwand.

BESONDERE TECHNIKEN BEIM TAPEZIEREN

Was auch immer Sie als Wandbelag wählen, folgen Sie den vorher beschriebenen Standardtechniken zum Tapezieren. Nachfolgend einige besondere Techniken zur Arbeitserleichterung bei bestimmten Arten von Wandbelägen.

Relieftapeten

Bei der Verarbeitung von Relieftapeten wie Anaglypta, die beim Neutapezieren in jedem Fall wieder entfernt werden müssen, hat sich die Verwendung einer spaltbaren Makulatur wie Stripofix gut bewährt. Das Abnehmen der Tapete bei späteren Renovierungen wird dadurch wesentlich erleichtert. Auch streichbare Makulatur – heute nicht mehr oft verwendet – verbessert die Haftfähigkeit einer Wand und macht sie tragfähiger. Beim Hängen der Tapete verwenden Sie Kleister für schwere Tapeten. Tragen Sie den Kleister satt und gleichmäßig auf, aber lassen Sie nicht zuviel Kleister in den Vertiefungen. Lassen Sie die Tapete je nach Sorte 10 bis 15 Minuten weichen. Klopfen Sie die Tapete leicht mit einer Tapezierbürste an, und verwenden Sie weder Walze noch Kantenroller, um ein Flachdrücken der Prägung zu vermeiden. Versuchen Sie auch nicht, Relieftapeten um Ecken zu ziehen. Kleben Sie die Tapeten auch dort auf Stoß, und verspachteln Sie eventuelle Unsauberkeiten.

Vinylschaumtapeten

Papierkaschierte Vinytapeten werden in der normalen Weise eingekleistert, aber baumwollkaschierte Ware klebt besser, wenn man die Wand einkleistert und den Kleister etwas einziehen läßt, bevor man den Wandbelag aufbringt. Verwenden Sie einen fungiziden Kleister.
Reiben Sie Vinyltapeten lieber mit einem Schwamm fest als mit der Tapetenbürste. Falzen Sie die Bahn oben und unten, und beschneiden sie mit einem scharfen Klingenmesser. Vinyltapeten kleben nicht aufeinander, so daß man sie nicht überlappend hängen kann. Schneiden Sie beim Bekleben einer Ecke durch die beiden überlappenden Tapetenstücke, um einen perfekten Stoß herzustellen.

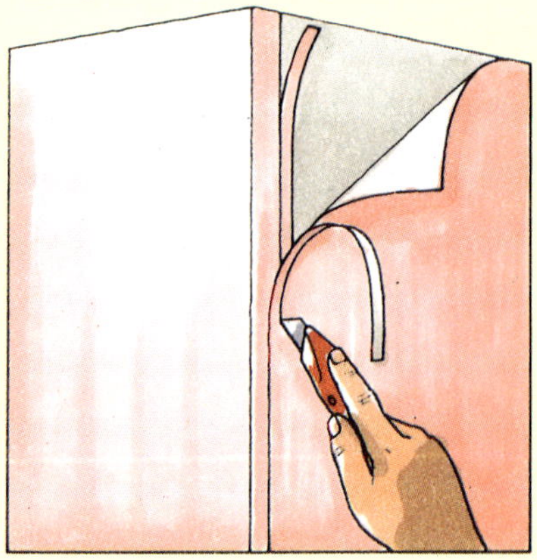

Schneiden Sie durch beide Schichten

Vorgeleimte Tapeten

Stellen Sie eine Wanne mit kaltem Wasser in Höhe der ersten Bahn an die Sockelleiste. Zuvor haben Sie den Boden großflächig abgedeckt.
Rollen Sie eine abgelängte Bahn mit dem Muster nach außen lose von unten zusammen. Tauchen Sie die Rolle die vom Hersteller vorgeschriebene Zeit ins Wasser.
Ziehen Sie die Rolle am Ende der Bahn so aus dem Wasser, daß sie sich abrollt und das Wasser in die Wanne zurückfließt. Dieser Ablauf verlangt ein wenig Übung. Anfänger produzieren dabei oft eine größere Überschwemmung.
Hängen Sie die Tapete in der gewohnten Weise, doch verwenden Sie zum Andrücken einen Schwamm statt Bürste oder Roller.
Bei langen nassen Bahnen entrollen Sie die Tapete erst, wenn Sie zum Hängen auf der Leiter stehen.

Aus dem Wasser direkt an die Wand

UNKASCHIERTE STOFFE

SIEHE AUCH

unter:

Putze vorbereiten	28–29
Tapeten	70–71

BESONDERE TECHNIKEN BEIM TAPEZIEREN

Isoliertapeten

Isoliertapeten bestehen aus einer dünnen, ca 5 mm dicken Styroporschicht. Sie sind daher weich, brüchig und sollten nicht in stark beanspruchten Räumen, etwa Kinderzimmern verwendet werden, da schon ein leichter Stoß sichtbare Beulen hinterläßt.
Isoliertapeten haften nicht mit normalem Tapetenkleister. Statt dessen trägt man mit der Zahnspachtel Styroporkleber direkt auf die Wand auf und klebt die Tapete von der Rolle.
Auf Grund der Empfindlichkeit des Materials sollten Isoliertapeten nicht mit der Tapezierbürste angedrückt werden. Besser geeignet ist der Gummiroller, noch besser verwendet man einen weichen Plüsch- oder Lammfellroller. Auf keinen Fall dürfen Sie die Kanten mit dem Kantenroller bearbeiten. Streichen Sie leicht mit der Handfläche über den Stoß. Das genügt.
Styroportapeten dienen normalerweise nur als Untergrund für andere Tapeten. Wenn sie übertapeziert werden, sollte man sie wie Makulatur quer zur Wand kleben, ansonsten zumindest mit versetztem Stoß arbeiten.

Textil- und andere Spezialtapeten

Angesichts der Vielzahl an Wandbeschichtungen, die unter dem Oberbegriff »Tapeten« zusanmmengefaßt werden, sollten Sie mit Ihrem Fachhändler bereits vor dem Kauf alle Verarbeitungsfragen besprechen, wenn Sie sich für einen »exotischen« Wandbelag interesssieren. Er wird Sie über eventuelle Schwierigkeiten und erforderliches Zubehör – z. B. spezielle Klebstoffe, informieren.

Abstützen schwerer Textilrollen

Generell sind Tapeten mit wertvollen Oberflächen, wie Velours- oder Textiltapeten, besonders empfindlich gegen Verunreinigungen mit Klebstoffen. Deshalb ist bereits beim Einkleistern darauf zu achten, daß eine zwar satte, aber gleichmäßige und keinesfalls zu dicke Schicht Kleister gestrichen wird. Besonders beim Andrücken mit der Gummiwalze besteht sonst die Gefahr, daß am Stoß größere Mengen Kleister austreten. Manche Textilbeschichtungen werden in überbreiten Rollen geliefert, die schwierig zu handhaben sind. Schieben Sie eine Stange durch die Rolle, und stützen Sie diese mit zwei Stehleitern ab. Kleistern Sie die Wand ein, und arbeiten Sie von unten nach oben.

Kleben einer Tapete direkt von der Rolle

Auch unkaschierte mittelschwere Stoffe kann man direkt an die Wand kleben. Allerdings verziehen sie sich leicht, so daß es schwierig ist, ein Muster auszurichten.

Einfacher ist es, den Stoff zunächst auf 10 oder 12 mm dicke Weichfaserplatten aufzukleben.

Einkleistern

Prüfen Sie zunächst an einem Stück Stoff, ob es sich bei Kontakt mit dem Kleister verfärbt. Zum Tapezieren kleistern Sie die Wand ein. Wickeln Sie jede Bahn um eine Papprolle, und heften Sie den Stoff Stück für Stück vorsichtig an die Wand, damit er sich nicht verzieht. Kleben Sie die Stöße überlappend, da viele Stoffe beim Trocknen einlaufen. Schneiden Sie im Stoß durch beide Bahnen, entfernen Sie den Überstand, kleistern Sie die Ränder vorsichtig ein, und kleben Sie den Stoß fest.

Paneele

Lassen Sie die Dämmplatten entsprechend der Stoffbreite und der Wandhöhe zuschneiden. Die Stoffbahn soll 10–12 cm breiter sein als das Paneel. Spannen Sie den Stoff über die Tafel, und leimen Sie ihn an der Rückseite mit Weißleim fest. Das Spannen des Stoffes geht noch einfacher, wenn Sie einen Tacker mit kurzen Klammern verwenden. Legen Sie die Rände des Stoffes einmal um, und tackern Sie eine Langseite fest. Befestigen Sie unter leichtem Zug die andere Seite und dann die Querseiten. Nageln Sie die Paneele mit Sockelleistenstiften an die Wand. Decken Sie die Fugen mit Holzleisten ab.

Spannen Sie unkaschierten Stoff über Platten

DECKEN TAPEZIEREN

SIEHE AUCH
unter:

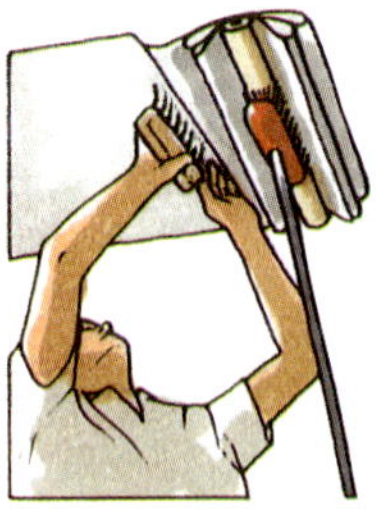

Arbeiten auf der Leiter
Wenn Sie mit einer Stehleiter arbeiten, sollte Ihnen ein Helfer zur Seite stehen, der die zusammengelegte Tapetenbahn abstützt. Binden Sie dazu eine Papprohre an einen Besen.

Eine Decke tapezieren ist gar nicht so schwierig. Die Techniken sind die gleichen wie beim Tapezieren einer Wand, nur daß die Bahnen meist wesentlich länger und unhandlicher sind. Errichten Sie eine zweckmäßige Plattform – das Arbeiten ist nahezu unmöglich, wenn man eine Trittleiter umhertragen muß. Arbeiten Sie mit einem Helfer, der die eingekleisterte, gefaltete Tapete hält, während Sie ein Ende anlegen und rückwärts durch den Raum weiter feststreichen. Wenn Sie an einer Hilfslinie an der Decke entlangarbeiten, sollte das Ergebnis fehlerfrei sein.

Vorbereitung

Bauen Sie sich zunächst eine stabile Arbeitsplattform, am besten aus dicken Schalungsbrettern, die Sie mit Zwingen an soliden Malerböcken festklemmen. Zur Not geht es auch mit Brettern, die Sie auf die Tritte zweier Stehleitern legen. Tapezieren Sie parallel zur Fensterwand und vom Licht weg. So sind die Stöße am unauffälligsten. Ist der Wandabstand in der anderen Richtung aber wesentlich kürzer, hängen Sie die Bahnen zur Arbeitserleichterung in diese Richtung. Ziehen Sie auf der Decke mit Hilfe einer Stahlschiene eine Hilfslinie im Abstand von 51 cm von der Wand (für Eurorollen, bei überbreiten Rollen in entsprechendem Abstand). Die Tapete soll 1–2 cm in die Wand überlappen.

Tapete hängen

Kleistern Sie die Tapete in der üblichen Weise ein, und falten Sie die Bahnen ziehharmonikaförmig zusammen. Legen Sie die gefaltete Bahn über eine Papprohre, die ein Helfer hält. Stellen Sie sich mit dem Gesicht zu der Wandseite auf die Arbeitsplattform, mit der Sie beginnen wollen, der Helfer steht hinter Ihnen. Legen Sie die Bahn an der Hilfslinie so an, daß sie die Stirnwand 1–2 cm überlappt, und streichen Sie die Bahn behutsam von der Mitte zu den Seiten mit Bürste oder Gummiwalze fest. Arbeiten Sie langsam rückwärtsschreitend bis zum Ende der Arbeitsplattform, wobei der Helfer die Bahn Zug um Zug entfaltet. Während Sie die Arbeitsplattform verstellen, sollte der Helfer die Tapetenbahn mit einer an einem Besen befestigten Papprolle dicht unter der Decke halten. Beschneiden Sie die Bahn am anderen Ende mit 1–2 cm Überstand.

Zimmerdecken tapezieren
Die Arbeit geht leichter zu zweit.
1. Ziehen Sie eine Markierungslinie über die gesamte Deckenlänge.
2. Stützen Sie die gefaltete Bahn mit einer Papprolle ab.
3. Streichen Sie die Tapete von der Mitte nach außen fest.
4. Der Überstand wird meist übertapeziert.
5. Legen Sie als Arbeitsplattform zwei Bretter übereinander, damit die Konstruktion zwei Personen tragen kann.

LICHTANSCHLÜSSE UND STUCKELEMENTE

Anders als bei Wänden gibt es an Decken meist nur wenige Hindernisse, die das Tapezieren erschweren. Deckenleuchten lassen sich in der Regel leicht entfernen, und stukkierte Decken sollten ohnehin nur tapeziert werden, wenn eine Vielzahl von Rissen im Putz anders nicht zu verbergen ist.

Eine Deckendose ausschneiden
Bringen Sie an der betreffenden Stelle mehrere sternförmige Einschnitte an, so daß sich die Tapete in vielen Spitzen um das Hindernis auffaltet. Drücken Sie die Tapete mit dem Fingernagel gut in den Winkel und schneiden Sie die überstehenden Zacken erst nach dem Trocknen ab.

Stuckelemente
Rosetten behandeln Sie wie oben beschrieben. Weist die Decke Hohlkehlen mit Abschlußsims aus, wird bis zu diesem Sims tapeziert und in der Kante beschnitten.

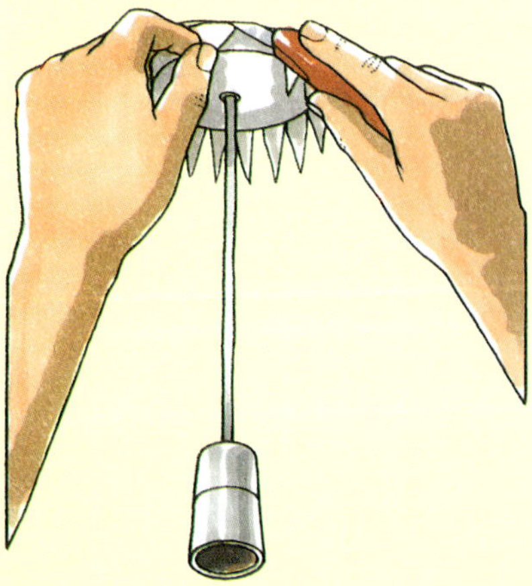

Nach dem Trocknen schneiden Sie die Zacken ab

Streifen um das Stuckelement abschneiden

FLIESEN AUSWÄHLEN

Wo immer für Wand- und Fußbodenbeläge Ästhetik und nahezu unbegrenzte Haltbarkeit gefragt sind, sollte man die Verwendung von Fliesen in Betracht ziehen. Keramische Wand- und Bodenbeläge gibt es in unüberschaubarer Auswahl für jeden Geschmack und in geeigneten Qualitäten für nahezu jeden Verwendungszweck.

Glasierte Fliesen

Feinkeramische Fliesen unterscheidet man nach Steingut-, Irdengut- und Steinzeugfliesen. Sie werden aus Ton, Quarz und Feldspat hergestellt und gebrannt. Steingutfliesen – dazu gehören die meisten Wandfliesen – sind hell und feinkörnig. Sie nehmen Wasser auf und sind deshalb nicht frostbeständig. Irdengutfliesen sind den Steingutfliesen ähnlich, weisen aber einen dunkleren Scherben auf. Sie werden überwiegend im Ausland hergestellt. Angeboten werden sie überwiegend im Standardmaß 15 x 15 cm, aber auch in anderen gebräuchlichen Maßen wie 15 x 20 oder 20 x 20 cm. Eine Sonderrolle spielen die Mosaikfliesen. Es gibt sie aus verschiedenen Materialien. Meist aber bestehen sie aus glasiertem Steingut. Häufig sind sie in größeren Flächen auf ein Netzgeflecht aufgeklebt, so daß man sie bequem verlegen kann.

Steinzeugfliesen

Diese Fliesen sind durch den Brennvorgang dichtgesintert, nehmen kaum Feuchtigkeit auf und haben eine sehr harte Oberfläche. Daher eignen sie sich auch für Fußböden mit hoher Beanspruchung und für den Außenbereich. Es gibt sie glasiert und unglasiert.

Spaltplatten

Vorwiegend für hoch beanspruchte Fußböden sowie für den Außenbereich geeignete Platten aus gebranntem Ton. Die Rohlinge werden längs geschnitten, so daß 2 Platten entstehen, und nach dem Brennen endgültig getrennt. Von dieser Bearbeitungsform haben sie auch ihren Namen. Wie Klinker und Baukeramik gehören sie zur Gruppe der Grobkeramik.

Klinker

Zur gleichen Gruppe zählen die als Bodenplatten für den Innen- wie Außenbereich gleichermaßen beliebten Bodenklinkerplatten und Ziegelplatten. Besonders Klinker zeichnen sich durch außerordentliche Härte und hohe Widerstandsfähigkeit aus. Sie überzeugen auch und besonders im Außenbereich – auf Terrassen und Balkonen – durch Witterungsbeständigkeit und hohe Nutzungsdauer.

Naturstein

Natursteinplatten gehören zu den wertvollsten und kostspieligsten Bodenbelägen. Die edelste Wirkung erzielt man mit Marmor, aber auch Schiefer wird vielfach verwendet, besonders im Außenbereich. In Deutschland sind besonders die Solnhofener Platten beliebt.

SIEHE AUCH

unter:

Wände fliesen	82–83
Fußböden fließen	87–88
Putz vorbereiten	28–29
Beton reparieren	27
Boden aufdoppeln	35

Kantenzuschnitte
Viele Fliesen sind in verschiedenen Ausführungen erhältlich.

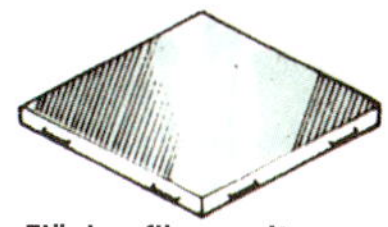

Flächenfliese mit Schloßpassung zum Fliesen von Flächen

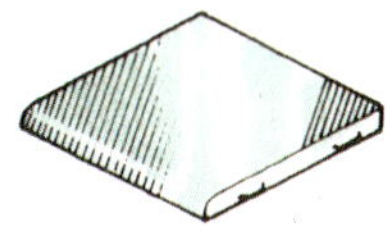

Randfliese zum Fliesen von Abschlußkanten

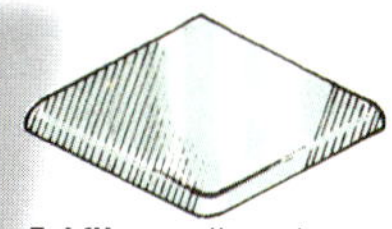

Eckfliese mit zwei abgerundeten Ecken

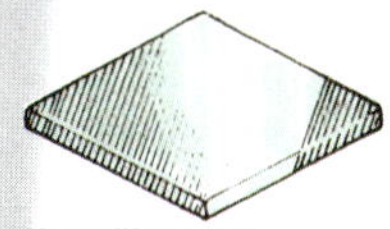

Normfliese mit rundum glasierten Kanten für universellen Einsatz.

Eine Auswahl
Typische Beispiele für handelsübliche Fliesen
1 Glasierte Keramik
2 Abweichende Formen und Größen
3 Mosaik
4 Unglasierte Bodenfliesen
5 Naturstein, Schiefer

FLIESEN AUSWÄHLEN

SIEHE AUCH

Stein- und Ziegelfliesen

Dünne ziegelfarbene Fliesen – oft in Form schmaler »Riemchen« sind in verschiedenen Gegenden beliebt, um Sichtmauerwerk zu imitieren. Dies kann partiell der Fall sein, etwa um einen offenen Kamin optisch hervorzuheben, aber auch für eine ganze Innenwand oder für die Außenwände eines Hauses. Einfache Qualitäten werden vielfach aus Ziegelmehl mit verschiedenen Oberflächenstrukturen gefertigt und gebrannt. Die besten Qualitäten sind aber wie normale Ziegel aus Ton gebrannt und weisen die gleiche Farbenvielfalt auf wie Naturziegel.

Riemchen
zur Imitation von Sichtmauerwerk

Teppichfliesen

Gegenüber durchgehenden Teppichbodenbelägen haben Teppichfliesen zahlreiche Vorteile: Sie sind leicht zu verlegen und bei Beschädigung oder Verschmutzung ohne weiteres auszutauschen. Das macht sie besonders geeignet für stark beanspruchte Wohnräume wie Kinderzimmer, in denen immer wieder Gläser umkippen und Süßigkeiten auf dem Boden kleben, aber auch für Arbeitsräume. Teppichfliesen gibt es aus Natur- und Kunstfasern. Fliesen, die eine feste Gummiunterlage aufweisen, müssen nicht einmal verklebt werden. Oft reicht es, sie an exponierten Stellen mit doppelseitigem Klebeband zu sichern.

Teppichfliesen sind ein strapazierfähiger Belag

Eine Auswahl von Teppichfliesen
Wo Bodenbeläge im Akkord verlegt werden, sind Teppichfliesen beliebt. Aber auch der Heimwerker tut sich damit leicht.

Kunststofffliesen

Noch vor zwanzig, dreißig Jahren waren sie auch in Privathäusern beliebt und begehrt, die glatten, rutschfesten und pflegeleichten Platten, die einfach auf einen festen Untergrund geklebt werden und auch bei grober Beanspruchung nahezu unzerstörbar sind. Heute findet man sie bevorzugt in öffentlichen Gebäuden wie Schulen, Kliniken und Behörden, wo man ihre Vorteile zu schätzen weiß. Im Privathaus gibt man heute Bodenbelägen aus Naturstoffen wie Holz und Keramik meist den Vorzug, aber in reinen Nutzräumen wie Küchen, Hauswirtschafts- und Bastelräumen spricht nichts gegen Kunststoff. Denn nimmt man alle Vorteile – Hygiene, Strapazierfähigkeit, Lebensdauer, Preiswürdigkeit, leichte Verarbeitung – zusammen, schneidet die Kunststofffliese gegen andere Bodenbeläge hervorragend ab.

Kunststofffliesen gibt es in vielen Dekors

FLIESEN WÄHLEN

1

Hartschaumplatten
Obwohl Hartschaumplatten keinesfalls die überragenden Dämmeigenschaften aufweisen, die ihnen nachgesagt werden, eignen sie sich doch gut, um z. B. rissige Zimmerdecken zu kaschieren. Außerdem bilden sie, dicht verklebt, zumindest eine Dampfbremse. Es gibt sie mit verschiedenen Oberflächenstrukturen. Polystyrolplatten sind einfach zu verarbeiten. Man trägt mit einer Zahnspachtel Polystyrolkleber auf die Wand auf und drückt die Platten leicht an. Bei Bedarf schneidet man sie mit einem scharfen Klingenmesser zu. Polystyrol darf nur mit lösungsmittelfreien Farben gestrichen werden, am besten mit normaler Dispersions-Wandfarbe.

2

Mineralfaser-Dämmplatten
Ihre Schall- und Wärmedämmeigenschaften sind denen von Polystyrol weit überlegen. Man klebt sie direkt an eine glatte Decke oder verwendet sie vorteilhaft im Rahmen einer abgehängten Deckenkonstruktion.

Spiegelfliesen
Diese Leichtmetallplatten haben meist eine selbstklebende Beschichtung an jeder Ecke. Zum Verlegen zieht man das Schutzpapier ab und drückt die Fliese einfach leicht an den vier Ecken gegen die Oberfläche. Diese muß tragfähig und frei von Schmutz und Fett sein.

Spiegelfliesen werden oft mit einem leichten Silber- oder Bronzeschimmer angeboten. Bei zurückhaltendem Einsatz kann man damit – etwa in Schlafräumen – interessante raumgestalterische Effekte erzielen. Eine gute Spiegelwirkung ergibt sich allerdings nur an absolut planen Wänden.

3

4

Gummifliesen
Entwickelt für den gewerblichen Bereich, zur Ausstattung von Ladengeschäften, Werkstätten und Behörden, sind Gummifliesen auch im Privatbereich dort interessant, wo es um Rutschfestigkeit und Hygiene geht.

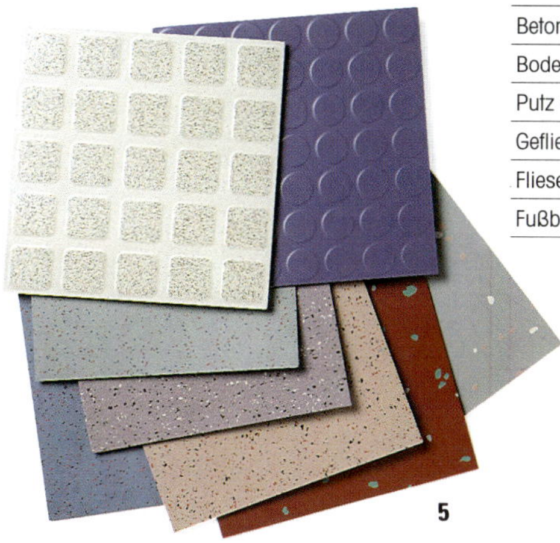

5

Korkfliesen
Kork ist ein beliebter Belag sowohl für Wände als auch für Fußböden, der mit Kontaktkleber sehr einfach zu verlegen ist. Als Bodenbelag empfehlen sich endbehandelte Fliesen von möglichst großer Materialstärke, die zwar teurer, aber weitaus strapazierfähiger und haltbarer sind als unbehandelte Korkfliesen, die beim Verlegen und in Ecken leicht bröseln. Kork gibt es in einer Reihe von Tönen und Mustern. Bedenken Sie bei der Auswahl, daß unbehandelter Kork beim Lackieren oder Wachsen stark nachdunkelt.

6

SIEHE AUCH

unter:

Beton reparieren	27
Boden aufdoppeln	35
Putz vorbereiten	28–29
Geflieste Arbeitsplatten	86
Fliesenarten	85
Fußböden fliesen	87–90

1 Polystyrolplatten
2 Mineralfaserplatten
3 Spiegelfliesen
4 Kunststofffliesen
5 Gummifliesen
6 Korkplatten

WÄNDE ZUM FLIESEN

SIEHE AUCH

unter:

Ausmessen
Die hier beschriebene Meßtechnik läßt sich für keramische wie für Kork-, Spiegel- und Kunststofffliesen anwenden.

Mit dem Maßstab arbeiten
Markieren Sie mit dem Maßstab die Position der einzelnen Fliesen an der Wand.

Ausmessen zum Fliesen
Prüfen Sie mehrere Möglichkeiten für das Fliesenraster.
1 Bringen Sie eine Richtlatte in Höhe Oberkante erste komplette Fliesenreihe unten an.
2 Fällen Sie das Lot in der Wandmitte.
3 Bringen Sie in gleicher Weise eine vertikale Richtlatte an.
4 Beginnen Sie oben …
5 …und unter Fensterausschnitten stets mit ganzen Fliesen.
6 Füllen Sie die Laibung mit geteilten Fliesen.
7 Markieren Sie den Stand der ersten ganzen Fliesenreihe über dem Fenster mit einer Richtlatte.

Welche Art von Fliesen Sie auch immer verlegen wollen – der Untergrund muß sauber, trocken und tragfähig sein. Auf alte Tapeten oder sandende Putze kann nicht gefliest werden. Auch sollte der Untergrund so glatt wie möglich sein, da der Heimwerker fast immer im Dünnbettverfahren arbeiten wird. Entscheidend für das Gelingen ist die saubere Ausarbeitung eines passenden Fliesenrasters.

DAS FLIESENRASTER

Als ersten Schritt fertigen Sie aus einer geraden, ca 1 m langen Holzlatte einen Maßstab, auf dem die Fliesenabstände einschließlich Fugenbreite markiert sind. Damit wird das Fliesenraster erstellt, nach dem die Fliesen verlegt werden. Die Fliesen sind symmetrisch und so über eine Wand zu verteilen, daß Randfliesen über 1/2 Fliesenbreite breit sind.

Markieren Sie jeweils Fliesenbreite plus Fuge.

Messen und Anzeichnen auf geraden Wänden

Prüfen Sie mit einer großen Wasserwaage, ob der Fußboden eben ist. Soll die Wand in voller oder bis zu einer fixen Höhe gefliest werden, markieren Sie die Fliesenabstände von oben nach unten. Die untere Fliesenreihe wird geschnitten. Friese und Sockelfliesen nicht vergessen! Soll nicht zur vollen oder einer fixen Höhe gefliest werden, markieren Sie die Fliesenreihen von unten nach oben bis zur Höhe Ihrer Wahl. Ziehen Sie in Höhe Oberkante letzte Fliesenreihe mit der Wasserwaage – bei großen Wandbreiten mit einer Schlauchwaage – eine waagrechte Linie. Nageln Sie mit Putzhaken eine Richtlatte in Höhe Oberkante erste komplette Fliesenreihe von unten an die Wand **(1)**. Ziehen Sie mit Hilfe des Senkbleis eine lotrechte Linie exakt in der Mitte der Wand **(2)**. Legen Sie mit dem Fliesenmaßstab die Fliesenreihe so fest, daß die Randfliesen breiter als eine halbe Fliesenbreite sind: entweder steht eine Fliese mittig oder eine Fuge über der Lotlinie. Markieren Sie die Fliesenbreiten auf der Richtlatte. Nageln Sie eine weitere Richtlatte auf die Linie der ersten Reihe rechts **(3)**. Beginnen Sie oben stets mit einer kompletten Reihe **(4)**.

Fenster umfliesen

Die Fenstermitte wird Zentrum des waagrechten Fliesenrasters. Beginnen Sie an der Laibungsunterkante mit einer kompletten Reihe **(5)**. Fliesen Sie die Laibung erst mit ganzen, dann mit geteilten Fliesen **(6)**. Messen Sie, und nageln Sie eine Richtlatte in Höhe Unterkante erste Reihe über Fenster **(7)**.

FLIESEN AUSBESSERN

Eine sauber geflieste Fläche hält viele Jahre. Trotzdem wird im Laufe der Zeit die eine oder andere Fliese beschädigt oder die Ausfugung wird schadhaft. Vinyl-, Hartschaum und Korkfliesen können sich lösen oder wellen. Meist muß nicht komplett renoviert werden. Die meisten Probleme lassen sich einfacher lösen.

Fugen auffrischen
Um grau und unansehnlich gewordene Fugen aufzufrischen, muß man nicht unbedingt die ganze Fugenmasse auskratzen. Wenn diese noch fest und rißfrei ist, genügt es, Fugenfarbe aufzutragen. Diese wird nach rund 1 Stunde wieder abgewaschen, und die Fliesenfläche wirkt wie neu. Das Verfahren darf aber nur an glasierten Fliesen angewendet werden.

Gebrochene Fliesen auswechseln
Kratzen Sie rund um die gebrochene Fliese den Fugenmörtel aus. Zertrümmern Sie mit Hammer und Meißel die schadhafte Fliese von deren Mitte aus, und entfernen Sie die Scherben. Vorsicht auf die benachbarten Fliesen! Kratzen Sie den Fliesenkleber bis auf die Wand ab. Streichen Sie die Rückseite der Ersatzfliese mit der Zahnspachtel mit Fliesenkleber ein. Sauber einsetzen und andrücken. Wischen Sie eventuell austretenden Kleber sorgfältig ab. Nach 2 Tagen können Sie neu verfugen.

Kork- oder Kunststoff-Bodenfliesen erneuern
Von der Mitte aus werden solche Fliesen mit einem Stemmeisen herausgeholt. Falls der Kontaktkleber noch gut haftet, erwärmen Sie die Fliese mit dem Bügeleisen, bis der Kleber nachgibt. Kratzen und schleifen Sie Klebstoffreste ab, und passen Sie die neue Fliese ein. Streichen Sie Fliesenrückseite und Untergrund mit Kontaktkleber ein, lassen Sie diesen ablüften, und setzen Sie die neue Fliese ein. Kurzes kräftiges Andrücken ist wichtig für gute Festigkeit.

Deckenplatte austauschen
Versuchen Sie keinesfalls, eine Hartschaumplatte auszuhebeln. Entfernen Sie diese in Stücken von der Mitte aus mit einem scharfen Klingenmesser. Kratzen Sie mit einem Schaber den alten Klebstoff ab. Tragen Sie in der Lücke ein neues Bett Hartschaumkleber auf, und setzen Sie die neue Platte ein.

WÄNDE FLIESEN

Wählen Sie den richtigen Kleber

Fliesen werden heute überwiegend im Dünnbettverfahren verlegt. Hydraulisch erhärtende Dünnbettmörtel sind fertig gemischt und müssen nur noch mit Wasser angerührt werden. Es gibt sie auch als Elastikkleber mit hohem Dispersionsanteil. Sie sind nach dem Trocknen sehr flexibel und wasserfest, so daß man sie zum Kleben und Isolieren verwendet, besonders auf weniger festen Untergründen wie Spanplatten, Gipskarton, Gipsputzen usw. sowie bei Dauernaßbelastung. Gebrauchsfertig gibt es Dispersionskleber, die wegen der langen offenen Zeit für Anfänger besonders geeignet sind.

Fliesen kleben

Ziehen Sie mit der Kelle soviel Fliesenkleber auf, daß ca. 1 m^2 bedeckt ist. Beginnen Sie in der Ecke, die durch die Richtlatten markiert ist, und arbeiten Sie möglichst in ganzen, waagrechten Reihen. Kämmen Sie den Kleber mit einer Zahnspachtel durch **(1)**. Setzen Sie die erste Fliese genau in den rechten Winkel der Richtlatten **(2)**, und drücken Sie sie fest. Legen Sie die folgenden exakt an den Markierungen an, so daß gleichmäßig breite Fugen entstehen. Ggf. durch leichtes Verschieben korrigieren und andrücken. Setzen Sie Abstandskreuze aus Plastik oben in die Fugen der ersten Reihe, und drücken Sie diese tief in den Mörtel. Setzen Sie in dieser Weise Reihe um Reihe. Lassen Sie Problemstellen wie Wasserzuleitungen aus, und fliesen Sie zunächst einen Bereich fertig, ehe Sie Fliesen zuschneiden. Wie das gemacht wird, lesen Sie auf der folgenden Seite. Je nach Geschwindigkeit und offener Zeit des Klebers können Sie 3–4 Reihen in einem Arbeitsgang setzen. Prüfen Sie immer wieder den geraden Sitz mit der Wasserwaage. Nehmen Sie die Richtlatten ab, und setzen Sie die letzten Reihen. Differenzen in den Wandmaßen werden mit der untersten Reihe ausgeglichen. Waschen Sie zuletzt ausgetretenen Kleber von den Fliesen. Mit Dispersionsklebern können Sie auch auf bereits gefliesten Flächen fliesen, wenn Sie erst mit Kleber eine dünne Haftschicht aufspachteln.

Verfugen

Warten Sie mit dem Verfugen 2–3 Tage, bis der Kleber vollständig ausgehärtet ist (bei Dickbett mehrere Wochen!). Wählen Sie eine geeignete Fugenmasse. Es gibt sie für unterschiedliche Fugenbreiten und in einer Reihe von Farben. Rühren Sie die Fugenmasse nach Vorschrift an. Streichen Sie die Masse mit einer Gummispachtel über die geflieste Fläche. Drücken Sie die Masse dabei möglichst fest in die Fugen **(3)**. Waschen Sie die verfugte Fläche mit einem Schwamm und viel klarem Wasser. Wechseln Sie das Wasser häufig. Die Fugenmasse darf dabei nicht aus den Fugen gewischt werden. Waschen Sie, bis die Fugenmasse restlos von den Fliesen entfernt ist. Lassen Sie die Fugenmasse über Nacht trocknen. Polieren Sie die geflieste Fläche zuletzt mit einem weichen Tuch.

Elastische Fugen

Um eine Abdichtung zwischen einer gefliesten Wand und sanitären Installationen wie Waschbecken oder Badewannen herzustellen, sind Fugenmassen mangels Elastizität nicht geeignet. Sie würden reißen und abbröckeln. Das gleiche gilt für Übergänge von Wand- zu Bodenfliesen bei Fußbodenheizung. Zu dem und zu ähnlichen Zwecken verwendet man dauerelastische Dichtmassen aus Silicon oder Polyurethan. Diese werden gebrauchsfertig in Kartuschen angeboten und mit einem einfachen Spritzgerät aufgetragen **(4)**. Schneiden Sie die Spitze der Kartusche so weit ein, daß die Öffnung 3–4 mm breit ist. Legen Sie die Kartusche in das Spritzgerät, und stellen Sie ein Schälchen mit Spülmittel bereit. Spritzen Sie nun vorsichtig eine möglichst gleichmäßige Siliconraupe in die Fuge. Tauchen Sie einen Finger in das Spülmittel, und wischen Sie in einem Zug über die Fuge, um sie glattzustreichen. Das Spülmittel verhindert, daß das Silicon an Ihrem Finger festklebt. Anfänger tun sich leichter, wenn sie die Fugen in ca 2 mm Abstand mit Klebeband abkleben.

1 Kämmen Sie den Kleber mit der Zahnspachtel

2 Setzen Sie die erste Fliese in den Winkel

3 Verteilen Sie Fugenmasse mit Gummispachtel

4 So macht man dauerelastische Fugen

SIEHE AUCH
unter:

Putz vorbereiten	28–29
Keramikfliesen	79

Sonderformen

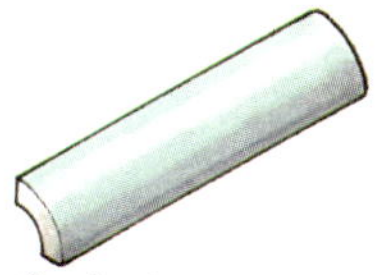

Quadrant
Zum Übergang von der Wand zur Wanne

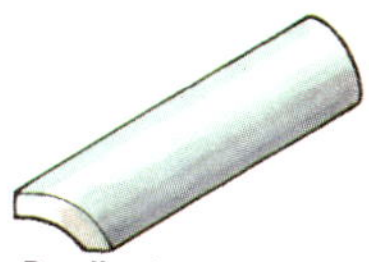

Rundkante
Für runde Wandecken

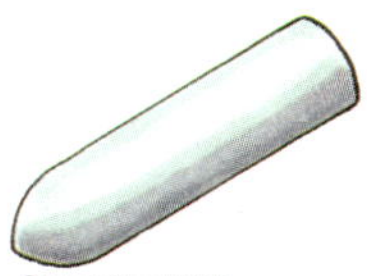

Simsabschluß
Endstück für ein umlaufendes Sims

- **Fliesen um Anschlüsse und Rohre**
  Die Lage von Rohren, Schaltern, Wasseranschlüssen usw. sollte bereits bei der Planung des Fliesenrasters bedacht werden, um komplizierte Schnitte zu vermeiden.

KERAMISCHE FLIESEN SCHNEIDEN

SIEHE AUCH
unter:
Putz vorbereiten 28–29
Keramikfliesen 79

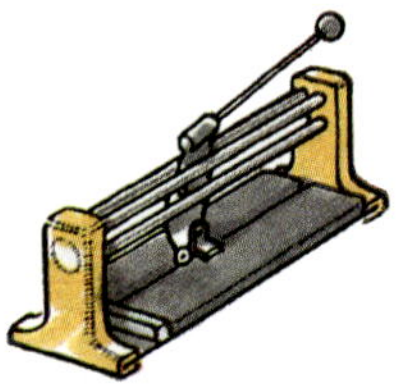

Fliesenschneider
Eine sinnvolle Investition für jeden, der öfter mit Fliesen arbeitet, ist der Fliesenschneider. Dieses Werkzeug ist nicht ganz billig, doch macht sich die Anschaffung dank weniger Bruch beim Schneiden bald bezahlt.

Fliesenbrechzange
Mit diesem einfachen Werkzeug lassen sich mit dem Fliesenschneider angeritzte Fliesen sauber brechen.

Nach dem Verfliesen der großen zusammenhängenden Flächen werden die Fliesen mit kleineren Maßen an den Rändern, an Fenstern, für elektrische und sanitäre Installationen geschnitten. Kurvige Schnitte und Lochschnitte in Fliesen verlangen etwas Übung.

Dünne Streifen schneiden

Feine Streifen kann man mit der Fliesenbrechzange nicht brechen. Wenn Sie den Streifen selbst nicht brauchen, kneifen Sie ihn mit der Beißzange ab. Ansonsten ist der Trennschleifer das geeignete Werkzeug.

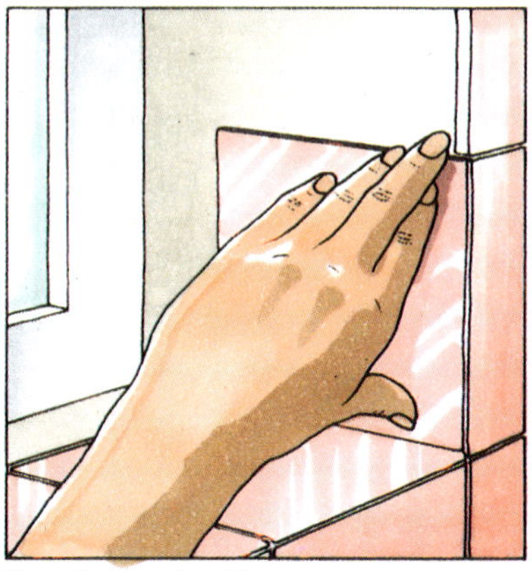

Um ein Fenster fliesen

Sofern Sie keine auch an den Rändern glasierten Normfliesen verwenden, werden die Laibungen mit Randfliesen ausgefliest. Der Abstand zum Fenster wird mit geschnittenen Fliesen gefüllt.

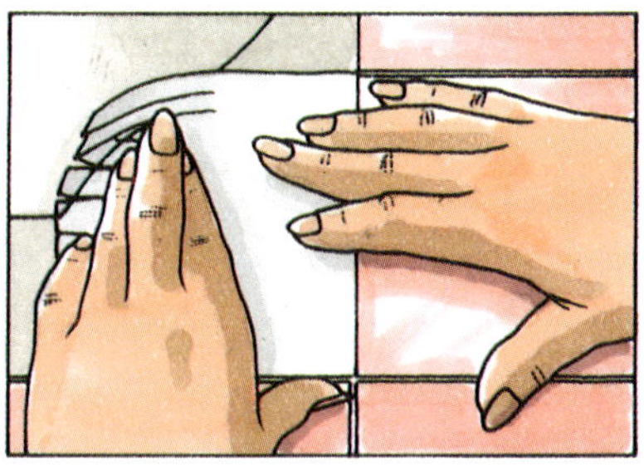

Rundschnitte

Machen Sie sich aus festem Karton eine Schablone in Größe einer Fliese. Schneiden Sie eine Ecke in einzelne »Finger«, drücken Sie diese in die Rundung, und nehmen Sie so deren Maße ab. Übertragen Sie die Maße auf eine Fliese, und sägen Sie den Ausschnitt mit einer Fliesensäge, einer Art Laubsäge mit speziellem Sägeblatt.

Fliese teilen, ausschneiden und zusammenfügen

Wasserrohr umfliesen

Markieren Sie die Mitte des Rohres an zwei Seiten der Fliese, und zeichnen Sie den Schnittpunkt. Messen Sie den Durchmesser, und übertragen Sie das Rohrmaß im Schnittpunkt auf die Fliese. Teilen Sie die Fliese mit Fliesenschneider und Fliesenbrechzange längs durch den Schnittpunkt. »Knabbern« Sie mit der Fliesenlochzange die Rohrausschnitte aus jeder Fliesenhälfte. Fügen Sie die Fliesenhälften um das Rohr wieder zusammen. Wenn der Ausschnitt paßt, wird die Fliese geklebt.

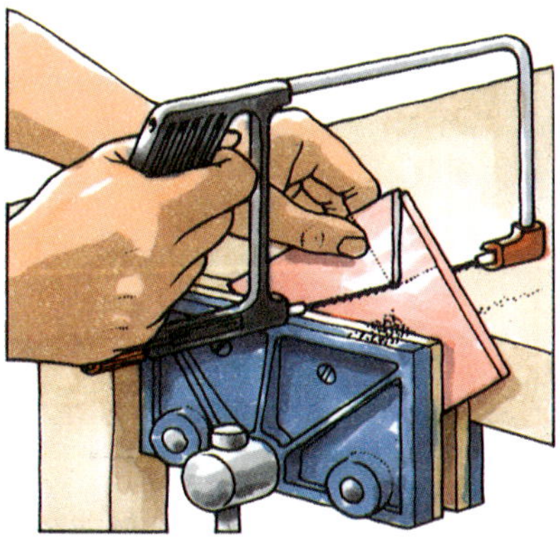

Um Schalter und Steckdosen fliesen

Wenn Sie Schalter oder Steckdosen umfliesen wollen,werden Sie rechteckige Ausschnitte machen müssen. Spannen Sie die Fliese mit weichen Beilagen in einen Schraubstock, machen Sie mit der Fliesensäge einen diagonalen Schnitt quer durch die auszuschneidende Fläche, und brechen Sie die so entstandenen Dreiecke mit der Beißzange ab. Wenn Schalter oder Steckdose in eine Fliese zu stehen kommen, ist es eleganter, mit der Bohrkrone einen Ausschnitt in Größe der Einbaudose zu machen und den Elektroanschluß erst nach Fertigstellung der Fliesenfläche zu montieren.

RANDFLIESEN SCHNEIDEN

Da Wände selten ganz gerade sind und noch seltener fliesengerechte Maße aufweisen, ist es erforderlich, an mindestens einer Wandseite und meist auch am Sockel geteilte Fliesen einzusetzen. Zum Schneiden von Fliesen benötigen Sie Spezialwerkzeuge, die Sie mieten können. Wenn Sie häufig fliesen, lohnt die Anschaffung einer Fliesenschneidemaschine. Die nachstehend geschilderte Methode ist eher ein Notbehelf.

Gerade Schnitte

So praktisch Brechzange und Fliesenschneider auch sein mögen – es geht auch ohne. Zumindest für kleinere Flächen ist die nachfolgend beschriebene Methode ein brauchbarer Behelf. Legen Sie die Randfliese Glasur auf Glasur an die Kante an, und markieren Sie auf der Rückseite und unter Berücksichtigung der Fuge deren Breite **(1)**. Ritzen Sie die Fliese auf der Glasurseite an der markierten Stelle mit Lineal und Glasschneider **(2)**. Basteln Sie eine einfache Brechvorrichtung, indem Sie ein Stück Eisendraht von ca 1 mm Durchmesser quer über einem Stück beschichteter Spanplatte befestigen. Legen Sie die Fliese, Glasur nach oben, so auf die Platte, daß der Draht exakt unter der angeritzten Bruchstelle liegt, brechen Sie durch Druck auf die Fliesenränder **(3)**.

1 Zeichnen Sie die Breite an

2 Schneiden Sie entlang der markierten Linie

3 Brechen Sie mit mäßigem Druck auf die Kanten

SIEHE AUCH
unter:
Putze vorbereiten 28–29
Fliesen 79–81
Messen und anzeichnen 82
Fliesen verfugen 83

Mosaikfliesen

Keramische Mosaikfliesen werden genauso verlegt wie Fliesen normaler Größe, und genauso wird auch die zu fliesende Fläche vermessen und in ein Fliesenraster eingeteilt. Um das Verlegen zu vereinfachen, sind Mosaikfliesen häufig auf ein Netz geklebt, das als Ganzes in den Fliesenkleber gedrückt wird. Andere Fabrikate sind auf der Sichtseite mit Papier kaschiert, das abgezogen wird, nachdem der Kleber abgebunden hat. Verwenden Sie die Maße dieser Gebinde zum Vermessen des Fliesenrasters. Da Sie sowohl papierkaschierte als auch netzkaschierte Mosaikfliesen an jeder beliebigen Stelle schneiden können, ist das Auffüllen von Wandflächen sehr mit diesem Material sehr einfach.
Mosaikfliesen sollten nicht einzeln in das Mörtelbett gedrückt werden, da sie sich bei nicht ganz gleichmäßiger Druckverteilung auf Grund der geringen Fläche sofort schief stellen. Bekleben Sie ein rechteckiges Stück von dickem Sperrholz oder Tischlerplatte einseitig mit kurzfloriger Teppichauslegware. Drücken Sie das Mosaik mit diesem Brett vorsichtig in das Mörtelbett und unterstützen Sie den Druck durch leichte Schläge mit einem Holz- oder Gummihammer. Das Schneiden von Mosaikfliesen ist nur dort nötig sein, wo Schalter und Srteckdosen zu umfliesen sind.

Spiegelfliesen

Ob aus Glas oder aus Leichtmetall: Spiegelfliesen sollten nirgends verlegt werden, wo komplizierte Formen und Einbauten zu häufigem Schneiden zwingen. Sie eignen sich im wesentlichen als dekorative Elemente für gerade und absolut ebene Flächen. Da sie nicht vollflächig verklebt und auch nicht verfugt, sondern lediglich mit Haftecken angeklebt werden, haben sie aus hygienischen Gründen in Küchen und Feuchträumen nichts zu suchen. Zum Verlegen nageln SIe Richtlatten an die Wand, ziehen das Schutzpapier von den Klebeflächen und setzen jede Fliese leicht an. Prüfen Sie den Stand, und drücken Sie die Fliese mit einem weichen Tuch über den Klebeflächen fest. Verlegen Sie Spiegelfliesen ohne Abstand. Wenn Sie Spiegelfliesen aus Glas schneiden müssen, verwenden Sie einen Glasschneider mit Hartmetallrad. Führen SIe unter ziemlich hohem Druck einen geraden Schnitt über die Glasfläche. Legen Sie die Fliese mit der Schauseite nach oben auf eine harte Fläche mit einem ca. 1 mm starken Draht. Placieren Sie den Draht exakt unter der Bruchkante, und brechen Sie die Fliese durch Druck auf die Außenkanten. Brechen Sie die scharfen Kanten durch leichtes Schleifen mit einem geölten Korundstein – ein Verfahren, das sich auch bei Keramikfliesen empfiehlt.

Korkfliesen

Kork ist wie Holz ein natürlicher Werkstoff. Deshalb sollte man ihm Zeit geben, sich vor dem Verlegen in dem Raum, in dem er verlegt werden soll, zu akklimatisieren. Dazu müssen die Platten aus der Verpackung genommen werden. Wenn man sie ausbreitet, verliert sich auch der typische Geruch.
Korkfliesen werden ohne Fugen auf eine ebene Fläche verlegt. Dazu wird wie bei allen Fliesenarten eine waagrechte Richtlatte an die Wand genagelt. Eine senkrechte Latte ist für diese großen Platten nicht notwendig. Lediglich in der Mitte der Wand wird ein lotrechter Strich gezogen, und schon kann man mit der Verlegung nach beiden Seiten beginnen. Als Kleber verwendet man entweder einen lösungsmittelfreien, wiederlösbaren Teppichkleber – diese Kleber lassen sich leicht sofort wieder von Oberflächen mit Schwamm und Wasser entfernen – oder einen Kontaktkleber, der dafür die höhere Klebkraft aufweist.Der Haftkleber wird mit einer feinen Zahnspachtel auf die Wand aufgetragen, die Fliesen ohne Abstand ausgerichtet und mit dem Handballen angedrückt. Die Randfliesen werden mit einem scharfen Klingenmesser zugeschnitten – bitte präzise arbeiten! Falls die Korkfliesen nicht endbehandelt sind, wird die Fläche nach 24 Stunden mit Klarlack gestrichen.

Rundungen fliesen

In älteren Häusern finden sich oft Rundungen. Korkfliesen brechen beim Biegen. Wenn man rückseitig eine Reihe paralleler Einschnitte sägt, lassen sie sich um recht enge Radien biegen.

Mosaikfliesen verlegen
Drücken Sie mit einem teppichbezogenen Brett.

Spiegelfliesen kleben
Richten Sie die Fliese vor dem Andrücken aus.

Korkfliesen biegen
Bringen Sie mit der Feinsäge auf der Rückseite der Korkfliese eine Reihe paralleler Einschnitte an. Dann versuchen Sie die Fliese vorsichtig zu biegen. Sie wird sich jetzt um erstaunlich enge Radien kleben lassen, ohne zu brechen. Üben Sie aber zunächst an einer verschnittenen oder übrigen Fliese.

KLINKER-RIEMCHEN

SIEHE AUCH
unter:

Ziegel ausfugen 23
Ziegelfliesen 80
Mauerwerksverbände 314

Kleber auftragen
Auf Fliesenrücken Kleber mit einer Zahnspachtel auftragen.

Eckfliesen
Mit drei Eckfliesen an einer Ecke beginnen.

Klinkerriemchen sehen wie echtes Sichtmauerwerk aus, wenn man sie im exakten Verbund klebt und mit Mörtel verfugt. Als Einfassung für offene Kamine eine dekorative und haltbare Lösung. Zum Verfliesen von ganzen Wänden oder gar im Außenbereich sollte man das Material nur verwenden, wo Sichtmauerwerk eine landschaftlich gebräuchliche Bauweise darstellt, also z. B. in einigen Gegenden Norddeutschlands. Im übrigen sorgt schon der Markt dafür, daß sich diese Form der Wanddekoration nicht allzu weit verbreitet: Klinkerriemchen in geeigneten Formaten werden im Süden Deutschlands kaum angeboten.

Wand vermessen

Klinkerriemchen werden grundsätzlich in der gleichen Weise verlegt wie andere Fliesen. Der entscheidende Unterschied besteht darin, daß die Riemchen – genau wie richtiges Mauerwerk – im Verband verlegt werden, also Schicht für Schicht gegeneinander versetzt. Am dekorativsten wirkt der einfache Läuferverband, bei dem die Riemchen jeweils mittig über die darunterliegende Fuge gesetzt werden. Eine Reihe senkrechtstehender Fliesen über der Fensterlaibung imitiert einen gemauerten Fenstersturz. Arbeiten Sie auch beim Verlegen von Riemchen mit einer horizontalen und einer vertikalen Richtlatte. Klinkerriemchen sollte man nicht längs schneiden. Berechnen Sie die Maße so, daß Sie mit einer ganzen Breite beginnen und mit einer solchen unter der Decke auftreffen. Gleichen Sie mit den Fugenbreiten – mindestens 10 mm – aus.

Riemchen kleben

Klinkerriemchen können im Mörtelbett verlegt werden. Diese Verarbeitungsweise kommt dem Sichtmauerwerk am nächsten und erspart das Verfugen, setzt aber einige Erfahrung voraus. Leichter geht es mit einem Fliesenkleber, bevorzugt einem Zweikomponenten-Reaktionsharzklebstoff, der mit seiner hohen Klebkraft geeignet ist, auch die relativ schweren Riemchen sicher zu halten. Es gibt eine Reihe von geeigneten Mischungen. Lassen Sie sich von Ihrem Fachhändler beraten, und wählen Sie ein Fabrikat, das im Aussehen dem Zementmörtel am ähnlichsten ist. Wenn die zu fliesenden Flächen Außenecken aufweisen und für das gewählte keramische Material entsprechende Eckfliesen lieferbar sind, sollten Sie damit beginnen. Nehmen Sie als Abstandhalter Stücke passender Holzleisten oder, ganz einfach, abgebrochene Stückchen einer Hartschaumplatte. Man beginnt mit dem Ausfüllen der Restfläche am Sockel. Jede dritte Fliesenlage wird mit der Wasserwaage überprüft. Falls Kleber auf die Oberfläche gelangt, muß er sofort mit Wasser und Bürste entfernt werden.

Klinkerriemchen
1 Bringen Sie horizontal und vertikal Richtlatten an.
2 Verwenden Sie vorgefertigte Eckfliesen, soweit erhältlich.
3 Bringen Sie eine Läuferschicht am Fenstersturz an.
4 Gleichen Sie baubedingte Maßdifferenzen nicht an der Sockelschicht, sondern durch die Fugenbreiten aus.
5 Falls Sie einen Kamin fliesen, dürfen Sie Lüftungsöffnungen nicht verschließen.
6 Halten Sie den vertikalen Fugenverlauf ein.

NATURSTEIN

Platten aus Naturstein werden in der gleichen Weise verlegt wie solche aus Backstein. Bei kostbarem Marmor, wie er gelegentlich für exklusive Badezimmerausstattungen verwendet wird, sind die Materialkosten so hoch, daß sich das Verlegen im Do-it-yourself-Verfahren kaum lohnt. Überlassen Sie die Verarbeitung solcher Materialien dem Fachmann.
Wenn Sie unregelmäßige Natursteinplatten an der Wand verlegen wollen, sollten Sie zuerst mit Verlegemustern experimentieren. Legen Sie die Platten in verschiedenen Variationen am Boden aus, und zeichnen Sie die auf, die Ihnen am besten zusagt. Kleben Sie die Platten in dieser Anordnung an die Wand.

GEFLIESTE ARBEITSPLATTEN

Geflieste Arbeitsplatten sind hinsichtlich Hygiene und Haltbarkeit unübertroffen und auch an Schönheit jeder Kunststoffplatte überlegen. Die beste Wirkung ergibt sich, wenn Sie das Fliesendekor der Wand über die Arbeitsfläche fortsetzen. Verwenden Sie nur glasierte Fliesen.
Als Unterlage zum Fliesen eignet sich eine wasserfest verleimte Spanplatte von mindestens 30 mm Stärke – oder Ihre alte Arbeitsplatte, sofern sie keine abgerundeten Vorderkanten hat.
Bringen Sie zunächst alle erforderlichen Ausschnitte für Herd, Spüle, Lüftungsgitter usw. an, und montieren Sie die Platte in ihrer endgültigen Position vor der bereits fertig gefliesten Wand. Wenn Sie die Platte nicht mit Fliesen, sondern mit einem Holzaufleimer abschließen wollen, müssen Sie diesen jetzt montieren. Verwenden Sie in jedem Fall einen Elastikkleber. Wenn auf der Platte mit aggressiven Stoffen gearbeitet werden soll – etwa in Werkstätten oder Labors –, verwenden Sie einen Epoxidharzkleber. Spachteln Sie die Platte einschließlich der Schnittkanten dünn mit Kleber ein. Nach dem Trocknen ziehen Sie mit der Zahnspachtel Kleber auf und verlegen die Fliesen. Schneiden Sie die hintere Fliesenreihe so, daß 5–7 mm Trennfuge zur Wand bleiben. Verfugen Sie mit einem wasser- und chemikalienfesten Fliesenkleber. Weiße oder bunte Fugenmasse würde rasch unansehnlich. Legen Sie zwischen Platte und Wand eine elastische Trennfuge.

VERMESSEN FÜR WEICHE BODENFLIESEN

SIEHE AUCH
unter:
Beton reparieren 27
Boden aufdoppeln 35
Boden fliesen 80–81

Kunststoff-, Gummi-, Kork- und Teppichfliesen sind ziemlich groß, so daß sie sich auch in größeren Räumen schnell verlegen lassen. Viele Kunststoff-, aber auch manche Teppichfliesen sind selbstklebend, was das Verlegen weiter vereinfacht. Teppichfliesen mit steifem Rücken lassen sich sogar lose verlegen und somit jederzeit auswechseln.

Fußboden ausmessen

Man kann diese Fliesen sowohl auf einer Estrichfläche als auch auf Fliesen-, Holz-, oder Spanplattenböden verlegen. Der Untergrund muß in jedem Fall eben, trocken und fettfrei sein.
Die Verlegung erfolgt generell nach dem gleichem Prinzip: Messen Sie die Mitte von zwei gegenüberliegenden Wänden, und ziehen Sie zwischen diesen eine Linie, am besten mit einer Kreideschnur, die Sie von Ansatzpunkt zu Ansatzpunkt spannen und auf den Boden schnappen lassen **(1)**. Jetzt ermittelt man durch Auflegen von losen Fliesen die richtige Randbreite (siehe Grafik links unten) und legt die Mittellinie fest. Einen 90°-Winkel zur Mittellinie konstruiert man mit einem Schnurzirkel, wie unten abgebildet **(2, 3)**. Aus den Schnittpunkten der Bögen ergeben sich die Koordinaten der Querlinie **(4)**, die jetzt markiert wird.
Um die Randfliesen auszumitteln, werden nun wiederum Fliesen lose an diese zweite Linie angelegt. An der so ermittelten Randlinie für die erste Fliese fixiert man eine Richtlatte.
In einem verwinkelten Raum berücksichtigt man die Achsen von Türöffnungen oder Fenstern für die Festlegung der Ausgangslinien (unten rechts).

Ausmessen
Das rechtwinklige Linienkreuz stellt sicher, daß die Fliesen im rechten Winkel verlegt werden.

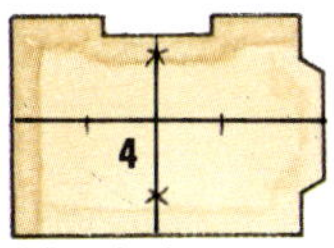

4 Das fertige Linienkreuz

AUSMESSEN FÜR DIAGONALES VERLEGEN VON BODENFLIESEN

Diagonal verlegte Fliesen wirken optisch besonders reizvoll, insbesondere wenn man Fliesen mit verschiedenen Farben kombiniert. Bei sauberer Einteilung aus der Mitte des Raumen heraus ist das Verlegen nicht schwieriger als in parallelen Linien zu den Wänden. Ziehen Sie zwischen gegenüberliegenden Wänden jeweils eine exakt mittige Linie und prüfen Sie das so entstandene Kreuz auf Rechtwinkeligkeit. Ziehen Sie vom Schnittpunkt dieser Linien aus in zwei gegenüberliegende Richtungen eine diagonale Linie im 45°-Winkel – also nicht in die Zimmerecken! Befestigen Sie entlang dieser Diagonale eine Richtlatte, an der Sie die erste Fliesenreihe ausrichten.

Diagonal vermessen
Richtlatte im 45°-Winkel befestigen.

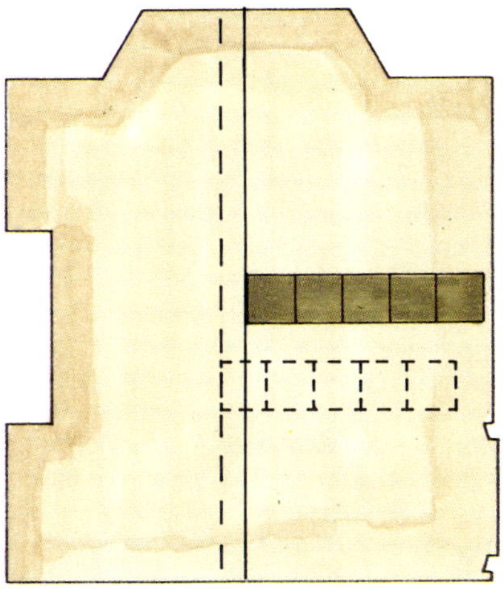

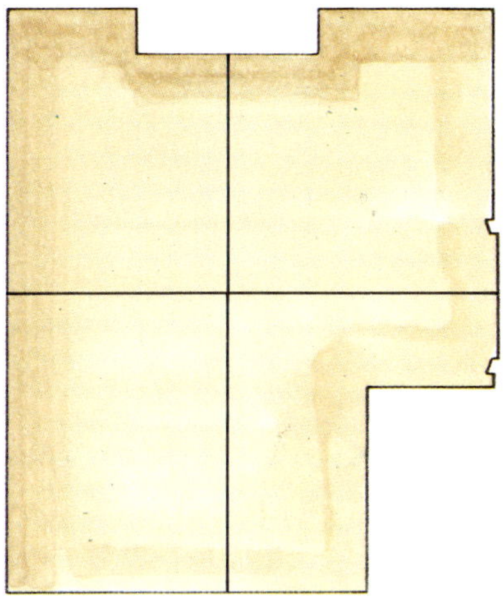

Randbereiche ausmitteln (links)
Mit lose ausgelegten Fliesen prüft man, ob die Mittellinie um eine halbe Fliesenbreite verschoben oder belassen wird.

Verwinkelte Räume einteilen (rechts)
In einem verwinkelten Raum nimmt man die Symmetrieachsen z.B. von Fenster und Tür auf.

KUNSTSTOFF-FLIESEN VERLEGEN

SIEHE AUCH
unter:

Beton reparieren	27
Boden aufdoppeln	35
Kunststofffliesen	80

Selbstklebende Kunststofffliesen können besonders schnell und einfach verlegt werden. Dank ihrer Unempfindlichkeit eignen sie sich besonders gut für Nutzräume wie Bastelkeller und Hauswirtschaftsräume. Beachten Sie bei der Verarbeitung die Herstellerhinweise.

Selbstklebende Fliesen befestigen

Lagern Sie die Fliesen mindestens 24 Stunden vor dem Verlegen in dem dafür bestimmten Raum, damit sie sich in Temperatur und Feuchtigkeit dem Raumklima anpassen können.
Auch wenn die Fliesen kein erkennbares Muster haben, ist die Richtung meistens rückseitig mit Pfeilen markiert. Die Ausrichtung bei der Verlegung erfolgt stets schachbrettartig. Ziehen Sie die Folie von der selbstklebenden Rückseite ab **(1)**. Legen Sie die Fliese mit der einen Kante an die Richtlatte, mit der anderen an die Quermarkierung an. Drücken Sie die Fliese fest **(2)**. Die nächste Fliese auf der anderen Seite der Linie befestigen **(3)**. Pyramidenförmig **(4)** weiterarbeiten, bis eine Raumhälfte ausgelegt ist. Jetzt wird die Latte entfernt und die andere Hälfte ebenso ausgelegt.

1 Ziehen Sie das Schutzpapier ab

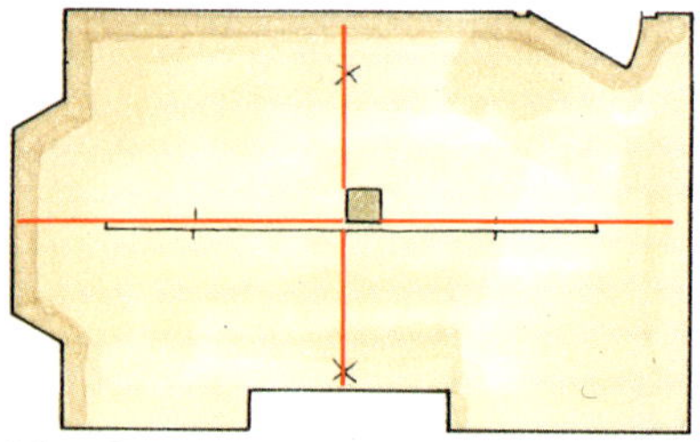

2 Erste Fliese an Richtlatte und Markierung legen

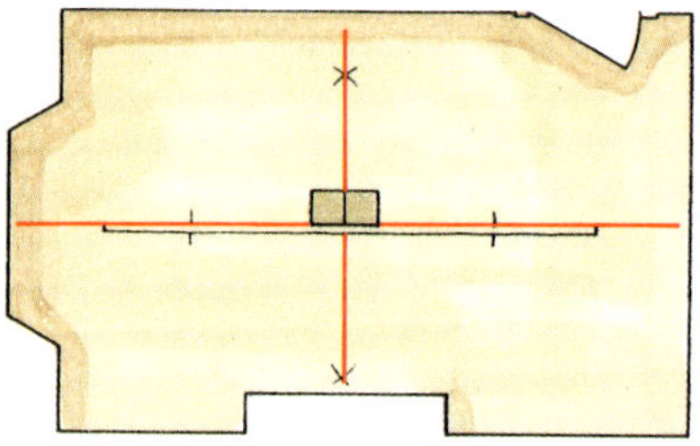

3 Zweite Fliese auf andere Seite der Markierung

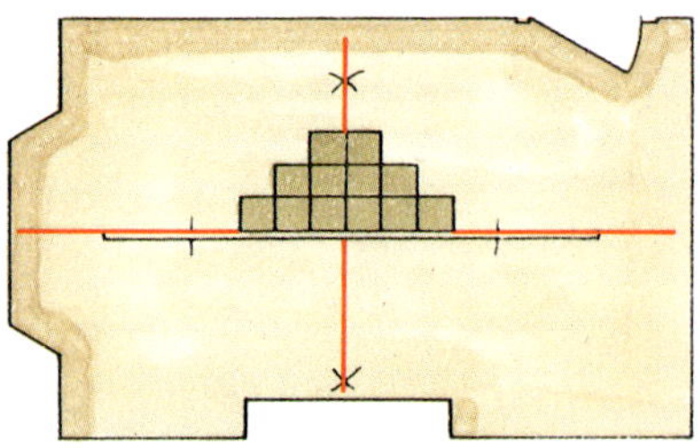

4 Pyramidenförmig weiterarbeiten

VC-FLIESEN KLEBEN

Etwas Kleber auf den Boden gießen und mit einer feinen Zahnspachtel gleichmäßig verteilen. Anfangs nur für zwei oder drei Fliesen einstreichen. Überquellenden Kleber sofort mit Wasser entfernen.

Mit Zahnspachtel Kleberbett legen

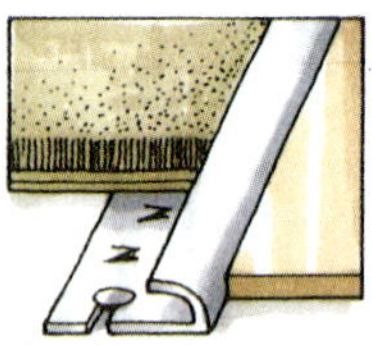

Abschlußleiste

Fertigstellen

Nach dem Verlegen wischen Sie den Boden mit einem feuchten Tuch, um Schmutz und Arbeitsspuren zu beseitigen. Tragen Sie nach Belieben ein vom Hersteller empfohlenes Pflegemittel auf, das den Boden schützt und rutschfest macht. Sichern Sie die Übergänge zu anderen Bodenbelägen mit geeigneten Leichtmetallschienen. Stößt der Kunststoffboden an einen Teppichboden, sichern Sie den Stoß mit einer Teppichschiene, erhältlich im Fachhandel.

FLIESEN AUSSCHNEIDEN

Randfliesen beschneiden
Zimmerecken sind selten genau rechtwinklig, und die Fliesen müssen exakt an die Fußleisten angepaßt werden. Eine Randfliese schneidet man zu, indem man eine Fliese umgekehrt auf die letzte ganze verlegte Fliese legt. Nun wird eine weitere an die Scheuerleiste an- und auf den Stapel gelegt. Die Kante der oberen Fliese markieren und entlang der Linie schneiden.

Unregelmäßige Form zuschneiden
Für Rundungen und Kurven fertigt man für jede Fliese eine Schablone gleichen Formats und schneidet diese fingerartig ein. Das Formenprofil läßt sich nun mit dem Fingernagel auf die »Finger« übertragen. Die »Schablonenfinger« an den Falzen abschneiden und das Schnittmuster übertragen.

Um Rohrleitungen verlegen
Zeichnen Sie mit Hilfe eines Winkels die Position der Leitung auf der Fliese an. Ziehen Sie an den Außenrändern des Leitungsausschnitts parallele Linien zur wandseitigen Kante. Mit dem Locheisen stanzen Sie den Ausschnitt und schneiden zwischen den Parallelen auf.

WEICHE BODENFLIESEN VERLEGEN

Teppichfliesen

Man unterscheidet selbstklebende und selbstliegende Fliesen. Beide werden wie Kunststofffliesen verlegt, letztere jedoch nicht verklebt. Die Einteilung des Bodens erfolgt in gleicher Weise, die am Boden befestigte Richtlatte ist nicht unbedingt erforderlich. Die Teppichfliesen werden einfach Kante an Kante entlang der Linie zu einer Reihe gelegt. Teppichfliesen haben eine Florrichtung, die auf der Rückseite mit Pfeilen markiert ist. Die Ausrichtung muß beim Verlegen systematisch erfolgen, üblicherweise im Schachbrettmuster.
Auch bei selbstliegenden Teppichfliesen mit ihrer starken, rutschfesten Unterseite sollte jede dritte Fliesenreihe zusätzlich mit einem doppelseitigen Teppichklebeband gesichert werden. Teppichfliesen werden wie PVC-Fliesen angepaßt und zugeschnitten. Auch die letzten Fliesen an Scheuerleisten, an Türschwellen, alle Übergänge zu anderen Bodenbelägen werden mit Teppichband gesichert.

Laufrichtung beachten
Diese ist üblicherweise an der Unterseite durch Pfeile gekennzeichnet.

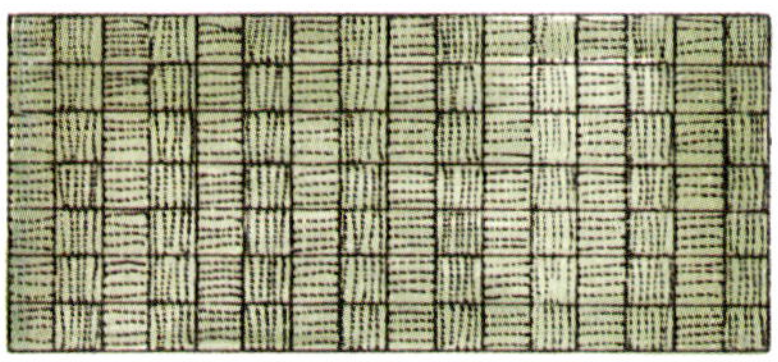

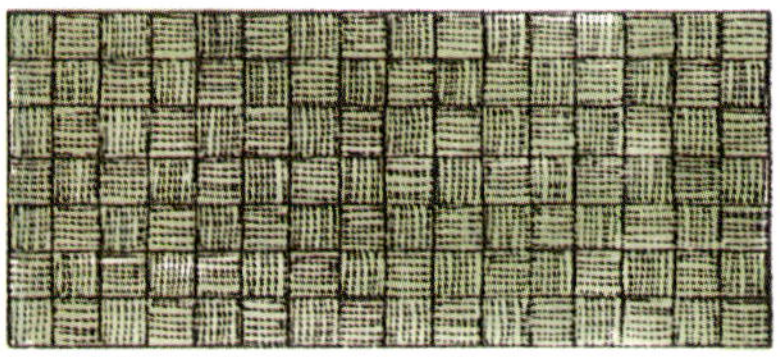

Laufrichtung für dekorative Effekte nutzen
Zwei typische Verlegeschemata für Teppichfliesen.

Korkfliesen

Die Verlegetechnik von Kunststofffliesen wird auch für Korkfliesen angewendet. Wichtig ist die Verwendung eines wieder ablösbaren Klebers, der Korrekturen beim Verlegen zuläßt. Die Kantenschlüsse müssen sauber auf ein Niveau gebracht werden, indem man die Fläche mit einem Holzklotz plant. Unbehandelte, nicht versiegelte Fliesen werden geschliffen, entstaubt und dreimal mit Klarlack versiegelt.

Korkfliesen verlegen
Glätten Sie die Stöße mit einem Holzklotz.

Gummifliesen

Auch hier die gleiche Verlegetechnik anwenden, jedoch die Fliesen mit Latexkleber verkleben.

Gummifliesen verlegen
Große Gummifliesen legen Sie mit einer Kante an die Nachbarfliese an, bevor Sie sie ins Kleberbett drücken.

TIPS UND TRICKS FÜR WEICHE FLIESEN

Sockelverkleidung

Die Sockel von Schränken in Küche, Bad und WC erhalten einen schönen und praktischen Abschluß, indem der Bodenbelag 5 bis 8 cm über den Sockel gezogen wird. Ecke mit Teppichklebeband **(1)** auslegen oder eine Hohlkehlleiste für einen abgerundeten Übergang einlegen. Die Bodenreinigung ist mit einem derartigen Bodenabschluß viel einfacher **(2)**.

1 Teppichband einlegen

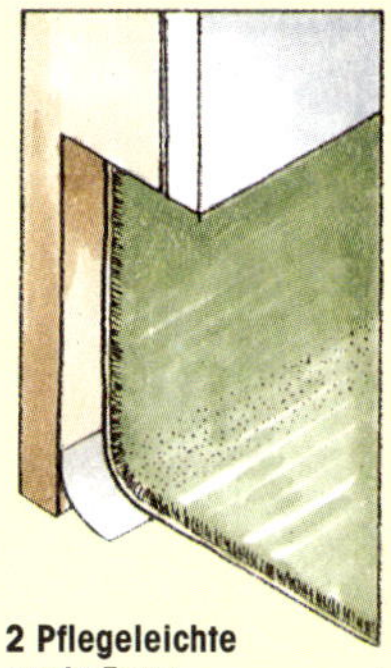

2 Pflegeleichte runde Form

Löcher für Rohre schneiden

Mit den meisten weichen Bodenfliesen kann man Rohre auf einfache Weise umfassen. Wer mehr tun möchte, kann zusätzlich Rosetten kaufen, die auf die Rohre gesteckt werden.
Gelocht wird nach dem Anzeichnen der Rohrposition mit einem Stück Rohr gleichen Durchmessers, dessen Wandung man an einem Ende geschärft hat. Man legt die markierte Stelle auf ein Stück Holz, setzt das Rohr auf die Markierung und stanzt das Loch mit einem kräftigen Hammerschlag. Vom Fliesenrand zum Loch aufschneiden.

Löcher mit angeschliffenem Rohrstück stanzen

SIEHE AUCH
unter:

- **Rohrleitungen**
  In Feuchträumen können die Anschlüsse von Rohrleitungen an Lochungen in Fliesen mit Silikonkautschuk wasserdicht versiegelt werden.

FUSSBODEN
FLIESEN

SIEHE AUCH
unter:

Boden aufdoppeln	35
Fliesen verfugen	83
Randfliesen	84
Fliesen schneiden	84

- **Latten auf Beton**
  Latten können auf Beton mit gehärteten Stahlstiften angenagelt werden.

- **Verfugen**
  Bodenfliesen werden in der gleichen Weise verfugt wie Wandfliesen. Wegen der breiteren Fugen verwendet man aber kein Fugenweiß oder eine andere farbige Fugenmasse, sondern einen Fugenmörtel auf Zementbasis für breite Fugen. Dieser dunkelgraue Mörtel ist auch weniger schmutzempfindlich als farbige Fugenmassen.

Keramische Bodenfliesen sind der wohl dauerhafteste und pflegeleichteste Bodenbelag schlechthin. Darüber hinaus bieten sie eine Fülle von Möglichkeiten für eine attraktive und individuelle Raumgestaltung. Bodenfliesen sind meist dicker als Wandfliesen. Sie zu schneiden, zu lochen und zu brechen erfordert daher einiges Geschick.

Vorbereitung

Man kann Bodenfliesen nicht leichtfertig auf einen ausgedienten Dielenboden verlegen. Der Untergrund muß vielmehr eben, tragfähig und schwingungsfrei sein. Ein gut ausgetrockneter Estrich, wie ihn die meisten neueren Wohnbauten aufweisen, ist der ideale Untergrund. Aber auch Altbaubewohner müssen auf den Luxus gefliester Böden nicht verzichten. Eine fest mit dem alten Boden verschraubte Schicht dicker, wasserfester Spanplatten sorgt für ausreichende Stabilität.
Die Bodenfläche wird wie für weiche Bodenfliesen ausgemessen und Bauungenauigkeiten in den Randbereichen ausgeglichen. Befestigen Sie dazu als Anschlag zwei Latten entlang dem Kantenverlauf der äußersten ganzen Fliesenreihen am Boden. Beginnen Sie in der türfernsten Ecke. Die Latten müssen exakt rechtwinklig zueinander liegen.

Fliesen verlegen

Wenn Sie Bodenfliesen in einem Neubau verlegen, müssen Sie entsprechende Wartezeiten beachten. Diese betragen bei Beton 6 Monate, bei Zementestrich 3–4 Wochen.
Bei der Verwendung moderner Fliesenkleber ist das früher bevorzugte, recht aufwendige Verlegen im Mörtelbett nicht mehr erforderlich. Verwenden Sie einen geeigneten Fliesenkleber entsprechend der voraussichtlichen Beanspruchung. Lassen Sie sich von Ihrem Fachhändler beraten. Arbeiten Sie in Abschnitten. Wählen Sie die zu bearbeitende Fläche nur so groß, daß sie bequem im Knien bearbeitet werden kann, und markieren Sie die jeweiligen Abschnitte mit der Kreideschnur. Beginnen Sie in dem durch die Anschlaglatten gebildeten rechten Winkel. Tragen Sie mit der Glättkelle eine nicht zu dicke Kleberschicht auf den Boden auf, und verteilen Sie den Kleber mit der Zahnspachtel. Die geeignete Zähnung entnehmen Sie der Herstelleranweisung. Legen Sie die Fliesen, im Winkel beginnend, in genau gleichen Abständen auf. Verwenden Sie bei Bedarf Abstandskreuze aus Kunststoff. Klopfen Sie jede Fliese mit dem Gummihammer fest (bitte mit Gefühl!). Bearbeiten Sie Abschnitt um Abschnitt, bis Sie den Ausgang erreichen. Prüfen Sie dabei wiederholt mit der gespannten Gummischnur, ob die Fliesenreihen exakt ausgerichtet sind. Entfernen Sie die Anschlaglatten und füllen Sie die Randzonen mit passend zugeschnittenen Fliesenstücken.
Dicke Bodenfliesen lassen sich nicht so leicht teilen wie Wandfliesen. Verwenden Sie zum Schneiden bei Bedarf eine Fliesensäge oder Winkelschleifer und Trennscheibe. Praktisch auch die abgebildete selbstgebaute Fliesenbrechvorrichtung.

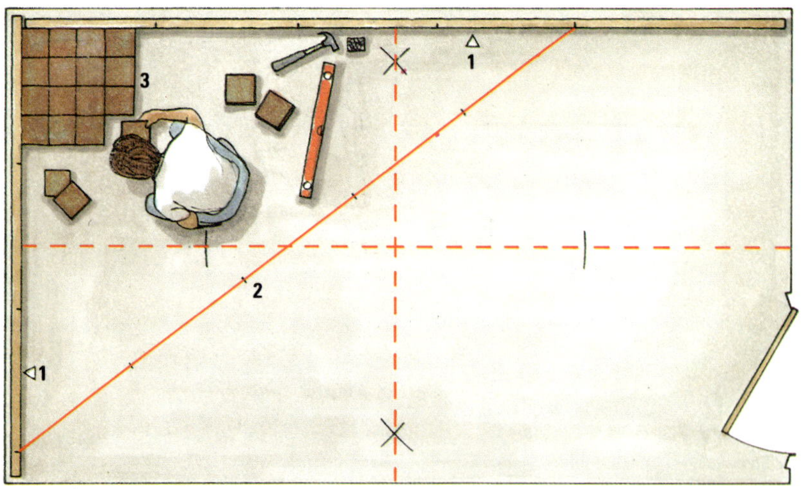

Flächeneinteilung für Bodenfliesen
Die Einteilung der Fliesenfläche erfolgt wie für weiche Fliesen.
1 Die vom Eingang entfernteste Ecke mit aufgenagelten Latten einfassen.
2 Die Latten rechtwinklig ausrichten, Diagonale messen.
3 Rechtwinkligkeit prüfen, indem man 16 Fliesen ohne Kleber provisorisch auslegt.

MOSAIKBODEN FLIESEN

Mosaikfliesen werden zumeist in konfektionierten Größen auf Trägermatten aufgeklebt angeboten. Das Ausmessen der Fläche erfolgt wie bei Keramikbodenfliesen. Die Fliesenmatten werden mit richtigem Fugenabstand in das Kleberbett eingelegt. Mit einem ebenen Holzbrettchen und leichten Gummihammerschlägen wird die Fläche geplant. Falls das Mosaik auf einem Papierträger aufgeklebt war, kann dieser nach 24 Stunden mit warmem Wasser entfernt werden. Danach wird die Fläche in der üblichen Weise verfugt. Für das Verlegen um Säulen und Vorsprünge schneidet man zwischen den Mosaikstücken **(1)**. An stark beanspruchten Stellen, wie z. B. Stufenkanten, verlegt man besondere Stufenfliesen an den Trittkanten **(2)**. Bei geschmackvoller Farbzusammenstellung läßt sich auf diese Weise ein interessanter Kontrast herstellen.

1 Schneiden Sie stets ganze Mosaikteile aus

2 An Stufenkanten ganze Platten verlegen

Selbstgebaute Brechvorrichtung
Zwei dicke Hartholzbretter im Abstand der Fliesenstärke nebeneinander auf Lattenstücke geschraubt – fertig. Fliesen ritzen und zwischen den Brettern brechen. Augenschutz tragen!

VERLEGEN VON STEINZEUGFLIESEN

SIEHE AUCH

Steinzeugfliesen sind der beste Belag für Böden, die starken Belastungen ausgesetzt sind. Dieses Material ist aber sehr dick, und ein gerader Schnitt ist nicht leicht auszuführen. Deshalb setzt man Steinzeugfliesen bevorzugt dort ein, wo ein umfangreicher Zuschnitt entfällt. Steinzeug darf keinesfalls auf instabile Untergründe verlegt werden. Holzböden werden durch wasserfeste Spanplatten von mindestens 22 mm Stärke ersetzt. Ausreichend gegen Feuchte abgedichteter Betonuntergrund bereitet keine Probleme. Bei nicht ganz ebenem Untergrund kann durch das Mörtelbett in Grenzen ausgeglichen werden.

Ausmessen

Hobeln Sie drei Latten auf doppelte Fliesenstärke, und befestigen Sie diese als Anschlag exakt im rechten Winkel in einer Zimmerecke – am besten mit Dübeln und Schrauben. Die Latten werden zueinander in Waage gebracht, eventuell mit kleinen Materialstücken ausgleichen. Auf jeder Latte wird zur Arbeitskontrolle das Fliesenmaß plus 3 mm Fugenmaß aufgezeichnet. Jetzt werden 16 Fliesen quadratisch ausgelegt und hieran eine dritte Latte parallel zu einer der anderen am Boden befestigt. Diese wird, wie bereits die anderen Latten, mit der Wasserwaage ausgerichtet und markiert. Schneiden Sie eine Streichlatte in Länge des Abstands der Außenkanten der parallelen Führungslatten zu, und sägen Sie an beiden Enden Ecken in Fliesenstärke aus.

Fliesen verlegen

Steinzeugfliesen oder Spaltplatten werden im Mörtelbett verlegt. Mischen Sie den Mörtel – 1 Teil Zement auf 3 Teile Sand – mit soviel Wasser an, daß eine mit der Hand geknetete Form stabil bleibt. Legen Sie die Fliesen vor dem Verlegen einige Zeit in Wasser, damit sie dem Mörtel vor dem Abbinden nicht zuviel Wasser entziehen. Prüfen Sie Ihre Abziehlatte: Sie soll sich zwischen den parallelen Führungslatten leicht und wie auf Schienen führen lassen. Tragen Sie eine Mörtelschicht von etwa Plattenstärke auf die zwischen den Führungsleisten liegende Fläche auf. Ziehen Sie das Mörtelbett mit der Abziehlatte auf gleichmäßige Höhe ab. Bestreuen Sie das Mörtelbett mit etwas Zementpulver, und beginnen Sie an der von drei Latten umschlossenen Seite des Mörtelbetts mit dem Verlegen. Legen Sie das gesamte Feld aus, und achten Sie dabei auf gleichmäßige Abstände. Drücken und klopfen Sie die Fliesen mit Hand und Gummihammer fest, bis sie bündig zur Oberkante der Führungslatten liegen. Wischen Sie Mörtelspuren sofort ab, sonst gibt es Flecken.

Wenn das Feld ausgelegt ist, entfernen Sie die erste Latte und teilen damit das nächste Feld gleicher Größe ab usw. Sobald der Boden begehbar ist, entfernen Sie alle Latten und legen die Randbereiche aus.

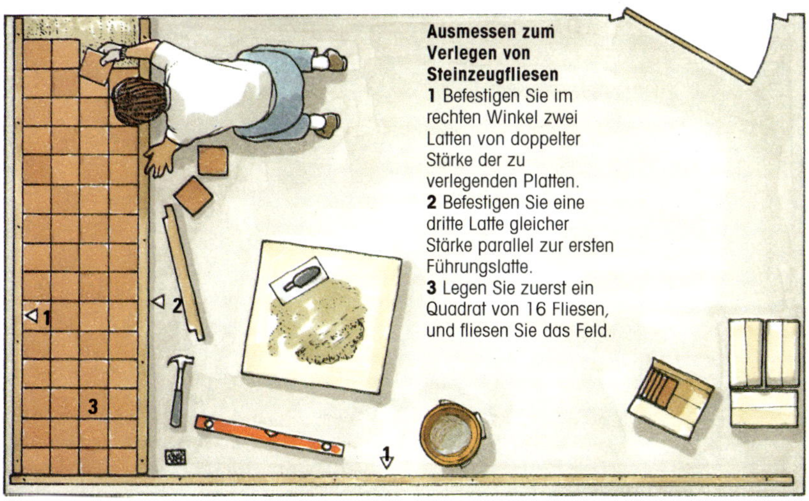

Ausmessen zum Verlegen von Steinzeugfliesen
1 Befestigen Sie im rechten Winkel zwei Latten von doppelter Stärke der zu verlegenden Platten.
2 Befestigen Sie eine dritte Latte gleicher Stärke parallel zur ersten Führungslatte.
3 Legen Sie zuerst ein Quadrat von 16 Fliesen, und fliesen Sie das Feld.

STEINZEUGFLIESEN SCHNEIDEN

Steinzeugfliesen sind so dick, daß man eine solide Fliesenschneidemaschine braucht, um sie zu schneiden. Wenn Sie eine solche kaufen, achten Sie darauf, daß Fliesen bis 18 mm Stärke verarbeitet werden können. Wenn Sie nur gelegentlich fliesen, fragen Sie besser Ihren Fachhändler, ob er Ihnen eine solche Maschine ausleiht. Sie haben dann auch die Gewähr, daß Sie mit einem hochwertigen Gerät arbeiten.

Die Schneidemaschine für dicke Fliesen

Das Mörtelbett
Mit der Abziehlatte, die zwischen den Richtlatten geführt wird, streichen Sie das Mörtelbett glatt.

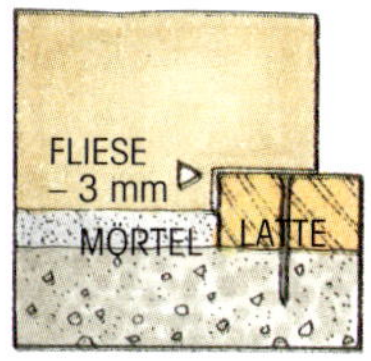

Führung der Richtlatte
Schneiden Sie die Abziehlatte an den Enden so aus, daß ein 3 mm starkes Mörtelbett entsteht.

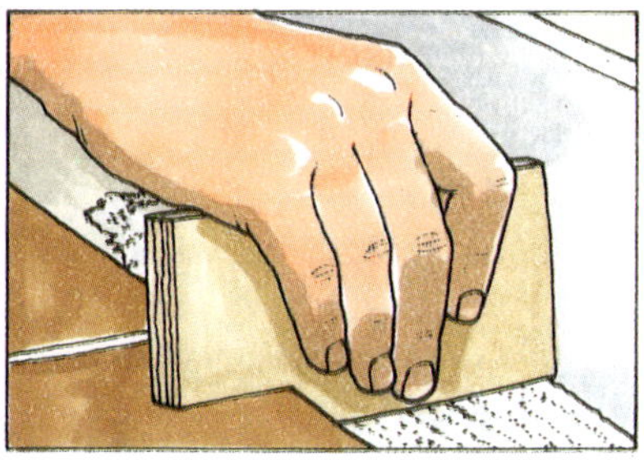

Randfliesen
Schneiden Sie sich aus Sperrholz eine Spachtel zu, die auf einer Seite mit dem gleichen Ausschnitt versehen wird wie die Abziehlatte, und streichen Sie damit das Mörtelbett glatt. Drücken Sie die Randfliesen an, so daß sie bündig mit der Oberfläche abschließen.

- **Finish**
  Nach dem Verfugen waschen Sie die Fläche mit Zementschleierentferner ab. Anschließend werden die Fliesen mit Sägemehl oder einem groben Leinenlappen gründlich abgerieben und zuletzt noch einmal feucht abgewischt.

PARKETT-BÖDEN

SIEHE AUCH

unter:

Parkett ist ein wertvoller Bodenbelag aus Holz, der dank weitgehend vorgefertigter Elemente auch vom Heimwerker problemlos verarbeitet werden kann. Die früher üblichen Massivholzparkette werden heute kaum mehr angeboten. Meist wird eine – je nach Preisklasse – mehr oder weniger dicke Edelholzschicht auf einen Träger aufgeleimt.

Parkettsorten

Fertigparkett verlegen ist nicht schwer und geht schnell. Für den Heimwerker eignen sich jene Sorten am besten, die in größeren Platten geliefert, schwimmend verlegt und auf Nut und Feder miteinander verleimt werden. Die Oberfläche sollte fertig versiegelt sein. Edle Stabparkette aus massivem Edelholz sollten vom Fachmann verlegt werden. Hier fallen die Verlege- gegenüber den Materialkosten weniger ins Gewicht

Schiffsboden

ist ein Parkett, bei dem die Edelholzelemente wie die Planken eines Decks im Läuferverband verlegt sind. Die 8–14mm starken Nut- und-Feder-Paneele werden in verschiedenen Maßen geliefert (z. B. 240 mal 20 cm) Sie werden stets schwimmend auf einer Dämmschicht aus Kunststoff oder Wellpappe verlegt und miteinander verleimt. Je größer die Paneele, desto schneller geht die Arbeit voran. Schiffsboden-Fertigparkette gibt es in einer außerordentlich großen Auswahl an Holzsorten. Besonders beliebt sind neben Eiche und Buche als den klassischen Parketthölzern auch Ahorn, Birke, Kiefer und Esche. Auch Kork-Bodenbeläge werden in Form von Schiffsboden-Paneelen angeboten.

Laminatparkette

sind optisch von Edelholzparketten oft kaum mehr zu unterscheiden – wohl aber in der Strapazierfähigkeit. Selbst jahrelange Mißhandlungen mit Pfennigabsätzen machen diesem harten Material nichts aus.

Riemchenparkett

ist das klassische Fertigparkett der Nachkriegszeit. Dabei werden schmale Edelholz-Kurzstäbe in Würfelform auf Trägerplatten geleimt. Dieses Parkett wird meist mit dem Untergrund verklebt, ist jedoch auch für schwimmende Verlegung erhältlich. Der Arbeitsaufwand ist aber höher als beim Schiffsboden.

UNTERGRUND VORBEREITEN

Zum Verlegen von Fertigparkett muß der Untergrund sauber, trocken und eben sein. Alte Dielenböden sollten mit einer Auflage von Bodenplatten aus Preßspan stabilisiert werden, Unebenheiten im Estrich werden mit Bodenausgleichsmasse egalisiert. Anschließend wird die Dämmschicht – Wellpappe oder Kunststoff – auf Stoß verlegt. Sie verrutscht nicht, wenn man die einzelnen Bahnen mit ein paar Streifen Kreppband zusammenklebt.

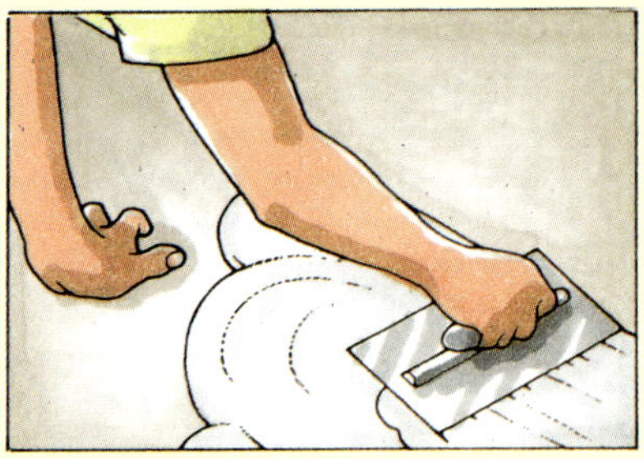

Betonböden vorbereiten
Normalerweise läßt sich Parkett auf einem sauber ausgeführten, gut ausgetrockneten Estrich ohne weiteres verlegen. Unebenheiten müssen mit Bodenausgleichsmasse egalisiert werden, die man mit der Glättkelle leicht verteilt und fließen läßt.

1 2 3

1 Stabparkett
aus massivem Edelholz wird heute wegen der hohen Kosten kaum mehr verarbeitet.

2 Fertigparkett
Eine dünne Schicht Edelholz wird auf querverleimte Trägerplatten aufgeleimt und sehr häufig oberflächenbehandelt.

3 Laminatparkette
Diese laminatbeschichteten Platten sind nahezu unzerstörbar und werden in vielen Dekoren angeboten.

PARKETT UND DIELEN LEGEN

SIEHE AUCH

PARKETTELEMENTE SCHNEIDEN

Kurven schneiden
Fertigparkett läßt sich sehr gut mit der elektrischen Stichsäge schneiden. Fertigen Sie sich von komplizierteren Ausschnitten Schablonen aus kräftiger Pappe, und übertragen Sie die Form auf die Rückseite des Paneels. Damit verhindern Sie ein Ausfransen der Edelholzschicht beim Sägen.

In Türausschnitt einpassen
Vorab eine Warnung: Es bedarf einiger Erfahrung und großer Genauigkeit, um eine durchgehende Parkettfläche über zwei mit einer Tür verbundene Zimmer zu verlegen. Der Heimwerker tut sich leichter, wenn er eine Schwelle einsetzt. Parkett sollte nicht um Türrahmen ausgeschnitten werden. Deshalb muß der Türrahmen unten gekürzt werden. Legen Sie ein Reststück als Abstandhalter unter, und schneiden Sie den Türrahmen mit Fuchsschwanz oder Feinsäge ab.

Heizungsrohre
Schneiden Sie das Parkettelement keilförmig so aus, daß Sie die Feder noch in die Nut schieben können. Anschließend wird der Keil wieder eingeleimt und der Spalt zwischen Parkett und Rohr mit einer Manschette verschlossen.

Türrahmen
Professionelle Bodenleger schneiden den Türrahmen unten ab und schieben das Parkett ein.

Rohrausschnitt
Keilförmigen Ausschnitt anbringen, Parkettelement einleimen, keilförmigen Ausschnitt einleimen.

Fertigparkett verlegen

Beim Verlegen von Schiffsbodenparkett beginnen Sie an einer möglichst geraden, ununterbrochenen Wand. Befestigen Sie eine 1 cm starke Anschlagsleiste, und richten Sie diese mit Keilen absolut gerade aus. Nur wenn die erste Bahn vollkommen gerade ist, ergibt sich eine spaltenfreie Parkettfläche. Bei größeren Bauungenauigkeiten gehen Sie vor, wie auf der untenstehenden Abbildung gezeigt, und schneiden die Randstücke zuletzt dem Wandverlauf entsprechend zu.
Legen Sie die erste Bahn mit der Feder zum Anschlag. Stecken Sie 1 cm dicke Keile zum Abstand halten zwischen Wand und Paneel. Bestreichen Sie die Feder mit Weißleim, und fügen Sie die Paneele mit leichtem Druck fugenlos zusammen. Beschneiden Sie am Ende der Bahn ein Paneel so, daß wieder ca. 1 cm Abstand zur Wand bleibt. Mit dem Reststück beginnen Sie die nächste Bahn, so daß die Paneele in Längsrichtung versetzt liegen. Um die Längsfugen zu schließen, klopfen Sie die Paneele mit einer Beilage vorsichtig fest, bis sich die Fuge schließt und Leim austritt (sofort mit feuchtem Tuch abwischen!). Verlegen Sie nun Reihe auf Reihe bis zur gegenüberliegenden Wand. Schneiden Sie die letzte Reihe so zu, daß wieder mindestens 1 cm Wandabstand bleibt, leimen Sie die Paneele ein, und pressen Sie sie mit einem abgewinkelten Zugeisen fest.

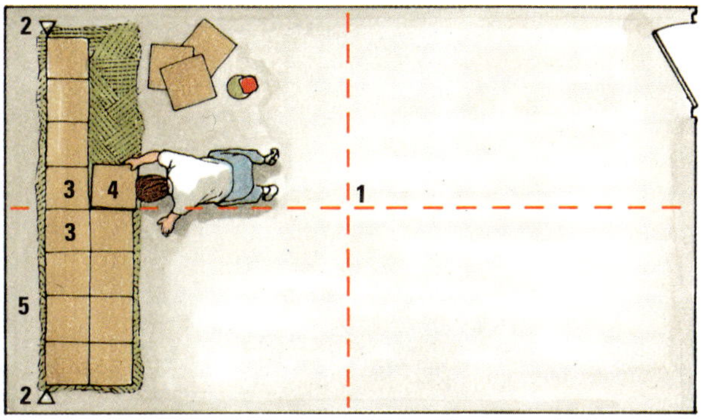

Fertigparkett kleben
1 Raum wie für Kunststofffliesen ausmessen.
2 Das zu verlegende Feld mit gespannter Schnur markieren.
3 Die Mitte nehmen und Kleber mit Zahnspachtel auftragen.
4 Von der Mitte aus Reihe um Reihe verlegen.
5 Randstücke zuschneiden und einkleben.

Wandabschluß
Der für das Arbeiten des Holzes unerläßliche Spalt zwischen Parkett und Wand wird mit einer an die Wand genagelten Scheuerleiste abgedeckt.

Die letzte Reihe
Ob beim Parkett- oder beim Dielenboden – die letzte Reihe kann nicht mehr mit Hammer und Beilage festgeklopft werden. Zum Schließen der Fugen verwenden Sie ein doppelt gekröpftes Parketteisen. Zur Not geht auch ein gebogenes Brecheisen, das mit einer Beilage so zwischen Wand und Paneel geklemmt wird, daß das Paneel durch die Hebelwirkung angepreßt werden kann.

Dielen verlegen

Fichtenholzdielen sind der klassische Bodenbelag für Landhäuser und rustikalen Wohnstil. In der althergebrachten Weise auf Holzbalken aufgenagelt, federn sie beim Begehen und schonen so die Gelenke. Dielen lassen sich aber auch wie Fertigparkett verlegen. Da es sich jedoch um massives Holz handelt, das arbeitet, sind die beim Parkett unerläßlichen vollkommen geschlossenen Fugen weder zu erreichen noch wünschenswert.

Dielen sollten vor dem Verlegen mindestens mehrere Tage in dem Raum lagern, in dem sie verlegt werden. Dübeln Sie die Lagerbalken im Abstand von 50 cm auf den Betonboden. Nageln Sie die erste Dielenreihe genau ausgerichtet auf. Nageln Sie alle weiteren Reihen verdeckt (schräg durch die Feder). Halten Sie an allen Seiten gut 1 cm Abstand zur Wand, damit das Holz arbeiten kann. Dielen niemals versiegeln, sondern mit Wachs behandeln.

Dielen befestigen
Dielen von einer geraden Wand aus verlegen.
1 Mit Kreideschnur Linie parallel zur Wand ziehen (Abstand Dielenbreite + 1cm).
2 Erste Reihe entlang der Linie verdeckt annageln.
3 Reihe um Reihe verdeckt durch die Feder nageln.
4 Enden der Dielenbretter versetzen.

TEPPICH-BÖDEN

SIEHE AUCH
unter:
Teppichboden auswählen 95
Teppichboden verlegen 96

Ursprünglich wurden Teppiche hergestellt, indem man Wollfäden mehr oder weniger kunstvoll in ein Trägergewebe knüpfte, und Orientteppiche werden noch heute in dieser Weise gefertigt. Seit der Entwicklung von Kunstfasern und maschinengewebten Teppichen steht dem Verbraucher eine unübersehbare Auswahl an Qualitäten in den unterschiedlichsten Preislagen zur Verfügung.

Wenn Sie nach einem neuen Teppichboden Ausschau halten, sollten Sie sich zunächst überlegen, welche Qualitäten Ihren Bedürfnissen am besten entsprechen. Ein hochwertiger Teppichboden, der handwerklich gut verlegt ist, kostet eine stolze Summe, wird Ihnen aber über viele Jahre Freude bereiten. Wenn Sie Kinder haben, vielleicht Haustiere dazu, ziehen Sie es möglicherweise vor, den Bodenbelag alle paar Jahre zu wechseln. In diesem Fall sind Sie mit einem preiswerten Kunstfaser-Teppichboden – der durchaus haltbar und strapazierfähig sein wird – besser bedient. Auf lange Nutzungsdauer ausgelegte, hochwertige Ware wird man fest mit dem Untergrund verkleben – ein solcher Teppich wird niemals Falten werfen. Auf kürzere Nutzungszeiten ausgelegte Ware sollte man dagegen nur mit Teppichband fixieren, so daß man sie ohne großen Aufwand wieder aufnehmen kann. Auch die Farbwahl will bedacht sein, besonders wenn ein Material in mehreren Räumen verlegt werden soll.

Links nach rechts
1 Velours
2 Samtvelours
3 Berberschlinge
4 Berberschlinge glatt
5 Boucle, getwistet
6 Naturfaserteppiche
7 Langflor
8 Underlays

TEPPICHBODEN AUSWÄHLEN

SIEHE AUCH
unter:

Untergrund vorbereiten	27
Boden aufdoppeln	35
Teppichfliesen	80

Es gibt eine ganze Reihe von Faktoren, die für die Auswahl eines Teppichbodenbelages von Wichtigkeit sind. Wieder ist die Qualitätsfrage eng mit der Raumnutzung verbunden. Ein Teppichboden aus reiner Wolle ist etwas Besonderes, sehr exklusiv, komfortabel und wohnlich. Strapazierfähige Synthetikware ist im gewerblichen Bereich vorzuziehen.

Fasermaterial und Qualität

Die besten Teppichqualitäten werden aus reiner Schurwolle – eventuell mit geringem Kunstfaseranteil – hergestellt. Da Wollteppiche teuer sind, haben die Hersteller nichts unversucht gelassen, hervorragende Qualitäten mit interessanten Mustern und Farben aus anderen Fasermischungen preisgünstiger herzustellen. Materialien wie Nylon, Polypropylen, Rayon und Polyester sind gebräuchliche Grundstoffe zur Herstellung strapazierfähiger Bodenbeläge. Für den Einsatz im Bürobereich werden den Teppichen oft feinste Metallfasern beigemischt, damit elektrostatische Aufladungen abgeleitet werden. Solche Aufladungen führen beim Kontakt mit geerdeten Gegenständen zu unangenehmen Stromschlägen und können schwere Schäden an EDV-Anlagen verursachen. Ein hochwertiger Teppichbelag aus Kunstfasern ist vom Wollteppichboden oft nur mit Mühe zu unterscheiden. Besondere Imprägnierungen der Fasern schützen den Belag gegen Flecken und das Eindringen von verschütteten Flüssigkeiten. Gegen Hitzeeinwirkung ist ein synthetischer Teppichboden empfindlicher als ein Boden aus Wolle.
Auch Naturfasern wie Kokosfasern, Sisal und Jute werden zu Bodenbelägen verarbeitet. Diese sind von grober Struktur, aber robust und haltbar. Die Preise sind allerdings recht hoch.

Welcher Flor für meine Zwecke?

Die Art des Flors ist ebenso wichtig wie die Zusammensetzung der Faser. Grundsätzlich unterscheidet man Tufting- (Nadelflor-) und Webteppiche. Beim Tufting-Verfahren werden Fäden von unten in ein Grundgewebe aus Jute eingestochen und von kleinen Häkchen zu Schleifen geformt, die für Veloursqualitäten aufgeschnitten werden. Die lose im Grundgewebe sitzenden Fäden werden dann auf der Unterseite mit einer Latex- oder PVC-Beschichtung gesichert. Gewebte Teppiche können auf diese Beschichtung verzichten. Für einen Laien ist die Dauerhaftigkeit eines Teppichbelages beim Kauf nicht zu beurteilen. Hochwertige Qualitäten tragen das Deutsche Teppich-Siegel.

Die Unterlage

Teppichunterlagen sind immer dann von Vorteil, wenn ein Teppichboden nicht mit der Unterlage verklebt oder mit Teppichband gesichert, sondern einfach aufgelegt wird. Für Teppiche, die auf Parkett- oder Fliesenböden verlegt werden, sind sie unverzichtbar.
Teppichunterlagen bestehen aus dickem, rutschfest beschichtetem Filz, Kunststoff oder Gummimatten. Ihr Hauptzweck ist die Sicherung des Teppichs gegen unbeabsichtigtes Verrutschen – häufige Unfallursache im Haus. Wer hier spart, spart an der falschen Stelle! Denn Teppichunterlagen verbessern nicht nur die Sicherheit, sie tragen auch wesentlich zur Schonung gerade wertvoller Teppiche bei.

WÄHLEN SIE EINE GUTE QUALITÄT

Egal ob getuftet oder gewebt – ein guter Teppichboden braucht einen dichten Flor. Ein einfacher Test: Wenn Sie eine Probe vom Teppichboden Ihrer Wahl nach hinten falten, sollten Sie nicht bis auf das Grundgewebe sehen können. Eine zuverlässige Richtlinie für die Strapazierfähigkeit bietet die DIN-Norm, nach der die Bodenbeläge entsprechend den Einsatzbereichen sowie besonderen Eigenschaften gekennzeichnet sind. Dabei erfolgt die (mit entsprechenden Symbolen gekennzeichnete) Einstufung zum einen nach dem bevorzugten Einsatzbereich – »Ruhebereich« (weniger strapazierfähig), »Wohnbereich« (strapazierfähig) und »Arbeitsbereich« (sehr strapazierfähig). Außerdem werden besondere Merkmale (antistatische Eigenschaften, Eignung für Stuhlrollen, Treppen, hohe Temperaturen, Lichtechtheit) mit Symbolen gekennzeichnet.

SO WERDEN TEPPICHE HERGESTELLT

Ob getuftet oder gewebt, entscheidend für Aussehen und Charakter eines Teppichbodens ist die Behandlung der Schlingen. Bleiben diese geschlossen, erhält man einen Boucléteppichboden. Werden die Schlingen aufgeschnitten, entsteht ein Veloursteppichboden. Dabei gibt es wiederum – je nach Höhe und Behandlung des Flors – mehrere Varianten, vom samtweichen Feinvelours bis zur langflorigen Cut-Loopware.

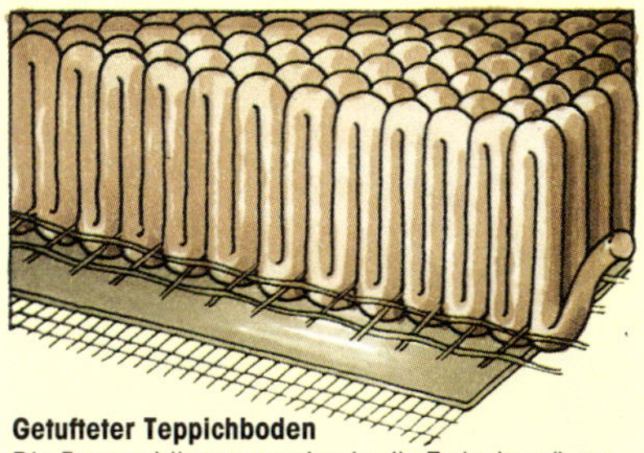

Getufteter Teppichboden
Die Faserschlingen werden in die Zwischenräume des Grundgewebes eingesteckt und hinterklebt.

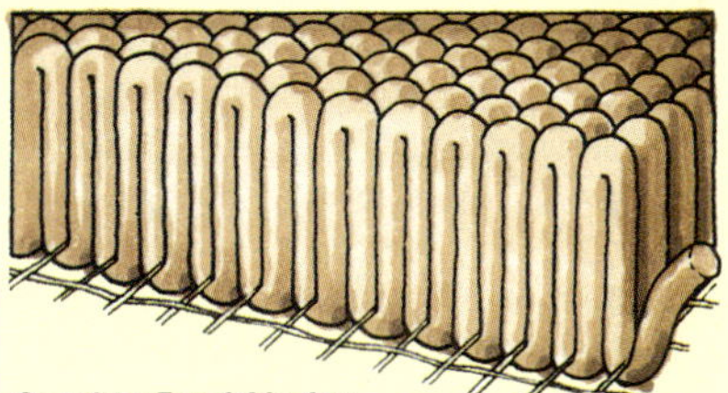

Gewebter Teppichboden
Die Fasern werden um die Fäden des Grundgewebes geschlungen.

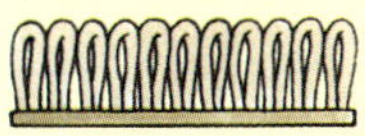

1 Schlingenware
Schlingen geben eine weiche Oberfläche.

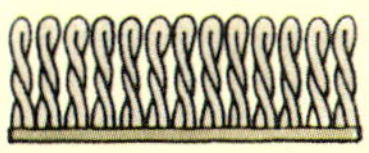

2 Getwistete Ware
Die Schlingen sind zugunsten einer rauheren Textur gedreht.

3 Cord
Kurze, glatte, geschlossene Schlingen.

4 Softvelours
Florhöhe 4 bis 10 mm, weiche Oberfläche.

5 Feinvelours
Kurzgeschorene Schlingen, dichter Flor.

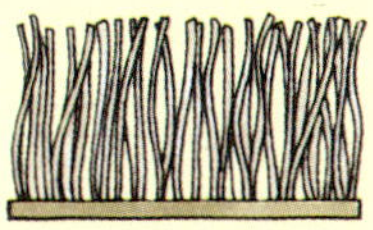

6 Langvelours
Lange, geschorene Fasern.

Fasergebundener Flor

Fasergebundene Bodenbeläge werden hergestellt, indem dicht gepackte Fasern an der Rückseite verklebt werden. Die Textur ähnelt rauhem Filz – die modernste Form der Teppichboden-Fertigung.

Glatte Schlingenware, getuftet
Ein haltbarer und zugleich preiswerter Bodenbelag

TEPPICHBODEN VERLEGEN

SIEHE AUCH
unter:
Untergrund vorbereiten 27
Boden aufdoppeln 35
PVC beschneiden und verkleben 98
Treppen 184–186

Teppichkanten befestigen

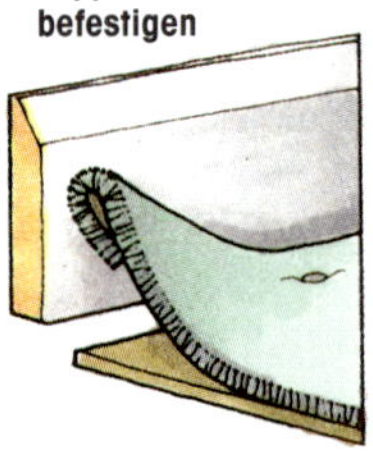

Für Weichholzböden gut geeignet: Umschlagen und mit dem Tacker anheften.

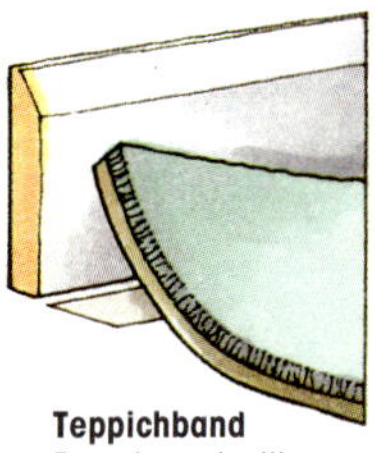

Teppichband
Das doppelseitige Klebeband hält die Kante zuverlässig.

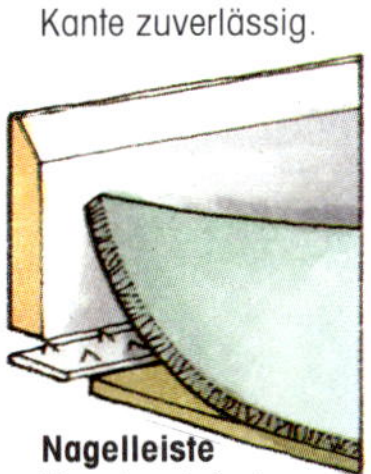

Nagelleiste
Von der einfachen Abschlußkante bis zur Teppich-Übergangsschiene und der Nagelleiste (oben) finden Sie in Ihrem Baumarkt eine reiche Auswahl.

Teppichboden sollte stets am Untergrund fixiert werden. Die Lebensdauer wird erheblich verlängert, und die Gefahr, daß der Teppich Falten oder Blasen wirft, wird ausgeschlossen. In der Heimwerker-Praxis wird aber häufig noch lose verlegt.

Standardbreiten verlegen

Sie kennen die großen Rollen aus Ihrem Baumarkt oder vom Teppichfachhandel: Teppichbodenbeläge werden üblicherweise in Standardbreiten von 4 und 5 m angeboten und beim Kauf nach Bedarf abgelängt.

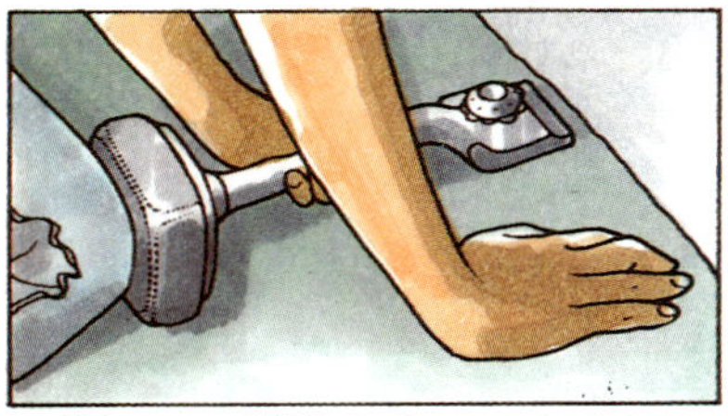

Der Kniespanner hilft beim Spannen des Belags

Fest verlegte Teppichböden sind bei Renovierungen nur mühsam zu entfernen und lassen sich bei einem möglichen Umzug nicht mitnehmen. Was also tun, wenn man auf die Vorteile der festen Verlegung nicht verzichten, aber dem Hauswirt einen hochwertigen Bodenbelag nicht schenken will? Hier bietet sich als Ideallösung das doppelseitig mit Kleber beschichtete Verlegevlies (Quick Lift von Henkel) an. Geliefert in Rollen von 95 cm Breite und 25 oder 50 m Länge wird dieses Vlies vollflächig, Stoß an Stoß und quer zur Verlegerichtung des Teppichbodens auf dem sauberen, trockenen und fettfreien Untergrund verlegt und mit einer Walze, z. B. einer Bierflasche, festgerieben. Anschließend wird der Teppichbelag provisorisch ausgelegt und grob zugeschnitten. Rollen Sie nun den Teppich in Verlegerichtung von einer Wand bis zur Mitte des Raumes zurück, ziehen Sie die Schutzfolie von den Verlegevliesbahnen ab, und rollen Sie den Teppich wieder aus. Drücken Sie den Teppich mit Flasche oder Nudelholz gut an. Nun wiederholen Sie den Vorgang auf der anderen Seite. Zuletzt wird der Belag auf allen Seiten sauber beschnitten. Beachten Sie dazu die Hinweise zum Verlegen von Kunststofffliesen.
Zur Wiederaufnahme wird der Teppichboden einfach abgezogen. Es bleiben keine Kleberreste zurück.

Andere Befestigungsmethoden

Bei hochpreisigen gewebten Teppichbodenbelägen sollten Sie das Verlegen dem Fachmann überlassen. Die Verlegekosten stehen in keinem Verhältnis zu dem Schaden, den Verarbeitungsfehler an hochwertiger Ware anrichten. Einfachere, meist getuftete Qualitäten mit geschäumtem Rücken lassen sich jedoch auch ohne Verwendung der geschilderten Verlegefolie selbst verlegen. Sie brauchen dazu nur wenig Werkzeug. Unerläßlich sind ein Teppichmesser mit auswechselbarer Klinge sowie eine Stahlschiene (ca. 2 m lang), wenn der Raum so groß ist, daß zwei Bahnen aneinandergefügt werden müssen. Praktisch ist ein Kniespanner, mit dessen Hilfe sich der Belag straff auslegen läßt. Ihr Teppichfachhändler sagt Ihnen, wo Sie dieses Werkzeug leihen können. Vollflächig verkleben sollten Sie Ihren Teppich nur, wenn Sie sicher sind, daß Sie eine hochwertige Ware erworben haben, an der Sie sich viele Jahre erfreuen werden. Ansonsten bieten sich zur Befestigung drei Möglichkeiten an:

Klammern

Ein einfaches und schnelles Verfahren, das aber nur für relativ dünne Bodenbeläge zu empfehlen ist und wenn der Teppichbodenbelag auf einem Weichholzuntergrund verlegt wird, der sich nicht oder nicht mehr als Bodenbelag eignet. Außerdem muß eine möglichst dicke Teppichunterlage verwendet werden. In diesem Fall wird die Unterlage in ca. 5 cm Abstand zu den Wänden abgeschnitten. Dann verlegen Sie den Teppich, schneiden ihn an allen Seiten mit knapp 5 cm Übermaß zu, schlagen das Übermaß nach hinten um und tackern den Teppich an den Umschlagkanten fest. Wenn Sie den Flor mit den Fingern verreiben, sind die Klammerstellen kaum zu sehen.

Teppichband

Für Bodenbeläge mit geschäumtem Rücken die einfachste und empfehlenswerteste Methode. Kleben Sie den Boden an allen Rändern mit ca. 5 cm breitem doppelseitigem Klebeband ab. Legen Sie nun den Teppichbodenbelag so aus, daß eine gerade Schnittkante an einer geraden, möglichst ununterbrochenen Wand zu liegen kommt. Der Bodenbelag muß falten- und blasenfrei aufliegen. Schlagen Sie den Belag an der Anschlagkante zurück, ziehen Sie das Schutzpapier ab, und drücken Sie den Teppich gut auf dem Teppichband fest. Schneiden Sie den Belag nun an allen Seiten zu, und verkleben Sie den Belag unter leichtem Zug (Kniespanner!) wie beschrieben.

Nagelleisten

Eignen sich besonders für gewebte Ware, die gespannt werden muß. Nageln oder dübeln Sie die Leisten so auf den Untergrund, daß ca. 6 mm Abstand zur Wand bleiben. Die Spitzen müssen dabei zur Wand geneigt stehen. Verlegen Sie den Teppichboden wie beschrieben, und drücken Sie die Ränder unter mäßigem Zug in die Nagelleisten. Hierzu ist der Kniespanner unentbehrlich.

Teppichbodenbeläge auf Treppen verlegen

Lassen Sie sich die Teppichbahnen in der gewünschten Länge und Breite zuschneiden. Wenn Sie nur einen Läufer auslegen wollen, verwenden Sie handelsübliche Teppichhalter, die einfach an der Setzstufe festgeschraubt werden. Bei vollflächiger Verlegung empfiehlt sich die Verwendung von gewebter Ware mit Nagelleisten. Bei Wendeltreppen muß entsprechend eingeschlagen werden.

Gerade Treppe **Gewendelte Treppe**

Treppen belegen
1 Unterbelag anheften
2 Teppich auf der ersten Stufe gewendet auflegen
3 An der unteren Setzstufe befestigen
4 Über den weiteren Treppenverlauf mit Nagelleisten arbeiten

Teppich auf gewendelten Treppen
Nicht schneiden, den Überschuß an Setzstufen einschlagen

KUNSTSTOFF-BODENBELÄGE

MENGENBERECHNUNG FÜR BODENBELÄGE

Vermessen Sie die Fläche sorgfältig, und zeichnen Sie einen bemaßten Grundriß mit Türen (Breite und Tiefe), Fensternischen und Nebenräumen. Mit diesem Plan können Sie und Ihr Lieferant die wirtschaftlichste Verlegeart ermitteln.
Die ideale Lösung ist eine durchgehende Wand-zu-Wand-Verlegung, die aber oft nicht möglich ist, weil die lieferbare Bahnbreite nicht ausreicht oder weil der Raum so verwinkelt ist, daß übermäßiger Verschnitt entstehen würde. Teppich- und PVC-Auslegware werden Stoß an Stoß aneinandergefügt. Man klebt einen Streifen Teppichband mittig unter den Stoß, legt die beiden Bahnen des Belags übereinander und schneidet an der Stahlschiene entlang mit dem Teppichmesser durch beide Schichten. Belag zurückklappen, Beschnitt entfernen, Schutzpapier abziehen die Kanten festreiben. Eine solche Schnittkante wird später kaum sichtbar sein. Man sollte sie aber nicht in den Hauptgehbereich verlegen.
Achten Sie bei der Planung auch auf eine eventuelle Musterung. Bei gemusterter Auslegware müssen die Muster in Blickrichtung zur Hauptlichtquelle zentriert werden.

Standardbreiten

Im deutschsprachigen Raum werden Teppichbodenbeläge in Standardbreiten von 4 m und – seltener – 5 m angeboten. Design-Teppiche gibt es auch in schmaleren Bahnen. PVC-Bodenbeläge sind in verschiedenen Bahnbreiten erhältlich. Beläge aus reinem PVC haben eine Bahnbreite von 150 cm. Die Breiten anderer Beläge variieren und müssen jeweils erfragt werden.

Teppichstücke

Teppichbodenbeläge werden vielfach auch als frei liegende Teppiche anstelle von geknüpften oder gewebten Teppichen verwendet. Angesichts des Preisverfalls bei Orientteppichen ist dies nur dann sinnvoll, wenn man ein Reststück preiswert einkaufen kann oder ein bestimmtes Dekor wünscht.
Stücke von Auslegware können nicht einfach zugeschnitten und auf den Boden gelegt werden, da sie beim wiederholten Betreten unweigerlich ausfransen würden. Zum Schutz der Kanten werden diese mit einer durchgehenden Naht versehen – gekettelt. Diese Arbeit wird von Spezialbetrieben ausgeführt.

Moderne Kunststoffbodenbeläge haben das einstige »Arme-Leute-Image« längst abgelegt. Wer einen dekorativen und gleichzeitig unverwüstlichen Belag für Küchen, Badezimmer, Werkstatt usw. sucht, kommt an dem vielfältigen Angebot kaum vorbei. Und auch das altbewährte Linoleum hat in neuer Ausführung wieder viele Freunde gewonnen. Wenn Sie sich für einen hochwertigen Kunststoffbodenbelag entscheiden, sollten Sie ihn vom Fachmann verlegen lassen. Zumindest aber sollten Sie mit preiswerter Ware in einem kleineren Raum »üben«.

SIEHE AUCH

Kunststoff-Bodenbeläge

Cushion floors

Unter diesem Oberbegriff sind jene Kunststoffbodenbeläge zusammengefaßt, die üblicherweise im Wohnbereich Verwendung finden. Dabei handelt es sich um eine PVC-Schicht mit Schaumrücken. Die Ware verbindet die Strapazierfähigkeit des PVC mit angenehmen Tritteigenschaften und einer gewissen wärmedämmenden Wirkung. Cushion floor ist in einer Vielfalt an Dekors erhältlich, die kaum Wünsche offenläßt. Da die bedruckte Schicht im Sandwichverfahren zwischen 2 PVC-Schichten eingeschlossen ist, sind abgewetzte Stellen auch bei langfristigem Gebrauch nicht zu befürchten. Die Ware ist in Breiten von 2 bis 4 m lieferbar.

Homogene PVC-Böden

Sicher einer der strapazierfähigsten Bodenbeläge. Homogene PVC-Böden sind aufgrund der begrenzten Dekorauswahl für den Wohnbereich weniger geeignet, im Arbeitsbereich aber unverwüstlich. Wenn die Stoßkanten der 1,25–2m breiten Bahnen nach dem Verlegen verschweißt werden, erhält man einen absolut dichten Bodenbelag.

Linoleum

Der Bodenbelag unserer Großeltern ist nicht totzukriegen! Als durchgefärbtes, homogenes, strapazierfähiges Material hat modernes Linoleum wieder viele Freunde gefunden. Für Küche und Bad eine dankbare Alternative.

Kunststoffbodenbeläge
Wasserdicht und strapazierfähig, haben sich PVC-Bodenbeläge zu einer für Küche und Bad gleichermaßen beliebten Ausslegware entwickelt. Auch Linoleum ist wieder im Kommen.

1 2 3

Links nach rechts
1 PVC ohne Schaumrücken
2 Cushion floor
3 Linoleum

Vorbereiten des Untergrunds

Vor dem Verlegen eines Kunststoffbodenbelages stellen Sie sicher, daß der Untergrund trocken, eben und sauber ist. Kleinere Unebenheiten mit Preßpappe ausgleichen. Holzuntergründe müssen ausreichend belüftet sein, da sie sonst faulen können. PVC darf nicht direkt auf mit Holzschutzmitteln behandelte Böden gelegt werden. Estrich muß vollständig durchgetrocknet sein.

KUNSTSTOFF-BODENBELÄGE VERLEGEN

SIEHE AUCH
unter:
Untergrund vorbereiten 27
Boden aufdoppeln 35
Mengenberechnung 97

PVC-Bodenbelag und Linoleum sind dauerhafte Flächenbeläge für die Böden von Feuchträumen wie Küche, Badezimmer, Hauswirtschaftsraum, Hobbyraum und Werkstatt. Eine großes Angebot an Farben, Mustern und Oberflächen ist auf dem Markt, und Sie werden die meisten Beläge ohne Schwierigkeiten selbst verlegen können.

Lassen Sie den ausgewählten Bodenbelag vor dem Verlegen 24 bis 48 Stunden zur Akklimatisierung in dem dafür bestimmten Raum liegen. Fest gerollte Beläge sollten Sie ausbreiten und nur ganz locker wieder zusammenrollen. Sofern Sie ein einziges, durchgehendes Stück Bodenbelag verlegen, beginnen Sie an der längsten durchgehenden Wand. Schlagen Sie einen Nagel durch eine kurze Latte, 50 mm vom Ende. Richten Sie die Bahn in einem Abstand von 35 mm exakt parallel zur Wand oder – bei asymmetrischen Räumen – parallel zur Hauptachse des Raumes aus. Reißen Sie nun den Wandverlauf an **(1)**. Schneiden Sie den Belag, und rücken Sie ihn ganz an die Wand. Machen Sie in jeder Ecke einen dreieckigen Einschnitt, an Außenecken einen geraden Einschnitt bis zum Boden **(2)**. Streichen Sie den Belag fest, so daß er glatt aufliegt. Schneiden Sie soviel Überstand wie möglich ab. Drücken Sie den Belag mit einer Schiene in die Wandecken, und beschneiden Sie ihn. Wenn Sie Scheuerleisten anbringen, müssen Sie nicht so exakt arbeiten.

Beschneiden und Verkleben

Türausschnitt

Um das Profil des Türrahmens machen Sie gerade Schnitte und dreieckige Einschnitte an jedem Falz, so wie bei Innen- und Außenecken. Nun den Belag fest an den Boden drücken und die Überstände abschneiden. Für die Türschwelle machen Sie einen geraden Schnitt.

Um ein Hindernis schneiden

Um den Bodenbelag um ein WC oder einen Waschbeckenfuß zu verlegen, schneiden Sie zunächst mit einem großzügigen Überstand aus und klappen diesen zurück. So können sie mehrere Einschnitte bis an die Kante des Hindernisses im jeweiligen Bereich machen. Wenn Sie den Belag nun an den Boden drücken, können Sie genau im Falz abschneiden **(3)**. Kleine Korrekturen machen Sie zum Schluß.

Verkleben

PVC-Beläge können im allgemeinen lose verlegt werden. Zur Sicherheit können Sie einige Ecken und Übergänge im Türbereich mit Teppichband fixieren **(4)**.

Nahtstellen

Nach Einpassen der ersten Bahn legen Sie die andere überlappend so auf, daß sich die Muster genau decken. Schneiden Sie mit einem kräftigen Schnitt entlang der Stahlschiene durch beide Bahnen gleichzeitig. Bahnen am Stoß zurückschlagen, Kleber auftragen und verkleben.

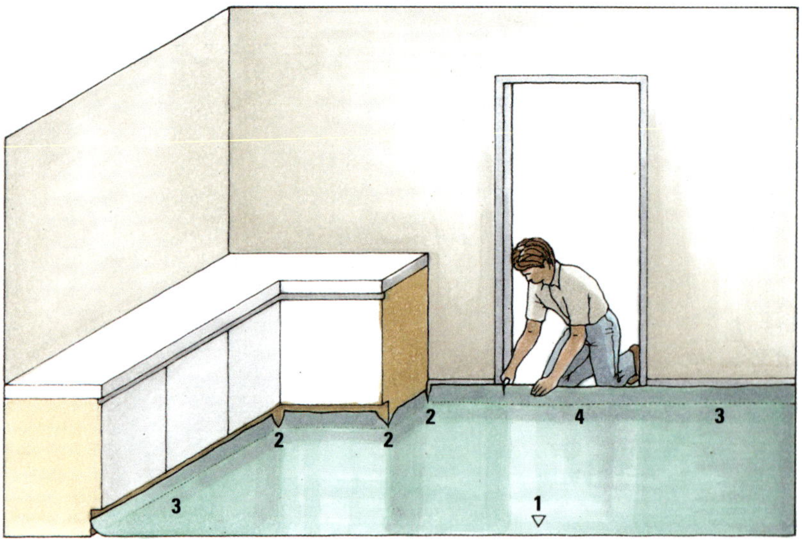

Vinylbelag verlegen
Winkelgerechtes Verlegen des Belages ist Voraussetzung.
1 An der längsten durchgehenden Wand anlegen
2 Dreieckige Einschnitte an allen Innen- und Außenecken machen
3 Einen Überstand von etwa 75 mm an den Kanten zum Anreißen der exakten Maße lassen
4 Einen geraden Einschnitt am Türausschnitt machen, damit die Schwelle später eingebaut werden kann

1 Mit Nagellatte die Wandkontur anreißen

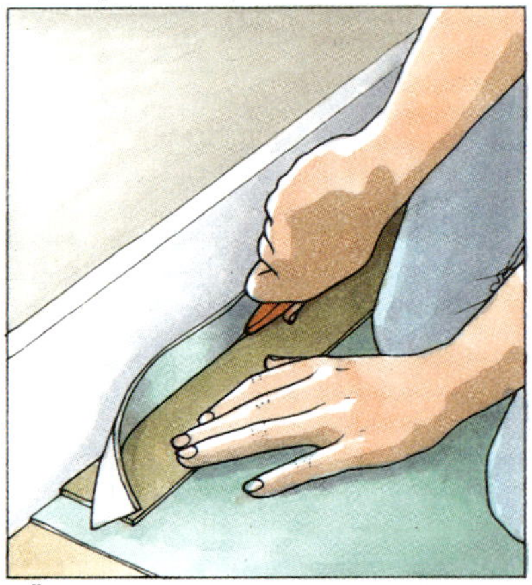

2 Übrige Kanten in Ecke pressen und schneiden

3 Um runde Ausschnitte dreieckig einschneiden

4 Stoß mit Kleber sichern

DRITTES KAPITEL

REPARATUREN UND VERBESSERUNGEN

HÄUSER IN MASSIV-BAUWEISE

SIEHE AUCH
unter:

Außenmauern	101
Innenwände	103
Stürze	104, 172
Fußböden	148–151
Mauerwerksverbände	314

Massivbauten aus Ziegeln oder Bruchsteinen haben eine alte Tradition mit besonders entwickelten Stil- und Konstruktionsmerkmalen. Der Ziegelverband gibt dem Bau Charakter und ist gleichzeitig Tragstruktur. Moderne Baustoffe bieten gute Alternativen.

Fundament

Die Baumasse von Massivbauten bedarf einer soliden, tragfähigen Gründung.

Mauern

Außenwände sind tragende Wände und dienen als Aufnahme für Dach, Decken und Innenwände. Sie sind daher aus tragfähigem Material gebaut. Zweischalige Mauern werden aus zwei parallelen, mit Drahtankern verbundenen Schichten von Mauerwerk gebaut. Ältere Gebäude haben massive Mauern mit einer Mindeststärke von 22,5 cm. Die Mauersteine sind in einem Verbund mit Mörtel vermauert. Je eine Dichtbahn auf der Fundamentierung und auf der Bodenplatte im Erdgeschoß schützen das Mauerwerk vor aufsteigender Feuchtigkeit. Über den Öffnungen für Fenster und Türen sind Stürze eingebaut. Nichttragende Wände können in Leichtbauweise mit Ständern aus Holz oder Blechprofilen und Gipskartonplatten oder aus Leichtbaublöcken gebaut werden.

Deckenkonstruktion

Die Sohldecke und Geschoßdecken eines Hauses bestehen meist entweder aus Beton oder aus einer Holzkonstruktion, die auf der Fundamentplatte oder der Wandkonstruktion gelagert ist.
Die Holzbalken einer Holzbalkendecke liegen auf den Schwellhölzern in den Wänden oder in Balkenschuhen. Daran ist rechtwinklig der weitere Deckenaufbau aus Lattung und Dielung befestigt. Die Zwischenräume zwischen den Balken werden mit einer Schüttung aus Schlacke oder Sand, heute aus Dämmmaterial, ausgefüllt. Betondecken werden auf die Wände gelegt und bekommen einen weiteren Aufbau mit Dampfsperre, Dämmung und Estrich.

Satteldächer

Satteldächer gibt es mit sehr unterschiedlichen Konstruktionsformen des Tragwerks.

Grundbau
Die Fundamente müssen die gesamte Last eines Gebäudes tragen. Größe und Tiefe der Fundamentierung werden durch die Beschaffenheit des Bodens bestimmt.

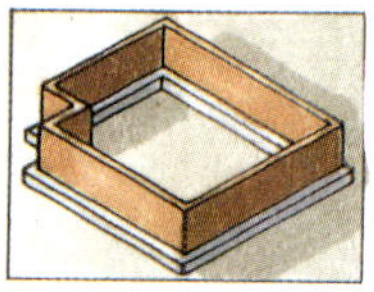

Streifenfundament
Ein durchlaufender Streifen aus Beton wird in den Boden gebracht. Die übliche Bauweise für unterkellerte Häuser.

Bewehrtes Plattenfundament
Eine Stahlbetonplatte wird auf der gesamten Hausfläche gegossen. Bevorzugtes Fundament für nicht unterkellerte Häuser.

Typische Bestandteile eines Hauses in Massivbauweise

1 Dachplatten
2 Firstpfette
3 Dachlattung
4 Unterspannbahn
5 Dachpfette
6 Mittelpfette
7 Kehlbalken
8 Außenwand
9 Leichtbauwand
10 Gemauerte Innenwand
11 Zweischalige Mauer
12 Deckenbalken
13 Bodenschalung 1. Obergeschoß
14 Gipskartondecke
15 Tragende Innenwand
16 Fenstersturz
17 Nichttragende Trennwand
18 Treppe
19 Dielenboden
20 Tramen
21 Balkenschuh
22 Stützmauer
23 Dichtbahn
24 Betonplatte
25 Streifenfundament
26 Erdreich

WOHNHAUS IN FERTIG-BAUWEISE

SIEHE AUCH
unter:
Zweischalige Wände 102
Fußböden 148–151
Dämmstoffe 207
Absenkung 297

Holz wird als hervorragender Allround-Werkstoff seit Jahrtausenden für den Hausbau verwendet. Obwohl klassische Holzbauten in Block- oder Ständer-Bohlen-Bauweise im deutschsprachigen Raum eher selten sind, feiert das Holzhaus im Fertigbau eine Renaissance. Moderne Fertighäuser weisen hinsichtlich Wohnkomfort und Lebensdauer gegenüber Massivhäusern kaum Nachteile auf.

Gründungen

Wie ein Massivbau steht auch das Fertighaus auf einem soliden Betonfundament. Die Lieferung erfolgt meist ab Oberkante Keller bzw. Fundamentplatte.

Wandaufbau

Bei der traditionellen Ständer-Bohlenbauweise werden aus vertikalen Ständern und horizontalen Bohlen mit Eckbeschlägen Rahmen hergestellt und auf eine Betonplatte oder eine Holzbalkenkonstruktion mit Stützmauern gestellt. Dieses Gerüst wird von beiden Seiten mit Brettern bzw. Platten verkleidet, die Zwischenräume mit Dämmaterial und einer Dampfsperre ausgefüllt. Der Fertigbau greift diese Bauweise vielfach auf, wobei auf der Baustelle industriell vorgefertigte Elemente nur noch zusammengefügt werden. Beim Blockbau werden massive Balken übereinandergelegt und an den Hausecken verschränkt.

Deckenkonstruktion

Die Decken werden in der üblichen Weise wie im Massivbau konstruiert. Meist werden vorgefertigte Betonelemente verwendet. Auch Holzbalkendecken sind schnell und einfach herzustellen.

Vorgefertigte Dächer

Fertighäuser haben meistens ein Dach aus Fachwerkrahmenbindern, die vorgefertigt und vorbehandelt sind. Diese bilden mit einer unteren Verkleidung und einer innenliegenden Isolierung gleichzeitig die Raumdecke zum Kaltdach. Dieses Dach wird diagonal und horizontal ausgesteift und hat weder Firstpfette noch Dachsparren. Dachfolie, Latten und Ziegel werden wie üblich aufgebracht.

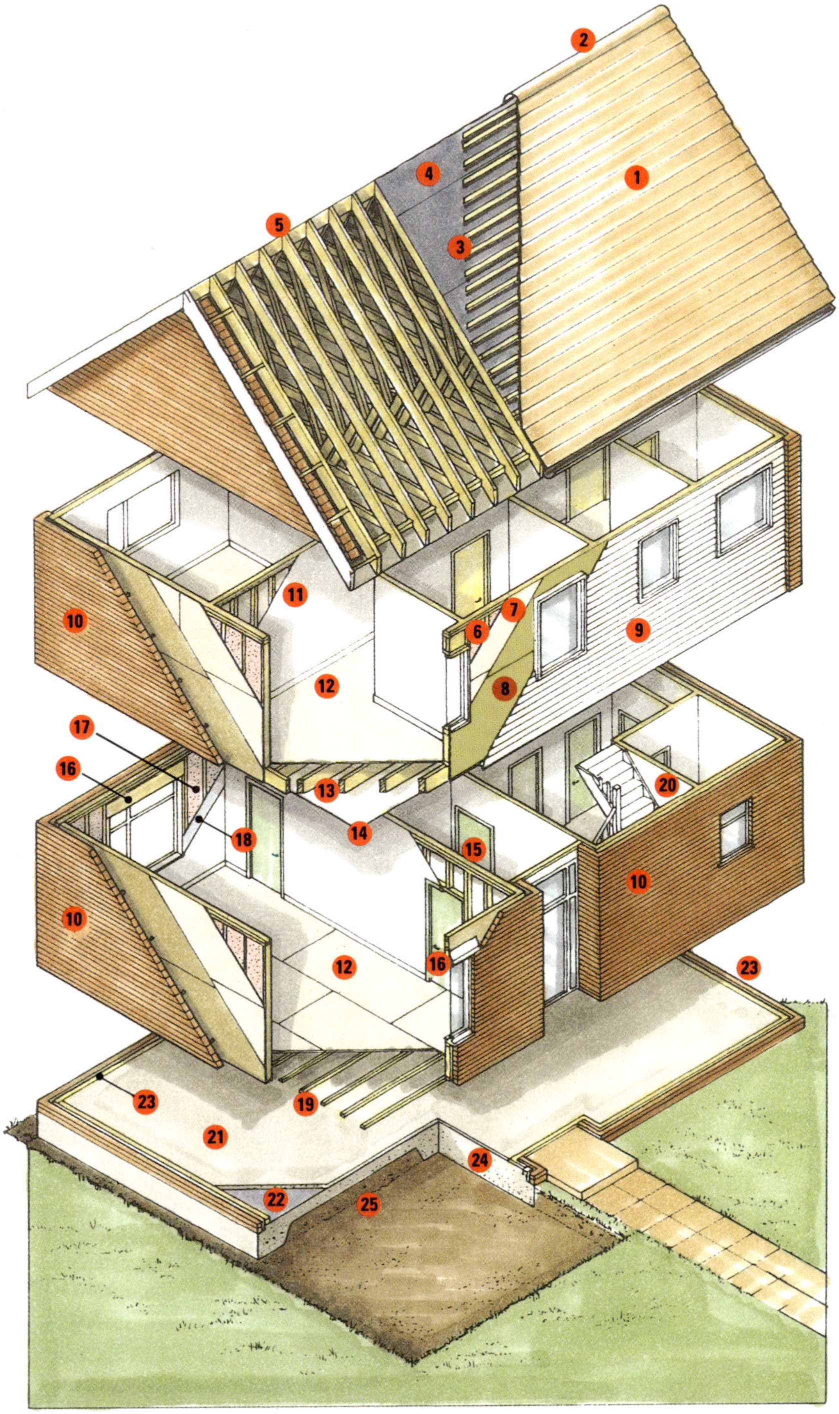

Typische Bestandteile eines Fertighauses

1 Dachplatten aus Ziegel oder Beton
2 Firstreiter
3 Dachlatten
4 Unterspannbahn
5 Fachwerkrahmenbinder
6 Tragende Holzrahmenwand
7 Plattenbekleidung
8 Winddichtung
9 Wetterschalung
10 Vormauerung
11 Leichtbautrennwand
12 Plattenboden
13 Decke über dem Erdgeschoß
14 Gipskartondeckenverkleidung
15 tragende Innenwand
16 Fenstersturz
17 Wärmedämmung
18 Dampfsperre
19 Bodenlattung
20 Treppe
21 Estrich
22 Dichtbahn
23 Holzgrundrahmen
24 Betonfundament
25 Erdreich

Gründungsprobleme
Für Erweiterungen oder bei Schäden unbedingt von einen Fachmann Rat einholen.

Setzungen
Durch Setzungen entstandene Wandrisse sind bei Altbauten häufig. Auch in solchen Fällen ist in jedem Fall sachverständiger Rat einzuholen.

Senkung und Hebungen
Durch schwache Fundamente oder Feuchtigkeit aus dem Boden kann es u. a. zu Absenkungen und Hebungen kommen, die häufig durch Rißbildung an den Wandöffnungen angezeigt werden. Absenkungen sind ernste Bauschäden.

Leichtfundamente
Die Wände von Erweiterungen oder Anbauten auf leichteren oder schmaleren Fundamenten können im Anschlußbereich Risse als Ergebnis unterschiedlicher Bewegungen aufweisen.

AUSSEN-MAUERN

SIEHE AUCH
unter:

Außenputz	144–147
Wände dämmen	211
Ziegelarten	310
Betonblocksteine	311
Mauerwerksverbände	314

Massive Wände bieten guten Schallschutz, jedoch keine optimale Wärmedämmung. Solche Wände werden aus Naturstein, Ziegel und anderen Baustoffen gebaut. Zweischalige Wände weisen einen hohen Wärmedämmwert auf und bieten hervorragenden Schutz gegen Feuchtigkeit.

Aufbau von massiven Wänden

Massive Wände entstehen unter Verwendung von Ziegeln und anderen industriell gefertigten Werkstoffen wie Gasbeton oder Kalksandstein, in einigen Gegenden traditionell von Naturstein. Die Sorten dieser Mauersteine sind nach Qualität, Abmessungen, Festigkeit, Dichte, etc. DIN-Normen unterworfen. Es gibt jeweils Steine mit halbem und ganzem Maß in Breite und Höhe.

Schutz gegen Feuchtigkeit

Der Durchdringungschutz gegen Feuchtigkeit ist bei gebranntem Stein wie Ziegel besonders hoch. Dennoch wird jede Wand in der ersten oder zweiten Lagerfuge mit einer Dichtbahn gegen aufsteigende Feuchtigkeit gesperrt.

Schutz gegen Witterungseinflüsse

Oft ist Mauerwerk mit einer Putzschicht oder einem Anstrich versehen. Gas- und Leichtbetonsteine müssen im Außenwandbereich verputzt sein. Massive Ziegel werden bei zweischaligen Mauern auch als Sichtmauerwerk verbaut. Natursteinwände haben eine schöne Struktur und brauchen keinen Putz. Sie sind von hoher natürlicher Dichte und werden in größeren Dicken verbaut. Damit sind sie sehr widerstandsfähig gegen Witterungseinflüsse.

Massivwand
Traditionell aus Ziegel und Naturstein, in neuerer Zeit auch aus Kalksandstein, Gas- und Leicht- und Porenbeton gebaut.

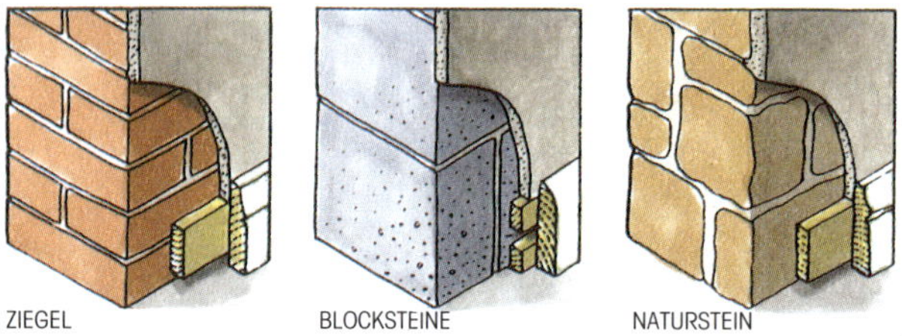

Zweischalige Wand
Modernes Wohnen erfordert bessere Wandkonstruktionen mit höheren Dämmwerten. Mit Ziegel als Außenschale werden hier mehrere Variationen zweischaliger Wandtypen gezeigt.

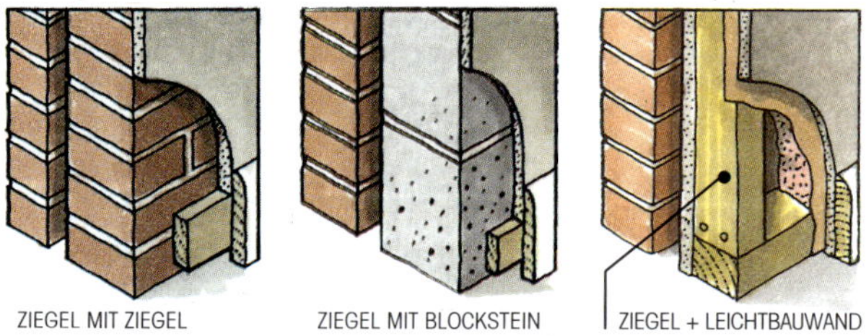

Maueranker
werden bei zweischaligem Mauerwerk im Abstand von ca. 1 m in die Lagerfuge eingelegt. Vertikaler Abstand der Ankerreihen 45 cm.

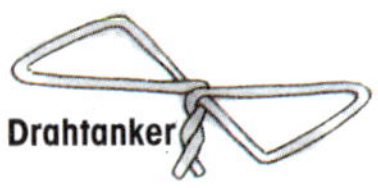
Drahtanker

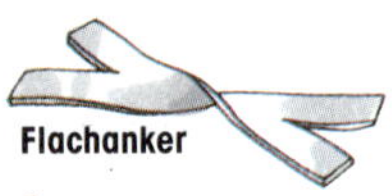
Flachanker

Drahtanker mit Abtropfscheibe

Aufbau zweischaliger Wände

Zweischaliges Mauerwerk wird meist als tragende Mauer mit Verblenderschale ausgeführt. Dabei sollte die Luftschicht zwischen den Mauerschalen mindestens 6 cm dick sein. Eine optimale Wärmedämmung erhält man bei zweischaligem Mauerwerk mit Kerndämmung. Dabei können an der Innenschale bis zu 8 cm dicke Dämmplatten angebracht werden. Der Abstand zwischen den Schalen darf aber maximal 12 cm betragen. Aus Festigkeitsgründen werden Innen- und Außenschale mit Mauerankern verbunden, die in die Lagerfugen eingebracht werden. Bei Schalenabständen unter 7 cm reichen 3 mm starke Anker aus, ansonsten verwendet man 4-mm-Anker. Bei nachträglicher Verblendung verwendet man Einschlaganker.

Für Innen- und Außenschale kann unterschiedliches Material verwendet werden. Gebräuchlich sind großformatige Ziegel-, Kalksand- oder Gasbetonsteine für die tragende Innenschale und Klinker oder Kalksandsteinverblender für die Außenschale.

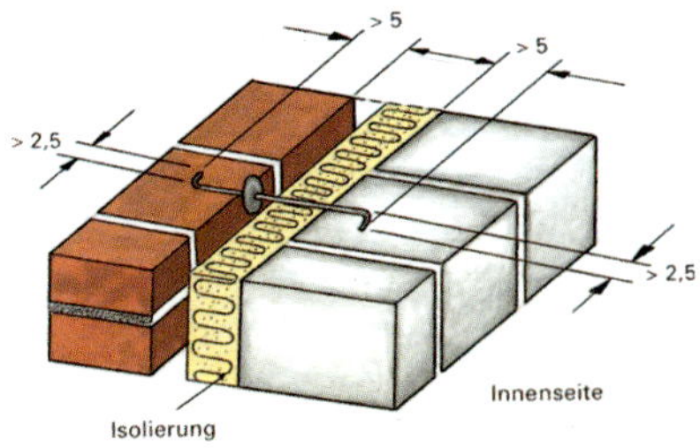

Zweischaliges Mauerwerk mit Kerndämmung. Nichtrostende Drahtanker mit Abtropfscheiben sorgen für eine stabile Verbindung.

So erkennt man tragende und nichttragende Wände

Die Außenwände eines Gebäudes tragen die eingelegten Decken mit Traglasten und die Dachkonstruktion. Ferner nehmen sie Wind- und Schneelasten auf und leiten die Summe aller anfallenden Lasten zu den Fundamenten ab. Eine aussteifende und tragende Funktion haben auch manche Innenwände. Tragende Innenwände kann man leicht an ihrer Lage im Gebäude, an der Dicke, am Material und am Aufbau erkennen. Eine die Deckenbalken tragende Wand erkennt man an der parallel zur Wand verlaufenden Dielung. Diesen Verlauf überprüft man in jedem Geschoß. Denn eine Wand kann zwar die Decke tragen, muß aber deren Gewicht nicht auf die Sohlplatte ableiten. Tragende Balken sind meist in der kürzeren Richtung gespannt. Auch die Tragkonstruktion des Daches sieht man sich an und überprüft, wo sie aufliegt. Tragende Wände sind aus Mauerwerk, ausgegossenen Hohlblocksteinen oder armierten Gasbetonplatten aufgebaut. Gelegentlich trägt ein Fachwerk aus Holz eine Teillast. Auch wenn keine Last erkennbar ist, kann eine Innenwand im statischen System eines Gebäudes eine aussteifende, d. h. tragende Funktion haben.

Nichttragende Wände

Wände, die nur Räume unterteilen, sind häufig nicht dazu bestimmt, die Konstruktion zu unterstützen und sind deshalb als nichttragende Wände bekannt. Ihre Konstruktion erfolgt meist in Leichtbauweise mit verschiedenen Materialien. Diese Wände werden in Raumhöhe gebaut. Wenn also die Dielung unter der Wand hindurch verläuft, so handelt es sich mit Sicherheit um eine nichttragende Wand.

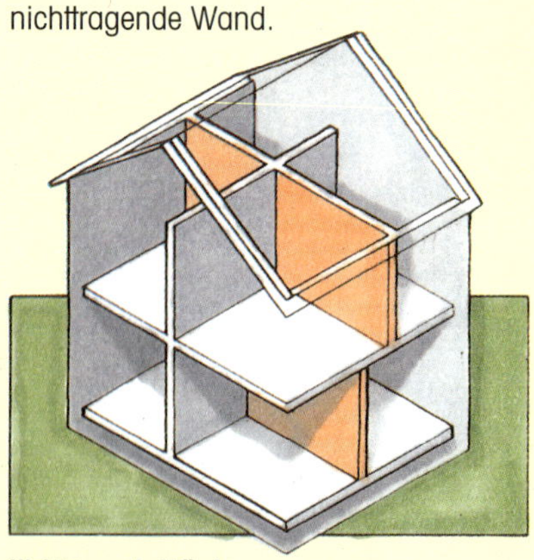

Nichttragende Wände
Diese Wände haben lediglich raumgliedernde Funktion und sind leicht gebaut.

INNENWÄNDE

Es gibt zwei Arten von Innenwänden: Trennwände, die aneinandergebaute Häuser trennen, und solche, die die Räume innerhalb eines Hauses trennen.

Trennwände

Diese durchgehenden Wände trennen bei geschlossener Bebauung ein Gebäude von einem angrenzenden in gesamter Bauhöhe. Sie sollen die Brandübertragung verhindern und einen guten Schallschutz gewährleisten.

Raumteilungswände

Innenwände können tragend und nichttragend ausgebildet sein. Sie sind relativ leicht und zumeist nicht mehr als einen Stein dick. Trennwände können aus Ziegeln, Hohlblocksteinen, Gasbeton, Porenbeton oder als Holzrahmenkonstruktion hergestellt werden.
Auf die Oberfläche von Steinwänden wird zur Glättung eine Putzschicht aufgetragen.

Leichtbauwände

Leichtbauwände als Holzrahmenkonstruktionen sind in alten und neuen Gebäuden üblich. Zum Einsatz kommen 10 cm starke gesägte Nadelhölzer oder entsprechende gehobelte Kanthölzer aus dem Baumarkt. Die vertikalen Stützen werden im Abstand von 40 und 60 cm gesetzt – der Abstand richtet sich nach der Breite der verwendeten Gipskartonplatten – und, soweit notwendig, mit diagonalen Hölzern ausgesteift. Die alte Form der Leichtbauwand hat eine Leistenschicht als Untergrund für den Gipsputz, heute verwendet man Gipskartonplatten, die verschraubt werden. Installationen sind bei dieser Wandkonstruktion in den Hohlräumen sehr leicht vorzunehmen. Für eine verbesserte Schalldämmung lassen sich Dämmplatten einbauen. Auch eine Schicht 10-mm-Spanplatten, unter die Gipskartonplatten auf die Ständer geschraubt, verbessert die Schallisolierung beträchtlich. Die Leichtbauwand kann zwar geringe Lasten aufnehmen, gilt jedoch als nichttragende Wand. Sie ist bei Verwendung entsprechender Gipskartonplatten feuerhemmend und kann bei Beschädigung an der Oberfläche leicht mit Gips ausgebessert werden.

Leichtbaublöcke

Diese Blöcke werden aus Porenbeton und Gipsverbindungen in verschiedenen Abmessungen industriell hergestellt, haben jedoch das mehrfache der Größe normaler Ziegel. Die geringste lieferbare Stärke von 5 cm erlaubt es, auch in engen Bereichen damit zu arbeiten. Mit Blöcken aus Porenbeton läßt sich in kurzer Zeit eine Wand errichten, indem man diese im Dünnbettverfahren miteinander verklebt. Sie sind nicht brennbar, bieten Stabilität und gute Isolationswerte. Die Verarbeitung ist sehr einfach; denn die Blöcke lassen sich mit einer grobzahnigen Säge schneiden und für Installationen schlitzen. Für Befestigungen in einer solchen Wand gibt es besondere Dübel. Eine Leichtbauwand kann ausschließlich aus Porenbeton gebaut werden. Die Oberflächen können mit einer Schicht aus Gipshaftputz ebenso schnell und einfach geglättet werden.

Porenziegel

Bei diesen Ziegeln bilden sich durch Zugabe von Styroporkugeln oder Sägespänen Luftkammern. Dadurch wird das Gewicht verringert und die Wärmedämmung verbessert. Porenziegel werden wie Hohlziegel mit Mörtel vermauert. Sie haben glatte oder profilierte Außenflächen für den Auftrag der Putzschicht. Neben Feuerfestigkeit haben sie gute thermische und akustische Dämmwerte zu bieten. Für Befestigungen sind Hohlraumdübel geeignet.

Zellstrukturelemente

Wände aus Zellstrukturelementen werden mit industriell hergestellten Platten gebaut. Sie werden mit Hilfe eines Traggerüsts an Fußboden und Raumdecke befestigt. Es gibt eine Reihe von ähnlichen Systemen aus verschiedenen Materialien. Ihr Vorteil liegt in der raschen Montage und Demontage. Deshalb werden solche vorgefertigten Wandelemente bevorzugt dort eingesetzt, wo es auf variable Raumgestaltung ankommt, z. B. in Bürohäusern.

Leichtbauwand alter Bauart mit Putzlatten

Leichtbauwand mit Gipskartonplatten

Zwischenwand aus Porenbeton, verputzt

Zwischenwand aus Hohlblockziegeln, verputzt

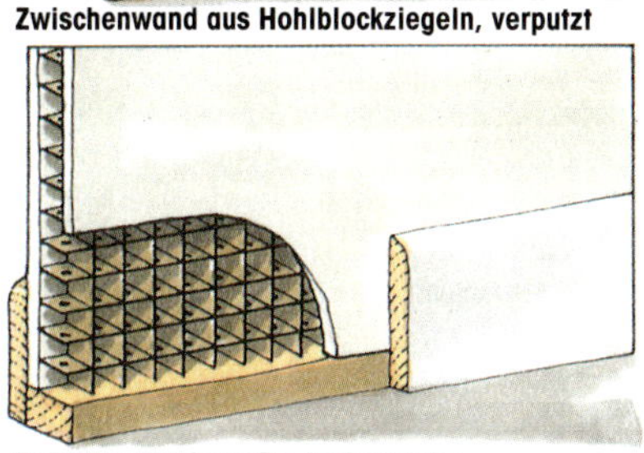

Zwischenwand aus Fertigelementen

SIEHE AUCH

Glasbausteine
Glasbausteine gibt es in verschiedenen Farben und Qualitäten für jeden Bereich. Die Abmessungen sind den Mauermaßen angepaßt. In den sechziger Jahren sehr beliebt, um z. B. Treppenhäuser zu erhellen, werden sie heute nur noch selten verwendet.

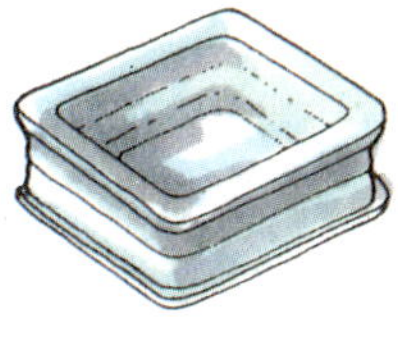

STÜRZE

SIEHE AUCH
unter:
Baustützen 105
Stahlbetonstürze 172

Stein und Holz

Gemauerte Rollschicht

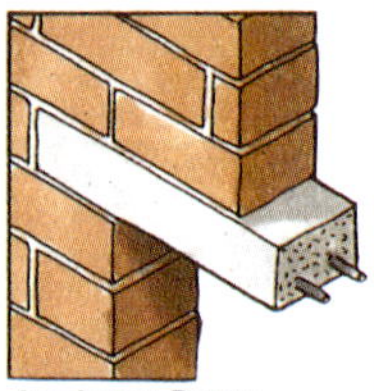
Armierter Beton

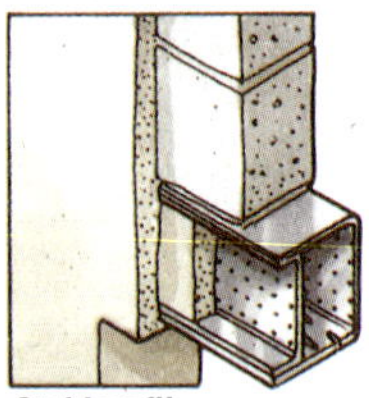
Stahlprofil

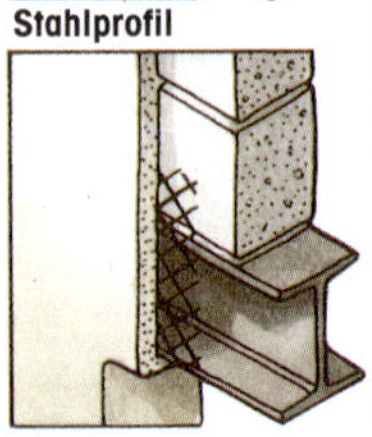
T-Träger

Sturz-Arten

Ein Sturz ist das Tragelement über Öffnungen im Mauerwerk einer Wand. Bei Neubauten werden heute fast ausschließlich Fertigelemente verwendet, die der Fachhandel in reicher Auswahl anbietet. Vorgefertigte Fensterstürze enthalten in den meisten Fällen bereits einen Rolladenkasten.

Holz
Stürze aus Holz sind fast nur in älteren Gebäuden vorzufinden, oftmals auch in Außenwänden hinter vorgesetztem Stein. Heute werden Holzstürze nur noch in Holzkonstruktionen eingesetzt, da sie im Mauerwerk durch Fäulnis gefährdet sind.

Stein
Stürze aus Bausteinen werden dort gemauert, wo ein Fertigelement die optische Wirkung stören würde – aber nur als Verblendung. Die Rollschicht ist nicht tragend. Es gibt auch vorgefertigte Ziegelstürze, die mit bewehrtem Beton ausgegossen sind.

Naturstein
Stürze aus Naturstein mit ihrem besonderen optischen Erscheinungsbild sind gelegentlich noch bei sehr alten Gebäuden zu entdecken. Oft ist für ein ausreichendes Tragwerk hinter dem Stein ein Holzbalken eingelegt. Für weite Öffnungen sind diese Stürze nicht geeignet.

Beton
Stahlbetonstürze werden für Öffnungen in Innen- und Außenwand benutzt. Stahlbeton hat eine sehr hohe Druck-, jedoch nur eine geringe Zugfestigkeit. Deshalb ist der Baustahl im unteren Bereich des Stahlbetonbalkens eingebettet. Vorgespannte Stahlbetonstürze weisen noch höhere Festigkeit auf und können mit geringeren Abmessungen und Gewicht verwendet werden. Diverse Abmessungen gibt es als Fertigteile, auf Bestellung werden Sondermaße gefertigt. Betonstürze eignen sich auch zum Überspannen großer Öffnungen.

Stahl
Verzinkte Stahlprofile sind als Sturz für alle Öffnungen geeignet. Diese Stürze sind besonders leicht und können zeitsparend eingebaut werden. Besonders schwere Lasten werden mit T-Trägern aus Walzstahl abgefangen: Diese eignen sich auch als Unterzug für entfernte tragende Wände. Zuschnitte macht der Lieferant.

Öffnungen in Wänden für Durchgänge und Fenster müssen, besonders in tragenden Wänden, stabil ausgebildet werden. Wer also eine Wandöffnung nachträglich einbauen möchte, muß eine Abstützung planen.

Wandöffnungen überspannen

Tür- und Fensterrahmen sind nicht dazu geeignet, Druck aufzunehmen, wie er von Mauerwerk ausgeübt wird. Hier muß ein Sturz eingebaut werden, der die anfallende Last auf die Auflager ableitet. Die Auflager müssen ausreichend groß sein, mindestens 15 cm an beiden Seiten. Heute verwendet man zumeist vorgefertigte Stürze, die in vielen Ausführungen und Maßen zu haben sind.

Auftretende Lasten

Bei mittiger Belastung eines Trägers, der an beiden Enden aufgelagert ist, wird dieser auf Biegung beansprucht. Das bedeutet, daß der untere Bereich dabei auf Zug, der obere Bereich auf Druck beansprucht wird. Ein Träger, der diesen Beanspruchungen standhalten soll, muß für diesen Zweck berechnet und nach Dimensionen und Materialqualität auf die zu erwartenden Kräfte abgestimmt werden. Die Voraussetzungen ergeben sich dazu aus den angenommenen Lasten und der Größe der Öffnung, die überspannt werden soll.

Berechnung von Stürzen

Balken und Stürze aus verschiedenen Materialien haben unterschiedliche Trageigenschaften. Um für den jeweiligen Einsatz und die dort anfallenden Lasten die beste und wirtschaftlichste Lösung zu ermitteln, ist eine Berechnung erforderlich. Der Lieferant übernimmt keine Gewähr für ausreichende Standfestigkeit. Hier in jedem Fall die optimale Lösung zu finden, ist Sache des Architekten oder Bauingenieurs. Zur Berechnung werden Tabellen verwendet, die neben den baulichen Gegebenheiten zur zuverlässigen Ermittlung des geeigneten Materials führen.
In der Praxis wird häufig ein Bauhandwerker brauchbare Tips geben, die für kleinere Lösungen ausreichend sein mögen, doch wenn es um größere bauliche Änderungen an einem Gebäude geht, muß für Planung, Berechnung der Statik und Bauantrag ohnehin ein Fachmann zugezogen werden. Bei Eingriffen in die tragenden Bauteile ist in jedem Fall ein Bauantrag bei der zuständigen Baubehörde einzureichen.

Wann muß unterstützt werden?

Wenn Sie einen Durchbruch oder eine Maueröffnung planen, die in der Breite nicht mehr als 1 m mißt, können Sie den Durchbruch ohne weitere Unterstützung vornehmen, sofern sich das darüberliegende Mauerwerk in gutem Zustand befindet. Denn das kragende Mauerwerk kann in dieser Öffnungsweite nur in dem rechts dargestellten Winkel von 45° brechen. Vertrauen Sie aber nicht auf diesen physikalischen Effekt, sondern legen Sie trotzdem einen Sturz über die Öffnung. Dazu entfernen Sie zunächst nur die Steine, deren Platz durch den Träger eingenommen wird. Setzen Sie den Sturz ein, unterkeilen Sie diesen, und setzen Sie dann die Arbeit am Durchbruch fort.
Soll eine solche Maßnahme an einer tragenden Wand durchgeführt werden, muß vorher mit Kanthölzern oder Stahlstützen abgestützt werden, um die Druckkräfte aufzunehmen.

Kragwirkung des Mauerwerks
Herabfallen werden allenfalls die schattiert dargestellten Steine. Durch den statischen Verbund werden die anderen gehalten. Theoretisch muß der Sturz nur die Last der Steine im 60°-Dreieck aufnehmen. Wenn Pfeiler beidseitig sehr nah stehen, umfaßt die Last die Masse des rechteckig dargestellten Felds.

EINE DURCHREICHE BAUEN

SIEHE AUCH
unter:
Innenwände 103
Stürze 104,106

Baustützen aufstellen

Für Abbrucharbeiten an tragenden Wänden muß vorübergehend mit Baustützen abgestützt werden. Sie können diese verstellbaren Stahlstützen, dazu Gerüstbohlen als Unterlage, in verschiedenen Längen leihen. Die von der Decke wirkenden Kräfte müssen mit einem Konsolträger abgefangen werden. Dazu verwendet man meist etwa 150 x 100 mm starke Holzbalken. Für einen Durchgang oder eine Türöffnung werden Sie nur ein Holz und zwei Baustützen, für größere Öffnungen mindestens zwei Hölzer und vier Stützen benötigen. Die Stützen sollten in Abständen nicht über 1 m aufgestellt werden. Schlagen Sie für jedes Querholz Löcher in die Wand, und stecken Sie die Hölzer durch. Von den Enden zur Mitte werden nun die Baustützen auf Bohlen gestellt. Diese sind mittels einer Ausziehvorrichtung höhenverstellbar und werden mit Steckbolzen gesichert – ähnlich wie Unterstellböcke für das Auto. Nach der Grobeinstellung wird die exakte Höhe mit zwei Holzkeilen eingestellt.

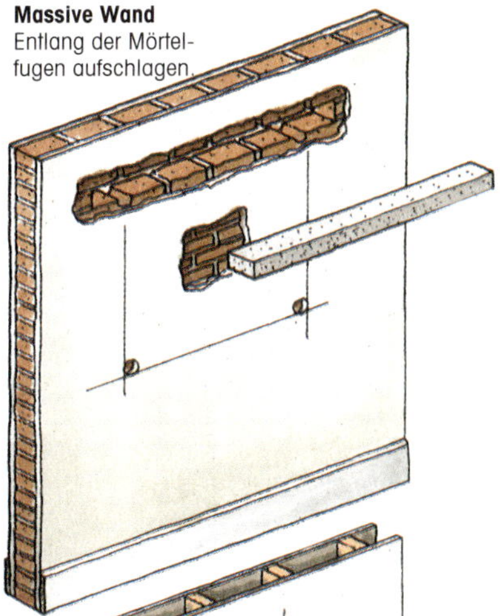

Massive Wand
Entlang der Mörtelfugen aufschlagen.

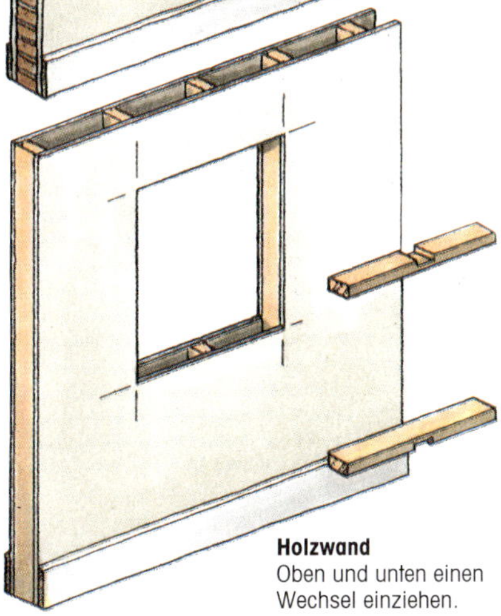

Holzwand
Oben und unten einen Wechsel einziehen.

Die Durchreiche ist eine meist mit einer Schiebetür verschlossene Wandöffnung zwischen Küche und Eßzimmer. Sie ermöglicht das Tischdecken und Servieren von Speisen ohne Umwege und bietet daher bei großen Familien und in ungünstig geschnittenen Wohnungen oft eine echte Arbeitserleichterung für die Hausfrau.

Größe und Form

Die untere Kante einer Durchreiche sollte sich genau auf dem Niveau der Küchenarbeitsfläche befinden. Dabei wird von einer Standardhöhe für Küchenarbeitsflächen von 86–92 cm ausgegangen. Diese kann aber von Fall zu Fall geringfügig variieren, so daß genau gemessen werden muß. Die Breite sollte etwa 75 cm betragen. Um Wohn-und Kochbereich trennen zu können, sollte die Durchreiche verschließbar sein. Die Art der Türen läßt sich auf einfache Weise den räumlichen Gegebenheiten anpassen (siehe Grafik rechts).

Der Durchbruch

Ganz gleich, ob es sich im Fall einer massiven Wand um eine tragende oder nichttragende Konstruktion handelt, die Lasten des Mauerwerks und gegebenenfalls des Gebäudes müssen für den Durchbruch mit einem Sturz abgestützt werden. Zeichnen Sie die Öffnung auf einer Wandseite so an, daß sich die Öffnungskanten mit dem Fugenverlauf des Mauerwerks decken. Den Fugenverlauf ermitteln Sie durch Abschlagen von Putz in der Mitte der beabsichtigten Öffnung. So wird aufwendige Stemmarbeit vermieden.
Übertragen Sie die Maße auf die andere Wandseite , indem Sie mit einem langen Mauerbohrer in jeder Ecke eine Bohrung anbringen.Der Wandausschnitt muß gegenüber den Maßen der Durchreiche 2,5 cm Übermaß aufweisen. Bei einer tragenden Wand setzen Sie nun Baustützen und die Querhölzer ein. Stemmen Sie mit Hammer und Meißel einen Schlitz für den Sturz. In Ziegelmauerwerk wird es vermutlich genügen, eine Ziegelreihe zu entfernen. In Mauerwerk von Blocksteinen kann es mühsamer sein, und es empfiehlt sich, einen Elektro- oder Druckluftmeißel zu benutzen. Geben Sie eine Schicht Mörtel auf die Konsolen des Sturzes, und richten Sie den Träger darauf aus. Prüfen Sie den Sitz des Sturzes mit der Wasserwaage, uind gleichen Sie gegebenenfalls mit untergelegten Steinstückchen aus. Setzen Sie herausgefallene Steine wieder ein, und füllen Sie alle Hohl- und Zwischenräume mit Mörtel. Lassen Sie den Mörtel 24 Stunden abbinden, und entfernen Sie erst dann die Abstützung.

Durchreiche in Leichtbauwand

Dieser Wandtyp bereitet nicht so viel Mühe beim Einbau einer Durchreiche wie massive Wände. Bei größeren Durchbrüchen kann es notwendig sein die Lasten abzustützen. Nach dem Anzeichnen wird mittig ein Ausschnitt angebracht, um die Position der Holzständer feststellen zu können. Idealerweise füllt die Wandöffnung exakt den Raum zwischen zwei Ständern. Nun kann die genaue Position der Öffnung festgelegt und diese ausgeschnitten werden. Den Rahmen fertigen Sie aus Kanthölzern gleicher Stärke wie die Ständer. Befestigen Sie die Wechsel mit Winkelbeschlägen an den Ständern. Prüfen Sie die Wechsel vor dem Verschrauben mit der Wasserwaage auf waagrechten Sitz. Bauen Sie zum Abschluß den Sicht- und Blendrahmen ein. Falls eine Tür vorgesehen ist, müssen Sie diese bei der Rahmenkonstruktion berücksichtigen.

Rahmenbau

Die Stärke der Rahmenbretter sollte etwa 25 mm betragen. Die Wahl des Materials ist abhängig von der Einrichtung. Der Rahmen kann überstehen, mit der Wandoberfläche fluchten oder einen Blendrahmen erhalten – besonders empfehlenswert bei Durchbrüchen in massivem Mauerwerk. Der Rahmen sollte mit Eisenwinkeln vormontiert und als Ganzes eingepaßt werden. Befestigen Sie den exakt waagrecht ausgerichteten Rahmen mit Montageschaum, schneiden Sie nach dem Aushärten überstehendes Material ab, und verspachteln Sie sorgfältig, wenn Sie keine Rahmenblende aufsetzen.

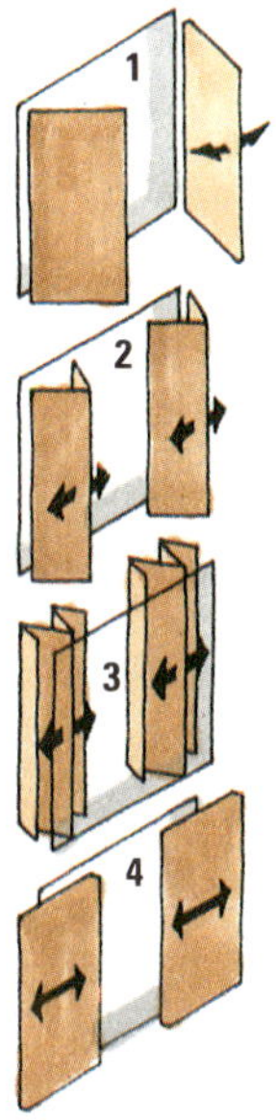

Türen
1 zweiflügelig
2 gefaltet
3 Ziehharmonika
4 Schiebetür

Rahmen fertigstellen
Decken Sie die Fuge zwischen Rahmen und Wandöffnung mit einer Profilleiste ab, oder lassen Sie den Rahmen überstehen.

Mit Rahmenblende

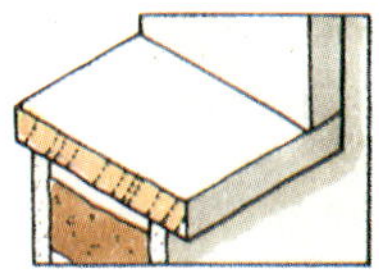

Rahmen überstehend

MAUERDURCHBRUCH FÜR INNENTÜR

SIEHE AUCH
unter:

1 Verzinkter Maueranker

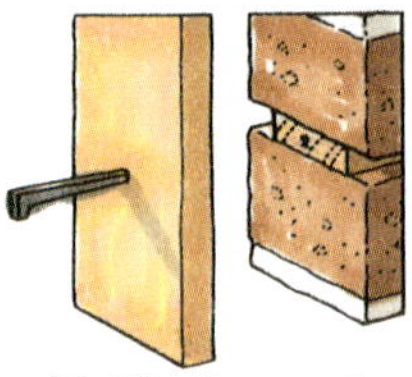
2 In Mörtelfuge nageln

Wenn sich die Wohnbedürfnisse einer Familie ändern und der Grundriß einer Wohnung oder eines Hauses umgeplant wird, ist oft der Einbau neuer Türen erforderlich, weil bestimmte Bereiche abgetrennt werden sollen, etwa um ein weiteres Kinderzimmer zu gewinnen. Wie beim Bau einer Durchreiche ist auch hier der Einbau eines Sturzes notwendig, um die anfallenden Lasten statisch abzufangen.

Zargeneinbau in Mauerwerk

Zunächst untersuchen Sie die Wand auf ihre statische Funktion. Bei einer tragenden Wand sollten Sie einen Statiker um Rat fragen. Nehmen Sie die Scheuerleisten vorsichtig ab. Zeichnen Sie die Öffnung auf einer Wandseite an, und stellen Sie den Fugenverlauf fest. Passen Sie die Öffnung so weit wie möglich dem Fugenverlauf an. Geben Sie in der Höhe etwa 10 mm und in der Breite an jeder Seite 6 mm Übermaß zum Türrahmen zu, und berücksichtigen Sie den Sturz. Setzen Sie den Sturz ein wie beschrieben, und lassen Sie den Mörtel aushärten. Am folgenden Tag beginnen Sie unterhalb des Sturzes die Steine herauszumeißeln. Schneiden Sie die überstehenden halben Steine an den Seiten mit der Steinsäge oder einem Winkelschleifer (Trennscheibe für Stein, Schutzbrille und Staubmaske benutzen) sauber ab. Reste von Mörtel und Stein meißeln Sie ab. Unten entfernen Sie das Mauerwerk bis unter das Bodenniveau, damit hier der Boden ausgeglichen werden kann. Entsorgen Sie den Schutt entsprechend den einschlägigen Vorschriften Ihrer Gemeinde, und bewahren Sie die Steine für die Wiederverwendung auf. Gegen die Staubentwicklung können Sie den Arbeitsbereich mit einer Gartenspritze wässern.

Türrahmen einpassen

Nun können Sie in den neuen Durchbruch einen Laibungsrahmen oder eine Türzarge einbauen. Traditionell wird dabei mit Rahmenankern gearbeitet, die am Rahmen angeschraubt und eingemauert **(1)** oder durch den Rahmen in eine Mörtelfuge genagelt **(2)** werden. Schneller und einfacher geht es mit Montageschaum: Der Türrahmen wird mit Abstandshölzern und Holzkeilen fest in der Maueröffnung verkeilt. Die Zarge wird sorgfältig ausgespreizt, damit sie sich beim Ausschäumen nicht ausbaucht. Dann feuchtet man Mauer und Rahmen leicht an und läßt den Montageschaum aus der Dose in die Zwischenräume fließen, wo er sich ausdehnt und erhärtet. Nach dem Aushärten werden überstehende Schaumwülste mit einem scharfen Messer abgeschnitten.

Sturz einbauen

Markieren Sie den Sitz des Sturzes an der Wand unter Berücksichtigung des Übermaßes. Schlitzen Sie den Putz entlang diesen Linien mit Hammer und Meißel, und schlagen Sie den Putz im Öffnungsbereich ab. Stemmen Sie unter der Decke eine Öffnung für den Querträger in die Wand. Schieben Sie den Querträger ein, und stützen Sie ihn mit Bohlen und Baustützen ab. Stemmen Sie den Schlitz für den Sturz in die Wand, setzen Sie diesen mit einer Mörtelmischung 1:3 ein, und richten Sie ihn aus. Verfüllen Sie Hohlräume und Fugen mit Mörtel.

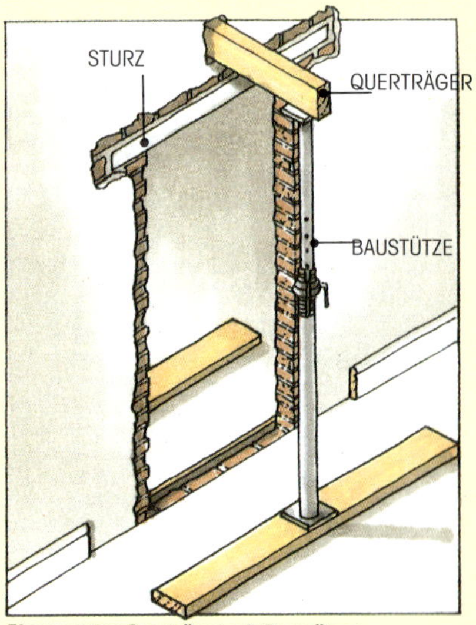

Eingesetzter Querträger mit Baustützen

Zargeneinbau in eine Leichtbautrennwand

Zunächst werden die Scheuerleisten entfernt und die Lage der Holzständer in der Wand ermittelt. Schneiden Sie dazu etwa in der Mitte des geplanten Durchbruchs eine Öffnung, und messen Sie nach beiden Seiten. Reißen Sie nun die endgültigen Maße des Durchbruchs an. Geben Sie dabei auf beiden Seiten 10 mm zu, oben 10 mm plus die Stärke des einzusetzenden Wechsels minus 50 mm für die Nut. Idealerweise decken sich die Durchbruchkanten mit zwei Ständern. Nun wird eine eventuelle Putzschicht mit Hammer und Flachmeißel sauber herausgetrennt und die Gipskarton- oder Spanplatten mit einem Fuchsschwanz oder einer elektrischen Stichsäge ausgeschnitten. Wenn sich zu beiden Seiten der Öffnung Ständer in der Wand befinden, schneiden Sie die Platten an diesen entlang.
In der Öffnung stehende Ständer schneiden Sie heraus. Wenn zu beiden Seiten des Durchbruchs keine durchgehenden Ständer vorhanden sind, öffnen Sie die Wand bis zur Decke und versetzen vorhandene Ständer entsprechend dem Öffnungsmaß. Sie können aber auch mit versetzten Ständern arbeiten. Dabei wird die Distanz zwischen den nächstliegenden Ständern mit einem Wechsel überbrückt, Ständer werden in Durchbruchshöhe im exakten Abstand eingepaßt. Der Einbau der hölzernen Teile wird am besten mit Winkelbeschlägen und Holzbauschrauben (Spax) vorgenommen. Prüfen Sie den winkelgerechten Sitz. Auch bei dieser Wandkonstruktion wird die Türzarge am einfachsten mit Montageschaum befestigt. Hängen Sie die Tür ein, und prüfen Sie deren Funktion. Die Wandöffnung über der Tür bekleiden Sie erneut mit passend zugeschnittenen Gipsbauplatten und verspachteln die Fugen. Nun können Sie die Blendrahmen an der Zarge anbringen. Die Fußleisten können wiederverwendet, zugeschnitten und angepaßt werden.

Tür fluchtet mit zwei Ständern

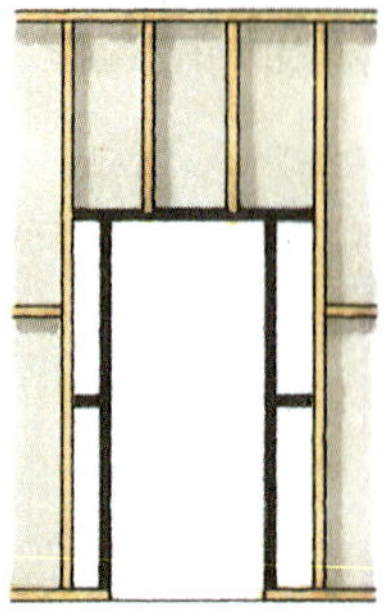
Versetzter Einbau

Rahmung bauen
Ihre Lösung hängt von der Position der Ständer ab. Hier drei typische Lösungen.

Versetzte Ständer

VERSCHLIESSEN EINES DURCHBRUCHS

SIEHE AUCH

Durchbrüche in Leichtbauwänden schließen

Die Tür samt Blendrahmen und Zarge ausbauen. Putz oder Gipskartonplatten bis zur Mitte der nächststehenden Ständer entfernen bzw. ausschneiden. Nägel und Schrauben mit einem Zimmermannshammer ausziehen.
Nun bauen Sie zuerst das Schwellholz zwischen den Ständern ein, setzen den Pfosten und versteifen mit Riegeln. Befestigen Sie die Holzteile mit Winkelbeschlägen und Spax-Schrauben. Verschließen Sie die Öffnung, indem Sie Gipskartonplatten auf dem Holzrahmen befestigen. Abschließend füllen Sie die Fugen und setzen eine Sockelleiste ein.

Einbau von Schwelle, Stütze und Riegel

Sie werden am Bau nicht nur Türöffnungen einsetzen, sondern auch Durchbrüche verschließen wollen. Wenn ein ehemaliger Türausschnitt nicht sichtbar sein soll, muß sorgfältig gebaut und verputzt werden.

Wahl der richtigen Materialien

Generell ist es am besten, Öffnungen in einer Wand mit dem gleichen Material zu schließen, aus dem die Wand aufgebaut ist. So vermeiden Sie spätere Rißbildungen, die von unterschiedlichen Reaktionen des Materials auf Temperatur- und Feuchtigkeitsschwankungen verursacht werden. Problematisch ist es, Öffnungen in massiven Wänden in Leichtbauweise schließen zu wollen, da neben Rissen auch Probleme mit der akustischen Dämmung auftreten.

Türrahmen abbauen

Nehmen Sie zuerst die Blendrahmen ab. Durchtrennen Sie die hölzernen Teile der Türzarge mit einer Handsäge. Im Boden steckende Holzteile können bündig mit dem Boden abgesägt werden. Hebeln Sie nun die Zargenteile mit einem Brecheisen oder Hammer und Meißel unten beginnend von der Wand.

Vermauern einer Öffnung

Schlagen Sie die Putzschicht etwa 15 cm um die Öffnung herum ab, und entfernen Sie dabei auch allen losen Putz. Je unregelmäßiger dies geschieht, desto weniger auffällig wird die Reparaturstelle. Um das neue Mauerwerk gut in den Verband der Wand zu integrieren, schlagen Sie alle halben Steine in der Öffnung heraus. Es muß in mindestens jeder vierten Lage eine Verzahnung des Mauerwerks entstehen. In einer mit Blöcken gemauerten Wand entfernen Sie in jeder zweiten Reihe ein Viertel eines Blocks mit Hammer und Meißel. Eine Verzahnung bei Blöcken ist zwar nicht unbedingt erforderlich, schafft jedoch erhöhte Sicherheit. Sie können die Verzahnung im Mauerverband aber auch durch Maueranker ersetzen. Dazu stecken Sie Drahtanker **(1)** in die Fugen oder dübeln verzinkte Rahmenanker **(2)** in der Laibung so in die Mauersteine, daß sie in die Lagerfuge des neuen Mauerwerks greifen. Damit die Fugen auf gleicher Höhe sind, legen Sie die erste Lage auf ein entsprechend dickes Mörtelbett. Wenn der Mörtel abgebunden hat, kann verputzt werden. Für schnelles Verputzen gibt es vorgemischte Fertigputze. Lassen Sie sich in Ihrer Baustoffhandlung beraten. Auf Ziegel kann der Putz bei kleineren Flächen meist problemlos aufgezogen werden. Bei stark saugendem Material braucht man einen Spritzbewurf.

1 Maueranker

2 Rahmenanker

Halbe Steine herausschlagen

Neue Steine im Verband mauern

Blocksteine schneiden

BOGEN-DURCHGANG

SIEHE AUCH

unter:

Mörtel mischen	127
Putz aufbringen	128
Stichsäge	355

Bogenmodell
Der Bogen ist ein gewölbtes Tragwerk, das eine Maueröffnung überspannt. Für verschiedene Bogenformen gibt es fertige Putzträger aus Draht.

Rundbogen

Kielbogen

Tudorbogen

Korbbogen

Die einfache rechteckige Form, die bei einem Durchbruch oder nach dem Teilabbruch einer Wand entsteht, wird nicht mit jeder Einrichtung harmonieren. Eine von einem Bogen überspannte Wandöffnung hingegen verleiht einem Raum ein besonderes Flair. Es gibt eine Reihe traditioneller Formen. Der Heimwerker fertigt einen Bogen am besten mit vorgeformten, verzinkten Drahtkäfigen, die als Putzträger dienen.

Wählen Sie ein Bogenprofil

Sie planen den Bogen am besten, indem Sie sich Skizzen mit den verschiedenen Bogenformen machen und dann entscheiden, welcher Bogen zu Ihrer Wohnung und zu Ihnen paßt. Denken Sie daran, daß hochgewölbte Bögen eine entsprechende Raumhöhe brauchen, um optisch ansprechend zu wirken. Für kleinere Öffnungen, etwa einen kleinen Durchgang, können Sie fertige Bogenteile oder Formen kaufen und mit einem mittigen Einsatzstück nach Bedarf verlängern. Gemauerte Bögen bleiben den Könnern unter den Profis vorbehalten.

Bögen aus Putzträgergeflecht

Vorgefertigte Putzträger-Formteile für den Bau eines Mauerbogens sind in verschiedenen Formen und Größen erhältlich. In Heimwerkermärkten wird man danach allerdings vergeblich suchen, und auch gutsortierte Baustoffhändler müssen sie in der Regel bestellen.

Formteile einbauen

Bringen Sie zu beiden Seiten des Trägers bzw. des Sturzes, der die Maueröffnung überspannt, Latten an, die mit den Mauersteinen – nicht mit der Putzoberfläche – fluchten sollen. Gegebenenfalls müssen Sie zu beiden Seiten der Laibung Putz abschlagen. Befestigen Sie das Drahtgeflecht mit einem Tacker an den Latten, im Mauerwerk mit verzinkten Krampen, die Sie in die Mörtelfugen schlagen. Mit einer Wasserwaage kontrollieren Sie den beidseitig genauen Einbau der Bogenteile **(1)**. Halten Sie die Wasserwaage auf die Wandfläche, und kontrollieren Sie, ob genügend Platz für einen Putzauftrag von etwa 1,5 cm Stärke bleibt **(2)**. Wenn Sie mit Halbschalen arbeiten, verbinden Sie die beiden Hälften mit Kupferdraht oder einem anderen nichtrostenden Draht **(3)**.
Bringen Sie nun den Haftputz auf. Es gibt mehrere Qualitäten. Wählen Sie einen Gipsputz, der sich zum einlagigen Auftrag auf Putzträger eignet. Rühren Sie den Putz exakt nach Vorschrift an – hier kommt es auf die Konsistenz des Putzes an! Mischen Sie den Putz mit einem Farb- und Mörtelmischer, der in die elektrische Handbohrmaschine eingespannt wird. Haftputz muß innerhalb von 2 Stunden verarbeitet werden. Beginnen Sie mit dem Putzauftrag von unten, und bauen Sie die Schicht nach oben auf. Dazu benutzen Sie eine Glättkelle **(4)**. Nach dem Glätten den Abbindeprozeß mit einem Fingerdruck prüfen. Wenn sich der Putz nur noch wenig eindrücken läßt, glätten Sie mit einer Schwammkelle und Wasser nach.

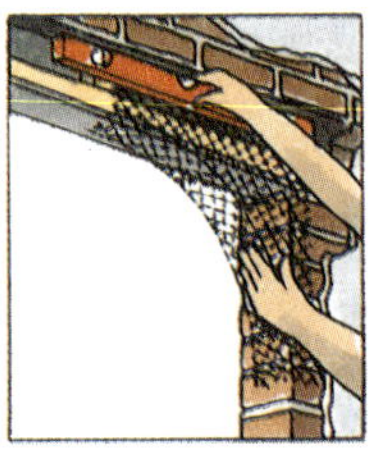
1 Putzträger befestigen

2 Putzträger ausrichten

3 Halbschalen verbinden

4 Verputzen

Vorgefertigte Bogenteile

Im gutsortierten Baustoffachhandel können Sie vorgefertigte Bögen kaufen. Die Art der Befestigung richtet sich nach der Materialausführung der jeweils lieferbaren Form. Manche sind als Sturz ausgebildet, andere werden geschraubt. Die Fugen zur Wandfläche und zu weiteren Verkleidungsteilen können Sie mit Spachtelmasse auffüllen. Es gibt auch vorgefertigte Formleisten für die Übergänge, passend zum Stuck an Wand und Decke.

Der individuelle, selbstgemachte Bogen

Falls Sie ein Bogenprofil Ihrer Vorstellung nicht vorgefertigt bekommen können, stehen Ihnen zwei Wege offen, selbst kreativ zu werden.

Mit Gipsputz und Gips

Schneiden Sie mit der Stichsäge die Konturen des Bogens Ihrer Wahl in doppelter Ausfertigung aus 12-mm-Sperrholz. Die bogigen Reststücke bewahren Sie als Schablone auf. Verstreben Sie die beiden Wangen des Bogens mehrfach mit Leisten in der Länge der Mauersteine. Dübeln Sie dieses Gerüst in genau ausgerichteter Stellung – Schablonenaußenkante soll gegenüber dem fertigen Bogen 12–14 mm Untermaß aufweisen – an die Mauer. Auf das Gerüst tackern Sie entsprechend zugeschnittenes verzinktes Streckmetall oder Geflecht **(1)**. Überstehendes Metall schneiden Sie mit einem Seitenschneider ab, und gipsen Sie das Drahtgewebe an den Ecken ein. Bringen Sie nun die erste Schicht Haftputz auf. Sie können aber auch nur mit Gips weiterarbeiten, wobei es sich empfiehlt, den Gips 1:2 mit Kalk zu mischen. Das aufbewahrte Negativstück benutzen Sie zum Abziehen der bogigen Flächen. Gegebenenfalls werden mehrere Schichten aufgetragen. Bei Haftputz können die angefeuchteten Oberflächen nachgeglättet oder einer geputzten Wandoberfläche angeglichen werden.

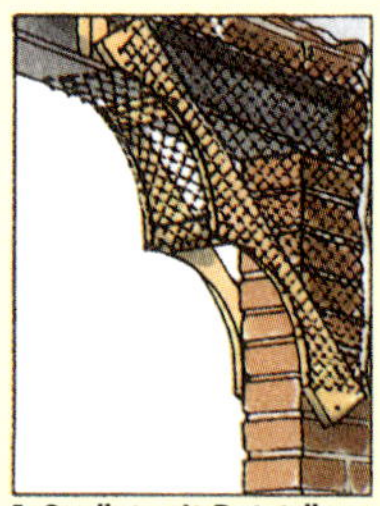
1 Gerüst mit Putzträger

2 Gipskartonplatten

Bögen aus Gipsbauplatten

Sie können auch Gipskartonplatten für den Bau des Bogens auf das Holzgerüst schrauben. Die Platten werden mit Hilfe der Schablone zugeschnitten. Die Bogenunterseite wird mit Stücken von Gipskarton verkleidet, der durch Einschnitte biegefähig gemacht wurde **(2)** (angeboten z. B. von Fermacell).
Über die Kanten ziehen Sie ein Verstärkungsgewebe und spachteln es mit Fugenfüller an. Abschließend werden alle Flächen dünn mit Haftputz überzogen und mit der Formenlehre, wie oben beschrieben, abgezogen.

WÄNDE IM TROCKENAUSBAU ABREISSEN

SIEHE AUCH
unter:
Wandaufbau 101
Freitragende Decke 148
Fußbodenleisten entfernen 157
Steckdosen einbauen 234–235
Wand- und Deckenleuchten 242
Lichtschalter 243–245

Nichttragende Trennwände können ohne Bedenken entfernt werden. Dazu muß keine behördliche Genehmigung eingeholt werden. Da jedoch Teillasten auch von nichttragenden Wänden getragen werden, sollten Sie stets einen Baufachmann zu Rate ziehen.

Eine Leichtbauwand abbauen

Entfernen Sie zunächst die Scheuerleisten und andere Zierleisten auf beiden Wandseiten. Soweit diese in gutem Zustand sind, sollten sie für eine Wiederverwendung aufbewahrt werden. Schalten Sie am Zählerkasten die Stromversorgung für diesen Bereich ab, und entfernen Sie die hier verlegten Überputzkabel und Wandinstallationen. Alle Kabelanschlüsse – auch die im Wandinneren verlaufenden – werden in den Verteilerdosen abgeklemmt.

Gips und Putz entfernen

Schlagen Sie mit einem Zimmermannshammer Löcher in die Wandbekleidung aus Putz oder Platten, und hebeln Sie diese mit dem gekrümmten Hammerende oder einem Brecheisen in möglichst großflächigen Partien aus. Scharfkantige Metallteile entfernen Sie.

Holzrahmen ausbauen

Zuerst schlagen Sie die Querriegel heraus. Falls die Ständer zu fest sitzen, werden sie mit der Säge in handliche Teile zerlegt. Unbeschädigte Balken sollten Sie möglichst zur Wiederverwendung aufbewahren. Die Hölzer an Decke und Boden entfernen Sie zum Schluß.

Abschließende Handgriffe

Verspachteln Sie Beschädigungen von Wänden und Decke mit Spachtelmasse. Einen offenen Wandstreifen verschließen Sie entsprechend der vorgegebenen Bauweise mit Haftputz oder Gipskartonplatten.

Wände aus Blocksteinen abreißen

Eine Trennwand aus Leichtbaublöcken – besonders beliebt sind Gasbetonblöcke – wird von der Mitte her abgerissen. Mit etwas Geschick meißeln oder schlagen Sie für den Transport, möglichst blockweise, handliche Stücke heraus. Wenn Sie den Putz zuerst in einem Teilbereich entfernen, erkennen Sie den Fugenverlauf und können Ihre Arbeit daran orientieren.

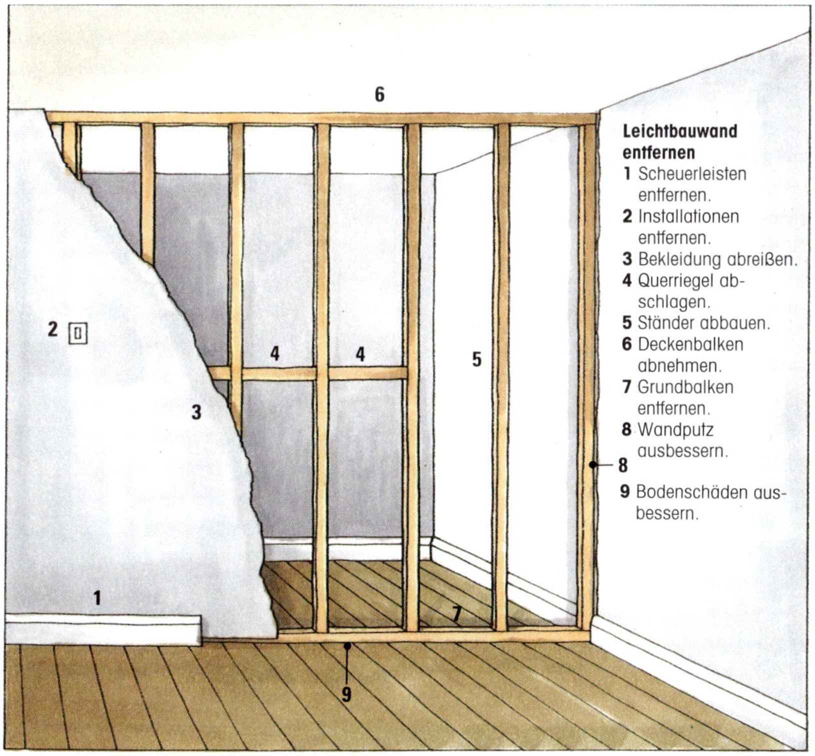

Leichtbauwand entfernen
1 Scheuerleisten entfernen.
2 Installationen entfernen.
3 Bekleidung abreißen.
4 Querriegel abschlagen.
5 Ständer abbauen.
6 Deckenbalken abnehmen.
7 Grundbalken entfernen.
8 Wandputz ausbessern.
9 Bodenschäden ausbessern.

Bodenfugen verschließen

Nach dem Abreißen von Trennwänden, die direkt auf dem Wandauflager einer darunterliegenden Wand oder auf Deckenbalken aufliegen, müssen die offenen Fugen im Fußboden materialgerecht verschlossen werden. Die Bodendielen verlaufen parallel oder rechtwinklig zur Fuge.

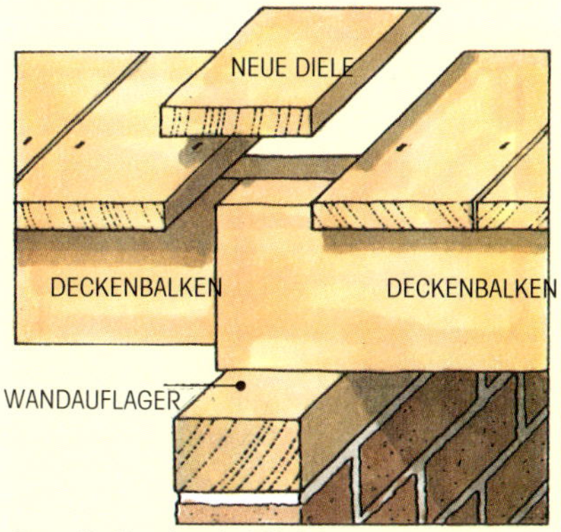

Parallellaufende Dielen

Wenn die Dielen parallel zur Fuge verlaufen, schneiden Sie ein Brett zu, das den Zwischenraum genau ausfüllt. Die Stärke muß der Stärke der Dielen entsprechen. Die Befestigung erfolgt wie bei den anderen Dielen.

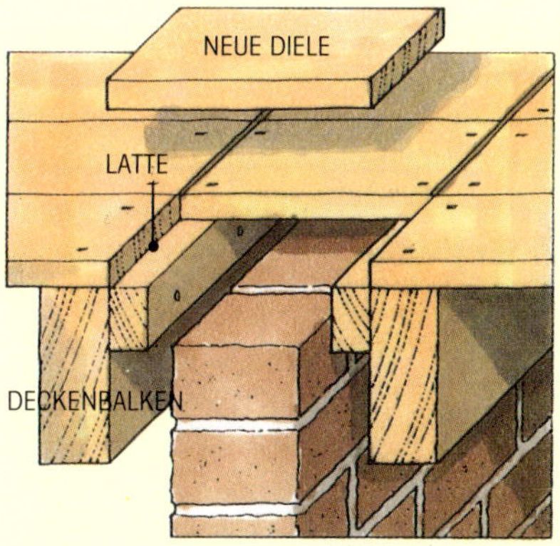

Rechtwinkliger Dielenverlauf

Verläuft die Dielung rechtwinklig zur Fuge, so werden die Deckenbalken mit der Fuge in etwa 5 cm Abstand zur Stützwand verlaufen. Zeichnen Sie die Balkenkanten auf den Dielenenden an und sägen sie diese ab. Nageln oder schrauben Sie an die Balken jeweils eine Latte, die mit der Balkenoberkante fluchtet. Auf dieser Lattung können Sie jetzt mit Dielenstücken parallel zum Dielenverlauf den Spalt überbrücken.
Wenn die Dielen als Bodenbelag sichtbar bleiben, sollten Sie verdeckt nageln.

Aus Trennwand wird Raumteiler
Bei alten Fachwerkhäusern lassen sich aus nicht mehr benötigten Trennwänden dekorative Raumteiler schaffen. Entfernen Sie dazu die Wandbekleidung, schleifen Sie die Balken ab, und streichen Sie diese in einer zu Ihrer Einrichtung passenden Farbe. Unter Umständen läßt sich dieses Gerüst mit Regalböden weiter ausbauen.

FUSSBODEN NIVEAU-AUSGLEICH

SIEHE AUCH
unter:

Freitragende Decke 148
Bodenbretter anheben 153
Fußbodenleisten entfernen 157
Innentüren erneuern 162
Schmiege 352
Handkreissäge 355

Wenn Sie nach einem Wandabbruch feststellen, daß die Dielungen der Räume unterschiedliche Höhen haben – was bei alten oder häufig umgebauten Häusern gelegentlich vorkommt –, so stellt das bei parallel zur abgerissenen Wand verlaufenden Deckenbalken kein großes Problem dar. Sie müssen sich nur entscheiden, was Ihnen lieber ist: eine kleine Schräge im Bodenverlauf oder eine Stufe.

Deckenbalken zurichten

Sind die Balken zweier Dielenböden auf der gleichen Stützung aufgelegt, so kann man von gleichem Niveau beider Bodenflächen ausgehen. Trotzdem sind vielleicht Schwundrisse oder Verwerfungen im Holz aufgetreten. Es kann notwendig werden, ein oder zwei Balken an den Oberseiten zuzurichten, damit die einzusetzenden Dielen sauber eingefügt werden können.

Geringe Unebenheiten

Einen Niveauausgleich bis zu 18 mm können Sie mit kurzen Dielenstücken direkt über der Fuge vornehmen. Entweder bauen Sie eine Schräge oder bei größeren Höhenunterschieden eine kleine Stufe.

Eine Stufe bauen

Schneiden Sie die alten Dielen an der Kante der Deckenbalken auf ganzer Breite ab. Ziehen Sie dazu eine Markierungslinie, an der Sie entlangsägen. Bringen Sie am höheren Balken eine Latte als Auflager an. Am anderen Balken befestigen Sie eine ca. 30 mm dicke gehobelte Setzstufe.
Wenn Sie einen Bodenbelag auf die Dielung legen wollen, befestigen Sie kurze Dielenstücke als Stufe. Diese müssen 2–4 cm über die Setzstufe ragen. Wenn der Dielenboden sichtbar bleiben soll, ist es sinnvoller, ein Stufenbrett quer einzubauen. Auf diese Weise kann die Form der Stufenkante einfacher herausgearbeitet (gehobelt und geschliffen) werden. Bei einer Breite über 8 cm sollten Querriegel zur Unterstützung zwischengesetzt werden.
In Türbereichen werden Niveauunterschiede am besten mit einer Schwelle aus Hartholz ausgeglichen, die in die Türöffnung zwischen die Laibungen gelegt wird. Die Unterkante der Tür wird entsprechend abgehobelt.

Kleine Niveauunterschiede ausgleichen

Größere Differenzen mit Stufe ausgleichen

Im Türrahmen mit Schwelle ausgleichen

Eine sanfte Schräge bauen

Die Dielung auf der höheren Seite wird mit der Balkenkante gleichlaufend markiert und abgesägt. Befestigen Sie als Auflager eine Latte auf ganzer Länge am Balken. Nehmen Sie die Scheuerleisten im tiefer gelegenen Raumteil ab, und nehmen Sie hier die Dielen auf.
Legen Sie nun ein Richtscheit oder ein gerades Dielenbrett zur Ermittlung der Stärke der Leisten **(1)**, die Sie zum Niveauausgleich auf jeden Balken legen. Messen Sie den Winkel der Schräge mit einer Schmiege. So können Sie die Leisten mit dem Hobel exakt zurichten oder mit einer winklig eingestellten Handkreissäge von einem Brett absägen. Die Leisten nageln Sie auf den Balken fest. Überprüfen Sie dabei stets mit dem Richtscheit – auch diagonal –, ob die Dielen überall flächig aufliegen. Legen Sie die Dielen im Stabverband wieder auf **(2)**. Nehmen Sie die erforderlichen Materialergänzungen mit genau passenden Brettern an unauffälliger Stelle vor. Für gute stirnseitige Anschlüsse werden die Bretter beidseitig mit der Kappsäge abgeschnitten. Zuletzt bringen Sie die Scheuerleisten wieder an.

Feinjustierung der Schräge
Mit Richtscheit und Schmiege nehmen Sie auf jedem Balken das erforderliche Maß für die Ausgleichsleisten, die auf jeden Balken geheftet werden.

1 Mit einem geraden Brett die Schräge ermitteln

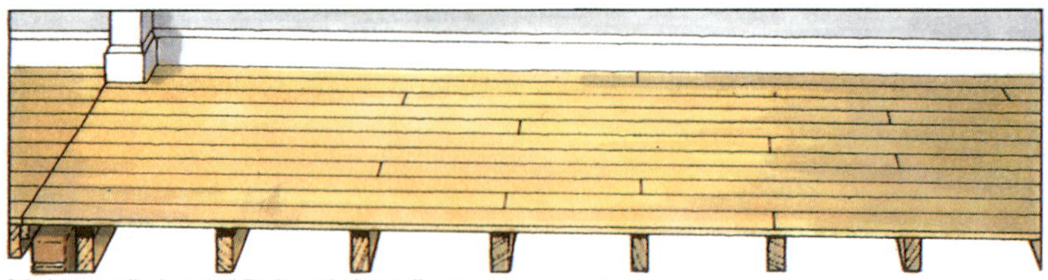

2 Leisten aufheften und Boden wieder auflegen

EINEN RAUM TEILEN

Sowohl in privat als auch in gewerblich genutzten Räumen wird man gelegentlich vor der Notwendigkeit stehen, zusätzliche abgeschlossene Räume zu schaffen. Mit einer Holzrahmenkonstruktion ist dies auch dem Heimwerker ohne weiteres möglich. Wenn solche Trennwände mit dem gleichen Material verputzt und gestrichen werden wie die übrigen Wände, wirken sie keinesfalls wie Fremdkörper.

Was Sie bedenken sollten

Im Alltag sowohl von Familien als auch von Firmen werden immer wieder Situationen auftreten, in denen neu abgeschlossene Räumlichkeiten benötigt werden, etwa für weitere Kinderzimmer oder als Büros für neue Mitarbeiter. Wenn Sie eine derartige Baumaßnahme planen, müssen Sie zunächst prüfen, ob diese den geltenden Bauvorschriften entspricht. Sollte sich die Maßnahme auf gewerblich genutzte Flächen beziehen, sind zusätzlich die Bestimmungen des Arbeitsschutzes zu berücksichtigen. Angesichts der hohen Kosten für Wohn- und Gewerbeflächen geht der Trend im modernen Bauwesen zu kleineren Räumen. Der Notwendigkeit, Räume zu teilen, wird man eher bei großzügig geschnittenen Altbauten begegnen. Bevor Sie Räume teilen, sollten Sie auch die möglichen Folgekosten bedenken. Selbstverständlich mag es vernünftig sein, etwa WC, Bad und Heizraum im weniger beleuchteten Hausinnern einzurichten. Für innenliegende Sanitärräume ist jedoch eine Entlüftung vorgeschrieben, die u. U. mit erheblichem Aufwand nachträglich installiert werden muß. Beträchtliche Kosten sind auch zu erwarten, wenn zusätzliche Fenster eingebaut oder bestehende versetzt werden müssen. Es empfiehlt sich daher stets, bei der Planung derartiger Baumaßnahmen einen Fachmann beizuziehen.

Konstruktion einer Trennwand

Holzrahmenkonstruktionen für nichttragende Wände lassen sich relativ einfach aus 10 x 5 cm Kanthölzern herstellen. Diese Bohlen aus gehobeltem Nadelholz sind in nahezu jedem Baumarkt erhältlich. Ein Holz wird mit Schrauben an der Decke, am besten an den Deckenbalken befestigt und bildet das obere Querholz der neuen Wand. Ein anderes Holz wird am Boden als Schwelle angebracht, auf die die Ständer gestellt werden. Soll die neue Wand einen Durchgang erhalten, wird diese Schwelle entsprechend geteilt. Die Ständer müssen gut fluchten. Abschließend werden Riegel mit Winkelbeschlägen zwischen die Stützen geschraubt. Diese werden für Öffnungen und an Plattenanschlüssen gebraucht und dienen ansonsten zur Stabilisierung der Wand.

Ausrichtung der Trennwand

Wenn die neue Wand rechtwinklig zu den Tragbalken in Decke und Fußboden verläuft, kann sie beliebig eingebaut werden. Jeder Balken nimmt eine Teillast der Wand auf. Wird die Wand jedoch in Spannrichtung der Tragbalken errichtet, so muß sie exakt auf einem Balken des Bodens stehen. Dafür kann unter Umständen eine Verstärkung notwendig werden. Bei Neubauten mit massiven Betondecken und -böden ist die Aufstellung leichter Trennwände problemlos.

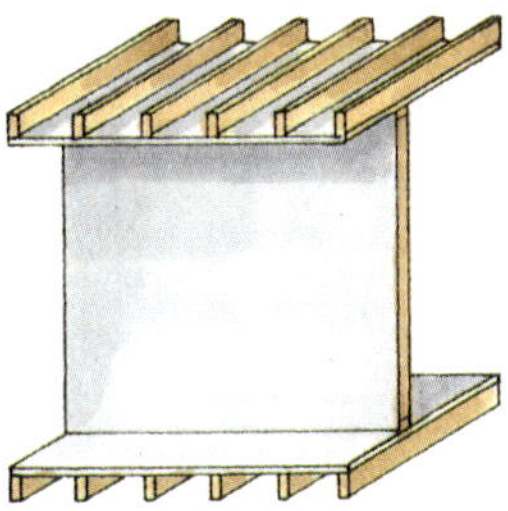

Rechtwinklig
Trennwand rechtwinklig zur Spannrichtung: Der Tragbalken ist gut unterstützt.

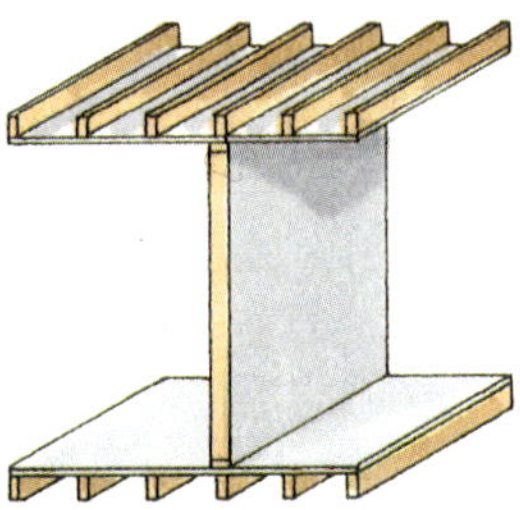

Parallel
Bei parallelem Verlauf der Trennwand dient einer der Tragbalken als Auflage.

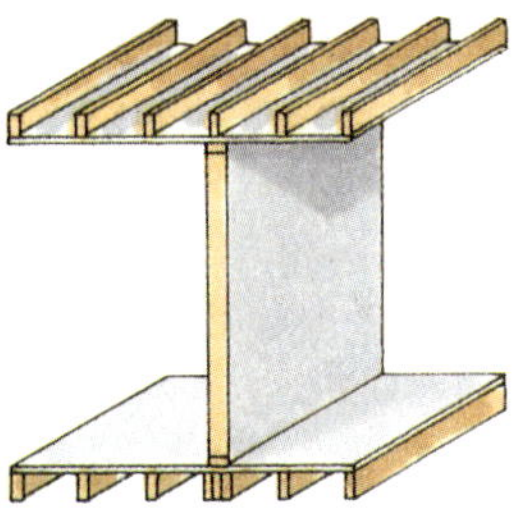

Verstärkung
Eine Verstärkung des Tragbalkens nimmt das zusätzliche Gewicht der Trennwand auf.

Eine Balkenverstärkung

Entfernen Sie die Sockelleisten, und nehmen Sie die Dielung des Bodens ab. Für die Dauer der Arbeiten können einige Dielen lose ausgelegt als Gehfläche dienen. Dübeln Sie Balkenschuhe als tragende Beschläge an jedem Ende der Verstärkungsbalken an die Wand. Eine andere Befestigungsmöglichkeit bei günstig verlaufenden Mauerfugen besteht darin, die Läuferfugen auszukratzen und die Balkenschuhe mit Mörtel zu befestigen. Legen Sie zwei exakt auf Maß zugeschnittene zusätzliche Träger (Toleranz weniger als 6 mm) in diese Balkenschuhe. Bohren Sie durch Hilfsträger und Balken in regelmäßigen Abständen (ca. 1,5 m) Löcher von 14 mm Durchmesser. Wenn Sie keinen Bohrer auftreiben können, der lang genug ist, bohren Sie jeweils durch 2 Balken. Nehmen Sie die Verstärkungsträger wieder auf, und bringen Sie an den innenliegenden Bohrungslöchern Holzsicherungsscheiben für 12-mm-Schrauben an. Legen Sie die Verstärkungsträger wieder in die Balkenschuhe, und verschrauben Sie die drei Balken zu einem fest verbundenen Träger. Verwenden Sie dazu 12-mm-Schloßschrauben mit großen Beilagscheiben. Verlegen Sie erneut die Dielen auf dem Boden, und errichten Sie die Trennwand auf dem verstärkten Träger.

Holzsicherungsscheibe

Balkenschuh

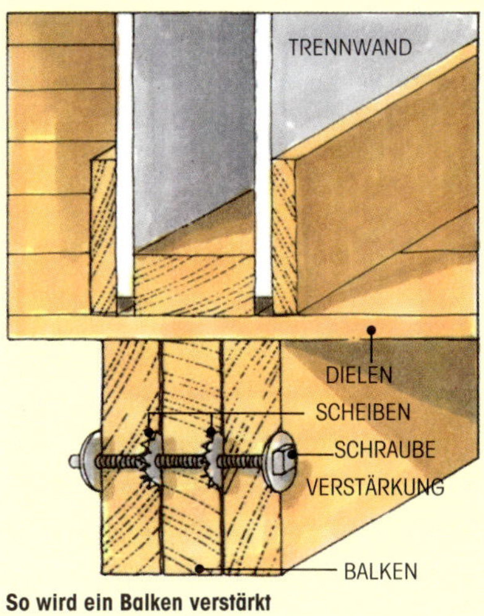

So wird ein Balken verstärkt

SIEHE AUCH
unter:

Teile einer Trennwand
1 Querholz oben
2 Schwelle
3 Wandstütze
4 Holzständer
5 Riegel

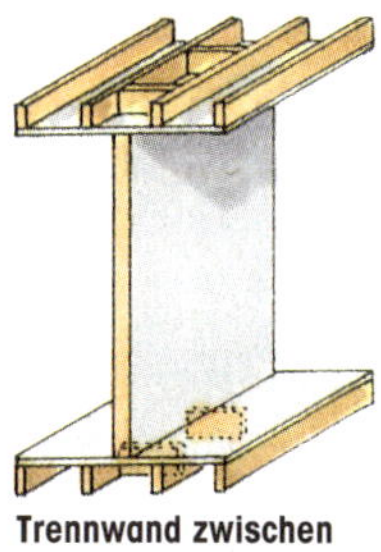

Trennwand zwischen Balken
Mit Wechseln im Boden- und Deckenbereich wird eine Trennwand zwischen Tragbalken gestellt.

LEICHTBAU-TRENNWAND AUFSTELLEN

SIEHE AUCH
unter:
Türrahmen und Zargen 161

Mit einer Leichtbau-Trennwand können Sie auf die einfachste Weise einen großen Raum in zwei kleinere Bereiche trennen. Sie können solche Wände mit einer Türöffnung, Durchreiche oder mit verglasten Bereichen versehen – letzteres besonders im gewerblichen Bereich eine beliebte Lösung, da sich so eine Verbesserung des Tageslichteinfalls erreichen läßt. Die Leichtbautrennwand kann direkt auf den bestehenden Bodenbelag, auf Beton oder tragende Balken gestellt werden. Für die elektrischen Installationen können sowohl Aufputz- als auch Unterputzanschlüsse und -schalter verwendet werden.

Anzeichnen und Stützenweite

Markieren Sie die Lage des Schwellholzes für die neue Wand am Fußboden. Dazu können Sie die zugesägte Schwelle als Führungslineal benutzen. Übertragen Sie diese Linie mit Hilfe von Wasserwaage, Lot und einer geraden Latte auch an Decke und Wände. An der Decke benutzen Sie am besten eine Kreideschlagschnur **(1)**.

Ständerweite

Legen Sie die Schwelle und das Deckenholz fluchtend nebeneinander, und zeichnen Sie, von der Mitte ausgehend und unter Verwendung eines Anschlagwinkels, die Positionen der Wandständer über beide Hölzer an. Der Abstand richtet sich nach dem für die Wandbekleidung vorgesehenen Material. Bei den üblichen 1-Mann-Gipskartonplatten sind das 60 cm.

Türöffnung anzeichnen

Wenn Sie eine Tür einsetzen wollen, müssen Sie das Laibungsmaß der Tür plus 6 mm Toleranzfuge beidseitig als Ständerabstand zugrunde legen. Dieses Maß zeichnen Sie an der gewünschten Stelle an und tragen von diesen Punkten ausgehend Ihre Ständerweiten auf der Schwelle an **(2)**. Sägen Sie das Öffnungsmaß für die Türlaibung aus der Schwelle heraus. Die Stützen werden dabei **(3)** als Türpfosten auf den Fußboden gestellt. Die Schwelle muß um das entsprechende Maß gekürzt werden.

Aufstellen des Holzrahmens

Schrauben Sie das Schwellholz entlang der angezeichneten Linie an jedem Ende am Boden fest (bei Betonboden dübeln). Für 6 mm starke Holzschrauben bohren Sie die Löcher in den Hölzern vor, damit das Holz nicht reißt. Bohren Sie die Löcher für die Schrauben in das Deckenholz, und stemmen Sie dieses mit zwei Latten in der richtigen Position gegen die Decke **(4)**, nachdem Sie mit einem Lot nochmals die vertikale Ausrichtung zur Schwelle geprüft haben. Schrauben Sie das Deckenholz an einer Holzbalkendecke fest. An einer Betondecke zeichnen Sie die Dübellöcher an. Nehmen Sie das Deckenholz wieder ab, bohren Sie die Dübellöcher, stecken Sie die Dübel, und schrauben Sie das nochmals sorgfältig ausgerichtete Deckenholz fest. Auf diese Weise werden auch die äußeren Ständer an der Wand befestigt, nachdem Sie deren Position der Stützen nochmals mit Lot oder Wasserwaage überprüft haben. Verbinden Sie mit Montagewinkeln und Holzbauschrauben die äußeren Stützen mit Decken- und Schwellholz.

Türsturz einbauen

Sie zeichnen dazu die Höhe des Türöffnungsmaßes plus 10 mm Toleranzfuge an den Türpfosten an und schrauben hier beidseitig hängend Winkelverbinder oder Lochplattenwinkel fest. Auf diese legen Sie das Querholz für den Sturz und befestigen es mit Schrauben. Die gleiche Montagetechnik empfiehlt sich für eine weitere Stütze vom Türsturz zum Deckenholz.

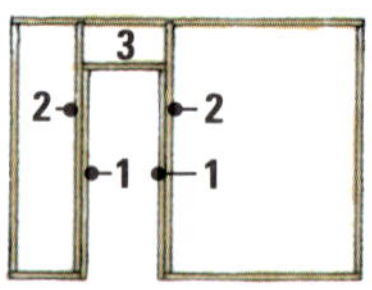

Doppelte Türpfosten
1 Türhohe Pfosten
2 Wandständer
3 Türsturz

Alternative Lösung für Türpfosten

Eine andere Methode für die Konstruktion von Türpfosten in einer Leichtbauwand soll hier noch genannt werden. Sie schrauben an zwei bis zum Deckenholz reichenden Wandstützen Pfosten für die Türöffnung an. Dabei arbeiten Sie mit den gleichen Toleranzzugaben der Maße wie oben beschrieben. Auf diesen Pfosten wird der Sturz aufliegend befestigt, auf den Sturz kommt eine mittige, bis zum Deckenholz reichende Stütze. Für alle Verbindungen verwenden Sie rostfreie Winkelverbinder und selbstschneidende Holzbauschrauben (Spax).

1 Mit der Kreideschnur Deckenholz markieren

2 Schwelle und Deckenholz markieren

3 Türöffnung zuerst am Deckenholz anzeichnen

4 Deckenholz gegen Decke stemmen

5 Ständer an Sturz schrauben

SIEHE AUCH
unter:

Gipsbauplatten 134
Nagelverbindung 135
Gipsbauplatten anreißen 136
Gipsbauplatten spachteln 140–141

Stützen und Riegel befestigen

Sie schneiden zunächst die Ständer in Folge einzeln zu und bauen sie in den Rahmen ein. Verwenden Sie dazu Winkelverbinder aus rostfreiem Material und Spax-Schrauben. Danach schneiden Sie die Riegel ab und bauen diese mit Winkelverbindern zwischen die Ständer. Eine oder zwei Reihen Riegel sind ausreichend. Richten Sie Ständer und Riegel so ein, daß die Fugen der Plattenbekleidung später mittig aufliegen. Auch bei Verwendung von raumhohen Einmannplatten sollten Sie mit mindestens einer Reihe Riegel arbeiten.

Mit gleicher Stützenweite arbeiten

Für Rahmenaussteifung Riegel einsetzen

Anschluß an eine bestehende Leichtbauwand

Leichtbautrennwände werden häufig zum Trockenausbau in Dachgeschoßen eingesetzt. Dabei kann es vorkommen, daß zwei Trennwände aneinanderstoßen. Wenn möglich, befestigen Sie eine Stütze der neuen Wand an tragenden Teilen der bestehenden Wand. Lokalisieren Sie die Mitte der entsprechenden Stütze in der alten Wand durch Anbohren. Wenn die neue Wand zwischen zwei Ständern der alten Wand anschließt, wählen Sie die Riegel, Schwelle und Deckenholz der alten Wand als Befestigungspunkte. Konstruieren Sie die neue Wand wie beschrieben, doch soll in diesem Fall der anliegende Ständer vom Fußboden bis zur Decke verlaufen und die horizontalen Hölzer daran gesetzt werden.

Leichtbauwände verkleiden

Wenn eine Leichtbauwand auch nur einigermaßen schalldämmend wirken soll, sollte sie vor der Verkleidung mit Gipskartonplatten mit Spanplatten beplankt werden. Dafür eignen sich am besten Fußbodenplatten mit Nut und Feder. In diesem Fall muß die Ständerweite allerdings den Maßen der Spanplatten angepaßt werden. Auf einen Spanplattengrund können die Gipskartonplatten beliebig verlegt werden.
Ist keine zusätzliche Spanplattenverkleidung vorgesehen, prüfen Sie zunächst, in welcher Weise die Leichtbauwand am kostengünstigsten verkleidet werden kann. Grundsätzlich können Sie Gipskartonplatten senkrecht und waagrecht verlegen. In der Regel wird man aber die leicht zu handhabende Einmannplatte mit 2,60 m Länge verwenden.

Grundsätzlich werden die Platten an der Decke bündig angesetzt und unten geschnitten, da die Sockelleisten eventuelle Ungleichmäßigkeiten verbergen. Beginnen Sie mit dem Verkleiden der Leichtbauwand stets auf dem Pfosten einer Durchgangsöffnung. Über dem Durchgang werden die Platten versetzt geschnitten, falls Sie keine aufgedoppelten Pfosten gesetzt haben (siehe Abb.). Beplanken Sie die Wand beidseitig, und bearbeiten Sie dann die Laibung. Verlegen Sie die Platten Stoß an Stoß, und befestigen Sie diese mit den vom Hersteller empfohlenen Spezialschrauben. Nach dem Bekleiden der Wandflächen werden diese mit Füllstoff verspachtelt. Außenkanten verstärken Sie mit Schienen aus dünnem Metall, die befestigt und einfach eingespachtelt werden.

Holzverbindungen

Obwohl die Holzverbindungen beim Aufbau einer Leichtbauwand nicht sonderlich belastet werden, sollte man der geschraubten Verbindung stets den Vorzug vor der genagelten geben. Falls Sie dennoch nageln wollen, sollten Sie aus Stabilitätsgründen die unten abgebildete genutete und gezapfte Verbindung wählen.
In der Regel verbindet man die Holzteile einer Leichtbauwand mit Winkelverbindern aus nichtrostendem Metall und selbstschneidenden Schrauben (Spax). Bei Verwendung einer elektrischen Bohrmaschine mit Schraubeinsatz bereitet eine solche Verbindung kaum mehr Arbeit als das Einschlagen der Nägel, da das früher erforderliche Vorbohren der Schraubenlöcher entfällt. Winkelverbinder ansetzen, Schrauben eindrehen, fertig! Besonders bequem ist für solche Arbeiten der Einsatz eines Akkuschraubers, der in vielen Fällen umständlichen »Kabelsalat« erspart.

Winkelverbinder und Schrauben
eine moderne und haltbare Methode.

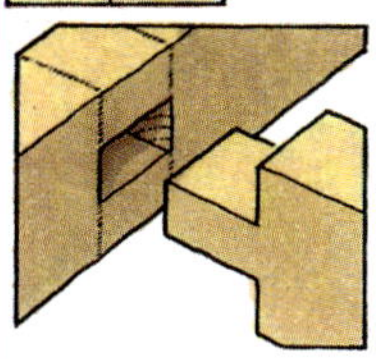

Genutete Verbindung
Diese Verbindung ist auch ohne Schrauben stabil.

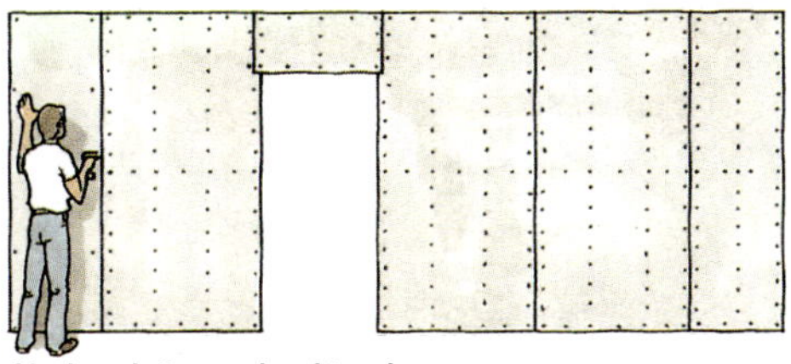

Gipsbauplatten senkrecht verlegen
Arbeiten Sie von der Türöffnung aus.

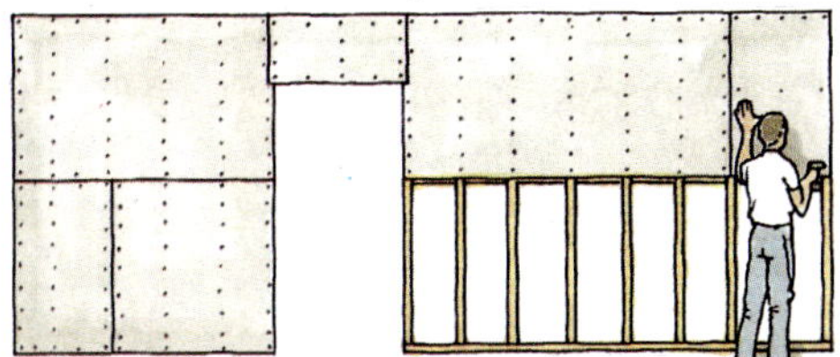

Gipsbauplatten waagrecht verlegen
Befestigen Sie zuerst die obere Reihe, und arbeiten Sie von oben nach unten. Geschnitten wird unten, wo die Sockelleiste Unregelmäßigkeiten verbirgt.

ABGEWINKELTE LEICHTBAU-WAND

SIEHE AUCH
unter:

Trennwand	112–113
Nagelverbindung	135
Gipsbauplatten	135–136
Gipsbauplatten spachteln	135–136

Mit einer versetzten Trennwand kann man in beiden Räumen Nischen bilden. Die Konstruktion geschieht auf die gleiche Weise wie bei einer geraden Trennwand. Diese Nischen kann man entweder als Alkoven für Betten, etwa bei benachbarten Kinderzimmern, oder für Einbauschränke nutzen. Beide Möglichkeiten dienen der optimalen Raumnutzung.

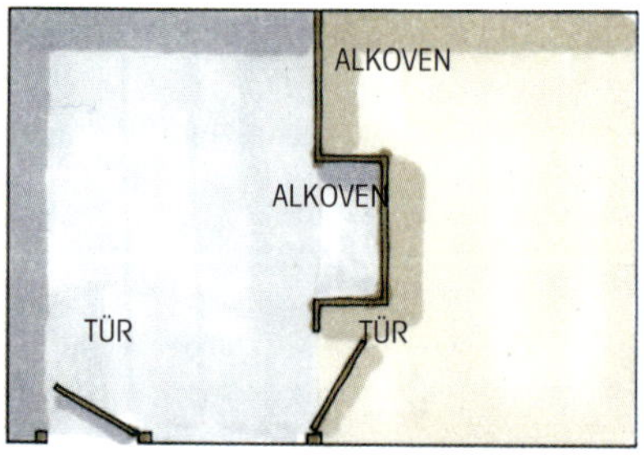

Eine versetzte Trennwand bildet zu beiden Seiten Nischen für optimale Raumnutzung

Plazieren der Wand

Markieren Sie den Hauptteil der Wand und den Verlauf der parallelen Nischenwand auf dem Boden. Für eine Garderobe oder einen Einbauschrank brauchen Sie eine Tiefe von 60 cm , für einen Alkoven 95 cm (bei 90 cm Bettbreite). Die Breite der Nischen zeichnen Sie an, indem Sie von der Wand gegenüber der Tür messen. Für die rechtwinklig verlaufenden Wandteile berücksichtigen Sie die Wandstärke und markieren auf beiden parallelen Linien jeweils das gleiche Maß. Für die Türöffnung geben Sie an jedem Pfosten 6 mm als Toleranz hinzu. Prüfen Sie die Konstruktion zuletzt mit einem großen rechten Winkel.

Schwelle und obere Hölzer einbauen

Reißen Sie die Positionen der oberen Hölzer an der Decke an. Mit einem Richtscheit und einer Wasserwaage oder einem Lot überprüfen Sie, ob die auf dem Boden angebrachten Markierungen exakt mit denen an der Decke fluchten. Sägen Sie die Schwelle und die Deckenhölzer zu und bauen sie diese wie bei einer geraden Wand ein. Dann können die Ständer zugeschnitten und eingebaut werden. Dabei sollte bereits die Breite der Spanplatten bzw. Gipsbauplatten berücksichtigt werden, die als Wandverkleidung verbaut werden sollen.

Arbeitsfolge:
1 Lage von Schwell- und Deckenhölzern festlegen
2 Anzeichnen
3 Schweller sägen und anbringen
4 Deckenhölzer anbringen
5 Ecken aus drei Ständern bilden
6 Übrige Ständer in entsprechendem Abstand einbauen
7 Riegel einbauen
8/9 Türrahmen bauen

Konstruktion der Ecken

Die rechtwinkligen Ecken und die Nische brauchen zusätzliche Stützen für die Montage der Gipsbauplatten. Bauen Sie die Ecken aus drei zusammengeschraubten Ständern, und setzen Sie in die 5 cm breiten Zwischenräume kurze Stücke Abfallholz als Abstandshalter ein. Das türseitige Ende der Trennwand bilden Sie aus einem Ständerpaar, das wiederum mit Abstandsstücken von 5 cm Dicke zusammengebaut ist. Sie überzeugen sich bei allen Stützen von deren Rechtwinkligkeit. Wer die montierten Stützen mit Holzbauschrauben zusammenbaut und die Befestigung der einzelnen Rahmenteile mit Montagewinkeln vornimmt, arbeitet zeitsparend und mit kraftschlüssigen Verbindungen. Schrauben Sie nun die Gipsbauplatten auf beiden Wandseiten fest, und lassen Sie einen Überstand, bis die Türlaibung fertiggestellt ist. Befestigen Sie die Wandständer, ggf. die Schwellen und das Deckenholz. Oberhalb des Türsturzes bauen Sie eine kurze Stütze ein und verkleiden den Rest mit Gipsbauplatten.

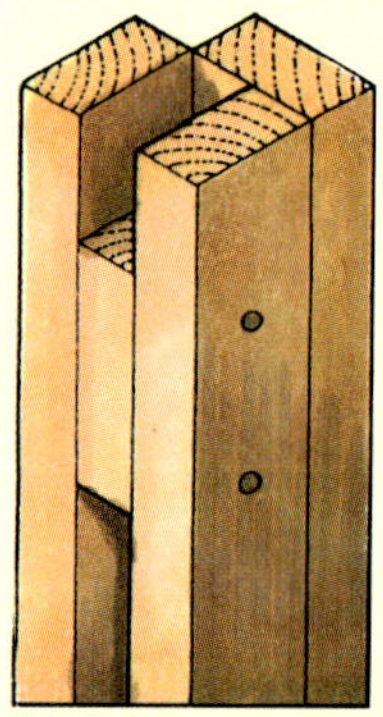

Eckpfosten
Verbinden Sie drei Ständer zu Eckpfosten.

Endpfosten
Zwei Ständer miteinander verbinden.

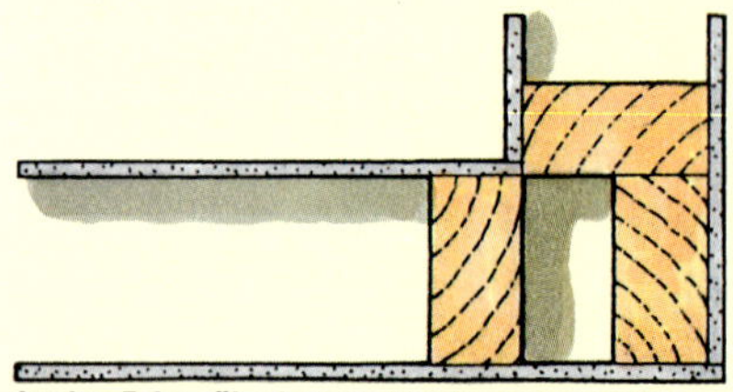

An den Ecken überlappen die Gipskartonplatten

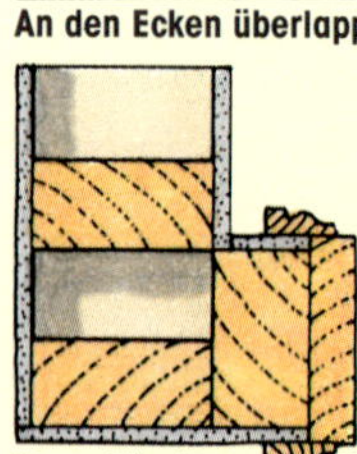

Einen Türpfosten an die Trennwand schrauben

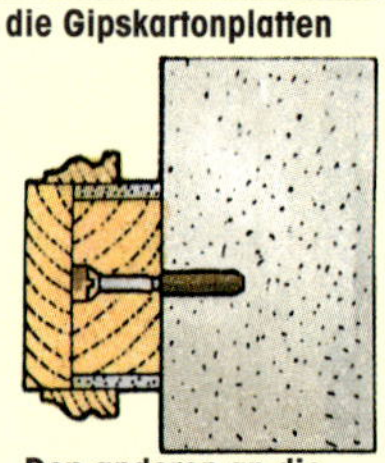

Den anderen an die Wand schrauben

INSTALLATIONEN AN LEICHTBAUWÄNDEN

Anders als bei massiven Wänden aus Blöcken oder Steinen ist es bei hohlen Leichtbauwänden manchmal schwierig, Lasten sicher zu befestigen. Wo immer möglich, sollten die Befestigungspunkte im Bereich der Ständer gewählt werden. Für die Anbringung vorgeplanter Einbauten können zusätzliche Ständer und Riegel bei der Wandkonstruktion berücksichtigt werden.

Montage eines Waschbeckens

Die Befestigung eines an der Wand angebrachten Waschbeckens muß außer dem Eigengewicht auch das des Wassers und die Stützlast eines Benutzers tragen. Kaufen Sie das Waschbecken vor dem Bau der Wand, oder richten Sie sich bei Ihren Planungen nach technischen Merkblättern des Herstellers. In jedem Fall müssen Sie wissen, welchen Abstand die das Becken tragenden Wandstützen haben müssen. Bevor Sie die Wand mit Gipsbauplatten beplanken, zeichnen Sie die Lage der Ständer mittig auf dem Boden an. Schwere Waschtische sollten nicht ohne Keramikfuß an Leichtbauwänden angebracht werden. Aber auch für leichtere Waschbecken sollten Sie solide Halter an der Wand festschrauben und das Becken dann einhängen. Für die Befestigung von Ablagen oder einem Spiegelschrank haben Sie mit entsprechenden Holzteilen in der Wand vorgesorgt. Auch für die Mischbatterie, die in der Wand befestigt werden soll, müssen Sie Verstärkung anbringen. Eine 19 mm dicke wasserfeste Spanplatte, die vor der Beplankung der Leichtbauwand hinter den Gipsbauplatten befestigt wurde, ist eine geeignete Lösung. Ein Waschtisch mit integrierter Mischbatterie hat unterhalb Anschlüsse für Eckventile. Diese sind in der Wand wiederum auf Verstärkungen anzubringen. Für die Installation der Wasserleitung, Abflußrohrleitung und Elektroinstallation schneiden Sie in die Stützen Aussparungen oder bohren Löcher durch die Hölzer. Aussparungen und Schnitte verstärken Sie erneut mit eingesetzten Leisten. Grundsätzlich werden alle Installationen vor dem Beplanken der Wände auf Funktion, Dichtigkeit und bei Elektroinstallationen auf korrekte Schaltung geprüft. Fotografieren Sie die offenliegenden Installationen mit einem daran gehaltenen Zollstock. Bei späteren Eingriffen wissen Sie sofort, wo und wie Sie arbeiten müssen.

Wandschrank montieren

Für die Befestigungen von Wandschränken brauchen Sie geeignete Verstärkungen. Wenn keine Ständer vorhanden sind, können Sie bis zu einer gewissen Belastung mit Hohlraumspreizdübeln oder Klappdübeln arbeiten. Verteilen Sie die Last aber auf mehrere dieser Spezialdübel.

Regale hängen

Die Wandmontage von Regalen an einer Leichtbauwand geschieht ebenfalls in der soeben beschriebenen Weise. Wählen Sie ein Regal, das zur Lastverteilung mehrere Befestigungspunkte hat. Wenn Sie die Wand zusätzlich mit Spanplatten verkleidet haben, können Sie von einer mehrfachen Tragfähigkeit gegenüber einer Verkleidung mit Gipskarton bei geschraubten Befestigungen ausgehen.

Kleine Lasten aufhängen

Bei kleinen Lasten ist die Befestigung an Gipskartonplatten mit Hohlraumdübeln kein Problem, auch wenn Sie kein tragendes Holz in der Wand vorgesehen haben. Spiegel, Bilder und andere leichte Gegenstände können mit speziellen Schraubdübeln befestigt werden. Dazu wird mit der Bohrmaschine und einem Spezialbohrer ein Loch in die Gipskartonplatte gebohrt. Der gleiche Bohrer dient dann als Schlüssel zum Eindrehen des Schraubdübels. Das geht ungemein schnell, und die Tragfähigkeit ist dank des breiten Gewindes erstaunlich gut.

SIEHE AUCH unter:

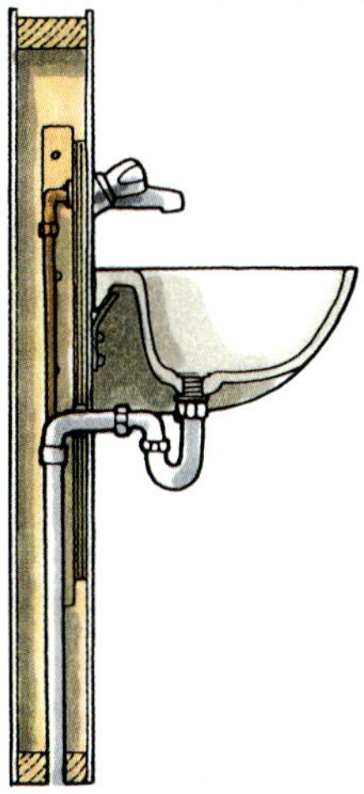

Waschbecken
Die Wand verstärken Sie innen mit wasserfester Preßspan- oder Sperrholzplatte

Installation in Leichtbauwänden

In einer offenen Leichtbauwand sind Installationen in der Regel sehr unproblematisch. Für den horizontalen Installationsverlauf sollte eine maximale Höhe von 30 cm über dem Fußboden angestrebt werden.

Rohrleitungen

Für Ver- und Entsorgungsleitungen müssen ausreichend große Durchlässe in die Ständer und Riegel der Wandkonstruktion gesägt oder gebohrt werden. Abflußleitungen müssen mit leichtem Gefälle in Richtung auf den Abwasseranschluß verlegt werden.
Wenn Sie den Verlauf aller Leitungen an den Hölzern markiert haben und das Planungssystem funktioniert, bringen Sie die Öffnungen an. Sinnvollerweise schneiden Sie die Ständer so aus, daß Sie alle Installationen bequem von einer Seite aus anbringen können. Größere Einschnitte in Ständern – etwa für Abwasserleitungen – müssen verstärkt werden, damit eine eventuelle spätere Verwindung der Hölzer keinen Druck auf die Rohre ausüben kann. Für die Verstärkungen sägen Sie lange Nuten in die Oberfläche der Ständer, die Sie mit einer passenden Holzleiste verschließen (s. Abbildung). Riegel benötigen keine Verstärkung. Wasserführenden Leitungen stützen Sie jedoch mit einem Querholz ab.

Elektrische Leitungen.

Bohren Sie 12–18 mm große Löcher für Kabeldurchführungen in Stützen und Riegel. Dosen für Verteiler, Schalter und Steckdosen können nicht im Stützenbereich eingebaut werden. Für die Montage in gipskartonverkleidete Leichtbauwände sind Hohlwanddosen vorgeschrieben. Sie können diese mit einem Riegel hinterbauen, aber die Haltbarkeit der Befestigung ist völlig ausreichend, sofern die Ausschnitte präzise gesägt sind. Es werden nur die Verkabelungen gelegt und mit Schellen fixiert. Der Rest folgt nach Verkleidung der Wand.

Große Ausschnitte müssen verstärkt werden

Dosen auf Querhölzer setzen

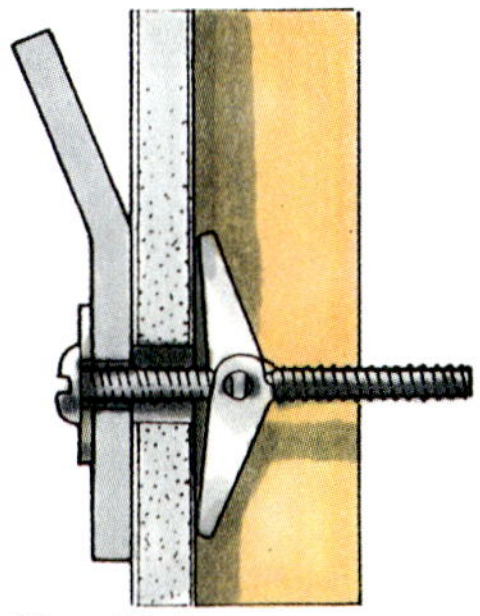

Klappdübel
Es gibt eine Reihe von Möglichkeiten, um Lasten an Leichtbauwänden anzubringen. Der oben gezeigte Klappdübel ist die tragfähigste. Auch Spreizdübel und Gipskartondübel sind für geringe Lasten brauchbar. Die Grenzen der Tragkraft bestimmt hier die Gipskartonplatte.

REGALE BAUEN

SIEHE AUCH
unter:
Holz sägen 353–355

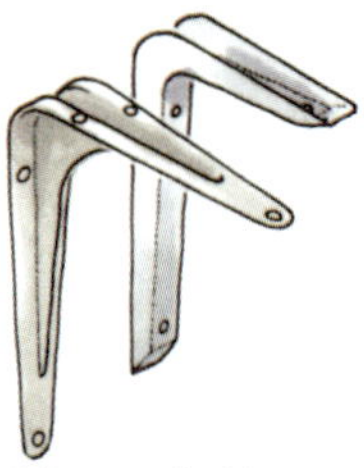

Träger aus lackiertem Preßstahl

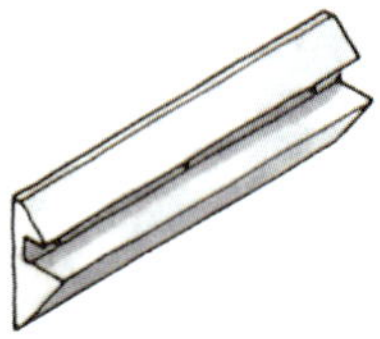

Aluminium-Profilschiene

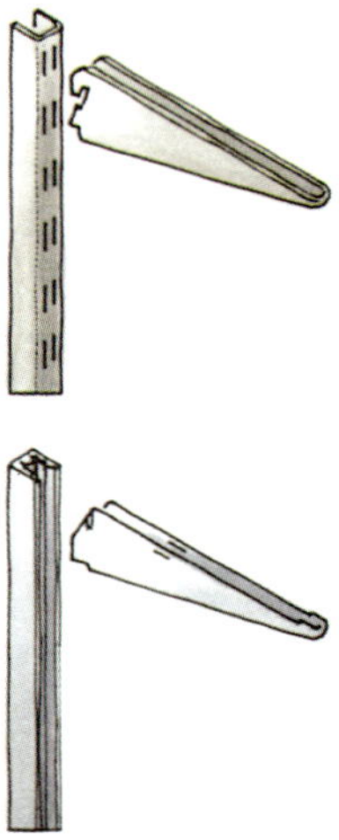

Verstellbare Regalsysteme

Regale sind die einfachste und billigste Methode, ein Zimmer einzurichten – wenn man sich mit ein paar Trägern und Brettern begnügt. Sie können zur elegant-exklusiven Ausstattung werden, wenn Edelholz und Glas ins Spiel kommen. Egal, ob für die Garage oder fürs Wohnzimmer – ein Haushalt ohne Regale ist schlechthin undenkbar!

Wandregale

Regalbretter können entweder in einer Nische auf seitlichen Auflagen oder auf Trägern an einer geraden Wand angebracht werden.
Die Auswahl an Trägern ist nahezu unübersehbar. Sie reicht vom einfachen Winkel aus Stahlblech bis zum kunstvollen Schmiedeeisenteil oder dem gesägten und gefrästen Holzträger. Der größten Beliebtheit erfreuen sich allerdings die Regalsysteme mit Profilschienen und einsteckbaren Trägern. Es gibt sie in mehreren Qualitäten von der schlichten Ausführung mit Einfachschlitzreihen und Trägern aus Flachstahl bis zu hochwertigen Ausführungen mit Doppelschlitzreihen und Trägern in Holzausführung. Allen diesen Systemen sind folgende Vorteile gemeinsam: Die Last der Regale verteilt sich auf zahlreiche Dübel, und die Flexibilität des Systems läßt auch nach der Montage noch beliebig viele Varianten zu. Die Trägersysteme werden ergänzt durch ein breites Sortiment an fertigen Regalbrettern aus Spanplatten, die meist roh (zum Lackieren oder Furnieren) sowie in Weiß, Schwarz und Eiche zu äußerst günstigen Preisen angeboten werden. Auch Leimholzplatten sind in passenden Größen erhältlich.

Trägerabstand

Biegesteife und bruchfeste Materialien lassen bei gleicher Belastung größere Trägerabstände zu. Deshalb sind Regalböden aus Massivholz und Tischlerplatten (natürlich nur in Faserrichtung) allen Sorten von Holzfaserplatten grundsätzlich vorzuziehen. Bei einem Trägerabstand von 50 cm, wie er von den meisten Systemherstellern empfohlen wird, befindet man sich aber mit allen gebräuchlichen Materialien auf der sicheren Seite. Wichtiger wird die Frage nach der Tragfähigkeit bei Regalborden, die mit einzelnen Trägern befestigt werden. Hier wird man häufig danach streben, mit möglichst wenigen Trägern auszukommen. Größere Abstände müssen dann jedoch durch tragfähigere Borde ausgeglichen werden, etwa durch Verwendung von 28-mm-Leimholz. An den Rändern unterstützte Borde biegen sich stärker durch als weiter mittig gestützte.

Empfohlene Trägerabstände				
Material	**Stärke**	**Leichte Last**	**Mittlere Last**	**Schwere Last**
Massivholz	19 mm	800 mm	750 mm	700 mm
Tischlerplatte	19 mm	800 mm	750 mm	700 mm
Spanplatte	19 mm	750 mm	600 mm	450 mm
MDF	19 mm	800 mm	750 mm	700 mm
Glas	6 mm	700 mm	Nicht möglich	Nicht möglich

Regalborde verstärken

Die Biegefestigkeit von Regalborden kann durch Verstärkungen erheblich verbessert werden. Handelt es sich dabei um Aufleimer, evtl. profilgefräst und aus edlem Holz, oder um elegante Aluminiumprofile, lassen sich auf diesem Weg auch reizvolle optische Effekte erzielen.

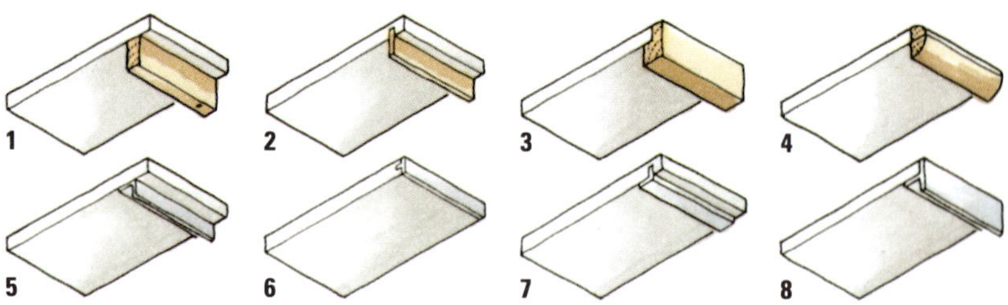

Holzverstärkungen
1 Aufgesetzte Leiste
2 Eingenutete Leiste
3 Aufleimer eckig
4 Aufleimer 2 Viertelstäbe

Metallverstärkungen
5 Winkelprofil
6 Eingenutetes Aluprofil
7 Eingenutetes Winkelprofil
8 Angeschraubtes T-Profil

Einbauregale

Die einfachste Methode, Einbauregale anzubringen, besteht in der Nutzung bereits vorhandener Nischen oder schmaler, von zwei Wänden flankierter Wandflächen. Besonders in verwinkelten Altbauten finden sich häufig Gelegenheiten, beispielsweise zwischen einem vorstehenden Schornstein und der benachbarten Wand oder zu beiden Seiten eines offenen Kamins.

Feste Regale einbauen

Markieren Sie an beiden Seitenwänden die Höhe Unterkante Regalbord(e). Achten Sie auf gleiche Abstände, wenn Sie mehrere Borde einbauen. Schneiden Sie passende Holzleisten als Seitenstützen zu. Diese sollen ca. 5 cm kürzer als die Bordtiefe sein und werden vorn im 45°-Winkel abgeschrägt **(1)**. Befestigen Sie die Stützen mit Dübeln oder Schrauben, je nach Material der Seitenwände. Aufleimer verbergen die Stützleisten, lassen das Bord stärker erscheinen **(2).** Elegant und kaum sichtbar sind Befestigungen mit Aluminium-Winkelprofilen **(3)**.

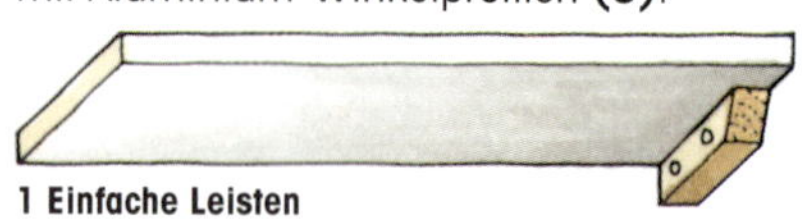

1 Einfache Leisten

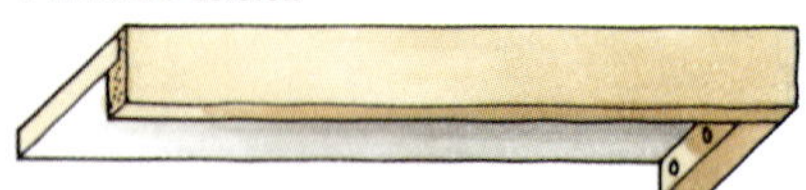

2 Aufleimer mit Übermaß verbergen die Stützen

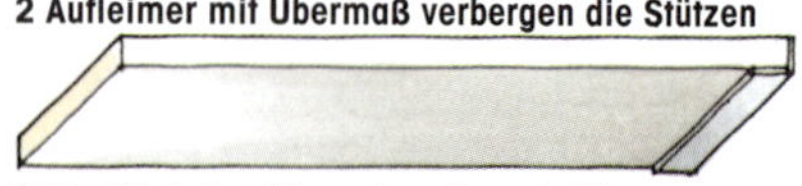

3 Alu-Winkelprofile – eine elegante Lösung

BEFESTIGUNG AN DEN WÄNDEN

SIEHE AUCH
unter:
Sägen 353

MATERIALIEN FÜR REGALBORDE

Vorgefertigte Regalborde aus beschichteten Spanplatten gibt es in genormten Größen in jedem Baumarkt. Ebenso sind Borde aus Leimholz überall erhältlich. Aus diesen Materialien kann man brauchbare Regale für die verschiedensten Verwendungen bauen. Wer höhere ästhetische Ansprüche stellt, wird zu individuell bearbeiteten Platten greifen. Deshalb hier eine kurze Übersicht über die geeigneten Materialien.

Massivholz
wird heute überwiegend in Form von Leimholz verarbeitet. Dieses Material ist vorbehandelt und einigermaßen verzugsfrei. Im Handel findet man es in genormten Größen und Stärken nebst allerlei Zubehör wie vorgefertigten Regalstützen. Auf die Verwendung von Hart- und Edelhölzern sollte der Heimwerker verzichten. Diese Hölzer werden – auch aus Kostengründen – überwiegend in Form von Furnieren verarbeitet.

Tischlerplatte
Zwischen zwei Deckfurnieren verleimte Weichholzstäbe. In Faserrichtung verarbeitet, sind Tischlerplatten auf Grund ihrer Biegefestigkeit und ihres geringen Gewichts hervorragend für Regalborde geeignet. Das Material muß jedoch mit Um- oder Aufleimern versehen werden.

Sperrholz
Mehrere Furnierschichten werden jeweils abwechselnd quer zur Faserrichtung miteinander verleimt. Dazu verwendet man meist preiswerte Harthölzer wie Buche oder Birke.

Spanplatten
Preiswert und stabil, aber schwer. Spanplatten lassen sich ideal furnieren und können auch lackiert werden, wenn man die Kanten sauber verspachtelt.

Mitteldichte Faserplatte (MDF)
Stabile Platten, die sich hervorragend lackieren lassen, da sie glatter sind als Spanplatten und an den Kanten nicht gespachtelt werden müssen. Auch zum Furnieren ideal.

Glas
Verwenden Sie ausschließlich gehärtetes Glas. Zuschneiden, Kanten brechen und polieren sind Sache des Glasers, Glasborde sind besonders elegant zur Präsentation wertvoller Sammlungen.

Bauweise und Qualität der dahinterliegenden Wand bestimmen weitgehend die Möglichkeiten zum Regalbau. An massiven Steinwänden lassen sich praktisch alle Hängeregale problemlos montieren. Bei Leichtbauwänden ist darauf zu achten, daß die Tragelemente – Stützen oder Schienen – mit soliden Holzständern verschraubt werden können.

Durch eine mit Trägern abgestützte Wandlast werden die Halteschrauben stark auf Zug belastet, und dies um so mehr, je breiter die Last – das Regalbord – ist. Besonders die obersten Schrauben haben da einiges zu halten, und wenn der Dübel zu klein oder zu kurz für die Bohrung oder die Schraube zu klein für den Dübel ist, können beide durch die Last aus der Wand gezogen werden. Das gleiche gilt für zu kurze Dübel, die nur im weichen Putz statt im harten Stein stecken. Generell gelten 8-mm-Dübel und 50 mm lange Schrauben als Minimum für höher belastete Regale. Bei Altbauten mit ihren oft dicken Putzschichten können weit längere Schrauben nebst den entsprechenden Dübeln erforderlich sein. Regale an Leichtbauwänden, deren Träger nicht mit den Ständern verschraubt, sondern nur mit Spreiz- oder Klappdübeln befestigt sind, dürfen nur gering belastet werden.

Einzelnes Bord anbringen

Markieren Sie zunächst die gewünschte Höhe des Bordes sowie die horizontale Position der Stützen. Markieren Sie mit Hilfe einer Wasserwaage und ggf. einer Richtlatte die vertikale Position der Stützen. Diese müssen auf einer waagrechten Linie stehen. Legen Sie die Stützen in der korrekten Position an, und markieren Sie durch die Schraubenlöcher die Bohrungen. Bohren Sie mit der Schlagbohrmaschine und einem passenden Mauerbohrer die Dübellöcher in die Wand, stecken Sie die Dübel ein, und schrauben Sie die Träger fest. Legen Sie das Bord auf, und sichern Sie es gegen Verrutschen. Bei vielen Trägern sind dafür eigene Bohrungen vorgesehen, durch die von unten kleine Holzschrauben in das Bord gedreht werden. Andere weisen an der Oberseite Nasen auf, die in Bohrungen an der Unterseite der Borde greifen.

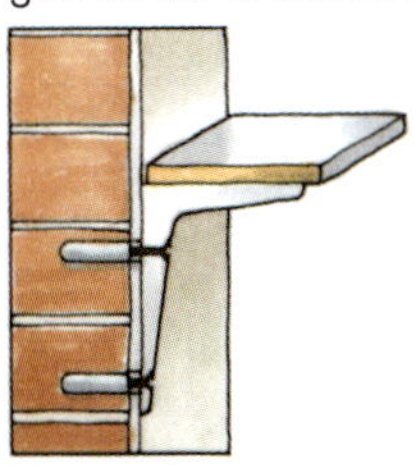

Mauerwerk
Verwenden Sie Dübel und Schrauben.

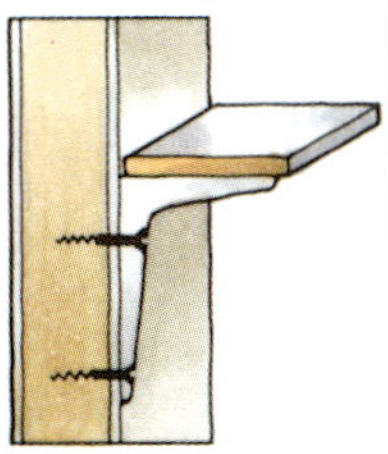

Leichtbauwand
Schrauben Sie in die Ständer.

Regalsystem anbringen

Markieren Sie zunächst die Position der Profilschienen auf einer Waagrechten in Höhe des obersten Schraubenloches. Bringen Sie die Bohrungen an, und schrauben Sie die Schienen provisorisch so fest, daß sie noch beweglich bleiben. Bringen Sie mit der Wasserwaage jede Schiene exakt ins Lot, und markieren Sie zunächst die unterste **(1)**, dann die übrigen Bohrungen. Bringen Sie die Bohrungen an, stecken Sie die Dübel ein, und ziehen Sie die Schrauben leicht an. Prüfen Sie nun mit der Wasserwaage, ob die Schienen in beiden Ebenen senkrecht stehen. Falls die Wand eine Neigung aufweist, müssen Sie mit Beilagen ausgleichen **(2)**. An Leichtbauwänden schrauben Sie die Schienen an die Ständer. Stecken Sie die Träger an die gewünschten Stellen, legen Sie die Borde auf, markieren Sie die Bohrungen für die Haltenasen, und bringen Sie die Bohrungen an (mit Bohrtiefenanschlag). Bei größeren, regelmäßigen Regalwänden geht das am besten mit einer Schablone. Legen Sie die Borde auf.

1 Schienen vertikal ausrichten
Fixieren Sie die Schiene mit der obersten Schraube, und richten Sie sie mit der Wasserwaage aus.

2 Geneigte Wände ausgleichen
Legen Sie Streifen von Beilagen in Breite der Schiene unter, ehe Sie die Schrauben festziehen.

ZIMMER-DECKEN ABHÄNGEN

SIEHE AUCH
unter:
Stuckprofilleisten 132

In der Praxis können sich hohe Decken als nachteilig für die Wohnqualität erweisen. Die Heizkosten sind im allgemeinen höher, und Renovierungen werden durch die großen Flächen kostspieliger. Durch Abhängen einer Decke kann man diese Probleme abstellen und einem Raum eine völlig andere Wirkung geben.

Hohe Decken sind generell in älteren Häusern vorzufinden. Oft sind die Dekken und Hohlkehlen mit Stuck verziert, der dem Stil des Gebäudes entspricht. Allein die Stuckleisten an den Kanten geben einem Raum einen besonderen und in der Regel noblen Charakter. Wenn es nicht aus anderen Gründen unbedingt erforderlich ist, sollte die Wirkung eines solchen Raumes nicht verändert werden. Dagegen kann ein hoher Raum mit geraden Wand- und Deckenflächen durch nachträglich angebrachte Zierprofile in seiner Wirkung verbessert werden.
Das Abhängen hoher Decken ist dann eine sinnvolle Maßnahme, wenn man dadurch eine bessere Schall- und Wärmedämmung erreichen oder die Akustik des Raumkörpers verändern will. Der niedrige Raum eines Landhauses läßt sich ökonomischer beheizen als ein hoher großvolumiger Raum. Denn in verschieden hohen Räumen herrschen unterschiedliche Temperaturgefälle. Eine entsprechende Heizungskonzeption ist daher mit in die Planung einzubeziehen. Dabei lassen sich Versorgungsleitungen und Installationen in den entstehenden Hohlräumen vorteilhaft unterbringen.

Raumwirkungen beeinflussen

Die Wirkung eines Raumes wird in ihren Proportionen durch die Deckenhöhe maßgeblich mitbestimmt. Während ein großer, hoher Raum meist elegant und großzügig wirkt, wirken kleine hohe Zimmer oft unproportioniert. Das Abhängen von Decken bietet sich daher vor allem für Küchen, Bade- und Kinderzimmer an. Ebenso von Bedeutung ist der Tageslichteinfall. In hohen Räumen sind die hohen Fenster für die Lichtverhältnisse sehr vorteilhaft. Durch deren Öffnungsmaße ist das Abhängen von Dekken aber nur in gewissen Grenzen möglich. Denn die Proportionen von Raum- und Fensterhöhen sollen auch nach Änderung der Deckenhöhe harmonisch bleiben. Ebenso kann nach dem Abhängen einer Decke durch Zierprofile aus Styropor, die in vielen klassischen Stuckdekors angeboten werden, der ursprüngliche Raumeindruck weitgehend wiederhergestellt werden. Diese Leisten sind ausgesprochen leichtgewichtig und werden mit Styroporkleber befestigt. Mit einer Schattenfuge am Deckenrand kann man besonders bei ungeradem Wandverlauf in verwinkelten Zimmern eine interessante Wirkung erzielen.

Ungünstig: Die abgehängte Decke muß zu einer Nische erweitert werden, um das Fenster aufzunehmen

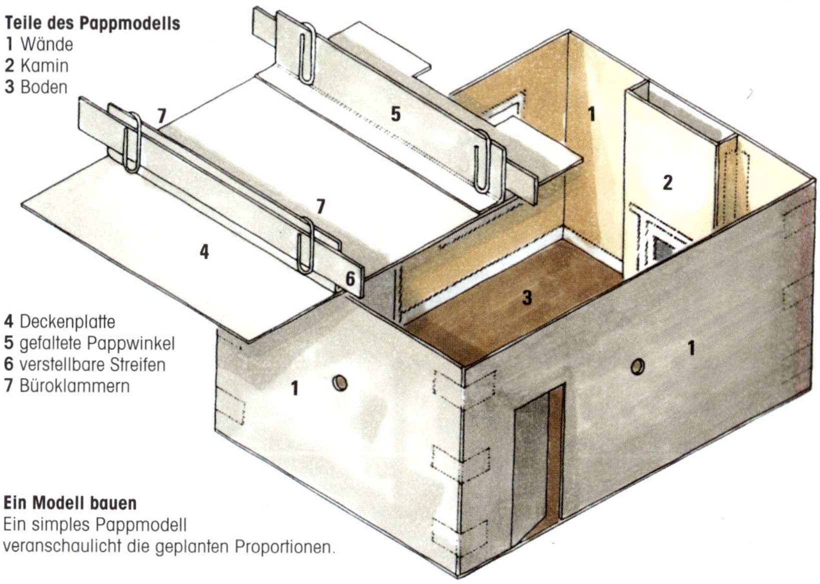

Teile des Pappmodells
1 Wände
2 Kamin
3 Boden
4 Deckenplatte
5 gefaltete Pappwinkel
6 verstellbare Streifen
7 Büroklammern

Ein Modell bauen
Ein simples Pappmodell veranschaulicht die geplanten Proportionen.

Bauen Sie ein Modell

Ein einfaches Modell im Maßstab 1:10 (1mm = 1cm) kann eine wertvolle Hilfe für die Planung sein. Übertragen Sie die ermittelten Maße des Raumes auf leicht schneidbares Material wie Pappe oder dünnes Styropor. Nachdem Sie die einzelnen Wandteile ausgeschnitten und mit Klebeband oder Alleskleber zusammengeklebt haben, befestigen Sie an der Deckenplatte zwei winkelig gefaltete Pappstreifen, deren Höhe der geplanten Abhängung der Decke entspricht. Mit Büroklammern klemmen Sie zwei Streifen daran und können so die Decke mit verstellbarer Höhe in das Modell hängen. Schneiden Sie auch die Öffnungen von Türen und Fenstern maßstabsgerecht in die Wände, bevor Sie das Modell zusammenfügen. Sie können selbst die Einrichtung im Maßstab 1:10 veranschaulichen. Geeignete Materialien für den Architektur-Modellbau beschaffen Sie sich im Modellbau-Fachhandel oder im Bastelgeschäft. Manches Detail kann aus weichem Balsaholz rasch gefertigt werden. Durch Gucklöcher in den Wänden, maßstäblich in Augenhöhe, läßt sich der räumliche Eindruck dann gut wahrnehmen.

DECKEN ABHÄNGEN MÖGLICHKEITEN

SIEHE AUCH

unter:

Nach welchen Gesichtspunkten auch immer Sie den Entschluß gefaßt haben, eine Decke abzuhängen, ein umsichtiges Vorgehen ist dabei erforderlich. Holzrahmendecken z. B. sind zwar schwer, maßgeschneidert ermöglichen sie jedoch eine besonders exklusive Raumgestaltung. Abgehängte Deckensysteme haben ein geringes Gewicht, sind leicht zu installieren und bieten gute Möglichkeiten der Oberflächengestaltung. Die folgenden Tabellen sollen Ihnen als Planungshilfe einen Überblick über die verschiedenen Möglichkeit und deren Vor- und Nachteile geben.

Aspekte für die Planung

Vorteile einer abgehängten Decke

- Verbessert Raumproportionen.
- Charakterisierung.
- Verbessert Lichteinfallswirkung.
- Bietet lichttechnische Möglichkeiten.
- Versteckt schadhafte Oberflächen.
- Spart Heizkosten.

Nachteile einer abgehängten Decke

- Verschlechtert Raumproportionen.
- Verdeckt Dekorationen.
- Bei großen Flächen kostspielig.
- Deckensysteme müssen gereinigt werden.

Checkliste

- Erforderliche Abmessungen.
- Feuerhemmende Decke erforderlich?
- Paßt Stil der Decke zum Raum?
- Schwierigkeitsgrad.
- Materialkosten.
- Alternative Systeme.

Installationen

- Neuverlegung für Beleuchtung. Leuchten als Einbau- oder Aufbautypen.
- Schaltkreis muß erweitert werden.
- Platzbedarf für Lüftungskanäle, Rohrleitungen, Verbrauchskontrollgeräte und Zähler berücksichtigen.

Möglichkeiten (siehe rechts)

Abgesenkte Decke

Charakter/Gestaltung	Planung des Rasters	Bauweise	Bekleidung, Finish
Wird den Raum proportional verändern. Verdeckt alte Leitungen und alte Decke. Nur schwer rückgängig zu machen. Anbringen von Zierprofilleisten möglich. Ohne Klappe kein Zugang zum Zwischenraum.	Skizzieren Sie die geplante Einrichtung, zeichnen Sie die Rasterung auf Rasterpapier, kalkulieren Sie das Schema. Fertigen Sie ein Arbeitsmodell zur Veranschaulichung.	Diese Variante verlangt eine Tragkonstruktion mit Balken in kürzester Spannrichtung. Auflager bilden an den Wänden angebrachte Balken. Für Spannweiten über 2,5 m Balkenschuhe und Anker einsetzen.	Material: Gipsbauplatten oder andere feuerhemmende Bauplatten, furnierte Platten, Nut- und Federbretter, Mineralfaserfliesen, Oberflächen: Tapeten, Farbanstrich, Lack oder Fertigbau.

Teilabgesenkte Decke

Charakter/Gestaltung	Planung des Rasters	Bauweise	Bekleidung, Finish
Ähnlich der vollflächig abgehängten Decke. Mit dem rechtwinkligen oder abgeschrägten Split-level-Teil können parallel verlaufende Linien optisch aufgenommen werden.	Wie für die abgesenkte Decke (siehe oben). Linienverlauf aus anderem Winkel betrachten.	Holzrahmenkonstruktion wie für die abgesenkte Decke (siehe oben). Die Aufhängung in Ankern und Balkenschuhen wird in dem entsprechenden Winkel für die Abschrägung vorgenommen.	Wie für die abgesenkte Decke (siehe oben).

Lamellendecke

Charakter/Gestaltung	Planung des Rasters	Bauweise	Bekleidung, Finish
Keine dichte Deckenfläche, sondern eine Reihung von Planken oder Lamellen, die dennoch wie eine Fläche wirken. Kann leicht geöffnet werden.	Wie für die abgesenkte Decke (siehe oben). Abstand und Tiefe der Lamellen können variieren. Bei gerader Sicht sollte man nicht hindurchschauen können	Braucht keine Unterkonstruktion. Die aufrecht stehenden Planken werden einfach in genutete Trägerbalken gesteckt, die an der Wand befestigt werden.	Nicht erforderlich. Die hinter den Lamellen liegenden Wandflächen werden in dunklen Tönen gestrichen. Bei Holzeinbauten helle Farbbeizen, Klarlacke oder Lasuren verwenden.

Abgehängte Decke

Charakter/Gestaltung	Planung des Rasters	Bauweise	Bekleidung, Finish
Durch Schattenfugen und indirekte Beleuchtung scheint diese Decke zu schweben. Viele Möglichkeiten mit Niedervoltlampen und innenliegender Technik. Verdeckt schadhafte Decken und häßliche Installationen.	Wie für die abgesenkte Decke (siehe oben). Die Deckenbalken der darüberliegenden Decke müssen geortet werden. Daran wird die Aufhängung vorgenommen.	Holzrahmenkonstruktion, die mit den Deckenbalken verschraubt wird. Die Verkleidung wird angeschraubt.	Wie für die abgesenkte Decke (siehe oben).

Abgehängte Deckensysteme

Charakter/Gestaltung	Planung des Rasters	Bauweise	Bekleidung, Finish
Ein gerastertes System aus leichten Materialien für den Selbsteinbau. Das Material ist transparent und opak lieferbar. Die Systemdecke ist leicht zu öffnen, da die Deckenelemente nur eingelegt werden.	Wie für die abgesenkte Decke (siehe oben). Das geometrische Raster wird in den Plan gezeichnet.	Leichte Aluminium-T-Profile als Träger werden wandseitig lose an Winkeln aufgehängt. In der Mitte tragen an die Deckenbalken angeschraubte Drahtaufhänger die Konstruktion.	Meist Metall, eloxiert oder auch glatt, als Paneel glatt, gebürstet, gerauht, farbig beschichtet oder lichtdurchlässig; auch Mineralfaser- oder Hartschaumplatten.

Dampfsperre
Wegen der wärmeisolierenden Wirkung abgehängter Decken kann es bei solchen Einbauten zu Problemen mit Kondenswasser kommen. Daher empfiehlt sich der Einbau einer Polyäthylenfolie als Dampfsperre.

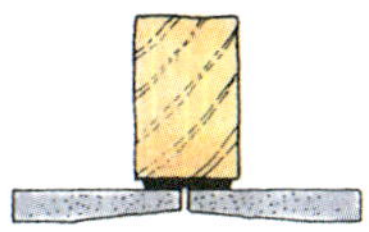

Gipsbauplatten Stoß auf Dichtmasse.

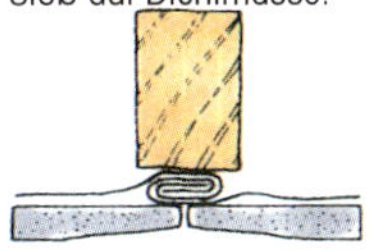

Dichtfolie am Stoß mehrfach falten.

ABGEHÄNGTE DECKE BAUEN

SIEHE AUCH
unter:
Innenvertäfelung 67–68
Stützen und Riegel 113
Plattendecke bauen 142

Eine Zimmerdecke können Sie in beliebiger Höhe abhängen, solange Sie die Bauvorschriften einhalten. Die Fensterhöhe wird dazu Ihre Vorgabe sein. Die Mindesthöhe für Aufenthaltsräume von 2,40 m darf dabei nicht unterschritten werden. Diese Höhe ist für Neubauten üblich, und viele Baumaterialien sind darauf abgestimmt. Auch die Hersteller von Einbaumöbeln richten sich bei der Konzeption ihrer Produkte danach.

Planung

Für eine abgehängte Decke benötigt man eine erhebliche Menge an Hölzern verschiedener Abmessungen. Nachdem der Plan für die Decke gezeichnet und die kostengünstigste Lösung gefunden ist, schreiben Sie eine Materialliste. Anzahl und Abstand der Tragbalken richten sich nach der vorgesehenen Verkleidung. Wenn Sie z. B. Einmann-Rigipsplatten verwenden wollen, wählen Sie einen Abstand von 60 cm von der Wand zur Mitte des Tragbalkens, damit die Stoßfugen der Platten auf einen Balken treffen. Wenn Sie Nut- und Federbretter einbauen wollen und die erforderlichen Längen nicht zu bekommen sind, müssen Sie die Traghölzer so positionieren, daß die stoßenden Enden der Bretter zu beiden Seiten auf einem Tragholz aufliegen.

Material für den Holzrahmen

Für die Deckenträger verwenden Sie Bauhölzer mit ca. 75/50 mm, die Sie in der kürzesten Spannrichtung einbauen. Sie werden an den Enden in Größe der Wandleisten genutet, so daß sie nach dem Einbau mit diesen fluchten. Berechnen Sie die erforderliche Anzahl an Traghölzern, die mit einem Abstand von 60 cm (bzw. der Breite der verwendeten Gipsbauplatten) eingebaut werden. Für Riegel zwischen den Trägern und der Wandbefestigung verwenden Sie am besten Latten von 40 mal 60 mm. Spannweiten von mehr als 2,40 m sollten Sie abhängen. Das geschieht in der Mitte mit einem Holzgerüst aus Latten, das an der Decke an den Deckenbalken festgeschraubt wird (siehe Abb.). Wenn Sie in Abständen von 1 m abhängen, können Sie die Querschnitte der Traghölzer kleiner wählen. In diesem Fall genügen Traghölzer aus 40 mal 60 mm starken Latten.

- **Stückliste**
  Stellen Sie eine Liste mit den erforderlichen Materialien zusammen. Geben Sie für jedes Bauteil die Maße an. Anhand dieser Liste kann Ihr Händler die günstigsten Lieferlängen und -breiten zusammenstellen.

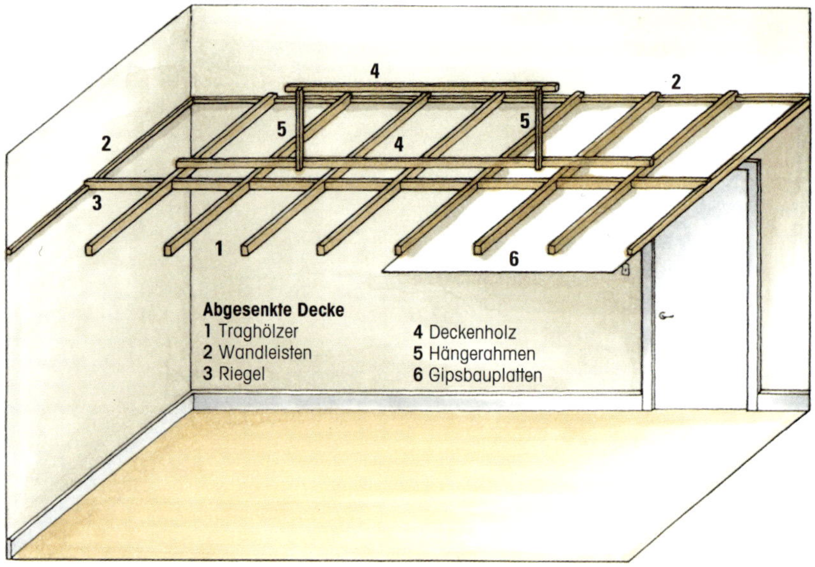

Abgesenkte Decke
1 Traghölzer
2 Wandleisten
3 Riegel
4 Deckenholz
5 Hängerahmen
6 Gipsbauplatten

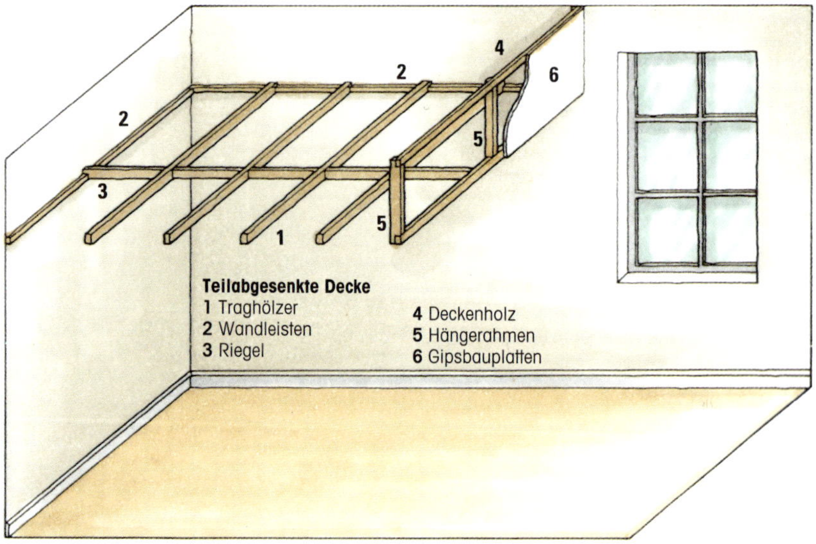

Teilabgesenkte Decke
1 Traghölzer
2 Wandleisten
3 Riegel
4 Deckenholz
5 Hängerahmen
6 Gipsbauplatten

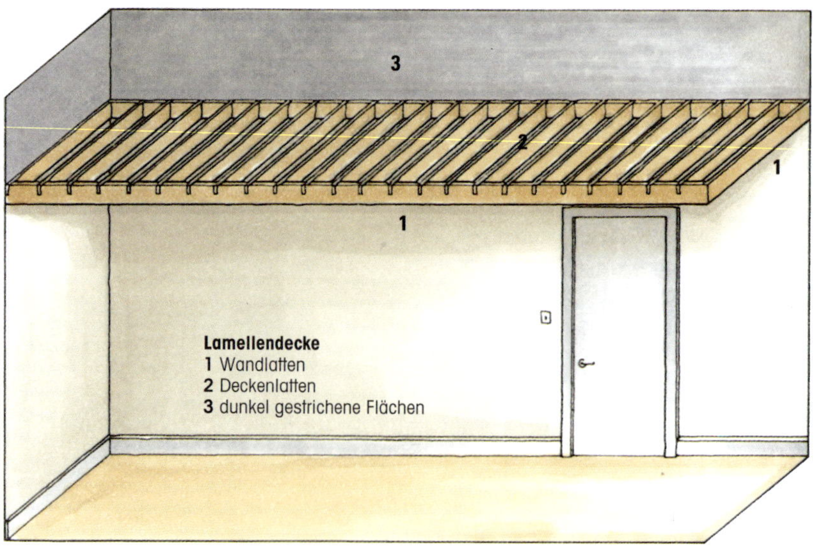

Lamellendecke
1 Wandlatten
2 Deckenlatten
3 dunkel gestrichene Flächen

ABGEHÄNGTE DECKE SELBST GEBAUT

SIEHE AUCH
unter:
Gipsbauplatten 140–141
Freitragende Treppe 148

Konstruktion der Decke

Markieren Sie die Höhe der abgesenkten Decke plus die Stärke der Gipsbauplatten an den Wänden und zeichnen Sie mit einem Richtscheit in dieser Höhe eine umlaufende Linie im Raum. Prüfen Sie mit der Wasserwaage, daß die Linie absolut waagrecht verläuft. Schneiden Sie die Wandleisten zu und befestigen Sie diese mit Dübeln und Schrauben als Auflage für die Traghölzer an den Wänden (Schraubenabstand ca. 40 cm). Die Unterkante der Latten legen Sie dabei an die gezeichnete Linie an. Nachdem Sie auch die Traghölzer zugeschnitten haben, sägen Sie an den Enden Aussparungen für die Wandlatten und verschrauben die Teile miteinander. Mit einem oder mehreren Hängerahmen verhindern Sie ein Durchhängen der Traghölzer und steifen die Konstruktion aus (siehe links). Für diese Rahmen schneiden Sie die Hölzer entsprechend zu und verschrauben sie – am besten mit Montagewinkeln. Für die Aufnahme der Gipsbauplatten an deren Stoßkanten setzen Sie Riegel ein. Nach dem Anschrauben der Gipsbauplatten können Sie sogleich verfugen.

Teilabgesenkte Decke

Sie können auch nur einen Teil einer Decke absenken, damit durch eine Splitlevel-Lösung z. B. eine Fensteröffnung erhalten bleiben kann. Solche Konstruktionen sind allerdings problematisch. Eine optisch vorteilhafte Wirkung wird man damit nur erreichen, wenn durch die Splitlevel-Abgrenzung eine sinnvolle Raumteilung erreicht wird. Der senkrechte Abschluß wird mit einem Hängerahmen gebaut, der mit dem letzten Tragholz verschraubt ist.

Lamellendecke

Für diese Decke verwenden Sie gehobelte Bretter mit Abmessungen von etwa 150/25 mm, die an den Enden mit Ausschnitten versehen und in die Nuten der an der Wand befestigten Traghölzer eingesteckt werden. Schmale Räume wie Flure können damit optisch aufgewertet werden. Befestigen Sie an den Wänden ringsum die Wandhölzer in der gewünschten Höhe. Vorher haben Sie bereits die Nuten für die Aufnahme der Bretter ausgeschnitten. Der Abstand der Bretter sollte 100 bis 150 mm betragen. Streichen Sie den Hintergrund mit dunkler Wandfarbe.

Eine Zimmerdecke abhängen

Abgehängte Decken wirken am dekorativsten, wenn man sie mit Schattenfugen und indirekter Beleuchtung baut. Eingebaute Halogen-Downlights verstärken noch den dekorativen Effekt. Eine solche Decke scheint schwerelos im Raum zu schweben. Sie kann mit Gipsbauplatten oder Deckenfliesen verkleidet werden, erhält ihre Leichtigkeit aber erst bei einer Verkleidung mit transparenten Stoffen wie Plexiglas oder Leinen. Der Phantasie sind hier keine Grenzen gesetzt.

Ausmessen
Da abgehängte Decken überwiegend in Altbauten eingebaut werden, dürfte es sich bei der darüberliegenden Decke fast immer um eine Holzbalkenkonstruktion handeln. Um an einer solchen Decke das tragende Gerüst befestigen zu können, müssen Sie – meist durch Probebohrungen – die genaue Lage der Deckenbalken feststellen. Markieren Sie jeden Balken mittig.

Deckenraster
Vermessen Sie den Raum und zeichnen Sie auf Millimeterpapier einen genauen Plan, der auch die Lage der Deckenbalken enthält. Zeichnen Sie die tragende Konstruktion der neuen Decke mit einem Abstand von etwa 10 bis 20 cm zu den Wänden. Die Halterahmen sollten in Abständen von nicht über 1m rechtwinklig zum Verlauf der Deckenbalken stehen.

Konstruktion
Die Deckenhölzer schrauben Sie sorgfältig an die Deckenbalken. Daran befestigen Sie die senkrechten Latten der Halterahmen, die Sie aus 40/60 mm Dachlatten angelängt haben. Diese senkrechten Halter sollten wiederum in Abständen von rund 1 m stehen und vom Deckenrand rund 30 cm Abstand halten. Diese Holzkonstruktion kann auch durch Fertigfabrikate aus Stahl ersetzt werden. Diese Decken-Abhänger bieten den Vorteil einer millimetergenauen Justierungsmöglichkeit, meist durch eingesteckte Nägel, so daß sich Schrägen und Unebenheiten in der Decke leicht ausgleichen lassen. Auch mit Metall-Lochband und Schraubhaken läßt sich eine Abhängkonstruktion ohne großen Aufwand bauen.
Schneiden Sie nun die erforderliche Menge von Querlatten und Traghölzern zu und verschrauben Sie diese so, daß sich die von Ihnen gewählte Deckenverkleidung in der vorgegebenen Konfektionierung anbringen läßt (s. Abb. unten).

Abschließende Arbeiten
Verlegen Sie die Kabel für Ihre Beleuchtung jetzt auf den Traghölzern und lassen Sie die mit Lüsterklemmen gesicherten Enden herabhängen. Montieren Sie ggf. den Niedervolttransformator für die Halogenbeleuchtung. Montieren Sie die Leuchtstofflampen auf schmale Bretter an den Außenseiten der Tragkonstruktion und schließen Sie sie an. Bekleiden Sie die Unterseite der Konstruktion. Gipsbauplatten schneiden Sie an den Rändern exakt gerade und verspachteln die beplankten Flächen. Abschließend bohren Sie die Löcher für die Downlights und schließen diese an.

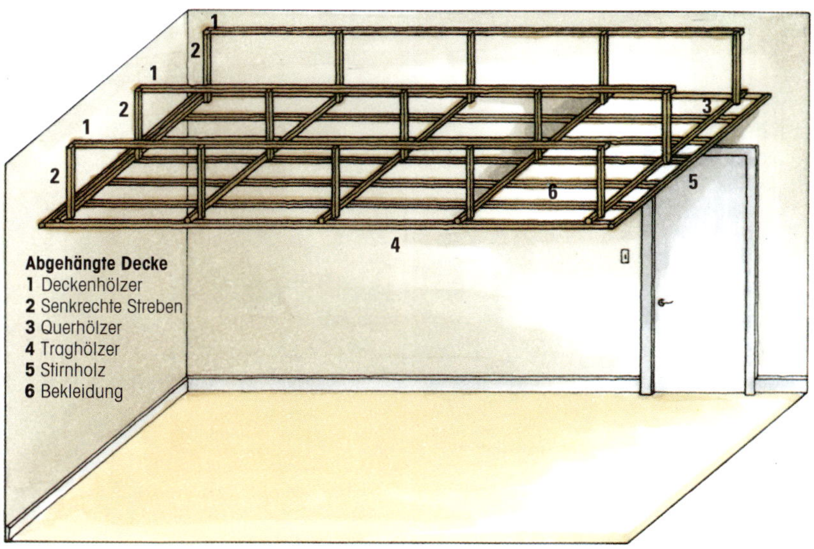

Abgehängte Decke
1 Deckenhölzer
2 Senkrechte Streben
3 Querhölzer
4 Traghölzer
5 Stirnholz
6 Bekleidung

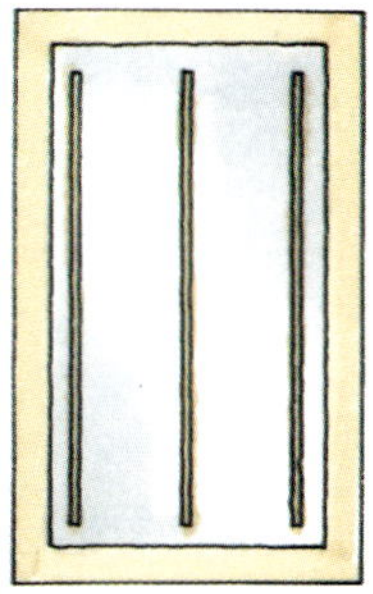

Rastern
Aufzeichnen mit umlaufendem Wandabstand von 10–20 cm. Deckenhalter etwa 30 cm vom Rand.

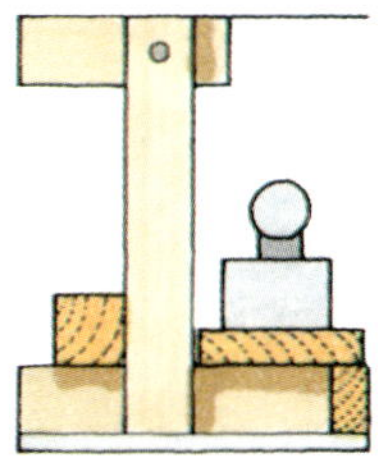

Leuchten
Leuchtstofflampen auf ein Brett montiert auf den Rand legen. Auf diese Weise lassen sie sich zu Wartung und Reparatur leicht entnehmen.

ABGEHÄNGTE DECKEN-SYSTEME

SIEHE AUCH
unter:
Putz vorbereiten 28–29
Decken streichen 47

Industriell hergestellte Deckensysteme werden aus schmalen und damit leichten Metallprofilen gefertigt. Schallschutz- und Lichtdecken werden mit diesen Systemen leicht eingebaut.

Industriell hergestellte Deckensysteme
Eine große Auswahl an Farben, Profilen und Ausstattung ist erhältlich.

Die Rahmen aus Aluminium-Leichtmetallegierung bestehen aus drei Arten von Teilen: den Wandbefestigungsprofilen, den Hauptträgerprofilen und leichten Querträgerprofilen. Die leichteren Träger bilden die Verbindungsstreben zwischen den Hauptträgern. Die Paneele werden einfach in die Flansche der Träger eingelegt und können für Servicearbeiten an Leitungen und Kanälen in der Decke leicht herausgenommen werden. Oft sind in diesem Deckentyp verschiedene Lampen eingebaut. Die Deckeneinbauhöhe beträgt etwa 200 mm.

Verlegeraster

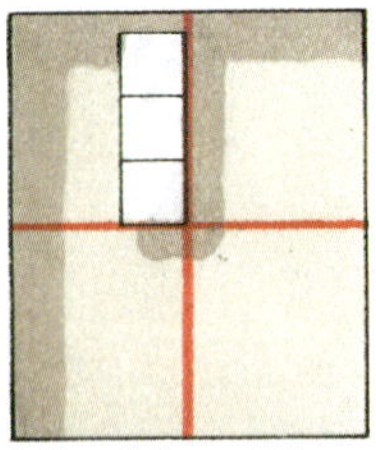

1 Hauptträger mittig

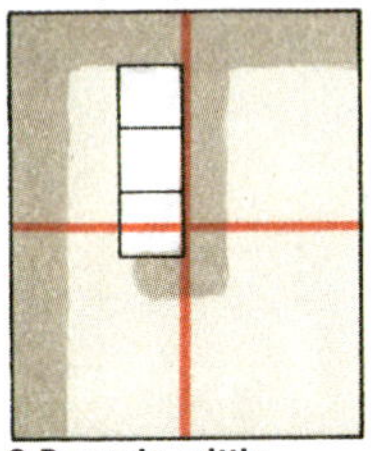

2 Paneele mittig

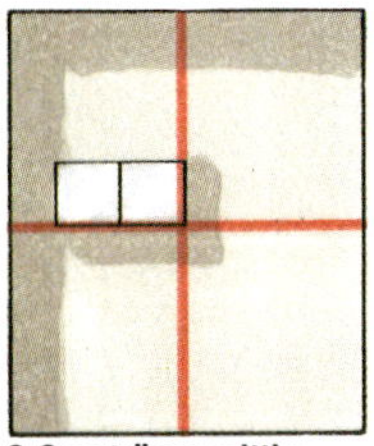

3 Querträger mittig

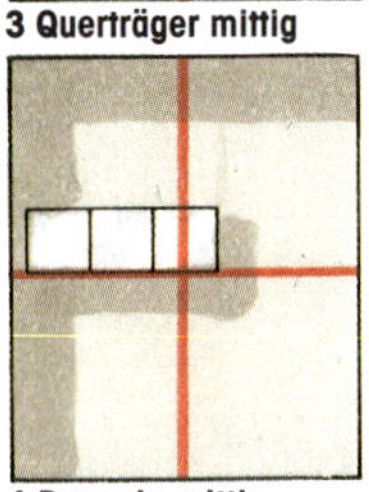

4 Paneele mittig

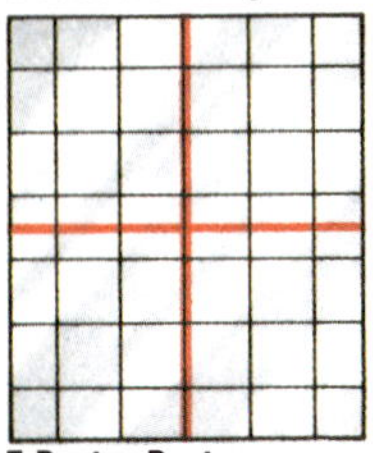

5 Bestes Raster

Raster ermitteln

Gängige Maße für Rasterdecken sind Quadrate von 50 und 60 cm Kantenlänge. Bevor Sie den Rahmen aufbauen, fertigen Sie eine Konstruktionszeichnung auf Millimeterpapier. Halbieren Sie die Raummaße, so daß ein mittiges Kreuz den Raum symmetrisch teilt. Zeichnen Sie den Hauptträger über die lange Distanz mittig ein **(1)**. Versuchen Sie dann die Paneele so anzulegen, daß möglichst große Randstücke entstehen und der Verschnitt gering bleibt **(2)**. Zeichnen Sie in gleicher Weise den Querträger mittig ein **(3,4)**. Auf beiden Seiten sollten die Paneele schließlich gleich groß sein **(5)**. Markieren Sie zuletzt die Positionen für die geplante Beleuchtungseinrichtung.

Einbau des Rahmens

Bevor Sie eine abgehängte Decke mit lichtdurchlässigen Platten bauen, muß die Decke von allem losen Material befreit werden. Risse sind zu spachteln. Ein weißer Farbanstrich der Decke gewährleistet eine gute und gleichmäßige Lichtreflexion für Deckenleuchten. Diese sollten in gleichmäßigen Abständen über den transparenten Sektoren der Decke montiert werden. Befestigen Sie die Leuchten an den Deckenbalken und berücksichtigen Sie einen Leuchtmittelbedarf von 20 W/m² bei Leuchtstofflampen. Die Kabel für die Deckenbeleuchtung werden mit geeigneten Schellen auf den Wänden verlegt. Verwenden Sie weiße Kabel oder alternativ Kabelkanäle aus weißem Kunstoff. Für regulierbare Beleuchtung verwenden Sie einen Dimmer. Nachdem Sie die Einbauhöhe an den Wänden ringsum angezeichnet haben, können Sie die Wandprofile zusägen. Den Grat entfernen Sie mit einer Feile. Wenn keine Lochungen vorhanden sind, bohren Sie im Abstand von 60 cm Befestigungslöcher für die Wandmontage **(1)**. Dabei dient Ihnen das Wandprofil als Schablone. Wenn Sie alle Wandprofile angebracht haben, markieren Sie die Positionen der Hauptträger. Längen Sie die Profile ab und setzen Sie diese in die Wandprofile ein **(2)**. Mit einer Deckenplatte prüfen Sie, ob die Träger parallel und rechtwinklig zur Wand montiert sind. Sie sägen die Querträger zunächst für die Randbereiche zu und bauen sie exakt in den durch die Plattengröße vorgegebenen Abständen ein (mitunter sind die Einbauabstände auch konstruktiv vorgegeben. Danach folgt der Einbau der restlichen Profile. Von der Mitte ausgehend legen Sie nun die Platten ein. Für die Randbereiche verwenden Sie Zuschnitte.

Weite Räume überspannen

Falls die Profillänge nicht ausreichend für Ihre Raumgröße ist, können Sie zwei Profile mit Verbindungsstücken oder Verschraubungen verbinden. Bei Spannweiten über 3 m werden die Hauptträger mit längenverstellbaren Drahthaltern und Schraubhaken in der Decke abgehängt. Die Abhängung nehmen Sie in Abständen von maximal 1,5 m vor.

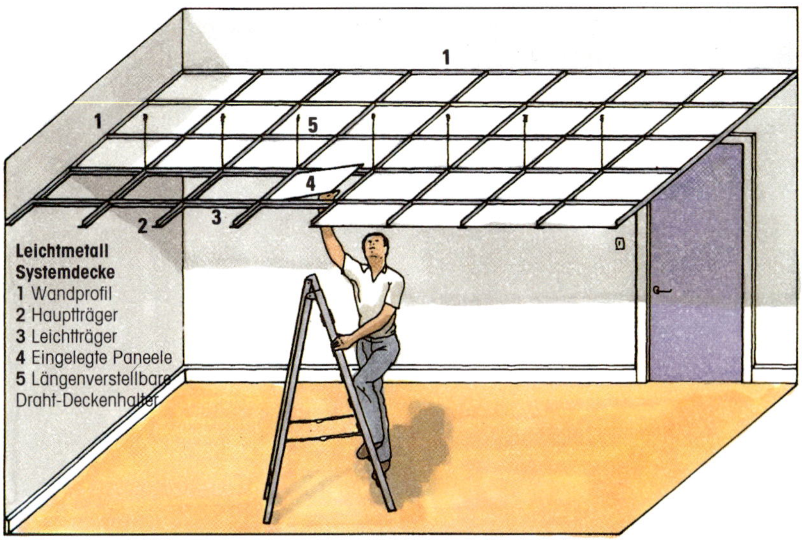

1 Dübeln Sie die Wandprofile fest

2 Setzen Sie die Hauptträger ein

SIEHE AUCH

unter:

Putz vorbereiten	28–29
Decke reparieren	130
Spanplatten	152, 155

EINBAU EINER BODENTREPPE

Den Zugang zu Bodenräumen und wenig genutzten oberen Räumen ermöglichen Sie mit einer Einbautreppe. Diese Art von Treppen gibt es als Einschub-, als Ausklapp- und als Scherentreppe für alle Geschoßhöhen bis zu 3 m. Als Einbauelement können Sie eine solche Treppe selbst montieren.
Welches System Sie bevorzugen, ist letztendlich Geschmackssache. Beide Leiterbauarten werden normalerweise in einem Rahmen vormontiert geliefert und müssen nur noch in die vorbereitete Deckenöffnung eingebaut werden. Die Luke wird bei eingeklappter oder eingeschobener Leiter mit einer Klappe verschlossen. Diese besteht bei den meisten Modellen aus einer schlichten Spanplatte. Sie muß also mit Wandfarbe gestrichen, lackiert oder verkleidet werden. Achten Sie beim Kauf besonders auf solide Ausführung, leichtgängigen Klapp- oder Auszugsmechanismus und ausreichend breite Tritte. Bitte beachten Sie, daß sich diese Leitern nicht als Zugang für dauergenutzte Räume eignen.

Eine Scherentreppe ist leicht einzubauen

Klappleitern sind einfach zu handhaben

Viele Häuser weisen einen Zugang zum Dachboden durch die Decke auf. Dort ist reichlich Stau- und Lagerraum vorhanden. Sollte in Ihrem Haus kein Zugang zu diesem Dachraum vorhanden sein, können Sie ihn sich durch den Einbau einer entsprechenden Boden-Einbautreppe zugänglich machen. Allerdings bedeutet die Öffnung, die Sie dazu in die Decke schneiden müssen, einen Eingriff in die Statik des Hauses.

In älteren Gebäuden ist dies nicht immer ein Problem, wogegen in neuen Häusern mit einer sparsamen Verwendung von Traghölzern ein solcher Eingriff von Bedeutung sein kann. Meistens sind die Deckenbalken in die Tragstruktur einbezogen. Ziehen Sie in jedem Fall einen Fachmann zu Rate. Wenn Sie für die Öffnung einen Deckenbalken durchschneiden, müssen zwei Wechsel eingebaut werden. Dazu verwenden Sie Balkenschuhe und Ankerstifte, die vollflächig vernagelt werden. In Häusern mit Betondecken muß eine entsprechende Öffnung ausgeschnitten werden. Statisch ist dies in der Regel unbedenklich, praktisch mit den Mitteln des Heimwerkers aber meist nicht zu schaffen. Bauen Sie die Bodeneinbautreppe nicht in der Nähe anderer Treppenaufgänge ein und achten Sie darauf, daß die Treppe in einem Bereich mit ausreichend Kopffreiheit eingebaut wird.

Bau der Öffnung

Bodeneinschubtreppen werden vom Hersteller montiert mit einem Einbaurahmen geliefert. Die Größe der Öffnung ist damit vorgegeben. Bohren Sie kleine Löcher in die Decke, um die Deckenbalken zu lokalisieren. Schneiden Sie dann ein kleines Loch zur Kontrolle aus, bevor Sie die Öffnung vervollständigen. Zuerst sägen Sie durch die Deckenbeplankung. Wenn Sie die Deckenbalken freigelegt haben, fragen Sie einen Fachmann, ob die Festigkeit der Tragstruktur des Hauses den geplanten Eingriff zuläßt. Erst dann schneiden Sie das entsprechende Balkenstück heraus. Achten Sie darauf, daß Sie exakt im rechten Winkel sägen. An jedes geschnittene Ende setzen Sie mit Baubeschlägen und Ankerstiften einen Wechsel. Sie können auch traditionelle Holzverbindungen mit Nut und Zapfen herstellen. Wenn die Öffnung mit Wechseln größer ausfällt als das Einbaumaß der Treppe, wird neben dem Treppenrahmen ein Füllholz in entsprechender Stärke eingesetzt. Die Öffnung wird danach mit Gipsbauplatten wieder verkleidet und verspachtelt bzw. mit der verwendeten Deckenbekleidung verkleidet. Schrauben Sie den Einbaurahmen nach Herstelleranweisung in die Luke. Die Fugen zwischen Einbaurahmen und Balken füllen Sie mit Montageschaum oder elastischer Fugenmasse und bringen Sie nach Belieben einen zusätzlichen Blendrahmen an.

So können Sie den Lukendeckel einbauen

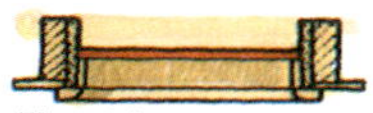

Eingefalzt

Unten bündig

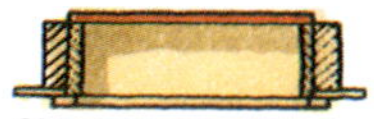

Oben angeschlagen

Unten angeschlagen

Treppenausschnitt
1 Deckenbalken
2 Ausgeschnittener Deckenbalken
3 Wechsel

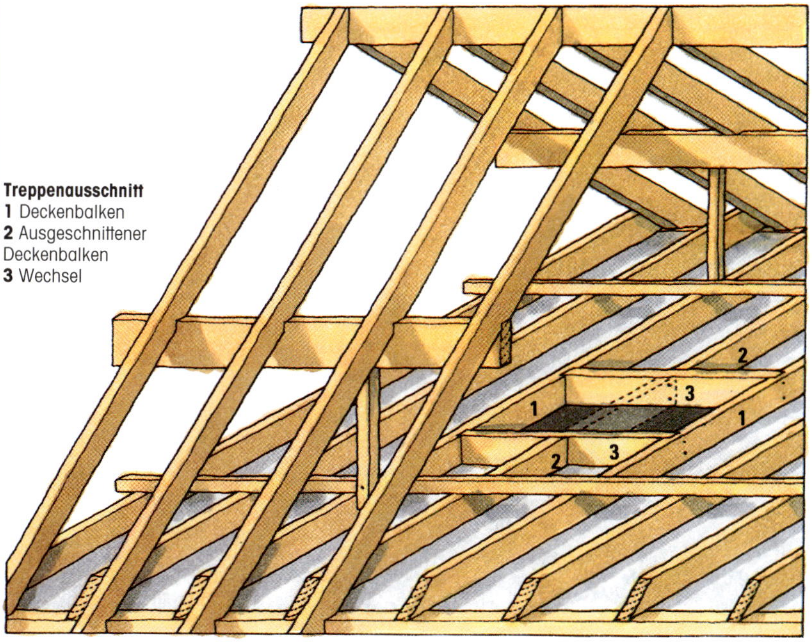

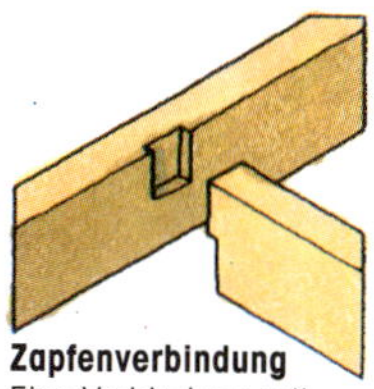

Zapfenverbindung
Eine Verbindung mit Nut und Zapfen ist weit stabiler als eine nur genagelte Verbindung

INNENPUTZ

SIEHE AUCH
unter:
Putz anmischen 127
Gipsbauplatten 134–139

In Innenbereichen werden Wände und Decken mit einer Putzschicht versehen, die als Träger für Tapeten oder einen Farbanstrich dient. Die Putzschicht trägt außerdem zur schall- und wärmeisolierenden Wirkung einer Wand oder Decke bei. Dekorative Formleisten und Stuckapplikationen an Innenflächen sind in alten Häusern aus Gips hergestellt, und man kann sie immer noch bekommen. Die Textur von offenem Putz auf einer Wand hat eine besondere dekorative Wirkung, die mit einer passenden Farbgestaltung kombiniert werden kann. Im modernen Bau wird vielfach mit Gipsbauplatten gearbeitet.

Traditionelle Putztechnik

Für den herkömmlichen Putz werden Trockenmischungen mit Wasser angesetzt, die auf den rauhen Untergrund in zwei oder mehreren Schichten aufgetragen werden. Jede Schicht wird nach dem Auftrag mit der Kelle geglättet. Oberflächen von modernem Fertiggipsputz können nach einer gewissen Abbindezeit nochmals angefeuchtet und mit einer Schwammkelle geglättet werden. Als Untergrund für Putz eignet sich rohes Mauerwerk oder ein Putzträger. Putzträger aus Gewebe oder Matten werden auf Lattungen befestigt. Einige Erfahrung braucht es, um zufriedenstellende Ergebnisse bei Putzarbeiten zu erzielen. Aber mit etwas Geduld und den richtigen Werkzeugen kann auch der Bauamateur gute Arbeit leisten. Es sollten stets nur kleine, überschaubare Bereiche bearbeitet werden.

Lagern von Gips
Bewahren Sie angebrochene Gipserzeugnisse in einem dicht verklebten Plastiksack auf.

Trockenausbau mit Gipsbauplatten

Mit Gipskarton- oder Gipsbauplatten wird heute in weiten Bereichen für Renovierung und Neubau gearbeitet. Diese Platten ermöglichen kürzere Bauzeiten, da hier keine langen Trockenzeiten erforderlich sind und die Verarbeitung nur wenig Zeit in Anspruch nimmt. Die Platten, die es in verschiedenen Formaten im Handel gibt, werden auf eine Lattung genagelt, geschraubt oder getackert. Nach dem Verfugen kann gestrichen, eine Tapete geklebt oder eine Zierputzschicht aufgetragen werden.

KAUF UND LAGERUNG VON FERTIGPUTZ

Es gibt eine Vielzahl von fertig gemischten Putzen für unterschiedliche Verwendungszwecke. Lassen Sie sich bei der Auswahl von einem Fachmann beraten. Die verschiedenen handelsüblichen Fertigputzmischungen werden in Säcken mit unterschiedlichem Volumen und Gewicht gehandelt. Versuchen Sie, Ihren Bedarf realistisch einzuschätzen, und kaufen Sie nicht im Übermaß. Achten Sie auf die Unversehrtheit der Verpackung. Zusätzliches Material läßt sich später bei einem Baustoffhändler am Ort oder in einem Baumarkt nachkaufen. Fertigputzmischungen lagern Sie möglichst trocken und mit Plastikfolie gegen Feuchtigkeit geschützt auf einer Unterlage aus Holz. Wenn Feuchtigkeit in die Putzmischung eindringt, verändern sich deren Verarbeitungseigenschaften. Ein angebrochener Sack sollte zur Lagerung, stets in eine Plastiktüte gesteckt und verschlossen aufbewahrt werden. Klumpige Mischungen können nicht mehr verwendet werden, und eine Entsorgung ist stets mit Kosten verbunden.

Traditioneller Putzaufbau

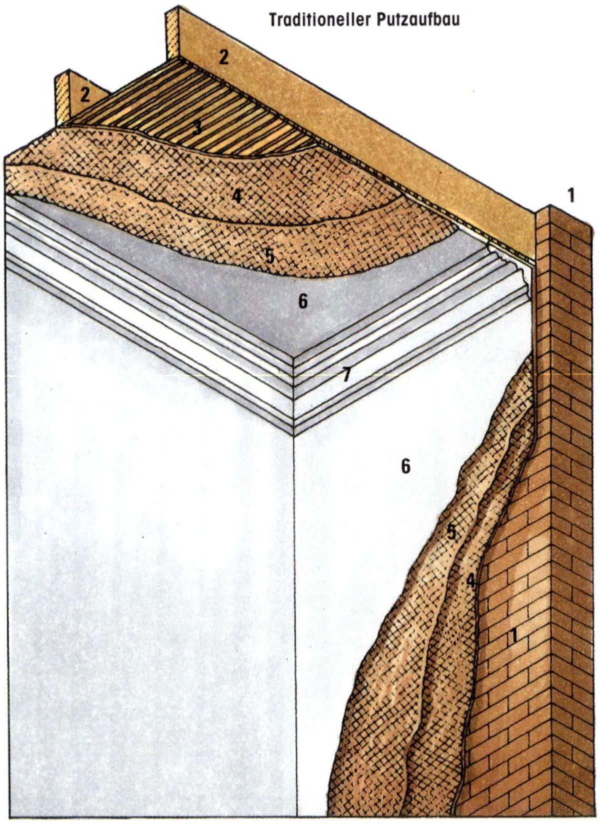

Traditioneller Putz
(rechts)
Deckenputz auf Putzträger und Wandputz auf Mauerwerk

1 Ziegelmauer
2 Deckenbalken
3 Lattung
4 Putzträger
5 Unterputz
6 Feinputz

Trockenputz

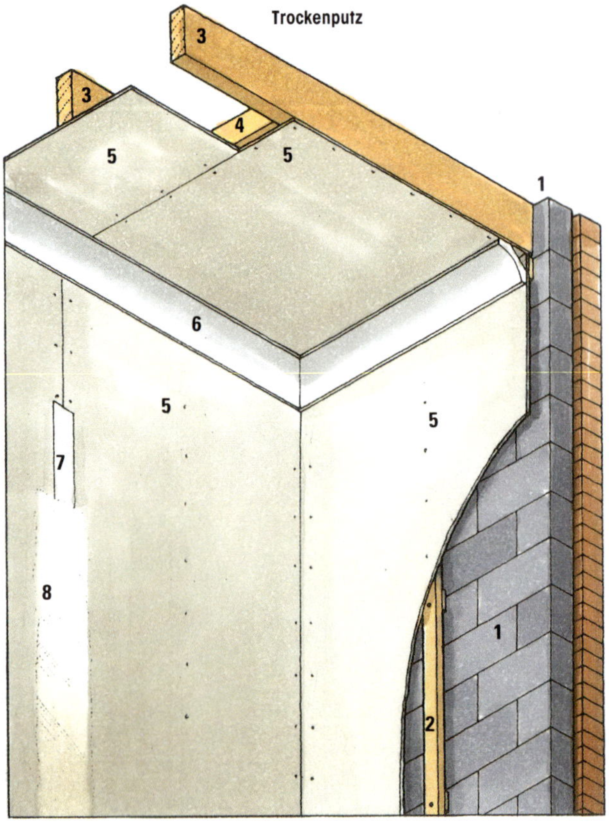

Trockenputz
(ganz rechts)
Aufbau einer Wand mit Gipsbauplatten
1 Blocksteine
2 Lattung
3 Deckenbalken
4 Riegel
5 Gipsbauplatten
6 Zierprofil
7 Fugengaze
8 Fugenfüller

SORTEN VON INNENPUTZ

SIEHE AUCH

unter:

Für die Verarbeitung kommen Gipsputzmischungen zur Anwendung, die speziell für den jeweiligen Einsatz produziert sind. Mit verschiedenen Zuschlagstoffen und Verarbeitungsweisen wird der Putz in der gewünschten Oberflächenqualität hergestellt. Generell erfolgt der Aufbau von Wandputz in zwei Schichten: Für den Unterputz oder Zwischenputz kommen Fertigmischungen mit leichten Füllstoffen zum Einsatz. Sandhaltige Mischungen sind meist auf Zement- oder Zement/Kalkbasis hergestellt. Für größere Flächen wird kostengünstiger auf der Baustelle gemischt. Sauberes Wasser ist eine wichtige Voraussetzung für brauchbare Mischungen. Fertigputze sind nur begrenzt lagerfähig. Die folgende Aufstellung gibt Informationen über Fertigputz, Mörtelgruppe (MG) und Materialanwendung.

DER RICHTIGE FERTIGPUTZ FÜR ARBEITEN AM HAUS

Gipsputz-Stuckgips
Gips oder auch Stuckgips genannt, wird als Basis für einige Arten von Fertigputz, aber auch in reiner Form verwendet. Gips eignet sich nicht für Feuchträume und feuchtegefährdete Bereiche. Die kurzen Abbindezeiten können durch verzögernde Zuschläge wie Kalk verlängert werden.

Modellgips
Modellgips ist ein besonders feiner Gips, der sich für Formenguß, aber auch für Stuckreparaturen eignet. Zum Verputzen ist Modellgips nicht geeignet.

Füller
Füllspachtel beinhalten feine Gipse, die sich, mit anderen Stoffen gemischt, z. B. zum Verfugen von Gipsbauplatten und kleinen Reparaturen eignen. Wegen der längeren Abbindezeit für den Heimwerker besonders gut geeignet.

Hagalith-Fertigputzmischungen
Diese Produkte sind marktführend. Das Sortiment umfaßt die wesentlichsten Fertigputze. Es gibt vergleichbare Produkte anderer Hersteller, die nicht immer überregional vertrieben werden. Die Auflistung erhebt keinen Anspruch auf Vollständigkeit.

Haftputz A
Gips-Kalk-Sand-Basis (MG P IVc)
Anwendung als einlagiger Filzputz im Innenbereich auf Wand- und Deckenflächen aus Massivbeton, Leichtbeton, Gasbeton, Mauerwerk, auch für Küchen und durch Schacht entlüftete Bäder, zum Überziehen von mit Haftgrund vorgestrichenen Gipsbauplatten, Holzwolle-Leichtbauplatten und Styroporplatten. Für Ausbesserungs- und Beiputzarbeiten.
Hinweis: Glatte Betonflächen und kritische Untergründe mit Haftgrund unverdünnt vorbehandeln. Für gute Querbelüftung sorgen. Nur auf trockene, frostfreie und tragfähige Untergründe putzen.

Haftputz L
Gips-Kalk-Perlit-Basis (MG P IVc)
Verwendung als einlagiger Haft-Leichtputz zum Glätten oder Feinfilzen im Innenbereich auf Decken- und Wandflächen aus Massivbeton, Leichtbeton, Gasbeton, Mauerwerk, auch für Küchen und Bäder mit Fensterlüftung, zum Überziehen von mit Haftgrund vorgestrichenen und aufgerauhten Gipsbauplatten, Holzwolle-Leichtbauplatten und Styroporplatten. Für Ausbesserungs- und Beiputzarbeiten.
Hinweis: Glatte Betonflächen und kritische Untergründe mit Haftgrund unverdünnt vorbehandeln. Für gute Querbelüftung sorgen. Nur auf trockene, frostfreie und tragfähige Untergründe putzen.

Haftputz Y
Gips-Kalk-Perlit-Basis, (MG P IVc)
Verwendung als einlagiger Glättputz im Innenbereich auf Wand- und Deckenflächen aus Poren-/ Gasbeton (Durox, Hebel, Porit, Ytong).
Hinweis: Für Fliesenbelag ist dieser Putz besonders vorzubehandeln. Die Auftragstärke muß mindestens 10 mm betragen. Für Fliesenverlegung mit Dispersionskleber vorbehandeln und nach Austrocknen des Klebers wasserdicht verfugen.

Haftputz B
Gips-Kalk-Basis, (MG P IVc)
Verwendung als Feinputz auf ausreichend verfestigten Mörtelgrundierungen, zum Abstucken oder Glätten vorgezogener Flächen, zum Spachteln oder Glätten mineralischer Bauelemente wie Leichtbeton, Bimsbeton, Gipsdielen, Gipsbauplatten, Dämmplatten.
Hinweis: Nur auf trockene, frostfreie und tragfähige Untergründe putzen.

Fertigputz FP
Gips-Kalk-Perlit-Basis (MG P IVc)
Verwendung als einlagiger Glätt-oder Feinputz im Innenbereich auf Mauerwerk (Ziegel, Bimsbausteine, Kalksandsteine, Putzträgermatten, jedoch nicht auf Beton), als Feinputz auf Holzwolle-Leichtbauplatten und ausreichend verfestigten Mörtelgrundierungen. In Ausnahmefällen Betonflächen mit Haftgrundierung vorbehandeln.
Hinweis: Für Fliesenbelag muß die Auftragstärke ca. 15 mm betragen. Für Fliesenverlegung mit Dispersionskleber ist mit Tiefengrund vorzubehandeln und die Verfugung nach dem Austrocknen des Klebers auszuführen.

Haftputz F
Kalk-Zement-Sand-Basis, (MG P IIb)
Verwendung als einlagiger Filzputz auf Wand- und Deckenflächen aus Massivbeton, Leichtbeton, Bimsbeton, Gasbeton, Mauerwerk, Stützen, Unterzügen, Balkonbrüstungen (mit entsprechender Abdeckung), an Fassaden und in Feuchträumen, als Unterputz für Wandbeschichtungen mit Edelputzen, Hartplastiken, keramischen Belägen, Farbanstrichen, als Feinputz auf Holzwolle-Leichtbauplatten und ausreichend verfestigten Mörtelgrundierungen auf Zementbasis. Im Sockelbereich mit Hagalith ZMV arbeiten.
Hinweis: Endfestigkeit nach 28 Tagen. Anstriche vorzugsweise mit Mineralfarbe. An Fassaden mineralischer Anstrich erforderlich, jedoch erst nach ausreichender Durchhärtung des Putzes. Nur auf frostfreie, trockene und tragfähige Untergründe putzen.

Zement-Maschinen-Vorspritzmörtel
Zement-Sand-Basis, (MG P III)
Verwendung: für Innen- und Außenbereiche und Sockelputz, als 4 mm starker Vorspritzmörtel auf Beton, Mischmauerwerk, Leichtbauplatten, als 1 mm Putzschicht im Sockelbereich sowie an Wänden unterhalb der Erdoberfläche zur Aufnahme von wassersperrenden und isolierenden Anstrichen, Sperrputzen zum Ausgleich größerer Unebenheiten. Nach Erhärtung witterungsbeständig und frostsicher.
Diese Produkte gibt es im guten Baustoffhandel. Ihr Baumarkt führt Vergleichbares von verschiedenen Herstellern.

- **Herstelldatum beachten**
  Einige Gipsprodukte und Mischungen können empfindlich auf Überlagerung reagieren. Deshalb ist unbedingt auf das angegebene Herstellungsdatum zu achten. 3 Monate Lagerung können schon zuviel sein.

OBERFLÄCHEN-ARTEN

SIEHE AUCH
unter:
Profileisten 132

Ein richtig vorbereiteter Untergrund ist eine wichtige Voraussetzung für erfolgreiche Putzarbeiten. Neu erstelltes Mauerwerk muß gegebenfalls nur angefeuchtet werden oder benötigt einen Anstrich mit Haftgrund, wenn der Untergrund stark saugend ist. Bei alten Putzoberflächen aber werden für Reparaturen alle losen Putz- und Steinpartikel entfernt.

Untergrundvorbereitung und Absorption

Mit einem harten Besen oder einer Drahtbürste wird die Oberfläche für die Putzarbeiten von losen Partikeln und Ausblühungen befreit. Die Absorptionsfähigkeit des Untergrundes können Sie durch Bespritzen mit Wasser prüfen: Falls die Oberfläche naß bleibt, handelt es sich um eine normale Oberfläche. Das bedeutet, daß Sie die Fläche vor dem Verputzen nur leicht anfeuchten sollten. Ein trockener Untergrund, der das Wasser sofort aufsaugt, wird auch die Wasseranteile des Putzauftrages zu stark entziehen, was zu Problemen beim Abbindeprozeß und zu Rißbildungen führen kann. In diesem Fall tragen Sie mit einer Deckenbürste genügend Wasser auf und achten während des Verputzens darauf, daß die Wand immer ausreichend feucht gehalten wird.

- **Guter Verbund**
  Entfernen Sie losen Putz und Fugenmörtel, damit die aufzutragende Putzschicht gut am Untergrund haftet.

Entfernen Sie losen Putz mit der Drahtbürste

Stark absorbierend

Für stark saugende Untergründe, wie Betonblöcke, Lehmwände etc., empfiehlt sich ein Voranstrich mit Baudispersion, z. B. Compacta, die 1:5 mit Wasser angerührt wird. Ein weiterer Anstrich im Mischungsverhältnis 1:3 kann erforderlich sein. Nach dem Trocknen können Sie verputzen.

Emulsionanstrich auf poröse Untergründe

Schwach absorbierend

Hier genügt der Anstrich mit Baudispersion im Mischungsverhältnis von 1 Teil Dispersion und 3 bis 5 Teilen sauberem Wasser. Verputzen Sie nach wenigen Stunden, wenn der Anstrich nicht mehr klebrig ist.

Ein Haftgrund ergibt gute Verbindung

Nicht absorbierend

Oberflächen mit Anstrichen und glasierte Fliesen brauchen eine Haftgrundierung mit Baudispersion und Wasser 1:1 oder ersatzweise einen Spritzbewurf aus Zement und Sand 1:2. Verputzen Sie erst nach 24 Stunden Wartezeit. Eine andere – meist die bessere – Lösung ist das Abschlagen der Fliesen von der Wand. Lose Fliesen müssen Sie ohnehin vor dem Anstrich mit der angerührten Haftemulsion entfernen.

Auftrag der Schlämme auf Fliesen

MÖRTELBRETT ZUM PUTZEN UND VERFUGEN

Fugenbrett
Ein brauchbares Hilfsmittel ist ein Brett zum Verfugen. Mit einer Stichsäge können Sie es leicht selbst aus einem glatten Brett oder einem wasserfesten Sperrholzrest ausschneiden. Ein quadratisches Stück von 30x30 cm Größe hat einen Haltegriff oder ein Griffloch wie bei einer Malerpalette.

Mörtelbrett
Aus einer wasserfesten Sperrholzplatte oder einem glatten Brett mit einer Stärke von 12–18 mm sägen Sie ein Quadrat mit 90 cm Kantenlänge. Die Ecken runden Sie ab und bringen an der Unterseite drei Latten an. Für Ausbesserungsarbeiten genügt auch ein kleineres Brett.

Arbeitstisch
Aus einer günstigen Arbeitshöhe ist die Handhabung des Putzes einfacher.

Arbeitstisch
Ergonomisch ist eine Arbeitshöhe von 70–90 cm. Diese können Sie Ihrer Körpergröße individuell anpassen, indem Sie sich einen Arbeitstisch selbst fertigen. Aus dünnen Dachlatten für die Beine und Querbrettern bauen Sie die Rahmen, die in der Mitte scherenförmig zusammengeschraubt werden. Das Mörtelbrett wird als Platte aufgelegt, und der angemischte Putzmörtel kann so bequem auf die Putzkelle oder das Fugenbrett geschoben werden. Auch eine transportable Werkbank kann als Tischgestell dienen, indem Sie die mittlere Latte des Mörtelbrettes in den Schraubbacken festklemmen.

PUTZ ANMISCHEN

SIEHE AUCH

unter:
Putz vorbereiten 28–29

Wenn der Untergrund vorbereitet ist, besteht der nächste Schritt im Anrühren der Putzmischung. Der beste Ort dafür ist am Ort der Verarbeitung. Dazu legen Sie vorher im gesamten Arbeitsbereich den Boden mit einer Schicht Papier oder altem Teppichboden aus.

Wenn der Putz in seiner Konsistenz richtig eingestellt ist, läßt er sich leichter verarbeiten. Verwenden Sie für die richtige Dosierung als Maß einen Eimer, für kleine Mengen einen Küchenmeßbecher. Der Behälter oder Putzkübel darf keine alten Putzreste enthalten. Putzmörtel, der im Abbindeprozeß während der Verarbeitung fest wird, kann nicht mit weiterem Wasser verdünnt, gerührt und weiterverwendet werden. Rühren Sie also nur soviel Material an, wie Sie in einem Arbeitsgang verarbeiten können. Die Verarbeitungszeit ist meistens auf der Verpackung angegeben. Eine bessere Beurteilung bekommen Sie schnell nach den ersten Versuchen.

BINDEMITTEL

Zuschläge oder Bindemittel erhöhen die Haftung einer Putzschicht auf dem Untergrund. Wenn Sie einen Zuschlag beimischen, sollte der Unterputz nicht dicker als 10 mm aufgetragen werden. Für einen dickeren Aufbau wird der Unterputz an der Oberfläche aufgerauht, damit die nächste Schicht einen guten Halt bekommt. Als Haftzuschlag können Sie Baudispersion im Verhältnis1:5 zum Anmachwasser mischen, oder Sie mischen das Haftmittel mit der trockenen Putzmischung. Mit einem solchen Mörtel lassen sich auch Risse und andere kleine Schäden problemlos reparieren. Drücken Sie den Mörtel mit einer passenden Kelle in den gereinigten und angefeuchteten Bereich ein. Nach Gebrauch werden alle Werkzeuge stets mit Wasser sorgfältig gereinigt. Bei größeren Projekten sind gelegentliche Zwischenreinigungen erforderlich.

Baudispersion vor dem Aushärten abwaschen

Unterputz

Mischen Sie den Putzmörtel auf einem Mörtelbrett (siehe gegenüber), größere Mengen in einer Mörtelwanne an. Die Mischung messen Sie mit Schaufel, Kelle oder Meßgefäß ab. Auf dem Brett häufen Sie die Mischung auf, machen in der Mitte eine Vertiefung und geben Wasser hinein, um das Ganze dann mit weiterer Wasserzugabe zu einer breiartigen Masse zu vermengen. Auch Fertigmischungen mit Zuschlägen mischen oder rühren Sie einfach unter Zugabe von Wasser an. Kleine Mengen kann man auch in einem Eimer anrühren. Für das Anrühren in den Behältern verwenden Sie am besten einen Rührquirl mit einer Bohrmaschine. Geben Sie die Mischung in einen Behälter und dann das Wasser hinzu. Ein kg Gipsputz benötigt etwa 0,75 l Wasser.

Ober-, Glättputz

Rühren Sie die Putzmischung in einem Eimer mit etwa 2 Liter Wasser an. Verrühren Sie mit Korbrührer und Bohrmaschine, bis eine Masse mit gleichmäßiger Konsistenz erreicht ist. Den Mörtel geben Sie auf das angefeuchtete Brett oder nehmen den Mörtel direkt aus dem Behälter auf die Kelle. Alle Werkzeuge sind vor dem Abbinden des Mörtels zu reinigen.

PUTZART, VERARBEITUNG UND ERGIEBIGKEIT

Sorte	Untergrund	Putzschicht	Putzstärke	Ergiebigkeit
HAGALITH A (KALK-ZEMENT-SAND-BASIS/MG PIVc)				
Haftung *Normal saugend*	Steinwände	Unterputz	9 mm	6,5–7,5m²
	Blockwände	Unterputz	9 mm	6,5–7,5 m²
Haftung *Stark saugend*	Betonsteine	Unterputz	9 mm	6,5–7,5 m²
	Grober Beton	Unterputz	9 mm	6,5–7,5 m²
Haftung *schwach saugend*	Steinwände	Unterputz	9 mm	5,0–8,25 m²
	Blockwände	Unterputz	9 mm	5,0–8,25 m²
	Betonsteine	Unterputz	9 mm	5,0–8,25 m²
	Glatte Betonfläche	Unterputz	8 mm	5,0–8,25 m²
	Gipsbauplatten	Unterputz	8 mm	5,0–8,25 m²
	Polystyrol	Unterputz	9 mm	5,0–8,25 m²
Putzträger	Streckmetall	Unterputz	9 mm	3,0–3,5 m²
Oberfläche	Hagalith F-Unterputz	Oberputz	2 mm	20,5–25,0 m²
HAGALITH B (GIPS-KALK-BASIS/MG P N c)				
Massivwand	Hagalith F-Unterputz	Unterputz	9 mm	5,7 m²
Oberfläche	Sandiger Unterputz	Oberputz	2 mm	17,5—22,5 m²
Gipsbauplatten	Gipsbauplatten	Oberputz	5 mm	8,0–8,5 m²
Renovierung *Normal saugend*	Steinwände	Unterputz	9 mm	6,0 m²
	Blocksteinmauerwerk	Unterputz	9 mm	6,0 m²
	Betonsteine	Unterputz	9 mm	6,0 m²
Renovierung	Reparatur	Oberputz	2 mm	19,0–21,0 m²
EINLAGIGER PUTZ				
	saugend, porig	Unter-/Glättputz	12 mm	4,5 m²

Zellulosefüllstoff

Geben Sie eine kleine Menge Pulver auf ein Brett oder in das Gumminäpfchen. Drücken Sie eine Mulde in die Mitte, geben Sie Wasser dazu, und verrühren Sie alles zu einer cremigen Masse. Zum Andicken kann weiteres Pulver zugegeben werden. Für große Fugen muß man den Füllstoff dicker anrühren. Wegen der längeren Verarbeitungszeit ist Füllstoff meist dem Gips vorzuziehen.

PUTZ AUFBRINGEN

SIEHE AUCH
unter:

Innenvertäfelung	67–69
Tapezieren	70–78
Putz lehren	133
Gipsbauplatten spachteln	133

Beim Verputzen gibt es zwei Hauptregeln: der Putz muß gut auf dem Untergrund haften, und es muß eine glatte, ebene Oberfläche erreicht werden. Gute Vorbereitung, die umsichtige Auswahl der richtigen Putzsorte und gutes Werkzeug sollten einen brauchbaren Auftrag gewährleisten. Befriedigende Oberflächen werden dann mit zunehmender Erfahrung erreicht. Die meisten Putzwerkzeuge sind sehr speziell für den jeweiligen Zweck gebaut. Manche bekommt man nur im Fachhandel, aber die Investition wird sich lohnen, wenn man einen gewissen Arbeitsumfang zu bewältigen hat.

Vermeidbare Probleme

Unebene Oberflächen
Das Abziehen sehr unebener Putzflächen ist für den Anfänger manchmal sehr arbeitsaufwendig: Der Putz rutscht, und die Arbeit wird zur Qual. Mit nachträglichem Ausgleichen ist meist nicht viel zu erreichen, vielmehr ist es besser, den Putz schon zu Beginn mit einer breiten Ziehkelle aufzutragen und dabei ohne zu aufwendiges Nachziehen eine ebene Fläche zu erzeugen, die nach dem Anziehen des Putzes sehr einfach zu glätten ist. Bei großen Flächen kann man von der Seite die Wand fluchten oder mit einer Lampe die Flucht ausleuchten, wobei Unebenheiten deutlich werden.

Risse
Feine Risse in Putzoberflächen haben ihre Ursache zumeist in noch nicht ausgetrocknetem Unterputz, der nun schrumpft. Es ist also erforderlich, mit dem Auftragen des Oberputzes zu warten, bis der Untergrund vollständig durchgetrocknet ist. Feine Risse im Oberputz können jedoch auch unbedenklich mit Makulatur und Tapeten bekleidet werden. Keinesfalls darf man Putz zum Trocknen erwärmen.

Festigkeit
Gips und Zement reagieren unter Zusatz von Wasser. Wenn während der Abbindereaktion das Wasser entzogen wird und der Prozeß somit unterbrochen ist, wird die Festigkeit des Produktes gemindert. Es kann erforderlich sein, den Putz vollständig abzuschlagen und neu zu verputzen.

PUTZTECHNIKEN

Putz aufnehmen

Halten Sie die Traufel unter das Mörtelbrett, und schieben Sie mit der Glättkelle soviel Mörtel darauf **(1)**, wie Sie gerade verarbeiten wollen. Nehmen Sie mit der Glättkelle wiederum ungefähr die Hälfte – bei geringem Materialbedarf auch weniger – der auf der Traufel befindlichen Menge auf. Dabei wird die Glättkelle mit der Fläche nach oben am Griff gehalten **(2)**.

1 Traufel beladen

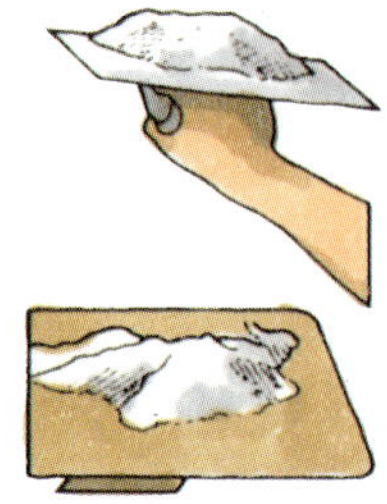
2 Putz aufnehmen

Aufbringen

Die Glättkelle mit dem Mörtel halten Sie nun schräg mit einer langen Kante gegen die Wand **(1)**. Nun wird der Mörtel in einem Zug von unten nach oben auf die Wandoberfläche aufgezogen **(2)**. Dabei darf nie die gesamte Fläche der Kelle auf der Wand aufliegen, da sonst der Putz wieder abgezogen wird und nicht haften kann.

1 Glättkelle ansetzen

2 Putz aufziehen

Abziehen

Bringen Sie möglichst gleichmäßig eine dickere Schicht auf die Wand auf, als vorgesehen ist. Mit einer Kardätsche oder einem Richtscheit beginnen Sie die Oberfläche gleichmäßig von unten nach oben abzuziehen. Dazu haben Sie zu beiden Seiten der Putzfläche Abziehleisten auf die Wand genagelt und diese ausgefluchtet. Beim Abziehen schieben Sie den überschüssigen Mörtel mit der Kardätsche vor sich her und gleichen dabei auch Vertiefungen aus. Große Löcher mit der Kelle ausfüllen.

Mit Richtscheit oder Kardätsche abziehen

Glätten

Den abschließenden Glättputz können Sie auf Gipsputz nach dem Abbinden aufziehen. Ein Zement-Sand-Putz muß vorher völlig durchtrocknen, wird zum weiteren Putzauftrag jedoch erneut angefeuchtet. Gipsbauplatten werden nicht angefeuchtet. Glättputz wird in 2–3 mm Schichtstärke aufgetragen. Die Auftragsstärke kontrollieren Sie mit Sichtprüfung ohne Abziehleisten. Auf Gipsbauplatten ist manchmal zweifacher Auftrag mit einer Gesamtstärke von 5 mm erforderlich. Wenn der Putz abgebunden hat, wird erneut angefeuchtet und mit der Kelle unter stetigem kreisendem Reiben geglättet. Vermeiden Sie dabei zu starken Druck und ein Aufreiben der Oberfläche.

Beim Glätten immer wieder nässen

FLICK-PUTZ

SIEHE AUCH
unter:

Bei Malerarbeiten fallen immer wieder Reparaturen schadhafter Putzstellen an. Solche Arbeiten bereiten im allgemeinen keine Probleme. Wenn größere Reparaturen von Putz anstehen, wie z. B. nach dem Entfernen von Einbauten oder dem Abbau von Zwischenwänden, ist das handwerkliche Geschick des Heimwerkers gefordert.

Wandstück verputzen

Flickbereiche von einer Breite bis zu 1 m können Sie mit einlagigem oder zweilagigem Putz ausbessern.

Einlagiger Putz

Bereiten Sie den Untergrund vor, indem Sie das Mauerwerk von losem und beschädigtem Putz befreien und alles mit einer harten Bürste reinigen. Nun rühren Sie den Putzmörtel entsprechend den Herstellerangaben an. Feuchten Sie den Untergrund mit sauberem Wasser an, und legen Sie den Fußboden um die Reparaturstelle mit Pappe aus. Heruntergefallenen Mörtel können Sie auf diese Weise wieder sauber aufnehmen. Den fertigen Mörtel geben Sie auf ein vorgefeuchtetes Mörtelbrett und nehmen ihn von hier mit Reibebrett oder Ziehkelle auf. Arbeiten Sie in der abgebildeten Reihenfolge **(1)**, wobei Sie in jedem Sektor unten beginnen. Bearbeiten Sie in der Folge alle Bereiche, wobei an die Kante der vorher geputzten Bereiche angeschlossen wird. Ziehen Sie jeden Bereich mit der Kardätsche ab. Füllen Sie die Unebenheiten und Löcher in jedem Arbeitsgang aus. Lassen Sie den Putz 45 Minuten anziehen. Mit Fingerdruck können Sie die wachsende Festigkeit der Putzschicht kontrollieren. Dann können Sie den Putz mit der angefeuchteten Kelle oder der Schwammkelle glätten. Dabei wird stets senkrecht gestrichen, und der Bereich sollte gut angefeuchtet sein. Bevor die frisch geputzte Fläche tapeziert oder überstrichen werden kann, muß sie ca. 4 Wochen durchtrocknen.

Zweilagiger Putz

Die Schichten von Unterputz und Glättputz werden wie zuvor beschrieben hergestellt. Die Schichtdicke der oberen Putzschicht muß mit den anderen Bereichen abgestimmt werden. Achten Sie darauf, geeignete Mörtelsorten zu wählen.

1 Bearbeitungsfolge
Teilen Sie die Fläche in kleinere, leicht zu bearbeitende Bereiche, die Sie in Folge verputzen.

Beschädigte Ecken reparieren

Wenn ein Teil der Putzschicht einer Außenecke so beschädigt ist, daß das Mauerwerk zu sehen ist, kann die Reparatur mit ein- oder zweilagigem Putz erfolgen. Ein gerades, etwa 10 cm breites Brett dient dabei als Richtstück. Mit einem Meißel schlagen Sie im beschädigten Bereich bis 10 cm von der Ecke allen noch anhaftenden Putz vom Mauerwerk ab. Für zweilagigen Putz wird das Brett auf der alten Putzlage der anderen Eckseite etwa 3 mm zurückgesetzt angebracht **(1)**. Für die Bearbeitungszeit wird das Brett mit Stahlnägeln in den Fugen möglichst weit von der Ecke entfernt befestigt. Die Nägel sollten etwas herausstehen, damit man das Brett leichter wieder abnehmen kann. Nachdem Sie das Mauerwerk und den angrenzenden Putz angefeuchtet haben, tragen Sie den Mörtel auf und benutzen dabei die Brettkante als Anschlag für die Ziehkelle. Beachten Sie, daß 3 mm Oberputz hinzukommen werden **(2)**. Sie müssen diesen Raum also mit der Kelle sauber auskratzen. Wenn der Mörtel abgebunden hat, entfernen Sie das Brett, ohne dabei den frischen Putz zu beschädigen. Die so ausgebildete Kante stellt den Anschlag für die andere Seite der Ecke dar, wenn Sie davon etwa 3 mm heruntergekratzt haben **(3)**.
Ein Profi wird das Brett gegen die frische Kante halten und mit der anderen Hand den Putz auch auf der anderen Seite antragen. Wer ungeübt ist, sollte besser die langsamere Methode wählen und zunächst den Putz des ersten Arbeitsganges aushärten lassen, ehe er zum Verputzen der anderen Seite übergeht. Verputzt wird wie zuvor **(4)**. Wenn der Unterputz abgebunden hat, wird das Brett erneut bündig mit der Eckkante angebracht. Nach dem Anfeuchten können Sie den Glättputz aufbringen, anziehen lassen und zuletzt mit der Schwammkelle glätten. Die Ecke wird dabei leicht entgratet. Lassen Sie dem Putz ausreichend Trockenzeit, und führen Sie die weiteren Malerarbeiten in diesem Bereich erst nach einigen Tagen aus. Einlagigen Putz können Sie hier einfacher, da ohne Berücksichtigung der Schichtendicke herstellen, weshalb diese Methode empfohlen wird.

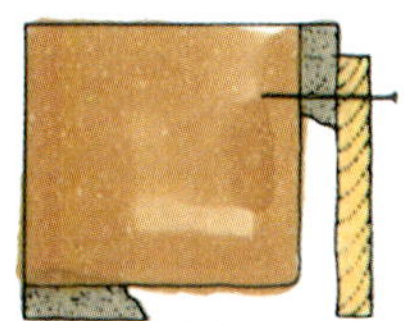
1 Brett anbringen

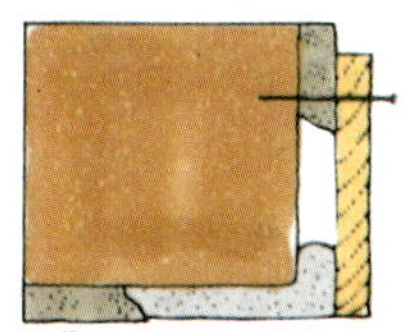
2 Über Brett abziehen

3 Kante abkratzen

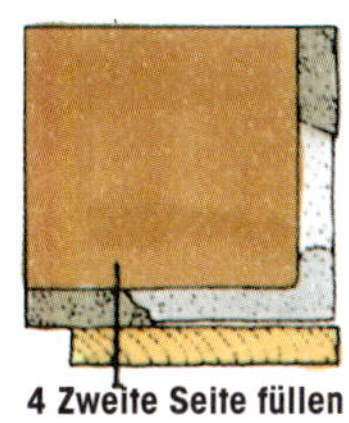
4 Zweite Seite füllen

KANTEN VERSTÄRKEN

An Außenecken wird aufgrund der erhöhten Beschädigungsgefahr eine Kantenverstärkung aus Metall eingebaut **(1)**. Außer Kantenschutz und aussteifenden Eigenschaften bieten diese Eckschutzschienen eine wesentliche Erleichterung beim Verputzen. Denn zum Verspachteln oder zum Verputzen dient die Eckschutzschiene als Abziehkante. Kürzen Sie die Schiene auf das erforderliche Maß, und behandeln Sie die Schnittstellen mit Rostschutzfarbe. Zum Einbau der Schiene in eine beschädigte Ecke wird der alte Putz im betroffenen Bereich entfernt, das Mauerwerk angefeuchtet und stellenweise mit Putzmörtelklecksen versehen. In diese Putzkleckse wird die Schiene in ihren richtigen Sitz gedrückt **(2)**. Die korrekte Position der vorstehenden Nase kontrollieren Sie mit Richtscheit und Wasserwaage. Nachdem der Mörtel abgebunden hat, können Sie die gesamte Schiene einputzen (3). Dabei sollten Sie einen folgenden Auftrag von 2 mm Glättputz berücksichtigen. Den Glättputzauftrag ziehen Sie über die Eckschutzschiene ab und erreichen so eine einwandfreie Oberfläche. Beim Abziehen sollte die galvanische Beschichtung nicht übermäßig strapaziert werden, denn das Metall kann sonst Rostflecken bilden. Sicherheitshalber kann man die Schiene mit Primer streichen.

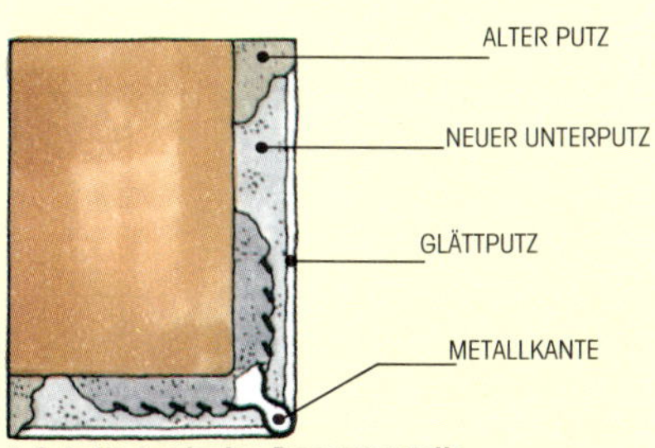

1 Schnitt durch eine Reparaturstelle

2 In Putz einbetten

3 Einputzen

REPARATUR VON UNTERLATTUNG UND PUTZ

SIEHE AUCH
unter:
Putz vorbereiten 28–29
Sorten von Innenputz 125
Profilleisten 132

2 Öffnung ausschneiden

3 Wechsel einfügen

4 Auflagen einbauen

DECKE AUS GIPSBAUPLATTEN REPARIEREN

Ein Fehltritt, ein undichtes Dach oder eine undichte Rohrleitung können Ursachen für Beschädigungen einer Decke aus Gipsbauplatten sein. Die Schäden sind meistens begrenzt und können auf einfache Weise repariert werden. Bevor Sie beginnen, schalten Sie in diesem Bereich den Strom ab. Stellen Sie fest, in welcher Richtung die Deckenbalken verlaufen und ob sich im Umfeld der Reparaturstelle stromführende Kabel befinden. Ist die Decke begehbar, so können Sie die Inspektion von oben vornehmen. Alternativ schlagen Sie mit dem Hammer ein ausreichend großes Loch von unten in die Gipsbauplatten, um den Innenraum mit der Lampe auszuspiegeln **(1)**.

1 Inspektion mit Spiegel und Lampe

Wählen Sie diese Methode auch, wenn die Deckenbalken von oben mit Dielen oder Platten verkleidet sind. Dicht um den beschädigten Bereich herum zeichnen Sie ein Rechteck an die Decke. Dieses schneiden Sie mit einer Säge bis an die benachbarten Balken heraus **(2)**. Wenn fest verlegte Kabel hinderlich sind, wird mit einem Messer weitergearbeitet. Befestigen Sie zwischen den Balken zwei Wechsel aus exakt abgelängten Latten 3x5 cm so, daß die bestehenden und neu eingefügten Gipsbauplatten hälftig auf der Lattung aufliegen **(3)**. Doppeln Sie die Balken mit Lattenstücken auf, so daß sich ein Auflagerahmen ergibt. Schneiden Sie das einzusetzende Stück so zurecht, daß überall Fugen von 3 mm entstehen. Nach dem Einbau werden die Übergänge mit Fugenband verfugt und verspachtelt.

Geringe Schäden

Kleine Schäden an einer Decke aus Gipsbauplatten werden ebenso gespachtelt wie zur Vorbereitung zum Tapezieren.

Verputzte Lattung oder Putzträger werden allmählich schadhaft, wenn ein bestimmtes Alter erreicht ist und die Haftung nachläßt. Man sieht dann Risse, oder der Putz hängt durch. Es klingt hohl und gibt nach, wenn Sie dagegenklopfen und -drücken.

Reparatur einer Wand

Stechen Sie den Putz mit einem breiten Meißel heraus **(1)**. Wenn der Putzträger noch solide ist, kann darauf wieder aufgebaut werden. Feuchten Sie die Lattung oder den Unterbau an **(2)**, und bringen Sie mit der Kelle den Putz mit Druck in den Bereich ein **(3)**. Dabei gleichen Sie die alte und neue Oberfläche an. Nach dem Anziehen des Mörtels glätten Sie die Übergänge mit Schwamm, Wasser und Kelle. Ein zweilagiger Auftrag ist auch möglich.
Der Unterputz wird für eine gute Haftung des Oberputzes eingeritzt (4). Die Reparatur über größere Bereiche nehmen Sie am besten zweilagig vor. Falls der Putzträger beschädigt wurde, muß dieser Teil ersetzt werden. Auf Unterlattungen oder Putzträger aus natürlichen Baustoffen kann ein Voranstrich mit Haftgrund sinnvoll sein. Kleinere Beschädigungen können Sie weniger aufwendig mit Füllspachtel reparieren. In kritischen Fällen sollten Sie etwas Baudispersion in das Anmachwasser mischen.

1 Losen Putz abschlagen

2 Ränder des alten Putzes anfeuchten

3 Putz kräftig zwischen die Latten drücken

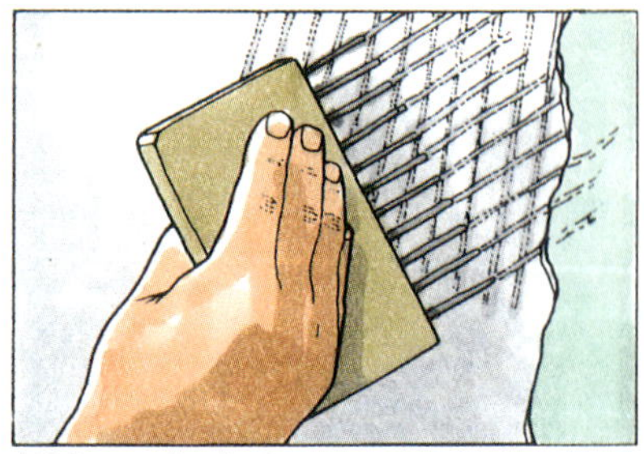

4 Untergrund aufkratzen

Deckenreparatur

Ein wasserführendes Leck kann eine Decke durchaus ernsthaft beschädigen. Hier muß das gesamte schadhafte Material mit Vorsicht herausgeschnitten werden. Der Putzträger muß gegebenenfalls ersetzt werden. Dann bringen Sie nach dem Anfeuchten zuerst eine dünne Haftschicht mit festem Andruck in den Bereich ein **(1)**. Ritzen Sie die Oberfläche ein, und lassen Sie das Material abbinden. Die zweite Schicht Haftputz tragen Sie möglichst plan mit der übrigen Deckenfläche an und glätten nach dem Anziehen mit Wasser und Kelle.

1 Dünne Schicht mit großem Druck auftragen

2 Zweite Schicht nach Abbinden aufziehen

STUCK-REPARATUREN

SIEHE AUCH

unter:
Stukkaturen reinigen 29

Repräsentative Altbauten wurden bis etwa zur Jahrhundertwende mit mehr oder weniger aufwendigem Deckenstuck ausgestattet. Dieser sollte auch im Interesse des Denkmalschutzes erhalten werden, wobei manchmal aufwendig restauriert werden muß. Bei stark beschädigten Stuckelementen muß eine Kopie angefertigt werden.

Originalstuck restaurieren

Eine Deckenrose oder ein Stuckmedaillon ist ein dekorativer Gipsguß. Für sehr alte Stuckverzierungen kann man zum Restaurieren in Bibliotheken Unterlagen mit genauen Aufzeichnungen finden. Oft ist die Gestaltung aus der Symmetrie zu erkennen, manchmal liegen feine Details unter zahllosen Farbschichten verborgen. Für aufwendigere Restaurationen sollte man in jedem Fall einen Fachmann hinzuziehen.

Farbschichten verbergen feine Details

Anbringen einer Reproduktion

Für einige klassische Motive gibt es Reproduktionen aus industrieller Fertigung, oder man bekommt sie bei einem Stukkateurmeister, der Restaurierung von Stuck betreibt. Oft aber besteht der einzige Weg zur Erhaltung darin, einen Abguß vom Original herzustellen. Dieser muß an der Decke gemacht werden, da es fast unmöglich ist, ein Stuckornament abzunehmen, ohne es zu zerstören. Für diesen Abguß werden zunächst die alten Farbschichten vom Gips entfernt. Ein Arbeitsgerüst ist dabei von Vorteil, besonders wenn größere Bereiche bearbeitet werden sollen. Die alten Formen werden mit Stuckgips und Stuckspachtel wiederhergestellt und größere Löcher ausgefüllt. Mit Silikonkautschuk wird nun ein Abdruck an der Decke genommen. Diese Technik erfordert einige Erfahrung. Erst wenn der Abdruck gelungen ist, kann auf das Original an der Decke verzichtet werden. Im Gipsgußverfahren wird nun ein neues Stück gefertigt und, falls erforderlich, nachgearbeitet. Bei Bedarf wird in der Mitte ein Loch für die Deckenleuchte gebohrt. Mit einem vollflächigen Auftrag von Baukleber kann man das Ersatzstück an der Decke anbringen. Für größere Stuckteile braucht man zur Abstützung zwei Baustützen, über die ein Schalbrett gelegt wird. Darauf wird, in Schaumstoff gebettet, der Stuck an die Decke gedrückt, bis der Kleber fest ist. Zusätzlich wird das Stuckteil an günstigen Stellen mit Messingschrauben an den darüberliegenden Deckenbalken befestigt. Die Löcher werden mit Gips zugespachtelt. Vertrauen Sie diese Arbeiten im Zweifelsfall einem Fachmann an.

Vom Abdruck nachgegossene Rosette

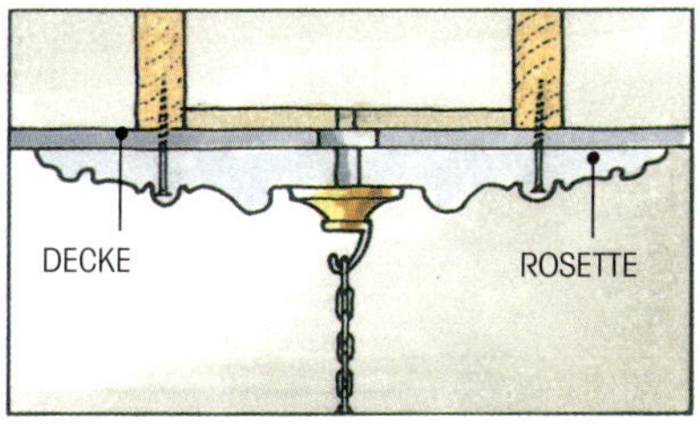

Größere Stuckelemente mit Schrauben sichern

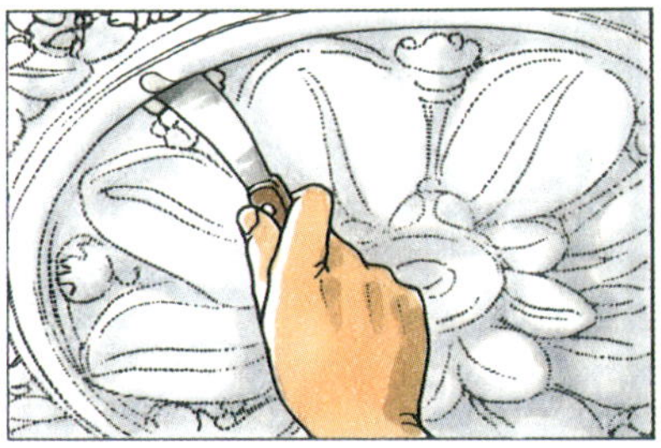

Schraubenlöcher mit dem Stuckmesser spachteln

STUCKDECKE VON OBEN REPARIEREN

Restauratorenarbeiten an traditionellen Stuckdecken sind ziemlich kostspielig, da der Aufwand oft kaum abzusehen ist. Größere Bruchstücke von Stuck können Sie vorsichtig ablösen und erneut ankleben. Spachteln Sie die Fugen aus, und schleifen Sie die Übergänge glatt.

Schraubbefestigung

Legen Sie das Stuckornament auf ein Hilfsgerüst aus Baustützen und einem schaumstoffüberzogenen Brett, das sich dicht unter der Decke befinden soll. Dann werden die Stützen so weit in der Höhe verstellt, daß das Stuckteil an der Decke anliegt. Durch vorgebohrte Löcher werden Schrauben mit Unterlegscheiben, beides in galvanisierter Ausführung, in die Deckenbalken geschraubt. Die Scheiben sollten einen Durchmesser von mindestens 25 mm haben. Der Abstand der Schraubenlöcher beträgt ca. 30 cm. Die Löcher werden mit Spachtel gefüllt.

Durchhängenden Putz reparieren

Eine wichtige, aber auch arbeitsintensive Reparatur ist die Instandsetzung einer durchhängenden Stuckdecke. Hier hat sich der Putz vom Putzträger gelöst und droht abzustürzen, so daß eine Reparatur unumgänglich ist. Dazu nehmen Sie die darüberliegenden Bodendielen ab und säubern die Zwischenräume von allem losen Material. Zuletzt wird mit einem Staubsauger die Lattung abgesaugt. Mit Baustützen wird die durchhängende Decke von unten wieder gegen den Putzträger gedrückt. Rühren Sie nun eine cremige Masse aus Stuckgips an, und verteilen Sie diese zügig über die vorgefeuchtete Lattung, wobei mit der Kelle gut angedrückt werden muß. Der Auftrag muß die Lattung vollständig überdecken **(1)**. Der Gips bindet sehr schnell ab, doch müssen die Stützen noch einen Tag stehenbleiben.

1 Stuckgips über Putz und Putzträger streichen

STUCK-PROFILLEISTEN REPARIEREN

SIEHE AUCH
unter:
Stukkaturen reinigen 29
Bewehrungsband 141

Profilleisten sind dekorative Übergänge zwischen Wand und Zimmerdecke, die früher aus Stuckgips gefertigt wurden. In alten Häusern sind oft Risse in diesen Deckenbereichen zu finden, und auch die Randleisten sind davon betroffen, wenn sich ein Gebäude im Laufe der Zeit gesetzt hat. Risse können mit Fugenspachtel leicht ausgebessert werden, größere Schäden erfordern einen teilweisen Wiederaufbau. Kurze Stücke werden dazu an Ort und Stelle wiederhergestellt. Längere Stücke fertigen Sie auf einer Werkbank und kleben diese Werkstücke dann ein. In jedem Fall ist die alte Farbe von den Profilleisten zu entfernen.

Reparatur ausgebrochener Profilleisten

Zuerst dübeln Sie im Bereich der Reparaturstelle eine gerade, glattgehobelte Führungslatte direkt unter der Formleiste **(1)** an die Wand. Eine Schablone der Formleiste fertigen Sie, indem Sie mit einer Formlehre (Profilabtaster) die Form der Leiste abnehmen, auf ein passendes Stück Blech oder Kunststoff übertragen und dieses mit einer Stichsäge zurechtschneiden. Dabei berücksichtigen Sie auch die Kante **(2)** der montierten Latte. Kontrollieren Sie die exakte Paßform, indem Sie die Schablone an eine unbeschädigte Stelle der Profilleiste anhalten. Dieses Werkstück wird nun an ein passendes Verstärkungsbrett mit geraden Kanten geschraubt. Die Kante an der gesägten Kontur wird etwa 45 Grad abgeschrägt **(3)**. Schrauben Sie eine Trägerplatte unter die Schablone, so daß die Schablone genau in die Formleiste greift, wenn die Trägerplatte im Winkel von 90 Grad gegen die Wand stößt. Schrauben Sie eine dreieckige Verstärkung an die Konstruktion, und bringen Sie zuletzt ein entsprechend abgelängtes Stück gehobelter Dachlatte als Gleitstück an. Diese bildet mit der an der Führungslatte den Anschlag bei der Führung des Werkzeugs **(4)**. Entfernen Sie loses Material, und feuchten Sie den zu reparierenden Bereich an. Bauen Sie die ausgebrochene Stelle Schicht um Schicht mit Stuckgips auf. Sobald die Füllschicht das alte Profil überragt, wird sie mit der Schablone geformt, indem diese einfach entlang der Führung über die Reparaturstelle gezogen wird. Dies muß in dem kurzen Zeitraum geschehen, in dem der Gips gerade abbindet. Er darf nicht mehr cremig, muß aber noch formbar sein.

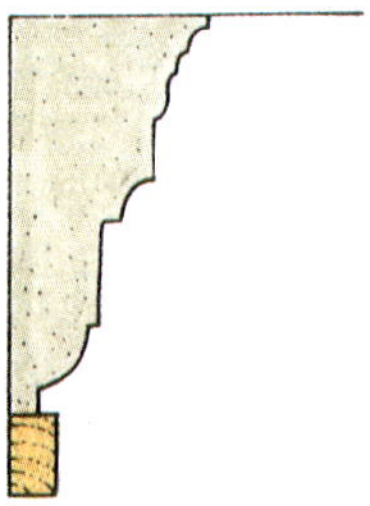

1 Führungslatte

2 Schablone bauen

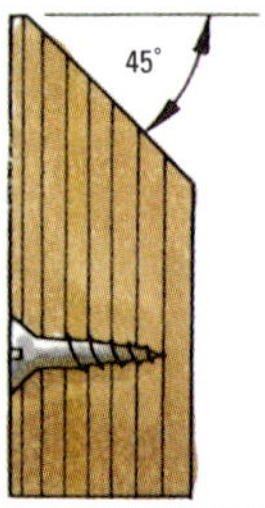

3 Schablone schrägen

4 Ziehen Sie die Schablone an der Führung entlang

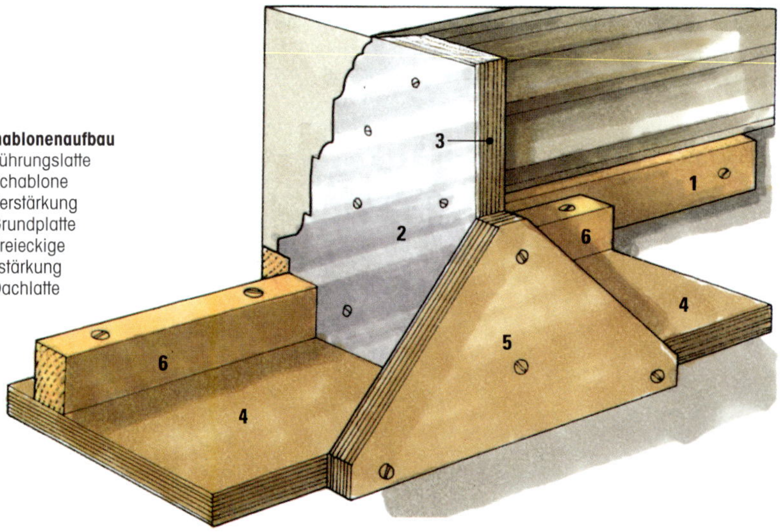

Schablonenaufbau
1 Führungslatte
2 Schablone
3 Verstärkung
4 Grundplatte
5 dreieckige Verstärkung
6 Dachlatte

NEUE FORMLEISTE ANFERTIGEN

Lange Stücke einer Profilleiste fertigen Sie auf einer geraden Arbeitsfläche an, am besten auf der Werkbank. Zum Aufbau einer Gußform schrauben Sie zwei entsprechend lange Streifen von wasserfest verleimtem Sperrholz oder Spanplatte rechtwinklig zusammen und nageln in die entstandene Ecke eine Dreiecksleiste. Nun messen Sie an der Wand die Höhe des Aufbaus der Formleiste und schrauben auf der Gußform eine Führungsleiste an. Nehmen Sie das Profil der Formleiste an der Wand ab, und fertigen Sie, wie links beschrieben, eine Schablone und Stucklehre an. Nun rühren Sie Stuckgips an und bringen ihn Schicht um Schicht in die Gußform ein. Rühren Sie immer nur soviel Gips an, wie Sie für die nächste Schicht benötigen. Im dicksten Bereich legen Sie auf ganzer Länge eine Verstärkung aus Glasfasergewebe ein. Sie arbeiten wie beschrieben mit der Stucklehre die Konturen heraus und stellen so eine gleichförmige Stuckprofilleiste her. Die schadhafte Stelle der alten Profilleiste an der Wand wird mit Winkelschleifer und Steinscheibe im gesunden Material gerade abgeschnitten. Schneiden Sie die neue Formleiste exakt auf das Maß des Zwischenraumes zu. Tragen Sie Baukleber auf die Rückseiten der Formleiste auf, und kleben Sie diese ein. Eine besonders lange Formleiste sollten Sie mit Messingschrauben befestigen. Entfernen Sie austretenden Kleber vor dem Aushärten, und verspachteln Sie die Nahtstellen.

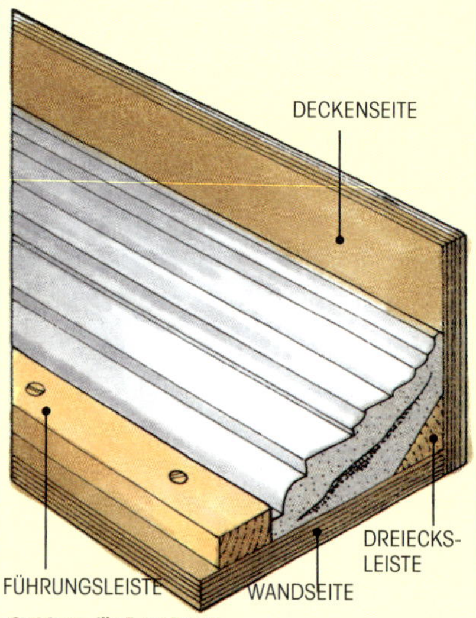

Gußform für Formleiste
Stucklehre entlang der Führungsleiste ziehen.

Das Verputzen ganzer Wandflächen wird in einem Haushalt nur selten nötig sein. Doch wenn neue Trennwände eingezogen wurden oder Feuchtigkeitsschäden aufgetreten sind, wird das Verputzen solcher Wandflächen notwendig. Dabei muß man nicht immer auf Gipsbauplatten zurückgreifen. Zum Verputzen ist auch der Heimwerker imstande. Der Schlüssel zum Erfolg sind dabei die richtige Einteilung der Wandfläche in Arbeitsbereiche (siehe unten) und etwas Erfahrung im Umgang mit den Materialien, etwa aus Reparaturarbeiten an Putz.

Putz aufbringen

Benutzen Sie zum Verputzen eine Glättkelle. Schieben Sie mehrere Kellen fertig angemachten Mörtel auf die Glättkelle, und beginnen Sie mit dem Unterputzauftrag oben an der Wand. Dazu wird der Mörtel in senkrechten Strichen mit der Kelle aufgestrichen. Rechtshänder arbeiten auf der Fläche von rechts nach links, Linkshänder umgekehrt (siehe unten). Arbeiten Sie mit Druck, um eine gute Haftung des Mörtels zu gewährleisten, und tragen Sie zunächst eine dünne Schicht auf. Darauf erfolgt der nächste Auftrag bis zur gewünschten Stärke. Wenn der Putz mehr als 10 mm dick sein soll, ritzen Sie die Oberfläche der letzten Schicht für eine gute Haftung mit der Kelle ein, lassen diese Schicht abbinden und bringen dann die nächste Schicht auf. Verputzen Sie das gesamte Feld zwischen zwei Putzlatten, wobei ein genaues Auffüllen bis an die Latten nicht notwendig ist. Ziehen Sie die frische Putzfläche über die Latten mit einer Kardätsche ab. Vertiefungen und Löcher werden mit Mörtel gefüllt und erneut abgezogen. Für den Auftrag des Glättputzes wird die letzte Schicht eingeritzt. In dieser Weise bearbeiten Sie die ganze Wandfläche, nehmen nach dem Abbinden die Latten von der Wand und füllen den Zwischenraum mit Mörtel. Nach dem Abbinden kann die gesamte Wandfläche mit Glättputz überzogen werden.

So wird der Putz aufgezogen

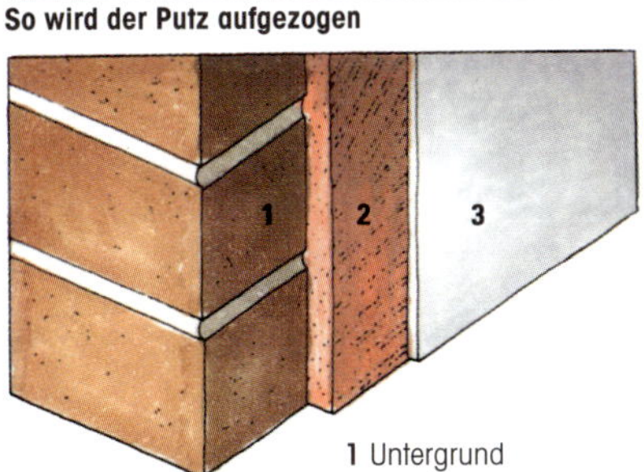

Zweilagiger Putz

1 Untergrund
2 Unterputz
3 Oberputz

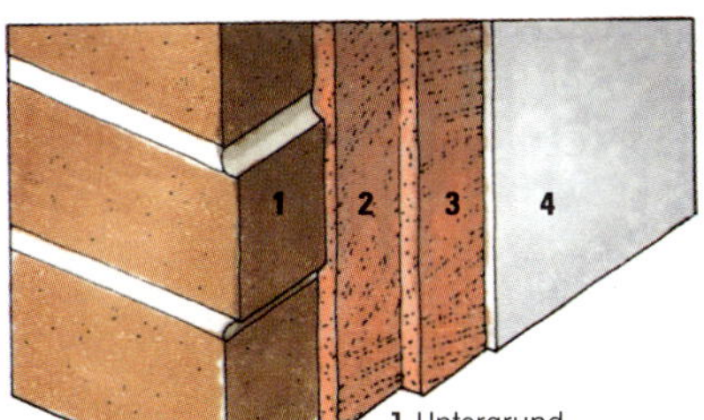

Dreilagiger Putz

1 Untergrund
2 Unterputz
3 Zwischenputz
4 Glättputz

VORBEREITUNG ZUM VERPUTZEN

Zum Verputzen gehören auch eine Wasserwaage und einige gehobelte Latten mit einer Stärke von etwa 10 mm. Diese Latten – Putzlehren genannt – werden als Abziehkante auf die Wand genagelt. Profis formen diese Abziehlehre aus Putz horizontal oder vertikal in der erforderlichen Stärke auf der Wand.
Bereiten Sie den Untergrund vor, und befestigen Sie die Latten auf der Wand. Vollständig eingeschlagene Nägel vereinfachen zwar das Abziehen, erschweren aber die spätere Demontage der Latten. Der Abstand der Latten sollte etwa 60 cm betragen. Mit der Wasserwaage überprüfen Sie, ob die Latten im Lot sind. Gleichen Sie gegebenenfalls mit hintergelegten Stücken aus Preßpappe aus. Machen Sie den Putzmörtel in dicker, cremiger Konsistenz an, und beginnen Sie zunächst mit einer Menge von nicht mehr als 20 Liter Volumen. Größere Mengen können Sie erst anmischen, wenn Sie mit dem Material und der Arbeitstechnik hinreichend vertraut sind.

Glättputz

Ziehen Sie den Glättputz mit der Traufel, von oben beginnend, mit gleichmäßigen Aufwärtsbewegungen auf den Unterputz auf (siehe Abbildung links). Führen Sie dabei die Kelle mit leichtem Druck in schrägem Winkel zur Wandfläche. Glätten Sie Unebenheiten mit horizontalen Strichen. Die Traufel sollte immer wieder mit Wasser gereinigt werden; denn feucht gleitet sie besser. Wenn der Putz angezogen hat, wird er mit dem nassen Filzbrett in kreisenden Bewegungen abgerieben. Je nach Putzsorte ergeben sich dabei durch das unterschiedliche Korn der Zuschlagstoffe verschiedene Texturen. Um den Putz zu strukturieren, können auch mit der Kelle, mit einer Zahnspachtel oder verschiedenen Strukturwalzen vielerlei Muster in den Putz gekratzt oder gedrückt werden. Für die Verarbeitung durch den Heimwerker eignen sich am besten Edelputze und Kunststoff-Edelputze. Durch die Beimischung von Farbstoffen und besonderen Sandsorten erübrigt sich dabei oft sogar ein Anstrich.

Putzschichtenaufbau
Dreilagiger Putz ist relativ aufwendig, aber bei großen Unebenheiten notwendig.

SIEHE AUCH

unter:

Innenwände streichen	45–51
Innenvertäfelung	67–69
Tapezieren	70–75
Oberflächenarten	126
Putz aufbringen	128
Gipsbauplatten	134–141
Zuschlagstoffe	145

Putzlehren ausloten
Durch Hinterlegen und Durchnageln von Preßpappe lassen sich kleine Differenzen zur Fallinie oder Unebenheiten ausgleichen.

GIPSBAU-PLATTEN

SIEHE AUCH
unter:
Putz vorbereiten 28–29
Gipsbauplatten spachteln 140–141
Wände dämmen 211

Mit Gipsbauplatten lassen sich auch auf rauhen Untergründen von Decken und Wänden schnell und ohne großen Aufwand gerade und glatte Wandflächen schaffen. Das Material ist einfach vor Ort zu schneiden und anzubringen. Man kann es schrauben, tackern oder kleben. Zwei Arten von Platten sind generell zu unterscheiden: Gipsfaserplatten und Gipskartonplatten, die in verschiedenen Qualitäten hergestellt werden. Alle Platten basieren auf der Verwendung von Gips mit Faseranteilen. Gipskartonplatten sind außenseitig mit Karton beschichtet. Es gibt Qualitäten für den Einsatz in Feucht- und Außenräumen, in unterschiedlichen Stärken und Formaten. Der Heimwerker arbeitet am besten mit den in jedem Baumarkt erhältlichen Rigips-»1-Mann-Platten«, die nach Größe und Gewicht seinen Möglichkeiten angepaßt sind. Er findet hier ein aufeinander abgestimmtes System, das Fehler vermeiden hilft.

LAGERN UND SCHNEIDEN VON GIPSBAUPLATTEN

Gipsbauplatten sind bruchempfindlich, feuchteempfindlich und dürfen nicht auf Biegung beansprucht werden. Die Platten können nur aufrecht getragen werden, sind in größeren Abmessungen von einigem Gewicht und haben empfindliche Kanten. Jede Beschädigung der Kanten erfordert Nacharbeitung oder sogar einen Ersatz. Üblicherweise werden sie liegend in Stapeln gelagert, doch kann man einige wenige Platten auch leicht schräg gegen eine Wand gelehnt aufbewahren.

Gipsbauplatten schneiden

Gipsbauplatten kann man mit einer Säge trennen oder mit einem Messer an einem Anschlag entlang einschneiden und dann brechen. Mit einem Klingenmesser werden dazu mit Hilfe einer Latte, besser noch einer Stahlschiene entsprechender Länge, kräftige Schnitte entlang einer vorher angezeichneten Linie angebracht. Zum Brechen oder Knicken genügt es, eine Latte an der Schnittlinie unter die Platte zu legen und mit dem Handballen anzudrücken. Zum Ausschneiden von Ecken kann ebenfalls geschnitten werden. Stückweise läßt sich das Material dann mit der Hand herausbrechen. Mit einer Beißzange und einer Raspel bearbeitet man die Schnitt- beziehungsweise Bruchkante. Öffnungen für Steckdosen, Schalter, Rohrdurchführungen und anderes kann man mit Lochsäge oder Bohrkranz bohren. Dazu gibt es preisgünstige Sets mit verschiedenen Wechselradien. Bessere Qualitäten haben feste Radien, d. h. man kauft für jede Lochgröße einen besonderen Bohrkranz. Lose Papierschichten von Gipskarton werden vorsichtig entfernt und die beschädigte Stelle nach dem Einbau überspachtelt.

Runde Kante

Rechtwinklig

Konische Kante

Kantenformen
Runde und rechtwinklige Kantenformen sind generell üblich. Die Plattenfugen werden gefugt und geglättet. Konische Kanten dienen zur Aufnahme von Gewebebewehrungen.

GIPSBAUPLATTEN UND IHRE EIGENSCHAFTEN

GIPSBAUPLATTEN: SORTEN, SYSTEME UND EINSATZBEREICHE	Breite	Höhe	Stärke	Kanten
Gipskartonplatten zum Innenausbau				
»Die Weiße« von Rigips Bestens geeignet zur Aufteilung von Räumen in Form von Leichtbauwänden, zur Verkleidung unebener Wände, als Trockenputz in Neubauten, als Vorsatzschalung an zu dämmenden Außenwänden.	600 mm	2000 mm 2600 mm	12,5 mm	Rundkante
Verbundplatten				
»Rigitherm« von Rigips Entspricht der »Weißen«, hat jedoch eine 20 mm starke Auflage aus wärmedämmendem Hartschaum. Zur Verkleidung ungenügend gedämmter Außenwände.	600 mm	2000 mm 2600 m m	12,5 mm plus 20 mm Hartschaum	Rundkante
Feuchtraumplatten				
»Die Grüne« von Rigips Imprägnierte Feuchtraumplatte zum Ausbau von Küchen, Badezimmern, Kellern. Spezieller Fliesenkleber verfügbar.	600 mm	2000 mm 2600 mm	12,5 mm	Rundkante
Feuerschutzplatten				
»Rigicell 12.« von Rigips, Spezialplatte für den Dachgeschoßausbau.- Bestens geeignet auch für andere Brandschutz konstruktionen wie Brandschutzwände usw. Armierter Spezialgipskern für besseren Gefügezusammenhalt, Baustoffklasse A2-nicht brennbar, entspricht den Anforderungen von DIN 18180.	1000 mm	1500 mm	12,5 mm	Halbrundkante
Systemzubehör (Auswahl)	**Maße**	**Gebinde**		
Rigips-Sicherheitsgrundierung (Tiefgrund) Rigips-Spezial-Schrauben Dachgeschoßprofil (für Dachgeschoß und Balkendeckenbekleidung) Rahmen- und Standprofile (Metallprofile für die Stützkonstruktion von Leichtbauwänden)	 25, 35, 55 mm 230 cm x 5 cm 260 cm x 5 cm	5 l 200		

WANDVERKLEIDUNG MIT GIPSBAUPLATTEN

SIEHE AUCH
unter:
Leichtbauwände 112–113
Fußbodenleisten 157
Türrahmen und Zargen 161

Gipsfaserplatten und Gipskartonplatten können auf verschiedene Weise montiert werden. Auf Holzlattung oder eine Konterlattung werden die Platten geschraubt oder getackert. Mit Kleber oder Ansetzbinder kann man direkt auf das Mauerwerk kleben. Im Hochformat lassen sich die Platten leichter montieren. Wenn in einem Raum Wand- und Deckenflächen verkleidet werden sollen, beginnt man mit der Decke.

Verschiedene Befestigungstechniken

Auf eine Trennwand montieren
Trennwände als Holzrahmenkonstruktion werden als geschlossene Wand oder mit Türöffnungen gebaut. Die Beplankung einer geschlossenen Wand mit Gipsbauplatten wird von einem Ende zum anderen durchgeführt. Hat eine solche Wand eine Öffnung, so beginnt man an der Öffnung und arbeitet nach beiden Seiten.

An einer Ecke beginnen
Mit einem Fußheber bringen Sie die erste Platte in Position. Markieren Sie, falls erforderlich, die Stoßkante mit der angrenzenden Wand, und befestigen Sie die Platte in der gewünschten Weise an allen möglichen Punkten der Unterkonstruktion, also an Ständern und Riegeln. Wenn Sie genau gearbeitet haben, wird die Platte mit ihrem Rand mittig auf dem nächsten Ständer aufliegen. Befestigen Sie die restlichen Gipsbauplatten an der Wand. Dabei achten Sie auf einen gleichmäßigen Stoß. Bei Platten mit rechtwinkligen Kanten lassen Sie einen Spalt von 3 mm zwischen den Platten. Hierdurch erhält der Fugenfüller einen besseren Halt. Rigips-1-Mannplatten werden Stoß an Stoß verlegt, da der Fugenfüller dank der abgerundeten Kanten einen guten Halt findet. Sägen Sie die Sockelleisten mit Gehrungsschnitten in den Ecken zu, und montieren Sie diese passend zu den vorhandenen Leisten.

An einer Türöffnung beginnen
Mit dem Fußheber hebeln Sie die erste Platte in Position, so daß sie bündig an der Außenkante des Türpfostens anliegt. Jetzt markieren Sie den Verlauf des Türsturzes an der Kante der Platte. Von dieser Markierung bis zur Decke sparen Sie einen Streifen aus, so daß die Schnittkante über dem Türsturz in der Mitte des Ständers liegt. Die erste Platte können Sie nun am Holzrahmen befestigen.
Auch die restlichen Platten werden – je nach Material – Stoß an Stoß oder mit 3 mm Stoßfugen angebracht. Die letzte Platte verlangt oft für einen guten Sitz eine Korrektur mit der Raspel. Oberhalb der Türöffnung wird die Platte entsprechend der vorhandenen Aussparungen zugeschnitten und eingesetzt. Mit Schleifpapier bearbeiten Sie die Kanten von Gipskarton. Die Raspel ist das richtige Werkzeug für die Kantenbearbeitung von Gipsfaserplatten. Nach der Plattenmontage kann sofort mit Fugenfüller gespachtelt werden.
Abschließend werden die Sockelleisten und die Rahmenleisten der Tür zugeschnitten und montiert.

BEFESTIGUNG

Gipskartonplatten lassen sich auf verschiedene Weise befestigen. Je nach Untergrund können sie mit mechanischen Verbindungen – Schrauben, Nägel, Tackerklammern – angebracht oder aber mit einem Spezialputz bzw. mit Baukleber aufgeklebt werden. Große Hersteller bieten üblicherweise entsprechendes Zubehör mit an, so daß Sie als Heimwerker sichergehen, wenn Sie darauf zurückgreifen.
Zur Innendämmung auf glattem Putz, ebenem Mauerwerk oder Betonflächen hat sich das Verkleben von Verbundplatten – Gipskartonplatten mit einer wärmedämmenden Hartschaumauflage – mit Baukleber besonders bewährt. Verwenden Sie dazu einen lösungsmittelfreien Kleber wie Rigiterm. Der Kleber wird mit einer Zahnspachtel vollflächig aufgetragen und die Platte angedrückt. Gewöhnliche Gipsbauplatten verklebt man mit Ansetzbinder. Dieser wird punktförmig und an den Rändern streifenförmig auf die Rückseite der Gipsbauplatte aufgetragen. Die Platte wird an die Wand angesetzt, mit einem Richtscheit angeklopft und mit der Wasserwaage ausgerichtet.
Unter den mechanischen Befestigungen sind Schrauben besonders zu empfehlen. Die Firma Rigips bietet hierzu Spezialschrauben und einen besonderen Schraubervorsatz für Bohrmaschine oder Akkuschrauber an. Damit werden die Gipsbauplatten auf einer Unterkonstruktion aus Holzlatten oder einer Ständer-Bohlen-Leichtbaukonstruktion befestigt. Falls Sie dennoch nageln wollen, verwenden Sie rostfreie Nägel.

Spezialschrauben sind das beste Material, um Gipsbauplatten auf einer Holzunterlage – Ständer oder Unterlattung – zu befestigen. Mit einem Schraubervorsatz und einer elektrischen Bohrmaschine, besser noch einem Akkuschrauber, geht das schnell und mühelos. Die Schraubenlänge beträgt für Gipskartonplatten 35 mm, für Verbundplatten 55 mm, der Schraubenabstand beträgt 25 cm.

Verwendung eines Fußhebers
Der Plattenzuschnitt erfolgt mit Raumhöhe minus 16 mm. So kann der selbstgesägte Fußheber als nützliches Hilfswerkzeug eingesetzt werden.

Montagefolge für Gipsbauplatten
An Türöffnungskanten beginnen und in beiden Richtungen weiterarbeiten.

Mittige Stützenabstände
Die Stützenabstände für die Trennwandkonstruktion haben Sie auf das Plattenformat abgestimmt. Für die meistverbreiteten 1-Mannplatten beträgt der Abstand 60 mm, bei Unterlattungen sollte der Lattenabstand für 9,5-mm-Platten ca 45 cm betragen, für 12,5-mm Platten etwa 50 cm.

GIPSBAUPLATTEN ANREISSEN

SIEHE AUCH
unter:
Leichtbauwände 112–113
Gipsbauplatten 134, 135, 140–141

Falls die Kante der ersten Gipsbauplatte gegen eine Unebenheit der angrenzenden Wand stößt oder eine Kante nicht die Mitte der Stütze trifft, so muß die Platte neu angerissen und zugeschnitten werden.

Die erste Platte anreißen

Halten Sie die erste Platte in ihre Position **(1)**. Der rechts in der Abbildung gezeigte Fall zeigt eine unebene Wand. Sie stellen die einzubauende Platte in ihre Position und stellen den Verschnitt fest. Nun rücken Sie die Platte ein Plattenmaß weiter an die Stütze, so daß die Kante auf der Stützenmitte liegt. Richten Sie die Platte mit dem Fußheber aus, und heften Sie sie mit einigen wenigen Stiften fest. Schneiden Sie eine Latte zu, deren Länge exakt der Plattenbreite entspricht, halten einen Bleistift ans Ende der Latte und fahren Sie die Wandkonturen ab **(2)**. Die Latte muß bei diesem Vorgang stets waagerecht gehalten werden. So reißen Sie das Wandprofil auf der Platte an und können diese danach zuschneiden und paßgenau montieren **(3)**.

Anreißen der letzten Platte

Heften Sie die letzte Platte mit einigen Stiften auf die vorletzte **(4)**. Dabei müssen die beiden Platten genau deckungsgleich aufeinanderliegen. Mit einer auf Plattenbreite zugeschnittenen Latte und einem Bleistift reißen Sie, wie oben beschrieben, das erforderliche Maß auf der Platte an. Für den Zuschnitt wird die Platte wieder von der Wand genommen. Nach dem Zuschnitt und der Kantenversäuberung wird die Platte eingebaut **(5)**.

1 Halten Sie die erste Platte in der Ecke an

2 Verrücken Sie die Platte, und markieren Sie die Schnittlinie

3 Schneiden Sie die Platte zu, und schrauben Sie diese fest

4 Letzte Platte deckungsgleich auf die vorletzte Platte heften und anreißen

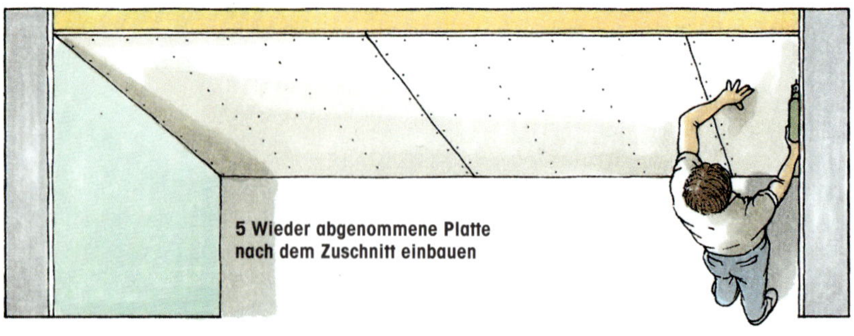

5 Wieder abgenommene Platte nach dem Zuschnitt einbauen

Auf Mauerwerk können Gipsbauplatten mit Ansetzbinder befestigt werden. Bei unebenem oder schadhaftem Mauerwerk sollte aber mit einer Unterlattung gearbeitet werden. Diese ist auch erforderlich, wenn die Gipsbauplattenverkleidung zur Innendämmung dienen soll. In diesem Fall wird das Dämmaterial in den Zwischenräumen zwischen den Latten und eine Dampfsperre darüber verlegt. Feuchte Wände müssen vor dem Verkleiden saniert werden. In solchen Fällen ist auch eine Konterlattung zur Hinterlüftung der Wandverkleidung zu empfehlen.

Einmessen

Mit einem Richtscheit und Kreide zeichnen Sie die Positionen der Lattung auf der Wand an. Die Lattung kann nach Belieben horizontal oder vertikal verlegt werden. Bei vertikaler Lattung sind die Abstände von dem eingeplanten Plattenmaß bestimmt: Die Platten stoßen jeweils mittig auf jeder zweiten Latte zusammen. Bei 1-Mannplatten beträgt der Abstand also 30 cm. Bei horizontaler Lattung beträgt der Abstand ca. 40 cm. Beginnen Sie mit der Lattung jeweils an Öffnungen für Fenster und Türen.

Befestigung der Latten

Schneiden Sie die erforderliche Stückzahl der vertikalen Latten in der richtigen Länge minus 150 mm zu, so daß nach der Montage oben und unten ein Spalt bleibt. Dort werden an Ober- und Unterkanten waagerechte Latten angebracht. Bohren Sie im Abstand von ca. 50 cm Löcher für die Dübel. Befestigen Sie die vertikalen Latten zuerst, und lassen Sie diese 10 cm über dem Boden enden. Dazu schrauben Sie die Latte mit dem obersten Dübel fest und richten sie aus. Die übrigen Bohrungen können Sie durch die bestehenden Schraubenlöcher anbringen. Kleinere Wandunebenheiten korrigieren Sie durch Beilagen, die zwischen Wand und Latte gelegt werden, bevor Sie die Schrauben anziehen. In gleicher Weise verfahren Sie nun mit den waagrechten Latten.

Beplankung mit Gipsbauplatten

Das Vorgehen beim Beplanken ist ähnlich dem bei einer Leichtbauwand mit Holzrahmen, nur daß in diesem Fall keine Aussparungen für Tür oder Fensterrahmungen in die Platten geschnitten werden müssen. Die Befestigung geschieht wiederum am besten mit Rigiterm-Schrauben. Anschließend wird in der üblichen Weise verfugt. Eingelegte Gewebestreifen mindern die Gefahr von Rissen. Die Fußleisten werden nach dem Zuschnitt genagelt oder geschraubt. Zur Befestigung durch die Gipsbauplatten hindurch dient die untere Querlatte.

FLUCHTEN DER LATTUNG

Häufig müssen mit der Lattung Unebenheiten und Bauungenauigkeiten ausgeglichen werden. Zur Kontrolle halten Sie ein Richtscheit horizontal und diagonal auf das Mauerwerk. So erkennen Sie schnell, wo die kritischen Bereiche sind, die Sie ausgleichen müssen. Zu diesem Zeitpunkt ist das Lattenraster bereits angezeichnet. Bei krummen Wänden ermitteln Sie den am weitesten herausragenden Punkt **(1)** der Wand. Halten Sie die diesem Punkt nächstliegende Latte mit dem Richtscheit gegen die Wand **(2)** und zeichnen in dieser Ebene eine Führungslinie am Boden **(3)**. Prüfen Sie die Rechtwinkligkeit zu den anderen Wänden. Doppeln Sie die anderen Latten auf, oder wählen Sie dickere Latten, die auf Paß gehobelt werden.

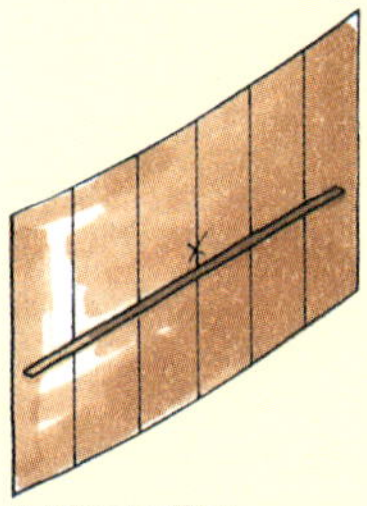

1 Wand prüfen

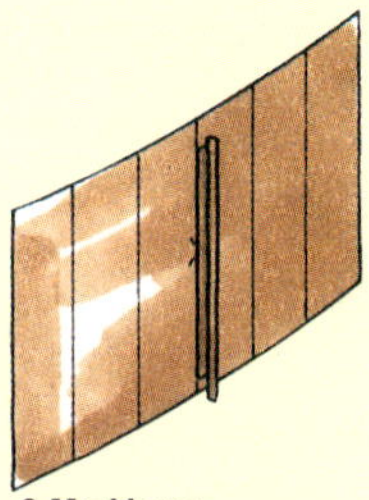

2 Markieren

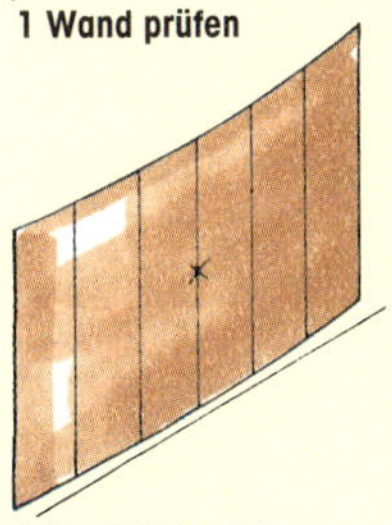

3 Fluchtlinie ziehen

Lattenabstand prüfen
Prüfen Sie, ob Lattung und Linie fluchten.

Unterlattung anbringen und verkleiden
1 Position anzeichnen
2 Vertikale Latten andübeln
3 Horizontale Latten andübeln
4 Horizontale Latten über Wandöffnungen anbringen, kurze Lattenstücke darübersetzen
5 Gipsbauplatten mit Spezialschrauben an den Latten befestigen, anschließend spachteln

SIEHE AUCH
unter:
Gipsbauplatten, Sorten, Befestigung 134–135
Ecken und Öffnungen 139
Gipsbauplatten spachteln 140–141
Fußleisten anbringen 157

AUFKLEBEN VON GIPS-BAUPLATTEN

SIEHE AUCH unter:

Untergrund vorbereiten 28, 126
Gipsbauplatten anreißen spachteln 136, 140–141
Wände dämmen 211

Als gute Alternative zur Montage von Gipsbauplatten mit Hilfe einer Unterlattung kann das Anbringen mit Ansetzbinder gelten. Dieses Verfahren empfiehlt sich besonders bei der Verwendung von Gipskartonplatten anstelle von Putz auf rohem Mauerwerk. Mit dicken Klecksen dieses speziellen Mörtels auf Gipsbasis wird die Gipsbauplatte angeklebt. Bei unebenen Flächen muß man die Wand vorher fluchten. Unebenheiten werden durch das Anbringen von Anschlägen ausgeglichen, die aus Reststücken der Platten geschnitten, mit Ansetzbinder auf die Wand geklebt und mit dem Richtscheit ausgerichtet werden.

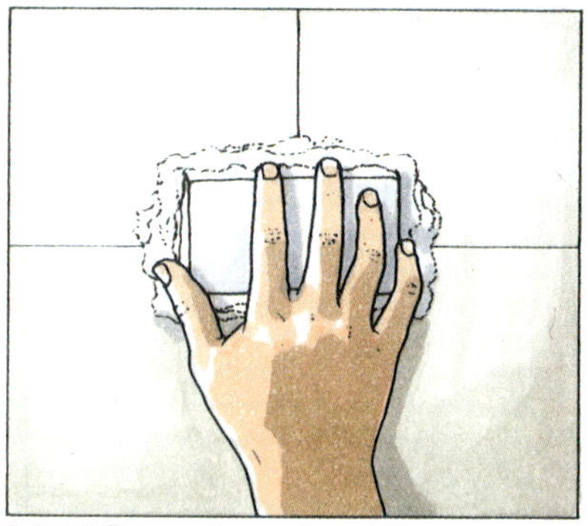

1 Anschläge ansetzen und ausrichten

Befestigung der Anschlagpunkte

Von einer Ecke oder den Wandöffnungen ausgehend markieren Sie die Position der Gipsbauplatten sowie deren Mittellinie mit senkrechten Strichen. Bei Verwendung von 60 cm breiten 1-Mann-Platten ziehen Sie also alle 30 cm eine vertikale Linie. Ziehen Sie je eine horizontale Linie ca 25 cm unter der Decke, ca. 10 cm über dem Fußboden sowie in der Mitte zwischen beiden Linien. An den Schnittpunkten dieses Rasters wird jeweils ein Anschlag aufgeklebt. Ermitteln Sie, wie auf der Vorseite beschrieben, den am weitesten vorstehenden Rasterpunkt der Wand, und kleben Sie dort mit einer dünnen Schicht Ansetzbinder einen Anschlag auf **(1)**. Ziehen Sie eine Fluchtlinie. Analog zum Verfahren bei der Montage einer Unterlattung kleben Sie die übrigen Anschläge mit Hilfe von Richtscheit und Wasserwaage mit der Fluchtlinie fluchtend auf, wobei Differenzen durch die Schichtstärke des Mörtels ausgeglichen werden. Dies ist nur in geringem Umfang möglich. Bei größeren Differenzen empfiehlt sich eine Unterlattung.

2 Dicke Kleckse Ansetzbinder aufbringen

Ansetzen der Gipsbauplatten

Geben Sie für die Fläche der ersten Platte mit der Kelle in regelmäßigen Abständen drei Reihen großer Kleckse Ansetzbinder mit etwa 10 cm Abstand auf die Wand **(2)**. Die Menge soll so bemessen sein, daß die Platte beim Ansetzen alle Kleckse berührt und in den Kleber hineingedrückt wird. Richten Sie die Plattenkanten nach den Linien aus, und sichern Sie die Position mit Stahlstiften. 1-Mann-Platten mit gerundeten Kanten werden auf Stoß angesetzt, bei Platten mit eckigen Kanten lassen Sie eine 3-mm-Fuge. Nach dem Abbinden des Binders ziehen Sie die Nägel wieder heraus. Das geht mit einem Latten- oder Zimmererhammer und untergelegter Latte am besten **(3)**. Für das Ansetzen an Ecken und Öffnungen siehe nächste Seite. Abschließend werden die Fugen gefüllt und geglättet.

Bei der Verkleidung von planem, rohem Mauerwerk geben Sie die Mörtelkleckse auf die Rückseite der abgelängten 1-Mann-Platte, klopfen diese mit dem Richtscheit fest und richten sie aus.

3 Nach Abbinden Stahlstifte entfernen

Arbeitsfolge bei der Ansetztechnik
1 Raster anzeichnen
2 Anschlagpunkte ansetzen
3 Ansetzbinder in dicken Klecksen auftragen
4 Platten ansetzen und sichern, Nägel nach dem Abbinden herausziehen

ECKEN UND ÖFFNUNGEN

FENSTERÖFFNUNGEN

Schneiden Sie für Laibungen und Sturzunterseite des Fensters passende Streifen von der Gipsbauplatte. Die Kanten sollen mit 3 mm Fuge bis fast an die Innenfläche der Wandplatten reichen. Geben Sie gleichmäßige Kleckse Ansetzbinder auf einen Plattenstreifen, und setzen Sie diesen dann in Position vorsichtig an. Zur Korrektur kann die Platte zwar weiter an die Wand gedrückt, aber nicht wieder abgezogen werden. Zuerst setzen Sie die Plattenstreifen an der Sturzunterseite **(1)** dann an den Laibungen an **(2)**. Die Wandplatten ober- und unterhalb eines Fensters werden zum Schluß angesetzt. Dazu kann die Kante der hier beschriebenen Streifen im eingebauten Zustand mit einer Raspel nachgearbeitet werden. Kantenschutzschienen aus nichtrostendem Metall befestigen Sie mit dem Fugenmörtel in einem Arbeitsgang.

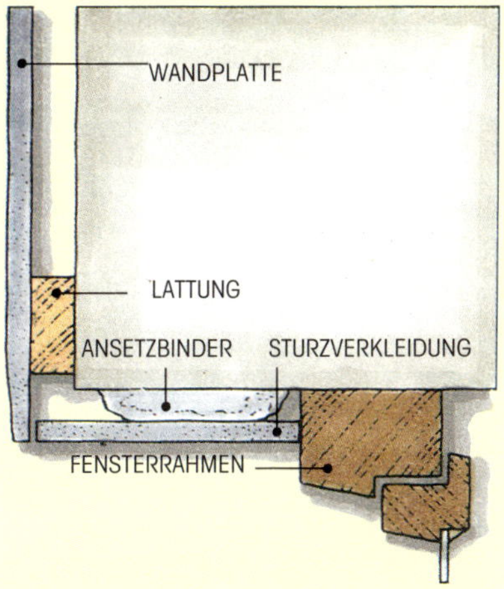

1 Sturzverkleidung
Stützen Sie die angesetzte Platte unter dem Sturz bis zum Abbinden.

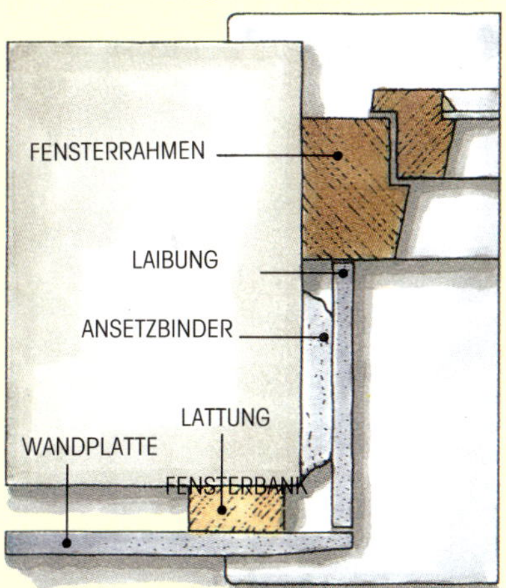

2 Laibungsverkleidung
Die Kanten der Laibung werden von den Wandplatten verdeckt.

Innenecke

Befestigen Sie die Unterlattung möglichst tief in der Ecke. Setzen Sie geschnittene Kanten in die innere Ecke, und lassen Sie Fugen von 3 mm zwischen den Platten (runde Kanten auf Stoß setzen).

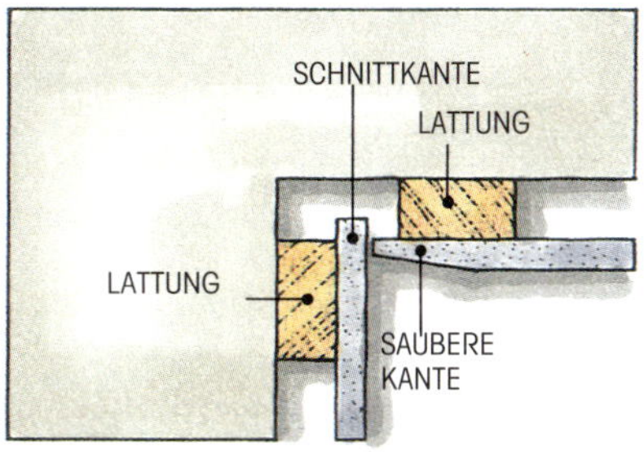

Innenecke
Schnittkanten in Innenecke setzen.

Außenecke

Auch hier wird die Lattung möglichst dicht an die Ecke gesetzt. Befestigen Sie die Latten mit Dübeln, damit das Mauerwerk an der Ecke nicht bricht. Eine Platte sollte eine schräge Kante haben. So läßt sich auch gut eine Eckschutzschiene ansetzen.

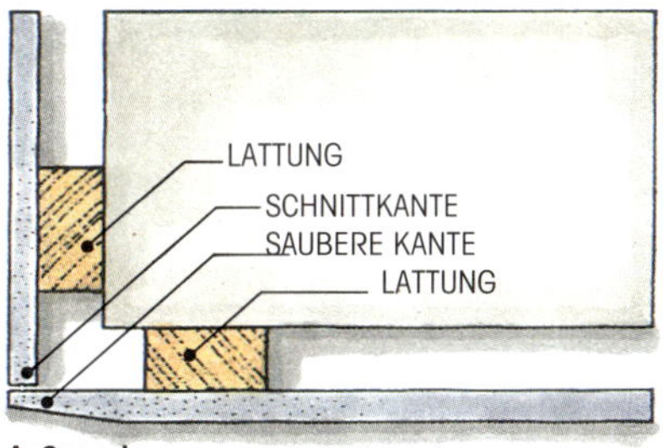

Außenecke
Kantenstoß für Schutzschiene möglichst exakt ausführen.

Türausschnitt

Die Türöffnungen an Außenwänden werden in gleicher Weise ausgeführt wie die nebenstehend beschriebenen Fensteröffnungen. Für Türöffnungen an Innenwänden werden die Latten an das Ende der massiven Wand gesetzt. Dann können die Platten angeschraubt werden. Bauen Sie einen neuen Türrahmen, oder verwenden Sie den alten wieder. Fugen verdecken Sie mit einem Rahmen aus Profilleisten.

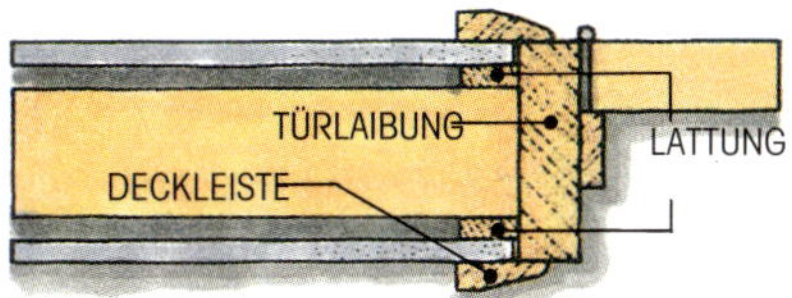

Innentür
Bauen Sie einen neuen Türrahmen, oder verbreitern Sie die Laibung des alten.

Elektroinstallation

Für die Unterputzinstallation von Schaltern und Steckdose haben Sie die Verkabelung in der Wand bereits vorgenommen. Bei geklebter oder mit Ansetzbinder vorgenommener Gipsbauplattenbekleidung, aber auch bei Verwendung dünner Leisten für die Unterlattung wird die Einbautiefe für die Installation von Hohlwanddosen nicht ausreichen. Eventuell muß an diesen Stellen das Mauerwerk ausgestemmt werden. In solchen Fällen können Sie auch normale Unterputzdosen verwenden, die in dem ausgestemmten Loch eingegipst werden. Da auf Steckdosen oft erheblicher Druck ausgeübt wird, stützt man sie mit einem Lattenrahmen.

SIEHE AUCH

unter:
Elektrische Anschlüsse 69
Gipsbauplatten schneiden 134
Ecken bearbeiten 141

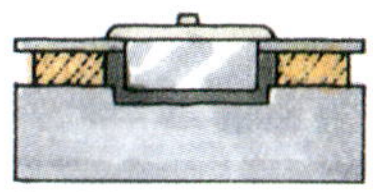

Steckdosen
Gipsbauplatten werden im Bereich von Steckdosen und Schaltern mit Lattung hinterbaut.

Arbeitsfolge an Ecken
1 Sturzunterseite
2 Laibung
3 Wandbeplattung an der Öffnung beginnend
4 Unter- und oberhalb der Fensteröffnung
5 Wandplatten an der Türöffnung beginnend
6 Oberhalb der Tür
7 Ausschnitt für Elektroinstallationen

GIPSBAU-PLATTEN SPACHTELN

SIEHE AUCH
unter:
Eckschutzschiene 141

Alle Fugen zwischen Platten, an Anschlüssen, dazu die Vertiefungen von Schrauben werden abschließend mit Fugenfüller gespachtelt und geglättet. Eingelegte Bewehrungsstreifen schützen dabei vor Rißbildung. Anschließend können die Wände tapeziert oder gestrichen werden.

Werkzeuge und Materialien

Der Füller eignet sich zum Fugenfüllen ebenso wie zum Feinspachteln der Übergänge. Man rührt das Pulver in einem sauberen Gefäß an. In der Regel wird heute auf Grund verbesserter Fugenfüller auf die Verwendung von Bewehrungsstreifen verzichtet. Wer dennoch ein verstärkendes Band auf die Stoßfugen der Gipskartonplatten einsetzen möchte, nimmt zwar einen erhöhten Arbeitsaufwand in Kauf, beugt aber möglichen Rissen optimal vor. Die Ecken werden mit gelochten Schienen aus nichtrostendem Metall verstärkt. Für diese Arbeiten werden Gipserkelle, Glättkelle, Fugenbrett, Spachtel und Schwamm benötigt.

Nägel und Schrauben verdecken

Die Vertiefungen von Schrauben und Nägeln werden mit einer Spachtel geschlossen und geglättet. Nachglätten kann gelegentlich notwendig sein. Dazu nochmals spachteln und mit feuchtem Schwamm nacharbeiten.

Schräge Kanten füllern

Einige Sorten von Gipsbauplatten werden mit abgeschrägten Kanten geliefert. Diese dienen zur Aufnahme des Bewehrungsstreifens, der auf diese Weise eingespachtelt werden kann, ohne in der Fläche aufzutragen. Machen Sie den Füller in einer cremigen Konsistenz an. Nehmen Sie eine Menge davon auf das Fugenbrett. Davon können Sie die jeweils gewünschte Menge mit der Gipserkelle oder der Spachtel entnehmen und in die Fugen einarbeiten. Wenn der Füller angezogen hat, können kleine Unebenheiten nachgeglättet werden. Streichen Sie etwas Füller in die Fuge. Drücken Sie den Bewehrungsstreifen in den Fugenfüller ein **(1)**. Bringen Sie mit einer breiten Spachtel, am besten einer elastischen Japanspachtel, eine zweite Schicht Füller über dem Fugenband auf, so daß das Band gut im Füller eingebettet ist **(2)**. Nach dem Abbinden gleichen Sie kleinere Unebenheiten mit einer breiten Japanspachtel aus. Dazu wird der Füller etwas steifer angemacht. Zuletzt mit dem Schwamm glätten **(3)**.

1 Fugenband eindrücken

2 Füller darüberstreichen

3 Mit Schwamm glätten

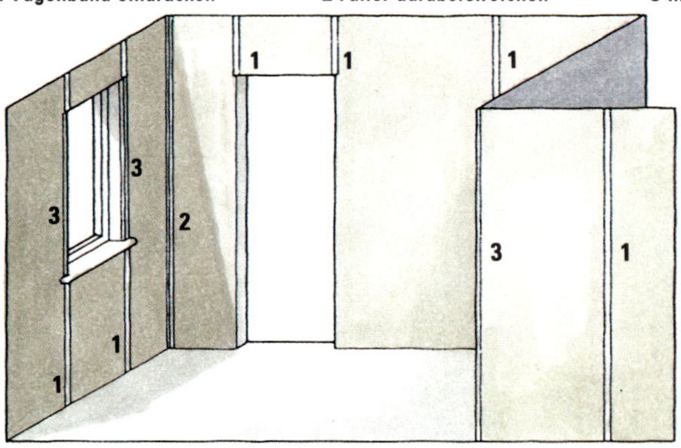

Verfugen
1 Für Stoßfugen Bewehrungsband flach einlegen.
2/3 Für Innen- und Außenecken Metalleckschienen verwenden.

1-MANN-PLATTEN VERSPACHTELN

Die im Heimwerkerbereich meistverbreiteten 1-Mann-Platten werden mit runden Längskanten geliefert und ohne Fuge Stoß an Stoß verarbeitet. Der Hersteller versichert, daß bei Verwendung der gebrauchsfähigen Spachtelmasse »Rigiplast« auf eine Bewehrung verzichtet werden kann. Stoßen zwei geschnittene Kanten aufeinander, genügt es, die Kanten mit Schleifpapier oder einem Klingenmesser leicht abzuschrägen, um eine Mulde für den Füller zu schaffen.

Füller mit breiter Spachtel auftragen

Schnittkanten mit Messer abschrägen

GLASFASERBAND

Dieses Fugenband besteht aus Glasfasergewebe. Es ist ratsam, wegen der lungengängigen Fasern Atemschutzmaske und Schutzbrille zu tragen. Das Band ist 50 mm breit und grob gewebt. Bei der Verarbeitung muß nicht vorgespachtelt werden, da sich der Füller durch das Gewebe drücken läßt.

Verarbeitung

Der Untergrund muß staubfrei sein, lose Kartonteile von Gipskartonplatten werden mit Schleifpapier entfernt. Über gratige Schnittkanten von Gipsbauplatten fahren Sie mit dem Hammerstiel und drücken Überstände ein. Das Band wird auf die Fuge gehalten und von oben beginnend mit Füller eingespachtelt. Am Fugenende wird abgeschnitten. Falls zwei Bänder aneinanderstoßen, dürfen sie nicht überlappen. Der Füller wird im ersten Arbeitsgang bis auf das Gewebe abgezogen. Im zweiten Arbeitsgang glätten Sie den gesamten Fugenbereich zu einer Fläche, die anschließend tapeziert oder gestrichen werden kann. Das äußerst reißfeste Glasfasergewebe bietet besten Schutz gegen Rißbildung.

Füllern
Pressen Sie den Füller mit einer Spachtel durch das Band in die Fuge.

GIPSBAUPLATTEN PUTZEN UND SPACHTELN

SIEHE AUCH
unter:

Innenecken

Die Innenecken von Wänden, die mit Gipsbauplatten hergestellt wurden, können auf ähnliche Weise verfugt werden wie Stoßfugen einer Flächenbeplankung. Die Fugen werden vorgefüllt und dann flächig abgezogen. Mit einem bewehrenden Fugenband kann auch hier eine Verstärkung gegen spätere Rißbildung eingebaut werden. Die Verarbeitung erfolgt wie auf der vorigen Seite bereits beschrieben. Für Innenecken ist ein dünnes Papierband besser geeignet als ein auftragendes Glasfasergewebe. Nachdem die Haftflächen vorgefüllert worden sind, wird mit einem rechtwinkligen Holzstück das Band in die Ecke gedrückt **(1)**. Darüber wird nachgespachtelt und geglättet **(2)**. Einfacher in der Verarbeitung und haltbarer ist die Verwendung von Eckschienen aus Metall.

1 Band mit einem Holzstück eindrücken

2 Breitflächig mit Füller überspachteln

Außenecken

Wenn eine Außenecke verfugt werden soll, ist die Eckschutzschiene aus rostfreiem Metall die richtige Lösung. Es gibt auch ein Metallband, doch die perforierte Schiene läßt sich einfacher verarbeiten. Auf Grund ihrer Haltbarkeit bietet sie auch den besten Schutz gegen Risse und Stöße. Schneiden Sie die Eckverstärkung mit einer starken Schere auf die erforderliche Länge. Nun spachteln Sie Fugenfüller auf den gesamten Verlauf der Außenecke und in die Fuge. Falls Sie Band verwenden, wird dieses zunächst auf einer Seite angebracht, glattgestrichen und dann um die Ecke auf die andere Fläche geknickt und dort ebenfalls glattgestrichen **(1)**. Die Eckschiene wird einfach auf der Ecke in ein Füllerbett gedrückt **(2)**. Beide Lösungen müssen abschließend breitflächig mit Füller überspachtelt werden. Nachspachteln ist vielfach notwendig, da nur sehr geübte Handwerker in einem Arbeitsgang eine absolut plane Fläche spachteln können. Mit dem Schwamm wird die Fläche leicht nachgeglättet.

1 Ecke einspachteln und Gewebeband einlegen

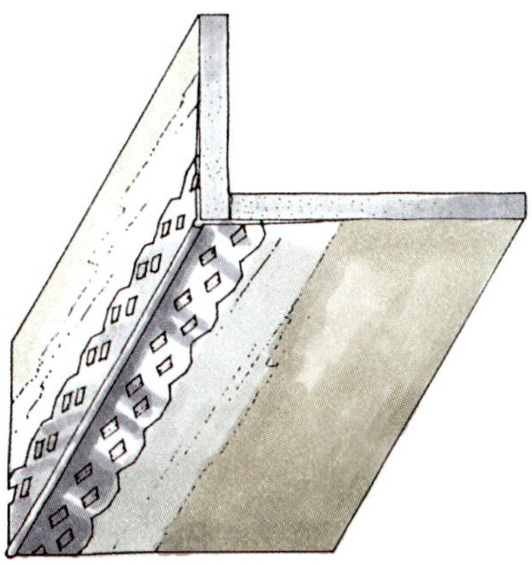

2 Eckschutzschiene in Füllstoffbett drücken

DEKORATION VON GIPSBAUPLATTEN

Verputzen

Für eine perfekte Anpassung an die übrigen Wände eines Raumes kann es erforderlich werden, Gipsbauplatten zu verputzen. Damit sind Trennwände in Leichtbauweise von massiven Wänden optisch nicht mehr zu unterscheiden. Edelputze mit ihren vielfältigen Gestaltungsmöglichkeiten sind stets eine wirkungsvolle Wanddekoration, die vielfach weitere Arbeiten wie Anstrich oder Tapezieren erübrigt. Es erfordert etwas Übung, um den Edelputz mit der langen Gipskelle schnell und großflächig aufzuziehen. Mit dem Verputzen der Deckenflächen sollten Sie ohnehin einen Fachmann beauftragen.
Moderne Kunstharzlatex-Putze sind das ideale Material für solche Zwecke. Wer es sich ganz einfach machen will, verwendet Rollputz, der wie Wandfarbe einfach mit dem Roller aufgetragen wird, wobei sich die rauhe Putzstruktur beim Rollen ergibt. Eine Weiterbehandlung des weiß eingefärbten Putzes ist nicht erforderlich. Allerdings müssen Gipsbauplatten mit einem Tiefgrundanstrich vorbereitet werden.

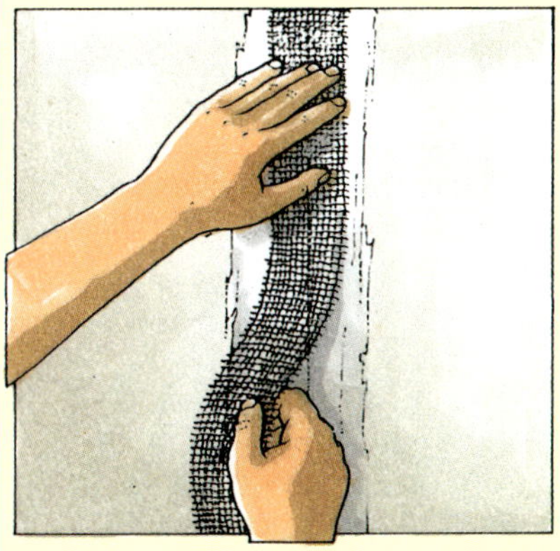

Ein Bewehrungsband verbessert die Stabilität

Gipsbauplatten streichen und tapezieren

Rohe Gipsbauplatten brauchen, wie alle stark saugenden Materialien, eine Grundierung, ehe darauf tapeziert werden kann. Den Tiefgrund können Sie mit der Rolle oder einer Deckenbürste auftragen. Ratsam sind zwei Anstriche. Das Material ist nicht teuer, und bei wiederholtem Anstrich weist es eine dampfsperrende Wirkung auf. Selbstverständlich können Gipsbauplatten auch einfach mit Wandfarbe überstrichen werden. Wegen der Farbunterschiede sind dabei mindestens zwei Anstriche erforderlich, ehe eine deckende Oberfläche erzielt wird.

DECKENVERKLEIDUNG MIT GIPSBAUPLATTEN

SIEHE AUCH
unter:

Stützen 113

Gipsbauplatten 134, 135, 141

Deckenputz und Putzträger befinden sich in alten Häusern oft in so schlechtem Zustand, daß sich eine Reparatur nicht mehr lohnt. Wenn nicht Argumente aus dem Bereich der Denkmalpflege dagegensprechen, können schadhafte Deckenputze vorteilhaft durch Gipsbauplatten ersetzt werden. Den Abriß der alten Deckenverkleidung und die Montage der Beplankung kann ein geschickter Heimwerker ohne Probleme selbst bewältigen. Verlorene Stuckornamente lassen sich meist aus Fertigteilen in ähnlicher Form wiederherstellen.

Vorbereiten einer Altbaudecke

Beginnen Sie mit dem Abschlagen des alten Putzes, und ziehen Sie alle Nägel heraus. Da dies eine staubige Arbeit ist, tragen Sie Schutzbrille, Staubmaske und dichte Arbeitskleidung mit Arbeitshandschuhen. Kleben Sie Türen mit Abdeckfolie und Klebeband ab, um angrenzende Räume vor Staub zu schützen. Schlagen Sie entlang der Decke einen Streifen in den Wandputz, so daß die Gipsbauplatten in den Putze hineinragen. Untersuchen Sie die offenliegenden Deckenbalken auf Holzwurmbefall.

ANBAU DER NEUEN PLATTENDECKE

Vermessen Sie die Deckenfläche, und ermitteln Sie die wirtschaftlichste Wahl der Plattenformate. An den Stoßstellen der Platten setzen Sie Riegel zwischen die Deckenbalken. Versetzen Sie die Schnittfugen in jeder Plattenreihe, damit in Richtung der kurzen Plattenkanten keine durchlaufende Fuge entsteht. Die Riegel sollten 5 cm breit sein, damit zwei Platten darauf befestigt werden können. Unter Umständen müssen Sie die Platten für eine solche Einhaltung der Befestigungspunkte zuschneiden.
Beginnen Sie mit der Montage der Platten in einer Ecke. Diese Arbeit geht am besten vonstatten, wenn Ihnen zwei Helfer zur Verfügung stehen, die die jeweilige Platte so lange in Position halten, bis sie befestigt ist. Dazu ist eine stabile Arbeitsplattform unerläßlich. Zwei Personen werden notwendig sein, diese Platten an die Decke zu halten. Eine Erleichterung kann eine T-Stütze sein, die Sie unter die Plattenmitte stellen, wenn diese sich in der richtigen Position zum Anheften befindet. Das funktioniert nur reibungslos, wenn die Deckenhöhe im gesamten Raum gleich ist und die Stütze fast senkrecht gestellt werden kann. Vergessen Sie Hammer und Nagel, und montieren Sie die Platten mit phosphatierten Gipsplattenschrauben und einem Akkuschrauber. Beginnen Sie mit der Befestigung in der Mitte der Platte – so können die Platten nicht durchhängen – und achten Sie stets auf eine möglichst mittige Befestigung auf den Hölzern. Bei Verwendung von 1-Mann-Platten werden die Schmalseiten vor der Montage leicht angeschrägt und alles auf Stoß montiert. Bei anderen Fabrikaten sind 3-mm-Fugen üblich.

Plattendecke mit Wärmeisolierung
Eine solche Isolierung ist wünschenswert, wenn die neu aufgebaute Zimmerdecke unter einem unbewohnten Dachboden oder einem wenig genutzten Zimmer liegt. Bringen Sie die Dämmung in Form alukaschierter Mineralwolle, Dämmkeilen oder Klemmfilz zwischen die Balken ein. Für optimalen Wärmeschutz sollte die Isolierschicht 140 mm dick sein. Bei nichtkaschierten Dämmstoffen befestigen Sie eine Lage PE-Folie (0,2 mm stark) als Dampfsperre auf den Deckenbalken. Das geht mit dem Tacker am schnellsten. Nun bringen Sie eine Konterlattung aus 50/30-mm-Holzlatten oder Rigips-Dachgeschoßprofilen an. Soweit ein geringerer Wärmeschutz ausreicht, lassen sich auch Verbundplatten einsetzen.

Wenn Sie allein arbeiten

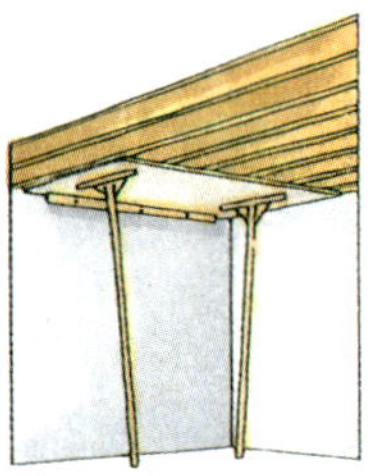

1 Stützen Sie die Gipsbauplatten mit einfachen T-Stützen ab.

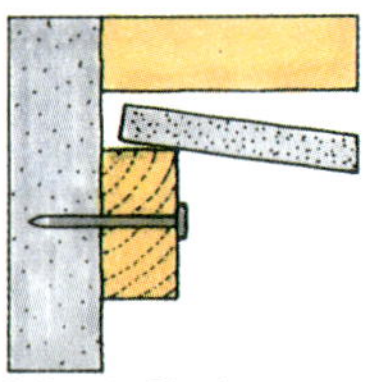

2 Nageln Sie eine Stützleiste an die Wand, mit der Sie die Bauplatte einseitig stützen.

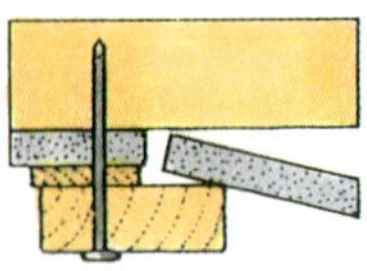

3 Sichern Sie die andere Kante mit einer Latte, die Sie so an die Deckenbalken nageln, daß sie gleichzeitig als Auflage für die Anschlußplatte dient.

Beplankung einer Decke
1 Zuerst die wandseitigen Riegel einbauen
2 Nach Plattenmaß die zwischenliegenden Riegel einbauen
3 Die erste Platte in einer Ecke montieren
4 Seitenfugen entfallen, wenn übertapeziert werden soll
5 Endfugen der Platten versetzen und 3 mm Fuge lassen. Rigips 1-Mann-Platten Stoß an Stoß verlegen

Deckenkehlleisten

Den Winkel zwischen Deckenfläche und Wandfläche hat man in vielen Bautraditionen mit Verzierungen versehen. Kehlleisten oder eine Hohlkehle sind hier eine Dekoration, die dezent oder betonter gewählt werden kann. Zu der alten Putzleiste ist inzwischen die Kehlleiste aus Styropor getreten. Dieses Material ist preiswert und leicht zu verarbeiten. Die Auwahl an Formen und Dekors ist beachtlich. Sie reicht von der schlichten Hohlkehle zur reichverzierten Kehlleiste mit den typischen Dekorelementen vergangener Stilepochen.

Deckenkehlleisten anbringen

Zeichnen Sie zunächst auf Wand und Decke parallele Linien zum Wandverlauf, deren Abstand zur Ecke den Leisten Ihrer Wahl entspricht. Für eine gute Kleberhaftung ritzen Sie nun im Klebebereich den bereits aufgetragenen Deckenputz bis an die Linie mit der Spitzkelle ein **(1)**. Wenn Sie die Leistenlängen unter Berücksichtigung der Gehrungsschnitte auf die Wandmaße (siehe rechts) verteilt haben, schneiden Sie die Gehrung für die erste Ecke, in der Sie beginnen. Dazu verwenden Sie eine Gehrungslade. Mit einer Feinsäge schneiden Sie das weiche Material von der Ansichtsseite aus vorsichtig durch. Zum Ankleben gibt es Styroporkleber in gebrauchsfertigen Gebinden.
Die traditionellen Deckenkehlleisten aus Gips werden ebenfalls noch angeboten, sind jedoch schwieriger zu handhaben und deshalb für den Heimwerker weniger zu empfehlen. Zur Montage wird ein spezieller Klebegips im Gipsbecher angerührt, der eine offene Zeit von ca. 30 Minuten aufweist und dann relativ schnell Klebehaftung erreicht. Der Becher und die Werkzeuge müssen nach jedem Arbeitsgang gereinigt werden. Unmittelbar vor dem Ansetzen der mit Kleber bestrichenen Kehlleisten werden die Klebeflächen an den Wänden angefeuchtet **(2)**. Leisten mit einer Länge von 2 m müssen von zwei Personen getragen und gehalten werden. Bei Leisten von solcher Länge sollten auf der angezeichneten Linie an der Wand dünne Stifte eingeschlagen werden. So ist das Ansetzen einfacher, und die Leisten können nicht durchhängen. Herausquellenden Kleber entfernen Sie mit einer Spachtel oder einem Messer. Nach dem Aushärten des Klebers werden die Stifte wieder herausgezogen. Drücken Sie den Kleber mit dem Messer oder einem Finger in die Gehrungsfugen. An Außenecken stellen Sie eine scharfe Ecke am leichtesten mit einer Spachtel her **(3)**. Kleberreste mit Wasser und Schwamm abwischen.

Deckenkehlleisten: Innen- und Außenecke

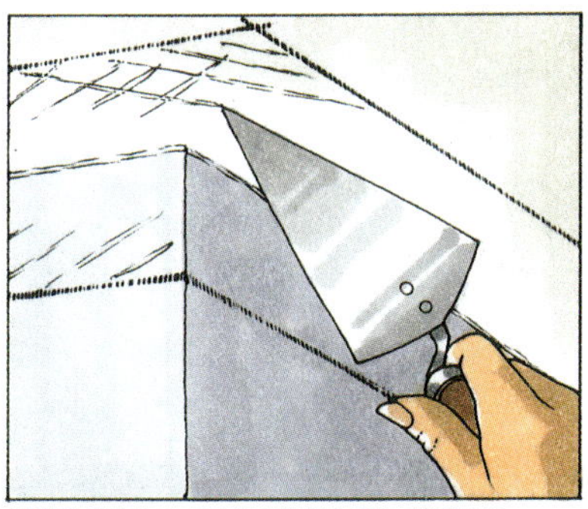
1 Klebeflächen mit der Spitzkelle einritzen

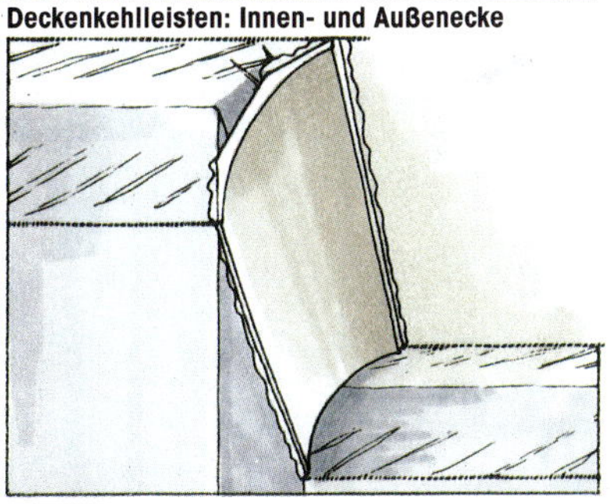
2 Kleberbeschichtete Leiste einsetzen

3 Außenecke mit Spachtel formen

GEHRUNGEN SCHNEIDEN

Es gibt mehrere Möglichkeiten gute Gehrungsschnitte zu machen. Die beste ist eine solide Gehrungssäge. Dieses Werkzeug ist aber nicht ganz billig. Für wenige Schnitte kann sich ein geschickter Heimwerker aus Karton eine Schablone machen. Dazu wird der Karton im Winkel von 45 Grad abgeschnitten und eine Kante mit Klebeband an der Kehlleiste befestigt. Der Karton dient dann, in alle Ausformungen gedrückt, als Lineal für eine Markierung der Schnittlinie. Mit einer feinzahnigen Säge können Sie nun die Gehrung schneiden. Das Anzeichnen der Gehrungsschnitte erfordert besondere Sorgfalt, da hier viele Fehler gemacht werden.

Gebrauch einer Gehrungslade

Für aufwendigere Restaurationsarbeiten und bei Verwendung von Profilen aus Stuckgips sollten Sie sich eine Gehrungslehre bauen, die den Formen und Größen der Leisten entspricht. Besorgen Sie sich dazu eine rechtwinklige Grundplatte aus Sperrholz in der Größe 50 mal 20 cm. Darauf schrauben Sie als Führungsanschlag ein gehobeltes Stück Weichholz etwa 5 x 10 cm hochkant an. Geben Sie auf die Montageflächen etwas Leim. Beim Einlegen einer Kehlleiste stellt die Grundplatte die Deckenseite und das Führungsholz die Wandseite dar. Ermitteln Sie, in welcher Position sich das Schneidgut im richtigen Anstellwinkel befindet, und befestigen Sie dort als Anschlag eine Latte auf der Grundplatte.
Wenn der Leim ausgehärtet ist, zeichnen Sie die Schnittlinien an die Stäbe. Sägen Sie nun jeweils in einem Schnitt Sägespalte in den Viertelstab und den Führungsanschlag, und zwar in den Winkeln 45°, 90° und 145°. Mit einer solchen Lade lassen sich Zierprofile sowohl aus Styropor als auch aus Stuckgips sehr präzise schneiden.

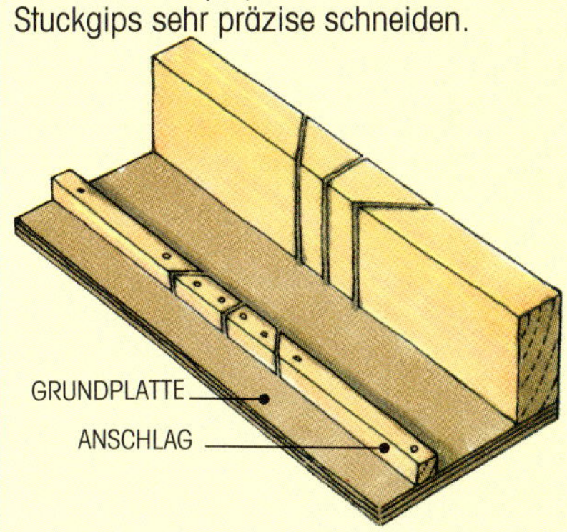

Basteln Sie sich eine Gehrungslade

FUGEN ZWISCHEN WAND UND DECKE

SIEHE AUCH

unter:

Arbeitsplattform	18–20
Grundierungen	21
Kombiwinkel	352

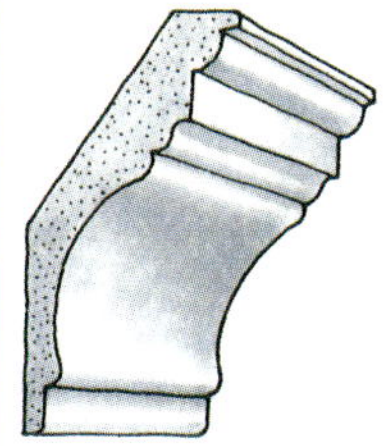
Zierprofil

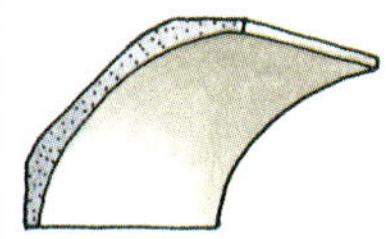
Hohlkehle

Außengehrung

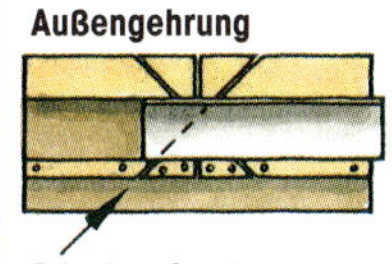
1 Linkes Stück

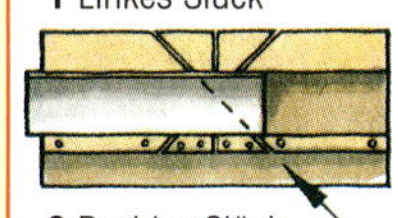
2 Rechtes Stück

Innengehrung

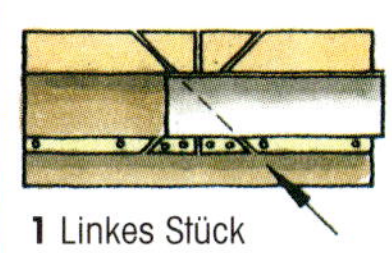
1 Linkes Stück

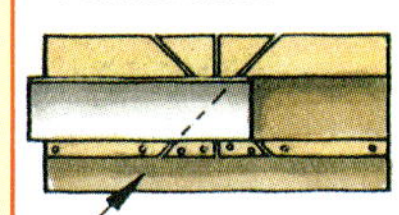
2 Rechtes Stück

AUSSENPUTZ

SIEHE AUCH
unter:

»Berappen« nennt man das Bewerfen einer Wand mit Putz. Dabei entsteht ein relativ dünner Schichtauftrag von Zement- oder Kalkzementmörtel. Im professionellen Bauwesen wird fast jeder Putzauftrag – vom Spritzbewurf bis zum Oberputz – von Hand oder maschinell berappt. So wird eine rohe Außenwand nicht nur gegen Witterungseinflüsse geschützt. Vielmehr kann diese Technik auch als gestalterisches Mittel eingesetzt werden. Es erfordert jedoch einige Übung, ehe der Heimwerker damit zu brauchbaren Ergebnissen kommt.

Vorplanung
Es gibt generell keine bindenden Vorschriften für die Gestaltung der Fassade eines Gebäudes, wenn Sie renovieren. Es kann jedoch seitens der Kommune Verordnungen geben, die die Farbgebung zugunsten einer gewissen – oft von landschaftlichen Besonderheiten bestimmten – Einheitlichkeit eingrenzen. Besonders ausgefallene Farbtöne können sich in der Tat störend auf ein Ortsbild auswirken. Ebenso gibt es Gemeinden, die bei Renovierungen bestimmte Putzstrukturen, z. B. Rauhputz, verbindlich vorgeben.

Auch beim Putz gilt es Takt und Stilempfinden walten zu lassen. Neuer Putz auf altem Ziegel-Sichtmauerwerk mag zwar ein sinnvoller Wetterschutz sein, doch wird damit ein wesentliches ursprüngliches Gestaltungsmerkmal des Hauses verlorengehen. Es ist in solchen Fällen sinnvoller, die Mörtelfugen auszukratzen und neu zu verfugen. Auch kann die Oberfläche von Sichtmauerwerk mit chemischen Mitteln gesäubert, aufgefrischt und geschützt werden. Die Steine werden dabei mit einem Hochdruckreiniger behandelt, wobei unter Drücken von etwa 180 bar gleichzeitig loses Fugenmaterial abgewaschen wird. Das anfallende Abwasser muß aufgefangen und besonders entsorgt, die Arbeit angemeldet werden.

Putztechnik
Das Verputzen im Außenbereich wird ähnlich wie in Innenbereichen durchgeführt. Auch hier kommen Zement und Kalk zum Einsatz, und es wird mit fast den gleichen Werkzeugen gearbeitet. Lediglich zum Glätten nimmt man hier das hölzerne Reibebrett anstelle der Glättkelle. Das Holz nimmt bei den Bewegungen die Sandkörner auf andere Weise mit als Metall und erzeugt so die gewünschte Textur der Oberfläche. Diese Arbeit sollten Sie bei größeren Flächen einem Profi überlassen, der die Gleichmäßigkeit einer Fassade garantiert. Wenn Sie trotzdem selbst verputzen wollen, nehmen Sie sich nur kleinere Bereiche vor und probieren, welcher unkomplizierte Putz Ihnen gelingt.

BINDEMITTEL FÜR DEN AUSSENPUTZ

Mörtel

Mörtel ist eine Mischung aus Sand, Zement und sauberem Wasser. Sand ist die massebildende Trägersubstanz und Zement der Klebstoff dieser Mischung. Zement haftet sowohl an allen Materialien, die üblicherweise zu Mauern verbaut werden, als auch an Metall. Die verschiedenen Mörtelsorten werden aus bestimmten Mischungsverhältnissen von Sand und Zement mit unterschiedlicher Mengenzugabe von Kalk hergestellt. Kommt Zement in Verbindung mit Wasser, setzt eine chemische Reaktion ein, die zu Haftung und zum Abbinden und Aushärten führt. Während dieser Zeit darf die Reaktionsmasse nicht austrocknen: Je langsamer ein Mörtel trocknet, desto höher wird die Festigkeit. Im allgemeinen bleibt eine Mörtelmischung etwa zwei Stunden verarbeitungsfähig. Bereits nach wenigen Tagen ist eine beträchtliche Festigkeit erreicht, völlig abgebunden hat der Mörtel jedoch erst nach etwa 30 Tagen. Diese Durchschnittswerte gelten für mittlere Temperaturen und normale Luftfeuchtigkeit. Sehr warmes Wetter und geringe Luftfeuchtigkeit setzen die Dauer der Verarbeitungsfähigkeit der Mörtelmischung herab. Das vorzeitige Austrocknen der fertiggestellten Bereiche muß durch Folienabdeckung oder durch ständiges Befeuchten verhindert werden.

Zement

Zement wird aus gemahlenem Kalkgestein oder Kreide und Mergel gebrannt und erneut gemahlen. Durch Variationen im Herstellungsprozeß oder durch Beigabe weiterer Stoffe werden spezielle Produkte hergestellt.

Portlandzement
Als Portlandzement wird der gewöhnliche Zement mit seiner typischen grauen Farbe bezeichnet, die charakteristisch für rohe Betonflächen ist. Für Beton und Mörtel werden Zuschläge beigemischt.

Weißer Portlandzement
Weißer Zement ist selten und kostbar. Er wird für Sichtbeton und für weiße Fugen verwendet.

Farbiger Zement
Farbigen Zement gibt es in einigen Standardfarben. Besser ist es, die Farbpigmente erst bei der Verarbeitung dazuzugeben. Besondere Aufmerksamkeit muß hier dem richtigen Mischungsverhältnis zukommen.

Schnellzement
Es gibt verschiedene Sorten Schnellzement für Montage- und Flickarbeiten, die unterschiedlich schnell abbinden, wasserdicht sind und unterschiedliche Festigkeiten haben.

Kalk

Kalk wird aus Kalkgestein, Kreide oder Mergel hergestellt. Wenn das Material als gebrannter Kalk aus dem Ofen kommt, kann es hydraulisch oder nichthydraulisch sein. Nichthydraulischer Kalk bindet mit dem Kohlendioxid der Luft ab, wenn er mit Wasser in Berührung gekommen ist, und trocknet. Hydraulischer Kalk hat zementähnliche Eigenschaften. Er bindet mit Wasser ab und kann deshalb auch unter Wasser eingesetzt werden. Wenn Branntkalk gelöscht (mit Wasser gemischt) wird, quillt er, und besonders nichthydraulischer Kalk entwickelt dabei starke Reaktionswärme. Das Ablöschen muß besonders sorgfältig durchgeführt werden. Diese Arbeit ist wegen der stark ätzenden Spritzer sehr gefährlich und nichts für den Heimwerker.
Heute gibt es vorgelöschten Kalk im Baustoffhandel, den man sofort verarbeiten kann. Zur Verwendung als fetter Kalkputz muß aber auch dieses Produkt mehrere Stunden sumpfen. Kalk wird mit Wasser cremig-steif angemacht, für Rauhputze wird Sand beigemischt. Abgedeckt und feucht gehalten, kann diese Mischung tagelang stehenbleiben. Der hydraulische Kalk ist geringer aktiv. Er wird wie Zement trocken mit Sand gemischt. Das Ablöschen setzt ein, wenn Wasser hinzugegeben wird.

SIEHE AUCH
unter:
Putz lagern 124
Mörtel mischen 146

Mörtel wird mit dem feinsten der Zuschlagstoffe angemischt: Sand. Diesen gibt es in verschiedenen Körnungen. Guter Sand setzt sich aus einem ausgewogenen Verhältnis verschieden großer Körner zusammen.

Sandsorten

Sand wird mit anderen groben Zuschlägen zur Herstellung von Beton, Estrich und Mörtel benutzt. Sand für Putz- und Mauerwerksmörtel hat eine feinere Körnung.
Verwenden Sie ausschließlich gewaschene Sande. Jede Verunreinigung der Mischungen von Mörtel und Beton schwächt die Festigkeit und beeinflußt den Abbindeprozeß ungünstig. Guter Sand hinterläßt keine Verfärbungen, wenn Sie ihn mit der Hand pressen. Sand wird vom Baustoffhandel geliefert und auch in kleineren Mengen verkauft.

Splitt

Zerkleinertes Gestein wird als Splitt in verschiedenen Farben zur Beimischung in Rauhputzmörtel benutzt. Kaufen Sie im Bedarfsfall genug, und besprechen Sie das Mengenverhältnis mit dem Lieferanten. Falls Ihnen das Material ausgeht, unterbrechen Sie die Arbeit an einer Ecke oder Kante, denn es könnte sein, daß Materialnachschub in der gleichen Färbung nicht mehr verfügbar ist. In einem solchen Fall mischen Sie die verbliebenen Reste mit der gesamten Menge des neuen, möglichst ähnlich gefärbten Materials.

Gebrauchsfertige Mischungen

Trocken gemischte Putzmörtel sind in jedem Baumarkt oder im Baustoffhandel in großer Auswahl und für jeden Verwendungszweck erhältlich. Die Gebindegrößen schwanken zwischen 10 kg und 40 kg. Für den Heimwerker sind diese Fertigputze von Vorteil, besonders wenn es nur um kleinere Reparaturarbeiten geht. Den idealen Werkstoff für Ungeübte findet man in Kunstharzlatex-Putzen, die auch für den Außenbereich erhältlich sind.

LAGERUNG VON SAND UND ZEMENT

Zement und Sand sollten nicht über längere Zeit gelagert werden. Der Einkauf auf den Bedarf abgestimmter Mengen macht eine Lagerung überflüssig. Kurzfristig gelagerte Materialien müssen mit Planen abgedeckt werden. Sand sollte auf einer Unterlage aus Holz, Blech oder ähnlichem mit einer wetterfesten Abdeckung gegen Witterungseinflüsse gelagert werden.

Lagerung von Sand
Verunreinigter Sand ist zum Mischen mit Zement nicht mehr geeignet.

ZUSCHLAGSTOFFE

Zuschläge, die für besondere Zwecke verwendet werden, mischt man in genau vorgegebenen Mischungsverhältnissen in die Reaktionsmischung von Mörtel oder Beton. Für die verschiedenen Zwecke gibt es wasserdichtende, quellende, die Abbindereaktion beschleunigende, frostsichernde, gasporenbildende und andere Zuschlagstoffe.

MÖRTELMISCHUNGEN FÜR PUTZ

Die Mischungsverhältnisse für Mörtelmischungen sind abhängig vom jeweiligen Einsatzzweck sowie vom zu beschichtenden Untergrund. Als Faustregel gilt, daß eine Untergrundschicht keine geringere Festigkeit aufweisen darf als die aufzubringende Putzlage.
In den meisten Fällen kann mit einfachen Mörtelmischungen gearbeitet werden. Wenn aber Zuschläge erforderlich werden, muß das vorgegebene Verhältnis besonders präzise gemischt werden. Dazu kann ein Eimer oder geeignetes kleineres Meßgefäß verwendet werden. Bei pulverigen Stoffen wie Zement und feuchtem Sand kann durch Rütteln des Meßgefäßes eine Verdichtung der Meßmenge vorgenommen werden. Das Meßergebnis wird dadurch wesentlich genauer. Trockener Sand kann ohne weitere Maßnahmen gemessen werden.

		VOLUMENANTEILE			
		DURCHSCHNITTL. BEANSPR.		HOHE BEANSPR.	
Untergrund	**Mischung**	**Unterputz**	**Oberputz**	**Unterputz**	**Oberputz**
Schwach saugende Untergründe Harte, dichte Ziegel, Betonflächen, Naturstein, Beton	Zement : Kalk : Sand	1 $^1/_2$: 4$^1/_2$	1 : 1 : 6*	1 : $^1/_2$: 4$^1/_2$	1 : 1 : 6
	Zement : Sand & Dispersion	1 : 4	1 : 6*	1 : 4	1 : 6
	Mauerzement : Sand	1 : 3$^1/_2$	1 : 5*	1 : 3$^1/_2$	1 : 5
Normal bis stark saugende Untergründe Alle handelsüblichen Normziegel, Betonsteine, Bimsbetonsteine, Gasbetonsteine	Zement : Kalk : Sand	1 : 1 : 6	1 : 2 : 9*	1 : 1 : 6	1 : 1 : 6
	Zement : Sand & Dispersion	1 : 6	1 : 8*	1 : 6	1 : 6
	Mauerzement : Sand	1 : 5	1 : 6$^1/_2$	1 : 5	1 : 5

*Auch für Unterputz im Innenbereich

MÖRTEL FÜR AUSSENPUTZ MISCHEN

SIEHE AUCH
unter:

1 Trockene Mischung umhäufen

2 Vertiefung in der Mitte mit Wasser füllen

3 Mischung nach innen schaufeln und mischen

4 Besprengen bei zu großer Trockenheit

5 Konsistenz mit der Schaufel prüfen

Mischen Sie nur soviel Mörtel an, wie Sie innerhalb einer Stunde verarbeiten können. Bei trockenem und heißem Wetter ist die halbe Zeit anzusetzen. Halten Sie die Werkzeuge stets sauber, damit kein Mörtel darauf ansetzt.

Wenn Sie nicht mit Fertigmischungen arbeiten wollen, müssen Sie Ihre Putzmischung selbst mischen, wie dies auch die meisten Handwerker tun. Dem Preisvorteil stehen ein Mehraufwand an Arbeit und ein gewisser Unsicherheitsfaktor gegenüber. Lohnend ist das Verfahren nur, wenn größere Mengen Putz verbraucht werden und der Heimwerker entweder selbst über große Erfahrung oder einen sachkundigen Helfer verfügt. Messen Sie für das Mischungsverhältnis die jeweilige Menge Sand, Kalk und Zement mit dem Meßgefäß oder mit der Schaufel ab. Mischen Sie diese trockene Mischung auf einem Mörtelbrett oder bei größeren Mengen auf dem Boden. Dazu haben Sie gegebenenfalls auch die Zuschlagstoffe gegeben.

Nach der ausreichenden Durchmengung **(1)** der Stoffe wird in die Mitte des Haufens eine kraterartige **(2)** Mulde gedrückt. Diese wird mit Wasser gefüllt und vom Rand des Haufens zugeschaufelt **(3)**. Dieser Vorgang wird langsam durchgeführt, damit das Wasser die Mischung gut durchfeuchten kann. Wenn Sie die Wassermenge zu gering bemessen haben, können Sie das Mischungsverhältnis jetzt korrigieren, indem Sie den Mörtelhaufen mit der Gießkanne besprengen und weiter durchmischen **(4)**. Ziehen Sie die Rückseite der Schaufel durch die nun fertige Mischung, um zu prüfen, ob die Konsistenz geschmeidig ist **(5)**. Die Abdrücke der Schaufel sollen gleichmäßig sein und die Form mit glatter Oberfläche halten.

Bei Sand-Zement-Kalk-Mischungen kann der Kalk mit dem Zement hinzugegeben werden und trocken gemischt werden. Kalkschlämme kann vor der Zugabe von Zement mit Sand gemischt werden. Nach Beendigung der Arbeit reinigen Sie vor dem Abbinden des Mörtels den Boden des Arbeitsbereiches mit Wasser von Zement- und Kalkresten. Der Heimwerker mischt den Putz am besten in einer Mörtelwanne mit einem stabilen Metallmischer, der in eine kräftige, langsam drehende Bohrmaschine eingespannt wird. Verwenden Sie für diese Arbeit unbedingt den Seitengriff, der jeder guten elektrischen Bohrmaschine beiliegt.

MÖRTEL MASCHINELL MISCHEN

Das Mischen des Mörtels nach alter Väter Sitte mit der Schaufel ist mühselig und langwierig, und die mixerbestückte Bohrmaschine bietet nur einen unvollkommenen Ersatz. Wenn also größere Mengen Mörtel anzumachen sind, lohnt sich stets der Einsatz einer Betonmischmaschine. Diese Geräte werden meist von Elektro-, seltener von Verbrennungsmotoren angetrieben. Sie können ein entsprechendes Gerät in den meisten Baumärkten leihen. Der Umgang ist denkbar einfach: Zuerst wird die Hälfte der erforderlichen Menge Sand in die Mischtrommel gegeben. Danach geben Sie Zement und die weiteren Stoffe in entsprechender Menge hinzu und lassen die Trommel mit der trockenen Mischung laufen. Nach ausreichender Durchmengung fügen Sie etwas Wasser und die andere Hälfte der Bestandteile hinzu. Füllen Sie die erforderliche Wassermenge ein, und lassen Sie alles gut durchmischen. Zur Prüfung der Konsistenz stoppen Sie das Gerät und entnehmen eine Probe. Putzmörtel ist steifer als Mauermörtel, Putzmörtel für Blocksteine ist zumeist feuchter einzustellen. Nach dem Entleeren der Mischtrommel lassen Sie das Gerät mit einem Eimer Wasser laufen, damit keine Mörtelreste in der Trommel abbinden können. Fertig angemachter Mörtel darf nie zu lange in der Trommel bleiben. Nach Beendigung der Arbeit wird der Betonmischer gründlich gesäubert.

Betonmischer
Mieten Sie sich ein solches Gerät, wenn größere Mengen Mörtel angemacht werden müssen.

AUSSENPUTZ AUFTRAGEN

SIEHE AUCH

PUTZTEXTUREN

Putzoberflächen können durch besondere Handhabung und speziellen Werkzeugeinsatz gestaltet werden. Auch wenn nur Teilbereiche auszubessern sind, kann die Textur wiederhergestellt werden.

Rauhputz
Für diese Putzart werden Zuschläge mit maximal 10 mm Körnung zur Mörtelmischung gegeben und der Sandanteil halbiert. Die Konsistenz ist für den Bewurf steif einzustellen.

Rauhputz mit Kunstharzputz
Auf einen Unterputz oder eine andere geeignete ebene Fläche kann dieser Zierputz auf Kunstharzbasis aufgetragen werden. Die Auftragstärke entspricht der Körnung von etwa 3–6 mm.

Spritzputz
Mit Hilfe einer Maschine wird die feinkörnige Putzmischung auf den Unterputz gespritzt. Dabei entsteht diese Oberflächenstruktur. Türen, Fenster und andere Bauteile werden abgedeckt. Die Maschine kann mit etwas Glück ausgeliehen werden.

Vorbereitung des Untergrundes

Der Putzgrund wird von allem losen Material gereinigt. Rissiges Material wird mit Hammer und Meißel abgeschlagen. Falls erforderlich, wird ein Teil der Mauerfugen ausgekratzt und die Fläche abgebürstet. Pflanzen und organische Stoffe, wie Algen oder Pilze, müssen entfernt werden.

Arbeitsgerüst

Stellen Sie ein sicheres Arbeitsgerüst auf, das sich für Putzarbeiten eignet. Sie brauchen beide Hände zum Arbeiten und einen sicheren Stand. Für geringe Höhen genügt ein einfaches Gerüst aus zwei Leitern und Gerüstbohle, bei größeren Höhen muß ein Gerüst aufgestellt werden.

Spritzbewurf

Bei schwach saugenden Untergründen wie Beton, aber auch bei stark saugenden Untergründen wie Gasbeton und Kalksandstein sowie bei Mischmauerwerk verbessert ein Spritzbewurf die Haftfähigkeit. Dazu wird ein fast dünnflüssiger Mörtel angemacht – er muß beim Aufnehmen von der Kelle laufen – und mit Schwung an die Wand geworfen. Der Putzgrund soll durchscheinen.

Putzen

Außenputz sollte zweilagig und in einer Stärke von ca. 2 cm aufgetragen werden. Dabei entfällt die dickere Schicht – ca. 15 mm – auf den Unterputz. Gelernte Maurer werfen den Putz mit Schwung von der Kelle auf die Wand und ziehen ihn dann mit der Kardätsche ab. Heimwerker tun sich in der Regel leichter, wenn sie den Putz, wie auf S. 133 beschrieben, zwischen Putzlatten mit der Traufel aufziehen. Nageln Sie in Abständen von ca. 90 cm vertikale Putzlatten an die Wand. Tragen Sie den Putz mit etwas Überstand auf, und ziehen Sie ihn mit der Kardätsche über die Latten ab. Nehmen Sie die Latten ab, und füllen Sie die Lücken, wobei über die Putzschichten abgezogen wird. Die Oberfläche wird für guten Halt der nächsten Putzschicht eingeritzt. Nach einer Woche wird der Oberputz in ca. 6 mm Schichtstärke aufgetragen. Die erwünschte Struktur ergibt sich durch das Abreiben mit dem hölzernen Reibebrett.

Arbeitsfolge beim Verputzen
1 Gerüst aufstellen.
2 Wand mit Putzlatten in Putzfelder einteilen.
3 Unterputz zwischen den Latten auftragen.
4 Putzlatten entfernen und Zwischenräume füllen.
5 Für Haftung des Feinputzes Untergrund einritzen.

Flickputz

Zunächst wird der lose Putz mit Hammer und Meißel bis ins gesunde Material abgeschlagen und das Wandstück entstaubt. Nun wird der Unterputz mit einer Glättkelle unter kräftigem Andruck über die Schadensstelle aufgetragen. Dabei wird immer von unten nach oben gearbeitet **(1)**. Der Unterputz sollte eine Schichtendicke von etwa zwei Drittel der Gesamtstärke des bestehenden Wandputzes haben. Zum Abziehen sägt man sich eine Latte zurecht, die in den bearbeiteten Bereich paßt. Für den Feinputz wird wie beschrieben eingeritzt **(2)**. Nach ca. 1 Woche wird der Oberputz aufgetragen. Dazu wird der Untergrund angefeuchtet und der Putz mit der Traufel aufgezogen. Danach wird mit der Kardätsche über die bestehende Wandfläche abgezogen. Die abschließende Oberflächenbehandlung muß mit besonderer Aufmerksamkeit ausgeführt werden, damit die Flickstellen später nicht mehr wahrzunehmen sind.

1 Mörtel eindrücken

2 Einritzen

FREI-TRAGENDE DECKE

SIEHE AUCH
unter:

Deckenkonstruktionen sind in den meisten älteren Gebäuden aus Holzbalken aufgebaut. Die Deckenbalken werden in solchen Konstruktionen parallel in einer Länge von etwa 4 m mit den Enden auf den Wänden aufgelagert eingebaut. Die Abstände betrugen um 1900 maximal 1 m, minimal 75 cm und durchschnittlich 85 cm. Die auf diese Weise aufgebauten freitragenden Decken unterscheiden sich erheblich von den soliden Deckenplatten aus Beton, die im modernen Bau üblich sind. Holzbalkendecken haben materialbedingt besondere bauphysikalische Eigenschaften. Auch auf Betondecken kommt Holz als Oberfläche zum Einsatz, denn dieser natürliche Werkstoff bietet viele Vorteile.

Sohldecken

Die Deckenbalken einer freitragenden Sohldecke sind meistens aus Nadelholz und weisen unterschiedliche Dicken auf. Auf dieser Seite werden Traghölzer gezeigt, die auf Streichbalken im Mauerwerk aufgelagert sind. Diese Konsolen verteilen die Last der Decke auf die Wand. Im Verlauf menschlicher Baukultur waren unterschiedliche Konstruktionen üblich. Es gab Wandauflagen in Lücken im Mauerwerk und auf Mauerwerkskonsolen. Solange an diesen Auflagerpunkten jedoch keine Maßnahmen ergriffen wurden, um das Holz gegen schnellen Zerfall und Schäden durch Feuchte zu schützen, waren Deckenreparaturen in kürzeren Abständen die Regel. Als günstige Spannweite von Deckenbalken sind Hölzer von 5,00–5,50 m anzusehen. Bei größeren Spannweiten sind Stützwände mit Lüftungsdurchlässen für die Luftzirkulation unterhalb des Fußbodens eingebaut. Unterhalb von Feuerstätten und Kaminen bildet stets ein solider Sockel aus Mauerwerk die Basis. Die hölzernen Deckenkonstruktionen mußten schon im Jahre 1904 einen Abstand von 7 cm von der Schornsteinaußenseite aufweisen. Häufig ist der Zwischenraum mit Schlacke oder anderen feuerhemmenden Stoffen verfüllt. Über Keller gebaute Holzbalkendecken müssen neben ihrer tragenden Funktion auch gegen das Temperaturgefälle gedämmt sein. Das größte Problem stellt jedoch die aufsteigende Feuchtigkeit dar. In älteren Häusern sind hier oft Schäden auf Grund fehlender oder defekter Sperrschicht festzustellen. Bei Renovierungen ist diesem Punkt besondere Aufmerksamkeit zu schenken.

Konstruktion der Obergeschoßdecke
1 Deckenbalken
2 Wechselquerbalken
3 Wechsel
4 Füllholz
5 Diagonalversteifung

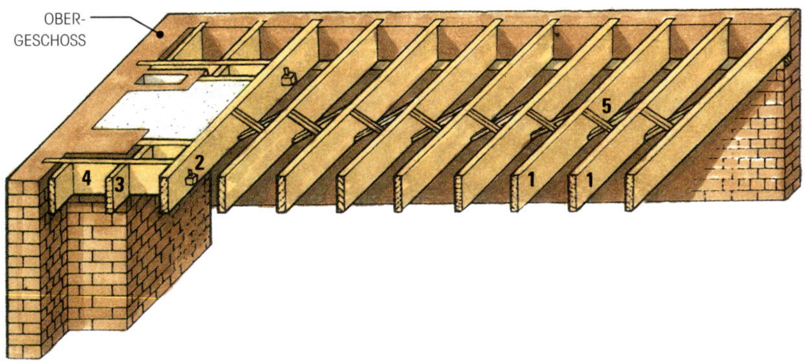

Konstruktion der Erdgeschoßdecke
6 Betonüberzug
7 Unterstützungswand
8 Streichbalken
9 Schornsteinsockel
10 Deckenbalken

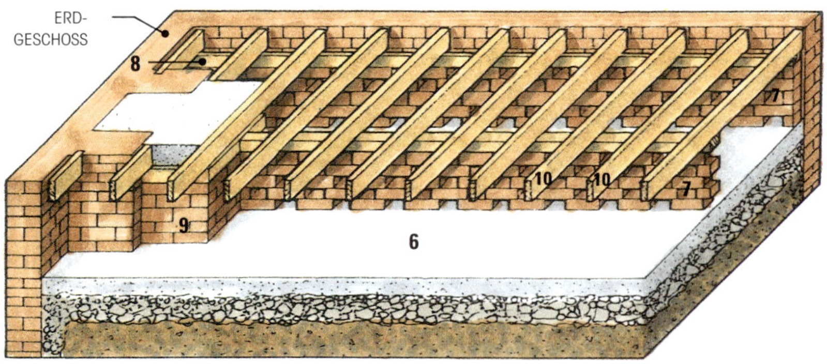

OBERE ZWISCHENDECKEN

Die unterschiedlichsten Deckenkonstruktionen haben in den verschiedenen Regionen Baugeschichte gemacht. Dabei sind gewisse Merkmale in der Regel gleich. Geschoßdecken sind ökonomisch in der kürzesten Richtung gespannt. Da sie keine Unterstützung haben, müssen sie entsprechend stärker dimensioniert und aufgelagert werden. Zusätzlich ist bei größeren Spannweiten und bei hochbelasteten Decken eine Kreuzstakung eingebaut. Die vorgeschriebenen Abstände zum Schornstein sind bei Renovierungen zu beachten. Dabei werden genutete und gezapfte Holzverbindungen verwendet (siehe Abbildung gegenüber). Die älteren Wandauflagen sind als Konsolen ausgebildet, in neueren Gebäuden sind die Balken in der Wand aufgelegt. In zweischaligem Mauerwerk werden die Balken auf der inneren Wand aufgelegt. Wichtige Voraussetzung für eine lange Lebensdauer solcher Decken ist eine Dampfsperre in der Betondecke des Kellerbodens und eine intakte Sperre in den Wänden über dem Fundament. Beim Ersetzen von Deckenbalken sind die verwendeten Hölzer mit Schutzimprägnierung zu versehen. Wenn mehrere Balkenfelder von Hausschwamm oder Destruktionsfäule befallen sind, wird eine neue Decke eingebaut, über dem Keller sinnvollerweise aus Stahlbeton.

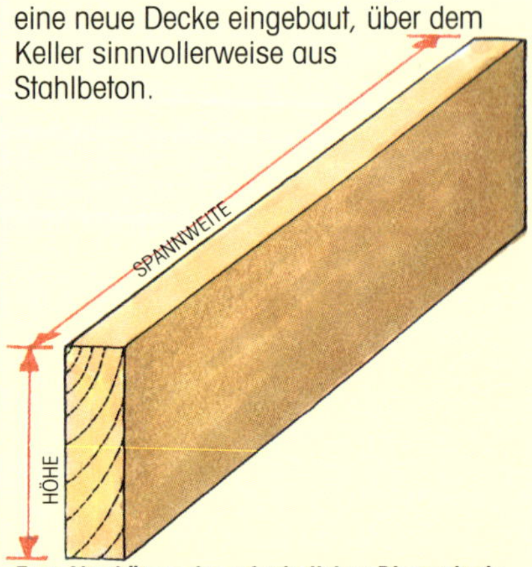

Zum Abschätzen der erforderlichen Dimensionierung der Holzbalken für eine Deckenkonstruktion hilft die folgende Faustregel:

Höhe in 25-mm-Schritten =

$$\frac{\text{Spannweite in 300-mm-Schritten}}{2} + 2$$

Beispiel:
Balkenlänge von 3 m geteilt durch 300 mm ergibt 10 Einheiten.

$$\frac{\text{10 Einheiten}}{2} + 2 =$$

5 +2 = 7 Einh. x 25 mm =**175 mm**

SOHLPLATTEN AUS STAHLBETON

AUSGESTEIFTE DECKEN

Für besondere Anforderungen an die Stabilität und bei Spannweiten ab 5 m werden Holzbalkendecken aussteifend ausgebildet. Diese Decken sind statisch als Scheibe zu betrachten. Hierfür werden Querholzrafteraussteifung **(1)**, Kreuzstakung **(2)** aus Holz oder eine Diagonalversteifung aus Metallstreben **(3)** eingebaut. Zusätzlich zu diesen Diagonalverstrebungen können als weitere Verstärkung Rundstahlanker in Abständen von 2 m vorgesehen sein, um die Spannung der Hölzer zu gewährleisten, die durch das Schwinden von frischem Holz verlorengeht.

1 Querholzrafteraussteifung

2 Kreuzstaken aus Holz

3 Vorgefertigte Metallstreben

Stahlbetonkonstruktionen sind heute beim Bau von Sohldecken, die auch als Fundamentplatten dienen, Standard. Ebenso werden Keller- und Geschoßdecken bei Massivbauten meist in Beton ausgeführt. Zum Gießen eines Plattenfundaments wird der Baugrund von Mutterboden und Humus befreit. Die Betonplatte wird auf eine Sauberkeitsschicht aus Sand, Kies und grobem, durchlässigem Material gegossen. Der Sand verhindert das Einfließen des Betons in die darunterliegenden groben Schichten – dies würde die Stabilität der Platte herabsetzen. Die Betonplatte wird in einer Dicke von 10–15 cm auf eine untergelegte Sperrfolie gegossen. Unter Wandaufbauten werden wiederum Sperren gelegt. Erfolgt die Gründung eines Hauses mit Streifenfundamentierung, ist die Deckenplatte aus Stahlbeton zwischen die Wandaufbauten gelegt. Auch der Aufbau von Estrich auf der Betonplatte erfolgt mit einer Dampfsperre aus Folie oder Anstrich. Auf Beton kann nach Glättung auch direkt ein keramischer Belag im Mörtelbett aufgebaut werden, üblicherweise wird aber ein schwimmender Estrich verlegt. Estrich hat eine Schichtendicke von mindestens 5 cm und liegt auf einer isolierenden Dämmschicht und der Dampfsperre. In alten Häuser sind oft Betondecken ohne Dämmung, Dampfsperre und Stahlbewehrung zu finden. Diese Tatsache und auch unzureichende Bewehrung haben Risse und Setzungen zur Folge. Feuchtigkeit kann durchdringen. Der Boden ist kühl und schwitzt bei hoher Luftfeuchtigkeit. Eine solche Decke muß für den Aufbau eines neuen Fußbodens ersetzt werden.

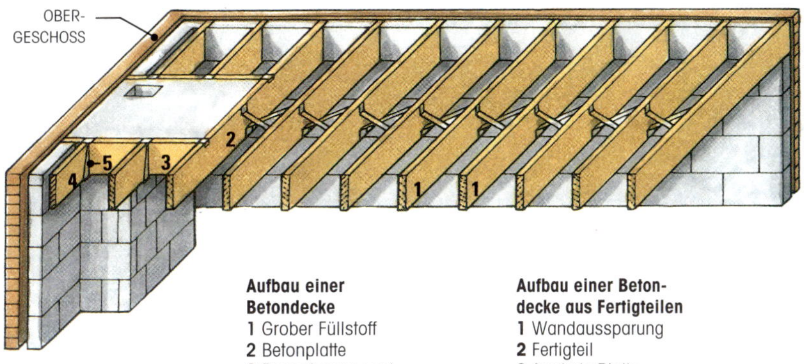

Konstruktion der Obergeschoßdecke
1 Deckenbalken
2 Balken
3 Füllholz
4 Wechselbalken
5 Metallbeschlag

Verstärkte Decken
Moderne Holzbalkendecken werden in die innere Schicht des Mauerwerks gehängt. Die Verankerung erfolgt mit Balkenschuhen aus nichtrostendem Metall.

Aufbau einer Betondecke
1 Grober Füllstoff
2 Betonplatte
3 Dampfsperre und Dämmung
4 Estrich

Aufbau einer Betondecke aus Fertigteilen
1 Wandaussparung
2 Fertigteil
3 Armierte Platte

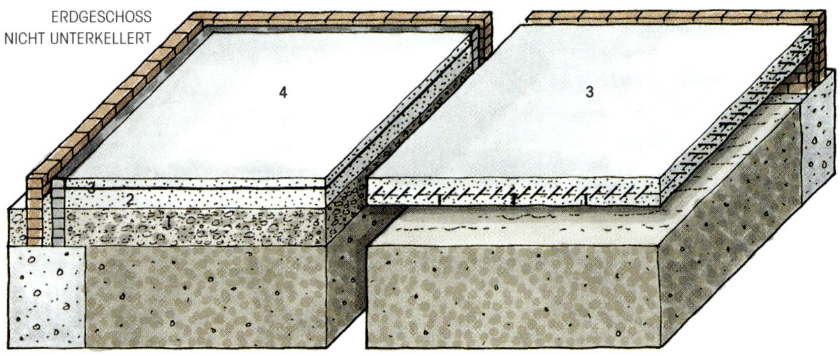

Massivdecken
Massivdecken aus Stahlbeton sind einfacher als Holzbalkendecken zu bauen und bieten die gleichen Vorteile wie betonierte Fundamentplatten. Bei einigen Konstruktionen werden vorgefertigte Betonelemente verwendet, die in Maueraussparungen eingelegt und mit aufgelegten Armierungen zu einer Platte gegossen werden.

Aufbau eines Plattenfundaments
1 Stahlarmierung
2 Stahlbetonplatte

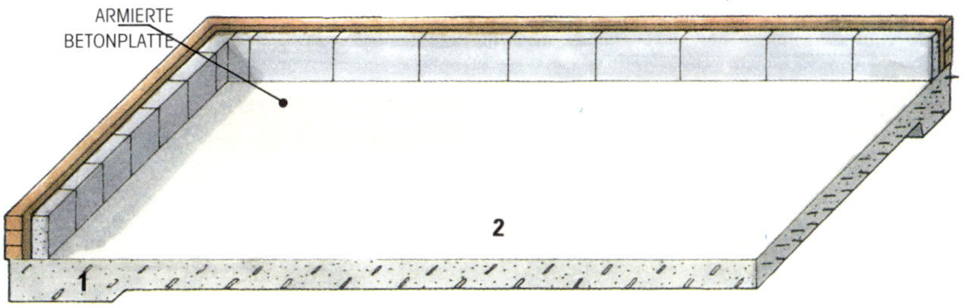

METALL-BESCHLÄGE FÜR DECKEN

SIEHE AUCH
unter:

Konstruktionen von Holzbalkendecken werden in der heutigen Baupraxis mit Beschlägen aus galvanisiertem Metall hergestellt.

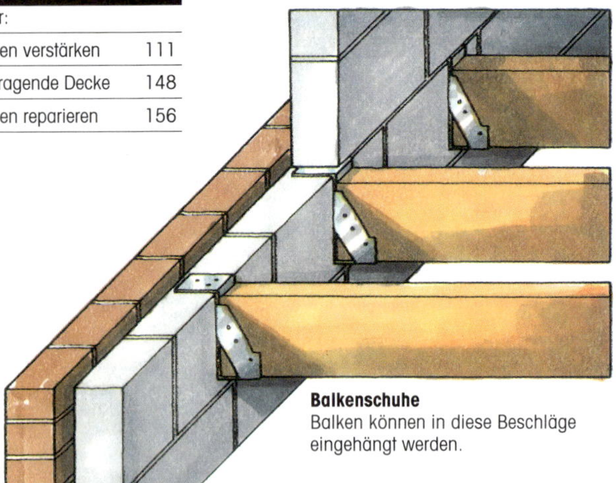

Balkenschuhe
Balken können in diese Beschläge eingehängt werden.

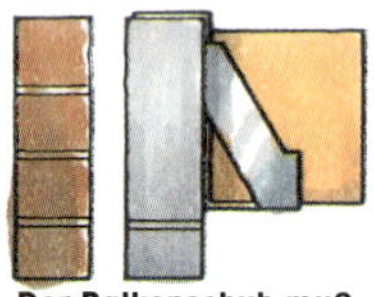

Der Balkenschuh muß an der Wand anliegen

Schlecht montierter Beschlag

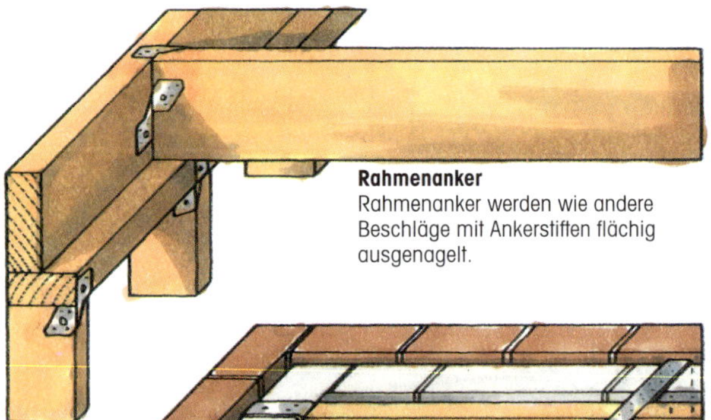

Rahmenanker
Rahmenanker werden wie andere Beschläge mit Ankerstiften flächig ausgenagelt.

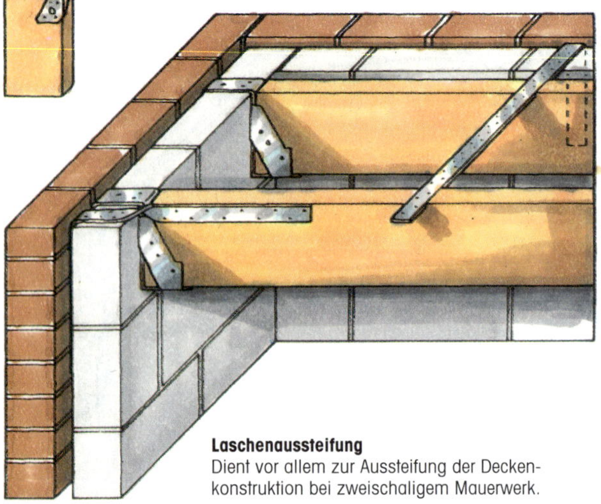

Laschenaussteifung
Dient vor allem zur Aussteifung der Deckenkonstruktion bei zweischaligem Mauerwerk.

Balkenschuhe

Diese Beschläge werden aus verzinktem Stahlblech hergestellt. Sie sind für viele Holzmaße lieferbar. Für den jeweiligen Einbau sind verschiedene Formen und Winkel im Angebot. Der Einsatz dieser Hilfsmittel hat den Vorteil, daß das Mauerwerk vor dem Einbau der Deckenkonstruktion erstellt werden kann. Mit Hilfe der Balkenschuhe werden danach die Balken in die innere Mauerwerksschale eingebaut. Bei der Verwendung von Balkenschuhen ist darauf zu achten, daß mit exakt passenden Beschlägen gearbeitet wird. Die gebogenen Laschen sollen auf dem Mauerwerksniveau und dicht an der Wandfläche liegen. Die Verankerung der Holzbalken erfolgt mit speziellen Ankerstiften aus Stahl. Die Lochungen der Beschläge müssen flächig ausgenagelt werden, um der Konstruktion die erforderliche Festigkeit zu verleihen.
Besonders für die Altbausanierung eignen sich Balkenschuhe, die mit starken Dübeln am Mauerwerk befestigt werden.

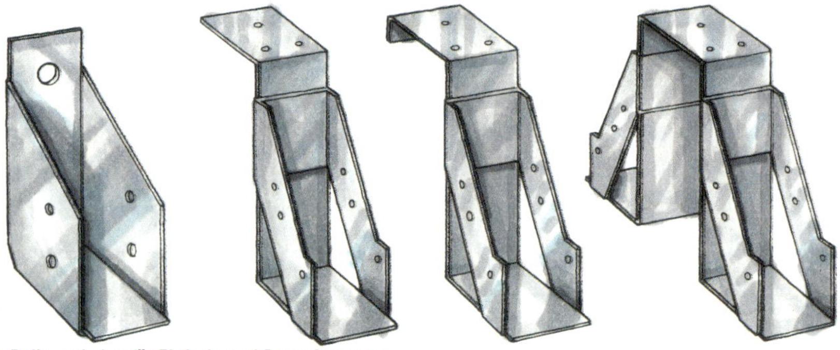

Balkenschuhe: für Einfach- und Doppelmontage

Rahmenanker

Auch diese Beschlagart ist den Erfordernissen des modernen Bauwesens angepaßt. Für eine große Zahl von Einsatzbereichen sind verschieden geformte und gewinkelte Stahlwinkel verfügbar.

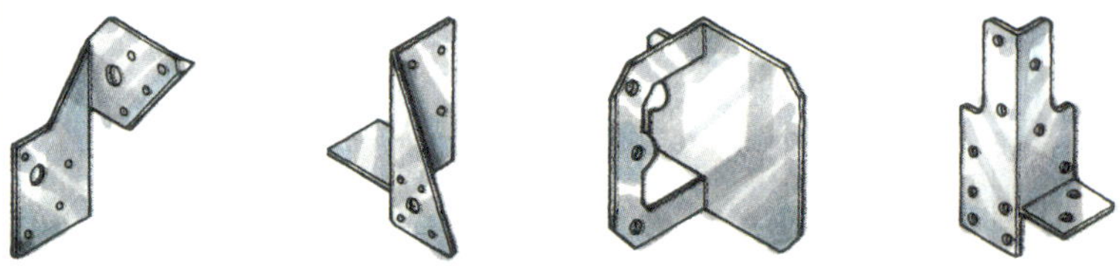

Rahmenanker in verschiedenen Ausführungen

Mauerwerkslaschen

Die Deckenscheiben der Holzbalkendecken stellen im statischen Verbund eines Bauwerks ein wichtiges Element dar. Zur Herstellung eines aussteifenden Verbundes, der statisch als Scheibe anzusehen ist, werden die Balken zusätzlich zu den Balkenschuhen mit Laschen am Mauerwerk befestigt. Diese Beschlagart wird aus verzinktem Lochbandstahl hergestellt, der entsprechend dem jeweiligen Einsatzzweck gebogen ist.

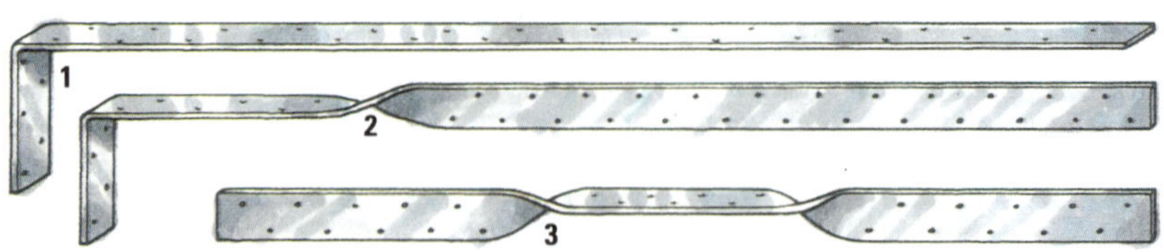

Laschenaussteifung
1 Lasche für parallele Montage und
2 Lasche für rechtwinklige Montage
3 Lasche für Befestigung an Innenwänden

MASSIVDECKEN MIT HOLZ-FUSSBODEN

SIEHE AUCH

unter:

Viele Holzauflagen für Fußboden, z. B. fest verlegte Parkette, können unmittelbar auf glatte Estrichflächen aufgebracht werden. Beim Verlegen von anderen Materialien, wie z. B. Weichholzdielen, muß jedoch eine Unterlattung eingebaut werden. Diese dient zur Befestigung der Dielen und ist zudem schwimmend auf den Estrich oder die Betonplatte gelegt. Das ermöglicht ein Ausgleichen der Fläche, verhindert Materialspannungen und reduziert Trittschall. Hier werden noch einige Varianten aufgezeigt, die im Altbau vorzufinden sind. Holz muß im Kontaktbereich mit anderen Materialien immer mit einer Dampfsperre geschützt sein. Auch der Anstrich mit einer Dichtmasse erfüllt bei Böden mit Unterlattung diesen Zweck.

Lattenanker, rechts mit Trittschalldämmung

Klammerbeschläge

Eine Variante des Fußbodenaufbaus stellt die Lattung in Ankerbeschlägen dar. Diese stützenartigen Klammern werden in den Estrich eingesetzt, bevor dieser abbindet. Dazu muß in ziemlich aufwendiger Weise die Rasterung eingehalten werden. Die Lattung wird in die Klammerbeschläge eingelegt und vernagelt. Da es hierfür Beschläge mit trittschalldämmender Wirkung gibt, kann eine solche Konstruktion unter Umständen sinnvoll sein. In der Altbausanierung wird dieses Verfahren jedoch kaum angewandt. Der Arbeitsablauf mit anderen Methoden ist in der Regel einfacher und damit kostengünstiger.

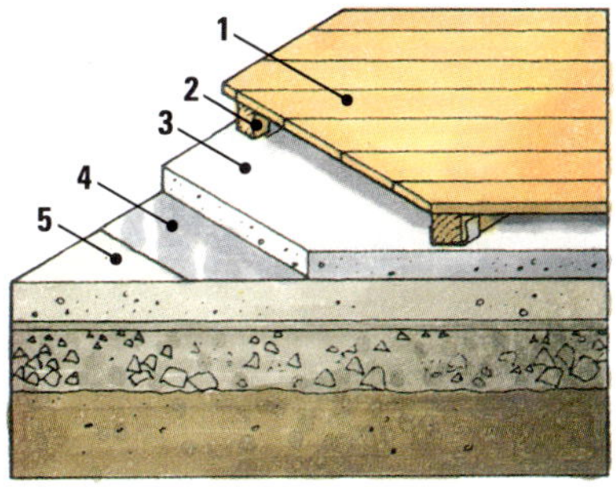

1 Ankermethode
Bodenaufbau
1 Dielung
2 Lattung
3 Estrich
4 Dampfsperre
5 Betonplatte

Eingebettete Lattung

Diese Methode arbeitet mit in den Estrich eingebetteten Latten. Die Latten sind angeschrägt, damit ein fester Halt im abgebundenen Estrich erreicht wird. Die Dielung ist auf die Latten aufgenagelt. Diese Konstruktionsweise ist sehr zeitintensiv in der Herstellung und wird heute nicht mehr angewendet. Eine Estrichschicht muß mit einer Dampfsperre aufgebaut sein. Wenn diese Dampfsperre fehlt, ist im Renovierungsfall vor einem Ersatz der Hölzer eine Abdichtung vorzunehmen. Dazu werden die alten Latten entfernt und die Nuten von losen Teilen befreit. Auf den trokkenen Estrich wird dann die Dampfsperre aufgebracht. Am besten eignet sich hierzu ein streichbares Material.

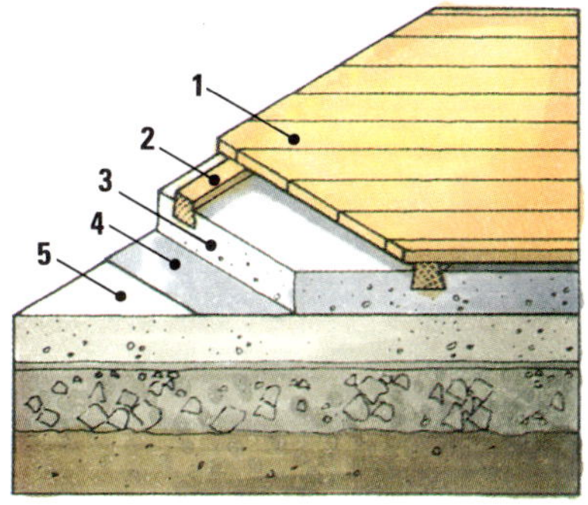

2 Eingebettete Lattung
Bodenaufbau
1 Dielung
2 Eingebettete Lattung
3 Estrich
4 Dampfsperre
5 Betonplatte

Schwimmender Spanplattenboden

Spanplatten für Fußbodenkonstruktion werden auf Grund der einfachen und kostengünstigen Verarbeitung häufig verwendet. Sie sind mit Nut und Feder hergestellt und können hier mit wasserfestem Leim geklebt werden. Als schwimmender Boden werden die Spanplatten mit einer Stärke von mindestens 19 mm auf einen Schichtenaufbau von verschiedenen anderen Materialien lose aufgelegt. Dieser Schichtenaufbau dient der Dämmung gegen Temperaturgefälle, gewährleistet das Gleiten der Schichten, reduziert Trittschall und erfüllt alle Anforderungen moderner Baukonstruktion. Die einzelnen Schichten müssen sorgfältig verarbeitet werden, damit die gewünschte Funktion erreicht wird. Wenn die Platten miteinander verleimt sind, liegen sie durch die Last des Eigengewichtes ausreichend fest. Die Dichtbahn wird seitlich hochgezogen und durch die Sockelleiste verdeckt. Auf den Platten kann ein Belag verlegt werden.

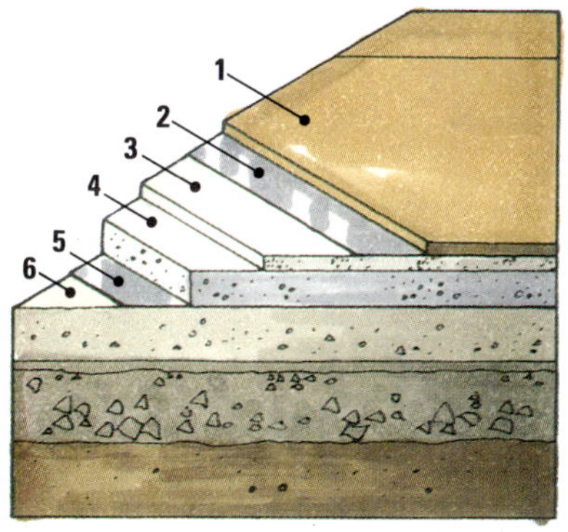

Fußbodenplattenboden
Bodenaufbau
1 Fußbodenplatten
2 Dichtbahn
3 Isolierung
4 Estrich
5 Dampfsperre
6 Betonplatte

Schwimmende Lattung

Auch mit Lattung kann ein schwimmender Bodenaufbau auf verschiedene Weise hergestellt werden. Die Lattung wird im Abstand von 50–60 cm auf eine Dichtbahn aufgelegt. Zur Vermeidung von Bodenschwingungen muß die Plattenstärke 22 mm betragen. Die langen Plattenkanten werden immer rechtwinklig zu der Lattung verleimt und mit Holzbauschrauben an die Lattung angeschraubt. Die Schrauben dürfen nicht durch die Latten in die Dichtbahn reichen. Auf ausreichend isolierten Deckenplatten ohne Estrich wird mit Konterlattung gearbeitet: Dieser Begriff bezeichnet in diesem Fall zwei Lattenschichten, die kreuzweise aufeinandergelegt und nicht miteinander verbunden sind. Eine entsprechende Trittschalldämmung ist zwischenzulegen.

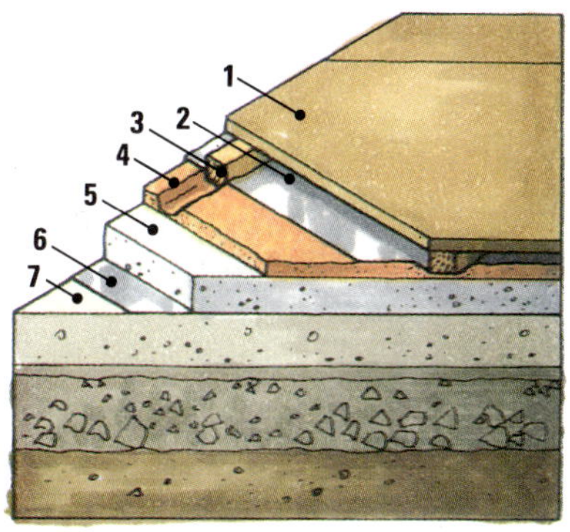

Schwimmende Lattung
Bodenaufbau
1 Fußbodenplatten
2 Dichtbahn
3 Lattung
4 Isolierung
5 Estrich
6 Dampfsperre
7 Betonplatte

FUSSBODEN LEGEN

SIEHE AUCH
unter:
Dielen neu verlegen 154
Spanplatten 155

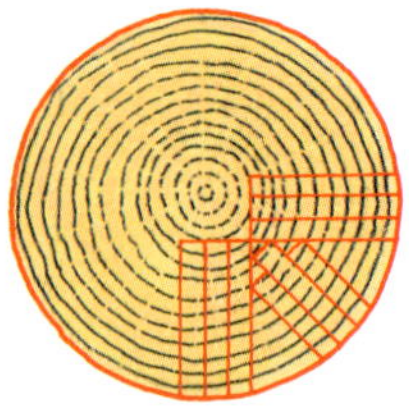

1 Radial geschnittene Bretter verziehen sich kaum

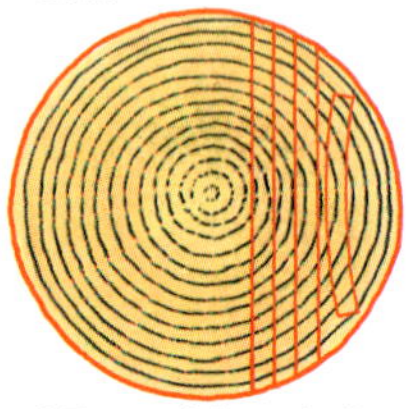

2 Tangential geschnittene Bretter neigen zum »Schüsseln«

Unter »Fußboden legen« wird im allgemeinen die Herstellung der oberen Trittplatte auf einer geeigneten Unterkonstruktion von Deckenaufbau und der Unterkonstruktion verstanden. Diese Platte kann aus einzelnen Dielenbrettern oder Platten bestehen.

Dielenbretter

Für diese Art des Bodenaufbaus werden Dielenbretter aus Nadelhölzern, vorwiegend Fichte oder Kiefer, selten Lärche, verwendet. Diese Bretter bestehen aus Massivholz. Daneben gibt es Paneele, die aus aufgeleimtem Naturholzfurnier bestehen. Alle sind heute mit Nut und Feder gearbeitet. Dielen aus Massivholz gibt es in verschiedenen Qualitäten und Stärken. Breite Dielen müssen mit Vorsicht gekauft werden. Wenn das Brett nicht aus einem bestimmten Bereich des Baumes gesägt wurde, wird es sich später verziehen. Die besten Bretter sind radial aus dem Stamm gesägt **(1)**. Bei solchen Brettern sind Schwund und Verzugsgefahr gering. Wegen des hohen Preises werden solche Dielen heute kaum mehr angeboten. Die Stämme werden einfach aufgeschnitten **(2)** und nach Qualitäten sortiert. Die Qualitäten reichen von schmalen, 16 mm starken Rauhspundbrettern bis zu 28 mm starken Hobeldielen. Eine ausreichende Ablagerung der Hölzer ist nicht mehr zu erwarten. Zu feuchtes Holz darf auf keinen Fall verbaut werden. Holzdielen sollten also am Einbauort gestapelt und einige Wochen so gelagert werden, daß sich das Material akklimatisieren kann. Der Betrieb einer Zentralheizung und deren Leitungen verursachen oft einen enormen Schwund bei diesen weichen Holzsorten, so daß breite Fugen auftreten können. Nut und Feder sind nicht mittig gefräst. Verlegt werden Dielen so, daß die Feder im unteren Bereich liegt. Nach dem Verlegen wird die Dielung mit Schleifmaschinen geplant und geschliffen. Dielenbretter besserer Qualität dürfen keine großen Astaugen und Harznester haben. An Verlauf und Dichte der Jahresringe ist der Wuchs erkennbar. Hartholzpaneele sind weniger empfindlicher gegen mechanische Belastung und haben keinen Schwund.

Boden
1 Glattkantenplanke
2 Nut-und-Feder-Diele
3 Einfache Spanplatte, glatte Kanten
4 Fußbodenplatten
5 Sperrholz
6 Sperrholz mit Nut und Feder
7 Mitteldichte Faserplatte

PLATTENFUSSBODEN

Ein schöner Holzfußboden kann entscheidend zu einem natürlichen und gesunden Raumklima beitragen. Nach der Oberflächenbehandlung ist ein solcher Fußboden auch optisch sehr angenehm. Dabei werden Hartholzpaneele zumeist versiegelt. Auch Dielen werden vielfach versiegelt, doch ist diese Art der Oberflächenbehandlung wegen des weichen Holzes nicht unbedingt zu empfehlen. Eine Behandlung mit Wachs führt meist zu besseren Ergebnissen und verleiht Bodendielen die begehrte honigartige Färbung.
Ein Fußbodenaufbau mit Platten ist meist für den weiteren Ausbau mit einem dekorativen Belag vorgesehen. Folgende Materialien kommen in Betracht:

Sperrholz
Schichtverleimtes Sperrholz hat eine hohe Festigkeit und kann in einer Stärke von mindestens 16 mm als Fußbodenplatte mit Nut und Feder verwendet werden. Der höhere Preis hat jedoch dazu geführt, daß im allgemeinen der Spanplatte der Vorzug gegeben wird.

Spanplatten
In verschiedenen Stärken werden diese Nut-und-Feder-Platten angeboten. Normalerweise sind sie in jedem Baumarkt vorrätig. Die Plattenmaße sind handlich und sogar von nur einer Person einfach zu handhaben. Empfohlen wird eine Plattenstärke von mindestens 19 mm. Es gibt auch wasserfeste Spanplatten für Feuchträume. Diese sind der höheren Qualität wegen auch in anderen Ausbaubereichen den einfachen Qualitäten vorzuziehen. Für 19 mm starke Platten sollte der Abstand der Traghölzer oder Latten 40 cm nicht überschreiten, für Platten mit 22 mm Stärke sind 60 cm ausreichend. Spanplatten werden mit Phenolharzen oder anderen nicht unbedenklichen Zusätzen hergestellt. Es ist daher abzuwägen, ob man mit diesen Materialien und den dadurch bedingten Risiken leben möchte. Wer Spanplatten einbaut, kann durch Versiegeln der Schnittkanten das Ausdünsten der unerwünschten Stoffe zumindest reduzieren.

MDF-Platten
Mitteldichte Faserplatten haben ähnliche Eigenschaften wie Spanplatten. Wegen des höheren Preises nur zu empfehlen, wenn keine weitere Oberflächenbehandlung vorgesehen ist.

FUSSBODEN-BRETTER ANHEBEN

SIEHE AUCH
unter:
Handsägen 352–353

Fußbodendielen werden in verschiedenen Längen und Dicken hergestellt. Auch die Deckbreite wird unterschiedlich angeboten. Wenn Sie ein solches Brett herausholen wollen, sollten Sie wenn möglich mit einem kurzen Stück beginnen. In älteren Gebäuden sind dickere Dielenbretter eingebaut und oft schon einmal angehoben worden.

NUT-UND-FEDER-BRETTER

Sie können herausfinden, ob Ihr Dielenboden Nut und Feder hat, indem Sie eine Messerklinge in die Fugen stecken. Um ein solches Brett anzuheben, ist es erforderlich, vorher die Feder auf beiden Seiten durchzusägen. Mit einer Feinsäge oder einem Fuchsschwanz sägen Sie, leicht angewinkelt, vorsichtig die Fuge entlang **(1)**. Eine gerade Latte, vorübergehend an der Fuge entlang festgenagelt, kann Ihnen helfen, einen geraden Schnitt zu sägen. Wenn die Feder durchgesägt ist, kann das Brett wie ein glattkantiges Brett herausgeholt werden. Wenn zur Befestigung durch die Feder genagelt worden ist **(2)**, benutzen Sie Stifte ohne Kopf, um die Bretter von oben wieder festzunageln **(3)**. Anschließend füllen Sie die kleinen Nagellöcher mit Holzkitt.

1 Die Feder durchsägen

2 Blind genagelte Dielung

3 Versenkte Nagelung

EINGESETZTES BRETT BEFESTIGEN

Die Schnittkanten eines Brettes treffen immer auf einem Balken **(1)** mit dem nächsten Brett zu einer Fuge zusammen. Ein Brett, das mit einer Balkenkante bündig verläuft, braucht eine Unterstützung durch eine darunter angesetzte Latte **(2)**. Dazu schneiden Sie ein Kantholz von 5 x 5 cm auf die entsprechende Länge zu und schrauben es am Balken oben bündig an.

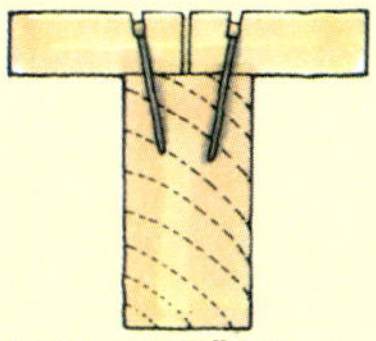

1 Fuge auf Träger

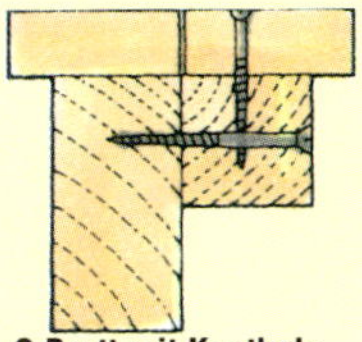

2 Brett mit Kantholz

Glattkantige Bretter

Glattkantplanken werden angehoben, indem man einen breiten Meißel an einem Ende in die Fuge steckt **(1)**. Durch vorsichtiges Hebeln kann das Brett meist ohne Beschädigung des Holzes gelöst werden. In der gleichen Weise löst man auch das andere Brettende. Wenn sich das Brett nicht auf der gesamten Länge löst, muß vorsichtig an den Befestigungsstellen durch **(2)** Zwischenlegen eines Meißels und Hebeln gelockert werden.

1 Hebeln mit einem Meißel

2 Meißel zwischenlegen

Ein durchlaufendes Brett aufnehmen

Fußbodendielen werden vor der Montage der Sockelleisten eingebaut. Die Enden der Dielung liegen somit verdeckt unter den Sockelleisten. Um ein solches Brett herauszunehmen, muß es durchgesägt werden. Das geschieht am leichtesten in der Mitte. Mit dem Stechbeitel wird das Brett angehoben und ein Meißel daruntergeschoben, so das es über dem Bodenniveau gebogen bleibt **(1)**. Jetzt kann das Brett durchgesägt und dann, wie oben beschrieben, Stück um Stück ausgehebelt und herausgenommen werden. Bretter, die zu steif oder mit Nut und Feder verbunden sind, werden in ihrem Sitz durchgesägt. Der Schnitt wird entlang einem Balken geführt, der zu diesem Zweck erst lokalisiert werden muß. Falls eine Feder vorhanden ist, muß diese zuerst durchgesägt werden (siehe links). Der Balken wird dann mit einer Klinge geortet **(2)**. Nun bringt man die Markierungen für den Sägeschnitt an. Mit einer elektrischen Stichsäge und einem schmalen Sägeblatt ist es sehr leicht, den Schnitt vorzunehmen. Gegebenenfalls wird ein Loch zum Einführen des Sägeblattes gebohrt. Vor dem Sägen sollte man vorsichtshalber den Strom in diesem Raum abschalten. Die Stromversorgung für die Stichsäge kann mit Hilfe einer Kabeltrommel und einem Anschluß in einem anderen Raum erreicht werden. Die durchgesägte Diele wird wie beschrieben aufgenommen. Für spezielle Sägeschnitte gibt es die Dielensäge und den elektrischen Fuchsschwanz.

1 Brett durchsägen

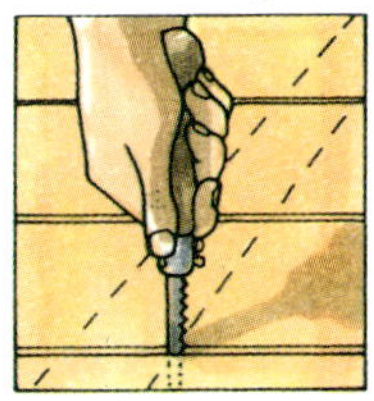

2 Balken orten

Brettende freilegen

Da das Ende einer Diele unter der Sockelleiste steckt, muß die Diele so weit hochgehebelt oder gewinkelt werden, bis die Nägel frei sind **(1)**. Ein Dielenbrett, das unter einer Trennwand hindurchläuft, kann nur herausgesägt werden. Für die Stichsäge wird dicht an der Wand ein Loch in das Brett gebohrt und ebenso möglichst dicht an der Wand durchtrennt **(2)**. Das Spezialwerkzeug **(3)** für diesen Einsatz ist eine – nicht überall erhältliche – Dielensäge mit gerundetem Sägeblatt. Damit kann eine Diele gesägt werden ohne sie ganz herauszuheben.

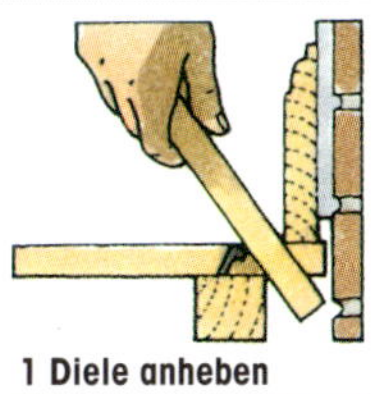

1 Diele anheben

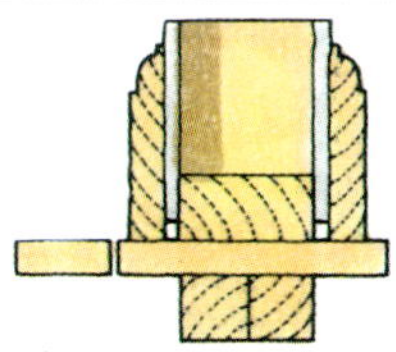

2 An der Wand sägen

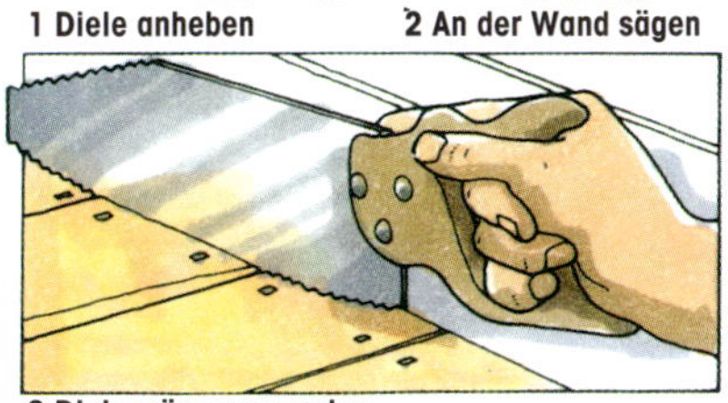

3 Dielensäge verwenden

ALTE DIELEN NEU VERLEGEN

SIEHE AUCH
unter:
Bodenbretter anheben 153
Versenkte Nagelung 153
Balken reparieren 156
Sockelleisten entfernen 157

Fußböden sind stark beanspruchte Bauteile eines Hauses. Durch verschiedene Einflüsse kommt es zum Schrumpfen und Schwinden des Holzes. Ein Dielenboden muß daher nach einer gewissen Zeit abgenommen und verlegt werden. Falls das Material Schäden aufweist oder bereits zu dünn ist zum Abschleifen mit der Parkettschleifmaschine, muß ein neuer Boden gelegt werden. Alte Dielen freilich weisen nach Färbung und Materialverhalten unwiederbringliche Qualitäten auf. Auch wenn sie zunächst unansehnlich wirken mögen – der Eindruck nach einer Renovierung lohnt alle Mühen.

Dielung aufnehmen

Vor dem Aufnehmen der Dielen werden die Sockelleisten abgenommen und für die Wiederverwendung aufbewahrt. Numerieren Sie die Dielen für die Wiederverwendung. Nehmen Sie das erste Brett ab wie beschrieben. Die weiteren lassen sich mit einem Nageleisen von den Balken hebeln. Dabei werden gleichzeitig mehrere Dielen angehoben, damit die Nuten nicht beschädigt werden. Beim erneuten Herunterlegen treten die Nägel – meist erst auf leichten Druck – heraus und können ausgezogen werden. Reinigen Sie die Brettkanten für die Wiederverwendung. Kontrollieren Sie jede Diele, und besorgen Sie Ersatzdielen mit gleichen Abmessungen.

Fugen ausfüllen
Sie können einen Dielenboden neu verlegen, ohne alle Bretter gleichzeitig aufzunehmen. Nehmen Sie jeweils etwa sechs Dielen für einen Arbeitsgang hoch. Die Lücke zur Wand wird mit einer entsprechend zugeschnittenen neuen Diele geschlossen.

Neuen Dielenboden legen

Die Verlegung von Dielen mit Nut-und-Feder-Verbindungen gleicht im wesentlichen der von Bodenplatten. Fügen Sie einige Dielen zu einer Platte zusammen, die Sie als Arbeitsplattform benutzen können. Prüfen Sie die Maße des Raumes und die Rechtwinkligkeit der Balken zu den Wänden. Wenn Sie Dielen stoßen lassen wollen, muß der Stoß jeweils mittig auf einem Balken liegen. Die Stoßfugen dürfen keinesfalls durchlaufen. Verlegen Sie immer etwa sechs Dielen auf einmal. Befestigen Sie die erste Diele mit der Nut zur Wand in 10 mm Abstand zur Wand. Nageln Sie hier mit Schraubnägeln, deren Köpfe Sie zuvor abgekniffen haben. Nägel müssen mindestens die doppelte Länge der Dielenstärke haben. Die Nägel werden paarweise, jeweils etwa 25 mm von der Kante der Diele entfernt, in die Balkenmitte getrieben. Versenken Sie die Nägel mit einem Dorn 2 mm unter die Holzoberfläche. Wenn Sie verdeckt nageln wollen, so wird nur ein Nagel durch die Feder getrieben. Hierbei wird eine Diele nach der anderen befestigt.
Zum Einpressen der Dielen gibt es spezielle Dielenspanner. Aber Sie können auch mit Keilen aus Dielenverschnittstücken arbeiten. Dazu sägen Sie die Keile so, daß eine Kante der Keile mit der Nut die Diele faßt. Ein Anschlagbrett, gegen das sich die Keile abstützen, befestigen Sie jeweils im geeigneten Abstand mit ein paar Nägeln an den Balken, so daß die Keile Wirkung haben. Die Keile **(1)** werden mit zwei Hämmern gleichzeitig gegeneinandergeschlagen und die Diele dann unter Spannung befestigt. Die Keile fallen heraus, wenn das Anschlagbrett für die nächste Diele oder Dielengruppe passend versetzt wird. Verlegen Sie auf diese Weise die Dielen in Gruppen von 3 bis 6 Brettern, und arbeiten Sie weiter, bis die gegenüberliegende Wand erreicht ist. Schneiden Sie die letzte Diele auf die erforderliche Breite zu. Sie soll ebenfalls etwa 10 mm Abstand zur Wand halten, damit das Holz arbeiten kann. Wenn der Raum zum Einfügen in die Feder zu knapp ist, schneiden Sie die untere Hälfte der Nut ab (2). So läßt sich das letzte Brett einfach einlegen und mit versenkten Stiften befestigen.

1 Mit Keilen Dielung spannen

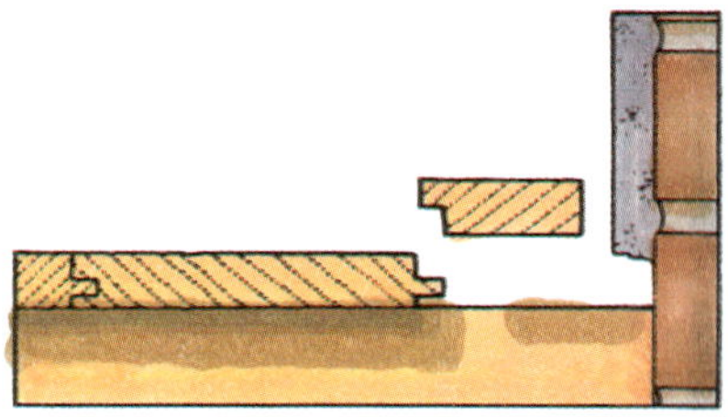

2 Nuthälfte der letzten Diele entfernen

Dielen legen
Von einer Unterlage aus können Sie die Dielen verlegen.
1 Erste Diele parallel zur Wand mit 10 mm Fuge verlegen.
2 Schneiden Sie die ersten sechs Dielen zu, und bauen Sie diese ein.
3 Legen Sie die nächsten sechs in der gleichen Weise, bis das letzte Brett eingepaßt wird.

DIELENSPANNER

Dieses praktische Werkzeug kann man leihen. Es klemmt sich automatisch auf dem Balken fest und kann mit dem Handhebel betrieben die Diele durch den Greifer fest an den Sitz pressen.

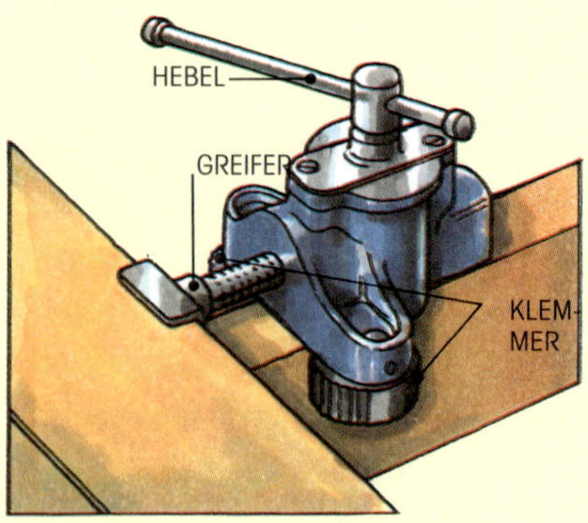

Praktisch: Leihen Sie einen Dielenspanner

SPANPLATTEN-BODEN VERLEGEN

SIEHE AUCH
unter:
Bodenbeläge 92–98
Plattenfußboden 152
Sockelleisten befestigen 157

Für einen Boden, der einen weiteren Belag bekommen soll, ist eine Spanplattenauflage eine rasche, preiswerte Lösung. Als Dekorationsbeläge eignen sich Teppichauslegware, Vinylbelag, Kork- und Teppichfliesen und sogar keramische Fliesen. Die Verlegung ist einfach. Am besten eignen sich Nut-und-Feder-Platten.

ZUSCHNITT

Glattkantplatten
Für eine nahtlose Verlegung die Längskanten in der Balkenmitte stoßen.

Nut-und Feder-Platten
Die Platten werden nicht zugeschnitten. Nur die letzte Platte wird an den Kanten, die an einer Wand liegen, zugeschnitten.

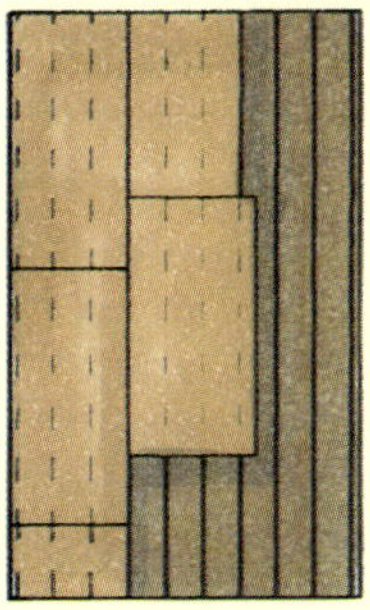

1 Gerade Kanten

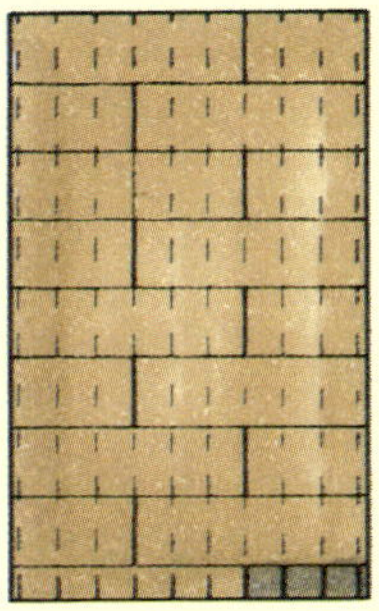

2 Nut und Feder

Glattkant-Spanplatten

Die Verlegung auch dieser Platten ist relativ einfach, wenn auch arbeitsaufwendiger, da alle Kanten auf einem Tragholz liegen und dort mit den anderen Platten stoßen müssen. Zwischen den Balken müssen hierfür Riegelhölzer eingebaut werden. Die Riegel entlang einer Wand können vorher eingebaut werden, während die Riegel unter den Plattenkanten im Zuge der Verlegung montiert werden. Lassen Sie sich die Platten am besten vom Lieferanten so zuschneiden, daß die Breite ein Vielfaches des Abstands von Balkenmitte zu Balkenmitte beträgt. Beginnen Sie mit der Verlegung einer ganzen Platte in einer Raumecke, und legen Sie eine Reihe daran. Das letzte Stück wird nach Bedarf zugeschnitten. Schneiden Sie die erste Platte der zweiten Reihe so zu, daß der Stoß gegenüber der ersten Reihe versetzt wird. Verschrauben Sie die Platten in Abständen von maximal 30 cm mit Balken und Riegeln. In Feuchträumen und Küchen verwenden Sie wasserfeste Platten (19 mm) doppelt, kreuzweise verlegt, flächig verleimt und verschraubt. So stellen Sie eine solide Platte her, die sich auch zum Fliesen eignet.

Nut-und-Feder-Spanplatten

Nut-und-Feder-Platten werden mit den Längskanten auf den Balken verlegt. Riegel sind lediglich entlang der Wände erforderlich, um die Enden der Platten abzustützen. Beginnen Sie mit dem Verlegen in einer Raumecke, und legen Sie die erste Platte mit den Nuten zu den Wänden auf. Lassen Sie zwischen Wand und Platte etwa 10 mm Raum, und schrauben Sie die Platte an die Balken. Geben Sie wasserfesten Leim in die Verbindungsnut, und schieben Sie die nächste Platte ein. Für einen guten Verbund klopfen Sie die Platte mit dem Hammer und einer Beilage mit Gefühl fest. Arbeiten Sie zügig, damit die Platte sitzt, ehe der Leim abbindet. Wischen Sie herausquellenden Leim mit einem feuchten Lappen ab. Verarbeiten Sie die weiteren Platten der Fläche auf die gleiche Weise. Vermeiden Sie dabei aber durchlaufende Querfugen. Schneiden Sie die Platten am Ende der jeweiligen Reihe passend zu. Die Dehnungsfugen werden später von den Sockelleisten überdeckt. Zum Schutz der Spanplatten kann ein zweimaliger Anstrich mit Grundierung oder Sperrgrundierung aufgetragen werden. Die Sockelleisten werden nach Verlegen des Bodenbelags montiert.

1 Anordnung für Spanplattenverlegung

2 Anordnung für die Verlegung von Nut-und-Feder-Platten

1 Glattkantplatten
Die Plattenkanten müssen immer mittig auf Balken oder Riegeln aufliegen.

2 Nut-und-Feder-Platten
stets mit versetzten Stoßfugen verlegen.

FUSSBODEN-BALKEN

SIEHE AUCH

unter:

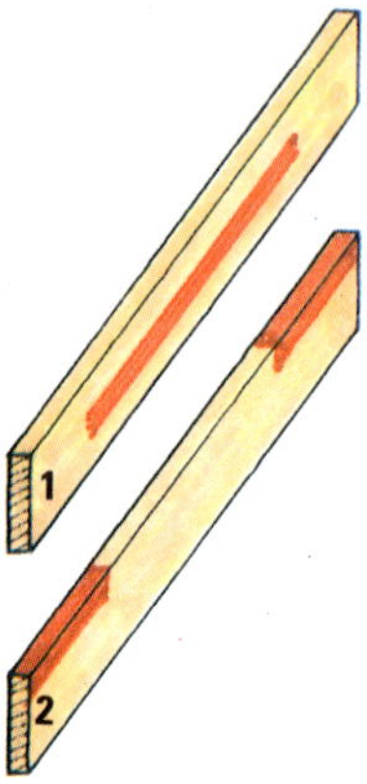

Leitungsdurchlässe
1 Zone für Löcher
2 Zonen für Nuten

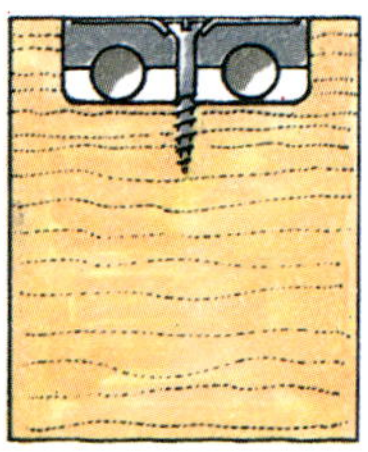

Versorgungsleitungen
Für dünne Leitungen fräsen Sie Nuten in die Balken.

Deckenbalken sind wichtige tragende Teile eines Hauses. Zusammen mit der Fußbodenbeplankung stellen sie eine Platte dar, die im statischen System eines Hauses eine wesentliche Rolle spielt. Durch die Lasten, die aufgenommen werden müssen, ergibt sich das Maß der Balken. Im Fall einer Renovierung ist dieses Maß zu beachten und bei Reparaturen nicht zu unterschreiten. Verwenden Sie nur zulässige Bauholzqualitäten: Güteklassen 1 und 2. Der Baustoffhandel hat die Ware nach Standardgrößen und Qualität sortiert.

Installationen

Installationsleitungen für Heizung, Wasser und Abflußleitungen können im Deckenzwischenraum verlegt werden. Dazu müssen entsprechende Halterungen verwendet werden. Die Warmwasser führenden Rohre sollten ausreichend wärmegedämmt sein, Abflußrohre müssen eine Geräuschdämmung gegen Fließgeräusche aufweisen. Für Rohrleitungen mit dünnen Querschnitten dürfen Durchlässe als Nut in die Balken gefräst werden, wenn die Traglast noch ausreichend aufgenommen wird. Größere Einschnitte sollte ein Statiker berechnen. Es gibt bestimmte Zonen in einem Tragbalken, die nicht durch Löcher oder Schlitze geschwächt werden dürfen. Links sind Zonen für Lochungen (1) und für Nuten (2) gekennzeichnet.

Balken reparieren

Balken in einer Decke, die ernstlich durch Naßfäule oder Schädlinge geschädigt sind, müssen herausgenommen und ersetzt werden. Diese Schäden sind am ehesten in einer Sohldecke und der Decke zum Dachraum zu erwarten. Falls die Beschädigung erheblich ist oder höher gelegene Bereiche davon betroffen sind, ist in jedem Fall ein Fachmann hinzuzuziehen. Für Untersuchungen in nicht einsehbaren Bereichen kann dieser Löcher bohren und mit einem Endoskop eine Inspektion vornehmen. Entfernen Sie im kritischen Bereich Sockelleisten und Dielen. Wenn Sie offenliegende Balken selbst beurteilen können, so ist manchmal schon das Abbeilen der beschädigten Holzbereiche ausreichend. In jedem Fall muß gewährleistet sein, daß der jeweilige Balken noch genügend Tragkraft hat. Mit einem Messer können Sie auf einfache Weise die Beschaffenheit von Holz prüfen. Wenn vom Holzwurm befallenes Holz noch feste Substanz hat, kann es chemisch behandelt werden.

Vorbereitung

Bei Naßfäule und Feuchteschäden ist natürlich die Ursachenbeseitigung ein wesentlicher Bestandteil Ihrer Aktivitäten. Die Ursachen solcher Schäden müssen ausreichend geklärt und beseitigt werden, bevor Sie an die Schadensbewältigung gehen. Befallenenes Holz und verrottetes Material muß entfernt oder ersetzt werden, am besten vollständig und ohne Kompromisse.

Behandeln Sie auch die Mauerwerksumgebung solcher Sanierungsbereiche. Entsorgen Sie den Abfall gründlich, und entsorgen Sie auch das gesamte lose Material im Arbeitsbereich. Wenn Sie einen defekten Balken nicht auf ganzer Länge auswechseln wollen, muß es eine Möglichkeit geben, diesen Balken mittig auf einer Stützwand abzusägen und ein Ersatzstück daranzusetzen.

Ersetzen

Schneiden Sie das Ersatzstück auf die passende Läge mit einer Dehnungsfuge zu. Einen ganzen Balken legen Sie zunächst auf einer Seite weit ein und vermitteln, nachdem er aufliegt. Die zugfeste Verbindung eines Ansatzstückes wird als Zange ausgeführt (siehe unten). Die Verschraubung erfolgt mit Bolzen, Muttern und großen Beilagscheiben. Die Zangenbretter sollen etwa 1 m lang sein. Für die Ausrichtung der Balkenköpfe im Mauerwerk wird eine Dichtbahn untergelegt und mit weiteren Stücken dieses Materials korrigiert. Für Arbeiten dieser Art gibt es elektrische Werkzeuge, die die Arbeit wesentlich erleichtern. Da die meisten Handkreissägen nicht genügend Schnittiefe haben, bietet sich hier der elektrische Fuchsschwanz als brauchbares Hilfsmittel bei Zimmermannsarbeiten und darüber hinaus als vielseitig einsetzbares Gerät an. Nun kann der Deckeninnenaufbau erfolgen. Schließlich können Sie den Fußboden verlegen und die Sockelleisten anbringen.

Defektes Balkenteil wechseln
1 Schadhaften Balken entfernen.
2 Schadhafte Stellen am Streichbalken entfernen.
3 Streichbalken wiederherstellen.
4 Neuen Balken einsetzen und genau ausrichten.

BALKENSCHUHE ANBRINGEN

In Mauerwerksbereiche, die auf Grund von Schäden erneuert werden müssen, sollte man Balkenschuhe einsetzen und vermörteln. Diese bieten den Balkenköpfen eine bessere und vor allem trockenere Auflage als Mauerwerksöffnungen. Bevor Sie eine Balkendecke wiederaufbauen, kontrollieren Sie unbedingt den Zustand der Sperrschicht im Mauerwerk. Ersetzen oder verstärken Sie die Sperrschicht in diesen Bereichen gegebenenfalls mit flüssigen Zweikomponentendichtungen. Nur ein wirksamer Schutz gegen aufsteigende Feuchtigkeit gewährleistet die Haltbarkeit der Reparatur. Lassen Sie den Mörtel abbinden, ehe Sie den Balkenschuh belasten.

SOCKEL-LEISTEN

Sockelleisten sind zugleich Wandschutz und dekorative Blende für die Zone zwischen Wand und Fußboden. Heute verwendet man schmale und schlicht geformte Profile. In Altbauten können Sockelleisten bis 30 cm hoch sein und ein außerordentlich geformtes Profil haben. Handelsübliche Sockelleisten haben eine Höhe bis 5 cm und sind als Meterware in verschiedenen Holzsorten und Profilen im Baumarkt zu kaufen. Spezielle Profile und Hölzer liefert der Fußbodenlegerfachhandel. Für Teppichauslegware gibt es Leisten, in die ein Streifen des Teppichmaterials eingesetzt wird. Für die Verlegung von Leitungen gibt es besondere Sockelleisten für die Aufnahme dieser Systeme.

Sockelleisten abnehmen

Alte Sockelleisten sind meistens genagelt und können mit einem Nageleisen oder einem Schraubenzieher von der Wand gehebelt werden. Dazu wird zum Schutz der Wand ein Brettstück untergelegt. Stück um Stück wird auf diese Weise die Leiste vorsichtig von der Wand gehebelt und immer dickere Holzstücke eingelegt. Achten Sie auf die Spannung, damit die Leiste nicht bricht. Wenn es sich um alte, guterhaltene Profile handelt, so ist es immer ratsam, die Nägel nach der Demontage behutsam herauszuziehen und dieselben Sockelleisten wiederzuverwenden. Denn es ist recht kostspielig, entsprechende Profile vom Schreiner neu fräsen zu lassen, während vorgefertigter Ersatz kaum aufzutreiben ist.

Lange Sockelleisten sägen
Manchmal müssen sehr lange Sockelleisten vor dem Abnehmen von der Wand durchgesägt werden. Dazu wird die Leiste in der Mitte durch zwei Holzstücke **(1)** in einem Abstand zur Wand gehalten. Zwischen den Latten setzen Sie die Säge in einem Winkel von 45° an und trennen die Sockelleiste senkrecht durch **(2)**. Zum Sägen mit kurzen Hüben leistet ein elektrischer Fuchsschwanz gute Dienste, da nur die Spitze des Blattes eingesetzt werden kann.

1 Sockelleiste weghebeln und hinterlegen

2 45-Grad-Schnitt mit dem Fuchschwanz

Neue Sockelleisten

Sockelleisten können beschädigt oder von Schädlingen befallen sein. Auch durch Renovierungsarbeiten werden sie mitunter unbrauchbar. Restaurieren Sie, wenn möglich, die alten Leisten, besonders wenn es sich um alte gefräste Sockelleisten handelt. Für die Restaurierung kann man mit einem Stück der alten Sockelleiste beim Tischler längere Stücke formfräsen lassen. Für den Einbau der Sockelleisten messen Sie die Längen bis in die Raumecken. Die meisten Sockelleisten sind mit Gehrungsschnitten eingesetzt. Dabei muß die Leistenbreite berücksichtigt werden, wenn Sie an Innen- und Außenecken messen. Saubere Gehrungschnitte sind nur mit einer Kappsäge oder einer Gehrungssäge möglich. Formgefräste Sokkelleisten sind manchmal in Innenecken gestoßen. Um das Profil der Stoßfuge in das Ende einer Sockelleiste zu sägen, machen Sie zunächst einen Schnitt mit 45° wie für eine Gehrung **(1)**. Mit einer Laubsäge sägen Sie nun die Kontur der Gehrung an der Oberfläche rechtwinklig aus **(2)**. Befestigen Sie Sockelleisten mit speziellen Sockelleistenstiften – langen, dünnen Stahlstiften – oder Dübeln und Schrauben.

1 Sägen Sie eine 45°-Gehrung

2 Schneiden Sie die Konturen mit der Laubsäge

SIEHE AUCH
unter:

Eine Sockelleiste selbst formen
Wenn für ein kurzes Stück Sockelleiste besonderer Form kein Ersatz aufzutreiben ist, können Sie versuchen, das gewünschte Profil selbst zu schaffen, indem Sie verschiedene Profilleisten auf ein Trägerbrett aus Sperrholz leimen.

Traditionelle Profile

Moderne Sockelleisten, wie man sie in Baumärkten erhält, sind niedrig und schlicht geformt. Eine größere Auswahl mit ausgefalleneren Profilen hält Ihr Bodenleger bereit. Doch auch er wird nur selten helfen können, wenn es um die Wiederherstellung oder Ergänzung alter Profilleisten in historischen Formen geht. Mitunter hilft dann nur noch der Weg zum Schreiner, der Ihnen – nicht billig, aber oft der einzige Weg – die benötigten Profile aus dem vollen Holz fräsen kann. Nebenstehend einige Beispiele für traditionelle, hohe Sockelleisten.

ESTRICH
LEGEN

SIEHE AUCH
unter:

Massive Sohlplatten 149
Dampfsperre 158,207

- **Dampfsperre**
  Bevor ein schwimmender Estrich verlegt werden kann, sollte die gesamte Bodenfläche mit einer Feuchtigkeitssperre aus PE-Folie ausgelegt werden, die seitlich ca. 10 cm in die Wände hochgezogen werden muß.

- **Vorsicht!**
  Größere Schlitze, wie sie z. B. für Abwasserleitungen erforderlich sind, dürfen keinesfalls ohne Befragen des Statikers aus dem Estrich gearbeitet werden. In die Unterseite einer Betondecke dürfen keine Schlitze eingearbeitet werden!

ESTRICH REPARIEREN

Im Estrich können durch Schrumpfung oder Konstruktionsfehler des Unterbaues Risse entstehen. Gewöhnliche Schrumpfungsrisse im Estrich sind einfach zu reparieren. Wenn aber außer Rißbildung noch Setzungen der Decke festzustellen sind, ist die Ursache genau durch einen Fachmann zu ermitteln, denn es wird sich hier vermutlich um einen größeren Schaden handeln.

Risse reparieren
Reinigen Sie den Arbeitsbereich mit dem Staubsauger. Für das Verspachteln mit Reparaturspachtel müssen Sie schmale Risse mit Hammer und Meißel oder mit Winkelschleifer und Steinscheibe erweitern. Für eine gute Haftung streichen Sie die Flächen mit Baudispersion, als Haftgrund 1:1 mit Wasser gemischt. Auch in Ihre Mörtelmischung können Sie mit dem Anmachwasser einen Teil Baudispersion mischen. Fertiggemischte Spezialspachtelmasse enthält in der Regel schon alle erforderlichen Zuschlagstoffe. Der Füllspachtel ist gut in die Risse einzuarbeiten.

Rohrverlegung in Massivdecken
Installationsleitungen, z. B. für Zentralheizung, Wasserversorgung oder Abwasser sind oft in Betondecken unterzubringen. Eine Wandmontage ist zwar einfacher durchzuführen, die Deckeninstallation aber die elegantere, wenn auch aufwendigere Lösung. Schlitzen Sie die Estrichschicht mit Hammer und Meißel. Ein gerader Schnitt ist zwar mit Winkelschleifer und Trennscheibe einfacher durchzuführen, aber mit enormer Staubentwicklung verbunden. Bei großen Schlitzen kann bei dieser Arbeit die Sperrschicht beschädigt werden, was Sie unbedingt vermeiden sollten. Notfalls gibt es für eine neue Abdichtung der Sperrschicht streichbare Dichtstoffe auf Bitumen- und Acrylbasis zu kaufen. Auch wenn Sie Folien einarbeiten wollen, sollten Sie diese mit streichbaren Dichtungen kombinieren. Beachten Sie bei diesen Arbeiten stets die Verarbeitungshinweise des Herstellers, und kaufen Sie möglichst aus den Produktreihen einer Marke. Planen Sie bei allen Arbeitsgängen großzügig Zeit für Ablüften und Reagieren der verarbeiteten Stoffe ein. Das sichert die dauerhafte Qualität Ihrer Arbeit.
Verlegte Rohrleitungen werden vor dem Verfüllen des Führungskanals mit Mörtel auf Druck und Dichtigkeit überprüft.

Ein abgestützter Fußbodenaufbau aus Holz im Erdgeschoß, der geschädigt ist und ersetzt werden soll, kann auf einfache Weise solide in Beton erstellt werden. Unter einer Betondecke auf gewachsenem Boden muß eine Dränschicht mit einer Trennschicht liegen. Diese wird aus losem Material, Kies oder auch aus Ziegelschutt aufgeschüttet. Die feineren Körnungen, die darüberliegen, verhindern das Einfließen des Betons. Da Betondecken erheblich höhere Lasten für die Unterkonstruktion darstellen, müssen die tragenden Wände zunächst vom Statiker beurteilt werden. Zeichnen Sie die für einen Deckenaufbau erforderlichen Schichten umlaufend an den Wandflächen an. Planen Sie Rohrleitungen und Stahlbewehrung für die Deckenkonstruktion in Übereinstimmung mit den baurechtlichen Bestimmungen nach den Berechnungen Ihres Statikers. Zwischen der Betonplatte und einer Estrichschicht sind eine Sperrschicht und eine Isolierschicht zu berücksichtigen.

Vorbereitung des Untergrundes

Behandeln Sie nach der Baugrundreinigung die Schadstellen, an die Sie später nicht mehr gelangen werden. Verwenden Sie pilzhemmende und insektentötende Chemikalien mit Umsicht.

Bringen Sie die unteren Schichten ein, und verdichten Sie diese mit einem Rüttler, den Sie leihen können. Die obere Schicht aus Sand können Sie mit einer Schaufel glattziehen und anklopfen.

Füllschichten

Die Schichten im Untergrund werden mit jeweils 20 cm Dicke eingebracht und verdichtet. Größere Stücke zerkleinern Sie mit einem Vorschlaghammer **(1)** und bearbeiten anschließend jede Schicht gründlich mit einem Rüttler. Vermeiden Sie erdige, kalk- und gipshaltige Bestandteile, die durch Kapillarwirkung Feuchtigkeit ziehen. Nicht gewaschenen Füllsand und Füllkies kann der Baustoffhändler liefern.

Sperre gegen aufsteigende Feuchtigkeit
Legen Sie eine Dichtbahn mit sperrender Wirkung auf die Sandschicht, und ziehen Sie diese Folie anliegend etwa 25 cm an den Wänden hoch. Einzelne Bahnen müssen mindestens 20 cm überlappen und verklebt werden. Installieren Sie die geplanten und vorhandenen Rohrleitungen im Deckenraum neu, und bringen Sie die Stahlbewehrung ein. Art und Stärke der Bewehrungen berechnet der Statiker. Er bezeichnet auch die Einbauweise. Abstandshalter aus verschiedenen Materialien sorgen dafür, daß die Bewehrung vom Beton umschlossen ist. Beim Betonieren darf nichts verrutschen. Betonstahl muß frei von Verunreinigungen sein. Festsitzender Rost ist unbedenklich. Nun kann der Beton eingefüllt werden.

1 Untergrund vorbereiten
Markieren Sie die Schichtenhöhen mit Kreide an den Wänden, füllen Sie den Unterbau mit Füllstoffen. Beginnen Sie mit groben Stoffen, und schichten Sie immer feinere auf, verdichten Sie, und schließen Sie zuletzt mit der Sperrfolie ab.

Betondecke betonieren

Beton wird aus folgender Mischung hergestellt: 1 Teil Zement : 2,5 Teile Sand : 4 Teile Kies. Die Mischung sollte relativ steif gemischt werden. Nach intensivem Mischvorgang im Betonmischer kann die Mischung streifenweise etwa 60 cm breit eingebracht werden. Man beginnt im Raum gegenüber dem Eingang. Der Beton wird mit einem Brett abgezogen und verdichtet. Verdichten bedeutet, die Hohlräume aus dem Beton zu drücken. Zu dünner Beton ist leichter zu verdichten und darf nicht zu lange bearbeitet werden, damit er nicht wieder entmischt wird. Es entsteht sonst an der Oberfläche weißer Zementleim. Nach dem Verdichten wird die Betonoberfläche noch einmal abschließend abgezogen und geglättet **(2)**. Sie haben dazu die Fläche mit Wasserwaage und Richtscheit geprüft. Der Beton braucht bei normalen Temperaturen mindestens eine Woche zum Erhärten. Decken Sie die Fläche in dieser Zeit mit Folie ab, um den Beton feucht zu halten. Arbeiten Sie nur bei frostfreiem Wetter.
Das Betonieren einer Decke ist nichts für Anfänger! Versichern Sie sich zumindest der Unterstützung eines einschlägig erfahrenen Helfers, wenn Sie keinen Fachmann beauftragen wollen.

Schwimmenden Estrich legen

Estrich wird aus 3 Teilen gewaschenem Sand und 1 Teil Zement zu einer cremigen Konsistenz gemischt. Vor dem Einbringen haben Sie Dichtbahnen und Isolierung verlegt. An den Wänden haben Sie Kunststoff-Dammstreifen angebracht und die Dichtbahn ca. 10 cm hochgezogen. Darauf legen Sie Abziehlatten aus und füllen den Estrich dazwischen. Über die Latten kann der Estrich abgezogen und geglättet werden **(3)**. Nach dem behutsamen Herausziehen der Latten füllen und glätten Sie die entstandenen Streifen. Diese Prozedur wiederholen Sie in Feldern, bis die gesamte Fläche bearbeitet ist. Die Estrichfläche braucht zum Aushärten mindestens eine Woche und muß dabei feucht gehalten werden. Auch hier ist eine Folienabdeckung vorteilhaft. Nach zwei Wochen können Sie den Estrich betreten. Warten Sie mit dem Verlegen dichter Bodenbeläge mindestens 4 Wochen. Die Dichtbahn schneiden Sie ca. 1 cm über dem Estrich ab. Nach Verlegen des Bodenbelags werden Sockelleisten die Fugen verdecken **(4)**.

2 Betonieren
Arbeiten Sie in Richtung der Tür mit Betonstreifen von 60 cm Breite. Verdichten Sie ausreichend, und nivellieren Sie mit Hilfe der Markierungen an den Wänden. Benutzen Sie dazu ein Richtscheit.

3 Estrich legen
Nach Verlegung von Isolierung, Dämmstreifen, Dichtbahn und Abziehlatten bringen Sie den Estrich in Streifen ein. Nach dem Herausziehen der Latten füllen Sie die Lücken und glätten die Fläche mit der Glättkelle.

4 Fertigstellung
Frühestens 4 Wochen nach dem Estrichlegen können Sie den Fußbodenbelag verlegen. Zuvor wird die überstehende Dichtfolie abgeschnitten. Zuletzt bringen Sie die Sockelleisten an.

SIEHE AUCH

- **Isolation**
  Wenn Gefahr besteht, daß der Boden Wasser zieht, wird zunächst eine Sperrschicht aus Folie oder Bitumen aufgebracht. Darauf kommt die Dämmschicht. Diese besteht aus ca 35 mm starkem Kunststoffschaum wie Polystyrol oder Polyethylen. Aber auch andere Materialien wie Korkschrot oder Steinfasermatten sind geeignet. Die Dämmschicht muß so dick sein, da sie durch das Gewicht des Betons um ca. ein Drittel zusammengedrückt wird. Die Dämmschicht wird mit PE-Folie abgedeckt.

TÜREN ARTEN UND AUFBAU

SIEHE AUCH
unter:

Tür streichen	57
Tür einbauen	162
Wetterschenkel	163
Türbeschläge	165
Brandschutztüren	168
Einbauschlösser	196–197

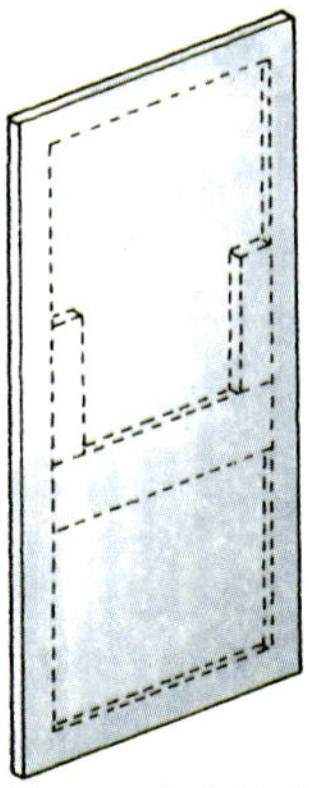

Abgesperrte Außentür mit Mittelriegel für den Briefkastenschlitz

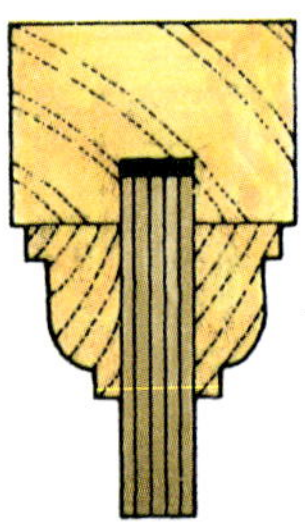

Befestigte Zierleiste

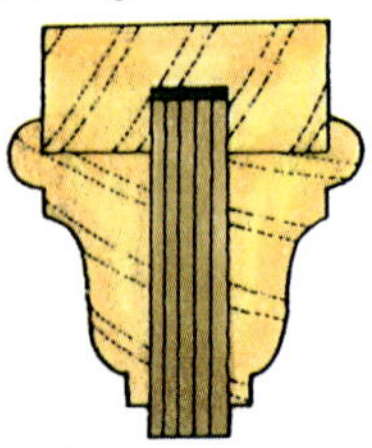

Kehlstoß

Auf den ersten Blick scheint es viele verschiedene Türarten zu geben, aber meistens sind es nur stilistische Unterschiede. Alle basieren auf ein paar wenigen Aufbaumethoden. Die große Auswahl an unterschiedlichen Stilrichtungen, veranlaßt manchen Hausbesitzer, eine für sein Haus völlig unpassende Tür zu kaufen. Beim Austausch sollten Sie daher unbedingt Türen wählen, die zum Charakter Ihres Hauses passen.

Kauf einer Tür

Innentüren bestehen aus Weich- oder Hartholz. Bei Außentüren sind auch Metallausführungen verbreitet.
Dem Aufbau nach unterscheidet man grundsätzlich zwischen abgesperrten und gestemmten Türen. Bei den erstgenannten besteht das Türblatt aus einem Rahmen aus Holz; der zusammen mit mehreren Querstegen die Deckschicht aus Sperrholz oder Holzfaserplatten trägt. Abgesperrte oder »glatte« Türen sind meist leicht und preisgünstig. Zur Wohnraumnutzung müssen sie mit einer Lackfarbe lackiert werden.
Gestemmte oder »Füllungstüren« bestehen ebenfalls aus einem Holzrahmen aus Weichholz, in den in mehr oder weniger aufwendiger Verarbeitung dünnere Holzplatten als Füllungen eingebaut sind. Diese Türen sind weit aufwendiger in der Herstellung und bei guter Qualität entsprechend teurer. Sie bestehen meist ebenfalls aus Weichholz, das aber von hoher Qualität sein muß, da Füllungstüren meist nur mit Klarlack oder Lasuren behandelt werden, um die Holzstruktur wirken zu lassen. Altbauten wurden fast ausschließlich mit Füllungstüren ausgestattet, die in der Regel farblackiert sind. Am aufwendigsten und teuersten sind Füllungstüren aus Edelhölzern. Eingangstüren werden stabiler gebaut und sind in der Regel verglast.

Türmaße

Türen werden in verschiedenen Normgrößen gebaut, die meist allen Anforderungen genügen. Die Türblattmaße liegen zwischen 2 m und 2,3 m in der Höhe und zwischen 610 mm und 985 mm in der Breite. Ihre Stärke variiert von 35 mm bis 45 mm. In alten Häusern wurden für den Hauptraum im Erdgeschoß gewöhnlich größere Türen verwendet, während in modernen Häusern die Türen Standardmaße haben und alle gleich groß sind.

Füllungstüren

Füllungstüren sind solider und schöner als glatte Türen, aber auch teurer. Sie haben einen massiven Rahmen aus Hart- oder Weichholz und Zapfverbindungen mit Nuten zum Aufnehmen der Füllungen, die aus massivem Holz, Sperrholz oder Glas sein können.

1 Senkrechte Türhölzer
Die senkrechten Teile in der Mitte der Tür. Sie sind mit zumeist drei Querriegeln verbunden.

2 Kassetten
Aus massivem oder aus Sperrholz. Sie liegen lose in den Nuten, damit sie arbeiten können, ohne zu reißen.

3 Querriegel
Die Riegel oben, in der Mitte und unten, sind mit den Rahmenpfosten verzapft. In billigen Türen sind Nut und Zapfen durch eine Dübelverbindung ersetzt.

4 Rahmenpfosten
Die aufrechten Teile der Türblätter. Sie tragen Türbänder und -schlösser.

Füllungstürleisten
Die inneren Kanten des Rahmens können glatt oder mit Profilleisten geleistet sein. Schmale Leisten sind oft aus dem Rahmen gefräst oder auf die Innenkante genagelt. Befestigte Zierleisten können schrumpfen und Risse im Anstrich verursachen. Kehlstoßleisten überlappen den Rahmen. Sie sind dekorativer, aber empfindlicher.

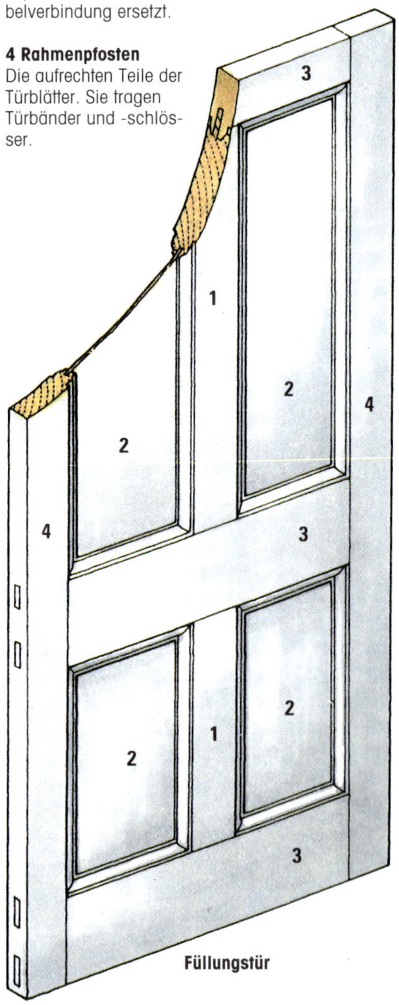

Füllungstür

Abgesperrte Türen

Abgesperrte Türen haben einen Weichholzrahmen, der auf beiden Seiten mit Sperrholz oder Hartfaser verkleidet ist. Hauptsächlich innen verwendet, sind sie leicht, preisgünstig und für jeden Wohnstil geeignet. Außentüren weisen einen Mittelriegel für den Briefkastenschlitz auf. Auch Feuerschutztüren sind erhältlich.

1 Rahmenober- und Rahmenunterteil
Sind mit den Rahmenpfosten verzapft.

2 Zwischenriegel
Leichte, mit den Pfosten verbundene Riegel zur Stütze der Vertäfelung

3 Schloßhülsenblock
Weichholzblock zur Aufnahme des Türschlosses

4 Vertäfelungen
Die Sperrholz- oder Hartfaservertäfelungen sind roh belassen, damit sie gestrichen oder furniert werden können.

Kernmaterial
Oft wird Papier oder Karton wabenförmig zwischen die Vertäfelungen gelegt. Bei Feuerschutztüren wird feuerhemmendes Material verwendet.

Abgesperrte Tür

SIEHE AUCH
unter:

Zarge streichen 57
Türbeschläge 165
Brandschutztüren 168

Brettertür

Diese Türen haben ein rustikales Flair und werden oft für Zugänge zu Nebengebäuden und Scheunen verwendet. Sie sind wetterbeständig, fest und billig, sehen aber primitiv aus. Ein qualitativ gut ausgeführter Rahmen ist verzapft, statt nur genagelt.

1 Latten
Nut- und Federbretter sind an den Querriegel genagelt.

2 T-Scharniere
Türbänder halten nicht im Stirnholz der Querriegel, deshalb tragen T-Scharniere das Gewicht.

3 Streben
In den Querhölzern verzapfte Diagonale übertragen das Gewicht auf die Scharniere und verhindern das Durchhängen der Tür.

4 Querhölzer
Querriegel, an die die Latten genagelt sind

Aufgedoppelte Bretterrahmentür

Einfache Brettertür

TÜRRAHMEN UND ZARGEN

Außentürrahmen

Eine Außentür traditioneller Bauart, die in einen starken Holzrahmen eingepaßt wurde, besteht oben aus dem Sturz **(1)** und unten aus der Schwelle **(2)** mit einem wasserabweisenden Wetterschenkel; beide werden mit zwei gefalzten Seitenpfosten **(3)** verzapft. Die Holzrahmenenden **(4)**, die an jeder Seite des Sturzes ca. 50 mm überstehen, unterstützen die Verbindung und sind in das Ziegelwerk eingebaut, um den Rahmen zu halten. Ins Mauerwerk eingelassen sind auch die hölzernen Dübelleisten **(5)**, an die der Rahmen angeschraubt oder auch genagelt wird. Oft wird der Türrahmen auch mit Metallwinkeln **(6)** befestigt. Moderne Außentüren aus Metall weisen meist stabile Metallrahmen auf, die mit Mauerankern gesichert und eingeschäumt werden.

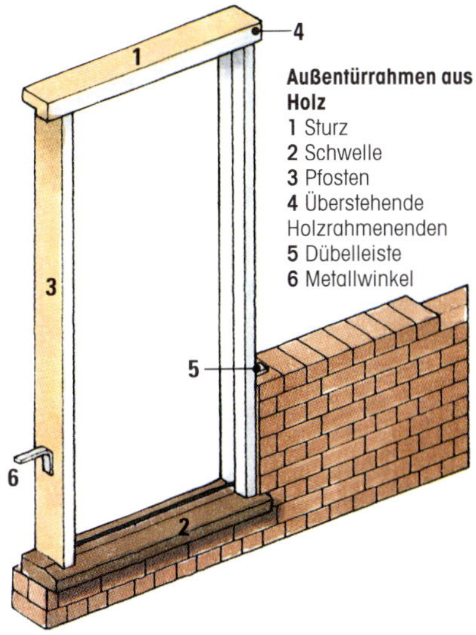

Außentürrahmen aus Holz
1 Sturz
2 Schwelle
3 Pfosten
4 Überstehende Holzrahmenenden
5 Dübelleiste
6 Metallwinkel

Innenzargen

Innentüren werden in eine Holzzarge gehängt (siehe unten), die aus drei Teilen besteht: aus der Sturzverkleidung **(1)** oben und den beiden Türpfostenverkleidungen **(2)**. Bei traditionellen Bauweisen sind diese in den Ecken mit einer Federverbindung **(3)** verbunden und im Abstand von 600 mm an die Dübelleisten **(4)** im Mauerwerk genagelt. Zargen können auch direkt an Blockwände gedübelt werden. Die Verkleidung **(5)**, gerade oder gekehlt, verdeckt die Fugen und gibt der Zarge ihr dekoratives Aussehen. Die Tür stoppt an der raumseitigen Kante der Zarge, die vielfach mit geeigneten Dichtungen versehen ist, um Schließgeräusche zu dämmen. In qualitativ besseren Altbauten sind die Hartholzzargen oft an Dübelleisten aus Weichholz genagelt (siehe unten). Diese Hölzer werden am Wandausschnitt befestigt, um einen mit der Putzschicht bündigen Rahmen zu bilden, der die Verkleidung trägt.

Einfacher Rahmen
1 Sturzverkleidung
2 Seitenwände
3 Genutete Verbindung
4 Mauerausschnitt
5 Zierverkleidung
6 Anschlag

Hartholzzargen
7 Sturzrahmen
8 Laibungsrahmen

INNENTÜREN ERNEUERN

SIEHE AUCH

unter:
Türschlösser 196–197
Türen dämmen 204–205

Die Jahre nach dem Zweiten Weltkrieg brachten in Deutschland einen beispiellosen Bauboom. Zahllose Wohnungen lagen in Schutt und Asche, möglichst vielen in möglichst kurzer Zeit ein Dach über dem Kopf zu schaffen war das Gebot der Stunde. Klar, daß dabei an allen Ecken und Enden gespart werden mußte, und das besonders bei Fenstern und Türen. Heute sind die Nachkriegsbauten in die Jahre gekommen, und anders als die soliden Füllungstüren hochwertiger Altbauten genügen die primitiven abgesperrten Türen der Nachkriegszeit mit ihren häßlichen Metallzargen kaum den Wohnbedürfnissen unserer Zeit.

Türen erneuern

Ihrer fast unbegrenzten Haltbarkeit wegen gehört die Erneuerung der Türen zu den Renovierungsmaßnahmen, die am sorgfältigsten bedacht sein sollten. Die neuen Türen sollen Ihrem Wohnstil ebenso angepaßt sein wie dem Charakter des Hauses, und sie sollen hochwertig genug sein, Ihnen für den Rest Ihres Lebens zu dienen.
Grundsätzlich ist es mit den modernen Materialien für einen geschickten Heimwerker ohne weiteres möglich, eine neue Tür nebst Türrahmen selbst zu montieren. Sie sollten allerdings bedenken, daß die Montage bei einer hochwertigen Tür nur einen vergleichsweise kleinen Bruchteil der Kosten ausmacht und daß eine Tür fachgerecht eingebaut werden muß, um tadellos zu schließen. Hersteller von Qualitätstüren wie »Südholz« vertreiben ihre Produkte deshalb nur über den Fachhandel, der auch für einen sachgerechten Einbau sorgt. Der Selbsteinbau lohnt also in erster Linie bei den weniger hochwertigen Erzeugnissen aus dem Baumarkt.

Vorbereitung

Holzzargen müssen, Stahlzargen sollten vor dem Einbau neuer Türen entfernt werden. Da dies bei den letzteren meist nicht so einfach ist, hat Südholz mit der »Zarge plus« eine Zarge entwickelt, bei deren Einbau alte Stahlrahmen an Ort und Stelle belassen werden können. Schneiden Sie Holzzargen ca. 30 cm über dem Boden durch. Nehmen Sie zunächst die Zierverkleidungen auf beiden Seiten der Zarge ab, und entfernen Sie die Zargenteile an Sturz und Laibung. Ziehen Sie die abgesägten unteren Teile der Zarge möglichst ohne Abspreizen nach oben weg, um Beschädigungen des Fußbodens zu vermeiden.

Tür einbauen

Schneiden Sie die Seitenteile der Zarge entsprechend der Höhe des Türausschnitts zu (ggf. Schwelle beachten). Bauen Sie die Zargenteile unter Zugabe von Leim mit dem Verbindungsbeschlag zusammen. Bauen Sie die Verkleidungsleisten für beide Seiten des Türstocks zusammen, indem Sie diese stirnseitig zusammenschrauben und verleimen. Bauen Sie eine Seite der Verkleidung an die Zarge, und schneiden Sie die Verkleidungsleisten bündig zum Verkleidungsrahmen. Schneiden Sie den Verkleidungsrahmen und die Verkleidungsleisten für die andere Seite in gleicher Weise zu.
Nun wird die Zarge in den Türausschnitt gestellt und mit der Wasserwaage exakt ausgewinkelt. Unebenheiten der Wand werden durch entsprechenden Zuschnitt der Federn zwischen Zarge und Verkleidungsrahmen ausgeglichen. Die Feder wird in den Verkleidungsrahmen eingeleimt und die Zarge endgültig in den Türausschnitt eingesetzt.
Da der zur Fixierung der Zarge verwendete Montageschaum stark aufquillt, muß die Zarge an drei Stellen nahe den Schaumnuten mit passenden Leisten von innen ausgespreizt werden. Schäumen Sie nun die Schaumnuten der Zarge vorsichtig mit Zweikomponentenschaum aus. Dabei darf kein Schaum auf die Holzoberflächen gelangen. Messen Sie dazu den Abstand von der Oberkante Boden zur Oberkante des unteren Zargenbandteils. Dieses Maß abzüglich der gewünschten Bodenfreiheit übertragen Sie auf das Türblatt, wobei Sie von der Unterkante des unteren Türbandteils ausgehen. Schneiden Sie mit der Handkreissäge, hobeln Sie die Schnittkante, und fasen Sie diese leicht mit dem Hobel ab. Nun wird nur noch der Montageschaum beschnitten, die andere Verkleidung montiert und die Tür eingehängt.
Diese exemplarische Einbauanweisung gilt grundsätzlich für Innentüren aller Hersteller. Dabei hat der Montageschaum die traditionellen Befestigungsweisen – Nägel und Schrauben – vollständig verdrängt.

1 Zarge unter Leimzugabe zusammenfügen ...

2 ... und verschrauben

3 Zarge im Türausschnitt ausspreizen

4 Mit Montageschaum ausschäumen

REPARATUREN AN TÜREN

SIEHE AUCH
unter:
Türen, Arten und Aufbau 160–161
Türen dämmen 204–205

Türbänder reparieren

Besonders Einbohrbänder, wie sie bei einfachen Türqualitäten oft verwendet wurden, neigen dazu, mit der Zeit auszureißen. Die einfachste Reparatur besteht im Ausbohren der Schadensstelle und Einsetzen eines passenden Füllstücks. Nach Abbinden des Leims wird das Einschraubloch vorgebohrt und das Band wieder eingeschraubt.
Leider ist die Haltbarkeit einer solchen Reparatur meist begrenzt. Besser ist es, das ausgerissene Band nebst den anderen Einschlagbändern durch gekröpfte Bänder zu ersetzen.
Befestigen Sie zunächst die beiden Oberteile der Bänder am Türblatt. Die Unterkanten der Bänder sollen in gleicher Höhe mit denen der alten Einschlagbänder liegen. Dazu arbeiten Sie mit dem Stechbeitel exakt passende Aussparungen, so daß die Bänder mit der Türblattkante bündig abschließen. Schrauben Sie die Bänder am Türblatt fest. Stellen Sie das Türblatt in den Türfalz, und keilen Sie es an der Unterkante fest, bis das Blatt am oberen Türfalz anliegt. Nun können Sie die Position der unteren Teile der Bänder im Türfalz anreißen. Der Einbau erfolgt in gleicher Weise wie beim Türblatt. Eine so reparierte Tür bleibt noch lange gebrauchsfähig.

Ausgerissenes Türband

Ersatz durch ein gekröpftes Türband

Haustür wetterfest machen

Montage eines Windbrettes
Ein Windbrett ist eine breite Leiste, die unten an eine Außentür angebaut wird, um das Regenwasser von der Schwelle abzuleiten. Messen Sie die Breite der Türöffnung zwischen den Türanschlägen und schneiden eine passende Leiste zurecht. An der Seite des Klinkenpfostens muß das Windbrett etwas abgeschrägt werden, damit es nicht am Türrahmen scheuert, wenn die Tür geöffnet wird. Das Windbrett wird am besten an einer unbehandelten Tür befestigt. Schrauben Sie die Leiste unter Zugabe von wasserfestem Leim bündig mit der äußeren Türunterkante fest. Wird das Windbrett nachträglich angebracht, streichen Sie die Rückseite dick mit Grundierung und schrauben sie an, solange die Farbe noch feucht ist. Die Schraublöcher werden ausgefüllt, die Türaußenseite leicht angeschliffen und zusammen mit dem Windbrett lackiert.

Wetterschenkel
Während die in Sturz und Seitenpfosten eines Haustürrahmens geschnittenen Falze eine einwärts öffnende Tür auch ohne zusätzliche Dichtungen recht gut abdichten, fördert ein in die Schwelle am Fuß der Tür gesägter Falz das Eindringen von Regenwasser. Solange eine Tür nicht durch ein Vordach geschützt ist, braucht sie einen Wetterschenkel. Dieser kann leicht in eine Holzschwelle eingesetzt werden. Fräsen Sie einen Schlitz, und setzen Sie mit Zweikomponentenkleber eine passende Aluminiumleiste ein.

JUSTIEREN VON TÜRBÄNDERN

Bei vielen hochwertigen Türen sind die Türbänder nicht eingeschlagen, sondern so befestigt, daß sie sich nach Lösen einer Inbusschraube verstellen lassen. Lockern Sie die Inbusschrauben der Bänder am Rahmen, richten Sie das Türblatt mit Keilen in der gewünschten Höhe aus, und ziehen Sie die Inbusschrauben wieder an.

Türbänder justieren
Lockern Sie die Halteschrauben beider Türbänder, um die Tür auszurichten.

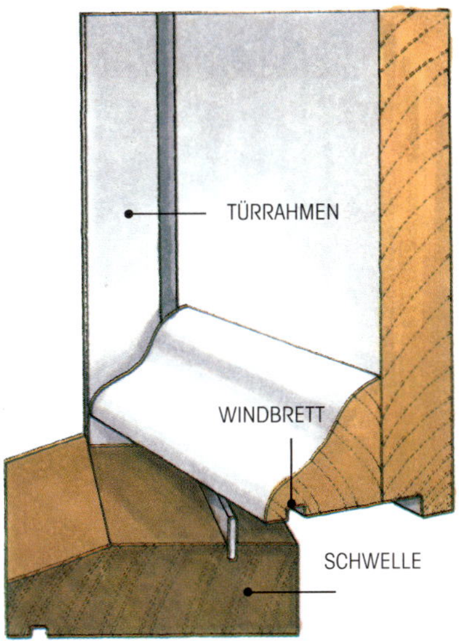

Haustür mit Windbrett und Wetterschenkel

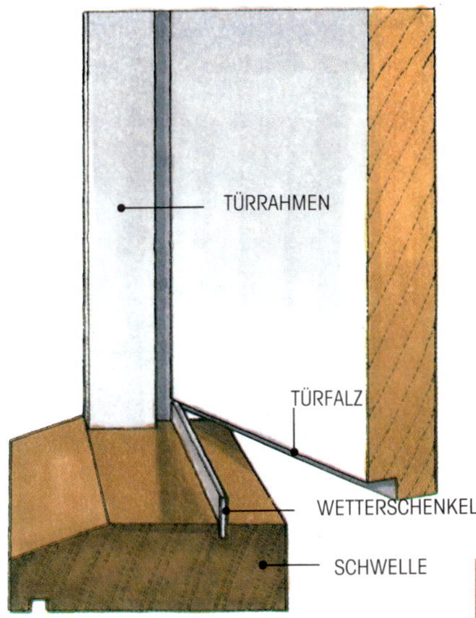

Haustür nur mit Wetterschenkel

SIEHE AUCH
unter:
Türen streichen 57
Hölzer beizen 60–61
Türen, Arten und Aufbau 160–161
Sperrketten 197
Handsägen 353

Reparatur einer Brettertür

Die Latten oder Nut- und Federbretter einer Hütten- oder Garagentür mit Quer- und Diagonalriegeln neigen dazu, an der Unterseite zu faulen, da das Stirnholz Wasser aufsaugt. Der Schaden kann durch passende Stücke ausgebessert werden. Nageln Sie keinesfalls einfach ein Querbrett über die Schadensstelle, da Feuchtigkeit hinter dem Brett bleibt und die Verrottung beschleunigt. Hängen Sie die Tür aus, und sägen Sie das beschädigte Brett bis auf das gesunde Holz ab. Wenn das Brett an dieser Stelle auf einem Riegel liegt, sägen Sie es mit der Spitze eines Fuchsschwanzes fast ganz durch und beiteln den Rest mit einem Stemmeisen ab. Freiliegende Bretter können Sie mit einer elektrischen Stichsäge oder einem Fuchsschwanz ganz durchsägen. Einzelne Bretterenden werden rechtwinklig abgesägt **(1)**. Muß eine Reihe von Brettern ersetzt werden, werden sie im 45°-Winkel abgesägt. So können die Nut- und Federkanten zwischen alten und neuen Brettern besser zusammengefügt werden. Schneiden Sie die Reparaturbretter in der Länge mit Übermaß zu, tragen Sie wasserfesten Holzleim auf die Stirnseiten auf, klopfen Sie die Stücke an ihren Platz, und nageln Sie jedes zickzackförmig mit gestauchten Nägeln fest **(2)**. Sägen Sie die Enden bündig mit der Türunterkante, schleifen Sie, und behandeln Sie das Holz mit einem guten Holzschutzmittel.

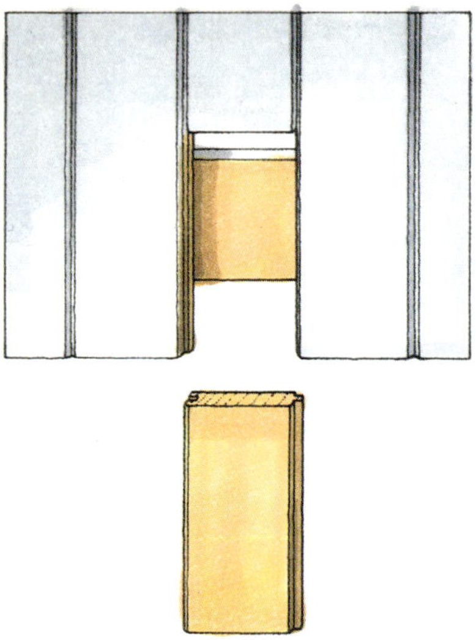

1 Einzelbrett rechtwinklig aussägen

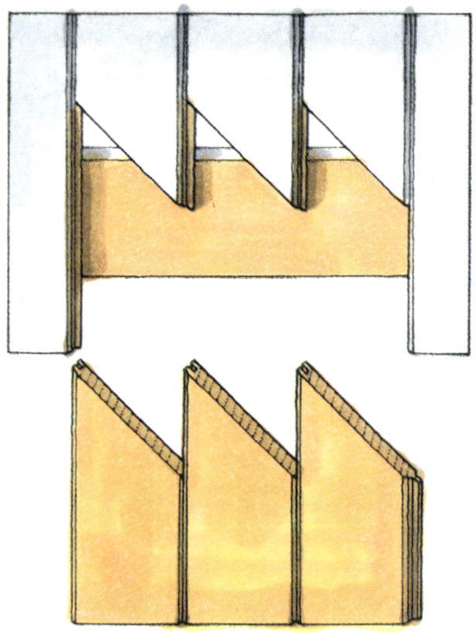

2 Mehrere Bretter gezahnt in 45°-Winkeln

Wenn die Tür schleift

Scheuert eine Türecke beim Schließen am Rahmen, ist das Blatt wahrscheinlich aufgequollen. Nehmen Sie das Türblatt aus den Angeln, und hobeln Sie es in der betreffenden Ecke mit einem Simshobel ab. Scheuert das Türblatt am Boden, überprüfen Sie die Scharniere vor dem Hobeln. Nach jahrelangem Gebrauch sind Bänder und Scharniere oft abgenutzt, so daß die Bolzen Spiel haben. Bei nicht einstellbaren Bändern hilft oft ein Austausch von oben nach unten, da die Bänder dann in der jeweils anderen Richtung belastet werden.

Vertauschen der Türbänder
Unteres und oberes Scharnier für eine billige Reparatur einfach vertauschen.

Einbruchssicherung an Haustüren

Auf Grund ihrer höheren Qualität und Widerstandsfähigkeit werden als Haustüren überwiegend gestemmte Türen verwendet, und normalerweise entspricht deren Lebensdauer der Nutzungsdauer des Hauses. Einbrechern jedoch stellen solche Türen keinen nennenswerten Widerstand entgegen. Angesichts einer wachsenden Kriminalität kommt dem Aspekt der Einbruchssicherheit bei Haustüren zunehmende Bedeutung zu. Der Einbau moderner Haustüren erfolgt grundsätzlich in der gleichen Weise wie der Einbau von Innentüren. Allerdings geht es dabei nicht ohne Maurerarbeiten ab. Denn gegen Gewaltanwendung ist die Haustür nicht allein durch den Montageschaum gesichert, sondern zusätzlich durch beidseitig in die Wände eingelassene Maueranker.
Führende Hersteller wie Südholz treiben in Sachen Einbruchssicherung einen außerordentlich hohen Aufwand. Die Haustüren dieses Herstellers sind mit Fünf-Punkt-Stahlbolzenschlössern gesichert. Anstelle eines einzigen Riegels sorgen also fünf massive Stahlbolzen dafür, daß Langfinger keine Chance haben – jedenfalls nicht an der Haustür.
Zusätzlich schieben sich beim Verriegeln auf der Bandseite zwei Hinterbandsicherungen in den Türrahmen, so daß die Tür auch auf dieser Seite gegen Gewalteinwirkung gut gesichert ist.
Daß eine Haustür durch ein hochwertiges Sicherheitsschloß gesichert wird, versteht sich inzwischen von selbst. Doch das beste Sicherheitsschloß ist wertlos, wenn es nicht mit entsprechenden Sicherheitsbeschlägen kombiniert wird. Um Einbrechern keine Möglichkeit zum Ausbrechen des Schlosses zu geben, müssen Schloß und Beschlag der DIN-Norm 18257 ES 1 entsprechen.

Haustürbeschlag nach DIN 18257 ES

TÜR-BESCHLÄGE

SIEHE AUCH

unter:

Metall	38–39, 65–66
Türen	160–161
Klingeln und Gongs	236

Türbeschläge

Eine gute Haustür aus dem Angebot eines erstklassigen Herstellers kostet eine Menge Geld. Ihr perfektes Aussehen erhält sie aber erst durch Beschläge, die ihr in Stil und Qualität entsprechen. Hier zu sparen, wäre am falschen Ende gespart. Eine aufwendig gefertigte gestemmte Haustür wie die unten abgebildete wird erst vollkommen durch elegante Beschläge aus schwerem Messing. Zur rustikalen Landhaustür aus massiver Fichte passen wiederum Beschläge aus schwarzem Schmiedeeisen. Und der Individualist, der eine raffiniert lackierte Designertür bevorzugt, freut sich am Glanz seines hochglanzverchromten Türknaufs.
Das Angebot an Türbeschlägen ist nahezu unübersehbar. Wenden Sie sich an den versierten Fachhändler, wenn Ihnen das begrenzte und fast überall gleiche Angebot der Baumärkte nicht zusagt.

Der einfache Knauf wird von hinten verschraubt

Beschläge müssen zum Stil der Tür passen

Außenbeschläge montieren

Die Außenbeschläge einer Haus- oder Wohnungstür bestehen normalerweise aus Schloßplatte und Türknauf. Diese Bestandteile sind meistens in einem Beschlag zusammengefaßt, aber auch getrennt erhältlich. Die früher besonders in ländlichen Regionen verbreiteten Außentürdrücker, die jedermann ungehinderten Zugang zum Haus ermöglichten, sind mittlerweile praktisch vom Markt verschwunden.
Weitgehend verschwunden sind auch die von außen angeschraubten Beschläge, da sie Einbrechern praktisch keinen Widerstand entgegensetzen. Bei einer zeitgemäßen Schloßplatte muß das Sicherheitsschloß bündig abschließen, so daß es nicht mit einer Zange gegriffen werden kann. Die Verschraubung erfolgt vom Hausinneren aus, Schrauben und Material müssen so dimensioniert sein, daß sich die Schloßplatte nicht einfach abhebeln läßt.

Briefkastenschlitz

Ein Briefkastenschlitz wird grundsätzlich nach dem gleichen Prinzip montiert. Da ein solcher Beschlag nicht obligatorisch ist, müssen Sie die gewünschte Lage auf der Tür selbst festlegen und den erforderlichen Ausschnitt nach Schablone mit der Stichsäge ausschneiden.

Sie haben zunächst das Türschloß in die vorgesehene Aussparung geschoben und stirnseitig verschraubt. Anschließend haben Sie das Sicherheitsschloß eingeschoben und mit der ebenfalls stirnseitig einzuführenden Schraube gesichert. Tür- und Sicherheitsschloß funktionieren, ohne zu klemmen.
Halten Sie nun die Schloßplatte an. Das Sicherheitsschloß darf nicht vorstehen. Anderenfalls müssen Sie einen kürzeren Schließzylinder kaufen.
Zumeist wird mit den Halteschrauben auch der Innenbeschlag befestigt. Bringen Sie mittels der mitgelieferten Schablone die erforderlichen Bohrungen an, stecken Sie den inneren Türdrücker – meist schon mit der inneren Schloßplatte verbunden – durch die Vierkantaufnahme im Türschloß. Stecken Sie die Halteschrauben durch die Bohrungen in der inneren Schloßplatte und im Türblatt, und verschrauben Sie die beiden Teile.

1 Briefschlitz sägen
Die Öffnung sollte etwas größer sein als die Öffnung im Beschlag.

2 Beschlag von innen festschrauben

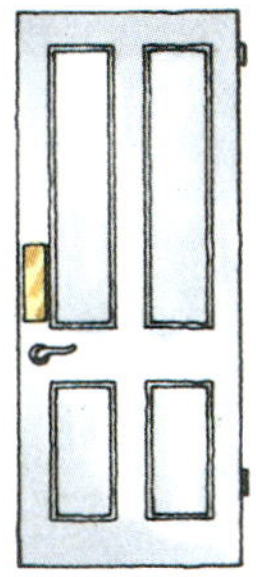

Beschläge für jeden Geschmack:
Ein edler Messing-Beschlagsatz im englischen Empirestil kontrastiert mit rustikalen Beschlägen aus geschwärztem Gußeisen.

TÜREN ALS RAUMTEILER

SIEHE AUCH
unter:
Türrahmen und Zargen 161

Häuser mit großen Wohn-Eßzimmern sind modern, und viele Besitzer alter Häuser folgten diesem Trend, indem sie zwei Räume zu einem vereinigten. Aber es gibt Situationen, in denen zwei Räume vorzuziehen sind, um die Intimität zu wahren.

Ein vernünftiger Kompromiß ist der Einbau eines Türsystems, das als variabler Raumteiler die Verwendung der meist eher begrenzten Wohnfläche für beide Zwecke erlaubt. Dies ist insofern ein Kompromiß, als jedes Türsystem in einem homogenen Raum störend wirkt und geschlossen nicht so schalldicht ist wie eine massive Wand. Schiebe- **(1)**, zweifaltige **(2)** oder mehrfaltige **(3)** Türen sind am geeignetsten für diese Art des Einbaues. Im Fachhandel sind einbaufertige Türsysteme erhältlich. Man kann den Türmechanismus auch allein kaufen und Türblätter seiner Wahl einbauen.

Mauerausschnitt ausmessen

Messen Sie die Maueröffnung sorgfältig aus, bevor Sie ein maßgeschneidertes Türsystem kaufen. Überprüfen Sie die Messung ein zweites Mal, da Sie im Falle eines Irrtums Ihr Geld nicht erstattet bekommen. Bei Verwendung eines Maßbandes ziehen Sie einen Helfer hinzu. Messen Sie die Breite oben und unten und die Höhe auf beiden Seiten. Nehmen Sie jeweils den kleineren Wert.

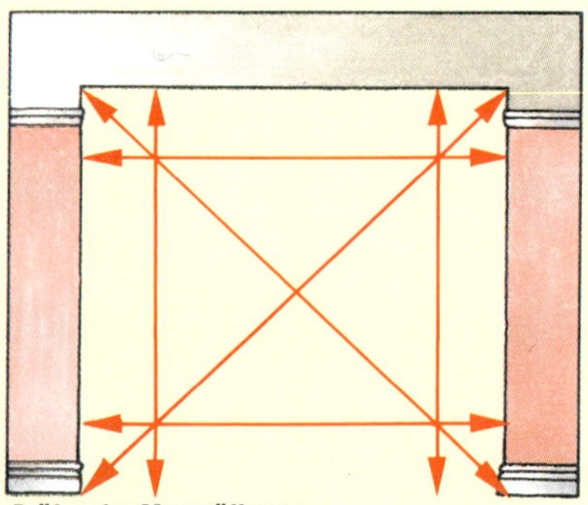

Prüfen der Maueröffnung
Wenn Sie ein Türsystem in einem alten Haus montieren wollen, müssen Sie überprüfen, ob die Öffnung rechtwinklig ist. Messen Sie dazu die beiden Diagonalen aus. Sind sie ungleich, muß der Rahmen ausgerichtet oder das neue Türsystem unterfüttert werden.

Verglaste Falttüren
Eine besonders elegante Lösung, um etwa ein Wohn- vom Eßzimmer abzutrennen. Die großzügige Verglasung läßt beide Räume licht und luftig erscheinen.

1 Schiebetüren
Schiebetüren, in eine Gleitschiene gehängt, sind bei einer begrenzten Grundfläche sinnvoll. Es gibt sie als in der Wand und vor der Wand laufende Ausführung. In der Wand laufende Türen sind eleganter, brauchen aber eine 90 mm breite Mauertasche.

2 Zweifaltige Tür
Gleitschienensysteme sind einfach zu bedienen und bieten eine reizvolle Möglichkeit, einen Raum zu teilen, da sie nicht soviel freie Grundfläche benötigen wie normale Angeltüren.

3 Mehrfaltige Tür
Wie die zweifaltige Tür läuft sie auf einem Gleitschienensystem, aber sie hat schmale Türblätter, die es ermöglichen, sie so zu stauen, daß sie der Wandstärke entspricht. Dieses System ist aufwendiger, aber auch eleganter.

MONTAGE RAUMTEILENDER TÜREN

SIEHE AUCH

unter:
Türen, Arten 160
Türrahmen und Zarge 161

Schiebetüren

Ein Schiebetürensystem stellt einen guten Raumteiler dar. Benötigt eine Scharniertür eine freie Grundfläche von mindestens einer Bogenlänge, so braucht eine Schiebetür nur einen freien Streifen an der Wand der Türöffnung. Wenn keine fest montierten Teile wie Heizkörper im Weg liegen, sollte dies kein Problem sein. Möbel können so weit von der Wand abgerückt werden, daß für die Schiebetür genug Platz dahinter ist. Genormte Türgleitschienen sind für leichte, mittelschwere und schwere Türen erhältlich. Die Türblätter gibt es in Breiten zwischen 330 mm und 2 m, und Stärken zwischen 16 mm und 50 mm, abhängig von der gewählten Art. Für zweiteilige Schiebetüren werden zwei Gleitsysteme benötigt. Alle Gleitschienensysteme haben verstellbare Hängelager, die an der oberen Kante der Tür und den Rollen befestigt sind. Die an die Wand über der Öffnung geschraubte Schiene trägt und führt die Rollen.

Einbau des Systems

Den Hinweisen des Herstellers folgend, schrauben Sie die Hängelager an die obere Türkante. Dübeln und schrauben Sie für die Schiene eine Futterlatte an die Wand über dem Eingang. Die Latte muß die Länge der Schiene haben und genauso stark wie die Fußleiste und Verkleidung sein. Während Sie die Schiene an die Futterlatte schrauben, richten Sie sie aus. Hängelager und Schiene werden zusammengebaut und die Tür in die Schiene gehängt. Montieren Sie die Türführung an den Fußboden und die Anschläge an die Gleitschiene. Bauen Sie eine Blende, die doppelt so lang ist wie die Türbreite, um das ganze Schienensystem zu verdecken, und befestigen Sie diese an der Oberkante der Futterlatte oder mit Metallwinkeln an der Wand. Für ein in der Wand laufendes Schiebetürsystem werden Sie nach Montage des Gleitschienensystems in aller Regel eine Art »Verblendeschale« errichten müssen. Das geht am schnellsten im Trockenausbau mit Rahmen und Gipskartonplatten. Das Verfahren ist aufwendig, aber von der optischen Wirkung unübertroffen.
Die meisten großen Türenhersteller liefern ihre gängigsten Modelle auch als Schiebetüren. Bei hochwertigen Systemen, bei denen die Montagekosten nur einen kleinen Teil der Materialkosten ausmachen, wird wiederum die Montage durch den Fachbetrieb empfohlen.

Zweifaltige Türen

Zweifaltige Türen bieten eine vernünftige Art, einen breiten Mauerdurchbruch zu verschließen, ohne zuviel Raum beim Öffnen zu beanspruchen. Die Öffnung sollte in der üblichen Weise versäubert und verkleidet sein. Der obere Teil der Verkleidung kann abgesenkt werden, um die Futterstücke auf jeder Seite der Schiene zu verdecken. Türangel und Türschienen sind in Standardbausätzen für zwei oder vier Türen gleicher Breite erhältlich. Bis zu sechs Türen können in eine Schiene gehängt werden. Bei noch breiteren Öffnungen muß man eine Bodenschiene verwenden. Für besonders breite Wandausschnitte können mehrere Türsätze benutzt werden. Die Türblätter sind zwischen 18 mm und 38 mm stark und bis zu 2,4 m hoch. Die maximale Breite beträgt 600 mm pro Tür.

Das Systems montieren

Den Hinweisen des Herstellers folgend, montieren Sie die Türangeln an Ober- und Unterkante der Abschlußtür sowie das Laufwerk an der oberen Kante der Innentür. Montieren Sie die Verbindungsscharniere der beiden Türflügel so , daß die Tür nach der gewünschten Seite ausschwingt. Montieren Sie die Laufschiene an die Unterseite des Sturzes der Maueröffnung. Befestigen Sie das untere Scharnier so am Boden, daß es genau senkrecht unter dem oberen liegt. Montieren Sie die Türblätter mit den Scharnieren zusammen, und hängen Sie die Falttür an die Laufschiene.

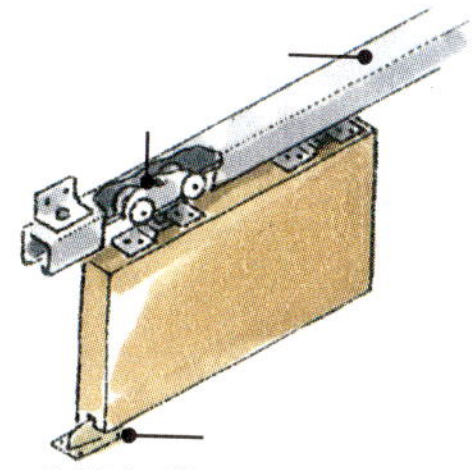
Schiebetür

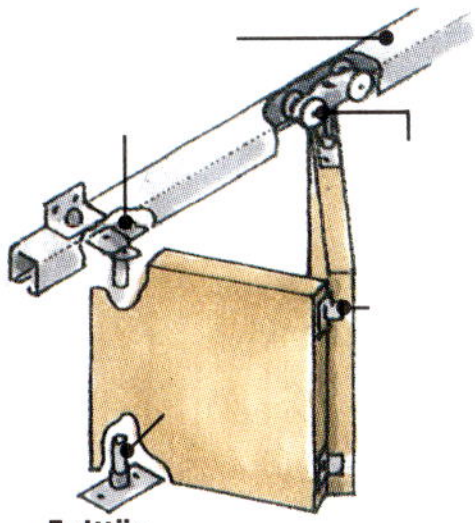
Falttür

Mehrfaltige Türen

Mehrfaltige oder harmonikagefaltete Türen aus schmalen Lamellen, werden zusammengefaltet und in einem Paket in der Türöffnung gestapelt. Die Lamellen werden miteinander verbunden und mit Gleitrollen in eine Schiene gehängt, die am Sturz der Maueröffnung befestigt wird. Eine Bodenschiene ist nicht erforderlich. Die Lamellen sind schmal, damit sie mit wenig Umfang in der Öffnung gelagert werden können. Deshalb haben Ziehharmonikatüren auch praktisch keine schalldämmende Wirkung. Die Türen sind für die Montage in Standardmaßen erhältlich oder können für größere Türöffnungen maßgefertigt werden, z. B. wenn zwei Räume miteinander verbunden werden sollen. Sie werden in einbaufertigen Bausätzen geliefert.

Montage des Systems

Schrauben Sie die Laufschiene an die Unterseite des Sturzes der Wandöffnung zwischen den beiden Räume. Der Einbau der Schiene unter Putz ist möglich, aber es ist einfacher, sie offenliegend anzubauen und mit einer Verkleidung zu versehen, die meist mitgeliefert wird. Fädeln Sie die Rollen des Lamellenpaketes auf die Schiene, und schrauben Sie sie an **(1)**. Montieren Sie die Abdeckung **(2)** und befestigen Sie zu beiden Seiten die Abschlußlamellen an der Laibung. **(3)** Zuletzt wird der Schließmechanismus eingebaut **(4)**.

1 Schiene einpassen und verschrauben

2 Abdeckung anschrauben

3 Abschlußlamelle an Laibung schrauben

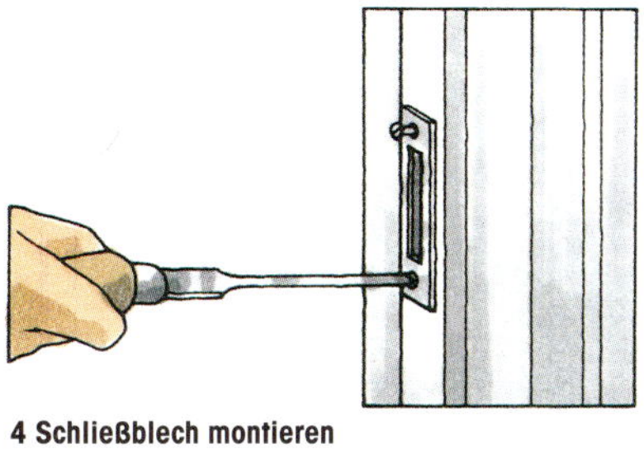
4 Schließblech montieren

BRANDSCHUTZ-TÜREN

SIEHE AUCH
unter:

Feuerhemmende Türen und Türanlagen – Türen und Zargen – sind so gebaut, daß sie einem in einem Raum ausgebrochenen Feuer für eine bestimmte Mindestdauer widerstehen. Die Feuerwiderstandsdauer wird durch Bezeichnungen von F30 bis F180 klassifiziert, wobei die Zahl die Zeitspanne in Minuten angibt. Zum Beispiel bedeutet F30/T20, daß die Tür 30 Minuten dem Feuer widersteht und 20 Minuten keinen Rauch eindringen läßt.

Feuerhemmende Türen: Typen und Aufbau

Feuerhemmende Türen sind im allgemeinen bündige Füllungstüren, hergestellt aus Holz mit einem massiven Kernmaterial. Sie sind in Normgrößen erhältlich und in Stärken von 45 mm für den 30/30 Typ oder 56 mm für den 60/60 Typ lieferbar. Eine imitierte gestemmte Tür ist mit formgepreßten Hartfaserplatten beschichtet. Verglaste Türen müssen mit Drahtglas verglast sein.

Feuerhemmende Türrahmen haben einen eingebauten Anschlag, in Form eines tiefen Falzes, der mit einem Schwellholz **(1)** ausgefüllt ist. Dieses Material schwillt unter Hitzeeinwirkung stark an und wirkt als Dichtung zwischen Tür und Türrahmen.

Gestemmte Tür

Brandschutztüren zur Garage sind Vorschrift

1 Türrahmen
Die Rahmen von Brandschutztüren bestehen meist aus Stahlblech. Holzrahmen sind aus dem Vollen gefräst und mit Schwellhölzern abgedichtet.

Einbau einer Tür

Brandschutztüren der höheren Brandschutzklassen werden ausschließlich als gesperrte Metalltüren mit einer feuerfesten Füllung geliefert. Ihr Einbau ist für die Zugänge von Kellerräumen in Mehrfamilienhäusern sowie generell für Heizungskeller, Kellerräume mit Öltanks usw. anzuraten bzw. vorgeschrieben. Eine Brandschutzinnentür kann aber zur Verbesserung der Sicherheit auch anstelle einer Standardinnentür eingebaut werden. Um wirkungsvoll zu sein, muß jedoch die Zarge ebenfalls verbessert werden. Am einfachsten ist es, die Zarge abzubeizen und mit einer feuerhemmenden Farbe, neu zu streichen. Aufwendiger ist der Einsatz eines Schwellbandes, da hierzu eine Nut in die Zarge gefräst werden muß. Das Schwellband wird mit einer Handpresse aufgebracht, dann abgehobelt und glattgeschliffen, wenn es trocken ist. Noch besser ersetzen Sie die alte Zarge durch eine neue feuerbeständige Ausführung mit eingebautem Schwellholz. Dieser Türrahmen ist meistens nicht so breit wie eine Standardzarge und benötigt eine zusätzliche angeklebte Verkleidung **(2)**. Füllen Sie die Lücke zwischen dem neuen Holz und der Wand mit Putz.

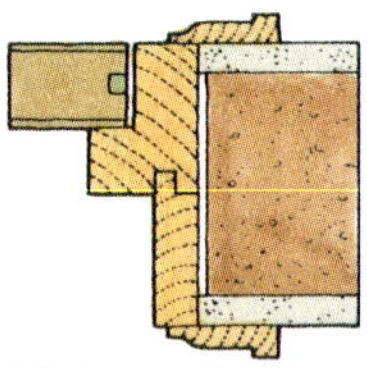

2 Rahmenverblendung

- **Zulassung**
  Eine Tür ist nur dann als Brandschutztür zugelassen, wenn sie in allen Teilen samt Rahmen und Beschlägen von einem zugelassenen Institut geprüft und freigegeben wurde.

BRANDSCHUTZ

Die Bauverordnung verlangt, daß einige Türen in Wohngebäuden den F30/T20 Anforderungen genügen und selbstätig schließen. Diese Anforderungen betreffen normalerweise Gebäude mit drei Etagen oder mehr, die geschützte Treppenhäuser oder Türen haben, um gesonderte Fluchtwege abzutrennen. Sie können auch für die Eingangstür einer Wohnung gelten, die auf einen öffentlichen Bereich trifft. Eine Tür zwischen Haus und angebauter Garage muß ebenfalls den Vorschriften entsprechen. In jedem Fall sollten Sie die örtliche Baubehörde zu Rate ziehen, bevor Sie eine neue Tür einbauen.

GARAGENTORE

Traditionelle Garagentore sind als zweiflügelige Holztüren ausgeführt, die an starken Türbändern aufgehängt sind. Die Türen sind meist als Brettertüren mit Quer- und Diagonalriegeln aufgebaut, die glatt oder mit Fenstern versehen sind. Für PKWs müssen Sie zwischen 2,3 m und 2,8 m breit und zwischen 2,2 m und 2,4 m hoch sein.

Traditionelles Garagentor mit Scharnieren

Solche Tore halten lange, wenn ihr Weichholz regelmäßig gestrichen wird, aber sie senken sich nach einiger Zeit auf Grund ihres Gewichtes, das den Rahmen sinken läßt, so daß die Tür zu klemmen beginnt. Schleifen die Latten auf dem Boden, kann Feuchtigkeit eindringen, die zu Fäulnis führt. Heute werden bevorzugt einteilige Kipptore verwendet. Diese haben als Gegengewicht meistens eine starke Feder und schwingen nach oben, um die Einfahrt freizugeben. Ein Hebel- und Schienensystem an jeder Seite läßt die Tür ohne große Kraftanstrengung vor und zurück in die Garage gleiten.

Konstruktionsabhängig gleitet die geöffnete Tür entweder ganz in die Garage oder ragt teilweise über den Türrahmen hinaus. Diese weitverbreitete Ausführung wird als Vordachkipptor bezeichnet. Der mit senkrechten Schienen versehene Vordachtyp ist meistens am einfachsten zu montieren, da er keine waagrechte Führungsschiene benötigt

Der dritte Typ ist das unterteilte Schwingtor. Dieses ist aus waagrechten, mit Scharnieren verbundenen Teilen gebaut, die auf Rollen und einer durchgehenden Schiene von der senkrechten Position in die waagrechte laufen. Ein solches Tor hebt sich wie ein Fensterrolladen, ohne auszuschwingen, und ist somit besonders für beengte Verhältnisse geeignet. Da sich diese Lamellentore besonders gut motorisch betreiben lassen, werden sie meist für Tiefgaragen verwendet.

GARAGENTORE: GRÖSSE UND EINBAU

SIEHE AUCH
unter:
Einfahrten 326

Größen und Befestigungen

Kipptore werden in vielen verschiedenen Normgrößen hergestellt, die durch die Größe der Garagenöffnung festgelegt sind – dem Abstand der Rahmenpfosten und der Höhe zwischen Boden und oberen Rahmenholz. Die meisten Tore werden in einen stabilen Holzrahmen eingebaut und erfordern ausreichend Spielraum für den Mechanismus nach den Seiten und nach oben. Diese Abmessungen werden vom Hersteller vorgegeben. Einige Firmen liefern die Tore komplett montiert mit einer Metallzarge, die einfach an die Mauer geschraubt wird. Ist der Rahmen eingeschlossen, werden Öffnungs- und Gesamtrahmenmaße gesondert angegeben.
Wird ein altes Schwingtor durch ein Kipptor ersetzt, müssen oft maßgearbeitete Tore verwendet werden.

Anordnung der Befestigungen

Die meisten Kipptorarten haben ihre eigenen Rahmenpfosten, die zwischen die Wände montiert oder hinter diese gesetzt sind **(1)**. Ebenso wird der Querbalken des Rahmens, hinter oder unter dem Sturz befestigt **(2)**.

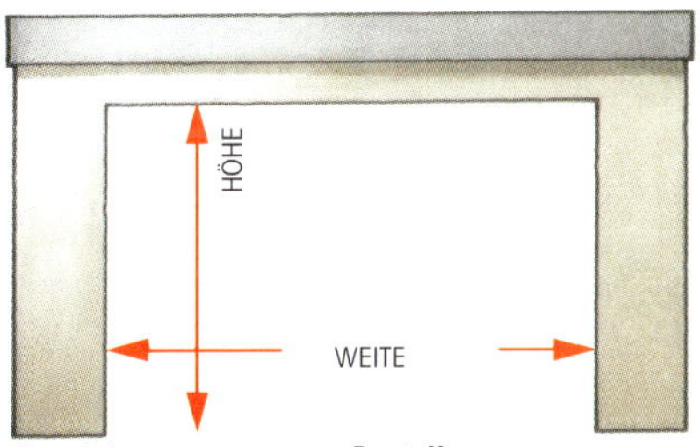

Grundabmessungen zum Bestellen

1 Anordnung des Torrahmens
Zwischen oder hinter den Wänden

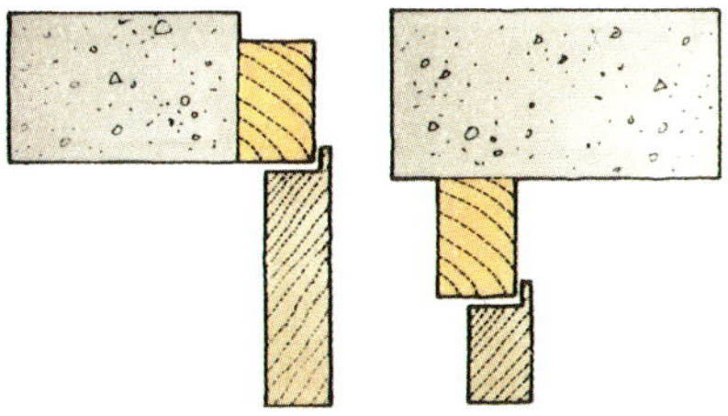

Hinter dem Sturz **Unter dem Sturz**

2 Querbalkenmontage
Die Einfahrt wird höher, wenn der Querbalken hinter dem Sturz montiert wird.

Das nach oben aufschwingende Kipptor ist die heute meistverbreitete Bauart.

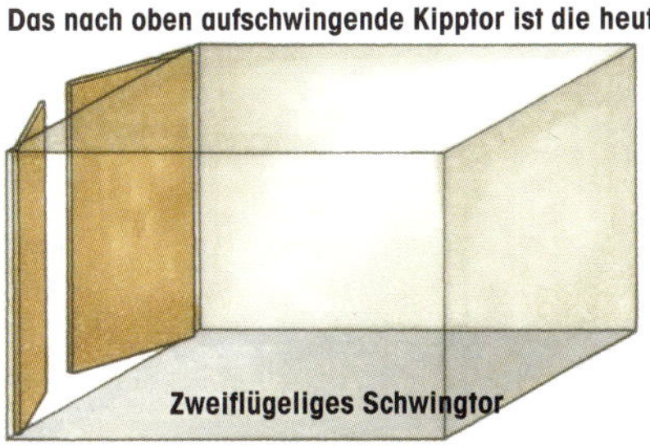

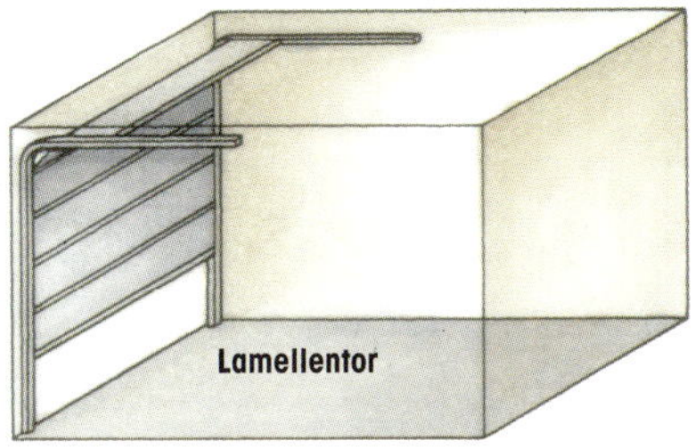

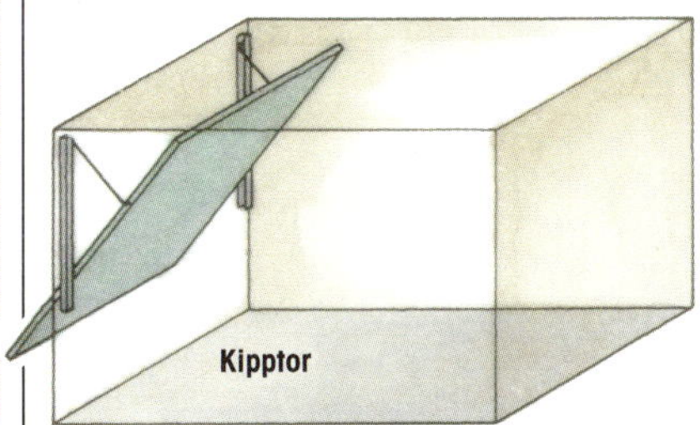

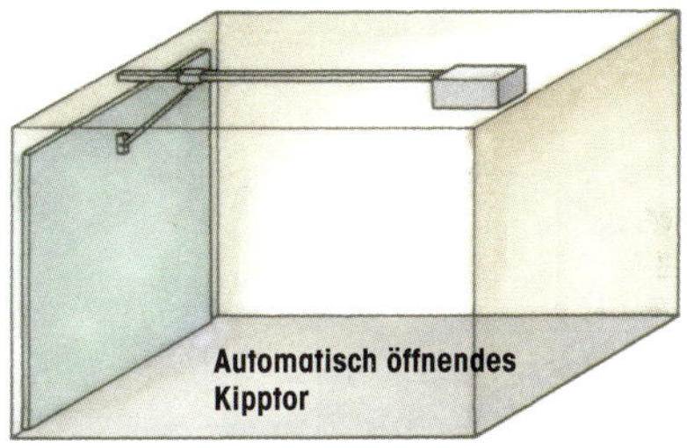

Schwingtor
Traditionelle Scharnierbandtüren benötigen eine ausreichende freie Grundfläche zum Öffnen.

Unterteiltes Schwingtor
Ein unterteiltes Schwingtor (Lamellentor) bewegt sich ohne besonderen Platzbedarf und kann auch dort verwendet werden, wo ein Tor nicht aufschwingen darf.

Kipptor
Dieses Tor läuft oft in einer Schiene und kann ganz oder teilweise eingefahren werden. Gegengewichte oder starke Federn sorgen für leichte Gängigkeit.

Automatisches Tor
An den meisten Kipptoren kann ein Mechanismus mit einer Fernbedienung zum automatischen Öffnen des Tores angebracht werden.

AUTOMATISCHE GARAGENTORE

Ein automatisches Toröffnungssystem ist für die meisten Kipptorarten erhältlich. Das System kann aus dem Auto durch eine Fernbedienung gesteuert werden. Die Übertragung der Steuersignale erfolgt auf Tastendruck mit Hilfe eines handbetätigten Drucktastensenders, der, ähnlich einer TV-Fernbedienung, einen Infrarotstrahl aussendet. Ist der Infrarotstrahl auf das Empfangsteil gerichtet, das in dem freien Raum über oder neben dem Garagentor montiert ist, wird das Signal empfangen. Es steuert ein Schaltrelais, das einen Elektromotor in Gang setzt, der das Tor öffnet und gleichzeitig die Garagenbeleuchtung einschaltet. Meist schaltet sich das Licht nach einer bestimmten Zeit, z. B. drei Minuten, selbsttätig wieder ab. Das System hat auch eine Schutzvorrichtung, die die Bewegung des Tores sofort stoppt, wenn dieses in Kontakt mit einem Hindernis in der Einfahrt kommt.
Automatische Garagentore sollten nicht nur als neumodischer Luxus angesehen werden. Sie sparen Zeit und erlauben einen leichteren Zugang zu den Garagen. Dies ist besonders von Vorteil, wenn die Garageneinfahrt an einer verkehrsreichen oder engen Straße liegt, so daß der Verkehr durch das manuelle Öffnen des Garagentors behindert würde.

FENSTER – ARTEN UND AUFBAU

SIEHE AUCH
unter:

Fenster haben viele Funktionen. Sie sollen unsere Räume mit Tageslicht und Frischluft versorgen, gleichzeitig aber auch die kostbare Wärme bestmöglich gegen die Winterkälte abschirmen. Auch sollen sie den Straßenlärm zum großen Teil von den Bewohnern fernhalten.
Moderne Fensterkonstruktionen erfüllen alle diese Zwecke vorzüglich, und das unabhängig von Bauart und Material. Einzig im Pflegeaufwand ergeben sich noch nennenswerte Unterschiede. So müssen Holzfenster alle paar Jahre gestrichen werden, während solche aus Aluminium oder Kunststoff nahezu wartungsfrei sind. Mit modernen Fenstern hat der Heimwerker wenig Arbeit, mit alten aber um so mehr.

1 Drehflügelfenster

2 Sprossenfenster

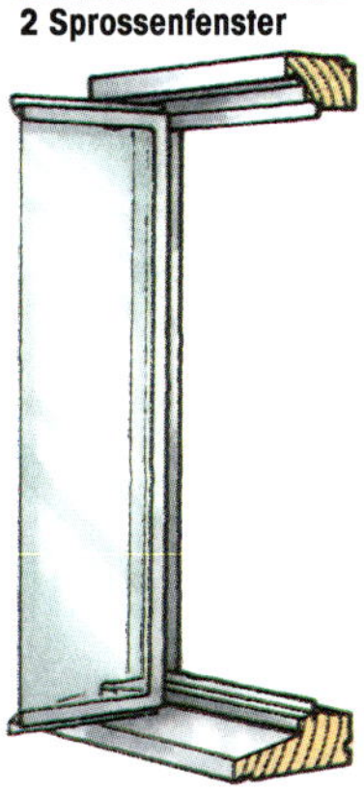

Drehflügelfenster

Das Drehflügelfenster ist der Inbegriff des traditionellen Fensters schlechthin. Die in historischen Bauwerken und Altbauten anzutreffenden Fenster entsprechen praktisch alle dieser Bauart.
Das klassische Drehflügelfenster besteht aus einem Fensterrahmen, an dessen Außenrahmen je ein schwenkbarer Fensterflügel in Bändern oder Scharnieren gelagert ist. Beim Schließen stützen sich die beiden Flügel bei sehr alten Modellen auf einen Innenpfosten. Zum Schließen dienen bei historischen Gebäuden zumeist einfache Vorreiber, ansonsten zumeist Beschläge mit Drehgriffen und oben wie unten in Ösen eingreifenden Riegeln.
Drehflügelfenster sind bei besser ausgestatteten Gebäuden meist als Doppelfenster mit insgesamt vier Flügeln ausgeführt. Damit ist eine gute Wärmedämmung gewährleistet. Die inneren Fensterflügel wurden mitunter als »Winterfenster« bezeichnet und nur in der kalten Jahreszeit eingehängt.
Drehflügelfenster öffnen fast immer nach innen. Nur in sehr alten Gebäuden und in einigen Alpenregionen schwenken die äußeren Flügel manchmal auch nach außen auf.
Eine Weiterentwicklung des klassischen Drehflügelfensters ist das Wagnerfenster, bei dem durch eine feste Verbindung der Doppelfenster zu einem Flügel eine Art Doppelverglasung hergestellt ist.
Drehflügelfenster gibt es mit und ohne Sprossen, bei hohen Altbauten zumeist mit einem klappbaren Oberlicht.
Auch im modernen Wohnungsbau wird diese traditionelle Fensterform nach wie vor gern verwendet. Bei modernen Drehflügelfenstern ist ein Flügel meist als Dreh-Kippflügel ausgeführt. Auch dreiflügelige Ausführungen sind lieferbar.

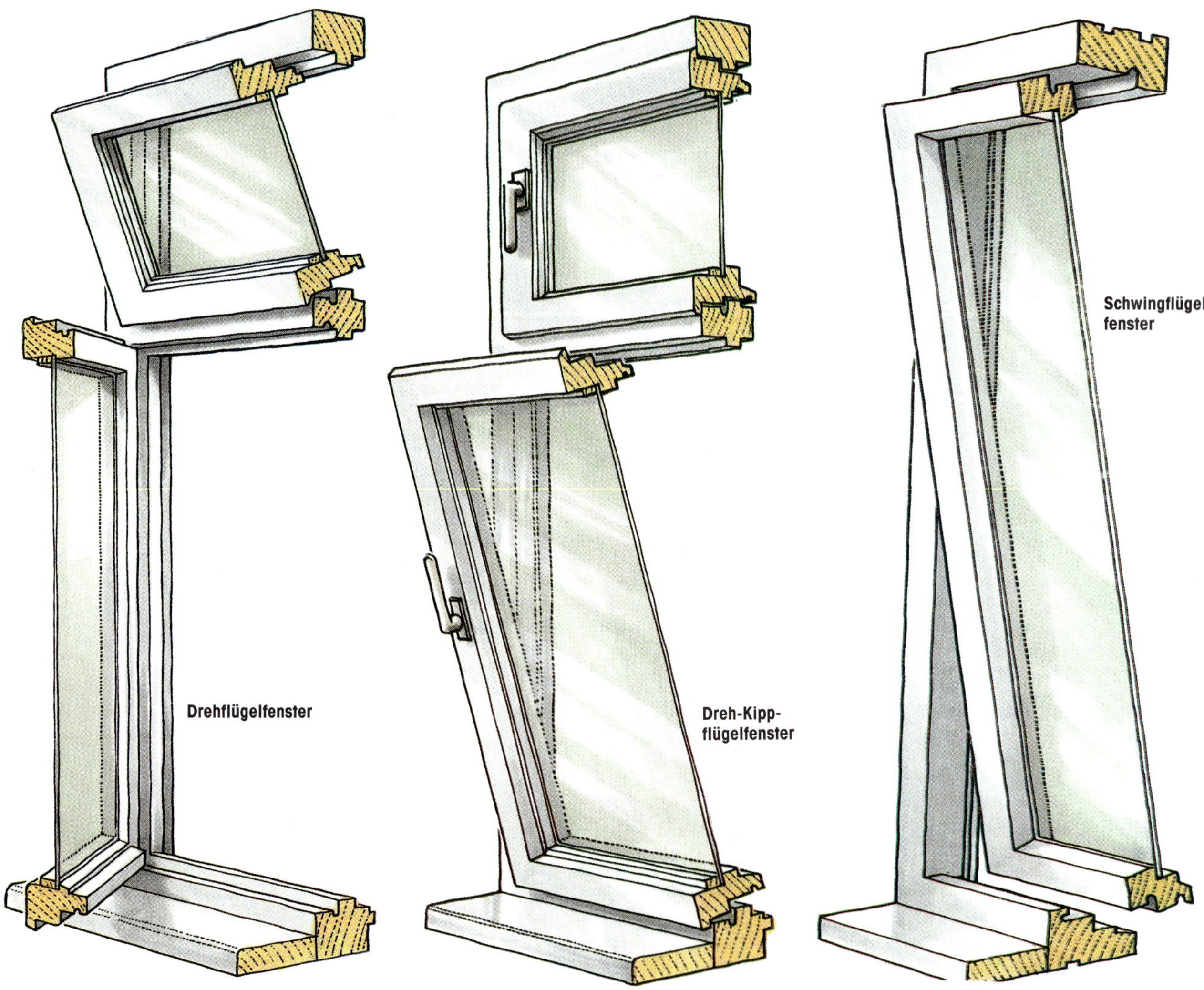

FENSTER – ARTEN UND AUFBAU

SIEHE AUCH
unter:
Fenster streichen 58
Fenster reparieren 174–175
Dachfenster 181
Fenster absichern 198–199
Isolierverglasung 213–214

Dreh-Kippflügelfenster

Praktisch alle modernen Fensterkonstruktionen für den Wohnbereich sind, soweit es sich um normale Fenstergrößen handelt, als Dreh-Kippflügelfenster ausgeführt. Das bedeutet, daß das Fenster wahlweise entweder durch Schwenken des Fensterflügels nach innen vollständig geöffnet oder durch Kippen des Flügels in einem festgelegten Winkel nach innen auf Belüftung gestellt werden kann.
Um diese variable Funktion zu erreichen, müssen Scharniere und Fensterriegel erheblich aufwendiger konstruiert sein als beim einfachen Drehflügelfenster. Bei älteren Konstruktionen wurde meist mit ein- und ausfahrbaren Scharnierbolzen gearbeitet. Durch Umlegen eines Hebels wurde dabei entweder das Schwenk- oder das Kippscharnier zum Eingriff gebracht, während ein durch einen anderen Drehgriff aus- und einschwenkbarer Riegel zum Öffnen und Schließen diente. Neuere Konstruktionen arbeiten mit aufwendig konstruierten Beschlägen, die eine Bedienung mit einem Hebel ermöglichen. Dreh-Kippflügelfenster gibt es in vielen Normgrößen, in Holz, Kunststoff- oder Aluminiumausführung und verschiedenen Qualitätsstufen. Andere Fensterbauarten, z. B. das Schwingflügelfenster, spielen im modernen Bauwesen nur eine untergeordnete Rolle.

Fenster als Stilmittel

In den letzten Jahrzehnten war das einflügelige Dreh-Kippflügelfenster sowohl im Wohnungs- als auch im gewerblichen Bauwesen der dominierende Fenstertyp. Praktisch und preiswert, wurde es nicht nur zur Ausstattung von Neubauten, sondern vielfach auch zur Altbausanierung eingesetzt. Die Ergebnisse waren fast immer verheerend. Fenster sind ein dominantes Stilmittel bei der Fassadengestaltung. Bei der Altbaurenovierung ist deshalb unbedingt darauf zu achten, daß Fassadenstil und Fenster harmonieren. Bei nicht denkmalgeschützten Bauten muß man nicht auf jedes Detail achten, aber Größe, Bauart und Proportionen müssen stimmen. Das breite Angebot an Drehflügelfenstern mit und ohne Sprossen bietet Passendes für fast jede Renovierungsaufgabe.

Was Farbe und Fenster bewirken können: Die rechte Hälfte dieses alten Hauses ist nicht nur ungepflegt, sondern auch durch den Einbau unpassender Dreh-Kippflügelfenster entstellt. Bei der linken Hälfte wird die ansonsten qualitätvolle Renovierung durch den mißlungenen Eingangsbereich teilweise entwertet.

ALUMINIUM- UND KUNSTSTOFFENSTER

Kunststoff und Aluminium spielen im Fensterbau eine immer größere Rolle. Kein Wunder! Denn beide Materialien sind dem im Fensterbau vorherrschenden Holz an Haltbarkeit und minimalem Pflegeaufwand weit überlegen. Einmal eingebaut, bewahren beide Bauarten auch ohne schützenden Anstrich jahrzehntelang ihr gutes Aussehen.

Aluminiumfenster
Diese werden bevorzugt für sachlich gehaltene Neubauten und gewerbliche Bauten verwendet. Die aus komplexen Aluminiumprofilen **(1)** aufgebauten Fenster sind mit Holz, meist aber mit Leichtmetallrahmen erhältlich. Typische Farben wie Metallicsilber und -bronze unterstreichen das technische Erscheinungsbild.

Kunststoffenster
Im Aufbau ähnlich wie Aluminiumfenster, weisen Kunststoffenster materialbedingt größere Materialstärken auf **(2)**. Bedenken wegen des schnell vergilbenden Materials sind bei den heutigen Kunststoffen nicht mehr angebracht.

1 Aluminiumfenster mit Doppelverglasung

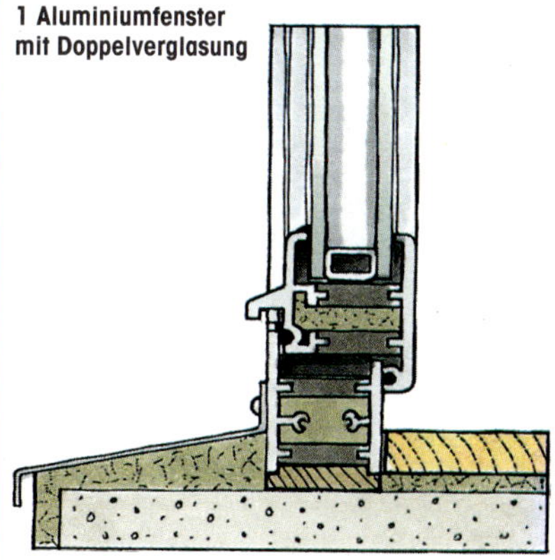

2 Kunststoffenster mit Doppelverglasung

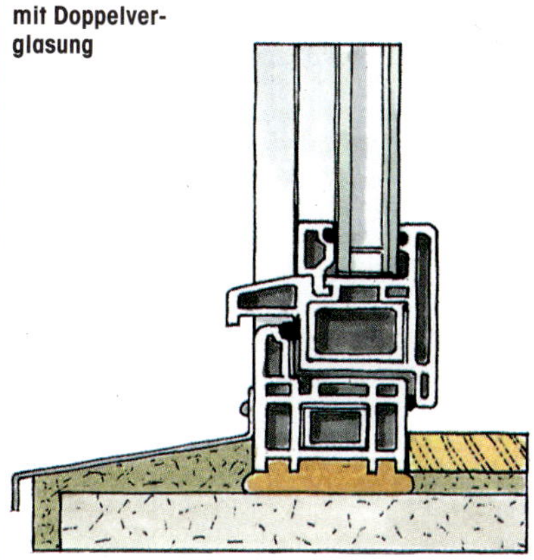

EINBAU VON FENSTERN

SIEHE AUCH
unter:

Fenster, Arten 170
Fenstersims 179
Fertigfenster 180

Fenstermontage

In alten Häusern sind die Fensterrahmenlaibungen gewöhnlich in Nischen des Ziegelmauerwerkes gesetzt. Die Rahmen wurden in Holzdübel im Mauerwerk geschraubt oder genagelt. Eine senkrechte Dampfsperre wurde nicht eingebaut, da man sich darauf verließ, daß die Verdunstung das Mauerwerk trocken genug halten würde. In einer 240 mm starken Wand wurden die Rahmen bündig mit der Wandinnenseite gesetzt. In einer 360 mm starken Wand haben sie eine Innenlaibung. Die erforderlichen Simse, meistens aus Stein, sind außerhalb angebracht. Bei weniger aufwendiger Bauweise reichte ein Fensterblech. Die Innenlaibung war verputzt und wurde unten mit einem Fensterbrett abgeschlossen. Dieses stand innen über die Laibung hinaus und bestand zumeist aus Holz, in herrschaftlichen Häusern auch aus Marmor. Um die Jahrhundertwende ergänzte man das Fensterbrett mitunter um einen darunter in die Mauer eingelassenen und ausziehbaren Wasserkasten. Das bei Schlagregen unweigerlich durch die undichten Fenster dringende Wasser konnte über Rinnen und Bohrungen im Fensterbrett ablaufen, ohne die Wanddekoration zu beschädigen.

Die Ziegel über der Fensteröffnung wurden durch einen Ziegelbogen oder einen Sturzbalken abgestützt. Gewöhnlich verwendete man gerade oder flach gekrümmte Bögen, deren Stärke der Ziegelstärke entsprach. Sturzbalken wurden hinter diesen Bögen angebracht, um die restliche Wandstärke abzustützen. Halbkreisförmige Bögen waren meistens so stark wie die Wand.
Dieser hohe handwerkliche Aufwand ist im modernen Bauwesen nicht mehr üblich. Auf Grund genormter Bauteile werden die Fensterausschnitte bereits beim Rohbau in der richtigen Größe gemauert und mit einem Fertigsturz überspannt. Der Einbau erfolgt mit Montageschaum. Dazu wird das Fenster in die Öffnung gestellt und mit Holzkeilen in der richtigen Position gesichert. Der exakt lotrechte Sitz wird mit der Wasserwaage kontrolliert. Anschließend werden die Zwischenräume mit Montageschaum ausgeschäumt. Dabei darf kein Schaum auf später sichtbare Oberflächen kommen. Nach dem Aushärten entfernt man die Keile, schneidet überstehende Schaumwülste mit einem scharfen Messer ab und putzt das Fenster ein.
Metall- und Kunststoffenster werden oft durch in die Laibung gesetzte Dübel und Schrauben befestigt.

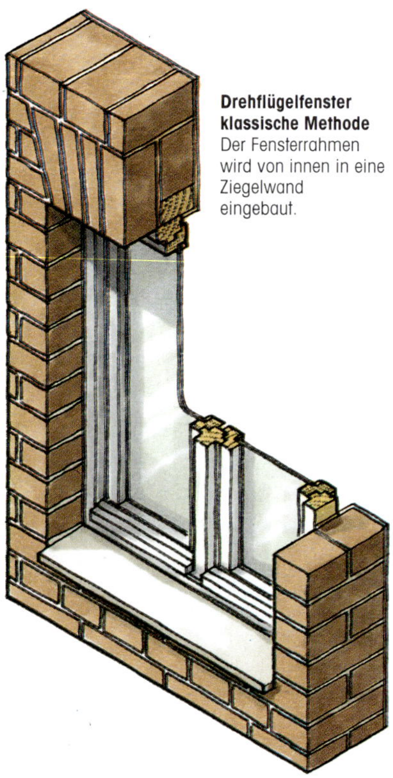

Drehflügelfenster klassische Methode
Der Fensterrahmen wird von innen in eine Ziegelwand eingebaut.

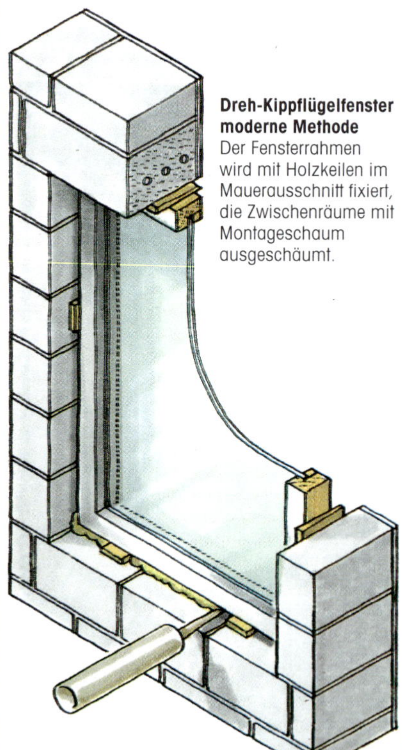

Dreh-Kippflügelfenster moderne Methode
Der Fensterrahmen wird mit Holzkeilen im Mauerausschnitt fixiert, die Zwischenräume mit Montageschaum ausgeschäumt.

STÜRZE AUS BETON UND STAHL

Moderne Stürze werden aus bewehrtem Beton oder verzinktem Stahl oder einer Kombination aus beiden Materialien gebaut. Diese starken Stürze stützen Ziegelmauerwerk auch über große Spannweiten und erlauben den Einbau großer Panoramafenster ohne zusätzliche Abstützung. Über der Fensteröffnung muß eine Dampfsperre eingebaut werden, um das Eindringen von Feuchtigkeit in den Hohlraum zwischen der inneren Wandfläche und dem Fensterrahmen zu verhindern. Stürze aus Metall können ohne diese Sperre eingebaut werden. Betonstürze oder Durchbruchflanschstürze schließen bündig mit der Mauer ab. Für Sichtmauerwerk wird daher ein Stahlsturz verwendet. Die Ziegel können im Verbund auf die relativ dünne Metallkante gelegt werden, um einen Ziegelbogen vorzutäuschen.

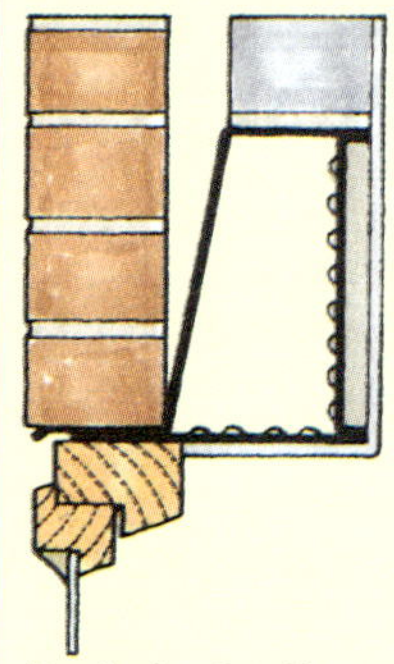

Standardpreßstahl

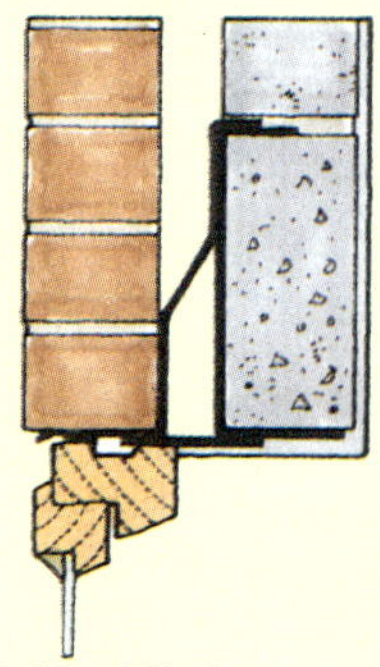

Stahl und Block

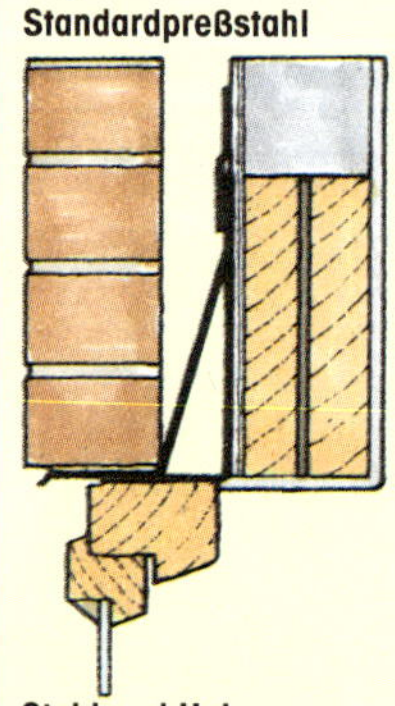

Stahl und Holz

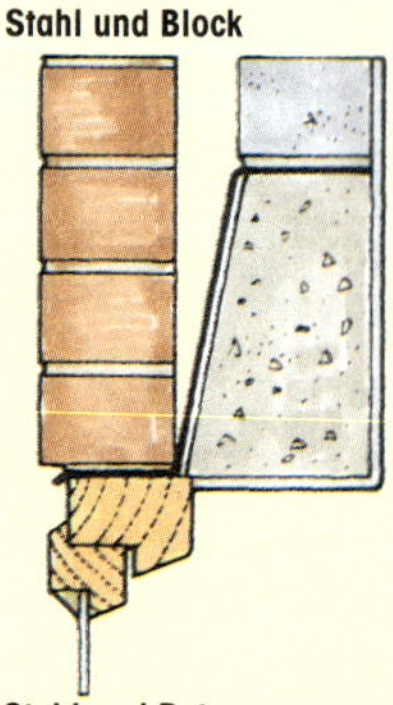

Stahl und Beton

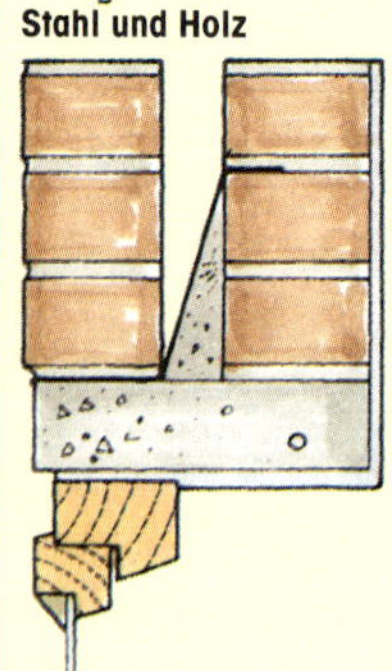

Durch die Wand verlaufende Bauart

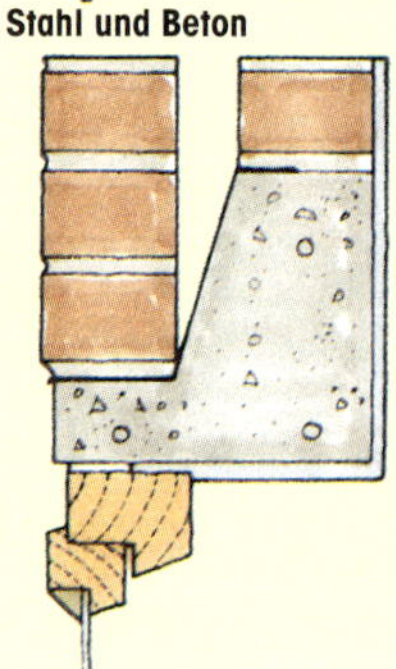

Betondurchbruchflansch

GLAS-SORTEN

SIEHE AUCH

unter:

Glas schneiden	174
Glas kaufen	174
Glas bohren	175
Isolierverglasung	213–214

Glas wird aus Quarzsand hergestellt, der mit Zusätzen wie Soda, Kalk und Magnesium erhitzt wird, bis er schmilzt. Die Art und Qualität von Fensterglas wird durch die Methode bestimmt, mit der es im Schmelzstadium gefestigt wird. Normales Fensterglas wird als abgekühltes Glas bezeichnet. Spezielle Behandlungen während der Herstellung verleihen dem Glas besondere Eigenschaften wie außerordentliche Widerstandsfähigkeit oder Hitzebeständigkeit.

Tafelglas

Klares Tafelglas wird für allgemeine Verglasungszwecke hergestellt und wurde früher üblicherweise als Fensterglas verwendet. Es handelt sich dabei um gezogenes Glas mit »feuerblanker« Oberfläche, das weder poliert noch geschliffen ist. Die Oberfäche ist nicht vollkommen eben oder parallel. Es werden mehrere Sorten von Tafelglas hergestellt: Dünnglas in Stärken bis 1,1 mm, Bau- oder Fensterglas (bis 3,8 mm) und Dickglas (bis 6,5 mm). Von minderer Qualität ist Gärtnerglas, das in Stärken von 3 mm und 4 mm zur Verglasung von Gewächshäusern verwendet wird. Bei diesem Verwendungszweck fallen die Qualitätsmängel gegenüber dem Preisvorteil nicht ins Gewicht.

Floatglas

Floatglas wird heute überwiegend für die Fensterverglasung verwendet. Bei der Herstellung schwimmt das geschmolzene Glas in einem Bad aus flüssigem Zinn, damit sich eine ebene, parallele und krümmungsfreie Oberfläche bildet. Es hat auf Grund seiner besseren Qualität das Tafelglas, das aus einer gezogenen und gewalzten Glasschicht bestand, weitgehend ersetzt. Klares Floatglas gibt es in Stärken von 3 mm bis zu 25 mm.

Ornamentglas

Ornamentglas hat eine Oberfläche, in die eine Struktur oder ein dekoratives Muster eingeprägt wurde. Es ist als klares oder getöntes Glas in Stärken von 4 mm bis 9 mm erhältlich. Die Durchsichtigkeit solcher Gläser hängt von der Dichtigkeit der Ornamente ab. Klares Ornamentglas wird dort verwendet, wo eine maximale Lichtausbeute erforderlich ist, aber die Intimsphäre erhalten bleiben soll, wie z. B. in Badezimmern.
Strukturglas, als Rohgußglas bekannt, ist eine andere Art Ornamentglas. 6 mm ist die gebräuchlichste Stärke. Am häufigsten wird es in Geschäftshäusern verwendet.

Sonnenschutzglas

Ein Spezialglas, das die Wärme durch die Sonneneinstrahlung reduziert und das deshalb oft in Dachfenstern verwendet wird. Das getönte Glas, das aus Float-, Tafel-, Verbund- oder Rohgußglas bestehen kann, vermindert auch die Blendung, allerdings zu Lasten der Helligkeit. Je nach Art, ist es in Stärken von 4 mm bis 12 mm erhältlich.

Nichtreflektierendes Glas

Mattglas ist eine 2 mm starke Glassorte mit leicht strukturierter Oberfläche. Es wird oft für die Verglasung von Bilderrahmen verwendet. 12 mm vor der Bildoberfäche angebracht, erscheint das Glas völlig durchsichtig, da es ein Reflektieren der Oberfläche, wie diese bei normal poliertem Glas auftritt, verhindert.

Sicherheitsglas

Ein Glas, das durch Bewehrungsmittel oder ein Härtungsverfahren verstärkt wurde, wird als Sicherheitsglas bezeichnet. Es wird für große Glasflächen verwendet oder für Zwecke, bei denen eine überdurchschnittliche Stoß- und Bruchgefahr besteht. Im Haushalt sind dies z. B. verglaste Türen, niedrige Fenster und Duschabtrennungen, Regalböden und Tischplatten.

Drahtglas

Drahtglas ist ein 6 mm starkes Rohgußglas mit einem feinen Stahldrahtgeflecht, das während des Herstellungsverfahrens eingebaut wird. Dieses Geflecht verstärkt das Glas und verhindert bei Bruch das Herausfallen der Splitter. Es handelt sich dabei aber keineswegs um ein Spezialglas, und es ist auch auch nicht härter als Tafelglas derselben Stärke. Drahtglas wird als feuerhemmendes Material mit einer Widerstandsdauer von einer Stunde eingestuft. Obwohl das Glas brechen kann, hält die Drahtbewehrung es zusammen und verhindert die Ausbreitung des Feuers.

Hartglas

Hartglas ist normales Glas, das zum Härten mit Hitze behandelt wurde und manchmal als Temperglas bezeichnet wird. Die Behandlung macht das Glas vier- bis fünfmal härter, als unbehandeltes Glas gleicher Stärke. Bei Bruch splittert es zu ungefährlichen Krümeln. Hartglas wird zur Herstellung von Kfz-Scheiben verwendet. Es kann nicht geschnitten werden. Alle notwendigen Arbeiten, wie das Bohren von Schraublöchern, muß vor dem Härtungsverfahren erfolgen. Glasereien lagern meistens Normgrößen, um Normtüren mit Hartglas auszustatten.

Verbundglas

Verbundglas wird durch Zusammenkleben zweier oder mehrerer Glasschichten mit einer durchsichtigen, reißfesten Folie dazwischen, hergestellt. Dieses Sicherheitsglas absorbiert die Energie eines auftreffenden Gegenstandes, um zu verhindern, daß dieser die Scheibe durchdringt. Die Plastikfolie hält die Glassplitter zusammen und vermindert die Verletzungsgefahr durch umherfliegende Glasstücke. Je nach Art, verwendet man es in Stärken zwischen 4 mm und 8 mm. Klare, getönte und Ornamentausführungen sind erhältlich. Im Haus kaum verwendet, bestehen die Windschutzscheiben von Automobilen heute fast ausnahmslos aus Verbundglas.

Eine Auswahl gefärbter und ungefärbter Ornamentgläser
Diese Gläser sind bei der Restauration alter Häuser und alter Möbel unverzichtbar.

ARBEITEN MIT GLAS

SIEHE AUCH
unter:
Glasschneider 370

GLAS EINKAUFEN

Die meisten Glassorten werden in der Glaserei angeboten. Sie führt alle Glasstärken, schneidet das Glas auf Maß und liefert auch größere Scheiben und Mengen an. Die Stärke des Glases, früher durch das Gewicht bezeichnet, wird heute in Millimeter angegeben. Ersetzt man altes Glas, mißt man die Stärke mit der Schieblehre auf den Zehntelmillimeter genau aus. Ist sie dünner als die zu erhaltene Stärke, kauft man am besten die nächstgrößere Stärke.
Für den Ersatz alter Glasscheiben, gibt es keine behördlichen Vorschriften. Lediglich beim Einbau neuer Fenster ist eine Doppelverglasung vorgeschrieben. Öffentliche Einrichtungen und Verkehrswege können die Verwendung spezieller Sicherheitsgläser erfordern. Erkundigen Sie sich bei Ihrer örtlichen Baubehörde. Bei besonderen Verwendungszwecken oder einer zu erwartenden überdurchschnittlichen Belastung – z. B. durch Winddruck bei verglasten Außentüren – informiert Sie ihr Glaser über die am besten für Türen, Fenster etc. zu verwendenden Stärken.

Maß nehmen

Messen Sie Höhe und Breite der Öffnung, die verglast werden soll, an zwei verschiedenen Punkten der Innenseite des Rahmenfalzes. Überprüfen Sie auch, ob die Diagonalen gleich lang sind. Unterscheiden Sie sich merklich, so bedeutet das, daß der Rahmen aus dem Winkel ist oder sich anderweitig verzogen hat. Machen Sie in solchen Fällen eine Schablone für den Zuschnitt. In jedem Fall müssen Sie von Höhe und Breite 3 mm für den Einbau abziehen. Im Glasereigewerbe ist es üblich, daß bei Maßen die Höhe vor der Breite angegegeben wird. Vor allem beim Bestellen von Ornamentglas ist dieser Umstand zu berücksichtigen, damit das Glas so geschnitten wird, daß das Muster in der richtigen Richtung verläuft (nehmen Sie beim Einkauf stets ein Stück des Glases als Probe mit, das ersetzt werden soll). Für eine asymmetrisch geformte Ornamentscheibe fertigen Sie sich eine Schablone.
Auch für Restauratoren ist eine alteingesessene Glaserei eine Fundgrube. Wenn Sie nach einem speziellen Ornamentglas suchen, etwa für einen Schrank – Ihr Glaser wird in den meisten Fällen einen annähernd passenden Rest auftreiben.

Eine Glasscheibe, die größer ist als ein Briefbogen, wird grundsätzlich immer hochkant getragen. Da das Material nur gering auf Zug belastet werden kann, bricht es beim Durchbiegen. Halten Sie die Scheibe an den Kanten mit einem Lappen, und tragen Sie Arbeitshandschuhe. Schützen Sie sich mit Handschuhen und Schutzbrille, wenn Sie zerbrochenes Glas entfernen. Wickeln Sie die Scherben in dickes Zeitungspapier und werfen Sie die Stücke – ohne das Papier – in einen Altglascontainer.

Grundsätzliches zum Glasschneiden

Glasschneiden ist normalerweise Sache des Glasers. Er hat es gelernt und wird sich an dem scharfkantigen Material nicht verletzen. Aber vielleicht planen Sie aufwendige Glasarbeiten und wollen es selbst lernen. Es gibt Glasschneider mit einer Diamantspitze, aber die mit einem Rädchen aus Hartmetall sind billiger und für den Normalgebrauch fast genausogut geeignet.
Erfolgreiches Glasschneiden ist Übungssache. Falls Sie es noch nie gemacht haben, sollten Sie einige Schnitte auf Abfallstücken üben, um das Gefühl dafür zu erlangen, bevor Sie sich an die eigentliche Arbeit machen. Das Glas wird auf eine ebene Oberfläche gelegt, die mit einem Tuch bedeckt ist. Ornamentglas wird mit dem Ornament nach unten aufgelegt und auf der glatten Seite geschnitten. Reinigen Sie die Oberfläche mit Methylalkohol, und legen Sie einen Anschlagwinkel im erforderlichen Abstand an eine Kante an **(1)**. Arbeiten Sie zunächst an einem kleinem Glasstück. Sie können das Glas auch an zwei gegenüberliegenden Punkten mit einem Permanentstift markieren und die Punkte mit einem Lineal verbinden. Das Rad des Glasschneiders muß mit Feinöl oder Petroleum geölt werden. Halten Sie den Glasschneider zwischen Mittel- und Zeigefinger **(2)**, und ziehen Sie ihn unter gleichmäßigem Druck mit durchgehendem Strich am Lineal entlang. Ziehen Sie das Glas bis an den Rand des Tisches **(3)**, und klopfen Sie mit dem Rücken des Schneiders von unten an der geritzten Linie entlang, um den Bruch einzuleiten. Mit Handschuhen wird das Glas zu beiden Seiten der Ritzung angehoben und in zwei Hälften gebrochen **(4)**.

1 Glas mit dem Anschlagwinkel ausmessen

2 Glas mit durchgehendem Strich schneiden

3 Glasrand klopfen, um den Bruch einzuleiten

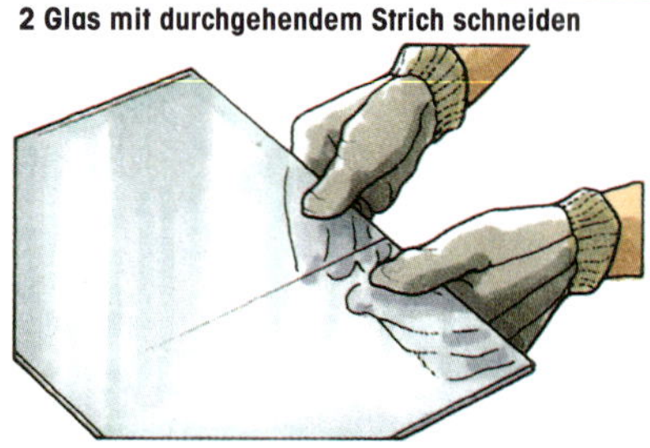

4 Glas durchbrechen

Einen dünnen Glasstreifen schneiden

Ist eine Glasscheibe durch falsches Ausmessen oder einen verzogenen Rahmen, zu groß geraten, kann ein dünner Glasstreifen entfernt werden. Ritzen Sie die Linie mit dem Glasschneider, und knipsen Sie den Rand mit der Spitze der Klemmbacken einer Kombizange ab.

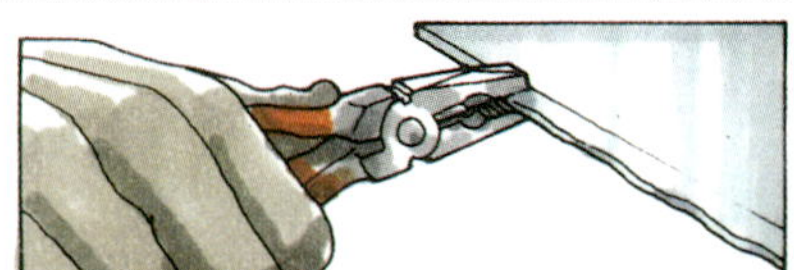

Einen dünnen Streifen mit einer Zange abknipsen

GLAS SCHNITTE UND BOHRUNGEN

SIEHE AUCH
unter:

Glas entfernen	176
Glasschneider	370

Für Einbauteile wie Entlüfter müssen kreisförmige Löcher in Glasscheiben geschnitten werden. Dieses geschieht mit einem Rundglasschneider.

Einen Kreis in Glas schneiden

Sie plazieren den Saugfuß auf dem Mittelpunkt des Glasstücks, setzen den Schneidkopf im richtigen Abstand auf und ritzen den Kreis mit gleichmäßigem Druck um den Mittelpunkt ein **(1)**. Dann ritzen Sie einen kleineren Kreis innerhalb des ersten. In den inneren Kreis wird ein Gitter eingeritzt. Danach ritzen Sie strahlenförmige Schnitte im Abstand von 25 mm in den äußeren Kreis. Klopfen Sie unter die Mitte der eingeritzten Fläche **(2)**, und entfernen Sie dann die innere Fläche. Danach klopfen Sie gegen den äußeren Rand und knipsen den Abfall mit einer Zange ab. Um eine Scheibe aus Glas zu schneiden, schlagen Sie einen Kreis mit dem Rundschneider und ritzen dann tangentiale Linien bis zu den Rändern des Glases **(3)**. Klopfen Sie gegen die Unterseite jedes Schnittes.

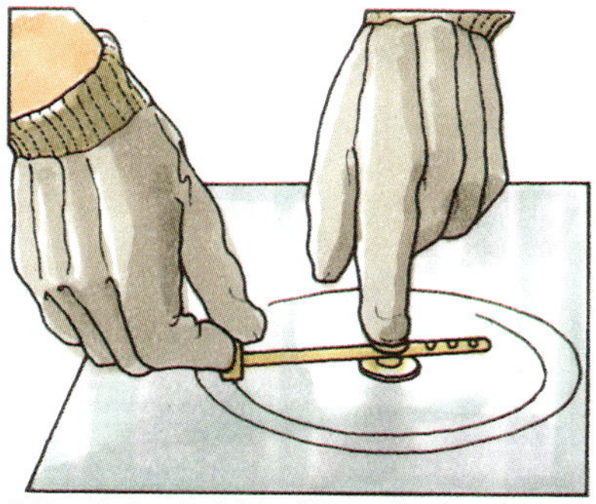

1 Den Kreis mit gleichmäßigem Druck anritzen

2 Gegen die Mitte der angeritzten Fläche klopfen

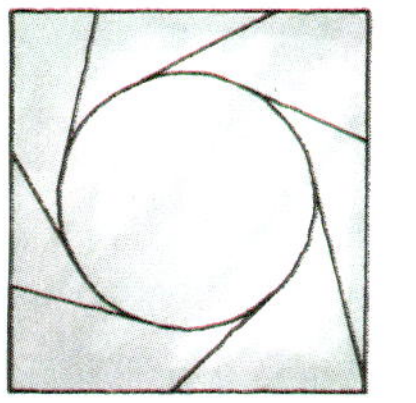

3 Scheibe schneiden
Den Kreis schlagen und tangentiale Schnitte bis zum Rand des Glases ritzen.

Glätten der Schnittkanten des Glases

Sie können die Schnittkanten des Glases mit Naßschleifpapier abschmirgeln. Das ist allerdings eine langwierige Arbeit. Wickeln Sie das Schleifpapier eng um einen Holzblock, tauchen Sie es in Wasser, und führen Sie es im 45°-Winkel über die Kanten. Beginnen Sie mit Schleifpapier mittlerer Körnung, und fahren Sie mit schrittweise feiner werdender Körnung fort, bis Sie bei 400er Schleifpapier angelangt sind. Brechen Sie auf diese Weise erst die Kanten, und glätten Sie zuletzt die Schnittfläche. Schneller und besser geht es mit der Biegewelle zur Bohrmaschine und einem zylindrischen Schleifkörper oder gar mit den rund 30 000 U/min der Oberfräse. Vorsicht! Handschuhe und Brille sind Pflicht! Die Schlußpolitur kann mit einem nassen Bimsstein erfolgen.

Verwendung einer Schablone zum Glasschneiden

Halbkreisförmige Fenster werden traditionell aus Glasabschnitten gebildet, die zwischen strahlenförmig angeordnete Sprossen gesetzt sind. Rundbogenfenster und -türen neuer Fertigung können meist mit fertig geformten Scheiben aus dem Ersatzteillager des Herstellers verglast werden, aber für eine verglaste antike Tür oder die unregelmäßigen Formen eines verglasten Jugendstilschranks müssen Sie wahrscheinlich den Glaser bemühen oder selbst zum Glaschneider greifen. Meist müssen Sie sich dazu eine Schablone aus Pappe herstellen. Entfernen Sie das zerbrochene Glas, säubern Sie den Falz, und kleben Sie dann ein Blatt Papier über die Öffnung. Nehmen Sie mit Wachsmalkreide einen Abdruck der Umrisse **(1)**. Kleben Sie das Muster auf dicken Karton. Den Umrissen auf dem Papier folgend, schneiden Sie diesen in die abgenommene Form minus 2 mm für die Breite des Glasschneiders. Die geraden Schnitte können mit Hilfe eines Lineals erfolgen, aber gekrümmte Linien müssen freihändig gezogen werden. Kleine Ungleichmäßigkeiten werden durch den Rahmenfalz verborgen. Befestigen Sie die Schablone mit doppelseitigem Klebeband auf dem Glas, umreißen Sie es mit dem Glasschneider, und ritzen Sie alle Schnitte bis zum Rand ein **(2)**, um es dann abzubrechen.

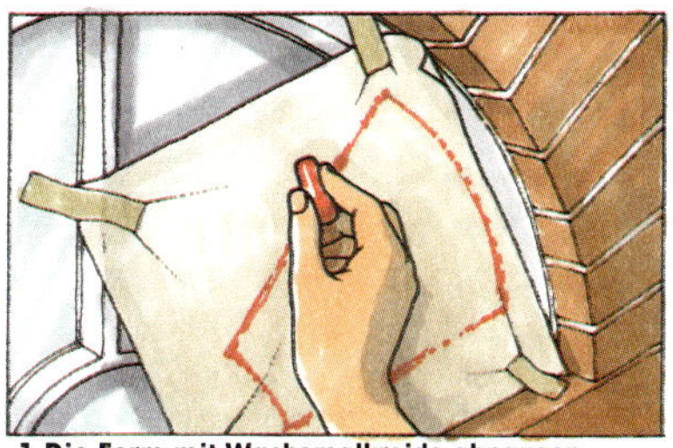

1 Die Form mit Wachsmalkreide abpausen

2 Umriß mit gleichmäßigem Druck einritzen

Kunstharzglas
Als Alternative zu Glas kann man für komplizierte Formen auch Acrylglas verwenden, das mit einer Laubsäge geschnitten werden kann.

Ein Loch in Glas bohren

Zum Bohren in Glas sind spezielle Fliesen- und Glasbohrer erhältlich. Diese Werkzeuge haben eine lanzenförmige Spitze aus Hartmetall. Mit ihnen darf nur rechtsdrehend, unter mäßigem Druck und mit niederen Drehzahlen gebohrt werden. Markieren Sie die Lage der Bohrung mit einem Permanentstift, aber nicht näher als 25 mm zum Rand. Spiegelglas wird auf der beschichteten Rückseite gebohrt. Setzen Sie die Bohrerspitze mit leichtem Druck auf die Markierung, und bewegen Sie ihn dabei geringfügig, bis eine Vertiefung entstanden ist, damit die Spitze nicht wegrutscht. Bauen Sie um die Vertiefung einen kleinen Wall aus Kitt, und füllen Sie ihn mit einem Kühlmittel wie Terpentin, Petroleum oder Wasser. Mit gleichmäßiger Geschwindigkeit und Druck bohren, damit das Glas nicht splittert. Wegen der Bruchgefahr bohrt man nur bis zur halben Glasstärke, wendet das Glas und bohrt von der Rückseite weiter.

Den Bohrer immer in einem Schmiermittel laufen lassen, um die Reibung zu vermindern

GLASSCHÄDEN REPARIEREN

SIEHE AUCH
unter:

Eine gebrochene Fensterscheibe ist eine Gefahr und ein Sicherheitsrisiko, sogar wenn kein Splitter herausgefallen ist. Fehlen Glasstücke, ist sie nicht mehr wetterdicht und muß sofort repariert werden.

Zum vorübergehenden Wetterschutz kann eine Plastikfolie über die Außenseite des Fensterrahmens geklebt oder mit Latten angenagelt werden. Eine Scheibe mit kleinen Rissen kann vorübergehend mit einer wasserdichten selbstklebenden Transparentfolie repariert werden. Auf der Außenseite angebracht, ist die Reparatur fast unsichtbar.

Sicherer Umgang mit Glas

Die Methode, mit der Sie das Glas entfernen, hängt von den Umständen ab. Befindet sich das Fenster nicht in erreichbarer Höhe, ist es sicherer, wenn Sie den Flügel ausbauen, um die Arbeit zu erledigen. Ein fest eingebautes Fenster muß an Ort und Stelle repariert werden. Größere Fensterflügel und -scheiben sollten von zwei Personen gehandhabt werden. Zum Arbeiten benutzen Sie besser ein Gerüst als eine Leiter. Vermeiden Sie das Arbeiten an windigen Tagen, und tragen Sie bei der Arbeit in jedem Falle feste Arbeitshandschuhe.

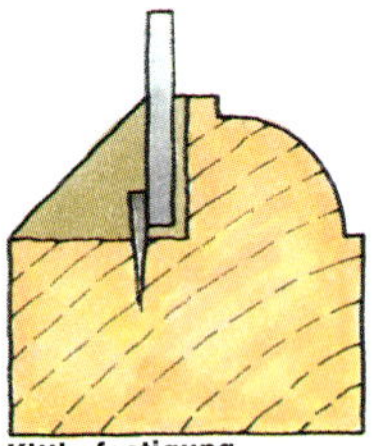

Kittbefestigung

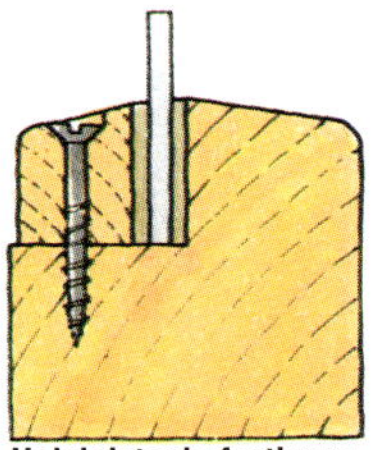

Holzleistenbefestigung
Die Leiste abschrauben und den Kitt abkratzen. Das neue Glas in frischen Kitt einbetten und die Holzleiste wieder anbringen.

Eine Scheibe in einem Holzrahmen reparieren

In normalen Holzfensterrahmen älterer Bauart ist die Scheibe in eine Falznut in der Rahmenleiste gesetzt und in Leinölkitt gebettet. Drahtstifte halten das Glas an seinem Platz. In einigen Holzrahmenfenstern hält statt Kitts auch eine aufgeschraubte Leiste die Scheibe. Diese Fensterart kann ihre Falznut an der Innenseite haben, während sich diese bei gekitteten Scheiben stets an der Außenseite befindet.

Das Glas entfernen

Ist eine Fensterscheibe zersplittert und sind Zacken im Kitt steckengeblieben, greifen Sie sich jede einzelne (mit Handschuhen) und rütteln sie lose **(1)**. Sicherheitshalber beginnt man oben am Rahmen. Alter, trockener Kitt gibt nach, ist er aber zu hart, muß er mit Leinöl eingeweicht oder mit Glasermesser (oder altem Stechbeitel) und Hammer abgeschnitten werden **(2)**. Arbeiten Sie am Falz entlang, um Kitt und Glas zu entfernen. Die Drahtstifte werden mit einer Beißzange ausgezogen **(3)**. Ist das Glas gesplittert, aber ohne Loch, ziehen Sie einen Glasschneider um die Scheibe und ritzen das Glas ungefähr 25mm vom Rahmen entfernt ein **(4)**. Kleben Sie Klebebandstreifen über den Riß und die eingeritzten Linien **(5)**, und klopfen Sie gegen jedes Glasstück, so daß es ausbricht und nur noch vom Klebeband gehalten wird. Erst die inneren Scherben vorsichtig abziehen und dann die Randstücke und den Kitt entfernen, wie beschrieben. Den Falz säubern und mit Holzgrundierung abdichten. Höhe und Breite der Öffnung bis zur Innenkante des Falzes ausmessen und das Glas mit 3 mm Untermaß schneiden lassen, damit genug Spielraum für den Einbau vorhanden ist.

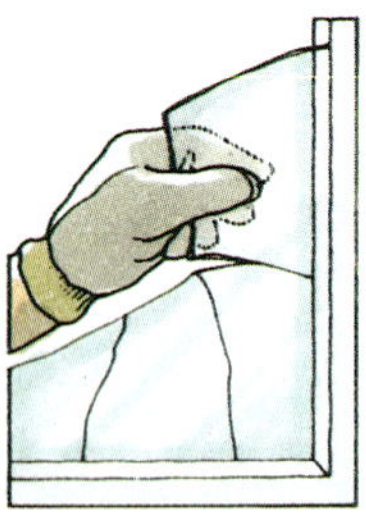

1 Mit dem Handschuh werden die Splitter vorsichtig gelockert und entfernt.

2 Den alten Kitt ablösen

3 Die alten Drahtstifte ausziehen

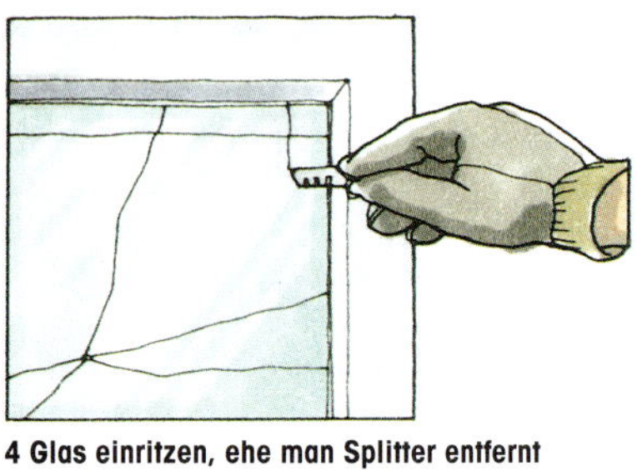

4 Glas einritzen, ehe man Splitter entfernt

5 Gegen das Glas klopfen

Einsetzen einer neuen Scheibe

Besorgen Sie sich neue Drahtstifte und genügend Kitt für den Rahmen. Als Richtmaß gilt, daß 500 g Kitt für einen Falz von ca. 4 m Länge ausreichen. Man knetet einen faustgroßen Ball aus Kitt zu einer homogenen Masse. Sehr klebriger Kitt ist schwer zu verarbeiten, deshalb wickeln Sie ihn kurz in Zeitungspapier, damit es etwas von dem Öl aufsaugt. Zu harter Kitt kann mit Leinöl erweicht werden. Drücken Sie mit dem Daumen einen fortlaufenden schmalen Kittstreifen in den Falz. Setzen Sie die Kante der neuen Scheibe in den unteren Falz, und drücken Sie sie in den Kitt. Drücken Sie nur dicht am Rand, damit der Kitt zusammengedrückt wird, ohne daß die Scheibe bricht. Das Bett hinter dem Glas soll ca. 2 mm dick sein. Sichern Sie dann das Glas im Abstand von 200 mm mit Drahtstiften, die Sie mit einer Holzbeilage dicht an die Scheibe klopfen **(1)**. Der überschüssige Kitt wird mit einem Kittmesser von der Rückseite abgestreift. Tragen Sie nun einen Kittwulst außen am Glas um den Falz herum auf. Dieser wird gut angedrückt und mit einem Kittmesser **(2)** in einem Winkel von 45° geglättet. Dabei wird die Klinge mit Wasser angefeuchtet, damit kein Kitt daran haftenbleibt. Den Kitt in den Ecken zu einer sauberen Gehrung verstreichen. Lassen Sie das frisch eingekittete Fenster ca. drei Wochen lang trocknen, bevor Sie es mit einer Lackfarbe streichen. Vor dem Streichen entfernen Sie Kittreste auf der Scheibe mit Methylalkohol. Lassen Sie den Lack leicht auf das Glas überlappen, um eine wetterfeste Dichtung zu schaffen.
Bei Fenstern mit Holzleistenbefestigung kann man anstelle des Kitts auch selbstklebende Dichtleisten verwenden. Diese sind in verschiedenen Ausführungen in jedem Baumarkt zu haben. Man klebt sie in den Falz und an die Leiste, so daß die Scheibe auf beiden Seiten in die Dichtung eingebettet ist.

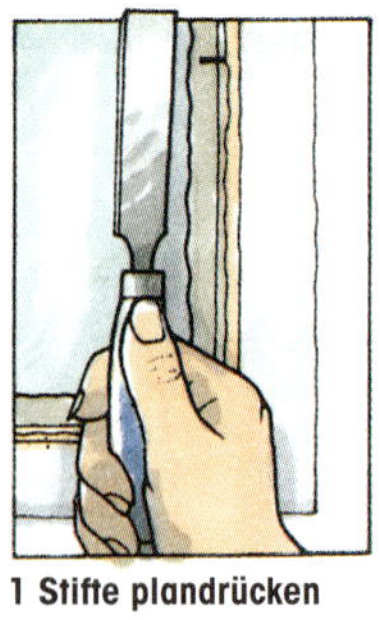

1 Stifte plandrücken

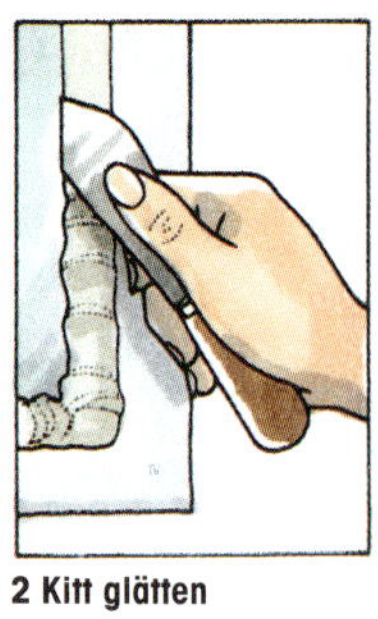

2 Kitt glätten

BLEIGLAS-FENSTER

Bleiverglasungen sind kleinverglaste Fenster, die mit Bleistreifen, Sprossen genannt, verbunden sind. Bei dieser uralten Technik kann das Glas, gefärbt oder ungefärbt, in rautenförmige oder rechtwinklige, mitunter auch runde oder unregelmäßig geformte Sprossengitter gesetzt sein.

BLEIVERGLASUNG ABSTÜTZEN

Bleiverglasungen sind relativ weich und können mit der Zeit durchhängen. Haben Sie ein bleiverglastes Fenster, das sich durchbiegt, können Sie es mit einem 5 mm starken Stahlstab – z. B. aus dem Modellbaufachhandel – abstützen. In beide Seiten des Rahmens wird mittig ein 5 mm starkes Loch dicht neben die Sprosse gebohrt, wobei ein Loch doppelt so tief gebohrt wird wie das andere. Drücken Sie das Fenster mit der behandschuhten Handfläche gerade, oder verteilen Sie das Gewicht mit einem Brett. An die Rückseite der Sprosse wird ein kurzer, verzinnter Kupferdraht oder ein aus einer Dose geschnittener Weichblechstreifen angelötet. Setzen Sie diese in eine Linie mit dem Stab. Längen Sie den Stahldraht so ab (Trennscheibe), daß seine Länge dem Abstand der Rahmenseiten plus der doppelten Bohrungstiefe der flacheren Bohrung entspricht. Schieben Sie den Stab nun bis zum Anschlag in die tiefere Bohrung. Er sollte sich problemlos mit dem anderen Ende in die zweite Bohrung einführen lassen. Wickeln Sie nun den Draht oder den Weißblechstreifen in einer festen Verbindung um den Stab, und fixieren Sie ihn durch Einschieben ins kürzere Loch.

Abstützen einer Bleiverglasung durch dicken Stahldraht

Verdrehter Draht

Blechlasche

Ersetzen von gebrochenem Glas in einer Bleiverglasung

Es ist immer einfacher, eine Glasscheibe in einem ausgehängten Fensterflügel zu ersetzen, aber Bleiverglasungen sind leicht zerbrechlich, deshalb ist es sicherer, die Reparatur im befestigten Flügel durchzuführen. Muß der ganze Flügel ausgebaut werden, legen Sie diesen auf zwei solide Böcke. Trennen Sie die Sprossen der zerbrochenen Scheibe mit einem scharfen Messer auf **(1)**. Machen Sie die Schnitte möglichst auf der Außenseite des Fensters, damit die Reparatur von der Innenseite des Raumes nicht sichtbar ist.

Mit einem Kittmesser heben Sie nun die Kanten der glashaltenden Sprossen an und drücken das Blei hoch, bis es rechtwinklig zu der Glasoberfläche steht **(2)**. Scheibenreste und, falls vorhanden, alter Kitt werden nun sorgfältig entfernt. Stützen Sie bei der Arbeit die eingebaute Bleiverglasung mit der Hand ab, oder legen Sie ein in den Rahmenfalz passendes Brett mit passenden Beilagen so unter, daß die Bleiverglasung nicht durchgebogen wird. Machen Sie sich eine Papierschablone für die benötigte Form und Größe der neuen Scheibe. Legen Sie die neue Scheibe auf die Schablone, und folgen Sie dem Umriß mit Glasschneider und Lineal, aber schneiden Sie die Scheibe dabei ein wenig kleiner zu **(3)**. Prüfen Sie, ob die Scheibe paßt, und brechen Sie die Kanten mit keramischen Schleifkörpern und Bohrmaschine. Tragen Sie etwas Verstreichkitt (aus der Glaserei, ersatzweise Kolophonium mit Kitt gemischt) auf die freigelegten Sprossen auf, und betten Sie die Scheibe mit gleichmäßigem Druck ein.

Die Ränder der Sprossen werden nun wieder umgebogenen und mit einem Holzstück geglättet. Reinigen Sie Scheibe und Sprossen gründlich mit Methylalkohol, rauhen Sie die aufgeschnittenen Sprossenverbindungen mit feiner Stahlwolle auf, und löten Sie sie mit einem elektrischen Lötkolben und flußmittelhaltigem Lot wieder zusammen **(4)**.

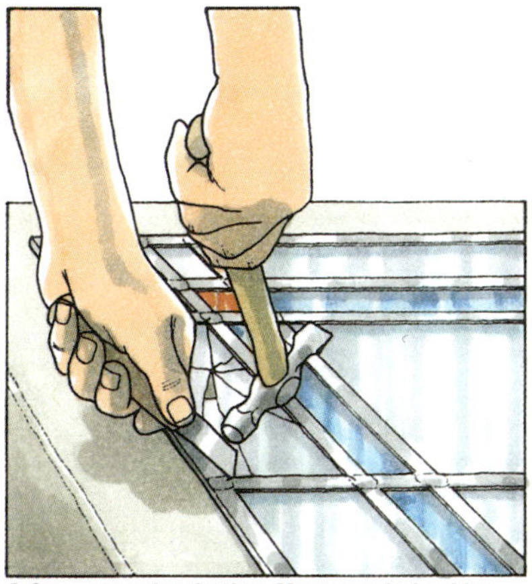

1 Sprossen mit scharfem Messer aufschneiden

2 Blei mit Kittmesser aufbiegen

3 Glas nach Schablone zuschneiden

4 Sprossen wieder zusammenlöten

SIEHE AUCH

unter:
Glas schneiden 174
Schnittkanten glätten 175

Runde Sprosse

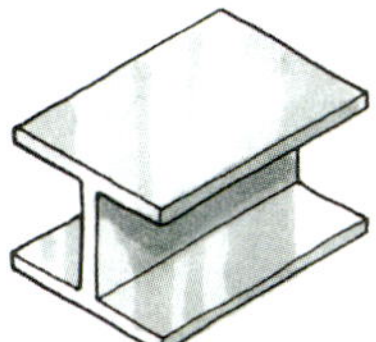

Flache Sprosse

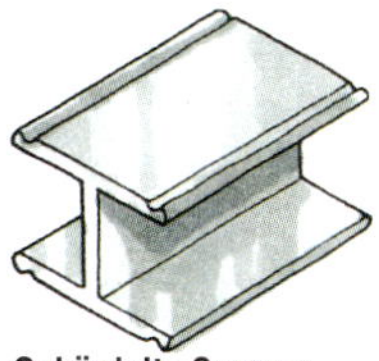

Gebördelte Sprosse

VERROTTETE RAHMEN REPARIEREN

SIEHE AUCH
unter:

FENSTERSTOCK REPARIEREN

Das untere Querholz eines Fensterstocks ist der Verrottung nicht weniger ausgesetzt als der untere Riegel der Fensterflügel. Dieser Schaden kündigt sich meist durch schlecht schließende Fenster an, da die untere Aufnahmeöse für den Riegel des Fensterbeschlags im morschen Holz keinen Halt mehr findet. Ein verfaulter Fensterstock wird im Prinzip genau wie ein Flügelfenster repariert (siehe rechts): Zuerst muß man das morsche Querholz an den Enden durchsägen. Dazu eignet sich ein elektrischer Fuchsschwanz am besten. Die Reste der Zapfenverbindung werden mit einem Beitel aus den Nuten der Fensterstockpfosten ausgestemmt.
Sägen Sie nun ein neues Querholz, das zwischen die vorbereiteten Ränder paßt. Fräsen Sie die Falze entsprechend dem

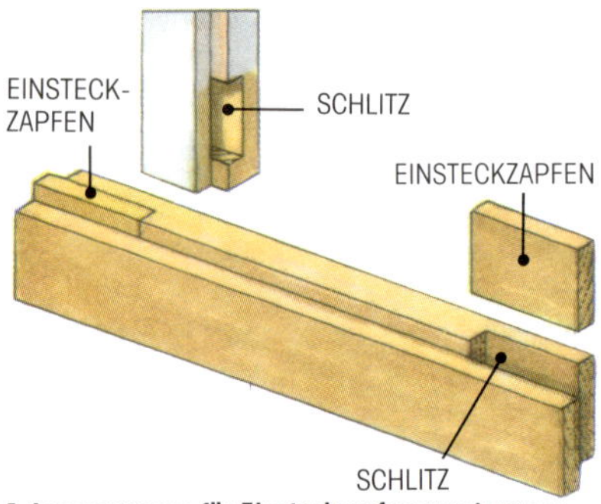

1 Aussparungen für Einsteckzapfen ausstemmen

Original. Schneiden und stemmen Sie Aussparungen in beide Enden der oberen Kante, um die Einsteckzapfen aufzunehmen. Diese sind doppelt so lang wie die Nuten und werden exakt an diesen ausgerichtet. Sägen Sie zwei Einsteckzapfen passend für die Aussparungen und zwei Futterhölzer mit einer leicht abgeschrägten Kante **(2)**. Passen Sie das Querholz unter Leimzugabe ein, und leimen Sie Einsteckzapfen und Futterhölzer ein. Vor der Holzschutzbehandlung dichten Sie alle Fugen mit Silikonkautschuk ab.

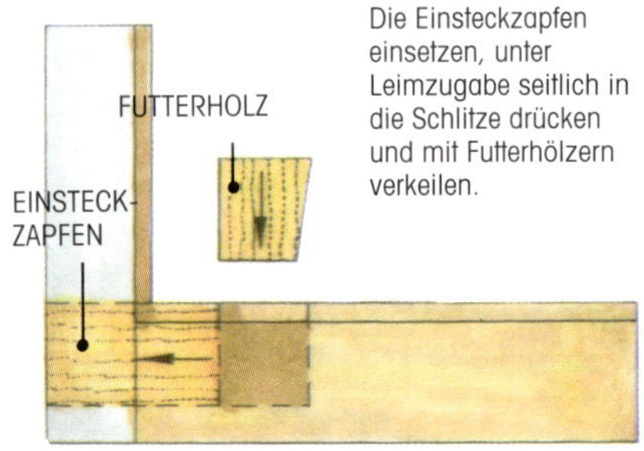

2 Die Zapfen einsetzen
Die Einsteckzapfen einsetzen, unter Leimzugabe seitlich in die Schlitze drücken und mit Futterhölzern verkeilen.

Weichholz wird traditionell für die Herstellung von Holzfensterrahmen verwendet, und wenn es regelmäßig gepflegt wird, hält es genauso lange wie das Gebäude. Neue oder abgebeizte Rahmen müssen lasiert oder vor dem Streichen von Lackfarbe mit einem farblosen Holzschutzmittel behandelt werden.

Regelmäßige Pflege

Das untere Rahmenholz eines Holzfensters ist am anfälligsten für Verrottung, wenn es nicht geschützt wird. Durch einen rissigen Anstrich oder geschrumpften Kitt kann Wasser ins Holz eindringen. Besonders auf der Wetterseite sollten Fenster und Fensterrahmen jährlich überprüft und Mängel sofort beseitigt werden. Geschrumpfter Kitt muß entfernt und durch neuen ersetzt, abplatzende Farbe ausgebessert und Risse im Holz mit einem elastischen Füllstoff ausgebessert werden. Nötigenfalls ist das Fenster neu zu streichen.

Rahmenholz ersetzen

Ist die Verrottung fortgeschritten und der Riegel nicht mehr zu reparieren, muß er abgeschnitten und ersetzt werden. Das sollte geschehen, bevor die Fäulnis auf die übrigen Rahmenhölzer übergreift. Sonst müssen Sie den ganzen Fensterrahmen ersetzen. Vorsichtig ausgeführt, kann die Reparatur erfolgen, ohne daß das Glas aus dem Flügelrahmen genommen werden muß, obwohl es bei einem großen Fenster sicherer ist, wenn die Scheibe entfernt wird. Zunächst muß der Kitt aus dem zerstörten Rahmenholz ausgestemmt werden. Das untere Rahmenholz ist in den aufrechten Rahmenhölzern verzapft **(1)**, aber es kann durch einen durchgehenden Zapfen ersetzt werden. Sägen Sie die Zapfen **(2)** an den beiden Seiten des Riegels ab, und entfernen Sie den Riegel. Stellen Sie ein neues Querholz her, oder kaufen Sie ein Ersatzteil, sofern Ersatzteile für das betreffende Fabrikat verfügbar sind. Richten Sie die Zapfen exakt auf die Schlitze des Pfostens aus. Der Falz wird entsprechend den gefaltzten Teilen des Pfostens gefräst **(3)**. Formgefräste Zierkanten werden, soweit vorhanden, auf Gehrung zugeschnitten **(4)**. Schneiden Sie Schlitze für die Zapfen in die Enden der Pfosten. Leimen Sie den neuen Riegel mit wasserfestem Holzleim an seinen Platz. Bohren Sie versetzt je zwei 8-mm-Löcher in jede Zapfverbindung (nicht durchbohren), und leimen Sie als Verstärkung je zwei Hartholzdübel ein. Nach dem Trocknen schleifen Sie die Oberfläche und behandeln das neue Holz mit einem farblosen Holzschutzmittel bzw. mit Lack oder Lasur Ihrer Wahl.

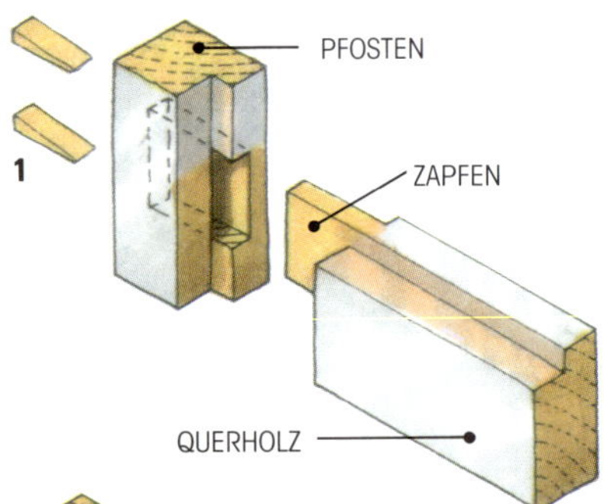

1 Die ursprüngliche Verbindung
Das Querholz ist im Pfosten verzapft und mit Keilen gesichert.

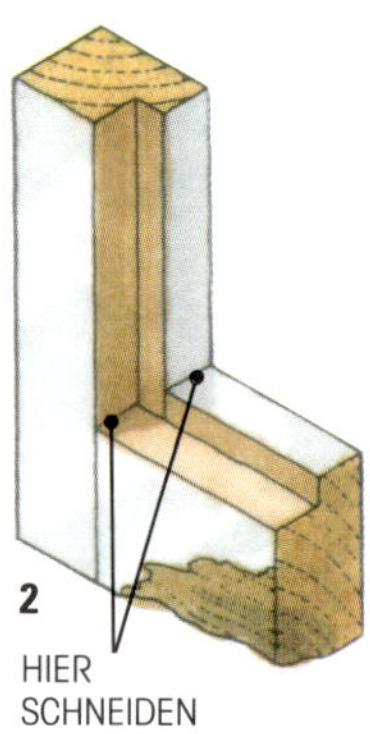

2 Das Querholz absägen.
Die Zapfen an beiden Seiten des Rahmens absägen

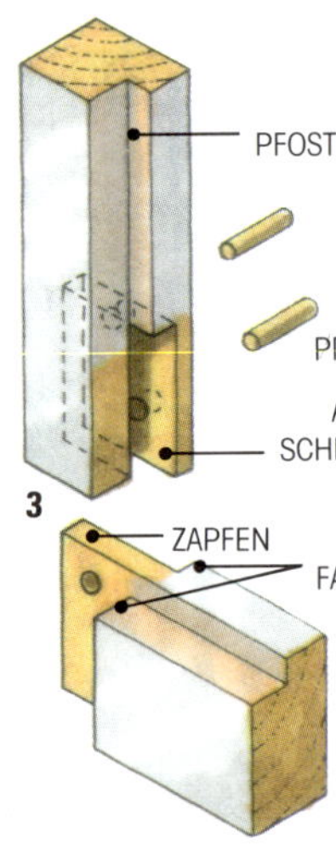

3 Die Verbindung sägen
Zapfen passend zum Pfostenquerschnitt in die Enden des Querholzes sägen

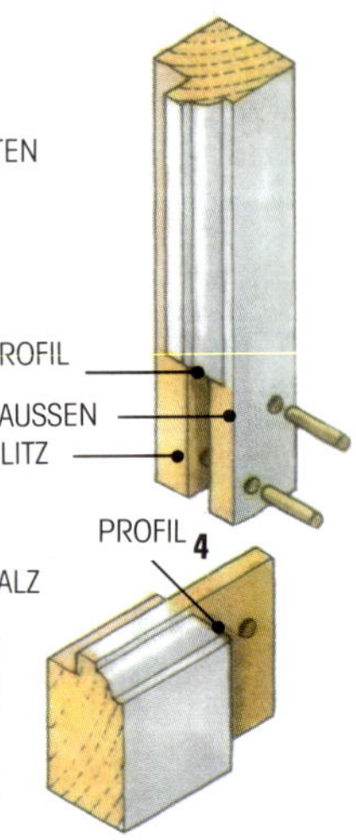

4 Rahmenleisten
Formgefräste Zierleisten des Pfostens verkürzen, damit der rechteckige Absatz des Querholzes aufgenommen werden kann. Die Leiste abschrägen

FENSTERSIMS UND FENSTERBRETT

SIEHE AUCH
unter:
Mauerwerk streichen 42–44
Fenster, Arten 170–171
Beton mischen 327

Fensterbank und Fenstersims sind grundlegende Teile des Fensterrahmens, und Schäden haben hier erheblichen Reparaturaufwand zur Folge. Die Fensterbank besteht bei den meisten Häusern aus einem einfachen Blech, in der Regel aus verzinktem Blech, Kupfer oder Aluminium. Es wird einfach an den Fensterstock geschraubt und seitlich in der Laibung eingeputzt. Der darunterliegende Hohlraum wird ebenfalls mit Mörtel verfüllt. Diese Fensterbleche verursachen nur dann Reparaturaufwand, wenn sie korrodiert sind, was bei sehr alten Häusern mitunter vorkommt. Fensterbänke aus Stein finden sich in erster Linie bei alten Repräsentationsbauten. Fenstersimse stellen sozusagen die Fortsetzung der Fensterbank nach innen dar. Heute bestehen sie überwiegend aus Kunststein oder Marmor. In Altbauten sind jedoch noch häufig hölzerne Fensterbretter zu finden, die bei feuchten Mauern und undichten Fenstern verrottungsgefährdet sind.

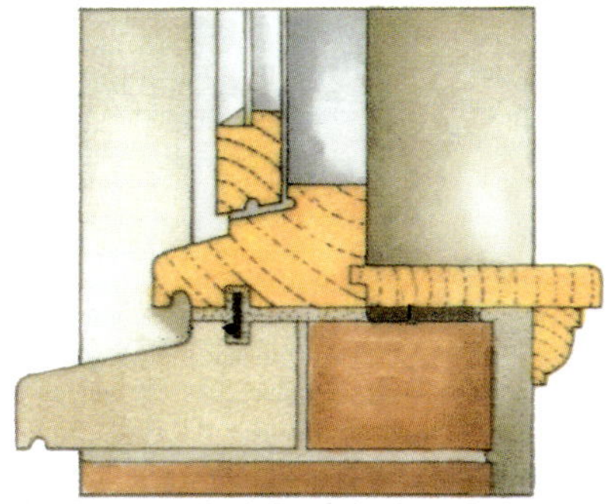

Alter Fensterstock mit Fensterbank aus Stein

Ersetzen eines Fenstersimses

Wenn ein Fensterbrett verrottet oder ein steinerner Sims beschädigt ist, müssen sie ausgewechselt werden. Bei den meisten Fensterkonstruktionen ist das nicht schwer, da Sims wie Fensterbrett üblicherweise stumpf oder mit einer Feder auf den Fensterstock stoßen. Zum Ausbau ist es lediglich notwendig, in der Laibung den Putz um den Sims abzuschlagen und diesen dann – meist in Stücken – mit Hammer und Meißel auszustemmen. Hölzerne Fensterbretter werden in gleicher Weise entfernt.
Ist das Fensterbrett verrottet, so kann man davon ausgehen, daß die Feuchtigkeit auch am Fensterstock ihr Zerstörungswerk weitgehend vollendet hat. Die sinnvollste Maßnahme in solchen Fällen ist der Einbau eines neuen Fensters durch den Fachmann.
Ein beschädigter Steinsims hingegen kann ohne weiteres ausgewechselt werden. In vielen Fällen wird man beim Hersteller des Fensters passenden Ersatz finden. Wenn nicht, läßt man sich von einem Steinmetzen nach den alten Maßen eine Steinplatte zuschneiden und polieren. Zum Einbau streichen Sie auf die tragende Mauerfläche ein Mörtelbett. Dessen Höhe muß exakt der Einbauhöhe entsprechen. Mit einem Helfer legen Sie den neuen Sims auf und richten ihn aus. Nach dem Abbinden wird der neue Sims sorgfältig eingeputzt und der Stoß zum Fensterstock mit Silikonkautschuk abgedichtet.

Fenstersims vom Steinmetzen arbeiten lassen

Fensterbank aus Stein reparieren

Risse und abgetragene Oberflächen werden mit einem schnellabbindenden, wasserdichten Zement repariert. Kratzen Sie die Risse aus, und verbreitern Sie sie mit Winkelschleifer und Steinscheibe. Stemmen Sie flache Vertiefungen mit Hammer und Meißel auf ca. 25 mm Tiefe aus, damit die Zementfüllung Halt findet. Nässen Sie den Stein, machen Sie den Schnellzement an, füllen Sie, zügig arbeitend, alle Risse und Mulden. Streichen Sie die Reparaturstellen mit der Glättkelle bündig. Bei Ausbrüchen am Rand müssen Sie eine passende Holzschalung bauen und an der Mauer befestigen.

Holzform zum Betonieren der Fensterbank

EINE NEUE FENSTERBANK BETONIEREN

Wenn die alte Fensterbank nicht mehr zu retten ist, schlagen Sie deren Überreste mit Hammer und Meißel ab. Bauen Sie eine Holzschalung in den Formen des alten Simses. Die Schalung muß seitenverkehrt gemacht werden, da die Oberseite die Unterseite des Simses darstellt. Füllen Sie zwei Drittel der Form mit feinem Schotterbeton, der gut gestampft wird, und legen Sie zwei Bewehrungsstäbe aus Baustahl so hinein, daß sie den Sims unterteilen. Dann füllen Sie den Rest der Form auf. Ein dünnes Holzstück (Dübel) wird in vorher geschnittene Kerben gelegt, um eine »Kehle« oder Ablaufrinne in der Unterseite der Fensterbank zu bilden. Bedecken Sie die Oberfläche mit einer Plastikfolie, oder nässen Sie das Betonteil zwei oder drei Tage regelmäßig, um ein zu schnelles Trocknen zu verhindern. Hat der Beton nach ca. sieben Tagen abgebunden, entfernen Sie die Verschalung und legen den Sims in ein Mörtelbett in der Wand. Nach Abbinden dichten Sie die Fuge zum Fensterrahmen mit Silikonkautschuk. Später wird die Fensterbank mit Fassadenfarbe gestrichen.

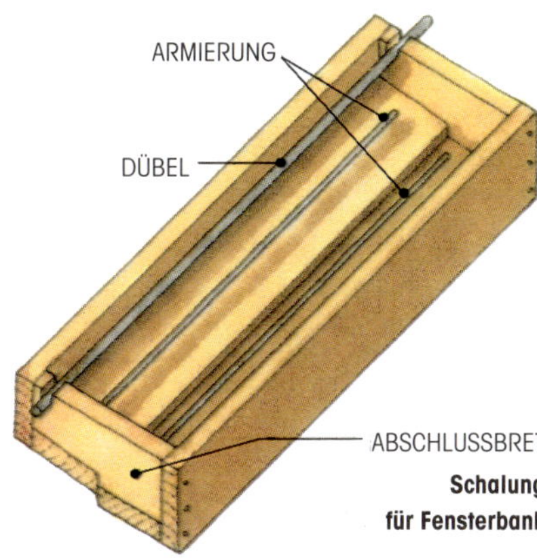

Schalung für Fensterbank

FERTIG-FENSTER

SIEHE AUCH
unter:

Fenster, Arten 170–171
Fensterstürze 172

FERTIGFENSTER

Es gibt im deutschsprachigen Raum eine ganze Reihe von Herstellern, die Fenster in zahlreichen Standardgrößen, verschiedenen Materialien und Ausführungen in hervorragender Qualität zu verhältnismäßig günstigen Preisen anbieten. Diese weitgehende Standardisierung und Konfektionierung hat dazu geführt, daß das maßgefertigte Schreinerfenster inzwischen eher die Ausnahme als die Regel darstellt. Namentlich bei Neubauten werden die üblichen Standardmaße bereits bei der Planung berücksichtigt. Da die meisten Fensterhersteller auch ein breites Zubehörprogramm – vom Beschlag bis zum Rollo – anbieten, gestaltet sich der Fensterkauf für den Kunden bequem und kalkulierbar. Obwohl viele Hersteller gegen Aufpreis auch Sondermaße anbieten, bleibt für die stilgerechte Renovierung die Kunst des Schreiners unverzichtbar.

Handelsübliche Fensterformen

Der Stil der Fenster ist ein wichtiges Element für das Aussehen jedes Hauses. Sollten Sie den Austausch der Fenster in einem alten Gebäude in Betracht ziehen, können Sie neue Holzrahmen, an Stelle von modernen Aluminium- oder Kunststoffenstern einbauen, was nicht teurer sein muß. Daß man in eine Jugendstilfassade keine aluminiumschimmernden Fenster einbaut, versteht sich für kultivierte Menschen von selbst. Ansonsten ist die Einhaltung der vorgegebenen Proportionen und der Grundform wichtiger als das Material.

Planung und Bauvorschriften

Für Fensterumbauten benötigen Sie normalerweise keine Baugenehmigung, da sie unter die Rubrik Hausmodernisierung oder Instandhaltung fallen, aber wenn Sie eine Änderung planen, die das Erscheinungsbild der Fassade einschneidend verändert – z.B. Fensteröffnungen zumauern und neue ausbrechen – sollten Sie die zuständige Baubehörde zu Rate ziehen. Die Bauvorschriften erfordern u. a. eine Mindestbelüftung für die bewohnbaren Räume eines Hauses. Danach muß der öffenbare Teil der Fenster eine Mindestfläche von einem Zwanzigstel der Raumfläche aufweisen. Auch die Denkmalschutzbestimmungen könnten Ihnen einen Strich durch die Rechnung machen. Falls Sie ein altes Haus besitzen, sollten Sie in jedem Fall klären, ob das Haus unter Denkmal- oder z. B. die Straße unter Ensembleschutz steht. Im positiven Fall werden Ihrer Umbaufreudigkeit enge Grenzen gesteckt – aber u. U. auch Ihr Budget durch staatliche Zuschüsse aufgebessert.

Der Kauf von Ersatzfenstern

Die meisten kleineren Fensterbaufirmen liefern das Fenster und bauen es auch ein. Große Hersteller liefern über den Fachhandel bzw. über Fachbetriebe aus, so daß für den Kunden auch hier der volle Service gewährleistet ist. Dieser schließt zumeist auch den Abtransport des alten Fensters und des Schuttes ein. Diese Methode spart Zeit und Arbeit. Prüfen Sie sorgfältig die Angebote der verschiedenen Hersteller, und entscheiden Sie sich für ein Modell, das sowohl dem Stil Ihres Hauses als auch den landschaftlichen Gepflogenheiten entspricht.

Drehflügelfenster ersetzen

Grundsätzlich lohnt der Selbsteinbau nur beim Kauf preiswerter Angebote. Nehmen Sie das genaue Maß des alten Fensterstocks. Dazu werden Sie in vielen Fällen innen oder außen den Putz abschlagen müssen. Kaufen Sie das neue Fenster mit etwas Untermaß. Hängen Sie die Fensterflügel aus, und legen Sie den Fensterstock einseitig frei, indem Sie allen störenden Putz abschlagen. Lösen Sie ggf. Befestigungsschrauben in der Laibung, und hebeln Sie den alten Fensterstock mit Brecheisen aus seinem Sitz **(1)**. Schneiden Sie den Stock mit einem Fuchsschwanz einige Male durch. Reinigen Sie danach die Fensterlaibung, und bessern Sie allenfallsige Mauerschäden aus. U. U. müssen Sie die Laibung nun mit einer Mörtelschicht den Einbaumaßen des neuen Fensters anpassen. Richten Sie sich dabei nach den Angaben des Herstellers. In der Regel sind zwischen Laibung und Fensterstock einige Millimeter »Luft« erforderlich. Falls

1 Hebeln Sie den alten Stock stückweise aus

das Fenster durch Schrauben in der Laibung gesichert wird, setzen Sie jetzt die Dübel. Setzen Sie den neuen Fensterstock ein, richten Sie ihn aus, und verkeilen Sie ihn mit Holzkeilen. Drehen Sie, falls vorhanden, die Wandschrauben ein. Schäumen Sie nun alle Zwischenräume zwischen Laibung und Fensterstock mit Montageschaum aus. Schneiden Sie nach dem Erhärten überstehende Schaumwülste ab. Setzen Sie den Fenstersims ein, und schrauben Sie das Fensterblech außen an den Fensterstock. Putzen Sie zuletzt alle Teile ein.

2 Fensterstock ausrichten 3 Schrauben setzen

DACH-FENSTER

SIEHE AUCH
unter:

Doppelt verglaste Dachflächenfenster werden zunehmend beliebter als Ersatz für alte Dachbodenfenster und als Teil des Dachbodenausbaus. Sie werden einbaufertig verglast und mit allen Beschlägen geliefert. Erhältlich sind auch passende Anschlußbleche für den Fensterrahmen.

Dachflächenfenster werden üblicherweise als obenhängige Kippflügelfenster gebaut. Der Einbau von Drehflügelfenstern ist nur in Dachgauben möglich. Dachflächenfenster sind relativ einfach mit normalem Werkzeug für Holzarbeiten einzubauen, und meistens kann man dabei von innen arbeiten. Da es bei dieser Fensterart aber prinzipbedingt immer wieder zu Undichtigkeitsproblemen kommt, sollte man zu hochwertigen Markenfabrikaten greifen und den Einbau Fachleuten überlassen. In diesem Fall ist man auch sicher, daß passendes Zubehör verfügbar ist.

Dachfenster in einem historischen Gebäude

Innenverkleidungen werden nach Maß angefertigt

Wahl der Größe

Die Hersteller von Dachflächenfenstern bieten eine große Anzahl von Größen an. Grundsätzlich muß beim Dachgeschoßausbau die Fensterfläche groß genug gewählt werden, um den Raum ausreichend mit Tageslicht zu versorgen. Die erforderliche Höhe der Fenster wird durch die Neigung des Daches bestimmt. Der Hersteller verfügt über Tabellen, anhand derer er je nach Dachneigung das passende Fenster empfehlen kann. Soll das Fenster einen guten Ausblick bieten, darf weder der untere Querriegel in Sitzhöhe noch der obere in Stehhöhe das Blickfeld versperren. Das bedeutet: je flacher das Dach ist, desto höher muß das Fenster sein. Auch sollte die Oberseite des Fensters in bequemer Reichweite liegen. Denn dort liegt ein Griff, mit dem sich das Fenster zum Putzen in ein Schwingfenster verwandeln läßt.

Dachfenster können neben- oder übereinander angeordnet werden, um eine größere Fensterfläche zu schaffen. Das breiteste einflügelige Fenster mißt 1,34 m. Bei der Festlegung der Fenstergröße müssen Sie die Proportionen und die Lage im Verhältnis zum Gebäude beachten. Wahrscheinlich brauchen Sie für den Einbau keine Baugenehmigung. Nur bei denkmal- oder ensemblegeschützten Objekten kann es Schwierigkeiten geben. Eine weitergehende Änderung, wie z. B. der Ausbau des Daches oder der Einbau einer Gaube, erfordert dagegen stets eine Baugenehmigung.
Die Hersteller von Dachflächenfenstern liefern eine vollständige Anleitung für den Einbau. Unten wird ein Fenster beschrieben, das in ein Schieferdach eingebaut wird. Der Rahmen für ein Ziegeldach hat andere Anschlußbleche.

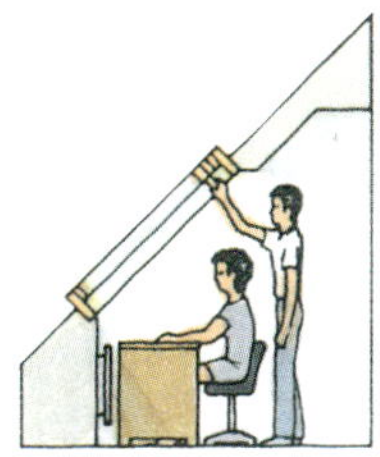

Höhe des Fensters
Die Höhe sollte es sowohl einer sitzenden als auch einer stehenden Person erlauben, problemlos aus dem Fenster zu blicken.

Dachfenstereinbau

Decken Sie die Dachverkleidung über der Fläche ab, in die das Fenster eingebaut wird. Die endgültige Lage des Rahmens wird durch die Lage der Sparren und der Bedachung bestimmt. Setzen Sie zuerst den Sockel des Fensterrahmens im erforderlichen Abstand, über die nächste ganze Ziegellage. Versuchen Sie ihn so zu setzen, daß an jeder Seite halbe oder ganze Ziegel liegen. Für die Öffnung werden Dachsparren, -latten und ggf. -verschalung entsprechend den Angaben des Herstellers abgesägt. Für den Rahmeneinbau und aus statischen Gründen werden waagrechte Wechsel zwischen die Sparren gesetzt, um die Höhe der Öffnung festzulegen. Ein oder mehrere senkrechte Wechsel bestimmen die Breite.

Der Fensterrahmen wird ohne Flügel mit den erforderlichen Laschen an seinen Platz geschraubt. Zum Ausrichten wird meist eine Hilfslinie auf den Rahmen gezeichnet, die mit den Dachlatten fluchten muß. Prüfen Sie, ob der Rahmen rechtwinklig ist, indem Sie die Diagonalen ausmessen. Beenden Sie die Außenarbeiten durch Auflegen der Dachziegel und Einbau der Anschlußbleche. Dann setzen Sie den Fensterflügel ein. Prüfen Sie alle Beschläge und den Kipp- wie auch den Schwingmechanismus auf Funktion. Die Innenseite des Fensterrahmens wird mit einem maßgefertigten Kasten aus Holz oder Gipsbauplatten verschlossen. Dieser greift in eine Nut am Fensterrahmen und wird mit Schrauben an den Dachsparren befestigt.

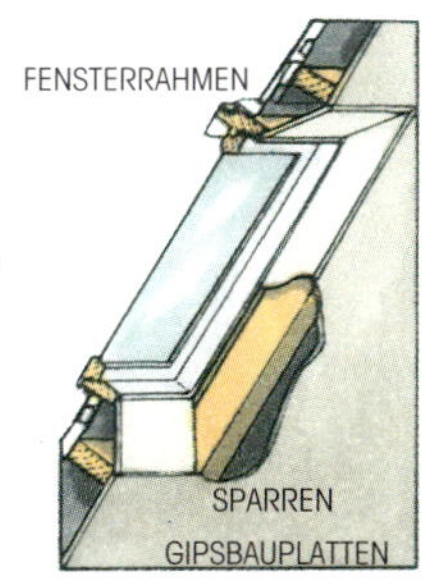

Die Fensteröffnung verkleiden
Der Querschnitt eines Fensters, von der Innenseite aus gesehen, zeigt die Verkleidung der Öffnung seitlich, oben und unten. Als Material eignen sich Holz und Gipsbauplatten.

Öffnung ausschneiden und Wechsel setzen

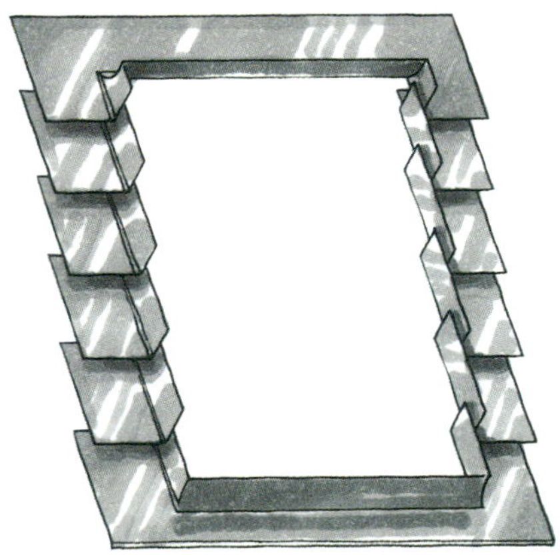

Einbaufertiger Verblechungssatz

VORHÄNGE UND ROLLOS

SIEHE AUCH
unter:
Stürze stützen 104, 172

Kunststoffschiene

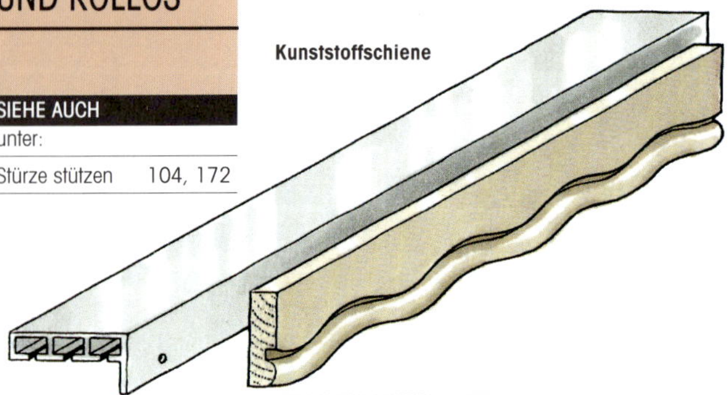

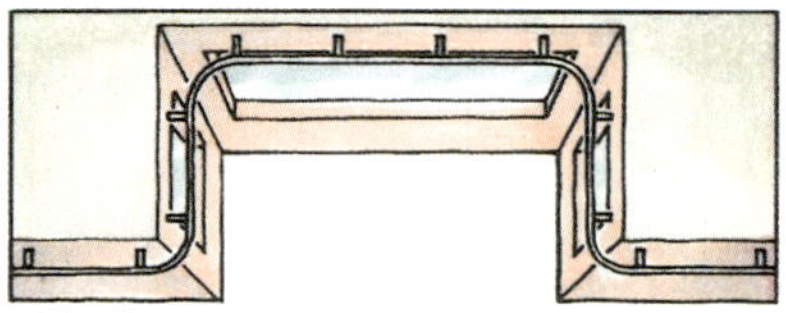

1 Wandhalter
Jedes Teilstück an beiden Enden mit Wandhalter befestigen.

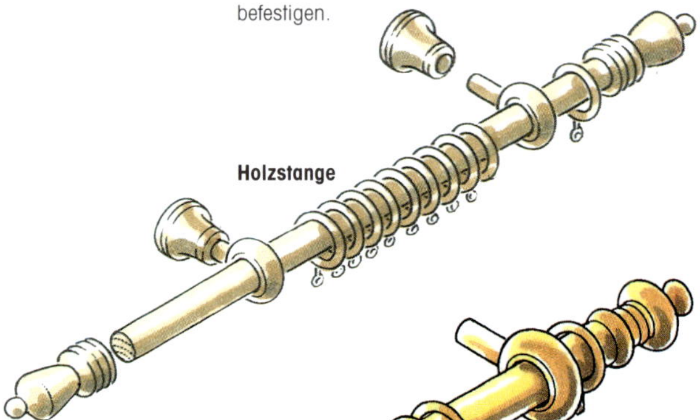

Holzstange

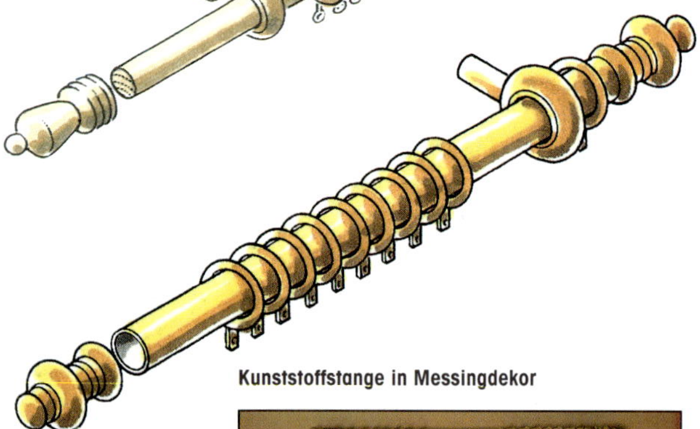

Kunststoffstange in Messingdekor

Eine attraktive Kombination von Vorhang und Rollo

Vorhänge und Rollos bestimmen weitgehend das Erscheinungsbild eines Raumes. Auch wenn die Größe eines Fensters durch die Architektur vorgegeben ist, läßt es sich doch in seiner optischen Wirkung durch Fensterdekorationen variieren.

Vorhänge kaufen

Vorhänge erfüllen im Rahmen des Wohnens vielfältige Aufgaben. Sie geben unseren Räumen Intimität, schützen wertvolle Möbel und Teppiche vor dem Ausbleichen durch Sonneneinstrahlung, verbessern die Wärmedämmung und sollen darüber hinaus auch noch gut aussehen.
Schöne Vorhänge sind teuer. Wer zum Raumausstatter geht, wird allein für ein Fenster mühelos eine vierstellige Summe los. Besonders bei exklusiven Vorhangstangen bewegen sich die Preise zwischen luxuriös und sündhaft.
Es geht aber auch anders. Zugegeben, das Angebot an Vorhangstangen und -schienen, das Bau- und Möbelmärkte bereithalten, kann sich mit dem der Nobelausstatter nicht vergleichen. Aber mit Geschmack und einer Hausfrau, die ihre Nähmaschine ebenso virtuos zu gebrauchen versteht wie der Hausherr die Bohrmaschine, läßt sich auch mit wenig Geld viel erreichen.

Vorhangschienen

Kunststoffschienensysteme bietet jeder Baumarkt an. Dabei handelt es sich um Kunststoffprofile mit zwei oder drei Laufschienen mit oder ohne Blende. Diese können nach Bedarf abgelängt und mit aufsteckbaren runden oder eckigen Endstücken ergänzt werden. Die Befestigung erfolgt mit Dübeln an der Zimmerdecke oder mit Winkeleisen an der Wand. Die Vorhänge laufen sehr leicht in einsteckbaren Rollen.
Dieses System ist die moderne Variante der klassischen Holzschiene. Vorhangschienen mit Blende können mit vorgesetzten Edelholz-Zierblenden ergänzt werden, die entweder aufgeklebt oder mit kurzen Schrauben durch die Kunststoffblende befestigt werden. Diese gibt es in mehreren Edelholzarten.
Besonders gut wirken diese Schienen, wenn sie mit einem Querbehang ergänzt werden. Dieser kann mit und ohne Edelholzblende verwendet werden. Bei Deckenbefestigung in niedrigen Neubauzimmern genügt die Zierblende.

Das Vorhangschienensystem ist unerläßlich, wenn das betreffende Fenster in der traditionellen Weise mit Stores, Unter- und Übergardine dekoriert werden soll. Ansonsten haben ihm die Vorhangstangen in der Gunst des Verbrauchers etwas den Rang abgelaufen.

Vorhangstangen

Vorhangstangen werden in allen ordentlich sortierten Baumärkten angeboten. Ein Set besteht aus der eigentlichen Stange, zwei oder drei Wandhaltern, einer entsprechenden Anzahl von Ringen, zwei Zierknöpfen als Stangenabschluß sowie Dübeln und Schrauben zur Wandbefestigung. Als Material stehen helles und dunkles Holz sowie Kunststoff in Weiß sowie Metall in Messing- und Chromdekor zur Auswahl. Ein alternatives System besteht aus schmiedeeisernen Stangen mit frei wählbaren aufsteckbaren Abschlußteilen in Messing. Dieses System wirkt eleganter, ist aber auch entsprechend teurer.
Vorhangstangen können nur mit einer Gardine dekoriert werden. Wer Wert auf Stores legt, muß sich mit einer unzureichend funktionierenden Zusatzschiene behelfen, die an die Abstandhalter der Wandbefestigung montiert wird. Ansonsten können geeignete Rollos oder Jalousien für Sichtschutz sorgen. Vorhangstangen eignen sich besonders für extravagante Dekorationen.

Montage

Vorhangschienen werden normalerweise mit Dübeln und Schrauben direkt in der Betondecke befestigt, was keinerlei Schwierigkeiten bereitet.
Vorhangstangen werden ebenso wie -schienen mit Übermaß gekauft und auf die gewünschte Länge gekürzt. Rechnen Sie die halbe Breite der gereihten Schals zur Breite des jeweiligen Fensters. Legen Sie die Position des ersten Wandhalters fest, und montieren Sie diesen. Mit einer langen Richtlatte und der Wasserwaage richten Sie den zweiten Wandhalter exakt symmetrisch zum ersten aus und befestigen ihn ebenfalls. Stecken Sie die Ringe bis auf 2 auf die Stange und dann von beiden Seiten je einen Abstandhalter. Führen Sie nun mit einem Helfer die beiden Abstandhalter in die Bohrungen der Wandhalter ein, und fixieren Sie diese mit den beiliegenden Klemmschrauben. Richten Sie die Stange mittig aus, und ziehen Sie die Klemmschrauben fest. Stecken Sie auf die Enden je einen Ring und den Zierknopf.

SIEHE AUCH
unter:
Handsägen 353

Rollos bieten eine schier unendliche Vielfalt an Dekorationsmöglichkeiten. Der Bogen der Möglichkeiten spannt sich vom billigen Fertigrollo aus dem Baumarkt bis zum hocheleganten selbstgenähten Raffrollo. Auch Jalousien und Lamellenvorhänge gehören in diese Kategorie.

Springrollos

Springrollos werden in verschiedenen Breiten und einer Vielfalt von Stoffdekors in Bau- und Möbelmärkten angeboten. Für die meisten Verwendungszwecke wird man dort das Passende finden. Als Alternative bieten sich Bausätze an.

Diese bestehen aus der Rolle – aus Holz oder dicker Pappe –, zwei aufsteckbaren Abschlußkappen, von denen die eine den Aufrollmechanismus enthält, Zugschnur und passenden Wandhaltern. Sie werden mit Stoff nach Wahl bespannt.

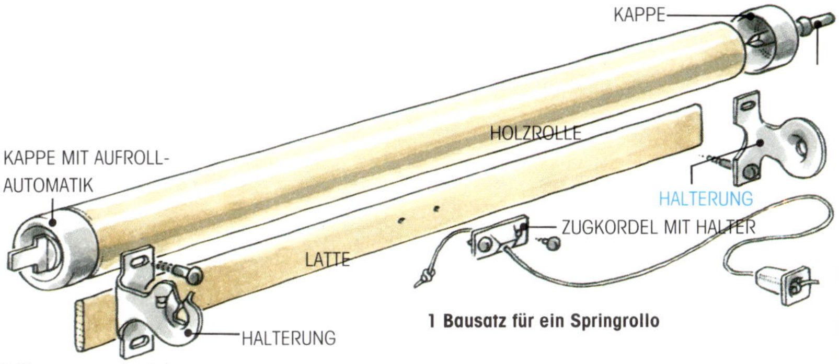

1 Bausatz für ein Springrollo

Ablängen und einbauen

Ein Springrollo kann vor dem Fensterausschnitt, in der Fensterlaibung oder am Fensterstock befestigt werden. Soll das Rollo vor dem Fensterausschnitt befestigt werden, muß es mindestens 10 cm breiter sein als die Breite des Ausschnitts. Denn wenn Sie die Dübellöcher für die Wandbefestigungen zu nahe an die Laibungskante setzen, besteht Gefahr, daß die Dübel im Putz schlecht halten oder gar der Putz ausbricht. Bei Altbauten ist es eher die Regel als die Ausnahme, daß die mitgelieferten Schrauben zu kurz sind, um einen sicheren Halt zu gewährleisten. Am besten besorgen Sie sich bereits beim Kauf des Rollos Dübel und Schrauben von mindestens 50 mm Länge.
Soll das Rollo in der Fensterlaibung hängen, werden die Wandhalter sinnvollerweise am Sturz befestigt, um das Holz des Fensterstocks nicht zu beschädigen. Das Rollo sollte zu beiden Seiten ca. 1,5 cm Abstand zur Wand haben. Achten Sie darauf, daß der Wandhalter mit der runden Bohrung auf die Seite mit dem runden Stift in der Kappe kommt. Wenn die Breite des Rollos paßt, brauchen Sie nun nur noch die Zugschnur zu befestigen und das Rollo einzuhängen.
Beim Bausatzrollo längen Sie die Rolle auf die Breite der Stoffbahn ab. Schlagen Sie die Oberkante des Stoffes einmal um, und nähen Sie einen Saum. An der Unterkante schlagen Sie den Stoff zweimal um und nähen einen Tunnel für den Stab. Befestigen Sie den Stoff mit Klebeband an der Rolle, und rollen Sie ihn probeweise auf. Wenn er gerade aufrollt, befestigen Sie ihn mit dem Tacker an der Rolle. Schieben Sie den Stab in den Tunnel, befestigen Sie die Zugkordel, rollen Sie das Rollo auf, und hängen Sie es in die Wandhalter.
Auch ein fertig gekauftes Rollo läßt sich mit etwas Geschick einkürzen. Dazu wickeln Sie den Stoff ganz ab, breiten ihn aus und schneiden an der Seite mit dem runden Stift in der Kappe einen Streifen in der erforderlichen Breite ab. Ziehen Sie dann vorsichtig die Kappe von der Rolle, und längen Sie diese ab. Stecken Sie die Kappe wieder auf, rollen Sie das Rollo auf, und hängen Sie es ein. Setzen Sie zuletzt den Kordelhalter wieder in die Mitte.

Lamellenvorhänge

Diese moderne Fensterdekoration erhalten SIe einbaufertig montiert in Ihrem Baumarkt. Sie müssen nur noch die Aluminiumschiene mit dem Mechanismus an Zimmerdecke oder Wand befestigen. Dabei ist lediglich zu beachten, daß der Wandabstand groß genug sein muß, um den Lamellen Bewegungsspielraum zu bieten. Sehr dekorativ bei großen Fensterflächen.

Jalousien passen gut zu modernem Interieur

Jalousien

Jalousien stehen zu Unrecht im Ruf nüchterner Zweckmäßigkeit. Früher bevorzugt zum Abdunkeln von Schulräumen und Geschäftsauslagen verwendet, haben sie dank edler Materialien und neuer Dekors auch die Wohnzimmer erobert. Gerade in Verbindung mit modernem Mobiliar lassen sich mit Jalousien interessante Dekorationseffekte erzielen.
Obwohl auch Holzausführungen angeboten werden, bestehen moderne Jalousien überwiegend aus Leichtmetall. Die Farben entsprechen zumeist dem zeitgemäßen Werkstoff: Gold- und silbereloxierte Ausführungen dominieren. Daneben sind jedoch auch frische Farbtöne und raffinierte Marmordekors erhältlich. Jalousien werden in einigen Standardgrößen passend zu Normfenstergrößen geliefert. Durch beidseitiges Einkürzen der Befestigungssleiste und der Lamellen lassen sie sich in Grenzen an individuelle Laibungsmaße anpassen.

Jaluosien montieren

Genau wie Springrollos lassen sich auch Jalousien sowohl vor als auch in der Laibung montieren. Die dort empfohlenen Über- bzw. Untermaße gelten auch hier. Montieren Sie die Wandhalter so, daß sie etwa 75 mm vom Ende der Befestigungsleiste entfernt sind, und hängen Sie die Jalousie ein.
Sie können Jalousien auch an schrägen Dachfenstern oder kippbaren Verandatüren anbringen. In diesem Fall befestigen Sie die Jalousie am Rahmen und montieren zusätzlich die Haltewinkel für die Führungskordeln. Hängen Sie die Führungen in die Haltewinkel ein.

1 Jalousie in die Wandhalter einsetzen

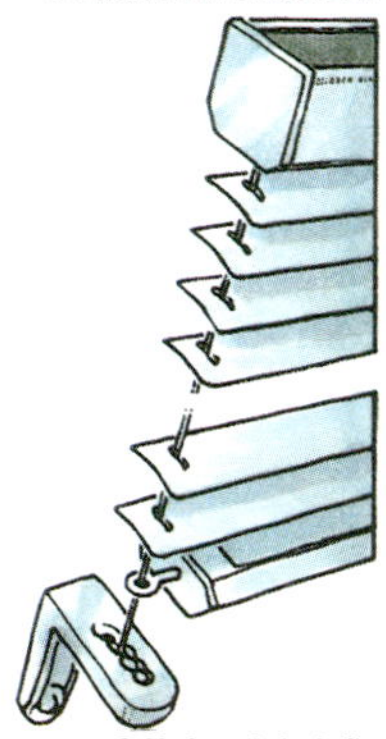

2 Haltewinkel für Führungskordeln

TREPPEN

SIEHE AUCH
unter:

Arbeitsplattform	18–20
Treppenhaus	76
Teppichboden verlegen	96

Grundsätzlich ist eine Treppe eine Folge von Stufen, die ein Stockwerk mit einem anderen verbindet. Das Treppenhaus – traditionellerweise sind die Treppen mit dem umgebenden Teil des Hauses verbunden – kann den jeweiligen Baustil in eindrucksvoller Weise repräsentieren. Durch ihre unveränderliche Lage in der Eingangszone, ihre beeindruckenden Ausmaße und ihre interessante und dekorative Form ist die Treppe ein wichtiger Bestandteil für den Charakter eines Hauses.

Die Treppen einiger alten Häuser sind hervorragende Beispiele hoher Handwerkskunst. Leider haben moderne Treppenkonstruktionen viel vom Charakter früherer Zeiten verloren. Doch Geräumigkeit und Luftigkeit lassen moderne offenstufige Treppenhäuser, obwohl einfach konstruiert, durchaus attraktiv erscheinen. Eine alte, abgenutzte oder knarrende Treppe kann repariert werden, obwohl die Erneuerung der dekorativen Elemente arbeitsaufwendig ist, aber das Ergebnis ist die Anstrengung wert.

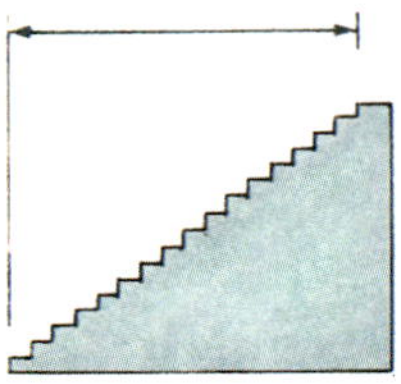

1 Die Lauflinie
Als Lauflinie bezeichnet man den Abstand zwischen der unteren und der oberen Setzstufe.

Treppenarten

Die einfachste Treppe hat einen geraden Stufenverlauf. Diese Bauart benötigt die längste »Lauflinie« – das ist der Abstand zwischen der unteren Setzstufe und der oberen **(1)**. In Häusern mit begrenztem Raum können kürzere Treppenläufe verwendet werden. Ein Halbpodest verbindet die Treppenläufe der im Wohnungsbau vielverwendeten U-Treppe miteinander. In vielen Einfamilienhäusern ist das Aufgangsproblem in Form von Wendeltreppen gelöst, die mit verjüngenden Stufen, Haspeln genannt, in spiraliger Kurve geführt sind. Wird diese Kurve um einen zentralen Pfosten geführt, spricht man von einer Spindeltreppe. Diese Konstruktion wird vielfach bei sehr beengten Verhältnissen und bei freistehenden Treppen – etwa als Aufgang zu einer Galerie – verwendet. Treppen werden entweder betoniert oder als Holzkonstruktion ausgeführt. Schäden an betonierten Treppen kommen kaum vor, und wenn, sind Diagnose und Reparatur Sache des Fachmanns. Holztreppen hingegen unterliegen materialbedingt einer größeren Abnutzung, so daß hier – besonders bei alten Häusern – Reparaturen immer wieder anstehen.

TREPPENARTEN

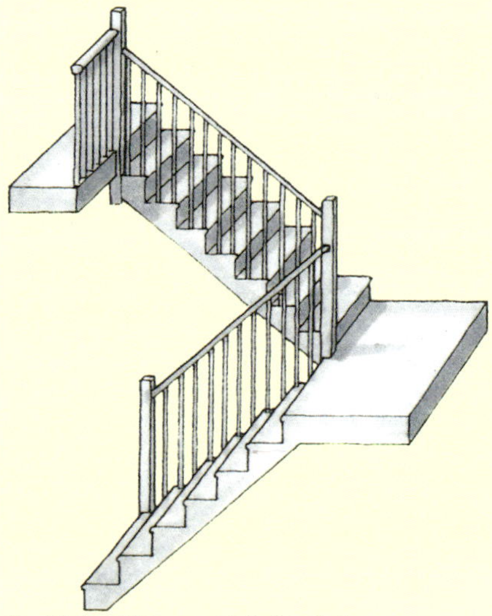

Zweiläufige U-Treppe mit Halbpodest

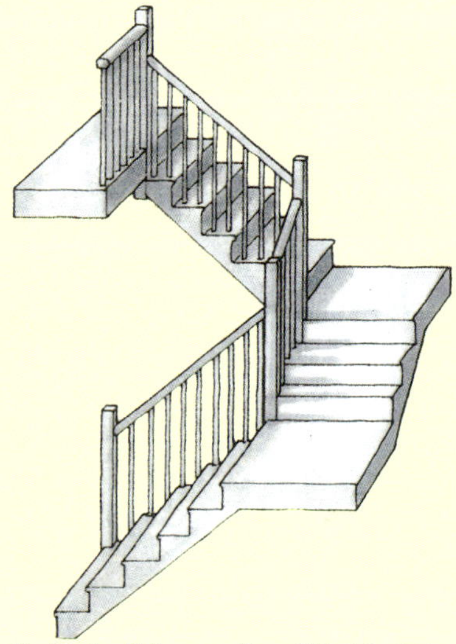

Dreiläufige U-Treppe mit zwei Viertelpodesten

Zweiläufige Winkeltreppe mit Viertelpodest

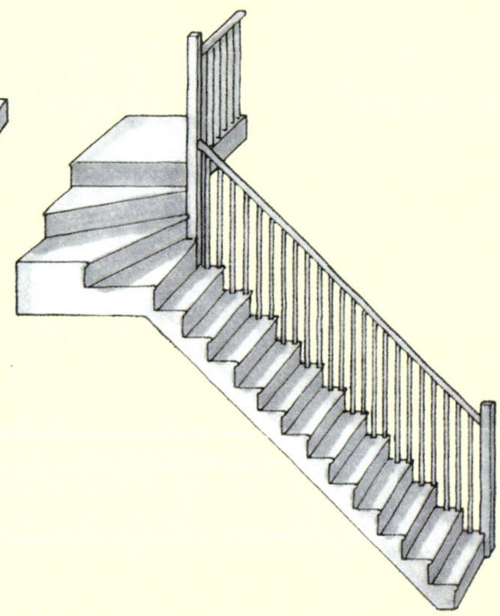

Einläufige, im Austritt viertelgewendelte Treppe

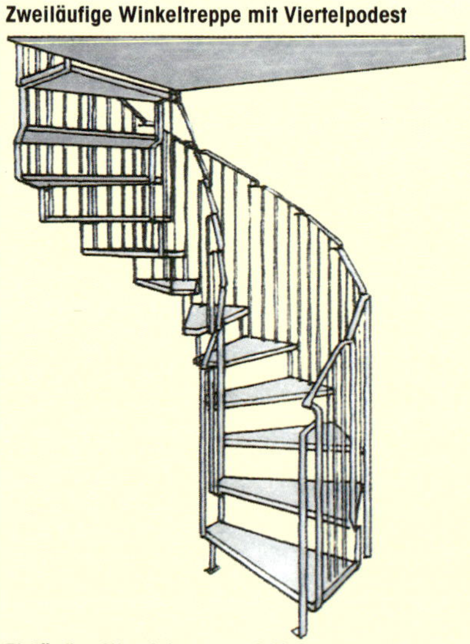

Einläufige Wendeltreppe mit Treppenauge

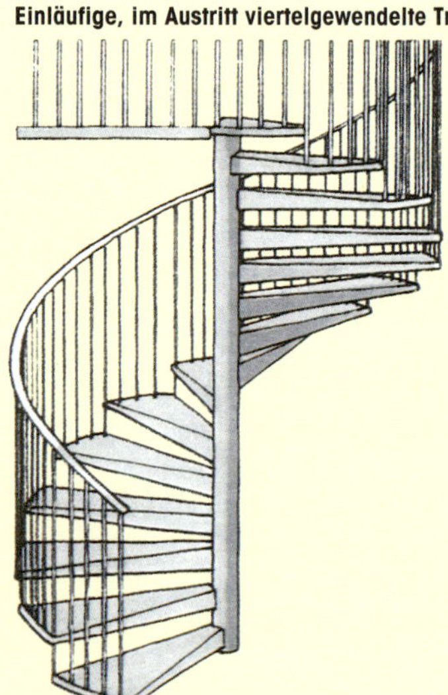

Spindeltreppe

TREPPEN-KONSTRUKTION

Für den Bau von Holztreppen wird meistens Weichholz verwendet. Teure Harthölzer wie Eiche, Teak und Mahagoni sind gewöhnlich Bauten mit anspruchsvollerer Ausstattung vorbehalten, obwohl Hartholz manchmal mit Weichholz für Elemente, wie Treppenpfosten und Handläufe, kombiniert wird. Moderne Treppenkonstruktionen arbeiten vielfach mit Metall, besonders bei vorgefertigten Spindeltreppen.

Stufen

Jede Stufe einer Treppe mit geradem Lauf wird aus zwei Brettern gebaut: der senkrechten Setzstufe, die die Vorderseite der Stufe bildet, und der waagrechten Trittstufe, dem Brett auf dem man geht. Die Setzstufe ist die Versteifung, die zwischen zwei Trittstufen eingebaut ist, um die Vorderkante der einen und die Hinterkante der anderen, abzustützen.

Setz- und Trittstufen können auf verschiedene Weise verbunden sein (siehe rechts unten), aber immer sind dreieckige Klötze in die Winkel geleimt, um die Festigkeit zu verbessern. Offene Stufentreppen haben starke Trittstufen, aber keine Setzstufen. Zur Verstärkung werden oft metallene Zugstäbe in die Zwischenräume der Auftritte gesetzt.

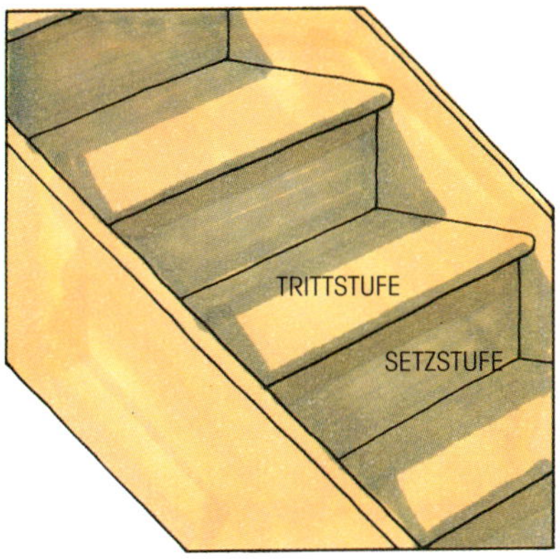

Normale Stufen bestehen aus Tritt und Setzstufe

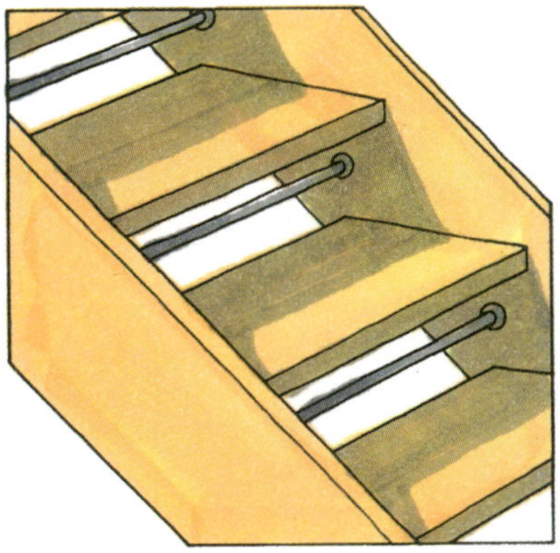
Stabilisierung durch Zugstreben

Wangen

Die Stufen stützen sich an den Enden auf breite Seitenwangen. Dies sind die Bauteile, die von einem Geschoß zum anderen verlaufen. Wandwange nennt man die innenliegende, die an der Wand befestigt ist, während die Wange an der offenen Seite der Treppe als Außenwange bezeichnet wird. Die Wangen können als geschlossene Wange mit parallelen Längskanten oder als offene Wange ausgeführt sein, bei der die Oberkante in die Form der Stufen gesägt wurde. Als Wandwangen werden überwiegend geschlossene Wangen benutzt, da bei dieser Art die Sockelleisten problemlos angefügt werden können. Die Außenwangen sind in modernen Häusern ebenfalls oft geschlossen ausgeführt, während man bei alten Gebäuden zumeist offene Wangen antrifft.

Geschlossene Wange mit parallelen Längskanten

Offene Wange in Stufenform

Stufe/Wangenverbindung

Die Tritt- und Setzstufen einer Treppe werden in Aussparungen in der Innenseite einer geschlossenen Wange gesetzt und mit verleimten Keilen gesichert. Die Keile werden unterwärts eingeschlagen, um eine feste Verbindung zu schaffen. Bei einer offenen Wange werden die äußeren Enden der Setzstufen in die senkrechten Schnittkanten gegehrt, und die Trittstufen werden auf die waagrechten Kanten geschraubt. Der Überstand – die abgerundete, überstehende Kante –, die darunter meistens eine konkave Zierleiste hat, wird seitlich durch eine passende Leiste abgedeckt. Zusätzliche dekorative Elemente aus gedrechseltem Holz können nach Geschmack verwendet werden.

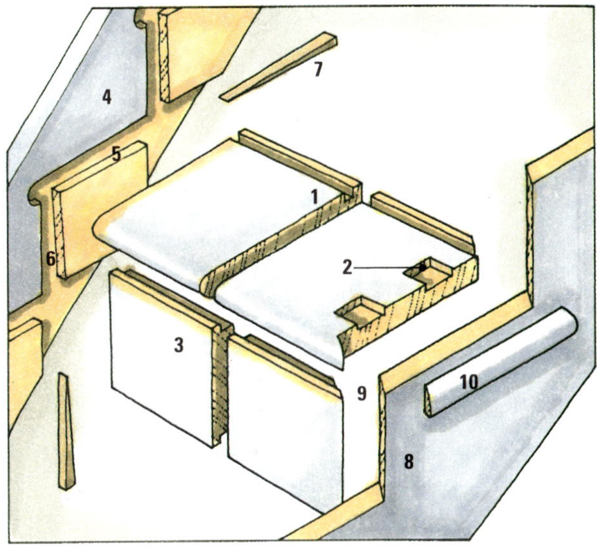

Der Aufbau der Stufe zeigt typische Treppenverbindungen
1 Genutete Trittstufe
2 Aussparung für die Geländerstäbe
3 Verzapfte Setzstufe
4 Wandwange
5 Trittstufenaussparung
6 Setzstufenaussparung
7 Keil
8 Offene Wange
9 Gegehrter Stumpfstoß
10 Leiste

VERBINDUNGEN TRITT UND SETZSTUFE

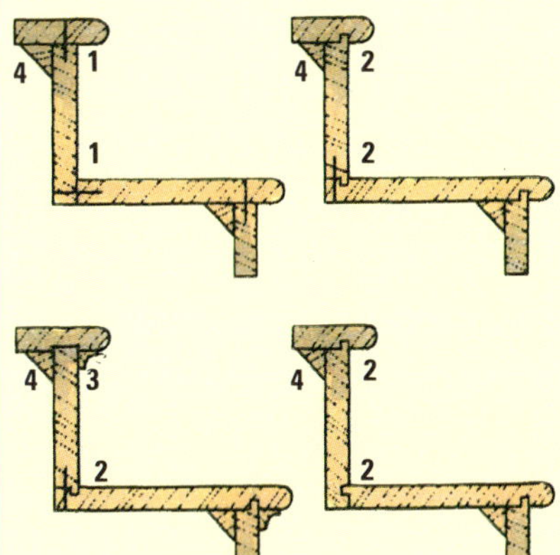

1 Stumpfer Stoß **2 Nut und Feder**
3 Schlitzzapfen **4 Verleimter Holzklotz**

SIEHE AUCH
unter:
Trittstufe abbauen 188–189
Setzstufe abbauen 189
Nuten fräsen 357–358

TREPPEN-KONSTRUKTION

SIEHE AUCH
unter:
Treppengeländer reparieren, ersetzten 190, 192
Handlauf anbringen 191

- **Vorsicht**
  Die Vorschriften für Geländer sind in den verschiedenen Landesbauordnungen nicht einheitlich geregelt.

Abstellraum
Die Fläche unter einer Treppe wird verschlossen, um einen Abstellraum zu schaffen.

Treppenpfosten

Die Wandwange wird unter den Trittstufen an die Wand gedübelt, die Außenwange wird an den Enden in die Geländerpfosten verzapft. Der Querschnitt dieser Pfosten beträgt wenigstens 100 x 100 mm. Sie stützen die Treppe ab, um sie am Boden und an den Wechseln des oberen Podestes zu sichern. Der obere Pfosten an einer Treppe und der mittlere einer Treppe mit Podest, laufen meistens bis zum Boden durch. Die Geländerpfosten tragen auch den Handlauf, der in ihnen verzapft ist.

Die Brüstung

Der Raum zwischen Handlauf und Außenwange kann mit Geländerstäben, Querriegeln oder Vertäfelungen gefüllt werden. Das Ganze wird als Brüstung oder Geländer bezeichnet. Wegen der potentiellen Unfallgefahr gibt es für Brüstungen strenge Bauvorschriften (siehe rechts).

Abstellraum

Der Raum unter einer Treppe wird oft verschlossen, um einen Schrank oder einen zusätzlichen Stauraum zu schaffen. Die dreieckigen Ausfachungen unter der Außenwange heißen Blendwange. Ihre Oberfläche kann verputzt oder mit Holz vertäfelt sein. Sie ist nicht Teil der Treppenkonstruktion und kann entfernt werden. Sinnvoller ist meist der umgekehrte Weg. Denn durch den relativ einfachen Anbau einer Blendwange läßt sich wertvoller Stauraum schaffen, der für die Aufbewahrung z. B. von Staubsauger und Kinderwagen genutzt werden kann.

Der Abbau einer bereits bestehenden Blendwange ist auch deshalb nicht sinnvoll, da die Unterseite einer geschlossenen Treppenkonstruktion aus optischen Gründen verkleidet werden sollte. Dies kann am einfachsten mit Nut- und Feder-Brettern geschehen, sofern eine solche Verkleidung zum Stil des Hauses paßt. Eleganter wirkt meist eine Verkleidung aus Putz. Bei Altbauten wurde diese angebracht, indem man Putzlatten auf die Unterseite der Treppenwangen nagelte und diese verputzte. Wegen der unvermeidlichen Schwingungen einer hölzernen Treppenkonstruktion treten dabei oft Risse auf. Zur Reparatur sind Gipsbauplatten über einer Spanplattenschicht bestens geeignet.

Der Mittelpodestträger

Treppen mit mehr als 900 mm breiten Stufen sollten an der Unterseite durch einen mittleren Podestträger oder »Lastträger« abgestützt werden. Diese 100 x 50-mm-Holzbalken sind unten auf einer Grundplatte und oben am Fußbodenwechsel verklaut. Kurze Stücke von 25 mm starken Brettern sind als Treppenabstützungen abwechselnd an die Seiten des Trägers genagelt, um den Druck der Stufen aufzunehmen.

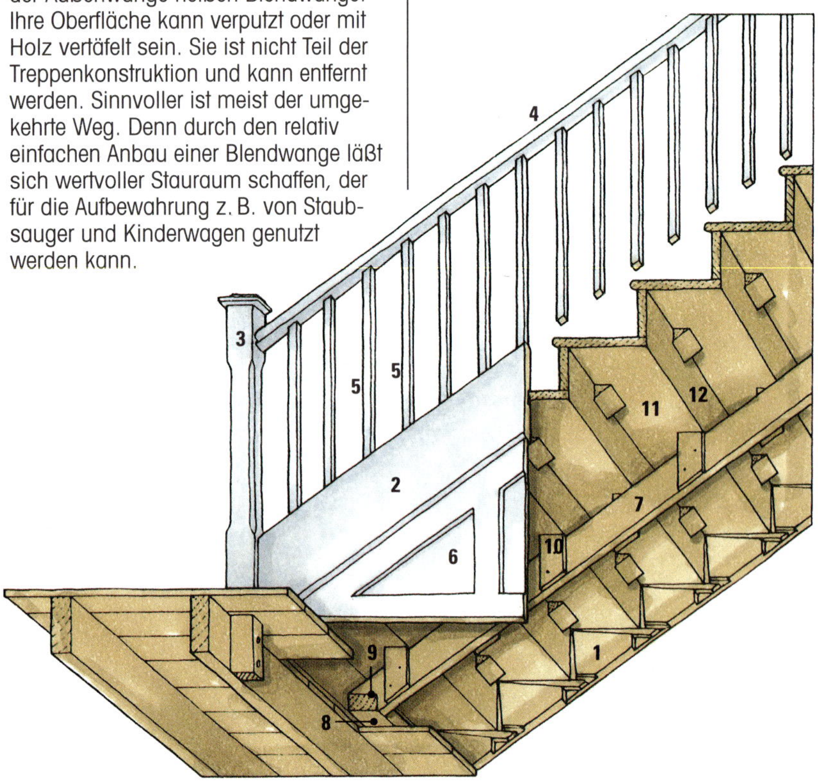

Bestandteile der Treppe
1 Wandwange
2 Außenwange
3 Geländerpfosten
4 Handlauf
5 Geländerstäbe
6 Blendwange
7 Trägerholz
8 Befestigungsplatte
9 Treppenabstützung
10 Trittstufe
11 Setzstufe

BAUVORSCHRIFTEN FÜR GELÄNDER

Die gültigen Bauvorschriften für Geländer und Brüstungen schreiben vor, daß die Höhe eines Treppengeländers – von der Vorderkante der Trittstufe (Lauflinie) bis zur Oberkante des Handlaufs gemessen **(1,2,3)**, nicht unter 900 mm betragen darf. Bei Treppen mit mehr als 12 m Absturzhöhe und Wendeltreppen sind mindestens 1100 mm vorgeschrieben.

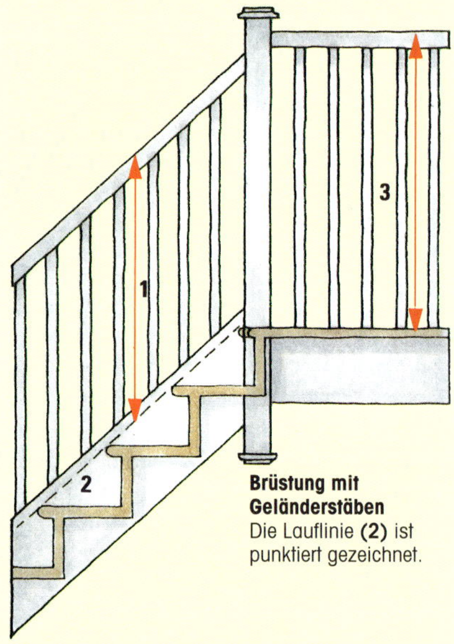

Brüstung mit Geländerstäben
Die Lauflinie **(2)** ist punktiert gezeichnet.

Die Abstände der Geländerstäbe oder Brüstungsriegel dürfen nicht größer als 120 mm **(4,5)** sein. Der Abstand zwischen Wand und Handlauf muß wenigstens 40 mm betragen. Fragen Sie in Zweifelsfällen in jedem Fall ihre Baubehörde.

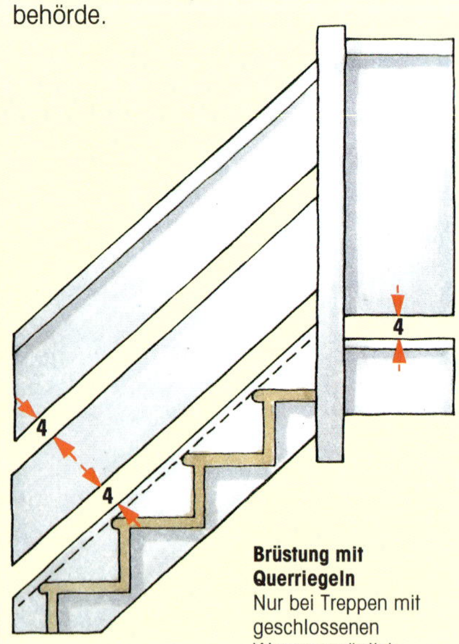

Brüstung mit Querriegeln
Nur bei Treppen mit geschlossenen Wangen möglich.

KNARRENDE STUFEN REPARIEREN

SIEHE AUCH
unter:

Stufen knarren, wenn die Verbindungen sich gelöst haben und aneinander scheuern. Die schmalen Lücken, die die Bewegung ermöglichen, resultieren oft aus dem Schrumpfen des Holzes, obwohl auch Abnutzung zum Problem beiträgt. Die Methode zur Behebung hängt davon ab, ob Sie Zugang zur Unterseite der Trittstufen haben. Von unten kann die Reparatur weit besser ausgeführt werden. Bedeutet das aber, daß der Putz der Verkleidung aufgestemmt werden muß, arbeitet man sinnvollerweise von oben.

Von der Unterseite aus arbeiten

Wenn Sie an die Unterseite der Treppe kommen, lassen Sie einen Helfer langsam über die Stufen gehen und diese dabei laut abzählen. Während Sie das Abzählen von Ihrer Position unter der Treppe verfolgen, markieren Sie jede lose Stufe mit Kreide. Dabei untersuchen Sie die Stufen, um die Ursache des Knarrens herauszufinden.

Lose Schlitzzapfen

Ist die Tritt- oder Setzstufe in der Aussparung der Wange lose, kann sich der Keil gelöst haben. Entfernen Sie den Keil **(1)**, säubern Sie ihn, bestreichen Sie ihn mit PVA-Holzleim, und verkeilen Sie ihn wieder in der Verbindung **(2)**. Ein beschädigter Keil wird durch einen neuen aus Hartholz ersetzt.

Lose Klötze

Überprüfen Sie die dreieckigen Klötze, die im Winkel zwischen Tritt- und Setzstufe angebracht sind. Sind sie schlecht verleimt, entfernen Sie die Klötze, reinigen sie vom alten Leim und kleben sie wieder an. Bevor Sie die Klötze anbringen, verbreitern Sie die Federverbindung mit einem Stemmeisen und tragen neuen Leim auf **(3)**. Dann sichern Sie die Verbindung mit einer 40 mm langen Senkkopfschraube. Reiben Sie die Leimverbindung der Klötze in den Winkel **(4)**, und fixieren Sie sie mit Sockelleistenstiften, bis der Leim abgebunden hat. Betreten Sie die reparierten Stufen nicht, ehe der Leim durchgetrocknet ist. Fehlende Klötze kann man aus einem 50 x 50 mm Kantholz herstellen. Das Holz wird aufrecht in den Schraubstock gespannt, diagonal eingesägt und auf 75 mm abgelängt.

1 Den alten Keil mit einem Beitel ausstemmen

2 Unter Leimzugabe neu verkeilen

3 Die Verbindung aufstemmen, Leim einführen

4 Die geleimten Klötze in den Winkel reiben

Von oben arbeiten

Zur Bestimmung der Problemflächen, gehen Sie langsam die Treppe hinauf, halten an der knarrenden Stufe an und bewegen Ihr Gewicht auf der verdächtigen Trittstufe hin und her, um den sich bewegenden Teil herauszufinden. Dabei sollte im Haus absolute Ruhe herrschen.

Stufenüberstand – lose Verbindung

Um eine lockere Federverbindung zwischen der Setzstufe und dem Überstand der Trittstufe zu befestigen, werden Löcher für 40 mm lange Senkkopfschrauben in die Trittstufen, mittig zur Setzstufenkante, gebohrt **(1)**. Versenken Sie den Schraubenkopf wie nebenstehend abgebildet. Füllen Sie PVA-Holzleim in die Löcher, und lösen Sie die Verbindung leicht, damit der Leim einsikkern und sich verteilen kann. Dann ziehen Sie die Verbindung mit den Schrauben fest.

Setzstufen – lose Verbindung

Eine lose Verbindung auf der Rückseite der Trittstufe, kann nicht einfach von oben repariert werden. Man kann zwar versuchen, wasserverdünnten PVA-Holzleim in die Verbindung zu bringen, aber man kann sie nicht verschrauben. Eine Form der Verstärkung ist das Einleimen von 12 x 12 mm Dreiecksleisten, in den Winkel zwischen Tritt- und Setzstufe **(2)**. Dieses ist allerdings nur möglich, wenn die vorgeschriebene Trittbreite von 260 mm dadurch nicht unterschritten wird. Schneiden Sie die Leiste etwas kürzer als die Breite des Treppenläufers, wenn der Teppich nicht die volle Stufenbreite hat. Am sinnvollsten ist diese Maßnahme, wenn ähnliche Leisten bereits bei allen Stufen montiert sind.

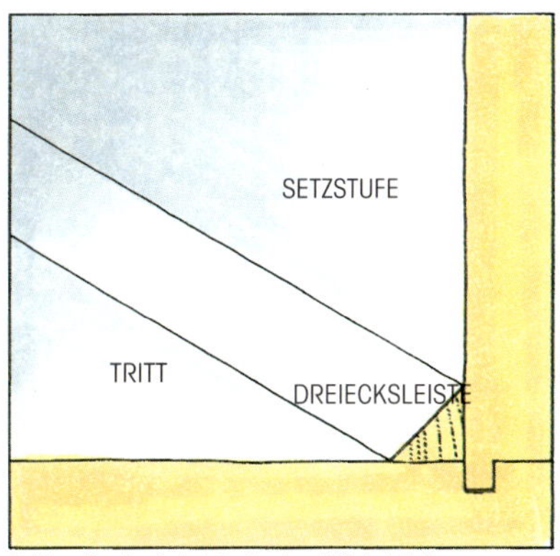

2 Eine Dreiecksleiste in den Winkel leimen

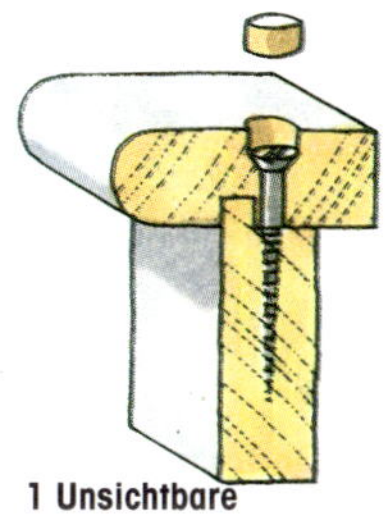

1 Unsichtbare Verschraubung
Kaufen Sie sich in Ihrem Baumarkt Holzplättchen und einen passenden Forstnerbohrer. Bohren Sie das Schraubenloch mit dem Forstnerbohrer so tief nach, daß das Holzplättchen nicht ganz in der Bohrung verschwindet. Drehen Sie die Schraube ein, setzen Sie das Holzplättchen unter Leimzugabe ein. Nach dem Trocknen wird der Überstand abgeschliffen.

AUSGETRETENE TREPPENSTUFEN ERSETZEN

SIEHE AUCH
unter:

Treppen konstruieren	185–186
Sägen	353–354
Nuten fräsen	357–358

Weichholztritte, die nicht durch einen Bodenbelag geschützt werden, nutzen sich im Lauf der Jahrzehnte ab. Abgenutzte Trittstufen und Stufenüberstände sind gefährlich und sollten sofort repariert werden. Sind alle Stufen abgenutzt, sollten die Tritte durch einen Zimmermann ausgewechselt werden. Stufen zwischen offenen Wangen können von unten ersetzt werden. Ist die Unterseite der Treppe verputzt, müssen Sie eine Öffnung schneiden, um die abgenutzte Stufe zu erreichen. Wurde die Treppe mit einem Mittelpfosten erbaut, wird die Reparatur aufwendig. In diesem Fall sollten Sie einen Treppenbauer zu Rate ziehen.

Stufenüberstand erneuern

Die Abnutzungen des Stufenüberstandes beschränken sich meistens auf die Mitte der Stufe, so daß man sie reparieren kann, ohne die ganze Stufe erneuern zu müssen. Markieren Sie drei Schnittlinien dicht neben der abgenutzten Fläche; eine parallel zur Kante des Stufenüberstandes und die anderen beiden rechtwinklig dazu **(1)**. Stellen Sie die Schnitttiefe einer Handkreissäge auf die Stärke der Stufe ein, und nageln Sie als Führung eine Latte im erforderlichen Abstand parallel zur langen Schnittlinie.

Aussägen

Setzen Sie die Maschine in Position, schalten Sie sie ein, und sägen Sie, indem Sie sie auf das Holz absenken **(2)**. Nicht über die Markierungen der kurzen Schnittlinien sägen. Nach dem Schnitt die Latte abnehmen. Sägen Sie den Rest mit einer Feinsäge, und trennen Sie die Vorderseite der Trittstufe im 45°-Winkel ab. Achten Sie darauf, daß Sie nicht über den ersten Schnitt hinaussägen **(3)**. Ungesägter Abfall in den Ecken wird mit einem Beitel in Faserrichtung abgestemmt **(4)**. Die Feder der Setzstufe und die dreieckigen Abstützklötze dürfen nicht beschädigt werden.

Ersetzung

Schneiden Sie ein passendes Holzstück zurecht. In die Unterseite des neuen Überhanges wird eine Nut für die Aufnahme der Feder der Setzstufe gefräst, und die Enden werden im 45°-Winkel abgeschrägt. Paßt das Teil in die Öffnung, tragen Sie Holzleim auf alle Stoßflächen auf und befestigen es an seinem Platz. Verklammern Sie die Leimung mit einer Latte, die zu beiden Seiten des Auftritts angeschraubt wird **(5)**. Eine unter die Latte gelegte Futterleiste aus Hartholz konzentriert den Druck. Plastikfolie verhindert das Verkleben. Der stumpfe Stoß wird mit 6-mm-Dübeln verstärkt. Hat der Leim abgebunden, hobeln und schleifen Sie die Reparaturstelle bündig und verkitten die Schraubenlöcher.

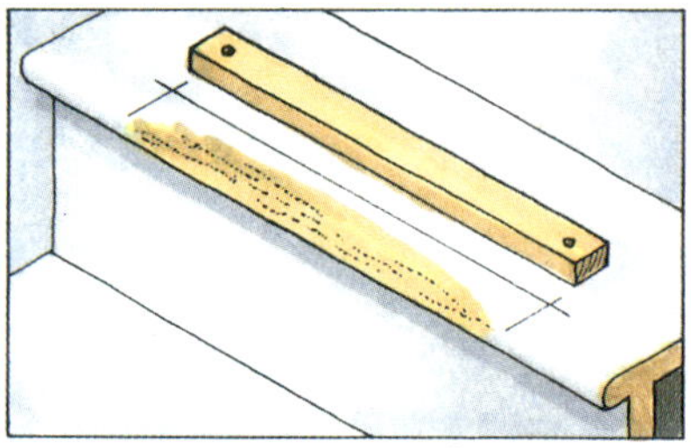
1 Schnittlinien um abgenutzte Fläche anzeichnen

2 Die Säge an einer Latte entlang führen

3 An jedes Ende 45°-Schnitte machen

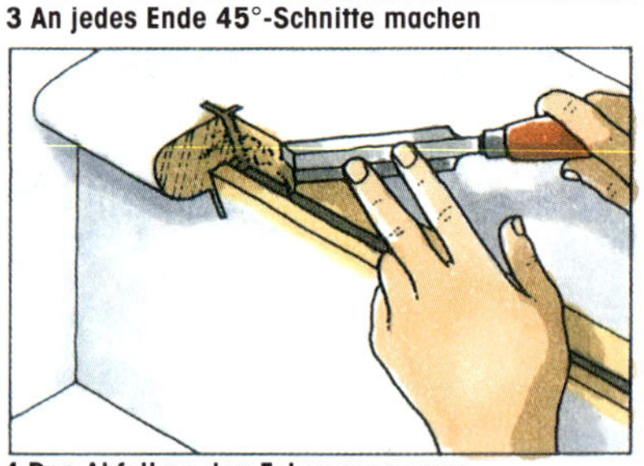
4 Den Abfall an den Ecken aussparen

5 Neuen Stufenüberstand mit Latte verklammern

Tritte ersetzen

Die meisten Treppen haben Federverbindungen zwischen Setz- und Trittstufe. Manchmal sind die Oberseiten der Setzstufen in die Unterseiten der Trittstufen eingenutet. Andere Treppen haben einfache Stumpfstöße und sind mit Nägeln oder Schrauben gesichert. Zur Bestimmung der Verbindung schiebt man eine dünne Messerklinge in die Fuge der Verbindung. Bei einem stumpfen Stoß kann die Klinge durchgeschoben werden, während eine Zapfen- oder Federverbindung dies nicht zuläßt. Da die Verbindungen die Setz- und Trittstufen fest verschließen, müssen sie an der beschädigten Trittstufen gelöst werden, bevor man diese entfernen kann.

Einen stumpfen Stoß lösen

Um einen stumpfen Stoß zu zerlegen, entfernt man zuerst Nägel und Schrauben. Ist die Verbindung verleimt, klopfen Sie stark gegen die Stufe, um den gehärteten Leim zu brechen oder stemmen sie mit einem Beitel hoch. Genauso entfernen Sie die angeleimten Dreiecksklötze.

Eine Feder absägen

Ist die Feder einer Setzstufe mit der Unterseite der Trittstufe verbunden, müssen Sie die Stufe von vorn absägen. Die in die Oberseite der Trittstufe verzapfte Feder der Setzstufe muß hingegen von hinten abgesägt werden **(1)**. Zuvor muß aber die Zierleiste unter dem Überstand abgestemmt werden.
Vor dem Absägen der Feder entfernt man alle Schrauben, Nägel und angeleimten Stützklötze. Anschließend bohrt man eine Reihe von 6-mm-Löchern in die Absätze der Verbindung, um das Blatt einer Stichsäge **(2)** einführen zu können. Sägen Sie einen Schnitt, der breit genug ist, um mit einer Feinsäge weiterarbeiten zu können. Sie können auch die elektrische Stichsäge verwenden. Die Methode zur Entfernung der Stufe hängt davon ab, ob sie zwischen geschlossenen Wangen befestigt ist oder an einer Seite eine offene Wange hat (siehe gegenüberliegende Seite).

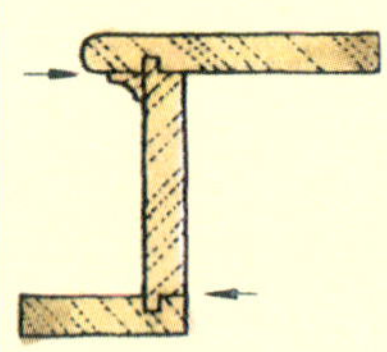
1 Feder von vorn oder hinten durchsägen

2 Schnitt mit der Stichsäge ansetzen

AUSGETRETENE TREPPENSTUFEN ERSETZEN

SIEHE AUCH

unter:

Geschlossene Wangentreppe

Von der Unterseite der Treppe aus stemmen Sie die Klemmkeile aus den Wangenaussparungen der Trittstufenenden **(1).** Dann lösen Sie die Stufe durch wuchtige Hammerschläge auf einen untergelegten Holzklotz. Als nächstes schlagen Sie die Stufen rückwärts aus den beiden Aussparungen, indem Sie abwechselnd auf die Enden klopfen **(2)**. Schneiden Sie eine neue Trittstufe zu, und formen Sie die Vorderseite passend zum Überstand der anderen Stufen. Sägen Sie neue Keile, und passen Sie den neuen Tritt samt Keilen von unten an ein. Die durch die Sägeschnitte entstandenen Lücken füllt man mit eingesetzten Furnierstücken **(3)**. Auf die neue Trittstufe tragen Sie nun PVA-Holzleim auf und setzen sie mit den Keilen und Futterstücken wieder ein. Mit 40-mm-Senkkopfschrauben sichern Sie den Tritt in den Setzstufen.

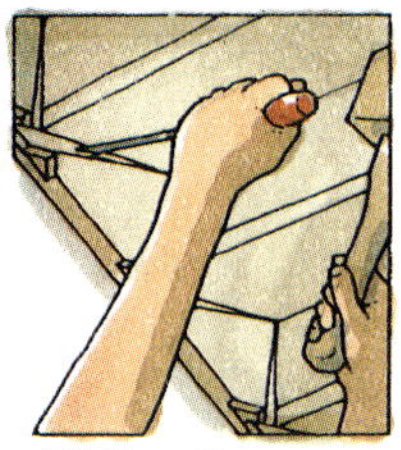

1 Keile entfernen

2 Stufe herausschlagen

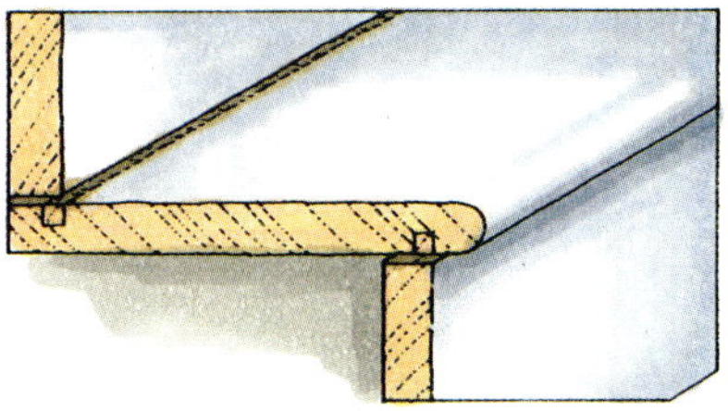

3 Sägeschnittbreite auf beiden Seiten auffüttern

Offene Wangentreppen

Stemmen Sie die das Stirnholz der Stufen verdeckende Leiste ab – sie darf dabei nicht splittern **(1)** –, und entfernen Sie die Geländersprossen. Beiteln Sie die Keile aus den Aussparungen der Wandwange, um das innere Ende der Stufe zu lösen, und lösen Sie die Verleimung von der Rückseite der Treppe aus mit Hammer und Schlagklotz **(2)**. So wird das in die Außenwange gesetzte Stufenende gelöst, während die Innenkante teilweise in der Aussparung bleibt. Ziehen Sie die Nägel, die die Stufe an der Außenwange halten, aus, und nehmen Sie die Stufe ab. Benutzen Sie die Originalstufe als Schablone, übertragen Sie deren Form auf das neue Brett, und sägen Sie dieses zu. Hobeln und schleifen Sie die Form des Überstandes entsprechend den anderen Trittstufen zu. Markieren Sie die Aussparungen für die Geländersprossen, und stemmen Sie diese aus **(3).** Schneiden Sie einen neuen Keil für die innere Auftrittsaussparung zu.
Die Stufe wird nun nach der für die geschlossene Wange oben beschriebenen Methode von der Vorderseite aus eingepaßt, unterfüttert, geleimt und – möglichst unsichtbar – verschraubt. Die Geländersprossen werden unter Leimzugabe eingesetzt. Abschließend nageln und leimen Sie den Zierkantenbogen wieder auf das Ende der Trittstufe und schleifen die Übergänge glatt.

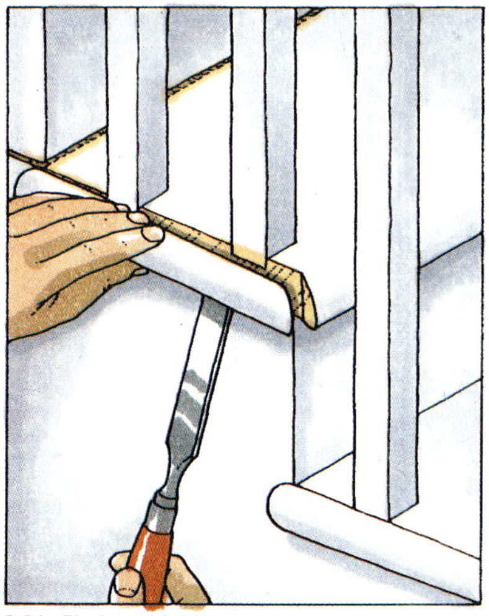

1 Die Zierkantenleiste abstemmen

2 Die Stufe von hinten rausschlagen

3 Aussparungen für Geländerstäbe ausstemmen

SETZSTUFE REPARIEREN

Setzstufen unterliegen keiner besonderen Abnutzung und brauchen deshalb normalerweise nicht ausgetauscht zu werden. Sollte eine Setzstufe durch Holzwurmbefall geschwächt sein, kann man sie mit einem von hinten angeschraubten und geleimten Brett verstärken, nachdem man den Schädling vernichtet hat. Eine stark vom Holzwurm befallene Setzstufe muß allerdings ausgetauscht werden.

Setzstufe einer geschlossenen Wange

Bei einer Treppe mit geschlossenen Wangen entfernen Sie die Trittstufe unter der beschädigten Setzstufe nach der beschriebenen Methode (siehe links). Sägen Sie dann die Feder oben an der Setzstufe durch, schlagen Sie die Keile aus den Setzstufenaussparungen, und schlagen oder stemmen Sie die Setzstufe nach unten heraus **(1)**.
Schneiden Sie anhand der alten eine neue passende Setzstufe zu. Es ist einfacher, die neue Setzstufe mit der Ober- und Unterkante durch einen stumpfen Stoß statt durch eine Federverbindung mit den Trittstufen zu verbinden **(2)**. Verleimen und verkeilen Sie die neue Setzstufe in den Aussparungen. Leimen und schrauben Sie deren Oberkante an die obere Trittstufe **(3)**. Wenn die Stufen nicht mit Teppich belegt werden sollen, versenken Sie die Schrauben und verschließen die Löcher mit Holzplättchen. Setzen Sie die Stufen, wie vorher beschrieben (siehe links), ein. Füttern Sie nur den vorderen Schnitt, der zum Einpassen der neuen Setzstufe gemacht wurde, mit Furnierstreifen aus.

1 Setzstufe ausstemmen

2 Passend zuschneiden

3 Verkeilen

Stufe einer offenen Wange

Nehmen Sie zunächst die Zierleiste unter dem Stufenüberstand ab, dann sägen Sie die Feder der schadhaften Setzstufe durch und entfernen die Keile aus der Wandwangenaussparung. Die Gehrungsverbindung zwischen Setzstufe und Außenwange wird mit einem Hammer von hinten auseinandergeklopft. Ist die Verbindung gelöst, ziehen Sie das innere Ende der Setzstufe von vorne aus der Aussparung. Eine neue, exakt passende Setzstufe wird hergestellt und die äußere Kante abgeschrägt, damit sie in die Verbindung in der Wange paßt. Die geleimte Setzstufe wird von vorne eingeschoben, verleimt und verkeilt. Schrauben Sie die Stufen an die Setzstufe, und nageln Sie das abgeschrägte Ende und die Zierleiste an.

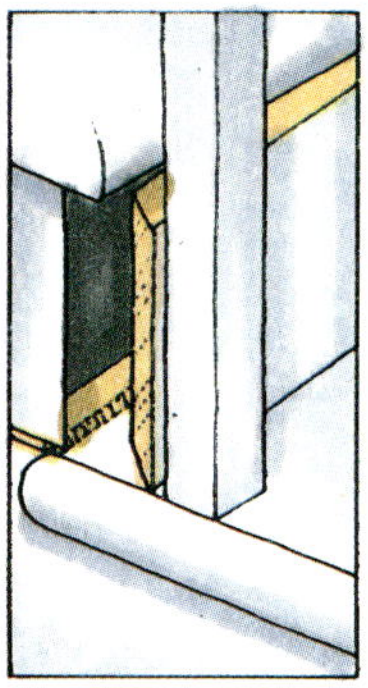

Gelöste Gehrungsverbindung

TREPPENGELÄNDER REPARIEREN

SIEHE AUCH
unter:
Treppenkonstruktion 185–186
Offene Wange 189

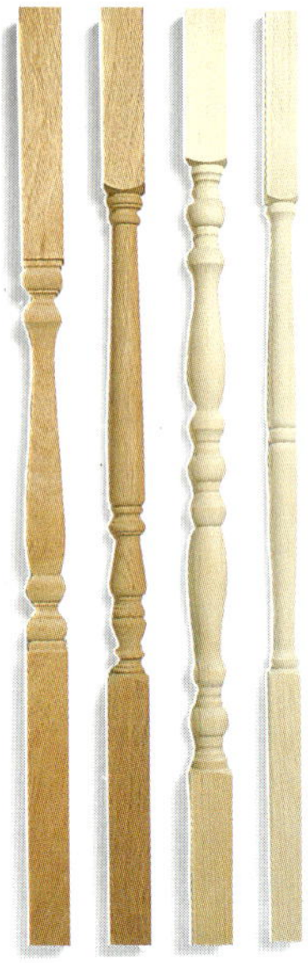

Auswahl handelsüblicher Geländersprossen

Eine gebrochene Geländersprosse ist gefährlich und muß sofort repariert oder ausgewechselt werden. Ein kunstvoll gefertigtes Teil sollte man erhalten. Ist der Schaden nicht zu groß, kann man es vor Ort reparieren. Andernfalls wird es durch eine neue Sprosse ersetzt – bei handelsüblichen Produkten kein Problem.

Gedrechselte Treppengeländersprossen

Geländerstäbe kaufen

Beim Tischler und in Baumärkten können Sie aus einem reichen Angebot an vorgefertigten Geländerstäben mit verschiedenen Designs auswählen, mit denen Sie die die alten, beschädigten ersetzen können. Das ist billiger, als gleiche nachfertigen zu lassen. Vielleicht nutzen Sie auch die Gelegenheit, um unansehnliche alte Sprossen komplett durch neue zu ersetzen.

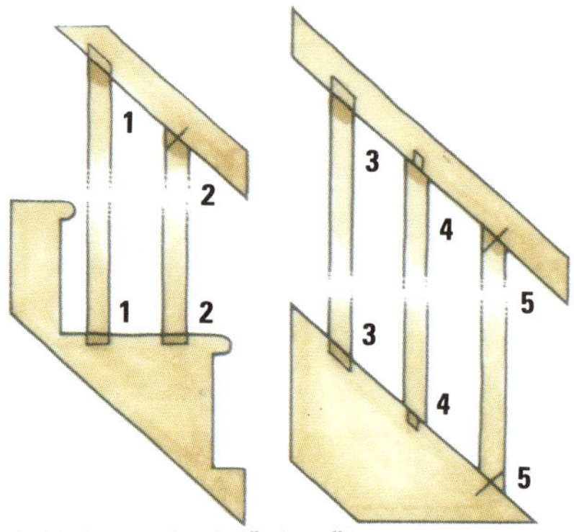

Verbindungen der Geländerstäbe
1 eingespart **2** eingespart und genagelt
3 eingespart **4** verzapf, **5** genagelt

Befestigung der Geländerstäbe

Geländersprossen werden üblicherweise in der Unterseite des Handlaufs und der Kante einer geschlossenen Wange oder in der Trittstufe einer offenwangigen Treppe verzapft. Selten werden sie nur stumpf gestoßen und mit Nägeln oder Schrauben gesichert, bisweilen auch nur unten verzapft und oben genagelt (siehe unten). Eine Nagelverbindung kann man durch Abtasten der Rückseite der Sprosse entdecken, wenn dort eine leichte Vertiefung oder Erhöhung zu ertasten ist. Durch Abbeizen des Holzes, wird die Befestigung sichtbar.

BAUVORSCHRIFTEN FÜR DEN HANDLAUF

Die Bauverordnung verlangt, daß in Wohnhäusern jede Treppe über fünf Stufen auf beiden Seiten mit einem Handlauf gesichert werden muß, wenn sie breiter als 1,25 m ist. Eine Treppe mit gewendelten Stufen muß einen Handlauf auf der Seite der größeren Stufenbreite haben. Außenwangen müssen immer einen Handlauf aufweisen. Obwohl diese Anforderung nur Neubauten betrifft, sollte man sie auch auf ältere Gebäude anwenden, da eine Wendeltreppe mit ihren schmalen Stufen nicht ungefährlich ist. Handläufe aus Hartholz, einschließlich der senkrechten und waagrechten gekrümmten Teile, sind beim Schreiner erhältlich. Die verschiedenen Teile werden mit speziellen Geländerschrauben aus Stahl verbunden und mit metallenen Handlaufhalterungen an die Wand geschraubt. Die Größe der Halterungen wird durch den Abstand des Überstandes von der Mauer zur Mitte der Handlaufbefestigungplatte bestimmt. Der Sicherheit und Bequemlichkeit wegen, muß der Abstand zwischen Handlauf und Wand wenigstens 40 mm betragen. Die Stufenbreite darf 800 mm nicht unterschreiten (gemessen zwischen Handlauf und gegenüberliegendem Geländerpfosten). Fragen Sie in Zweifelsfällen bei Ihrer Baubehörde nach.

Einen Geländerstab auswechseln

Eine beschädigte Sprosse, die stumpf gestoßen und genagelt ist, wird entfernt, indem man das obere Ende rückwärts und das untere Ende vorwärts herausschlägt. Ist sie nur unten eingespart, kann sie aus der Aussparung gezogen werden, wenn sie oben gelöst ist. Ein an beiden Enden eingesparter Pfosten kann nur durch Absägen der Verbindung an der Unterseite des Handlaufs entfernt werden. Ist das Geländer in eine offene Wange eingebaut, entfernt man die das Ende der Trittstufe verdeckende Zierleiste und schlägt das untere Ende des Stabes aus der Aussparung. Dann wird der Stab nach unten gezogen, um ihn aus der Aussparung des Handlaufes zu lösen.

Einen Geländerstab einbauen

Markieren Sie die benötigte Länge des neuen Stabes und dessen Endschrägen, die Sie nach dem Muster des alten Stabes zusägen. Ist das unmöglich, übertragen Sie den Winkel zwischen Handlauf und Sprossen mit einer Schmiege auf den neuen Stab. Der fertig zugesägte Geländerstab wird in der umgekehrten Weise montiert, in der man den alten entfernt hat. Um einen mit beiden Enden in eine geschlossene Wange eingezapften Stab zu ersetzen, besäumen Sie zuerst die hintere Ecke des oberen Zapfens **(1)**, dann plazieren Sie den unteren Zapfen in seine Aussparung und drehen das obere Ende in seine Position **(2)**.

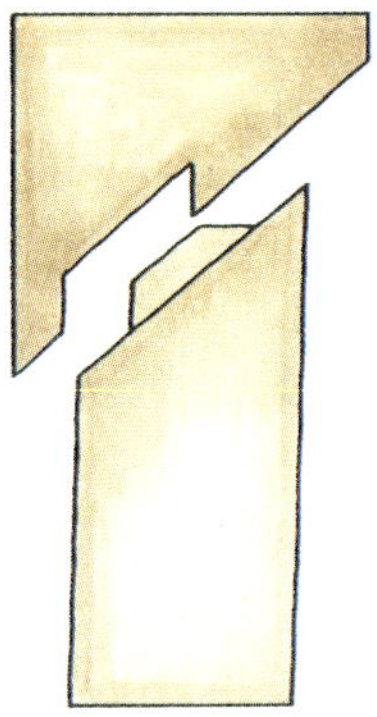

1 Oberen Zapfen besäumen

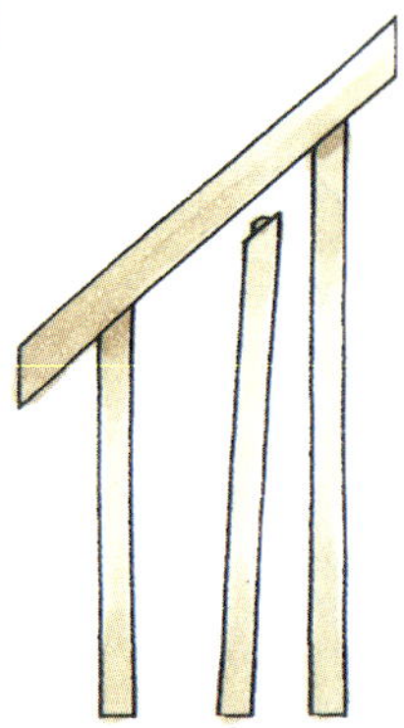

2 In Position drücken

Eine Sprosse ausbessern

Eine in Richtung der Faser gesplitterte Sprosse kann vor Ort repariert werden. Drücken Sie Leim in den Riß, und pressen Sie ihn mit einer Zwinge und Beilagen zusammen. Wenn das nicht möglich ist, legen Sie einen möglichst festen Stützverband aus Klebeband an, bis der Leim abgebunden hat.

Notfalls mit Klebeband fixieren

HANDLAUF ANBRINGEN

Messen und markieren

Zeichnen Sie in der vorgeschriebenen Höhe des Handlaufs eine Linie an die Wand. Die Mindesthöhe des Geländers beträgt 900 mm. Die Linie wird durch eine Reihe von Punkten festgelegt, die vom Überstand jeder Trittstufe einer geraden Treppe senkrecht nach oben gemessen werden. Gewendelte Stufen werden von der mittleren Wendelstufe und dem Podest aus gemessen **(1)**.

Hinweise und Techniken zum Anzeichnen

Schneiden Sie eine Richtlatte zu, und verwenden Sie diese als Maßstab. Kreisen Sie die Punkte mit Bleistift ein, damit Sie sie später leichter wiederfinden.

Das Anzeichnen

Mit einem Richtscheit verbinden Sie die Punkte, um eine Linie für den Verlauf des Handlaufes zu erhalten. Ziehen Sie darunter im Abstand der Stärke des Handlaufs und parallel zur ersten eine zweite Linie. Wo der Handlauf seine Richtung ändert, verlängern Sie die Linien über den Schnittpunkt (A), um den Winkel, in dem die Teile abgelängt werden müssen, messen zu können **(2)**. Messen Sie die Länge des Handlaufs, und kaufen Sie die erforderliche Länge, einschließlich der besonderen Teile, wie Krümmlinge, Schrägen und Geländeranfang (siehe rechts). Kaufen Sie genügend Handlaufhalterungen, die Sie im Abstand von 1 m setzen müssen.

Zusammensetzen und Anbauen

Schneiden Sie die Teile auf richtige Länge und Winkel. Dübeln und leimen Sie sie zusammen, oder verwenden Sie Schloßschrauben. Diese werden in ein Stück eingedreht und erfordern im Gegenstück eine Bohrung mit Spielraum und eine in die Unterseite geschnittene Aussparung für die Schraubenmuttern. Zwei eingesetzte Dübel pro Verbindung sorgen dafür, daß sich die Teile nicht gegeneinander verdrehen **(3).** Bauen Sie das Geländer in handlichen Teilen zusammen. Schrauben Sie die Halterungen an den Handlauf, und halten Sie das Teil an die Wand, während ein Helfer die Schraublöcher anzeichnet. Diese werden gebohrt und verdübelt, der Handlauf mit 10 x 65-mm-Schrauben befestigt, so daß er einen guten Halt in der Ziegelwand und nicht nur im Putz findet **(4)**. Der Handlauf wird abgeschliffen und mit einer Klarlasur oder Farbe gestrichen.

1 Vermessen
Die Wand über jeder Stufe markieren und die Punkte mit einem Richtscheit verbinden.

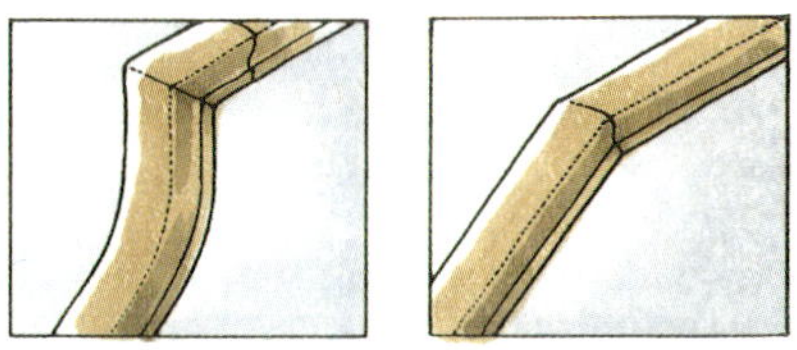

2 Winkel ändern
Ein schräger Handlauf kann mit einem waagrechten, durch einen Krümmling oder einen überstumpfen Winkel verbunden werden.

3 Handläufe mit Spezialschrauben verbinden

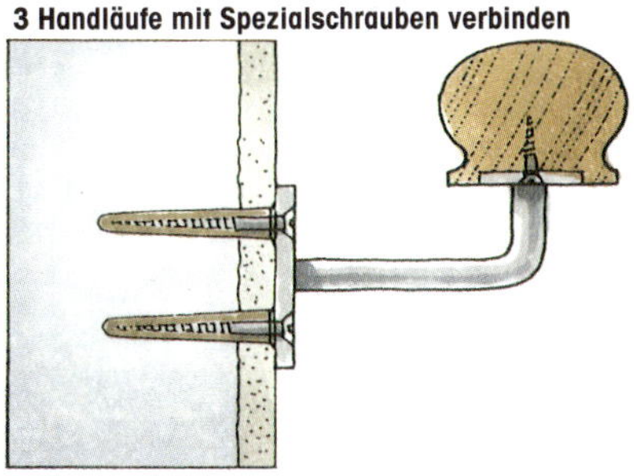

4 Halterungen sicher an der Wand befestigen

EIN WACKELNDES GELÄNDER BEFESTIGEN

Wenn das ganze Geländer einschließlich Handlauf und Geländerpfosten wackelt, spricht das für einen Bruch der Verbindungen zwischen den Stufen und der Außenwange. Ein solcher Schaden muß sofort repariert werden, weil das Geländer zusammenbrechen kann, wenn sich jemand dagegenlehnt. Sie befestigen eine lose Wange und einen Geländerpfosten neu, indem Sie zuerst die Keile aus den Aussparungen der Tritt- und Setzstufen entfernen und dann die Vorderseite der Wange mit einem Hammer und Holzbeilage wieder an ihren Platz zurückklopfen **(1)**. Verkeilen Sie die Wange mit der gegenüberliegenden Wand **(2)**. Nun treiben Sie unter Leimzugabe neue Keile in Aussparungen, um wieder eine feste Verbindung herzustellen. Die Verbindung zwischen der unteren Stufe und dem Geländerpfosten wird mit einem in den Winkel auf der Unterseite geschraubten Winkelverbinder aus rostfreiem Metall dauerhaft verstärkt **(3)**.

1 Verbindungen mit Hammerschlägen schließen

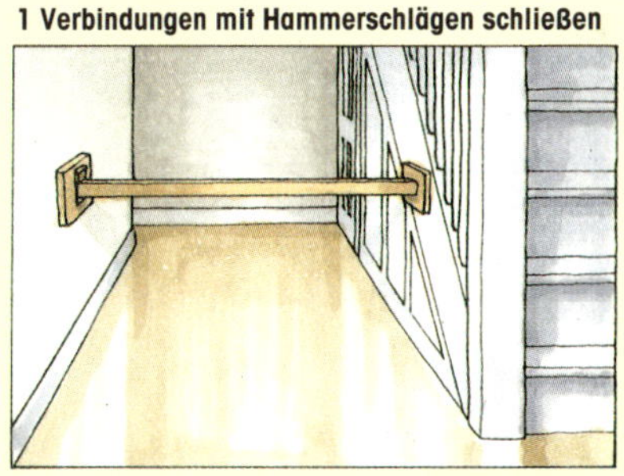

2 Wange mit der Wand verkeilen

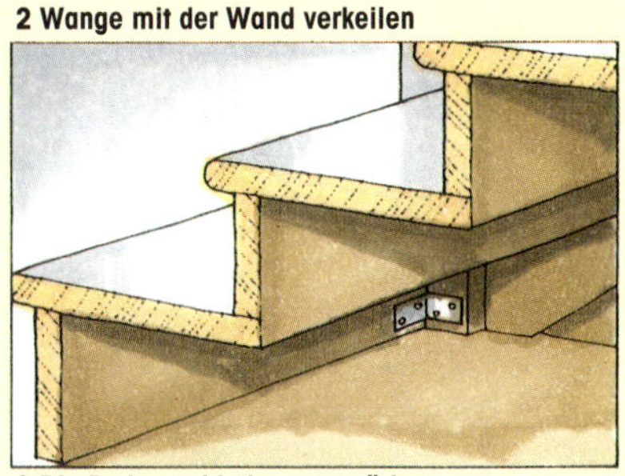

3 Die Bodenverbindung verstärken

SIEHE AUCH
unter:
Treppenkonstruktion 185–186
Loser Schlitzzapfen 187

Handlaufteile
Zusätzlich zu den normalen Handlaufteilen, sind passende Teile wie Übergangskrümmling, Krümmling und Anfangsstück erhältlich. Diese werden mit speziellen Handlaufschrauben und Dübeln verbunden.

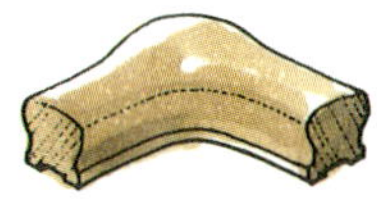

Haubenkrümmling

Übergangskrümmling

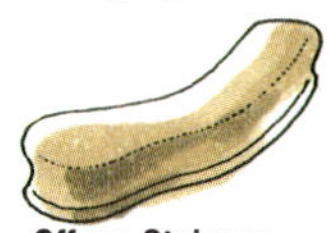

Offene Steigung

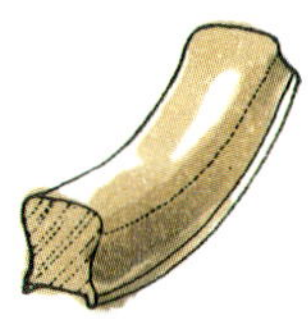

Konkaver Krümmling

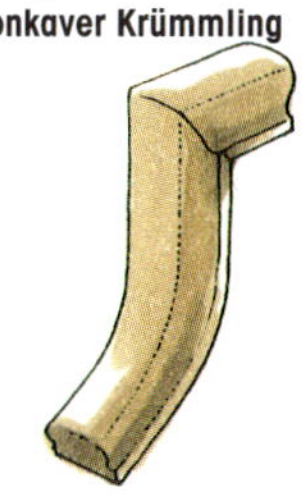

Schwanenhals

TREPPENGELÄNDER ERSETZEN

SIEHE AUCH
unter:
Treppenkonstruktion 185–186
Bauvorschriften 190
Handlauf 190

Während das Treppenhaus den Charakter des Hauses betont, wird das optische Erscheinungsbild des Treppenhauses in erster Linie vom Treppengeländer bestimmt.

Mahagonigeländer aus einem Bausatz

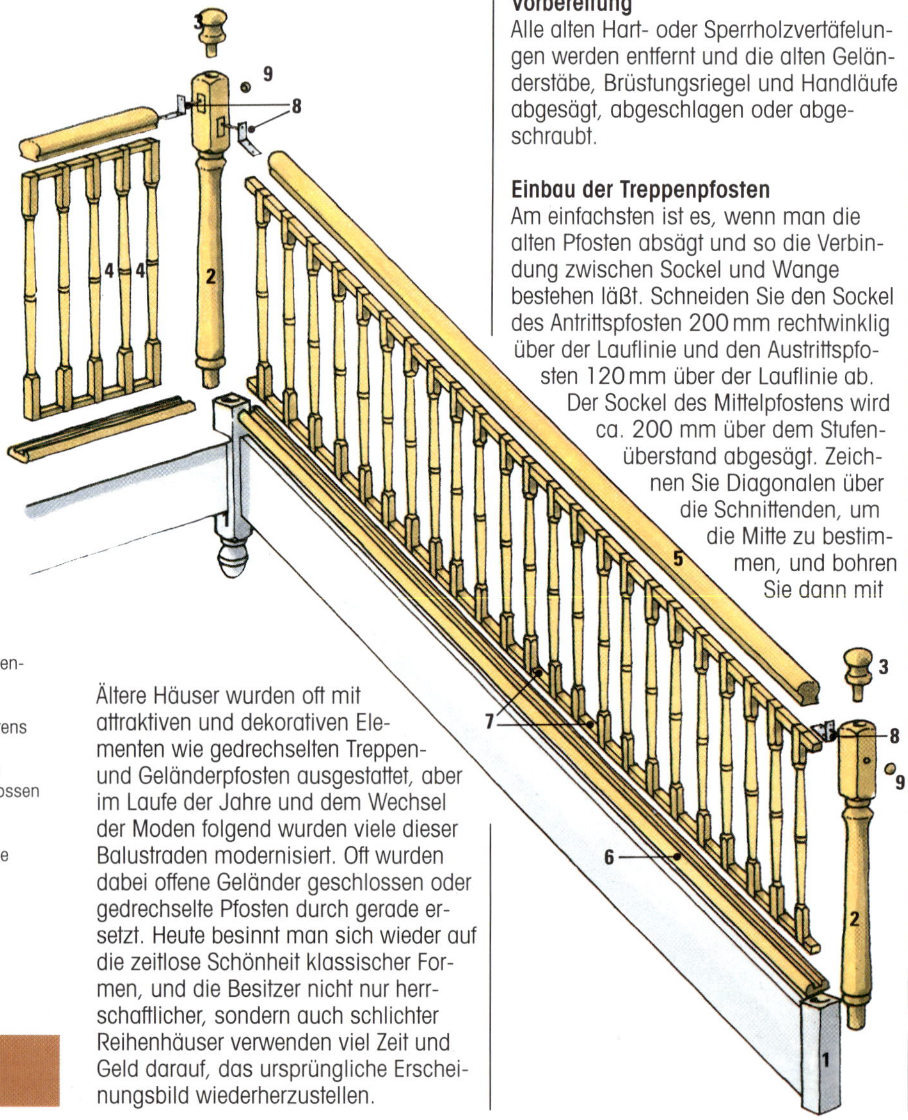

Bauteile der Balustrade
1 Treppenpfostensockel
2 Mittelteil des Treppenpfostens
3 Zierknopf
4 Gedrechselte Geländersprossen
5 Handlauf
6 Podestleiste
7 Distanzstücke
8 Metallwinkel
9 Zierrosette

Ältere Häuser wurden oft mit attraktiven und dekorativen Elementen wie gedrechselten Treppen- und Geländerpfosten ausgestattet, aber im Laufe der Jahre und dem Wechsel der Moden folgend wurden viele dieser Balustraden modernisiert. Oft wurden dabei offene Geländer geschlossen oder gedrechselte Pfosten durch gerade ersetzt. Heute besinnt man sich wieder auf die zeitlose Schönheit klassischer Formen, und die Besitzer nicht nur herrschaftlicher, sondern auch schlichter Reihenhäuser verwenden viel Zeit und Geld darauf, das ursprüngliche Erscheinungsbild wiederherzustellen.

Eine neues Geländer aus dem Baukasten

Um Geländer in traditionellen Formen einzubauen, werden heute leicht zu verarbeitende Bausätze angeboten. Diese bestehen aus: dreiteiligen Treppenpfosten – einem Sockelteil **(1)**, einem gedrechseltem Mittelteil **(2)** und einem aufgesetzten Zierknopf **(3)**, gedrechselten Geländerstäben **(4)** mit einem Handlauf **(5)** und einer maschinell genuteten Podestleiste **(6)**, in die die Sprossen eingepaßt werden. Abgelängte Distanzstücke **(7)** sorgen dabei für die richtigen Abstände. Spezialmetallwinkel **(8)** verbinden die Enden des Handlaufes mit den Pfosten. Aus dem angebotenen Sortiment an Fertigteilen lassen sich für die meisten Treppenkonstruktionen passende Geländer bauen.

Vorbereitung

Alle alten Hart- oder Sperrholzvertäfelungen werden entfernt und die alten Geländerstäbe, Brüstungsriegel und Handläufe abgesägt, abgeschlagen oder abgeschraubt.

Einbau der Treppenpfosten

Am einfachsten ist es, wenn man die alten Pfosten absägt und so die Verbindung zwischen Sockel und Wange bestehen läßt. Schneiden Sie den Sockel des Antrittspfosten 200 mm rechtwinklig über der Lauflinie und den Austrittspfosten 120 mm über der Lauflinie ab. Der Sockel des Mittelpfostens wird ca. 200 mm über dem Stufenüberstand abgesägt. Zeichnen Sie Diagonalen über die Schnittenden, um die Mitte zu bestimmen, und bohren Sie dann mit Bohrmaschine und Lochsäge exakt zentrierte Löcher mit 50 mm Durchmesser für die Mittelzapfen der neuen Geländerpfosten. Nach dem Bohren schleifen Sie die Schnittflächen der Pfostenstümpfe konvex und setzen die Pfosten in ihre Position, verleimen sie aber nicht.

Einbau der Leisten

Mit einer Schmiege nehmen Sie den Winkel zwischen Treppenwange und Pfostensockel. Der Podestsockel wird, dem Winkel der Wange folgend, gegen die Treppe gehalten und an den Enden, wo er auf die Pfosten trifft, mit der Schmiege im richtigen Winkel markiert. Dann längen Sie den Sockel ab.
Der Handlauf wird in der gleichen Weise markiert und abgesägt. Hat der Podestsockel die gleiche Länge, kann er als Richtmaß verwendet werden. Schrauben Sie den Podestsockel an die Wange, befestigen Sie die Handlaufbefestigungen mit Spezialschrauben an den Pfosten, und ziehen Sie die Schrauben mit einem Schraubenschlüssel leicht an. Überprüfen Sie, ob die Pfosten senkrecht stehen und die Riegel genau passen. Leimen Sie dann die Pfosten ein. Verwenden Sie einen lückenfüllenden Kleber wie Stabilit Expreß. Ziehen Sie die Schrauben an, und setzen Sie die Abdeckknöpfe ein, um die Muttern zu verdecken **(9)**.

Einbau der Geländerstäbe

Berechnen Sie die Anzahl der benötigten Geländersprossen, indem Sie zwei Sprossen pro Stufe und eine für die sich an den Treppenpfosten verjüngenden Stufen rechnen. Der Abstand der Sprossen darf dabei höchstens 12 cm betragen. Um die Anzahl der benötigten Füllstücke zu berechnen, verdoppeln Sie die Anzahl der Gitterstäbe und zählen vier hinzu. Messen Sie nun mit Hilfe der Wasserwaage den senkrechten Abstand zwischen der Nut im Handlauf und der in der Podestleiste, und übertragen Sie dieses Maß auf einen Geländerstab. Den richtigen Schnittwinkel zeichnen Sie mit der Schmiege an. Der Geländerstab wird zurechtgeschnitten und auf Paßgenauigkeit überprüft. Die anderen Sprossen werden dann entsprechend zugesägt. Die Geländersprossen werden nun der Reihe nach zwischen Füllstücke in die Nuten gesetzt und eingeleimt. Sobald der Leim abgebunden hat, schleifen und streichen Sie das Holz mit Klarlack oder der gewünschten Lackfarbe.

VIERTES KAPITEL

SICHERHEIT

4

SICHERHEIT IN HAUS UND GARTEN

SIEHE AUCH
unter:

Türschlösser	196–197
Fenster sichern	198–199
Brandschutz	200

Jeder verantwortungsbewußte Haushaltsvorstand sollte danach trachten, sein Haus oder seine Wohnung und damit seine Familie optimal gegen Risiken abzusichern. In Haus und Wohnung bedeutet dies: Sorgen Sie dafür, daß Einbrecher keine Chance haben, und sichern Sie Ihre Räume soweit als möglich gegen Feuer.

So kommt der Einbrecher ins Haus

Viele Menschen fühlen sich vor Einbrechern ziemlich sicher, weil sie glauben, ihr bescheidenes Vermögen biete für einen Verbrecher nur wenig Anreiz. Sie übersehen dabei, daß die meisten Einbrecher auf der Jagd weniger nach der großen als nach der leichten Beute sind. Das alte Sprichwort »Gelegenheit macht Diebe« gilt hier, wie die Statistik eindrucksvoll beweist, nach wie vor. Der durchschnittliche Einbrecher sucht nach der Chance, ohne Risiko an Gegenstände zu gelangen, die sich schnell und unauffällig versilbern lassen: Unterhaltungselektronik wie Videogeräte, HiFi-Anlagen, Computer, Schmuck und Bargeld. Ein versierter Einbrecher braucht nur wenige Minuten, um in ein normal gesichertes Gebäude einzudringen, und er tut dies immer öfter am hellichten Tag. Kein Haus ist absolut einbruchssicher. Aber es gibt einige Maßnahmen, mit denen man dem Gauner sein Handwerk zumindest etwas erschweren kann.

Die »weichen Stellen« eines Einfamilienhauses
1 Die Haustür
Beliebtester Zugangsweg für den Einbrecher
2 Dunkle Eingangszone
Besucher nicht zu erkennen
3 Hintereingänge
Meist kaum gesichert
4 Terrassentür
Läßt sich mit einem Schlag öffnen
5 Erdgeschoßfenster
Ungeschützt beliebte Einstiegsmöglichkeit
6 Obergeschoßfenster
Ungesichert gefährdet

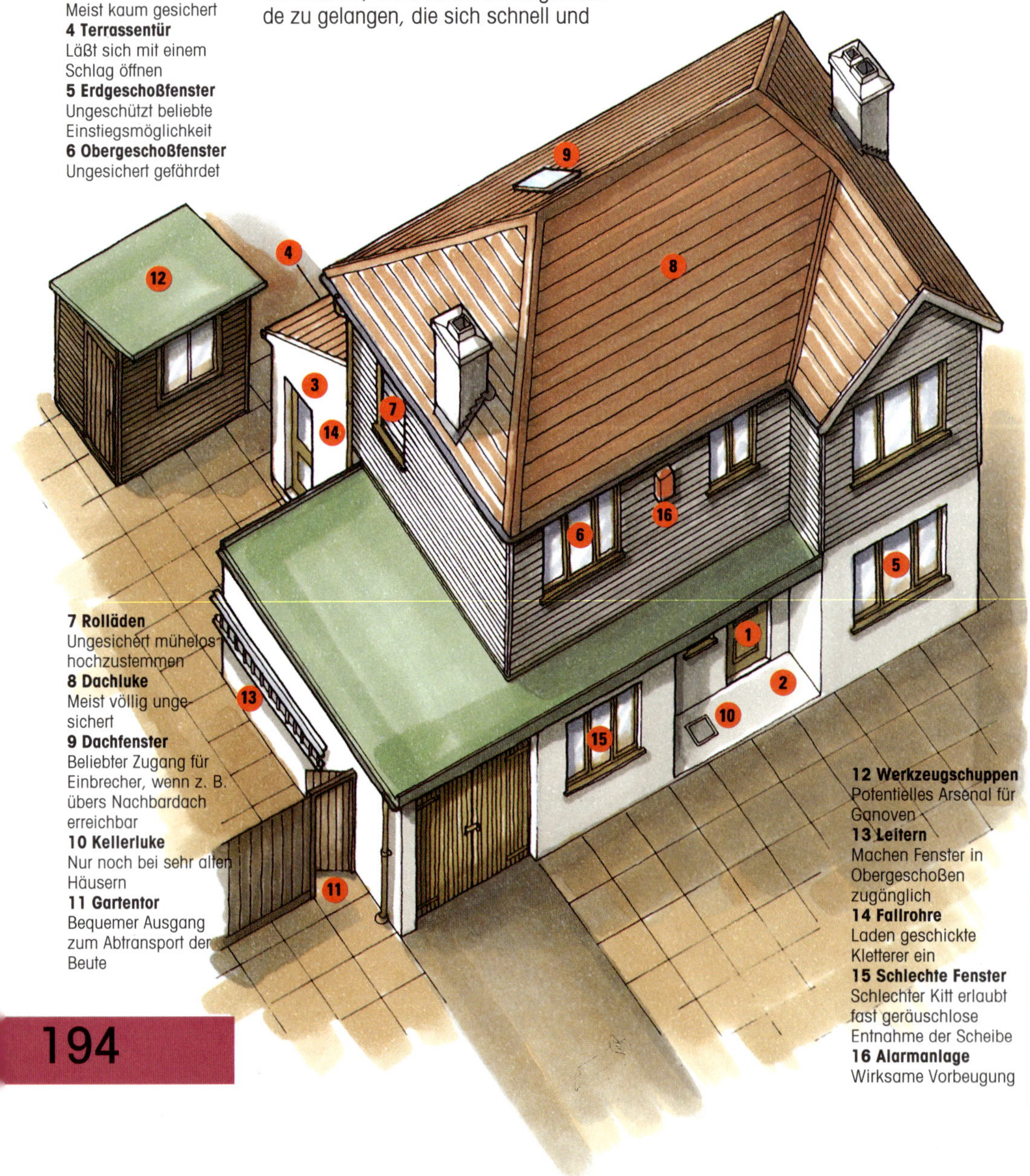

7 Rolläden
Ungesichert mühelos hochzustemmen
8 Dachluke
Meist völlig ungesichert
9 Dachfenster
Beliebter Zugang für Einbrecher, wenn z. B. übers Nachbardach erreichbar
10 Kellerluke
Nur noch bei sehr alten Häusern
11 Gartentor
Bequemer Ausgang zum Abtransport der Beute

12 Werkzeugschuppen
Potentielles Arsenal für Ganoven
13 Leitern
Machen Fenster in Obergeschoßen zugänglich
14 Fallrohre
Laden geschickte Kletterer ein
15 Schlechte Fenster
Schlechter Kitt erlaubt fast geräuschlose Entnahme der Scheibe
16 Alarmanlage
Wirksame Vorbeugung

IM ZWEIFELSFALL EXPERTEN FRAGEN

Die Sicherheit im und am Haus ist ein weites Feld. Lassen Sie sich von Experten beraten!

Kriminalpolizeiliche Beratungsstellen
Hinsichtlich der Verbrechensvorbeugung gibt es keine Patentrezepte. Was für Ihr Haus am tauglichsten ist, sagt Ihnen der Fachmann bei der örtlichen Kriminalpolizeilichen Beratungsstelle. Jede Polizeidirektion unterhält eine solche Dienststelle, und jeder Polizeibeamte kann Ihnen sagen, wo Sie die nächstgelegene finden. Der Weg lohnt sich in jedem Fall!

Vorbeugender Brandschutz
Ähnlich den Polizeidirektionen unterhalten auch die Branddirektionen zumindest größerer Orte, die über Berufsfeuerwehren verfügen, Beratungsstellen für vorbeugenden Brandschutz, wo man Sie gern und gründlich über mögliche Vorbeugungsmaßnahmen in Ihren vier Wänden beraten wird.

Versicherungen
Brandversicherungen müssen für den Schaden geradestehen, wenn das Unglück passiert ist – verständlich, daß sie an der Schadensverhinderung am brennendsten interessiert sind. Die besten Informationen zur Brandverhütung erhalten Sie daher von den Versicherungen. So hält die Bayerische Versicherungskammer, bis vor kurzem Monopolbrandversicherung in Bayern, ein empfehlenswertes Sammelwerk »Baulicher Brandschutz« bereit.
Für den Fall der Fälle: Brandversicherung allein reicht nicht aus. Gebäude- und Hausratsversicherung gehören dazu.

SCHUTZ VOR EINBRECHERN

SIEHE AUCH

unter:

Sie können das Einbruchsrisiko durch ein paar einfache Vorbeugungsmaßnahmen wirksam reduzieren. Einbrecher gehen den Weg des geringsten Risikos. Sie schreiten zur Tat, wenn sie sich vor Entdeckung sicher fühlen. Versäumen Sie z. B. nicht, in mehreren Zimmern das Licht brennen zu lassen, wenn die Familie im Fernsehen das Endspiel der Fußballweltmeisterschaft verfolgt und sorgen Sie dafür, daß das Haus bewohnt wirkt, wenn Sie auf Reisen sind.

In Urlaubszeiten haben Einbrecher Hochkonjunktur. Ein Großteil aller Einbrüche wird verübt, wenn die Hausbewohner verreist sind. Beauftragen Sie eine Vertrauensperson aus der Nachbarschaft, nicht nur die Katze zu füttern, sondern auch den Briefkasten zu leeren und die Zeitungen wegzuräumen. Besorgen Sie sich zwei Zeitschaltuhren für die Steckdose, und stellen Sie diese so ein, daß sie in den Abendstunden in zwei Räumen das Licht ein- und wieder ausschalten.

Gefahr droht auch an der Haustür: Sorgen Sie für ausreichende Beleuchtung im Eingangsbereich, und bestehen Sie darauf, daß sich Besucher zu erkennen geben, ehe Sie öffnen. Gefahr droht beispielsweise auch von falschen Beauftragten der Energieversorgungsgesellschaften, die in Ihrem Haus Zählerstände ablesen wollen. Lassen Sie niemanden ein, der sich nicht einwandfrei ausweisen kann. Hängen Sie die Sperrkette ein, und lassen Sie sich die Dienstausweise zeigen. Auch Zeitschriftenwerbern und anderen Haustürverkäufern sollten Sie mit größtem Mißtrauen begegnen. Die Gefahr, eine Gelegenheit zu verpassen, hält sich in Grenzen.

Checkliste für das sichere Heim

❶ Haustür
Das größte Einbruchs- und Überfallrisiko besteht immer noch an der Haustür. Die meisten älteren Türen setzen weder dem technisch versierten Einbrecher noch dem rohen Gewalttäter nennenswerten Widerstand entgegen. Wer die Eingangstür optimal absichert, hat bereits viel für seine Sicherheit getan.
Eine gut gesicherte Eingangstür wird von einem Rahmen gehalten, der durch Maueranker mit dem Mauerwerk verbunden ist und auch durch brutale Gewalt nicht ausgebrochen werden kann. Das Türschloß ist durch Panzerbeschläge gesichert, die dem Dieb keine Chance lassen, das Sicherheitsschloß mit einer Zange zu greifen und auszubrechen. Statt eines einfachen Schlosses mit Falle und Riegel sichert ein Fünfpunkt-Stahlbolzenschloß mit Hinterbandsicherungen gegen Eindringlinge. Damit Sie den Verbrecher nicht selbst ins Haus lassen, gehören ein Weitwinkelspion dazu sowie eine solide Türkette bzw ein Zusatzschloß mit Türspaltsperre.

❷ Türzone
Der Spion in der Haustür nützt nichts, wenn die Türzone so dunkel ist, daß Sie niemanden erkennen können. Über die Haustür gehört daher eine starke Lampe, die den gesamten Bereich ausleuchtet. Sie muß von innen zu schalten sein. Besonders abschreckend wirkt es, wenn sie an einen Bewegungsmelder gekoppelt ist, so daß die Eingangszone bei jeder Annäherung erleuchtet wird.

❸ Hintertüren
Was für die Haustür gilt, gilt um so mehr für eventuelle Hintertüren. Diese werden in Sachen Sicherheit meist stiefmütterlich behandelt, sind aber lagebedingt meist gefährdeter als die Haustüren.

❹ Terrassentüren
Die Beschläge von Hebe- und Schiebetüren sollten unbedingt mit einem Schloß gesichert werden. Sonst ist es für einen Einbrecher allzu bequem, ein Stück Glas zu entfernen und die Tür von innen zu öffnen.

❺ Erdgeschoßfenster
Besonders an sichtgeschützten Stellen sehr gefährdet. Fenster sollten wie Terrassen- und Balkontüren mit Schlössern gesichert werden.

❻ Obergeschoßfenster
Soweit diese nur über eine Leiter zu erreichen sind und es sich um Qualitätsfenster neuerer Bauart handelt, genügen die serienmäßigen Beschläge.

❼ Rolläden
Ältere Rolläden lassen sich meist nach oben schieben und bieten keinen nennenswerten Einbruchsschutz.

❽ Dachluke
Bei alten Häusern ohne begehbaren Dachboden ist dieser bisweilen durch eine Luke unter dem First erreichbar. Diese sollte zumindest mit einem hochwertigen Vorhängeschloß und Panzerbeschlägen gesichert sein.

❾ Dachfenster
Stellen in der Regel nur ein Risiko dar, wenn sie über bereitstehende Leitern oder über Nachbargebäude leicht erreichbar sind.

❿ Kellerfenster und Lichtschächte
Oft sind sie zu eng, um für einen erwachsenen Einbrecher als Einstieg zu dienen. Professionell arbeitende Banden – wie sie besonders zu Ferienzeiten immer häufiger auftreten –, schicken ggf. Kinder vor. Lichtschächte mit ungesicherten Kellerfenstern sind bei Einbrechern besonders beliebt. Auch hier lassen sich wirksame Sperren einbauen.

⓫ Gartentore
Halten Sie alle Gartentore geschlossen und versperrt. Für den eindringenden Einbrecher stellen sie kein nennenswertes Hindernis dar, aber sie sind für ihn sehr hinderlich, wenn er sich schwer mit Beute beladen davonmachen will.

⓬ Schuppen und Garagen
Garagentore müssen mit soliden Sicherheitsschlössern gesichert werden, aber auch vor die Tür des Geräteschuppens gehört ein hochwertiges Schloß – und sei es ein Vorhängeschloß mit Panzerbeschlag.

⓭ Leitern
Aufstiegshilfen dürfen nicht offen und zur beliebigen Verwendung für jedermann herumstehen. Wenn die Leiter nicht in der Garage eingeschlossen werden kann, ist sie mit einer Kette und Vorhängeschloß zu sichern.

⓮ Fallrohre
Schon bei der Konstruktion eines Hauses sollten die Fallrohre so verlegt werden, daß sie nicht als Aufstiegshilfen zu Brüstungen und Balkonen dienen können.

⓯ Glas
Trotz seiner Härte gehört dieses Material immer zu den »weichen Stellen« eines Hauses. Sichern Sie Haustüren durch armiertes Glas oder glasähnliche, aber schlagfeste Scheiben aus Polycarbonat. Und falls es denn unbedingt Glasbausteine sein müssen – bewehren Sie die Fugen beim Einbau mit Baustahlstäben.

EINFACHE MASSNAHMEN

SIEHE AUCH
unter:

Die Perfektionierung der Haussicherheit ist eine Aufgabe, mit der ein normaler Heimwerker in jedem Fall überfordert ist. Hier sind keine Pauschallösungen möglich, da sowohl die baulichen Gegebenheiten als auch die Lage des Hauses – und die Vermögensverhältnisse des Eigentümers – eine entscheidende Rolle spielen. Es gibt jedoch ein paar einfache Maßnahmen, die jedermann selbst durchführen kann, der mit einer Bohrmaschine umgehen kann, und die dennoch geeignet sind, Langfingern das Leben etwas schwerer zu machen.

Fensterläden

Besonders im süddeutschen Raum ist es üblich, konventionelle zweiflügelige Dreh-Kippfenster mit Klappläden zu sichern, und im Alpenraum ist der Fensterladen fester Bestandteil des alpenländischen Baustils. Tatsächlich bietet ein massiver Fensterladen – schöner und tauglicher als die vielfach verwendeten modischen Lamellen-Fensterläden – einen gewissen Schutz gegen Einbrecher, da es beim massiven Laden nicht einfach möglich ist, die Verriegelung mit einem langen Schraubenzieher zu öffnen. Kräftige Burschen freilich heben den Laden einfach aus den Angeln.
Dagegen schützt man sich, indem man an die Innenseiten der Fensterläden je ein solides Winkeleisen so anschraubt, daß der abstehende Schenkel dicht unter der Oberkante in die Fensterlaibung greift. Aushängen im geschlossenen Zustand ist damit unmöglich.

Winkeleisen schützen vor Aushängen

Riegel – altbewährt und zeitgemäß

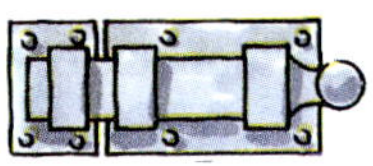

Riegel
Ein konventioneller Riegel bietet auch heute noch einige Sicherheit, vor allem wenn der Schieber ins Mauerwerk greift und somit nicht herausgebrochen werden kann.

Ob im Ein- oder im Mehrfamilienhaus – Hintertüren werden stiefmütterlich behandelt, und das im Hinblick sowohl auf Optik als auch auf Sicherheit. Schließlich diente der einstige »Lieferanteneingang« nur dienstbaren Geistern, während die Herrschaften durchs Portal schritten. Grundsätzlich sollten diese Hintertüren eher noch sorgfältiger gegen unerwünschte Eindringlinge gesichert werden als der Haupteingang, liegen sie doch meist in einer Ecke des Hauses, die dem Einbrecher ziemlich ungestörtes Arbeiten ermöglicht. Aber optimal gesicherte Eingangstüren sind teuer. Hier kommt der gute alte Riegel in neuem Gewande gerade recht. Denn für wenig benutzte Eingänge ist ein massives Querriegelschloß eine hervorragende Sicherung. Allerdings müssen die Riegelaugen fest in der Wand verankert sein, damit sie nicht durch starke Stöße aus der Verschraubung gelöst werden können.

Das Querriegelschloß bietet Sicherheit

Gitter – ein ernstzunehmendes Hindernis

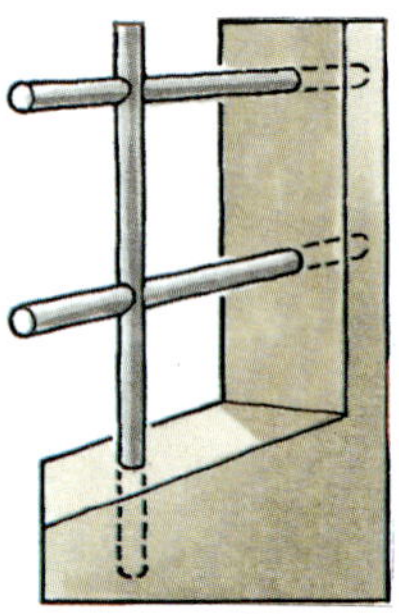

So sieht ein sicheres Gitter aus

Schmiedeeiserne Gitter vor den Parterrefenstern wirken ausgesprochen dekorativ, wenn sie schön gearbeitet sind. Sie stellen auch heute noch einen wirksamen Einbruchsschutz dar, sofern sie fest genug im Mauerwerk verankert sind. Nun ist es nicht jedermanns Sache, durch Gitterstäbe in die Welt zu blicken. Kleinere Fenster, etwa von Kammern, Toiletten oder Badezimmern kann man jedoch auf diese Weise wirksam und preiswert sichern. Die Stahlstäbe müssen mindestens 18 mm stark, kreuzweise oder rautenförmig miteinander verschweißt und mindestens 80 mm tief im Mauerwerk verankert sein.

AUTOMATISCHE ZEITSCHALTUHR

Auch wenn Sie auf Reisen sind, sollte Ihre Wohnung einen bewohnten Eindruck machen. Dazu verhelfen elektrische Zeitschaltuhren. Da sie nicht teuer sind, sollten Sie zwei kaufen und in verschiedenen Zimmern plazieren. Das Gerät wird einfach in eine beliebige Steckdose gesteckt. Programmieren Sie die Uhr so, daß sie in den Abendstunden in unregelmäßigen Intervallen eine Steh- oder Tischlampe ein- und ausschaltet. Dabei sollte immer mindestens ein Raum beleuchtet sein.

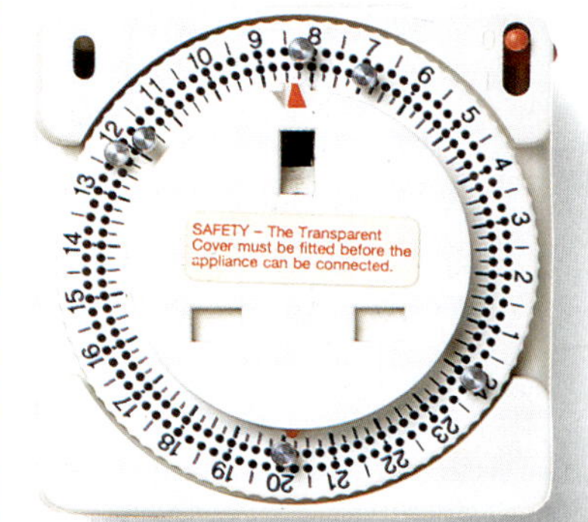

Elektrische Zeitschaltuhr

SPION EINBAUEN

Ein Spion gehört zur Grundausstattung jeder Haustür. Viele Hersteller verzichten jedoch auf den Einbau. Dieses nützliche Gerät kostet nicht viel und hilft Ihnen, Besucher zu identifizieren, ehe Sie die Tür öffnen. Bestehen Sie beim Kauf auf einem Weitwinkel-Spion mit einem Blickwinkel von mindestens 170°.
Der Einbau ist denkbar einfach: Bohren Sie an der gewünschten Stelle ein Loch in die Eingangstür. Die Bohrergröße entnehmen Sie der Einbauanleitung. Stecken Sie den Spion von außen in die Bohrung, und schrauben Sie das Gegenstück von innen fest.

Dem Weitwinkel-Spion entgeht kein Besucher

TÜREN UND TÜRSCHLÖSSER

SIEHE AUCH
unter:
Türen, Arten 160

In Sachen Einbruchssicherheit hat sich in den vergangenen Jahren einiges getan. Unter dem Eindruck einer ständig wachsenden Kriminalität haben die führenden Hersteller Haustüren entwickelt, die Eindringlingen massiven Widerstand entgegensetzen. Mehrfach-Stahlbolzenschlösser und Hinterbandsicherungen sorgen dafür, daß unliebsame Besucher zumindest längere Zeit aufgehalten werden. Daß solche Türen ihren Preis haben, versteht sich von selbst. Ihr Einbau ist Sache des Fachmanns. Demgegenüber sind die Möglichkeiten des Heimwerkers, die Sicherheit seiner Haustür zu verbessern, eher begrenzt. Begrenzt ist auch das Angebot, das Baumärkte bereithalten. Wer hochwertige Technik will, geht zu einem Fachbetrieb für Absicherungstechnik.

Sicherheitsschloß einbauen

Gelegentlich findet man sie noch, die traditionellen Zuhaltungsschlösser mit ihren klobigen Bartschlüsseln. Da sie dem Einbrecher nur geringe Schwierigkeiten in den Weg legen, sollten sie umgehend gegen ein Schloß mit Sicherheits-Schließzylinder ausgewechselt werden. Das ist relativ einfach, da praktisch alle Haustürschlösser als Einsteckschlösser ausgeführt sind, die nach Lösen zweier Schrauben aus der Tür entnommen werden können. Türen mit aufgesetzten Kastenschlössern bieten keinerlei Sicherheit und sollten ersetzt werden, sofern es sich nicht um denkmalgeschützte Stücke handelt.
Messen Sie die Stärke des Türblatts. Kaufen Sie ein Einsteckschloß, einen Sicherheits-Schließzylinder und Sicherheitsbeschläge. Wählen Sie die Länge des Schließzylinders so, daß er beim Einbau bündig oder leicht zurückgesetzt mit dem Sicherheitsbeschlag abschließt. Es gibt Einsteckschlösser für links wie für rechts angeschlagene Türen, die sich durch die Abschrägung der Falle unterscheiden.
Schrauben Sie die alten Beschläge ab. Lösen Sie die beiden Schrauben am Stulp, und ziehen Sie das Schloß nach vorn heraus **(1)**. Führen Sie das neue Schloß in die Aussparung ein. Möglicherweise müssen Sie diese mit dem Stechbeitel etwas erweitern. Prüfen Sie Position und Größe des Schlüssellochs. Auch hier werden Sie nacharbeiten müssen. Bohren Sie großzügig auf, da Sie den Schließzylinder durch die Öffnung einführen müssen und dieser Bereich vom Beschlag abgedeckt wird. Wenn Sie Schloß und Schließzylinder spannungsfrei einführen können, befestigen Sie das Schloß mit den beiden Stulpschrauben und den Zylinder mit der ebenfalls von vorn eingeführten Halteschraube. Prüfen Sie nun die Einheit auf einwandfreie Funktion.
Montieren Sie zuletzt die Sicherheitsbeschläge. Stecken Sie dazu die Klinke von innen in die Nuß, halten Sie den Innenbeschlag an, und markieren Sie die Schraubenlöcher. Bringen Sie die Bohrungen an, und schrauben Sie die Beschläge von innen fest **(2)**.

Weitere Sicherheitsanbauten an der Haustür

Hintergreifhaken montieren

Haus- und Wohnungstüren älterer Bauart sind meist mit relativ schwachen Bändern befestigt, die bei Gewaltanwendung leicht nachgeben. Mit Hintergreifhaken werden Rahmen und Tür beim Schließen auf der Bänderseite verzahnt. Kaufen Sie zwei, besser drei Paar Haken. Montieren Sie je ein Paar im oberen, mittleren und unteren Türbereich. Stemmen Sie dazu jeweils exakt gegenüberliegend passende Ausschnitte aus dem Türfalz auf der Bänderseite und dem Türrahmen, und schrauben Sie die Platten so an, daß beim Schließen der Tür Bohrung und Zapfen exakt ineinandergreifen. So gesichert läßt sich die Tür kaum mehr aufhebeln.

Sicherheits-Schließblech montieren

Verlängerte Schließbleche sind schwerer auszuhebeln, da sie von mehr Schrauben gehalten werden. Zur Befestigung bohren Sie durch den Türrahmen und mit einem Steinbohrer in die Wand. Sichern Sie das Schließblech mit Dübeln und langen Schrauben.

Zusatzschloß mit Türspaltsperre

Zusatzschlösser verbessern die Sicherheit einer Haustür. Ihren besonderen Wert erhalten sie aber durch die eingebaute Türspaltsperre – ein solider Stahlbügel, der besser als jede Kette vor zudringlichen Besuchern schützt. Die Montage erfolgt meist denkbar einfach mit wenigen Schrauben.

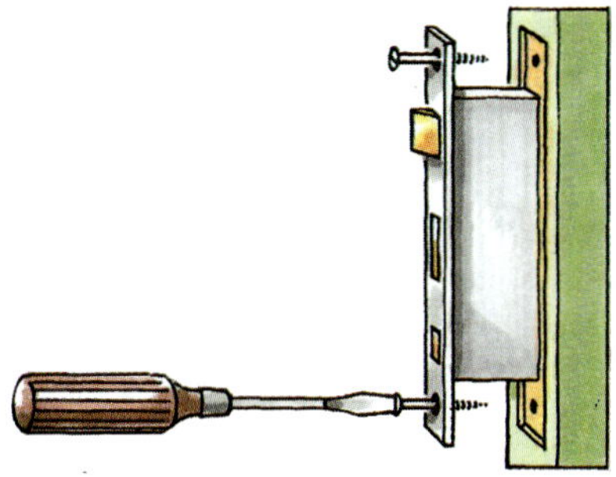

1 Stulpschrauben lösen und Schloß ausbauen

2 Sicherheitsbeschlag von innen anschrauben

Hintergreifhaken sichern die Bandseite

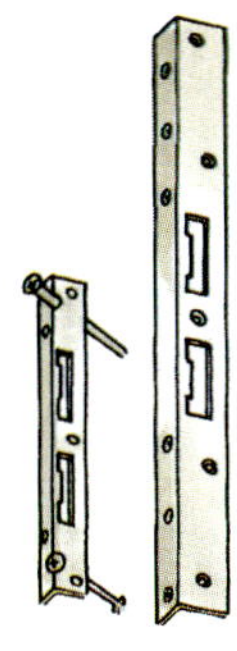

Sicherheits-Schließblech

Zusatzschloß mit Türspaltsperre

Sperrketten
In den meisten Altbauten werden die Haus- und Wohnungstüren mit Sperrketten gegen unerwünschte Eindringlinge gesichert. Diese sind meist aus sehr dünnem Material, das einem massiven Angriff nicht standhält. Hochwertige, moderne Sperrketten sind mit einfachen Werkzeugen kaum zu knacken.

FENSTER ABSICHERN

SIEHE AUCH
unter:
Fenster, Arten 170–171
Glassorten 173
Isolierverglasung 213-214

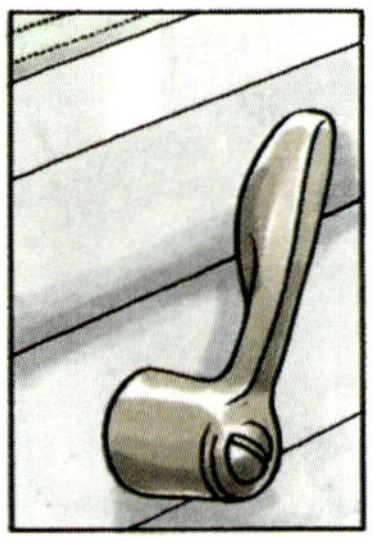

Veraltet und kaum mehr in Gebrauch: der Vorreiber

Einbrecher lieben Fenster – besonders wenn sie offenstehen, und die aufwendigste Haustürsicherung ist wertlos, wenn es dem Verbrecher leichtgemacht wird, auf anderen Wegen ans Ziel zu kommen. Deshalb sollten bei Abwesenheit und in der Nacht grundsätzlich alle Fenster fest geschlossen sein. Darüber hinaus gibt es aber auch noch andere Möglichkeiten, dem Langfinger das Leben etwas schwerer zu machen

Wie Fenster schließen

Wenn man im deutschsprachigen Raum von Fenstern spricht, sind fast immer Drehfenster bzw. bei Neubauten Drehkippfenster gemeint. Die einfachste Verschlußmöglichkeit für diesen Fenstertyp ist der Vorreiber. Dies ist ein drehbar im Fensterstock gelagerter Hebel, der über den Rahmen des geschlossenen Fensters geschoben wird und dieses geschlossen hält. Vorreiber findet man gelegentlich noch bei sehr alten Häusern mit einfacher Ausstattung.

Der typische Verschlußmechanismus bei einem Altbau besteht aus einem Drehgriff, der zwei Riegel je nach Drehrichtung ein- oder ausfährt. Es gibt hier zahlreiche Bauarten, die eines gemeinsam haben: Wenn man die Einbruchssicherheit entscheidend verbessern will, muß man das Fenster auswechseln.

Bei modernen Dreh-Kippfenstern schieben sich zum Schließen Nasen in in den Fensterstock eingelassene Metallnuten. Ein solches Fenster einfach aufzuhebeln, ist kaum möglich. Wer hier eindringen will, muß sich durch die Doppelverglasung arbeiten, und das kostet Zeit oder macht sehr viel Lärm. Ist jedoch die Verglasung überwunden, stellt auch dieses Fenster kein Hindernis mehr dar. Das gleiche gilt auch für verglaste Balkon- und Verandatüren.

Einbruchshemmende Fenster

An dieser Stelle setzen die meisten für den Heimwerker geeigneten Einbruchssicherungen an. Der einfachste Weg besteht in der Montage eines abschließbaren Fenstergriffs. Solche Sicherheitsgriffe gibt es inzwischen auch schon in Baumärkten. Die Montage ist denkbar einfach: Befestigungsschrauben des alten Fenstergriffs lösen, Griff abziehen, abschließbaren Griff einstecken, Befestigungsschrauben wieder eindrehen.

Blockiert Drehgriff und Fenster: der Sicherheitsbeschlag mit Zusatzverriegelung

Wirklich unangenehm für den Ganoven wird ein verschließbarer Drehgriff aber erst in Verbindung mit einer zusätzlichen Verriegelung zwischen Fenster und Fensterrahmen.

Noch mehr Sicherheit gegen gewaltsames Eindringen bringen abschließbare Sperren, die nicht mit dem verhältnismäßig weichen Holz des Fensters, sondern über Dübel und starke Schrauben mit der gemauerten Laibung verschraubt sind. Diese sind allerdings nur für einflügelige Drehkippfenster oder Glastüren verwendbar.

Balkon- und Terrassentüren

Balkon- und Terrassentüren moderner Bauart sind fast ausschließlich als Hebe- oder, seltener, als Schiebetüren konzipiert. Beiden Bauarten gemeinsam ist die Eigenschaft, daß sie durch einen schwenkbaren Hebel angehoben bzw.

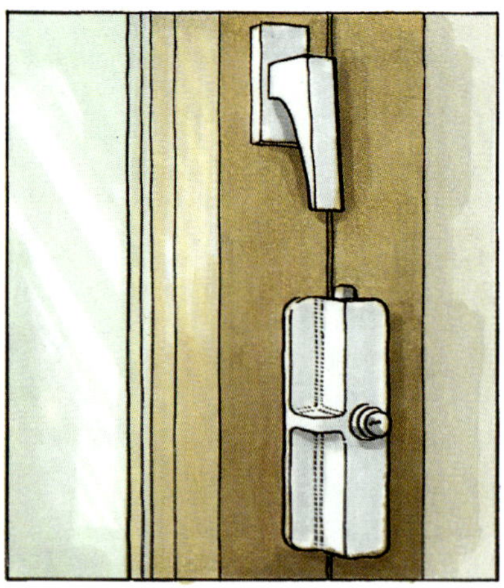

Diese abschließbare Sperre wird in die Mauer der Laibung gedübelt

Blockiert den Entriegelungshebel: die Einbruchssicherung für Balkon- und Terrassentüren

entriegelt werden müssen, ehe man sie öffnen kann. An diesem Punkt setzen auch fast alle nachträglich einzubauenden Sicherheitseinrichtungen ein, die diesen Hebel durch eine abschließbare Kappe oder einen Bügel blockieren. Besonders in Kombination mit dem eben erwähnten Stopper ergibt sich damit eine sehr wirksame Einbruchssicherung, da ein Eindringling die Verglasung weitgehend entfernen und ggf. Sprossen absägen müßte, um auf diesem Weg ins Haus zu gelangen.

Rolläden

Rolläden werden oft fälschlicherweise als guter Einbruchsschutz angesehen. Tag und Nacht heruntergelassene Rollläden jedoch signalisieren dem Einbrecher lediglich: Die Luft ist rein. Aufhalten können sie ihn nicht wesentlich – es sei denn, sie wären gegen Hochstemmen gesichert. Dazu gibt es verschiedene Einrichtungen. Aufwendiger – und wirksamer – sind solide Schlösser, die

Die Hochschiebesperre hindert den Einbrecher am Aufstemmen des Rolladens

ALARM-ANLAGEN

SIEHE AUCH
unter:

Einfache Stecksicherung

beim Herunterlassen des Rolladens einrasten.
Brauchbar sind aber auch die denkbar einfach einzubauenden Stecksicherungen, die in Baumärkten erhältlich sind. Dabei handelt es sich um Metallstifte, die bei heruntergelassenem Rolladen in eine Führungshülse gesteckt werden und in eine Bohrung im Rolladen greifen. Zur Montage bohren Sie bei geschlossenem Rolladen ein Loch in Stärke der Führungshüse in den Fensterstock. Die Bohrung sollte exakt auf die Mitte eines Rolladenelements treffen. Bohren Sie in das Rolladenelement ein Loch etwas größer als der Sperrstift, so daß dieser beim Einführen in die Führungshülse in das Loch greift und so den Rolladen verriegelt. Schrauben Sie die Führungshülse fest.

Kellerfenster und Lichtschächte

Für die meisten modernen Kellerfenster sind stabile Stahlblechverblendungen erhältlich, die von innen durch ein Vorhängeschloß gesichert werden. Damit ein Einbrecher das Fenster erst gar nicht erreicht, sichern Sie den Gitterrost über dem Lichtschacht mit einer Haltevorrichtung, die zugriffssicher möglichst weit unten im Lichtschacht an dessen Wände montiert wird und nur von innen durch das Kellerfenster zu lösen ist.

Abschließbare Stahlblechverblendungen erschweren das Eindringen durch Kellerfenster

Alarmanlagen gelten als optimale Sicherung für ein einbruchgefährdetes Anwesen. Das ist unbestreitbar richtig – bei perfekt konzipierten und eingestellten Systemen. Solche Systeme aber kann nur der Fachmann liefern, installieren und einstellen. Der Heimwerker ist damit in den meisten Fällen überfordert. Alarmanlagen kauft man weder im Baumarkt noch beim Elektronikdiscounter, sondern bei einem ausgewiesenen Fachbetrieb. Manche dieser Betriebe kommen dem Heimwerker insoweit entgegen, als sie ihm beim Kauf der Anlage mit genauen Installationsanweisungen zur Seite stehen. Auf diese Weise kann man die groben Arbeiten, z. B. das Verlegen von Leitungen, selbst übernehmen, während der Fachmann die Endinstallation und Einstellung übernimmt.

Alarmanlagensysteme

Das Angebot an Alarmanlagen reicht von der einfachen, passiven Anlage zur Rauminnenüberwachung und akustischer Meldung bis zur kompletten elektronischen Überwachung aller Einstiegsmöglichkeiten und Alarmauslösung bei der nächstgelegenen Polizeidienststelle. Was man benötigt, ist eine Frage der Kosten und der zu sichernden Werte. So ist z. B. eine Alarmschaltung zur Polizei nur möglich, wenn der Wert des zu sichernden Vermögens über einer halben Million Mark liegt. Bei geringeren Vermögenswerten bietet sich eine Alarmschaltung zu einem privaten Sicherungsunternehmen nach Art der Wach- und Schließgesellschaften an – gegen entsprechendes Honorar, versteht sich. Solche Alarmschaltungen bieten die Möglichkeit, einen Täter an Ort und Stelle dingfest zu machen, während nur akustischer Alarm einen Einbrecher bestenfalls zum schnellen Rückzug veranlaßt.

Aufbau

Im Prinzip besteht jede Alarmanlage aus einem System von Sensoren, die Meldungen an eine Zentraleinheit übermitteln. Diese löst entweder die Alarmschaltung bei Polizei oder Wachdienst aus oder schaltet eine Sirene und beliebige Beleuchtungseinheiten an. Entscheidend für die Perfektion der Überwachung sind Art und Anzahl der Sensoren.
Die perfekte Alarmanlage bietet eine komplette Innenraum- und Außenhautüberwachung, Dies geschieht zunächst mit einer Vielzahl von Infrarot-Bewegungsmeldern, deren günstigste Position der Fachmann festlegt. Dieser muß die Bewegungsmelder auch einstellen; denn Sie handeln sich mit Sicherheit einigen Ärger ein, wenn Ihre Alarmanlage wegen jeder nächtens streunenden Katze zu toben beginnt – von Fehlalarmen bei der Polizei ganz zu schweigen.
Ergänzt werden die Bewegungsmelder durch Kameras, die es erlauben, vor der Haustür oder an der Gartenpforte wartende Besucher per Monitor zu identifizieren.
Eine zweite Art von Sensoren meldet der Zentraleinheit, wenn eine Fensterscheibe beschädigt bzw. Fenster oder Türen unbefugt geöffnet werden. Diese werden zumeist an der jeweiligen Scheibe aufgeklebt.

Zentraleinheit

Die Zentraleinheit ist das Herz der Alarmanlage. Dort laufen die Informationen von den Sensoren zusammen. Eine gute Zentraleinheit bietet eine Vielzahl von zeitgesteuerten Einstellmöglichkeiten. Damit ist es z. B. möglich, sich in bestimmten Zonen des Hauses nächtens frei zu bewegen – etwa zwischen Schlafzimmer und Bad –, während die anderen überwacht werden. Bei Abwesenheit der Bewohner werden diese Zonen wieder überwacht.
Selbstverständlich verfügt die Zentraleinheit neben dem normalen Netzanschluß über eine autarke Stromversorgung durch einen leistungsfähigen Akku, so daß sie nicht durch einfaches Ausschalten der Sicherungen lahmgelegt werden kann.

Alarmanlagen für den Heimwerker

Für die Installation durch den Heimwerker eignen sich am besten einfache Anlagen mit drahtlosen Detektoren, die eine Meldung per Funk an die Zentraleinheit übermitteln. Wenn die Batterien regelmäßig gewechselt werden, arbeitet eine solche Anlage sehr zuverlässig. Sie brauchen keine komplizierte Verkabelung, und die Sensoren können problemlos verlegt werden.

Rostsicherungen
Sicherungen für die Abdeckroste von Lichtschächten gibt es in jedem Baumarkt. Diese sind aber meist fest mit der Lichtschachtwand verschraubt. Falls der Lichtschacht im Brandfall als Fluchtweg dienen muß, sind Halterungen zu verwenden, die sich im Gefahrfall nach Öffnen des Kellerfensters leicht von Hand lösen lassen, so daß der Rost zum Ausstieg abgeworfen werden kann.

BRANDSCHUTZ IM HAUS

SIEHE AUCH
unter:

Brandschutztüren 168

Vorbeugender Brandschutz 194

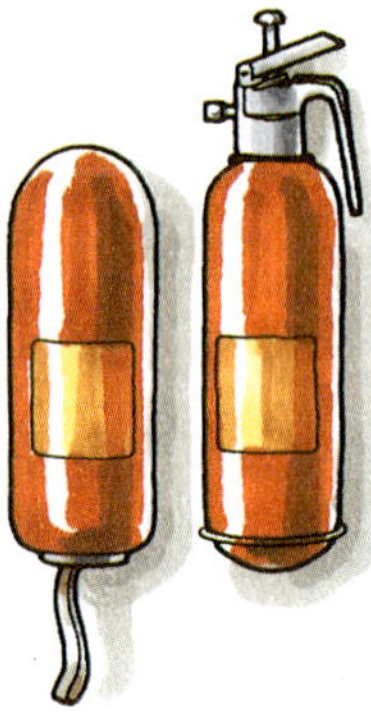

Feuerlöscher und Feuerdecke
Ein Feuerlöscher sollte zur Standardausstattung jedes Hauses und jeder Wohnung gehören. Wählen Sie ein wassergefülltes Modell, und lassen Sie das Gerät jährlich überprüfen. In manchen Fällen, etwa wenn Fett Feuer gefangen hat, kann die Feuerdecke Unheil verhüten.

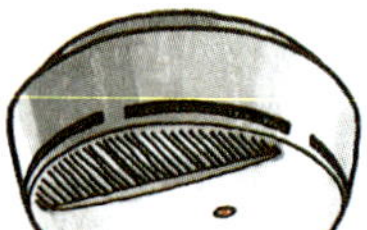

Rauchmelder
An den meistgefährdeten Stellen im Haus plaziert, können Rauchmelder eine Katastrophe verhindern.

Über die Folgen eines Brandes muß niemand aufgeklärt werden – es gibt genügend anschauliche Beispiele –, wohl aber über die Brandverhütung. Denn nahezu alle Hausbrände werden letztlich durch mehr oder weniger grob fahrlässige Mißachtung eigentlich selbstverständlicher Vorsichtsmaßnahmen ausgelöst, und fast alle hätten mit entsprechender Umsicht vermieden werden können.

Risiken minimieren

Daß Menschen, die im Bett rauchen oder eine Pfanne mit siedendem Öl unbeaufsichtigt auf dem heißen Herd stehen lassen, eine Katastrophe geradezu heraufbeschwören, ist mittlerweile bekannt, ebenso wie die Häufung der Zimmerbrände um den Dreikönigstag. Viele Brände aber haben weniger offensichtliche Ursachen. In Altbauten gehören Schäden an der elektrischen Installation zu den häufigeren Brandursachen. Bei Überputzinstallationen aus der Vorkriegszeit ist Vorsicht geboten. Namentlich in wenig frequentierten Räumen wie Dachböden und Kellern finden sich immer noch Installationen, die auf Grund brüchiger Isolierungen gefährlich sind.
Aber auch mit zeitgemäßer Ausstattung kommt es gelegentlich zu Unfällen. Wer z. B. am Zählerkasten manipuliert und die Keramiksockel von Sicherungen entfernt oder austauscht, um einen Stromkreis höher belasten zu können, handelt fahrlässig. Gefährlich sind auch elektrische Heizgeräte. Stellen Sie niemals brennbare Materialien in den Heißluftstrom eines Heizlüfters. Legen Sie keine brennbaren Gegenstände auf Nachtspeicheröfen, auch wenn sich diese nur mäßig warm anfühlen. Belasten Sie niemals eine Kabeltrommel mit leistungsstarken Verbrauchern, ohne das Kabel vollständig abzuwickeln.
Machen Sie es sich zur Gewohnheit, vor dem Schlafengehen alle Stromverbraucher im Haus abzuschalten.

Fluchtwege

Wenn es um die Haussicherheit geht, haben Kriminalisten und Feuerwehrleute grundverschiedene Ansichten: Für die einen kann das Haus nicht abgeschlossen, für die anderen nicht offen genug sein. In der Praxis müssen Sie einen praktikablen Kompromiß finden. Das bedeutet in erster Linie, daß aus jedem Zimmer, in dem Menschen schlafen, Fluchtwege ins Freie führen. Vor allem der Weg zur Haus- und Wohnungstür darf nicht behindert werden. Besonders in Altbauwohnungen führen oft lange Flure von den Schlafräumen zur Wohnungstür. Diese dürfen niemals mit brennbaren Gegenständen verstellt werden. Sonst besteht die Gefahr, daß Sie und Ihre Kinder im Brandfall in der Falle sitzen oder zwischen Feuerherden Slalom laufen müssen. Bedenken Sie, daß in der Panik eines Brandfalls und in verqualmten Räumen auch vertraute Möbel eine Gefahr darstellen, und möblieren Sie Fluchtwege so, daß ein gerader, hindernisfreier Weg zum nächsten Ausgang führt.

Was tun im Brandfall?

Wenn es wirklich einmal brennt, haben Sie nicht viel Zeit zum Überlegen. Instruieren Sie daher jedes Mitglied Ihrer Familie, was Im Brandfall zu tun ist. Für die Kinder kann das nur heißen: das Haus so schnell wie möglich auf ungefährdeten Wegen verlassen. Sorgen Sie also dafür, daß alle mit den möglichen Fluchtwegen vertraut sind.
Prüfen Sie regelmäßig alle Einbruchssicherungen an Türen und Fenstern auf Funktion und Leichtgängigkeit. Sie dürfen beim schnellen Verlassen des Hauses nicht hinderlich sein. Wenn Sie abends die Haus- oder Wohnungstür verschließen, lassen Sie den Schlüssel stecken.
Im Brandfall hat niemand Zeit, danach zu suchen.
Handeln Sie im Ernstfall schnell und überlegt. Der erste Schritt gilt der Sicherheit der Hausbewohner, der zweite dem Notruf. Versuchen Sie nie, ein größeres Feuer selbst zu löschen. Nur bei offenkundig begrenzten Feuern – etwa einer in Brand geratenen Pfanne mit Fett – sollten Sie vor dem Notruf einen Löschversuch unternehmen. Schalten Sie den Herd ab, und ersticken Sie das Feuer mit einer feuchten Decke.
Schließen Sie bei Zimmerbrand alle Türen zu dem betroffenen Zimmer, und warten Sie das Eintreffen der Feuerwehr ab.

VORBEUGENDER BRANDSCHUTZ

Rauchmelder
Der Einsatz dieser kleinen Geräte wird von Experten der Feuerwehr ausdrücklich empfohlen. Rauchmelder kosten nicht die Welt, und sie melden ein entstehendes Feuer in den meisten Fällen, noch ehe die Flammen emporschlagen.
Rauchmelder geben Ihnen also in vielen Fällen Gelegenheit, einen ausbrechenden Brand noch im Keim zu ersticken, und in jedem Fall geben sie Ihnen das im Brandfall Wichtigste: Zeit zur Rettung von Mensch und Tier und ggf. der wichtigsten Dokumente und Wertsachen.
Rauchmelder sind vielfach in Baumärkten erhältlich. Grundsätzlich sind zwei Bauarten zu unterscheiden: Die fotoelektrische Ausführung meldet auch langsam glimmende Schwelbrände, während der Ionisationsmelder in erster Linie auf die Hitzestrahlung von Flammen reagiert. Es gibt auch Kombinationsgeräte.
Die Feuerwehr rät zur Verwendung des fotoelektrischen Rauchmelders. Denn Ionisationsmelder enthalten radioaktive Elemente, die unter Umständen gesundheitlich nicht völlig unbedenklich sind.
Achten Sie darauf, daß das Gerät Ihrer Wahl das GS-Prüfzeichen trägt.

Wohin mit dem Rauchmelder?
Der richtige Platz für den Rauchmelder ist an der Zimmerdecke, mindestens 30 cm von der nächsten Wand und dem nächsten Beleuchtungskörper entfernt. Bei Wandmontage muß das Gerät 15–30 cm unter der Decke angebracht werden.
Der Rauchmelder sollte an möglichst zentraler Stelle in Haus oder Wohnung eingesetzt werden. Besonders geeignete Stellen sind Flure und Treppenhäuser. Zur optimalen Absicherung empfiehlt sich der Einbau weiterer Rauchmelder in Kinderzimmern, Arbeitsräumen und Garagen. Ungeeignete Standorte sind dagegen Küchen und Badezimmer, da die auftretenden Dämpfe zu wiederholten Fehlalarmen führen würden. Auch zu Heizkörpern und -geräten ist Abstand zu halten.
Der Rauchmelder warnt Sie bei Auftreten von Rauch mit einem durchdringenden Warnton, und er warnt Sie zuverlässig – wenn er kann. Denn gerade so unscheinbare, aber wichtige Geräte werden bei der Wartung gern vernachlässigt.
Gönnen Sie daher Ihren Rauchmeldern jährlich neue Batterien, und prüfen Sie die Funktion.

FÜNFTES KAPITEL

DÄMMUNG UND LÜFTUNG

DÄMMEN SIE IHR HEIM

SIEHE AUCH

unter:

Mit welchem Energieträger Ihre Heizung auch immer funktioniert, die Kosten für Heizungsenergie sind Jahr für Jahr enorm. Hausbesitzer sind deswegen besonders wachsam gegenüber Energieverlusten durch Undichtigkeiten und Kältebrücken. Dabei geht es aber nicht allein um die Kosten. Denn auch Wohnqualität und die Schonung der natürlichen Umwelt sind Faktoren, die für eine optimale Isolierung sprechen.

Förderung

Immer wieder fördert der Gesetzgeber Maßnahmen zur aktiven und passiven Energieeinsparung und umweltfreundlichen Nutzung der Ressourcen durch direkte finanzielle Hilfen und steuerliche Erleichterungen. Beratung erhalten Sie bei Bausparkassen, Verbraucherverbänden, Energieversorgungsunternehmen etc.

Daten für Dämmung

Wenn für eine thermische Dämmung verschiedene Materialien und Bauteile kombiniert werden, gelten für die Berechnung Richtwerte, die in der DIN festgelegt sind.

Wärmedurchgang

Der Wärmedurchgangskoeffizient k sagt, welche Wärmemenge in Wattsekunden (Ws) in 1 Sekunde (s) durch 1 qm (m^2) Fläche eines Bauteiles hindurchdringt, wenn die Lufttemperaturen vor und hinter dem Bauteil sich um 1 K (1 °Kelvin) unterscheiden. Der Wärmedurchgangskoeffizient k dient dazu, den Wärmedurchgang durch Fenster, Türen, Wände, Decken von geheizten Räumen zu berechnen. Danach wird der Heizbedarf bemessen und eine Einhaltung der vorgeschriebenen Normen der Wärmeschutzverordnung, ermöglicht.

$$k = \frac{Ws}{s \cdot m^2 \cdot K} \text{ oder } \frac{W}{m^2 \cdot K}$$

Wärmedämmung

Die Wärmedämmwerte werden durch den Wärmedurchgangskoeffizienten definiert. Dieser Wert eines Baustoffes ist den gültigen Tabellen für Wärmeleitzahlen und Diffusionswiderstandszahlen zu entnehmen. Angegeben sind als Berechnungsgrundlage die maximal zulässigen Wärmedurchgangskoeffizienten als maxkm in W/($m^2 \cdot$ K).

VORRANGIGE ISOLIERUNGEN

Inzwischen gibt es kaum mehr Bauherrn oder Hausbesitzer und -besitzerinnen, die nicht über die vorrangige Bedeutung von Wärmedämmung informiert sind. Das Bewußtsein für den Zusammenhang zwischen den Energiekosten und dem Dämmaufwand bei Forderung nach einer komfortablen gewärmten Wohnung hat sich in den vergangenen Jahrzehnten deutlich entwickelt. Wer noch keine Dämmaßnahmen in seiner Wohnung getroffen hat oder nicht von der Wirksamkeit der bestehenden Wärmedämmung überzeugt ist, der sollte sich vor Augen halten, daß bei älteren Häusern der Wärmeverlust im Durchschnitt zu 35% durch Außenwände, 25% durch die Dachhaut, 25% durch Fenster und Türen und 15% durch den Bodenaufbau erfolgt. Diese Zahlen sind Durchschnittswerte und müssen anhand der jeweiligen baulichen Situation ermittelt werden. Außerdem entstehen Energieverluste durch einen unwirtschaftlichen Heizenergieeinsatz durch Einsatz mehrerer Brennstellen oder durch Heizsysteme mit schlechtem Wirkungsgrad. Dieser Bereich ist für den Nichtfachmann nur sehr schwer zu durchschauen, und selbst Fachleute neigen zu leichtfertigen Überzeugungen. Nachfolgend einige kurze Hinweise, die zu einer genaueren Untersuchung des gesamten Hauses anregen sollten.

1 Warmwasserbereiter und -leitungen

Nicht gedämmte Warmwasserbehälter und Rohrleitungen für Warmwasser und Zentralheizung sind zu dämmen, insbesondere wenn sie sich in ungeheizten oder wärmeabführenden Bereichen befinden.

2 Heizplatten

Für die Außenwanddämmung hinter Heizkörpern gibt es ca. 1 cm dicke, wärmereflektierende, biegsame Platten, die nachträglich eingebaut werden können.

3 Luftdurchlässigkeit

Kalte Luftströme haben die Eigenschaft, enorme Wärmemengen abzutransportieren. Selbst durch kleine Schlitze und undichte Bereiche kann ein ständiger Luftzug entstehen, der außerdem unkomfortabel und ungesund ist.

4 Dach

Die Dämmung im Dachbereich bietet ein besonders gutes Verhältnis von Kosten und Nutzen. Mit der verbesserten Dämmung läßt sich gegebenenfalls auch noch eine ganzjährige Nutzung der Dachräume ermöglichen.

5 Wände

Die Amortisationszeit für Energiesparmaßnahmen durch Dämmung im Wandbereich ist von der Konstruktion des Hauses und den Kosten der vorgesehenen Dämmaßnahmen abhängig. Lohnend ist es in jedem Fall. Hier gibt es eine Reihe von Möglichkeiten, die zu prüfen sind.

6 Fußboden

Mit Teppichen und dünnen Isolierschichten ist es im Bodenbereich nicht getan. Es kann dadurch im Gegenteil zu gesundheitlichen Beeinträchtigungen und Schäden am Bau kommen. Dabei ist die Dämmung von Fußböden recht einfach auszuführen. Sie kann in einem Haus auch Zug um Zug erfolgen.

7 Doppelverglasung

Einfachverglasung ist eine sehr verlustreiche Sache in beheizten Räumen. Schon einfache Isolierverglasung oder Kastenfenster bieten sehr gute Wärmedämmung, die sich in wenigen Jahren bezahlt gemacht hat. Die Industrie bietet darüber hinaus noch höherwertige Produkte an.

DÄMMUNG VON ROHREN UND HEIZKÖRPERN

SIEHE AUCH
unter:
Rohrverbindungen 268
Dämmen von Leitungen 207

Boiler dämmen

Es ist unrichtig zu glauben, ein nichtgedämmter Boiler sei ein nützliches Heizgerät, auch wenn er seine Energie in einen Raum abgibt, in dem die Heizung wünschenswert ist. Jeder neuzeitliche Warmwasserbereiter ist daher bereits vom Hersteller wärmegedämmt. An nicht gedämmten, alten Geräten kann man auf einfache Weise selbst eine gute Wärmedämmung anbringen. Mit Mineralfasermatten von 8–10 cm Stärke, die man dicht um den Behälter anlegt und mit einer gut abschließenden Dichtfolie erreicht man schon sehr gute Wärmedämmwerte.

Im Zuge der längerfristigen Planungen sollte aber geprüft werden, ob das Energiesystem des Hauses zeitgemäßen Ansprüchen an Leistung und Umweltfreundlichkeit noch genügt. Wie effektiv ist die Anlage? Welche Energiequelle (Gas, Strom, Öl, Holz, Solar) wird eingesetzt? Wenn Ihre Heizungsanlage noch einen ungedämmten Boiler aufweist, werden Sie bei eingehender Betrachtung zu dem Schluß kommen, daß eine umfassendere Lösung angezeigt ist. Dabei müssen alle Geräte mit Energieeinsatz kritisch auf Umweltverträglichkeit und sparsamen Umgang mit der Energie geprüft und verglichen werden. Der Einsatz von elektrischer Energie ist dabei meist der ungünstigste und am wenigsten umweltschonende.

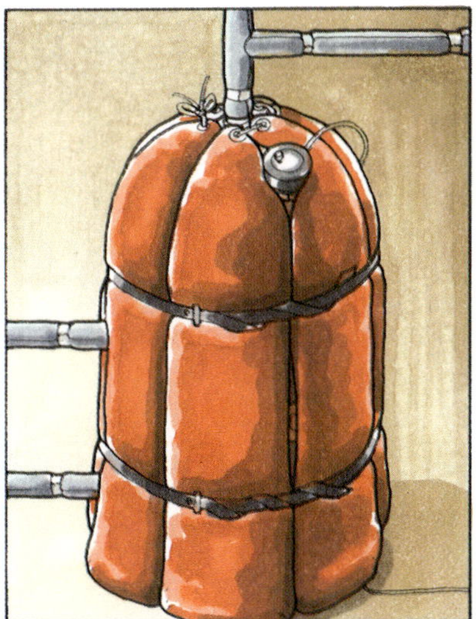

Boiler dämmen
Befestigen Sie einen Dämmantel fest anliegend an der Boiler-Außenwand. In den meisten Fällen werden Sie sich einen solchen aus Mineralfasermatten und Dichtfolie selbst anfertigen müssen. Die Rohrleitungen dämmen Sie durch aufgesteckte Isolierschaum-Röhren.

Dämmung von Rohrleitungen

Warmwasserführende Rohrleitungen müssen überall dort gedämmt werden, wo sie durch Bereiche geführt sind, in denen ihre Heizleistung unerwünscht ist. Wärmeabstrahlung sollte kontrolliert nur an den dafür bestimmten Orten erfolgen. Für Rohrleitungen gibt es vorgefertigte, dem jeweiligen Querschnitt der Rohre entsprechende Dämmschalen aus flexiblem Schaum. Am besten geeignet erscheinen die eingeschnittenen Schaumröhren, die ohne Verklebung mit einem reißverschlußartigen Patentverschluß auch wieder lösbar und wiederverwendbar sind. Vorrangig sind bei Heizungsrohren die Vorlaufleitungen zu behandeln. Dies sind die wärmeren Rohre, die durch das größere Temperaturgefälle gegenüber ihrer Umgebung ohne Dämmung größere Verluste haben. Sie klemmen den Isolierschlauch auf das Rohr, nachdem Sie diesen mit einem Messer nach Maß abgeschnitten haben **(1)** und schließen den Schlitz. Für Bogen verwenden Sie eingeschnittene Schläuche **(2)**, am besten aber vorgefertigte Bogenstücke. Für enge Bogen können die Iso-Schläuche auf Gehrung geschnitten werden **(3)**, und bei Abzweigungen lassen sich mit Keilschnitten gut schließende Anschlüsse **(4)** machen. Eng an Wänden verlaufende Rohre können in Kunststoffclips gesetzt werden. Falls Rohrverlegungen notwendig sind, fragen Sie den Fachmann, oder lesen Sie unsere Hinweise.

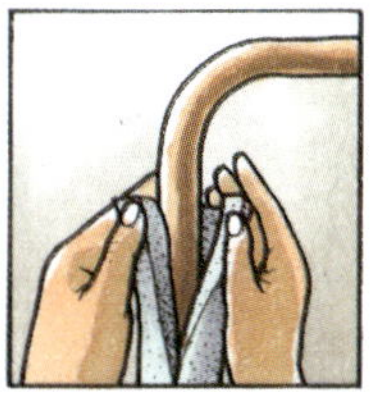

1 Schlauch aufziehen

2 Einschnitte

3 Gehrungschnitt

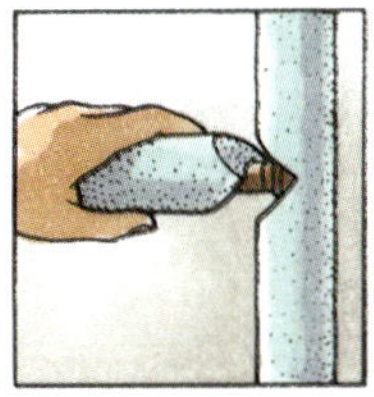

4 Einschnitt

Heizkörper isolieren

Heizkörper und Plattenkonvektoren geben außer der warmen Luftströmung auch Strahlungswärme ab. Diese ist auf der Rückseite zwangsläufig auf die Wandbereiche gerichtet, was im Bereich von Außenwänden sehr hohe Energieverluste nach sich zieht, zumal da in vielen Häusern die Heizkörper in Mauernischen sitzen, so daß die dahinterliegende Wand auch noch besonders dünn ist. Hier kann mit speziellen, die Wärmestrahlung reflektierenden, flexiblen Platten Abhilfe geschaffen werden. Diese Platten sollten mindestens 1 cm stark sein und eine Metallbeschichtung für die Reflexion aufweisen. Mit einem Klingenmesser lassen sie sich sehr einfach schneiden. Bringen Sie Schlitze für die Befestigungen des Heizkörpers an **(1)**, und kleben Sie die Platten mit schwerem Kleister oder Styroporkleber an die Wand **(2)**. Mit einer Heizungsrolle oder der flachen Hand streichen Sie fest. Wenn Sie die Heizkörper für eine Renovierung ohnehin abnehmen, ist diese Dämmung besonders einfach anzubringen. Heizen Sie in diesen Bereichen erst nach dem Aushärten des Klebers.

1 Schlitze für Aufhängung schneiden

2 Dämmplatte einbringen und andrücken

DICHT SCHLIESSENDE TÜREN

SIEHE AUCH
unter:
Türen 160–164

Eine gewisser Luftaustausch durch Lüftung und Wandatmung ist für den gesunden Lufthaushalt in einer Wohnung wichtig. Ausschlaggebend dafür sind Voraussetzungen wie atmungsfähige Wand-, Decken- und Dachaufbauten. Sind diese nicht gegeben, so sind Bauschäden die Folge. Porige Bauteile können Pufferfunktionen übernehmen. Fenster und Türen sollten den Lüftungsanforderungen anpaßbar sein. Denn deren Dichtigkeit ist für den Wärmehaushalt eines Hauses wichtig.

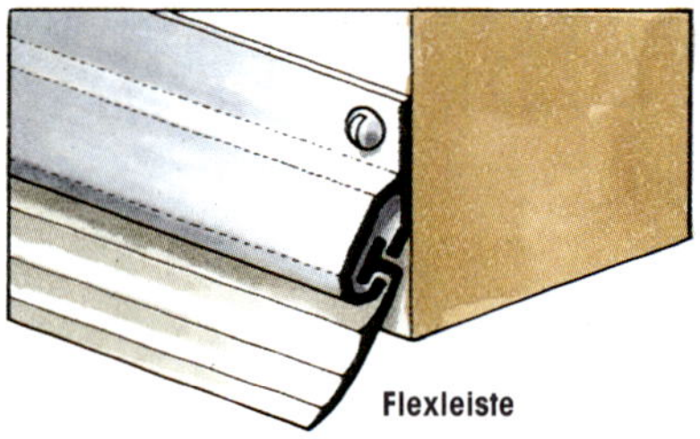

Flexleiste

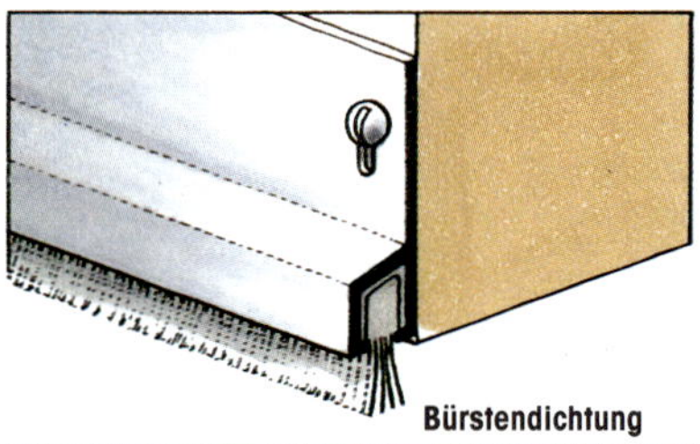

Bürstendichtung

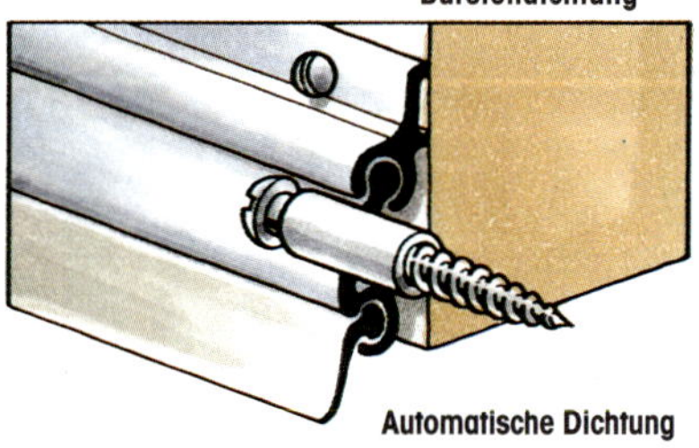

Automatische Dichtung

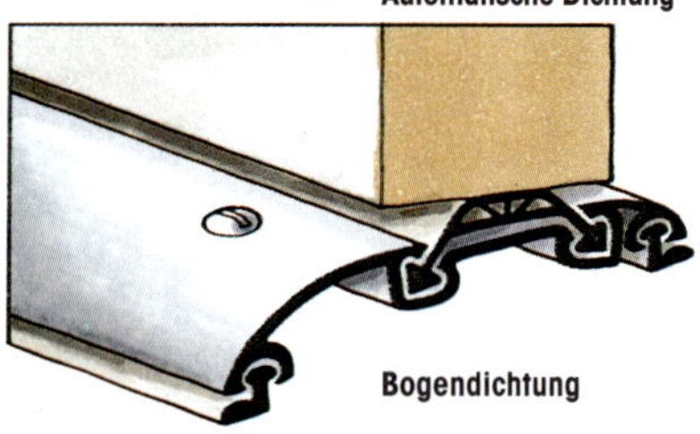

Bogendichtung

Schwelleiste

Undichtigkeiten lokalisieren und dichten

Dichten Sie zuerst die Außentüren und Fenster ab. Bei Innentüren sollten Sie überlegen, ob und inwieweit gewisse Durchlässigkeiten für eine Vertikal- oder Querlüftung wünschenswert und nicht störend sind.
In den Bereichen einer Dielung, von Fußleisten, Verkleidungen und Rohrleitungsdurchlässen im Mauerwerk können Sie mit den größten Erfolgsaussichten nach Undichtigkeiten suchen. Mit angefeuchteten Fingern ist auch ein leichter Luftzug gut zu spüren, besonders bei windigen Wetterlagen und verschiedenen Windrichtungen. Bei diesen punktuellen Undichtigkeiten können in den verschiedenen Bereichen auch sehr unterschiedliche Maßnahmen getroffen werden. Machen Sie sich selbst einen Eindruck von den Möglichkeiten, nachdem Sie die Ursachen und die bauliche Situation erfaßt haben, und suchen Sie nach dauerhaften und preiswerten Lösungen.

TÜRSPALTDICHTUNGEN

Der Spalt zwischen Tür und Türschwelle ist oft ein kritischer Punkt. Die Tür arbeitet, und der Boden ist oft uneben. Für diese Stelle ist eine entsprechende Schwellenabdichtung die richtige Maßnahme. Bei Außentüren sind besondere Aufmerksamkeit und exaktes Arbeiten erforderlich.

Flexible Dichtungen

Die Flexleiste stellt die einfachste Lösung dar. Eine flexible Leiste aus Gummi oder aus Kunststoff, die selbstklebend oder mit Befestigungsprofil anzubringen ist, dichtet durch ständigen Andruck der Dichtlippe an den Boden. Auf glatten Böden wie Parketten und Kunststoffbelägen arbeiten diese Dichtungen am besten, auf rauhen Steinfußböden und Teppichbodenbelägen weniger gut. In solchen Fällen werden sog. Auflaufschwellen am Fußboden montiert. Diese sind in der Regel auch auf glatten Böden der Flexdichtung vorzuziehen.

Bürstendichtungen

Eine Nylonbürstendichtung ist eine sehr wirksame Dichtung, die außerdem schonend mit dem Bodenbelag umgeht. Es gibt sie mit und ohne Profilschiene. Diese Lösung eignet sich auch für rauhe und unebene Böden. Die Montage ist ebenso einfach wir bei der flexiblen Dichtung. Auf Grund der geringen Tiefe eignet sich die Bürstendichtung auch für viele Schiebe- und Klapptüren.

Automatische Dichtung

Diese sehr wirksame Dichtung arbeitet durch automatisches Andrücken einer Kunstofflippe an den Boden. Beim Schließen der Tür wird diese Funktion durch einen Mechanismus ausgelöst, während die Dichtung beim Drehen der Tür angehoben wird. So wird der Bodenbelag nicht beansprucht.

Bogendichtung

Hierbei handelt es sich um ein Aluminiumprofil mit integriertem Vinylband. Dieses Teil wird am Boden befestigt und bei Außentüren mit Silikonversiegelung abgedichtet. So kann kein Wasser nach innen durchgedrückt werden.

Schwelleiste

Eine gute Lösung für Außentüren mit größerer Wetterbeanspruchung ist dieses System mit einem Wasserschenkel aus Aluminium und einer abdichtenden Schwelleiste, die am Boden angebracht wird.

TÜRFALZE ABDICHTEN

SIEHE AUCH
unter:
Türen 160–164
Briefkastenschlitz 165

Neue Türen dürfen nur mit ausreichender Dichtung und Doppelfalz eingebaut werden, so daß schlecht schließende Türen in neuen Häusern im allgemeinen kein Thema sind. Im Altbau jedoch sind schöne, erhaltungswürdige Türen nachträglich durch Dichtungsmaßnahmen zu verbessern. Billige, selbstklebende Dichtungen müssen regelmäßig erneuert werden. Im guten Fachhandel sind aber auch dauerhafte Abdichtungen zu bekommen.

Schaumstoffstreifen

Eine schnelle Lösung ist die Anbringung von selbstklebenden Schaumstoffstreifen in den Falzen. Leider lösen sich die billigeren Materialien auf, wenn sie längere Zeit eingebaut sind. Ein besseres, aber auch nur begrenzt haltbares Material ist geschlossenporiges Moosgummi mit dichter Oberfläche. Diese Dichtungen gibt es mit verschiedenen Profilen und in unterschiedlichen Farben.

Schaumstoffstreifen

Hohldichtungsprofile

Diese hohlen Weichprofile können entweder selbstklebend in den Falz oder mit einer Befestigung aus genuteteten Aluprofilen angebracht werden. Die Anbringung im Falz ist weniger auffällig, aber nur bei ausreichend großem Zwischenraum möglich. Bei Anbringung im Aluprofil ist die Dichtung zwar nicht zu übersehen, aber besser zu justieren und aus diesem Grund haltbarer.

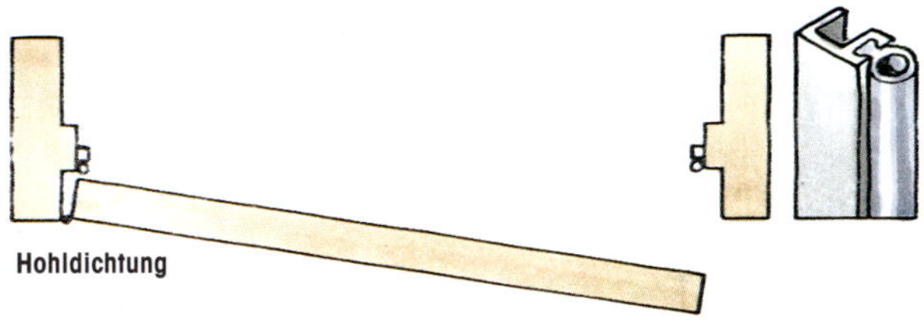

Hohldichtung

Federdichtung

Eine weitere Dichtungsmöglichkeit stellt die Federdichtung dar, die aus dünnen Kunststoff- oder nichtrostenden Metallstreifen besteht. Die Dichtung wird am Türrahmen verklebt oder geheftet angebracht.

Federdichtung

V-Streifendichtungsprofil

Diese Dichtung arbeitet wie die Federdichtung mit der Federwirkung eines Kunstoff- oder Metallstreifens. Die Befestigung erfolgt ebenfalls wie bei der Federdichtung. Die meisten Federdichtungen sind preiswert.

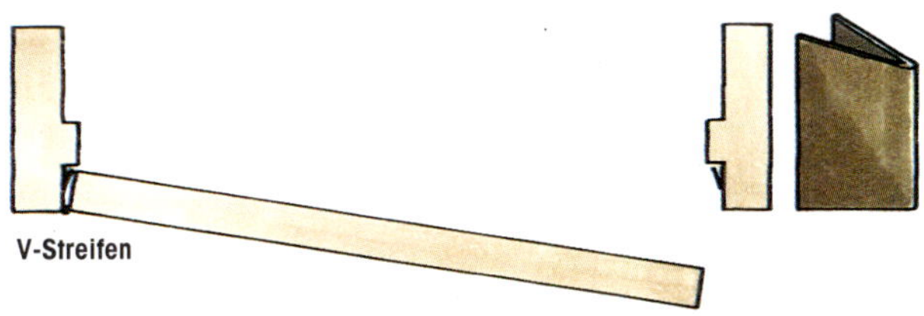

V-Streifen

Dauerelastische Abdichtung

Mit einer dauerelastischen Silikondichtungsmasse kann man auch größere Spalte dauerhaft verschließen. Vorbereitend werden die Haftflächen gereinigt und getrocknet, auf den Untergrund entsprechende Primer aufgetragen, dann wird mit der Kartuschenspritze die Masse in gleichmäßigem Strang gespritzt und anschließend mit in Spülmittel getauchtem Finger geglättet.

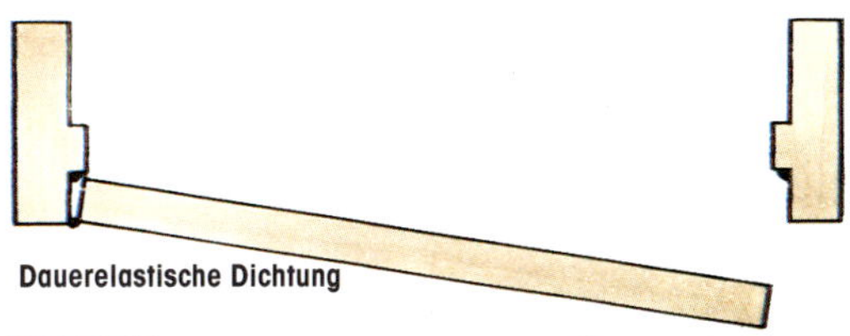

Dauerelastische Dichtung

Silikondichtmasse schließt fast alle Risse

SCHLÜSSELLÖCHER UND BRIEFEINWURF

Vor das Schlüsselloch eines alten Zuhaltungsschlosses kann eine dichtende Blende montiert werden, die von der Schwerkraft geschlossen wird. Briefschlitze gibt es mit einfachen oder doppelten Klappen, die an den Klappendichtflächen eingelegte flexible Profile haben.

Schlüssellochblende
Für alte Schlösser gibt es Blenden.

Briefschlitz
Eine Klappe deckt und dichtet hier gegen Zugluft.

GEGEN ZUGLUFT ABDICHTEN

SIEHE AUCH

Moderne Drehkippfenster sind so gut abgedichtet, daß weitergehende Dämmaßnahmen nicht erforderlich sind. Anders verhält es sich bei Altbaufenstern. Hier sind die verschiedensten Grade an Unzulänglichkeit anzutreffen, wenn es um Dichtigkeit geht. Dabei schneiden hochwertig gebaute Häuser aus der Gründerzeit bis in die Zeit vor dem Zweiten Weltkrieg meist vergleichsweise günstig ab. In der Regel weisen sie relativ gut schließende Fenster auf, besonders wenn es sich um solide Kastenfenster mit vier Fensterflügeln handelt. Überraschende Probleme gibt es hingegen oft mit Fenstern aus der frühen Nachkriegszeit. Diese sind nicht selten so verzogen, daß man mit einfachen Maßnahmen nicht weiterkommt.

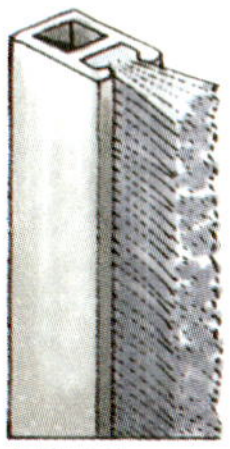

1 Bürste

2 V-Dichtung

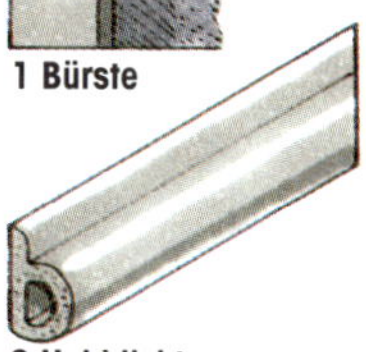

3 Hohldichtung

4 Gummilippe

Fenster abdichten

Abdichtungsmaßnahmen an Fenstern sind nur dann sinnvoll, wenn die Dichtigkeitsprobleme von großzügigen Spalten zwischen den Falzen herrühren. Hat sich dagegen ein Fensterflügel gegenüber dem Fensterstock verzogen, muß er – oder besser das ganze Fenster – ausgewechselt werden.
Wählen Sie die Dichtung anhand der Breite des Spalts. Breite Spalte dichtet man mit einer Hohldichtung, für schmale ist die V- oder Federdichtung geeigneter. Unter Umständen müssen Sie einzelne Falze mit dem Simshobel nacharbeiten, um Platz für die Dichtung zu schaffen.

Große Spalte mit Montageschaum verschließen

OFFENE KAMINE

So behaglich ein offener Kamin ist – für das Raumklima ist er eine Zugluftursache ersten Ranges. Dem kann man mit einem einfachen Trick begegnen: Schneiden Sie aus einer dicken Polystyrolplatte eine Scheibe, die genau in die Schornsteinöffnung paßt. Zur Belüftung schneiden Sie ein ca. 5 cm großes Loch hinein und stecken die Scheibe ein.

FUSSBODENBEREICH

Nur bei sehr alten Häusern, bei denen die Decken in einfachster Balken-Dielen-Bauweise errichtet wurden, kann es durch Ritzen in der Dielung ziehen. Sichere Abhilfe bringt eine Sperrschicht aus Nut-und-Feder-Bodenplatten, die einen Fußbodenbelag tragen. Als erste Maßnahme kann man versuchen, die durch Unebenheiten in der Dielung verursachten Spalten unter den Sockelleisten mit dauerelastischer Dichtmasse zu füllen. Zusätzlich schließt man die Fugen mit einer Viertelstab-Leiste.

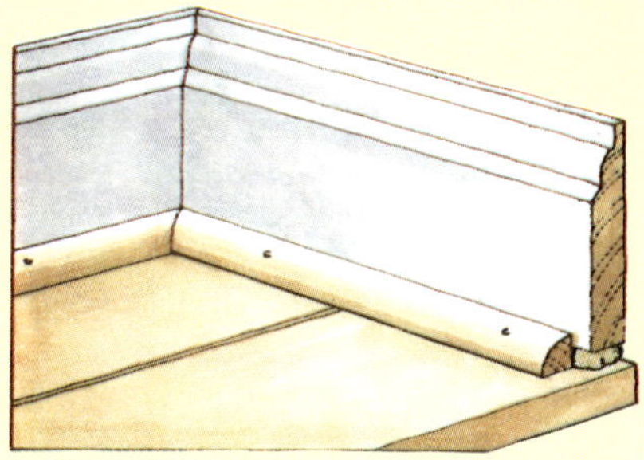

Schließen Sie den Spalt mit einem Viertelstab

GEFÜTTERTE VORHÄNGE

Sollten Fenster oder Balkon- und Terrassentüren allen Abdichtmaßnahmen zum Trotz Zugluft ins Zimmer lassen, sind schwere Vorhänge aus dicht gewebtem Stoff eine brauchbare Abhilfe, sofern man sich umfangreiche bauliche Maßnahmen ersparen will. Die Vorhänge müssen dazu bodenlang und dicht gerafft sein. Die Stoffbreite entspricht der doppelten Schienenbreite.
Ein ebenso altes wie bewährtes Verfahren besteht darin, die Vorhänge zu füttern. Dazu wird ein farblich passender Futterstoff so angenäht, daß er die Rückseite des Vorhangs vollständig abdeckt. Zum Nähen gefütterter Vorhänge ist einige Erfahrung erforderlich, aber die optische wie die Dämmwirkung sind ausgezeichnet.

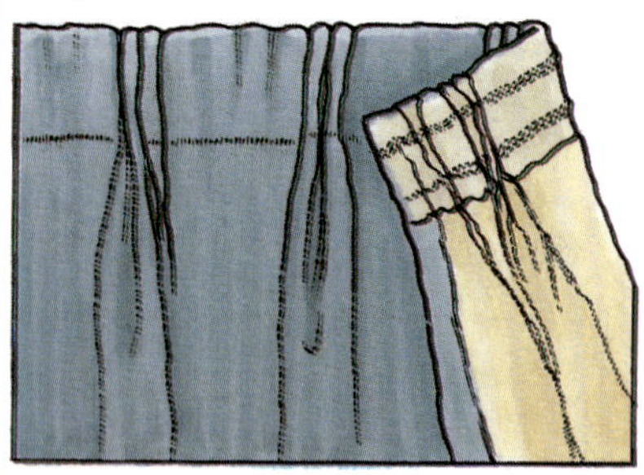

Gefütterter Vorhang

- **Erstickungsgefahr!**

  Wenn sich offene Feuerstellen wie Gasthermen, Gaseinzelöfen, Badezimmer- oder sonstige Öfen in einem Raum befinden, muß dringend vor einer allzu konsequenten Abdichtung von Fenstern und Türen gewarnt werden. In hermetisch abgedichteten Räumen kann durch die Verbrennung der Sauerstoff so weitgehend verbraucht werden, daß die im Raum befindlichen Personen ersticken. Es gab schon mehrere tödliche Unfälle.

DACH-DÄMMUNG

SIEHE AUCH
unter:
Dachboden 123

Durchschnittlich etwa ein Viertel der Wärmeverluste eines Gebäudes treten nach statistischen Berechnungen im Dachbereich auf. Die Dämmung des Daches ist folglich eine vordringliche Aufgabe, wenn Sie Ihr Haus gegen Wärmeverluste dämmen wollen. Wenn Sie Zugang zum Dachraum haben, ist es eine einfache Sache, Dämmbahnen zwischen den Balken oder auf dem Betonboden zu verlegen. Eine solche Maßnahme ist äußerst kostengünstig und effektiv.

Flachdächer

Ein Flachdach kann bei späterer Dämmung nur im Deckenbereich des darunterliegenden Raumes gedämmt werden. Eine aufwendigere Maßnahme stellt eine neue Dachhaut dar, die einen wärmeisolierenden Schichtenaufbau hat. Eine Dämmung von unten ist nicht schwierig. Meist genügt es, eine Unterlattung anzubringen, die Zwischenräume mit Dämmplatten auszufüllen, Dampfsperrfolie darüberzutackern und die Decke mit Profilholz oder Gipsbauplatten zu verkleiden. Die Stärke des Dämmaterials richtet sich nach der Raumhöhe, da Aufenthaltsräume nach der Bauordnung eine lichte Höhe von mindestens 2,4 m aufweisen müssen.

Satteldächer ohne Kniestock

Wenn die Dämmung des Dachraumes unzureichend ist, prüfen Sie zunächst Aufbau und Tragfähigkeit der Decke. Wenn der Dachraum keine Stehhöhe aufweist, ist die Decke – besonders bei Fertighäusern und Bungalows – oft nicht begehbar ausgeführt. In diesem Fall besteht die einfachste Art der Dämmung darin, das Dämmaterial einfach in Bahnen auf dem Boden des Dachraums über einer Dampfsperre auszubreiten. Für eine ausreichende, kostengünstige Dämmung müssen Sie wenigstens 10 cm Dämmstoffstärke kalkulieren. Soll der Dachraum gelegentlich begangen oder als Speicher genutzt werden, müssen Sie die Dämmschicht mit Nut- und-Feder-Bodenplatten belegen, damit die Dämmschicht nicht zu sehr zusammengedrückt wird.
Bei regelmäßig begangenen Dachräumen, die volle Stehhöhe aufweisen, ist eine Dämmschicht zwischen den Dachsparren vorzuziehen.

DÄMMSTOFFE

Es gibt eine ganze Reihe von wärmedämmenden Stoffen, die lose, in Platten, als Bahnen oder mit anderen Materialien wärmedämmende Elemente darstellen.

Bahnen und Platten

Dämmstoffe aus Mineralfasern werden in Bahnen und Platten auch mit reflektierenden dampfsperrenden Beschichtungen hergestellt. Mineralfaser, Kork, Holzwolle und andere Dämmstoffe werden als Platten in unterschiedlichen Ausführungen und Stärken angeboten. Für ungleichmäßige Zwischenräume kann man die Dämmung auch in Keilen verlegen, die sich jedem Raum anpassen lassen. Dämmbahnen gibt es in verschiedenen Breiten, die man dem Bedarf entsprechend wählen kann. Die Verlegung von Dämmbahnen ist sehr einfach. Der Einbau sollte jedoch so erfolgen, daß die Bahnen nicht durchhängen können. Bahnen, die auf Balken befestigt werden sollen, kauft man mit entsprechenden seitlichen Heftrándern. Dämmstoffe müssen beim Lagern gegen Unrat und Staub geschützt werden, am einfachsten mit einer Plastikplane.

Schüttdämmung

Lose Dämmstoffe sind granulierte, körnige, flockige Materialien, die als Naturprodukt oder industriell gefertigte Stoffe eine wärmeisolierende Wirkung haben. Sie lassen sich gut in schwer zugängliche und ungleichmäßig geformte Bereiche einbringen. Es gibt diese Form der Dämmung in Form von Mineralfasern, Kork, Perlite, aufbereitetem Papier, Wolle und anderen Stoffen. Die Stärke einer Schüttung ist sinnvoll mit mindestens 10 cm Einfülltiefe. Einer Bahnen- oder Plattendämmung von 10 cm entsprechen etwa 13 cm Schüttung. Schüttungen werden auch in sackartige Beutel gefüllt, die in dem jeweiligen Zwischenraum wie ein Kissen liegen. Schüttdämmung mit Naturstoffen wird bevorzugt bei biologischer Bauweise zur Dämmung von Balkendecken eingesetzt.

Dämmstoffe einblasen

Lose Dämmstoffe lassen sich auch in schwer zugänglichen Bereichen in die genannten Beutel einblasen. Solche Gebläse kann man leihen. Da die Tätigkeit Erfahrung verlangt, ist die Beauftragung eines Fachbetriebes ratsam.

Plattendämmstoffe

Plattenartige Dämmstoffe werden meistens zwischen den Balken eingebaut. Wenn man sie diagonal mit gerader Kante durchschneidet, kann man die Keile gegeneinander schieben und so nahezu jeden ungeraden Zwischenraum füllen. Die Plattenstärke ist nach der Dämmwirkung des jeweiligen Produktes zu wählen. Es gibt Platten, die bereits in einer Dicke von 5 cm eine hervorragende wärmedämmende Wirkung haben.
Die Dämmung wird aus dem Verbund des Deckenaufbaues errechnet. Welche Lösung Sie bevorzugen sollten, ermitteln Sie aus den konstruktiven Gegebenheiten und den vorhandenen Mitteln.

Lüftung im Dachbereich
Ein in der Decke isolierter Dachraum braucht als Kaltdach eine gute Lüftung, denn entstehende Kondensation muß nach draußen abgeführt werden. Die Entlüftungsöffnungen sollten sich im Firstbereich befinden.

DAMPFSPERREN

Durch Wärmedämmung entsteht auf engem Raum ein beträchtliches Temperaturgefälle, das zu Kondensation führt. Die Dämmung muß zum Schutz der gesamten Konstruktion ausreichend belüftet sein. Wenn Sie Ihren Deckenaufbau mit Wärmedämmung planen, bauen Sie auf der Innenseite der Dämmung eine Dampfsperre ein. Die meistverwendeten Dämmstoffe weisen bereits eine aufkaschierte Dampfsperre auf. Die innenliegende, warme Seite in einem Haus muß belüftet werden. Beim Einbau der Dampfsperre ist auf die Herstellung einer ganzflächigen Sperrwirkung durch Verkleben der Sperre zu achten. Meistens sind es Aluminiumbeschichtungen auf einer Trägerfolie. Diese darf keine Löcher haben. Verschließen Sie auch kleinere Beschädigungen.

KALTDACH-DÄMMUNG

SIEHE AUCH
unter:
Rohrleitungen dämmen 203
Abdichtungen 205–206
Dämmstoffe 207
Dachdämmung 207

Dämmatten verlegen

Überprüfen Sie den Dachraum nach evtl. vorhandenen Rohrleitungen. Diese sollten Sie vor Verlegen der Dämmatten mit entsprechenden Isolierschläuchen dämmen. Denn bei einem gut gedämmten Kaltdach besteht Gefahr, daß sie im Winter einfrieren. Nachdem Sie die Verlegebereiche gereinigt haben, können Sie die Verpackung des Dämmfilzes öffnen. Für den Transport ist das Material zusammengepreßt verpackt. Es dehnt sich, wenn es ausgepackt wird. Decken Sie keine Lüftungsöffnungen ab. Führen Sie die Lüftung über Entlüfterziegel aus dem Dachraum hinaus. Beginnen Sie mit dem Verlegen der Bahnen an einer Fußpfette, und ziehen Sie das Material mindestens 10 cm zwischen den Sparren an der Dachinnenfläche hoch. Rollen Sie die Bahn aus, und beginnen Sie mit der nächsten Rolle auf der gegenüberliegenden Seite. Die übereinanderliegenden Bahnen werden nun so geschnitten, daß ein dicht schließender Stoß entsteht. Am besten läßt sich Dämmfilz mit einem langen Messer oder einer langen Schere schneiden. Arbeiten Sie dabei mit Mundschutz; denn bei der Arbeit mit Mineralfasern werden viele kleine Fasern frei, die Sie nicht unbedingt einatmen müssen. Nachdem Sie alle Balkenzwischenräume ausgelegt haben, schneiden Sie kleinere Stücke und Streifen für noch offene Bereiche zu, und verschließen Sie auch kleine unscheinbare Spalte. Sollten sich in der Decke Einbaulampen befinden, die nach oben offen sind, muß überprüft werden, ob ein Verschließen zu Überhitzung führen kann. Gegebenenfalls müssen Sie ein passendes Rohr als Entlüftung einsetzen.

Schüttungen einbringen

Treffen Sie die bereits oben beschriebenen Vorbereitungen, und legen Sie die Schüttbereiche mit Gewebestreifen aus, wenn der Dachraumboden Öffnungen aufweist, in die Schüttung weglaufen kann. Öffnen Sie die Verpackung, und schütten Sie das Dämmmaterial möglichst gleichmäßig aus. Mit einem Richtscheit oder einem Brett, das Sie an einem Stiel montiert haben, ziehen Sie nun die Schüttung zwischen den Balken glatt. Wenn Sie das Brett ausklinken, können Sie ein genaues Maß für die Luftschicht einhalten, die zwischen der Schüttung und der Fußbodenplatte mindestens 3 cm betragen sollte. Für aufsteigende Rohrleitungen sollte ein Stück Dämmfilz verwendet werden.

Rohrleitungen zwischen Balken

DÄMMEN VON BEHÄLTERN UND LEITUNGEN

Behälter

Alle Wasserbehälter im Dachraum eines Kaltdaches müssen gegen Frost gesichert werden. Dazu gehören auch alte Ausdehnungsgefäße für Zentralheizungsanlagen mit Schwerkraftsystem. Mit Zuschnitten aus geeigneten wasserfesten Platten bauen Sie einen Kasten um den Behälter. Die Abmessungen wählen Sie so, daß rundum ein Zwischenraum von etwa 20 cm für die Dämmschüttung bleibt. Einfacher geht es mit Dämmplatten, in die für Rohrdurchführungen Einschnitte gemacht werden. Die Platten an den Seiten des Behälters umspannen Sie mit Draht oder einem Spannband. In den Deckel bauen Sie einen Griff ein. Besonders einfach können Sie mit Dämmbahnen eine gute Lösung erreichen, indem Sie das Material um den Behälter wickeln und mit einer Schnur lose sichern. Als Außenhaut dient eine Plastikbahn, die Sie mit Klebeband um die Dämmung legen.

Rohrleitungen

Wenn im Bereich der Decke Wasserrohre zwischen den Balken laufen, müssen diese ebenso gegen Frost gesichert werden. Dazu eignet sich Dämmfilz aus Mineralwolle. Für Schüttung werden die Rohre mit einem Karton abgedeckt, damit die Wärme der darunterliegenden Räume die Rohre erreicht, jedoch nicht weiter aufsteigen kann. Rohre zwischen flachen Balken isoliert man mit Schaumschlauch.

Dämmatten verlegen (links)
Verschließen Sie alle Hohlräume und Spalten um Installationen wie Rohre und Kabel **(1)**. Schrägen Sie die Kanten der Dämmatte ab, ehe Sie diese ganz in den Winkel schieben **(2)**, oder schlagen Sie das Ende ein **(3)**. Drücken Sie die Bahnen zwischen die Balken **(4)**.

Schüttdämmung einbringen (rechts)
Verschließen Sie alle Hohlräume und Spalten um Installationen wie Rohre und Kabel **(1)**. Falls Lüftungsöffnungen vorhanden sind, setzen Sie Sperrholzbrettchen ein, damit die Schüttung nicht in die Öffnungen fließt **(2)**, oder schlagen Sie die Dampfsperre **(3)** ein. Decken Sie Rohrleitungen mit einer Brücke aus Pappe ab **(4)**. Bringen Sie die Schüttung aus, und glätten Sie die Oberfläche mit einem Richtscheit **(5)**. Dekken Sie die Isolierung mit Nut-und-Feder-Bodenplatten ab **(6)**.

DÄMMUNG BEGEHBARER DACHRÄUME

SIEHE AUCH
unter:
Gipsbauplatten 137
Dachdämmung 207–208, 210
Außendämmung 211–212

Dämmung zwischen den Sparren

Ein zu Wohnzwecken benutzter Dachraum muß an den Dachinnenflächen eine ausreichende Wärmedämmung aufweisen. Eventuelle Schäden an Dachstuhl oder Dachhaut sind vor Anbringen der Dämmung zu beseitigen. Kondensierende Feuchte ist in diesem Bereich ein ernsthaftes Problem für die Dämmung und die Holzkonstruktion des Daches. Zwischen den Dachsteinen und der Dämmung muß deshalb ein ausreichender Zwischenraum von ca. 5 cm für die Hinterlüftung vorgesehen werden. Der verbleibende Raum bestimmt die Stärke der Dämmung, die Sie einbauen können. First und die Fußpfetten müssen entsprechende Öffnungen haben, damit die aufsteigende Luftströmung in der Luftschicht das Kondensat transportieren und nach außen ableiten kann. Die Dämmung muß auf der warmen Seite eine Dampfsperre aufweisen, die aus Kunststoffolie oder Bitumenpapier besteht. Die meistverwendeten Dämmstoffe werden mit einer Aluminiumkaschierung als Sperre hergestellt, die dann beim Einbau zu einer geschlossenen Haut verklebt werden muß. Die Dampfsperre wird über die Dachsparren gezogen und gut befestigt. Darauf werden die Verkleidungen aus Gipsbauplatten oder Profilholz befestigt. An einem neuen, geraden Dachstuhl kann die Beplankung ohne Konterlattung erfolgen.

Dämmung mit Dampfsperre einbauen

Aluminiumkaschierte Dämmbahnen werden so zwischen die Sparren geklemmt, daß die überstehenden Randstreifen auf dem Sparren überlappend angetackert werden können. Alukleheband dichtet die Übergänge.

Klemmfilzdämmung einbauen

Klemmfilzplatten oder Dämmkeile lassen sich einfach zwischen die Sparren klemmen. Die Platten dürfen aber nicht zu stark eingeklemmt sein. Bei nicht parallelen Zwischenräumen sind daher besonders Keile aus diesen Platten sinnvoll. Die Dampfsperre aus starker Plastik-Baufolie wird an den Sparren befestigt, Löcher und Übergänge werden verklebt.

DÄMMUNG BEI DACHGESCHOSSAUSBAU

Soll der Dachraum als Wohnraum ohne Wandschrägen genutzt werden, so sind Decke und Außenwände ausreichend zu dämmen. Innenwände werden, möglichst mit Dampfsperre auf der Warmseite der Dämmung, von außen gedämmt. Die restlichen Dachräume werden wie ein Kaltdach gedämmt. Das heißt in den Kriechräumen zu beiden Seiten des Wohnraums werden Dämmmatten auf dem Boden verlegt, während das Dach ungedämmt bleibt. Ebenso muß der kleine Dachraum über dem Zimmer nicht gedämmt werden.

Dämmfilzplatten in die Wand klemmen.

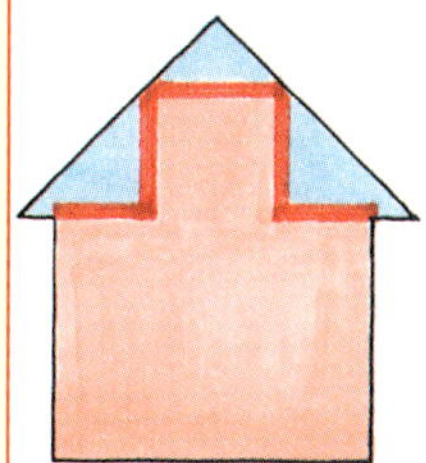

Dachraum-Dämmung
Schaffen Sie im Dachraum ein vollständig gegen den Außenbereich gedämmtes Volumen. Die Kriechräume werden wie ein Kaltdach gedämmt.

Dämmung eines Dachraumes von der Innenseite
1 5 cm Luftschicht zwischen Dämmung und Dachdeckung
2 Dämmbahnen oder -platten
3 Dampfsperre mit überlappenden Randstreifen
4 Plattendämmung mit Halteleiste
5 Gipsbauplatten auf die Dampfsperre montiert
6 Dachlatten
7 Dachsteine
8 Unterspannbahn, Dachfolie

FLACHDÄCHER UND WÄNDE DÄMMEN

SIEHE AUCH
unter:
Gipsbauplatten, Eigenschaften 134
Außendämmung 211–212

Außendämmung oben

Eine Möglichkeit zur Dämmung eines Flachdachs besteht im Aufbringen einer Dämmschicht auf die Dachhaut. Die Warmdachdämmung beinhaltet eine Dampfsperre – das kann auch die alte Dachhaut sein –, die unter der Dämmschicht aufgebracht wird. Die Dämmschicht wird mit einer neuen wasserdichten Dachhaut überzogen. Es ist aber auch möglich, die Dämmschicht mit Pflastersteinen abzudecken. Die Außendämmung ist Sache des Fachbetriebs, da anhand der Statik über das geeignete Verfahren entschieden werden muß.

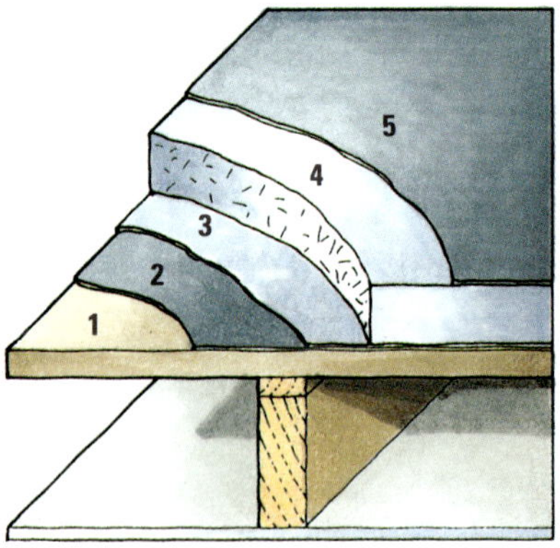

Warmdachsystem

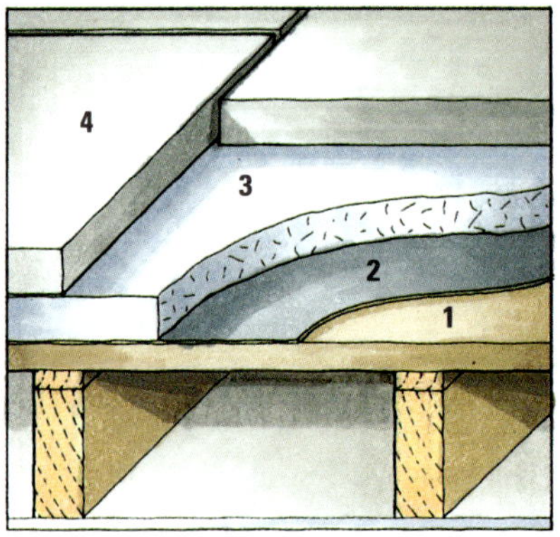

Gepflastertes Dach

Es gibt auch zwei unterschiedliche Dämmsysteme, die beim Bau des Flachdachs angewandt werden können. Die Ausführung ist Sache von Fachbetrieben.

Warmdach
1 Dachplatte
2 Alte Dachhaut
3 Neue Dampfsperre
4 Dämmschicht
5 Neue Dachhaut

Pflasterdach
1 Dachplatte
2 Dachhaut
3 Dämmschicht
4 Pflaster

Dämmung von Flachdächern

Eine Innendämmung von Flachdächern ist nur in Verbindung mit einer Deckenerneuerung möglich. Die durch diesen Deckenaufbau verbleibende Raumhöhe muß für die Nutzung ausreichend sein. Der Aufbau der Dämmung muß Dampfsperre und Luftschicht aufweisen. Wegen der konstruktionsbedingten Ventilationsprobleme beim Flachdach sollte eine sperrende Schicht an der Oberfläche der warmen Seite eingebaut sein. Die einfachste Maßnahme zur Dämmung der Decke unter einem Flachdach ist die Dämmung mit Dämmplatten aus Hartschaum. Diese sollten eine Stärke von mindestens 25 mm haben. Bringen Sie an den Deckenbalken eine Lattung an, zwischen der die Platten eingebaut werden. Bevor Sie die Decke mit Gipsbauplatten beplanken, ist eine Dampfsperre über die gesamte Fläche aufzubringen. Auch ein zweifacher Anstrich mit Latexfarbe und einer Grundierung kann schon eine ausreichende Sperrwirkung bewirken, so daß Sie auf die Sperrfolie verzichten können. Besonders bequem läßt sich die Innendämmung mit hartschaumbeschichteten Verbundbauplatten wie Rigiterm bewältigen.

Flachdächer werden unterhalb der Decke gedämmt.
1 Bestehende Decke
2 Angebrachte Lattung
3 Dämmschicht
4 Dampfsperre
5 Gipsbauplatten
6 Diese Zwischenräume sollten durch geeignete Lüftungsschlitze hinterlüftet werden.

Die Dämmungsmöglichkeiten für die Wände Ihres Hauses werden von verschiedenen Faktoren bestimmt. Zunächst ist der konstruktive Aufbau der Wand zu untersuchen. Ein nach 1920 entstandenes Haus mit Sichtmauerwerk hat vielleicht, ein nach 1950 gebautes wahrscheinlich einen zweischaligen Wandaufbau. Diese Wandkonstruktionen sind auf Verbesserungswürdigkeit durch zusätzliche Dämmung zu untersuchen. Der Luftraum dieser Wand kann verfüllt werden. Es gibt Produkte auf dem Markt, die als Hohlraumschüttung zu diesem Zweck angeboten werden, aber eine außenseitige Dämmung der Wand ist allemal vorzuziehen. Massive einschalige Wände – dominierend bei verputzten Häusern – brauchen eine andere Vorgehensweise: Nach Prüfung der bauphysikalischen Voraussetzungen wird hier meistens eine hinterlüftete Außendämmung in Frage kommen, die etwa 10 cm Auftragstärke hat und eine neue Außenhaut bedeutet – sinnvoll immer dann, wenn Putzschäden ohnehin eine Fassadenerneuerung erforderlich machen. Eine Dämmung auf der Innenseite der Wand reduziert den Innenraum und ist nur in wenigen Fällen sinnvoll.

Mögliches und Unmögliches

Modernes, zweischaliges Mauerwerk wird normalerweise mit einer Kerndämmung erstellt, so daß hier weitergehende Maßnahmen nicht erforderlich sind. Kerndämmung, die nachträglich durchgeführt wird, ist kostspielig, denn sie muß am ganzen Gebäude erfolgen. Außerdem wird diese Art der Dämmung von verschiedenen Fachleuten als nicht ganz unproblematisch angesehen. Eine solche Maßnahme erfordert das Einrüsten der Wände und kann nicht selbst gemacht werden. Bei Außendämmung von einschaligem Mauerwerk ist dies schon eher möglich. Jede Wand kann auch innenseitig gedämmt werden, doch ist hier Vorsicht geboten, denn nicht jede Ausführungsart ist die für Ihre Wände passende Lösung. Falsche Dämmung kann Schäden am Bau zur Folge haben. Die Dämmung auf der Innenseite bereitet etwas Arbeit durch die

WÄNDE DÄMMEN

Siehe auch unter:

erforderliche Neuverlegung von Elektroanschlüssen wie Steckdosen und Schaltern, jedoch ist diese Dämmung die einfachste zum Selbermachen.

Dämmung einer zweischaligen Wand
Kerndämmung am Altbau ist ohne Fremdleistung von Spezialisten kaum möglich. Sollten Sie diese Lösung für Ihr Haus ausgewählt haben, so haben Sie sicherlich auch den Rat eines Fachmannes eingeholt, der Ihr Haus begutachtet hat. Der Zustand des Mauerwerks und der Fugen ist ausschlaggebend für die Möglichkeit zur nachträglichen Kerndämmung einer zweischaligen Wand. Auch die Witterungsverhältnisse am Standort sind für eine vernünftige Lösung zu bedenken. Als Hohlraumschüttung verwendet man vielfach einen wasserabweisenden Dämmstoff wie das aus vulkanischem Gestein hergestellte »Hyperlite«. Folgen Sie auch hier den Empfehlungen des Experten.
Beauftragen Sie mit der Dämmung der zweischaligen Wände nur eine Firma, die eine lange Gewährleistung für den wirksamen Wärmeschutz übernimmt und die Dauerhaftigkeit der Dämmung garantiert. Auch sollte dieser Auftragnehmer schriftlich den Ausschluß von Folgeschäden an der bestehenden Konstruktion bestätigen.
Die erforderlichen Arbeiten sind in wenigen Tagen durchführbar und werden von außen vorgenommen. Hier werden in regelmäßigen Abständen Löcher durch die äußere Mauerwerksschale gebohrt **(1)**. Die Schüttung wird durch diese Löcher mit einem Gebläse und einem Schlauch **(2)** in den Hohlraum transportiert. Wenn dieser Vorgang beendet ist, werden die Löcher mit Blenden sauber abgeschlossen. Es ist vom Bauherrn auch zu beachten, daß diese Blenden später sichtbar bleiben, auch wenn noch so ordentlich gearbeitet wurde.

Außendämmung einer einschaligen Wand
Auch eine gute Außendämmung erfordert einigen Aufwand, läßt aber eher Eigenleistung zu. Besonders der süddeutsch-alpenländische Baustil mit seinen Holzverschalungen ist für diese Art der Dämmung geradezu prädestiniert. Da die Verbretterung bei diesem Stil in der Regel senkrecht verläuft, wird auf die Außenwände des Obergeschosses zunächst die senkrechte Konterlattung montiert. Diese dient in erster Linie zum Ausgleich eventueller Mauerunebenheiten. Die Latten sollten die Stärke der Dämmschicht aufweisen. Zwischen die Latten werden nun die Dämmplatten an der Hauswand anliegend eingesetzt. Gehalten werden die Dämmplatten durch die waagrecht stehende Lattung mit Lattenabstand ca. 40 cm. Dabei werden die Latten versetzt angebracht, so daß die Luft zirkulieren kann. Auf diese Lattung werden die Holzverkleidungsbretter geschraubt. Um Ungeziefer abzuhalten, empfiehlt es sich, die Verschalung an der offenen Unterkante mit Fliegengitter zu verschließen. Wenn man auf die Mauern des Erdgeschosses eine dicke Schicht Dämmputz aufträgt, erhält man eine vorzügliche Wärmedämmung – eine auch optisch ansprechende Lösung.

1 Bohrungen in die Verblenderschale
Zur Kerndämmung des Hohlraumes werden zunächst große Löcher in das Mauerwerk der Verblenderschale gebohrt.

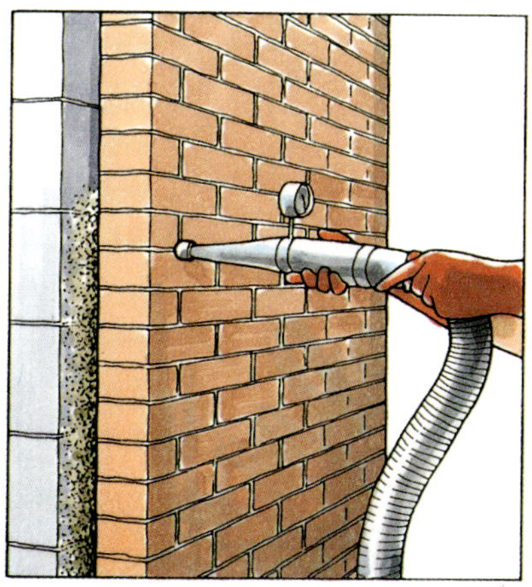

2 Einblasen der Dämmung
Die Dämmung wird mit einem Schlauch in den Hohlraum eingeblasen. Die Löcher können mit Mörtel oder Blenden verschlossen werden.

TROCKENPUTZ IM INNENAUSBAU

Wenn Sie eine Außenwand auf der Innenseite mit Trockenputz oder Gipsbauplatten verkleiden wollen, nutzen Sie die Gelegenheit zum Einbau einer Dampfsperre auf der Konterlattung für die Gipsbauplatten. Verschiedene Systeme von Gipsbauplatten, z. B. Rigitherm, bieten eine Kombination von Wandplatte mit Dämmung und Dampfsperre. Diese Platten können auch direkt auf die bestehende Wand geklebt werden, wenn diese eben genug ist. Das Aufkleben geschieht mit Ansetzbinder bei Mauerwerk oder alternativ mit Rigitherm-Kleber auf glattem Putz und Beton. Die Kantenschlüsse der gefalzten Platten müssen mit einem Kleber verklebt und nach dem Abbinden gespachtelt werden. Dazu sind die Verarbeitungshinweise des Herstellers zu beachten. Rechts ist dargestellt, wie der Kleber auf der Rückseite der Platte zu verteilen ist **(1)**. Der Kleber wird umlaufend am Rand der Platte und in einem mittigen Streifen aufgebracht. Mit einem Richtscheit wird die Platte ausgerichtet und behutsam an die Wand geklopft. Als zusätzliche Sicherung werden drei Reihen von Spezialdübeln **(2)** eingesetzt. Diese Dübel werden, wie nebenstehend dargestellt, im Randbereich gesetzt. Nur ein Dübel kommt genau in die Mitte der Platte. Für alle Dübel muß entsprechend vorgebohrt werden. Verdübelt wird stets nach dem Anbringen der Platte. Selbstverständlich können Sie dafür auch normale Dübel und Schrauben verwenden, die etwas umständlicher anzubringen, aber haltbarer sind. Der Plattenzuschnitt für die Ecken und Nischen erfolgt mit einer feinzahnigen Säge oder einer elektrischen Stichsäge. Die Arbeitsweise im Bereich von Türen und Fensterlaibungen wurde oben bereits beschrieben. Die Sockelleisten werden durch die Platten an der massiven Wand befestigt oder auf die Plattenoberfläche geklebt.

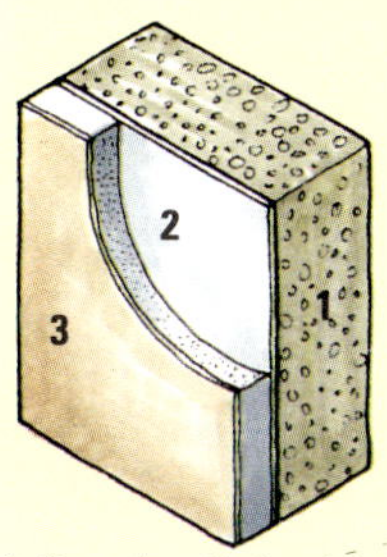

1 Polystyrol oder aufgeschäumtes Polyurethan als Dämmung
2 Integrierte Dichtbahn
3 Gipsbauplatte

Aufbau einer Verbundplatte

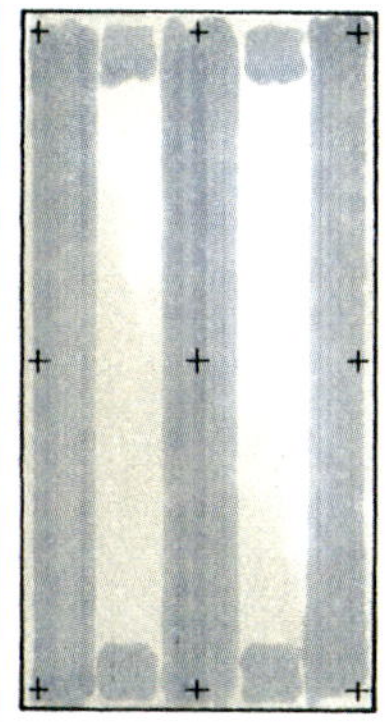

1 Befestigung von Gipsbauplatten mit integrierter Dämmung
Diese Platten werden in Klebetechnik angebracht und mit Schlagdübeln gesichert.

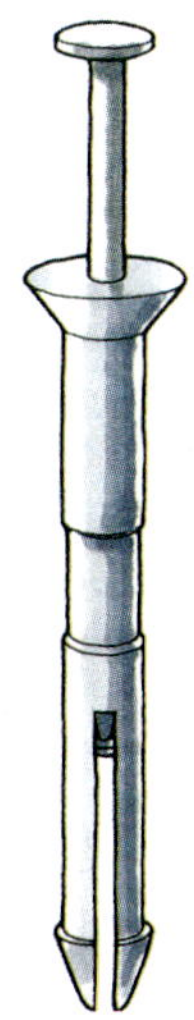

2 Schlagdübel
Hier eine spezielle Ausführung für die Befestigung von Gipsbauplatten. Der eingeschlagene Nagel preßt den Dübel gegen die Wände der Bohrung.

WÄNDE UND FUSSBÖDEN DÄMMEN

SIEHE AUCH
unter:
Bodenplatten verlegen 35
Schwimmender Spanplattenboden 151
Dampfsperre 158,207

- **Schüttdämmung**
  Eine Schüttdämmung dämmt zwar wirksam gegen Wärmeverluste, verschlechtert aber den bei einer Kiesschüttung recht wirksamen Schallschutz. Wenn man also keine zusätzlichen Schallschutzmaßnahmen ergreift, hat man mit dieser Methoden den Teufel mit Beelzebub ausgetrieben.

WÄRMEDÄMMUNG VON AUSSEN

Für derartige Maßnahmen werden immer wieder öffentliche Förderungsprogramme ausgelobt, die Sie erfragen können.

Die Nützlichkeit einer Außendämmung ist keine neue Erkenntnis. Zahllose Hausbesitzer haben in den sechziger und siebziger Jahren die Fassaden ihrer Häuser mit Asbestzementplatten verunziert. Seit Asbestfasern im dringenden Verdacht stehen, Lungenkrebs auszulösen, ist dieses Material geächtet, und der Leidtragende ist der, der einst auf die schönen Versprechen des Herstellers hereingefallen ist. Wenn er das Zeug wieder loshaben will, muß er mit schwerem Atemschutzgerät ausgestattete Spezialisten beauftragen – gegen entsprechendes Honorar, versteht sich.

Inzwischen sind die aktuellen Produkte für energiesparende Außendämmung eines Gebäudes einige Jahre im Einsatz, ohne daß ein zweiter »Fall Asbestzement« bekannt geworden wäre. Informieren Sie sich trotzdem über wirksame und dauerhafte Produkte bei den Handwerksinnungen oder den Verbraucherberatungsstellen.

Eine Außendämmung kann ein Gebäude erheblich verändern. Dennoch sind derartige Baumaßnahmen im allgemeinen nicht genehmigungspflichtig. Doch sollten Sie eine Anfrage an das zuständige Bauamt richten. Die Fassadengestaltung wird verschiedentlich durch eine kommunale Verordnung geregelt.

Für die Außendämmung muß ein Gerüst aufgestellt werden. Damit kann ein versierter Heimwerker einige Fassadendämmsysteme selbst anbringen, doch wird ein Teil der Einsparungen von der Miete für das Gerüst aufgezehrt, die ins Geld geht, wenn nur einer arbeitet, und das vielleicht nur an Wochenenden.

Stets sind zunächst alle Fallrohre, Wandverkleidungen, Kabel, Fensterbretter und losen Teile auf der Fassade zu entfernen. Entscheiden Sie sich möglichst für ein Produkt, das eine Kombination von Dampfsperre, Dämmung und Außenhaut bietet und so schnelles und rationelles Arbeiten ermöglicht. Eine Dämmung dieser Art bedeutet für die Fassade einen Auftrag von etwa 80 bis 100 mm. Sie werden also auch neue Fensterbretter einbauen müssen.

Angesichts der verwirrenden Vielfalt an Fassadendämmungen mit verschiedenen Gestaltungsmöglichkeiten ist genaue Information unerläßlich.

Ein massiver Fußboden aus Betonplatte und Estrich erfordert keine weitere Dämmung. Ein Holzdielenboden im Erdgeschoß eines Altbaus hingegen ist selten ausreichend gedämmt und im Winter oft sehr kalt. Die Dielung läßt sich aber auf einfache Weise abnehmen, damit der Aufbau überprüft werden kann. Ein wärmegedämmter Fußboden bedeutet in jedem Fall geringere Energiekosten und mehr Wohlbefinden.

Mögliche Maßnahmen

Wenn Sie die Decke vom daruntergelegenen Raum nicht bearbeiten können, nehmen Sie die Dielen oder Bodenbretter auf und dämmen von oben mit Dämmmatten oder auch Schüttdämmung. Vielfach wurden die Fehlböden mit Kies verfüllt. Im Zuge einer Renovierung sollte dieser entfernt und durch eine Schüttdämmung ersetzt werden. Dazu wird ein Trägergewebe untergelegt, an die Balken getackert und die Dämmung mit den Balkenkanten schließend eingebracht.

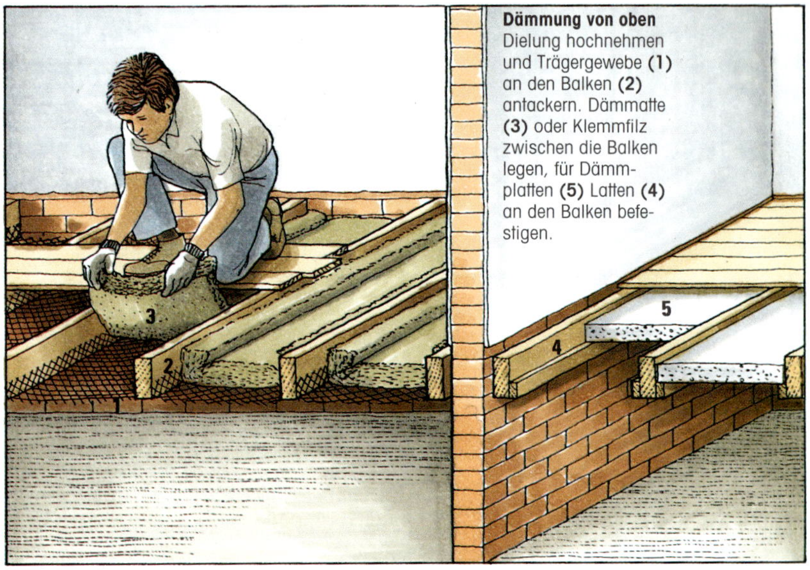

Dämmung von oben
Dielung hochnehmen und Trägergewebe **(1)** an den Balken **(2)** antackern. Dämmatte **(3)** oder Klemmfilz zwischen die Balken legen, für Dämmplatten **(5)** Latten **(4)** an den Balken befestigen.

Dämmung von unten
Bei ausreichender Arbeitshöhe in einem daruntergelegenen Raum kann die Dämmung auch von unten vorgenommen werden, sofern es sich um eine schlichte Balken-Dielen-Konstruktion handelt. Zwischen den sichtbaren Balken **(1)** werden Matten von einem angetackerten Gewebe **(2)** gehalten und Bauplatten darübergeschraubt.

ISOLIER-VERGLASUNG

SIEHE AUCH
unter:
Fenster 170–172

Isolierverglasung besteht aus mehreren Glasscheiben, die mit Abstand in einen Rahmen eingebaut sind. Der Zwischenraum kann als Vakuum ausgeführt oder mit Gasen gefüllt sein. Die Konstruktion ist immer auf optimale Wärmedämmung ausgelegt. Stets bilden zwei oder drei Glasscheiben eine Scheibe in einem Dichtrahmen. In Kunststoffenstern dienen diese Scheiben oft auch als tragende Elemente für den Rahmen. Es gibt Isolierverglasungen, die einen Energiezugewinn durch passive Nutzung der einstrahlenden Sonnenenergie ermöglichen.

Bewährte Verglasungen

Doppelverglasungen reduzieren die Energiekosten erheblich durch einen geringen k-Wert. Bei Doppelverglasungen, die keine absolut geschlossenen Zwischenräume bilden, sollte der Mindestabstand der Glasscheiben 20 mm betragen. Das mit zwei Scheiben und zwei Rahmen gebaute Kastenfenster ist die traditionelle wärmedämmende Verglasung, wie sie in den meisten Altbauten anzutreffen ist. Moderne Fenster sind mit zwei- und dreifacher Verglasung bei einem Zwischenraum von 14 mm, bzw. 2 x 8 mm ausgestattet. Solche Verglasungen können auch zur Schalldämmung eingesetzt werden. Diesen Effekt erreicht man durch eine spezielle Gasfüllung und einen asymmetrischen Aufbau, das heißt die Außenscheibe ist aus dickerem Glas als die Innenscheibe. Doppelverglasung bietet im allgemeinen eine gute Wärmedämmung bei besserer Lichtdurchlässigkeit gegenüber der Dreifachverglasung. Allerdings weist die Dreifachverglasung einen um 40% besseren k-Wert auf als ein einfaches Glas im Fenster. Neue zweifach Iso-Verglasungen mit einer verdoppelten Wärmedämmwirkung sind für den Einsatz zur passiven Energiegewinnung interessant. In verglasten Pufferzonen wie Wintergärten sind diese Verglasungen optimal einzusetzen.

Industriell gefertigte Iso-Verglasung
Hier in einen Kunststoffrahmen eingebaut

Kastenfenstersystem, zweiflügelige Konstruktion
Mit nach außen öffnendem Außenfenster

Dreifach verglastes Kastenfenster
Mitunter in Altbauten anzutreffen

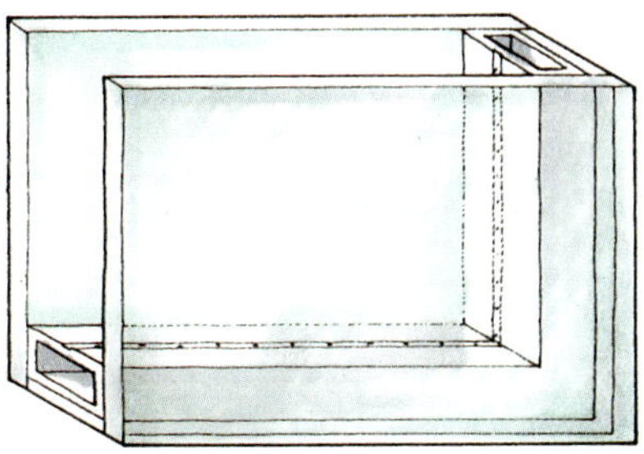

Geschlossene Doppelverglasung

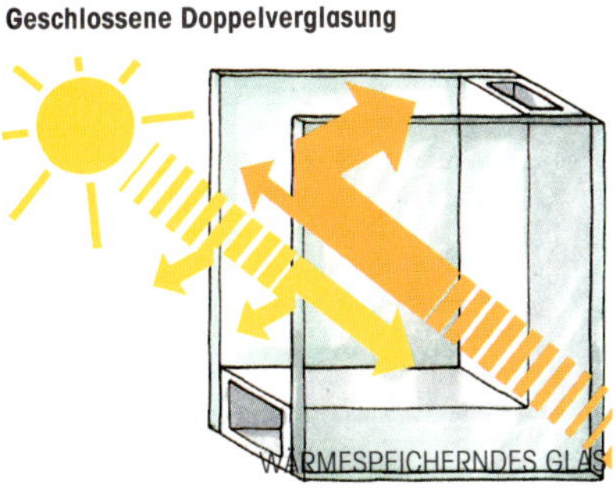

Wärmespeichernde Doppelverglasung

Mehrfachverglasungen

Kastenfenster sind im Altbau ein schönes und auch im Hinblick auf Wärmedämmung wirksames Bauelement. Im Neubau wird diese Lösung wegen der hohen Kosten kaum zum Einsatz kommen. Auch erfordern diese Fenster durch die getrennten Fensterflügel einen erhöhten Aufwand an Putzarbeit.
Heute läßt sich eine entsprechende optische Wirkung auch mit industriell gefertigten Fenstern erreichen. Die Glasindustrie und die führenden Fensterhersteller liefern die zwei- und dreifachen Verglasungen auch in besonderen Ausführungen mit unterschiedlich gestalteten innenliegenden Sprossen, mit Bleiverglasungen, ja sogar mit gebutzten Scheiben, und dies alles mit erhöhter feuerhemmender Wirkung und in bruchsicherer Ausführung.

Wenn Sie für Ihr Haus eine passende Verglasung suchen, prüfen Sie zunächst, welcher Hersteller Modelle liefert, die dem Stil Ihres Hauses am besten gerecht werden. Durch eine unglückliche Fensterwahl können Sie die Fassade Ihres Hauses in fürchterlicher Weise verunstalten. Wenn Sie sich an den vorhandenen Fenstern orientieren – vorausgesetzt, es handelt sich noch um die originalen Einbauten –, können Sie wenig falsch machen. Entscheiden Sie sich bei gleichwertigen Produkten für den Hersteller, der eine Langzeitgarantie auf Dichtigkeit der Fenster gibt. Schließen Sie eine Versicherung ab, die Schäden an der Verglasung abdeckt, insbesondere wenn Sie große Flächen oder mit anspruchsvollem Material verglast haben.

- **Energieeinsparung**
  Der k-Wert der neuen Iso-Verglasungen mit verdoppelter Wärmedämmwirkung wird mit 1,3 angegeben. Normale 2-fach-Isoverglasung bietet einen k-Wert von 3,0. Ein Quadratmeter Fensterfläche kann durch diese neuartigen Glasprodukte rechnerisch 20 Liter Heizöl pro Heizperiode einsparen.
  Durch den Einsatz in Pufferzonen kann zum Beispiel durch einen Wintergarten auf der Ost- oder Westseite eines Einfamilienhauses mit dieser Verglasung eine Energieeinsparung von ca. 2000 kW jährlich erreicht werden.

VORSATZ-DOPPEL-VERGLASUNG

SIEHE AUCH
unter:
Abdichtung 206

Vorsatzfenster sind nachträglich an eine vorhandene Fensteröffnung von innen oder außen angebrachte Scheiben. Dadurch wird eine Einfach-Verglasung zu einer Doppelverglasung mit wesentlich verbesserten wärmedämmenden Eigenschaften. Es gibt verschiedene Lösungen, die überlegt werden können.

Befestigung

Für jede Fensterart und für jedes Bauwerk muß die angemessene Methode gefunden werden. Grundsätzlich kann die Vorsatzscheibe am Fensterflügel **(1)**, am Rahmen **(2)** oder am Fensterstock angebracht werden **(3)**. Die drei genannten Methoden unterscheiden sich nach Aufwand für Fertigung und Einbau. Die Anbringung einer zur Reinigung beweglichen Vorsatzscheibe ist aufwendig, so daß sich der Einbau nur bei längerfristiger Nutzung lohnt.
Diese Scheiben werden in dichtende Hilfsrahmen eingesetzt, die mit Scharnieren am Fensterflügel oder -rahmen befestigt werden. Für die Reinigung sind Verschlüsse vorgesehen. Es gibt aber auch abnehmbare Rahmen. Eine vor den Blendrahmen in Schienen gesetzte Scheibe kann seitlich verschoben werden. Die Scheibe kann aus Glas oder Kunststoff bestehen. Plexiglas ist schlagfest, wird aber leicht verkratzt. Makrolon ist ein widerstandsfähiger Kunststoff, doch doppelt so teuer wie eine Glasscheibe.

Brandschutz
Durch die Brandschutzbestimmungen bleibt die Privatsphäre des Bürgers weitgehend unberührt – sehr zum Leidwesen der Feuerwehren. In Ihrem eigenen Interesse sollten Sie jedoch darauf achten, daß pro Raum mindestens ein Fenster schnell und ohne Tricks oder Werkzeugeinsatz geöffnet werden kann und so im Gefahrfall als Fluchtweg zur Verfügung steht.

Folien als »Doppelverglasung«

In Altbauten gibt es immer noch einfach verglaste Fenster, die in der kühleren Jahreszeit unangenehme kalte Zonen und Energieverluste verursachen. Wenn für eine Übergangszeit Abhilfe geschaffen werden soll, die schnell und preiswert zu installieren ist, so ist das Bespannen mit einer Fensterfolie die richtige Lösung. In der warmen Jahreszeit wird die Folie abgenommen und weggeworfen. Zur Montage wird umlaufend auf den gereinigten Rahmen **(1)** ein doppelseitiges Klebeband geklebt **(2)**. Darauf wird die Folie geklebt. Man beginnt an der oberen Kante **(3)**, zieht die Folie am unteren Ende stramm und drückt sie auch hier gegen die Klebefläche **(4)**. Mit einem Haartrockner oder einem Heißluftgebläse wird die Folie vorsichtig erwärmt **(5)**. Dadurch glätten sich die entstandenen Falten, und die Folie wirkt wie eine Scheibe. Die Überstände am Fensterrand können abschließend beschnitten werden **(6)**.

- **Vorsatzfenster**
Ein grundsätzlicher Nachteil von Vorsatzfenstern: der Zwischenraum zwischen den Scheiben läßt sich nicht luftdicht abdichten. Dadurch entsteht dort Kondensation, die wiederum zur schnelleren Verrottung von Holzfenstern beiträgt.

SCHEIBENABSTAND

Ein geringerer Abstand der Scheiben als 25 mm vermindert die Dämmwirkung der Verglasung. Mehr als 250 mm sind ebenfalls ungünstig.

1 Befestigung am Fensterflügel

2 Befestigung am Fensterrahmen

3 Befestigung am Fensterstock

4 Befestigung in der Fensterlaibung

1 Fensterflügel gründlich reinigen

2 Doppelseitiges Klebeband anbringen

3 Fensterfolie oben anlegen

4 Folie straffen und unten wie seitlich andrücken

5 Mit Haartrockner faltenfrei schrumpfen

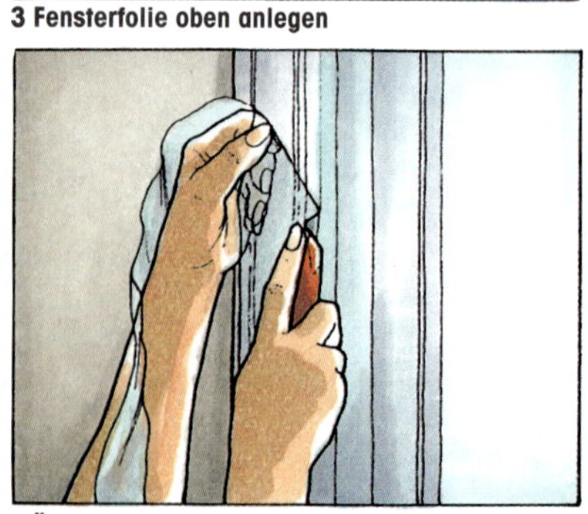
6 Überstehende Ränder abschneiden

SCHALL-GEDÄMMTE WÄNDE

SIEHE AUCH
unter:
Mauerwerk neu verfugen 23
Leichtbauwände 112–113
Gipsbauplatten 134–141

Lärm macht krank. Ständige Lärmbelästigung, sei es durch übermäßigen Kraftfahrzeug- oder Luftfahrtverkehr, durch Industrieanlagen, aber auch durch rücksichtslose Nachbarn kann ein Haus oder eine Wohnung unbewohnbar machen. Gegen Lärm von außen kann man sich in Grenzen durch den Einbau von Schallschutzfenstern schützen. Dies ist Sache des Fachmanns. Gegen Lärmbelästigungen im Haus – ob aktiv oder passiv – kann auch der Heimwerker einiges ausrichten.

Geräusche entstehen, wenn ein Gegenstand in Schwingungen versetzt wird, die über ein Medium – Luft, Wasser oder feste Stoffe – weitergeleitet und vom menschlichen Ohr als Druckwelle registriert werden. Schalldämmende Maßnahmen haben stets zum Ziel, die Übertragung von Schallwellen zu unterdrücken. Dies kann geschehen durch Schallbarrieren (Lärmschutzwälle, Schallschutzfenster), durch schallschluckende, also auftreffende Schallwellen nicht reflektierende Stoffe oder durch mechanische Entkopplung schwingungsübertragender Bauteile. Im häuslichen Bereich stehen die meist einfach durchzuführenden schallschluckenden Maßnahmen im Vordergrund.

Schallharte Räume vermeiden

Musikliebhaber wissen es längst: In üppig mit dicken Vorhängen, Teppichen, Tapeten und Polstermöbeln ausgestatteten Zimmern tönen Mozart und Vivaldi weit natürlicher aus den Lautsprechern als in karg möblierten Räumen mit Fliesenboden, großen Fensterflächen und kahlen Wänden. Das liegt daran, daß harte, glatte Flächen auftreffende Schallwellen zurückwerfen und so den Klang verfälschen.
Was dem Musikliebhaber recht ist, ist dem schallgestreßten Hausbewohner billig. Auch in der Mietwohnung wird hoch- und mittelfrequenter Lärm in »weichen« Räumen weniger störend empfunden als in »harten«. Gegen die abgrundtiefen Bässe aber, die Nachbars Jüngster mit seinen Techno-CDs den Boxen entlockt, sind Teppiche ziemlich machtlos. Hier hilft nur mechanische Entkopplung – wohl dem, dessen Reihenhaus mit zweischaligen, gedämmten Trennwänden ans Nachbarhaus stößt und dessen Nachbar am schwimmenden Estrich nicht gespart hat.

PARTYKELLER SCHALLDÄMMEN

Lärmschutz hat eine passive, aber auch eine aktive Seite. Wer in seinem Keller rauschende Feste feiert oder Wagner in Originallautstärke genießen will, sollte die Nachbarn einladen – oder dafür sorgen, daß diese wenigstens nicht zuviel davon mitbekommen. Eine Maßnahme, die die Freundschaft erhält, ist der Einbau einer Schallschutzwand vor der Trennwand zum Nachbarhaus.

Schallschutzwand bauen

Grundsätzlich entspricht eine Schallschutzwand einer ganz normalen Leichtbauwand, wird also in der bereits beschriebenen Ständer-Riegel-Bauweise oder wahlweise mit vorgefertigten Metallprofilträgern errichtet. Da ihre Aufgabe aber im Abfangen von Schallwellen liegt, muß sie besondere Eigenschaften aufweisen: Sie sollte zum einen schwerer als eine normale Leichtbauwand ausfallen – schwere Materialien geraten nicht so leicht in Schwingungen wie leichte – und sie sollte mechanisch so weit als möglich von der Trennwand entkoppelt sein. Das bedeutet, daß Ständer und Riegel nicht, wie es sich anbieten würde, an die Trennwand geschraubt werden dürfen. Auch die Schwelle darf nur im Fußboden eingedübelt werden, wenn es sich um einen schwimmenden Estrich handelt.
Zum Aufbau der Wand schneiden Sie alle Holzteile zu. Dabei gehen Sie von den Wandmaßen minus 1 cm aus. Bekleben Sie alle wandstoßenden Seiten von Ständern und Riegeln mit 1 cm dickem Schaum- oder Moosgummi. Eine Schallschutzwand muß nur gegen Umfallen nach vorn gesichert werden, braucht also nicht viele Befestigungspunkte. Entscheiden Sie nach der Hauskonstruktion. Bei Betonböden und -decken schrauben Sie die Seitenständer an den Wänden fest, bei einer Balkendecke ist die Befestigung an den Deckenbalken am vorteilhaftesten. Bohren Sie Schrauben- und Dübellöcher – ca. eines pro m –, und befestigen Sie das Teil bzw. die Teile an Decke oder Wänden. Bauen Sie den Rahmen wie beschrieben zusammen, in diesem Fall aber an Ort und Stelle. Verwenden Sie ausschließlich stabile Winkelverbinder und Schrauben. Füllen Sie die Hohlräume mit Dämmfilz, und beplanken Sie die Schallschutzwand mit einer doppelten Schicht Gipsbauplatten. Wenn Sie den Trockenputz auch noch mit Schalldämmplatten bekleben, können Sie den Verstärker aufdrehen.

Schalldämmende Maßnahmen

Wenn Ihr Partykeller noch einen nackten Betonboden zeigt – legen Sie die Betonfläche mit mindestens 2 cm starken Styroporplatten (für Verlegung unter Estrich!) aus. Belegen Sie die Fläche mit Nut-und-Feder-Spanplatten. Diese sollen 2 cm Abstand zu den Wänden halten (Styroporstücke einklemmen). So entsteht auf einfachste Weise ein »schwimmender« Fußboden. Bekleben Sie die Decke mit Schalldämmplatten – alter Trick: Eierkartons tun's auch!

Aufbau einer Schallschutzwand
1 Deckenholz
2 Schwelle
3 Ständer
4 Dämmatte
5 Riegel
6 Innere Schicht Gipsbauplatte
7 Äußere Schicht Gipsbauplatte
8 Schalldämmplatte

Lautsprecher
Der Nachbar hört von Ihren Parties am wenigsten, wenn Sie die Lautsprecherboxen vor der Schallschutzwand aufstellen, so daß sie den Schall in Richtung auf die gegenüberliegende Wand abstrahlen, hinter der sich – hoffentlich – nur die Heizung verbirgt.

SCHALLDÄMMUNG FÜR DECKE UND FUSSBODEN

SIEHE AUCH
unter:
Abdichtung 204–206
Dämmstoffe 207
Isolierverglasung 213

Gut gebaute Häuser mit soliden Betondecken und schwimmendem Estrich in allen Räumen brauchen auch dann keine besondere Trittschalldämmung, wenn sie von mehreren Familien bewohnt werden. Mehr Kummer machen in dieser Hinsicht Altbauten mit Balkendecken, doch auch hier genügen meist ein paar Teppiche. Aber wehe, wenn Sie in einem der hellhörigen Bauten der frühen Nachkriegszeit wohnen.

Sanddämmung
1 Trockener Sand dämmt den Schall
2 Festes Sperrholz, mit Baufolie ausgelegt
3 Stützleiste, mit dem Deckenbalken verschraubt

Schwimmender Boden
1 Dielung oder Bodenplatte, durch Gipsbauplatte mit Metallprofil verschraubt
2 Gipsbauplatte, im Profilfalz aufliegend
3 Metallprofil mit Dämmauflage zum Balken
4 Sicherungsclip
5 Untere Schicht Gipsbauplatten, auf Stützleisten aufliegend
6 Dämmplatte
7 Deckenbalken
8 Putzdecke

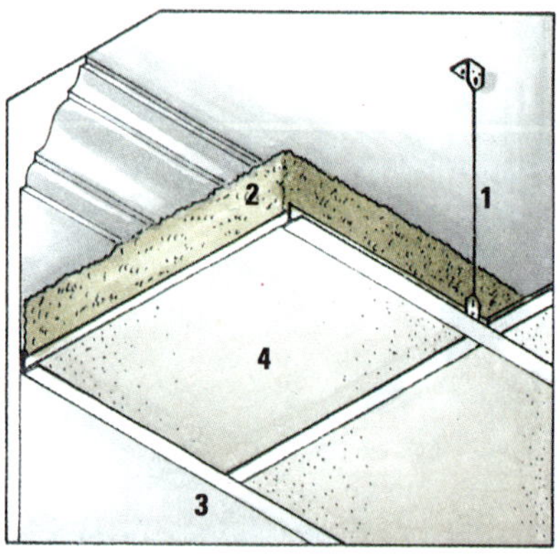

Abgehängte Decke mit Dämmschicht
1 Justierbarer Deckenabhänger
2 Leichte Dämmplatte
3 Metallschienensystem (Fertigfabrikat)
4 Lose aufgelegte Dämmplatten

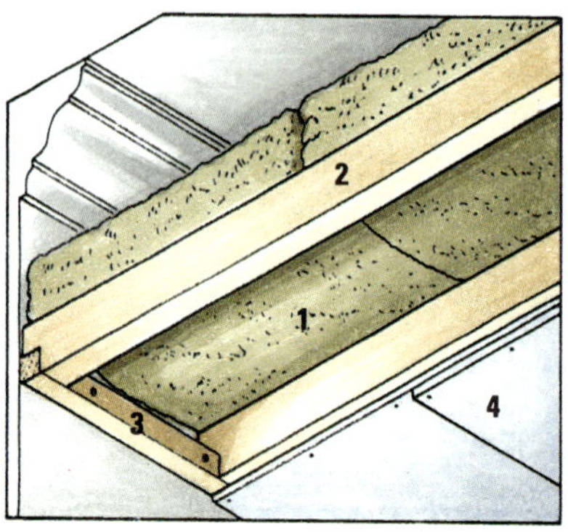

Zwischendecke mit Gipsbauplattenbekleidung
1 Über Querträger gelegte Mineralfaser-Dämmatte
2 Holzquerträger
3 Wandleiste
4 Doppelte Schicht Gipsbauplatten

Sandschicht einbringen

Großzügig dimensionierte Balkendecken können mit einer Sandschicht sehr gut schallisoliert werden. Allerdings muß nach dem Aufnehmen der Dielung in jedem Fall ein Statiker befragt werden, ob das Gebälk gesund ist und eine ausreichende Tragkraft für das beträchtliche Mehrgewicht aufweist. Schrauben Sie Stützleisten an die Unterkanten der Balkenwangen. Legen Sie Platten aus starkem Sperrholz auf die Stützleisten. Diese nehmen das Gewicht des Sandes auf, das keinesfalls auf den Putzlatten des Deckenputzes lasten darf. Legen Sie jedes der entstandenen Sandbetten mit einem Streifen Baufolie aus, den Sie an den Balken festtackern. Bringen Sie eine 5 cm dicke Schicht trockenen Sandes ein.

Schwimmender Boden

Diese sehr aufwendige Methode hat sich bei der Sanierung von Altbauten bewährt, die zeitgemäßem Wohnkomfort angepaßt werden sollen. Dabei wird zunächst der Fehlboden gesäubert und die Balken seitlich mit Stützleisten versehen. Zwischen die Balken klemmt man Dämmplatten, die mit einer ersten, auf den Leisten aufliegenden Schicht Gipsbauplatten abgedeckt werden. Nun werden Metallprofile auf die Deckenbalken gesteckt, die an den Auflageflächen eine schwingungsdämpfende Schicht tragen und seitlich Falze zum Auflegen von Gipsbauplatten aufweisen. In diese Falze wird eine weitere Lage Gipsbauplatten eingelegt. Nun wird der Fußboden mit einer Dielung oder Nut-und-Feder-Bodenplatten abgedeckt. Im Ergebnis steht dieses meist im Profibereich verwendete System einer modernen Betondecke nur wenig nach.

Abgehängte Decken

Während die beschriebene Maßnahme den Trittschall wirksam dämpft, können ihn Dämmaßnahmen an der Decke nur ein wenig aufhalten. Es gibt aber abgehängte Deckensysteme, die, mit Schallschutzplatten belegt, eine brauchbare Wirkung haben. Besser ist eine fest eingezogene Zwischendecke, gedämmt und mit zwei Schichten Gipsbauplatten beplankt.

SCHALLDÄMMUNG AN TÜREN UND FENSTERN

Türen

Die Möglichkeiten für Schallschutzmaßnahmen für Türen sind leider sehr begrenzt. Bei alten Türen ist der Einbau von elastischen Dichtungen zwischen Türblatt und -rahmen hilfreich, um die Tür vom Rahmen mechanisch zu entkoppeln. Das Verfahren entspricht dem beschriebenen für die Abdichtung gegen Zugluft. Grundsätzlich wird immer eine schwerere Tür bessere Schalldämmung bieten als eine leichte. Es ist daher zu erwägen, eine alte, leicht gebaute Haus- oder Wohnungstür gegen eine solidere auszuwechseln – auch im Interesse der Einbruchssicherheit.
Das gleiche gilt für den Innenbereich. Schwere, wertvolle Türen aus Massivholz in Rahmen mit Dichtleisten bieten eine weitaus bessere Schalldämmung als leichte, abgesperrte Türen. Hier bleibt nur der Austausch als teuerste, aber einzig wirksame Maßnahme. Nur klappernde, alte Türen lassen sich mit selbstklebenden Hohldichtungsstreifen, in den Falz geklebt, beruhigen

Fenster

Einfach verglaste Fenster bieten so gut wie keinen Schallschutz. Besser sind doppelt verglaste oder Kastenfenster. Bei hoher Belastung, etwa durch Verkehrslärm an einer vielbefahrenen Straße, bringt nur das Schallschutzfenster spürbare Entlastung. Der Einbau sollte ausschließlich durch den Fachmann erfolgen. Vorsatzfenster können eine Verbesserung bringen, besonders wenn dicke Scheiben in schwingungsgedämpfter Lagerung außen in der Laibung eingebaut werden. Beachten Sie aber, daß pro Raum mindestens ein Fenster als Fluchtweg im Gefahrenfall zu öffnen sein muß.

LÜFTUNG

SIEHE AUCH
unter:
Glas schneiden 175
Verputzen 133
Dämmung 202–214

Ausreichende Lüftung ist für das Wohlbefinden in einer komfortablen und gesunden Atmosphäre eine wichtige Voraussetzung. Als Wohnungen noch mit offenem Feuer beheizt wurden, war Lüftung kein Problem, denn Frischluftzufuhr war damit zwingend verbunden. Mit der Verbreitung von Zentralheizungsanlagen, Wärmedämmung und Zugluftdichtung traten wegen des hermetischen Abschlusses Probleme auf. Besonders in einem Altbau, der im Laufe der Jahre verschiedenen Modernisierungsmaßnahmen unterworfen worden ist, wird die Lüftung ein sensibler Bereich für Wohnqualität und Baugesundheit. Denn ohne Lüftung werden Wohnungen feucht, und die Bausubstanz leidet.

Grundsätzliche Überlegungen

Wenn Sie eine Baumaßnahme an Ihrem Haus planen, sollte grundsätzlich überlegt werden, ob die Lüftung davon betroffen ist. Die Ventilation in einem Haus reagiert sensibel auf Veränderungen von Wänden sowie bei nachträglicher Dämmung in allen Bereichen. Sie werden nach Prüfung des Baues Ihre Lüftung optimieren müssen. Dazu gibt es Lüftungen, die ohne Energieeinsatz für elektrische Geräte auskommen, und Lüftungssysteme mit Elektroantrieben.

Einbau eines Fensterlüfters

Eine Lösungsmöglichkeit, die bei einfachverglasten Fenstern schnell und ohne große Hindernisse realisiert werden kann, ist ein selbst eingebauter Fensterlüfter. Dieser Lüfter erlaubt, wenn er richtig konstruiert ist, eine zugfreie Lüftung. Er kann nicht ausfallen und macht keine unangenehmen Geräusche wie ein Ventilator. Mit einem Glasschneider wird aus der Scheibe ein rundes Loch in der entsprechenden Größe herausgeschnitten und der Lüfter nach Einbauanweisung montiert. Auf der Außenseite muß allerdings ein Windschutz vorgesetzt sein, der direkte Windströmungen bremst und Zugluft verhindert.

Lüftung für Heizungen und Kaminfeuer

Eine offene Feuerstelle und ebenso alle Öfen und automatisierten Heizgeräte, die mit Verbrennung Wärme erzeugen, brauchen eine ausreichende Sauerstoffzufuhr. Wenn der als Standort dienende Raum durch neue Fenster mit Rundumdichtung und ebensolche Türen gegenüber jeder Frischluftzufuhr abgeschlossen ist, wird das Feuer nicht richtig brennen und die Heizanlage immer wieder Störungen haben. Noch weitaus gravierender ist die Gefährdung von Mensch und Tier durch Sauerstoffmangel. Bei kleinen Räumen mit eigener Brennstelle, z. B. Badezimmern mit ofenbeheizten Boilern, reicht auch der automatische Luftaustausch durch nicht abgedichtete Altbautüren und -fenster nicht aus, so daß hier gesondert belüftet werden muß. Ihr Bezirkschornsteinfegermeister ist für die Kontrolle diese Brennstellen und der Kamine verantwortlich. Er sagt Ihnen gern, welche Lüftung vorgeschrieben und was ansonsten sinnvoll zu tun ist.
Kleine Räume mit eigener Brennstelle werden meist über Lüftungsgitter in den Türen zwangsbelüftet. Damit ein ständiger Luftaustausch stattfinden kann, müssen Sie zwei Lüftungsgitter einbauen, von denen eines im oberen, das andere im unteren Teil der Tür plaziert wird. Der Einbau ist denkbar einfach: Zeichnen Sie die auszuschneidende Öffnung an, indem Sie das größere der zusammensteckbaren Teile mit der Blende nach oben auflegen, und schneiden Sie die Öffnung mit der Stichsäge aus. Stecken Sie die beiden Teile des Gitters in der Öffnung zusammen, und verschrauben Sie diese.

Lüftung eines ungenutzten Kamins

Ein Kamin, der über längere Zeit ungenutzt bleibt, muß regelmäßige Lüftung bekommen, auch wenn eine Abdeckung den Kamin oben verschließt. Alte Kamine versotten und beginnen einen unangenehmem Geruch zu verbreiten. Ein solcher Kamin darf nicht teilweise abgerissen und verschlossen werden. Er muß am unteren Ende und oben Öffnungen haben, die eine ausreichende Lüftung ermöglichen. Eine Abdeckung oben ist sinnvoll. Am besten wird im Keller ein Stein aus dem Kamin entfernt und eine Öffnungsblende vor dieses Loch montiert.

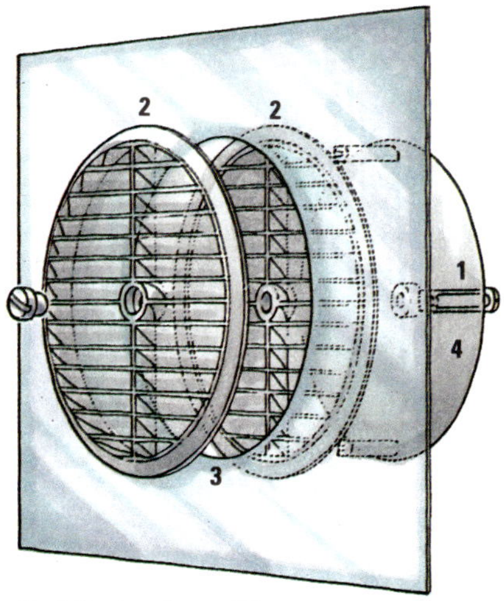

Bauteile eines Fensterlüfters
1 Halteschraube **2** Lüftungsgitter **3** Glasausschnitt **4** Windschutz

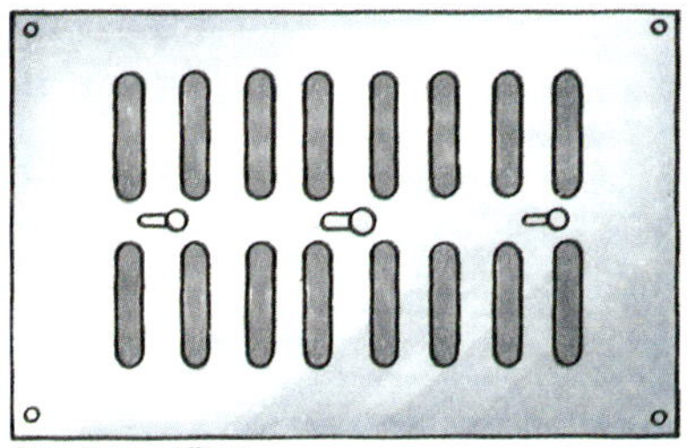

Regelbarer Lüfter

Aufmontierter Lüfter

Lüfter für Türeinbau

ENTLÜFTUNGS-VENTILATOR EINBAUEN

SIEHE AUCH unter:
Wände 102
Abzughauben 220

Feuchträume wie Küchen und Badezimmer werden oft nur unzureichend belüftet, so daß beschlagene Fenster und Fliesen an der Tagesordnung sind. Gerade in großen Mehrfamilien-Altbauten trifft man immer wieder Badezimmer und Toiletten an, die über keinerlei direkte Belüftungsmöglichkeit verfügen, weil sie im Inneren der Wohnung liegen. In solchen Fällen sorgen Ventilatoren für frische Luft und ein angenehmes Raumklima.

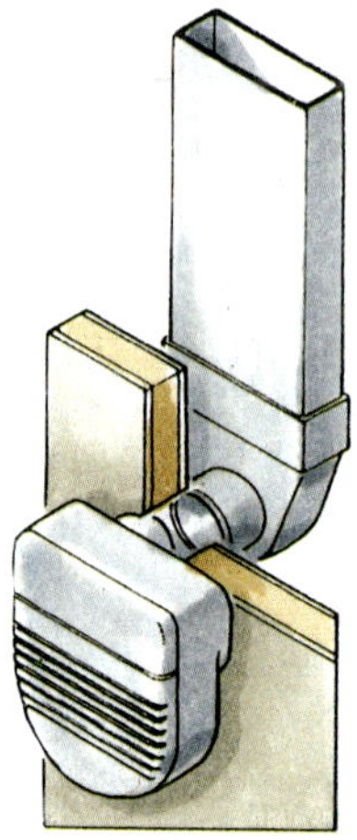

Zentrifugallüfter

Wo ist der richtige Platz?

Grundsätzlich ist der beste Platz für einen Entlüftungsventilator ein Fenster oder eine Außenwand. Ganz so einfach ist die Sache aber doch nicht. Denn das Gerät soll schließlich für eine zugfreie, aber vollständige Luftzirkulation sorgen. Normalerweise stammt die zuströmende Frischluft aus anderen Zonen des Hauses oder der Wohnung. Sie hat damit Raumtemperatur und wird beim Einströmen in den Raum nicht als unangenehm empfunden. Befindet sich aber der Ventilator in unmittelbarer Nähe der Öffnung für die Luftzufuhr, findet der Luftaustausch auf sehr begrenztem Raum statt. Der Lüfter sollte also nach Möglichkeit so angebracht werden, daß die Luft auf ihrem Weg zum Gebläse das ganze Zimmer durchströmt.

1 Plazieren Sie den Ventilator gegenüber der Tür

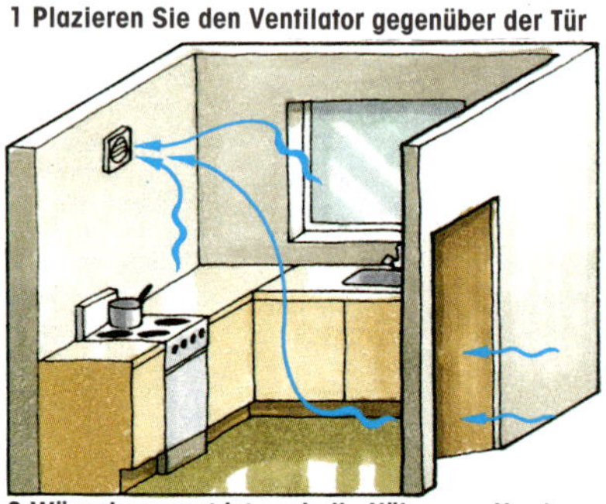

2 Wünschenswert ist auch die Nähe zum Herd

Lüfterarten

Es gibt viele Arten von Ventilatoren. Das wichtigste Unterscheidungsmerkmal ist der Einbau. Geräte für Wandeinbau sind anders konstruiert als solche für Fenstermontage. Viele Geräte sind mit einem eingebauten Schalter ausgestattet, andere werden durch Wandschalter geschaltet, die bei der Montage einzubauen sind, was zusätzlichen Aufwand erfordert. Wenn die Abluft über eine größere Strecke abgeführt werden muß, z. B. durch ein Rohrsystem aus einem fensterlosen Bad, benötigt man ein starkes Zentrifugalgebläse. Für Toiletten gibt es spezielle Ventilatoren, die die Luft aus der Toilettenschüssel absaugen.

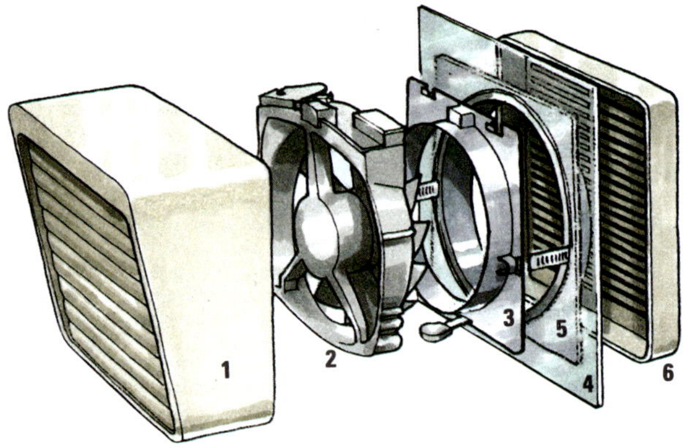

Axiallüfter zum Fenstereinbau
1 Motorgehäuse
2 Motoreinheit
3 Montagerahmen innen
4 Glas
5 Montagerahmen außen
6 Ausströmgitter

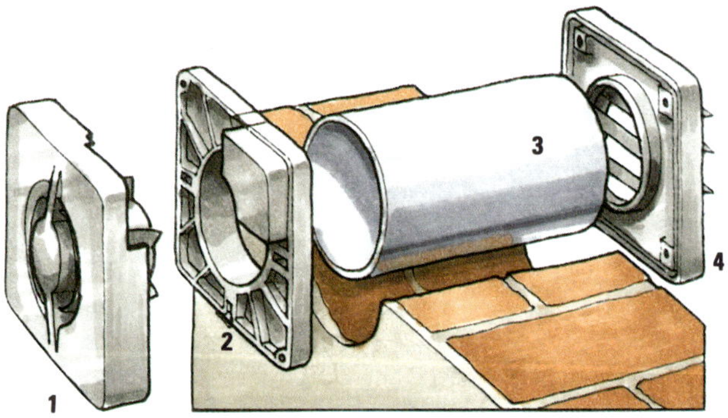

Axiallüfter zur Wandmontage
1 Motoreinheit
2 Montagerahmen
3 Wanddurchführung
4 Ausströmgitter

Ventilatoren richtig dimensionieren

Die Größe des zu belüftenden Raumes entscheidet über die Leistungsfähigkeit des Ventilators. Eine Restaurantküche benötigt eine Gebläseleistung, die im kleinen Badezimmer zu unangenehmer Zugluft führen würde. Als Faustregel gilt, daß ein Küchenentlüfter auf einen zehn- bis fünfzehnmaligen Luftaustausch pro Stunde dimensioniert sein sollte. Im Badezimmer sollte die Luft sechs- bis achtmal, in der Toilette sechs- bis zehnmal stündlich ausgetauscht werden. Demgegenüber kalkuliert man bei Aufenthaltsräumen mit einem vier- bis sechsfachen Luftaustausch pro Stunde. Wenn stark geraucht wird – etwa in einem Büro –, muß mit höheren Luftaustauschraten gerechnet werden.

LÜFTERKAPAZITÄT FÜR EINE KÜCHE			
GRÖSSE			
Länge	**Breite**	**Höhe**	**Rauminhalt**
3.35 m	3,05 m	2,44 m	24,93 m³
LUFTAUSTAUSCH			
Pro Stunde	**Volumen**	**Lüfterkapazität**	
15mal	24,93 m³	= 374 m³/Stunde	

SIEHE AUCH
unter:

Fenster	170–172
Glas schneiden	175
Verputzen	133

Lüfter für Fenstermontage einbauen

Grundsätzlich sind Lüfter für Fenstermontage sehr einfach einzubauen. Probleme machen weniger die Geräte selbst als die Fenster, in die sie installiert werden sollen. Am besten setzt man einen Lüfter in ein fest eingebautes, einfach verglastes Fenster ein. Keinesfalls sollte es sich um ein Fenster handeln, das ständig geöffnet und wieder geschlossen wird. Gut geeignet ist z. B. das Oberlicht eines alten Drehfensters. Schwierigkeiten gibt es bisweilen mit vakuumversiegelten Doppelverglasungen. Hier muß man beim Hersteller anfragen, ob er in der Lage ist, das entsprechende Fenster mit vorbereitetem und versiegeltem Ausschnitt zu liefern. In der Praxis wird sich die Frage kaum stellen, da niemand gepflegte Fenster von Wohnräumen mit einem unförmigen Lüfter verunzieren wird. Der typische Einsatzbereich für dieses Gerät ist die Küche, ein feuchter Hauswirtschaftsraum, die häusliche Werkstatt, wenn viel mit lösungsmittelhaltigen Farben und Pflegemitteln gearbeitet wird.

Glas schneiden

Zur Montage eines Lüfters müssen Sie ein rundes Loch ins Glas schneiden. Die Größe gibt der Gerätehersteller vor. Auf S. 175 können Sie nachlesen, wie das gemacht wird. Wenn Sie keine Übung im Glasschneiden haben, sollten Sie besser Ihren Glaser bitten. Die Bruchgefahr ist beträchtlich. Besonders wenn Sie im ausgewählten Fenster das für sparsam ausgestattete Altbauten typische dünne Fensterglas vorfinden, ist es besser, beim Einbau des Lüfters auch die Scheibe auszuwechseln. Bestellen Sie bei Ihrem Glaser eine Scheibe von 4 mm Stärke mit vorgefertigtem Ausschnitt, und setzen Sie diese in den Rahmen ein.

Lüfter einbauen

Entlüftungsgebläse sind im Prinzip immer in der gleichen Weise aufgebaut. Vielleicht weicht die Einbauanleitung Ihres Gerätes in Einzelheiten von dieser Beschreibung ab. Richten Sie sich in Zweifelsfällen nach den Angaben des Herstellers.
Setzen Sie das äußere Lüftergitter von außen in die Fensteröffnung **(1)**. Setzen Sie von innen den Einbaurahmen, auf den durch die Öffnung ragenden Stutzen, und verschrauben Sie beide Teile, falls vorgesehen **(2)**. Setzen Sie die Motoreinheit in den Einbaurahmen und schrauben Sie diese fest **(3)**. Schließen Sie die Anschlußkabel an die bezeichneten Klemmen an. Diese haben Sie zuvor nach Herstelleranweisung verlegt. Setzen Sie die Abdeckung auf **(4)**.

VORSICHT

Vor Arbeiten am Stromnetz ist stets die jeweilige Sicherung am Zählerkasten abzuschalten oder zu entfernen.

1 Setzen Sie das äußere Lüftergiter ein

2 Verbinden Sie es mit dem Montagerahmen

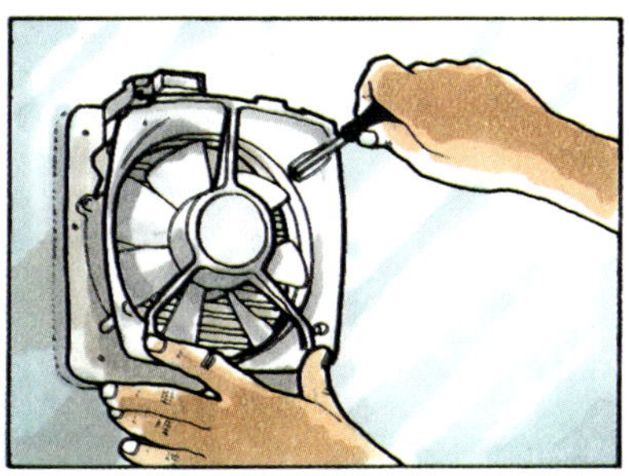
3 Bauen Sie die Motoreinheit an

4 Setzen Sie die Abdeckhaube auf

EINEN WANDLÜFTER EINBAUEN

Prüfen Sie zunächst mit einem Metallsuchgerät, ob an der für die Montage vorgesehenen Stelle irgendwelche Leitungen verlaufen.

Mauerdurchbruch

Lüfter für Wandeinbau werden mit einem Kunststoffrohr zum Einsetzen in den Mauerdurchbruch geliefert. Dieses ist entweder ausziehbar, oder es muß entsprechend der Mauerstärke abgelängt werden.
Reißen Sie die genaue Lage des Mauerdurchbruchs an, und markieren Sie den Mittelpunkt. Bohren Sie mit einem langen Mauerbohrer ein exakt waagrechtes Loch in die Wand. Wenn Sie dabei über dem Austritt ein Holzstück verkeilen, bricht der Putz nicht so leicht aus. Schneiden Sie mit einem Bohrkranz passender Größe von außen und innen bis zum Anschlag, und stemmen Sie das ausgeschnittene Material mit dem Meißel weg. Durchbohren Sie die restliche Mauerstärke mehrfach und stemmen Sie das Mauerwerk soweit aus, daß sich das Rohr einführen läßt. Wenn Sie keinen passenden Bohrkranz auftreiben können, setzen Sie entlang der angezeichneten Umrißlinie Bohrung an Bohrung bis etwa zur Mitte und stemmen das Loch aus. Arbeiten Sie auch in diesem Fall von außen und innen zur Mitte.

Lüfter einbauen

Setzen Sie das Durchgangsrohr mit einer Dichtung auf den inneren Montagerahmen, und führen Sie es in die Wandöffnung bis zum Anschlag. Prüfen Sie den Sitz des äußeren Lüftergitters, und längen Sie das Rohr nach Bedarf ab. Mit einer Eisensäge geht das meist am besten. Legen Sie von der nächstgelegenen Verteilerdose eine Unterputzleitung zum Lüfter. Wenn dieser mit einem Wandschalter geschaltet werden soll, müssen Sie die nötigen Leitungen ebenfalls legen und die Wanddose für den Schalter setzen. Setzen Sie das Rohr mit abgenommenem Montagerahmen und exakten Überständen wieder ein, und putzen Sie es sauber ein. Verputzen Sie auch die Leitungsschlitze. Setzen Sie nun Lüftergitter und Montagerahmen wieder an, und befestigen Sie diese nach Herstelleranweisung. Setzen Sie die Motoreinheit an, und schließen Sie die Zuleitungen an. Schließen Sie das Gerät.

Metallsuchgerät
Meldet zuverlässig unter dem Putz verborgene Wasser- und Stromleitungen mit einem Warnton

1 Verkeilen Sie ein Brett an der Bohrstelle

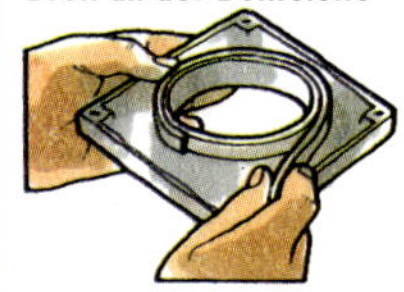
2 Dichtung einlegen

3 Rohr einführen

4 Luftauslaß anbauen

EINBAU EINER DUNSTABZUGS-HAUBE

SIEHE AUCH
unter:
Verputzen 133
Verbrauchskosten 223
Leitungen verlegen 224, 233

Die Dunstabzugshaube ist der heute gebräuchliche Weg, um die Küche von Küchendünsten und Dämpfen zu befreien. Bei den meisten Geräten handelt es sich ebenfalls um Entlüftungsgebläse, die sich vom normalen Lüfter insofern unterscheiden, als sie die Luft gezielt absaugen.

Wo der Dunstabzug installiert wird

Die Abzugshaube sollte 60 bis 90 cm über der Herdoberfläche installiert werden. Wenn der Hersteller keine anderen Angaben macht, bauen Sie den Dunstabzug möglichst tief ein. Je nach Bauart sollte geprüft werden, ob die am Herd arbeitende Person nicht im Kopfbereich behindert wird.
Dunstabzugshauben werden zwischen den Kücheneinbaumöbeln an der Decke, meist aber an der Wand befestigt. Es gibt Einbaugeräte, die in dafür vorbereitete Hängeschränke eingebaut werden können. Die Einbaumaße sind für Schränke von 60 und 90 cm Breite genormt, so daß Geräte und Möbel der unterschiedlichsten Hersteller problemlos kombiniert werden können. Vor allem aus optischen Gründen wird heute vielfach die Esse aus Edelstahl bevorzugt. Dieses Gerät wird entweder frei oder zwischen zwei Oberschränken eingebaut. Auch hier werden die Normgrößen eingehalten. Daneben gibt es Essen für frei im Raum stehende Kochinseln. Wenn Sie eine neue Küche planen, sollten Sie Herd und Dunstabzug möglichst an einer Außenwand plazieren, um einen problemlosen Einbau zu gewährleisten.

Lüftungskanal installieren

Bei der Außenwandmontage wird die Abluft auf kurzen Wegen über ein Wanddurchführungsrohr und ein Lüftergitter an der Wandaußenseite abgeführt. Wo dies nicht möglich ist, muß ein entsprechendes Rohrsystem zur nächsten Außenwand hergestellt werden. Dafür gibt es runde oder rechteckige Rohrsysteme verschiedener Querschnitte. Sie können bei kürzeren Entfernungen auch ein flexibles Rohr verwenden. Die Rohre werden einfach zusammengesteckt. Die Lüftungsleistung ist von der Länge des Kanals, vom Querschnitt und von der Anzahl der eingebauten Winkel abhängig. Bei langen Abluftkanälen muß vor dem Luftaustritt häufig ein Zusatzgebläse eingebaut werden. Die Hersteller von Dunstabzugshauben bieten solche Geräte an.

Dunstabzug montieren

Sie haben Mauerdurchbruchsrohr und einen Netzanschluß an geeigneter Stelle eingebaut. Legen Sie nun die genaue Einbauposition fest, markieren Sie die Dübellöcher mit der beiliegenden Schablone, setzen Sie Dübel und Schrauben, hängen Sie das Gerät ein, und ziehen Sie die Schrauben an.

UMLUFT ODER ABLUFT?

Wer bei einer Abzughaube Abluftventilation bevorzugt, hat die Mehrkosten des Lüftungskanals zu tragen, wenn kein Lüftungskamin im Haus vorhanden ist. Die Abluft bietet den Vorteil, daß in kleinen Küchen durch die Abwärme beim Kochen keine Überhitzung des Raumes entsteht und Kochdünste wirksam abgeleitet werden. Ein Wechsel zur Nutzung als Umluftsystem im Winter ist bei den meisten Geräten möglich. Wenn eine Abluftabführung aus irgendwelchen Gründen nicht möglich ist, bleibt nur die Möglichkeit eines Umluftsystems. Die Vorteile sind: Reinigung der Luft ohne Wärmeverlust, Reduzierung der Gerüche durch entsprechende Filter und geringere Verschmutzung im Küchenbereich. Die Fettfilter müssen bei beiden Systemen regelmäßig gereinigt werden. Das ist inzwischen vielfach in der Spülmaschine möglich.

Umluftventilation

Abluft durch Lüftungskanal

Abluft mit Wanddurchlaß

Lüftungskanal für Abluft
Wenn die Kochstelle an einer Innenwand steht, kann ein Lüftungskanal unsichtbar auf den Hängeschränken verlegt werden.

SECHSTES KAPITEL

ELEKTRIZITÄT

STROM-VERBRAUCH REDUZIEREN

SIEHE AUCH
unter:

Von allen Seiten werden wir gegenwärtig zum Energiesparen angehalten, egal ob es sich dabei um Öl, Gas oder elektrischen Strom handelt. Aber auch ohne diese Aufforderung sollte allein die vierteljährliche Stromrechnung Grund genug sein, nach Wegen zur Verminderung des Energieverbrauchs zu suchen. In jeder Familie, in jedem Haushalt sind Einrichtungen und Gepflogenheiten auszumachen, an denen Energie verschwendet wird, und diese Verschwendung kann abgestellt werden – meist ohne alle Einbußen an Komfort und Unterhaltung.

Keine falsche Sparsamkeit

Ob Sie Ihre Elektroinstallation nun selbst einbauen oder einen Fachbetrieb beauftragen – sparen Sie nicht an der falschen Stelle. Gerade bei der Insrtallation von Steckdosen und Beleuchtungsanschlüssen sollte man sehr genau überlegen, was an welcher Stelle benötigt werden könnte. Denn nichts ist unangenehmer als nach dem Bezug eines Neubaus oder eines renovierten Raumes feststellen zu müssen, daß einige der ins Auge gefaßten Nutzungsmöglichkeiten an einer fehlenden Steckdose scheitern. Im Zweifel sollte man lieber drei Dosen zuviel als eine zuwenig verlegen – die Kosten stehen in keinem Verhältnis zu dem Ärger, den eine nachträgliche Installation verursacht.

Einrichtungen zum Energiesparen

Die Aufstellung auf der gegenüberliegenden Seite zeigt, daß Heizungen jedweder Art am meisten Energie verschlingen. Einsparungen sind durch ökonomischere Heizgeräte möglich, aber auch durch Vorrichtungen, die den Energieverbrauch der persönlichen Lebensweise anpassen, wie Zeitschaltuhren oder Thermostate. Moderne Heizgeräte anspruchsvollerer Bauart sind durchweg mit solchen Steuerungselementen ausgestattet, aber auch die meisten Altgeräte lassen sich nachträglich mit energiesparenden Steuerungen ausrüsten. Es darf aber nicht übersehen werden, daß elektrischer Strom die unwirtschaftlichste Form von Heizenergie darstellt.

Thermostate

Moderne Heizungsanlagen sind generell thermostatgesteuert. Selbst einfache Heizlüfter sind meist mit einem solchen Regler ausgestattet. Solche Geräte eignen sich wegen des immensen Stromverbrauchs allerdings nur als gelegentliche Übergangsheizung.
Wirtschaftliches Heizen mit Strom ist nur mit Nachtspeichergeräten möglich. Diese entnehmen dem Netz die benötigte Energie zu der Zeit, in der die Energieversorgungsunternehmen auf Grund geringer Nachfrage Energie zum Niedrigtarif abgeben, und speichern sie zur Abgabe untertags. Nachtspeichergeräte gibt es als Heizöfen und als Warmwasserboiler. Nachtspeicheröfen haben einen nach außen wärmegedämmten Kern aus besonders speicherfähigem Stein, der durch Heizschlangen auf hohe Temperaturen aufgeheizt wird. Die Energieentnahme erfolgt durch ein Gebläse, das kalte Luft durch Luftkanäle in den heißen Steinen drückt und als Warmluft ausbläst. Moderne Nachtspeicherheizungen werden von Außenthermostaten gesteuert, mit denen die Energieaufnahme nach der Außentemperatur reguliert wird. Die Innentemperatur wird ebenfalls thermostatgesteuert. Dies gibt Ihnen die Möglichkeit, durch eine geringfügige Absenkung der Raumtemperatur beträchtlich Energie zu sparen.
Moderne Heißwassergeräte für Niedrigtarifbetrieb weisen eine »Economy«-Einstellung auf, bei der das Wasser auf 50–60 °C aufgeheizt wird. Das reicht in der Regel aus, spart Energie und schützt gegen rasches Verkalken.

• Zeitschaltuhr
Der Nacht-Heizstrom wird von den Energieversorgungsunternehmen anders geschaltet als der Niedertarifstrom. Erkundigen Sie sich über die an Ihrem Wohnort gültige Regelung.
Beim Anschluß leistungsstarker Verbraucher an eine Zeitschaltuhr ist zu prüfen, ob diese für die jeweilige elektrische Leistung zugelassen ist.

Zählerkonstante
Diesen Wert ermitteln Sie, indem Sie einen Verbraucher bekannter Leistung – etwa einen Heizlüfter anschalten und die Umdrehungen pro Stunde auszählen. Wenn Sie die Umdrehungszahl pro Stunde eines Verbrauchers unbekannter Leistung durch die Zählerkonstante teilen, erhalten Sie als Ergebnis die Leistung. Selbstverständlich müssen bei solchen Tests alle anderen Verbraucher ausgeschaltet sein.

VIELSEITIGE ZEITSCHALTUHR

Einfache Zeitschaltuhren kosten nicht die Welt, sind aber zum Energiesparen vielseitig einzusetzen. Die meisten Schaltuhren werden einfach in eine Steckdose gesteckt, während der Stecker des zu schaltenden Verbrauchers in die Steckdose der Schaltuhr gesteckt wird. Die Zeitschaltung funktioniern mit Schiebekontakten, die eingedrückt bzw. herausgezogen werden, oder elektronisch. Die Zeitschaltuhr steuert die elektrische Christbaumbeleuchtung ebenso wie die Zimmerbeleuchtung bei Abwesenheit – um Einbrecher abzuschrecken. Sie sorgt bei Bedarf für ein warmes Badezimmer und verhindert Schaden, wenn Sie vergessen, den Heizlüfter auszuschalten. Wirklich Geld sparen hilft die Zeitschaltuhr aber, wenn Sie mit Nachtstrom heizen. Mit ihrer Hilfe können Sie die Arbeit leistungsstarker Verbraucher wie Wasch- und Spülmaschinen oder des elektrischen Wäschetrockners in die Niedrigtarifzeiten verlegen. Erkundigen Sie sich bei Ihrem E-Werk.

Vielseitig verwendbar: die Zeitschaltuhr

ENERGIEVERBRAUCH KONTROLLIEREN

Sie können Ihren Energieverbrauch kontrollieren, indem Sie in bestimmten Intervallen – am besten wöchentlich – den Zählerstand notieren. Aus der Differenz zum Stand der Vorwoche ermitteln Sie Ihren Verbrauch. Wenn Sie über Nachtstromgeräte verfügen, müssen Sie natürlich den Hoch- und den Niedertarifverbrauch berücksichtigen. Das E-Werk schaltet durch bestimmte Impulse zwischen den Zählwerken hin und her. Der Zähler hilft Ihnen auch, den Energieverbrauch bestimmter Geräte zu messen. Dazu brauchen Sie die »Zählerkonstante«, das ist die Zahl der Meßscheibenumdrehungen pro Stunde.

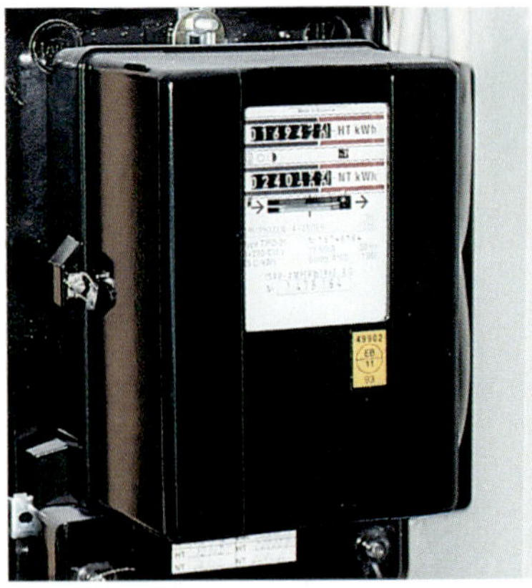

Zähler mit Hoch- und Niedrigtarifanzeige

BETRIEBSKOSTEN ELEKTRISCHER GERÄTE

SIEHE AUCH
unter:
Dunstabzugshaube 220
Lüfter 218
Lampen und Leuchten 240–241

Der Stromverbrauch eines Haushalts wird nach Kilowattstunden (kWh) gemessen und berechnet. Diese Einheit entspricht dem Stromverbrauch eines Gerätes von 1000 Watt Leistung über eine Stunde. In der nachfolgenden Tabelle finden Sie einige Vergleichszahlen.

TYPISCHE VERBRAUCHSKOSTEN

Gerät	Typische Nutzung	kWh	Gerät	Typische Nutzung	kWh
Elektroherd	Tägliche Mahlzeiten für vier Personen	$2\frac{1}{2}$	Bügeleisen	2 Stunden bügeln	1
Mikrowellenherd	2 Fleischgerichte garen	1	Staubsauger	1 Stunde täglich	1
Friteuse	5 Portionen Pommes frites	$\frac{1}{2}$	Dunstabzugs-haube	24 Stunden Dauerbetrieb	2
Radiator (2kW)	1 Tag durchheizen	11	Lüfter	24 Stunden Dauerbetrieb	1
Heizlüfter (2kW)	1 Stunde Betrieb	2	Haartrockner	2 Stunden	1
Boiler	Warmwasser für vierköpfige Familie	9	Elektrorasierer	1800 Rasuren	1
Heißwasser-bereiter	2–3 Eimer Abwaschwasser	1	Elektrische Heizdecke	Wärmt 1 Woche lang das Bett	2
Durchlauf-erhitzer	1–2 Duschen	1	Elektrisches Unterbett	Wärmt 1 Woche lang das Bett	1
Spülmaschine	1 Spülgang	2	Bohrmaschine	2 Stunden Vollast	1
Wasch-automat	1 Waschgang Kochwäsche	$2\frac{1}{2}$	Heckenschere	$2\frac{1}{2}$ Stunden Betrieb	1
Wäsche-trockner	1 Trockengang schranktrocken	$2\frac{1}{2}$	Spindel-mäher	3 Stunden Betrieb	1
Kühlschrank	Betriebszeit 1 Woche	7	Luftkissen-mäher	1 Stunde Betrieb	1
Gefriertruhe	Kühlt 1 Woche auf -20° C	9	Stereoanlage	8 Stunden Musik	1
Heizbarer Handtuchhalter	Heizt Badezimmer 4 Stunden	1	Farbfernseher	6 Stunden Unterhaltung	1
Elektrischer Teekessel	40 Tassen Tee	1	Videorecorder	10 Stunden Aufnahme oder Wiedergabe	1
Kaffeemaschine	Brüht 75 Tassen Kaffee	1	100 W-Glühlampe	10 Stunden Licht	1
Toaster	Röstet 70 Scheiben	1	40-W-Leuchtstoff-röhre	25 Stunden Licht	1

Typische Betriebskosten
Die Tabelle soll Ihnen eine Vorstellung vom ungefähren Energieverbrauch einiger Elektrogeräte vermitteln, von denen die meisten in jedem Haushalt zu finden sind. Auffällig ist der hohe Energieverbrauch bei jeder Art von Heizleistung, der niedrige von Elektronik und Beleuchtung: Die gleiche Energiemenge, die einen Heizlüfter 30 Minuten antreibt, läßt eine Leuchtstoffröhre 20 Stunden leuchten.

EIN WENIG THEORIE

SIEHE AUCH
unter:

Sicherheit	225–227
Leitungen	228–229

Elektrotechnik ist, obgleich von jedermann täglich genutzt, den meisten Menschen ein Buch mit sieben Siegeln. Dabei liegen den meisten elektrischen Installationen recht einfache Prinzipien zugrunde.

Damit ein elektrischer Verbraucher in Betrieb genommen werden kann, muß ein Stromkreis geschlossen werden, durch den ein Strom von einer Stromquelle, z. B. einer Batterie, zu dem Verbraucher, z. B. einer Glühbirne, und über einen anderen Draht wieder zurück zur Stromquelle fließen kann. Wird der Stromkreis an einem Punkt unterbrochen, erlischt die Glühbirne.
Ein Schalter dient dazu, den Stromkreis nach Belieben zu öffnen und zu schließen. Wird er eingeschaltet, schließt er den Stromkreis, und der Verbraucher arbeitet. Beim Ausschalten unterbricht er den Stromkreis, und der Verbraucher wird stillgelegt. Sinnvollerweise unterbricht der Schalter den Stromkreis in dem Draht, durch den die Energie zugeführt wird. Unterbricht man den Leiter, der zurück zur Stromquelle führt, kann zwar kein Strom fließen – der Verbraucher arbeitet nicht mehr –, aber das Gerät steht unter Spannung, was unter bestimmten Umständen gefährlich ist, etwa wenn bei einem angeschlossenen Gerät die Abdeckung entfernt wird. Natürlich weist das elektrische Versorgungsnetz eine weit höhere Spannung auf als eine einfache – und völlig ungefährliche – Taschenlampenbatterie.
Zur besseren Identifizierung werden bei der Verkabelung den einzelnen Funktionen bestimmte Farben zugeordnet: Phase schwarz oder braun, Nulleiter blau, Schutzerdung gelb/grün. In Altbauten findet man noch Schwarz (Phase), Grau (Null) und Rot (Schutzleiter).

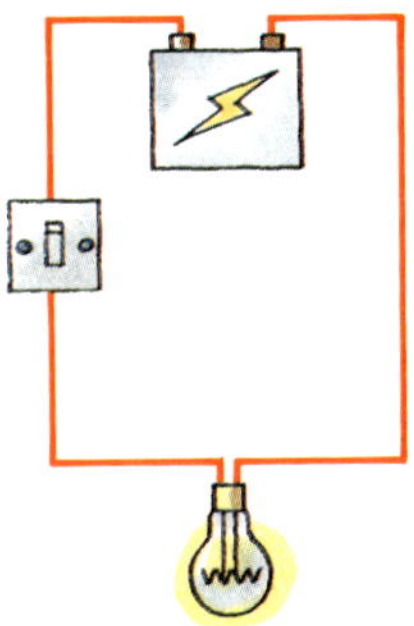

Einfacher Stromkreis
Der Strom fließt von der Stromquelle (Batterie) zum Verbraucher und wieder zur Stromquelle zurück. Durch den Schalter wird der Kreislauf unterbrochen.

Identifizierung der Adern ▶
Die Farbe der Isolierung sagt alles über die Funktion eines Leiters aus. Bei Kabeln besteht der Leiter aus einem dicken, bei der Litze aus mehreren, meist verdrehten, feinen Drähten.

PHASE	NULLEITER	SCHUTZERDE
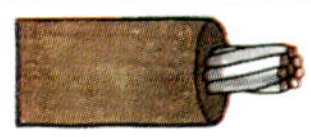		
Litze	**Litze**	**Litze**

Kabel	**Kabel**	**Kabel**

Erdung

Jedes Material, durch das Strom fließen kann, wird als Leiter bezeichnet. Gute Leiter sind die meisten Metalle, insbesondere Edelmetalle wie Kupfer, das deshalb überwiegend zur Herstellung von Kabeln und Litzen verwendet wird. Aber auch der Erdboden, auf dem wir stehen, ist ein guter Leiter, was zur Folge hat, daß jede Spannung danach strebt, als Strom zur Erde zu fließen. Sollten Sie also einen spannungführenden Leiter berühren, würde die Spannung sofort durch Sie hindurch zur Erde abfließen – bei hohen Netzspannungen mit fatalen Folgen für Sie. Schließlich sind auch Sie kein schlechter Leiter.
Ähnliches kann geschehen, wenn durch einen unglücklichen Umstand ein spannungführender Draht in Kontakt mit einem leitenden Gehäuse kommt. Für diesen Fall ist das Gehäuse über einen weiteren Draht mit der Erde verbunden – schutzgeerdet. Sollte dieser Fall eintreten, fließt der Strom über die Schutzerdung sofort zur Erde. Dies hat eine sprunghafte Erhöhung des Stromflusses zur Folge, was wiederum die Sicherung zum Einschreiten veranlaßt. Sie brennt durch oder schaltet ab und bereinigt so die Gefahr. Schutzgeerdete Geräte entsprechen der Schutzklasse I.
Um für den Benutzer jede Gefahr zuverlässig auszuschließen, sind viele Geräte, die beim Gebrauch in der Hand gehalten werden, doppelt isoliert. Sie haben ein alle stromführenden Teile dicht einschließendes Gehäuse aus nichtleitendem Material (Kunststoff), das den Benutzer auch unter widrigsten Umständen vor Stromschlägen schützt. Solche Geräte – z. B. Handmixer, manche Elektrowerkzeuge oder Elektrorasierer – brauchen keine Schutzerdung, sondern können mit dem zweipoligen »Euro-Stecker« ausgerüstet sein. Sie entsprechen der Schutzklasse II.
Geräte der Schutzklasse III werden mit einem Sicherheitstransformator mit 42 Volt Spannung betrieben. Man setzt sie nur in besonders gefährdeten Bereichen, z. B. bei Schwimmbadleuchten, ein.
Der Schutzleiter ist stets grün/gelb isoliert, in Altbauten mitunter rot.

Doppelte Isolierung
Ein Quadrat im Quadrat bedeutet, daß das betreffende Gerät doppelt schutzisoliert ist und nicht schutzgeerdet werden muß.

ELEKTRISCHE INSTALLATIONEN SELBST VERLEGEN

Auch erfahrene Heimwerker schrecken oft vor Arbeiten am Stromnetz und an elektrischen Geräten zurück. Dieser Zurückhaltung liegt ein gesunder Respekt vor einem unbekannten Gefahrenpotential zu Grunde, wie es die Elektrizität für den Nichtfachmann nun einmal darstellt. Andererseits treten in jedem Haushalt zahllose kleinere Arbeiten auf– vom Anschließen einer Leuchte bis zum Auswechseln eines Steckers, die bei entsprechender Vorsicht auch von Nichtfachleuten problemlos bewältigt werden können.
Ganz ohne Sachkenntnis darf man freilich an Elektroarbeiten niemals herangehen. »Learning by doing« kann tödlich sein! Lesen Sie deshalb die einschlägigen Kapitel dieses Buches sorgfältig durch, ehe Sie erste Schritte unternehmen. Versuchen Sie auch nie, ohne das empfohlene Spezialwerkzeug auszukommen. Ohne Prüfgeräte – Finger weg! Am besten besorgen Sie sich weiterführende Literatur sowohl allgemeiner Art als auch zu einzelnen Spezialgebieten. Besonders zu empfehlen sind folgende Titel aus dem Falken Verlag:

- Elektroarbeiten (Nr. 975)
- Elektrogeräte reparieren (Nr. 1160)
- Telefon, Fax & Co (Nr. 1419)
- Lichteffekte mit Halogen (Nr. 1237)
- Alarmanlagen für Wohnung, Haus und Auto (Nr. 1308)
- HiFi-Boxen (Nr. 1307)

Mit diesem Rüstzeug an der Hand werden Sie sich bald fit fühlen für höhere Aufgaben. Dabei erfolgt die Empfehlung für Randgebiete wie Lautsprecherboxen und Halogenbeleuchtung nicht von ungefähr: In diesen Bereichen können Sie gefahrlos Erfahrungen im Umgang mit Elektrizität sammeln. Denn wenn Sie sich den Halogentransformator vom Elektriker anschließen lassen, sind Sie auf der sicheren Seite.
Rechtlich ist Ihre Situation als Heimwerker eher unklar: Nach den Bestimmungen der Stromversorger dürfen Sie nur eines: den Elektriker rufen. Andererseits verkauft Ihnen jeder Baumarkt alles Material, das Sie brauchen, um die Installation für ein ganzes Haus selbst zu verlegen. Für die Einhaltung der VDE-Vorschriften haften Sie in jedem Fall. Sie sind also auch als Heimwerker verpflichtet, sich darüber zu informieren.

SICHERHEIT ZUERST

SIEHE AUCH
unter:
Erste Hilfe 227

SICHERUNGEN UND SCHUTZSCHALTER

Leitungen sind nach Querschnitt und Material für einen Stromfluß bestimmter Stärke bestimmt. Werden sie einem wesentlich höheren Strom ausgesetzt, werden sie heiß. Zerstörte Leitungen und Brände sind die Folge. Deshalb baut man in jeden Stromkreis eine Schwachstelle ein, die den Stromfluß unterbricht, wenn er eine bestimmte Toleranzgrenze übersteigt. Diese Schwachstelle heißt Sicherung und sitzt im Zählerkasten. Traditionell ist sie als Schmelzsicherung ausgeführt: Bei zu starken Strömen schmilzt der eingebaute Draht und zerstört die Sicherung. Moderne Schutzschalter schalten bei Überströmen ab. Eine Sicherung spricht an, wenn

- ein Stromkreis durch den Betrieb zu vieler Verbraucher hoher Leistung überlastet wird
- der Strom auf Grund eines Fehlers im Gerät oder in der Installation zur Erde geleitet wird – es entsteht ein Kurzschluß. Dabei steigt das Stromaufkommen im Stromkreis sprunghaft an, so daß ihn die Sicherung sofort unterbricht.

Wenn eine Sicherung durchbrennt oder ausschaltet, muß vor dem Ersetzen oder Wiedereinschalten die Ursache beseitigt werden. Bei Überlastung schalten Sie einige Geräte aus, bei einem installationsbedingten Kurzschluß rufen Sie den Elektriker.

Elektrische Maßeinheiten

Volt (V) ist die Maßeinheit für die Spannung, den »Druck«, mit dem die Elektrizität durch den Leiter zu den verschiedenen Ausgängen getrieben wird. Die Netzspannung in Deutschland beträgt 220 V. Zum Vergleich: Eine Taschenlampenbatterie hat 4,5 V.

Ampere (A) beschreibt die elektrische Stromstärke, die erforderlich ist, um eine bestimmte Leistung zu erreichen.

Watt (W) ist die Maßeinheit für die elektrische Leistung. Sie ist das Produkt aus Spannung und Stromstärke. 1000 Watt sind 1 Kilowatt (kW). Das E-Werk mißt den Verbrauch nach Leistung pro Zeiteinheit in Kilowattstunden (kWh).

$\frac{\text{Watt}}{\text{Volt}}$ = Ampere	Ampere · Volt = Watt
Mit dieser Formel berechnen Sie die richtige Sicherung.	Zeigt an, welche Leistung für ein Gerät erforderlich ist.

Wenn es um die Elektrizität geht, kann gar nicht oft genug festgestellt werden: An erster Stelle steht die Sicherheit. Deshalb finden Sie nachfolgend einige Hinweise, die Sie in Ihrem eigenen Interesse unbedingt beachten sollten. Die meisten Unfälle mit Elektrizität geschehen aus bisweilen geradezu unfaßbarem Leichtsinn. Daß man die Gefahr nicht sieht, bedeutet nicht, daß sie nicht da ist!

Entscheidend ist die Einhaltung einiger Sicherheitsregeln, von denen niemals abgewichen werden darf. Sie dürfen niemals

- an Objekten arbeiten, die unter Spannung stehen. Vor Beginn der Arbeiten immer die entsprechende Sicherung ausschalten oder ausdrehen;
- ausgeschaltete Sicherungen ohne Hinweis unbeaufsichtigt lassen. Ausgeschraubte Sicherungen nehmen Sie mit. Oder Sie versperren den Sicherungskasten und ziehen den Schlüssel ab;
- arbeiten, ohne sich mit dem Spannungsprüfer vergewissert zu haben, daß die betreffende Leitung wirklich spannungsfrei ist;
- eine Arbeit beginnen, die Sie Ihren theoretischen und praktischen Kenntnissen nach nicht zuverlässig bewältigen können;
- alte oder beschädigte Teile wiederverwenden. Wenn etwas kaputt ist, wird es grundsätzlich durch ein Neuteil ersetzt;
- die Schutzerdung abklemmen oder gar als Stromleiter verwenden.

Mit Profis arbeiten

In vielen Bereichen der Handwerksarbeit hat sich eine Art grauer Markt gebildet, der beschönigend mit »Nachbarschaftshilfe« beschrieben wird, in Wahrheit aber nichts anderes ist als illegale Schwarzarbeit. Diese Praxis ist generell verwerflich, weil sie die seriösen Handwerksbetriebe in ihrer Existenz schädigt. Auf dem Gebiet der Elektrotechnik kann sie tödlich sein.
Vertrauen Sie also nie einer Empfehlung, die mit den Worten beginnt: »Ich kenn' da einen, der hat schon mal ganz billig…« Wenn Sie mit einem Problem nicht weiterkommen, gehen Sie zu einem ausgewiesenen Fachbetrieb der Innung. Ihr Elektrikermeister wird Sie kompetent beraten und Ihr Problem lösen.
Wie alle Arbeiten, an denen das Leben hängen kann, sind auch Elektroinstallationen Vertrauenssache. Halten Sie es damit wie mit Ihrem Auto: So wie Sie Ihr geliebtes Vehikel – hoffentlich – nur beim Kfz-Meisterbetrieb warten und reparieren lassen, suchen Sie sich einen Elektriker Ihres Vertrauens und bleiben Sie dabei. Guten Kunden wird er sagen, was sie selbst machen können und was sie ihm überlassen sollten. Und wenn Sie Großes vorhaben, wird er Ihre Arbeit prüfen und ggf. abnehmen.

- **Netzspannung**
  Bei der von den Energieversorgungsunternehmen bereitgestellten Netzspannung gibt es regionale Unterschiede. So wurde die Netzspannung in München vor einigen Jahren auf 234 Volt umgestellt. Solche geringfügigen Abweichungen haben aber keine Auswirkungen auf die Funktion von elektrischen Verbrauchern.

Alles spannungsfrei?

Sie haben sich vergewissert, welche Sicherung auf den Stromkreis geschaltet ist, an dem Sie arbeiten wollen. Sie haben diese Sicherung herausgeschraubt und in Ihren Werkzeugkasten gelegt, und jetzt wollen Sie anfangen. Stopp! Erst nehmen Sie den Phasenprüfer zur Hand und tasten damit alle Kontakte ab, mit denen Sie in Berührung kommen könnten. Dabei hat der einpolige Phasenprüfer allerdings ein paar Nachteile: Sie können damit weder Null- noch Schutzleiter prüfen, er sagt nichts aus über die Höhe der Spannung und bei heller Beleuchtung ist die Glimmlampe nur schlecht auszumachen. Kaufen Sie sich also bitte gleich einen zweipoligen Spannungsprüfer oder noch besser ein Multimeter, das neben der Spannung auch die Stromstärke mißt.

Zweipoliger Spannungsprüfer
Besser als ein einfacher Phasenprüfer sagt Ihnen dieses Gerät, ob ein Kontakt spannungsfrei ist. Vielseitiger ist ein Multimeter.

SICHERHEIT IM BADEZIMMER

SIEHE AUCH
unter:
Erste Hilfe 227

Wasser und elektrischer Strom bilden eine brisante Kombination. Denn Wasser ist ein sehr guter Leiter. Deshalb sind Elektroinstallationen in solchen Räumen an Auflagen gebunden. Dabei unterscheidet man zwischen »Feuchträumen« – etwa Badezimmern und Waschküchen – und »Naßräumen«, in denen die Wände direkt mit Wasser abgespritzt werden.

Sicherheitsbestimmungen

- In Feuchträumen dürfen nur Feuchtraumleitungen mit Kunststoffumhüllungen verwendet werden (z. B. mit Kennzeichnung NYM).
- Naßräume erfordern darüber hinaus die Verwendung von Kabeln der Schutzart IPX5.
- Installationen sind nur in zumindest tropfwassergeschützter Ausführung zulässig. Dies gilt für Leuchten, Steckdosen, Schalter und Verteilerdosen.
- Feuchträume sollten durch eine Fehlerschutzschaltung mit einem Auslösestrom unter 30mA gesichert sein.
- Jede Leitung muß an der Einführung in Geräte feuchtigkeitssicher abgedichtet sein.
- Für im Freien verlegte Installationen gelten die gleichen Bestimmungen wie für Feuchträume.

Vorsicht

Wenn Sie im Umgang mit elektrischen Installationen nicht sehr erfahren sind, sollten Sie Elektroarbeiten im Badezimmer dem Fachmann überlassen. Lassen Sie Ihre Arbeit zumindest vom Elektriker prüfen.

Gefahrenzonen beachten!

Sowohl Badezimmer als auch Duschen sind nach den Bestimmungen der VDE in vier verschiedene Gefahrenzonen eingeteilt:

Bereich 0
Dieser Bereich umfaßt Bade- und Duschwanne. Hier dürfen auf beiden Seiten der Wand keinerlei Elektroinstallationen verlegt werden.

Bereich 1
Dieser Bereich umfaßt die senkrechten Wände um Bade- oder Duschwanne bis 2,25 m Höhe. Hier sind Steckdosen und Schalter grundsätzlich unzulässig. Erlaubt sind dagegen fest montierte und spritzwassergeschützte Heißwassergeräte wie Boiler und Durchlauferhitzer.

Bereich 2
Dieser Bereich verläuft in einem Abstand von 60 cm um Bereich 1. Das Verbot von Schaltern und Steckdosen gilt auch hier. Spritzwassergeschützte Leuchten dürfen aber montiert werden.

Bereich 3
Dieser Bereich umfaßt alle senkrechten Wände bis zu einer Höhe von 2,25 m bis zu einem Abstand von 3 m zu einer Bade- oder Duschwanne. Hier sind Steckdosen zulässig, sofern sie mit einem Fehlerstromschutzschalter mit einer Empfindlichkeit von höchstens 30 mA gesichert sind.

Potentialausgleich

In einem Badezimmer gibt es viele nichtelektrische Metallteile wie Badewannen, Wasserleitungen, Heizungsrohre usw., die gefährlich werden können, wenn sie mit einem spannungführenden Leiter in Berührung kommen. Aus diesem Grunde ist für alle diese Teile ein Potentialausgleich vorgeschrieben. Dazu werden die Abflüsse der Bade- und Duschwanne, des Waschbeckens, dazu die Wasser- und Heizungsleitungen durch einen »Potentialausgleichsleiter« miteinander

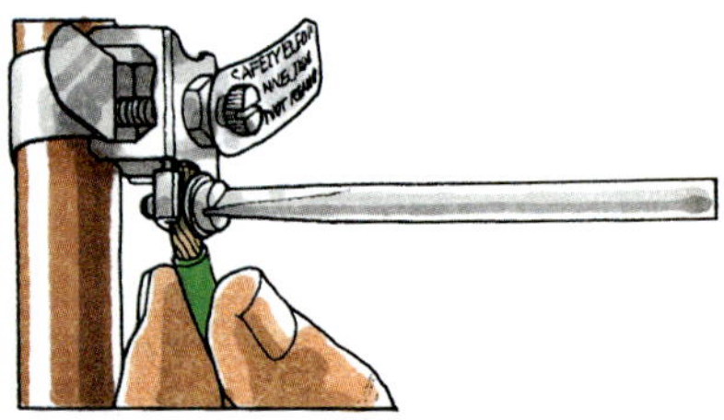
Potentialausgleich an der Wasserleitung

verbunden. Dieser besteht aus einem gelb-grün isolierten Kabel von mindestens 4 mm Querschnitt. Auch verzinkte Bandstähle von 2,5 mal 20 mm sind zulässig. Bade- und Duschwannen haben an der Unterseite eine Metalllasche, an der der Potentialausgleich angeklemmt wird. Elektrische Geräte müssen ebenfalls mit dem Potentialausgleich verbunden werden, auch wenn sie schutzgeerdet sind. Der Potentialausgleich ist auch für Bäder ohne elektrische Einrichtungen Pflicht.

Potentialausgleich an der Badewanne

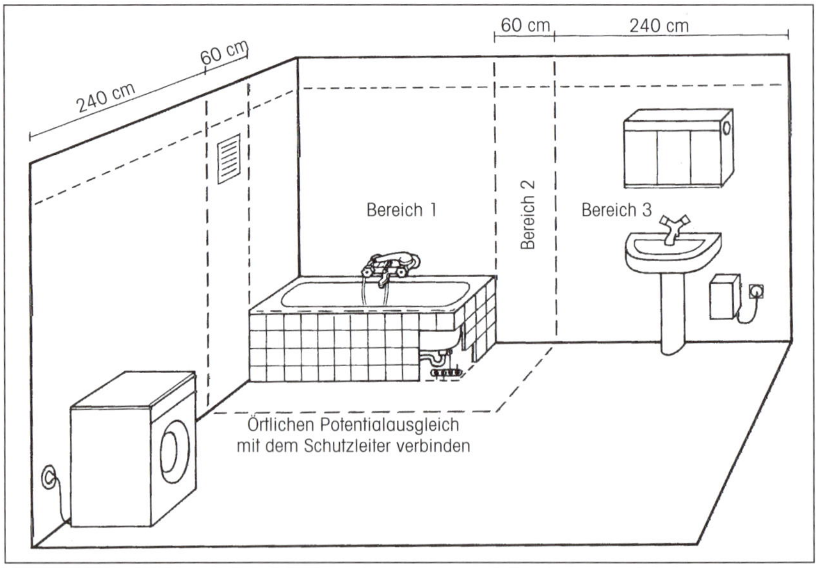

Sicherheitsbereiche für elektrische Installationen in einem Badezimmer.

ERSTE HILFE BEI STROMUNFÄLLEN

SIEHE AUCH
unter:
Sicherheitsregeln 225

WAS TUN BEI EINEM ELEKTRISCHEN SCHLAG?

Wenn ein Mensch in Ihrem Beisein einen elektrischen Schlag erleidet und noch immer mit dem spannungführenden Teil in Verbindung steht, müssen Sie zuerst die Stromzufuhr unterbrechen, indem Sie entweder den Netzstecker des defekten Gerätes ziehen oder dieses abschalten. Auf keinen Fall dürfen Sie den Körper des Opfers berühren, da sonst auch Sie einen Schlag abbekommen würden. Wenn Sie das Opfer bewegen müssen, um den Kontakt mit dem spannungführenden Leiter zu beenden, dürfen Sie es nur an der Kleidung berühren. Wenn möglich nehmen Sie Gummihandschuhe oder ein trockenes Handtuch, sofern dergleichen ohne Suchen zur Hand ist.
Rufen Sie den Notarzt, sobald die Unfallursache ausgeschaltet ist. Prüfen Sie Atmung und Herzschlag. Bewußtlose sind unbedingt in stabile Seitenlage zu bringen (siehe rechts unten). Sprechen Sie das Opfer immer wieder an, und decken Sie es mit einer Decke zu. Ist das Opfer bei Bewußtsein, kühlen Sie die Verbrennungen mit kaltem Wasser.

Stromfluß unterbrechen
Wenn ein Mensch einen elektrischen Schlag erlitten hat, müssen Sie sofort den Stromfluß unterbrechen, indem Sie den Netzstecker des defekten Geräts ziehen **(1)**. Wenn Sie die Steckdose nicht sofort sehen, versuchen Sie das defekte Gerät mit einem Holzstock wegzuschleudern **(2)**. Die sicherste Methode: Unterbrechen Sie den Stromfluß am Sicherungskasten, sofern Sie wissen, wo dieser zu finden ist.

Ein schwerer elektrischer Schlag hat mitunter zur Folge, daß die Atmung aussetzt. In diesem Fall müssen Sie sofort nach Beseitigen der Unfallursache Wiederbelebungsmaßnahmen einleiten.

Atemwege befreien

Öffnen Sie beengende Kleidung, und untersuchen Sie die Mundhöhle nach Speiseresten, Gebissen usw. **(1).** Auf den Rücken legen, Nacken abstützen, so daß der Kopf nach hinten gebeugt ist **(2)**.

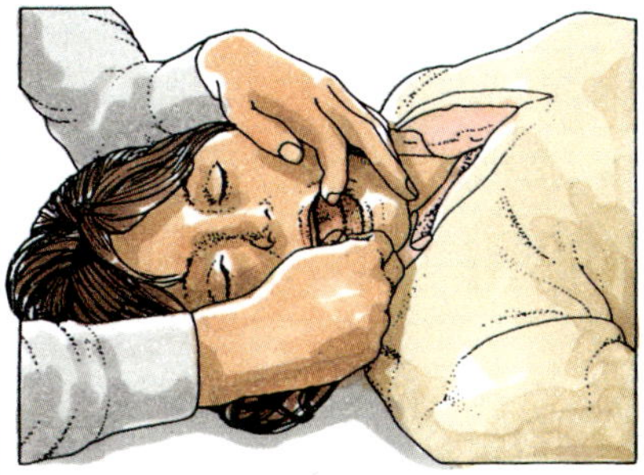

1 Reinigen Sie die Mundhöhle

Heben Sie den Kopf am Kinn, öffnen und schließen Sie den Kiefer mehrere Male. Dadurch verhindern Sie, daß die Zunge die Atemwege blockiert. Oft kommt die Atmung dadurch wieder in Gang. Bleibt die Maßnahme ohne Erfolg, müssen Sie sofort mit künstlicher Beatmung beginnen.

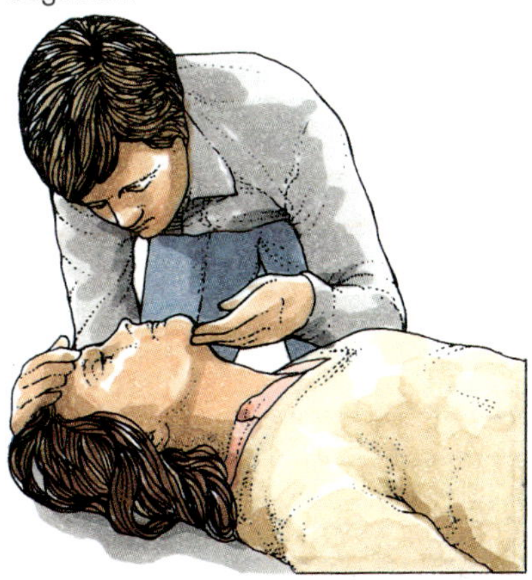

2 Kopf nach hinten, um Atemwege zu befreien

Mund-zu-Mund-Beatmung

Schließen Sie die Nase des Opfers mit Daumen und Zeigefinger. Kauern Sie sich dicht über das Opfer. Öffnen Sie den Mund des Opfers möglichst weit, und verschließen Sie ihn dicht mit Ihren Lippen. Blasen Sie kräftig, so daß sich die Brust hebt. Warten Sie, bis sich die Brust wieder senkt. Blasen Sie wieder, und wiederholen Sie den Vorgang in normaler Atemfrequenz, bis die Spontanatmung wieder einsetzt oder ärztliche Hilfe eingetroffen ist **(3)**.

Mund-zu-Nase-Beatmung

Falls die Mund-zu-Mund-Beatmung aus irgendwelchen Gründen nicht möglich ist, verschließen Sie den Mund mit der flachen Hand und blasen Luft in die Nase ein **(4)**.

3 Mund zu Mund

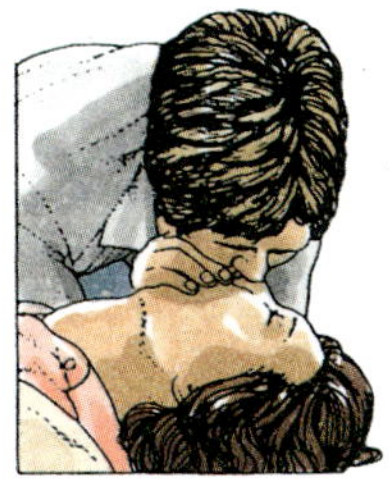

4 Mund zu Nase

Kleinkind reanimieren

Bei Säuglingen und Kleinkindern müssen Sie sowohl die Nase als auch den Mund mit den Lippen abdecken **(5)**. Beatmen Sie wie bei der Mund-zu-Mund-Beatmung, aber im Rhythmus von 3 Sekunden.

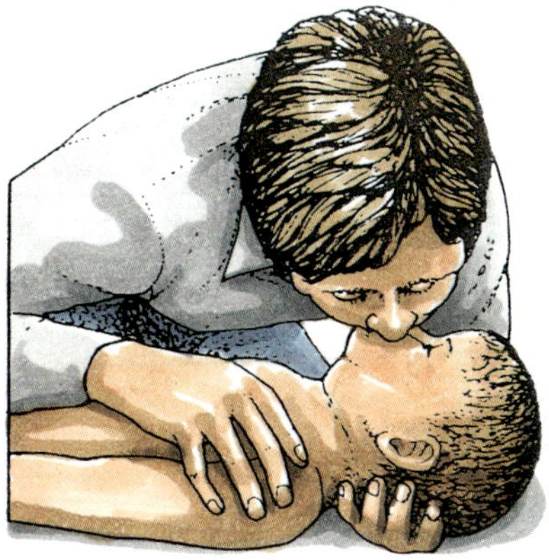

5 Bedecken Sie Mund und Nase mit den Lippen

Bergung

Sobald das Opfer wieder atmet, legen Sie es auf die Seite, den Kopf auf einen Arm gestützt, das Gesicht leicht nach unten. So bleiben die Atemwege frei, auch wenn das Opfer erbricht. Ein Arm und ein Bein werden seitlich angewinkelt, so daß sich eine stabile Lage ergibt und das Opfer auch im Fall neuer Bewußtlosigkeit nicht in die Rückenlage zurückrollt **(6)**. Decken Sie das Opfer mit Decken oder warmen Kleidungsstücken zu.

6 Bergungsposition

- **Herzstillstand**
  Im schlimmsten Fall kann es bei einem Unfall mit elektrischem Strom zum Herzstillstand kommen. Manchmal reicht schon ein Schlag mit dem Handballen auf den Brustkorb, um den Herzschlag wieder in Gang zu bringen. Sonst beatmen, wie beschrieben, dann jeweils fünfmal mit dem Handballen bei durchgedrückten Armen eine Herzdruckmassage auf das Brustbein usw., bis professionelle Hilfe kommt.

KABELARTEN UND IHRE VERWENDUNG

SIEHE AUCH

unter:

- **Vorsicht!** Bei Unterhaltungselektronik ist auch ein abgezogener Netzstecker kein sicherer Schutz. Bei Fernsehgeräten z. B. bleiben an einigen Bauteilen noch über Stunden nach dem Ausschalten lebensgefährliche Spannungen erhalten.

Sie können zahlreiche einfache Reparaturen ausführen, ohne tiefer in die Geheimnisse der Elektroinstallation Ihres Heims einzudringen. Viele Beleuchtungskörper oder Elektrogeräte werden über flexible Kabel und Stecker mit Strom versorgt. Sie können einfach vom Netz getrennt werden und stellen dann keine Gefahr mehr dar.

WARNUNG

Versuchen Sie niemals ein Elektrogerät zu öffnen, ohne zuvor den Netzstecker zu ziehen. Bei festinstallierten Geräten ist die betreffende Sicherung abzuschalten.

Fexible und starre Leitungen

Flexible Leitungen werden zum Anschluß beweglicher Verbraucher verwendet, also für Lampen, Haushaltsgeräte usw. Im Gegensatz zu Leitungen für starre Verlegung bestehen die Leiteradern aus vielen feinen Drähten. Damit ist gewährleistet, daß die Leiter auch bei starker Bewegung, etwa bei Verwendung als Verlängerungsschnur, nicht brechen. Für trockene Räume und normale Beanspruchung verwendet man heute üblicherweise Kunststoff-Schlauchleitungen mit zwei bis fünf Adern, je nach Bedarf. Der Leiterquerschnitt muß bei der Auswahl der späteren Belastung angepaßt sein. Starre Leitungen sind für feste Verlegung bestimmt. Die Leiter bestehen aus einem einzigen Draht. Man unterscheidet Stegleitungen für Unterputzverlegung sowie Mantelleitungen, die auf und unter Putz sowie im Freien verlegt werden können.

SPIRALKABEL

Ein Spiralkabel, das sich dehnen läßt und wieder zusammenzieht, ist ideal für den Anschluß tragbarer Geräte.

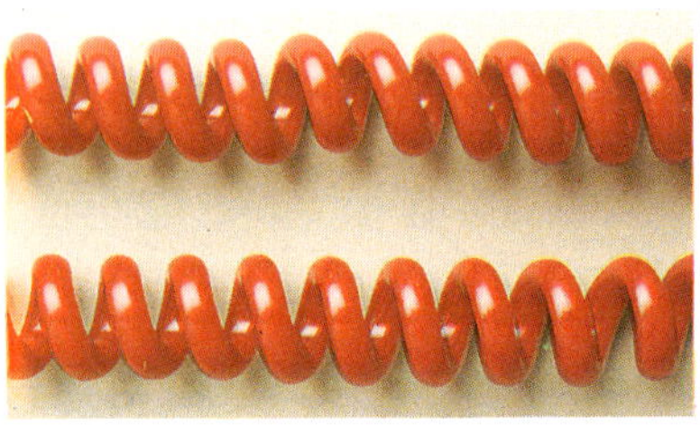

Spiralkabel gibt es in Standardlängen.

LEITUNGSARTEN

Stegleitung

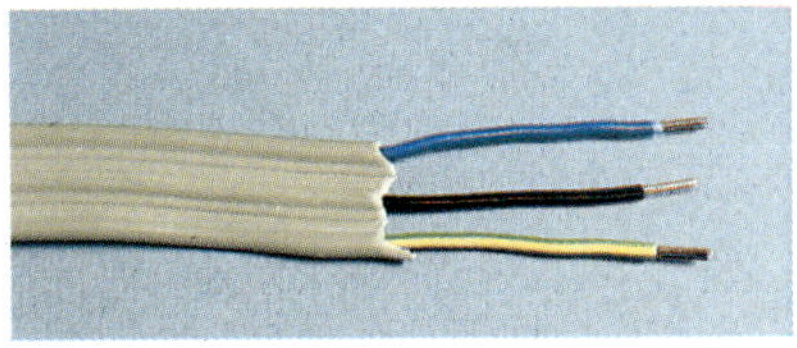

Diese Leitungsart dient ausschließlich zur festen Verlegung in und unter Putz. Es gibt sie mit zwei, drei und fünf Adern. Die Stegleitung weist einen Leiterquerschnitt von 1,5 mm² auf. Bei der Installation von Neubauten, aber auch bei Sanierung und Renovierung ist sie die meistverwendete Kabelart. Stegleitungen dürfen nur in trockenen Räumen verwendet werden, nicht in Holzhäusern und landwirtschaftlichen Gebäuden.

Mantelleitung

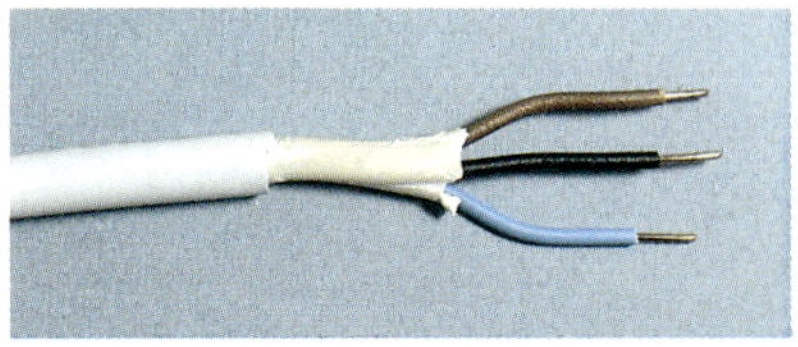

Wie die Stegleitung dient auch die Mantelleitung zur festen Verlegung. Auch hier bestehen die Leiter aus nur einem Draht. Die Leiterquerschnitte betragen ebenfalls 1,5 mm², doch sind auch höher belastbare Kabel mit 2,5 mm² Leiterquerschnitt lieferbar. Mantelleitungen werden in Feuchträumen unter Putz, ansonsten auf Putz und im Freien montiert. Es gibt beide Querschnitte mit drei oder fünf Adern.

Klingeldraht

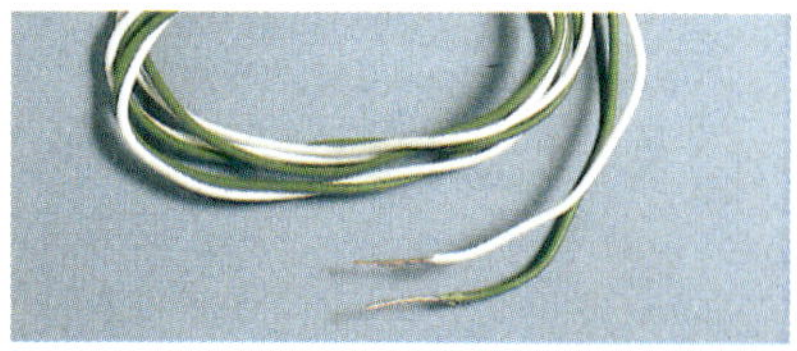

Klingeldraht ist ein zweiadriges Flachkabel mit geringem Leitungsquerschnitt (0,6 mm²). Er wird verwendet zum Anschluß von Hausglocken und Gegensprechanlagen, aber auch als billiges Lautsprecherkabel.

Leichte PVC-Schlauchleitung

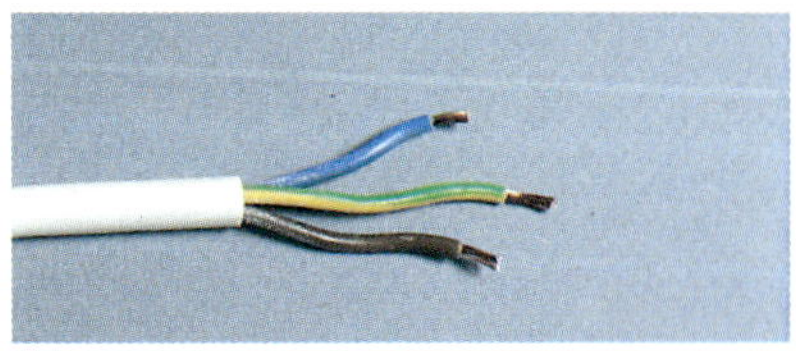

Das meistverwendete flexible Kabel mit einem Leiterquerschnitt von 0,75 mm². Leichte PVC-Schlauchleitung dient zum Anschluß von Hängeleuchten ebenso wie als Netzkabel von leistungsschwachen Haushaltsgeräten, Heimwerkerwerkzeugen und kleineren Heizgeräten, wenn die Leitung nicht in Kontakt mit heißen Teilen kommt. Diese Kabel sind ausschließlich für die Verwendung in Innenräumen zulässig.

Mittlere PVC-Schlauchleitung

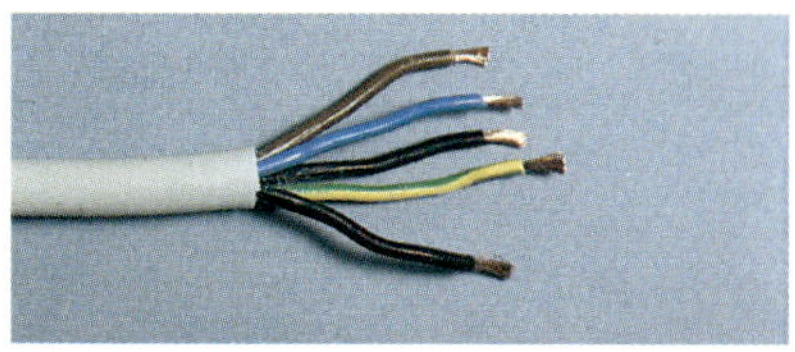

Diese Kabelart entspricht weitgehend der leichten PVC-Schlauchleitung, weist aber einen Leiterquerschnitt von 1 mm² oder 1,5 mm² auf. Auch für Heizgeräte geeignet, vor allem aber als Verlängerungsschnur.

Erdungsleitung

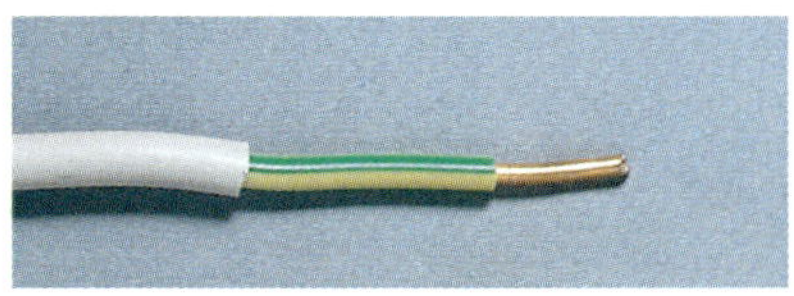

Erdungsleitungen werden verwendet, um bei der Neuinstallation oder Renovierung von Badezimmern den vorgeschriebenen Potentialausgleich vorzunehmen.

KABEL ABISOLIEREN UND ANSCHLIESSEN

SIEHE AUCH
unter:
Spannungsprüfer 225
Sicherheitsbestimmungen 226
Elektrischer Schlag 227

Obwohl die Anschlüsse in Steckern und Geräten variieren, ist der Vorgang des Abisolierens und Anschließens grundsätzlich immer gleich.

Leitung abisolieren

Schlitzen Sie den Kabelschlauch bzw. den Mantel mit einem Klingenmesser in Längsrichtung vorsichtig auf **(1)**. Achten Sie darauf, daß dabei die Isolierung der einzelnen Adern nicht verletzt wird. Am Kabelende schneiden Sie tiefer, bis der Schlauch klafft. Nehmen Sie das Ende einer Ader, reißen Sie den geschlitzten Schlauch auf, legen Sie das aufgeschnittene Schlauchstück nach hinten um, und schneiden Sie es ab **(2)**. Mit der Elektriker- oder einer Abisolierzange isolieren Sie die Adern auf einer Länge von ca 5 mm ab **(3)**. Dabei soll die gelbgrüne Ader der Schutzisolierung 5–10 mm länger sein als die beiden anderen Adern. Diese Maßnahme bewirkt, daß im Fall von Gewaltanwendung der Schutzleiter zuletzt aus dem Stecker oder Gerät gerissen wird, so daß die Schutzerdung so lange wie möglich wirksam bleibt.

1 Schlauch oder Mantel längs schlitzen

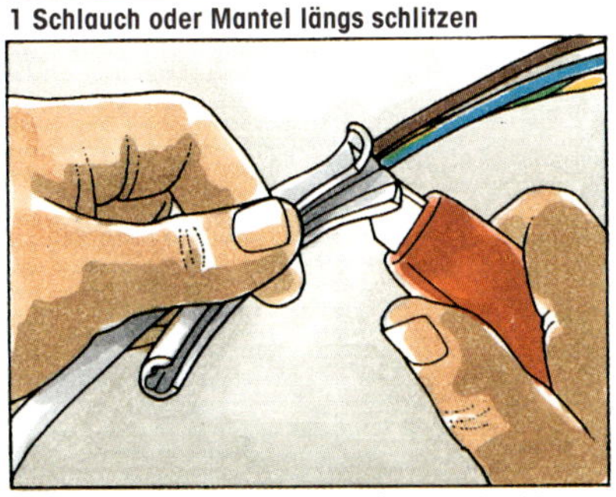

2 Aufgeschnittenes Schlauchstück abschneiden

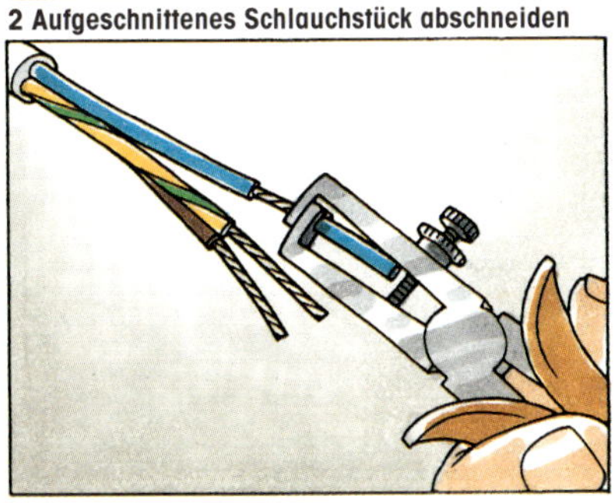

3 Adern abisolieren

MEHRZWECKZANGE

Die Elektrikerzange ist Seitenschneider und Abisolierzange in einem.

Für jede Leiterstärke die passende Öffnung

Leiterenden vorbereiten

Viele Kurzschlüsse, aber auch Unfälle entstehen, weil die vielen Drähte einer Litze beim Anschluß aufspleißen und in Kontakt mit Gehäusen oder der Schutzerdung kommen können. Es genügt nicht, die Drähte einfach zusammenzudrehen, wie es in Heimwerkerkreisen vielfach praktiziert wird. Auch die Methode, die Enden zusammenzudrehen und zu einem massiven Strang zu verlöten, ist unzulässig, da beim Erhitzen das Lot schmelzen und die Leitung freigeben kann. Wer professionell und vorschriftsmäßig arbeiten will, verwendet Aderendhülsen aus Metall. Diese gibt es passend zu allen Leiterquerschnitten.

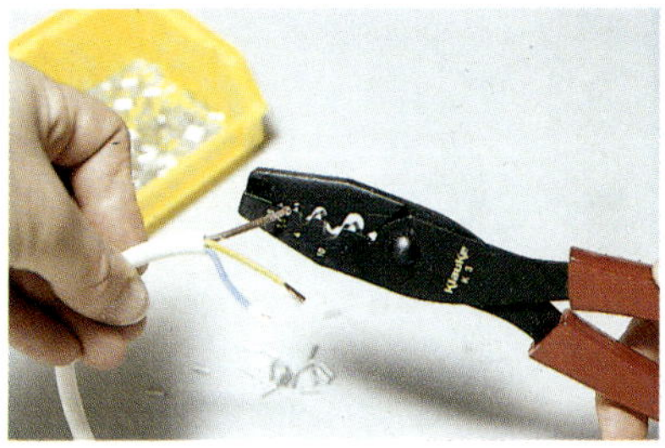

Aderendhülsen gibt es passend zu allen gängigen Leiterquerschnitten

Die Aderendhülse wird einfach auf das Aderende aufgeschoben und mit der Quetschzange zusammengedrückt. Damit läßt sich die Ader leicht in jede Art von Anschluß einführen. Die Hülse verhindert zuverlässig, daß das Aderende aufspleißt oder durch die Klemmschraube zerquetscht wird.

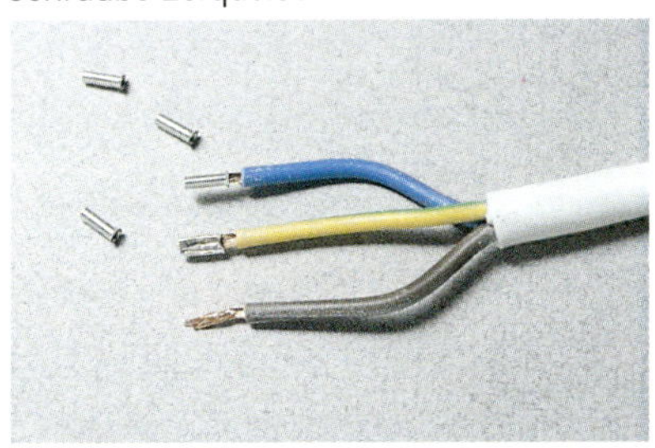

Mit der Quetschzange oder der Elektrikerzange wird die Hülse festgequetscht

LEITERQUERSCHNITT UND LEISTUNG

Bei der Auswahl eines Kabels ist darauf zu achten, daß der Leiterquerschnitt dem zu erwartenden Stromaufkommen entspricht, mit dem das angeschlossene Gerät versorgt werden soll. Diese Anpassung ist deshalb so wichtig, da sich unterdimensionierte Leiter bei Belastung mit hohen Stromstärken stark erhitzen, was zu Kurzschlüssen und Bränden führen kann.

Hersteller und Handwerker wählen daher grundsätzlich Leiterquerschnitte, deren Belastbarkeit über der zu erwartenden Belastung liegt.
Bei einigen Lasten werden die Leiterquerschnitte weit überdimensioniert. So bevorzugt man zum Anschluß von Lautsprecherboxen an den Verstärker Kabel von 2,5–4 mm^2 Querschnitt. HiFi-Puristen schwören darauf.

Querschnitt	Belastung	Bezeichnung
0,4 mm^2	Schwachstrom	Zwillingsleitung
0,5 mm^2	Schwachstrom	Klingelstegleitung
0,6 mm^2	Schwachstrom	Klingelleitung Y-Draht
0,75 mm^2	10 A	Leichte PVC-Schlauchleitung HO3VV-F
0,75 mm^2	10 A	Gummiaderschnur (Bügeleisenschnur)
1,5 mm^2	16 A	Mittelschwere PVC-Schlauchleitung HO5VVV-F
2,5 mm^2	20 A	Herdanschlußleitung HO5VV-F

VERLÄNGE-RUNGSSCHNUR

SIEHE AUCH
unter:

Grundsätzlich sind Kabelverlängerungen ein Übel. Idealerweise sind in Wohnung, Werkstatt und Büro Steckdosen in solcher Zahl und bequemer Anordnung vorhanden, daß man ohne jede Verlängerung auskommen sollte. Grundsätzlich ist es auch vorteilhafter, Geräte, die einen größeren Aktionsradius erfordern, wie z. B. Staubsauger und elektrische Bohrmaschinen, mit längeren Kabeln auszustatten. Seitens der Hersteller geschieht dies nicht immer in ausreichendem Maße, so daß wir weiter mit Verlängerungen werden leben müssen – aber bitte richtig!

Kabelverbindungen

Wenn Sie ein Gerät mit einem längeren Netzkabel ausstatten wollen, so besteht die sauberste Lösung darin, das Gerät vom Netz zu trennen, das Gehäuse zu öffnen und ein längeres Kabel der gleichen Sorte je nach Anschlußart mit den Schraubanschlüssen im Gerät zu verbinden oder die Aderenden einzulöten. Solche Arbeiten sind nicht jedermanns Sache, und sie gefährden mitunter einen allenfallsigen Garantieschutz, wenn sie nicht vom autorisierten Fachmann ausgeführt werden. Eine tragbare Alternative stellen Kabelverbinder in solider, elektrisch sicherer Ausführung dar. Keinesfalls dürfen Sie einfach den Netzstecker abschneiden und das Gerät über Lüsterklemmen mit der Kabelverlängerung verbinden. Die Montage ist sehr einfach: Netzstecker ziehen und abschneiden Aderenden abisolieren und mit Hülsen versehen. Aderenden blau auf blau, braun auf braun und gelbgrün auf gelbgrün in die Klemme einschieben und Klemmschrauben anziehen. Wichtig ist, daß die Zugentlastungen auf beiden Seiten des Verbinders gut festgezogen werden. Für Lampen empfiehlt sich für diesen Zweck der Einbau eines Schnurschalters. Selbstverständlich werden immer nur Kabel gleichen Typs aneinandergekoppelt.

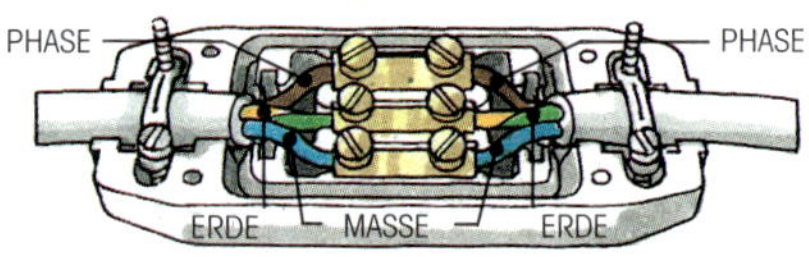

Kabelverbinder montieren

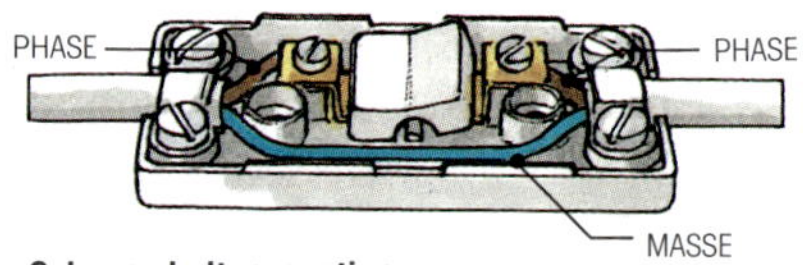

Schnurschalter montieren

Kabelverlängerungen

Da in Haushalt und Arbeitsstelle die elektrischen Installationen nicht immer ganz so sind, wie sie sein sollten, gehören Verlängerungskabel zu den meistverwendeten Elektroartikeln. Wenn man die Technik des Anschließens von Stecker und Kupplung beherrscht, kann man ein Verlängerungskabel ohne weiteres selbst montieren. Lohnend ist es nicht, da fertige Verlängerungskabel nur ein paar Mark kosten.
Verlängerungskabel sind noramalerweise elektrisch sicher. Dennoch gehen von ihnen gewisse Gefahren aus. Besonders in Kombination mit Elektrowerkzeugen kommt es immer wieder zu »Kabelsalat« und, damit verbunden, zu Kabelbrüchen. Für den Werkzeugeinsatz empfiehlt sich daher der Einsatz einer guten Kabeltrommel. Neben dem unten rechts abgebildeten Modell mit 10 m Kabellänge, das für die häuslichen Verwendungszwecke meist ausreicht, gibt es größere Modelle mit 50 m Gummischlauchleitung für den eher professionellen Einsatz. Kabeltrommeln bieten 2–4 Steckdosen, so daß sich auch beim Einsatz mehrerer Elektrowerkzeuge die Gefahr verhängnisvoller Verwicklungen in Grenzen hält. Wichtig ist, daß die Trommel vollständig abgewickelt wird, ehe starke Verbraucher (über 1000 W) angeschlossen werden.
Für stationären Einsatz, etwa den Anschluß vor Büromaschinen, verwendet man eine Steckdosenleiste. Beide Geräte verfügen im Idealfall – in der Praxis aber viel zu selten – über einen eingebauten Fehlerstromschutzschalter.

WARNUNG

Folgende Todsünden trifft man immer wieder an:
Kabel werden mit Lüsterklemmen zusammengekoppelt und – wenn überhaupt – mit Isolierband notdürftig isoliert.
Kabel werden verbunden, indem man die Aderenden verdrillt und mit Isolierband umwickelt. Beides kann tödlich sein!

- **Kabeltrommel**
  Wenn an einer Kabeltrommel eine Last über 1 kW betrieben werden soll, muß das Kabel immer ganz abgerollt werden. Sonst erwärmt sich die Leitung, wodurch die Kabeltrommel im Extremfall zerstört wird.

KABELVERLÄNGERUNGEN

Kabeltrommel und Steckdosenleiste sind einer einfachen Verlängerungsschnur meistens vorzuziehen.

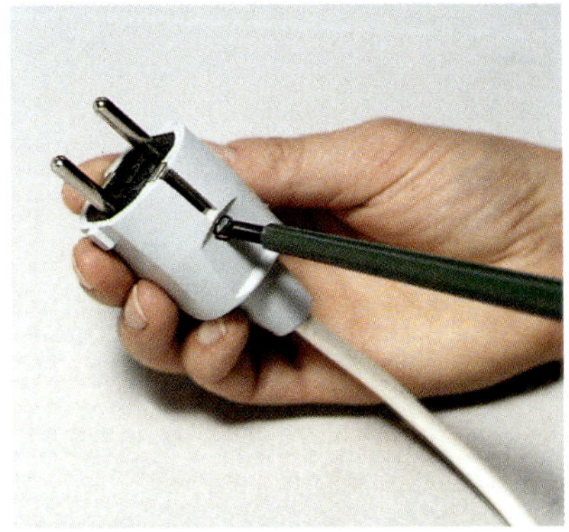
Einfacher Schutzkontaktstecker

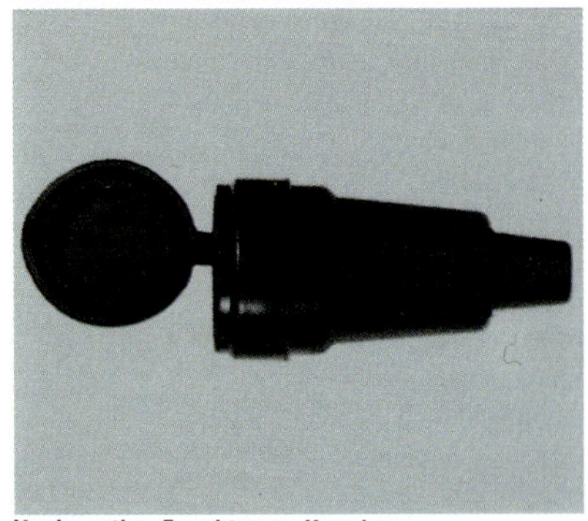
Hochwertige Feuchtraum-Kupplung

Steckdosenleiste mit Schutzschalter

Kabeltrommel mit Schutzschalter

STECKER UND FASSUNGEN ANSCHLIESSEN

Das Auswechseln eines defekten Netzsteckers gehört zu den häufigsten und gleichzeitig einfachsten Elektro-Reparaturen im Haushalt. Stecker werden meist durch lockere Anschlüsse defekt. Wenn der Strom nur noch über wenige Drähte einer Litze fließt, erhitzen sich diese stark, und der Stecker verschmort. Die Art des Defekts läßt sich meist schon mit der Nase feststellen. Verschmorte Stecker darf man nicht reparieren; sie werden durch Neuteile ersetzt.

Handelsübliche Elektrogeräte werden heute mit Schutzkontaktsteckern geliefert, wenn sie nicht doppelt schutzisoliert sind, ansonsten mit Euro-Steckern. Beide Typen sind mit dem Kabel verschweißt und nicht zu öffnen. Ist der Stecker defekt – etwa durch einen abgebrochenen Kontakt, wird er knapp unter der Kabeleinführung mit einem Seitenschneider abgeschnitten. Der Ersatz erfolgt stets durch einen Schutzkontaktstecker. Bei zweiadrigen Anschlußkabeln bleibt die Schutzerdung unbelegt. Auch alte, aufschraubbare Schutzkontaktstecker werden im Defektfall abgeschnitten und weggeworfen. Das Öffnen und Abschrauben der verschmorten Kontakte ist nur sinnvoll, wenn es bei der Länge auf jeden Zentimeter ankommt.
Isolieren Sie das freie Kabelende ab, wie beschrieben. Versehen Sie die abisolierten Aderenden mit Hülsen. Öffnen Sie den neuen Stecker **(1)**. Lösen Sie zunächst die Schrauben für Anschlüsse und Zugentlastung. Von den letztgenannten wird eine ganz herausgedreht **(2)**. Führen Sie nun die Leitung von hinten in die Ummantelung des Steckers ein **(3)**. Nehmen Sie den Stecker zur Hand, und befestigen Sie zuerst die Schutzerdung an der mittleren Schraube. Befestigen Sie dann die braune und die blaue Ader in einem der außenliegenden Steckkontakte **(4)**. Legen Sie das Kabel so in die Zugentlastung ein, daß der Isolierschlauch von den Bügeln sicher gehalten wird, und ziehen Sie die Befestigungsschrauben kräftig an. Wenn am Kabel gezogen wird, muß die Zugentlastung die Kräfte aufnehmen **(5)**. Schließen Sie den Stecker, indem Sie die Befestigungsschraube wieder anziehen. Achten Sie darauf, daß dabei keine Ader abgeklemmt wird.
Es gibt verschiedene Modelle von Steckern, aber die Montage erfolgt stets in der gleichen Weise. Analog werden auch Kupplungen ausgewechselt.

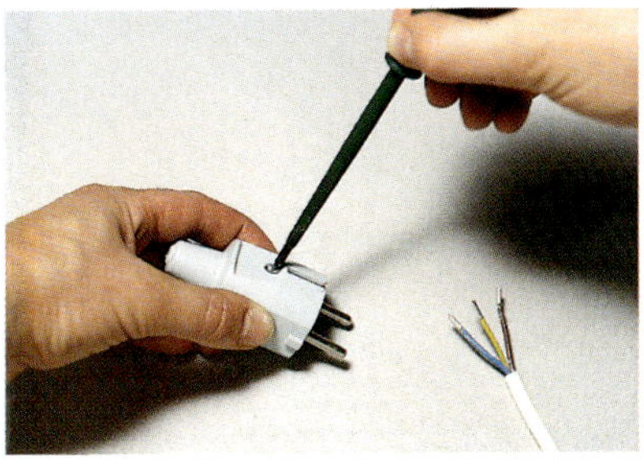

1 Öffnen Sie den neuen Stecker

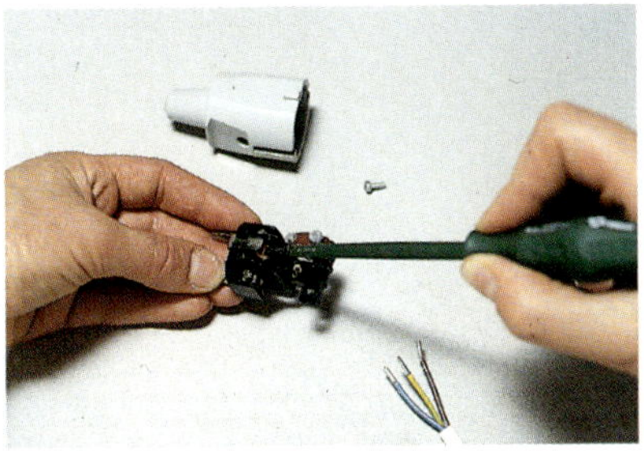

2 Lösen Sie alle Schrauben

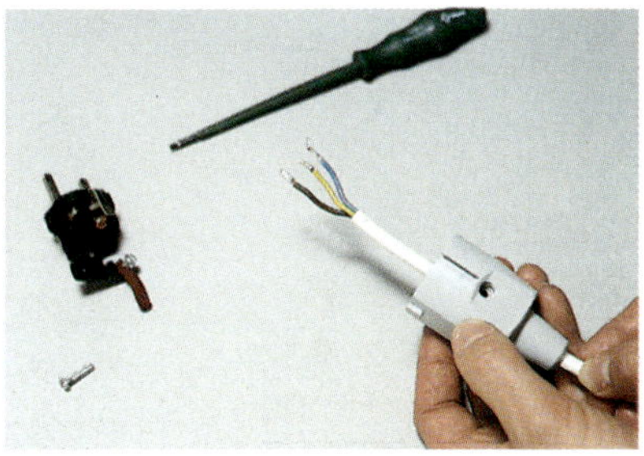

3 Führen Sie das Kabel in die Ummantelung ein

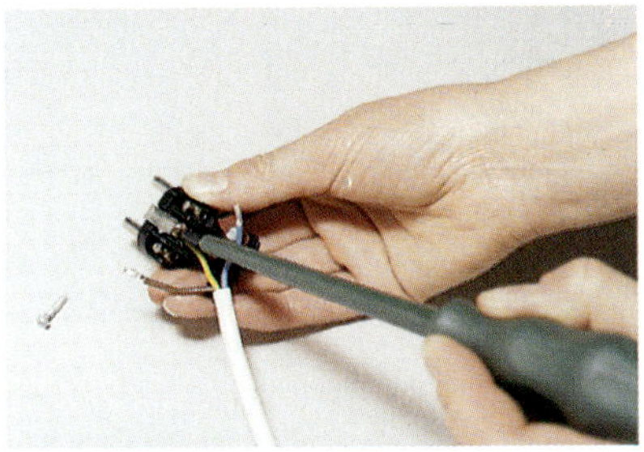

4 Befestigen Sie erst den Schutzkontakt

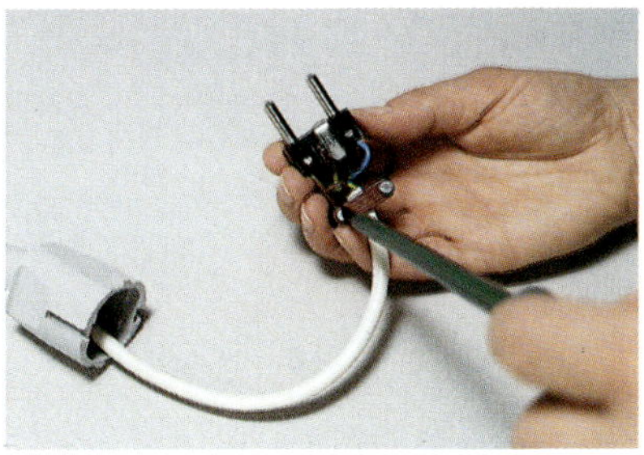

5 Schrauben Sie die Zugentlastung fest

LAMPENFASSUNGEN REPARIEREN UND ERSETZEN

Lampenfassungen versehen Ihren Dienst in aller Regel über viele Jahre oder sogar Jahrzehnte hinweg. Da sie so unauffällig sind, wird ihnen kaum Beachtung geschenkt. Und in den meisten Fällen hat eine Lampe ausgedient, ehe die Fassung ernsthaft defekt ist. Wenn aber eines Tages das Licht ausgeht, liegt es doch mitunter an der Fassung.
Häufiger allerdings ist eine andere Störung, die in Zusammenhang mit der Fassung steht. Denn immer wieder geschieht es, daß sich beim Austausch einer verbrauchten Glühbirne deren Glaskolben aus dem Gewinde löst oder abbricht. Schalten Sie in solchen Fällen den Strom am Sicherungskasten ab, und drehen Sie das Gewinde mit einer Spitzzange aus der Fassung. Es darf dabei zerstört werden.
Bleibt eine Lampe dunkel, so prüfen Sie zunächst die Glühbirne, indem Sie diese in eine andere Leuchte eindrehen. Brennt sie, liegt der Fehler wahrscheinlich an der Fassung. Prüfen Sie die Fassung nach Ausdrehen der Sicherung mit dem Phasenprüfer. Schrauben Sie die Fassung auf. Bei manchen alten Ausführungen muß dabei eine Sperre überwunden werden. Prüfen Sie die Kontakte auf Festigkeit. Ist kein Fehler festzustellen, biegen Sie die Kontakte etwas hoch. Führen diese Maßnahmen nicht zum Erfolg, tauschen Sie die Fassung aus. Öffnen Sie die alte Fassung, und lösen Sie die Klemmschrauben der Anschlüsse. Öffnen Sie die neue Fassung und schieben Sie die Schraubglocke über das Zuleitungskabel. Klemmen Sie die Adern der Zuleitung an den beiden Kontakten fest, und schließen Sie die Fassung durch Anschrauben der Schraubglocke.

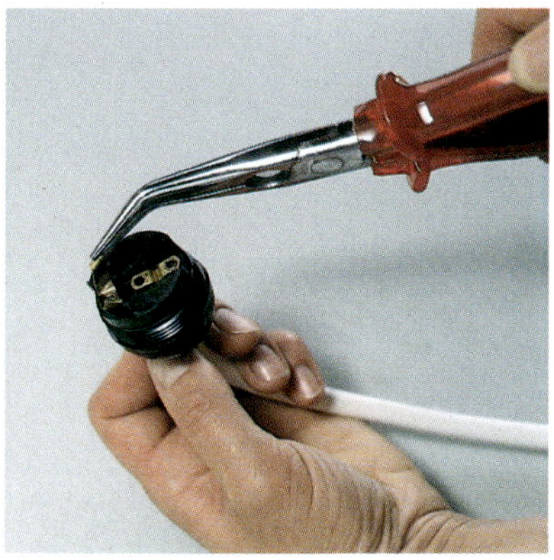

Aufbiegen der Kontakte führt oft zum Erfolg

SIEHE AUCH
unter:

So schließt man die neue Fassung an

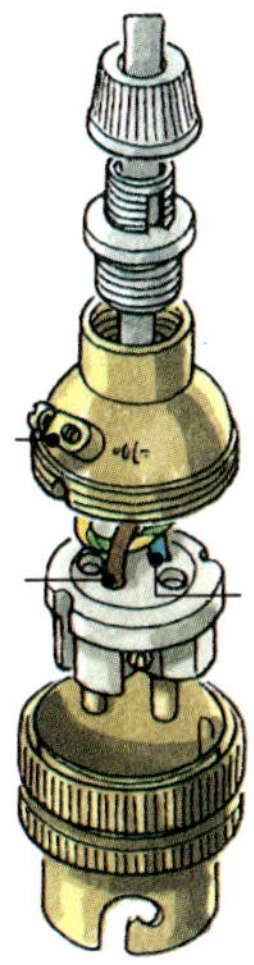

Solche Fassungen sollten ersetzt werden

HAUS-INSTALLATION

SIEHE AUCH
unter:
Leitungen verlegen 224, 233
Leitungsarten 228
Steckdosen einbauen 234–235
Klingeln und Gongs einbauen 236
Antennen/Telefon 237–239
Lampen und Leuchten anschließen 240

Wenn es um die elektrischen Installationen eines Hauses geht, ist es mit dem Verständnis einfacher Schaltkreise nicht mehr getan. Trotzdem sollte der Heimwerker wenigstens in Ansätzen wissen, wie eine typische Stromversorgung aufgebaut ist und wie sie funktioniert.

Der Hausanschluß beginnt an der Abzweigung des Erdkabels bzw. am Dachständer der Freileitung und endet im Hausanschlußkasten. Dieser ist verplombt und so vor unbefugtem Zugriff gesichert. Vom Hausanschlußkasten führt eine Leitung zum Zählerschrank, der neben dem Zähler meist auch den Stromkreisverteiler enthält. Hausanschluß und Zähler können in einem Raum, meist im Keller, installiert sein, der Zählerkasten kann sich aber an beliebiger Stelle im Haus befinden.
Die Stromversorgungsunternehmen liefern die begehrte Energie nicht in Form der aus der Steckdose vertrauten 220-Volt-Wechselspannung, sondern als 380-V-Drehstrom, und bis zum Stromkreisverteiler wird auch die Elektroinstallation eines Hauses als Drehstromleitung verlegt. Ab Zählerkasten bleibt es dann dem Elektriker überlassen, ob er die Stromkreise als 220-Volt Wechselstromkreise für normale Verbraucher oder als Drehstromkreis für besonders leistungsstarke Verbraucher wie Elektroherde verlegt. 220-Volt-Wechselstrom- und 380-Volt-Drehstromkreise werden strikt getrennt voneinander installiert. Es dürfen keine gemeinsamen Steck- oder Verteilerdosen verwendet werden.
Die Erdung erfolgt bei neuen Häusern über einen Fundamenterder aus Stahl, der mit der Potentialausgleichsschiene verbunden ist. Daran sind alle Wasserleitungen, Heizungsrohre, Fernmeldeanlagen, Schutzleiter, Erdungsleitungen und Blitzschutzerder angeschlossen.

VORSICHT

Arbeiten am Hausanschluß, am Zähler, am Stromkreisverteiler, an den Sicherungen und an der Verbindung zur Potentialausgleichsschiene dürfen ausschließlich von zugelassenen Elektrikern und Mitarbeitern der Stromversorgungsunternehmen durchgeführt werden. Für den Heimwerker sind diese Einrichtungen tabu!

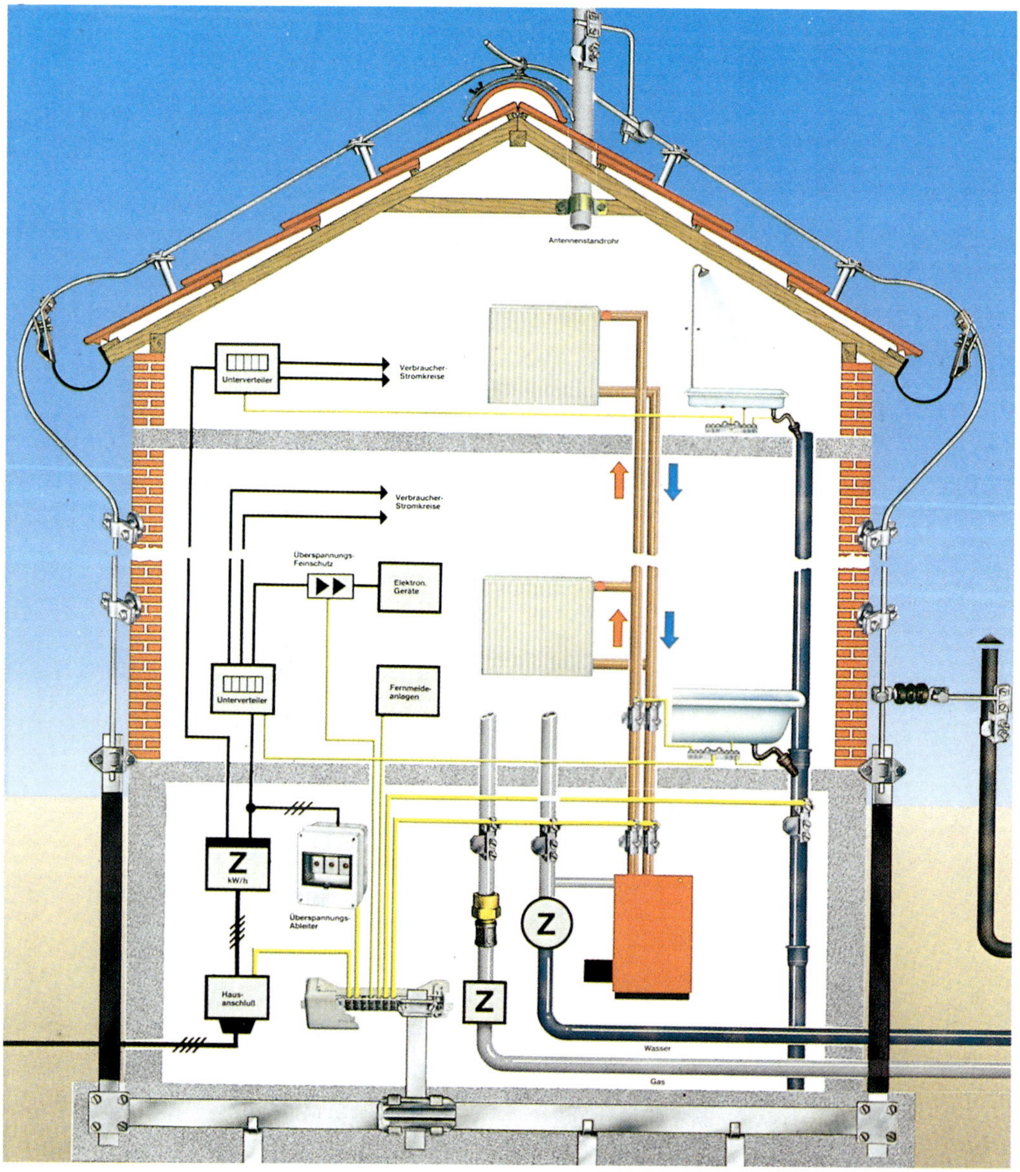

Der Zählerkasten

Der Zählerkasten enthält neben dem Hauszähler bzw. den Zählern der Wohnparteien die Sicherungen der Stromkreise. Diese sind meist unterschiedlich abgesichert und mit einem Farbcode gekennzeichnet: Üblich sind 10 A (rot), 16 A (grau), seltener 20 A (blau) und 25 A (gelb). Bei Altbauten übernehmen auch heute noch bisweilen Schmelzsicherungen diese Funktion. Neuere Häuser sind meist mit Leitungsschutzschaltern abgesichert, die bei Kurzschluß nicht erneuert werden müssen, sondern nach Schadensbehebung wieder angeschaltet werden können. Es gibt aber auch Leitungsschutzschalter mit Schraubgewinden.

Zählerkasten mit Sicherungen

LEITUNGEN VERLEGEN

GRUNDREGELN

Für einen geschickten Heimwerker ist es nicht allzu schwer, Leitungen auf und unter Putz zu verlegen. Allerdings sind dabei einige Grundregeln zu beachten. Wenn es sich nicht um sehr einfache Arbeiten wie das Legen einer zusätzlichen Steckdose handelt, sollten Sie die Verlegearbeiten mit Ihrem Elektriker absprechen (Verlegeplan ausarbeiten!) und diesem den Anschluß überlassen.

Wer elektrische Leitungen kreuz und quer verlegt, lebt gefährlich. Denn schon das Einschlagen eines simplen Nagels kann ihn das Leben kosten. Leitungen werden in Wänden grundsätzlich senkrecht oder waagrecht verlegt. Auf diese Weise ist sichergestellt, daß man bei späteren Arbeiten die Lage potentiell gefährlicher Stromkabel ausmachen und die betreffenden Wandregionen meiden kann. Nur in Decken und Fußböden darf auf kürzestem Weg verlegt werden, doch auch hier wird dringend empfohlen, das Prinzip der Rechtwinkligkeit einzuhalten.

Leitungen werden immer rechtwinklig verlegt

Auch die Lage der Leitungen wird von bewährten Vorgaben diktiert. Ringleitungen werden in einem Abstand von ca. 30 cm vom Boden bzw. der Zimmerdecke verlegt. Daraus ergibt sich auch die Einbauhöhe von Steckdosen und Verteilerdosen. Über der Arbeitsfläche von Einbauküchen beträgt die Einbauhöhe ca. 105 cm. Nur die Herdanschlußdose wird niedriger montiert, nämlich in einer Höhe von ca. 50 cm. Senkrechte Leitungen sollten nach Möglichkeit nicht mitten in der Wand, sondern in der Nähe von Zimmerecken, Fenstern oder Türen gelegt werden. Dabei wird ein Abstand von 15 cm vorgegeben.
Diese Regeln sind jedoch nicht völlig starr. Hinsichtlich der Verlegungshöhe besteht ein Spielraum von jeweils 15 cm nach oben und unten. Bei senkrechter Verlegung sind 5–10 cm nach links oder rechts zulässig. Es handelt sich also nicht um bindende Verlegungslinien, sondern um Verlegungszonen. Da mitunter mehrere Stegleitungen nebeneinander plaziert werden müssen, ist dieser Spielraum auch erforderlich. Denn die Leitungen müssen mit ca. 2 cm Abstand verlegt werden.

Verlegung auf Putz

Auf Putz werden Kabel überwiegend in Nutzräumen verlegt. Dazu eignen sich ausschließlich Mantelleitungen. Wählen Sie den Leitungsquerschnitt passend zur Verbraucherleistung. Zum Anschluß von Waschmaschine oder Wäschetrockner sollten Sie unbedingt 1,5 mm²-, besser 2,5 mm²-Leitungen verwenden. Die Leitungen werden entsprechend den linksstehenden Regeln gelegt und mit Kunststoffschellen befestigt. Alternativ ist eine Verlegung in Installationsrohren aus Hart-PVC möglich. Diese werden nach Bedarf abgelängt und können mit aufsteckbaren Formstücken um Krümmungen geführt werden.

Verlegung in Hart-PVC-Rohren

Verlegung im Putz

Für alle Wohnräume ist dies die richtige Verlegetechnik. Das gilt für Neubauten nicht weniger als für die Altbaurenovierung. Für diese Verlegeart eignen sich bei trockenen Räumen flache Stegleitungen am besten. Diese können bei Neubauten mit Stegleitungsnägeln direkt auf der rohen Mauer befestigt werden.
Bei der Altbaurenovierung oder zum nachträglichen Verlegen muß eine Rinne in den Putz gestemmt werden. Das Herausschlagen mit Hammer und Meißel wird wegen der Wanderschütterungen nicht mehr empfohlen. Für den Heimwerker gibt es praktische Fräs- und Meißel-Vorsatzgeräte zur Bohrmaschine, mit denen sich die nötigen Rillen in den Putz einarbeiten lassen.

Mit der praktischen Vorsatz-Mauerfräse lassen sich präzise Schlitze in Putz und Leichtbausteine fräsen

Stegleitungen werden mit mindestens 2 cm Abstand zueinander verlegt. Die beiden rechten Leitungen sind falsch verlegt

Stegleitungen dürfen nicht auf brennbaren Baustoffen, nicht in Beton, nicht unter Gipsbauplatten auf Holzunterbau, nicht auf oder unter Streckmetall und Drahtgewebe und nicht in Installationskanälen verlegt werden. Dafür sind ausschließlich Mantelleitungen zulässig. Diese können auch nachträglich in Kunststoffrohre eingezogen werden.

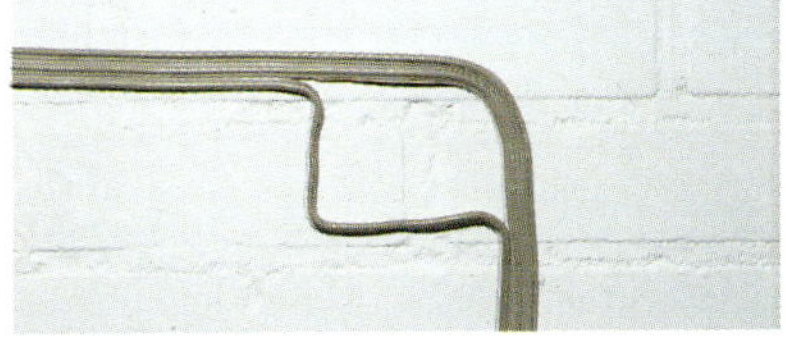

So legt man einen Stegleitungsbogen

SIEHE AUCH

unter:

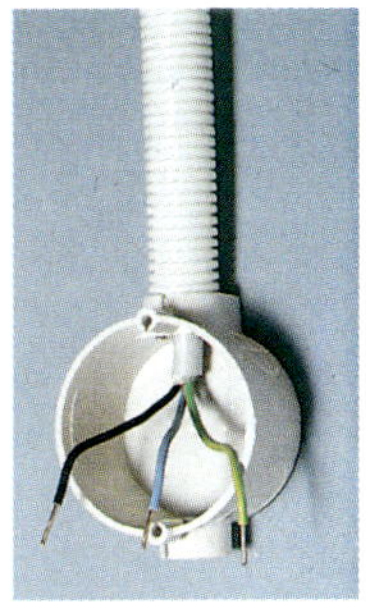

Gewelltes Unterputzrohr
Dient zur Aufnahme von Mantelkabeln.

- **Kabel nachträglich einziehen**
  Wenn Sie beim Verlegen von Installationsrohren einen Draht einfädeln, der an den Schalter- und Verteilerdosen hervorsteht, lassen sich die Kabel später mühelos einziehen – ein entsprechend großes Leerrohr vorausgesetzt.

STECKDOSEN EINBAUEN

SIEHE AUCH
unter:
Leitung verlegen 233
Unterputzdosen 235
Hohlwanddosen 235

Steckdosen und einfache Schalter sind verhältnismäßig leicht anzuschließen, so daß auch der Heimwerker damit zurechtkommen kann. Es spricht nichts dagegen, daß Sie diese Installationen einbauen. Den Anschluß ans Netz in der Verteilerdose sollten Sie aber in jedem Fall dem Elektriker überlassen. Zu Ihrer eigenen Sicherheit müssen Sie in dem Raum, in dem Sie Leitungen und Installationen verlegen, alle Stromkreise am Sicherungskasten ausschalten. Holen Sie sich die nötige Energie mit einer Kabeltrommel aus anderen Zimmern.

Doppelsteckdose einbauen

Ein beliebtes Verfahren, das Angebot an Steckdosen zu erhöhen, besteht im Einbau einer Doppelsteckdose. Es ist deshalb so einfach, weil dazu keine weiteren Stemmarbeiten erforderlich sind. Denn die Doppelsteckdose paßt in eine normale Unterputz-Geräteeinbaudose.

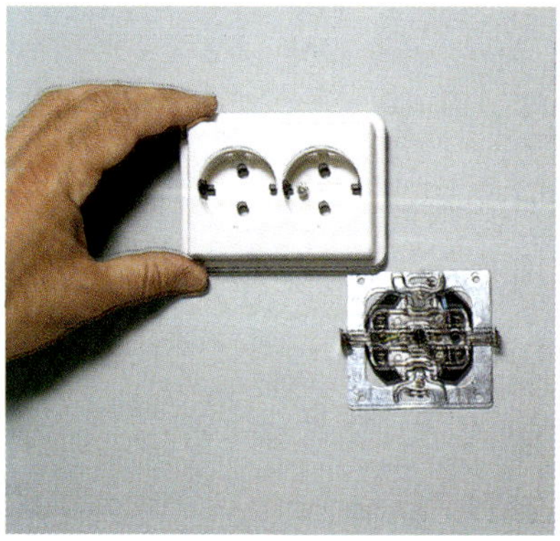

Vergewissern Sie sich mit dem Phasenprüfer, daß die Steckdose keine Spannung führt. Lösen Sie die Spreizklemmen, mit denen die Steckdose in der Einbaudose befestigt ist, und ziehen Sie die Steckdose heraus. Lösen Sie die Klemmschrauben der Kabelanschlüsse, ziehen Sie die Leiterenden ab. Klemmen Sie nun die Leiterenden an den Schraubklemmen der Doppelsteckdose fest. Der gelb-grüne Schutzkontakt wird dabei zuerst angeklemmt. Die Polung von Phase und Masse ist beliebig. Schieben Sie die Doppelsteckdose bündig in die Einbaudose, ziehen Sie die Spreizklammern fest, setzen Sie die Abdeckung auf.

- **Klassische Nullung**
  Auch Steckdosen ohne Anschlußader für die Schutzerdung können schutzgeerdet werden. Führen Sie dazu aus einem Stück Ader – möglichst gelb-grün – eine Kabelbrücke von der Masse (blau) zum Schutzleiteranschluß der Steckdose.

Aufputzmontage

Aufputzmontage macht nur Sinn, wenn auch die Zuleitungen auf Putz montiert sind. Da häufig in Feuchträumen auf Putz installiert wird, setzt man meist Schalter und Steckdosen auf die im Küchenbereich übliche Installationshöhe von 105–120 cm. Für den Einbau reißen Sie die Lage der Dübelbohrungen an, bohren und dübeln die Dose fest. Führen Sie das Kabel durch die zuvor ausgebrochene Aussparung in der Dose, und schließen Sie die Adern des Kabels an, wie linksstehend beschrieben. Setzen Sie den Steckdoseneinsatz ein, und schrauben Sie ihn fest.

Aufputz-Feuchtraumsteckddose

Unterputzmontage in Mauerwerk

Sie haben das Zuleitungskabel zur neuen Steckdose in oder unter Putz verlegt. Zeichnen Sie die Lage der Steckdose in einer Höhe von ca. 30 cm über dem Boden an. Mit einer Bohrkrone in einer starken elektrischen Bohrmaschine schneiden Sie einen kreisrunden Ausschnitt in Größe der Geräteeinbaudose. Es gibt Bohrkronen in exakt passender Größe. Diese Werkzeuge sind nicht billig, aber die Sauberkeit der Arbeit und die Erleichterung lohnen die Investition. Alternativ setzen Sie mit Bohrhammer oder Schlagbohrmaschine und Steinbohrer Bohrung an Bohrung entlang der Umrißlinie. Mit Hammer und Meißel stemmen Sie die Bohrung aus.
Brechen Sie mit einem Schraubenzieher die erforderlichen Löcher zum Durchführen der Verkabelung in die Wände der Einbaudose, ziehen Sie die Kabelenden ein, und setzen Sie die Dose in die Öffnung. Sie muß sich bündig einpassen lassen.
Machen Sie Reparaturmörtel an, nehmen Sie die Einbaudose aus der Öffnung, geben Sie einen Klecks Mörtel auf die Rückseite, setzen Sie die Dose wieder ein, und drücken Sie sie fest, bis sie bündig sitzt. Putzen Sie nun Dose und Kabel säuberlich ein. Achten Sie darauf, daß kein Mörtel in die Dose kommt.
Mit dem Einbau der Steckdose sollten Sie erst beginnen, wenn die Spuren der Maurerarbeit restlos beseitigt und die Wände wieder gestrichen oder tapeziert sind. Schließen Sie die Enden der Adern des Zuleitungskabels an die betreffenden Schraubklemmen der Steckdose an. Setzen Sie die Steckdose ein, und ziehen Sie die Schrauben der Spreizkrallen an. Schrauben Sie die Abdeckung auf.

Ausschnitt mit der Bohrkrone einbringen

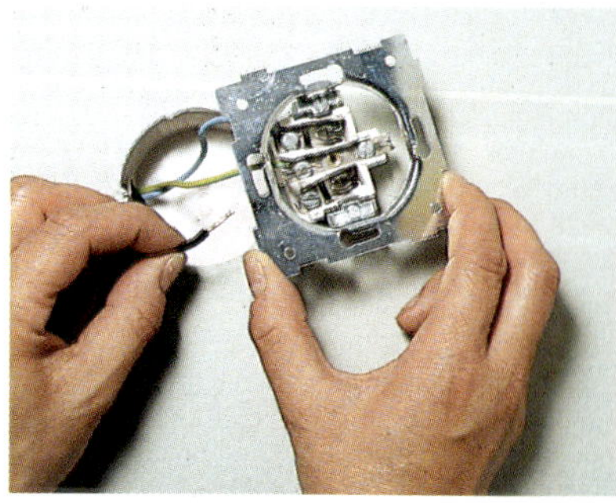

Adern der Anschlußleitung anschließen

Spreizkrallen mit Schrauben anziehen

STECKDOSEN IN LEICHT-BAUWÄNDEN

SIEHE AUCH
unter:
Leichtbauwände 112–113
Leitungen verlegen 233
Lichtschalter 243–245

Unterputzmontage in Leichtbau

Trockenausbau und Leichtbauwände haben sich in den vergangenen Jahren bei Ausbau- und Renovierungsarbeiten weitgehend durchgesetzt. Dieser Boom wurde im wesentlichen durch den Wohnungsmangel in den Ballungsgebieten ausgelöst, der vielerorts zu einem verstärkten Ausbau von ungenutzten Dachgeschossen geführt hat.
Wer in Leichtbauwänden Elektroinstallationen vornimmt, sollte diese unbedingt bereits beim Wandaufbau berücksichtigen. Das nachträgliche Einziehen von Leitungen ist nur in sehr begrenztem Umfang möglich. Wenn man hier am falschen Platz gespart hat, wird man meist mit der Notwendigkeit bestraft, Teile der Beplankung wieder abnehmen zu müssen, sobald sich weitere Installationen als unverzichtbar erweisen. Am besten werden bereits beim Aufbau der Wand reichlich Installations-Schutzrohre verlegt, durch die später bei Bedarf neue Kabel eingezogen werden können.

Hohlwanddose einbauen

Grundsätzlich können Sie auch bei Leichtbauwänden mit konventionellen Unterputzdosen arbeiten. Das Verfahren wird rechts im Kasten beschrieben. Es ist jedoch umständlich und eigentlich unzulässig. Besser – und vorschriftsmäßig – ist die Verwendung von speziellen Hohlwanddosen, die sowohl in gipskarton- als auch in holzverkleideten Wänden montiert werden können.
Wenn die erforderlichen Leitungen verlegt sind, besorgen Sie sich eine Lochsäge, deren Durchmesser genau dem Durchmesser der Dose – ohne Rand – entspricht. Reißen Sie die genaue Position an der Wand an. Bei benachbart liegenden Dosen ist ein Abstand von 71 mm von Mittelpunkt zu Mittelpunkt einzuhalten **(1)**. Schneiden Sie die Ausschnitte mit mäßiger Drehzahl der Bohrmaschine – ca. 1000 U/min – aus **(2)**. Öffnen Sie mit dem Klingenmesser nach Bedarf die Durchbrüche für die Leitungen **(3)**. Ziehen Sie die Kabel ein, und isolieren Sie die Kabelenden ab. Wenn diese lang genug sind, montieren Sie die Steckdose vor der Wandmontage **(4)**. Zur Befestigung lockern Sie die beiden Schrauben am vorderen Rand, setzen den Metallrahmen der Steckdose wie bei einem Bajonettverschluß ein und ziehen die Schrauben an. Setzen Sie die Hohlwanddose in die Bohrung ein, ziehen Sie die Schrauben der Krallen fest **(5)**.

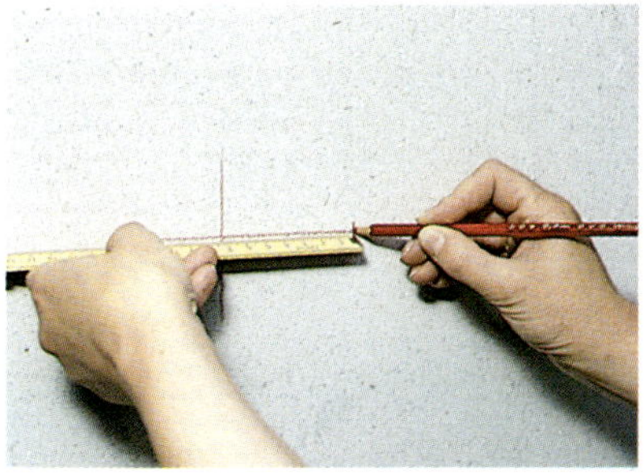
1 Position anreißen, Mittelpunkt anzeichnen

2 Mit der Lochsäge Ausschnitte anbringen

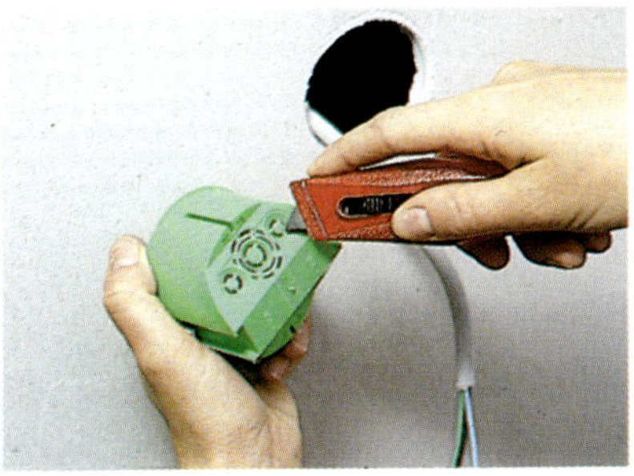
3 Durchbrüche für die Leitungen anbringen

4 Steckdose anschließen und in Dose einsetzen

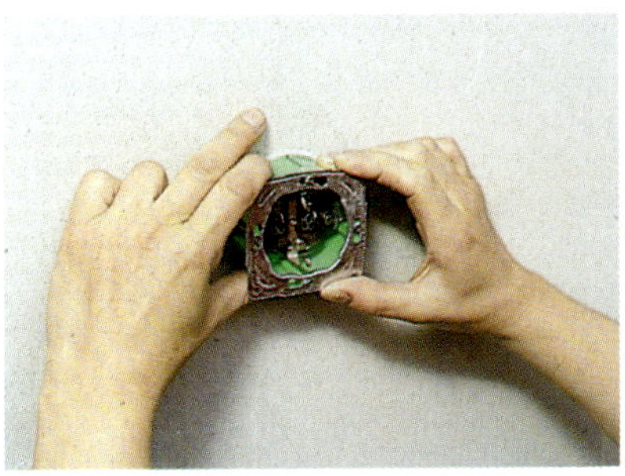
5 Montierte Einheit in Bohrung befestigen

UNTERPUTZDOSEN IN LEICHTBAUWÄNDEN

Wenn Sie nicht mit Hohlwanddosen arbeiten wollen – z. B. weil Sie die Mantelkabel zur Stromversorgung in eine eingefräste Nut in einem Holzständer verlegt haben –, können Sie in Leichtbauwänden mit Holzgerüst auch konventionelle Unterputzdosen montieren.
Dazu schneiden Sie mit der Loch- oder Stichsäge einen Ausschnitt in die Wand. Er muß nicht ganz exakt sein, weil er von der Blende der Steckdose verdeckt wird. Dabei ist äußerste Vorsicht geboten, damit evtl. darunterliegende Kabel nicht verletzt werden. Arbeiten Sie mit dem Beitel einen Ausschnitt so tief in den Ständer, daß die Dose bündig mit der Wandbekleidung abschließt **(1)**. Schrauben Sie die Dose durch die Rückwand in den Balken.
Die unter **(2)** abgebildete Methode empfiehlt sich dann, wenn nachträglich Kabel von einer vorhandenen Verteilerdose eingezogen werden müssen.

1 Holzständer für Dosenmontage ausstemmen

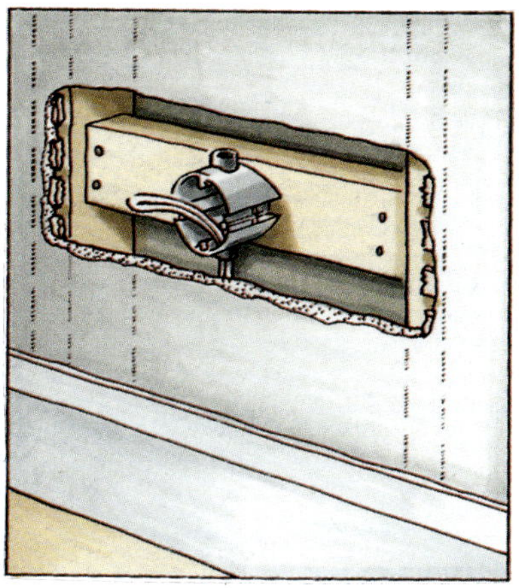
2 Trägerriegel einbauen
Wenn Sie von oben ein Kabel durchfädeln müssen, schneiden Sie die Gipsbauplatte weiter aus.

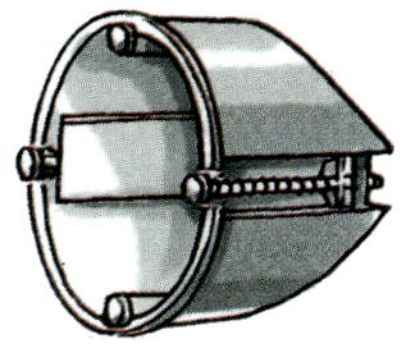
Hohlwanddose
Die Hohlwanddose weist an der Vorderfront einen Rand auf, der an der Kante des Ausschnitts aufliegt. Klappbare Krallen lassen sich mit Verstellschrauben in einem weiten Bereich verstellen, so daß die Dose bei unterschiedlichen Wandverkleidungsstärken stets sicher befestigt werden kann. Da Unterputzdosen in Leichtbauwänden nicht den Vorschriften entsprechen, sollten Sie ausschließlich mit Hohlwanddosen arbeiten.

KLINGELN UND GONGS EINBAUEN

SIEHE AUCH
unter:
Leitungsarten 228
Leitungen verlegen 233

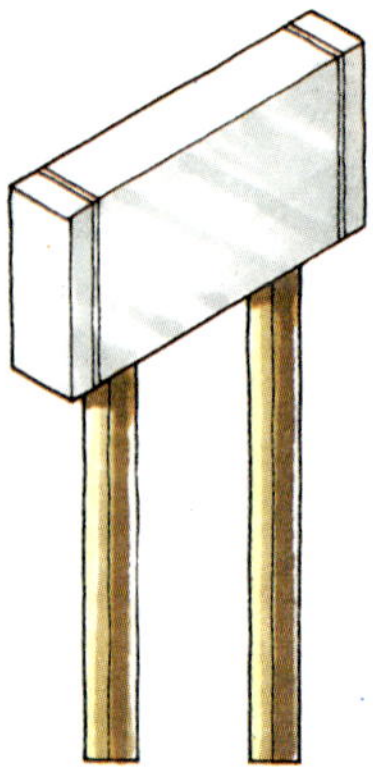

Gong
Die beiden Metallrohre des Gongs sind auf eine Tonfolge gestimmt.

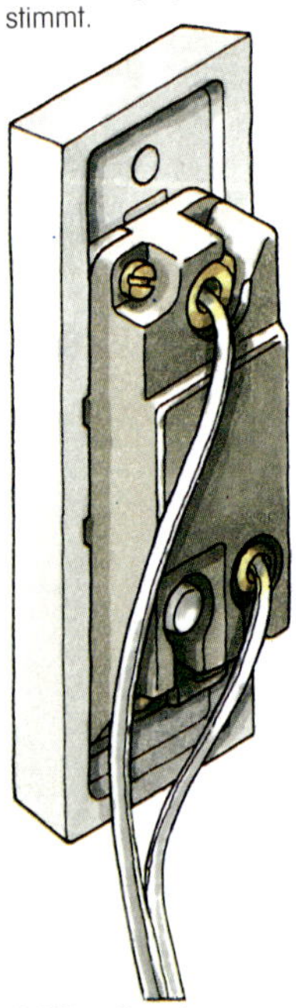

1 Klingelknopf anschließen

Ob Sie nun eine einfache Klingel, einen Summer, einen Gong oder gar einen elektronischen Multiklanggong bevorzugen, der Anschluß wird immer in der gleichen Weise durchgeführt.

Klingel

Die meisten alten Hausglocken entsprechen dem Prinzip des »Wagnerschen Hammers«. Wenn der Stromkreis durch Druck auf den Klingelknopf an Haus- oder Gartentür geschlossen wird, zieht ein Elektromagnet einen Anker an, an dem sich der Klöppel befindet. Durch diese Bewegung schlägt der Klöppel an die Glocke und unterbricht gleichzeitig den Stromkreis. Die Anziehungskraft des Magneten setzt aus, und der Klöppel kehrt, von einer Blattfeder gezogen, in seine Ausgangsposition zurück. Dort schließt sich der Stromkreis wieder, und der Vorgang beginnt von neuem. Auf diese Weise entsteht eine schnelle Hin-und-Her-Bewegung des Hammers und das sattsam bekannte schrille und weithin vernehmbare Geräusch.

Summer

Auch der Summer ist nichts als ein Wagnerscher Hammer, nur daß dabei der Hammer allein durch seine Bewegung das Signalgeräusch erzeugt. Der Summer wird meist bevorzugt, wenn das Signalgeräusch nur über kurze Entfernung vernehmbar sein muß.

Gong

Der klassische Hausgong besteht aus zwei Metallstäben oder -rohren, die in unterschiedlichen Tönen gestimmt sind. Sobald der Klingelknopf gedrückt wird, schnellt ein in einer Spule befindlicher Schlagbolzen durch die magnetische Kraft der stromdurchflossenen Spule gegen die eine Stange. Wird der Stromkreis unterbrochen – der Klingelknopf losgelassen –, wird der Bolzen durch Federkraft in seine Ruhelage zurückgeworfen und schlägt dabei an die andere Stange. Elektronische Gongs erzeugen das Signalgeräusch auf elektronischem Wege. Die Wiedergabe erfolgt über einen kleinen Lautsprecher.

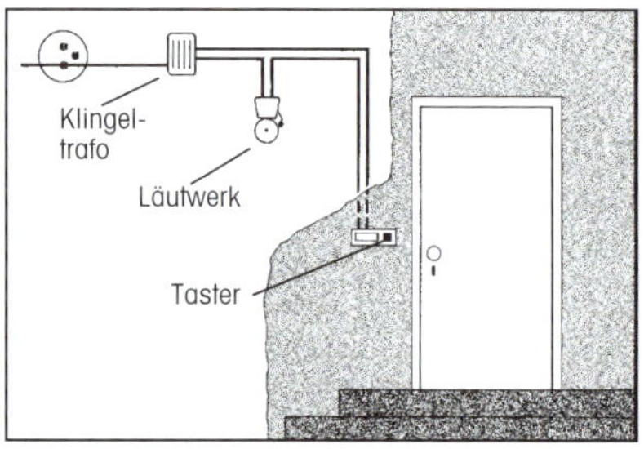

Stromkreislauf der Klingelanlage

Klingelknopf

Der Klingelknopf ist im Prinzip nichts als ein kleiner Schalter, der auf Tastendruck einen Stromkreis schließt und diesen beim Loslassen der Taste wieder unterbricht. Klingeltaster sind als Einzelteile erhältlich. In der Regel sind sie heute jedoch in die Türsprechanlage integriert. Es gibt auch Briefkästen mit eingebau tem Klingelknopf, doch werden diese meist nur kommerziell verwendet.

Der Anschluß

Als Leitung für eine Klingelanlage verwendet man eine zweiaderige Stegleitung von 0,6 mm Leiterquerschnitt, erhältlich unter dem Kürzel »IFY«. Daneben lassen sich aber auch beliebige andere Kabel verwenden. Allerdings sollte der Leiterquerschnitt 0,6 mm nicht unterschreiten. Wegen der Verwechslungsgefahr werden Schlauch- oder Mantelkabel nicht empfohlen. Das Kabel kann auf, in oder unter Putz verlegt werden. Ein Schutzleiter ist wegen der geringen Spannungen nicht nötig. Sollten Sie zu den Glücklichen zählen, die ein Haus ihr eigen nennen: Nach dem gleichen Schema läßt sich auch ein elektrischer Türöffner einbauen. Die erforderlichen Materialien erhalten Sie in jedem Elektrofachgeschäft. Vielfach läßt sich sogar für Hausglocke und Türöffner der gleiche Transformator verwenden, da beide meist mit 6 oder 8 V arbeiten.

Einfacher Anschluß des elektronischen Gongs

DIE STROMVERSORGUNG DER KLINGELANLAGE

Klingelanlagen arbeiten mit Spannungen zwischen 5 und 9 Volt. Sie können daher nicht mit der üblichen Netzspannung betrieben werden. Statt dessen übernimmt eine Batterie oder ein Transformator die Stromversorgung. Dabei wird der reine Batteriebetrieb nicht empfohlen. Das regelmäßige Wechseln der Spannungsquelle ist lästig, und Batterien sind teuer. Demgegenüber kosten Klingeltransformatoren nicht viel. Sie können entweder in den Zählerkasten oder auf Putz in der Nähe der Klingel montiert werden. Da die Stromaufnahme von Gongs und elektronischen Gongs unterschiedlich ist, muß die Leistung des Transformators auf den Strombedarf des Endgeräts abgestimmt sein.
Zur Stromversorgung moderner elektronischer Gongs ist der Klingeltransformator allein jedoch nicht mehr ausreichend. Denn über den Klingeltaster wird normalerweise nur ein kurzer Stromimpuls zugeführt, während eine aufwendige Tonfolge mehrere Sekunden in Anspruch nehmen kann. Diesen zusätzlichen Strombedarf deckt eine Batterie – in der Regel ein 9-V-Block, für den ein entsprechender Anschluß bereits vorgesehen ist. Anstelle der Batterie kann auch ein Netzteil eingesetzt werden, das seine Energie unter Umgehung des Klingeltasters direkt aus dem Klingeltransformator bezieht.

SCHALTBILDER FÜR UNTERSCHIEDLICHE ANSCHLUSSMÖGLICHKEITEN EINES MULTIKLANG-GONGS MIT DAUERKLANG

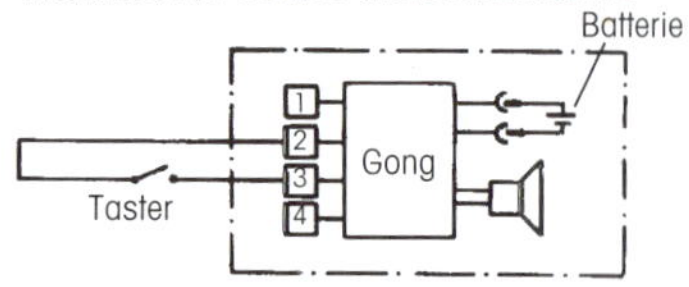

a) Betrieb nur mit Batterie

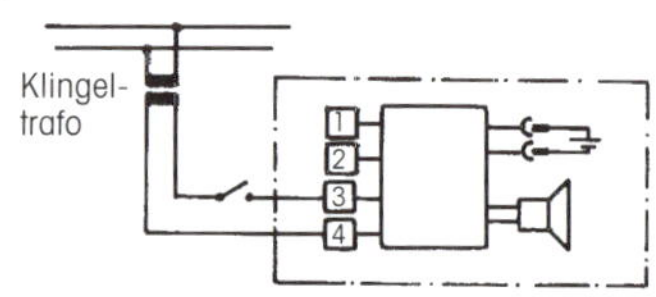

b) Betrieb mit Batterie und Klingeltrafo

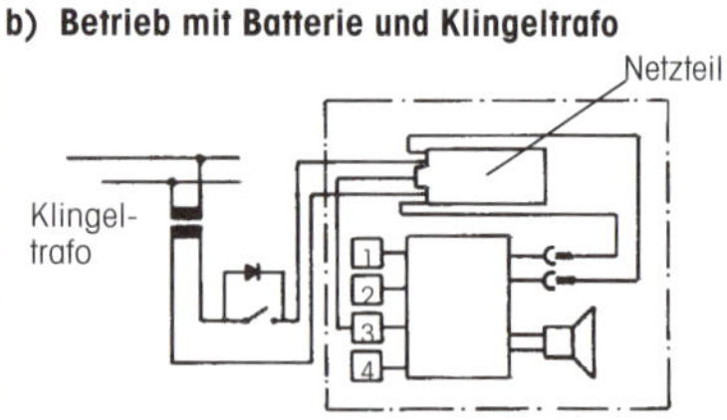

c) Betrieb mit Netzteil ohne Batterie

ANTENNEN-DOSEN UND -KABEL

SIEHE AUCH
unter:
Leitungsarten 228
Leitungen verlegen 233

Die Zeiten, in denen ein Kabel von der Antenne auf dem Dach direkt zum einzigen Fernsehgerät des Hauses führte, sind vorbei. Heute gehört eine Antennensteckdose in jedem Zimmer schon fast zur Standardausstattung.

Ob Sie nun einen Antennenbaum oder eine Satellitenschüssel auf dem Dach haben, die Verkabelung ist im Prinzip dieselbe. Das gilt sogar für die Kabelnetze der Bundespost, die sog. BK-Anlagen (Breitbandkommunikationsanlagen). Auch hier ist ab dem Übergabepunkt – für den Heimwerker tabu – die weitere Verkabelung nach Belieben möglich. Die nebenstehende Skizze zeigt ein typisches Verkabelungsschema für ein Einfamilienhaus bei vorhandener Dachantenne. Mit Ausnahme von Zimmerantennen **müssen alle Antennen geerdet sein**. Die Erdung erfolgt über eine Spezialleitung mit großem Leiterquerschnitt (ca. 16 mm²). Der Antennenverstärker ist nicht in jedem Fall erforderlich, verbessert jedoch meist den Empfang bei den Endgeräten.

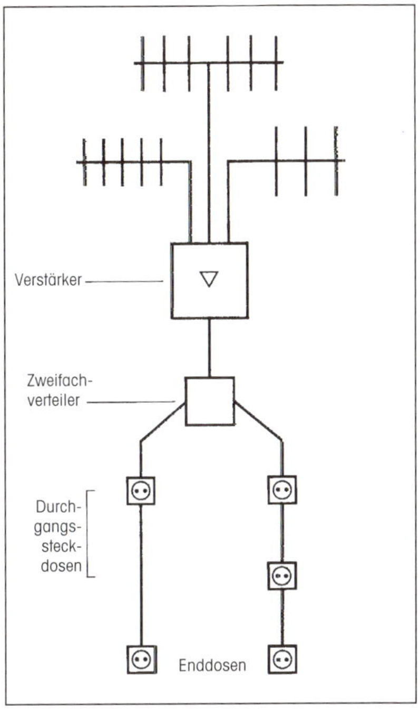

Typisches Verkabelungsschema für eine Antennenanlage, wie sie dem Bedarf einer mehrköpfigen Familie entspricht. Der Antennenverstärker sollte möglichst nahe an der Antenne montiert werden.

EINEN KOAXIALSTECKER ANSCHLIESSEN

Streifen Sie die Überwurfmutter des Steckers über das Koaxialkabel **(1)**, schlitzen Sie den Isolierschlauch ca. 25 mm auf, und schneiden Sie das Stück ab, ohne die Drähte der Abschirmung zu beschädigen. Stecken Sie den Metallclip von vorn über den Mantel, und legen Sie die Drähte der Abschirmung darüber. Überstehende Enden abschneiden **(2)**. Isolieren Sie die Seele des Kabels ab bis auf ein ca. 3 mm langes Stück Isolierung vor dem Clip **(3)**. Biegen Sie das abisolierte Leiterstück in eine leichte S-Form **(4)**, und führen Sie es in den Steckkontakt ein **(5)**. Dessen Spitze ist durchbohrt. Die Verbindung wird am besten, wenn Sie Kabelseele und Steckkontakt an der Spitze mit etwas Lötzinn verlöten. Verschrauben Sie zuletzt Steckergehäuse **(6)** und Überwurfmutter.

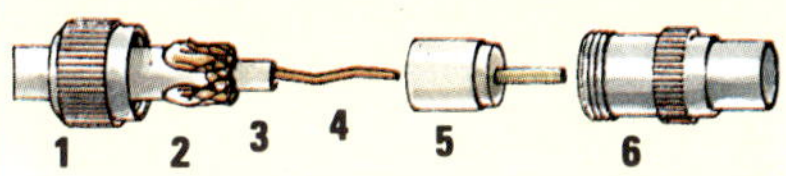

Koaxialstecker anschließen

Kabel und Steckdosen

Üblicherweise werden Rundfunk- und Fernsehgeräte über eine Antennensteckdose, Antennenstecker und Koaxialkabel mit der Antennenanlage verbunden. Die Antennensteckdosen beinhalten je einen Steckanschluß für Rundfunk- und Fernsehempfang. Sie werden in die üblichen Geräteeinbaudosen eingesetzt und häufig zusammen mit normalen Schutzkontaktsteckdosen unter einer gemeinsamen Blende montiert. Statten Sie eine solche Kombination mit 3–5 Steckdosen aus, damit Sie nicht auf Verlängerungen zurückgreifen müssen.
Antennensteckdosen werden zumeist in Reihe geschaltet. Man unterscheidet Durchgangsdosen und Enddosen. In die letzteren ist ein Abschlußwiderstand eingebaut. Fehlt er, kann es zu Empfangsstörungen kommen. Häufig kann der Abschlußwiderstand auch nach Bedarf eingesetzt werden.
Die Verbindung zum Rundfunk- oder Fernsehgerät wird durch ein Koaxialkabel hergestellt. Es besteht aus einem kunststoffisolierten, versilberten Kupfer-Innenleiter von 0,75–1,4 mm² Querschnitt. Dessen Isolierung ist mit einem Geflecht aus feinen Drähten umgeben, der Abschirmung, und mit einem PVC-Mantel isoliert.

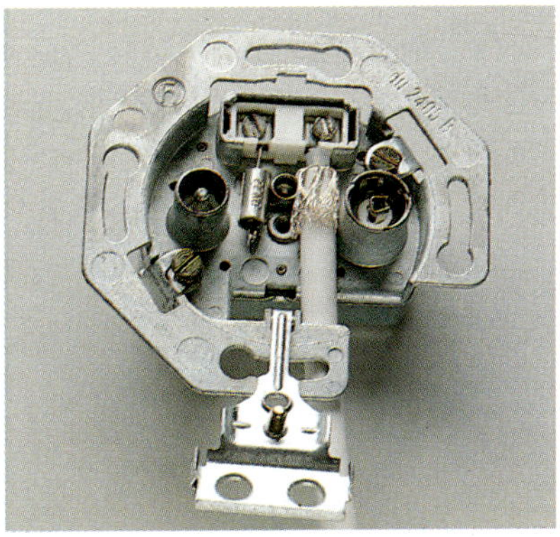

Enddose mit angeklemmtem Koaxialkabel.

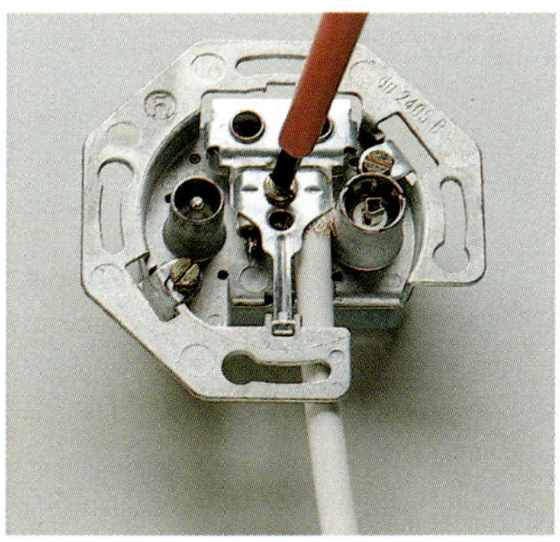

Klemme für Abschirmung wird angeschraubt.

Koaxialkabel verlegen

Koaxialkabel kann genauso wie Mantelleitung verlegt auf, in oder unter Putz werden. Bei gemeinsamer Verlegung soll allerdings ein Abstand von mindestens 1 cm eingehalten werden. Auch sollen Netzleitungen und Antennenkabel einander nicht kreuzen, denn dies kann zu Empfangsstörungen führen.
Wegen der relativ starren Seele dürfen Koaxialkabel keinesfalls geknickt werden. Auch enge Kurvenradien beim Verlegen sind zu vermeiden.

Verteiler und Verstärker

Mit dem Zweifachverteiler können von einem Antennenausgang zwei Reihenschaltungen installiert werden. Das Gerät wird in eine normale Verteilerdose eingebaut und wie nebenstehend abgebildet angeschlossen.
Bei Antennenanlagen mit über 20 m Antennenleitung und mehr als 2 Durchgangsdosen wird die Verwendung eines Antennenverstärkers empfohlen. Dieser soll möglichst nahe an der Antenne montiert werden und nicht vor einem Endgerät. Es gibt eine Vielzahl von Modellen. Lassen Sie sich von Ihrem Fachhändler beraten, und montieren Sie Ihr Gerät nach Montageanleitung.

- **Kabel-TV**
  Fürs Kabelfernsehen zugelassene Koaxialkabel müssen neben der üblichen Abschirmung durch ein Geflecht unter der äußeren Isolierung eine weitere Abschirmung in Form eines eingerollten Blechstreifens aufweisen. Sonst kann das Kabel wie ein kleiner Sender wirken.

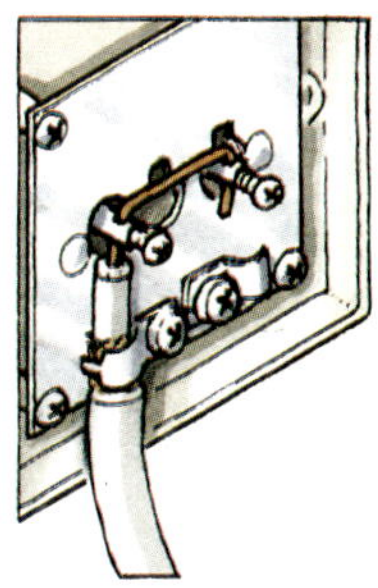

So wird ein Zweifachverteiler verdrahtet

TELEFON-ANSCHLÜSSE VERLEGEN

SIEHE AUCH
unter:
Leitungsarten 228
Leitungen verlegen 233

Seit die Deutsche Telekom das einstige Postmonopol gelockert hat, sind die Telefonanschlüsse für den Heimwerker nicht mehr tabu. Die Technik des Telefonnetzes innerhalb eines Haushalts ist keine Zauberei, sondern auch für den Nichtfachmann durchaus erlern- und beherrschbar, dazu wegen der niedrigen Spannungen – 60 V – ziemlich ungefährlich.

Telefonkabel

Ähnlich wie Netzkabel sind auch Telefonleitungen in verschiedenen Ausführungen erhältlich. Wegen der geringen Stromstärken sind allerdings nur Leiter mit sehr bescheidenen Querschnitten erforderlich.
Das typische Telefonkabel besteht aus vier dünnen Adern, in denen jeweils mehrere feine Kupferdrähte zu einer Litze verdrillt sind. Die einzelnen Adern sind mit den Kennfarben Schwarz, Rot, Grün und Gelb gekennzeichnet. Dabei werden für den Anschluß eines Endgeräts nur jeweils zwei Adern benötigt. Nur wenn das Endgerät an einem automatischen Wechselschalter betrieben wird, sind drei Adern erforderlich.

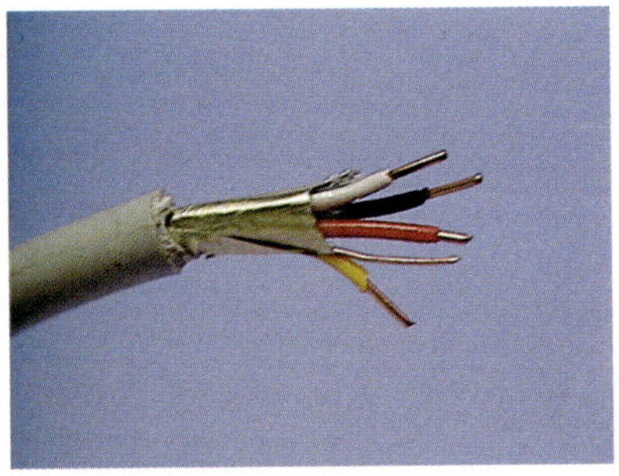

Telefonkabel für feste Verlegung

TAE-Dosen

Ausgangspunkt einer hausinternen Nutzung des Telefonnetzes ist die von der Telekom installierte Normdose. Diese wird heute allgemein als »TAE-Dose« bezeichnet, wobei die Abkürzung für »Telekommunikations-Anschluß-Einheit« steht. Sollte Ihr Hausanschluß noch nach alten Normen installiert sein, können Sie bei der Post eine Umrüstung auf TAE-Norm beantragen.
Das TAE-System unterscheidet zwei Anschlußsysteme: die »F-Codierung« zum Anschluß von Fernsprechgeräten und die »N-Codierung« zum Anschluß von Nichtfernsprechgeräten. Damit sind Zusatzgeräte wie Telefax und Anrufbeantworter gemeint. F-Stecker passen nicht in N-Buchsen und umgekehrt. Bei der Neuinstallation wird Ihnen die Post eine Dreifachdose mit NFN-Codierung empfehlen. Damit können Sie alle wesentlichen Funktionen von einer Dose aus betreiben.

TAE-Dose mit F-Codierung für Telefobanschluß

Dreifach-TAE-Dose mit NFN-Codierung

ISDN

Dies ist das Zauberwort für zeitgemäßes Telefonieren. Das »Integrated Services Digital Network« wird in absehbarer Zeit das analoge Telefonnetz ersetzen. Die digitale Datenübertragung arbeitet sowohl schneller als auch präziser als die analoge. Somit ist über das Telefonnetz auch die Übertragung größerer Datenmengen möglich. ISDN-Anschlüsse – im kommerziellen Bereich schon weit verbreitet – arbeiten mit dem »Western«-Stecksystem. Da analoge Geräte aber auch am ISDN-Anschluß betrieben werden können, wird das TAE-System noch lange Standard bleiben.

WAS SIE DÜRFEN UND WAS SIE NICHT DÜRFEN

Wenn Sie einen Telefonanschluß wünschen, führt an der Deutschen Telekom nach wie vor kein Weg vorbei. Sie erteilen einen Auftrag zur »betriebsfähigen Bereitstellung von Telefonanschlüssen«, und daraufhin installiert die Post eine Anschlußdose, stellt die Verbindung zum Telefonnetz her, weist Ihnen eine oder, je nach Anschluß, auch mehrere Rufnummern zu, und trägt Sie ins Telefonbuch ein. In die Anschlußdose dürfen Sie einen Stecker stecken, sonst dürfen Sie nichts.
Was jedoch ab Anschlußdose geschieht, ist der Telekom mittlerweile egal. Welche Telefone und anderen Endgeräte Sie kaufen und betreiben wollen, bleibt Ihnen überlassen. Einzige Einschränkung: alle Endgeräte, die Sie am Telefonnetz der Telekom betreiben, müssen das amtliche Zulassungszeichen tragen (ZZF), das vom Zentralamt für Zulassungen im Fernmeldewesen vergeben wird. Sie erkennen es am Posthorn und dem Kennbuchstaben Z nebst Zulassungsnummer.
Ebenso interessiert die Post nicht mehr, wie viele Telefonanschlußdosen Sie wo in Ihrem Haus installieren. Wenn Sie in jedem Zimmer ein Telefon wünschen – bitte sehr. Die geeigneten Kabel und Anschlußdosen erhalten Sie in jedem Telefonladen und meist auch im nächsten Baumarkt.
Das Verlegen eines kleinen, wohnungsinternen Telefonnetzes ist technisch zu bewältigen und wegen der niedrigen Spannung, mit der das Telefon betrieben wird, praktisch ohne Risiko. Einzige Ausnahme: Wenn Sie sich für den Einbau einer Nebenstellenanlage entscheiden, ist Vorsicht geboten. Denn dieses Gerät wird mit der üblichen Netzspannung von 220 V betrieben. Öffnen Sie nur den Deckel, der den Anschluß für die Telefonkabel freigibt, und ziehen Sie vor jeder Manipulation an einem solchen Gerät unbedingt den Netzstecker.

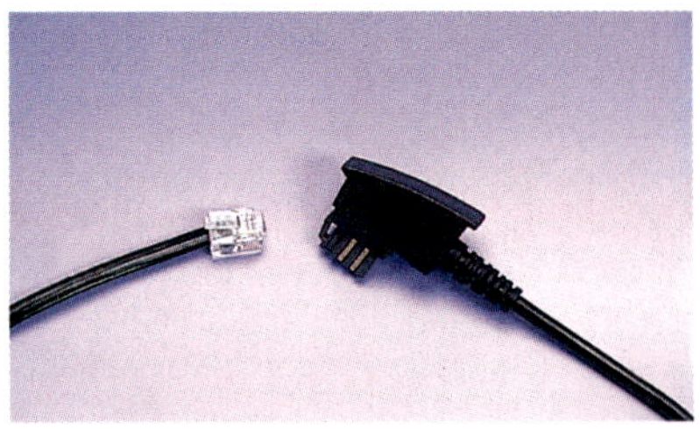

Western-Stecker (links) und TAE-Stecker (rechts)

HAUS-TELEFONANLAGE INSTALLIEREN

SIEHE AUCH
unter:
Leitungsarten 228
Leitungen verlegen 233

Richtig planen

Wenn Sie nur privat und maßvoll telefonieren, werden Sie mit einem Einzelanschluß normalerweise gut bedient sein. Anders verhält es sich, wenn Sie eine große Familie haben oder/und zu Hause arbeiten. In diesem Fall sollten Sie über die Einrichtung eines zweiten oder sogar eines ISDN-Anschlusses nachdenken. Sie haben dann die Möglichkeit, entweder gleichzeitig zu telefonieren und zu faxen oder die beiden (bei ISDN-Mehrgeräteanschluß drei) Rufnummern auf die private und berufliche Sphäre zu verteilen. Richtig vielseitig wird Ihr Anschluß aber erst mit der Installation einer Telefonanlage. Damit können Sie mit den zur Verfügung stehenden Amtsleitungen von jedem im Haus installierten Telefon telefonieren, können Gespräche umlegen, an sich ziehen und haben darüber hinaus ein höchst komfortables Haustelefonnetz.
Telefonanlagen gibt es in einer Vielfalt von Leistungsklassen und Ausstattungen. Aber schon die einfachsten können zumeist mehr, als Sie in der Praxis brauchen. So können Sie über die Anlage die Türsprechanlage und den Türöffner bedienen, bestimmte Räume im Haus, etwa das Kinderzimmer, akustisch überwachen und sogar eine Alarmanlage so anschließen, daß diese im Gefahrfall eine bestimmte Rufnummer anruft.
Wählen Sie die Anlage nach Ihren Wünschen und finanziellen Möglichkeiten, aber achten Sie auf die ZZF-Nummer!

So könnte ein optimal mit Fernmeldeeinrichtungen ausgestattetes Einfamilienhaus aussehen

Anschlüsse verlegen

Für jedes Endgerät, das Sie in einem Zimmer Ihrer Wohnung installieren wollen, brauchen Sie eine TAE-Dose. Diese sind im Fachhandel sowohl zur Aufputz- als auch zur Unterputzmontage erhältlich. Unterputzdosen werden in die üblichen Geräteeinbaudosen montiert und lassen sich daher mit Steckdosen, Schaltern und Antennenanschlüssen zu einer Steckerleiste kombinieren.
Für die Verbindung der einzelnen Dosen mit der Telefonanlage verwenden Sie Telefonkabel für feste Verlegung, die ebenfalls auf oder unter Putz verlegt werden können. Die Arbeitsgänge – ausstemmen, verlegen, verputzen – entsprechen denen in der Elektroinstallation.

Telefonanlage anschließen

Zum Anschluß eines Endgeräts an die Telefonanlage benötigen Sie nur zwei der insgesamt vier Adern. Dennoch müssen Sie zu jedem Endgerät ein eigenes Kabel legen. Nur wenn Sie z. B. ein Telefon und ein Fax-Gerät aus einer N/F-Doppelanschlußdose betreiben, können Sie alle vier Adern anschließen. Jeder TAE-Anschluß besteht aus 6 Kontakten, die mit entsprechenden Ziffern gekennzeichnet sind. Dabei werden nur 1 und 2, auch mit »La« und »Lb« bezeichnet, zum Anschluß eines Endgeräts benötigt. Klemme 3 wird bei Verwendung eines Wechselschalters benötigt, da der Kontakt signalisiert, ob der Hörer aufgelegt ist. Klemme 4 ist die Geräteerde, die bei manchen Telefonanlagen angeschlossen werden muß. Mit 5 und 6 kann man die Leitung zu einer weiteren Dose fortführen. Sobald man einen Stecker einführt, unterbricht dieser die Weiterschaltung.
Wenn alle Leitungen verlegt und an die Dosen angeschlossen sind, werden sie mit der Haustelefonanlage verbunden. Obwohl der Vorgang sinngemäß immer gleich ist, müssen Sie sich im Zweifel nach der mitgelieferten Bedienungsanleitung richten. Die Endgeräte werden an eine Anschlußleiste angeklemmt, deren Kontakte jeweils mit der laufenden Nummer des Endgeräts und mit der Kennung der Leiterphasen gekennzeichnet sind. Bei der weitverbreiteten »Eumex«-Anlage der Deutschen Telekom lautet die Kennung z. B. a1/b1–a8/b8. Dabei werden je 2 Endgeräte an einen Stecker angeschlossen.

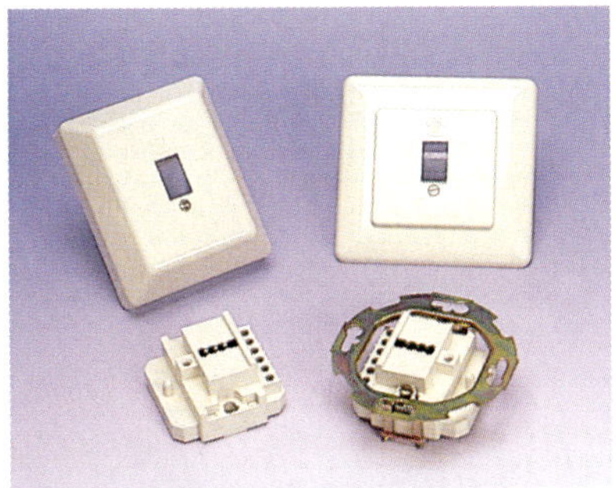

TAE-Dosen für Auf- und Unterputzmontage

Anschlußleiste einer TAE-Dose

Die Telefonanlage wird an die Wand gedübelt

Wenn alle Endgeräte angeschlossen sind, schließen Sie die Telefonanlage ans Stromnetz an. Sie müßte nun als Haustelefonanlage funktionieren.
Ziehen Sie nun wieder den Netzstecker (bei ISDN-Anschlüssen auch den der ISDN-Anschlußdose), und verbinden Sie die Anlage mit dem Telefonnetz. Bei analogen Anschlüssen verwenden Sie dazu ein Kabel, das an einer Seite einen TAE-Stecker, auf der anderen freie Enden aufweist. Klemmen Sie La (weiß) und Lb (braun) an die entsprechend bezeichneten Anschlüsse. Bei Anlagen für Doppelanschlüsse lautet die Kennung meist La1/Lb1 und La2/Lb2. Bei ISDN-Telefonanlagen wie der bereits genannten »Eumex« werden nur die Western-Stecker des mitgelieferten Kabels mit den entsprechenden Buchsen im ISDN-Anschluß und der Anlage verbunden.

- **Wechselschalter**
  Als einfacher und preiswerter, wenn auch keinesfalls vollwertiger Ersatz für eine Telefonanlage kann ein automatischer Wechselschalter dienen. Damit kann man zwei der sogar drei Telefone an einer Amtsleitung betreiben.

- **Telefonanlage programmieren**
  Bevor Sie sinnvoll damit arbeiten können, müssen Sie Ihre neue Telefonanlage programmieren. Moderne Anlagen weisen dazu einen PC-Anschluß auf. Über ein mitgeliefertes, menügesteuertes Programm läßt sich die Telefonanlage mühelos einstellen.

LAMPEN UND LEUCHTEN ANSCHLIESSEN

SIEHE AUCH
unter:
Leitungen verlegen 233

Lampen und Leuchten anschließen gehört zu den einfacheren Elektroarbeiten im Haushalt. Wenn Sie alle Vorsichtsmaßregeln peinlich genau befolgen, kann eigentlich nicht viel schiefgehen. Besonders wenn die Anschlüsse bereits vorhanden sind, kann auch der ungeübte Heimwerker ohne Schwierigkeiten eine alte gegen eine neue Leuchte auswechseln.

Eine Pendelleuchte anschließen

Der Austausch einer alten Pendelleuchte gegen eine neue gehört zu den Arbeiten, die sich auch der zutrauen kann, der bislang mit Elektroarbeiten noch gar keine Erfahrungen gesammelt hat. Schalten Sie zunächst die auszutauschende Leuchte an. Drehen Sie am Sicherungskasten die Sicherung für den betreffenden Stromkreis heraus, und nehmen Sie sie mit. Oder schalten Sie den entsprechenden Sicherungsautomaten aus, und bringen Sie ein Warnschild an. Überzeugen Sie sich davon, daß die Leuchte nicht mehr brennt, und schalten Sie dann den Schalter aus. Steigen Sie auf eine solide Trittleiter, bis Sie die Zimmerdecke bequem erreichen können. Streifen Sie die Rosette, die das Leuchtenkabel gegen die Decke abschließt, vorsichtig nach unten. Unter Umständen müssen Sie dazu eine Madenschraube in der Rosette lösen, die diese am Kabel festklemmt. Vergewissern Sie sich mit dem Phasenprüfer, daß alle Kontakte der Lüsterklemme, mit der die Leuchte an das Netz angeschlossen ist, spannungsfrei sind. Lösen Sie mit einem voll isolierten Elektrikerschraubendreher die Klemmschrauben der Lüsterklemme an der Seite, an der die Leuchtenkabel eintreten. Sieht die Lüsterklemme verbraucht oder schadhaft aus, wird sie mit ausgewechselt. Ziehen Sie die Adern aus der Lüsterklemme, und nehmen Sie die alte Leuchte ab, indem Sie die Öse aus dem Schraubhaken in der Decke aushängen.
Zur Montage der neuen Leuchte prüfen Sie zunächst, ob die Länge des Pendels Ihren Bedürfnissen entspricht. In der Regel sind die Kabel so bemessen, daß sie für hohe Altbauten ausreichen`und daher für niedrige Neubauzimmer gekürzt werden müssen. Kürzen Sie das Kabel nach Bedarf, schneiden Sie das freie Ende vorsichtig ca. 5 cm ein, ziehen Sie den Schlauch ab, und schneiden Sie ihn ab. Isolieren Sie die Aderenden ca. 5 mm weit ab, stecken Sie Aderendhülsen auf, und klemmen Sie diese fest. Richten Sie nun den Aufhänger durch Verschieben auf dem Kabel exakt auf die gewünschte Länge aus, und hängen Sie die neue Leuchte an den Deckenhaken. Verbinden Sie nun mittels der Lüsterklemme das Leuchtenkabel mit dem Deckenkabel. Achten Sie auf richtige Polung: Braun auf Braun (oder Schwarz), Blau auf Blau. Falls die Leuchte einen Schutzleiterkontakt hat, wird das entsprechende Deckenkabel (gelb-grün, bei Altbauten mitunter rot) dort angeklemmt. Ansonsten legen Sie die Schutzleiterader einfach in die Deckenrosette. Schieben Sie die Rosette bis an die Decke, schrauben Sie die Sicherung wieder ein, und prüfen Sie die Leuchte auf einwandfreie Funktion.

Sicherheitsprüfungen

Leuchten gehören zu den meistvernachlässigten Einrichtungsgegenständen. Oft hängen sie jahrzehntelang, ohne eines Blickes geschweige denn einer technischen Prüfung gewürdigt zu werden. Gehen Sie einmal mit kritischem Blick durch Ihr Haus oder Ihre Wohnung. Schalten Sie alle Stromkreise ab und unterziehen Sie alle Leuchten einer kritischen Inspektion. Ersetzen Sie alle alten und möglicherweise brüchigen Kabel, besonders gewebeummantelte. Stecker, die Verfärbungen aufweisen, sind ebenso zu ersetzen wie Lampenfassungen mit offensichtlichen Mängeln. Prüfen Sie besonders Spots und Kellerleuchten aus Plastik, die bei Verwendung zu starker Glühbirnen überhitzen.

Gewebeummantelte Uraltkabel werden ersetzt

WENN DIE LEUCHTE NICHT BRENNT

Normalerweise wird eine Leuchte, die beim Einschalten dunkel geblieben ist, nach Einschrauben einer neuen Glühlampe wieder ihren Dienst aufnehmen. Wenn sie sich aber hartnäckig verweigert, hilft nur eine systematische Suche nach den Ursachen.

Glühbirne prüfen
Wenn eine Glühbirne durchbrennt, geschieht das meist beim Einschalten mit einem leisen, gläsernen Geräusch. Schrauben Sie die Glühbirne aus der Fassung. Bei klaren Kolben genügt ein Blick auf den Glühdraht. Ist dieser gebrochen, ist die Glühlampe mit Sicherheit kaputt. Bei matten Kolben kann man durch leichtes Schütteln feststellen, ob lose Teile im Kolben herumfliegen. Wenn ja, gehört die Glühbirne in den Abfall. Ist keine eindeutige Diagnose möglich, schrauben Sie die Glühlampe in eine andere Leuchte ein.

Stromversorgung prüfen
Trotz neuer Glühlampe will die Leuchte nicht brennen. Prüfen Sie, ob die anderen Verbraucher im Zimmer funktionieren. Wenn nicht, prüfen Sie die Sicherungen im Sicherungskasten. Ersetzen Sie eine defekte Sicherung. Brennt diese beim Eindrehen sofort wieder durch bzw. läßt sich der Sicherungsautomat nicht einschalten, liegt ein Kurzschluß vor. Schalten Sie alle Verbraucher des Stromkreises ab. Ist die Störung dann immer noch nicht behoben, rufen Sie den Elektriker. Funktioniert die Stromversorgung nun wieder, schalten Sie die Verbraucher der Reihe nach wieder ein. Sie merken dann sofort, welches Gerät den Kurzschluß verursacht.

Leuchte prüfen
Prüfen Sie mit dem Durchgangsprüfer, ob alle Leiter Durchgang haben. Wenn ja, hilft es zumeist, die Lampenfassung zu öffnen und die Kontakte leicht aufzubiegen.

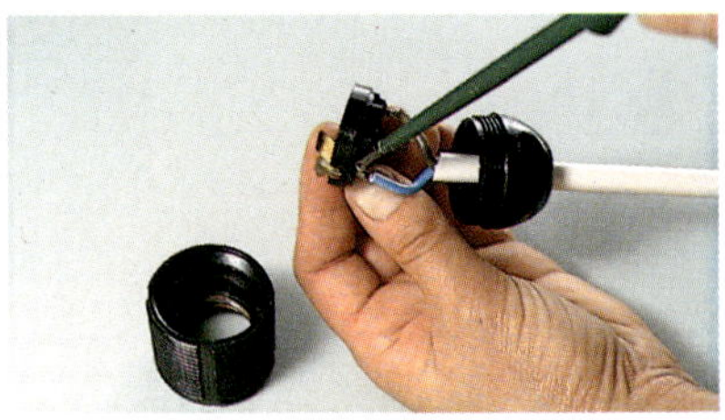

Prüfen der Kontakte einer Leuchtenfassung

BELEUCHTUNGS-ARTEN

SIEHE AUCH

unter:

Lampen und Leuchten anschließen 240
Wand- und Deckenleuchten 242
Lichtschalter 243–245

WENN DIE GLÜHLAMPE ABBRICHT

Diesen ärgerlichen Defekt hat wohl jeder schon einmal erlebt: Eine Leuchte hat beim Einschalten mit leisem, gläsernem Knacken ihren Dienst quittiert, und Sie wissen genau: Die Glühlampe ist durchgebrannt. Sie holen eine neue Glühlampe aus dem Schrank und beginnen das defekte Teil auszuschrauben. Besonders bei wenig verwendeten Leuchten, deren Glühlampen schon sehr lange in der Fassung stecken, ist dabei oft ein erheblicher Widerstand zu überwinden. Sie drehen, der Widerstand bricht abrupt ab, und Sie haben den Glaskolben in der Hand.

Der Glaskolben der Glühlampe ist ausgebrochen

Schalten Sie zunächst die Leuchte aus. Bei Tisch- oder Stehlampen ziehen Sie den Netzstecker. Bei fest installierten Leuchten drehen Sie die Sicherung heraus und stecken sie ein. Oder Sie schalten den Sicherungsautomaten aus und bringen ein Warnschild an. Tasten Sie mit dem Phasenprüfer alle erreichbaren Metallteile ab, um sich zu vergewissern, daß keine Spannung mehr anliegt. Nehmen Sie eine Spitzzange mit isolierten Griffen, greifen Sie das Blech des Gewindes, und drehen Sie es aus. Mitunter sitzt das Gewinde so fest, daß Sie es dabei zerstören müssen. Dabei können sich Glassplitter lösen. Tragen Sie eine Schutzbrille, wenn Sie über Kopf arbeiten müssen. Drehen Sie das Blech des Gewindes um die Zange, so daß es sich vom Gewinde der Fassung löst. Manchmal gelingt das nur in Stücken.

Die Backen der Spitzzange sind dünn genug, das feine Blech des Gewindes zu fassen

Es gibt eine Vielzahl von Leuchten für die verschiedensten Einsatzgebiete. Dabei unterscheidet man zum einen nach Art der Leuchtmittel. Hier gibt es neben der altbekannten Glühlampe auch Leuchtstoffröhren und Halogenlampen. Während die Leuchtstoffröhre ebenfalls mit Netzspannung betrieben wird, arbeitet die Halogenlampe im Niedervoltbereich. Dabei handelt es sich um ein völlig eigenständiges Beleuchtungssystem, das in einem eigenen Kapitel behandelt wird. Das andere Unterscheidungsmerkmal ist die Art der Montage.

Leuchtenarten

Pendelleuchten

Die Pendelleuchte ist die klassische Form der Leuchte schlechthin. Entwickelt hat sie sich aus dem an der Zimmerdecke aufgehängten Kerzenleuchter, und viele Pendelleuchten orientieren sich formal auch heute noch an diesen Vorbildern.

Pendelleuchten gibt es in Form einfacher Hängelampen mit einer Glühlampe und einem Lampenschirm aus Glas, Metall, Papier oder textilen Werkstoffen oder als Kronen mit mehreren Glühlampen mit und ohne Schirm. Die Aufhängung erfolgt an in die Decke eingeschraubten oder gedübelten Haken und Ketten, Stangen oder ganz einfach dem Leuchtenkabel.

Deckenleuchten

Eine Deckenleuchte wird mit Schrauben oder Dübeln unmittelbar an der Decke befestigt. Die Verwendung beschränkt sich meist auf Nutzräume wie Badezimmer und Küchen, in denen die Montage einer aufwendigen Pendelleuchte nicht sinnvoll ist.

Einbauleuchten

Wegen ihrer relativ großen Einbauhöhe ist diese Leuchtenart nur für abgehängte Decken mit großem Hohlraum oder für hohle Leichtbauwände geeignet. Als Einbauleuchten werden daher meist die erheblich kleineren Halogen-Einbauleuchten verwendet.

Spots

Als Spots bezeichnet man kleine Leuchten, deren Licht scheinwerferartig auf bestimmte Bereiche gerichtet werden kann. Spots sind einzeln oder in Gruppen montiert erhältlich. Besonders beliebt sind Halogenspots, die auch an Schienen verstellbar eingebaut werden können.

Wandlampen

In reicher Auswahl und den verschiedensten Stilrichtungen erhältliche Leuchten zur direkten Wandmontage.

Leuchtstofflampen

Dabei handelt es sich um sog. »Gasentladungslampen«, deren Innenseiten mit einem Leuchtstoff beschichtet sind. Dieser wird durch die bei Quecksilberdampfentladung entstehende starke UV-Strahlung zum Leuchten angeregt. Leuchtstofflampen haben eine wesentlich bessere Energieverwertung und höhere Lebensdauer als Glühlampen. Deswegen werden sie im kommerziellen Bereich fast ausschließlich verwendet. Im Wohnbereich setzt man sie für Montage an brennbaren Stoffen ein, z. B. unter Küchenoberschränken, da sie kaum Wärme abgeben.

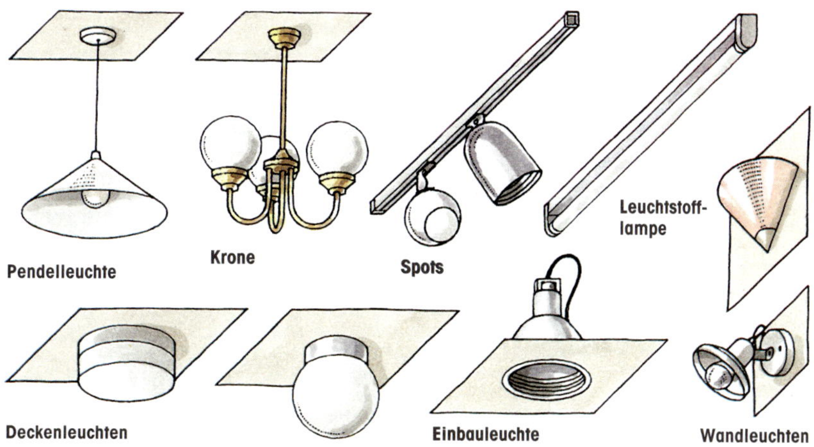

Energiesparlampen
Im Zuge eines immer bewußteren Umgangs mit der Energie haben Energiesparlampen in den letzten Jahren an Bedeutung gewonnen. Dabei handelt es sich um spezielle Leuchtstofflampen, bei denen die zum Betrieb dieser Lampenart erforderlichen Zusatzbauteile – Vorschaltgerät, Kondensator und Starter – in eine normale Glühlampenfassung integriert sind.

WAND- UND DECKEN-LEUCHTEN

SIEHE AUCH
unter:
Leitungen verlegen 233
Steckdosen 234–235
Lichtschalter 243–245

Wand- und Deckenleuchten werden mit Dübeln und Schrauben direkt an Decken und Wände montiert. Bei Holzwänden verwendet man entsprechende Spax-Schrauben. Je nach Bauart teilen sich diese Leuchten zumeist in eine Grundplatte, die auch die Fassung trägt, und einen Schirm, der nach der Wandbefestigung montiert wird. Viele meist einfache Leuchten für Wandbefestigung sind sowohl als Wand- als auch als Deckenleuchten verwendbar.

Deckenleuchte montieren

Eine typische Deckenleuchte besteht aus einer Grundplatte aus Blech und einem Glasschirm aus glattem oder Riffelglas. Dieser wird entweder mit einem im Inneren des Glasschirms liegenden groben Gewinde, das in entsprechende Warzen an der Grundplatte greift, aufgeschraubt oder durch Halteschrauben gehalten, die in einen in den Glasschirmrand eingeschliffenen Bördelrand greifen.

Spot montieren

Einzelspots eignen sich sowohl zur Wand- als auch zur Deckenmontage. Wegen des großen Abstands zur Wand können sie bedenkenlos auch auf Holzverkleidungen montiert werden.

Der Spot wird mit einer Lüsterklemme an die Leitung angeschlossen.

Mit Holzschrauben wird der Fuß des Strahlers an der Holzwand befestigt.

Zur Montage trennen Sie Grundplatte und Schirm. Drehen Sie die Sicherung des betreffenden Stromkreises aus, und stecken Sie sie ein, oder schalten Sie den Sicherungsautomaten ab, und bringen Sie ein Warnschild an. Prüfen Sie mit dem Spannungsprüfer, ob die aus der Decke ragenden Leiterenden spannungsfrei sind.
Halten Sie die Grundplatte so an die Montagestelle, daß das Kabel durch den vorgesehenen Ausschnitt geführt wird, und markieren Sie die Dübellöcher mit einem Bleistift. Dabei müssen Sie die Kabelführung beachten. Diese geht meist von einer im rechten Winkel zu einer Wand liegenden Verteilerdose aus zur Austrittstelle. Legen Sie die Bohrungen so, daß das Kabel auf keinen Fall beschädigt werden kann.
Wählen Sie einen Steinbohrer entsprechend den meist mitgelieferten Montagedübeln (ansonsten 6 mm), und bohren Sie mit der Schlagbohrmaschine die Dübellöcher (meist zwei). In Betondecken empfiehlt sich hierfür der Einsatz eines Bohrhammers. Stecken Sie die Dübel ein, und schrauben Sie die Grundplatte fest. Achten Sie darauf, daß die Leiterenden des Deckenkabels spannungsfrei durch die Öffnung der Grundplatte geführt werden.
Verbinden Sie nun die freien Kabelenden des Deckenkabels und der Leuchte mit einer Lüsterklemme. Achten Sie auf phasengleiche Polung. Schließen Sie die Schutzerdung an, falls vorgesehen. Falls keine Schutzerdung erforderlich ist, legen Sie den Schutzleiter so ein, daß er nicht stört. Schrauben Sie eine Glühlampe passender Stärke ein, und setzen Sie den Schirm auf. Setzen Sie den Stromkreis wieder unter Spannung, und testen Sie die Funktion der Leuchte.

Wandleuchte montieren

Der Einbau einer Wandleuchte erfolgt grundsätzlich in gleicher Weise wie der einer Deckenleuchte. Viele Wandleuchten, besonders filigrane Stilleuchten, sind aus einem Stück Messing oder Zinn gefertigt. Sie weisen meist einen eingesetzten Wandhalter aus Blech auf und werden in der Regel nur mit einer Rundkopfschraube befestigt. Diese wird nur soweit in die Wand gedreht, daß sich der Wandhalter gerade noch einschieben läßt. Der Dübel für die Wandbefestigung wird normalerweise unter der Austrittsstelle des Anschlußkabels gesetzt. Dies ist beim Verlegen des Kabels zu berücksichtigen.

EINBAULEUCHTE MONTIEREN

»Downlights«, wie Deckeneinbauleuchten vielfach auch genannt werden, lassen sich nur in abgehängte Decken mit ausreichend Abstand zur Decke einbauen.

Die Lampe wird vor dem Einbau angeschlossen.

Reißen Sie den Ausschnitt an, und schneiden Sie ihn mit Lochsäge oder Stichsäge aus. Setzen Sie die Lampe zur Probe ein, und prüfen Sie den exakten Sitz der Lampe. Ziehen Sie die Enden des – spannungsfreien – Kabels nach außen, und schließen Sie die Adern an. Die Phase muß auf dem Mittelkontakt liegen, die Masse auf der Schraubfassung. Schrauben Sie eine Glühlampe ein, drehen Sie die Sicherungen ein, und prüfen Sie die Funktion. Schalten Sie den Stromkreis wieder spannungsfrei. Setzen Sie die Lampe ein, und befestigen Sie sie entsprechend der Einbauanleitung.

ÜBERHITZUNG VERMEIDEN

Geschlossene Deckenleuchten weisen durch den Hitzestau der Glühlampe oft thermische Probleme auf. Sie dürfen keinesfalls mit stärkeren Glühlampen als zulässig bestückt werden.
Besonders die an der Lampenfassung angeschlossenen Zuleitungen sind großer Wärmestrahlung ausgesetzt. Übergestreifte Schläuche aus Silikon verhindern das Verschmoren.

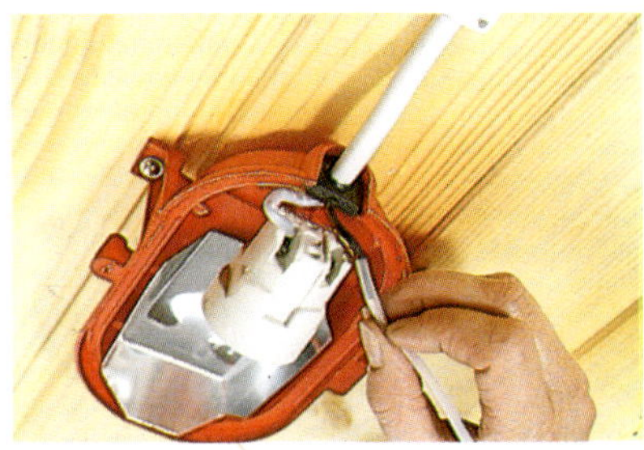

Silikonschläuche über die Leiterenden schieben.

LICHT-SCHALTER

SIEHE AUCH

unter:

Leitungen verlegen	233
Steckdosen	234–235
Lampen und Leuchten anschließen	240

Leuchtstofflampen

Leuchtstofflampen, umgangssprachlich meist als »Neonleuchten« bezeichnet, werden ebenso wie Deckenleuchten direkt an der Wand befestigt. Dabei spielt die Art der Wand keine Rolle, da diese Leuchten kaum Wärme abgeben. Zur Montage nehmen Sie die Leuchtstoffröhre aus der Fassung. Sie läßt sich nach einer Vierteldrehung nach vorn herausziehen. Dann entfernen Sie das Abdeckblech entsprechend der Einbauanleitung. Zeichnen Sie die Dübellöcher an und setzen Sie die Dübel wie unter »Deckenleuchten« beschrieben. Nach Befestigung wird die Leuchte an, das Netz angeschlossen. Die Anschlüsse sind in der Regel so vorbereitet, daß die Adern des Zuleitungskabels nur noch in die vorbereitete Lüsterklemme geschraubt werden müssen. Setzen Sie das Abdeckblech und die Leuchtstoffröhre wieder ein.

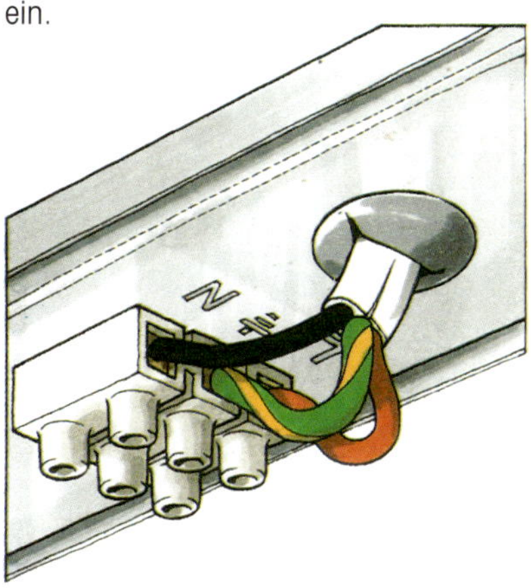

Anschluß einer Leuchtstofflampe
Verbinden Sie die Zuleitung einfach mit den vorbereiteten Anschlüssen. Schutzleiter anschließen!

Küchenleuchten

Leuchtstofflampen sind die übliche Beleuchtung für die Arbeitsflächen von Einbauküchen. Wenn Sie nur kurze Arbeitsflächen ausleuchten wollen, können Sie jede handelsübliche Leuchte passender Länge verwenden. Für längere Arbeitsflächen kaufen Sie Spezialleuchten, die sich einfach zu einer langen Leuchtleiste zusammenstecken lassen. Es gibt sie in verschiedenen Längen. Auf diese Weise können Sie mit nur einer Zuleitung und einem Wandschalter eine fast beliebig lange Arbeitsfläche lückenlos ausleuchten. Da Leuchtstoffröhren die optische Wirkung einer Einbauküche beeinträchtigen, werden sie meist hinter Dekorblenden verborgen.

Schalter sind Vorrichtungen zum Schließen und Unterbrechen von Stromkreisen. Im täglichen Leben begegnen sie uns in zahllosen Variationen, und von der Büroarbeit bis zum Braten eines Spiegeleis gibt es kaum einen Vorgang, der nicht durch irgendwelche Schalter geregelt wäre.

Hier interessieren uns allerdings nur Lichtschalter. Denn sie sind weitgehend genormt, so daß sie mit gewissen Vorkenntnissen auch vom Heimwerker eingebaut werden können.
Lichtschalter werden von mehreren Herstellern in unterschiedlichen Ausführungen angeboten. Diese Unterschiede betreffen zum einen die Funktion, zum anderen das Erscheinungsbild.

- Meistverwendet wird der einfache Ausschalter. Damit lassen sich eine oder auch mehrere Leuchten ein- und ausschalten, indem ein Stromkreis geschlossen oder unterbrochen wird.
- Der Serienschalter besteht aus zwei in einem Gehäuse zusammengefaßten Ausschaltern, die unabhängig voneinander betätigt werden können. Damit lassen sich zwei Stromkreise getrennt ein- und ausschalten.
- Wechselschalter dienen dazu, eine Leuchte von zwei verschiedenen Standpunkten aus schalten zu können, etwa vom oberen und vom unteren Ende einer Treppe. Wechselschalter können genausogut als Ausschalter eingesetzt werden, weshalb viele Hersteller nur diese Ausführung anbieten.
- Kreuzschalter werden eingesetzt, wenn Leuchten von drei oder mehr Stellen aus geschaltet werden sollen.
- Dimmer sind elektronische Helligkeitsregler, mit denen sowohl der Stromkreis unterbrochen als auch das Licht stufenlos abgedunkelt werden kann. Dimmer sind nur für Glühlampen verwendbar, in Spezialausführungen auch für Halogenleuchten.
- Fernschalter (Stromstoßschalter) erleichtern die Installation komplizierter Wechsel- und Kreuzschaltungen.

Optisch unterscheiden sich Schalter ebenso wie Steckdosen nach Aufputz- und Unterputzausführungen, wobei die ersteren meist als Feuchtraumschalter ausgeführt sind. Viele Schalter sind auch mit eingebauter Kontrollampe lieferbar. Die lieferbaren Dekors sind zahlreich, unterscheiden sich aber meist nur durch die Färbung des Kunststoffs.

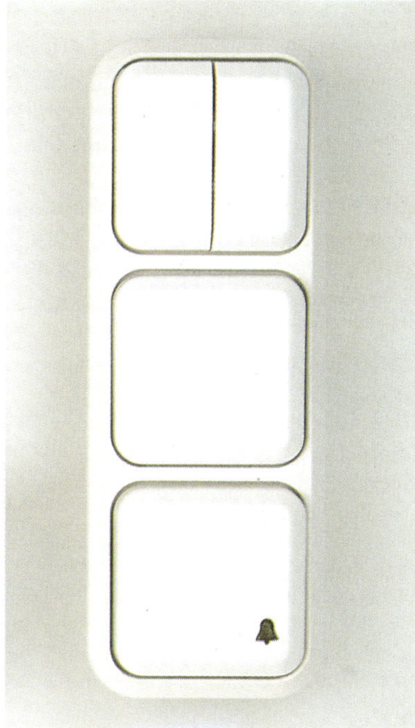

Kombination aus Türöffner, Serienschalter und Wechselschalter. Diese verschiedenen Schalter sind unter einer Abdeckblende in drei Dosen eingebaut

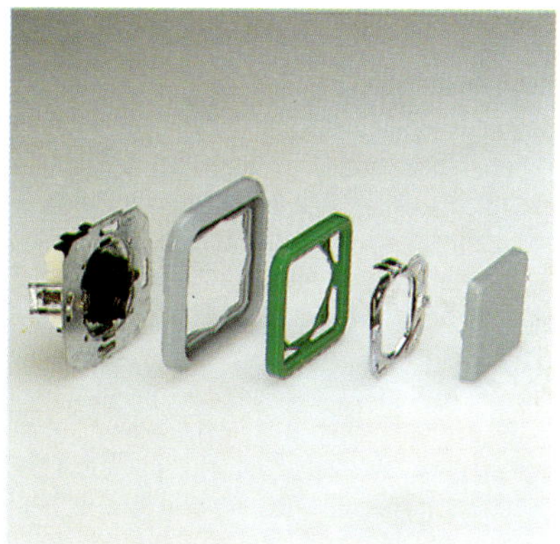

Einfacher Ausschalter

Feuchtraumschalter, Aufputzmontage

SCHALTER ERSETZEN

SIEHE AUCH
unter:
Lichtschalter 243,245

Grundsätzlich ist es nicht allzu schwer, einen defekten Schalter selbst zu ersetzen, wenngleich diese Arbeit doch wesentlich höhere Anforderungen an die elektrotechnischen Kenntnisse des Heimwerkers stellt als der Austausch einer Steckdose – jedenfalls wenn es sich nicht nur um einen simplen Ausschalter handelt. Die Montage neuer Schalter für Wechsel- oder Kreuzschaltungen hat schon manchen ganz schön ins Schwitzen gebracht, und nicht selten endeten solche Versuche nach stundenlangem Experimentieren mit einem Anruf beim Elektriker. Vertraut ist hingegen der mechanische Einbau: Schalter werden wie Steckdosen in Geräteeinbaudosen eingebaut und mit Spreizkrallen befestigt.

Wann wird ein Schalter ersetzt?

Daß Lichtschalter defekt werden, kommt in der Praxis relativ selten vor. Die Technik dieser einfachen Bauteile ist in Jahrzehnten so gereift, daß sie als perfekt bezeichnet werden kann. Schalter werden zum einen ausgetauscht, wenn eine veraltete Installation dem Stand der Technik angepaßt werden soll. In solchen Fällen ist meist ein größerer baulicher Aufwand erforderlich, etwa wenn eine alte Überputz-Installation unter Putz verlegt werden soll. Ein Austausch der Schalter bietet sich auch an, wenn im Zuge einer Renovierung weitere Steckdosen und Schalter verlegt worden sind und die sichtbaren Bauteile einer Dekorreihe entnommen werden sollen.

Schalter ausbauen

Damit ein Schalter ausgebaut werden kann, muß der gesamte Stromkreis spannungsfrei geschaltet werden. Dies geschieht in der beschriebenen Weise durch Auschrauben der Sicherung bzw. Abschalten des Sicherungsautomaten. In diesem Fall aber reicht es nicht aus, den Endverbraucher – etwa eine Leuchte – mit dem Spannungsprüfer zu messen. Vielmehr muß die Prüfung der Spannungsfreiheit an der Verteilerdose erfolgen, an die der jeweilige Schalter angeschlossen ist. Diese befindet sich in der Regel lotrecht über dem Schalter, ca. 30 cm unter der Zimmerdecke.

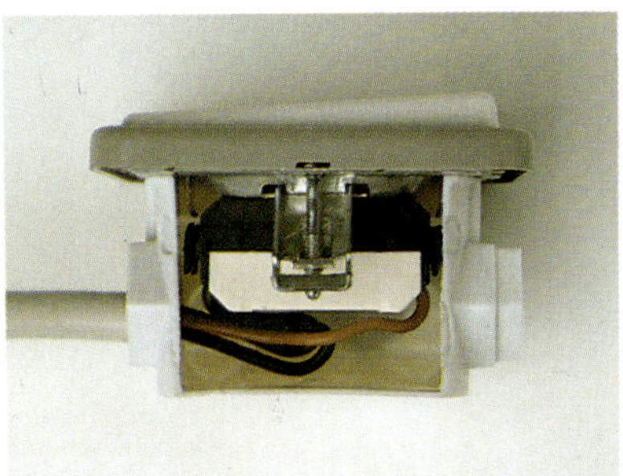

Querschnitt durch einen mit Spreizkrallen montierten Schalter

Steigen Sie auf eine stabile Trittleiter, und nehmen Sie den Deckel der Verteilerdose ab. Nur wenn keine Ader der Verteilerdose Spannung führt, können Sie sich sicher fühlen. Hebeln Sie mit einem Schraubenzieher die Schaltwippe ab, und nehmen Sie den Rahmen ab. Bei älteren Schaltern mit kleiner Wippe ist die Blende aufgeschraubt. Lösen Sie die Spreizkrallen **(1)**, und ziehen Sie den Schalter aus der Einbaudose. Klemmen Sie die Anschlüsse ab.

Neuen Schalter vorbereiten

Hebeln Sie die Schaltwippe des neuen Schalters ab, und entfernen Sie den Rahmen. Wenn es sich um einen einfachen Ausschalter handelt, ist die Sache einfach. Klemmen Sie nur die beiden Aderenden in der gleichen Weise an wie beim alten Schalter. Hat das neue Teil keine Schraubklemmen mehr, sondern schraubenlose Aderklemmen, müssen Sie u. U. die Aderenden weiter abisolieren (auf mindestens 1 cm). Die Steckklemmen danken es Ihnen durch schnelle und einfache Verkabelung.

Anschließen

Greifen Sie die Aderenden mit einer Telefonzange, und schieben Sie sie so weit wie möglich in die Steckklemmen. Sie dürfen sich auf mäßigen Zug nicht mehr lösen **(2)**. Setzen Sie den neuen Schalter provisorisch in die Einbaudose, schalten Sie den Stromkreis auf Spannung, und prüfen Sie die Funktion. Ein Ausschalter sollte auf Anhieb funktionieren, bei Wechsel- und Kreuzschaltungen brauchen Sie womöglich einige Versuche mit verschiedenen Phasenbelegungen.

Einbauen

Führen Sie den angeschlossenen neuen Schalter vorsichtig in die Geräteeinbaudose ein. Die Adern der Anschlußkabel dürfen dabei keinesfalls abgeknickt werden, sondern sollen in nicht zu enge Kurven gelegt werden. Der Einbaurahmen muß auf der Wand aufliegen. Verdrehen Sie die Schrauben der Spreizkrallen, bis diese den Schalter zuverlässig in der Dose halten **(3)**. Setzen Sie den Abdeckrahmen auf, und lassen Sie diesen im Montagerahmen einrasten. Setzen Sie die Schaltwippe auf, und lassen Sie sie ebenfalls einrasten **(4)**.

1 Lösen Sie die Spreizkrallen

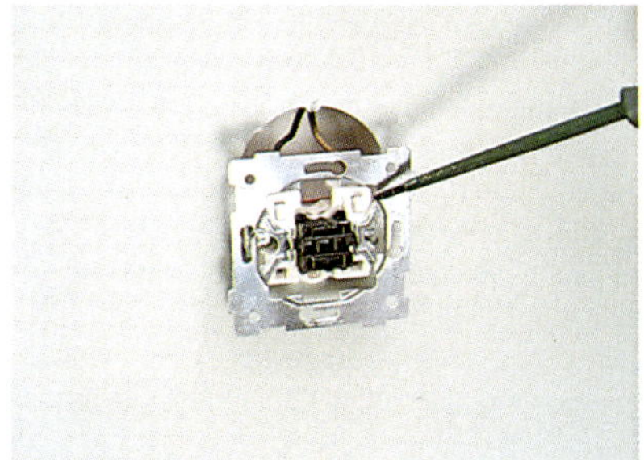

2 Stecken Sie die Adern in die Steckklemmen

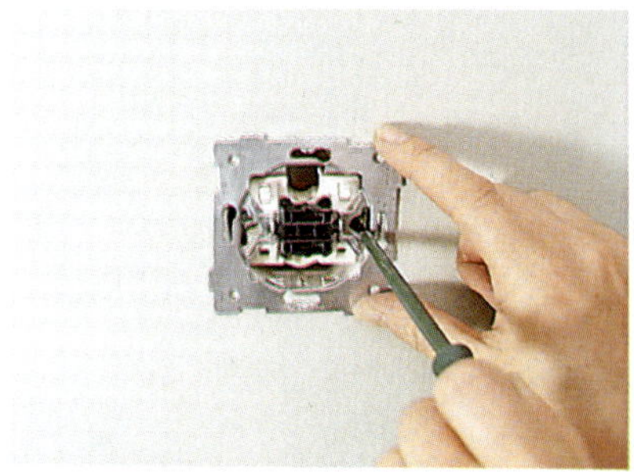

3 Ziehen Sie die Schrauben der Spreizkrallen an

4 Montieren Sie Rahmen und Schalterwippe

SERIEN-, WECHSEL- UND KREUZSCHALTUNG

SIEHE AUCH unter:
Lichtschalter 243–244

Serienschaltung

Die Serienschaltung dient zum unabhängigen Schalten zweier Stromkreise. Damit lassen sich z. B. Lampen einer Leuchte oder zwei verschiedene Leuchten in einem Stromkreis getrennt schalten. Der Serienschalter hat eine spannungführende Zuleitung (schwarz) und zwei Schaltleitungen, die zu den Leuchten führen und nach Belieben einzeln oder getrennt geschaltet werden können.
Um an dieser Schaltung ohne Gefährdung arbeiten zu können, müssen nach dem Ausdrehen der Sicherung bzw. dem Ausschalten der Sicherungsautomaten sämtliche Kontakte in der Abzweigdose mit dem Spannungsprüfer überprüft werden.

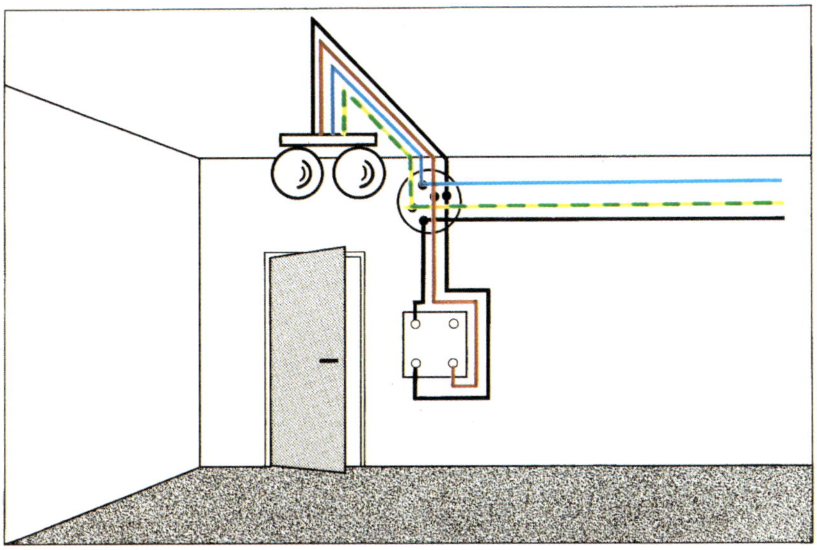

Wechselschaltung

Eine Wechselschaltung muß mit zwei Wechselschaltern und drei Adern pro Schalter angeschlossen werden. Hierfür sind bereits einige theoretische Kenntnisse der Elektrotechnik erforderlich. Wenn man den nebenstehenden Schaltplan genau beachtet, sollten Sie aber mit den Anschlüssen zurechtkommen, jedenfalls wenn die Schaltung fachgerecht angeschlossen war.
Wechselschaltungen werden vielfach benötigt, etwa um in einem langen Flur das Licht von beiden Enden schalten zu können, am Fuß und am oberen Ende einer Treppe, zur Schaltung des Hoflichts vom Haus wie von der Garage aus und auch zur Schaltung einer gemeinsamen Leselampe im Schlafzimmer.

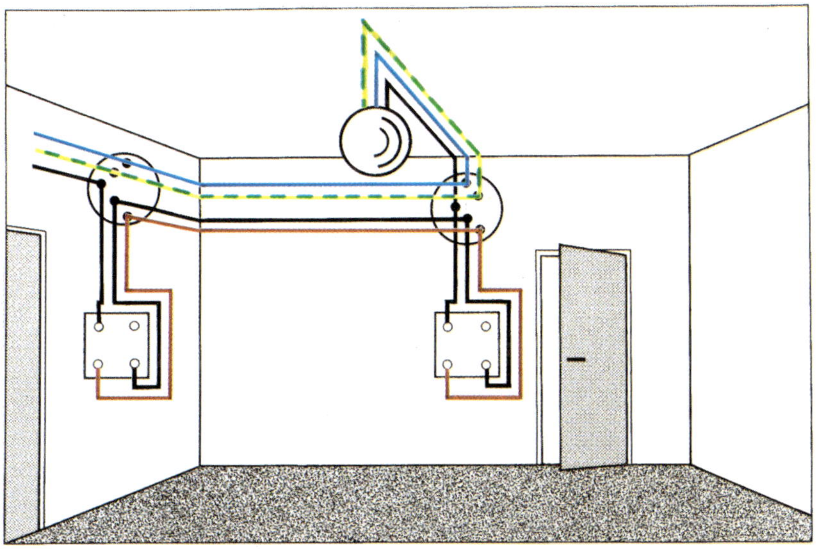

Kreuzschaltung

Diese Schaltung ist die komplizierteste, weil dabei zwei Wechselschalter mit je drei und ein Kreuzschalter mit vier Adern angeschlossen werden müssen. An dieser Schaltung sind schon gestandene Elektriker schier verzweifelt, besonders wenn die Originalverkabelung nicht sorgfältig ausgeführt war.
Kreuzschaltungen werden z. B. für größere Treppenhäuser benötigt, vielfach aber auch im kommerziellen Bereich, wenn etwa zu einem Bürobereich gehörende Zimmerfluchten gemeinsam geschaltet werden sollen.
Die mit der Kreuzschaltung verbundenen Schwierigkeiten lassen sich durch den Einbau eines Stromstoßschalters (Fernschalter) elegant vermeiden.

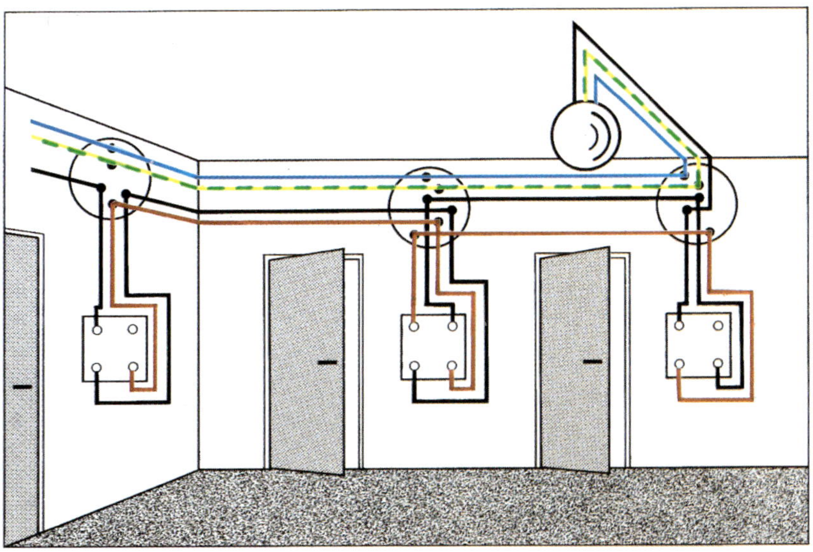

DIMMER UND STROMSTOSS-SCHALTER

SIEHE AUCH
unter:
Lichtschalter 243–245

Sie wollen an ein und demselben Tisch sowohl Ihre Steuererklärung ausfüllen als auch mit der Dame Ihres Herzens ein romantisches Mahl bei gedämpftem Licht genießen? Mit einem Dimmer ist das kein Problem. Mit diesen elektronischen Helligkeitsreglern können Sie eine Leuchte nicht nur ein- und ausschalten, sondern deren Licht stufenlos Ihren Wünschen und Bedürfnissen anpassen.

Mit einem Dimmer läßt sich eine beliebige Zahl von Leuchten regulieren. Die Gesamtleistung ist bei den meisten Geräten auf 400 Watt begrenzt, doch werden auch Dimmer angeboten, die höhere Leistungen verarbeiten können. Zum Regulieren von Niedervolt-Halogen-Lichtanlagen sind besondere Dimmer erforderlich.
Dimmer werden gebaut, um Heizwiderstände stufenlos zu regulieren. Jede Glühlampe ist ein solcher Heizwiderstand, und deshalb eignen sich Dimmer nur zum Regulieren von Glühlampen, nicht dagegen von Leuchtstoffröhren. Dagegen könnten Heizplatten und Heizstrahler theoretisch mit dem DImmer geregelt werden, doch würde die hohe Leistung die meisten Geräte zerstören. Auch als Fahrpult für die Modelleisenbahn oder zum Steuern Ihrer Kreissäge eignet sich der Dimmer nicht.

Sparen mit dem Dimmer
Mit einem Dimmer läßt sich auf zweierlei Weise Bares sparen. Zum einen verbraucht eine abgedunkelte Leuchte weniger Strom als eine, deren Glühlampen mit voller Leistung brennen. Zum anderen läßt sich dadurch die Lebensdauer der Glühlampen ganz wesentlich steigern. Bereits eine Spannungsreduzierung um 5 % steigert die Lebenserwartung der Glühlampe um volle 100 %!

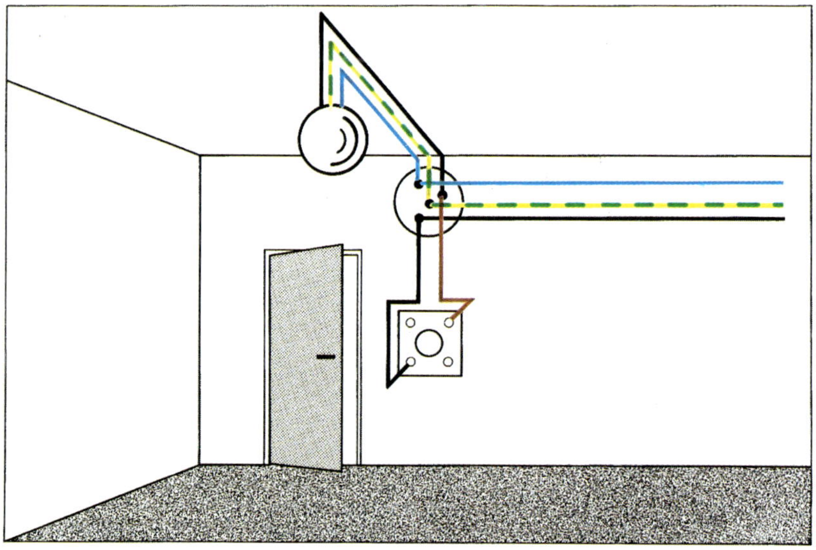

Sehr einfach ist der Anschluß einer Einzelleuchte mit dem Wechselschalterdimmer

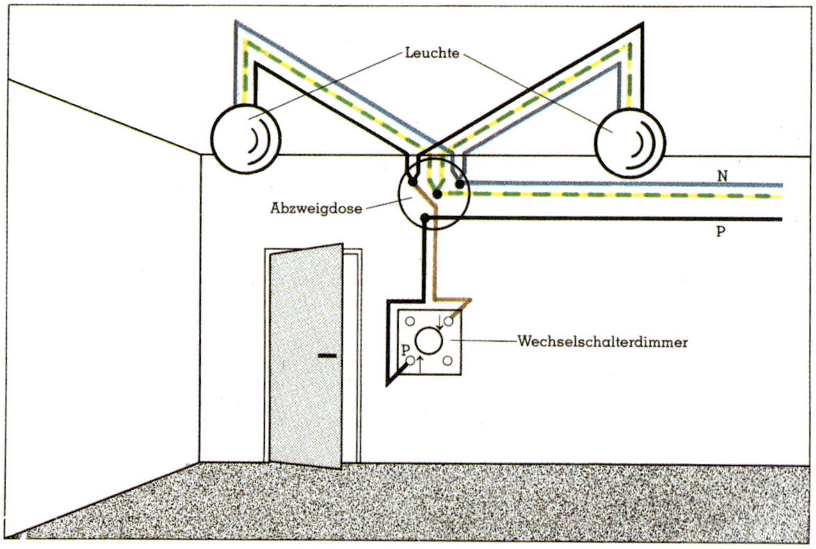

Einsatz des Wechselschalterdimmers in einer Serienschaltung. Anders als beim normalen Serienschalter lassen sich die beiden Leuchten nicht getrennt schalten, sondern nur gemeinsam beeinflussen

STROMSTOSSSCHALTER

Bevor Sie über der Kabelpfriemelei einer Wechsel- oder gar einer Kreuzschaltung verzweifeln, sollten Sie den Einbau eines Stromstoßschalters, auch als Fernschalter bezeichnet, in Erwägung ziehen. Dieses praktische Gerät kostet nicht die Welt und vereinfacht komplizierte Beleuchtungsschaltungen ganz wesentlich. Denn ob Wechsel- oder Kreuzschaltung, zu jedem Schalter – in diesem Fall sind es Taster, die auf Knopfdruck einen elektrischen Impuls auslösen – müssen nur zwei Adern gelegt werden. Und da die Zahl der anzuschließenden Taster theoretisch unbegrenzt ist, können auch komplizierte Objekte wie über mehrere Stockwerke reichende Treppenhäuser mit einem Stromkreis beleuchtet und geschaltet werden.

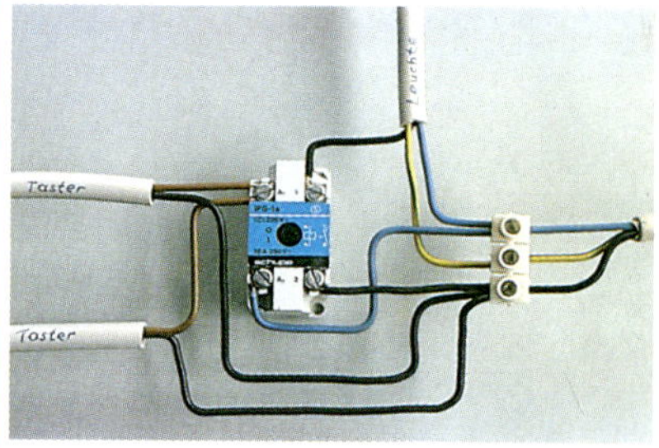

Anschluß eines Fernschalters

Stromstoßschalter können sowohl in Verteilerdosen als auch in den Verteilerkasten eingebaut werden. Bei der Altbaurenovierung wird man meist mit den kleineren Schaltern für die Verteilerdose arbeiten, beim Neubau ist die Montage im Verteilerkasten vorzuziehen. Diese variable Einbaumöglichkeit macht den Stromstoßschalter auch und gerade für die Verwendung im Altbau so interessant. Denn mitunter kann man durch die Ersparnis an Kabeladern mit der vorhandenen Verkabelung Schaltungen realisieren, für die bei konventioneller Schaltung zusätzliche Leitungen erforderlich wären.
Stromstoßschalter können mit niedrigen Spannungen von 8 oder 24 Volt oder aber mit Netzspannung betrieben werden. Bei nachträglicher Installation wird man fast immer mit Netzspannung arbeiten. Wird der Fernschalter bei einem Neubau im Verteilerkasten montiert, spielt der Platzbedarf des zum Betrieb mit Kleinspannung erforderlichen Transformators keine Rolle. Auch die Auflage, daß Leitungen für Kleinspannung getrennt von Netzleitungen zu verlegen sind, ist hier weniger von Bedeutung.

DIMMER EINBAUEN

SIEHE AUCH
unter:
Lichtschalter 243–245

Wechselschaltung mit Dimmer

Die meisten Dimmer können als Ausschalter wie als Wechselschalter eingesetzt werden. Mit solchen Geräten lassen sich auch Wechsel- und Kreuzschaltungen dimmen.
Der Dimmer wird zusammen mit einem konventionellen Wechselschalter entsprechend dem nebenstehenden Schaltplan eingebaut. Bei dieser Schaltung brennt das Licht immer mit der Stärke, die am Dimmer eingestellt worden ist. Mit dem konventionellen Wechselschalter kann es ein- und ausgeschaltet werden. Analog funktioniert diese Schaltung bei der Kreuzschaltung.
Bei beiden Schaltungen darf immer nur ein Dimmer eingebaut werden. Bei Einbau von zwei Geräten ist eine einwandfreie Funktion nicht möglich.

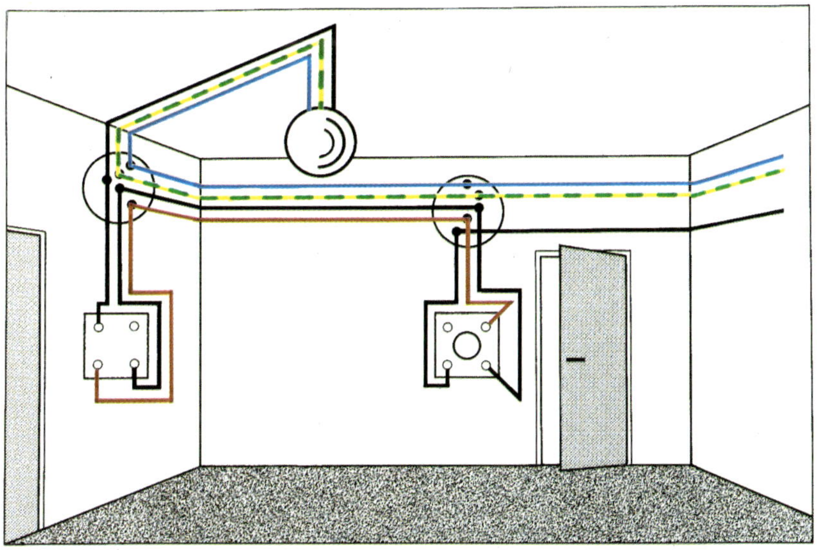

Wechselschaltung mit einem konventionellen Schalter und einem Dimmer

Dimmer einbauen

Der Dimmer wird wie ein normaler Schalter in eine Geräteeinbaudose montiert und mit Spreizkrallen gesichert. Im Gegensatz zum robusten mechanischen Schalter handelt es sich dabei jedoch um ein hochempfindliches elektronisches Gerät, das auf unsachgemäße Behandlung mit irreparablen Schäden reagiert.
Wenn Sie einen Dimmer anschließen wollen, müssen Sie wissen, wie es geht. Ein falscher Anschluß kann das Gerät zerstören. Beachten Sie in jedem Fall das beiliegende Schaltbild. Im Zweifelsfall ist eine halbe Elektrikerstunde meist billiger als ein neuer Dimmer.
Ein Dimmer füllt die Dose weit vollständiger aus als ein normaler Schalter. Die Adern des Anschlußkabels sind daher besonders sorgfältig zu verlegen.
Ein Dimmer entwickelt im Betrieb Wärme, die über die Tragplatte abgeführt wird. Diese muß daher bei der Montage unbedingt vollflächig an der Wand aufliegen.

Sie haben den betreffenden Stromkreis durch Herausschrauben bzw. Abschalten der Sicherung spannungsfrei geschaltet. Ziehen Sie den Reglerknopf des Dimmers ab, und lösen Sie die zur Befestigung der Abdeckplatte aufgeschraubte Mutter. Diese sollte immer nur handfest angezogen werden.
Schließen Sie den spannungführenden Leiter an den mit »P« gekennzeichneten Anschluß an. Die zur Leuchte führende Ader wird an die andere Klemme angeschlossen. Legen Sie die Adern des Anschlußkabels so in die Dose, daß sich der Dimmer ohne Druck einschieben läßt, bis die Montageplatte vollständig an der Wand anliegt. Verdrehen Sie nun die Einstellschrauben der Spreizkrallen, bis das Gerät fest in der Dose sitzt. Setzen Sie die Abdeckung so auf, daß sich die Lüftungsschlitze, soweit vorhanden, oben und unten befinden. Drehen Sie die Sicherungsmutter auf, und ziehen Sie diese mit der Hand fest. Stecken Sie den Drehknopf auf.

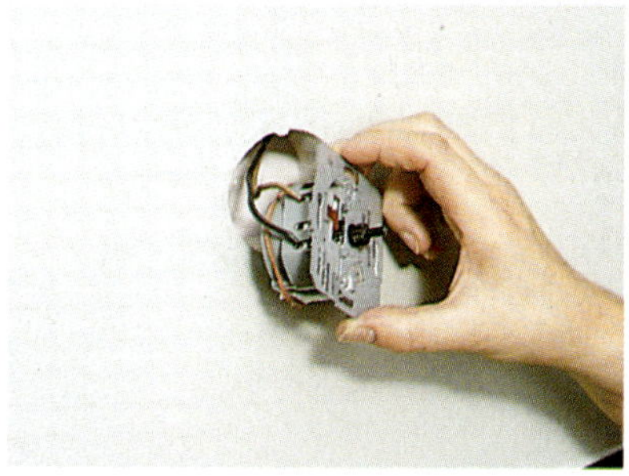

Den angeschlossenen Dimmer in die Geräteeinbaudose einschieben

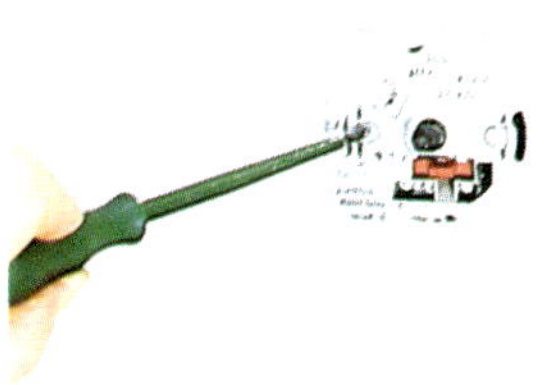

Die Befestigung erfolgt in der üblichen Weise durch Spreizkrallen

Dimmat
Dimmer und Stromstoßschalter in einem ist der »Dimmat«. Dieser sensorgesteuerte Helligkeitsregler wird wie ein Dimmer eingebaut und läßt sich wie ein Fernschalter mit Tastern zusammenschalten.
Der Dimmat wird nicht mit einem Drehknopf reguliert. Vielmehr schaltet er beim Antippen auf volle Beleuchtungsstärke: Deckt man die Sensorfläche mit der Hand ab, dunkelt das Gerät langsam ab. Wenn die gewünschte Beleuchtungsstufe erreicht ist, läßt man den Sensor einfach los.

Störungen am Dimmer beheben

Dimmer sind mit einer Gerätesicherung abgesichert, die das Gerät vor Beschädigung durch Überlastung sichert. Wenn der Dimmer seinen Dienst versagt, liegt es meist daran, daß diese Sicherung durchgebrannt ist. Dieser Fehler tritt in der Regel dann auf, wenn eine Glühlampe durchbrennt. Meist geschieht dies beim Einschalten, aber mitunter kündigen Glühlampen den bevorstehenden Exitus auch durch Summen und leichtes Flackern an. In solchen Fällen sollten Sie sofort ausschalten und die Glühlampe austauschen.
Ist die Sicherung defekt, nehmen Sie die Abdeckung ab, wie oben beschrieben. Ziehen Sie den Sicherungshalter mit der Telefonzange heraus, und tauschen Sie die Sicherung gegen eine gleicher Sorte aus. Wenn der Dimmer nach Einbau der neuen Sicherung immer noch nicht funktioniert, wird er ausgewechselt.

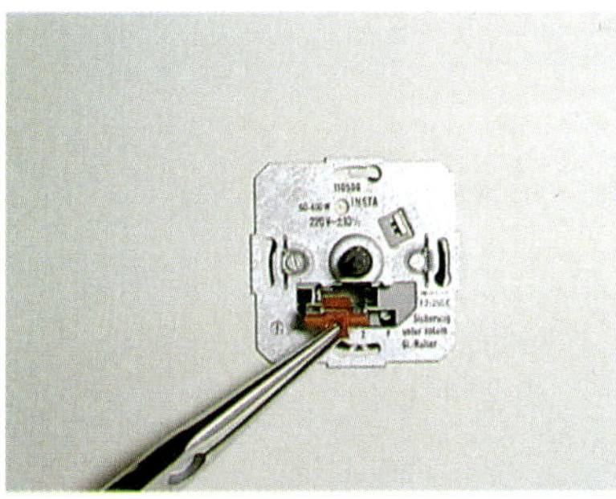

Ziehen Sie den Sicherungshalter heraus und wechseln Sie die Gerätesicherung

NIEDERVOLT-ANLAGEN

SIEHE AUCH
unter:
Stromverbrauch 222
Leitungsarten 228
Leitungen verlegen 233
Halogenleuchten 252

- **Kaltlichthalogenlampen** Diese Lampen werden nicht mehr so heiß wie normale Halogenlampen. Daher werden sie heute bevorzugt eingesetzt. Kaufen Sie möglichst Lampen mit integriertem Reflektor und Schutzscheibe. Damit verhindern Sie, daß beim Platzen einer brennenden Halogenlampe die glühendheißen Splitter umherfliegen und Verletzungen oder gar einen Brand verursachen.

Höhere Lichtausbeute bei halbiertem Stromverbrauch, dazu eine unübersehbare Fülle von Gestaltungsmöglichkeiten – Halogenlichtanlagen in Niedervolttechnik haben die Beleuchtungstechnologie revolutioniert. Größter Vorteil für den Heimwerker: Ist der zum Betrieb einer Halogenlampe erforderliche Transformator erst einmal ans 220-Volt-Netz angeschlossen, besteht auch für den unbedarften Bastler keine nennenswerte Gefahr mehr. Die verwendeten Kleinspannungen von 12 oder 24 Volt stellen keine gesundheitliche Gefährdung dar.

Die Halogenglühlampe

Bei jeder Glühlampe wird das Licht erzeugt, indem ein dünner Leiter – bei allen modernen Glühlampen ein Stück Wolframdraht – von elektrischem Strom durchflossen wird, der ihn zum Erglühen bringt. Damit der Draht bei den dabei erreichten hohen Temperaturen – ca. 2700 °C bei normalen Glühlampen – nicht sofort oxidiert, verpackt man ihn in einen luftleeren Glaskolben. Das Vakuum kann allerdings auch nicht verhindern, daß sich Wolframatome aus der Glühwendel lösen, bis der Draht eines Tages bricht.
Bei der Halogenlampe bewirkt eine Füllung des – sehr kleinen – Glaskolbens mit Brom, daß sich der größte Teil der ausgelösten Wolframatome wieder auf der Glühwendel niederschlägt. Deren Lebensdauer wird damit gegenüber der normalen Glühlampe verdreifacht (3000 gegenüber 1000 Stunden), und dies, obwohl die Arbeitstemperatur mit ca. 3000 °C höher liegt.
Dank dieser höheren Temperatur kann die Halogenglühlampe »weißeres« Licht abstrahlen als die normale Glühbirne, deren Licht stets rötlich erscheint.
Halogenglühlampen werden in zwei Versionen angeboten: einmal als Einzellampe für Leuchten mit eingebautem Reflektor oder als vormontierte Einheit mit Reflektor und Frontglasscheibe. Diese Version wird für die meisten Downlights benötigt.
Halogenglühlampen werden nicht eingeschraubt, sondern mit zwei Sockelstiften in einen Keramiksockel gesteckt.

Der Transformator

Halogenglühlampen können nicht an die Netzspannung angeschlossen werden. Sie benötigen zum Betrieb einen Transformator, der die 220 Volt des Netzes auf bekömmliche 12 Volt umwandelt. Der Transformator allerdings muß ans Stromnetz angeschlossen werden. Das ist relativ gefahrlos,

Die Halogenglühlampe ist wesentlich kleiner als die konventionelle Glühbirne

Halogenglühlampe mit Kaltlichtspiegelreflektor und Frontglasscheibe

wenn es sich um einen Transformator mit Netzstecker handelt. Das kann lebensgefährlich werden, wenn der Spannungswandler mit einem von der nächsten Verteilerdose abgezweigten Kabel an Schraubklemmen angeschlossen wird. Die meisten der leistungsstärkeren Transformatoren gehören zu dieser Gattung.
Kaufen Sie sich für Ihre ersten Versuche mit Halogenleuchten einen Transformator mit Netzstecker, und wenn es unbedingt ein leistungsstarkes Modell mit Klemmenanschluß sein muß – überlassen Sie den Netzanschluß Ihrem Elektriker.
Um den richtigen Transformator auswählen zu können, müssen Sie wissen, wie viele Lampen welcher Leistung an das Gerät angeschlossen werden sollen. Die üblichen Leistungsklassen liegen bei 25, 50, 100, 150, 200 und 300 Watt. Es ist sinnlos, eine Stehleuchte mit 20 Watt an einen 200-Watt-Transformator anzuschließen, und Sie werden nicht weit kommen, wenn Sie eine Stromschiene mit 5 Flutern mit einem 25-Watt-Steckdosentransformator betreiben wollen. Wählen Sie die Leistungsklasse, die am nächsten über dem errechneten Bedarf liegt.
Alle Transformatoren, die Sie im Fachhandel erhalten, sind elektrisch sicher. Dennoch gibt es Unterschiede. Für den Einbau in Feuchträumen oder zur Außenmontage brauchen Sie Transformatoren der höchsten Schutzklasse (IP 54).

Leitungen

Je niedriger die Spannung, desto größer die Spannungsverluste bei Spannungsübertragung über größere Strecken. In Grenzen lassen sich diese Verluste durch größere Leiterquerschnitte auffangen. Mit Klingeldraht kommt man hier nicht weit. Zu empfehlen ist Kupferlitze mit einem Mindestquerschnitt von 4 mm beim Betrieb einer größeren Anlage. Sehr gut bewährt haben sich Lautsprecherkabel, die der Elektronikfachhandel in großer Auswahl anbietet. Da diese Kabel stets sichtbar verlegt werden, sind verschiedene optische Varianten lieferbar.

Einfacher Steckdosentransformator

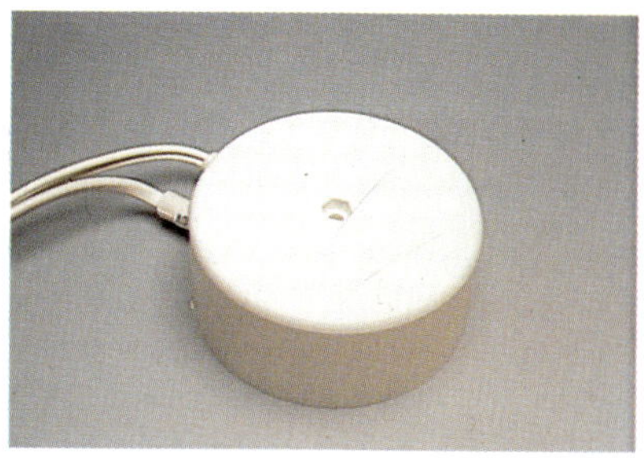

Ringkerntransformator mit Netzkabel

SIEHE AUCH
unter:
Leitungen verlegen 233
Lampen und Leuchten 240–243
Niedervoltanzeigen 248
Halogenleuchten 252

STROMSCHIENEN-SYSTEME MONTIEREN

Handelsübliche Stromschienensysteme sind eine Möglichkeit, ein umfassendes Halogen-Beleuchtungssystem aufzubauen. Die Schienen bestehen aus stranggepreßten Aluminiumprofilen mit

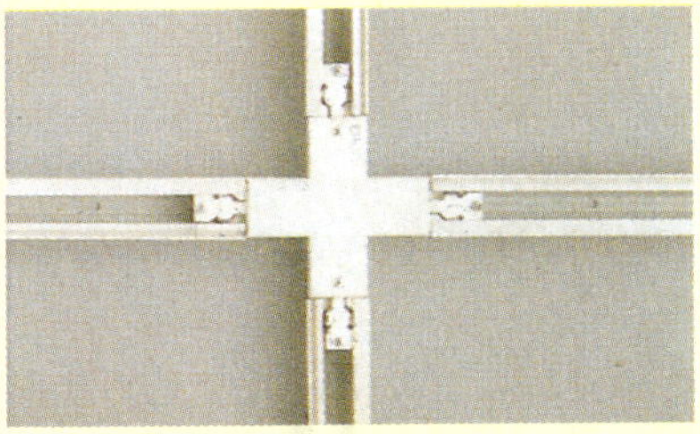

Die Schienen werden einfach zusammengesteckt.

innenliegenden Kupferleitern. Man unterscheidet zwischen Einphasen- und Dreiphasensystemen. Letztere erlauben den Anschluß von drei Stromkreisen an ein Schienensystem und sind für besonders große Anlagen im kommerziellen Bereich zu empfehlen. Für den privaten Einsatz sind die Einphasensysteme vollkommen ausreichend.
Stromschienensysteme können sowohl mit 24 V (Hochvolt) als auch mit 12 V (Nierdervolt) betrieben werden. Da die Spannung in einem Leiter bei niedrigen Betriebspannungen schnell abfällt, beträgt die Länge der Einzelschienen bei Niedervoltbetrieb nur 2 m, bei Hochvoltbetrieb aber 4 m. Die Schienensysteme sind für beide Betriebsarten gleich. Die Einspeisung der Spannung erfolgt durch spezielle Verbindungsteile, die einfach an die Schienen angesteckt werden.
Stromschienensysteme können mit bis zu 16 Ampere belastet werden. Bei 24-Volt-Betrieb entspricht das einer Leistung von 3500 Watt. Die Schienen lassen sich direkt an die Decke dübeln oder mit Drahtseilen oder Pendelstangen abhängen, was bei hohen Räumen zu empfehlen ist. Die Verkabelung sollten Sie dem Fachmann überlassen.

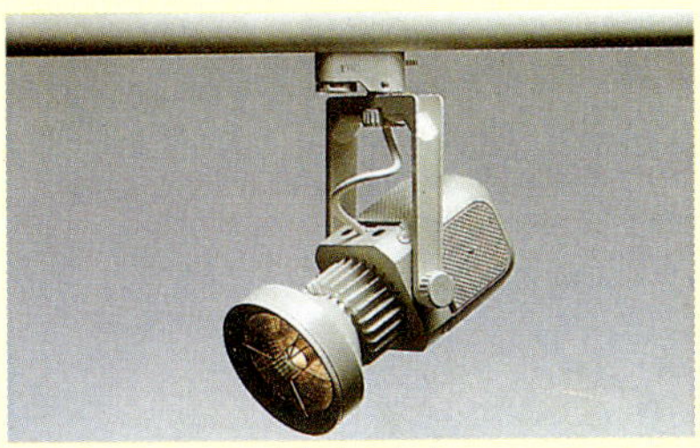

Die Strahler werden einfach eingesteckt.

Spannseilsysteme verleihen einem Raum High-Tech-Charakter. Sie sind daher besonders für moderne Einrichtungen zu empfehlen. Wenn Sie Verkabelung und Netzanschluß dem Elektriker überlassen, können Sie hier Ihre elektrotechnischen Fähigkeiten ohne Gefahr für Leib und Leben erproben und noch dazu Ihre Wohnung kreativ gestalten. Wenn Sie noch keine Erfahrungen gesammelt haben, müssen Sie Ihre Beleuchtungsanlage unbedingt zusammen mit dem Elektriker planen. Er wird Sie gern beraten und Ihnen die benötigten Bauteile verkaufen.

Spannseilsysteme – Vorbereitung

Spannseilsysteme bestehen wie alle Niedervoltsysteme aus einem Transformator und Halogenleuchten. Diese werden allerdings nicht einzeln oder in einem handelsüblichen Schienensystem montiert, sondern zwischen zwei parallel laufenden elektrisch leitenden Seilen, die sowohl als Leuchtenträger als auch zur Stromversorgung dienen. Dank der niedrigen Spannung ist die Verlegung nicht isolierter Leiter unbedenklich.
Zur Einrichtung eines einfachen Spannseilsystems benötigen Sie je vier Dübel und Schraubhaken, mit denen das System in den Wänden verankert ist, die nötigen Leiter nebst vier Seilkauschen, mit denen Sie die Leiterenden zu Schlaufen formen, dazu zwei Spannschlösser, um die Seile nach dem Einbau zu straffen.
Prüfen Sie zunächst die Tragfähigkeit Ihrer Wände. Die Dübel müssen einen absolut sicheren Sitz aufweisen. Spannen Sie die Seile nur über Entfernungen unter 5 m. Wenn Sie die Stromeinspeisung in die Mitte des Systems legen, können Sie in vielen Fällen den alten Lichtschalter weiterverwenden. Dieses Konzept ist auch insofern vorteilhaft, als der Spannungsabfall zu den Leiterenden hin nicht so groß ist. Ansonsten liegt die Einspeisung aus optischen Gründen meist an einem Ende des Spannseilsystems.

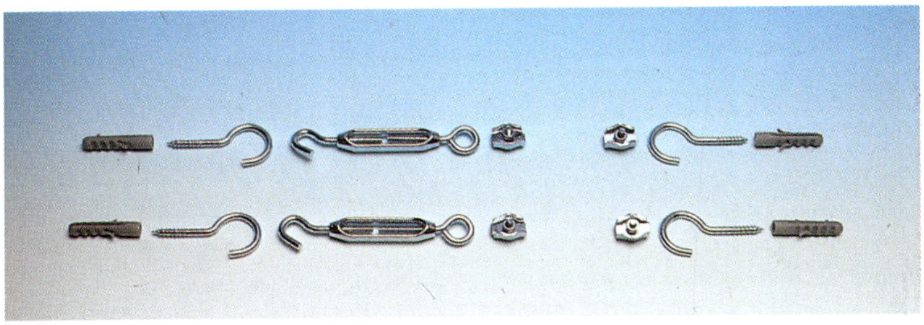

Dübel, Schraubhaken, Spannschlösser und Seilkauschen brauchen Sie zur Montage eines Spannseilsystems

Spannseilsystem einbauen

Spannseil auswählen

Der Fachhandel hält eine Reihe von Qualitäten für diesen Verwendungszweck bereit. Empfehlenswert ist die Verwendung isolierter Seile. Diese sind mit einer mindestens 0,3 mm starken, durchsichtigen Isolierschicht überzogen. Damit werden Kurzschlüsse bei Berührung der Seile oder unbeabsichtigter Überbrückung zuverlässig vermieden. Allerdings sind diese Qualitäten optisch nicht so reizvoll wie nicht isolierte Leiter. Sollten Sie zu nicht isolierten Seilen greifen, müssen Sie einige Sicherheitsvorschriften beachten, die in den VDE-Bestimmungen 0711, Teil 500, festgelegt sind. Ihr Elektriker wird Sie ausführlich darüber informieren.
In jedem Fall sollten Sie bei Einbau dieser Seile darauf achten, daß sich die Seile auch bei Unachtsamkeit nicht berühren können. Dies geschieht am besten durch Verwendung sogenannter »Safe-Connection-Brücken« (Sicherheitsbrücken), mit denen die Seile zuverlässig auf Abstand gehalten werden. Normale Seile sind für Distanzen bis zu 5 m geeignet. Müssen größere Entfernungen überbrückt werden, sollten Sie auf verstärkte Seile mit Stahl- oder Kevlar-Verstärkungen zurückgreifen.

Führung der Spannseile

Die billigste Führung erfolgt über die bereits erwähnten Schraubhaken. Zum Einbau messen Sie die Lage der Haken

SPANNSEIL-SYSTEM MONTIEREN

SIEHE AUCH
unter:
Leitungen verlegen 233
Lampen und Leuchten 240–243
Niedervoltanzeigen 248
Halogenleuchten 252

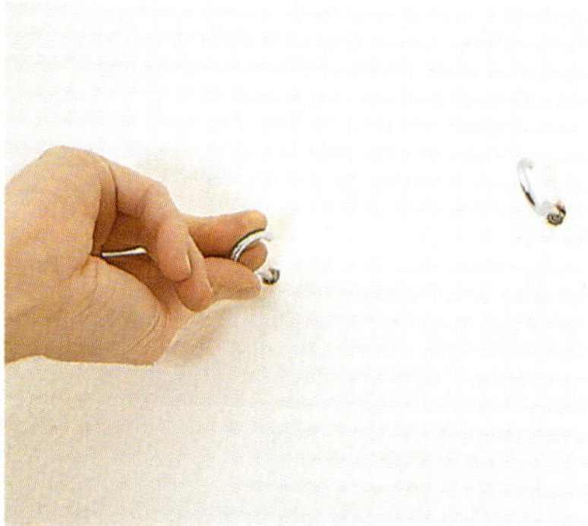
1 Schraubhaken in Dübel eindrehen

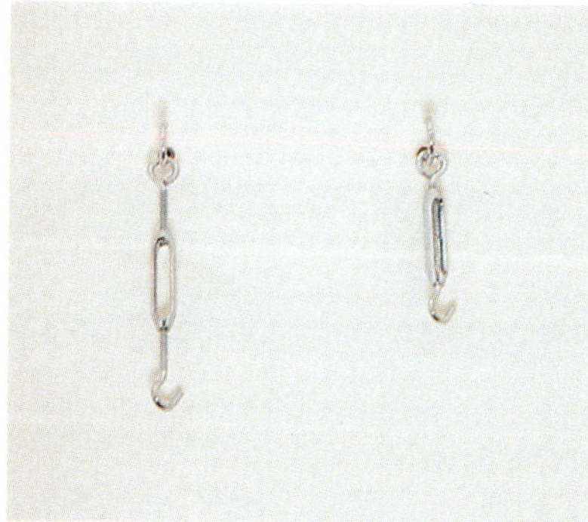
2 Spannschlösser ganz aufdrehen

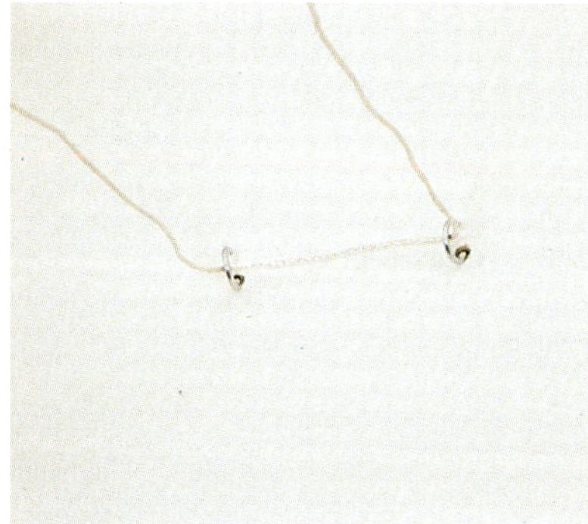
3 Seil auf einer Seite einhängen

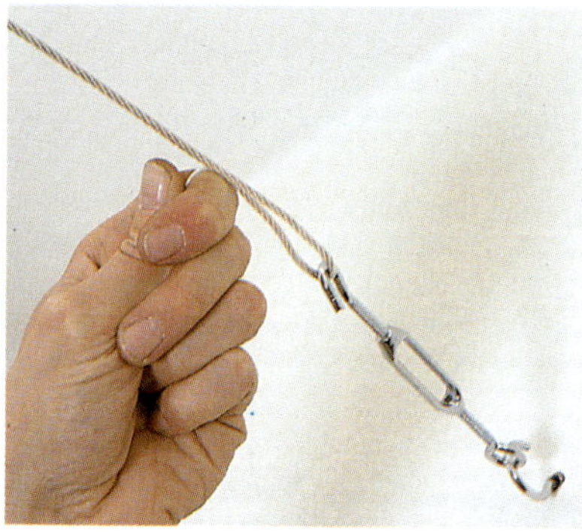
4 Seil in Haken der Spannschlösser einhängen

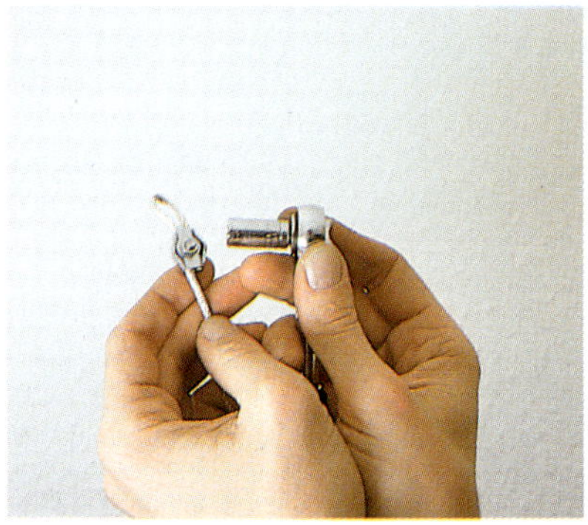
5 Mit Seilkausche Schlaufen formen

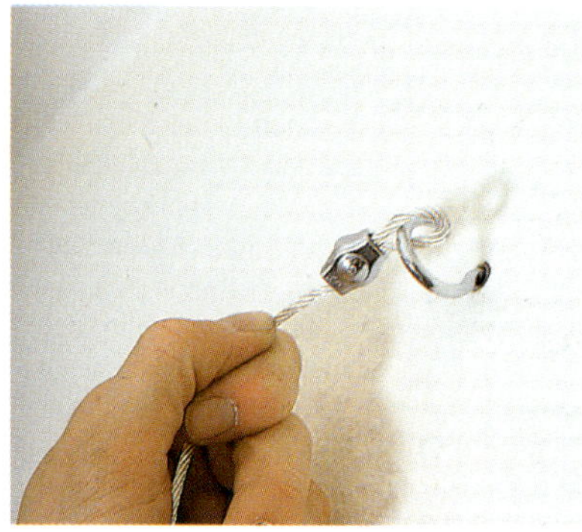
6 Schlaufen in Schraubhaken einhängen

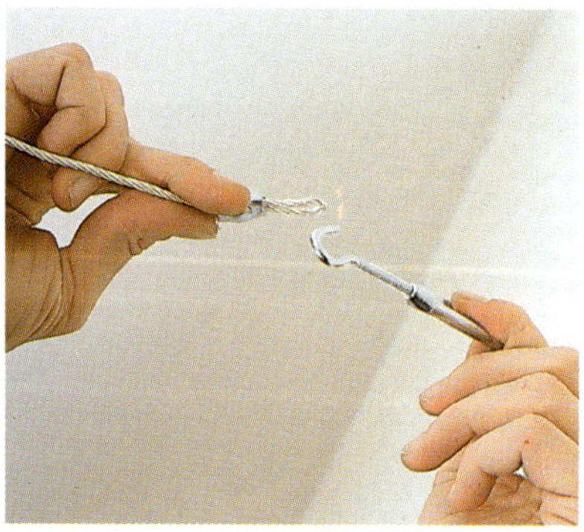
7 Schlaufen in Spannerhaken einhängen

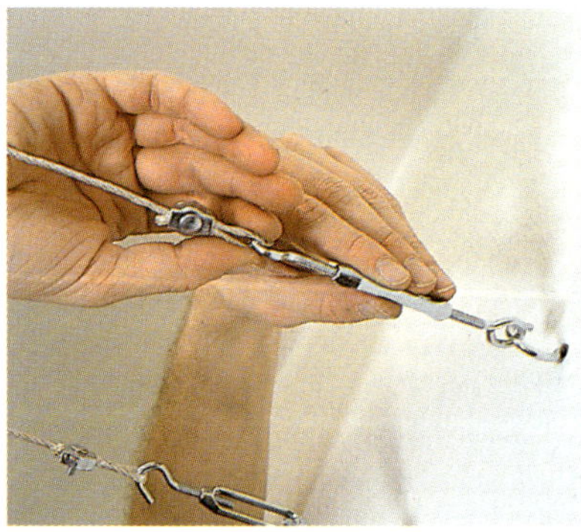
8 Spanner auf Zug zusammendrehen

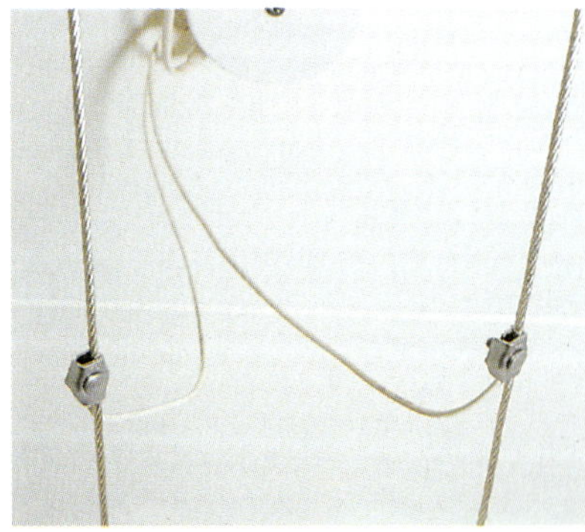
9 Mit Seilkauschen Anschlußkabel anschließen

an den Wänden ab. Normalerweise überspannt man einen Raum parallel zu einer Wand. Abhängig von der Möblierung können sich aber auch andere Einbauvarianten anbieten. Namentlich diagonal verlaufende Systeme lockern Räume auf und lassen besondere Ausleuchtungsvarianten zu, etwa die direkte Beleuchtung von Kunstwerken oder besonders wertvollen Möbelstücken. Beachten Sie dabei aber, daß bei Diagonalspannung der Seilabstand nicht gleich dem Bohrungsabstand in den Wänden ist.
Markieren Sie die Bohrungen für die Dübel. Der übliche Seilabstand beträgt 125 mm, doch sind je nach Leuchten auch andere Maße möglich. Bohren Sie die Dübellöcher, setzen Sie die Dübel ein, und drehen Sie die Schraubhaken ein **(1)**. Wie bereits erwähnt, müssen Dübel und Haken einwandfrei in der Mauer sitzen, sonst werden sie durch den Zug des Spannseilsystems unweigerlich aus der Wand gerissen.

Seillänge ermitteln

Die Spannschlösser werden auf maximale Länge aufgedreht **(2)** und auf einer Seite in die Haken gehängt. Hängen Sie das Seil auf der anderen Seite lose über die Haken **(3)**. Legen Sie die beiden Enden des Seiles in die Haken der Spannschlösser ein **(4)**, und ziehen Sie das Seil straff. Geben Sie auf beiden Enden ca. 10 cm zu, und längen Sie das Seil mit dem Seitenschneider ab. Schneiden Sie das Seil in der Mitte durch.

Seil hängen

Bilden Sie an beiden Seilen mit Hilfe der Seilkauschen zunächst an einem Ende eine Schleife. Diese muß so groß sein, daß sie sich leicht in die Haken einhängen läßt. Ziehen Sie die Mutter fest an **(5)**, da beträchtliche Kräfte auf die Schlaufe einwirken.

SIEHE AUCH

unter:

Hängen Sie beide Seile mit den Schlaufen in die Schraubhaken und ziehen Sie sie auf der anderen Seite mit kräftigem Zug durch die Haken der Spanner **(6)**. So erhalten Sie die genaue Länge für die zweite Schlaufe. Formen Sie an beiden Seilen die zweite Schlaufe und hängen Sie die Seile in den Spanner **(7)**. Da Sie einige Vorspannung benötigen, sollte Sie das einige Kraft kosten. Kürzen Sie an allen vier Schlaufen die überstehenden Enden mit dem Seitenschneider ein und ziehen Sie die Seile mit den Spannschlössern stramm. Sie dürfen in der Mitte auf leichten Druck nur wenig nachgeben **(8)**. Mit weiteren Seilkauschen befestigen Sie die Zuleitungen vom Transformator an den Seilen. Wenn der Transformator bereits ans Netz angeschlossen ist, müssen Sie wegen der Kurzschlußgefahr den betreffenden Stromkreis spannungsfrei machen **(9)**.

Acrylhalterungen

Eine wesentlich elegantere Lösung bietet sich bei Verwendung von Acrylhalterungen, die besonders in Kombination mit entsprechenden Acrylleuchten leicht und luftig wirken. Diese Halterungen kosten zwar mehr als die konventionellen Systeme, bieten aber Vorteile nicht nur in der Optik, sondern auch in der Handhabung. Zur Wandmontage wird eine mit drei Schraubenbohrungen versehene Acrylplatte an die Wand gedübelt. Dies ist hier auch bei weniger tragfähigen Wänden möglich – etwa bei Altbauten –, da Sie nicht das mitgelieferte Befestigungsmaterial verwenden müssen, sondern beliebig lange Dübel und Schrauben einsetzen können. Vor der Montage wird durch die mittlere Bohrung von hinten eine lange Maschinenschraube eingeführt, die zusammen mit einer Flügelmutter zum Spannen der Seile dient.

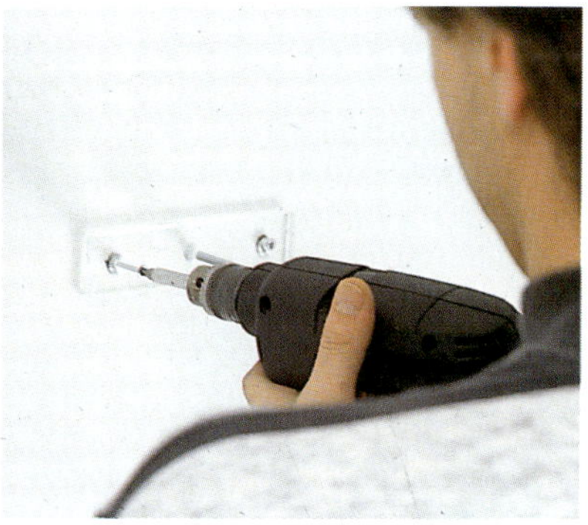

Nach Einsetzen der Spannschraube von hinten wird die Halteplatte an die Wand gedübelt

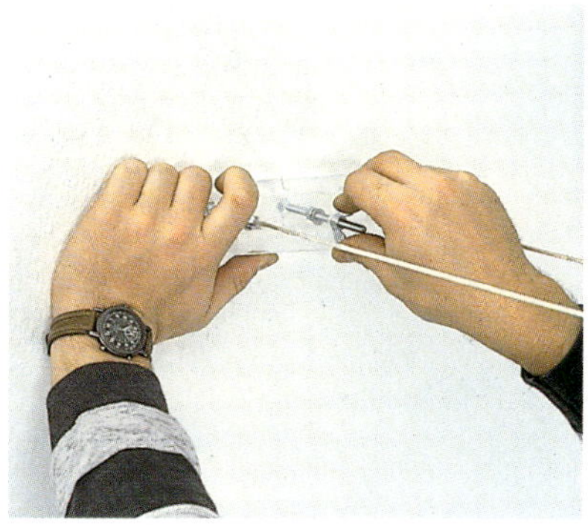

Durch vorsichtiges und gleichmäßiges Eindrehen der Flügelschrauben spannt man die Seile

Als Seil verwenden Sie eine versilberte Kupferlitze mit Kevlarfaden. Diese wird wie beschrieben abgelängt. Dabei ist aber zu beachten, daß Sie keine Schlaufen bilden, sondern das Seil durch die äußeren Bohrungen der zweiten Acrylplatte fädeln und dahinter mit den Kauschen sichern müssen. Bei der provisorischen Montage müssen die Seile bereits Spannung aufweisen, wenn die Flügelmuttern nur ein kleines Stück eingeschraubt sind. Wahrscheinlich werden Sie eine der Kauschen mehrfach versetzen müssen, bis beide Seile beim Spannen den gleichen Zug aufweisen und die Acrylplatten parallel zur Wand stehen.
Sobald dies gelungen ist, können Sie die überstehenden Seilenden mit dem Seitenschneider abschneiden und das System montieren. Dazu setzen Sie auf einer Seite eine Acrylplatte auf die Befestigungsschraube und drehen die Flügelmutter wenige Umdrehungen ein. Genauso verfahren Sie auf der anderen Seite. Spannen Sie nun das System, indem Sie auf beiden Seiten die Flügelschrauben Zug um Zug anziehen, bis die Seile in der Mitte auf Druck kaum mehr nachgeben. Nun kann der Transformator angeschlossen werden.

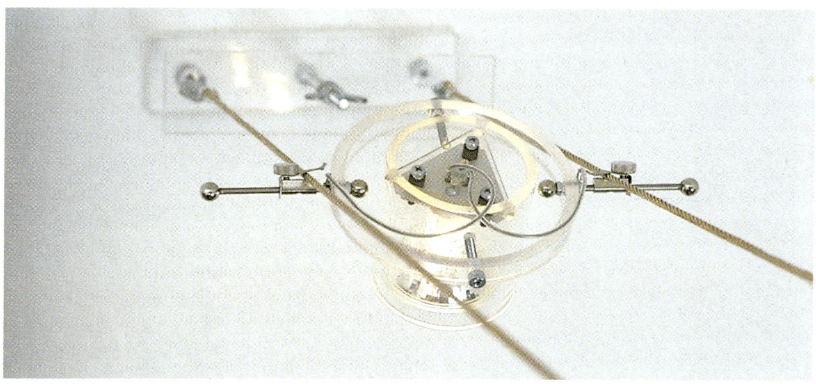

Besonders leicht und elegant erscheint ein Spannseilsystem mit Acrylhalterungen und -leuchten

TRANSFORMATOR ANSCHLIESSEN

Der Ringkerntransformator wird neben dem Stromanschluß an die Decke gedübelt

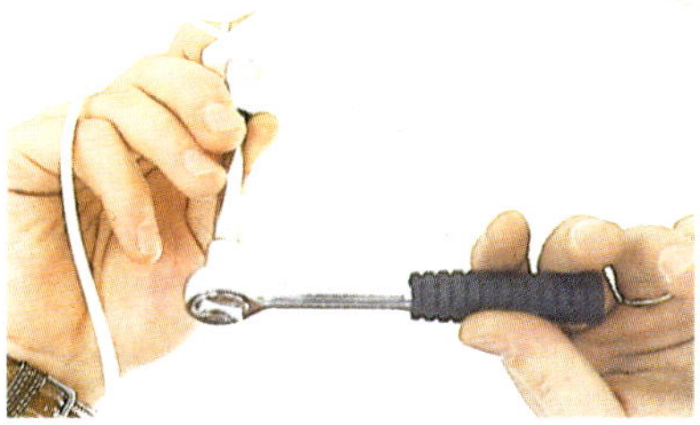

Stromanschluß durch eine Sicherheitsbrücke

Dübeln Sie den Ringkerntransformator mit einer langen Schraube an die Decke. Längen Sie die Niedervoltleitungen so ab, daß sie 3 cm länger sind als der Abstand zur Anschlußstelle. Schrauben Sie die abisolierten Zuleitungen mit in die Fassungen der Brücke. Zuletzt verbindet man den Hochspannungseingang des Trafos mit der Lichtleitung. Dazu müssen die Sicherungen entfernt werden – eine Sache für den Fachmann!

HALOGEN-LEUCHTEN BAUEN

SIEHE AUCH
unter:
Niedervoltanlagen 248
Spannseilsysteme 249–251

Halogen-Niedervolttechnik ist ein dankbares Feld für den Heimwerker. Nicht nur Schienen- und Spannseilanlagen lassen sich ohne besondere Fachkenntnisse installieren – den Netzspannungsbereich ausgenommen. Auch beim Bau von Leuchten sind der eigenen Kreativität kaum Grenzen gesetzt.

LEUCHTEN ANSCHLIESSEN

Der Einbau handelsüblicher Acrylleuchten ist denkbar einfach. Zu beiden Seiten der Leuchten ragen Metallstäbe aus dem Leuchtenkörper, die verschiebbare Seilbefestigungsklemmen tragen. Schieben Sie die Klemmen auf beiden Seiten auf die Seile. Richten Sie die Leuchte mittig aus, und fixieren Sie sie durch Anziehen der Rändelschrauben.

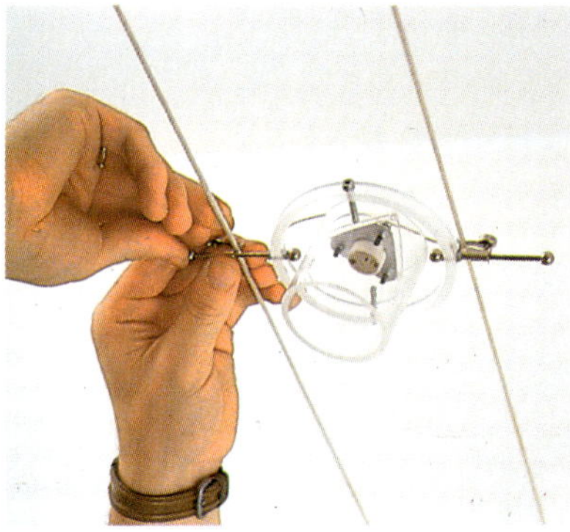

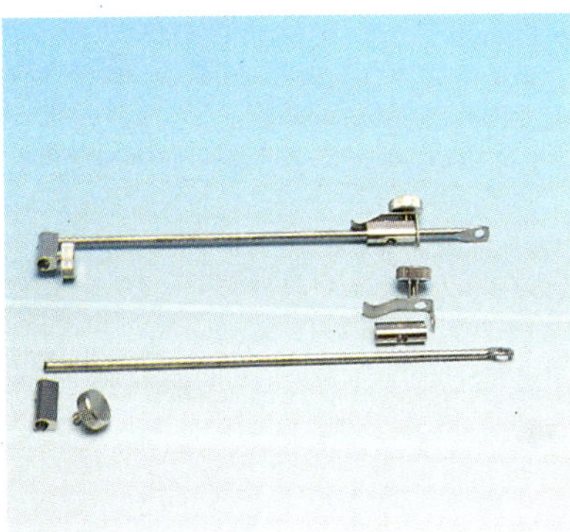

1 Handelsüblicher Stablampenbausatz vormontiert (a) und in Teilen (b)

2 Zusätzliche Sicherheitsfassung für den Stablampenbausatz

Stableuchte für Spannsysteme

Solche Leuchten lassen sich mit handelsüblichen Bausätzen ohne weiteres selbst zusammenbauen. So benötigt man für den Bau einer Stableuchte nur einige wenige Bauteile. Ein Bausatz besteht aus zwei Stäben, zwei Fassungseinsätzen, einer Seilklemme und vier Rändelschrauben **(1)**. Außerdem brauchen Sie natürlich eine Halogenlampe, wobei im wesentlichen Kaltlichtspiegellampen in Betracht kommen. Zur Absicherung gegen Kurzschlüsse empfiehlt sich die Verwendung einer Sicherheitsfassung **(2)**.
Beim Zusammenbau schieben Sie zunächst die Klemme und den Fassungseinsatz auf den Stab. Verbinden Sie Stab, Fassungseinsatz und Klemme mit einer Rändelschraube **(3)**. Drehen Sie das Stabende mit eingeschnittenem Gewinde in eines der Gewinde am Fassungseinsatz. Anschließend schieben Sie den vormontierten Steg in die Sicherheitsfassung. Bauen Sie den zweiten Stab in gleicher Weise zusammen. Nachdem Sie die Halogenlampe in die Sicherheitsfassung eingeschoben haben **(4)**, können Sie die Leuchte am Seilsystem montieren.

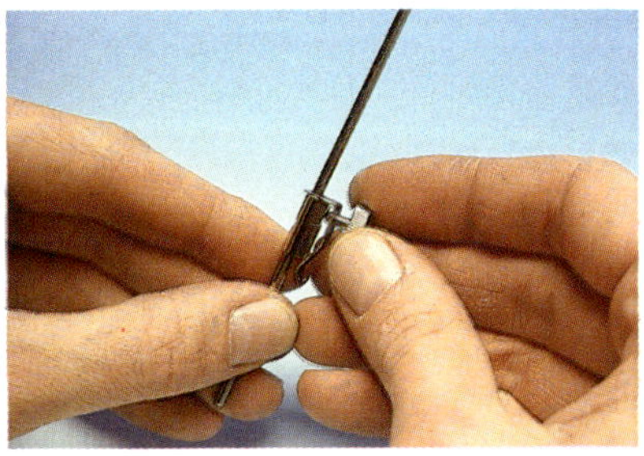

3 Klemme mit Rändelschraube auf Stab bauen

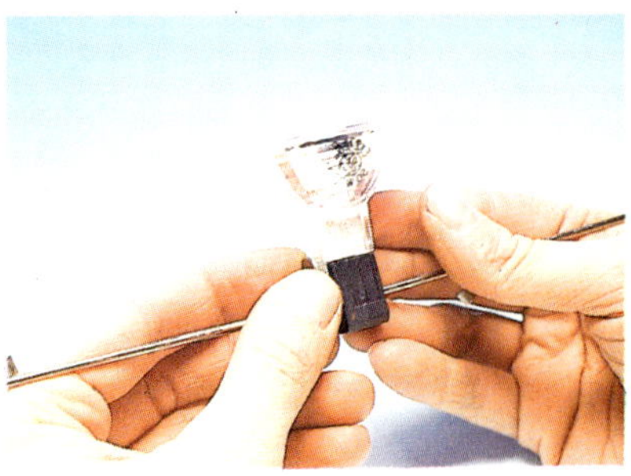

4 Lampe in Sicherheitsfassung einstecken

Barbeleuchtung

Beim Basteln mit Halogenleuchten sind Ihrer Phantasie keine Grenzen gesetzt. Das hier beschriebene Beispiel einer Barbeleuchtung soll nur als Anregung dienen.

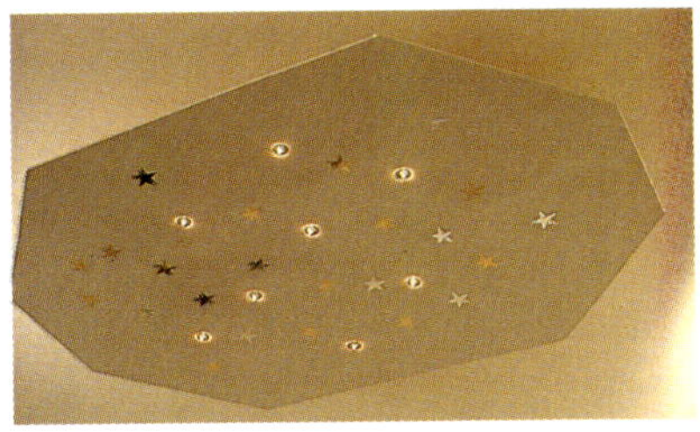

1 Barbeleuchtung mit Sternenhimmel

Die hier verwendeten kleinen Starlights werden normal in abgehängte Decken eingebaut. Sie können aber ebensogut Downlights verwenden. Leuchten dieser Art lassen sich über Theken, in Küchenräumen, aber auch in Kinderzimmern verwenden, da sie in Form und Dekor vorhandene Motive aufnehmen können. Das Aufbauprinzip ist einfach: Lassen Sie sich eine Spanplatte in geeigneter Größe ausschneiden. Sägen Sie diese entsprechend der gewünschten, individuellen Form zu, und schneiden Sie mit einer passenden Lochsäge die Ausschnitte für Star- oder Downlights zu. Schrauben und leimen Sie vier Holzklötze auf die Rückseite, und drehen Sie Schraubhaken für die Aufhängung ein. Schrauben Sie zwei Kontaktleisten an. Versehen Sie die Spanplatte mit dem Dekor Ihrer Wahl. Das kann ein Furnier ebenso sein wie eine Lackierung oder ein Folienbezug.
Setzen Sie nun die Star- oder Downlights ein. Dazu müssen meist zwei Federn zusammengedrückt werden. Damit rasten die Leuchten in die Ausschnitte ein. Verbinden Sie nun die Anschlußkabel der Leuchten mit den Kontaktleisten. Dazu werden diese mit Kabeln und Lüsterklemmen verlängert. Achten Sie auf einheitliche Polung. Schrauben Sie den Transformator mittig auf die Spanplatte, und verbinden Sie dessen Ausgangsklemmen ebenfalls mit den Kontaktleisten. Lassen Sie den Transformator ans Netz anschließen.

SIEHE AUCH

unter:
Leitungen verlegen 233
Lichtschalter 243–245

Elektrische Außeninstallationen gehören im allgemeinen in die Hände von Elektrikern. Hier kann der Heimwerker von der Wahl des Kabels bis hin zum Feuchtigkeitsschutz so viel falsch machen, daß ihm von der Neuverlegung oder Reparatur solcher Einrichtungen nur abgeraten werden kann. Dennoch gibt es auch im Außenbereich einige Arbeiten, die man sich mit einiger Erfahrung zutrauen kann.

Haustürleuchte einbauen

Auch wenn Sie über eine erstklassige Haustür mit modernsten Schließsystemen verfügen – Sie können sich nie ganz sicher fühlen, wenn Sie nicht erkennen können, wer an Ihrer Tür läutet. Ein Weitwinkelspion gehört daher zur Grundausstattung einer Haus- oder Wohnungstür. Doch auch der nützt wenig, wenn ungebetene Gäste im Schutz der Dunkelheit erscheinen. Hier schafft eine Haustürleuchte Abhilfe.

Anschluß

Falls Ihr Haus bereits eine Haustürleuchte aufweist, ist beim Ersatz nur darauf zu achten, daß es sich um eine tropf- oder spritzwassergeschützte Leuchte handelt. Diese kann ohne weiteres an bestehende Lichtleitungen angeschlossen werden. Je nach Material und Ausführung ist dabei der Schutzleiter anzuschließen. Nur bei schutzisolierten Leuchten ist dies nicht erforderlich. Die Befestigung erfolgt in der Regel mit Dübeln und Schrauben. Falls eine Neuinstallation erforderlich ist, verlegen Sie die Kabel gemäß dem abgebildeten Schema. Verwenden Sie dazu schwarzes Kabel der Kennzeichnung NYY oder Feuchtraumkabel (NYM).

Infrarotschalter: Funktion und Einsatz

Wenn Sie in der Dunkelheit auf ein Haus zugehen und die Hausbeleuchtung schaltet sich an, ist ein Infrarotschalter im Spiel. Dieses Gerät reagiert auf Wärmestrahlung. Dadurch erkennt es die Annäherung eines Menschen oder eines Tiers ebenso zuverlässig wie die eines Autos. So kann der Infrarotschalter für eine Vielzahl von Aufgaben eingesetzt werden: Er schaltet das Garagenlicht ein, wenn ein Hausbewohner zurückkommt, er hilft den Zugang zur Haustür überwachen oder dient als Bewegungsmelder für die Alarmanlage.
Praktisch sind Infrarotschalter auch in langen Fluren oder Treppenhäusern, in denen sie komplizierte Kreuz- und Wechselschalter ersetzen können.

Infrarotschalter gibt es integriert in Außenleuchten, zum Einbau in Geräteeinbaudosen sowie als Anbaugerät mit eigenem, feuchtigkeitsgeschütztem Gehäuse. Die meisten Infrarotschalter bieten zwei Einstellmöglichkeiten, die meist mit Einstellschrauben oder Rändelrädern verstellt werden. Die eine dient der Einstellung der Einschaltzeit, wobei der Einstellspielraum von einigen Sekunden bis zu mehreren Minuten reicht. Die andere reguliert den eingebauten Sensor für die Umgebungshelligkeit. Damit können Sie einstellen, bei welchen Lichtverhältnissen der Schalter aktiviert wird, und verhindern, daß dieser auch bei Tageslicht die Beleuchtung einschaltet.

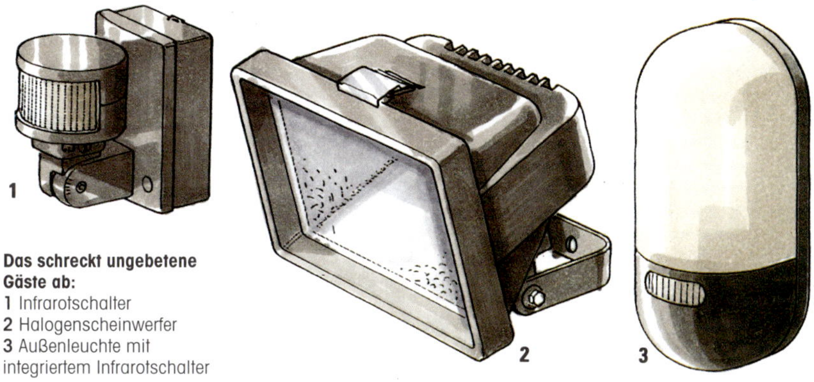

Das schreckt ungebetene Gäste ab:
1 Infrarotschalter
2 Halogenscheinwerfer
3 Außenleuchte mit integriertem Infrarotschalter

Montage eines Infrarotschalters

Infrarotschalter für den Außenbereich werden am besten an einer witterungsgeschützten und vom Boden aus schwer erreichbaren Stelle – etwa einem vorkragenden Dach – mit Dübeln und Schrauben an die Wand montiert. Der Anschluß erfolgt entsprechend der Montageanleitung des Herstellers. Die Zuleitung erfolgt von der Leuchte. Wenn nur zwei Adern zur Verfügung stehen, ersetzt man den Schalter der Leuchte durch einen Taster. So kann man die Leuchte durch Tasten einschalten und dem Zeitschalter des Infrarotgeräts das Ausschalten überlassen. Steht eine dritte Ader zur Verfügung, kann man den Infrarotschalter überbrücken und auf Dauerlicht schalten. Nach der Montage richten Sie den Schalter entsprechend Ihrem Bedarf aus. Durch Veränderung der Neigung läßt sich der kontrollierte Bereich einstellen. Viele Geräte bieten austauschbare Linsen zur Einstellung für Nah- (ca. 6 m), Normal- (ca. 12 m) und Fernbereich.

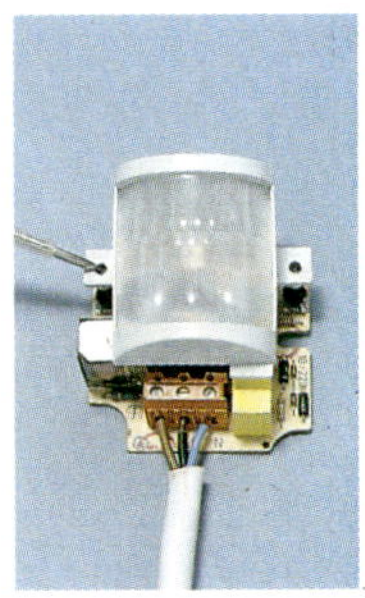

Einschaltdauer und Ansprechhelligkeit werden bei den meisten Geräten mit Einstellschrauben reguliert

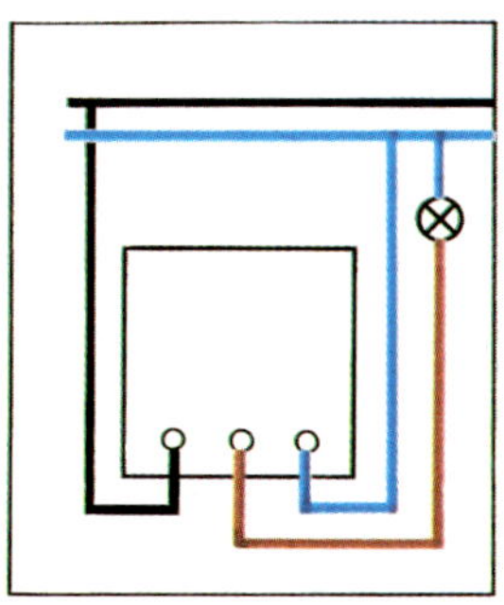

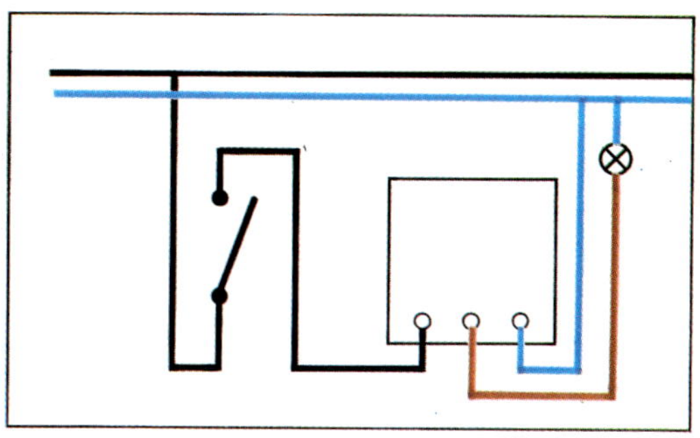

STÖRUNGS-SUCHE UND-BESEITIGUNG

SIEHE AUCH
unter:
Hausinstallationen 232
Lampen und Leuchten 240
Schalter ersetzen 244

Oft ist es nur eine Kleinigkeit, die daran schuld ist, daß das Bügeleisen streikt, die Bohrmaschine ihren Dienst verweigert. Während die »weiße Ware« – Kühlgeräte, Wasch- und Spülmaschinen usw. ausschließlich vom autorisierten Werkskundendienst gewartet und repariert werden sollte, kann der Heimwerker bei defekten Kleingeräten schon einmal einen Blick ins Innere werfen, zumal da es einige typische, leicht zu behebende Schäden gibt, die manche Neuanschaffung ersparen.

Austausch einer Bügeleisenschnur

Anschlußleitungen von Bügeleisen werden arg strapaziert. Dementsprechend schnell nutzen sie sich ab. Demgegenüber ist die schlichte Technik eines solchen Geräts langlebig und kaum störanfällig. Der Austausch des Kabels lohnt also in den meisten Fällen. Öffnen Sie zunächst die Abdeckung, und lösen Sie die Schrauben der Zugentlastung. Notieren Sie sich die Anschlußbelegung. Versehen Sie das neue Kabel – verwenden Sie die gleiche textilummantelte Qualität – mit einem Schutzkontaktstecker.
Prüfen Sie die Anschlußklemmen im Bügeleisen. Beschädigte Klemmen sind auszutauschen.
Isolieren Sie das neue Kabel so weit ab, daß die Adern vom Mantelende bequem zu den Anschlüssen reichen. Umwickeln Sie das Mantelende mit einem Stück Klebeband, um es vor weiterem Ausfransen zu sichern. Versehen Sie die Aderenden mit neuen Aderendhülsen. Schließen Sie die Aderenden an. Befestigen Sie die Zugentlastung an der mit Klebeband gesicherten Stelle. Ziehen Sie alle Schrauben fest und schließen Sie das Gerät.

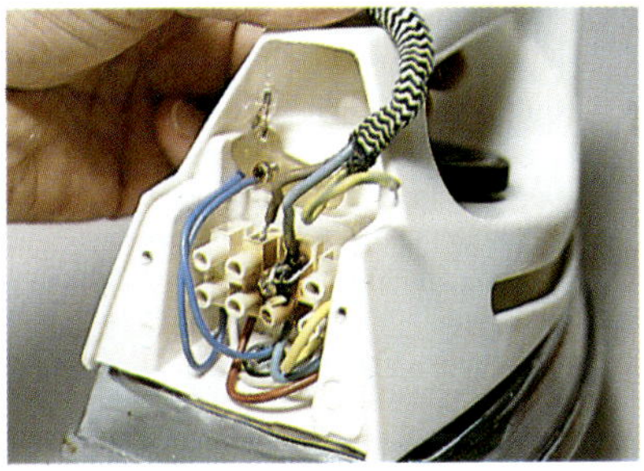
Nach Entfernen der Abdeckung sind die Anschlüsse ohne weiteres zugänglich

Kohlen bei Elektromotoren erneuern

Kohlen dienen bei Elektromotoren dazu, den Strom auf den Kollektor zu übertragen. Dabei sind sie einem natürlichen Verschleiß unterworfen, so daß sie nach längerer Betriebszeit ausgewechselt werden müssen.
Ziehen Sie den Netzstecker, und öffnen Sie das Gerät. Die Kohlen liegen an einem Ende der Motorwelle zu beiden Seiten des Kollektors und sind meist gut zugänglich. Ziehen Sie die Steckkontakte ab. Danach lassen sich entweder die Kohlen nach oben aus ihren Haltern ziehen, oder die Kohlenhalter können, wie rechts zu sehen, mit abgenommen werden. Dazu müssen die an den Kohlen befestigten Federn zusammengedrückt werden.
Besorgen Sie sich bei der jeweiligen Werksvertretung neue Kohlen. Reinigen Sie das Innere des Geräts von Schmutz und Staub. Der Einbau der Kohlen erfolgt in umgekehrter Reihenfolge wie der Ausbau. Setzen Sie die Kohle in den jeweiligen Kohlenhalter. Drücken Sie die Feder zusammen, und setzen Sie den Kohlenhalter wieder ein. Schließen Sie das Gerät.

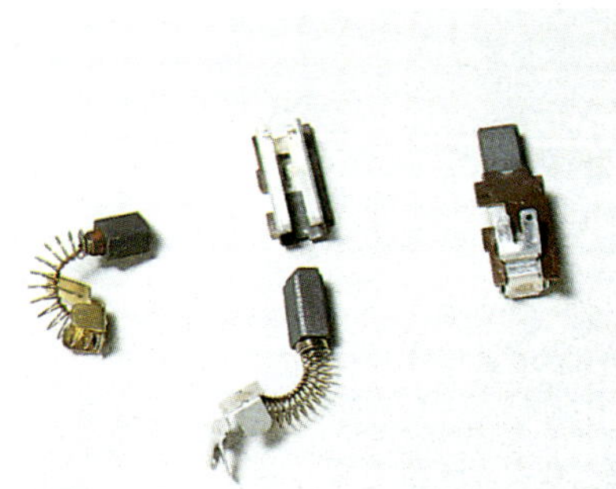
Links eine verbrauchte Kohle; Mitte: die neue Kohle vor dem Einbau; rechts montiert im Halter

Der mit einer neuen Kohle versehene Kohlenhalter wird wieder eingebaut

Fehlersuche

Bei Schäden an Kleingeräten steht man meist vor der Entscheidung, ob eine Reparatur noch wirtschaftlich ist oder ob gleich eine Neuanschaffung in Betracht gezogen werden sollte. In vielen Fällen sind vor allem weniger hochwertige Geräte so konstruiert, daß sie nach einer bestimmten Betriebszeit verbraucht sind. Reparaturen sind kaum möglich. Höherwertige Geräte wie Werkzeugmaschinen lohnen im allgemeinen eine Reparatur. Entscheidend für den Erfolg ist eine systematische Fehlersuche, bei der man sich an der folgenden Checkliste orientieren kann.

Funktionskontrolle
Ist das Gerät vollständig ausgefallen oder sind nur Teilfunktionen betroffen. Daraus lassen sich bereits erste Schlüsse auf die Ausfallursache ziehen.

Sichtkontrolle
Prüfen Sie Kabel und Stecker auf einwandfreies Aussehen. Vor allem Kabel müssen bei den geringsten Anzeichen auf eine Beschädigung sofort ausgetauscht werden. Hilfreich bei der Fehlersuche: Brandige Gerüche weisen auf verschmorte Kontakte oder durchgebrannte Wicklungen hin.

Lassen Sie es nicht soweit kommen! Schadhafte Leitungen sind lebensgefährlich und müssen auch bei scheinbar geringfügigen Beschädigungen sofort ausgetauscht werden

Kontakte
Für diese Prüfung müssen Sie das Gerät öffnen. Bei höherwertigen Geräten ist dies auch mittels einiger Schrauben ohne weiteres möglich. Ziehen Sie unbedingt zuvor den Netzstecker. Unterziehen Sie alle Anschlüsse einer Sichtprüfung. Ziehen Sie an den Adern, um den festen Sitz zu prüfen.

Durchgangsprüfung
Mit dem Durchgangsprüfer tasten Sie die verschiedenen Leitungsabschnitte zwischen Steckkontakt und Anschluß im Gerät ab. Wenn Sie zu keinem Ergebnis kommen – geben Sie auf!

SIEBTES KAPITEL

INSTALLATION

WASSER-VERSORGUNG

SIEHE AUCH
unter:

Grunddaten zur Sanitärinstallation 258
Rohre und Fittings 268
Leitungen 269–275

In den letzten Jahren haben sich vor allem Eigenheimbesitzer mit ihren Eigenleistungen auch in den Bereich der Sanitärinstallation vorgewagt. Dank eines nahezu lückenlosen Angebots in Baumärkten werden dabei auch Aufgaben mit Erfolg gemeistert, die bislang dem Installateur-Fachbetrieb vorbehalten waren. Tatsächlich spricht nichts dagegen, daß ein geschickter Heimwerker Armaturen und Waschbecken montiert oder den Toilettenspülkasten austauscht, solange die Tabuzonen im Bereich der Elektroinstallation peinlich genau beachtet werden.

Wasserversorgung

In Deutschland ist die Trinkwasserqualität per Gesetz geregelt. Ob es nun aus Brunnen gefördert oder aus Oberflächenreservoirs entnommen wird – das Wasser, das vom Wasserwerk dem Verbraucher zugleitet wird, muß sowohl der DIN 2000 als auch den Bestimmungen des Lebensmittelgesetzes entsprechen. Es steht am Hausanschluß mit ausreichendem Druck zur Verfügung, so daß keine druckregulierenden Einrichtungen erforderlich sind. Nahe dem Eintritt der Hausanschlußleitung ist der Wasserzähler mit dem Hauptabsperrventil angebracht. Beide Einrichtungen müssen sterts gut zugänglich sein und dürfen nicht durch Möbel oder Einbauten verstellt werden.

Die Hausanschlußleitung wird von der öffentlichen Versorgungsleitung zum Gebäude geradlinig, leicht ansteigend und frostsicher verlegt. Je nach Temperaturzone verläuft die Leitung in Tiefen von 1–1,8 m. Die Versorgungsleitung darf nicht überbaut werden, das blaue Hinweisschild sollte stets gut sichtbar sein.

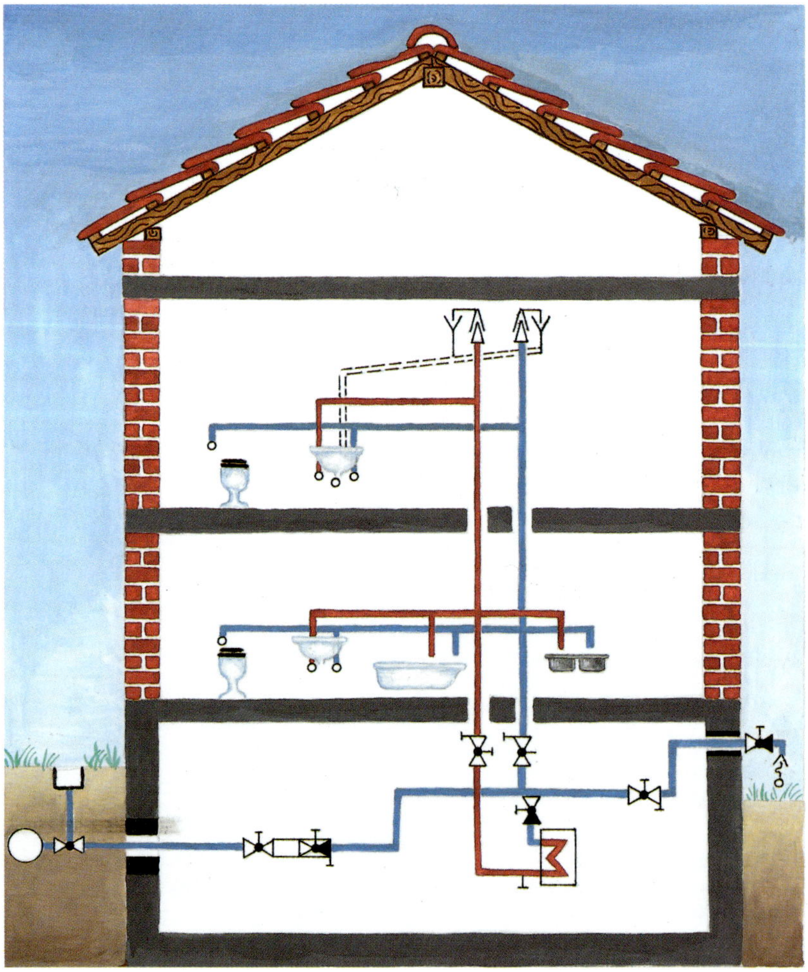

So sieht die typische Wasserversorgung eines normalen Einfamilienhauses aus

WASSERLEITUNGEN VERLEGEN

Wasserleitungen dürfen nicht in Kellerfußböden verlegt werden. Da Wärme nach oben ausstrahlt, sind Kaltwasserleitungen grundsätzlich unterhalb von Warmwasserleitungen zu verlegen. Sämtliche Leitungen sollen geradlinig mit Steigungen zu den Entnahmestellen verlegt werden. Dabei sind Umleitungen und Lufttaschen – Luftblasen in der Leitung – zu vermeiden. An den Tiefpunkten von Steig- und Versorgungsleitungen sind Absperrventile mit Entleerungsmöglichkeit anzubringen. Wegen der Gefahr des Einfrierens im Winter dürfen Steig- und Verteilungsleitungen nicht in Außenwänden verlegt werden. Die einzige Ausnahme bildet der Außenanschluß für den Gartenwasserhahn. Diese Leitung muß getrennt abzusperren und zu entleeren sein.

Nach DIN 1988 muß bei nebeneinanderliegenden Entnahmestellen für warmes und kaltes Wasser die Absperrvorrichtung für Warmwasser links, für Kaltwasser rechts angebracht sein. Diese Regelung gilt auch für Armaturen. Um zu verhindern, daß Schmutzwasser in den Trinkwasserkreislauf gelangt, schreibt der Gesetzgeber Rückflußverhinderer für Wasch- und Spülmaschinen vor, ebenso für Swimmingpools. Auslauföffnungen von Armaturen müssen mindestens 20 mm über dem höchsten Schmutzwasserspiegel liegen.

WASSERHÄRTE

Der Härtegrad des Wassers beschreibt die Menge der in einem bestimmten Volumen Trinkwassers gelösten Mineralstoffe, vor allem Calcium und Magnesium. Dabei wird nach Härtegraden und Härtebereichen unterschieden:

Härtebereich 1 = 1– 7°
Härtebereich 2 = 7–13°
Härtebereich 3 = 13–21°
Härtebereich 4 = über 21°

Die für Ihren Wohnort gültige Wasserhärte können Sie bei Ihrem Wasserwerk erfragen. Dies ist etwa beim Wäschewaschen von Bedeutung, da die Dosierung der Waschmittel entsprechend der Wasserhärte erfolgt. Die Waschmittelpakete weisen entsprechende Aufdrucke auf. Bei den mitgeteilten Werten handelt es sich um Spitzenwerte. Es empfiehlt sich also, die Untergrenze einzuhalten.

ABWASSER-ENTSORGUNG

SIEHE AUCH
unter:
Abwassersystem warten 265

Abwasser

Wie die Wasserversorgung, so ist auch die Abwasserentsorgung durch entsprechende DIN-Norm und gesetzliche Vorschriften geregelt. DIN 1986 unterscheidet bei der Abwasserentsorgung folgende Leitungsabschnitte:

- Die **Grundleitung** nimmt über die Sammelleitung das gesamte Abwasser auf und leitet es in die Kanalisation.
- Die **Falleitung** sammelt das Abwasser aus den einzelnen Geschoßen und leitet es in die Grundleitung. Sie ist grundsätzlich entlüftet.
- Die **Anschlußleitung** führt vom Geruchverschluß eines Abwasserauslaufs zu einer Sammel- oder zur Falleitung.
- Die **Umgehungsleitung** nimmt überschüssiges Abwasser auf, wenn es zu einem Stau kommt. Sie ist nur in mehrgeschoßigen Häusern vorgeschrieben.
- Die **Lüftungsleitung** dient der Entlüftung des Abwassersystems und führt selbst kein Abwasser.
- Die **Regenfalleitungen** nehmen das Regenwasser aus den Dachrinnen auf und leiten es direkt in die Grundleitung oder, häufiger, über eine Sammelleitung in einen Sickerschacht.

Anschlußwerte

Der Durchmesser von Abwasserleitungen ergibt sich aus Anzahl und Abwasseranfall der Wasserverbraucher, die daran angeschlossen sind. Dazu sind den einzelnen Wasserverbrauchern »Anschlußwerte« zugeordnet. So hat ein Waschbecken den Anschlußwert 0,5, Spülbecken, Wasch- und Spülmaschine, Dusche und Badewanne jeweils 1, während ein WC mit einem Anschlußwert von 2,5 zu Buche schlägt. Ein Abflußrohr von 40 mm Durchmesser entspricht dem Anschlußwert 1. Daran können also zwei Handwaschbecken angeschlossen werden. Soll die Waschmaschine an den gleichen Ablauf angeschlossen werden, muß auf den nächstgrößeren Rohrdurchmesser ausgewichen werden.
In der Praxis sind solche Rechenspiele allerdings problematisch, da für die Ermittlung des richtigen Rohrdurchmessers auch noch andere Faktoren maßgeblich sind, etwa das Gefälle oder die Art des angeschlossenen Entwässerungsobjekts. Die Festlegung des richtigen Abflußdurchmessers sollte nicht ohne den Fachmann erfolgen.

Entwässerungsleitungen

Nur Rohre mit DIN-Prüfzeichen dürfen als Entwässerungsleitungen verlegt werden. Gebräuchliche Materialien sind Gußeisen, Stahl und Kunststoff. Für die Verarbeitung durch den Heimwerker kommen eigentlich nur Kunststoffrohre in Frage, wobei die Kürzel über die jeweilige Temperaturbeständigkeit Auskunft geben. So steht KG für »Kaltwassergrundrohr, KA für »Kaltwasserabflußrohr« Beide Ausführungen eignen sich nur für Abwässer bis ca. 60 °C. Achten Sie beim Einkauf also auf das Kürzel HT, das für »hochtemperaturbeständig« steht. Damit sind Sie auch dann auf der sicheren Seite, wenn die Waschmaschine die Lauge der Kochwäsche abpumpt.
Da Abwasserrohre starken Temperaturschwankungen unterliegen und sich dementsprechend ausdehnen oder zusammenziehen, muß bei der Montage auf den notwendigen Dehnungsausgleich geachtet werden. Dies geschieht, indem man die Rohre nicht bis zum Anschlag in die Muffen steckt, sondern ein gewisses Spiel läßt, und durch die Verwendung von Gleitschellen.

Abwasserentsorgung über Sammelleitungen und Fallrohre

GRUNDDATEN ZUR SANITÄR-INSTALLATION

SIEHE AUCH
unter:
Abwasserversorgung 257

Wer mehr will als nur die Dichtung eines Wasserhahns auszuwechseln, kommt um die Beachtung einiger verbindlicher Normen nicht herum. Denn was auf den ersten Blick so einfach aussieht – ein Wasserversorgungs- oder Abflußrohr zu verlegen –, ist in Wahrheit ein Arbeitsgang, zu dessen fachgerechter Erledigung eine ganze Reihe von Aspekten beachtet werden muß. Damit Feststoffe auch wirklich mitgeschwemmt werden, der Ablauf nicht gurgelt, kein Abwasserstau eintritt, müssen Rohrmaterial, -durchmesser, Befestigung und Gefälle gut aufeinander abgestimmt sein. Wie es gemacht wird, weiß am besten Ihr Installateur, und Sie sind gut beraten, wenn Sie größere Änderungen an der Sanitärinstallation Ihres Hauses in seine Hände legen. Selbermacher finden in den folgenden Tabellen die wichtigsten Hinweise.

Vorgeschriebene Leitungsquerschnitte für Kupferleitungen

Verwendung	Normbezeichnung Innendurchmesser in mm	Rohraußendurchmesser Wanddicke in mm
Hausanschlußleitung	25 DN	28 mal 1,5
Steigleitungen	20 DN	22 mal 1,0
Anschlußleitungen Rohrbe- und -entlüfter	20 DN	22 mal 1,0
Tropfwasserleitung bis 3 m, 3 Bogen	20 DN	22 mal 1,0
Tropfwasserleitung bis 6 m, 6 Bogen	20 DN	22 mal 1,5
Stockwerksleitungen für Klosettspülungen, Wasch- und Spülmaschine, Waschbecken Badewanne, Dusche usw.	15 DN	15 mal 1,0

Leitungsquerschnitte und Anschlußwerte für Abwasserleitungen

Verwendung	Normbezeichnung	Durchmesser	Anschlußwert
Handwaschbecken, Waschbecken, Bidet	DN 40	40 mm	0,5
Spülbecken, Spül- und Waschmaschine, Ausguß	DN 50	50 mm	1
Dusche, Badewanne	DN 50	50 mm	1
Badablauf über 2 m Länge	DN 70	70 mm	1
WC	DN 100	100 mm	2,5

Mindestgefälle für Abwasserleitungen

Rohrdurchmesser	Mindestgefälle	Absenkung pro Meter
70 mm	1 zu 50	20 mm
100 mm	1 zu 50	20 mm
125 und 150 mm	1 zu 66,7	15 mm
über 200 mm	1 zu 0,5 % vom Rohrdurchmesser	

WASSER SPAREN

Reines Wasser gehört zu den kostbarsten Geschenken der Natur – und zu den meistbedrohten Ressourcen des Lebens. Wenn man bedenkt, daß in den Industrieländern jeder Mensch im Durchschnitt 140 Liter täglich verbraucht, von denen die meisten zur Toilettenspülung und Körperpflege verwendet werden, wird ersichtlich, wie sorglos mit dem Rohstoff Wasser umgegangen wird. Trinkwasser sparen ist daher ein wichtiger Beitrag zum Umweltschutz.

- Eine ausgiebige Dusche verbraucht rund 40 l Wasser, ein Vollbad aber ca. 120 l.
- Moderne WC-Spülkästen weisen eine sog. Spartaste auf, mit der sich der Ausfluß von Spülwasser begrenzen läßt. Ist für feste Fäkalien der gesamte Spülkasteninhalt (6–9 l) erforderlich, so reichen für Urin 2–3 l völlig aus.
- Sparstrahlregler in Wasserhähnen mischen dem Wasserstrahl Luft zu und reduzieren damit die ausfließende Wassermenge um die Hälfte. Sie gehören inzwischen zur Standardausstattung.

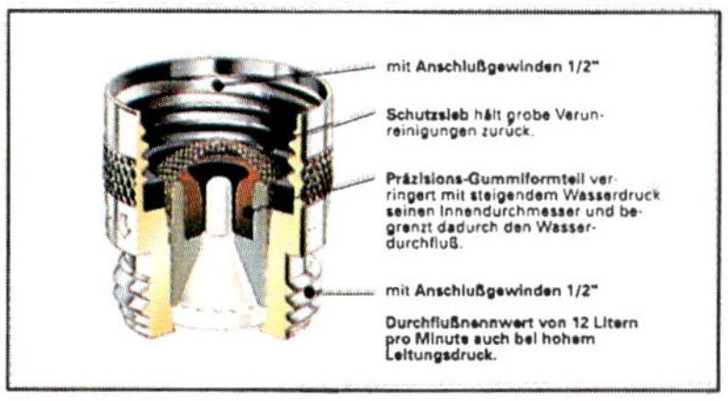

Sparstrahlregler gehören in jeden Wasserhahn

- Durchflußbegrenzer arbeiten ähnlich wie Sparstrahlregler, gleichen aber zusätzlich noch Druckunterschiede aus, so daß die ausfließende Wassermenge immer gleich bleibt.

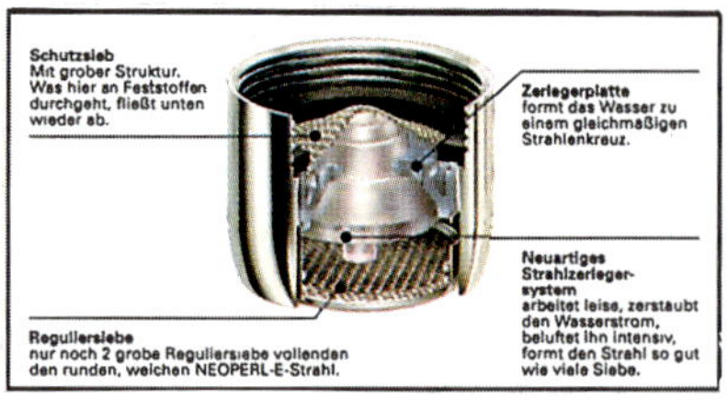

Durchflußbegrenzer halten Wassermenge konstant

Schnellschlußventile oder automatische Wasserstopps sollten dagegen nicht verwendet werden. Sie sperren die Leitungen schlagartig und erzeugen so Druckwellen, die auf Dauer Löt- und Schraubverbindungen, aber auch Geräte und Ventile beschädigen oder zerstören.

WASSERLEITUNGS-SYSTEM ENTLEEREN

Wenn Sie für längere Zeit verreisen, so daß Ihr Haus leersteht, oder auch bei kürzeren Reisen zur kalten Jahreszeit sollten Sie das Wasserleitungssystem vollständig entleeren. Sie ersparen sich dadurch böse Überraschungen durch Frostschäden, geplatzte Zuleitungsschläuche von Wasch- oder Spülmaschinen, Wasserrohrbrüche und dergleichen mehr. Je nach dem Wert Ihres Hauses und Ihrer Einrichtung können bei Wasserunfällen leicht Schäden in sechsstelliger Höhe entstehen.

- Schalten Sie alle Boiler und Warmwassergeräte ab. Lassen Sie Heizkessel und Boiler abkühlen.
- Schließen Sie das Hauptventil. Es befindet sich normalerweise im Keller in unmittelbarer Nähe des Wasserzählers.
- Öffnen Sie sämtliche Wasserhähne, und zwar sowohl die Warm- als auch die Kaltwasserventile.
- An den Tiefpunkten der Steig- und Verteilungsleitungen sollten Absperrventile mit Entleerungshähnen vorhanden sein. Öffnen Sie diese, und lassen Sie das Leitungssystem leerlaufen. Diese Ventile befinden sich meist in Kellerräumen mit Gully, so daß das Wasser einfach ablaufen kann.
- Bei starker Frostgefahr empfiehlt es sich, das Wasser in den Heizkörpern abzulassen, obwohl es sich dabei um eine recht aufwendige Arbeit handelt. Dagegen müssen in Kellerräumen stehende Heizkessel normalerweise nicht entleert werden. Streuen Sie Salz in Klosettschüsseln und Waschbeckenabläufe.

WASSERLEITUNGS-SYSTEM FÜLLEN

Schließen Sie sämtliche geöffneten Wasserhähne. Öffnen Sie nun das Hauptventil. Öffenen Sie, im Keller beginnend, der Reihe nach alle Wasserhähne. Das Wasser wird wegen der eingeschlossenen Luft zunächst spuckend und stoßweise entweichen, bald aber sauber fließen. Fahren Sie fort bis zum höchstgelegenen Wasserhahn. Sollte hier das Wasser nicht sauber auslaufen – am höchsten Punkt des Systems befinden sich Entlüftungsventile. Diese sind vorsichtig zu öffnen, bis Wasser austritt.

NOT-REPARATUREN

Besonders bei älteren Häusern sind Wasserrohrbrüche keine Seltenheit. Um in solchen Fällen größere Schäden und hohe Handwerkerkosten zu vermeiden, sollte jeder Hausbesitzer zumindest mit den einfachsten Maßnahmen vertraut sein, die in solchen Fällen durchzuführen sind, um die Wasserversorgung wenigstens notdürftig wieder in Gang zu bringen. Für gewöhnlich reichen dazu die Grundausstattung an Werkzeug und ein paar Ersatzteile aus.

Eingefrorene Rohre auftauen

In nach zeitgemäßen Richtlinien gebauten Häusern wird dieser Fall nur dann aufttreten, wenn das Haus in strengen Frostperioden längere Zeit unbeheizt leersteht und dabei sträflicherweise versäumt wurde, das Wasserleitungssystem zu entleeren. Ansonsten sind die Wasserleitungen stets frostsicher verlegt, und die Wasserleitung zum Gartenanschluß wird ohnehin im Herbst abgesperrt und entleert.
Durch Unachtsamkeit oder widrige Umstände, z. B. in strengen Frostnächten offenstehende Kellertüren, kann es dennoch geschehen, daß eine Wasserleitung einfriert. Wenn eine Versorgungsleitung nicht mehr funktioniert, sollten Sie hier zuerst nach dem Fehler suchen. Beseitigen Sie zuerst die Ursache des Frostschadens, indem Sie Türen oder Fenster schließen. Öffnen Sie einen Wasserhahn, und beginnen Sie die Leitung mit einem Haartrockner auf ganzer Länge aufzutauen. Da Kupfer ein guter Wärmeleiter ist, gelingt dies meist sehr schnell. Lassen Sie das Wasser noch eine Weile laufen, damit der Eispropfen auch restlos abtaut.

Angebohrte Leitung

Wenn Sie es sich zur Gewohnheit machen, vor dem Bohren von Dübellöchern oder dem Einschlagen von Nägeln die betreffende Wandstelle mit dem Metallsuchgerät zu prüfen, kann das Problem gar nicht auftreten. Sollte Ihnen dieses Mißgeschick dennoch widerfahren sein – Sie erkennen es an einem ständig größer werdenden feuchten Fleck an Wand oder Decke –, müssen Sie wie bei jedem Leitungsschaden zuerst das Wasser am Hauptventil absperren. Lassen Sie ggf. den Nagel oder den Bohrer stecken, bis die Leitung druckfrei ist.

Beschädigte Leitung abdichten

Ein Eispropfen kann sich bei fortgesetzter Frosteinwirkung so vergrößern, daß er das Rohr schließlich sprengt oder einen nahe gelegenen Anschluß durch Überdruck beschädigt. Dabei ist Kupfer gefährdeter als Blei, das weicher ist und sich leichter ausdehnt. Die hier beschriebenen Verfahren sind reine Notbehelfe, die die Wasserversorgung wiederherstellen, bis die Leitung fachmännisch repariert werden kann.
Als erster Schritt ist die Wasserversorgung am Hauptventil abzustellen. Wenn ein größerer Riß vorliegt, sollten Sie die Ränder mit leichten Hammerschlägen zusammenklopfen, bevor Sie das Rohr flicken.

Reparatur mit Schlauchstück
Schlitzen Sie ein Stück Gartenschlauch der Länge nach auf, und ziehen Sie es so über das beschädigte Rohrstück, daß der Schlitz auf der anderen Seite der Schadensstelle zu liegen kommt. Besorgen Sie sich ein paar Schlauchbinder passender Größe, wie sie auch zur Befestigung von Kühlwasserschläuchen in Automotoren verwendet werden. Befestigen Sie den Gartenschlauch mit mehreren Schlauchbindern über der Schadensstelle. Diese läßt sich so zumeist vollständig abdichten.

Zweikomponentenkleber
Schnellhärtende Zweikomponentenkleber wie Stabilit Express oder Klebharze auf Epoxydbasis haften auch auf Metallen. Rauhen Sie die Schadensstelle auf 20 bis 50 mm mit Schmirgelleinen oder grober Stahlwolle auf. Sie muß schmutzfrei und trocken sein. Rühren Sie eine ausreichende Menge Kleber an. Streichen Sie diesen in das Leck. Bilden Sie dann mit Kleber eine 3 bis 6 mm starke Muffe um die Schadensstelle. Dies geschieht am besten in mehreren Schichten. Wenn Sie nach der ersten Kleberschicht eine Schicht Glasfasermatte einlegen, ist die Reparaturstelle auch größeren Belastungen gewachsen.

SIEHE AUCH
unter:
Wasserversorgung 256
Leitungen 268–275

Eingefrorenes Rohr wieder auftauen
Blasen Sie die Stelle mit dem Haartrockner an.

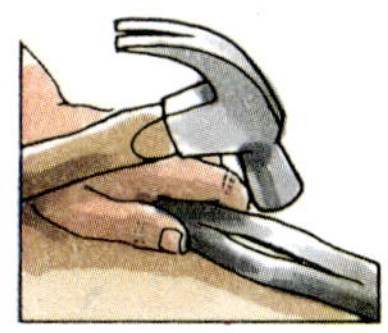

Riß schließen
Klopfen Sie klaffende Risse mit dem Hammer zusammen, ehe Sie weitere Schritte ergreifen. Besonders bei Bleirohren.

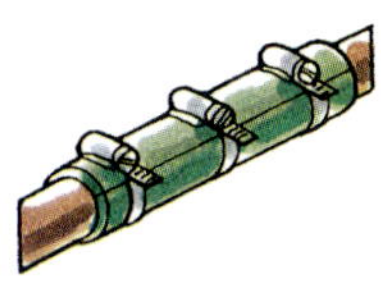

Schlauch
Klemmen Sie mit Schlauchbindern ein Stück Gartenschlauch über den Riß.

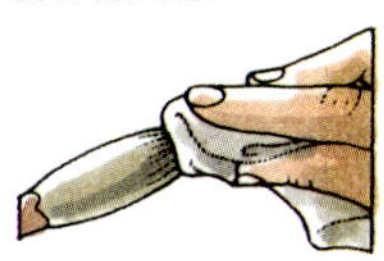

Kleber
Löcher schließen Sie am besten mit Zweikomponentenkleber. Schließen Sie das Loch, und bilden Sie eine Muffe.

TROPFENDEN WASSERHAHN REPARIEREN

SIEHE AUCH
unter:
Armaturen 260–261
Dichtungen 260–261
Klempnerarbeiten 376–382

Eine Armatur kann aus verschiedenen Gründen undicht werden, ist aber auch relativ leicht wieder zu reparieren. Wenn der Hahn tropft – der häufigste Schaden –, liegt das meist an einer schadhaften Dichtung oder bei alten Armaturen auch daran, daß der Ventilsitz, gegen den die Dichtung gepreßt wird, abgenutzt ist. Quillt Wasser aus dem Armaturensockel, muß die Spindeldichtung ersetzt werden. Decken Sie bei Arbeiten an Armaturen den Ablauf ab, damit keine Kleinteile verlorengehen.

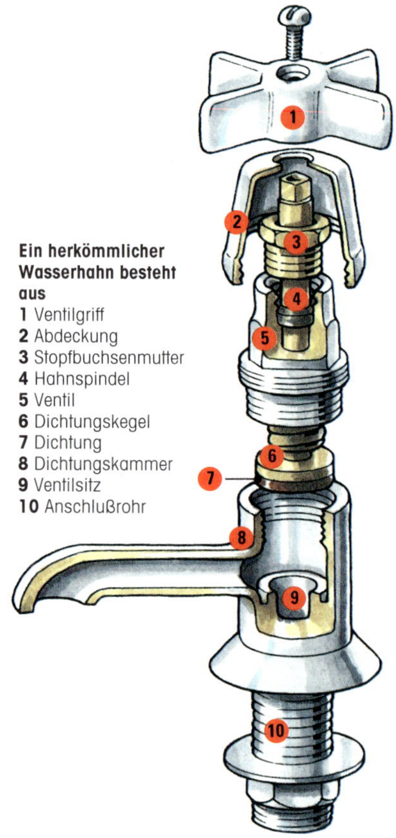

Ein herkömmlicher Wasserhahn besteht aus
1 Ventilgriff
2 Abdeckung
3 Stopfbuchsenmutter
4 Hahnspindel
5 Ventil
6 Dichtungskegel
7 Dichtung
8 Dichtungskammer
9 Ventilsitz
10 Anschlußrohr

Dichtung wechseln

Sperren Sie zunächst die Wasserzufuhr ab, und öffnen Sie das schadhafte Ventil so weit wie möglich. Schrauben Sie die Abdeckung ab, oder ziehen Sie diese mit der Hand ab, wenn sie nur aufgesteckt ist. Wenn Sie eine Rohr- oder Wasserpumpenzange einsetzen müssen, sollten die Backen zum Schutz der Verchromung umhüllt sein.

Wenn Sie die Abdeckung gelöst haben, setzen Sie den Schraubenschlüssel an und drehen das Ventil heraus **(1)**. Der Dichtungskegel, der die Dichtung trägt, ist entweder fest mit dem Ventil verbunden **(2)**, oder er muß – bei anderen Ventiltypen – separat aus der Dichtungskammer entnommen werden. Die Dichtung selbst wird entweder von einem Knopf am Dichtungskegel gehalten. In diesem Fall kann sie mit einem Schraubendreher abgehebelt werden **(3)**. Bei höherwertigen Ventilen ist sie in der Regel auf einen Gewindestift aufgesetzt und mit einer Mutter gesichert. Sollte die Schraubenmutter nicht leicht zu lösen sein, lassen Sie zuerst ein paar Tropfen Graphitöl – z. B. Caramba – einwirken und versuchen es dann mit Zange und Schraubenschlüssel **(4)**. Sollte die Mutter sich nicht bewegen lassen oder abreißen, müssen Sie den ganzen Dichtungskegel ersetzen.

Griffabdeckung abnehmen
Bei den meisten modernen Armaturen bestehen Ventilgriff und -abdeckung aus einem Stück. Um an die Dichtungen heranzukommen, muß dieses Teil abgezogen werden. Meist befindet sich unter dem Plättchen mit dem Heiß/-Kalt-Symbol – es kann mit einer Messerspitze abgehebelt werden – eine Schraube. Ist eine solche nicht vorhanden, kann der Griff meist mit leichter Drehung abgezogen werden.

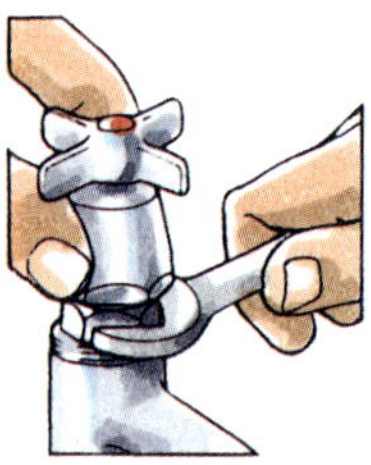

1 Ventil abschrauben

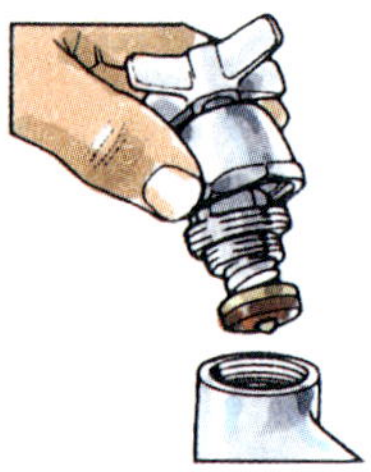

2 Ventil abnehmen

3 Dichtung abhebeln

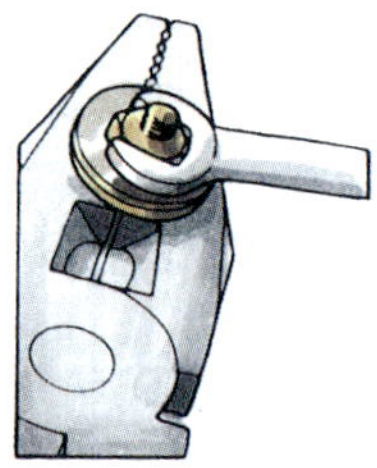

4 Dichtung abschrauben

Dichtungen in Keramikventilen wechseln

Moderne keramische Armaturen sind komfortabel, nahezu wartungsfrei und außerordentlich haltbar. An den Keramikdichtungen gibt es nichts zu reparieren. Im Schadensfall müssen sie ersetzt werden. Dazu müssen Sie den Mischerhebel abnehmen. Dieser ist meist mit einer versteckt angeordneten Madenschraube gesichert, nach deren Lösen er sich leicht abziehen läßt. Das tonnenförmige keramische Gebilde mit eingelassenem Edelstahlvierkant, das den Schließmechanismus bildet, wird komplett ausgewechselt.

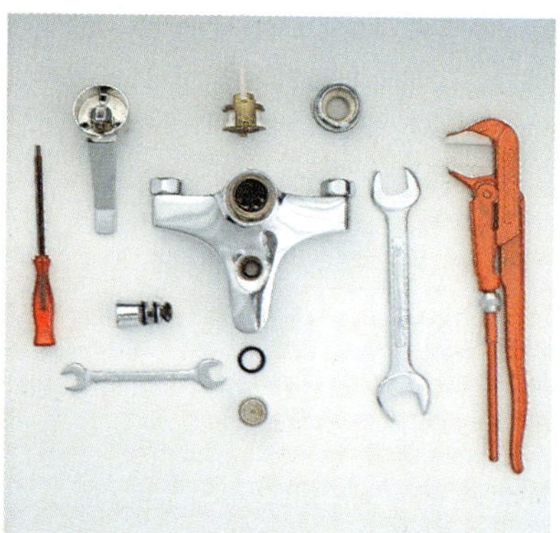

Innenleben eines modernen Einhandmischers

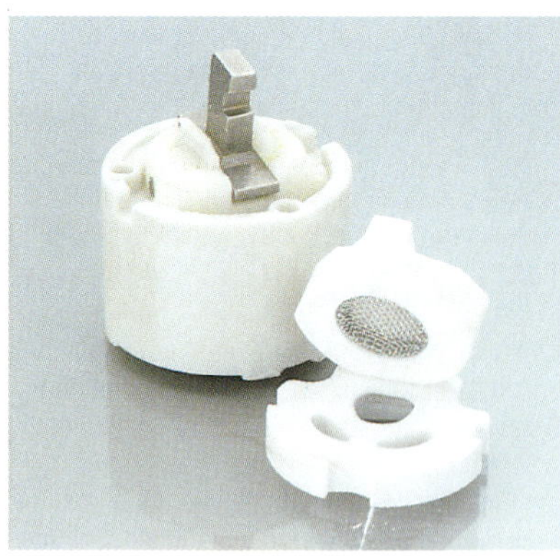

Schließmechanismus des keramischen Ventils

MODERNE ARMATUREN

Bei allen modernen Armaturen bilden zwei mit äußerster Präzision gefertigte Keramikscheiben den Schließmechanismus. Diese sind so hart, daß Sand-, Rost- und Schmutzpartikel einfach zermalmt werden. Deshalb gibt es bei diesem Ventilsystem kaum Verschmutzung und nahezu keinen Verschleiß. Eine solche Armatur wird ihren Dienst viele Jahre störungsfrei verrichten. Im Schadensfall ist zumeist der Austausch der ganzen Armatur vorteilhafter.

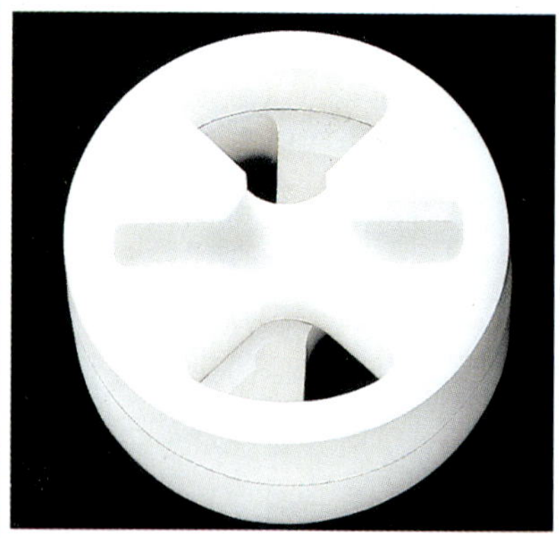

Keramikscheiben in halbgeöffneter Stellung

SITZE UND DICHTUNGEN REPARIEREN

SIEHE AUCH
unter:
Dichtungen 260–261
Rohre und Fittings 268
Quetschverbindungen 270
Kunststoff-Installationen 272
Klempnerarbeit 376–381

O-RINGE VON MISCHBATTERIEN ERSETZEN

Die Ventile einer Mischbatterie sind wie einfache Wasserhähne mit Gummidichtungen ausgestattet. Bei den meisten Mischbatterien wird jedoch die Stopfbuchse mit O-Ringen aus Gummi abgedichtet. Nachdem Sie die Griffabdeckung abgezogen haben, entfernen Sie den Seeger-Ring, mit dem die Spindel befestigt ist **(1)**. Ziehen Sie die Spindel heraus, streifen Sie den alten O-Ring ab **(2)**, und setzen Sie einen neuen ein.

1 Seeger-Ring abnehmen

2 O-Ring aus der Nut rollen

Der Schwenkhahn einer Mischbatterie ist ebenfalls mit einem O-Ring abgedichtet. Wenn hier Wasser herausquillt, drehen Sie beide Ventile zu und schrauben den Schwenkhahn heraus **(3)**. Setzen Sie eine passende Ersatzdichtung ein.

3 Zum Abnehmen Schraube aufdrehen

WARTUNG UND PFLEGE VON VENTILEN

Absperr- und Entlüftungsventile werden nur selten benutzt. Aber wenn sie nicht funktionieren, wenn man sie wirklich einmal braucht, steht man vor ernsten Problemen. Deshalb sollten auch diese unauffälligen Bestandteile des Wasserversorgungssystems regelmäßig auf einwandfreie Funktion überprüft werden. Absperrventile sind wie gewöhnliche Wasserhähne aufgebaut, doch steht ihre Dichtung ständig unter Druck. Schwergängige Ventile sollten zerlegt und mit neuen Dichtungen versehen werden. Dabei wird auch der Ventilschaft gereinigt und eingefettet.

Ventilsitz fräsen

Wenn Sie die Dichtung ausgewechselt haben und der Hahn immer noch tropft, so liegt das wahrscheinlich an einem abgenutzten oder verkalkten Ventilsitz. Dem kann mit einem Ventilsitzfräser abgeholfen werden. Entfernen Sie dazu das gesamte Ventil, damit Sie das Werkzeug in der Dichtungskammer ansetzen können. Fräsen Sie die Ablagerungen durch Drehen des Ventilsitzfräsers glatt ab **(1)**. Eine zweite Möglichkeit bietet ein Ventilsitz-Aufsatz aus Kunststoff, der zusammen mit der entsprechenden Dichtung gekauft werden kann **(2)**. Setzen Sie das Kunststoffteil ein, und ersetzen Sie die alte Dichtung. Drehen Sie den Hahn nach der Montage fest zu, damit der Aufsatz richtig angepreßt wird.

1 Einsatz eines Ventilfräsers

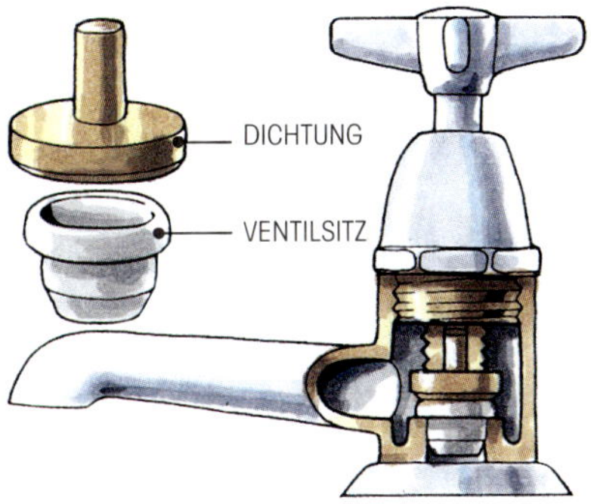

2 Neuer Ventilsitz aus Kunststoff

Undichte Stopfbuchse abdichten

Die Spindel eines Wasserhahns wird mit Hilfe des Drehgriffs in der Stopfbuchse auf- oder abwärts geschraubt. Damit wird die Durchflußmenge an Wasser reguliert. Zwischen Spindel und Stopfbuchse liegt ein verschraubter Dichtungsring. Wenn unter dem Ventilgriff Wasser hervorquillt, so ist dieser Ring undicht und muß ausgetauscht oder durch eine andere Dichtung ersetzt werden. Armaturen neueren Typs weisen statt dieser Stopfbuchsendichtung O-Ringe aus Gummi auf, die auf die Spindel aufgezogen werden, in Nuten sitzen und die gleiche Funktion erfüllen (siehe links).

Stopfbuchsendichtung ersetzen

Um diesen Wechsel vorzunehmen, brauchen Sie die Wasserzufuhr nicht abzudrehen; es reicht, wenn der Hahn ganz zugedreht ist. Nehmen Sie zuerst den Ventilgriff ab – eventuell muß dazu eine Befestigungsschraube gelöst werden. Sollte der Griff sich nicht abziehen lassen, müssen Sie die Abdeckung lösen und einen hölzernen Keil darunterklemmen **(1)**. Wenn Sie jetzt den Hahn zudrehen, wird der Griff wie mit einem Abzieher von der Spindel gedrückt.
Nehmen Sie Griff und Abdeckung ab, und versuchen Sie die Dichtung fester zu verschrauben. Wenn das nicht die gewünschte Wirkung hat, drehen Sie die Dichtungsschraube heraus und hebeln die Dichtung mit einem Schraubendreher aus der Vertiefung. Falls eine passende Ersatzdichtung nicht verfügbar sein sollte, läßt sie sich am besten durch Teflonband (Polytetrafluoräthylen) ersetzen, das um die Spindel gewickelt und mit einem Schraubendreher zusätzlich in die Öffnung hineingedrückt wird.

1 Griff mit Holzkeil von der Spindel drücken

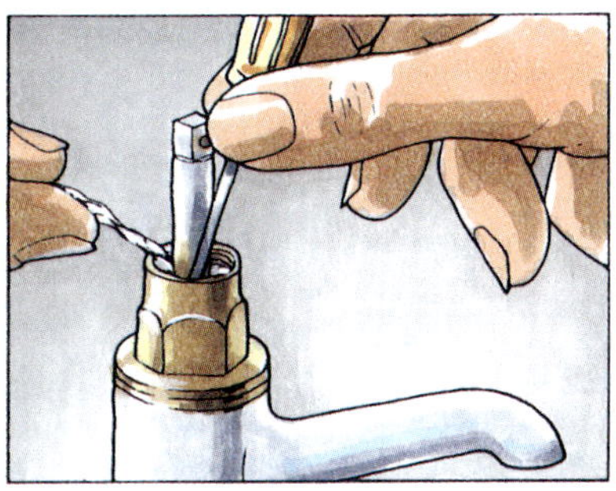

2 Dichtung durch Teflonband ersetzen

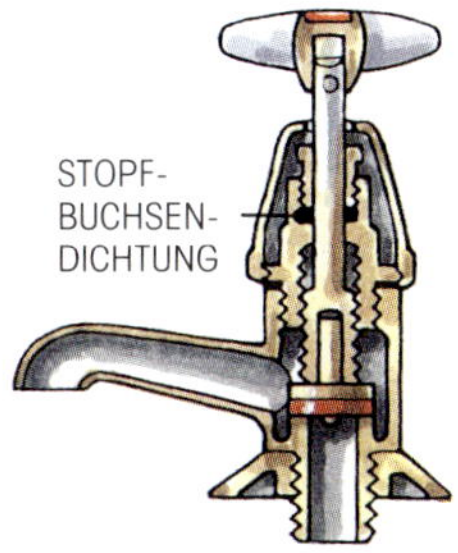

Stopfbuchsendichtung
Bei Wasserhähnen älteren Typs ist eine Dichtung um die Spindel gelegt.

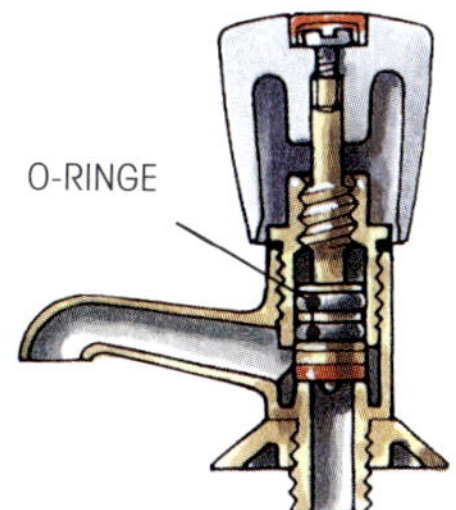

O-Ringe
Modernere Hähne sind statt dessen mit O-Ringen versehen.

WARTUNG ÄLTERER SPÜLKÄSTEN

SIEHE AUCH
unter:
Ventile und Schwimmer reparieren 263–264
Klempnerarbeit 376–381

Spülkästen sind nicht so kompliziert, daß sie von einem Installateur gewartet werden müßten. Zudem sind die heute üblichen Tiefspülkästen leicht zugänglich. Aber auch hochhängende Spülkästen älteren Typs lassen sich mittels einer Haushaltsleiter erreichen. Das notwendige Zubehör ist in jedem Heimwerkermarkt erhältlich. Der hochhängende Spülkasten ist ein einfaches Auffangbecken, das keine undichten Stellen aufweisen dürfte. Das einzige wartungsbedürftige Teil ist das Schwimmerventil. Hin und wieder muß allerdings die Ablaufdichtung ausgewechselt werden. Diese Maßnahme ist immer dann erforderlich, wenn ständig etwas Wasser in die Kloschüssel rinnt.

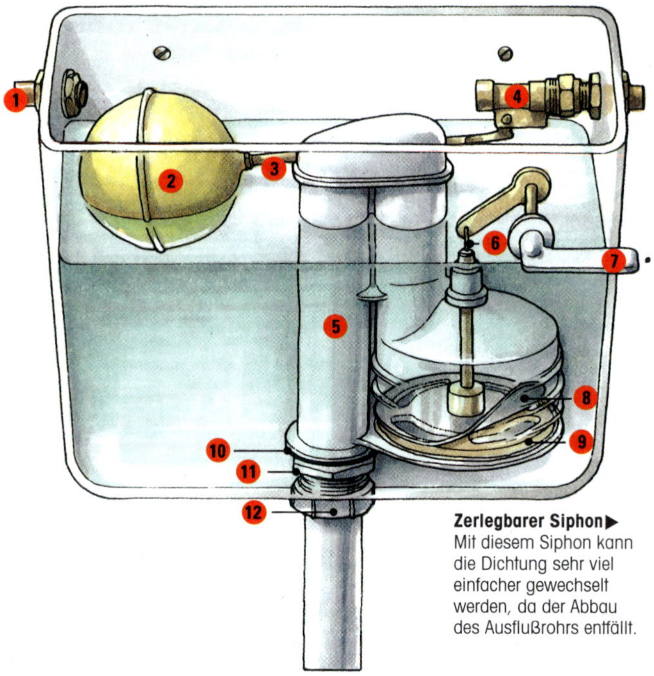

Tiefspülkasten
älterer Bauart, wie er noch in vielen Häusern zu finden ist
1 Überlauf
2 Schwimmer
3 Schwimmerarm
4 Schwimmerventil
5 Siphon
6 Drahtverbindung
7 Betätigungshebel
8 Dichtungsscheibe
9 Metallplatte
10 Dichtung
11 Befestigungsmutter
12 Spülrohranschluß

Zerlegbarer Siphon▶
Mit diesem Siphon kann die Dichtung sehr viel einfacher gewechselt werden, da der Abbau des Ausflußrohrs entfällt.

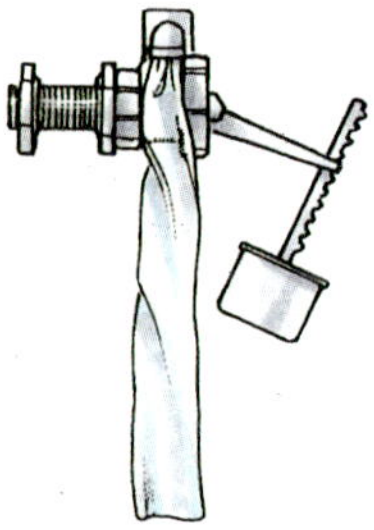

Einfaches Schwimmerventil
Ventile dieser Art regeln den Wasserzulauf in Tiefspülkästen.

Schwimmer festsetzen
Wenn Sie die Wasserzufuhr abstellen wollen, binden Sie den Schwimmer einfach an eine quer über das Becken gelegte Leiste.

TIEFSPÜLKASTEN

Heutzutage haben die Tiefspülkästen aufgrund ihrer Vorzüge die früher allgemein üblichen hochhängenden Kästen vollständig verdrängt. Auch bei diesen Kästen wird der Wassereinlauf durch ein Schwimmerventil reguliert. Die Spülung wird durch einen Hebel ausgelöst, mit dem bei alten Modellen eine Metallplatte betätigt wird, die das Wasser durch eine Siphonvorrichtung drückt. Die Durchbrüche in der Metallplatte werden dabei von einer flexiblen Dichtungsscheibe verschlossen. Bei neueren Modellen wird ein über dem Abfluß stehendes Ventil mit Überlauf angehoben.

Mit dem sinkenden Wasserspiegel im Kasten senkt sich auch der Schwimmer und öffnet das Zulaufventil, so daß der Behälter wieder gefüllt wird.

Die regelmäßige Wartung eines Tiefspülkastens erübrigt besondere Reparaturen. Allenfalls kann das Schwimmerventil undicht oder der Schwimmerarm falsch eingestellt sein, so daß der Spülkasten durch den Überlauf Wasser in die Kanalisation abgibt. Auch zu langsames oder lautes Auffüllen des Spülkastens läßt sich meist durch Auswechseln des Schwimmerventils korrigieren. Unter Umständen ist auch die Dichtungsscheibe abgenutzt oder verkalkt und muß ersetzt werden.

Zeitgemäße Tiefspülkästen weisen eine Isolierung aus Hartschaum auf sowie eine Spartaste, mit der sich die ausfließende Wassermenge von 6–9 l auf 2–3 l begrenzen läßt.

Auslaufdichtung auswechseln

Wenn die Spülung sich nicht ohne weiteres betätigen läßt, nehmen Sie den Deckel des Spülkastens ab und untersuchen Sie den Betätigungsmechanismus. Wenn dieser einwandfrei funktioniert, muß die Dichtungsscheibe ersetzt werden. Stellen Sie die Wasserzufuhr ab, indem Sie den Schwimmer hochbinden, und leeren Sie den Kasten. Mit einer Rohrzange lösen Sie die Überwurfmutter an der Unterseite des Spülkastens **(1)**. Drücken Sie das Spülrohr zur Seite. Lösen Sie die Befestigungsmutter an der Unterseite des Spülkastens **(2)**. Dabei kann noch etwas Wasser herausfließen. (Möglicherweise ist das Rohr mit dem Kasten verlötet statt verschraubt.) Nachdem Sie den Betätigungsmechanismus abmontiert haben, können Sie den Siphon aus dem Behälter heben und anschließend die Dichtungsscheibe ersetzen **(3)**. Stellen Sie die Installation in umgekehrter Reihenfolge wieder her. Die gleichen Dichtungen werden auch für hochliegende Spülkästen verwendet. Der Ersatz ist dort aber weit einfacher.

1 Überwurfmutter lösen

2 Befestigung lösen

3 Dichtung abnehmen

Neue Verbindung herstellen

Falls die Spülung sich überhaupt nicht betätigen läßt, sehen Sie nach, ob die Drahtverbindung am Betätigungshebel intakt ist. Ist der Draht gerissen, müssen die Reste unbedingt aus dem Spülkasten entfernt werden. Die Verbindung ist mit dickem Draht zu erneuern. Auch Kabelverbinder sind gut geeignet.

Ständig laufendes Wasser

Läuft ständig Wasser aus dem Spülkasten in die Klosettmuschel, so muß die Dichtung zwischen Siphon und Kasten erneuert werden, wie oben beschrieben. Dasselbe gilt auch für hochliegende Spülkästen. Bei Modellen dieses Alters ist häufig auch der Dichtungssitz verkalkt. In solchen Fällen muß dieser mit Essig gründlich gereinigt werden, bis er wieder völlig glatt ist.

SCHWIMMERVENTILE REPARIEREN

SIEHE AUCH
unter:
Wartung von Spülkästen 262

VENTILE MIT MEMBRAN

Das aktive Ende eines Schwimmerarms betätigt einen kleinen Kunststoffkolben, der den Wasseranschluß mit einer großflächigen Membran abdichtet. Die meisten modernen Spülkästen arbeiten mit solchen Ventilen.

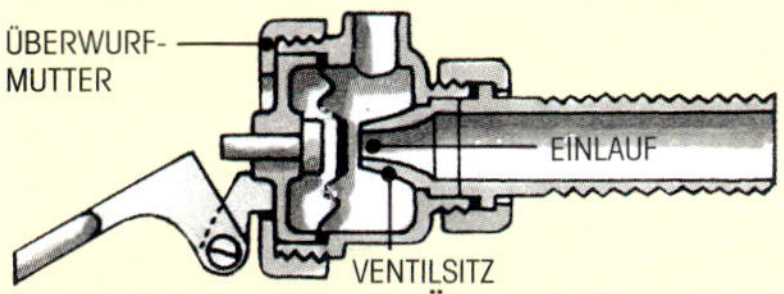

1 Ventil mit Membran und Überwurfmutter

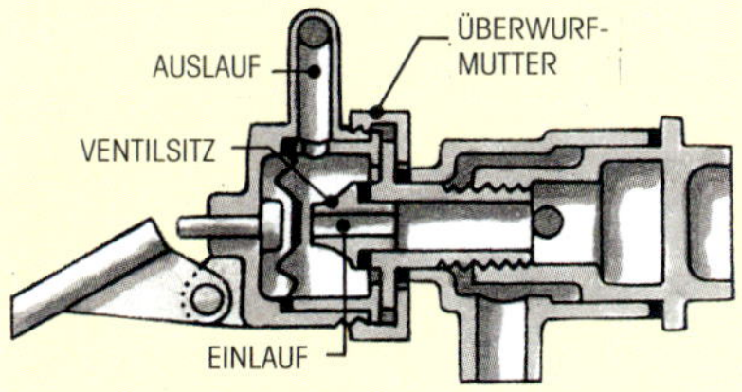

2 Ventil mit Membran und Gegenhaltemutter

Membran ersetzen

Sperren Sie die Wasserzufuhr ab, und lösen Sie die Haltemutter, die entweder vor **(1)** oder hinter **(2)** dem Ventil sitzt. Je nach Sitz der Haltemutter muß die Dichtungspatrone aus der Halterung gelöst werden, um an die Membran heranzukommen **(3)**, oder Kolben und Membran sind unmittelbar hinter dieser Mutter angeordnet **(4)**. Waschen Sie das Ventil aus, bevor Sie die neue Membran einsetzen.

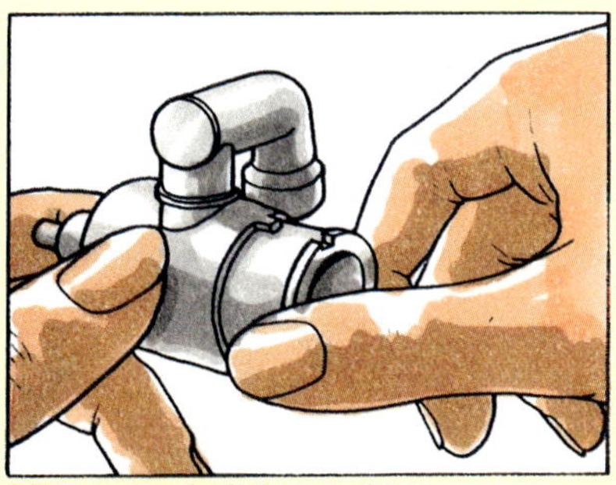

3 Patrone aus der Halterung ziehen

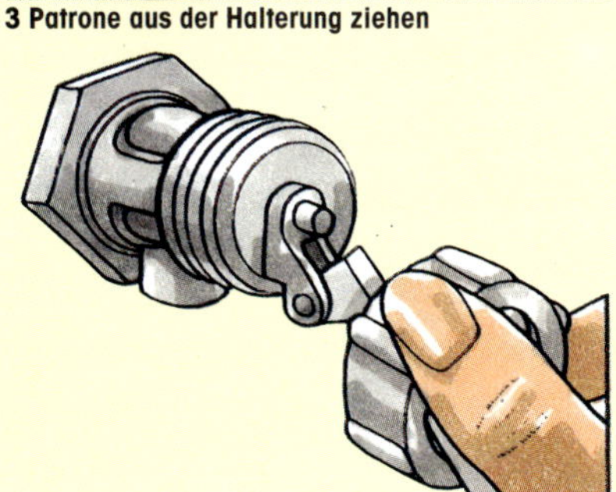

4 Überwurfmutter abnehmen

Ein defektes Schwimmerventil ist gewöhnlich die Ursache für Störungen an der Klosettspülung. Die Wasserversorgung wird bei herkömmlichen Ventilen mittels einer Dichtung geregelt, bei neueren Modellen ist diese durch eine großflächige Membran ersetzt worden, die für Kalkablagerungen weniger anfällig ist.
Ist die Zuleitung nicht einwandfrei abgedichtet, führt das zur Wasserverschwendung, da ständig Wasser einläuft, das nutzlos durch den Überlauf verschwindet. Schon eine Justierung des Schwimmerarms kann da gegebenenfalls Abhilfe schaffen, meist liegt es aber am Ventil.

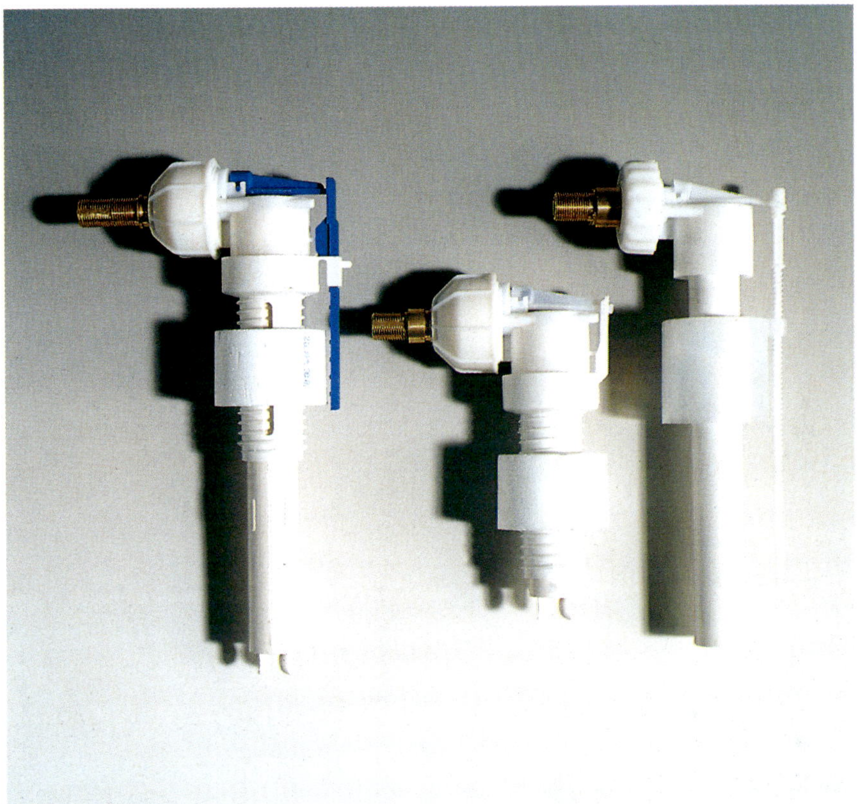

So sieht das Innenleben eines modernen Spülkastens aus. Die früher üblichen Hohlkörperschwimmer haben Schaumstoffschwimmern Platz gemacht, die über direkt auf das Ventil wirkende Schraubstangen den Zulauf begrenzen. Auf diese Weise läßt sich die Zulaufmenge sehr einfach regulieren.

Defekten Spülkasten reparieren

Spülkästen arbeiten alle nach dem gleichen Prinzip: Durch einen Wasserzulauf werden 6–9 l Wasser gesammelt. Bei Erreichen eines voreingestellten Wasserstands sperrt ein schwimmergesteuertes Ventil den Zulauf ab. Bei Betätigen der Spülung wird das Wasser mit einem Schlag freigegeben.
Die Mechanik, die diesen Vorgang auslöst und steuert, ist im Grunde einfach aufgebaut. Zwei Störfälle sind denkbar: entweder das Wasser läuft ständig – und verschwindet per Überlauf in der Schüssel, oder es läuft überhaupt nicht. Im letztgenannten Fall liegt es meist am Sieb in der Zuleitung. Schließen Sie das Eckventil, und bauen Sie das Zulaufventil aus. Reinigen Sie es in Essigwasser, oder ersetzen Sie es bei Beschädigung durch ein neues. Mitunter führt ein defektes Sieb zum Zusetzen der feinen Bohrungen im Zulaufventil. In solchen Fällen kann eine gründliche Reinigung in warmer Spülmittellösung Wunder wirken. Bei starker Verkalkung hilft Entkalker besser als Essigessenz.
Wenn das Wasser ständig rinnt, kann das Zulaufventil nicht mehr abdichten. Dichtung ersetzen, entkalken und reinigen lautet hier das Erfolgsrezept.

VENTILE UND SCHWIMMER REPARIEREN

SIEHE AUCH
unter:

Wartung von Spülkästen 262

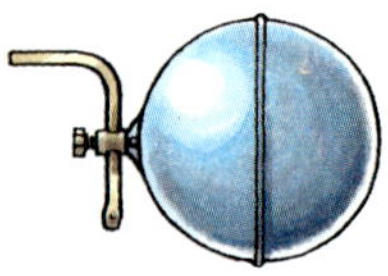

• **Justierung mit Klemmschrauben**
Manche Schwimmerarme bestehen aus einem gekröpften Metallstück, auf dem der Schwimmer mit einer verschiebbaren Klemme befestigt ist. Nach Lösen des Rändelrades läßt er sich auf- und abschieben, so daß verschiedene Füllhöhen möglich sind.

Schwimmerarm einstellen

Stellen Sie den Schwimmerarm so ein, daß der optimale Wasserstand gehalten wird. Dieser ist erreicht, wenn der Wasserstand etwa 25 mm unter der Einmündung des Überlaufs liegt. Gewöhnlich ist der Schwimmerarm aus Eisendraht. Wird er nach unten gebogen, wird der Wasserspiegel gesenkt, biegt man ihn gerade, fließt wieder mehr Wasser ein **(1)**. Das Schwimmerventil mit Membran wird nicht direkt vom Schwimmerarm, sondern von einer Schraube betätigt. Um den Wasserstand zu senken, muß sie weiter eingeschraubt werden **(2)**.

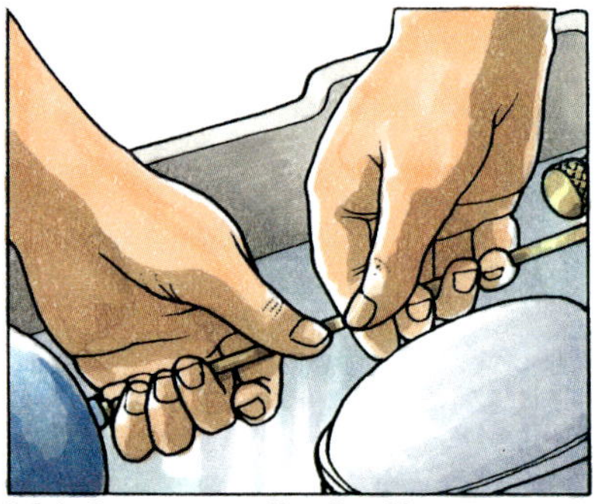

1 Schwimmerarm aus Metall verbiegen

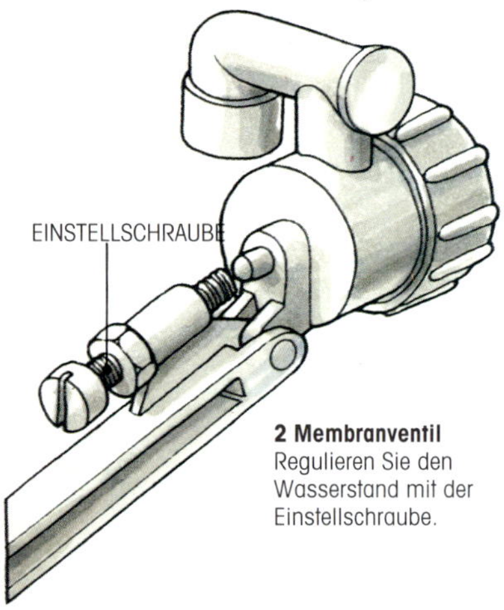

2 Membranventil
Regulieren Sie den Wasserstand mit der Einstellschraube.

Undichte Schwimmer

Im Unterschied zu modernen Kunststoffschwimmern korrodieren ältere Metallschwimmer leicht, und das Wasser dringt in den Hohlkörper ein, so daß dieser absinkt. Zur Not kann der Hohlkörper entleert und provisorisch mit einer Plastiktüte umhüllt werden, die am Arm festgebunden wird. Da Metallschwimmer nur bei sehr alten Spülkästen anzutreffen sind, werden Sie wahrscheinlich Probleme bei der Ersatzteilbeschaffung haben. In solchen Fällen sollten Sie den Spülkasten komplett austauschen.

Geräuschbelästigung

Das Rauschen der Klosettspülung kann zum beständigen Ärgernis werden, zumal wenn das Bad ans Schlafzimmer grenzt. Früher war es üblich, das Wasser über ein zusätzliches Rohr in den Spülkasten einlaufen zu lassen, damit das Rauschen entfiel, aber der Gesetzgeber hat diese angenehme Einrichtung inzwischen aus Sicherheitsgründen verboten. Zusatzrohre sind also nicht zulässig, aber Sie können sich mit einem Schalldämpfer aus flexiblem Kunststoff behelfen, der mit einem Rückflußventil ausgestattet ist. Ein solcher Schalldämpfer verhindert auch das lästige Klopfen des Wassers in der Versorgungsleitung, das zustande kommt, wenn der Schwimmer während des Auffüllvorgangs auf der unruhigen Wasseroberfläche tanzt und das Ventil dabei abwechselnd öffnet und schließt. Wird der Kunststoffschlauch eingesetzt, fließt das Wasser unterhalb der Oberfläche ein und diese wird nicht aufgewühlt.
Zum Klopfen kann es auch kommen, wenn das Wasser mit zu hohem Druck einfließt und der Schwimmerarm zu schwingen beginnt. In diesem Fall muß ein Druckausgleichsventil eingesetzt werden. Außerdem sollten Sie sich vergewissern, daß alle Rohrleitungen einwandfrei angeschlossen und befestigt sind.
Hochwertige, moderne Spülkästen sind mit einer Isolierung aus Hartschaum versehen, die störende Geräusche weitgehend ausschließt. Vergewissern Sie sich beim Kauf, daß Sie ein solches Modell erstanden haben.

Schwimmerventil mit Schalldämpfer

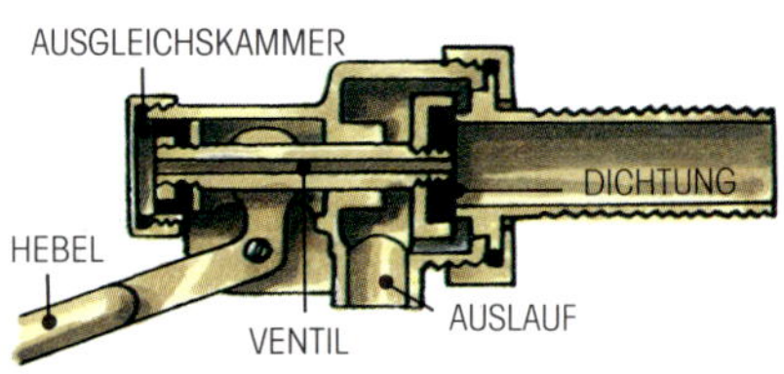

Druckausgleichsventil

Schwimmerventil auswechseln

Sperren Sie das Wasser ab, und lassen Sie die Reste aus den Rohrleitungen auslaufen. Mit einem Schraubenschlüssel lösen Sie die Überwurfmutter über dem Anschluß der Versorgungsleitung ans Schwimmerventil. Montieren Sie den Schwimmerarm ab, und lösen Sie die außenliegende Befestigungsmutter, um das Ventil herausziehen zu können. Setzen Sie das neue Ventil ein, verbinden Sie es nach Möglichkeit mit derselben Überwurfmutter mit der Versorgungsleitung. Schrauben Sie es fest, und lassen Sie Wasser einfließen, um den Schwimmerarm zu justieren.

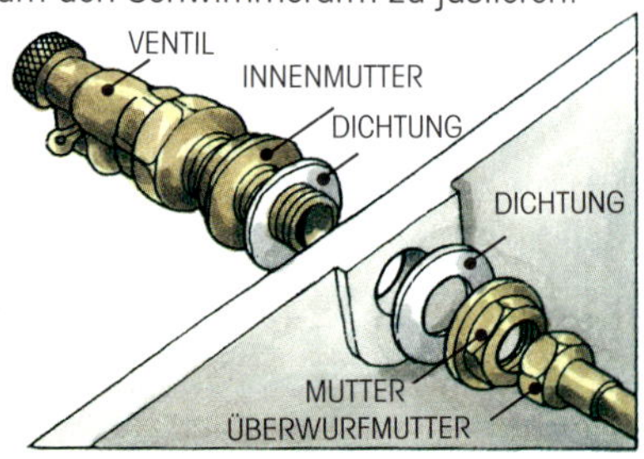

Zulaufventil erneuern

WANN IST EINE REPARATUR MÖGLICH?

Mit Spülkästen verhält es sich wie mit allen anderen technischen Einrichtungen: Sie veralten, und Ersatzteile werden nur eine bestimmte Zeit bereitgehalten. Sollten Sie in einem alten Haus mit hochliegenden, gußeisernen Spülkästen wohnen, so sollten Sie diesen bei nächster Gelegenheit dorthin werfen, wo er hingehört: auf den Schrott.
Subtiler gestaltet sich das Problem, wenn Sie einen Schaden an Ihrem leidlich zeitgemäßen Tiefspülkasten feststellen, den Sie mit den hier geschilderten Methoden nicht beheben können. Dann stellt sich mitunter die Frage nach der Bezugsquelle. Sollten Sie Ihren Spülkasten nämlich als Noname-Produkt im Baumarkt erworben haben, wartet auf ihn mit großer Wahrscheinlichkeit der Sperrmüll. Installateure versichern, daß Markenartikel auf Grund der Qualitätsunterschiede nicht nur wesentlich langlebiger sind, sondern daß dafür gegebenenfalls auch noch nach vielen Jahren Ersatzteile verfügbar sind.
Der Weg zum Baumarkt ist also nicht in jedem Fall billiger. Besonders Ungeübte sollten im Zweifelsfall die Dienste des Fachhandwerks in Anspruch nehmen.

SIEHE AUCH
unter:
Abwasserentsorgung 257

Das Entwässerungssystem entsorgt sämtliche Toiletten und die Abwässer aller Verbrauchsstellen im Haus und führt sie dem Hauptkanal zu. Die einzelnen Abzweigungen des Systems sind mit U-förmigen Geruchsverschlüssen (Siphons) versehen, um jede Geruchsbelästigung auszuschließen. Installationen am Entwässerungssystem sind Sache des Fachmanns. Er allein kann Dimensionierung und Verlegung der Entwässerungsrohre richtig und den gesetzlichen Vorschriften entsprechend festlegen.

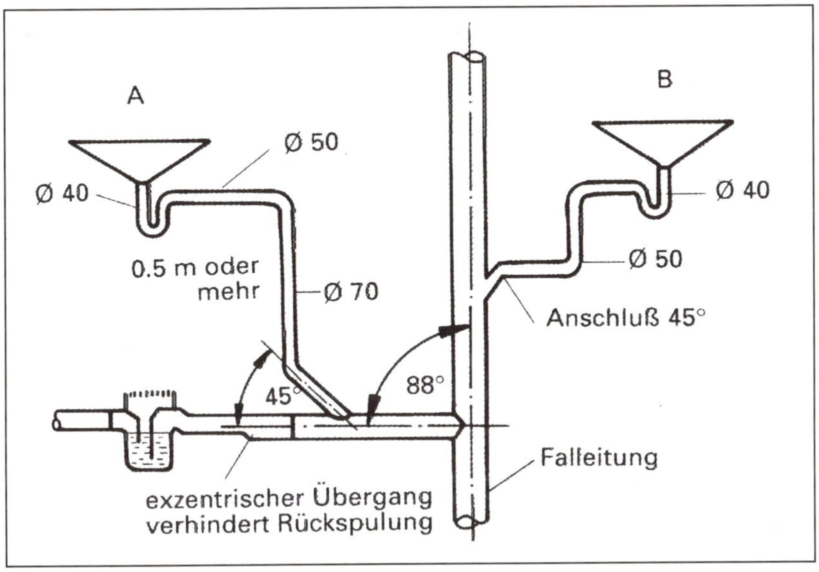

Schematische Darstellung des Anschlusses der Abwasserleitungen zweier Verbraucher an die Falleitung.

Entwässerungssysteme können durchaus unterschiedlich aufgebaut sein. Bei den hierzulande üblichen Systemen werden sämtliche Abwässer und Abfälle durch ein Fallrohr abgeleitet, das im Gebäudeinneren verlegt ist. Natürlich muß dieses System sorgfältig projektiert und verlegt werden, damit es auch bei hohem Abwasseraufkommen keine Verstopfungen gibt. Die oben abgebildete Skizze zeigt, daß neben den auf Seite 258 in tabellarischer Form aufgeführten Leitungsquerschnitten und Anschlußwerten eine Menge an anderen Vorschriften wie Sonderregelungen bei Umleitungen und die richtigen Anschlußwinkel zu beachten sind. Beim Einbau eines Waschbeckens bedeutet dies z. B., daß für ein solches zunächst nur ein Abflußrohr von 50 mm Durchmesser vorgeschrieben ist. Wird das Rohr auf seinem Weg zum Fallrohr aber mehr als dreimal umgeleitet, so muß der nächstgrößere Leitungsquerschnitt verwendet werden. Ist dabei auch noch ein Gefälle von mehr als 50 cm Höhenunterschied zu überwinden, wächst der vorgeschriebene Durchmesser des Abflußrohrs bereits auf 70 mm an. Ebenso ändern sich die Durchmesser, wenn mehrere Verbraucher angeschlossen werden. Das Lüftungsrohr wird zum Dach hinausgeführt; sein Ausgang ist so abgedeckt, daß keine nistenden Vögel ihn verstopfen können.

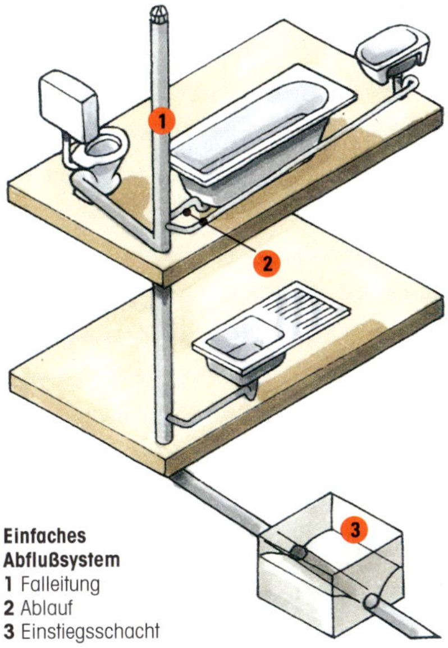

Einfaches Abflußsystem
1 Falleitung
2 Ablauf
3 Einstiegsschacht

DEHNUNGSAUSGLEICH

Ein weiterer Gesichtspunkt, der die Installation eines Abwassersystems durch den Heimwerker erschwert, ist die Beachtung des erforderlichen Dehnungsausgleichs. Besonders die heute bevorzugt verwendeten Kunststoffrohre weisen bei großen Temperaturunterschieden des Abwassers nicht unerhebliche Längenänderungen auf. Die Forderung, diesen Dehnungsausgleich zu ermöglichen, steht im Gegensatz zur Forderung nach solider Befestigung der in gefülltem Zustand außerordentlich schweren Rohre. Die Lösung besteht in der Verwendung von Gleit- und Festpunktschellen. Gleitschellen haben eine spezielle PVC-Beschichtung, an der die Rohre verschiebbar sind, während Festpunktschellen diese dank einer Gummieinlage unverrückbar festhalten. Die Verteilung der Gleit- und Festpunktschellen bei der Installation muß unbedingt von einem Fachmann vorgegeben und überwacht werden.
In der Waagrechten darf der Abstand der Schellen das Zehnfache, in der Senkrechten das Fünfzehnfache des Rohrdurchmessers betragen. Bei der Montage werden die Rohre nicht bis zum Anschlag in die Muffen gesteckt, so daß auf diese Weise ein gewisser Dehnungsausgleich möglich ist. Der Bewegungsspielraum soll 10 mm betragen. Verschweißte Kunststoffrohrsysteme müssen in der Waagrechten alle 6 m, in der Senkrechten in jedem Stockwerk eine Dehnungsmuffe aufweisen.

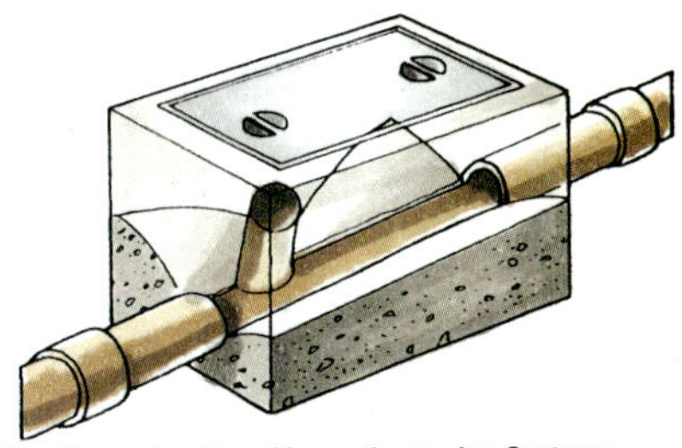

Einstiegsschacht an Verzweigung des Systems

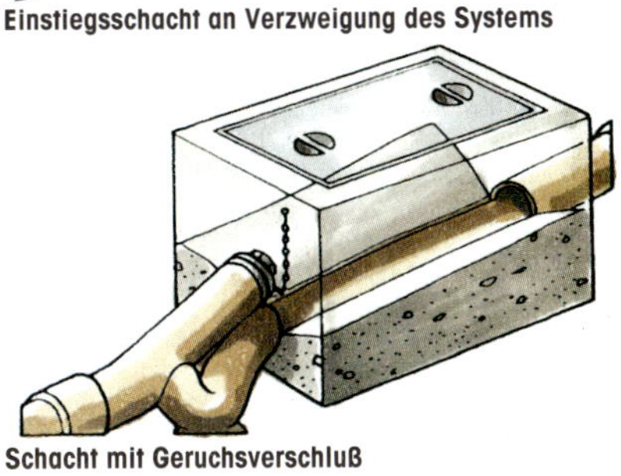

Schacht mit Geruchsverschluß

Einstiegsschacht
Die modernen Einstiegsschächte sind als zylindrische Fertigbauteile ausgeführt.

VERSTOPFTEN ABLAUF REINIGEN

SIEHE AUCH
unter:
Abwasserentsorgung 257
Notreparaturen 259
Abwassersystem warten 265
Verstopfte Toiletten 267
Toilette ersetzen 276–278

Schon bei den ersten Anzeichen für Hindernisse im Abflußrohr, wenn also das Wasser nicht mehr reibungslos abfließt, sollten Sie etwas unternehmen. Zunächst können chemische Mitel gegen Ablagerungen eingesetzt werden. Nur im Extremfall einer völligen Verstopfung müssen Sie zum Werkzeug greifen, um den Pfropfen zu entfernen.

Abflußrohr reinigen

Fett, Haare und Küchenabfälle lagern sich im Laufe der Zeit in Abflußrohren und Geruchsverschlüssen ab. Die regelmäßige Anwendung von chemischen Abflußreinigern erhält die Funktionstüchtigkeit der Rohre und vermeidet Geruchsbelästigungen, belastet aber die Umwelt. Wenn das Wasser langsam abfließt, sollten Sie Maßnahmen ergreifen.
Besser als der Einsatz von Chemie ist eine einfache, billige Saugglocke, mit deren Hilfe sich bei richtiger Anwendung die meisten Verstopfungen lösen lassen. Falls es ein Reiniger sein muß – Sicherheitsvorschriften beachten!

ABFLUSS MIT DRUCKLUFT REINIGEN

Wenn die Saugglocke nichts ausrichtet, müssen Sie mit größeren Drücken arbeiten. Diese können z. B. durch eine geeignete Pumpe erzeugt werden. Auch die in Heimwerkermärkten angebotenen Abflußreiniger, die mit Preßluft aus der Dose arbeiten, haben sich als recht wirksam erwiesen.

Pumpe verwenden
Mit einer Pumpe kann ein verstopfter Abfluß wieder freigemacht werden. Dabei muß die Mündung der Pumpe so aufgesetzt werden, daß keine Reste herausgepreßt werden können.

Einsatz einer Saugglocke

Wenn das Wasser nur aus einem einzelnen Becken nicht mehr abfließt, die anderen Abflüsse aber einwandfrei funktionieren, so ist nur diese eine Abzweigung des Entwässerungssystems verstopft. In diesem Fall ist ein Versuch mit einer Saugglocke sinnvoll. Schmieren Sie den Rand des eigentlichen Saugnapfes mit etwas Schmierfett ein, um ihn anschmiegsamer zu machen, und setzen Sie ihn über dem Ablaufventil an. Das Wasser im Becken sollte bis über die Glocke reichen. Dichten Sie den Überlauf des Beckens mit einem feuchten Lappen ab, während Sie die Saugglocke eine Weile rhythmisch auf- und abbewegen. Durch diese Druckeinwirkung kann der Pfropfen im Abflußrohr gelockert und schließlich ausgeschwemmt werden. Sie müssen so lange pumpen, bis das Wasser ungehindert abfließt. Wenn wiederholte Versuche keinen Erfolg haben, müssen Sie den Siphon reinigen oder Druckluft einsetzen (siehe links). Auf chemische Abflußreiniger sollte man verzichten.

Siphon reinigen

Der Siphon ist der erste Abschnitt eines Abflusses und besteht aus einem gebogenen Rohr, in dem stehendes Wasser als Geruchsverschluß dient. Der Siphon kann durch Abfälle, die sich an seiner tiefstgelegenen Stelle absetzen, verstopft werden. Stellen Sie einen Eimer unter den Siphon, um das Wasser aufzufangen, und lösen Sie die Verschraubung mit einer Rohrzange. Der Deckel eines Flaschenverschlusses läßt sich auch mit der Hand abschrauben. (Wenn Sie den ganzen Siphon abmontiert haben, sollten Sie ihn gründlich reinigen.) Leeren Sie den Inhalt des Siphons in den Eimer, und helfen Sie dabei mit einem gebogenen Draht nach. Wenn der Siphon nicht mehr verstopft ist, das Wasser aber immer noch nicht abfließt, so ist das Abzweigrohr verschlossen.

Abzweigrohr reinigen

Die Verbindung vom Siphon zum Hauptabflußrohr weist oft nur geringes Gefälle auf, so daß sich Ablagerungen hier stauen können. Montieren Sie den Siphon ganz ab, und führen Sie einen gebogenen Draht in das Rohr ein. Stoßen Sie auf einen festen Pfropfen, der mit dem Draht nicht zerstört werden kann, müssen Sie einen speziellen Kanalbohrer einsetzen. Bei den üblichen, mit engen Krümmungen in der Wand verlegten Abflußrohren ist es nicht immer ganz einfach, das Reinigungswerkzeug einzuführen.

Einsatz einer Saugglocke

Deckel des Flaschenverschlusses aufschrauben

Aufstoßen mit gebogenem Draht

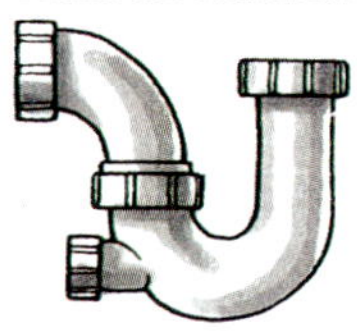

U-Bogen-Ablauf
Wenn sich die Überwurfmuttern nicht lösen, verwenden Sie eine Rohrzange.

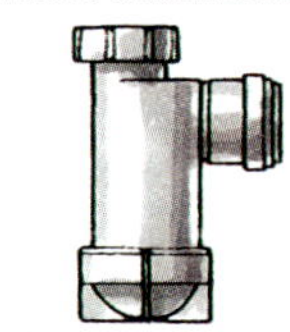

Flaschenverschluß
Dieser Siphon ist leicht zu reinigen, weil er in einem Stück einfach abgeschraubt werden kann.

VERSTOPFTE TOILETTEN

FALLROHR ODER ABLAUF REINIGEN

Wenn sämtliche Abflüsse eines Stockwerks nicht mehr richtig funktionieren, so ist wahrscheinlich das gemeinsame Fallrohr verstopft. Diese Störung wird bei vorschriftsmäßig gebauten Abwassersystemen so gut wie nie auftreten. Eher kann man ihr im Ausland begegnen, wo die Abwasser zum Teil über offene Trichter in außenliegende Fallrohre geleitet werden, die im Herbst oft von trockenem Laub verstopft werden.

Außenfallrohre aufstopfen

Herbstlaub und Vogelnester können die Fallrohre der Dachrinnen verstopfen. Zur Reinigung bleibt Ihnen nichts anderes übrig, als mit einer langen Leiter zur Dachrinne hinaufzuklettern und das Hindernis von Hand zu entfernen. Zum Glück liegt die Verstopfung meist in der Dachrinne an der Einmündung zum Fallrohr. Die meisten Fallrohre haben Reinigungsöffnungen in Stehhöhe.

Abzugskanal aufstopfen

Wenn Sie nicht über Spezialwerkzeug verfügen, so müssen Sie den Ablaufkanal mit der Hand aufstopfen. Da sich viel Stauwasser darin gesammelt hat, empfiehlt es sich, dieses vorab mit einem Eimer abzuschöpfen. Mit Schutzhandschuhen entfernen Sie sodann die Abfälle aus dem Siphon, bis das Restwasser abfließt. Spritzen Sie den Abzugskanal mit dem Wasserschlauch aus. Reinigen Sie das Schutzgitter so gut wie möglich. Besonders hartnäckiger Schmutz kann mit einem Gasbrenner abgebrannt werden. Wenn der Abzugskanal gereinigt ist, das Wasser aber immer noch nicht ungehindert abfließt, ist die Verstopfung beim nächstgelegenen Einstiegsschacht zu suchen.

Wasser abschöpfen und Schmutz entfernen

Fallrohr aufstopfen

Das Hauptabflußrohr (Fallrohr) aufstopfen ist eine unangenehme Arbeit und sollte deshalb nach Möglichkeit einem Fachmann überlassen werden. Vor allem gußeiserne Fallrohre müssen über die Entlüftung auf dem Dach gereinigt werden. Ein modernes Kunststoff-Fallrohr hingegen ist einfacher aufzustopfen, da an allen wichtigen Abzweigungen bzw. Zulaufstellen Reinigungsöffnungen angelegt sind. Vorsicht beim Öffnen: Sie müssen damit rechnen, daß größere Mengen Schmutzwasser auslaufen. Zur Reinigung des Fallrohrs brauchen Sie eine Rohrreinigungsspirale. Diese wird ins Rohr eingeführt, bis man auf den Pfropfen stößt, dann wird die Drahtspirale durch Drehung der Kurbel betätigt, bis der Pfropfen aufgebohrt ist und auch die Überreste beseitigt sind. Fachbetriebe reinigen das Fallrohr mit Hochdruckpumpe und einem speziellen, wasserbetriebenen Bohrkopf

Versuchen Sie es mit einem Kanalbohrer

Klosettbecken aufstopfen

Wenn das Wasser im Klosettbecken nach dem Spülvorgang nicht abfließt, muß unweit des Geruchsverschlusses ein Pfropfen sitzen. Ist dieser Pfropfen nicht vollkommen undurchlässig, so sinkt der Wasserspiegel im Becken langsam ab. Der Pfropfen kann meist mit einer Saugglocke gelöst werden. Diese wird bei hohem Wasserstand möglichst dicht im Becken angesetzt und rhythmisch betätigt, bis der Pfropfen sich löst und der Wasserspiegel plötzlich gurgelnd absinkt. Sitzt der Pfropfen besonders fest, muß wiederum die Rohrreinigungsspirale eingesetzt werden. Die Drahtspirale wird so weit wie möglich in den Abfluß eingeführt und mit Hilfe der Kurbel betätigt.

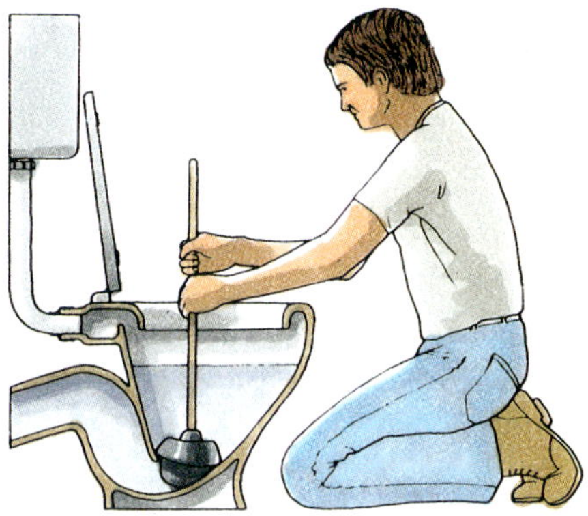

Einsatz der Saugglocke

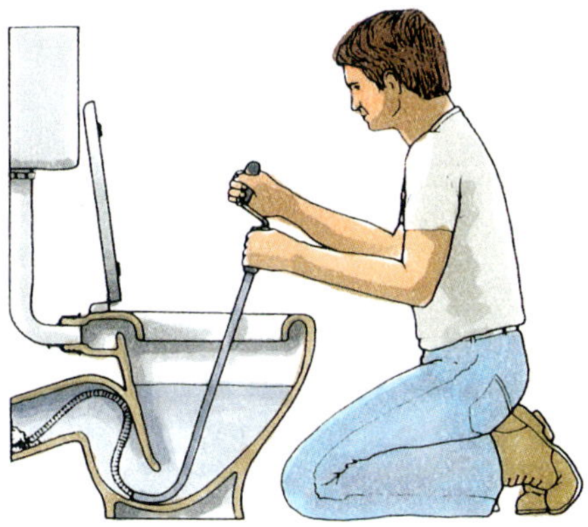

Einsatz einer Rohrreinigungsspirale

SIEHE AUCH

unter:
Verstopften Ablauf reinigen 266
Toilette ersetzen 276–278

ROHRE UND FITTINGS

SIEHE AUCH
unter:

Lötverbindung 269
Quetschverbindungen 270
Schraubverbindungen 271
Kunststoff-Installationen 272–274

Bei einer Installation muß in erster Linie das Kaliber der verschiedenen Rohre ihrer jeweiligen Funktion entsprechen. Das Verlegen selbst muß fachmännisch ausgeführt werden, damit die Verbindungen und Anschlüsse dicht und druckfest sind.

Zu der Zeit, als vornehmlich Blei für Wasserleitungen verwendet wurde, waren die Verlegearbeiten erfahrenen Handwerkern vorbehalten. Beim heutigen Angebot an Materialien und Fertigfabrikaten kann der Heimwerker sie zum Teil selbst übernehmen. Bei größeren Installationen sollte aber unbedingt ein Fachmann herangezogen werden. Der Heimwerker ist mit der Beachtung der Regeln und Vorschriften, z. B über Rohrstärken, Gefälle und Fließregel in den meisten Fällen überfordert.

Rohre und Leitungen

Kupfer
Gehärtetes Kupfer ist für Trinkwasserleitungen das bei weitem gebräuchlichste Material. Es läßt sich gut löten und biegen und ist für Kalt- wie für Warmwasserleitungen gleichermaßen geeignet. Die gängigen Maße sind 12 x 1, 15 x 1 und 22 x 1 mm. Diese Rohre gibt es auch in kunststoffummantelter und damit wärmegedämmter Ausführung. Verchromte Leitungen aus ungehärtetem Kupfer in den Maßen 8 und 10 mm dienen zum Anschluß von Armaturen und Geräten.

Rostfreier Stahl
Im Fachhandel erhalten Sie Stahlrohre in den gleichen Maßen wie Kupferrohre. Diese sind aber schwer zu biegen und müssen stets mit Schraubverbindungen gekoppelt werden.

Verzinktes Eisen
Nach wie vor ein gängiges Material mit einer geradezu unbegrenzten Auswahl an Fittings. Eisenrohre lassen sich ohne Löten über beliebige Strecken mit Verschraubungen zu stabilen Leitungssystemen verbinden. Die Maße werden in Zoll angegeben ($^1/_2$, $^3/_4$ und 1")

Kunststoff
Verschiedene zugelassene Systeme sind im Fachhandel erhältlich. Die Installation erfolgt über Schraub- und Quetschfittings. Der Vorteil: Die Fließregel muß nicht beachtet werden.

METALLFITTINGS

Mit Löt- und Quetschverbindungen können Rohre in verschiedensten Kombinationen und Winkeln miteinander verbunden werden. Die hier dargestellten Anschlußstücke und Fittings sind lediglich typische Beispiele aus einem vielfältigen Sortiment. Fittings für Eisenrohre bestehen aus dem gleichen Material, solche für Kupferrohre meist aus Messing (lötbare Fittings aus Kupfer).

Muffen
Zur geraden Verbindung zweier Rohre
1 Für Rohre gleichen Durchmessers mit Quetschverbindung
2 Reduziermuffe von 22 auf 15 mm zum Einlöten

Bögen
Zur Verbindung zweier Rohre in einem Winkel
3 90 °-Winkel mit Quetschverbindung

T-Stücke
Zur Verbindung dreier Rohre
4 15-mm-Kupfer-T-Stück zum Verlöten mit Kupferrohren
5 Reduzier-T-Stück mit Quetschverbindungen
6 Gekröpftes T-Stück

Verbindungsstücke
Zum Verbinden unterschiedlicher Rohrsysteme
7 Reduzierstück
8 Übergangsnippel zum Verbinden halbzölliger Eisenrohre mit 12-mm-Kupferrohren
9 Verbindung von Kupfer-mit Stahlrohr: Quetschverbindung für Kupferrohr, Schraubverbindung zu Stahl-Fittings.
10 Anschlußstück für Ablaufventil mit Lötverbindung zur Wasserleitung
11 Deckenwinkel

Ventile
12 Auslaufventil mit Schlauchstutzen
13 Muffen-Absperrschieber ohne Entleerung
14 Muffe mit Entleerungsventil
15 Entleerungsventil zum Entleeren eines Leitungsabschnitts
16 Kugel-Durchgangsventil

LÖTVERBINDUNG AN KUPFER-ROHREN

SIEHE AUCH
unter:
Rohre und Fittings 268
Schraubverbindungen 271

Wenn man etwas Erfahrung hat, ist das Verlöten von Kupferleitungen nicht allzu schwierig. Probieren Sie es zuerst an einem Übungsstück. Die Grundausstattung besteht aus Schmirgelleinen oder Stahlwolle, einem Lötbrenner, etwas Flußmittel zur Reinigung des Metalls und dem Lot, dazu die Leitung und passende Fittings.

METALLROHRE SCHNEIDEN

Bei der Bemessung der Rohrlängen müssen Sie die Verbindungsabschnitte mit einkalkulieren. Der Schnitt muß im rechten Winkel zur Längsrichtung des Rohres gemacht werden. Um diesen rechten Winkel immer einhalten zu können, verwenden Sie am besten einen Rohrschneider. Setzen Sie ihn so an, daß die Führungsrollen glatt am Rohr anliegen, und drehen Sie die Schneidscheibe mit dem Handrad so eng an das Rohr heran, daß das Werkzeug festsitzt **(1)**. Jetzt ziehen Sie den Rohrschneider am Handrad um das Rohr herum. Nach jeder Runde muß die Schneidscheibe angezogen werden, so schneidet sie immer tiefer. Der Innengrat muß mit einem Entgrater entfernt werden **(2)**. Müssen Sie in Ausnahmefällen die Metallsäge benutzen, so wickeln Sie am besten Papier um das Rohr **(3)**, um ein Abgleiten des Sägeblattes zu vermeiden.

1 Rohrschneider ansetzen

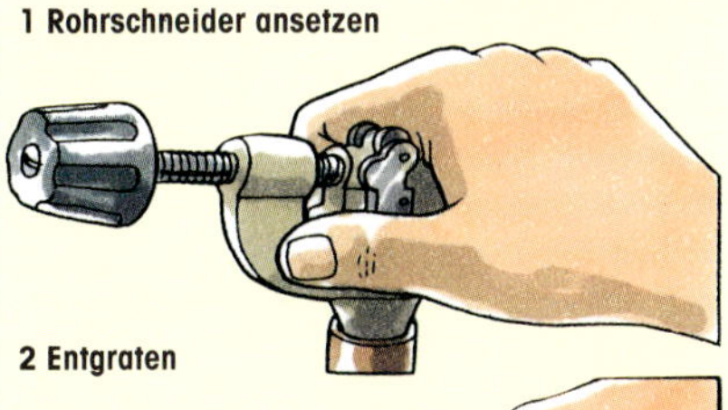

2 Entgraten

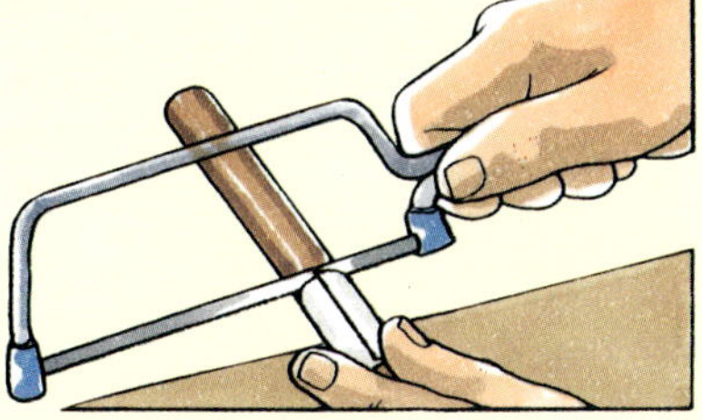

3 Verwendung der Metallsäge

Lötbrenner

Zum Erhitzen der Lötstelle verwendet der Heimwerker am besten einen Lötbrenner mit Gaskartusche. Das Gerät muß so eingestellt werden, daß es mit blauer durchsichtiger Flamme brennt. Handwerker verwenden gewöhnlich einen Propangasbrenner, der mit einem Schlauch von einer Gasflasche gespeist wird. Der Heimwerker kann sich jedoch auch mit einer kleineren, dafür handlichen Gaslötlampe behelfen.
Zum Hartlöten größerer Rohrdurchmesser sind nur die leistungsfähigsten Gasbrenner geeignet. Der Profi verwendet dazu einen mit Acetylen und Sauerstoff betriebenen Schweißbrenner. Brenner und Armaturen sind nicht allzu teuer, die Gasflaschen kann man leihen.

Lot und Flußmittel

Lot und Flußmittel müssen den zu verlötenden Materialien entsprechen. Auskunft darüber erhalten Sie im Fachhandel. Weichlote müssen DIN 1707, Hartlote DIN 8513 entsprechen. Damit das Lötzinn auch wirklich einwandfrei haften kann, müssen die Kontaktflächen der zu verbindenden Teile metallisch blank sein. Das erreichen Sie durch gründliches Putzen mit Stahlwolle und Schmirgelleinen. Das Flußmittel wird hauchdünn auf die Rohrenden (nicht in das Fitting streichen!) aufgetragen. Reste sind, da gesundheitsgefährdend, sehr gründlich zu entfernen. Mit dem Flußmittel beseitigen Sie eventuell noch bestehende Oxidschichten und verhindern, daß sich neue bilden.

Löten

Beim Löten wird zwischen Weich- und Hartlöten unterschieden. Welches Verfahren jeweils angewendet wird, ist eine Frage der späteren Belastung der Verbindung. Weich gelötet wird bei verhältnismäßig niedrigen Temperaturen von 180–400 °C, zum Hartlöten sind mehr als 450 °C erforderlich. Als Faustregel gilt: Waagrechte Leitungen, wie z. B. die Verlängerung einer Wasserentnahmestelle, werden weich gelötet, Steigleitungen jedoch sollten grundsätzlich hart gelötet werden. Auch die Verbindungsmuffe von Kupferleitung zu einem anderen Rohrsystem ist immer hart zu löten.

Weich löten

Beim Weichlöten darf das Lötzinn auf keinen Fall direkt mit der Flamme erhitzt werden. Es überhitzt sich sonst und klumpt. Stecken Sie die zu verbindenden Teile einfach zusammen. Fixieren ist meist nicht nötig. Gelötet wird immer von unten nach oben, denn die Wärme steigt im Material auf. Wichtig ist eine gleichmäßige Erwärmung. Führen Sie deshalb den Brenner stets langsam rundherum und auf und ab. Sie brauchen dabei nur das Fitting zu erwärmen. Die richtige Temperatur ist erreicht, wenn das Lot am erwärmten Metall schmilzt. Es läuft dann infolge der Kapillarwirkung von selbst in die feine Fuge zwischen den zu verlötenden Teilen.

Hart löten

Zum Hartlöten eignen sich alle Metalle einschließlich Bronze und Grauguß. Im Unterschied zum Weichlöten wird dabei das Lot an der erhitzten Lötstelle mit der Flamme so lange erwärmt, bis es aufschmilzt und infolge der Kapillarwirkung in die Verbindungstelle zwischen den Teilen gezogen wird. Die erforderlichen Temperaturen werden mit Gaslötlampen besonders bei größeren Rohrquerschnitten nicht immer, mit dem Schweißbrenner dagegen sehr schnell erreicht. Allgemein gilt, daß das Lot eher sparsam einzusetzen ist. Wenn es aus der Lötstelle herausquillt, ist es genug.

1 Fitting mit dem Lötbrenner erhitzen

2 Lot schmilzt und fließt in die Spalte

Lötbrenner
Für den Hausgebrauch reicht eine Gaslötlampe, wie sie in jedem Heimwerkermarkt erhältlich ist. Der Handwerker verwendet starke Brenner mit separater Gasflasche.

QUETSCH-VERBINDUNGEN

SIEHE AUCH
unter:
Rohre und Fittings 268
Lötverbindung 269
Schraubverbindung 271

Quetschverbindungen sind einfach herzustellen und können ohne vorhergehende Übung in Angriff genommen werden.

Unlösbare Quetschverbindung

Die Rohrenden müssen exakt im rechten Winkel zugeschnitten, entgratet und gereinigt werden. Verwenden Sie zum Schneiden einen Rohrschneider. Wenn mit der Säge geschnitten worden ist oder bei nicht gehärteten Kupferrohren sollten die Rohrenden kalibriert werden. Schlagen Sie dazu zuerst den Kalibrierdorn ein, und setzen Sie dann von außen den Kalibrierring an. Damit werden undichte Verbindungen vermieden.
Zur Verbindung von Rohr und Muffe legen Sie zunächst die Überwurfmutter an. Streifen Sie dann den Dichtungsring über das Rohrende **(1)**. Besteht der Dichtungsring aus zwei ungleichen Ringen, so muß der breitere dem Rohrende zunächst liegen. Schieben Sie das Rohr mit leichten Drehbewegungen fest in das Anschlußstück **(2)**. Schrauben Sie die Überwurfmutter mit der Hand fest. Der Dichtungsring wird dabei zusammengepreßt. Nun muß die Überwurfmutter noch um eine Umdrehung angezogen werden. Markieren Sie Überwurfmutter und Muffe mit einem Bleistiftstrich **(3)**. Ziehen Sie die Verbindung mit zwei Gabelschlüsseln – bei einseitig offenen Verbindungen Ringschlüsseln – anhand der Markierung eine Umdrehung an **(4)**.

1 Streifen Sie eine Dichtung über das Rohrende

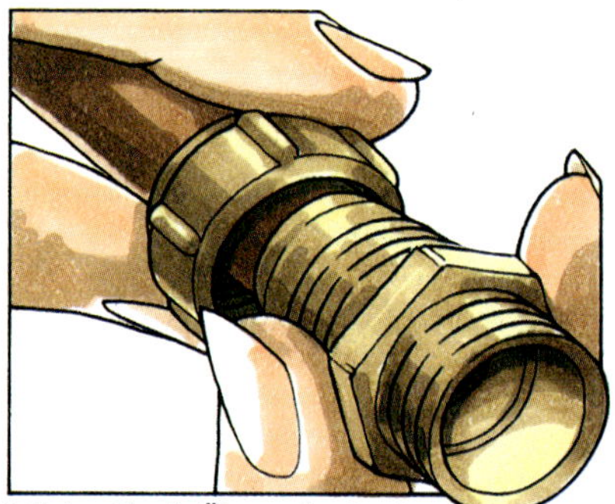

2 Ziehen Sie die Überwurfmutter handfest

3 Markieren Sie Mutter und Muffe

4 Ziehen Sie die Mutter einen Gang fest

Tropfende Verbindung reparieren

Wenn die Verbindung tropft, versuchen Sie die Überwurfmutter noch um eine Viertelumdrehung weiter anzuziehen. Wird der Dichtungsring allerdings zu stark gequetscht, so verliert er seine Dichtungsfähigkeit. In diesem Fall muß die Verbindung wieder geöffnet und der – einzeln erhältliche – Dichtungsring ersetzt werden. Sollte die Verbindung auch im zweiten Versuch nicht dicht werden, sind wahrscheinlich die Rohrenden nicht kalibriert.

Zerstörte Dichtung schräg durchsägen

LÖSBARE QUETSCHVERBINDUNG

Lösbare Quetschverbindungen werden in erster Linie für den Anschluß von Armaturen und Warmwassergeräten mit 8 mm oder 10 mm starken verchromten Kupferrohren verwendet. Dabei wird eine flexible Dichtung durch einen Metallkonus gegen Rohr und Muffe gepreßt und dichtet so die Verbindung ab. Beim Austausch des Verbrauchers muß nur die Dichtung ausgewechselt werden.

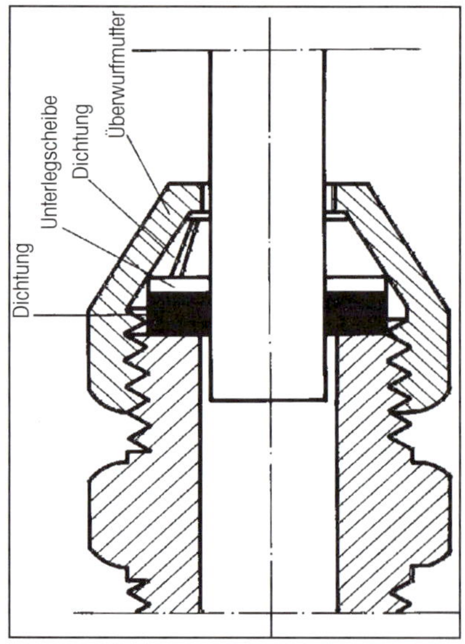

Die Rohre werden sauber geschnitten, entgratet und kalibriert. In Verbindungsmuffen sitzen sie auf Stoß, in Winkel- oder T-Stücken auf Anschlag.
Schieben Sie Überwurfmutter, Dichtkonus, Unterlegscheibe und Dichtung (in dieser Reihenfolge) auf das Rohrende. Führen Sie dieses zur Hälfte in die Muffe, bis zum Anschlag in das T-Stück ein, und ziehen Sie die Mutter erst mit der Hand, dann mit dem Schlüssel fest.

Rohr bis zum Anschlag einschieben

SCHRAUBVERBINDUNGEN

Diese traditionelle Form der Verbindung von Leitungen findet man heute in erster Linie noch bei verzinkten Rohren. Dabei hat stets das Fitting ein zylindrisches Innengewinde, das Rohr ein Spitzgewinde mit einem Flankenwinkel von 55° (Withworthgewinde). Auf diese Weise wird eine solche Verbindung nahezu selbstdichtend. Trotzdem werden solche Verbindungen zusätzlich abgedichtet. Die traditionellen und bewährten Materialien dazu sind Kitt und Hanf. Ritzen Sie das Außengewinde mit einer Dreiecksfeile oder einem Metallsägeblatt leicht an, ohne das Gewinde zu zerstören. Auf diese Weise hält der Hanf besser auf dem Gewinde und wird beim Eindrehen nicht herausgequetscht. Bei Armaturen, die eingehanft werden, ist das Gewinde durch den Hersteller bereits entsprechend vorbereitet. Wickeln Sie nun den Hanf sehr dünn, aber stramm um das Gewinde. Lassen Sie den vordersten Gewindegang frei. Streichen Sie dünn Kitt auf das eingehanfte Gewinde. Schrauben Sie nun das Rohr in das Fitting. Halten Sie das Rohr mit der Rohrzange fest, und drehen Sie das Fitting mit dem Schraubenschlüssel bis zum Anschlag ein. Eine solche Verbindung wird absolut dicht sein.
Natürlich können Sie zum Abdichten von Schraubverbindungen auch Teflonband verwenden. Dieses läßt sich für den Heimwerker vielleicht leichter verarbeiten, hat aber einen entscheidenden Nachteil: Beim Verschrauben von Armaturen kann es sehr leicht geschehen, daß Sie ein wenig zu weit drehen, und die Armatur schiefsteht. Bei einer Hanfabdichtung können Sie die Armatur ohne Probleme ein Stück zurückdrehen. Die Verbindung bleibt trotzdem dicht. Bei einer Teflonabdichtung müssen Sie in solchen Fällen die Verbindung lösen, das alte Teflonband entfernen und von vorn anfangen. Sie sollten Teflonband deshalb nur für Verbindungen verwenden, die bis zum Anschlag eingeschraubt werden und nicht ausgerichtet werden müssen.
Um passende Leitungslängen zu erreichen, müssen die Rohre mit dem Rohrschneider abgelängt und mit einem eingeschnittenen Außengewinde versehen werden. Dazu sind neben einem Gewindeschneider auch einige Fachkenntnisse erforderlich. Für den Heimwerker ist es einfacher, mit Kupferleitung zu arbeiten. Bei vorhandenen Stahlrohren verwenden Sie einen Adapter.

Gewöhnlich wird für Richtungsänderungen im Rohrwerk ein Bogen oder ein Knie verwendet. Manchmal ist jedoch Biegen die bessere Lösung. Wenn ein Rohr etwa über ein kleines Hindernis geführt werden soll, z. B. ein anderes Rohr, so ist eine kleine Schleife praktischer und dem Durchfluß weniger hinderlich als zwei Knie auf einem Abschnitt von wenigen Zentimetern. Auch bei der Verlegung in ungewöhnlich gewinkeltem Mauerwerk kann Biegen hilfreich sein. Regelmäßig erforderlich sind Biegearbeiten beim Anschluß von Armaturen, Heißwassergeräten oder Spülkästen an die wandinstallierten Eckventile.

Biegefeder verwenden

Bei dem Versuch, ein Kupferrohr von Hand um einen engeren Radius zu biegen, wird dieses unweigerlich knicken. Um das zu vermeiden, verwendet man eine Biegefeder. Dieses Werkzeug gibt es sowohl zum Ein- als auch zum Aufschieben. Einfacher in der Handhabung und daher verbreiteter ist die Biegefeder zum Aufschieben. Diese muß exakt dem jeweiligen Rohrdurchmesser entsprechen. Sie gibt dem Rohr eine feste Führung und verteilt den Biegedruck gleichmäßig.
Die Biegefeder wird mit der trichterförmigen Öffnung auf das Rohr geschoben und kann auch nur in Richtung des Trichters wieder abgezogen werden. Die trichterförmige Öffnung sollte daher immer zum kürzeren Rohrende zeigen, damit Sie die Feder leicht abziehen. können. (Dazu kann das Rohr auch leicht eingefettet werden.) Gebogen wird mit der Hand oder über dem Knie.
Mit der Biegefeder läßt sich nur weiches, entspanntes Kupferrohr – verchromtes Rohr oder Rollenware – biegen.

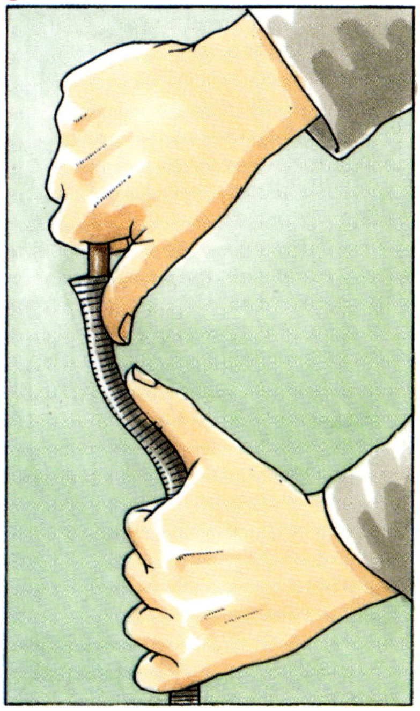
Mit der Biegefeder biegt man ohne Knick

Biegevorrichtung

Gehärtete Stangenware läßt sich mit der Biegefeder kaum biegen. Dafür benötigt man eine professionelle Biegevorrichtung. Bei diesem Werkzeug wird das Kupferrohr in eine Führung gelegt, an die sich zwei Formteile in dem gewünschten Biegeradius anschließen. Durch Betätigen zweier Scherenarme wird das Rohr nun schrittweise um das Formteil herumgehebelt.

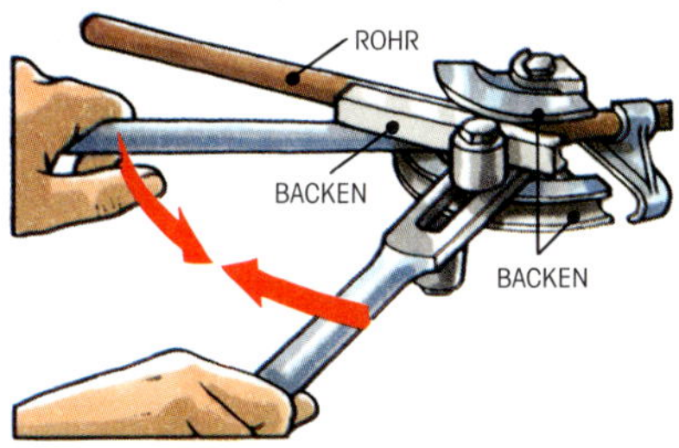

Biegevorrichtung für Stangenware

An der richtigen Stelle biegen

Es empfiehlt sich, das Rohr zuerst zu biegen und dann auf die gewünschte Länge zuzuschneiden. Denn es ist äußerst schwierig, ein Rohr mehr als zweimal zu biegen, und das auch noch an der richtigen Stelle. Kalkulieren Sie also Überlängen mit ein, die dann zum Ausgleich abgeschnitten und die Leitungen mit Fittings werden.

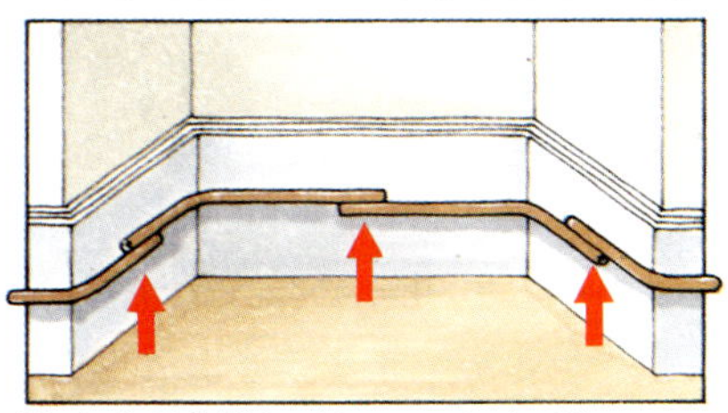
Nische in Teilstücken biegen und schneiden

SIEHE AUCH
unter:

Kunststoff-Installationen	272–274
Biegevorrichtung	378

Gehärtetes Kupferrohr biegen
Gehärtete Stangenware läßt sich ebenfalls mit der Biegefeder biegen, wenn Sie folgenden Kniff anwenden: Erhitzen Sie die zu biegende Stelle des Kupferrohrs mit dem Lötbrenner, bis sie kirschrot glüht. Lassen Sie das Rohr auskühlen, und biegen Sie es.

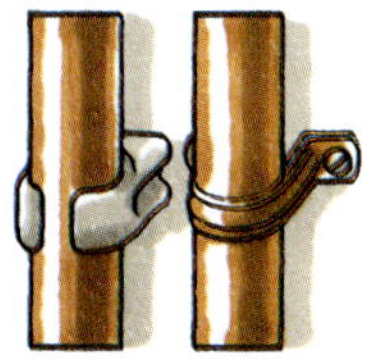
Kupferrohre befestigen
Dünne Kupferrohre werden normalerweise unter Putz oder, bei Renovierungen, hinter Sockelleisten verlegt. Bei Verlegung auf Putz werden sie durch Metall- oder, besser, Plastikclips gesichert. Letztere werden in die Wand gedübelt.

Unter Dielenböden
In Altbauten lassen sich Kupferrohre elegant unter Bodendielen verbergen. Dazu wird eine passende Nut in den Trägerbalken gefräst.

INSTALLATIONEN AUS KUNSTSTOFF

SIEHE AUCH
unter:
Rohre verbinden 273–274

Die Einführung der Kunststoffrohre hat das Installationsgewerbe richtiggehend revolutioniert. Sie sind billig, leicht und einfach zu verlegen. Außerdem sind sie korrosionsfest und gefährden keine anderen Materialien, so daß die Fließregel vernachlässigt werden kann. Je nach Art des Kunststoffes können sie für heißes und kaltes Trinkwasser, aber auch für die Zentralheizung eingesetzt werden. Für Abwasserleitungen werden heute überwiegend Kunststoffrohre verlegt.

Kunststoffrohre Standards

Kunststoffrohre sind noch nicht in jeder Hinsicht standardisiert worden. Deshalb ist es besonders bei Trinkwasserleitungen aus Kunststoff ratsam, alle Einzelteile von ein und demselben Hersteller zu beziehen, weil man nur so die Gewähr hat, daß sie zueinanderpassen. Wenn man seine Bauteile von einem Baustoffhändler oder in einer Baumarktkette kauft, kann man in aller Regel davon ausgehen, daß sich die Einzelkomponenten problemlos miteinander kombinieren lassen..

Genormte Kunststoffrohre	
Trinkwasser-Leitungen	15 mm; 22 mm, 28 mm
Überlaufrohre	21 mm
Ablauf Handwaschbecken	30 mm
Ablauf Waschbecken	40mm
Fallrohr	110 mm

Diese Rohrmaße gelten jeweils für einen Wasserverbraucher. Werden mehrere an eine Abwasserleitung angeschlossen, sind Ablaufrohre mit größerem Durchmesser zu verwenden.

Kunststoffleitungen verlegen

Kunststoffrohre werden ebenso wie solche aus Metall mit Rohrschellen, bei kleineren Durchmessern auch mit Plastikclips, an der Wand befestigt. Da das Kunststoffmaterial aber weniger steif ist als Metalle, müssen die Befestigungen dichter gesetzt werden. Folgen Sie in dieser Hinsicht den Empfehlungen des jeweiligen Herstellers.

ANSCHLUSSSTÜCKE UND FITTINGS FÜR KUNSTSTOFF

Die meisten dieser Anschlußstücke und Fittings gleichen ziemlich genau den metallenen Ausführungen. Auch für Kunststoffrohrsysteme gibt es sämtliche Fittings und Anschlußstücke. Hinzu kommen die entsprechenden Adapter, mit denen man diese Systeme mit den eingeführten Metall-Leitungssystemen kombinieren kann. Bauteile für Entwässerungsanlagen reichen vom einfachen Siphon bis zu den verschiedenen Qualitäten für die Abwasserableitung. Abwasserleitungen und Fallrohre haben oft Reinigungsöffnungen, durch die man Verstopfungen beheben kann. Die hier gezeigte Auswahl bietet nur einen sehr kleinen und willkürlichen Ausschnitt aus einem breiten Angebot.

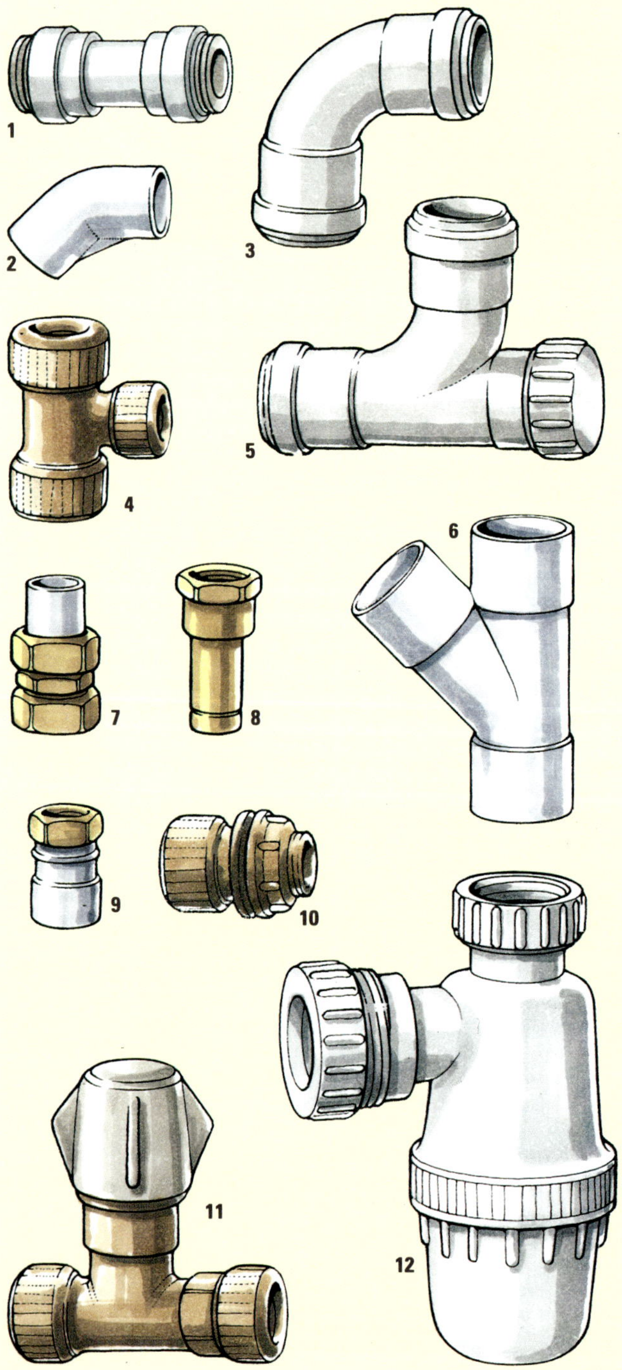

Muffen
Verbinden zwei Rohre geradlinig
1 Kunststoff-Steckverbindung für Rohre gleichen Durchmessers

Bögen und Knie
Verbinden zwei Rohre im Winkel
2 45°-Knie für Klebeverbindung
3 Abwasserknie für Steckverbindung

T-Stücke
Verbinden drei Rohre
4 Abzweig mit kleinerem Durchmesser als Hauptleitung
5 Knie mit Reinigungsöffnung
6 T-Stück für Klosett-entsorgung, Klebeverbindung

Verbindungsstücke
Damit lassen sich unterschiedliche Rohrsysteme zusammenkoppeln
7 Adapter von Kunststoffrohr mit Klebeverbindung auf Kupferrohr mit Quetschverbindung
8 Adapter von Kunststoffrohr zu verzinktem Eisenrohr – Steck- und Schraubverbindung

Fittings
Zur Verbindung von Kunststoffrohren mit Armaturen
9 Ventilanschluß mit Überwurfmutter, Klebeverbindung
10 Schlauchanschluß
11 Muffen-Absperrventil, Klebeverbindung
12 Siphon, Quetschverbindung

KUNSTSTOFF-ROHRE VERBINDEN

Kunststoffe sind komplexe Materialien mit sehr differenzierten Eigenschaften. Deshalb sind auch die Verbindungstechniken nicht ohne weiteres auf alle Arten von Kunststoffleitungen anwendbar. Um sicherzugehen, daß die Verbindungen dicht sind, müssen die Anweisungen des jeweiligen Herstellers befolgt werden. Im folgenden werden die verschiedenen Verfahren zur Verbindung von Kunststoffrohren beispielhaft illustriert.

Klebeverbindungen

Die Rohre werden einfach zusammengesteckt. Dann läßt man ein Lösungsmittel in die Verbindungsfuge einfließen, das die Oberflächen der beiden zu verbindenden Rohre auflöst, so daß sie miteinander verschweißt werden. Das Verfahren kann für Abwasser- und Versorgungsleitungen angewendet werden.

Quetschverbindungen

Besonders bei Siphons eine verbreitete Art der Verbindung für die einzelnen Teile einer Ablaufgarnitur. Dabei wird das Rohr in eine Muffe geschoben und mit einer darübergeschobenen Dichtung nebst Überwurfmutter abgedichtet. Auch Badewannen werden bevorzugt mit diesem System an die Kanalisation angeschlossen.

Steckverbindungen Ablauf

Da Abwasserleitungen nie unter Druck stehen, ist ihre Verbindung nicht besonders aufwendig. Ein Gummidichtring verleiht dieser Festigkeit und macht sie wasserdicht. Ein weiterer Vorteil liegt in der Elastizität dieser Verbindung. Da die Rohre nie bis zum Anschlag eingesteckt werden, ist auf diese Weise für einen Dehnungsausgleich gesorgt.

Steckverbindungen Zulauf

Das Rohr wird nach dem Einschieben von einem gezahnten Metallring festgehalten, der aufgeschnitten werden muß, wenn es wieder abgezogen werden soll. Dieser Nachteil wird durch die Einfachheit der Montage aufgehoben. Andere Systeme arbeiten mit Schnappverbindungen, die nach dem Einrasten abdichten.
Auf dem Gebiet der Kunststoff-Trinkwasserleitungen ist die Normierung noch nicht weit fortgeschritten.

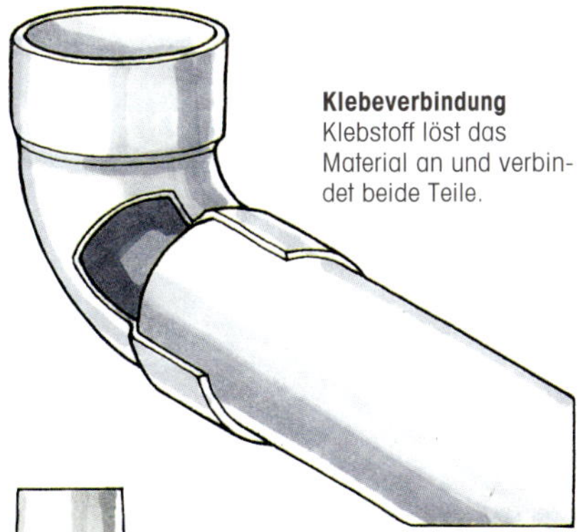

Klebeverbindung
Klebstoff löst das Material an und verbindet beide Teile.

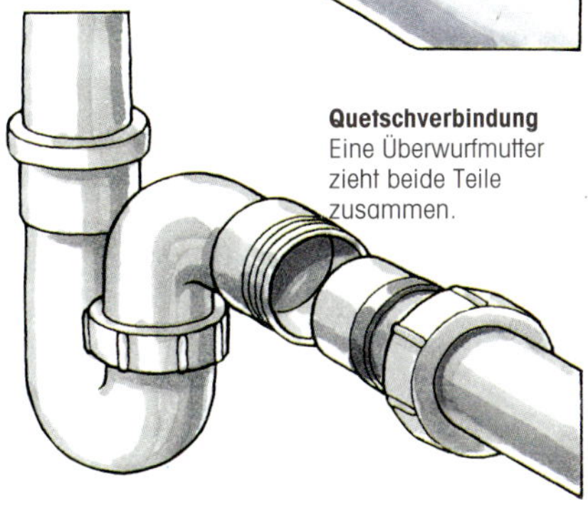

Quetschverbindung
Eine Überwurfmutter zieht beide Teile zusammen.

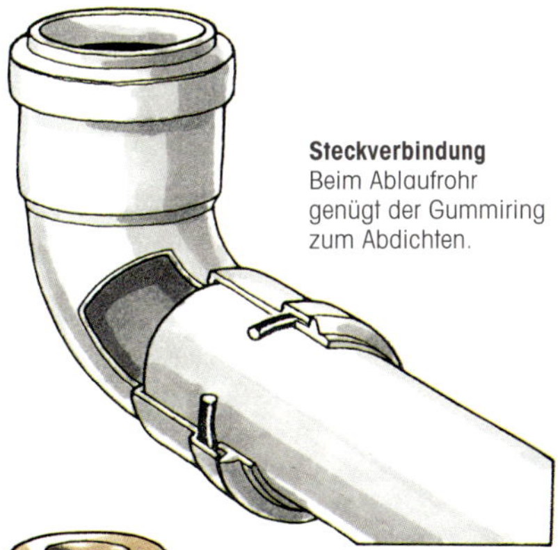

Steckverbindung
Beim Ablaufrohr genügt der Gummiring zum Abdichten.

Steckverbindung
Ein Spreizring hält die Steckverbindung beim Zulauf.

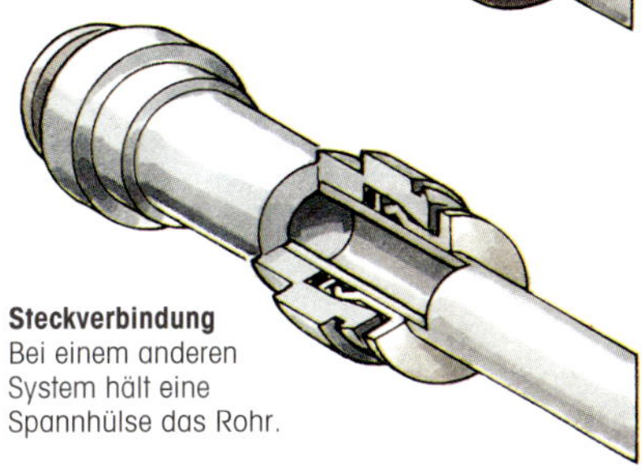

Steckverbindung
Bei einem anderen System hält eine Spannhülse das Rohr.

LEITUNGSSYSTEM AUS EINEM GUSS

Eine Besonderheit sind Kunststoffrohre, die mit einem speziellen Heizgerät miteinander verschweißt werden. Die Rohre lassen sich sehr einfach mit dem Metallsägeblatt einer Bügelsäge schneiden und mit einem Stück Schleifpapier entgraten. Zum Verbinden werden Rohr und Fitting auf einem 240 °C heißen Schmelzkolben zehn Sekunden lang angeschmolzen. Dabei wird das Fitting ein wenig geweitet. Anschließend werden beide Teile zusammengepreßt. Der Kunststoff erstarrt nach fünf Sekunden. Solange sind die Verbindungen noch nachrichtbar. Das Ergebnis ist eine Rohrleitung »aus einem Stück« ohne tropfanfällige Verbindungen.

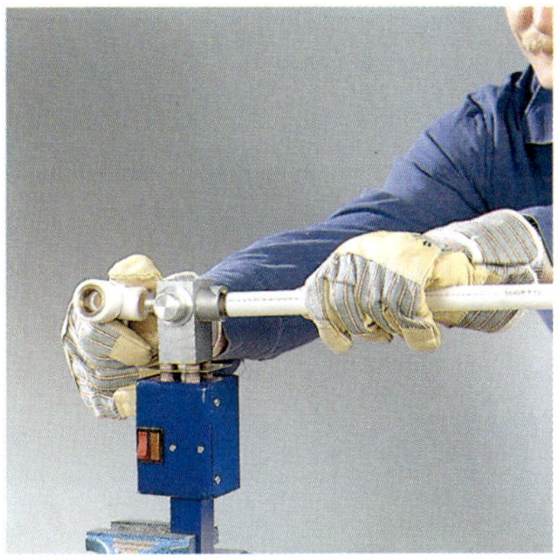

Fitting und Rohr werden erhitzt ...

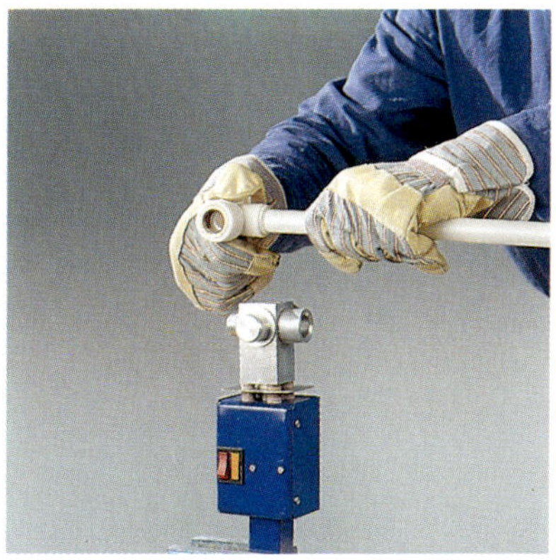

... und fünf Sekunden zusammengepreßt

Diese Rohre haben wie fast alle Kunststoffrohre eine vorzügliche Isolierwirkung. Auch die Wärmeausdehnung ist bei Kunststoffrohren gering, so daß keine Dehnungsfugen gelegt werden müssen. So eignet sich dieses Rohrsystem auch für Erweiterungen oder Ausbesserungsarbeiten an einer bestehenden Installation.

SIEHE AUCH
unter:

Klebeverbindung herstellen	274
Rohre zusammenstecken	274
Verbindung Kunststoff-Metall	275

- **Fließregel**
  Die Fließregel besagt, daß in einem Leitungssystem kein unedleres Material auf ein edleres folgen darf, da es sonst zu galvanischen Reaktionen kommt. In Fließrichtung darf also bei einem Kupferrohrsystem kein Eisenrohr mehr montiert werden. Dagegen darf eine Eisenrohrinstallation mit Kupferrohren weitergeführt werden. Diese Regel wird durch Kunststoffabschnitte im Leitungssystem nicht gebrochen.

KUNSTSTOFF-ABLAUFROHRE VERBINDEN

SIEHE AUCH

unter:

Verbindungen 273

Verbindung Kunststoff-Metall 275

An dieser Stelle können die verschiedenen Verfahren nur allgemein vorgestellt werden. Im einzelnen müssen Sie die Anweisungen des Herstellers genau befolgen. Lösungsmitteldünste von Klebern sollten auf keinen Fall eingeatmet und bei deren Verwendung darf nicht geraucht werden. Sie sollten an für Kinder nicht zugänglichen Orten aufbewahrt werden. Außerdem sollten Sie bei der Arbeit darauf achten, daß kein Kleber auf den Rest der Rohrleitung verspritzt wird, weil er die Oberfläche anlöst.

KUNSTSTOFFROHRE ZUSAMMENSTECKEN

Schrägen Sie die Schnittstelle mit einer Feile leicht an, und reinigen Sie das Innere des Rohres. Auf Rohr und Dichtungsring wird ein Gleitmittel gestrichen. Schieben Sie nun das Rohr bis zum Anschlag in die Muffe, und markieren Sie den Muffenrand mit einem Stift auf dem Rohr **(1)**. Dann ziehen Sie das Rohr etwa 10 mm wieder heraus **(2)**, um den notwendigen Dehnungsausgleich zu gewährleisten, wenn heißes Wasser durch das Rohr fließt.

1 Markieren Sie den Muffenrand

2 Ziehen Sie das Rohr 10 mm weit heraus

Tropfenden Anschluß reparieren

Wenn eine Steckverbindung tropft, liegt das am Dichtungsring, der verrutschen kann. Dann muß die Verbindung gelöst und der Sitz des Dichtungsrings korrigiert werden.

Klebeverbindung herstellen

Beim Ablängen von Kunststoffrohren mit größerem Durchmesser wird ein senkrechter Schnitt gewährleistet, wenn man ein Blatt Papier um das Rohr wickelt und an dessen Rand entlangsägt **(1)**. Drehen Sie während des Sägevorgangs das Rohr nach vorn von sich weg. Schrägen Sie die Schnittstelle mit einer Feile leicht an **(2)**, um das Einstecken zu erleichtern.

Verschweißen der Verbindung

Stecken Sie das Rohr probeweise in die Muffe, und markieren Sie den Muffenrand auf dem Rohr **(3)**. So sehen Sie am besten, wie weit Sie den Kleber aufstreichen müssen. Die Außenseite des Rohres und das Muffeninnere sollten mit Schleifpapier leicht angerauht werden, wenn der Hersteller das vorsieht. Bei Knien und T-Stücken kratzen Sie nach dem probeweisen Zusammenfügen ein Zeichen in Fitting und Rohr **(4)**, damit die Teile nach dem Klebevorgang wieder exakt ausgerichtet werden können. Reinigen Sie die beiden Teile mit dem vom Hersteller empfohlenen Reinigungsmittel. Streichen Sie den Klebstoff gleichmäßig auf beide Teile **(5)**, und führen Sie das Rohr mit einer kleinen Drehung zur besseren Verteilung des Klebers wieder in die Muffe ein. Richten Sie die so verbundenen Teile aus. Nach einer Stunde kann die Leitung für kaltes Wasser, aber erst nach mindestens vier Stunden für warmes Wasser verwendet werden. Richten Sie sich in diesem Punkt genau nach den Herstellerangaben.

Dehnungsausgleich

Kunststoffrohre dehnen sich aus, wenn sie von warmem Wasser durchflossen werden. Das ist allerdings nur bei langen geraden Rohrabschnitten ein Problem. Bei Abflußrohren über 1,8 m Länge sollte am einen Ende eine Verbindung mit Dehnungsausgleich und Gummidichtungsring angebracht werden. In Versorgungsrohrabschnitten von über 10 m Länge sollte ein Dehnungsausgleich aus drei kurzen Rohren und Knien eingebaut werden, da Spiel in der Leitung hier nicht möglich ist.

Tropfenden Anschluß reparieren

Wenn ein Anschluß tropft, muß der gesamte Leitungsabschnitt trockengelegt werden. Dann muß man noch etwas von dem Kleber in die Fuge einziehen lassen und warten, bis dieser die Verbindung abdichtet.

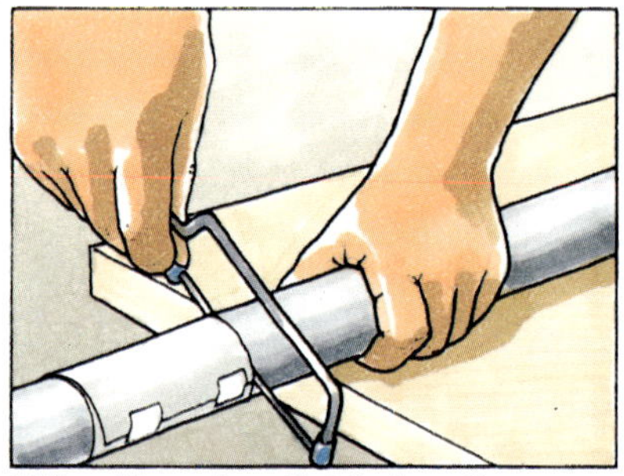

1 Sägen Sie an einem Blatt Papier entlang

2 Schrägen Sie die Schnittkante mit der Feile an

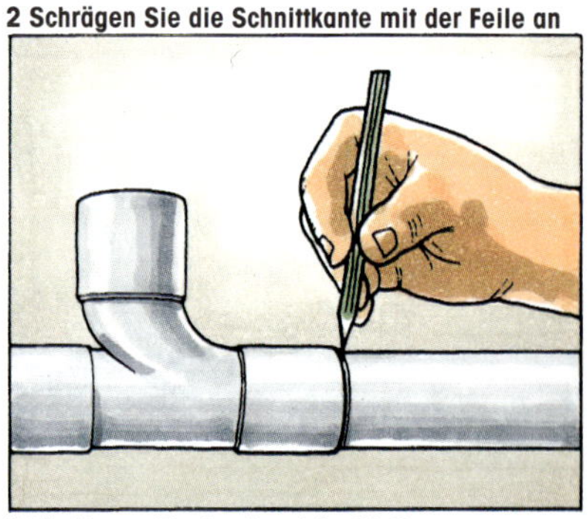

3 Markieren Sie den Rand der Muffe

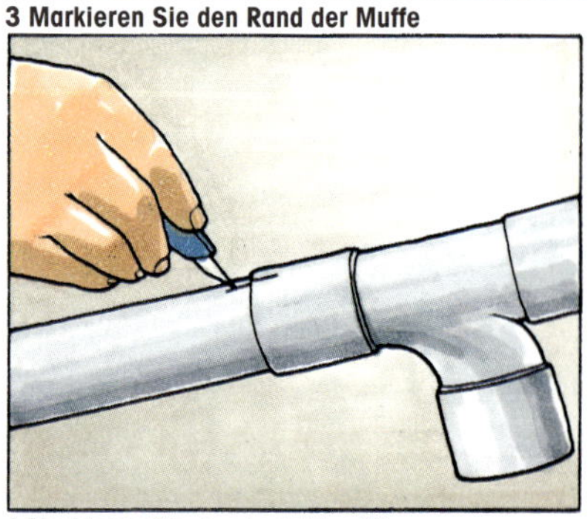

4 Markieren Sie den korrekten Sitz

5 Streichen Sie Kleber bis zur Markierung

Kunststoff-Versorgungsleitungen können ebenfalls miteinander verklebt werden. Es gibt aber auch Systeme mit gut funktionierenden Steck- und Schraubverbindungen.

Steckverbindungen von Versorgungsleitungen

Die Kunststoff-Versorgungsrohre werden mit einer Rohrzange **(1)** gehalten und mit einer Säge oder einem scharfen Messer abgelängt. Ein exakter senkrechter Schnitt ist Voraussetzung für eine wasserdichte Verbindung. Führen Sie die Befestigungsmuffe in das Rohr ein **(2)**, und schmieren Sie die Verbindung innen und außen mit einem Gleitmittel **(3)** ein. Das vorbereitete Rohr wird 25 mm in das Verbindungsstück eingeschoben **(4)**. Es kann allerdings im Verbindungsstück weiter frei gedreht werden, ohne daß die Dichtung dabei Schaden nimmt, kann also auch noch nach dem Zusammenbau beliebig ausgerichtet werden.

1 Ablängen

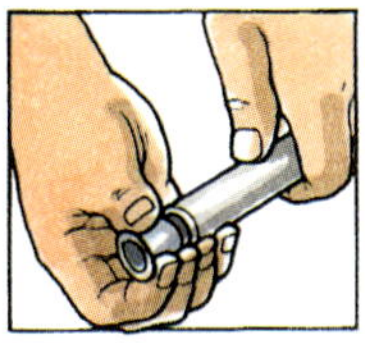

2 Muffe einführen

3 Gleitmittel streichen

4 Rohr einführen

Verbindung lösen

Wenn Sie eine Verbindung lösen müssen, um ein Versorgungsleitungssystem zu verändern, lockern Sie zunächst die Überwurfmutter mit einer Rohrzange mit Backenschutz und schrauben sie mit der Hand vollständig auf. Ziehen Sie das Rohr heraus, und streifen Sie die Dichtungsringe ab. Der gezahnte Metallring muß mit einer Zange geknackt und entfernt werden **(5)**. Er muß beim Wiederzusammenbau erneuert werden. Prüfen Sie alle Bauteile, und ersetzen Sie die schadhaften. Führen Sie die geplanten Änderungen oder Erweiterungen durch. Streifen Sie neue Dichtungen und einen neuen Metallring über, und ziehen Sie die Überwurfmutter wieder fest.

Tropfenden Anschluß reparieren

Eine Steckverbindung kann nur lecken, wenn das Rohr nicht genügend tief im Verbindungsstück steckt.

5 Knacken Sie den Metallring

Spannhülsenverbindung

Steckverbindungen mit integrierten Spannhülsen sind besonders leicht zu handhaben. Das Rohr wird einfach bis zum Anschlag in die Muffe gesteckt – fertig. Mit leichtem Zug am angeschlossenen Rohr prüfen Sie, ob die Verbindung hält.

Diese Steckverbindungen lassen sich auch für Metallrohre verwenden. In diesem Fall müssen die Schnittflächen besonders sorgfältig entgratet und geglättet werden, damit das Rohr beim Einführen nicht die empfindlichen Dichtungen zerstört.

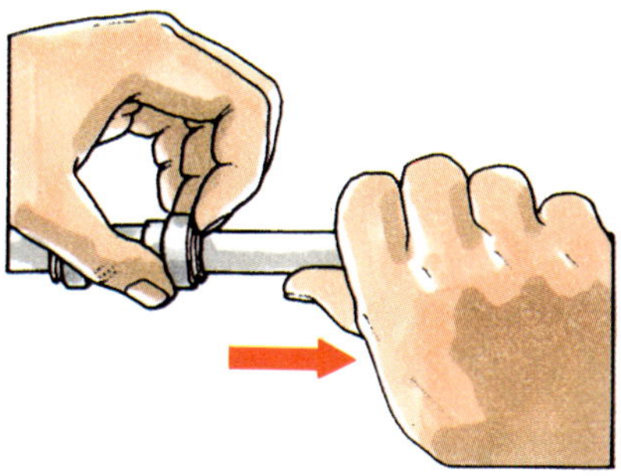

1 Zum Lösen Spannhülse eindrücken

2 Bei Metallrohren mit Sprengring sichern

VERBINDUNG KUNSTSTOFF–METALL

Sämtliche Hersteller von Kunststoff-Rohrsystemen bieten Adapter zum Anschluß an die gängigen Metallrohre an. Diese sind je nach System recht unterschiedlich konstruiert, aber stets einfach zu handhaben. Manche Kunststoffrohre lassen sich, wie unten abgebildet, bei Verwendung stabilisierender Einsteckhülsen sogar an normale Quetschverbindungen anschließen.

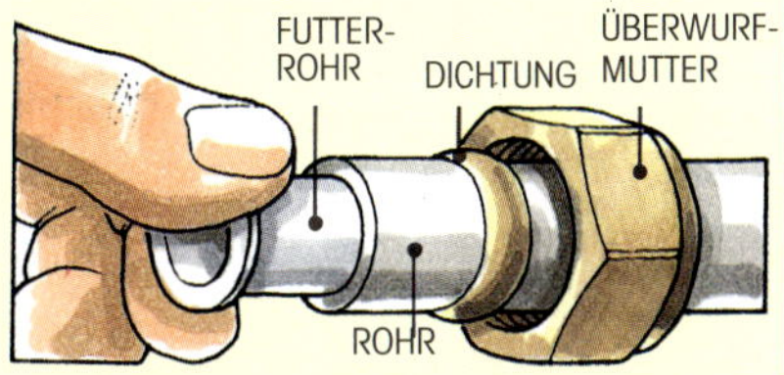

Quetschverbindung für Kunststoffrohre
Führen Sie vor dem Verschrauben ein Futterrohr ein.

Kunststoffrohre biegen

Ein starres Versorgungsrohr aus Kunststoff hingegen kann durch langsames Erhitzen biegsam gemacht werden. Streichen Sie mit der Gasflamme von allen Seiten über die zu biegende Stelle, und biegen Sie das Rohr, sobald es weich genug ist, mit der Hand auf glatter Fläche **(1)**. Halten Sie es in der Position, bis das Material wieder hart ist. Manche Kunststoffe können kalt bis zu einem Biegeradius verformt werden, der das Achtfache des Durchmessers beträgt. Die Arme der Biegung sind mit Rohrschellen zu befestigen oder in eine Rohrklammer einzusetzen **(2)**. Weite Bögen sind kein Problem.

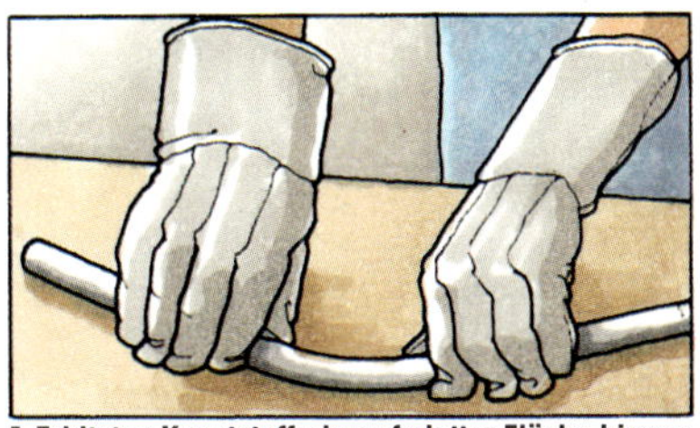

1 Erhitztes Kunststoffrohr auf glatter Fläche biegen

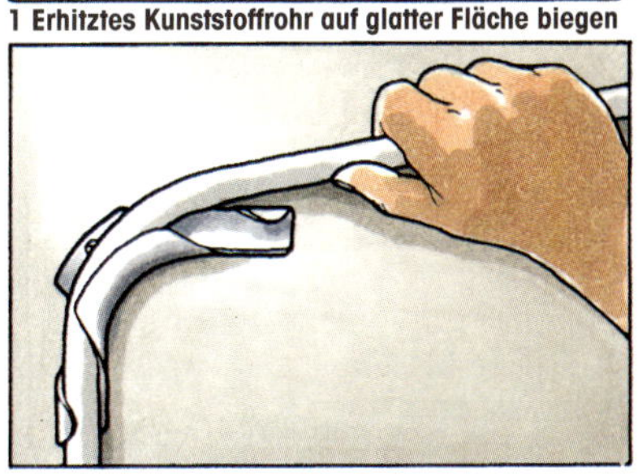

2 Rohrklammer einsetzen

SIEHE AUCH
unter:
Kunststoff-Installationen 272–274

TOILETTE ERSETZEN

SIEHE AUCH
unter:

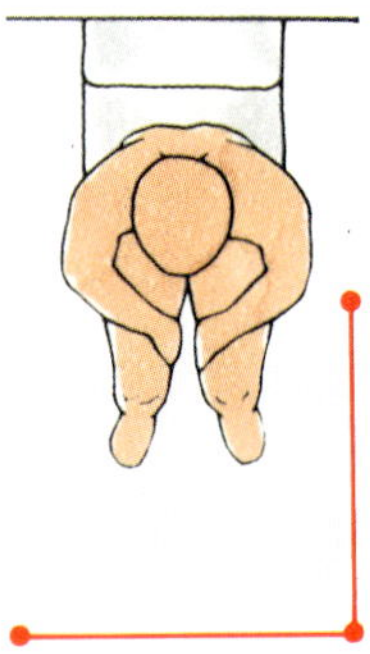

Raum für die Toilette
Vor der Toilette ist ein Raum von mindestens 50 cm vorgeschrieben.

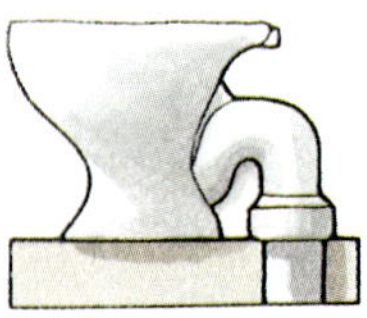

Abfluß durch Boden
Wenn der Abfluß durch den Fußboden geführt wird: S-förmiger Geruchsverschluß.

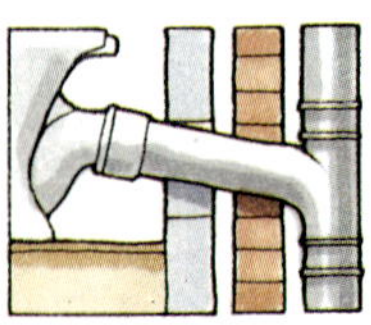

Abfluß durch Wand
Beim Abfluß durch die Wand P-förmigen Geruchsverschluß

Wenn Sie Ihr Badezimmer renovieren, ergibt sich auch die Gelegenheit, den alten, unansehnlichen hochhängenden Spülkasten durch einen modernen und weit funktionstüchtigeren Tiefspülkasten zu ersetzen. Dazu muß in den meisten Fällen das WC-Becken nicht mit ausgewechselt werden. Sie sollten aber überlegen, ob das nicht im selben Arbeitsgang erledigt werden kann. Wegen der notwendigen Neuanschlüsse sollten Sie in jedem Fall einen Installateur hinzuziehen.
Bevor Sie sich zu einer Neuanschaffung entschließen, prüfen Sie sorgfältig, ob Ihre Umbaupläne mit den räumlichen Gegebenheiten in Einklang zu bringen sind. Wie bei allen Sanitäreinrichtungen sind auch bei einem Klosett bestimmte Freiräume erforderlich und vorgeschrieben. So müssen nach vorn 50 cm Platz bleiben, seitlich sind 40 cm Abstand zur Wand und 10 cm Abstand zur nächsten Sanitäreinrichtung Vorschrift.

Toilettenspülung

Früher sahen alle Wasserklosetts etwa gleich aus, heute jedoch können Sie aus einem großen Angebot an modernen, komfortablen Systemen in den verschiedenstem Formen und Farbnuancen wählen. Die meisten Toiletten werden heute mit Tiefspülkästen ausgestattet, aber auch da gibt es die verschiedensten Modelle.

Hochhängende Spülkästen

In Altbauten sieht man sie mitunter noch hängen: die Spülkästen aus Omas Zeiten, meist aus Gußeisen, mit langer Kette. Nicht nur der abenteuerliche Wasserverbrauch von ca. 14 l pro Spülvorgang spricht dafür, ein solches Monstrum zu ersetzen, sondern auch die hohe Geräuschbelästigung und die Hygienemängel durch das oben offene Becken. Authentizitätsfreaks, die ihren Altbau stilgerecht modernisieren wollen, werden im Baumarkt vergeblich nach einer Neuausführung suchen. Im Ausland werden sie aber gelegentlich noch angeboten. Vielleicht kann Ihr Installateur noch einen auftreiben.

Tiefspülkästen

Der Standard in europäischen Klosetts. Gute Spülkästen bestehen aus schlagfestem Kunststoff, haben eine regulierbare Füllmenge von 6–9 l, eine Spartaste und eine Innenisolierung aus Hartschaum.

Kompaktspülkästen

Die flache Version des Tiefspülkastens.

Vorwandinstallation

Auch hier handelt es sich um einen normalen Tiefspülkasten. Allerdings verschwindet er beim Einbau bis auf die Betätigungstaste hinter einer Leichtbauwand – sicher die modernste Form der Toilettenspülung.

Druckspüler

Der Druckspüler arbeitet ohne eigenes Wasserreservoir. Das erforderliche Spülwasser entnimmt er unmittelbar der Wasserleitung. Zum Anschluß benötigt man nur einen Halb- oder Dreiviertelzoll-Anschluß über dem Becken. Braucht wenig Platz, macht aber Lärm.

Klosettschüsseln

Zahlreiche Ausführungen werden angeboten, die sich nach Spülprinzip, Ablauf und Sanitärfarbe unterscheiden.

Flachspülklosett

Eine typisch deutsche Form der Klosettschüssel, bei der die Fäkalien gut sichtbar präsentiert werden, ehe sie das Spülwasser entfernt – Deutsche wollen schließlich sehen, was sie produziert haben. Die Geruchsbelästigung ist bei diesem Klosettyp am größten.

Tiefspülklosett

Die international verbreitetste Form des »stillen Örtchens« hat sich auch hierzulande weitgehend durchgesetzt. Da die Ausscheidungen sofort ins Sperrwasser des Siphonbogens fallen, ist die Geruchsbelästigung geringer.

Absaugklosett

Tiefspülklosetts mit einem speziell konstruierten, verlängerten und verengten Abflußrohr im Klosettkörper, wodurch beim Spülen eine Saugwirkung erzielt wird, durch die das gesamte Sperrwasser im Geruchsverschluß einschließlich Fäkalien und Papier vollständig abgesaugt wird. Wegen der damit verbundenen Geräuschbelästigung wird das Absaugklosett seltener eingebaut.

SPÜLKÄSTEN

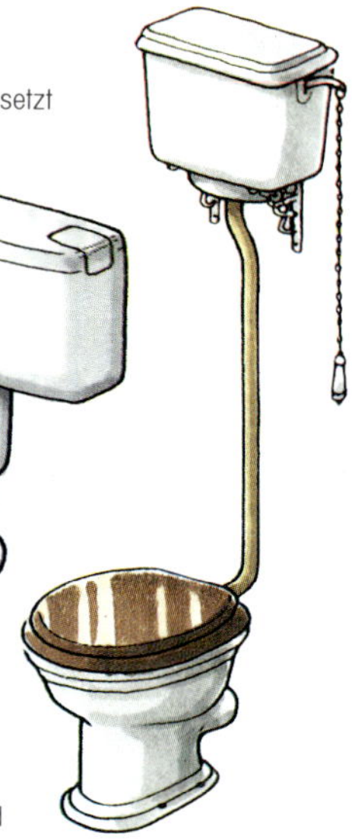

Hochhängender Spülkasten
Veraltete Form, die ersetzt werden sollte

Tiefspülkasten
Die heute übliche und meistverwendete Ausführung

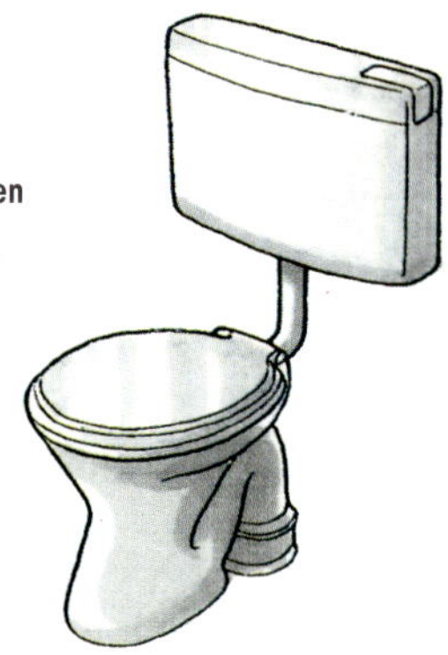

Kompaktspülkasten
Tiefspülkasten in besonders flacher Bauweise

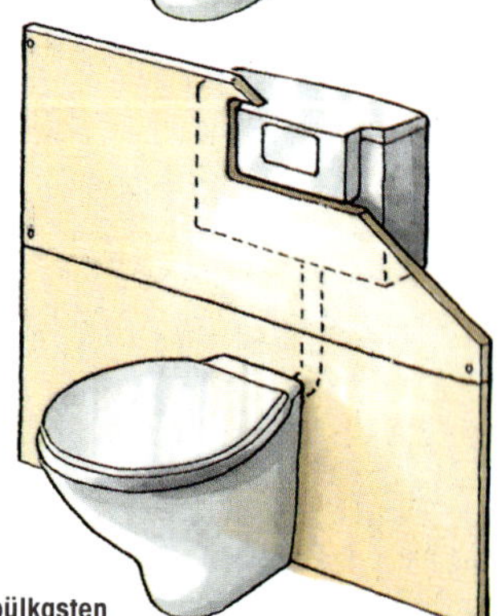

Vorwandspülkasten
Spezialausführung zur Vorwandinstallation

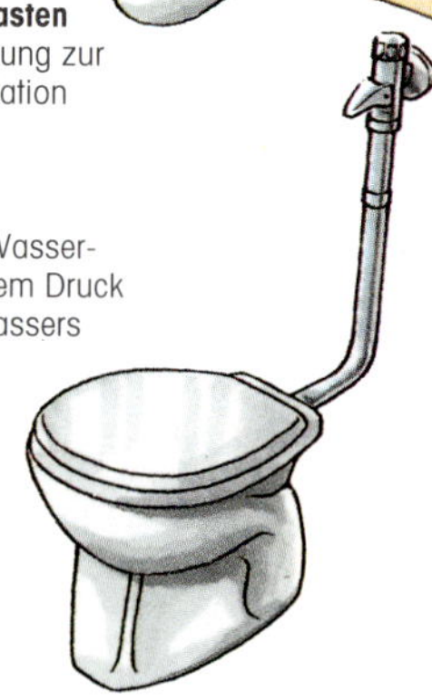

Druckspüler
Arbeitet ohne Wasserreservoir mit dem Druck des Leitungswassers

EIN ALTES KLOSETT ERNEUERN

SIEHE AUCH
unter:
Toilette ersetzen 276

WC-BECKEN

Tiefspülbecken
Das gängige Becken mit S- oder P-förmigem Siphon

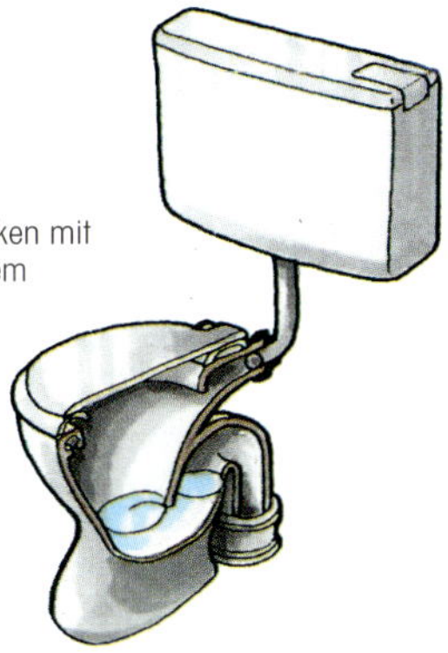

Absaugbecken
Der schmale Ablauf dämmt den Wasserschwall und erzeugt so die Absaugwirkung

Flachspülbecken
Traditionelle Form, kommt wegen Geruchsbelästigung außer Gebrauch

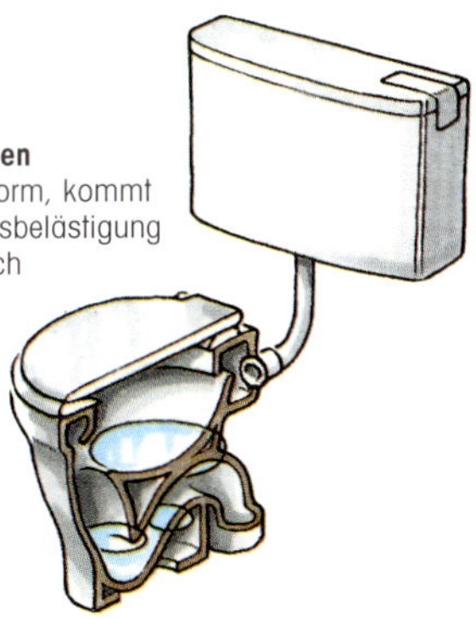

Wandmontiertes Becken
In Kombination mit einem Spülkasten für Vorwandmontage die modernste Form. Zum Einbau wird ein stabiler Metallrahmen verwendet

Altes WC-Becken entfernen

Unterbrechen Sie die Wasserzufuhr zum Spülkasten, indem Sie die Chromkappe vom Eckventil abschrauben und das Ventil mit einem Schraubenzieher schließen. Betätigen Sie die Spülung, um den Spülkasten zu entleeren. Wenn Sie nur den Spülkasten auswechseln wollen, müssen Sie das Zuleitungsrohr abschrauben und die große Überwurfmutter lösen, mit der das Spülrohr an der Unterseite des Kastens befestigt ist. Wenn aber die ganze Installation ausgewechselt werden soll, ist es leichter, die Rohre einfach durchzusägen, da die Anschlüsse unter Umständen schwer zu öffnen sind. Wenn die Halteschrauben korrodiert sind, muß der Kasten mit Gewalt aus der Halterung herausgebrochen werden. Das Mauerwerk kann nachträglich ausgebessert werden. Um das WC-Becken abzumontieren, müssen die Halteschrauben, mit denen es am Boden befestigt ist, gelöst und das Dichtmaterial aus der Muffe des Abflußrohrs entfernt werden. Versuchen Sie nun das Becken nach vorn abzuziehen. Wenn das Abflußrohr es festhält, muß die Anschlußstelle mit einem Hammer zertrümmert werden **(1)**. Tragen Sie bei dieser Arbeit eine Schutzbrille. Nach Entfernen des Beckens verstopfen Sie das Abflußrohr mit einem Lappen und schlagen die Keramikreste mit einem Meißel heraus **(2)**, ohne das Rohr zu beschädigen. Wenn das Becken am Boden festzementiert ist, muß auch dieser Befestigungskranz mit Hammer und Meißel aufgebrochen werden.

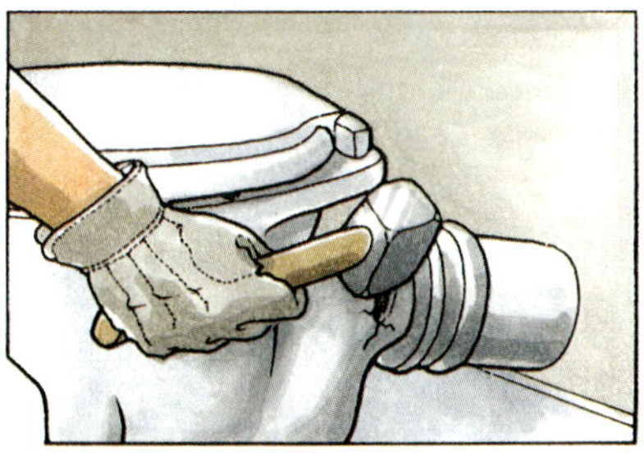

1 Becken mit einem Hammer zertrümmern

2 Reste mit Hammer und Meißel entfernen

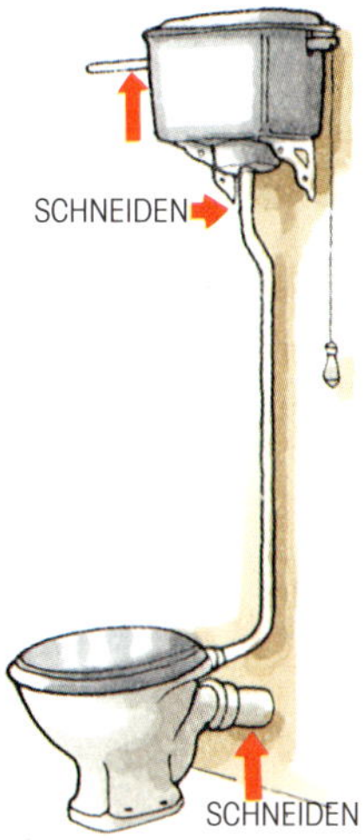

Demontage
Wenn die Anschlüsse durch Korrosion oder Ablagerungen verfestigt sind, müssen Zuleitungs- und Abflußrohre an den bezeichneten Stellen durchtrennt werden.

Abflußrohr durchschneiden

Wenn Sie das Abflußrohr versehentlich beschädigen, muß die Mündung abgetrennt und ersetzt werden. Das machen Sie am besten mit einem gemieteten Kettenrohrschneider. Es gibt dieses Werkzeug auch mit Ratsche, damit es auf engem Raum eingesetzt werden kann. Am besten sollte das alte Anschlußstück grundsätzlich durch ein neues ersetzt werden.

Abflußrohre durchschneiden
Verwenden Sie am besten einen Kettenrohrschneider, um ein beschädigtes Abflußrohr abzutrennen.

Verbindung vom Becken zum Abflußrohr

Wählen Sie für diese Verbindung ein Anschlußstück aus Kunststoff. Diese sind leicht zu installieren und mit ihren glatten Innenflächen äußerst hygienisch. Kaufen Sie das Anschlußstück immer zusammen mit dem WC-Becken. Nehmen Sie zum Kauf eine exakt bemaßte Skizze von Lage und Größe der Ablaufrohre mit. Damit erhalten Sie sicher das passende Anschlußstück. Dieses wird in das Abflußrohr gesteckt. Der Übergang verschwindet hinter einer Manschette. Die Öffnung mit der Gummilippe nimmt den Ablauf des WC-Beckens auf.

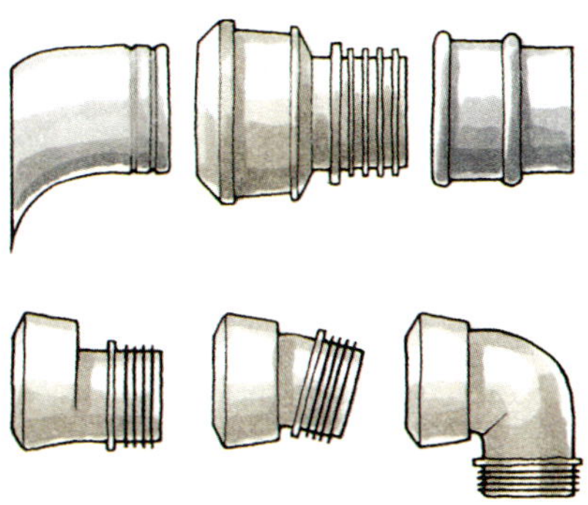

Anschlußstücke gibt es in vielen Varianten

EIN NEUES KLOSETT EINBAUEN

SIEHE AUCH
unter:
Toilette ersetzen 276

KLOSETTBECKEN UND SPÜLKASTEN EINBAUEN

Stecken Sie das Anschlußstück in den Stutzen des Abflußrohrs. Stellen Sie das Klosettbecken davor. Wenn alles paßt markieren Sie die Dübellöcher für die Bodenbefestigung so, daß der Stutzen des Beckens etwa 5 cm tief im Anschlußstück steckt. Bohren Sie die Dübellöcher. Kontrollieren Sie mit der Wasserwaage den geraden Stand. Schiefstand korrigieren Sie mit einem vollflächigen Bett aus Fliesenkleber. Stellen Sie das Becken endgültig an seinen Platz, und schrauben Sie es fest. Verwenden Sie dabei unbedingt Kunststoff-Zwischenringe, damit das Becken beim Anziehen der Schrauben nicht gesprengt wird. Dichten Sie die Fuge zum Boden mit Silikonmasse ab.

Der Spülkasten wird so montiert, daß das Ablaufrohr gerade in das Klosett einläuft. Die Montagehöhe beträgt 12–20 cm zwischen Spülkastenboden und Klosettbeckeneinlauf. Beachten Sie dazu die Herstelleranweisungen. Die Montageposition ermitteln Sie am besten, indem Sie das Ablaufrohr – bei Bedarf kürzen – in Klosettbecken und Spülkasten stecken und diesen mit aufgelegter Wasserwaage an die Wand anhalten. Bringen Sie die Dübel und Schrauben an, montieren Sie das Spülrohr am Klosettbecken, hängen Sie den Spülkasten in die Halteschrauben, und befestigen Sie das Spülrohr mit der Überwurfmutter am Kastenboden. Verbinden Sie nun das Eckventil durch ein Stück verchromte Kupferleitung mit dem Spülkasten. Zuletzt wird mit dem verdrehbaren Hartschaumschwimmer die Füllhöhe eingestellt.

Klempnerarbeiten am WC
1 Tiefspülkasten
2 Auslösehebel mit Spartaste
3 Zuleitung mit Eckventil
4 Spülrohrbefestigung am Spülkasten
5 Spülrohr
6 Spülrohranschluß am WC-Becken
7 WC-Beckenauslauf
8 Anschlußstück
9 Stutzen der Abwasserleitung

Wandhängende Montage

Dies ist fraglos die beste und ästhetischste Lösung – gleichermaßen geeignet für Neuinstallation wie für Renovierung. Dabei werden die Installationen in einen stabilen Befestigungsrahmen aus Metall gesetzt bzw. an diesen anmontiert. Der Rahmen ist in die Wand gedübelt und untermauert. Er dient auch als Träger für die Gipskartonplatten, aus denen die Vorwand gebildet wird, hinter der alle Installationen verschwinden. Der Vorteil: Die Leitungsrohre müssen nicht mühsam unter Putz gelegt, sondern können frei verlegt werden, und sichtbar ist nur, was wirklich gebraucht wird.

Zur Montage wird zunächst das Installationsset exakt ausgerichtet an die Wand gedübelt. Beachten Sie dazu die Herstellerangaben. Anschließend wird der Metallrahmen untermauert. Verlegen Sie nun die Installationen für Wasserzu- und Ablauf oder beauftragen Sie Ihren Installateur mit dieser Aufgabe. Dabei ist zu beachten, daß das Eckventil zum Absperren des Spülkastens in den Kasten gelegt wird, damit es später durch die Frontöffnung bedient werden kann. Wenn alle Anschlüsse gelegt sind, wird der Spülkasten angeschlossen. Dies geschieht analog zur Montageanleitung für den Tiefspülkasten. Testen Sie die Funktion, und setzen Sie das WC-Becken probeweise an, um sicherzustellen, daß alles paßt. Dann wird die gesamte Installation entweder zugemauert oder, besonders bei Renovierungen, mit Gipskartonplatten verkleidet. Diese können nach Belieben verfliest werden.

Zuletzt wird das WC-Becken montiert. Dazu verwenden Sie ein Schallschutzset, bestehend aus einem selbstklebenden Schallschutzband, Gummihülsen und gummikaschierten Beilagscheiben.

Der richtige Sitz des WC-Beckens wird überprüft

Im Zuge der Renovierungsarbeiten oder bei Neubauten ein Waschbecken einzubauen ist kein Problem. Es muß dabei nur darauf geachtet werden, daß das Gefälle des Abflußrohrs den einschlägigen Vorschriften entspricht. Es sollte pro Meter Rohrlänge 2 cm betragen. Das Rohr sollte außerdem nicht länger als 3 m sein. Die erforderliche Stärke ist abhängig von der Anzahl der angeschlossenen Verbraucher.

Waschbecken auswählen

Die meisten Waschbecken bestehen heute aus Keramik. Erhältlich sind sie in einer Vielzahl an Größen, Farben und Formen. Nur Einbaubecken werden noch aus Stahl oder Kunststoff hergestellt. Die Armaturen müssen natürlich entsprechend dem Waschbecken gewählt werden. Zu beachten ist auch, daß in unmittelbarer Umgebung des Beckens genügend Abstellfläche für Toilettenartikel vorhanden sein muß.

Waschtisch

Zwar soll die Standsäule dem Becken auch zusätzlichen Halt verleihen, in erster Linie aber verdeckt sie die Zu- und Ableitungen. Standsäulen sind als Zubehör für viele Waschbecken erhältlich.

Wandhängende Becken

Die Befestigung eines modernen Waschbeckens an der Wand ist bei weitem nicht mehr so umständlich wie früher, als die Becken in die Wand eingemauert werden mußten. Heute werden sie an zwei großen Dübeln mit Stockschrauben an der Wand befestigt. Bei Vorwandinstallation verwendet man einen Montagerahmen aus Metall. Dieser wird zusammen mit allen Installationen durch eine vorgesetzte Wand verborgen, die entweder massiv oder in Leichtbauweise errichtet werden kann.

Eck-Waschbecken

Diese Form wird gelegentlich gewählt, weil sie viel Platz spart und meistens mit relativ geringem Installationsaufwand eingebaut werden kann, verlaufen doch meistens alle im Raum verlegten Versorgungsleitungen in einer Ecke.

Einbau-Waschbecken

Dies ist eine günstige Lösung, wenn in einem großen Bade- oder Schlafzimmer genügend Raum zur Verfügung steht. Der Unterbau läßt sich beliebig gestalten und bietet in Schubkästen reichlich Stauraum. Gleichzeitig werden die Installationen verborgen. Mit Einbaubecken in Verbindung mit Marmorplatten und wertvollen Armaturen lassen sich sehr elegante Lösungen schaffen.

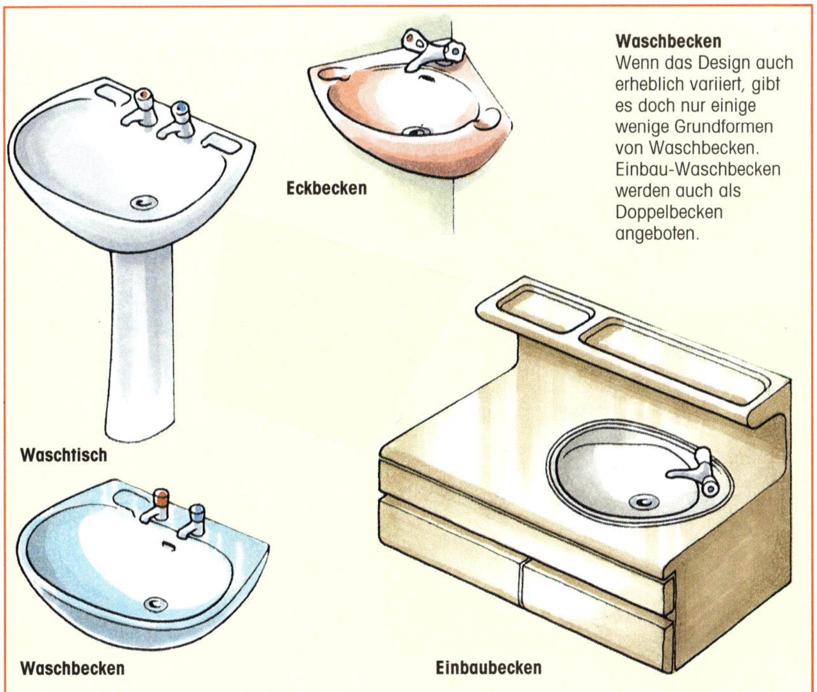

Waschbecken
Wenn das Design auch erheblich variiert, gibt es doch nur einige wenige Grundformen von Waschbecken. Einbau-Waschbecken werden auch als Doppelbecken angeboten.

ROHRLEITUNGEN VERBERGEN

Da die Hersteller von Sanitärzubehör die Vorliebe ihrer Kunden für verdeckte Rohrleitungen kennen, sind heutzutage von umbauten Abflüssen über Duschkabinen, eingebaute Spülkästen bis zu integrierten Waschtischen in nahezu beliebiger Auswahl Elemente lieferbar, bei denen kein einziges Rohr zu sehen ist. Bei sorgfältiger Planung und Auswahl ist es ohne weiteres möglich, daß in einer Wohnung überhaupt kein Rohr sichtbar bleibt.

Unter bestimmten baulichen Voraussetzungen, zumal bei älteren Häusern, läßt sich allerdings nicht vermeiden, daß insbesondere Wasserleitungen und die voluminösen Fallrohre des Abwassersystems ins Auge springen. Hier kann ein entsprechender Anstrich bewirken, daß die Rohre sich optisch zumindest nicht von der Wand abheben und so praktisch »unsichtbar« werden.

Als Alternative bietet sich ein Rohrleitungskasten an, der z. B. aus Sperrholz oder Spanplatten, vielleicht sogar mit Gipskartonplatten oder als Wandschrank gebaut werden kann. Allerdings sollte das Kasteninnere jederzeit zugänglich sein, falls irgendwann an den Anschlüssen gearbeitet werden muß. Heißwasser- und Zentralheizungsrohre lassen sich darin mit Schaumstoff isolieren, ohne die Ästhetik eines Raumes zu stören. Besonders praktisch, wenn auch nicht schön, sind PVC-Leisten, die in verschiedenen Größen erhältlich sind und auch rechtwinklige bzw. T- förmige Abzweigungen ermöglichen. Für Nutzräume mögen sie taugen.

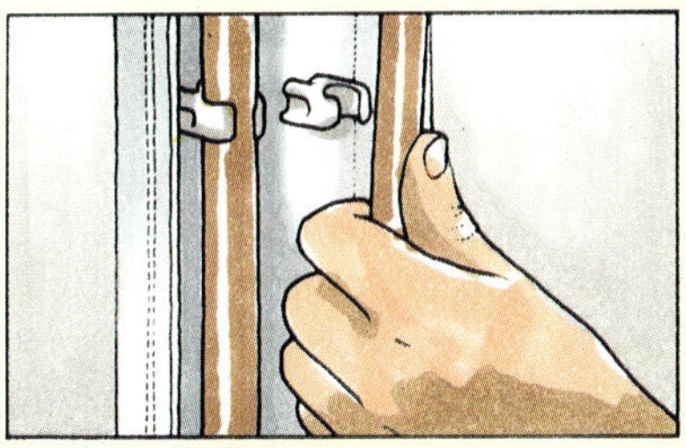

Plastikclips für Kupferrohre

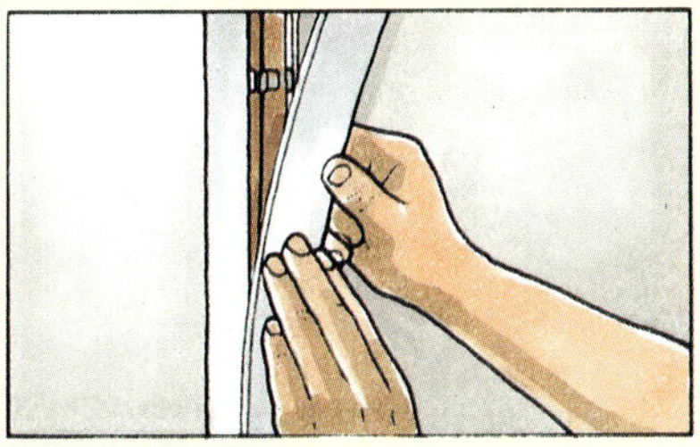

Kunststoff-Leitungskanäle – praktisch im Büro

SIEHE AUCH

unter:

Innenvertäfelung	67–69
Fliesen	135–136
Gipsbauplatten	135–136
Abwasserentsorgung	265

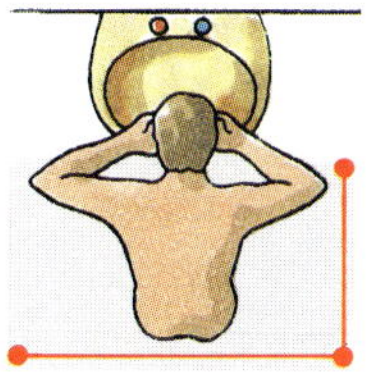

Raum um das Waschbecken
Vor allem für die Haarwäsche muß Bewegungsfreiheit gegeben sein. 90 cm in der Breite und 60 cm ab Beckenvorderkante sind vorgeschrieben. Die Oberkante des Waschtischs sollte in einer Höhe zwischen 82 und 86 cm liegen.

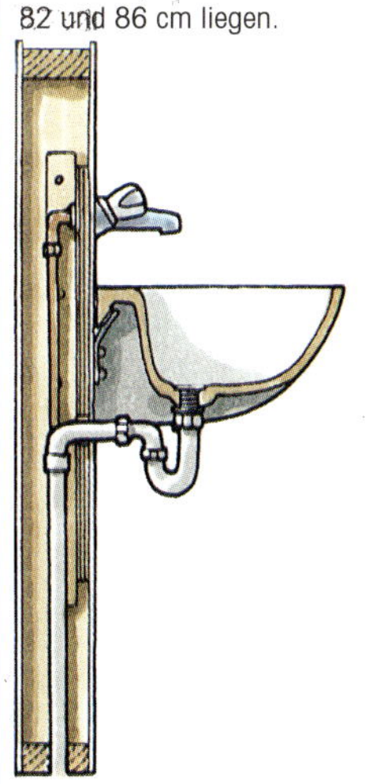

ARMATUREN FÜR WASCHBECKEN

SIEHE AUCH unter:

Armaturen reparieren 160–262

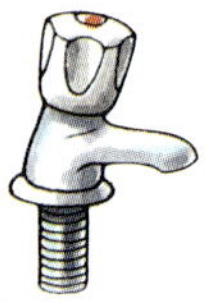

Einzelhahn

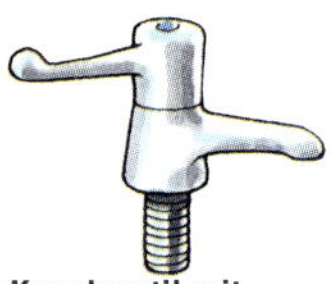

Kugelventil mit Schwenkarm

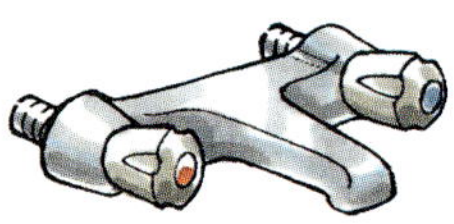

Zweilochmischer

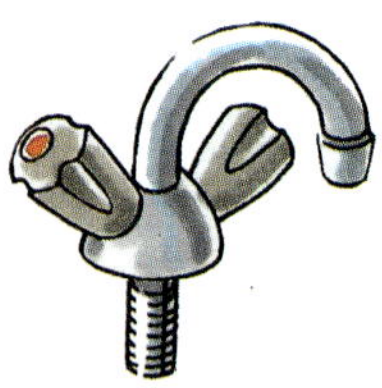

Einlochmischer

Einhebelmischer

Die Armaturen für Waschbecken bestehen zum Großteil aus verchromtem oder emailliertem Messing, allerdings sind die Kunststoffarmaturen im Kommen. Sie sind zwar nicht so widerstandsfähig wie jene aus Metall, aber erheblich billiger. Der Anschluß an die Wasserleitung(en) ist bei allen Armaturen für Beckenmontage gleich.

Arten von Armaturen

Einzelarmaturen

Solche Armaturen finden in den handelsüblichen Waschbecken meist nur dann Verwendung, wenn es sich um reine Handwaschbecken ohne Warmwasserversorgung handelt. Die Lösung mit zwei getrennten Wasserhähnen für kaltes und warmes Wasser wird aber noch gelegentlich bei nostalgisch-exklusiven Lösungen mit Einbaubecken verwendet.

Mischarmaturen

Der Mixer ist die Standardarmatur für die Wasserversorgung eines Waschbekkens. Dabei unterscheidet man Armaturen für Wand- und Beckenmontage, die jeweils unterschiedliche, aber weithin genormte Anschlußsysteme aufweisen. Die Montage einer Wandarmatur über dem Waschbecken ist möglich, aber eher ungebräuchlich. In diesem Fall erfolgt die Montage des Mixers an S-Stücken, die in die bündig mit der Wand abschließenden Rohrstutzen geschraubt werden. Die Armatur wird aufgesetzt und mit Dichtungen und Überwurfmuttern befestigt.

Für die Montage im Waschbecken werden heute fast ausschließlich Einlochmixer verwendet, und die meisten in Baumärkten angebotenen Waschbecken sind für die Montage dieses Typs vorbereitet. Der Anschluß erfolgt hier über Rohrstutzen, die fest mit der Armatur verlötet sind und über kurze Leitungsstücke mit den Eckventilen verbunden werden.

Weiterhin unterscheidet man die Armaturen nach ihrer Funktionsweise: Die traditionellen Schraubventile erfreuen sich sowohl in den unteren Preissegmenten als auch in Form nostalgischer Edelarmaturen ungebrochener Beliebtheit, während die ebenso praktischen wie wartungsfreien und langlebigen keramischen Armaturen von anspruchsvolleren Kunden bevorzugt werden.

Ventile

In den letzten Jahrzehnten haben im Bereich der Armaturentechnik revolutionäre Veränderungen stattgefunden, die nicht nur das Aussehen betreffen. Moderne Ventile sind auch leichter zu bedienen, widerstandsfähiger und beinahe wartungsfrei.

Ventil mit hochdrehender Spindel

Bei einem herkömmlichen Ventil bewegen sich Spindel samt Dichtungskegel und Dichtung bei der Betätigung des Ventilgriffs auf- oder abwärts.

Ventil mit Griffabdeckung

Dieses Ventil hat eine gewisse Ähnlichkeit mit jenem mit hochdrehender Spindel, nur daß es hier keine Auf- oder Abwärtsbewegung des Drehgriffs gibt. Statt des Griffs bewegt sich nur die Schraubspindel und mit ihr die Dichtung, wobei diese nicht gedreht wird. Weil die Dichtung beim Schließen des Ventils nicht gegen den Ventilsitz verdreht wird, ist der Verschleiß minimal.

Ventil mit Keramikscheiben

Präzisionsgeschliffene Keramikscheiben ersetzen hier die herkömmliche flexible Dichtung. Je nach Anordnung der Scheiben zueinander werden Wasserdurchfluß und -temperatur geregelt. Diese Armaturen arbeiten praktisch wartungs- und verschleißfrei. Angesichts der ungeheueren Fertigungspräzision gibt es an diesen Armaturen nichts zu reparieren. Ist der Mechanismus defekt, muß er ersetzt werden.

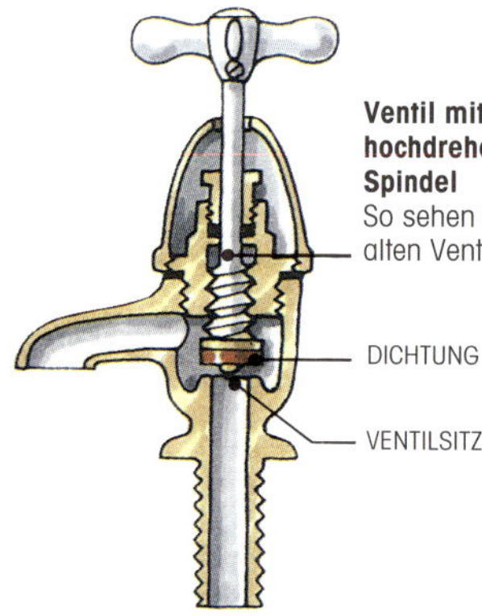

Ventil mit hochdrehender Spindel
So sehen die meisten alten Ventile aus.

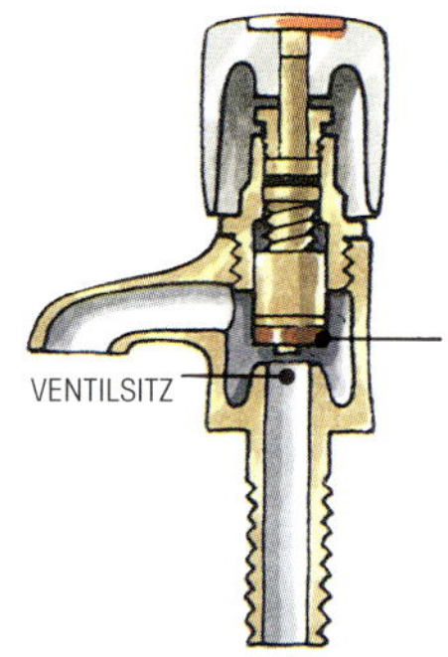

Ventil mit Griffabdeckung
Da hier die Drehbewegungen im Ventilinneren wegfallen, ist diese Variante weniger verschleißanfällig.

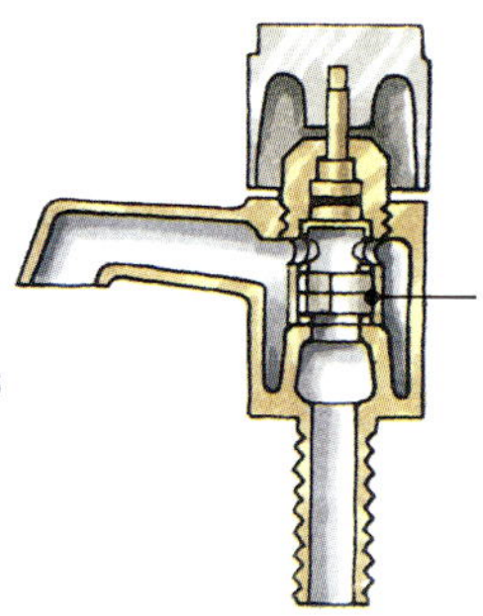

Ventil mit Keramikscheiben
Keramikschheiben ersetzen hier die herkömmliche Dichtung.

EINHEBEL-MISCHER

Ungeachtet seines relativ hohen Preises ist der Einhebelmixer die ideale Armatur für den Waschtisch. Die Bedienung sämtlicher Funktionen mit einer Hand ist an Zweckmäßigkeit nicht zu übertreffen. Dabei wird durch Heben und Senken des Hebels der Durchfluß, durch seitliches Schwenken die Temperatur gesteuert.

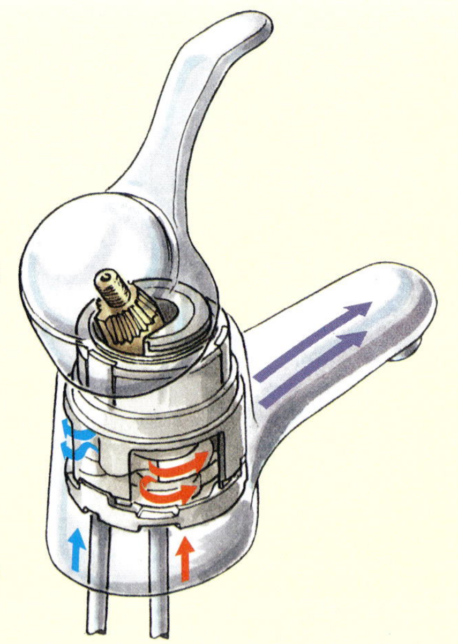

Anheben des Kombihebels in Mittelstellung bringt maximalen Durchfluß sowohl des kalten als auch des warmen Wassers

NEUES WASCHBECKEN EINBAUEN

SIEHE AUCH
unter:
Abwasserentsorgung 265
Klosett einbauen 278
Warmwasserversorgung 282

ARMATUREN ERSETZEN

Öffnen Sie die Wasserhähne der alten Armatur, und schließen Sie die Eckventile. Lösen Sie die Quetschverbindungen zu den Rohrstutzen der Armatur und jene an den Eckventilen. Mit einem gewinkelten Schraubenschlüssel oder einem speziellen Standhahnschlüssel lösen Sie die Befestigungsmutter der Armatur. Heben Sie die Armatur etwas an, so daß die Rohrstutzen aus den Muffen gleiten, drücken Sie die Rohrstutzen zusammen, und ziehen Sie die Armatur nach oben aus der Bohrung im Waschbecken.
Nach gründlicher Reinigung des Armaturensitzes erfolgt der Einbau in umgekehrter Reihenfolge: Setzen Sie die neue Armatur mit Kunststoffauflage in die Bohrung des Beckens ein. Streifen Sie die Unterlegscheiben und die Befestigungsmutter von unten über die Rohrstutzen, und ziehen Sie die Mutter mit der Hand einige Gänge an. Biegen Sie die Rohrstutzen vorsichtig ein wenig in die Richtung der zugehörigen Eckventile. Mit zwei Drahtstücken passender Länge machen Sie sich Biegeschablonen für die Verbindungsrohre. Biegen Sie diese passend, und längen Sie sie so ab, daß sie bis zum Anschlag im Eckventil stekken und auf Stoß zu den Rohrstutzen der Armatur stehen. Stellen Sie sämtliche Verbindungen mit neuen Quetschkupplungen wieder her. Zuletzt ziehen Sie die Befestigungsmutter der Armatur mit dem Standhahnschlüssel fest.

Befestigungsmutter der Armatur lösen
Dazu brauchen Sie einen gewinkelten Schrauben- oder einen Standhahnschlüssel.

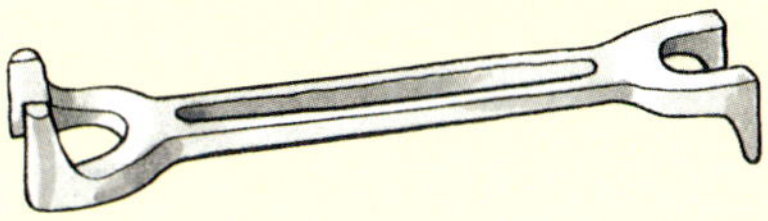

Gewinkelter Schraubenschlüssel

Planung und Vorbereitung

Für den Einbau eines Waschbeckens müssen folgende Voraussetzungen gegeben sein: Je ein Anschluß für kaltes und warmes Wasser; ein Ablaufstutzen. Wenn sich an der betreffenden Stelle bereits ein Waschbecken befunden hat, sind diese Voraussetzungen normalerweise gegeben. Ansonsten verlegen Sie die notwendigen Leitungen, oder Sie beauftragen Ihren Installateur. Das neue Becken sollten Sie möglichst so positionieren, daß der Ablauf mittig über dem Ablaufstutzen steht. Zur Befestigung dienen 2 Stockschrauben. Diese haben an einem Ende ein Holzgewinde für die Dübelbefestigung, am anderen ein Maschinengewinde. Halten Sie das Becken mit aufgelegter Wasserwaage an, während ein Helfer die Bohrlöcher anreißt. Nach Bohren der Dübellöcher und Setzen der Dübel drehen Sie die Stockschrauben mit dem Stockschraubenschlüssel ein.

Wichtiges Werkzeug: der Stockschraubenschlüssel

Becken montieren

Wenn das Waschbecken mit eingebauten Armaturen ausgerüstet wird, sollten Sie diese jetzt montieren. Stecken Sie die Mischbatterie in die Bohrung des Beckens, richten Sie sie aus, und ziehen Sie die Befestigungsmutter an – das geht in diesem Stadium noch ohne Spezialwerkzeug. Bringen Sie einen Strang Silikondichtmasse auf die Rückseite des Waschbeckens. Durch die Klebewirkung der Dichtmasse wird das Becken zusätzlich gesichert. Außerdem können sich Feuchtigkeit und Schmutz nicht zwischen Wand und Becken ablagern. Schieben Sie nun das Becken auf die Stockschrauben, richten Sie es exakt mittig zur Ablauföffnung aus, und halten Sie es, während ein Helfer mit einem Schraubenschlüssel die Stockschraubenmutter anzieht.

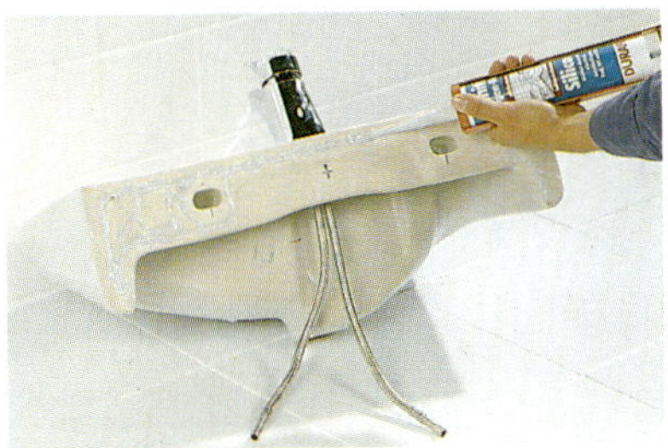

Ein Strang Silikondichtung auf die Rückseite

Wasser anschließen

Die Art des Anschlusses richtet sich nach der Entfernung zwischen dem Waschbecken und den Eckventilen sowie nach der Länge der Rohrstutzen. Sie ist am einfachsten, wenn der Abstand groß genug ist, um die Stutzen um ein gutes Stück zu verlängern. In diesem Fall können Sie ein Stück flexible Leitung verwenden und alle Probleme des Kürzens und Biegens elegant umgehen. Falls der Abstand so knapp ist, daß Sie die Rohrstutzen der Armatur kürzen müssen, sollten Sie das vor deren Einbau tun und einen Rohrschneider verwenden. Beim Gebrauch einer Metallsäge könnten Späne Ihre Armatur ruinieren. In diesem Fall sollten Sie die Armatur auch erst nach Einbau des Waschbeckens montieren. Die Anschaffung eines Standhahnschlüssels erspart Ihnen in diesem Fall die nervtötende Pfriemelei mit der Befestigungsmutter. Für die Anschlüsse nehmen Sie in jedem Fall neue Quetschkupplungen.

Flexleitung erleichtert den Anschluß ungemein

WASCHBECKEN ANSCHLIESSEN

SIEHE AUCH
unter:

Rohre und Fittings 268
Verbindungen 269–271
Kunststoff-Instalation 272-275

• **Edelstahlwaschbecken**
Wenn Sie eine Mischbatterie an einem Edelstahlbecken befestigen, müssen Sie zwischen der Unterseite des dünnwandigen Beckens und den Befestigungsmuttern Abstandhalter aus Kunststoff einlegen. Ist das Becken eingebaut, wird meist eine Gummidichtung um den Beckenrand gelegt. Überlauf und Abflußrohr sind wie bei der Badewanne kombiniert. Bei Einbaubecken wird vom Hersteller meist eine Schablone für den Ausschnitt mitgeliefert.

Abwasseranschluß

Der oben im Becken liegende Ablaufventilkelch wird mit Kitt abgedichtet

Der U-förmige Siphon läßt in gewissem Umfang seitliche Korrekturen zu

Beim Flaschensiphon muß sich der Wandstutzen mittig unter dem Beckenauslauf befinden

Wenn Waschbecken und Armatur montiert sind, folgt der Abwasseranschluß. Dieser gibt in der Regel auch dem unerfahrenen Heimwerker keine großen Rätsel auf, wenn er sich an die normalerweise beiliegende Montageanleitung des Herstellers hält.

Welche Art von Siphon Sie bevorzugen – U- oder Flaschensiphon –, ist letztlich Geschmackssache. Wenn sich der Ablaufstutzen annähernd zentriert unter dem Beckenauslauf befindet, gibt es mit beiden keine Probleme. Allerdings bietet der U-Siphon den Vorteil, daß man damit kleinere Abweichungen ohne weiteres korrigieren kann. Beide Bauarten gibt es in attraktiver, verchromter Ausführung.

Bei eingebauten Waschbecken sind die optischen Qualitäten des Siphons unerheblich. Man kann in diesem Fall auf die preisgünstigeren Kunststoffausführungen ausweichen, die überdies meist den Vorteil höherer Flexibilität bieten. Dabei können sogar größere Entfernungen zwischen Beckenablauf und Wandstutzen mit Hilfe flexibler Ablaufleitungen überbrückt werden. Wo immer ein Waschbecken so montiert werden muß, daß der Wandstutzen der Abwasserleitung ein Stück (ca. 50 cm) querab zum Beckenauslauf steht, ist dies eine gute Möglichkeit.

Bei der Montage muß der Ventilkelch des Ablaufventils, also der Teil, der von oben in die Ablauföffnung gelegt wird, mit einer Kittschnur abgedichtet werden. Formen Sie einen nicht zu dicken Kittstrang, und legen Sie diesen ringförmig um den Ablaufkelch. Setzen Sie diesen in den Ablauf, halten Sie den Ventilboden dagegen, und schrauben Sie das Ablaufventil zusammen.

Der Siphon wird meist in Einzelteilen geliefert. Führen Sie zunächst das Endrohr in den Wandablauf ein. Schrauben Sie dann mit Quetschdichtung und Schraubhülse den Anschlußstutzen am Ablaufventil fest. Halten Sie nun den Krümmer an, richten Sie die einzelnen Teile aus, und schrauben Sie den Siphon mit eingefügten Kunststoff-Quetschdichtungen zusammen.

Unter Umständen werden Sie das Auszugs- oder das Endrohr des Siphons etwas kürzen müssen. Da sich das dünne Metall leicht verbiegt, sollten Sie ein Rundholz einschieben, das Sie mit Papier auffüttern, bis es paßt, und dann mit der Eisensäge absägen. Die Schnittränder sind sorgfältig zu entgraten.

WARMWASSER-VERSORGUNG

Besonders in Altbauten findet man häufig Waschbecken ohne warmes Wasser, etwa in Gästezimmern oder Toiletten. Dies entsprach zwar dem Standard der Zeit, wird heutigen Komfortansprüchen aber nicht mehr gerecht. Hier bietet sich die nachträgliche Installation eines kleinen Warmwasserspeichers an. Diese Geräte sind relativ preiswert zu haben und verschwinden unauffällig unter dem Waschbecken. Für den Anschluß sind keine aufwendigen Sanitärinstallationen erforderlich. Das einzige, was Sie brauchen, ist eine Steckdose. Diese lassen Sie gegebenenfalls von Ihrem Elektriker einrichten, der darüber zu befinden hat, ob ein eigener, separat abgesicherter Stromkreis verlegt werden muß.

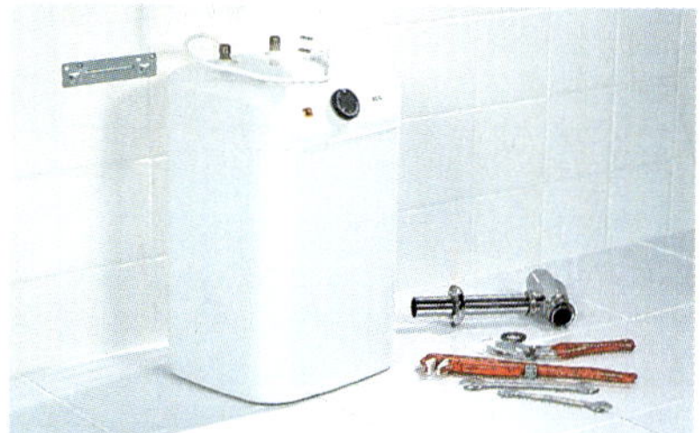

Der kleine Niederdruckspeicher wird in die waagrecht montierte Tragschiene eingesetzt

Ein handelsüblicher Fünfliter-Speicher reicht für die meisten Zwecke vollkommen aus. Diese Geräte arbeiten drucklos und benötigen daher eigene Niederdruck-Mischbatterien. Einige Hersteller liefern Speicher und Armatur auch im Set, was die Montage vereinfacht. Niederdruckarmaturen weisen drei Rohrstutzen auf: einen für das Eckventil sowie einen Kalt- und einen Warmwasseranschluß für den Speicher. Diese sind eindeutig gekennzeichnet, so daß der Anschluß problemlos erfolgen kann. Die Temperaturregelung im Mixer erfolgt nicht über zwei Ventile, sondern über ein Ventil (rechts) und einen Temperaturregler (links). Die Armatur montieren Sie wie beschrieben. Biegen Sie die Speicheranschlüsse so, daß Sie die Leitungen weder kürzen noch verlängern müssen. An der Stelle, an der sich die Leitungen spannungsfrei anschließen lassen, montieren Sie den Speicher. Dazu wird die Tragschiene exakt waagrecht (Wasserwaage!) an die Wand gedübelt. Speicher einhängen, Leitungen anschließen, Wasserhahn aufdrehen und Speicher füllen, einschalten – fertig!

NEUE BADEWANNE EINBAUEN

SIEHE AUCH
unter:

Abwasserentsorgung	265
Klosett einbauen	278
Warmwasserversorgung	282

Heute bieten verschiedene Firmen Badewannen-Renovierungen mittels verschiedener Verfahren an. Eine solche Erneuerung sollte in Erwägung gezogen werden, wenn es sich bei der alten Wanne um ein schönes, gußeisernes Stück handelt. Die meisten alten Badewannen lohnen allerdings den Aufwand nicht. Rost, Kalkablagerungen oder Sprünge im Email machen sie schlicht schrottreif. Allenfalls kann man versuchen, das alte Stück mit Badewannenlack, wie er im Baumarkt angeboten wird, über die nächsten Jahre zu retten.

Badewanne auswählen

Gußeiserne Badewannen wie zur Jahrhundertwende sind zwar im spezialisierten Fachhandel erhältlich, aber erstens sehr teuer und zweitens sehr schwer und allein aus diesen Gründen für einen Heimwerker kaum zu installieren. Außerdem kann eine freistehende gußeiserne Badewanne zwar gut aussehen, aber in einer Ecke ist sie ein Hygieneproblem, da selbst die Reinigung des Fußbodens zur akrobatischen Übung wird. Schließlich kann man ein solch luxuriöses Schmuckstück nicht hinter banalen Fliesen verschwinden lassen.

Moderne Badewannen bestehen deshalb entweder aus emailliertem Stahlblech oder aus Kunststoff (Acryl oder Glasfaser). Sie sind leicht zu transportieren und zu installieren. Kunststoffwannen sind zwar sehr leicht und widerstandsfähig, aber empfindlich gegen Chemikalien, auch gegen Scheuer- und Bleichmittel, insbesondere aber gegen Hitzeeinwirkung. Auf keinen Fall sollte beim Einbau in der Nähe der Badewanne mit einer Lötlampe hantiert werden.

Das Formen- und Farbensortiment ist sehr vielfältig. Besonderheiten wie abgesenkte Seiten zur Erleichterung des Ein- und Ausstiegs, Haltegriffe oder besonders angeordnete Armaturen entsprechen auch den ausgefallensten Kundenwünschen. Nahezu jede Badewanne kann zum Whirlpool ausgebaut werden. Das überlassen Sie allerdings am besten einem Fachmann. Die zugehörige Technik ist so aufwendig und kostspielig, daß die Montagekosten gegenüber dem Risiko, etwas falsch zu machen, keine große Rolle spielen.

Rechteckige Wanne

Rechteckige Wannen sind immer noch am weitesten verbreitet. Die Abmessungen belaufen sich auf 1,5 bis 1,8 m in der Länge und 0,7 bis 0,8 m in der Breite.

Eckwanne

Eine Eckwanne beansprucht zwar mehr Bodenfläche als eine rechteckige, dafür wird aber Wandfläche eingespart. Zudem ist die verfügbare Abstellfläche am Wannenrand viel größer.

Rundwanne

In ein bescheidenes Badezimmer paßt natürlich keine Rundwanne. Wenn Sie aber ein großes Schlafzimmer umgestalten, können Sie eine solche Wanne als Bauelement einbeziehen.

HALTERUNGEN FÜR KUNSTSTOFFWANNEN

Die verformbaren Kunststoffwannen werden manchmal zur Verbesserung der Tragfähigkeit mit Metallrahmen unterbaut.

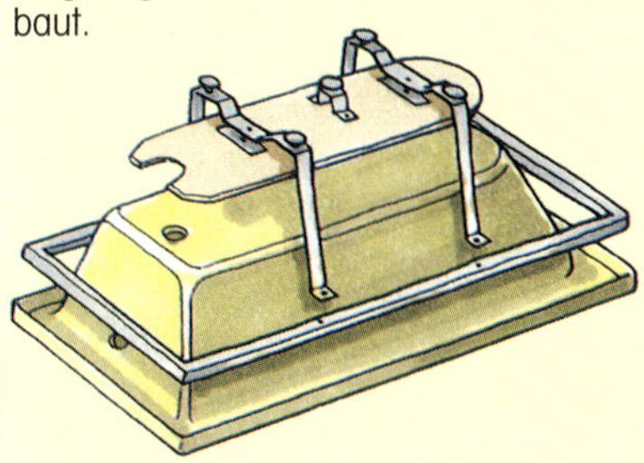

Rahmen anpassen
Dazu müssen Sie die Wanne umdrehen.

Armaturen für die Badewanne

Grundsätzlich unterscheiden sich Armaturen für die Badewanne nicht von denen für das Waschbecken. Der Hauptunterschied liegt im zusätzlichen Anschluß für den Schlauch der Handbrause. Mit einem Wählhebel kann zwischen Auslauf und Dusche hin- und hergeschaltet werden. Auf Grund dieser zusätzlichen Mechanik erscheinen Badewannenarmaturen auch größer und klobiger. Gebräuchliche Wannenarmaturen werden an S-Stücken wandmontiert. Für Eck- und Rundwannen oder andere Spezialformen steht auch eine reiche Auswahl an Armaturen für die Wannenmontage zur Verfügung – für jeden Geschmack und in vielen Preislagen.

BADEWANNEN

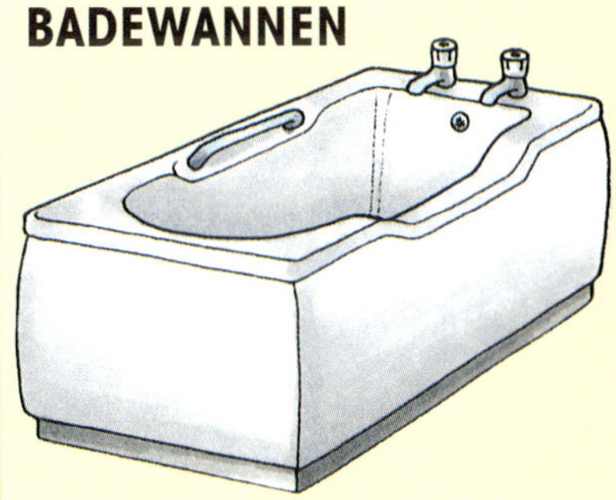

Rechteckige Schürzenwanne

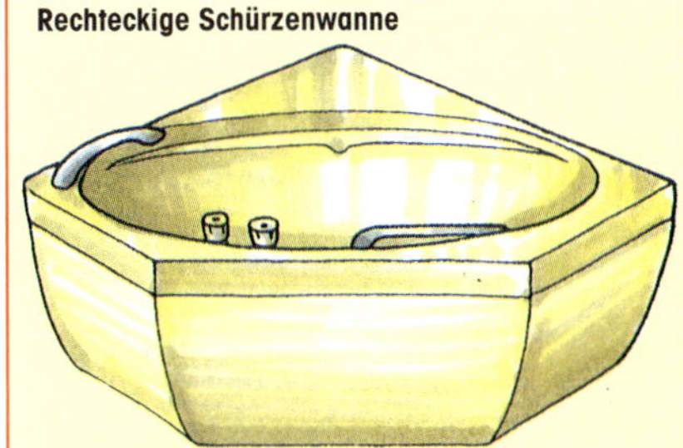

Eckbadewanne

Rundbadewanne für versenkten Einbau

EMAILBESCHICHTUNG AUSBESSERN

Der Fachhandel bietet Zwei-Komponenten-Reparaturmasse für die Beschichtung von Wannen oder Becken an. Vorbedingung für ein befriedigendes Ergebnis ist eine gründliche Reinigung und Trockenhaltung der betreffenden Stelle. Der Raum sollte beheizt werden, damit Kondenswasser ausgeschlossen ist. Fettspuren müssen mit einem alkoholgetränkten Lappen beseitigt werden. Die Reparaturmasse wird von unten nach oben mit kreisenden Pinselbewegungen aufgetragen. Die Oberfläche glättet sich von selbst, Sie brauchen deshalb nicht übermäßig zu pinseln. Nur Tropfenbildungen sollten sofort aufgefangen und verstrichen werden. Für größere Reparaturen sollten Sie einen Fachbetrieb in Anspruch nehmen.

Für eine Komplettbeschichtung gibt es Badewannenlacke, mit deren Hilfe sich eine ramponierte Wanne noch für einige Zeit gebrauchsfähig erhalten läßt.

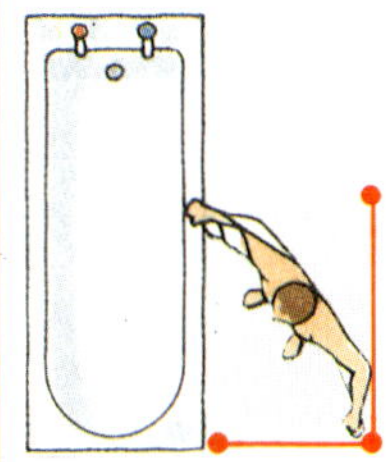

Zugang zur Badewanne
Vor der Wanne sollte eine Fläche von mindestens 70 x 110 cm freigehalten werden, damit man sicher ein- und aussteigen oder Kinder baden kann. Vorgeschrieben ist ein Abstand von mindestens 10 cm zur nächsten Sanitäreinrichtung, etwa der Toilette.

BADEWANNE ANSCHLIESSEN

SIEHE AUCH
unter:

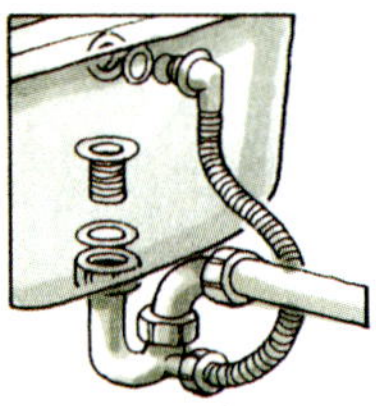

Ablaufgarnitur
Ein starres, längenverstellbares oder flexibles Rohr leitet überlaufendes Wasser zum Siphon

BADEWANNE ANSCHLIESSEN

Bevor die Bedewanne aufgestellt wird, müssen bei einer Neuinstallation sowohl der Warm- und Kaltwasseranschluß an einer Stirn- oder Seitenwand als auch der Abflußkanal installiert sein. Auch bei Renovierungen sind alle Reparaturen oder Änderungen der Installation vor dem Aufstellen der Wanne abzuschließen.

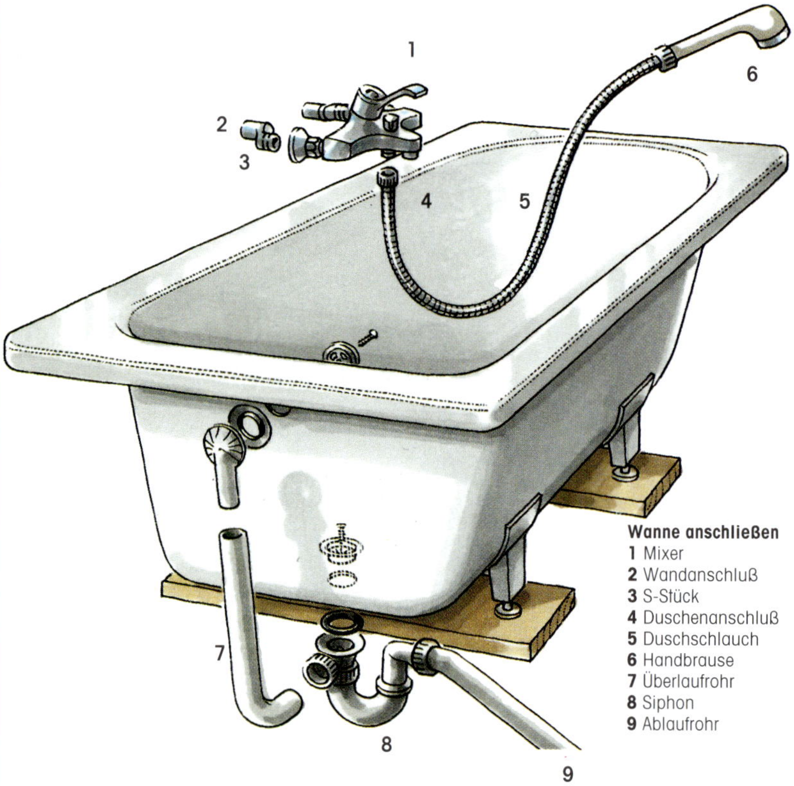

Wanne anschließen
1 Mixer
2 Wandanschluß
3 S-Stück
4 Duschenanschluß
5 Duschschlauch
6 Handbrause
7 Überlaufrohr
8 Siphon
9 Ablaufrohr

Ablaufgarnitur anschließen

Für den Anschluß der Ablaufgarnitur muß eine Abwasserleitung von 50 mm Durchmesser vorhanden sein, obwohl Badewannenabläufe nur einen Rohrdurchmesser von 40 mm aufweisen. Ablaufgarnituren bestehen üblicherweise aus Kunststoff. Nur wenn die Badewanne selbst keine Möglichkeit für den Anschluß des Potentialausgleichs bietet, ist eine Metallgarnitur angezeigt. Für das Ablaufventil gibt es vom einfachen Gummistopfen bis zur Bowdenzugbetätigung unterschiedlich komfortable – und teuere – Lösungen.

Ventilkelch und Ventilunterteil werden wie beim Waschbecken zusammengebaut. Auch hier wird der Kelch mit einem Kittring eingesetzt und mit dem Unterteil verschraubt. Herausquellender Kitt wird sofort mit einem feuchten Lappen abgewischt. Passen Sie das Überlaufrohr der Wannenhöhe an, längen Sie es mit der Eisensäge ab, entgraten Sie es, und stecken Sie es in die Steckmanschette. Schließen Sie das Überlaufventil nach Herstelleranweisung an, und klemmen Sie eine 4-mm-Leitung als Potentialausgleich an die Lasche, die jede Stahlblechwanne zu diesem Zweck aufweist. Der Anschluß an die Potentialausgleichsschiene ist Sache des Elektrikers.

Mischbatterie anschließen

Nur bei Sonderformen mit in die Wanne eingebauten Armaturen wird die Mischbatterie vor Aufstellen der Wanne montiert. Bei dem allgemein üblichen Wandanschluß werden erst die S-Stücke eingeschraubt. Diese müssen unbedingt mit Hanf und Kitt abgedichtet werden. Schrauben Sie beide S-Stücke bis zum Anschlag ein, und drehen Sie sie so weit zurück, daß sie sowohl die exakte Anschlußbreite der Mischbatterie als auch die Waagrechte einhalten (Wasserwaage!). Setzen Sie die Mischbatterie mit Dichtungen und aufgeschobenen Zierblenden an, und schrauben Sie die Überwurfmutter mit der Armaturenzange fest. Schrauben Sie den Duschschlauch fest, und drücken Sie die Zierblenden an.

Alte Badewanne entfernen

Sperren Sie die Wasserversorgung ab, und entwässern Sie die Leitungen. Schrauben Sie alle Zubehörteile wie Duschstangen und den Spritzschutz oder den Duschvorhang ab. Entfernen Sie die Verkleidung der alten Wanne. Wenn es sich dabei nur um eine geflieste Spanplatten- oder Gipskartonkonstruktion handelt, ist das rasch bewerkstelligt. Schwieriger wird es, wenn die Wanne mit Ziegeln oder Gasbetonsteinen eingemauert ist. In diesem Fall müssen Sie die Verkleidung mit Hammer und Meißel Stück um Stück herausschlagen. Ein Bohrhammer leistet dabei gute Dienste.

Wenn die Verkleidung entfernt ist, lösen Sie die Ablaufgarnitur. Dabei muß nur der Stutzen der Abwasserleitung unversehrt bleiben. Setzen Sie also ruhig die Eisensäge an. Wenn die alte Mischbatterie ebenfalls ersetzt werden soll, wird diese jetzt abgeschraubt. Nun können Sie die alte Wanne zum Sperrmüll transportieren. Sollte das gute Stück aus Gußeisen bestehen und einigermaßen ansehnlich sein, sollten Sie es einem Trödler anbieten. Wenn Sie es selbst entsorgen wollen, nehmen Sie Gehörschutz, Schutzbrille und Vorschlaghammer, und schlagen Sie die Wanne in transportierbare Stücke.

Neue Badewanne einbauen

Traditionsgemäß steht eine Badewanne auf verstellbaren Füßen, mit denen sie mittels einer Wasserwaage exakt waagrecht ausgerichtet werden kann. Auch heute können Sie eine neue Wanne noch auf diese Weise aufstellen.

Zweckmäßiger und empfehlenswerter ist die Aufstellung in einem Wannenträger aus Hartschaum. Dabei unterscheidet man zwei Bauarten: Der Varioblock weist auf einer Seite eine gerade, auf der anderen eine abgeschrägte Außenfläche auf. Er ist an beiden Stirnseiten tief ausgeformt, so daß der Anschluß des Ablaufs und der Armaturen an beiden Stirnseiten möglich ist.

Der Paßformblock weist im Oberteil eine schräge Auflage auf und ist daher nicht ganz so universell einzusetzen. Dafür liegt er mit weit größerer Fläche auf und bietet damit bessere Schall- und Wärmeisolation. Der Paßformblock ist auf allen Seiten für den Untertritt abgeschrägt. Wer einen senkrechten Wannenabschluß bevorzugt, muß einen passenden Formkeil kaufen.

BADEWANNE EINBAUEN

SIEHE AUCH

unter:

Rohre und Fittings	268
Verbindungen	269–271
Kunststoff-Installationen	272–275
Duschen	286–287

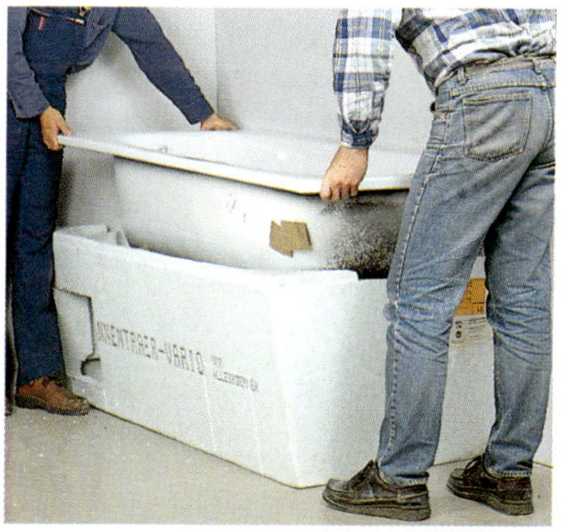

Aufstellung der Badewanne im Wannenträger

Mit einem geeigneten Dispersionskleber wird der Wannenträger mit dem Untergrund verklebt

Wannenträger vereinfachen die Aufstellung einer Badewanne ungemein. Bei beiden Bauformen sorgen Wandanschlußbalken, Paßkeile und Füllstücke für den richtigen Wandanschluß. Dabei sind sogar die unterschiedlichen Abstände beim Fliesen im Dünn- bzw-Dickbettverfahren berücksichtigt: Abgestimmt auf das Dickbettverfahren lassen sich die Wandanschlußbalken durch Ausbrechen von Abstandsnoppen auf den richtigen Wandabstand für das Dünnbettverfahren umstellen. Die Wandanschlußbalken werden mit Steckdübeln am Wannenträger befestigt.

Nun muß der Abflußdurchgang angerissen und mit einem Fuchsschwanz ausgeschnitten werden. Die Ablaufgarnitur wird paßgenau vorbereitet, indem man den Wannenträger an die Wand schiebt, die Wanne einlegt, durch das Ablaufloch die Position des Ablaufs markiert, die Wanne wieder herausnimmt und die Garnitur von oben montiert.

Während die Wanne im Träger liegt, wird der Einbau der Bedienklappe vorbereitet. Die richtige Position ermitteln Sie, indem Sie an der Ablaufseite die erste Fliesenreihe senkrecht und waagrecht mit Klebeband fixieren. Nunmehr legen Sie den Klappenrahmen an und markieren die Position mit Filzstift.

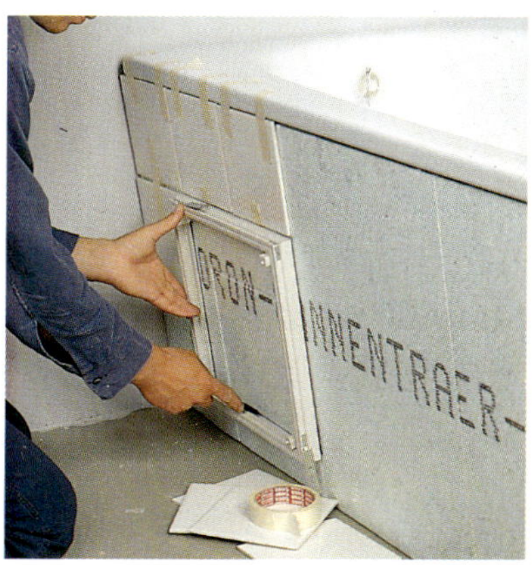

So wird die Lage der Bedienklappe ermittelt

Zum Einbau der Wanne wird der Träger mit der jeweiligen Unterlage verklebt. Auf Estrich setzt man ihn in ein Mörtelbett, auf Fußbodenplatten auf Dispersionskleber. Beachten Sie die entsprechenden Hinweise des Herstellers. Zeichnen Sie die Umrisse der Trägerrippen auf den Boden. Bringen Sie den Kleber mit einer Zahnspachtel auf, oder legen Sie das Mörtelbett in Strängen von etwa 2 cm Dicke. Setzen Sie den Träger auf, und kontrollieren Sie den geraden Stand mit der Wasserwaage. Im Mörtelbett läßt sich die Waagrechte durch Hin- und Herrücken geringfügig korrigieren.

Nach dem Abbinden des Klebers kann die Wanne eingesetzt werden. Mit Unterstützung eines Helfers setzen Sie die Wanne in den Träger, und schließen die vorbereitete Ablaufgarnitur an. Vergessen Sie nicht, den Kelch des Ablaufventils, wie beschrieben, mit einem Kittring abzudichten.

Nach dem Einbau muß die Wanne belastet werden. Dazu schließen Sie einen provisorischen Wasserhahn an den Kaltwasserstutzen an und füllen die Wanne. Dadurch wird der Wannenträger etwas zusammengedrückt und nimmt seine endgültige Form an. Beim Ablassen prüfen Sie die Ablaufgarnitur auf Dichtigkeit.

Fliesen

Die Verwendung eines Wannenträgers bietet den weiteren Vorteil, daß die Wanne nicht mehr eingebaut werden muß. Denn der Hartschaumkörper kann direkt mit Fliesen beklebt werden. Gehen Sie dabei nach einem sinnvollen Fliesenplan vor. Fliesen Sie um die Markierung der Revisionsöffnung. Schneiden Sie diese mit dem Fuchsschwanz aus und passen Sie den Öffnungsrahmen ein. Verkleben Sie diesen mit einem vom

Rahmen für Revisionsöffnung einsetzen

Hersteller empfohlenen Klebstoff. Kleben Sie die Fliesen auf den Metallträger, und setzen Sie die Platte ein. Sie wird durch Klammern oder Magnetverschlüsse im Rahmen gehalten.

Duschstange und Spritzschutz

Die Duschstange wird nahe der Armatur so angebracht, daß die Handbrause auch als feste Kopfbrause zu verwenden ist. Die Höhe der Duschstange richtet sich nach der Körpergröße des größten Benutzers. Der Brausenkopf sollte sich wenigstens 30 cm über dessen Scheitel befinden. Markieren Sie die Bohrlöcher mit Hilfe der Wasserwaage, und montieren Sie die Stange. Beim Bohren auf Fliesen ohne Schlag beginnen!

Ein solider, faltbarer Spritzschutz ist einem Vorhang allemal vorzuziehen. Der Schirm deckt die Wannenseite ab, in der sich die Duschstange befindet. Zur Montage wird zunächst die Wandschiene genau senkrecht an die Wand gedübelt. Halten Sie beim Anreißen der Bohrlöcher die Wasserwaage an. Nun werden die Dichtgummis eingeschoben, der Spritzschutz in die Schiene gesetzt und mittels der Feststellschrauben ausgerichtet und fixiert.

Duschstange
Mit Hilfe einer Duschstange wird die Handbrause zur Körperbrause.

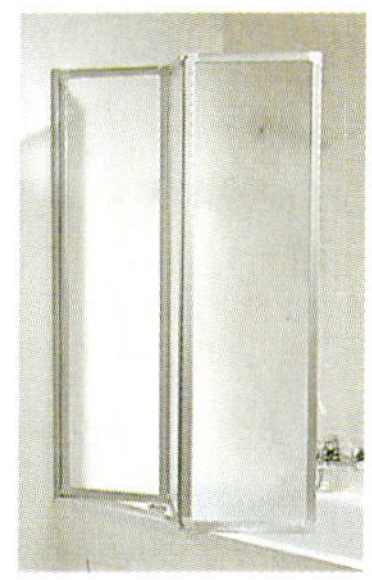

Spritzschutz
Der Spritzschutz gehört zu jeder Badewanne, die auch zum Duschen benutzt wird.

DUSCHKABINE EINBAUEN

SIEHE AUCH
unter:
Rohre und Fittings 268
Verbindungen 269–271
Kunststoff-Installationen 272–275

Ein Bad bringt zwar Entspannung, eine Dusche aber belebt und ist zudem hygienischer. Dazu ist der Wasserverbrauch wesentlich bescheidener. Eine Duschkabine zeichnet sich zudem durch geringen Platzbedarf aus und kann auch außerhalb des Badezimmers installiert werden. Besonders für eine große Familie ist eine zusätzliche Dusche eine erhebliche Erleichterung.

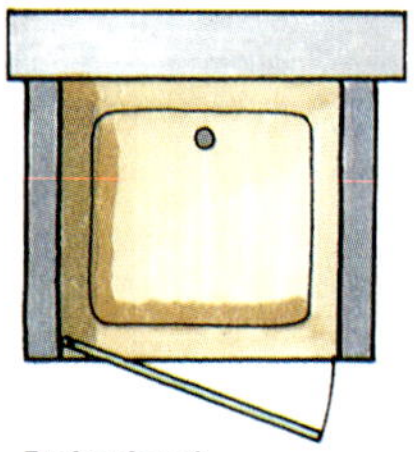

Freistehend
Zwei Leichtbauwände

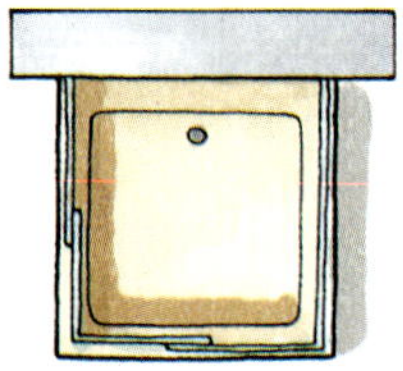

Freistehend
Umlaufende Kabine

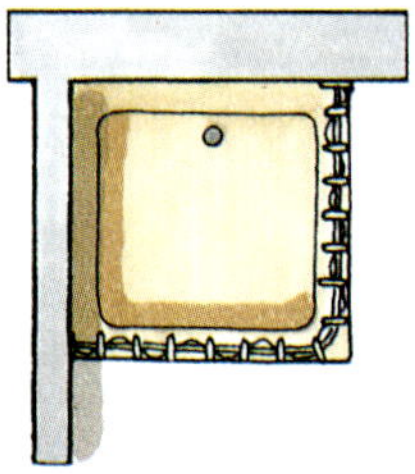

Eckmontage
mit Duschvorhang

Eckmontage
mit Duschkabine

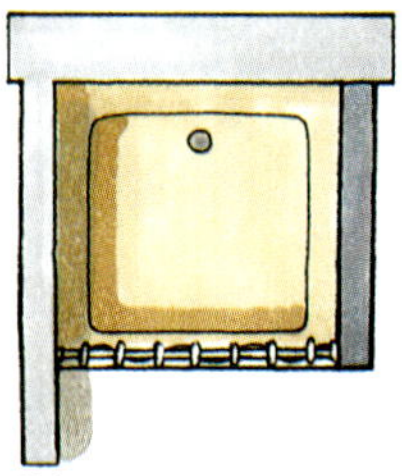

Eckmontage
Leichtbauwand mit Duschvorhang

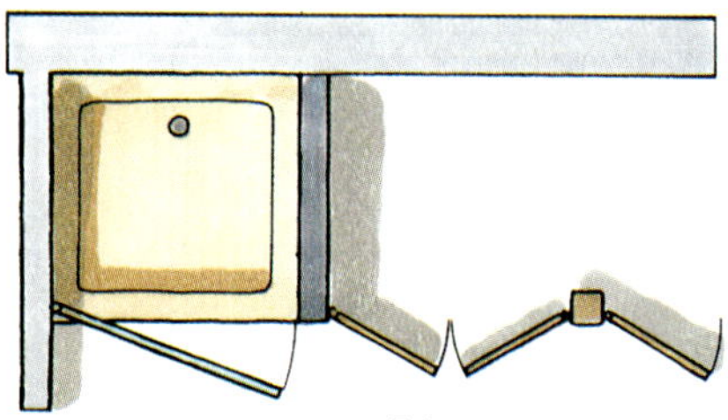

Eckmontage
Leichtbauwand mit Tür

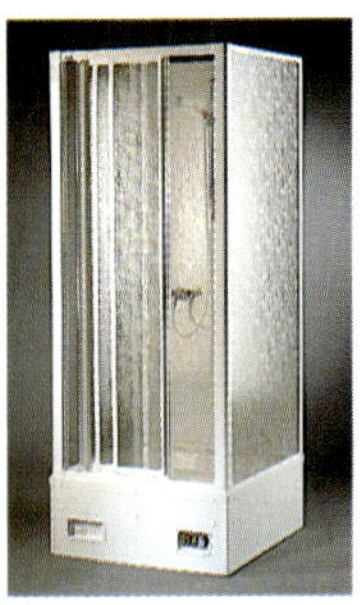

Fertigdusche
Die einfachste Lösung: Duschwanne, -kabine und Boiler sind in einer anschlußfertigen Einheit vormontiert.

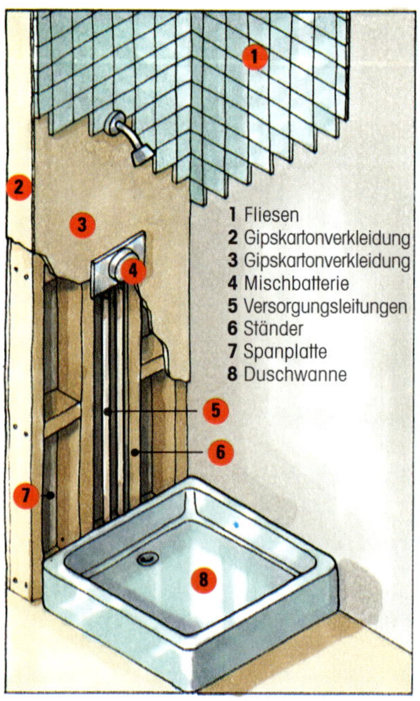

Installation in Leichtbauwand
Verstärken Sie die Leichtbauwand durch eine Spanplattenbekleidung unter dem Gipskarton.

Aufstellung

Der ideale Platz ist direkt anschließend an die und in einer Flucht mit der Badewanne. So sind die entsprechenden Versorgungs- und Entsorgungsleitungen über kurze Verlängerungen zu erreichen.

Freistehende Aufstellung

Freistehende Duschen können durch zwei Leichtbauwände und einen Vorhang, aber auch durch eine dreiseitige Kabine geschlossen werden.

Eckaufstellung

Die ideale Aufstellung, da zwei Seiten der Kabine bereits geschlossen sind. Die beiden anderen lassen sich einfach durch Duschvorhang oder zweiseitige Kabine schließen.

Einbau in andere Räume

Wenn Sie eine Duschkabine in einem Schlafzimmer einbauen, sollten Sie möglichst einen sichtgeschützten Vorraum einplanen. Ein solcher kann in Leichtbauweise erstellt werden. Zugang durch eine Schwingtür ist ein zusätzlicher Gag.

Anschlüsse verlegen

Die Rohre sollten stets unsichtbar verlegt werden. Standard, aber auch recht arbeitsaufwendig, ist die Verlegung unter Putz. Eine Verlegung hinter irgendwelchen Kunststoffverkleidungen ist Pfusch und sollte möglichst vermieden werden. Dagegen lassen sich Versorgungsleitungen sehr gut in Leichtbauwände integrieren. Dabei werden die Rohre bei Querverbindungen zwischen den Trägerbohlen durch Bohrungen in den Ständern geführt. Bei senkrechter Leitungsführung liegen die Bohrungen in den Bohlen. Dabei sollten Kupferleitungen wie bei der Wandmontage durch Kunststoffclips geführt werden. Auch Metallelemente lassen entsprechende Leitungsführungen zu. Aus Stabilitätsgründen sollten zu verfliesende Leichtbauwände erst mit wasserfesten Spanplatten und dann mit Gipsbauplatten beplankt werden.

DUSCHTASSEN

Duschtassen werden aus emailliertem Gußeisen oder Stahl, aus Keramik oder glasfaserarmiertem Kunststoff hergestellt. Die Metall- oder Keramiktassen sind sehr widerstandsfähig, aber zugleich schwer, während diejenigen aus Kunststoff zwar leicht, aber auch nicht besonders fest sind. Da sie sich unter Belastung verforrmen, müssen sie besonders flexibel abgedichtet werden. Die Farbauswahl ist heute unabhängig vom Material sehr groß. Folgende Standardmaße sind im Handel:

- Quadratische Wannen 80 x 80 und 90 x 90 cm
- Rechteckige Wannen 75 x 80 und 75 x 90 cm
- Halbrunde Wannen 94 x 94 cm

An Standardtiefen werden angeboten:

- 15 cm für eckige Wannen, flache Form
- 28 cm für eckige Wannen, tiefe Form
- 17 cm für runde Duschwannen

Die meisten Ausführungen werden auf verstellbare Metallfüße montiert. Damit lassen sich die Wannen mit der Wasserwaage exakt waagrecht ausrichten. Es gibt auch Duschtassen, die im Fußboden versenkt werden. Diese finden in Privathäusern wegen der erforderlichen tiefen Versenkung der Ablaufrohre aber kaum Verwendung. Der Ablauf ist ähnlich aufgebaut wie bei den Badewannen, aber ohne Überlauf. Als Geruchsverschluß dient ein Flachsiphon.

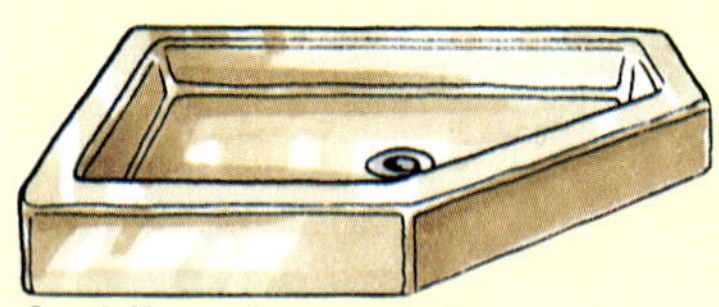

Spezialform mit ausgeschnittener Ecke

Versenkbare Duschtasse

DUSCH-KABINE EINBAUEN

SIEHE AUCH

unter:

Rohre und Fittings	268
Verbindungen	269–271
Kunststoff-Installationen	272–275

INSTALLATION EINER DUSCHE

Bei Neuinstallation richten Sie sich hinsichtlich der Warmwasserbereitung nach den Gegebenheiten. Bei zentralbeheizten Häusern wird die Dusche an die hauseigene Warmwasserversorgung angeschlossen. Kleinere Warmwasserspeicher reichen allerdings nicht aus, um etwa eine mehrköpfige Familie mit Duschwasser zu versorgen. In solchen Fällen empfiehlt sich der Einbau eines Durchlauferhitzers, der mit Strom oder Gas betrieben werden kann.

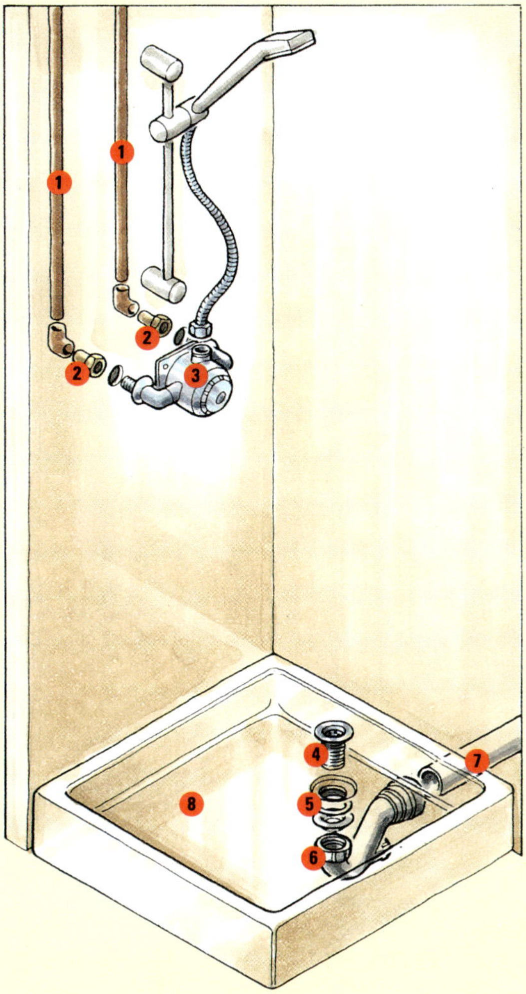

Dusche installieren
1 Versorgungsleitung (15 mm)
2 S-Stück
3 Mischarmatur
4 Ablauf
5 Dichtung und Verschraubung
6 Flachsiphon
7 Ablaufrohr
8 Duschtasse

Stellen Sie den Wannenträger auf, und positionieren Sie den Abfluß, wie für die Badewanne beschrieben. Wannenträger gibt es mit drei bis fünf höhenverstellbaren Füßen, wobei einer schwenkbar sein muß, um den Auslauf zu umgehen. Die Verwendung eines Hartschaum-Trägers wird hier nicht empfohlen. Legen Sie die Wanne auf, und markieren Sie die Auflagepunkte. Drehen Sie die Wanne um, und befestigen Sie den Wannenträger mittels der aufgeklebten Klebe-Dämmstreifen. Stellen Sie die Wanne auf, und richten Sie diese in der Waagrechten exakt aus. Markieren Sie die Position der Wanne an den anschließenden Wänden, und montieren Sie pro Wand 1 bis 2 Wandhaltewinkel. Diese Spezialteile werden an die Wand gedübelt und verleihen der Wanne absolute Standfestigkeit. Verbinden Sie nun den bereits verlegten Abfluß mit der Wanne.
Die Wanne verkleiden Sie am besten mit Gasbetonstreifen, die sowohl mit dem Boden als auch mit den Wänden verklebt werden. Vergessen Sie nicht die Revisionsöffnung einzubauen. Die Wannenverkleidung wird dann mit den Wänden gefliest. Montieren Sie zuletzt die Mischbatterie. Diese wird wie für die Badewanne an S-Stücken ausgerichtet und verschraubt. Duschschlauch, Handbrause, Duschstange und Kabine vervollständigen die Dusche.

Spritzschutz einbauen

Eine Dusche läßt sich auf zweierlei Weise mit einem Spritzschutz versehen: Die Montage eines Duschvorhangs ist einfach und billig. Sie finden dazu in Ihrem Baumarkt sowohl wandmontierte Gleitschienen, die nur an zwei Seiten an die Wand gedübelt werden müssen, als auch fertige Vorhänge. Besonders praktisch ist ein System mit fächerförmigen Schwenkarmen, an denen der Vorhang einfach ausgeschwenkt wird. Es eignet sich nicht nur für eckmontierte, sondern auch für an drei Seiten offene Duschen. Allerdings ist die vom Vorhang umschlossene Fläche recht klein. Duschvorhänge sind leicht auszutauschen, schließen die Duschwanne aber niemals zuverlässig ab.
Dies kann nur eine Duschkabine mit festen Wänden und Schwenk- oder Schiebetüren. Es gibt zahlreiche Modelle in unterschiedlichen Materialien und Preislagen. Gängige und preiswerte Modelle weisen meist einen Alurahmen und Schiebetüren auf. Achten Sie darauf, daß das Modell Ihrer Wahl Reinigungsscharniere aufweist. Damit können Sie – meist nach Umlegen eines Hebels – die Schiebetüren zum Putzen ausschwenken.

Die Duschkabine wird vormontiert.

Für den Aufbau wird die Duschkabine zunächst ohne die Wandbefestigungsschienen nach Herstellerangaben vormontiert. Dabei werden auch bereits die Türen eingehängt. Stellen Sie nun die ganze Konstruktion probeweise auf die Duschtasse. Die Türen sollten leicht und ohne Klemmen laufen. Gleichzeitig markieren Sie den Wandanschluß. Nun wird die Kabine wieder abgenommen. Dübeln Sie die Wandanschlußprofile an die Wand, setzen Sie die Kabine wieder auf die Duschtasse, und verbinden Sie sie mit der Wand. Zuletzt werden alle Übergänge mit Silikon abgedichtet.

EIN BIDET EINBAUEN

SIEHE AUCH unter:

Platzbedarf
Sie müssen bei der Planung eines Bidets für die nötige Kniefreiheit an den Seiten sorgen und deshalb mindestens 70 cm Breite einkalkulieren.

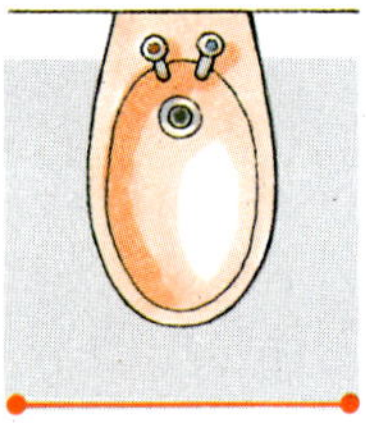

Obwohl ein Bidet in erster Linie für die Intimhygiene bestimmt ist, kann es für Kinder und ältere Leute auch zum Fußewaschen benutzt werden. Der Anschluß dieser hygienischen Einrichtung, die in anderen Ländern wie Frankreich und Italien zum Badezimmerstandard gehört, ist nicht weiter schwierig und entsprichen dem Anschluß eines Waschbeckens.

Normaler Wasseranschluß

Diese Art von Bidet ist nichts anderes als ein tiefergesetztes Waschbecken. Es hat einen Kalt- und einen Warmwasserhahn oder ein Mischarmatur sowie einen mit dem Abfluß verbundenen Überlauf. Der einzige Nachteil: Wenn man sich rittlings auf das Bidet setzen will, ist der Rand unangenehm kalt.
Soweit die erforderlichen Anschlüsse für Wasserver- und -entsorgung vorhanden sind, stellt die Montage eines solchen Bidets den Heimwerker nicht vor unlösbare Aufgaben.

Integrierter Wassereinlauf

Bei einer komplexeren Bauart bespült das einlaufende warme Wasser den gesamten hohlringförmigen Beckenrand und wärmt ihn dabei vor. Dieses Bidet ist auch mit einer besonderen Mischarmatur und einer in den Beckenboden eingelegten Brause ausgestattet. Das Wasser kann per Hebel entweder über den Hohlring-Beckenrand oder über die Brause geleitet werden. Wegen dieser Besonderheit sind bei der Installation bestimmte Vorschriften zu beachten. Diese komfortablere Ausführung ist hierzulande nicht sehr verbreitet und in Heimwerkermärkten kaum vorrätig. Da sie auch im Preis – besonders der Spezialarmaturen – beträchtlich über der einfachen Ausführung liegt, sollte hier der Installateur hinzugezogen werden.

EIN BIDET EINBAUEN

Ein Bidet wird ebenso wie eine Klosettschüssel mit 2 Schrauben in Dübeln am Boden befestigt. Selbstverständlich gibt es auch Modelle für Vorwandinstallation. Die Montage entspricht wiederum jener einer Klosettschüssel. Besonders wichtig ist es, daß das Bidet vollflächig am Boden aufliegt. Gegebenenfalls muß man mit einer Auflage aus Fliesenkleber ausgleichen. Montieren Sie zunächst die Wasserhähne. Während bei ausländischen Fabrikaten vielfach zwei Einzelhähne einzubauen sind, ist in Deutschland die Mischbatterie Standard. Was man bevorzugt, ist Geschmackssache. Der Einbau erfolgt wie beim Waschbecken. Auch hier ist ein Standhahnschlüssel zum Anziehen der Befestigungsmutter von Vorteil.
Schrauben Sie nun das Bidet an seinem Standort fest. Es folgt der Anschluß der

Bidet mit einfachem Wassreinlauf
1 Armatur
2 Distanzstück und Mutter
3 Versorgungsanschluß
4 Zuleitung
5-6 Abflußgarnitur
7 Geruchsverschluß
8 Ablaufrohr 40 mm

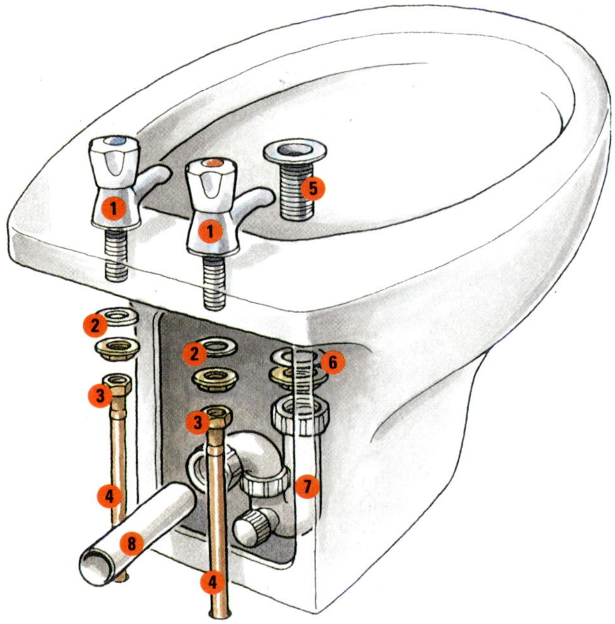

Versorgungsleitungen. Dazu haben Sie je eine Warm- und Kaltwasserleitung verlegen und mit Eckventilen abschließen lassen. Biegen Sie aus verchromtem 10 mm-Kupferrohr passende Verbindungsstücke zu den Rohrstutzen der Mischbatterie bzw. biegen Sie die Rohrstutzen entsprechend zurecht. Schließen Sie die Wasserzuleitungen mit Quetschkupplungen an.
Montieren Sie zuletzt die Ablaufgarnitur. Setzen Sie zuerst den Stopfenring in das Abflußloch ein. Der Chromring wird mit einer eingelegten Dichtung oder einem Ring Kitt abgedichtet. Nunmehr wird das Unterteil mit der von oben eingeführten Schraube befestigt und der Siphon mit einer Überwurfmutter angesetzt. Komfortablere Ausführungen von Mischbatterie und Ablaufgarnitur bieten einen Verschlußstopfen mit Hebelbetätigung. Das Gestänge wird mit Klemmschrauben zusammengebaut.

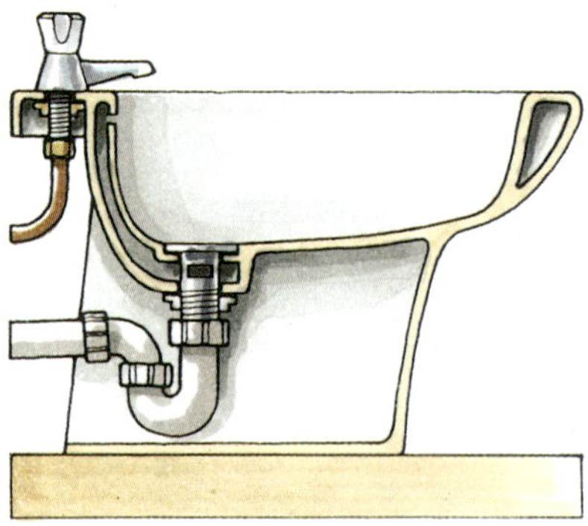

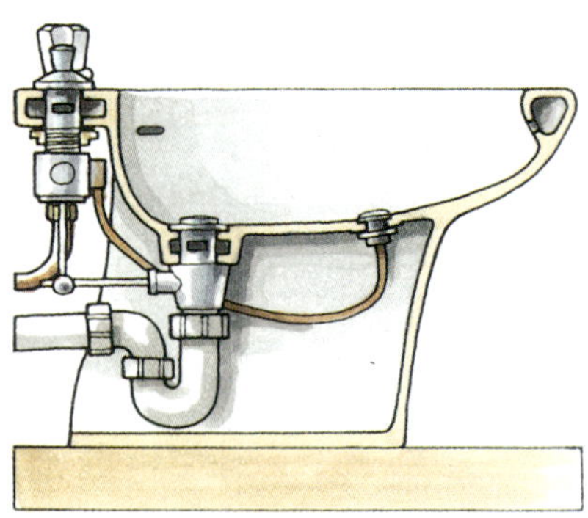

Bidet mit gewöhnlichem Wassereinlauf (rechts)
Diese Art Bidet ist einfach zu installieren und unterscheidet sich nicht grundsätzlich von einem Waschbecken.

Bidet mit integriertem Wassereinlauf (ganz rechts)
Die Installation dieses Bidets ist wegen der in den Beckenboden eingelassenen Brause komplizierter: Es muß an eine separate Versorgungsleitung angeschlossen werden, außerdem benötigen Sie dafür eine spezielle Mischarmatur.

Ein altes Haus, das in den letzten fünfzig Jahren oder noch länger nicht renoviert wurde, ist vielleicht noch mit einem alten Email-Ausguß in der Küche ausgestattet. Ein solcher aber kann beim besten Willen nicht in eine moderne Kücheneinrichtung integriert werden. Deshalb sind die meisten dieser Becken in letzter Zeit durch moderne Spülen aus rostfreiem Stahlblech, meist mit integrierter Abtropffläche, ersetzt worden. Unter dem breiten Angebot an unterschiedlichsten Ausführungen findet jeder die Spüle, die seinem Bedarf und dem zur Verfügung stehenden Platz angemessen ist.

Spülbecken auswählen

Das Spülbecken sollte zum einen den verfügbaren Raum optimal nutzen, zum anderen zu Dekor und Ausführung der Kücheneinrichtung passen. Voraussetzung für einen erfolgreichen Einbau ist das Vorhandensein einer modernen Einbauküche wenigstens in Form einer Küchenzeile. Wer mit einer alten Kücheneinrichtung aus alten Einzelmöbeln glücklich lebt und kein Vermögen für eine neue Küche ausgeben will, findet vielfach noch Spülschränke mit eingebauten Spülen. Es ist auch durchaus möglich, sich einen solchen Schrank aus dem Unterschrank-Angebot eines Küchenherstellers und einem Stück Arbeitsplatte aus dem Baumarkt selbst zu bauen. Ganz Sparsame können ein solches Stück Arbeitsplatte auch mit Winkeleisen an die Wand dübeln und Spüle wie Leitungen hinter einem einfachen Vorhang verstecken.

In aller Regel wird die Spüle aber beim Kauf einer neuen Küche mitbestellt, und moderne Edelstahlspülen sind so haltbar, daß sie, eine halbwegs sachgerechte Behandlung vorausgesetzt, auch nach Jahren keine Gebrauchsspuren aufweisen, die zu einem Austausch zwingen könnten. Wer sich aber vor Jahren zum Einbau einer Kunststoffspüle entschlossen hat, könnte sich veranlaßt sehen, reumütig zur Edelstahlausführung zurückzukehren.

Die Größe richtet sich nach Familienstand und Geschirrspülmaschine. Wenn Sie ein solches Gerät Ihr eigen nennen, ist eine Spüle mit Abtropffläche und Restebecken meist die beste Lösung. Wenn nicht, sollten Ihnen für größere Abwaschmengen zwei vollwertige Becken mit Abtropffläche zur Verfügung stehen.

Entscheiden Sie sich in Zweifelsfällen immer für das größere Exemplar. Denn wenn Sie in Ihrer Küche auch kochen wollen, werden Sie mit so unhandlichem Abwasch wie Fettpfannne und verschmierten Backblechen konfrontiert, und auch der Putzeimer sollte sich ohne Verrenkungen aus der Küchenmischbatterie füllen lassen. Demgegenüber ist die Wahl des Materials eher sekundär. Bei Edelstahl und emailliertem Stahlblech handelt es sich um bewährte Materialien, aber auch die Hersteller von Kunststoffbecken sichern inzwischen eine angemessene Haltbarkeit zu.

Abzuraten ist generell von Lösungen, bei denen die Armatur nicht in die Spüle integriert ist. In die Arbeitsplatte montierte Armaturen sind wegen der unvermeidlichen Pfützen eine ständige Quelle des Ärgernisses.

Küchenarmaturen

Küchenarmaturen entsprechen in ihrer technischen Ausführung weitgehend den Badezimmerarmaturen. Auch hier spannt sich der Bogen des Angebots von einfachen und vergleichsweise preiswerten Mischbatterien mit Schraubventilen und Schwenkauslauf zu aufwendigen und entsprechend kostspieligen Luxusarmaturen mit Einhebelbedienung, eingebautem Ventil zum Anschluß der Spülmaschine und Zuggriffen für die Bedienung der Ablaufventile. Praktisch ist eine eingebaute und ausziehbare Gemüsebrause.

Zubehör für die Spüle

Für moderne Spülen gibt es neben guten Armaturen auch noch einiges andere nützliche Zubehör. Bewährt haben sich maßgefertigte Abtropf-Geschirrkörbe, die das lästige Abtrocknen ersparen. Und da viele Architekten für die Küche kaum mehr Raum einplanen als für die Gästetoilette, vergrößern in die Spüle einlegbare Holzbretter die ansonsten viel zu knappe Arbeitsfläche.

SPÜLEN, ARMATUREN UND ZUBEHÖR

Die Auswahl an Spülbecken, Armaturen und Zubehör für die moderne Küche ist groß. Stahl, Email, Kunststoff, doppelte oder einfache Ausführung, einfarbig oder bunt: Das Angebot beinhaltet eine verwirrende Vielfalt, die das Planen nicht gerade erleichtert. Unten einige Beispiele aus einem nahezu unüberschaubaren Sortiment.

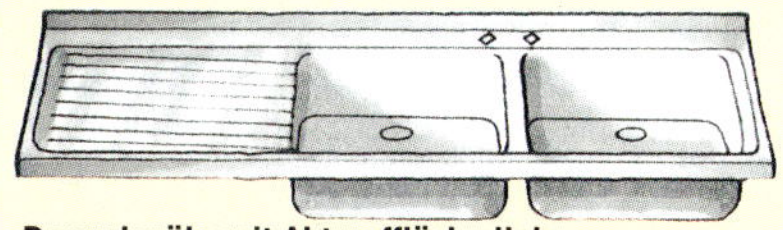

Doppelspüle mit Abtropffläche links

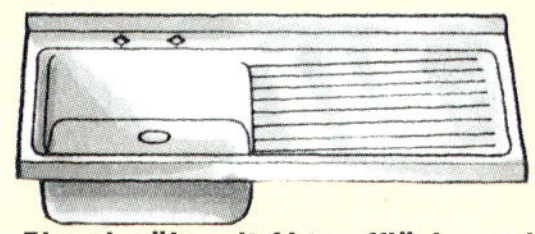

Einzelspüle mit Abtropffläche rechts

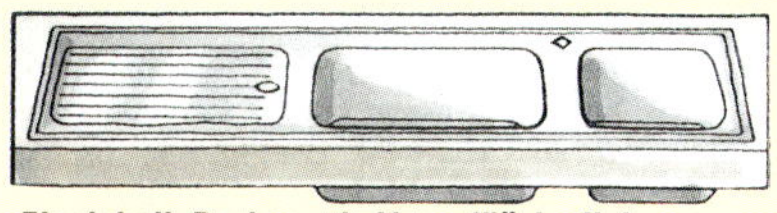

Eineinhalb Becken mit Abtropffläche links

Einzelspüle mit Restebecken und Abtropffläche

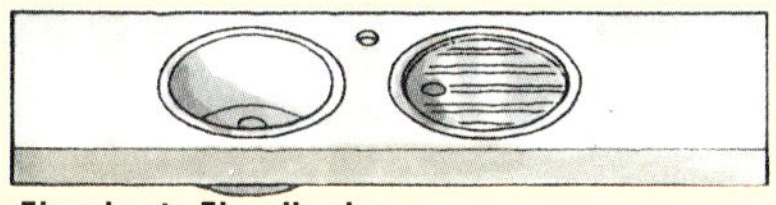

Eingebaute Einzelbecken

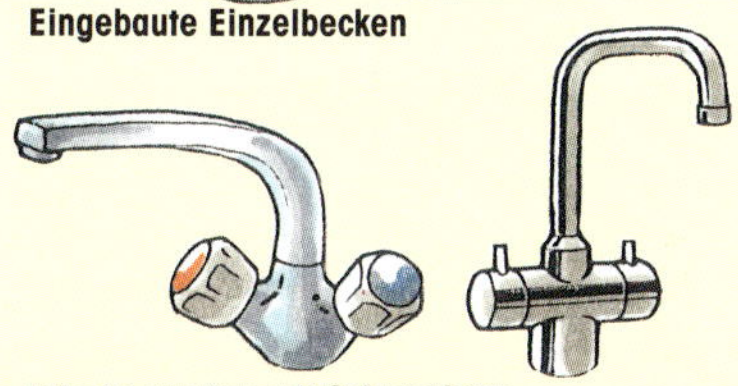

Mischbatterien mit Schwenkarm

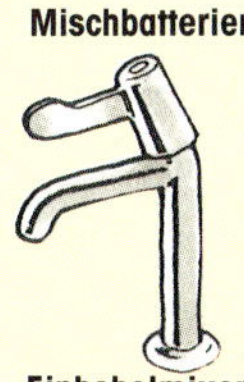

Einhebelmixer

Gemüsebrause

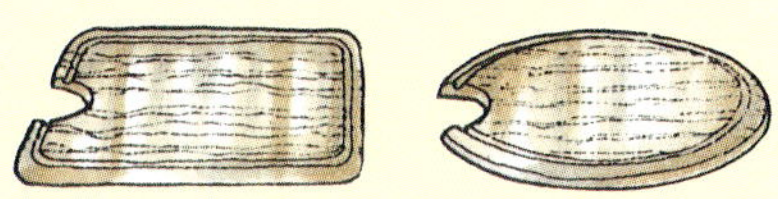

Einlegebretter

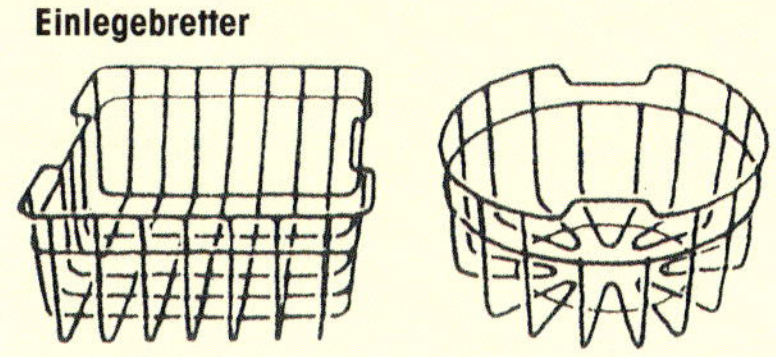

Drahtkörbe

SIEHE AUCH
unter:
Armaturen 280–281
Warmwasserversorgung 282

- **Gemüsebrause**
  Dieses praktische Utensil sieht der Gesetzgeber nicht so gern. Er fürchtet mit Recht, daß unter ungünstigen Bedingungen Schmutzwasser in den Trinkwasserkreislauf geraten könnte. Für Gemüsebrausen ist daher ein Rückflußverhinderer zwingend vorgeschrieben.

SPÜLE EINBAUEN

SIEHE AUCH
unter:

SPÜLE MONTIEREN

Anders als ein Waschtisch wird eine Küchenspüle nicht an der Wand befestigt, sondern in die Arbeitsplatte eingebaut. Voraussetzung ist eine Arbeitsplatte mit ausreichend Platz für das Becken, am besten ein spezieller Spülenschrank.

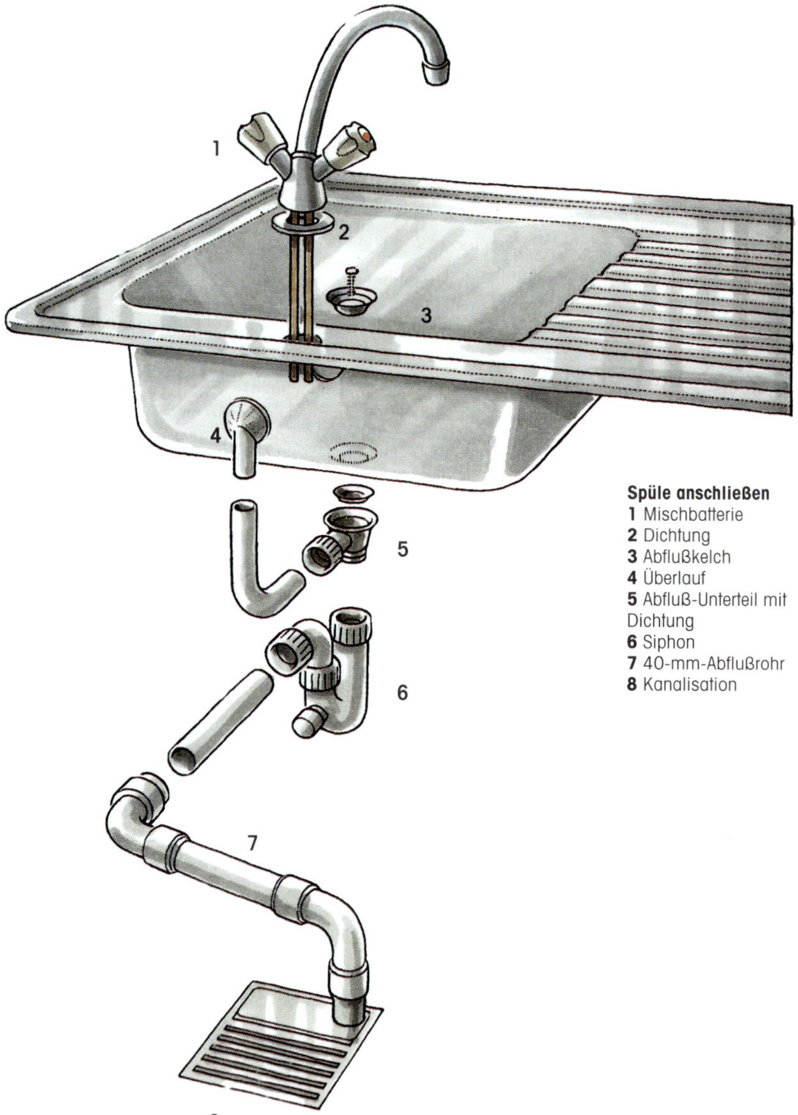

Spüle anschließen
1 Mischbatterie
2 Dichtung
3 Abflußkelch
4 Überlauf
5 Abfluß-Unterteil mit Dichtung
6 Siphon
7 40-mm-Abflußrohr
8 Kanalisation

Übertragen Sie die Einbaumaße von der mitgelieferten Schablone auf die Arbeitsplatte, kleben Sie die Schnittkanten an der Außenseite mit Kreppband ab – damit beim Sägen die Beschichtung nicht absplittert –, bohren Sie in allen Ecken 10 mm große Löcher, und schneiden Sie den Ausschnitt mit der Stichsäge aus. Versiegeln Sie die Schnittflächen mit Klarlack. Montieren Sie die Ablaufgarnitur nach Herstelleranweisung, so daß sich das Ablaufventil mit dem Bowdenzug öffnen und schließen läßt.

Vergessen Sie nicht, den Ventilkelch mit Kitt abzudichten. Legen Sie die Spüle in den Ausschnitt. Wenn alles paßt, wird sie umgedreht aufgelegt. Wenn keine Gummidichtung eingebaut ist, geben Sie einen gleichmäßigen Strang Silikon in die Randrille. Mit Helfer legen Sie die Spüle vorsichtig in den Ausschnitt und richten sie aus. Schwenken Sie nun die Befestigungsklammern herum, und ziehen Sie diese entsprechend dem nebenstehenden Schema fest. Montieren Sie die Mischbatterie wie beschrieben.

Befestigungsklammern
Schwenken Sie die Klammern aus und ziehen Sie diese mit dem Schraubenzieher fest.

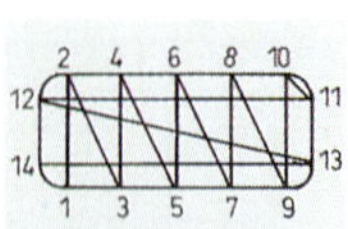

Befestigungsschema
Ziehen Sie die Klammern in der angegebenen Reihenfolge fest.

Küchenplanung

Als zentraler Hausarbeitsraum sollte die Küche besonders großzügig und sorgfältig geplant werden. In heutigen Konfektions-Neubauwohnungen scheint leider das Gegenteil der Fall zu sein. Winzige Räume lassen nur das Notwendigste an Stauraum und Geräten und völlig unzureichende Arbeitsflächen zu. Sollten Sie in der glücklichen Lage sein, Ihre Küche selbst planen zu können, so planen Sie diese in erster Linie groß genug, besonders wenn Sie Familie haben oder daran denken, eine solche zu gründen. Kinder pflegen sich mehrere Jahre lang dort aufzuhalten, wo die Mutter ist – in modernen Kleinstküchen ein Tortur für alle Beteiligten.
Auch die Einteilung will durchdacht sein. Planen Sie zwischen Herd und Spüle eine mindestens 60 cm, besser 1 m breite Arbeitsfläche ein, und dieselbe Fläche sollte auch auf der anderen Seite der Spüle zur Verfügung stehen. Die Eckventile zum Wasseranschluß liegen in unmittelbarer Nähe der Spüle auf einer Höhe von 50–60 cm so, daß die Anschlußrohre der Mischbatterie möglichst ohne Verlängerungsstücke angeschlossen werden können. Der Stutzen für den Ausguß liegt in einer Höhe von 45–54 cm. Da beim Anschluß flexible Abflußleitungen verwendet werden können, spielt die seitliche Positionierung keine so entscheidende Rolle.
Ein Tip zur Arbeitshöhe: Orientieren Sie sich an der in Ihrer Familie vorherrschenden Körpergröße – in erster Linie natürlich jener der Hausfrau. Wenn die Ihren hochgewachsen sind, sollten Sie sich bei der von 80–90 cm definierten Arbeitshöhe am oberen Ende orientieren.
Zum Standard gehören mittlerweile Abfallgarnituren mit getrennten Behältern für die unterschiedlichen Müllarten. Als besonders praktisch haben sich Spülen mit einer integrierten Abfallöffnung für organische Abfälle erwiesen. Diese werden einfach in den betreffenden Behälter gewischt und können separat entsorgt oder – besonders umweltgerecht – kompostiert werden.

Durch die praktische Abfallöffnung fallen organische Abfälle direkt in einen eigenen Behälter

WASCH- UND SPÜLMASCHINEN ANSCHLIESSEN

SIEHE AUCH
unter:
Rohre und Fittings 268
Verbindungen 269–271
Kunststoff-Install. 272–275

Spülmaschinen-anschluß
Typischer Anschluß mit Ableitung vom Kaltwasserzulauf der Spülenarmatur über ein T-Stück und eigenem Absperrventil

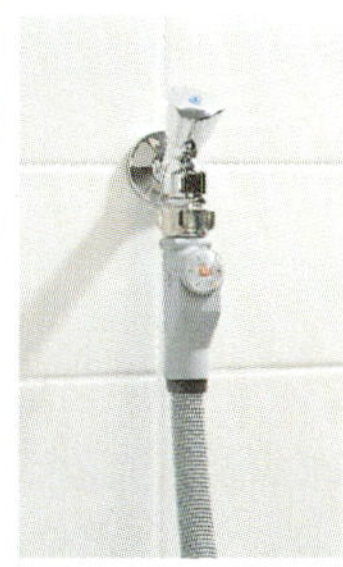

Waschmaschinen-anschluß
Typischer Waschmaschinenanschluß über ein eigenes Absperrventil und Schlauch mit Druckfallventil

Richtig aufstellen

Daß eine Spülmaschine in unmittelbare Nähe der Spüle gehört, versteht sich von selbst. Die lange Zeit übliche Aufstellung auch der Waschmaschine in der Küche, alternativ im Badezimmer, wird heute nur noch selten praktiziert. Denn beide Geräte arbeiten unter beträchtlicher Lärmentwicklung, was man sich zumindest bei der Waschmaschine sparen kann, wenn man sie im Keller oder einem separaten Hauswirtschaftsraum unterbringt. Zudem werden Waschmaschinen immer häufiger mit elektrischen Wäschetrocknern kombiniert, so daß eine Aufstellung in den heute üblichen kleinen Küchen zuviel kostbaren Stauraum blockieren würde.

Der ideale Platz für die Waschmaschine weist einen Wasser- sowie einen Abwasseranschluß auf, dazu einen Gully und eine Fensteröffnung zum Ableiten der feuchten Luft aus dem Trockner. Wenn er sich im Keller befindet, sollten die wertvollen Geräte auf einem ca. 10 cm hohen, betonierten Sockel stehen. Dadurch vermindert sich das Risiko, daß sie bei einem eventuellen Wasserschaden zerstört werden.

Die meisten Hersteller fordern Sie dazu auf, ein neues Gerät durch den Werkskundendienst in Betrieb nehmen zu lassen. Wenn Sie diesen Service nicht abwarten können, spricht nichts dagegen, es selbst zu tun. Achten Sie aber darauf, daß Sie alle Transportsicherungen nach Herstelleranweisung entfernen.

Spülmaschinenventil mit automatischem Wasserstop und Rückflußverhinderer

SPÜL- UND WASCHMASCHINE ANSCHLIESSEN

Leider gibt es sie bei uns nicht, die praktischen und energiesparenden amerikanischen Waschmaschinen mit Kalt- und Warmwasserzulauf. Deutsche Spül- und Waschmaschinen heizen jeden Tropfen Wasser selbst auf – zur Freude des E-Werks, zum Leidwesen Ihres Kontos – und brauchen somit nur einen Kaltwasseranschluß. Die Spülmaschine profitiert dabei von ihrem Platz neben der Spüle. Sie bekommt ihr Wasser zumeist über ein T-Stück, das die Kaltwasserleitung der Spülenarmatur anzapft. Ein eigenes Absperrventil mit Rückflußverhinderer ist unerläßlich und vorgeschrieben. Es soll jederzeit gut zugänglich sein und wird daher meist neben der Armatur an der Spüle montiert. Komfortable Armaturen haben bereits ein eingebautes Absperrventil für die Spülmaschine. In jedem Fall weist das Spülmaschinenventil einen Anschluß auf, an dem der Zulaufschlauch der Spülmaschine mit Dichtung und Überwurfmutter sehr einfach zu befestigen ist. Schläuche können platzen, und daher sind höherwertige Spülmaschinen mit einem Druckfallventil in der Zuleitung ausgestattet.

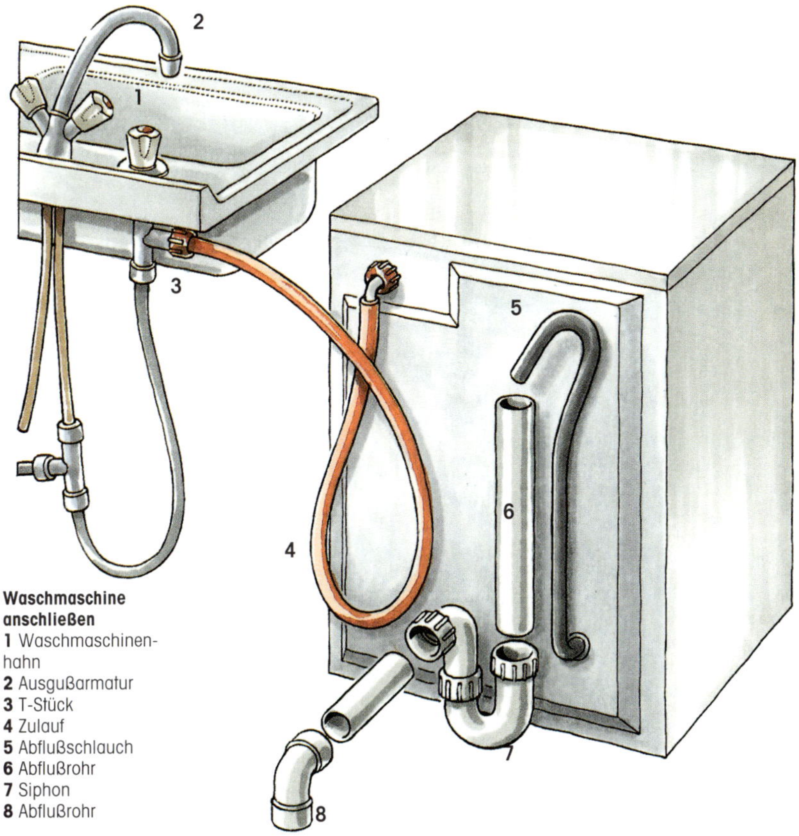

Waschmaschine anschließen
1 Waschmaschinenhahn
2 Ausgußarmatur
3 T-Stück
4 Zulauf
5 Abflußschlauch
6 Abflußrohr
7 Siphon
8 Abflußrohr

Waschmaschinenzulauf anschließen

Wenn Sie in Ihrem Hauswirtschaftsraum einen eigenen Ausguß haben, können Sie die Waschmaschine daran nach dem gleichen Prinzip anschließen wie die Spülmaschine. Häufig aber stehen Waschmaschinen in Kellerräumen ohne eigenen Ausguß. In diesem Fall muß eine Wasserleitung mit Absperrventil installiert werden. Der Zulaufschlauch paßt auf die üblichen Schraubstutzen. Zur Überbrückung größerer Abstände kann er auch verlängert werden.

WARMWASSER-GERÄTE

SIEHE AUCH
unter:

ABWASSERANSCHLUSS BEI WASCH- UND SPÜLMASCHINEN

Spülmaschinen werden stets an die Abwasserleitung der benachbarten Spüle angeschlossen. Der Anschluß ist in aller Regel bereits so vorbereitet, daß der Abwasserschlauch der Spülmaschine nur noch auf den entsprechenden Stutzen des Siphons aufgeschraubt werden muß. Diese gilt allerdings nur für die im Küchenbereich üblicherweise verwendeten Kunststoffsiphons, nicht für die bei freistehenden Waschtischen bevorzugten verchromten Metallsiphons. Dabei ist nur darauf zu achten, daß der Schlauch stets über dem Niveau des höchsten Abwasserstands im Siphon an diesen heranverlegt wird.

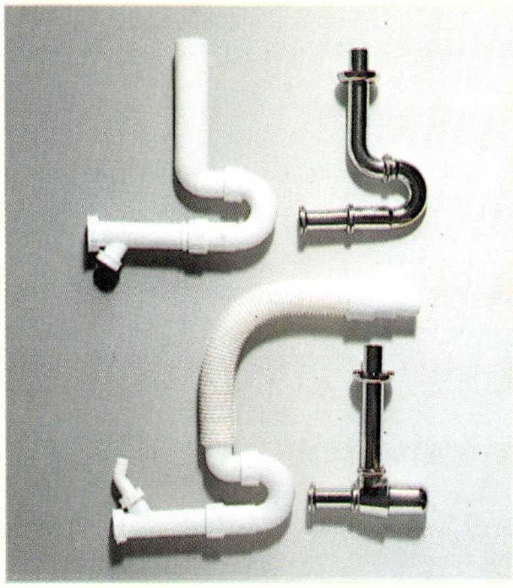

Bei den im Küchenbereich üblichen Kunststoffsiphons ist der Ablaufstutzen vorhanden

Auch die Waschmaschine kann grundsätzlich an einen Siphon angeschlossen werden. Werksseitig ist sie meist mit einem einfachen Ablaufschlauch versehen, der nach Belieben mit Adapter und Schlauchbindern mit einem Anschluß für den Siphon oder einem Verlängerungsschlauch zum Einleiten des Abwassers in einen Gully ausgestattet werden kann. Sofern Sie einen Ablaufstutzen in der Wand haben, können Sie aus 50-mm-Abwasserrohren und Schellen einen aufrecht stehenden Abfluß mit Siphon bauen, in den der Schlauch eingehängt wird. Das funktioniert auch, wenn Sie ein älteres Modell besitzen, das noch mit einem jener dicken Gummischläuche versehen ist, die am oberen Ende zum Einhängen in die Badewanne gekrümmt waren. Diese unhygienische Form der Abwasserentsorgung ist heute nicht mehr üblich.

Immer noch gibt es zahlreiche ältere Gebäude ohne zentrale Warmwasserversorgung. Angesichts der großen Auswahl an elektrischen Boilern bedeutet das nicht unbedingt eine Komforteinbuße. Doch die Energie aus der Steckdose ist derzeit die teuerste Energiequelle.

Warmwassergeräte, die ihre Energie aus dem Stromnetz beziehen, arbeiten nur als Druckspeicher mit Niedertarifanschluß – meist als Nachtstrom bezeichnet – einigermaßen wirtschaftlich. In allen anderen Fällen ist Wärme aus der Steckdose teuer. Die Installation solcher Niedertarifspeicher teilen sich Installateur und Elektriker. Der Heimwerker darf hier nur zuschauen.
Dennoch haben auch die anderen elektrischen Warmwassergeräte ihre Berechtigung, etwa als Niederdruckspeicher am Waschbecken im Gästezimmer, wo nur gelegentlich warmes Wasser benötigt wird, oder als Heißwassergerät in Werkstatt und Büro. Diese Geräte benötigen zum Betrieb nicht mehr als einen Kaltwasseranschluß und eine Steckdose. Sie lassen sich auch im DIY-Verfahren installieren, sofern die elektrischen Leitungen vom Fachmann gelegt wurden.

Kochendwassergeräte

Der Name sagt es schon: Diese Geräte sind die einzigen, mit denen Sie Ihren Tee aus dem Wasserhahn aufbrühen können. Deshalb findet man sie so häufig in bescheidener ausgestatteten Küchen oder an Örtlichkeiten, an denen mal rasch ein heißes Getränk zubereitet, aber nicht groß gekocht werden muß. Da dieses Gerät vor Inbetriebnahme befüllt werden muß, können Sie damit sowohl die Wassermenge als auch die Temperatur vorwählen. Die Installation ist einfach: Sie dübeln in dem vom Hersteller vorgegebenen Abstand (meist mit Schablone) die Halteschiene über den Wasseranschluß, montieren die Armatur, setzen das Gerät gleichzeitig in die Schiene und mit dem Rohrstutzen in die Armatur und ziehen die Quetschverbindung fest. Nun spülen Sie das Gerät gründlich durch und prüfen die Durchlaufmenge. Liegt sie über 8 l pro Minute, muß der Wasserdruck an der eingebauten Drosselschraube reduziert werden.

Offene Warmwasserspeicher

Diese werden meist als Niederdruckboiler bezeichnet und zur Warmwasserversorgung einzelner Verbraucher – meist Spüle oder Waschbecken – eingesetzt. Die einstellbaren Temperaturen liegen zwischen 35 und 85 °C. Die

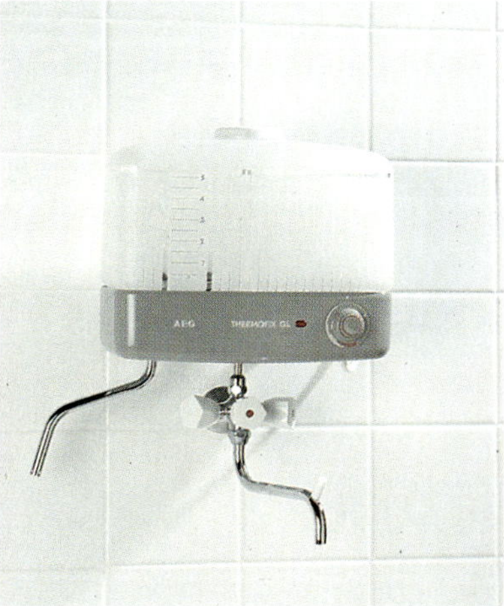

Kochendwassergerät

meistverbreitete Kapazität beträgt 5 l, doch sind auch größere Einheiten bis 15 l erhältlich. Dagegen werden offene Speicher mit größeren Kapazitäten (30–80 l) zur Versorgung von Bad und Dusche wegen ihrer Unwirtschaftlichkeit kaum eingebaut. Die Montage ist ebenfalls sehr einfach und auf Seite 288 bereits beschrieben.

Durchlauferhitzer

Durchlauferhitzer liefern jederzeit beliebige Mengen warmen Wassers mit Temperaturen zwischen 35 und 55 °C. Da sie, wie der Name sagt, das Wasser auf dem kurzen Weg durch das Gerät auf recht hohe Temperaturen erwärmen, ist der Energieverbrauch sehr hoch. Deshalb kommen elektrische Durchlauferhitzer mit den Energiemengen, die das normale Stromnetz zur Verfügung stellt, nicht aus. Sie werden an eine 380-Volt-Leitung angeschlossen, die zu verlegen ausschließlich Sache des Elektromeisters ist. Auch der Anschluß des Geräts gehört in die Hand des Fachmanns.
Im Gegensatz zu offenen Speichern können Durchlauferhitzer auch mehrere Verbraucher versorgen. Sie werden immer in geschlossener Bauweise gefertigt. Die Geräte schalten sich beim Betätigen des Warmwasserventils selbsttätig ein und aus.
Am wirtschaftlichsten arbeiten Durchlauferhitzer im Betrieb mit Erdgas. Diese Geräte können auch als vollwertige Etagenheizung mit Warmwasserversorgung betrieben werden.

ACHTES KAPITEL

8

GARTEN

PLAN FÜR EINEN GARTEN

SIEHE AUCH
unter:
Grundlegende Planung 296

Der Entwurf eines Gartens ist keine exakte Wissenschaft. Möglicherweise gedeihen die Pflanzen nicht, obwohl Sie Bodenbeschaffenheit und Tageslichtmenge überprüft haben; Sträucher und Bäume erreichen nicht die maximale Höhe, die in den Katalogen angegeben wurde. Dennoch bringt eine vorausschauende Planung ein besseres Ergebnis als ein Beginn aufs Geratewohl, der kostspielige Fehler nach sich zieht. Gerade festgelegte Bereiche im Garten wie etwa eine Terrasse sollten Sie zuerst planen und sich anschließend gut überlegen, wie sie zu den Rasenflächen, Strauchgruppen und Blumenbeeten passen. Niemand lebt gern in einem Betondschungel.

Wie soll der Garten aussehen?

Bevor Sie einen Plan zu zeichnen beginnen, stellen Sie sich in Gedanken vor, wie der Garten aussehen soll, der Ihnen vorschwebt und der zum Haus und zur Umgebung paßt. Soll er regelmäßig, in geraden Fluchten oder geometrischen Mustern angelegt werden, was gut zu moderner Architektur paßt? Oder ziehen Sie einen Landschaftsgarten vor? Eine natürliche Ungezwungenheit ist nicht einfach zu erreichen, und es wird einige Jahre dauern, bis alles so gewachsen ist, wie Sie es sich wünschen.

Oder stellen Sie sich eine Kombination von beidem vor, bei der jede Pflanze, jeder Stein und der Teich eigenwertige Teile eines Gesamtentwurfs sind. Ein japanischer Garten trägt alle Merkmale einer künstlichen Landschaft, wirkt aber trotzdem auf natürliche Weise ausgewogen und harmonisch.

Es gibt reichlich Material, um daraus Ideen zu schöpfen; zahllose Bücher und Zeitschriften befassen sich mit Gartengestaltung. Erwarten Sie jedoch keine Lösungen, die speziell auf Ihr Grundstück zugeschnitten sind – kein Garten gleicht dem anderen –, aber Sie können sich davon anregen lassen oder Details für Ihren eigenen Garten daraus entnehmen. Die Besichtigung anderer Gärten ist noch lohnender. Landgüter und Stadtparks sind in größerem Maßstab angelegt, aber zumindest sehen Sie, wie groß ein ausgewachsener Strauch ist, oder Sie kommen auf neue Ideen für einen Steingarten oder einen Zierteich oder zum Anlegen von Pflanzengruppen. Freunde und Nachbarn hatten wahrscheinlich ähnliche Probleme zu lösen. Zumindest können Sie aus den Fehlern anderer lernen.

Ein schön gestalteter Steingarten (oben links)
Nachdem die Pflanzen eine bestimmte Größe erreicht haben, darf der Steingarten nicht mehr wie ein Fremdkörper im Garten aussehen. Seine Wirkung hängt nicht zuletzt von der sorgfältigen Plazierung der Steine bei seiner Anlage ab.

Ein einfacher Entwurf (oben rechts)
Einfachheit ist oft die beste Lösung, aber die Proportionen der einzelnen Elemente müssen sorgfältig aufeinander abgestimmt sein, um Eintönigkeit zu vermeiden.

Garten im Landhausstil (unten links)
Durch die aufgelockerte Anordnung von üppig bepflanzten Blumenrabatten zwischen Spalierwänden und geraden Natursteinwegen ergibt sich ein natürlich wirkendes Ensemble.

Auf Details achten (unten rechts)
Für gelunge Entwürfe bedarf es nicht unbedingt eines großen Gartens. Die geschickte Kombination natürlicher Formen kann auch im kleinen Maßstab sehr wirkungsvoll sein.

SIEHE AUCH

unter:

Böschungsmauern	325
Pflaster	334–338
Wassergarten	343–346
Steingarten	347

GARTEN VERMESSEN

Ausmessen der Parzelle

Verlassen Sie sich nicht aufs Augenmaß, sondern messen Sie so genau wie möglich, auch in der Diagonale.

Böschungen und Steigungen

Machen Sie eine Skizze von der Neigung des Gefälles. Eine genaue Vermessung ist nicht notwendig, aber notieren Sie wenigstens die Richtung des Gefälles, und bezeichnen Sie Anfang und Ende. Höhenunterschiede bestimmt man mit Richtscheit und Wasserwaage. Legen Sie ein Ende des Richtscheits auf die Erhöhung, und messen Sie den senkrechten Abstand vom anderen Ende bis zum Fuß der Böschung.

Klimatische Verhältnisse

Berücksichtigen Sie den Sonnenlauf und aus welcher Richtung der Wind weht. Vergessen Sie nicht, daß die Sonne im Sommer höher steht und Laubbäume weniger Windschutz geben, wenn sie die Blätter abgeworfen haben.

Bodenbeschaffenheit

Prüfen Sie die Beschaffenheit des Mutterbodens. Sie können die Bodenzusammensetzung durch Zugabe von Torf und Dünger verändern. Ein Torf- oder Lehmgrund ist nicht sehr stabil, was Sie beim Legen eines Fundaments oder Sockels berücksichtigen müssen.

Vorhandene Gegebenheiten

Zeichnen Sie vorhandene Anlagen und Pflanzen ein, die Sie beibehalten wollen – Wege, Rasenflächen, alte Bäume usw.

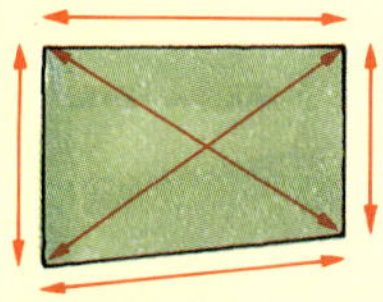

Fläche ausmessen
Messen Sie die Seitenlängen und auch die Diagonalen, um einen genauen Lageplan anzufertigen.

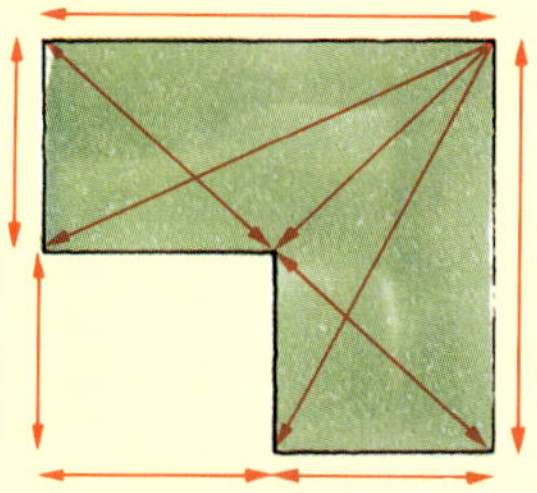

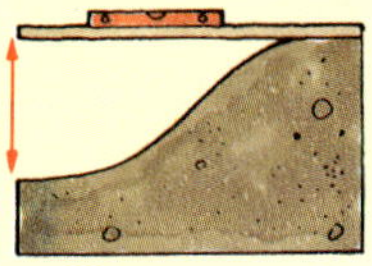

Gefälle vermessen
Mit Richtscheit und Wasserwaage messen Sie die Neigung des Gefälles.

Klassischer Stil
(oben)
Geometrisches Muster aus niedrig wachsenden Heckensträuchern.

Akzente setzen
(Mitte links)
Ein Steinplattensteg über den Gartenteich bringt Abwechslung.

Am Hang
(Mitte rechts)
Auf Hanggrundstücken können mit Böschungsmauern Terrassen angelegt und mit üppig blühenden Stauden bepflanzt werden.

Japanischer Garten
(unten)
Ausgewählte Sträucher, Natursteine und Kies verbinden sich zu einem harmonischen Gesamteindruck.

GRUNDLEGENDE PLANUNG

SIEHE AUCH
unter:

Wege pflastern	335
Gehwege aus Holz	339
Stufen	341–342
Teich planen	344

Nach dem Ausmessen sollte man alle Aspekte der Gartengestaltung sorgfältig planen. Voraussehbare Probleme müssen durchdacht werden.

Plan entwerfen

Entwerfen Sie einen Plan Ihres Gartens auf Papier. Er muß maßstabsgerecht sein, sonst unterlaufen Ihnen gravierende Fehler. Übertragen Sie die Maße auf Karopapier, und legen Sie für die Zeichnungen Pauspapier darüber, damit Sie verschiedene Ideen ausprobieren und Ihren Entwurf ändern können, ohne die Grundelemente immer wieder neu einzeichnen zu müssen.

Den Entwurf auf Pauspapier übertragen

Entwurf auf dem Boden abstecken

Der Entwurf ist nur der erste Schritt. Weil man Gärten nur selten von oben sieht, müssen die Abmessungen auf dem Boden abgesteckt werden, um ein Bild von den tatsächlichen Gegebenheiten zu erhalten und sie aus verschiedenen Blickwinkeln begutachten zu können. Ein Teich oder eine Terrasse, die auf dem Papier riesig erscheinen, können in Wirklichkeit winzig ausfallen. Daß ein Baum die Aussicht von der vorgesehenen Terrasse behindert, fällt auf dem Plan nicht auf. Schlagen Sie Pflöcke in den Boden, und spannen Sie dazwischen Schnüre. Kreisbögen ziehen Sie mit einer an einem Pflock befestigten Schnur und markieren sie mit Pflöcken oder Steinen. Für Rabatten mit unregelmäßigen Umrissen und den Gartenteich nimmt man einen langen Gartenschlauch.

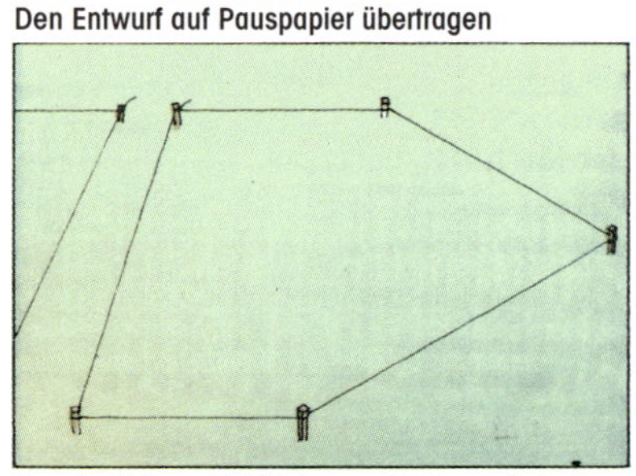

Gerade Linien mit Pflöcken und Schnur abstecken

Praktische Erprobung

Nachdem alles abgesteckt ist, probieren Sie aus, ob es auch praktisch ist. Reicht z. B. die Breite des Wegs, damit zwei Personen aneinander vorbeigehen können, ohne ins Blumenbeet zu treten? Kann man eine Schubkarre auf dem Weg absetzen, ohne daß ein Stützbein in den Teich rutscht? Stellen Sie einige Möbel auf die vorgesehene Terrassenfläche, und vergewissern Sie sich, daß zum Sitzen genügend Platz ist, auch wenn Gäste kommen. Die meisten Leute haben die Terrasse direkt am Haus. Wenn Sie sie ein Stück abseits anlegen wollen, um mehr Sonne zu bekommen, müssen Sie bedenken, daß Sie einen weiteren Weg haben, um beispielweise Getränke aus der Küche zu holen.

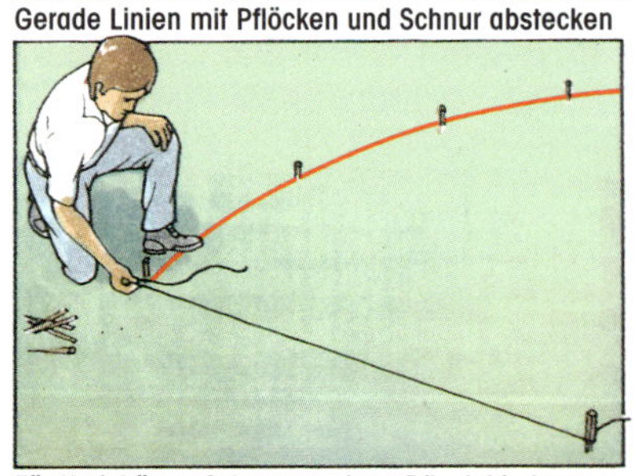

Für Kreisbögen Schnur an einen Pflock binden

Teiche anlegen

Ein Zierteich sollte nicht unter Bäumen liegen und wenigstens den halben Tag lang Sonne haben. Können Sie ihn zum Auffüllen mit dem Schlauch erreichen und ein Stromkabel für Wasserpumpe und Teichbeleuchtung verlegen?

Auf Sicherheit achten

Machen Sie aus Ihrem Garten keine Hindernisbahn. Ein zu schmaler Pfad entlang des Teichs könnte zu Unfällen führen. Niedrige Mauern oder Pflanzenkübel am Rand einer erhöhten Terrasse führen mit Sicherheit zu Stürzen.

Für unregelmäßige Umrisse den Schlauch nehmen

Zufahrten und Garagenstellplätze

Machen Sie die Zufahrt mindestens 3 m breit, damit genug Platz zum Öffnen der Autotür bleibt, wenn Sie neben einer Mauer parken. Bedenken Sie, daß auch größere Autos als Ihres die Zufahrt oder den Stellplatz benutzen müssen, z. B. Lieferwagen. Haben Sie bei der Ein- oder Ausfahrt gute Sicht? Klären Sie, welchen Wendekreis Ihr Wagen hat, damit Sie auf Ihrer Zufahrt auch wenden können.

Rücksicht auf die Nachbarn

Es gibt gesetzliche Beschränkungen, was Sie in Ihrem Garten machen dürfen. Aber selbst wenn Sie freie Hand haben, ist es klug, sich mit den Nachbarn abzustimmen, damit es später keinen Ärger gibt. Mauern oder hohe Bäume, die Sie als Schattenspender für die Terrasse oder ein Fenster einsetzen, könnten den Nachbarn stören und auf Jahre hinaus für Streitigkeiten sorgen.

Auf ausreichend breite Gartenwege achten

BAUMWURZELN UND FUNDAMENT

SIEHE AUCH
unter:
Mauerwerk 24

Als markanten Punkt Ihres Gartens wollen Sie wahrscheinlich mindestens einen Baum pflanzen. Wahl der Sorte und des Standorts müssen gut überlegt sein. Steht der Baum zu dicht am Haus, könnte das zu Mauerschäden führen.

EFEU AN HAUSWÄNDEN

Es ist ein weitverbreiteter Irrtum, daß rankender Efeu Mauerwerk zerstört. Ist der Putz oder Mörtel der Ziegel- oder Steinmauern in schlechtem Zustand, schwächt wuchernder Efeu zweifellos das alte Mauergefüge, weil die Luftwurzeln Feuchtigkeit aus dem Gemäuer ziehen. Die feinen Wurzeln dringen in aufgebrochene Fugen oder Putzrisse ein, und sobald sie eine Nahrungsquelle finden, breiten sie sich aus und sprengen das Material, was die Zerstörung noch beschleunigt, indem ständig mehr Feuchtigkeit eindringen kann. Mit modernen Hartziegeln und Mörtel lassen sich solche Schäden verhindern. Der Efeu kann nicht mehr ins Mauerwerk eindringen und rankt sich nur noch an Spanndrähten oder Spalieren empor. Für eine intakte und trockene Mauer ist es sogar vorteilhaft, wenn Efeu die Wandfläche mit seinem dichten Laub verkleidet. Die abwärts gerichteten Blattspitzen leiten das Regenwasser zum Boden hin ab, bevor es die Mauer erreicht. An Wänden rankender Efeu muß grundsätzlich beschnitten werden, damit er nicht unter die Dachpfannen wächst und Dachrinnen und Abflußrohre verstopft. Das Gewicht eines wild wuchernden Efeus kann ausreichen, eine ohnehin altersschwache Mauer zum Einsturz zu bringen.

Efeu nicht wild wuchern lassen

Risse: Absenkung und Hebung

Kleine Risse im Außenputz und Mauerwerk sind oft die Folge von Schrumpfungen durch Austrocknung. Diese Risse sind nicht gefährlich und können jederzeit problemlos ausgebessert werden. Stärkere Risse im Mauerwerk sind auf Bewegungen des Fundaments zurückzuführen. Zu dicht ans Haus gepflanzte Bäume können zu diesem Problem beitragen, indem sie dem Boden Feuchtigkeit entziehen und eine Absenkung des Fundaments bewirken, wenn der Untergrund einsinkt.
Das Fällen von Bäumen kann nicht minder unangenehme Folgen haben. Das Erdreich quillt auf, indem es die Feuchtigkeit aufnimmt, die vorher vom Wurzelgeflecht entzogen wurde. Die Hebung des Untergrunds beschädigt das Fundament, und es treten Risse auf.

Standortwahl für Bäume

Baumwurzeln suchen Wasser. Das kann zu kostspieligen Reparaturen am Hauskanalisationssystems führen. Große Wurzeln können Rohrleitungen knicken oder in Fugen eindringen und das Rohr verstopfen. Bevor Sie einen Baum nahe ans Haus pflanzen, müssen Sie die mögliche Ausbreitung des Wurzelgeflechts abschätzen. Der Abstand zwischen Baum und Haus sollte wenigstens zwei Drittel der Höhe des ausgewachsenen Baums betragen. Verursacht ein bereits vorhandener Baum Probleme, erkundigen Sie sich am besten bei der Gemeindeverwaltung. Der Baum könnte unter Naturschutz stehen und ohne Erlaubnis nicht gefällt werden dürfen. Möglich ist auch ein Beschneiden der Äste und Wurzeln, um künftige Schäden zu vermeiden.

Absenkung
Ein ausgewachsener Baum, der zu dicht ans Haus gepflanzt wurde, kann dem Erdreich soviel Wasser entziehen, daß der Erdboden einsinkt und das Fundament sich absenkt.

Hebung
Wird ein ausgewachsener Baum gefällt, kann die Erde mehr Wasser aufnehmen, dehnt sich aus und hebt das Fundament eines Gebäudes an.

ZÄUNE AUSWAHL

SIEHE AUCH
unter:
Arten der Einzäunung 299

Der Zaun ist die beliebteste und verbreitetste Form der Begrenzung und Sichtabschirmung eines Gartens. In dieser Beziehung ist er anderen Einrichtungen überlegen. Ein Zaun läßt sich im Vergleich zu einer Mauer oder Hecke schnell errichten, wohingegen eine Hecke Jahre benötigt, bis sie Sichtschutz bietet. Zaunmaterial ist außerdem leicht und einfach zu transportieren und zu verarbeiten.

Kosten und Pflege

Kurzfristig gesehen ist ein Holzzaun billiger als eine Mauer, obwohl damit zu rechnen ist, daß die Kosten für Instandhaltung und Reparaturen auf längere Sicht die Einsparungen wettmachen. Holz hat eine relativ kurze Lebensdauer, verrottet und ist anfällig für Schädlingsbefall. Aber ein Holzzaun hält jahrelang, wenn er regelmäßig mit Holzschutzmitteln behandelt wird. Zaunteile aus Kunststoff und Beton kosten wesentlich mehr Geld, sind aber sehr widerstandsfähig und halten länger.

Maschendrahtzaun

Spalierzaun (Jägerzaun)

Betonpfosten mit Eisenkette

Welcher Zaun kommt in Frage?

Selbst wenn Sie nur einen kleinen Garten haben, werden Sie staunen, wie lang der Zaun sein muß. Deshalb lohnt es sich, alle Möglichkeiten in Betracht zu ziehen, um die Gewähr zu haben, daß Sie Ihr Geld in den am besten geeigneten Zaun investieren. Wenn es Ihnen nicht so sehr darauf ankommt, die Nachbarskinder oder Tiere aus Ihrem Garten fernzuhalten, ist die wichtigste Überlegung, wie sich mit einem Zaun die größtmögliche Privatsphäre schaffen läßt. Es gibt verschiedene Mittel, sich vor den Blicken anderer zu schützen, aber ein Zaun darf weder zu hoch, noch zu dicht sein, falls Ihr Grundstück starken Winden ausgesetzt ist. In solch einem Fall benötigen Sie einen Zaun, der den Wind zwar abhält, ihm aber auch nicht zuviel Widerstand bietet, so daß sich die Pfosten in wenigen Jahren durch das ständige Rütteln lockern.

Planung und Vorschriften

Inzwischen gibt es fast überall Vorschriften, wie hoch ein Zaun sein darf. Erkundigen Sie sich deshalb vor der Planung bei Ihrer Gemeinde, welche Beschränkungen bestehen. Sprechen Sie mit den Nachbarn über Ihr Vorhaben, vor allem dann, wenn Sie die Erlaubnis benötigen, das Nachbargrundstück zu betreten; denn es ist immer vorteilhaft, bei der Errichtung eines Zauns von beiden Seiten arbeiten zu können. Kontrollieren Sie die Grenzlinien, damit Sie den Zaun nicht aufs Nachbargrundstück stellen und hinterher wieder abreißen müssen. Die Zaunpfosten sollten genau auf der Grundstücksgrenze oder auf Ihrer Seite stehen. Bevor Sie einen beim Kauf des Grundstücks schon vorhandenen alten Zaun entfernen, müssen Sie klären, ob es Ihrer ist, sonst verlangt man von Ihnen, daß Sie ihn wieder aufstellen. Will der Nachbar seinen baufällig oder unansehnlich gewordenen Zaun nicht auswechseln oder es Ihnen nicht gestatten, daß Sie ihn auf Ihre Kosten ersetzen, kann niemand Sie daran hindern, einen weiteren Zaun parallel zum alten zu bauen, solange er auf Ihrem Grundstück verläuft. Es ist ein ungeschriebenes Gesetz unter Nachbarn, daß die Pfosten und Riegel nach innen weisen und die Latten nach außen, aber es gibt keine Vorschrift, die Sie dazu zwingen kann.

ARTEN DER EINZÄUNUNG

Maschendrahtzaun

Ein Maschendrahtzaun ist eine zweckmäßige Form der Abgrenzung und besteht aus zwischen den Zaunpfosten gespanntem Drahtgeflecht. Es ist aus verzinktem oder kunststoffbeschichtetem Draht hergestellt, der rautenförmig geflochten ist und an einem starken, zwischen die Pfosten gespannten Draht hängt. Für einen billigen Zaun kann man weiches Drahtgitter nehmen. Es ist aber nicht sehr stabil und verzieht sich, wenn man sich dagegenlehnt. Dekorative Drahtumzäunungen wurden vorwiegend für niedrige Grenzmarkierungen oder zum Abstützen leichter Kletterpflanzen entwickelt. Maschendrahtzäune sehen besser aus, wenn sie mit Kletter- oder Heckenpflanzen begrünt werden.

Jägerzaun

Ein Scherengitter aus Zaunlatten, mit Zaunpfosten und Riegeln solide verschraubt oder genagelt, das ist der vor allem im süddeutsch-österreichischen Raum so beliebte Jägerzaun. Im Aufbau entspricht er somit weitgehend dem verbreiteten und beliebten Staketenzaun. Welche Bauart man bevorzugt, ist Geschmackssache. Beide sind leicht selbst zu bauen.

Betonpfosten mit Ketten

Eine zwischen Betonpfosten hängende Kette kann als Zaun dienen, wenn es hauptsächlich auf Dekoration ankommt und darauf, daß niemand unabsichtlich auf den Rasen oder in die Blumenbeete tritt. Die niedrigen Pfosten werden einbetoniert und die Ketten aus Eisen oder Kunststoff dazwischen gehängt.

ARTEN DER EINZÄUNUNG

ARTEN DER EINZÄUNUNG

Dichter Bretterzaun

Besten Sichtschutz bietet ein geschlossener Bretterzaun. Er ist einfach herzustellen. An den Längsseiten überlappende Federbretter werden an waagrecht verlaufenden Riegel befestigt, die mit im den Erdboden verankerten Pfosten verschraubt sind. Federbretter sind gesägte Bohlen, die an der einen Längsseite stärker sind als auf der gegenüberliegenden. Ihre Breite liegt zwischen zehn und 15 cm. Die beste Qualität bietet Zedernholz. Weichholz wird häufiger verwendet, weil man viel Holz benötigt. Ein geschlossener Zaun ist zwar teuer, liefert aber auch eine robuste Schutzwand. Die Bretter sind senkrecht angebracht, damit vor allem kleine Kinder von außen nicht darüber klettern.

Geschlossener Bretterzaun

Vorgefertigte Paneelumzäunung

Zäune aus vorgefertigten Elementen, die zwischen Holzpfosten genagelt werden, sind weit verbreitet, weil sie besonders einfach zu errichten sind. Handelsübliche Holzplatten sind 1,8 m breit und 30 cm hoch. Damit lassen sich Zäune von 0,6 m bis 1,5 m Höhe errichten. Die meisten Platten bestehen aus verflochtenen oder überlappenden Brettern aus Lärchenholz, die waagrecht in einen Rechteckrahmen aus Kanthölzern eingespannt sind. Überlappende Paneelbretter haben gewöhnlich einen natürlich gewellten Rand. Sie werden auch als baumkantig bezeichnet und mit oder ohne Rinde angeboten. Ein Paneelzaun liefert eine sehr zweckmäßige und witterungsbeständige Einzäunung zu einem durchaus vernünftigen Preis. Wenn Sie auf absoluten Sichtschutz Wert legen, sollten die Lamellen überlappend angebracht sein, denn im Sommer trocknen und schrumpfen die verflochtenen Lamellen und bilden Lücken.

Bauelemente mit waagrechten Lamellen

Versetzte Lamellen

Für einen Zaun aus versetzten Lamellen werden geradkantige Bretter abwechselnd auf die Vorder- und Rückseite der waagrechten Verstrebung genagelt. Die Zwischenräume zwischen den Brettern können Sie selbst bestimmen. Leichtes Überlappen der Ränder bietet den besten Sichtschutz. Auf Abstand gesetzte Bretter wirken dekorativ und eignen sich besonders für windreiche Gegenden, denn die Lücken zwischen den Brettern lassen den Wind durch, so daß der Zaun stabil bleibt. Versetzte Lamellen sehen auf beiden Seiten gut aus.

Zaun aus versetzten Lamellen

Staketenzaun

Wenn keine Sichtschutzwand benötigt wird, genügt der traditionelle, niedrige Staketenzaun. Schmale, senkrechte Zaunlatten mit abgerundetem oder angespitztem Ende werden im Abstand von 5 cm gesetzt. Da dieser Aufbau arbeitsaufwendig ist, werden die meisten Staketenzäune als Bauelemente aus Weichholz oder Kunststoff vorgefertigt, um die Kosten gering zu halten.

Staketenzaun

Bretterzaun im Landhausstil

Niedrige Zäune aus einfachen Bohlen, die waagrecht an kurze Stützpfosten geschraubt werden, sind das moderne Gegenstück zum Staketenzaun. Manchmal werden die Bohlen und Pfosten gestrichen, aber lasiertes oder gebeiztes Holz wirkt genauso attraktiv und hält vor allem länger. Die Bohlen bestehen aus druckimprägniertem Weich- oder Hartholz, aber auch Kunststoffbohlen werden zunehmend beliebter, denn sie sehen sauberer aus, sind witterungsbeständiger und brauchen vor allem nicht gestrichen zu werden.

Niedriger Zaun aus waagrechten Brettern

Zaun aus Betonfertigteilen

Ein Zaun aus Betonfertigteilen ist so stabil und robust wie eine Gartenmauer und benötigt minimale Instandhaltung. Die Segmente mit Schlitz und Zapfen an den Längsseiten werden in die seitlichen Aussparungen der gegossenen Betonpfosten geschoben, bis die gewünschte Zaunhöhe erreicht ist.

Zaun aus Betonplatten

ZAUNPFOSTEN

SIEHE AUCH
unter:
Arten der Einzäunung 298–299

Für welche Art von Zaun Sie sich auch entscheiden, die Stärke und Haltbarkeit hängen von der Qualität der Pfosten ab, die im Boden verankert werden. Verwenden Sie nur die besten Pfosten, und setzen Sie sie sorgfältig. Das erspart Ihnen später zeitraubende Reparaturen.

ARTEN VON PFOSTEN

Manchmal bestimmt die Art der Umzäunung die Wahl der Pfosten. Betonzäune z. B. müssen durch geeignete Betonpfosten abgestützt werden, aber im Normalfall können Sie Material und Art der Pfosten zum Zaun passend wählen.

Holzpfosten

Für die meisten Zäune werden Kanthölzer in den Stärken 7,5 cm und 10 cm verwendet, aber es gibt auch quadratische Torpfosten mit 12,5 cm, 15 cm und sogar 20 cm Kantenbreite. Die meisten Holzhändler liefern druckimprägnierte Weichholzpfosten, sofern Sie nicht ausdrücklich Pfosten aus Hartholz verlangen.

Betonpfosten

Quadratische Pfosten mit 10 cm Kantenbreite aus armiertem Beton gibt es entsprechend den verschiedenen Zaunarten: Vorgebohrte für Ketten, ausgesparte für Querriegel und unterbrochene oder genutete für Paneele. Spezielle Eck- und Endpfosten haben Kerben für die Spanndrähte von Maschendrahtzäunen.

Metallpfosten

Winkeleisen oder kunststoffbeschichtete Stahlpfosten eignen sich insbesondere für Zäune aus Maschendraht- oder Kunststoff. Zaunpfosten aus Winkeleisen sind zwar sehr stabil und korrosionsbeständig, sehen aber nicht schön aus.

Kunststoffpfosten

Kunststoffpfosten werden für Maschendrahtzäune verwendet. Im Lieferumfang enthalten sind Abdeckung und Befestigungsmaterial für den Maschendraht.

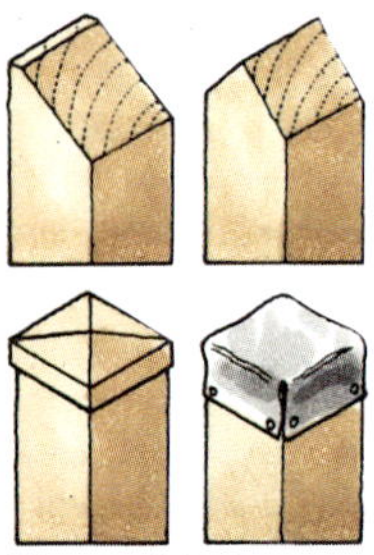

Pfosten abdecken
Wird das Ende eines Holzpfostens nur rechtwinklig abgesägt, beginnt der Pfosten schon sehr bald von oben herab zu faulen. Das kann man mit einer einfachen oder doppelten Schräge verhindern, von der das Regenwasser abläuft. Oder man schützt das Ende des Pfostens durch eine hölzerne Abdeckung oder eine Kappe aus verzinktem Blech.

Holzpfosten imprägnieren

Holzpfosten sind in der Regel herstellerseits gegen Fäulnisbefall vorbehandelt, aber schützen Sie sie trotzdem zusätzlich, indem Sie die Pfosten mindestens 10 Minuten lang in einen Eimer mit einem Holzschutzmittel stellen.

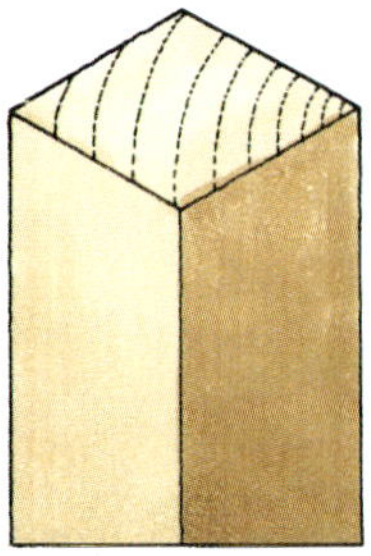

Kantholzpfosten

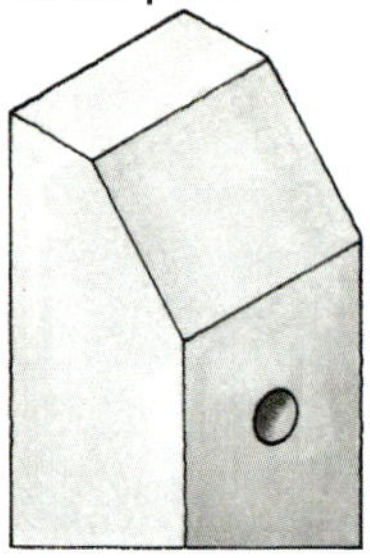

Betonpfosten mit Loch

Betonpfosten mit Aussparung

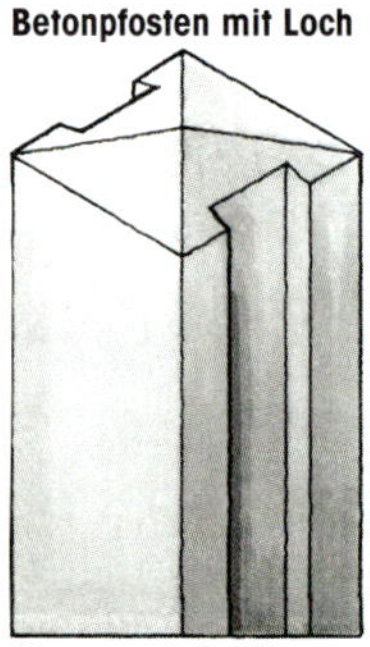

Pfosten mit Schlitz

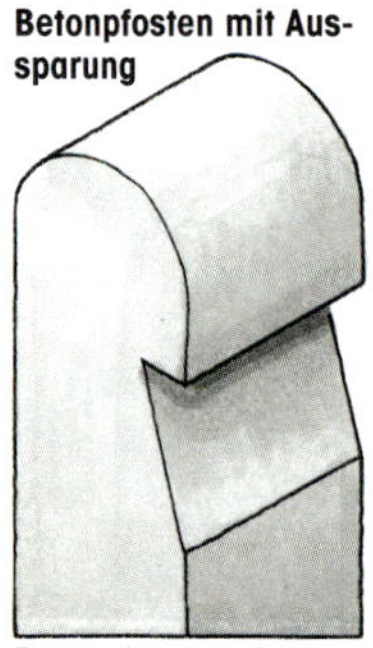

Betonpfosten mit Kerbe

Winkeleisenpfosten

Stahlpfosten beschichtet

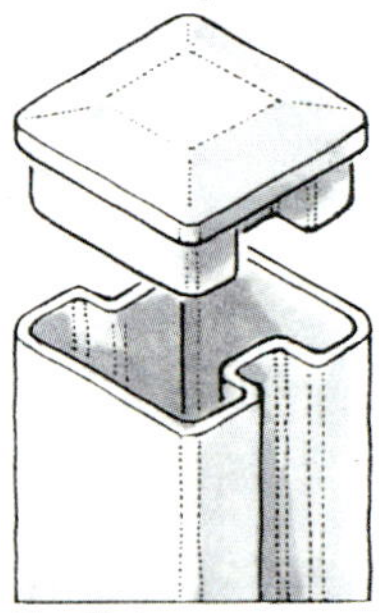

Plastikpfosten

SO ENTFERNT MAN ALTE ZAUNPFOSTEN

Das Setzen von Pfosten ist relativ einfach. Wenn Sie aber einen Zaun erneuern, wollen Sie wahrscheinlich auch die Pfosten auswechseln. Graben Sie die Erde rund um den Pfosten auf. Steckt er tief im Boden oder ist er einbetoniert, hebeln Sie ihn mit einer dicken Stange heraus. Dazu große Nägel auf beiden Seiten 30 cm über dem Boden in den Pfosten schlagen. Ein kurzes Seil unter die Nägel und ans Ende der Stange binden. Ziegel dicht am Pfosten aufschichten und als Unterlage für die Stange verwenden, um den Pfosten aus der Erde zu hebeln.

Einen alten Zaupfosten aus der Erde hebeln
Ein Stoß Ziegel dient als Unterlage für den Hebel.

WANDBEFESTIGUNG

Endet der Zaun an einer Hauswand, wird der Pfosten an der Mauer befestigt. Damit der Kopf der Schraube sich nicht ins Holz des Pfostens eindrückt, verwendet man eine Unterlegscheibe. Kontrollieren Sie mit der Wasserwaage, ob der Pfosten gerade steht. Gegebenenfalls richten Sie ihn senkrecht aus

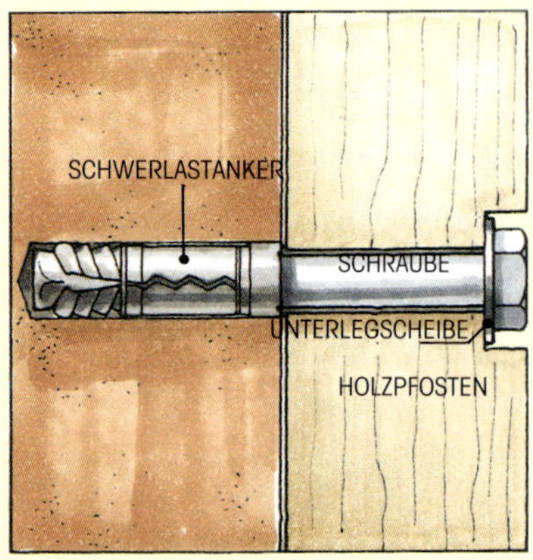

Pfostenschrauben versenken
Wenn Sie auf dem Pfosten Zaunelemente anbringen wollen, darf der Kopf der Befestigungsschraube nicht überstehen und muß versenkt werden.

ZAUNPFOSTEN AUFSTELLEN

SIEHE AUCH
unter:

Maschendrahtzaun	302
Bretterzaun	303
Zaunelemente	304
Beton mischen	326–327

Von der Art des Zauns hängt es ab, ob man zuerst alle Pfosten aufstellt oder jeweils immer nur den nächsten. Verwenden Sie z. B. vorgefertigte Zaunelemente, setzen Sie die Pfosten im Anschluß ans vorhergehende Element. Bei einem Drahtgitterzaun werden zuerst alle Pfosten gesetzt.

Pfostenlöcher vorbereiten

Pflock am Anfang und Ende des vorgesehenen Zauns einschlagen und dazwischen eine Schnur spannen. Gleiche Pfostenabstände festlegen. Müssen ein oder mehrere Pfosten in ein Pflaster gesetzt werden, die Steine oder Platten entfernen, um die Löcher graben zu können. Unter Umständen müssen Sie Teile des Betonfundaments mit Hammer und Meißel aufstemmen.

Einsetzen der Pfosten

Löcher ausheben
Um einen festen Stand des Zauns zu gewährleisten, müssen die Pfosten bis zu einem Viertel ihrer Gesamtlänge in den Boden versenkt werden. Bei einem 2 m langen Pfosten für einen 1.5 m hohen Zaun heben Sie ein 0,5 m tiefes Loch aus. Zum Ausschachten verwenden Sie einen Pfostenbohrer **(1)**. Ist das Loch tief genug, schrägen Sie die Seiten mit dem Spaten leicht nach außen ab, damit das Stein- und Betonfundament für den Pfosten möglichst groß wird.

Pfosten einbetonieren
Geben Sie eine Schicht Ziegelbrocken oder Kieselsteine auf den Boden des Lochs, um einen festen Untergrund für den Pfosten und eine Drainage zu schaffen. Ein Helfer hält den Pfosten fest, während Sie ihn mit Latten und Pflöcken abstützen **(2)**. Für Betonpfosten nehmen Sie Drahtseile. Prüfen Sie die senkrechte Ausrichtung mit der Wasserwaage. Geben Sie weiteres Füllmaterial in das Loch, bis es nur noch 30 cm tief ist. Der Rest wird mit Beton aufgefüllt. Mischen Sie Beton aus 1 Teil Zement, 2 Teilen Sand, 3 Teilen Zuschlagstoff zu einer steifen Masse an. Mit der Kelle wird der Beton ins Loch gefüllt und mit einem Riegel festgestampft **(3)**. Das Betonfundament wird am Pfosten etwas hochgezogen und zur Erdoberfläche hin abeschrägt, damit das Wasser vom Pfosten wegfließt **(4)**. Lassen Sie den Beton eine Woche abbinden, bevor Sie die Abstützung entfernen. Stützen für Eckpfosten müssen ebenfalls einbetoniert werden.

1 Pfostenloch bohren

2 Pfosten abstützen

3 Beton einfüllen

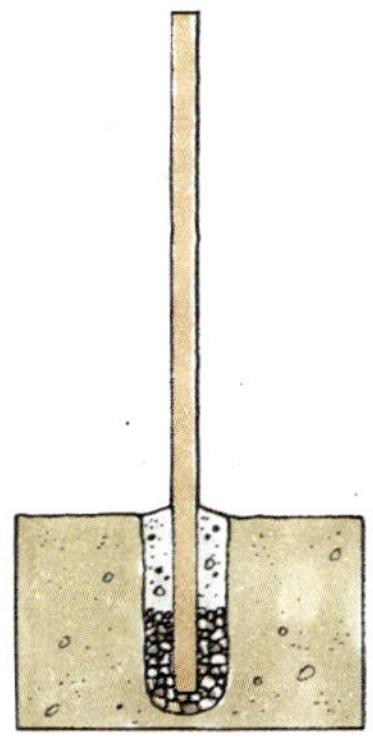
4 Beton abschrägen

Zaunpfosten abstützen

Pfosten für Drahtgitterzäune müssen dem Zug des Spanndrahts widerstehen können. Stützen Sie die Eckpfosten und bei langen Zäunen auch einige andere Pfosten mit einem Riegel von Pfostenlänge ab. Das obere Ende der Stütze wird so zugerichtet, daß es in die Kerbe am Pfosten paßt **(1)**, und festgenagelt. Für Betonelemente gibt es spezielle Pfeiler mit Stützen. Die Pfosten werden wie üblich in der Erde verankert, für die Stützen wird ein 45 cm tiefer Graben ausgehoben. Verkeilen Sie einen Ziegel unter dem Ende der Stütze, bevor Sie Füllmaterial aufschütten. Dann wird der Graben ganz mit Beton gefüllt **(2)**. Eckpfosten benötigen zwei rechtwinklig angesetzte Streben. Endet der Zaun an einer Mauer, wird der letzte Pfosten angedübelt (siehe linke Seite).

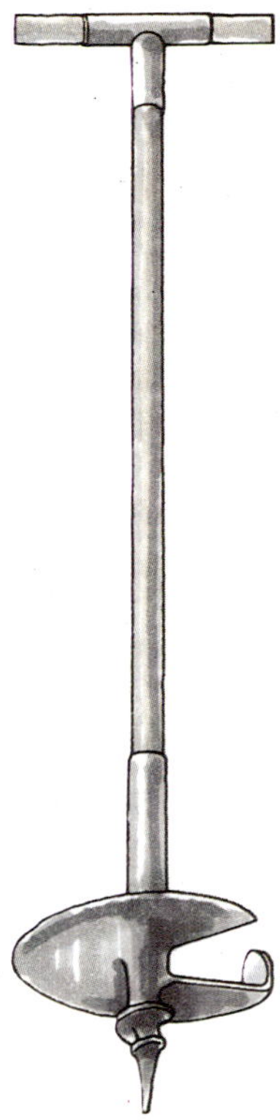
Pfostenbohrer

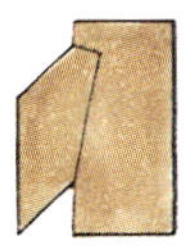
1 Einkerbung

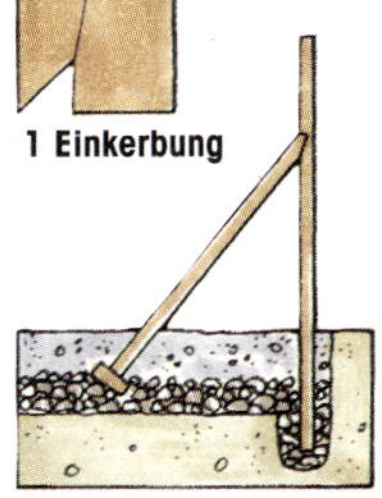
2 Eckpfosten abstützen

PFAHLSTÜTZEN

Anstatt Zaunpfosten in den Boden einzubetonieren, können Sie Vierkantpfosten in stählerne Pfahlstützen stecken, die in den Erdboden getrieben wurden. Verwenden Sie 60 cm lange Pfahlstützen für Zäune bis zu 1,2 m Höhe und 75 cm lange für einen 1,5 m hohen Zaun. Zum Einschlagen der Stahlstützen in den Boden verwenden Sie den mitgelieferten Einschlagpflock und einen Vorschlaghammer. Vor dem endgültigen Einschlagen kontrollieren Sie mit der Wasserwaage, ob die Pfahlstütze senkrecht steht **(1)**. Wenn nur noch die Fassung herausragt, wird der Vierkantpfahl bis auf den Boden der Fassung eingeschlagen und durch Schrauben oder Anziehen der Schraubbolzen **(2)** gesichert. Die nächste Pfahlstütze wird neben das letzte Zaunelement gesetzt **(3)**.

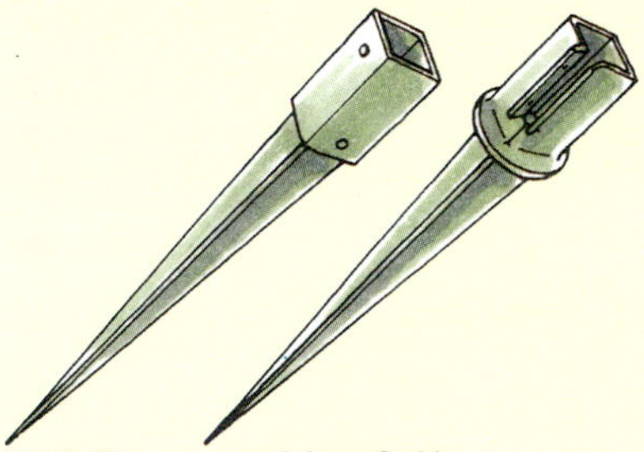
Pfahlstützen aus verzinktem Stahl

1 Pfahlstütze mit der Wasserwaage ausrichten

2 Pfosten befestigen

3 Nächste Stütze

MASCHEN-DRAHTZAUN

SIEHE AUCH
unter:

Zaunpfosten 300–301
Pfostenstützen 301

Setzen Sie alle Pfosten (aus Holz, Stahlrohr oder Beton) eines Zaunabschnitts im Abstand von 3 m. Stützen Sie die Endpfosten ab, damit sie den Zug der Spanndrähte aushalten. Ein langer Zaun aus Maschendraht hat ein hohes Gewicht und benötigt alle 70 m einen abgestützten Zwischenpfosten.

Holzpfosten

Das Gitter des Maschendrahtzauns hängt an Spanndrähten (siehe rechts). Es ist unmöglich, diesen stark belasteten Draht zwischen den Pfosten mit der Hand zu spannen, deshalb verwendet man dazu Spannbolzen. Die Lage der Drähte wird zunächst auf dem Pfosten markiert: einer an der Oberkante des Zauns, einer 15 cm über dem Boden und einer in der Mitte dazwischen. Löcher von 10 mm Durchmesser durch die Pfosten bohren, Bolzen durchstecken und Mutter über Unterlegscheibe aufsetzen **(1)**. Drahtende durch die Öse stecken und mit der Zange verdrehen. **(2)**. Draht durch alle Pfosten ziehen und mit Krampen locker befestigen, damit er noch Spiel hat, wenn er gespannt wird. **(3)**. Draht am Ende des Zaunabschnitts abschneiden und am Bolzen des Endpfostens festmachen. Spannen Sie den Draht an beiden Enden, indem Sie die Muttern der Bolzen mit dem Schraubenschlüssel fest anziehen **(4)**. Spannbolzen schaffen genügend Spannung bei einem normalen Zaun, aber für einen langen (70 m und mehr) brauchen Sie für jeden Draht ein Spannschloß, das Sie mit dem Schraubenschlüssel fest anziehen (siehe links).

Spannschloß
Draht durch Drehen mit dem Schraubenschlüssel spannen.

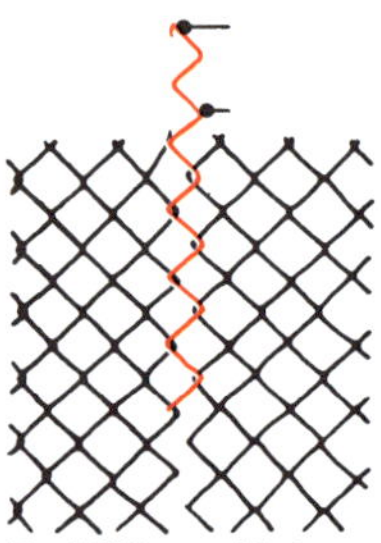

Zwei Gitter verbinden
Maschendraht wird in Rollen von 25 m geliefert. Um eine Rolle mit der anderen zu verbinden, biegt man das Maschenende an beiden Seiten der ersten Masche auf und dreht die Masche gegen den Uhrzeigersinn. Die losen Maschen werden mit jedem Glied des Geflechts der anderen Rolle wiederverknüpft. Das Maschenende wird oben und unten zusammengebogen.

Betonpfosten

Spanndrähte werden mit Spezialbolzen und -winkeln befestigt (siehe rechts). Schrauben Sie einen Spannstab an den Winkel, wenn Sie das Zaungeflecht anbringen. An Zwischenpfosten Spanndraht mit verzinktem Draht festmachen, den Sie durch die Pfostenlöcher ziehen.

Pfosten aus Winkeleisen

Mit den Winkeleisen werden auch Drahtspanner geliefert, um die Spannstäbe anzubringen und Zug auf die Spanndrähte auszuüben (siehe rechts). Der Spanndraht wird beim Verlegen durch die vorgebohrten Löcher der Zwischenpfosten gezogen.

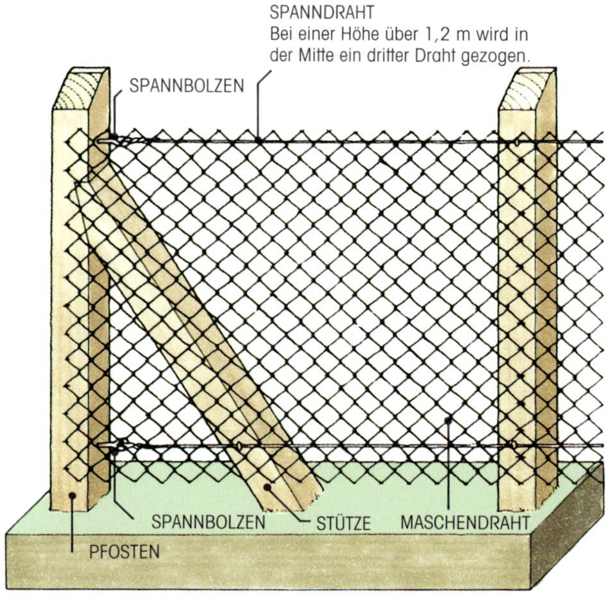

Drahtgitterumzäunung

Geflecht anbringen
Maschen am Pfosten anheften. Geflecht abrollen und stramm ziehen. Alle 30 cm mit verzinktem Draht an die Spanndrähte binden und am anderen Endpfosten befestigen.

Maschen annageln

Mit Draht festmachen

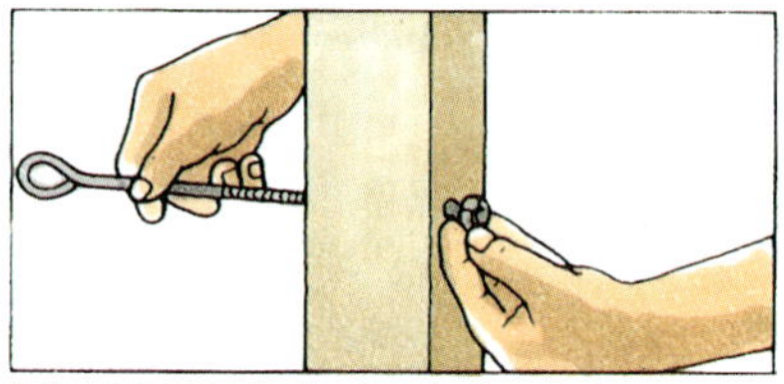

1 Spannbolzen in den Eckpfosten stecken

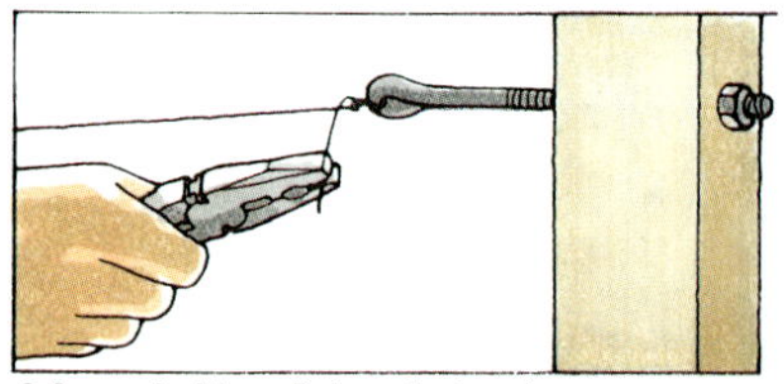

2 Spanndraht am Bolzen festmachen

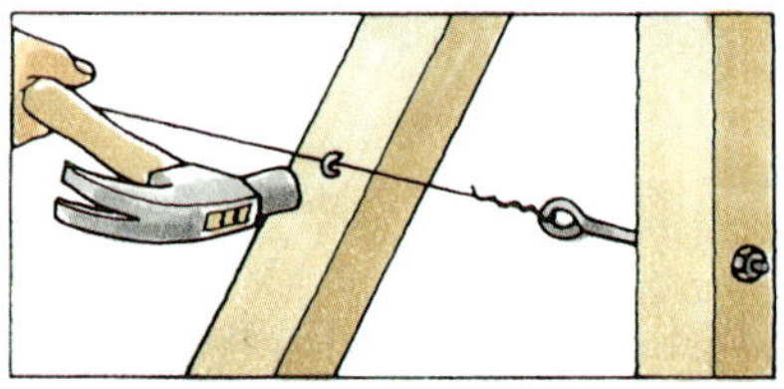

3 Spanndraht mit Krampen locker befestigen

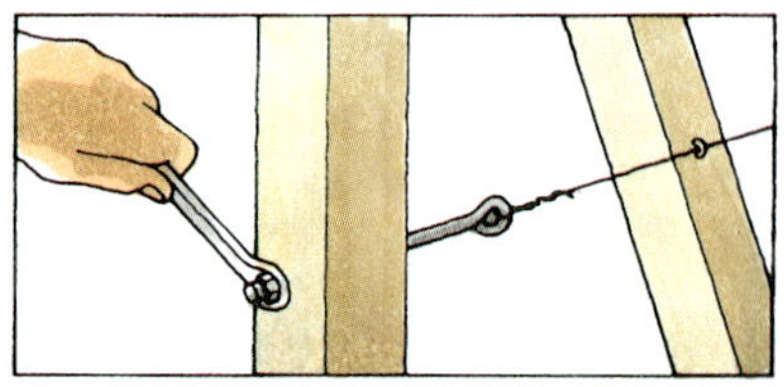

4 Zum Spannen des Drahts Mutter anziehen

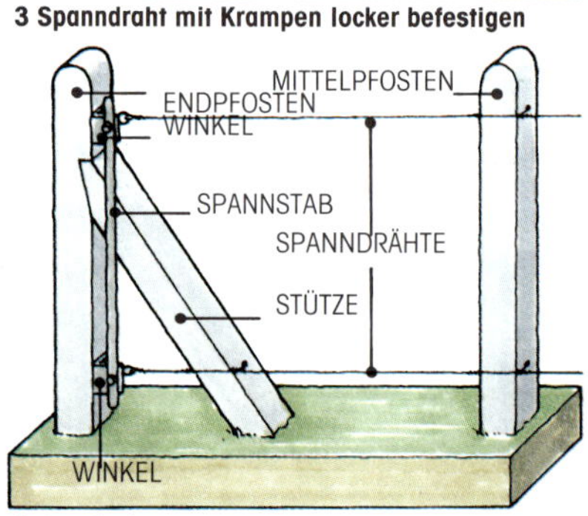

Betonpfosten

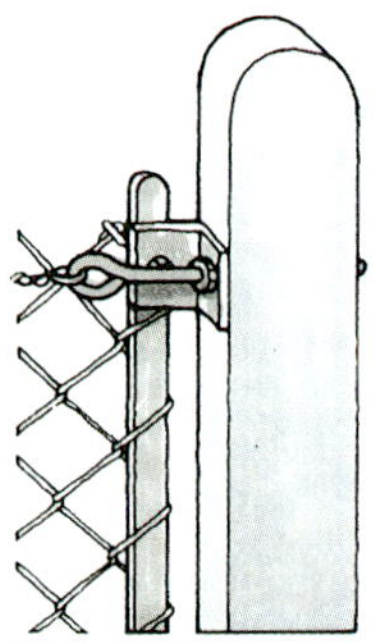

Winkel und Spannstab

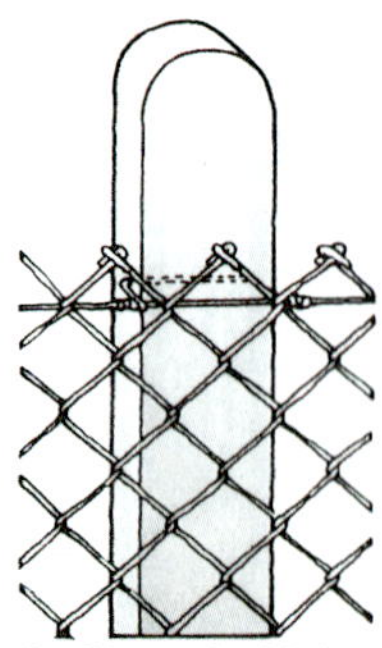

Am Pfosten festbinden

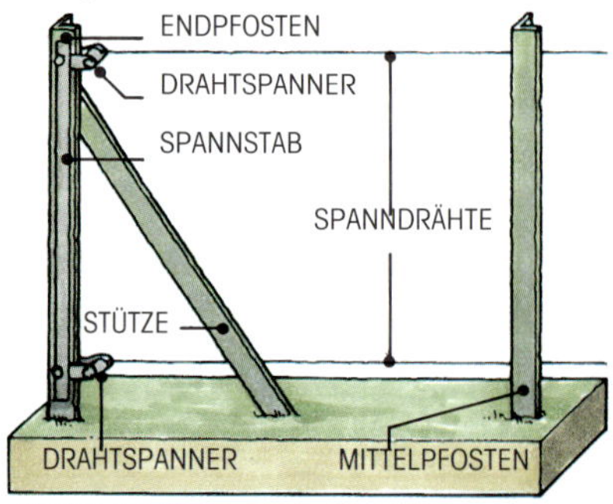

Pfosten aus Winkeleisen

Drahtspanner

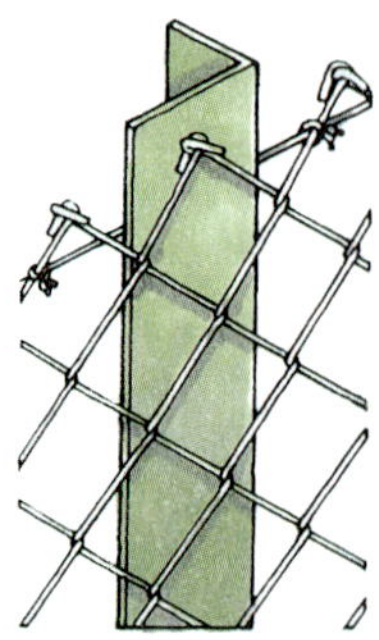

Spanndraht ziehen

BRETTERZAUN AUFSTELLEN

SIEHE AUCH
unter:

Zaunpfosten	300–301
Pfostenstützen	301

Die Federbretter für einen Holzzaun werden an Dreikanthölzer genagelt, die in den Pfosten verzapft sind. Betonpfeiler und einige Holzpfosten werden ausgestemmt geliefert. In normale Holzpfosten müssen Sie die Zapfenlöcher selbst schneiden. Die ungeschützten Stirnholzseiten der Federbretter sind anfällig für Verrottung, vor allem wenn sie Kontakt mit dem Erdboden haben. Befestigen Sie Sockelbretter am Fuß des Zauns, und nageln Sie Abdeckleisten über die Oberkante der Federbretter. Der Abstand der Zaunpfosten darf nicht mehr als 3 m betragen.

Brettereinzäunung
1 Endpfosten
2 Abdeckleiste
3 Federbretter
4 Sockelbrett
5 Dreikantholz
6 Zwischenpfosten

BESCHÄDIGTES DREIKANTHOLZ REPARIEREN

Dreikanthölzer sind am stärksten belastet, wenn ein Bretterzaun von starken Winden geschüttelt wird. Sie reißen eventuell in der Mitte oder brechen am Zapfen ab. Mit Metallbindern können Sie gebrochene Dreikanthölzer reparieren. Wenn Sie wollen, können Sie Endbinder verwenden, statt neue Zapfenlöcher für die Hölzer zu schneiden, aber diese Befestigung ist nicht so stabil wie eine mit Zapfenverbindung.

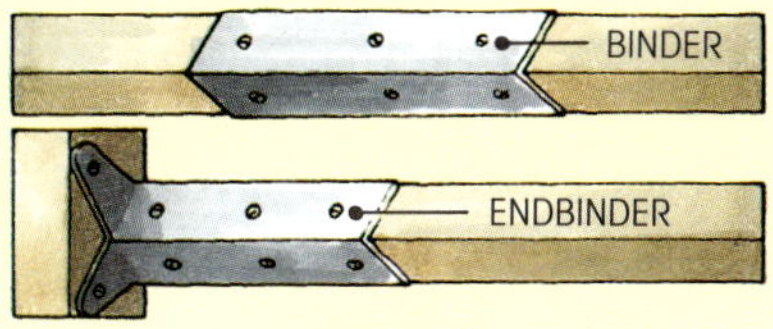

Rahmen zusammenbauen

Benutzen Sie gerade Holzpfosten, markieren und schneiden Sie 50 x 22 mm große Zapfenlöcher für die Dreikanthölzer ca. 15 cm über und unter den Enden der befestigten Federbretter. Für Zäune über 1,2 m schneiden Sie Zapfenlöcher für einen dritten Riegel in die Mitte zwischen die anderen. Der Abstand der Zapfenlöcher zur vorderen Pfostenkante (Zaunseite mit den Federbrettern) beträgt 25 mm. Beim Aufbau des Zauns schneiden Sie die Riegel auf Länge und bilden an jedem Ende einen Zapfen mit der Raspel **(1)**. Vor dem Einsetzen der Riegel Zapfen und Zapfenlöcher mit Holzschutzmittel imprägnieren. Der erste Zaunpfosten wird aufgestellt und das Loch mit Packmaterial gefüllt. Ein Helfer hält den Pfosten aufrecht, während Sie die Dreikanthölzer montieren, den nächsten Pfosten aufrichten und mit einem Holzhammer auf die Zapfen schlagen **(2)**. Bevor man Packmaterial um den zweiten Pfosten gibt, überprüft man, ob die Riegel waagrecht und die Pfosten senkrecht sind. Stellen Sie die übrigen Pfosten und Riegel auf. Kann der letzte Pfosten nicht auf den Riegelzapfen geschoben werden, wird der Zapfen abgeschnitten und der Riegel mit Metallwinkeln am Pfosten befestigt (siehe Kasten rechts). Vergewissern Sie sich, daß die Riegel fest in den Zapfenlöchern sitzen und der Rahmen ausgerichtet ist. Dann sichern Sie die Riegel mit Nägeln, die Sie durch den Pfosten in den Zapfen schlagen **(3)**, oder Sie bohren ein Loch und setzen einen Holzdübel ein.

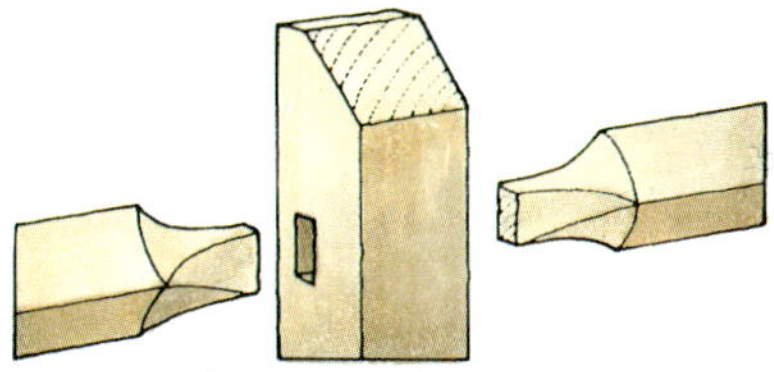

1 Dreikanthölzer an Zapflöcher anpassen

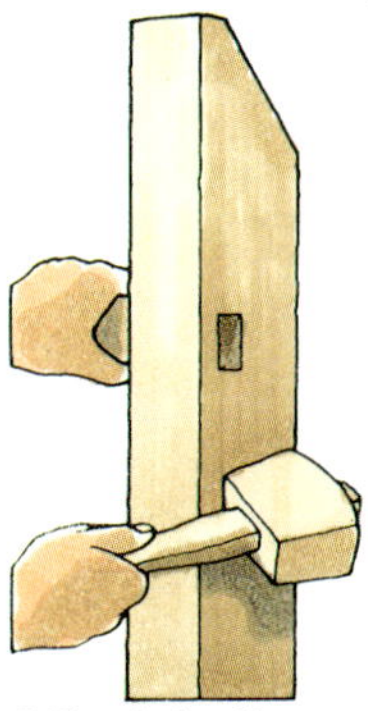

2 Riegel einschlagen

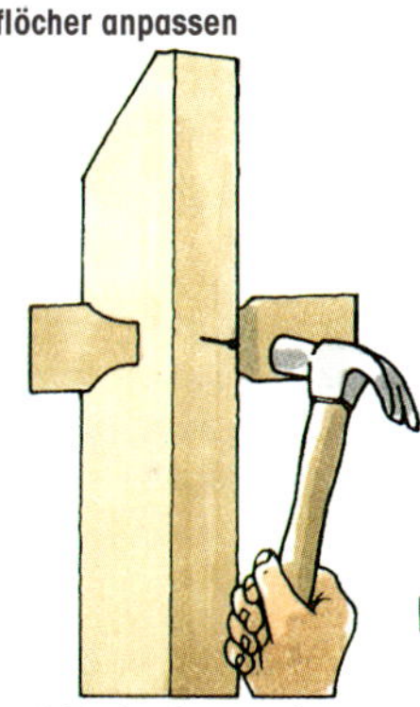

3 Zapfen festnageln

Montage der Bretter

Sockelbretter

Manche Betonpfeiler haben Aussparungen für Sockelbretter, die mit den Dreikanthölzern montiert werden. Sockelleisten werden an den Holzpfosten befestigt, indem man Holzlaschen an den Fuß jedes Pfostens schrägnagelt und dann die Sockelbretter an die Laschen nagelt **(4)**. Ist der Betonpfeiler nicht ausgespart, wird die Holzlasche in die Betonschüttung gebettet und das Brett an die Lasche geschraubt.

Federbretter

Federbretter auf Länge zuschneiden und das Stirnholz behandeln. Das erste Brett wird auf das Sockelbrett gestellt, mit der dicken Kante an den Pfosten. Nageln Sie das Brett 18 mm von der dicken Kante entfernt an die Dreikanthölzer. Das nächste Brett überlappt die dünne Kante des befestigten Brettes um ca. 10 mm. Kontrollieren Sie, ob es senkrecht steht, und nageln Sie es genauso an. Nicht durch beide Bretter nageln, damit sie sich bewegen können, wenn das Holz schrumpft. Mit einem Abstandhalter plazieren Sie die anderen Bretter gleichmäßig **(5)**. Das letzte Brett wird an den nächsten Pfosten montiert und pro Riegel mit zwei Nägeln befestigt **(6)**. Ist der Zaun vollständig, nageln Sie Abdeckleisten auf die Oberseite der Federbretter und sägen die Pfosten auf Länge.

Oberkante abdecken
Abdeckleiste auf Oberkante der Federbretter nageln, um Regenwasser abzuleiten

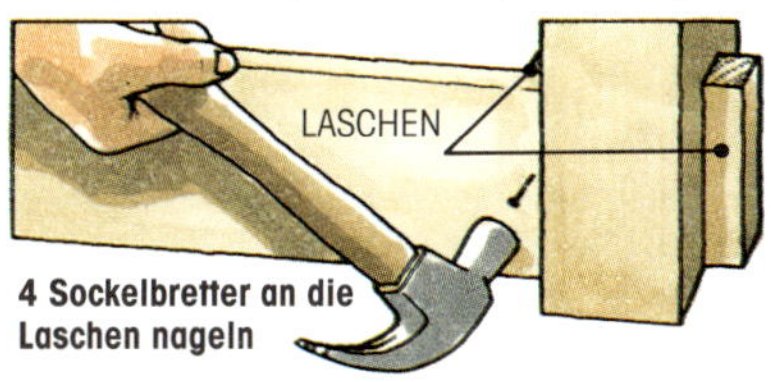

4 Sockelbretter an die Laschen nageln

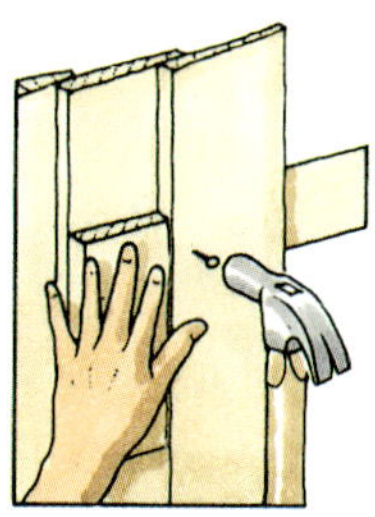

5 Bretter mit Abstandsblock ausrichten

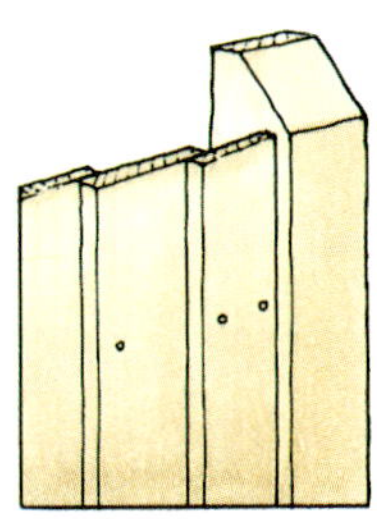

6 Letztes Brett mit zwei Nägeln befestigen

PANEELZAUN AUFSTELLEN

SIEHE AUCH
unter:

Damit die Holzplatten unten nicht faulen, montiert man Sockelbretter wie beim Bretterzaun oder läßt eine Lücke, indem man das Zaunelement während des Festnagelns auf Ziegelsteine stellt.

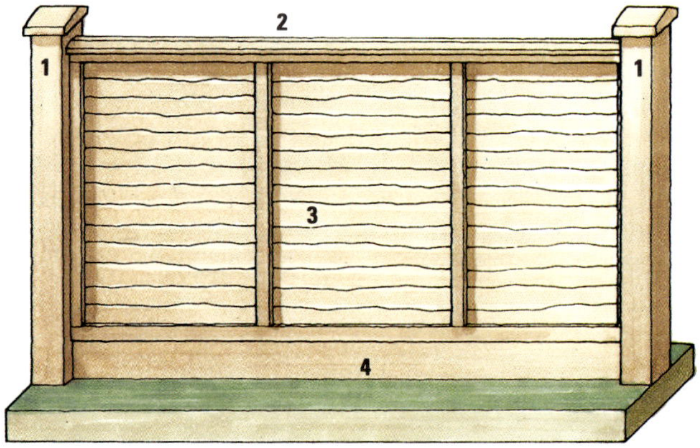

Paneelzaun
1 Zaunpfosten
2 Abdeckleiste
3 Strukturholzplatte
4 Sockelbrett

Zaunpfosten aus Holz

Der erste Pfosten wird mit Füllmaterial im Loch versenkt. Ein Helfer hält eine Zaunplatte an den Pfosten, während Sie den Rahmen an den Pfosten schrägnageln **(1)**. Wenn Sie von beiden Seiten arbeiten können, schlagen Sie drei Nägel in jede Seite. Reißt der Rahmen, werden die Nägel durch Hammerschläge auf die Spitze gestaucht. Oder Sie verwenden Metallverbinder **(2)** zum Festmachen. Bauen Sie den Zaun zu Ende, indem Sie Holzplatten und Pfosten nacheinander errichten. Abdeckleisten werden auf die Platten genagelt, sofern sie nicht schon vorhanden sind. Am Schluß Pfosten auf Länge sägen und mit einer Abdeckung versehen.
Verkeilen Sie Stützen an jedem Pfosten, um ihn senkrecht zu halten, und füllen Sie die Löcher mit Beton auf. Ist es nicht möglich, von beiden Seiten zu arbeiten, werden die Löcher vorher gefüllt.

1 Paneel durch den Rahmen an den Pfosten nageln ...

2 ... oder mit Winkelverbindern am Pfosten befestigen

Zaunsäulen aus Beton

In genuteten Betonpfosten brauchen die Platten nur eingesetzt zu werden **(3)**. Ausgesparte Säulen werden mit Metallverbindern zum Anschrauben der Holzplatten geliefert **(4)**.

3 Betonpfosten mit Nut für das Zaunelement

4 Profil-Betonpfosten mit Befestigungsverbinder

Aufstellen eines Zauns aus Fertigelementen
Pfosten und Holzplatten werden nacheinander errichtet. Ein Loch für den Pfosten graben **(1)**, der durch Füllmaterial aufrecht gehalten wird. Das Zaunelement wird auf Ziegeln abgestützt **(2)** und von einem Helfer an den Pfosten gedrückt **(3)**, während es angenagelt wird **(4)**. Sockelbretter **(5)**, Abdeckleisten **(6)** und Pfostenabdeckung **(7)** anbringen. Die Pfostenlöcher mit Beton auffüllen **(8)** und abbinden lassen.

ZAUN AUS PFOSTEN UND BRETTERN

SIEHE AUCH
unter:
Pfosten aufstellen 301,321
Mauern 308–325

Ein einfacher Zaun besteht aus mehreren Reihen langer Bretter, die an einbetonierten Pfosten waagrecht befestigt werden. Bei einem Staketenzaun ist der Vorgang ähnlich, nur daß die Latten hier senkrecht stehen.

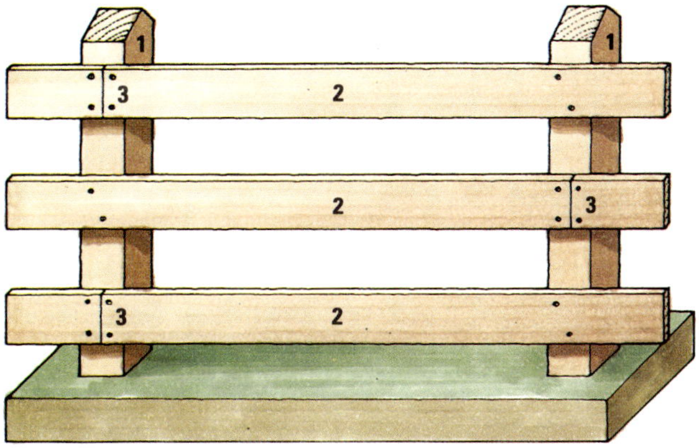

Zaun im Landhausstil
1 Pfosten
2 Bretter
3 Versetzte Stoßfugen

Waagrechte Riegel anbringen

Man kann die Bretter unmittelbar an die Pfosten schrauben **(1)**, aber der Zaun wird stabiler und hält länger, wenn das Brett in eine flachen Kerbe im Pfosten eingesetzt wird **(2)**. Die Bretter stoßen jeweils stumpf am Pfosten zusammen **(3)**. Versetzen Sie die Fugen, damit nicht zu viele Bretter an einem Pfosten befestigt werden müssen **(4)**.

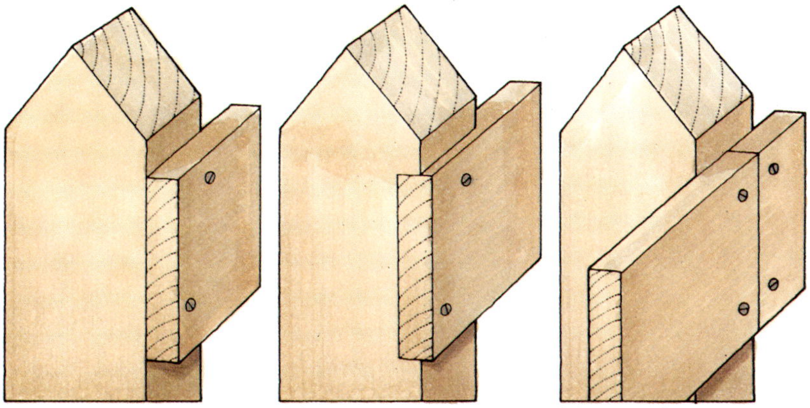

1 Brett an Pfosten schrauben **2 Oder diesen zuerst aussparen** **3 Bretter auf Stoß setzen**

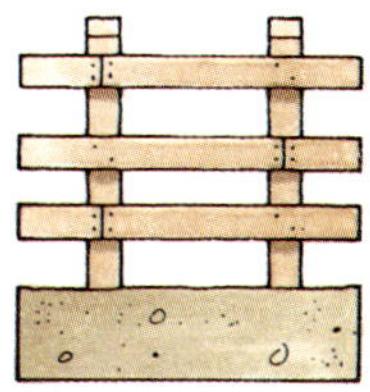

4 Stoßfugen versetzen

Staketenzaun

Wenn Sie einen Staketenzaun aus Fertigteilen errichten, befestigen Sie jeweils zwei Elemente mit einem Metallverbinder an beiden Seiten des Pfostens.

Staketenzaunplatte mit Metallverbinder festmachen

Verrotteten Pfosten abstützen

Häufig verfault nur der in der Erde steckende Teil des Holzpfostens. Zur Reparatur wird der obere Teil mit einem Betonsporn verstrebt.

Betonsporn setzen
Verfaulten Stumpf ausgraben. Sporn ins Loch einsetzen und dieses mit Füllmaterial **(1)** und Beton **(2)** ausfüllen. Löcher für Holzschrauben mit sechseckigem Kopf vorbohren **(3)**. Die Schrauben werden mit einem Schraubenschlüssel eingedreht, damit der Pfosten fest an den Sporn gezogen wird.

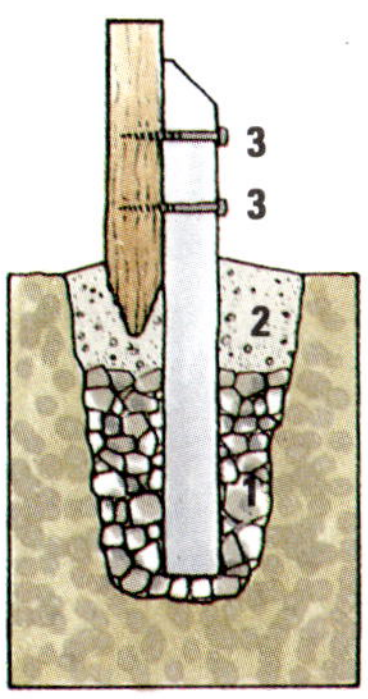

ZÄUNE AUF ABFALLENDEM GELÄNDE

Quergefälle

Liegt der Garten des Nachbarn höher als Ihrer, mauern Sie eine Stützmauer aus Ziegeln zwischen die Pfosten oder setzen Pflastersteine in Beton, um das Erdreich am Abrutschen zu hindern.

Böschungsmauer für Quergefälle

Hanggrundstück

Auch auf Hanggrundstücken stehen die Pfosten senkrecht. Maschendrahtzäune oder Zäune im Landhausstil können dem Gefälle angepaßt werden, aber Zaunelemente werden versetzt angebracht. Die dreieckigen Lücken darunter kann man mit Sockelbrettern oder Steinen schließen.

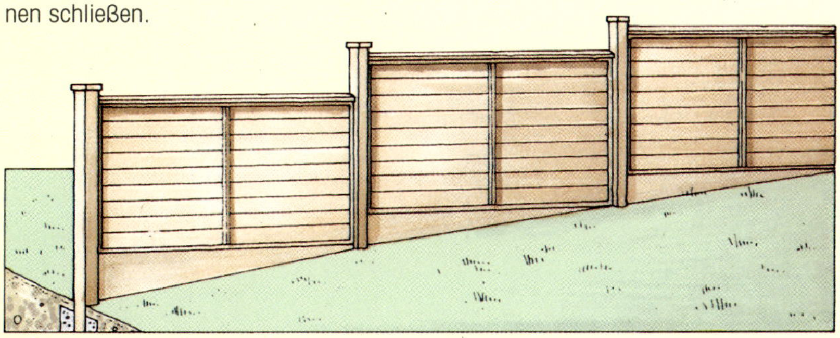

Waagrecht versetzt angebrachte Zaunelemente auf einem Hanggrundstück

- **Kunststoffzäune**
  Die Konstruktion eines Kunststoffzauns im Landhausstil, ist ähnlich der eines aus Holz, aber beachten Sie die Anweisungen des Herstellers für die Verbindung der Querlatten und Pfosten.

TORE: AUSWAHL

SIEHE AUCH
unter:

Metall streichen	65–66
Brettertür	161
Streifenfundament	315
Pfeile errichten	321

Man kann Tore nach verschiedenen Gesichtspunkten auswählen, nicht zuletzt nach dem Preis. Alle Tore sind relativ teuer, aber kaufen Sie keines, nur weil es billig ist. Ein Gartentor muß stabil sein, wenn es lange halten soll, und es muß an starken Pfosten hängen. Wählen Sie ein Tor, das zum Zaun oder zur Mauer paßt, damit es dem Bild des Hauses und seiner Umgebung entspricht. Entscheiden Sie sich lieber für ein einfaches Tor als für ein zu üppig verziertes.

Nebeneingang

Haupteingang

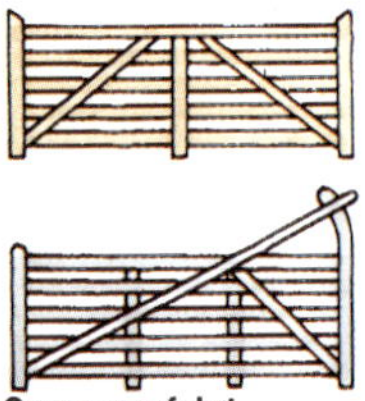

Garagenzufahrt

TORE UND TÜREN FÜR VERSCHIEDENE ZWECKE

In den Prospekten und Katalogen der Hersteller sind Gartentüren und -tore unter Berücksichtigung ihres Verwendungszwecks zu Gruppen zusammengefaßt, denn danach richten sich Gestaltung und Funktion eines Gartentors oder einer -tür.

Nebeneingang

Türen für Nebeneingänge haben die Aufgabe, Unbefugten das Betreten des Gartens zu verwehren. Sie sind 2 m hoch und bestehen meistens aus dicken Holzbalken. Solche Türen sind schwer und werden deshalb mit starken Diagonalhölzern verstrebt. Wählen Sie aus Sicherheitsgründen eine Tür aus Brettern oder aus Nut- und Federbrettern, denn senkrechte Bretter sind schwierig zu überklettern. Die Tür muß oben und unten an starken Angeln hängen.

Haupteingang

Bei der Gartentür für den Haupteingang spielen sowohl Aussehen als auch Funktion ein Rolle. Weil diese Tür häufig benutzt wird, muß sie mit einer Diagonalstrebe versehen sein, die oben vom Klinkenpfosten nach unten zum Scharnierpfosten verläuft. Verläuft die Verstrebung anders herum, hat sie keine Wirkung. Die Gartentür entspricht meistens dem Stil des Zauns. Es gibt Brettertüren, Staketentüren und Türen im Landhausstil, dazu noch einfache attraktive Rahmen- und Plattentüren. Bei letzteren halten massive Holz- oder wasserfeste Sperrholzpaneele den Rahmen starr. Ist die Oberkante der beiden Typen winklig abgesägt, kann das Regenwasser ablaufen und verringert die Gefahr der Naßfäule, was man beim Kauf einer Holztür beachten sollte. Dekorative Gartentüren aus Schmiedeeisen werden oft für Haupteingänge verwendet, aber achten Sie darauf, daß der Stil zum Haus und zur Umgebung paßt. Eine üppig verzierte Gartentür wirkt lächerlich, wenn dahinter ein einfaches modernes oder dem bäuerlichen Charakter der Umgebung entsprechendes Haus liegt.

Garagenzufahrt

Entscheiden Sie zuerst, ob ein Tor vor der Garagenzufahrt sinnvoll ist. Auf einer verkehrsreichen Straße kann es Schwierigkeiten geben, wenn Sie erst aussteigen und das Tor öffnen müssen, es sei denn, es liegt von der Straße zurückversetzt, so daß Sie davor genügend Platz zum Abstellen des Wagens haben. Tore öffnen sich einwärts. Deshalb muß ein breites Tor genügend Bodenfreiheit haben, falls die Zufahrt zur Garage hin ansteigt. Oder man hängt ein zweiflügeliges Tor ein. Entscheiden Sie sich für ein breites Tor, dann sollten Sie im Hinblick auf Aussehen und Festigkeit eines mit fünf Riegeln wählen.

Torpfosten und Pfeiler

Weil Torpfosten und Mauerpfeiler eine schwere Last tragen, müssen sie möglichst stabil und im Boden fest verankert sein. Wählen Sie nach Möglichkeit Hartholzpfosten und deren Querschnitt entsprechend dem Gewicht des Tores. 10 cm breite Kantholzpfosten sind für niedrige Gartentüren geeignet, aber für 2 m hohe Türen müssen Sie stärkere Pfosten nehmen. Für das breite Tor einer Garagenzufahrt verwenden Sie 15 oder 20 cm breite Vierkanthölzer. Auch Betonsäulen eignen sich für diese Zwecke, aber wenn Sie keine mit Bohrungen für Scharniere und Schließblech bekommen, müssen Sie die Beschläge an eine Holzleiste schrauben, die Sie vorher am Pfosten befestigt haben. Im Querschnitt quadratische oder runde Metallsäulen gibt es mit angeschweißen Scharnierstiften und Toranschlag. Wie Metalltore müssen sie mit Farbe gegen Rost geschützt werden, sofern sie nicht fabrikmäßig kunststoffbeschichtet sind. Gemauerte Pfeiler sind eine weitere Möglichkeit der Toraufhängung. Jeder Pfeiler sollte mindestens 35 x 35 cm stark und in ein stabiles Betonfundament eingelassen sein. Für sehr breite, schwere Tore bestimmte Scharnierpfeiler müssen mit einem Rundeisen armiert werden, das senkrecht ins Fundament eingelassen ist und durch die Mitte des Pfeilers verläuft.

PFOSTEN UND BESCHLÄGE FÜR GARTENTORE

SIEHE AUCH
unter:

Metall streichen	65–66
Pfosten aufstellen	301–321
Pflasterplatten	334

BESCHLÄGE FÜR TÜREN UND TORE

Die Funktionstüchtigkeit einer Gartentür hängt wesentlich von ihren Beschlägen ab. Darunter versteht man vor allem Türbänder, Schloß und Schließblech.

Türbänder

Kreuzgehänge
Dieser Beschlag wird verwendet, wenn ein schweres Tor an soliden Metall- oder Betonpfosten befestigt werden soll. Zur Befestigung sollte man Schwerlastanker aus Metall bevorzugen.

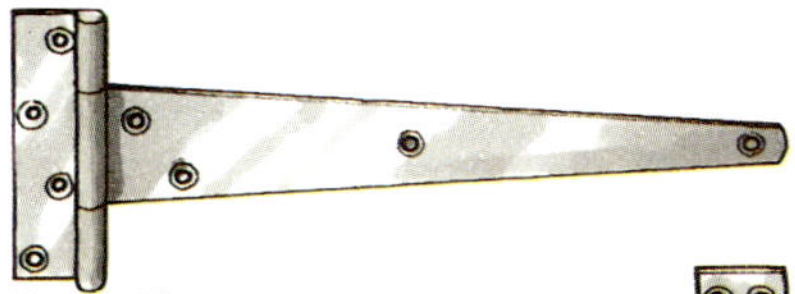

Kreuzgehänge

Ladenband
Die meisten Garten- und Einfahrtstore hängen an Ladenbändern. Zur Führung eines Torflügels sind mindestens 2 Ladenbänder erforderlich, die in ebenso viele am Pfosten befestigte Scharniere eingehängt werden. Der große Vorteil von Ladenbändern liegt in der Verteilung des auf das Holz einwirkenden Zugs auf mehrere Befestigungsstellen. Ein Lockern oder Ausreißen des Bandes wird damit zuverlässig vermieden.

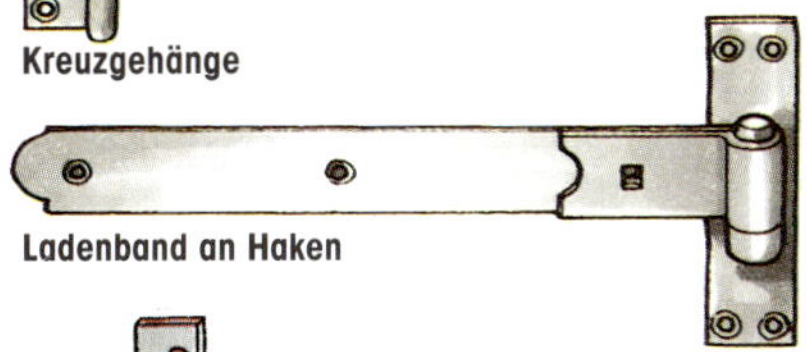

Ladenband an Haken

Winkelband
Die Alternative zum Ladenband, wenn als Tor eine Rahmen-Füllungskonstruktion verwendet wird. Auch hier verteilen sich die Lasten auf mehrere Befestigungspunkte.

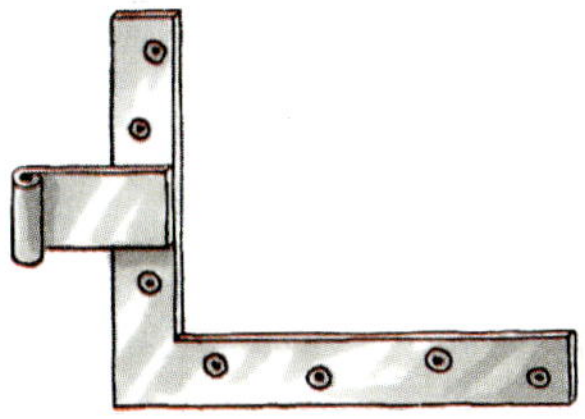

Winkelband

Werfgehänge
Ein elegantes Band für leichte Lasten. Das verhältnismäßig schwach dimensionierte Scharnier sollte nicht mit breiten Einfahrttoren belastet werden. Ideal ist dieser Beschlag für schmale Gartenpforten.

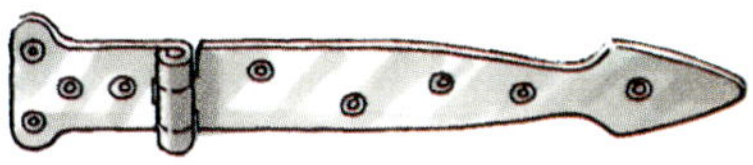

Werfgehänge

Kreuzgehänge
Dieser einfache Beschlag ist zu empfehlen, wenn er nicht mehr als mittlere Lasten tragen soll oder wenn das daran befestigte Tor aus Hartholz gefertigt ist. Laden-, Winkel- und Kreuzbänder werden mit passenden Haken auf Platten kombiniert. Diese sollten mit Schwerlastankern in massiven Betonpfosten verankert werden.

Haken auf Platte

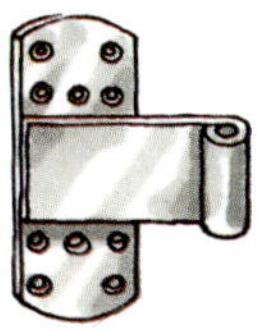

Kreuzband

Schlösser

Doppeltorüberwurf
Wenn Sie zwei Torflügel auf einfache und billige Weise verschließen wollen, ist der Doppeltorüberwurf die richtige Lösung. Dabei handelt es sich um einen Klappriegel, der in zwei Führungslaschen eingelegt wird und so für eine feste Verbindung sorgt. Die meisten Ausführungen bieten Laschen für ein Vorhängeschloß.

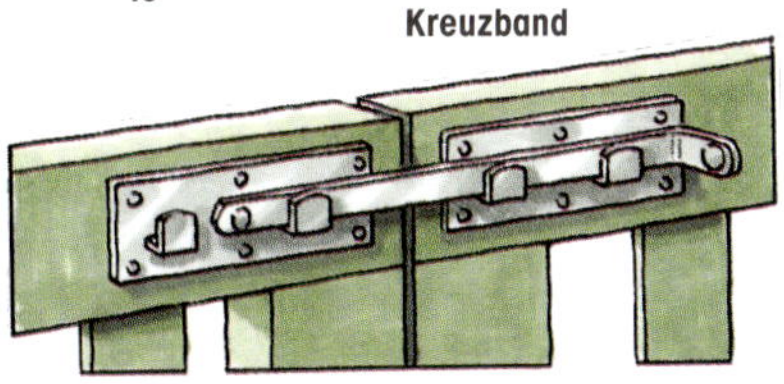

Doppeltorüberwurf

Torfalle
Einfaches Schließsystem für einflügelige Tore, durch einfaches Schwenken des Hebels zur Seite öffnen.

Torfeststeller
Wird am Ende des Schwenkbereichs eines Torflügels im Pflaster befestigt und hält das Tor offen.

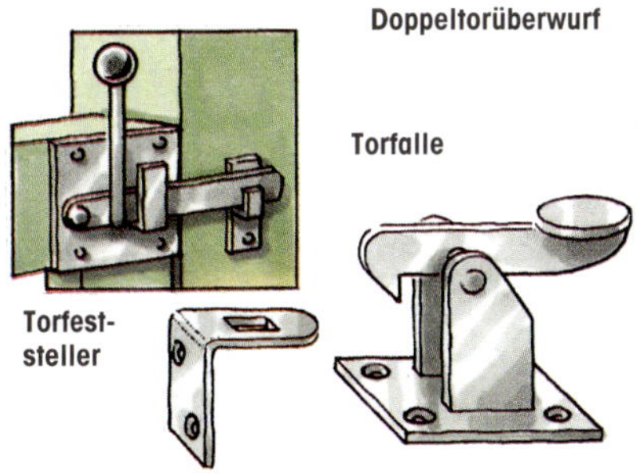

Torfalle

Torfeststeller

Material für Türen

Viele Türen bestehen aus Weichholz, weil es billig ist, aber Türen aus Buche und Eiche halten länger. Gartentüren aus Schmiedeeisen haben ebenfalls eine lange Lebensdauer, müssen aber mit Rostschutzmittel behandelt und von Fall zu Fall gestrichen werden.

Für schwere Tore braucht man starke Pfosten

Freistehende Pfosten für Gartentüren müssen in ein Streifenfundament gesetzt werden, das höhere Festigkeit garantiert.

Pfosten für Gartentüren

Tür und beide Pfosten auf die Erde legen. Die Pfosten müssen parallel ausgerichtet sein. Lassen Sie genügend Spielraum für die Beschläge. Vor dem Einsetzen verbinden Sie die Pfosten provisorisch mit Quer- und Diagonalstreben **(1)**.

Heben Sie an der Türschwelle einen ca. 30 cm breiten und ebenso tiefen Graben für das Streifenfundament aus. Die Pfostenlöcher müssen Sie tiefer graben: 45 cm für eine niedrige Tür und 60 cm für eine höhere. Die verstrebten Pfosten werden in die Löcher gesetzt, beidseitig abgestützt und wie Zaunpfosten einbetoniert **(2)**. Ansschließend füllen Sie auch den Graben zwischen den Pfosten mit Beton. Beim Abziehen achten Sie auf die richtige Höhe der Betonschwelle. Machen Sie sie bündig mit dem angelegten Gartenweg bzw. berücksichtigen Sie die Pflasterhöhe.

1 Querstreben provisorisch an die Posten nageln

2 Bis zum Abbinden des Betons Pfosten abstützten

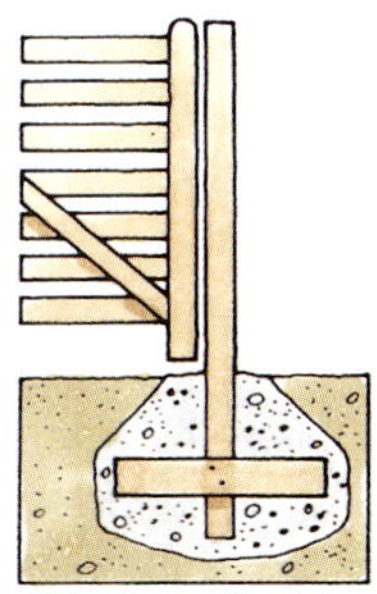

3 Torpfosten für Garageneinfahrten
Ein Querriegel am Pfostenende garantiert eine sichere Verankerung im Fundament.

Einfahrtstore

Pfosten für breite Tore müssen fast 1 m tief in der Erde stecken **(3)**. Der Scharnierpfosten muß zur besseren Verankerung im Beton zusätzlich unten einen stabil befestigten Querriegel haben.

MAUERWERK: GARTEN-MAUERN

SIEHE AUCH

unter:

Sperrschicht einfügen 319
Zweischaliges Mauerwerk 323

Was immer Sie auch mauern wollen, die Vorgänge beim Verlegen von Ziegeln, Feldsteinen oder Betonsteinen sind immer die gleichen. Schwierige oder umfangreiche Maurerarbeiten sollte man jedoch einem gelernten Maurer oder einer Baufirma überlassen.

Böschungsmauer aus Feldsteinen

Gartenmauer aus gelben Ziegeln

Dekoratives Sichtmauerwerk aus Verblendern

Sicht- und Wetterschutz aus Beton-Formsteinen

Gelegenheitsmaurer

Es ist im vornhinein schwer zu entscheiden, ob ein Gelegenheitsmaurer einer bestimmten Aufgabe gewachsen ist, denn die individuellen Befähigungen sind sehr unterschiedlich. Großer Leichtsinn wäre es beispielsweise, wenn ein Amateur versuchen wollte, ein zweistöckiges Wohnhaus zu bauen. Selbst eine Gartenmauer, ein im Grunde einfaches Bauwerk, kann in solch einem Fall zum Problem werden, wenn sie sehr hoch und lang werden soll und dabei noch ein Gefälle zu berücksichtigen ist. Man ist als Laie gut beraten, wenn man sich für den Anfang darauf beschränkt, eine niedrige Böschungsmauer oder Terrasseneinfassung zu mauern. Auch an als Sicht- und Wetterschutz vorgesehenen Mauern kann der Anfänger lernen, wie man mit Steinen und Mörtel umgeht.

ZWECKMÄSSIGE MAUERN

Böschungsmauer

Eine Böschungsmauer hat den Zweck, das Erdreich zurückzuhalten, damit eine Terrasse entsteht, z. B. auf einem Hanggrundstück. Auf gleiche Weise werden auch Hochbeete angelegt, sei es am Hang oder auf ebenem Grund. Eine nicht allzu hohe Böschungsmauer ist verhältnismäßig einfach zu errichten, obwohl sie eine leichte Neigung zum Hang hin haben sollte, um dem Druck des Erdreichs besser standhalten zu können. Auch an die Drainage muß gedacht werden, damit sich dahinter kein Wasser staut. Als Material werden meist Ziegel verwendet, oder man baut eine Trockenmauer aus Bruchsteinen.

Einfriedungsmauer

Eine Ziegel- oder Steinmauer als Grundstückseinfriedung eignet sich hervorragend als Sicht- und Wetterschutz. Sie liefert zudem einen attraktiven Hintergrund für Bäume und Sträucher. Je nachdem, ob die Mauer elegant oder rustikal aussehen soll, verwendet man neue oder alte Ziegel. Soll eine schon bestehende Ziegelmauer verlängert oder aufgestockt werden, und man bekommt keine Steine von ähnlicher Farbe, kann man die Mauer mit Kletterpflanzen begrünen. Eine Baugenehmigung wird erforderlich, wenn die Mauer sehr hoch werden soll oder an einem Gemeindeweg oder einer Straße entlangführt.

Begrenzungsmauern

Mancher Gartenbesitzer findet es schön, mit Mauern den Garten zu unterteilen und damit abgegrenzte Schwerpunkte zu setzen. Solche Mauern um den Nutzgarten, an den Rändern der Pergola oder entlang der Gartenwege, um nur einige Beispiele zu nennen, sind selten höher als 50 bis 75 cm und bieten ein weites Betätigungsfeld für den Hobbymaurer. Je nach Geschmack verwendet man dafür Bruchsteine, Ziegel oder Fertigmauern aus Beton-Hohlsteinen.

Sichtschutzmauern

Wer gern für sich sein möchte, ohne sich von der Außenwelt völlig abgrenzen zu wollen, wird eine Sichtschutzwand vorziehen. Solche Mauern lassen sich mit Betonformsteinen, die es in vielen Variationen gibt, problemlos aufrichten.

Tragendes Mauerwerk

Auch bei einem kleinen Bauwerk haben die Mauern das Gewicht des Dachs zu tragen und, je nach Art des Gebäudes, die Zargen von Türen und Fenstern. In den meisten Fällen muß eine Sperrschicht gegen aufsteigende Feuchtigkeit eingebaut werden. Viele Wände bestehen aus zweischaligem Mauerwerk mit durchgehendem Hohlraum für die Kerndämmung oder eine mindestens 6 cm dicke Luftschicht, die für Wärmedämmung sorgen. Der Mauersockel für einen Wintergarten ist nicht schwieriger zu bauen als eine kleine Gartenmauer, aber eine Garage oder ein Nebengebäude erfordern wesentlich mehr Erfahrung.

ZIEGEL-AUSWAHL

Ziegel sind aus Ton gebrannt und in verschiedenen Formaten und Ausführungen erhältlich. Für den Bauherrn sind Vielfalt, Qualität und Art des Ziegels wichtig, ebenso seine Farbe und Struktur, besonders wenn er zu bestehendem Mauerwerk passen soll. Mit Einschränkungen sind Ziegel auch für die Verwendung im Freien geeignet, nutzen sich jedoch durch die Einwirkung von Regen und Frost unterschiedlich stark ab.

Verwendungsmöglichkeiten für Ziegel

Blendziegel
Blendziegel sind für jede Art von Mauerwerk geeignet. Sie sind wasser- und frostbeständig. Da sie vorwiegend für Sichtmauerwerk verwendet werden, wird bei der Herstellung Wert auf Aussehen, Farbe und Struktur gelegt. Es gibt sie in großer Auswahl. Blendziegel sind sorgfältig sortiert, um den Normen von Stärke, Wasseraufnahmefähigkeit und einheitlicher Form zu entsprechen.

Mauerziegel
Mauerziegel sind billige Universalziegel, hauptsächlich für Innen- und Außenziegelwerk, das verputzt wird. Ihre Farbe ist nicht so gleichmäßig wie bei Blendziegeln, aber auch eine unverputzte Wand aus Mauerziegeln ist nicht ohne Reiz. Obwohl sie nicht frostbeständig sind, werden Mauerziegel an geschützten Stellen gelegentlich auch für Gartenmauern verwendet.

Mauerklinker
Klinker sind frostbeständig und haben eine geringe Wasseraufnahmefähigkeit. Es ist unwahrscheinlich, daß Sie sie für eine normale Mauer benötigen, aber wegen ihrer Robustheit werden sie in manchen Häusern für den Bau einer Sperrschicht benutzt.

Eigenschaften von Ziegeln

Ziegel für Innenwände
Die meisten Ziegel sind nur für Bauteile im Innern des Hauses vorgesehen und würden Wetterbedingungen im Freien auf Dauer nicht standhalten. Erkundigen Sie sich deshalb, ob man damit auch eine Gartenmauer errichten kann.

Standardqualität
Viele Ziegel sind auch für Bauteile im Freien geeignet, nutzen sich aber stark ab, wenn sie an einem ungünstigen Standort stehen und häufig extremen Witterungseinflüssen ausgesetzt sind.

Hartbrandklinker
Hartbrandklinker widerstehen extremen Witterungsbedinungen. Die meisten Arten von Blendziegeln sind von hoher Qualität und besonders für Mauern in Küstengebieten geeignet.

Altziegel
Altziegel stammen von Abbruchmauern und werden hauptsächlich zum Austausch von Ziegeln in einer bestehenden Mauer verwendet, weil diese Ersatzziegel das gleiche verwitterte Aussehen wie die ursprünglichen haben.

Arten von Ziegeln

Massive Ziegel
Die für Mauerwerk am häufigsten verwendeten Ziegel sind massiv und von rechteckiger Form mit geraden Flächen und Kanten.

Lochziegel
Lochziegel werden mit Löchern hergestellt, die senkrecht oder waagrecht zur Lagerfläche durch den Ziegel verlaufen und ihm bessere wärmedämmende Eigenschaften verleihen.

Sonderformen
Speziell geformte Ziegel werden für Ziermauerwerk hergestellt. Maurer verwenden sie für den Bau von Rundbögen, abgeschrägten oder gerundeten Ecken und gebogenen Mauern. Bestimmte Sorten von Ziegeln werden für die Abdeckung von Gartenmauern gemacht.

Mauerziegel

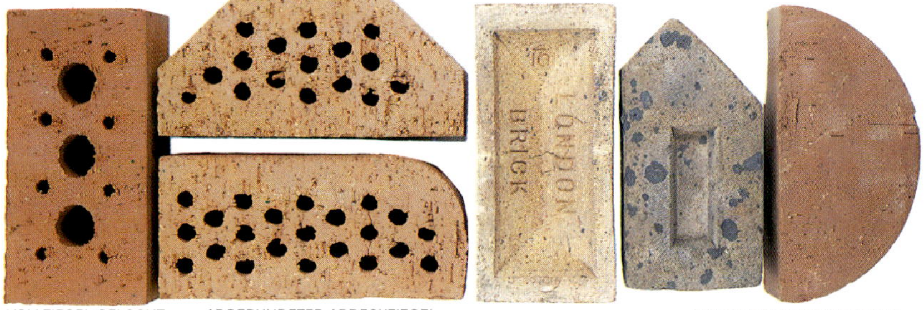

ZIEGEL KAUFEN

Bestellen
In der Regel werden Ziegel vom Baustoffhandel in Gebinden von tausend Stück frei Haus verkauft. Wenn Sie kleinere Mengen bestellen, müssen Sie Transportkosten einkalkulieren.

Benötigte Menge schätzen
Die Größe des Normziegels beträgt 24 x 11,5 x 7,1 cm. Bei der Berechnung der benötigten Ziegelmenge muß man jedoch die Stoß- und Lagerfugen mitzählen, so daß man von einem Arbeitsmaß von 25 x 12,5 x 8,3 cm ausgeht. Man rechnet für eine halbsteindicke Wand mit 48 Ziegeln pro Quadratmeter. Fünf Prozent der Menge muß man für Verschnitt und Bruch zurechnen.

Lagerung
Wenn die Ziegel mit dem LKW angeliefert werden, sorgen Sie dafür, daß sie so dicht wie möglich an der Baustelle abgeladen werden, am besten mitsamt der Palette, damit sie eben und trocken lagern. Bedecken Sie den Stapel bis zum Beginn der Bauarbeiten mit einer Plastikfolie oder einer wasserdichten Plane, sofern das Gebinde nicht schon herstellerseits in Plastkfolie eingeschweißt ist. Feuchtigkeit könnte Flecken verursachen und die Gefahr von Frostschäden am Mörtel und an den Ziegeln vergrößern.

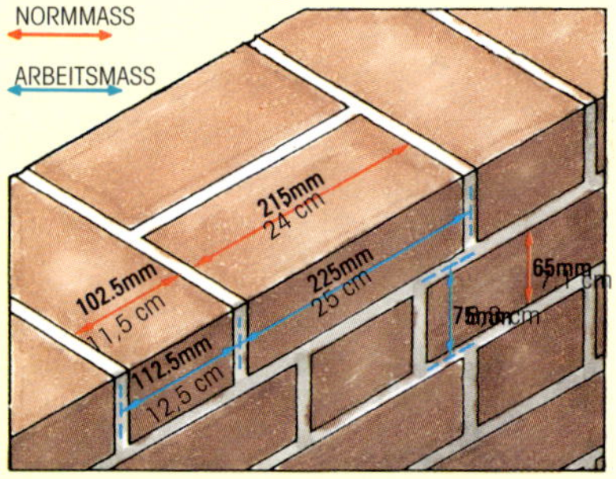

Norm- und Arbeitsmaße eines Ziegels

SIEHE AUCH
unter:
Gefärbte und strukturierte Ziegel 310
Ziegel vermauern 316–321

FARBE UND STRUKTUR

SIEHE AUCH
unter:
Ziegel auswählen 309
Ziegel vermauern 316–321

Ziegel werden vor allem für Sichtmauerwerk gern verwendet, weil sie so vielseitig sind. Ihre Farbe und Struktur verändert sich jedoch durch wechselnde Witterungseinflüsse, und es ist schwierig, für Reparaturarbeiten Ziegel zu finden, die zum vorhandenen Mauerwerk passen. Heben Sie deshalb einige Steine als Muster für den Einkauf neuer Ziegel auf.

Farbe

Die Farbe eines Ziegels hängt weitgehend vom verwendeten Ton ab, aber auch von beigemengten Metalloxiden sowie der Brenntemperatur. Große Ziegeleien erzeugen Ziegel in verschiedenen Farben, teils auch mehrfarbige und marmorierte. Hier bietet sich eine Möglichkeit, Ziegel für Reparaturen auszusuchen, die zum vorhandenen Mauerwerk passen.

Oberfläche

Genauso wichtig wie die Farbe ist die Oberflächenbeschaffenheit des Ziegels. Ob sie rauh oder glatt ist, hängt vom verwendeten Rohmaterial ab. Ausgeprägte Strukturen werden eingedrückt, gekratzt oder mit Schablonen erzeugt. Ziegel können rundum strukturiert sein oder nur an den Seitenflächen.

Farbe und Struktur von Ziegeln
Eine kleine Auswahl aus dem vielseitigen Angebot der Ziegelhersteller.

Muster aus vorkragenden Verblendern

Kombination aus verschiedenfarbigen Ziegeln

Rosette aus alten handgeformten Ziegeln

Wandpaneel aus alten handgeformten Ziegeln

Verwitterte alte Ziegel sehen romantisch aus

AUSWAHL VON BETON-BLOCKSTEINEN

Gasbetonsteine haben andere Baustoffeigenschaften als Ziegel und bieten einige zusätzlich Vorteile in der Verarbeitung. Ihre großen Formate sparen Arbeitszeit, und man kann sie leicht sägen oder schneiden.

Verwendungsmöglichkeiten für Betonsteine

Strukturblöcke
Einfache rechteckige Blöcke, zementgrau oder weiß, werden für den Kern einer Wand verwendet, die verputzt wird. Deshalb sind sie oft mit einer zickzackförmig geritzten Oberfläche versehen, um die Haftfähigkeit des Putzes zu verbessern. Für Sichtmauerwerk sind sie nicht vorgesehen. Eine Mauer aus Betonblocksteinen läßt sich schnell aufrichten, weil die Steine erheblich größer als Normziegel sind; außerdem sind sie relativ billig.

Verblender
Das sind Blocksteine mit einer glatten Seite für Sichtmauerwerk. Wegen der eingeschlossenen Splittzuschläge ähneln sie oft Natursteinen. Verblender werden für die Außenschale einer Hohlwand verwendet, die mit billigeren Strukturblöcken hintermauert ist. Ebenso gebraucht man sie für Gartenmauern aus Formsteinen, für die passende Abdeckplatten erhältlich sind.

Beton-Formsteine
Formsteine sind durchbrochene oder massive dekorative Bausteine für den Bau eines Mauergitters oder einer Sichtschutzwand. Sie werden nicht wie Ziegel oder Strukturblöcke im Verband gemauert und erfordern deshalb Stützpfeiler aus entsprechenden Grundsteinen mit Profilen zum Aufnehmen der Lochsteine. Abdeckplatten schließen die Oberseite der Sichtschutzwand sowie der Pfeiler ab.

Eigenschaften von Betonsteinen

Lasttragende Blocksteine
Strukturblöcke werden für den Bau der lasttragenden Wände eines Gebäudes verwendet. Blocksteine mit leichten Zuschlägen sind einfacher zu handhaben, aber für schwere Lasten müssen Sie stärkere Blöcke aus massivem Beton benutzen.

Nichttragende Blöcke
Nichttragende Blöcke werden für den Bau von Trennwänden verwendet. Es sind entweder Leichtzuschlagblöcke oder Gasbetonblöcke, die einfach in Form zu sägen oder für Leitungen zu durchbohren sind. Der Handel bietet Gasbetonblöcke auch in einer lasttragenden Qualität an.

Dekorative Blöcke
Durchbrochene Formsteine sollten nicht für den Bau lasttragender Wände herangezogen werden. Sie können zum Beispiel leichte Konstruktionen wie das Dach eines Autoabstellplatzes aus Balken oder Kunststoff abstützen.

Isolierblocksteine
Gasbetonblöcke eignen sich wegen ihrer guten Dämmeigenschaften für die Innenschale einer Hohlwand, z. B. wenn die Dämmung verbessert werden muß.

Arten von Betonsteinen

Massive Blöcke
Massive Blöcke gibt es in zwei Ausführungen: als Leichtzuschlag- oder Gasbetonblock.

Hohlblocksteine
Zur Gewichtsreduzierung sind große Betonblöcke oft hohl geformt, mit abstützenden Rippen an den Außenseiten. Läuferblöcke werden meistens für den Hauptteil der Mauer verwendet, während man Eckblöcke für das Ende einer unverputzten Mauer benutzt. Massive Blöcke, die auf der Unterseite teilweise hohl sind, dienen zur Abstützung der Deckenträger.

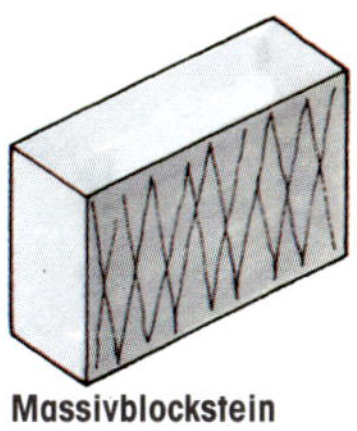

Massivblockstein

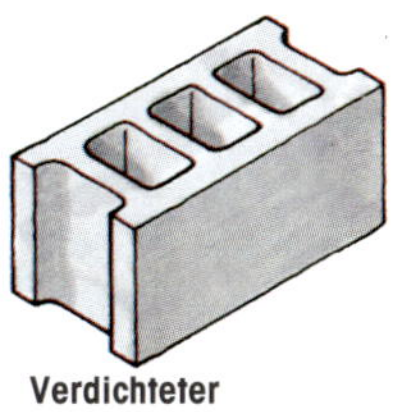

Verdichteter Betonblockstein

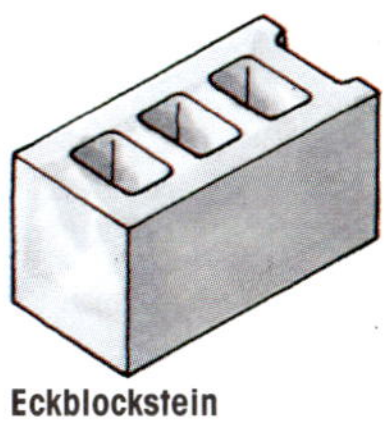

Eckblockstein

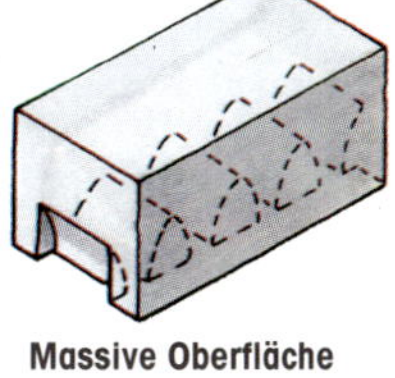

Massive Oberfläche

BLOCKSTEINE KAUFEN

Benötigte Menge schätzen
Blöcke werden in zahlreichen Größen hergestellt, so daß man zur Berechnung der zu bestellenden Menge die Gesamtwandfläche durch die Maße der speziellen Sorte teilen muß. Blöcke werden manchmal in Normgrößen angegeben, aber ohne die 10 mm Zugabe für Lager- und Stoßfugen. Blocksteinmauern werden normalerweise einschalig gebaut, so daß die Blockstärke dem Arbeitsmaß entspricht.

Lieferbare Größen
Tragende Blöcke haben eine Länge zwischen 50 und 62,5 cm und eine Höhe von 25 cm. Die Stärke variiert zwischen 5 und 36,5 cm. Obwohl größere Maße erhältlich sind, sind Blendblocksteine normalerweise 10 bis 12,5 cm dick, mit Längen von 62,5 cm und Höhen von 50 cm. Dekorative Schutzwandblöcke sind quadratisch mit 30 cm Kantenlänge und einer Stärke von 10 cm.

Lagerung
Werden die Blocksteine angeliefert, läßt man sie so dicht wie möglich am Bauplatz abladen, um Zeit zu sparen und eine mögliche Beschädigung während des Transports zu verhindern, denn Betonblocksteine sind sehr spröde und brechen leicht. Lagern Sie sie auf einer ebenen, trockenen Unterlage, und schützen Sie sie mit einer Plastikfolie oder einer wasserdichten Plane gegen Regen und Frost.

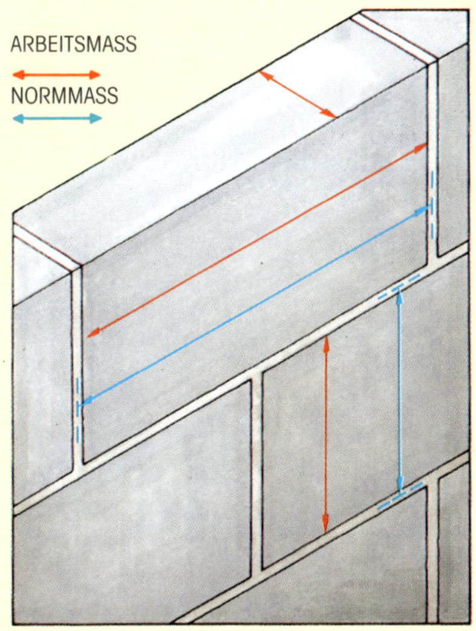

Größen von Strukturblöcken
Das Arbeitsmaß eines Blocksteins schließt die Stoß- und Lagerfugen mit ein. Die Stärken werden mit dem Normmaß angegeben.

SIEHE AUCH
unter:
Blocksteine 312
Blocksteine vermauern 322–323

BLÖCKE UND BRUCHSTEINE

SIEHE AUCH
unter:
Blöcke auswählen 311
Blöcke verlegen 322–323
Steinmauer 324

Aus Beton gegossene Blocksteine gibt es in verschiedenen Farben, Formen und Formaten. Hinsichtlich ihrer ästhetischen Wirkung können sie sich jedoch mit Natursteinen wie Granit oder Sandstein nicht messen. Natursteine aus dem Steinbruch sind roh behauen oder an den Seiten geglättet und sehr widerstandsfähig gegen Witterungseinflüsse.

Roh behauene Natursteinblöcke

Trockenmauer an einer Böschung

Mauer aus Bruchsteinen

Mauer aus Feldsteinen

Betonsteine
»Beton ist, was man daraus macht!« So lautet ein alter Werbespruch der einschlägigen Industrie. Wie die untenstehenden Beispiele zeigen, ist das Ergebnis beeindruckend vielfältig – und gar nicht so grau, wie man sich Beton gemeinhin vorstellt.

NATURSTEINE AUSWÄHLEN

Praktische Überlegungen

Für welche Steinart für eine Gartenmauer Sie sich entscheiden, hängt weitgehend von der Gegend ab, in der Sie leben. In manchen Gebieten bestehen Vorschriften hinsichtlich der Wahl der Baustoffe, aber eine Steinmauer, die dem Landschaftsbild entspricht, dürfte nur in Ausnahmefällen auf Widerspruch stoßen. Vorteilhaft ist es, wenn sich in Ihrer Nähe ein Steinbruch befindet, denn lange Transportwege verteuern den Einkauf erheblich.

Wo man Natursteine kauft

Wenn Sie in einer größeren Stadt wohnen, ist es nicht einfach, Natursteine zu besorgen. In Gartencentern kann man zwar Natursteine in kleinen Mengen kaufen, etwa für einen Steingarten, aber für eine Mauer, selbst für eine kleine, brauchen Sie viel größere Mengen, und dann wird die Sache sehr teuer. Falls Sie auf einer Natursteinmauer bestehen, sollten Sie bei einem Autovermieter einen Transporter mieten und die Steine aus dem Steinbruch selbst holen.

Benötigte Menge schätzen

Die meisten Steinbrüche bemessen die Abgabemenge nach Tonnen. Sobald Sie wissen, wie hoch und lang die Mauer werden soll, rufen Sie im Steinbruch an und erkundigen sich nach Mengen und Preisen. Kalkulieren Sie die für die Mauer benötigte Menge an Steinen und mieten Sie einen entsprechend großen Transporter.

Steinsorten

Kalkstein, Sandstein und Granit sind geeignete Baustoffe für Gartenmauern. Bruch- und Feldsteine erfordern eine besondere Verarbeitungsmethode und werden häufig zusammen mit anderen Natursteinen verwendet. Unbehauene Steine aus gelöstem Gestein sind das ideale Baumaterial für Trockenmauern. Soll die Mauer etwas regelmäßiger aussehen, empfiehlt sich der Kauf von roh behauenen Steinen. Sie haben mehr oder weniger die gleiche Form und Größe, sind an den Seiten aber nur ganz grob behauen. Bei mit der Steinsäge maschinell zugerichteten Steinen sind alle Seiten gleichmäßig glatt. Sie lassen sich wie Ziegel und Betonblocksteine vermauern, kosten aber auch wegen des größeren Arbeitsaufwands mehr als un- oder teilweise bearbeitete Natursteine.

MÖRTEL FÜR MAUERWERK

SIEHE AUCH
unter:
Ziegel trennen 316

Beim Bau einer Mauer verbindet der Mörtel die Ziegel, Betonblöcke oder Steine. Die Dauerhaftigkeit der Mauerstruktur hängt wesentlich von der Zusammensetzung und Qualität des verwendeten Mörtels ab. Ist er zur richtigen Konsistenz angemischt, wird der Mörtel genauso hart und stabil wie das Mauerwerk. Stimmt jedoch das Verhältnis der Bestandteile nicht, wird er schwach und neigt zum Reißen. Für stark saugende Mauersteine wird Mörtel mit mehr Wasser angemacht, aber zuviel Wasser macht ihn weich, und das Gewicht des Mauerwerks drückt ihn aus den Fugen. Zu trockener Mörtel haftet schlecht.

FACHAUSDRÜCKE

Maurer benutzen Fachausdrücke und Redewendungen, um ihre Arbeit und ihr Material zu beschreiben. Oft verwendete Begriffe sind unten aufgeführt, andere werden im Text erklärt.

ZIEGELSICHTSEITEN *Die Oberflächen des Ziegels.*
Läuferseiten Die langen Seiten des Ziegels.
Binderseiten Die kurzen Enden des Ziegels.
Mörtelseiten Die Ober- und Unterseite des Ziegels.
Mulde Die Aushöhlung in einer Mörtelseite.

SCHICHT *Eine einzelne, waagrechte Ziegelreihe.*
Läuferschicht Schicht mit sichtbarer Läuferfläche.
Binderschicht Schicht mit sichtbarer Binderfläche.
Krone Die oberste Schicht als Regenschutz.
Verband Muster mit versetzten Fugen, damit die Stoßfugen nicht übereinanderliegen.
Läufer Einzelner Ziegel aus einer Läuferschicht.
Binder Einzelner Ziegel aus einer Binderschicht.
Schlußziegel Der letzte Ziegel einer Schicht.

ZIEGEL TEILEN *Ziegel werden mit der scharfen Kante des Maurerhammers geschlagen, um den Verband auszugleichen.*
Geteilter Ziegel In der Breite geteilter Ziegel, z. B. halbe Ziegel, dreiviertel Ziegel.
Riemchen In der Länge geteilter Ziegel.
Lagerfuge 10 mm dicke waagrechte Mörtelschicht zwischen den Ziegeln.
Stoßfuge 10 mm dicke senkrechte Mörtelschicht zwischen den Ziegeln.

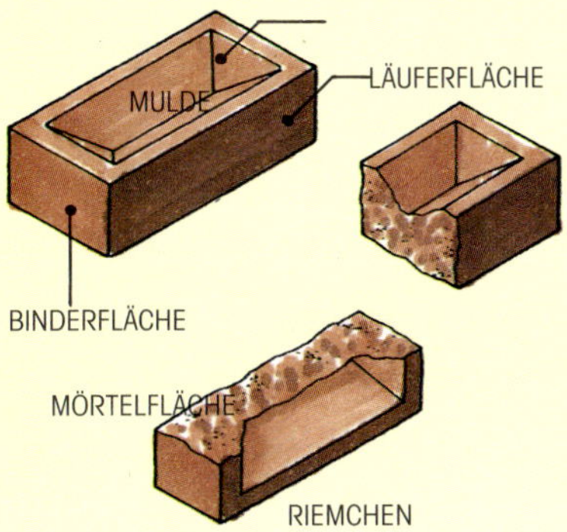

Bestandteile des Mörtels

Universalmörtel besteht aus Portlandzement, gelöschtem Kalk und Sand, die mit Wasser zu einem Brei angerührt werden. Zement ist der härtende Zusatz, der die anderen Bestandteile bindet. Der Kalk verlangsamt den Trocknungsvorgang und verhindert zu schnelles Abbinden des Mörtels. Er sorgt dafür, daß die Mischung gut verläuft, damit die Lücken im Mauerwerk gefüllt werden und der Mörtel auf den Blöcken und Ziegeln haftet. Sand dient als Feinzuschlag, indem er dem Mörtel Masse beifügt und die Möglichkeit des Schrumpfens vermindert. Für Universalmörtel wird feiner Bausand verwendet. Benutzen Sie reinen weißen Sand, wenn Sie Mörtel für weiße Sichtschutzblocksteine benötigen.

Weichmacher

Bei kaltem Wetter ersetzen Sie den Kalk durch einen geeigneten Weichmacher, der den Mörtel lockert und die Gefahr von Rissen vermindert. Aber verarbeiten Sie ihn nicht bei Temperaturen unter 5° C. Gebrauchsfertiger Mauerzement mit einem Weichmacher wird ohne weitere Zutaten mit Sand vermischt.

Fertigmörtel

Fertigmörtel enthält alle wesentlichen, im richtigen Verhältnis gemischten Bestandteile. Man braucht nur noch Wasser hinzuzufügen. Fertigmörtel ist teurer als selbst zubereiteter, aber bequemer zu verarbeiten. Außerdem ist er im Handel in kleinen Mengen erhältlich.

Richtige Konsistenz
Die Mörtelmischung muß fest genug sein, um die Form zu behalten, wenn man eine Vertiefung in die Mischung drückt.

Mörtel anmischen

Mörtel muß innerhalb von zwei Stunden verarbeitet werden. Deshalb mischen Sie nur soviel an, wie Sie in dieser Zeit verarbeiten können. Für das Vermauern eines Ziegels rechnet man ca. 2 Minuten. Wählen Sie zum Anmischen der Materialien eine ebene Unterlage – eine Sperrholzplatte oder Folie –, und feuchten Sie sie an, damit dem Mörtel kein Wasser entzogen wird. Die eine Hälfte Sand wird aufgehäuft, und die Bindemittel werden hinzugefügt. Dann wird der übrige Sand obendrauf geschaufelt und das Ganze gründlich vermischt. Formen Sie eine Vertiefung in der Mitte, und füllen Sie sie mit Leitungswasser. Kein verunreinigtes oder salzhaltiges Wasser verwenden. Schaufeln Sie die trockene Mischung vom Rand des Haufen in das Wasser, bis sie genug Wasser aufgesaugt hat, damit Sie die Mischung mit der Schaufel umsetzen können. Nach und nach Anmachwasser beigeben, bis der Mörtel durchgehend eine gleichmäßige Farbe angenommen hat, geschmeidig wird und leicht von der Schaufel rutscht, aber die Form behält, wenn man eine Vertiefung hineindrückt. Sinken die Ränder der Vertiefung ein, müssen Sie mehr trockene Bestandteile zugeben. Der Mörtel darf nicht zu trocken sein, andernfalls haftet er nicht gut. Versteift der Mörtel, während Sie arbeiten, geben Sie mehr Wasser zu.

- **Mengen bestimmen**
  Als grobes Richtmaß nehmen Sie zur Bestimmung der benötigten Menge ca. 1 Kubikmeter Sand (die anderen Bestand teile im Verhältnis dazu) für das Verlegen von: ca. 1350 Ziegeln; 40 Quadratmetern Betonblocksteinen; 80 Quadratmetern Sichtschutz-oder Formblöcken.

Mischungsverhältnisse für Mauermörtel

Die Bestandteile werden entsprechend der vorherrschenden Bauplatzbedingungen angemischt. Steht die Mauer geschützt, kann mit Universalmörtel gearbeitet werden. Eine kräftigere Mischung wird bei exponierter Lage verwendet, wenn die Mauer Wind und Schlagregen ausgesetzt ist oder die Baustelle erhöht oder an der Küste liegt. Beim Einsatz eines Weichmachers anstelle von Kalk beachten Sie die Anweisungen des Herstellers betreffs der Sandmenge.

- **Maurerzement**
  Fertig gemischter Zement, der ohne Zusatz von Kalk verarbeitet wird.

MISCHUNGSVERHÄLTNISSE FÜR MÖRTEL

	Kalkzement-Mörtel	Kalkmörtel	Zementmörtel
Universalmörtel (Geschützte Lage) (Geschützte Lage)	1 Teil Zement 1 Teil Kalk 6 Teile Sand	1 Teil Kalk 6 Teile Sand/ Bindemittel	1 Teil Zement 5 Teile Sand
Kräftiger Mörtel (Exponierte Lage)	1 Teil Zement $^1/_2$ Teil Kalk 4 Teile Sand	1 Teil Zement 4 Teile Sand/ Bindemittel	1 Teil Zement 3 Teile Sand

MAUERWERKS-VERBÄNDE

SIEHE AUCH

unter:

STABILE MAUER ENTWERFEN

Die Lasten auf der Wand eines Hauses oder Nebengebäudes und die Spannungen sind beträchtlich. Deshalb sind ein solides Fundament und eine angemessene Methode zur Verstärkung und zum Schutz der Wände notwendig, damit sie nicht einstürzen. Selbst Gartenmauern erfordern ähnliche Maßnahmen. Es ist nicht nur ärgerlich, wenn eine Trennwand oder ein Pflanzbecken zusammenfällt, sondern es können Leute verletzt werden, wenn eine schwere Grenzmauer zusammenbricht.

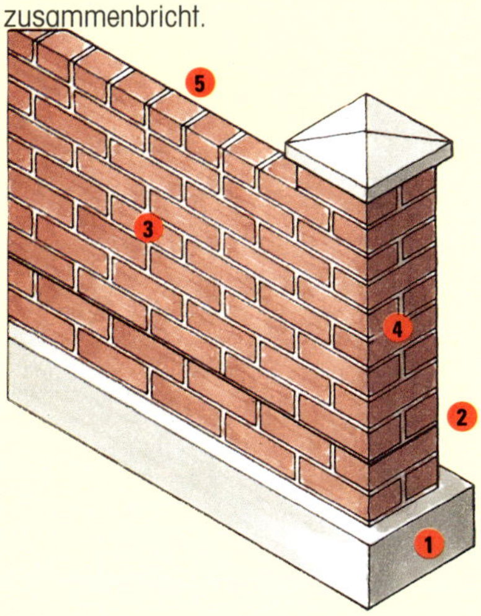

Grundaufbau einer Mauer
Wenn Sie die Mauer nicht richtig planen und aufrichten, besteht Einsturzgefahr.

1 Fundament
Eine Mauer braucht ein massives Streifenfundament aus Beton. Die Abmessungen hängen von Höhe und Gewicht der Mauer ab.

2 Sperrschicht
Eine Schicht aus wasserdichtem Material, 30 cm über dem Bodenniveau angebracht, hält das vom Erdreich aufsteigende Wasser zurück. Die meisten Gartenmauern benötigen keine Sperrschicht, sofern sie nicht an ein Gebäude mit einer ähnlichen Sperrschicht anschließen. Diese schützt nicht nur das Haus gegen Feuchtigkeit, sondern sie verhindert, daß Wasser in die Fugen eindringt und sie bei Frost sprengt.

3 Verband
Im Verband verlegte Steine verteilen das statische Gewicht auf die Mauer und verbinden einzelne Bauteile miteinander.

4 Pfeiler
Gerade Mauern über einer gewissen Höhe und Länge müssen in regelmäßigen Abständen mit Pfeilern verstärkt werden. Sie widerstehen seitlichem Druck, der durch starken Wind ausgeübt wird.

5 Mauerabdeckungen
Die Abdeckung verhindert Frostschäden.

Mörtel ist außerordentlich widerstandsfähig gegen Druck, aber seine Zugfestigkeit ist relativ gering. Würden die Ziegel so übereinander vermauert, daß die Stoßfugen durchlaufen, würde jede Bewegung in der Wand sie auseinanderziehen und die Strukur ernstlich schwächen. Ziegelverbände haben versetzte Fugen, damit die Last auf die gesamte Wand übertragen wird. Probieren Sie den Verband aus, indem Sie einige Ziegel trocken verlegen, bevor Sie mit den eigentlichen Bauarbeiten beginnen.

Läuferverband
Der Läuferverband ist die einfachste Verbandform für halbsteindicke Wände, einschließlich der Schalen einer Hohlwand von modernen Gebäuden. Eine halbsteinbreite Verzahnung wird für das Ende des Verbandes einer geraden Mauer verwendet, während die Ecke durch abwechselnde Binder und Läufer gebildet wird.

Blockverband
Würde man eine 24 cm starke Mauer aus zwei paralleln Läuferschichten bauen, würde keine stabile Wand entstehen, weil die Stoßfuge mitten durch die Wand verläuft. Der Blockverband mit abwechselnden Reihen aus Bindern und Läufern dagegen verstärkt die Mauer. Versetzte Fugen ergeben sich dabei am Ende der Mauer.

Kreuzverband
Der Kreuzverband für eine 24 cm starke Mauer ist dem Blockverband ähnlich. In jeder Reihe wechseln sich Läufer und Binder ab. Am Ende der Schicht und an der Ecke werden die Fugen durch ein Riemchen vor dem Binder versetzt.

Dekorative Verbände
Bei Läufer-, Block- und Kreuzverband kommt es in erster Linie darauf an, daß eine starke Mauer entsteht. Die dekorative Wirkung der Steine ist zufällig. Andere dekorative Verbände sind für niedrige, nichttragende Mauern geeignet, die durch einen normalen Sockelverband und Pfeiler abgestützt werden.

Reihenverband Dreiergruppen von Ziegeln in einem Reihenverband ergeben ein Würfelmuster. Die durchlaufenden Stoßfugen werden mit Mauerankern verstärkt.

Offener Verband Offene Mauern werden aus einem läuferähnlichen Verband, aber mit Lücken in Viertelsteinbreite gebaut. Es muß sorgfältig gearbeitet werden, damit keine Unregelmäßigkeiten entstehen. Die Lücken der letzten Schicht werden mit Viertelsteinen geschlossen.

SIEHE AUCH
unter:
Beton mischen 326–329

Bauvorschriften bestimmen Größe und Bewehrung der Fundamente lasttragender und hoher Mauern. Auf die meisten Gartenmauern trifft das nicht zu; sie können auf einem einfachen Betonfundament errichtet werden, das in eine gerade verlaufende Ausschachtung gegossen wurde.

Abmessungen des Fundaments

Das Fundament muß stark genug sein, um das Gewicht der Mauer zu tragen. Damit es sich nicht absenkt, muß der Boden verdichtet und für Entwässerung gesorgt werden. Es wäre ein Fehler, das Fundament in einem erst kürzlich aufgefüllten Gelände, wie auf einer neuen Baustelle, zu verlegen. Bauen Sie kein Fundament an Stellen, wo Sie auf starke Baumwurzeln und Grundleitungen stoßen würden. Füllt sich der Graben während des Aushebens mit Wasser, fragen Sie einen Fachman um Rat, bevor Sie mit der Arbeit fortfahren. Das Fundament muß mindestens 80 bis 100 cm tief sein, damit es frostsicher ist – bei kleineren Mauern reichen 40 cm – und 10 cm breiter als die darauf zu errichtende Mauer. Unter dem Fundament sollte eine 10 cm starke Schicht aus verdichtetem Rollkies eingebracht werden.

Empfohlene Abmessungen für Fundamente

Art der Mauer	Mauerhöhe	Fundamenttiefe	Fundamentbreite
Ein Stein breit	Bis zu 1 m	40 cm	35 cm
Zwei Steine breit	Bis zu 1 m	80 cm	60 cm
Zwei Steine breit	Über 1 m bis 2 m	80 bis 100 cm	60 cm
Böschungsmauer	Bis zu 1 m	40 cm	35 bis 60 cm

FUNDAMENT AM HANG

Leichte Gefälle ignorieren Sie und bauen das Fundament gerade. Für stärkere Gefälle bauen Sie ein abgestuftes Fundament, indem Sie eine Schalung in regelmäßigen Abständen quer über den Graben stellen. Berechnen Sie Höhe und Länge der Stufen an Hand eines Mehrfachen der normalen Ziegelgröße.

Verschalung mit Pflöcken festmachen

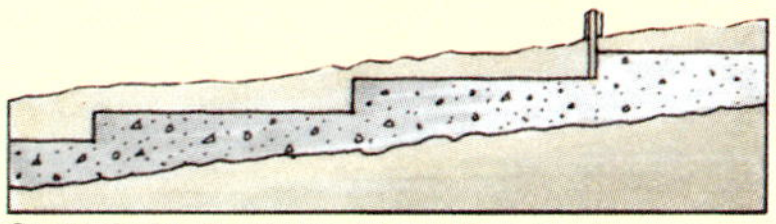

Querschnitt durch ein abgestuftes Fundament
Ein typisches abgestuftes Fundament für Hanglagen und Gefälle.

Fundament abstecken

Für ein gerades Fundament nageln Sie an den Enden des vorgesehenen Grabens, aber ein Stück außerhalb der Baugrube zwei Bretter an in den Boden getriebene Pflöcke. Schlagen Sie Nägel in die Oberkante der Bretter, und spannen Sie Schnüre dazwischen, um die Stärke der Mauer zu markieren. Weitere Nägel und Schnüre zu beiden Seiten der Mauerlinie geben die Breite des Fundaments an **(1)**. Nachdem Sie alles genau ausgemessen haben, entfernen Sie die Schnüre für die Mauer. Die Nägel lassen Sie stecken, damit Sie die Schnüre wieder befestigen können, wenn Sie die Mauer bauen. Mit der Wasserwaage werden die Abmessungen für die Breite des Fundaments auf den Boden übertragen **(2)**. Markieren Sie nun die Länge des Fundaments, und geben Sie eine halbe Mauerstärke zu. Die Ränder des Fundamentgrabens werden mit dem Spaten abgestochen und die Spannschnüre entfernt, aber das Brettergerüst lassen Sie stehen.

Ecken

Für eine rechtwinklige Ecke brauchen Sie zwei Schnurgerüste. Kontrollieren Sie an Hand der 3:4:5-Regel, ob die Fluchten einen rechten Winkel bilden **(3)**.

Graben ausheben

Heben Sie den Graben mit nach unten zu schräg nach innen laufenden Seiten aus, damit der Graben oben breiter wird und nicht zusammenfällt (Frostgrenzen beachten). Der Boden muß eben sein. Schlagen Sie am Grabenanfang einen Pflock in den Boden, bis sein oberes Ende die Tiefe des Fundaments anzeigt. Setzen Sie nach jedem Meter einen weiteren Pflock, und kontrollieren Sie die Höhe mit der Wasserwaage **(4)**.

Graben füllen

Die Betonmischung wird in den Graben geschüttet und gestampft, bis sie auf gleicher Höhe mit den Pflöcken liegt. Lassen Sie die Pflöcke stecken und den Beton gründlich aushärten, bevor Sie die Mauer errichten.

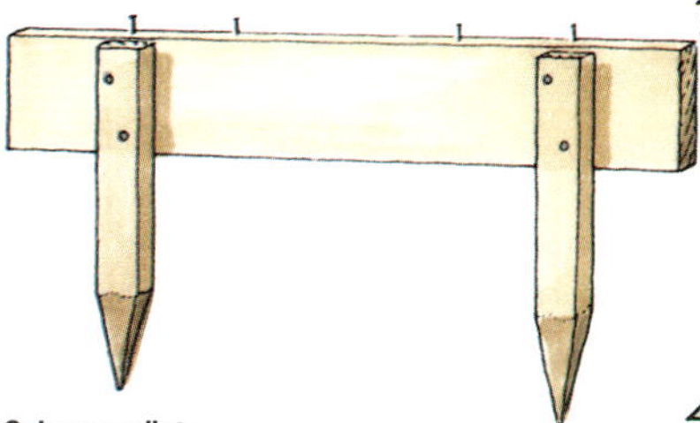

Schnurgerüst

1 Schnurgerüst für Breite von Mauer und Fundament

2 Breite des Fundaments auf dem Boden markieren

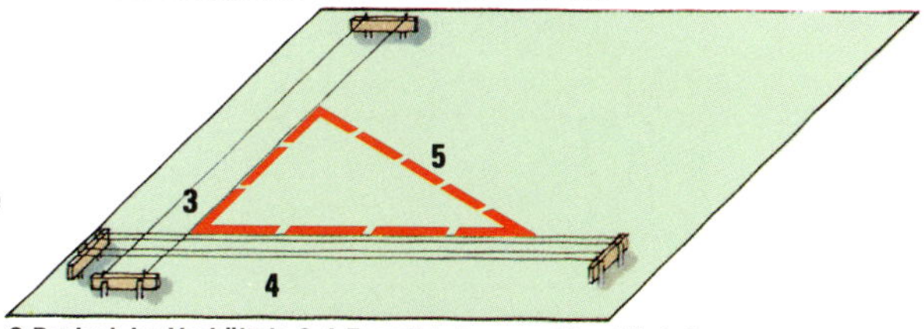

3 Dreieck im Verhältnis 3:4:5 ergibt einen rechten Winkel

4 Die Enden der Pflöcke müssen auf einer Ebene liegen

MIT ZIEGELN MAUERN

SIEHE AUCH

MAURERWERKZEUG

Sie können zwar einige Werkzeuge zum Mauern selber herstellen, aber bestimmte Maurerwerkzeuge müssen Sie kaufen.

Werkzeuge für grundlegende Maurerarbeiten
1 Fäustel **2** Wasserwaage **3** Breiteisen
4 Spitzkelle **5** Maurerkelle

Den Mörtel gleichmäßig zu verteilen, erfordert einige Übung, deshalb konzentrieren Sie sich zuerst darauf, die Ziegel sauber und genau zu verlegen, auch wenn es etwas länger dauert. Bei richtig angemischtem Mörtel bleiben die Sichtflächen der Ziegel sauber. Vor dem Vermauern müssen die Ziegel angefeuchtet werden, dürfen aber nicht naß sein.

So wird gemauert

Halten Sie den Daumen in einer Linie mit dem Griff der Maurerkelle, auf die Spitze der Kelle zeigend **(1)**. Schaufeln Sie Mörtel aus dem Haufen. Der Mörtel wird aufgenommen, indem man das Kellenblatt unter den Mörtel schiebt und mit einem leichten Ruck des Handgelenks aufnimmt **(2)**. Der Mörtel wird auf der oberen Schicht verteilt, indem man die Kante der Kelle auf der Mittellinie des Ziegels ausrichtet. Während man das Blatt kippt, um den Mörtel aufzutragen, zieht man die Kelle zu sich heran, um das Bett über wenigstens zwei oder drei Ziegel auszubreiten **(3)**. Der Mörtel wird in der Mitte mit der Kellenspitze eingefurcht **(4)**. Nehmen Sie den Ziegel mit der anderen Hand, aber greifen Sie mit dem Daumen nicht zu weit über die Läuferfläche. Drücken Sie den Ziegel ins Mörtelbett, und streichen Sie überquellenden Mörtel ab, indem Sie die Kelle an der Mauer entlangziehen **(5)**. Mit dem aufgenommenen Mörtel schmieren Sie den Kopf des nächsten Ziegels ein, um eine etwa 1 cm dicke Stoßfuge herzustellen **(6)**. Der Ziegel wird gegen den benachbarten gedrückt und überquellender Mörtel wiederum mit der Kelle abgestreift. Nachdem Sie drei Schichten Ziegel gelegt haben, überprüfen Sie ihre waagrechte Lage mit der Wasserwaage. Die Ausrichtung der Ziegel erfolgt, indem man mit dem Griff der Kelle daraufschlägt **(7)**. Halten Sie die Wasserwaage an den äußeren Rand der Ziegel, um zu prüfen, ob sie in einer Flucht liegen. Um einen Ziegel seitwärts zu bewegen, ohne ihn aus dem Mörtelbett zu schieben, schlagen Sie mit dem Kellengriff im Winkel von 45 Grad gegen die obere Ziegelkante **(8)**.

- **Flucht**
  Es ist nicht so leicht, eine gerade Strecke zu mauern. Für eine genaue Flucht sollten Sie in jedem Fall eine Schnur spannen.

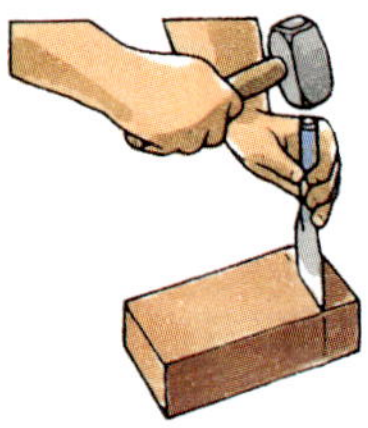

- **Ziegel trennen**
  Zum Teilen der Ziegel markieren Sie die Bruchstellen auf allen Seiten mit Breiteisen und Hammer. Breiteisen auf der sichtbaren Läuferfläche ansetzen und mit dem Hammer kräftig draufschlagen.

1 So hält man die Maurerkelle richtig

2 Mörtel mit der Kelle aufnehmen

3 Mörtelbett auf der Ziegelschicht verteilen

4 Mörtel mit Kellenspitze einfurchen

5 Andrücken und überquellenden Mörtel abstreifen

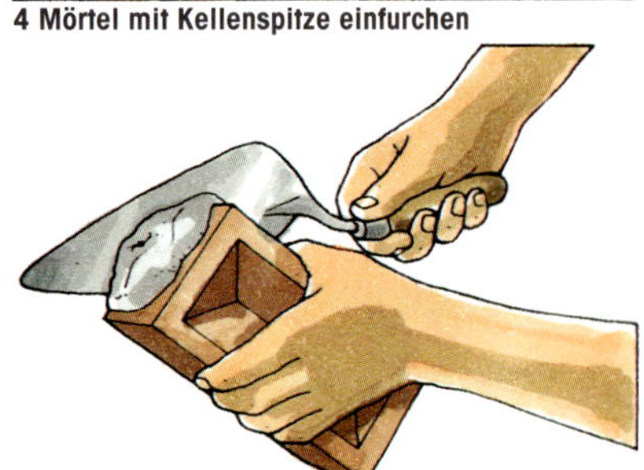

6 Anschlagen des Mörtels auf die Stoßfuge

7 Ziegelschicht mit der Kelle ausrichten

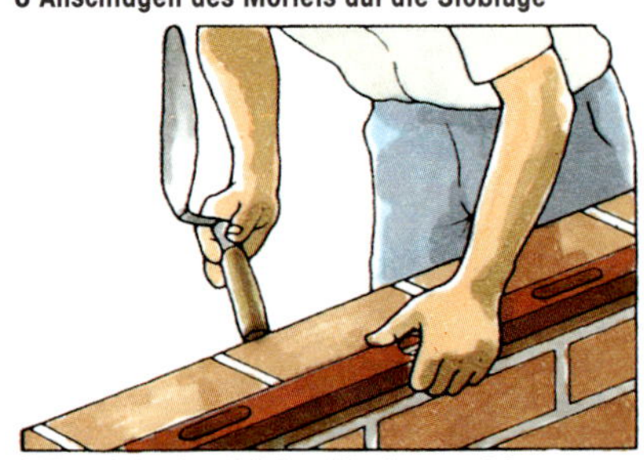

8 Ziegel durch seitliches Klopfen ausrichten

MAUER IM LÄUFER-VERBAND

Eine einschalige Mauer wirkt langweilig und ist ab einer gewissen Höhe schwach, sofern sie nicht mit Pfeilern verstärkt wird oder ihre Richtung durch rechtwinklige Ecken ändert. Starke, exakt gemauerte Ecken sind für den Bau der meisten Mauern erforderlich, auch wenn es nur Pflanzkästen werden. Die Mauer in einem anderen als im Läuferverband zu bauen, ist komplizierter, aber die Arbeitsgänge sind die gleichen.

Ecken abstecken

Markieren Sie Fundament und Vorderseite der Mauer mit Hilfe eines Schnurgerüsts. Halten Sie Senkblei oder Wasserwaage an die Schnur, um Ecken und Vorderseite der Mauer auf dem Fundament zu markieren **(1)**. Die Punkte werden mit Bleistift und Richtlatte verbunden und die Genauigkeit der Ecken mit einem Maurerdreieck kontrolliert. Spannen Sie eine Schnur zwischen den Eckmarkierungen, um die Fluchten zu überprüfen.

Ecken mauern

Ecken werden zuerst und abgetreppt gemauert, bevor man die Mauerlücken dazwischen schließt. Wichtig ist, daß die Ecken genau im rechten Winkel stehen. Auf ein Mörtelbett legen Sie drei Ziegel in beiden Richtungen gegen die Markierung. Stellen Sie sicher, daß sie in alle Richtungen lotrecht verlaufen und auch in der Diagonalen richtig liegen, indem Sie eine Wasserwaage über die Endziegel legen **(2)**. Richten Sie Stufen bis zu einer Höhe von fünf Schichten auf, und messen Sie die Höhe jeder Schicht mit der Schichtmaßlatte, bevor Sie mit der Arbeit fortfahren **(3)**. Nach der dritten oder vierten Ziegelschicht folgt eine Sperrschicht. Loten Sie die Ecken aus und kontrollieren Sie die Ausrichtung der abgetreppten Ziegel, indem Sie die Wasserwaage an die Mauer halten **(4)**.

2 Die erste Ziegelschicht ausrichten

3 Höhe mit der Schichtmaßlatte kontrollieren

Gerade Abschnitte mauern

Spannen Sie zwischen den Ecken eine Maurerschnur, damit sie genau mit der Oberkante der ersten Schicht ausgerichtet sind **(5)**. Die erste gerade Schicht wird von den Ecken zur Mitte verlegt. Die letzten Ziegel verlegen Sie zunächst trocken. Wenn sie passen, werden sie eingemörtelt und mit dem Abschlußziegel verschlossen. Der Schlußziegel und die Kopfseiten der benachbarten Ziegel werden auf beiden Enden eingemörtelt. Den Schlußziegel vorsichtig verlegen **(6)** und überquellenden Mörtel abstreichen. Die folgenden Schichten verlegen Sie zwischen der Abtreppung genau so und setzen nach jeder Schicht die Maurerschnur höher. Um die Mauer höher zu bauen, bringen Sie die Abtreppung auf die erforderliche Höhe und füllen dann den Zwischenraum.

5 Maurerschnur für die erste Schicht spannen

6 Schlußziegel vorsichtig einbetten

Abtreppung für eine Ecke

1 Mauervorderseite auf Fundament markieren

4 Die Stufen müssen in einer Flucht liegen

Mauer abdecken
Zum Abschließen der Mauer wird die letzte Schicht mit der Mulde nach unten verlegt; professioneller wirken aufrecht gestellte halbe Steine wie auch entsprechende Abdeckziegel oder Blocksteine.

SIEHE AUCH
unter:

Ziegel	309–310
Mauerwerksverbände	314
Fundamente	315
Abdeckungen	318

- **Mauer abdecken**
Fertige oder teilweise fertiggestellte Mauern werden über Nacht mit Plasikfolien oder Dachpappe abgedeckt, um das Ziegelwerk gegen Regen oder Frost zu schützen. Die Ränder der Abdeckung werden mit Ziegeln beschwert.

- **Eine gerade Mauer bauen**
Um eine Mauer ohne Ecken zu bauen, folgen Sie dem links beschriebenem Ablauf, indem Sie die Abtreppung – gerade abgestufte Abschnitte – an beiden Enden der Mauer hochziehen und den Zwischenraum mit Ziegeln füllen.

ZIEGEL VERFUGEN

SIEHE AUCH

unter:
Ziegelauswahl 309
Sperrschicht einbauen 319

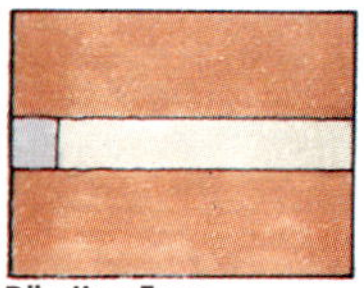

Bündige Fuge

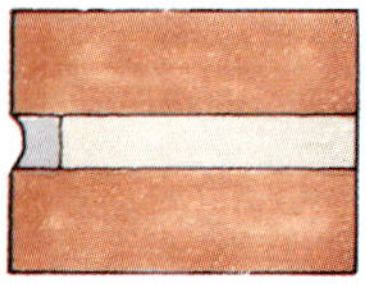

Konkave Fuge

Offene Fuge

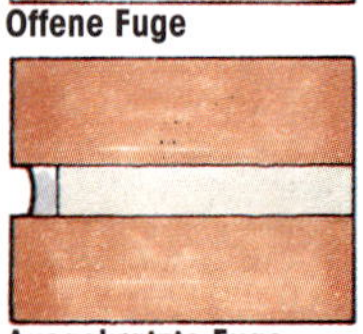

Ausgekratzte Fuge

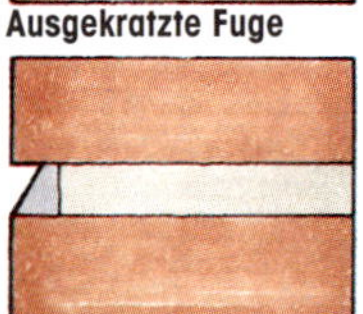

Abgeschrägte Wetterfuge

- **Mörtel färben**
Man kann Farbpulver zur Mörtelmischung hinzufügen. Mit einer Versuchsmischung wird das Aussehen der getrockneten Farbe getestet. Die Fuge wird ausgekratzt und die Farbmischung mit einem Handbrett aufgetragen, damit die Ziegel keine Flecken bekommen.

Beim Verfugen wird der Mörtel in die Fuge gedrückt, damit eine wasserdichte glatte Verbindung entsteht. Gut abgestrichene Fugen und saubere Ziegel sorgen dafür, daß die Mauer ordentlich aussieht. Damit sich der Mörtel gut verarbeiten läßt, muß er die richtige Konsistenz haben.

Die Konsistenz des Mörtels

Bei zu nassem Mörtel wird die Fuge nicht scharf, und der Mörtel kann zwischen den Ziegeln herausgezogen werden. Andererseits kann ein zu steifer Mörtel das Verfugen erschweren und dunkle Streifen auf den Fugen hinterlassen. Prüfen Sie die Konsistenz des Mörtels, indem Sie den Daumen in die Fuge drücken. Bleibt ein Abdruck zurück, ohne daß Mörtel an Ihrem Daumen haftet, ist der Mörtel richtig zum Verfugen. Da der Zeitpunkt zum Formen der Fugen so wichtig ist, müssen Sie möglicherweise das Verfugen in Abschnitten durchführen. Formen Sie die Fugen so, daß sie dem Mauerwerk entsprechen, oder wählen Sie eine Fuge, die für die Wetterbedingungen geeignet ist.

Das Verfugen

Glatte Fugen

Mit einem Stück Sackleinen reibt man an der Fuge entlang, um den Mörtel bündig mit der Mauer abzuschließen. Glatte Fugen passen besonders gut zu glatten Steinen und werden deshalb besonders häufig verwendet.

Konkave Fugen

Konkave Fugen werden mit einem Fugeneisen oder einer selbstgefertigten gebogenen Röhre hergestellt. Glätten Sie den Mörtel, und ziehen Sie das Fugeneisen an der Stoßfuge und dann an der Lagerfuge entlang.

Den Mörtel mit dem Fugeneisen formen

Offene Fuge

Sie wird ähnlich wie die konkave Fuge hergestellt. Die offene Fuge ist ein passender Abschluß für neues Ziegelwerk und leitet Regenwasser gut ab.

Ausgekratzte Fuge

Mit einem Stück Holz oder Metall werden die Fugen 6 mm tief ausgekratzt und dann wieder zusammengepreßt, indem der Mörtel mit einem gerundetem Holzstück sanft geglättet wird. Ausgekratzte Fugen leiten das Regenwasser nicht ab.

Abgeschrägte Fuge

Die abgeschrägte Wetterfuge ist selbst für extreme Bedingungen geeignet. Mit der Spitzkelle werden die Stoßfugen geformt **(1)**. Sie können sie nach links oder rechts abschrägen, aber sie müssen in einem Abschnitt der Ziegelmauer durchgängig verlaufen. Lagerfugen werden so geformt, daß ein wenig Mörtel am Fuß der Fuge auslaufen kann. Fachleute beenden die Fuge, indem sie überschüssigen Mörtel mit dem Kratzeisen mit einer um 90 Grad abgewinkelten Spitze abstreifen. Zur Not behelfen Sie sich mit einem Metallstreifen. Eine Latte wird zur Führung des Werkzeugs am Boden der Fuge ausgerichtet, damit der Mörtel eine gerade Kante erhält. Zwei an die Latte genagelte Sperrholzstücke halten die Latte von der Wand ab **(2)**.

1 Eine Wetterfuge mit der Spitzkelle formen

2 Mörtelreste mit dem Kratzeisen entfernen

Fugenglattstrich

Lassen Sie den Mörtel eine Weile härten, bevor Sie Mörtelreste von der Sichtfläche der Mauer entfernen. Mit einem Handfeger bürsten Sie leicht über die Fugen, damit sie nicht beschädigt werden.

ABDECKUNGEN FÜR ZIEGELMAUERN

Abdeckungen schützen das Mauerwerk gegen Verwitterung und geben ihm ein geschlossenes Aussehen. Eigentlich ist eine mit beiden Seiten der Mauer bündige Abdeckung eine Mauerkappe. Eine wirkliche Abdeckung steht über die Seiten vor, damit das Wasser ablaufen kann, ohne die Ziegel zu verfärben.
Sie können eine Abdeckung aus Ziegeln mit den Läuferflächen über die Breite der Mauer verlegen. Verwenden Sie die gleiche Art von Ziegeln wie für die Mauer oder speziell geformte Abdeckziegel, die das Regenwasser ableiten.
Hartbrandklinker werden manchmal für Abdeckungen verwendet. Sie sind sehr robust, und ihre Farbe schafft einen Kontrast zum Ziegelwerk. Stein- oder Betonplatten werden für Gartenmauern bevorzugt. Sie sind schnell zu verlegen und können als Sitzbänke dienen.
Ziehen Sie den Einbau einer Sperrschicht unter der Abdeckung in Betracht, um Frostaufbrüchen vorzubeugen. Verwenden Sie dazu Teerpappe oder verlegen Sie zwei Schichten Biberschwanzziegel mit versetzten Fugen, mit einer Ziegelabdeckung darüber. Die Dachziegel müssen über die Seite der Mauer ragen, aber lassen Sie eine abgeschrägte Mörtelfuge an der Oberseite des Überstands entlanglaufen, damit das Wasser abgeleitet wird.

Ziegelabdeckung
Zur Abdeckung einer Mauer gibt es speziell geformte Ziegel.

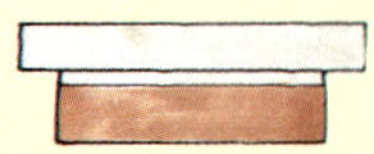

Plattenabdeckung
Man verwendet dazu eine Beton- oder Steinplatte, die breiter als die Mauer ist.

Dachziegel und Ziegelabdeckung
Flache Dachziegel unter der Abdeckung bilden eine wasserdichte Schicht, die das Wasser abtropfen läßt.

BAU VON MAUERSTÖSSEN

SIEHE AUCH

unter:

Ziegel	309–310
Fundament	315
Ziegel vermauern	316–317
Maueranker	320

Wenn Sie Gartenmauern bauen, die rechtwinklig aufeinanderstoßen, verankern Sie sie entweder durch Verzahnung des Mauerwerks (siehe unten) oder durch Maueranker in jeder dritten Schicht. Ist die auftreffende Wand länger als 2 m, fügen Sie an der Stoßstelle eine Dehnungsfuge ein, indem Sie Metallstreifen einsetzen.

Läuferverband

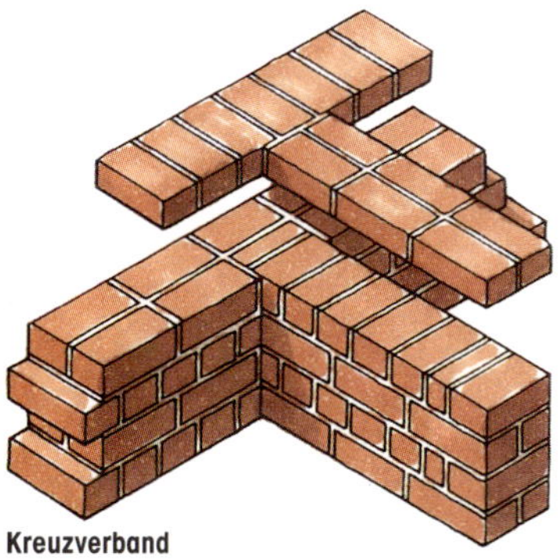

Kreuzverband

Blockverband

Verbindung mit Maueranker

Anschluß an bestehende Mauer

Stoßen die neue Mauer und die Mauer eines Hauses aufeinander, muß eine Sperrschicht eingebaut werden, die verhindert, daß über die neue Mauer Feuchtigkeit in die Hauswand eindringt.

Einfügen einer Sperrschicht

Die Bauvorschriften verlangen eine Sperrschicht, um das Aufsteigen von Feuchtigkeit zu verhindern. Diese besteht aus einer Lage wasserundurchlässigen Materials, die 30 cm über dem Erdboden in das Mörtelbett eingebaut wird. Beim Bau einer neuen Mauer muß deren Sperrschicht die Sperrschicht der bestehenden Struktur überschneiden. Verwenden Sie eine Lage Dachpappe in der Breite der neuen Mauer. Orten Sie die Sperrschicht des Hauses, und mauern Sie die ersten Schichten der neuen Mauer bis zu dieser Höhe. Eine dünne Mörtelschicht wird auf den Ziegeln verteilt und die Sperrschicht daraufgelegt. Das Ende der Rolle wird an der bestehenden Wand nach oben geschlagen **(1)**. Die nächste Ziegelschicht schließt die Sperrschicht zwischen der Stoßfuge und der Mauer ein. Verteilen Sie mehr Mörtel auf der Sperrschicht, um eine 1 cm breite Fuge für das Verlegen der nächsten Ziegelschicht zu schaffen. Aufeinandertreffende Sperrschichten müssen sich um 15 cm überlappen.

Verankerung der neuen Mauer

Die übliche Verbindung einer neuen Mauer mit einer bestehenden geschieht durch Aussparungen in jeder vierten Schicht des Ziegelmauerwerks. Zum Verzahnen werden Endziegel in die Vertiefungen eingesetzt **(2)**. Eine einfachere Methode ist das Anschrauben einer nichtrostenden U-Schiene an die Mauer, die der Breite von Ziegeln oder Betonsteinen entspricht und Verankerungspunkte für Maueranker aus Draht schafft. U-Schienen sind in Breiten bis zu 24 cm erhältlich. Schrauben Sie sie mit nichtrostenden Sechskantschrauben und Mauerdübeln an die alte Mauer **(3)**. Hinter die Schiene wird ein 1 m langer Streifen Dachpappe gelegt. Bevor der Ziegel in die Schiene geschoben wird, wird auf der Stoßfuge Mörtel angeschlagen **(4)**. Beim Einschieben des Ziegels drückt sich der Mörtel in die ausgestanzten Löcher der Schiene und stellt eine feste Verbindung her. Auf jeder dritten Ziegelschicht wird ein Maueranker in die Lochung der Schiene gehakt und im Mörtel des Mauerwerks eingebettet **(5)**.

1 Bestehende Sperrschicht überlappen

2 Mauer mit dem Ziegelwerk verzahnen

3 Verwendung eines U-Profils

4 Die Enden der Ziegel in das U-Profil schieben

5 Drahtmaueranker über die Ösen haken

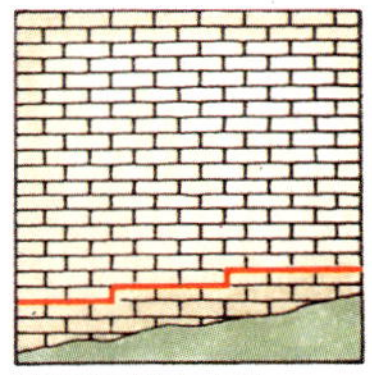

Sperrschicht bei Hanggrundstück
Hat das Grundstück ein deutliches Gefälle, wird das Fundament der Mauer abgestuft, damit die Oberseite der Mauer eben liegt. Eine in die Mauer eingefügte Sperrschicht muß dem Verlauf der Abstufungen folgen, um den erforderlichen Abstand zum Erdboden einzuhalten.

PFEILER AUS ZIEGELN

SIEHE AUCH
unter:

- **Statik**
  Auch wenn eine freistehende Mauer ordnungsgemäß durch Pfeiler abgestützt ist, sollte die Standsicherheit durch statische Berechnungen nachgewiesen werden.

Ein Pfeiler ist eine freistehende Säule aus Mauerwerk, die z. B. zum Abstützen einer Verandaüberdachung oder als freistehender Torpfosten verwendet wird. Als Teil der Mauer gebaut, wird er als Mauerpfeiler bezeichnet. Säulen werden auf einen Mauersockel gemauert, aber bei einem Holzspalier an den Seiten verlängert, um eine Pergola abzustützen. Um Verwirrung zu vermeiden, wird jede abstützende Säule als Pfeiler beschrieben. Das Aufrichten von Pfeilern muß sorgfältig geplant werden.

Grundsätzliche Überlegungen

Jede freistehende Wand über einer bestimmten Länge und Höhe muß durch Pfeiler verstärkt werden. Wandabschnitte und Pfeiler müssen verbunden werden, entweder durch einen Ziegelverband oder durch in jede dritte Schicht eingelegte Maueranker. Jede einsteinige Ziegelmauer, unabhängig von ihrer Höhe, wird durch Stützpfeiler an den offenen Enden oder Toreinfahrten verstärkt. Das sieht zudem auch besser aus. Pfeiler über 1 m und besonders die das Tor abstützenden sollten um stählerne Bewehrungsstäbe herum aufgerichtet werden, die ins Betonfundament eingesetzt sind. Unabhängig von der Bewehrung sollte der Pfeiler beim Entwurf des Fundaments eingeplant werden.

Entwurf der Pfeiler

Der Abstand der Pfeiler sollte bei Mauern über einer bestimmten Höhe nicht mehr als 3 m betragen (siehe Tabelle). Die Mauer kann bündig mit einer Seite des Pfeilers sein, aber die Struktur ist stärker, wenn sie in der Mitte des Pfeilers liegt. Pfeiler sollten wenigstens die doppelte Stärke einer 11,5 cm starken Wand haben. Planen Sie quadratische Pfeiler von 36,5 x 36,5 cm, wenn eine Bewehrung erforderlich ist, und zu Abstützung von 24 cm starken Mauern.

Ziegelmauer mit eingebauten Pfeilern

Stärke der Mauer	Maximalhöhe ohne Pfeiler	Maximaler Pfeilerabstand
11,5 cm	50 cm	3 m
24 cm	1,5 m	3 m

PFEILER VERANKERN

Wenn Sie verbundene Ziegelpfeiler vorziehen, bauen Sie sie wie unten gezeigt. Einfacher ist es, besonders bei einer auf der Mitte der Pfeiler gebauten Mauer, Maueranker zum Verstärken der Stoßfugen zu verwenden. Es gibt verschiedene Arten von verzinkten Mauerankern. Draht wird zu einem Anker gebogen **(1)**. Stahlstreifen haben gegabelte Enden, die als aufgebogene Enden bezeichnet werden **(2)**. Streckmetall wird in gerade Streifen geschnitten **(3)**.

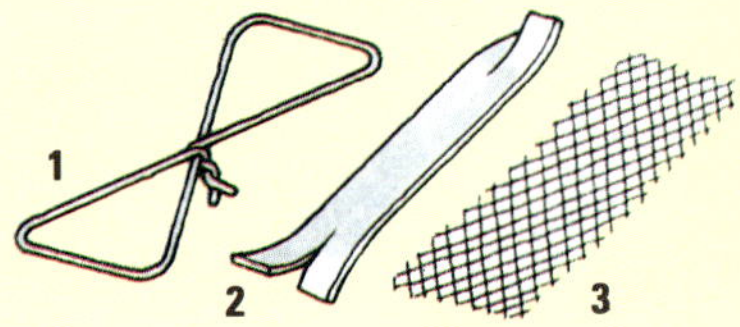

Mittelpfeiler **Vorsprungpfeiler**

Pfeiler verbinden
Es ist einfacher, eine Mauer mit Mauerankern an einem Pfeiler zu befestigen, aber es ist auch relativ leicht, einen Pfeiler und eine einsteinige Mauer im Verband zu mauern.

Farbenschema
Vielfach weisen Ziegel auch einer Lieferung unterschiedliche Färbung auf. Nach dem nebenstehenden Schema lassen sich interessante Muster gestalten.

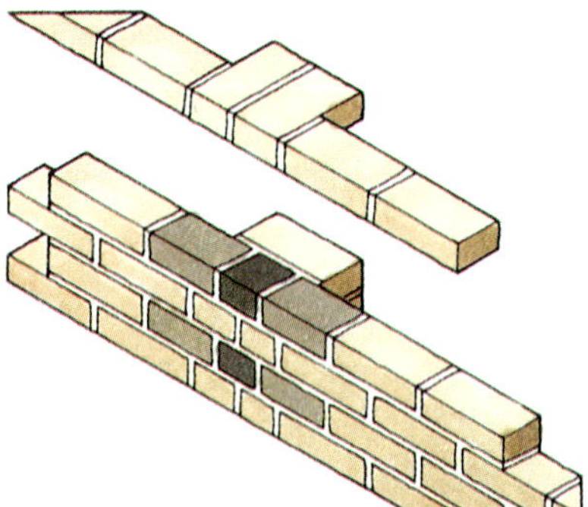

Massiver Pfeiler

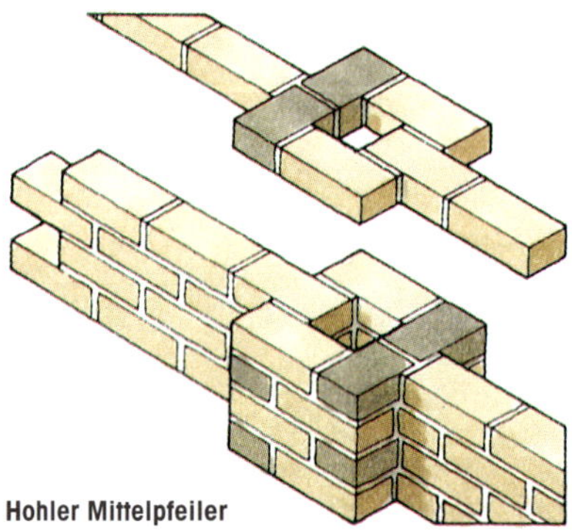

Hohler Mittelpfeiler

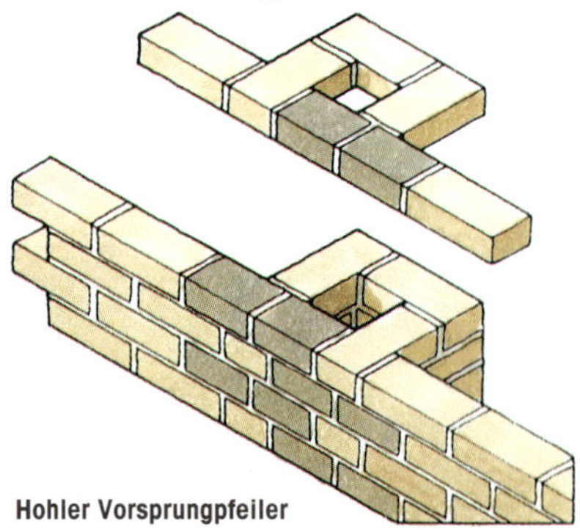

Hohler Vorsprungpfeiler

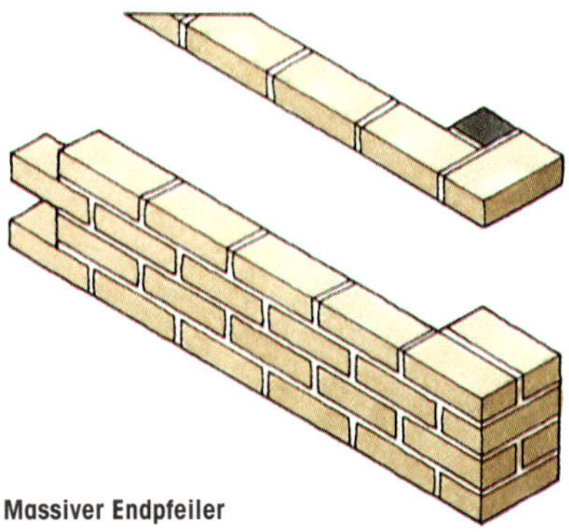

Massiver Endpfeiler

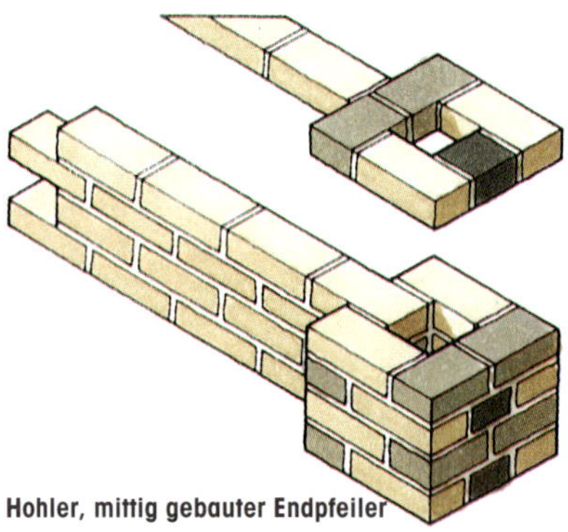

Hohler, mittig gebauter Endpfeiler

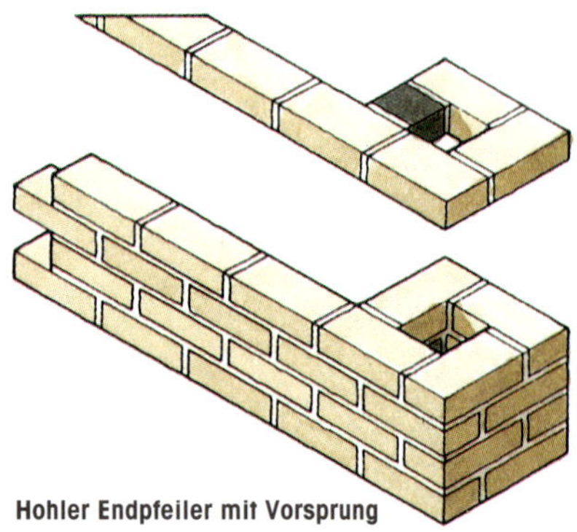

Hohler Endpfeiler mit Vorsprung

PFEILER ERRICHTEN

Markieren Sie die Lage der Pfeiler und der Mauerfront auf dem Betonfundament. Die erste Ziegelschicht wird waagrecht und gerade entlang einer Maurerschnur, die zwischen zwei Pflöcken gespannt ist, ausgerichtet **(1)**. Falls notwendig, ändern Sie die Position der Schnur, und verlegen Sie die erste gerade Schicht von beiden Enden zur Mitte hin **(2)**. Pfeiler- und Wandschichten werden abwechselnd verlegt. Prüfen Sie dabei regelmäßig die Senkrechte. In der dritten Schicht werden Maueranker in das Mörtelbett gelegt, um die Fuge zwischen Mauer und Pfeiler zu überbrücken **(3)**. Wenn die Mauer fertig ist, mauern Sie die Pfeiler hoch **(4)**. Die Mauer wird mit einer Abdeckung versehen, und die Pfeiler werden mit Beton- oder Steinplatten abgedeckt **(5)**.

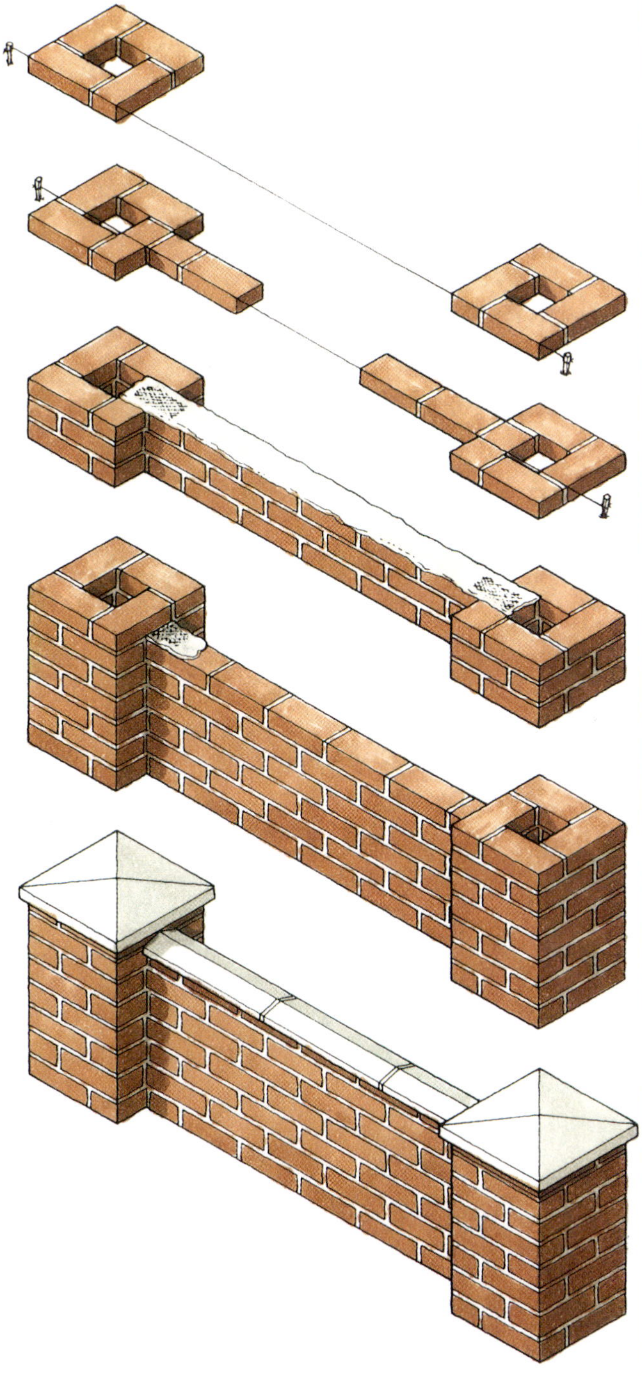

1 Sockel verlegen
Eine Maurerschnur wird gespannt, um die Lage der Pfeilersockel anzugeben.

2 Erste Mauerschicht verlegen
Entlang der Schnur die erste Schicht gerade und waagrecht verlegen.

3 Einlegen der Pfeileranker
Die Pfeiler werden mit der Mauer verbunden, indem Maueranker in jede dritte Schicht eingelegt werden. Für einen torabstützenden Pfeiler werden die Anker in versetzten Schichten verlegt.

4 Pfeiler erhöhen
Die Pfeiler werden höher als die Mauer gebaut, damit auf der obersten Mauerschicht eine dekorative Abdeckung verlegt werden kann.

5 Verlegen der Abdeckung
Abdeckplatten für Mauer und Pfeiler verlegen.

Eingebaute Dehnungsfugen

Obwohl Sie nichts davon merken, ist eine Mauer ständig in Bewegung, nicht zuletzt wegen der Ausdehnung und Schrumpfung des Materials. Über kurze Entfernungen ist die Bewegung so geringfügig, daß sie das Ziegelwerk kaum beschädigt. Aber die Bewegung einer langen Mauer kann die Struktur reißen lassen. Zum Ausgleich dieser Bewegung bauen Sie ungemörtelte, durchlaufende Stoßfugen im Abstand von 6 m in die Mauer. Diese Scheinfugen können in einen geraden Abschnitt der Mauer eingebaut werden, aber es ist besser, sie da zu legen, wo Mauer auf Pfeiler trifft. Beide werden wie gewohnt errichtet, aber der Mörtel wird an der Stoßfuge der Mauer weggelassen. Statt eines Mauerankers wird ein 3 mm starker verzinkter Streifen in den Mörtel eingebettet. Eine Hälfte des Streifens wird eingefettet, damit er leicht gleitet, Bewegungen erlaubt und gleichzeitig Mauer und Pfeiler zusammenhält. Ist die Mauer fertig, wird die Fuge von beiden Seiten mit Silikonkautschuk gefüllt.

Bewehrung einbauen

Ziegelpfeiler werden mit Bewehrungen aus 1,6 cm Stahlstäben verstärkt. Für Pfeiler unter 1 m Höhe verwendet man eine durchlaufende Stange **(1)**, aber für höhere Pfeiler wird ein Anschlußbewehrungsstab im Fundament einbetoniert, der mindestens 50 cm herausstehen muß **(2)**. Während der Arbeit binden Sie die Verlängerungsstäbe mit verzinktem Draht an den Überstand, bis die Bewehrung etwa 5 cm unter die Oberkante des Pfeilers reicht. Während Sie den Pfeiler bauen, wird die Bewehrung einbetoniert, aber achten Sie darauf, daß die Ziegelarbeiten nicht behindert werden.

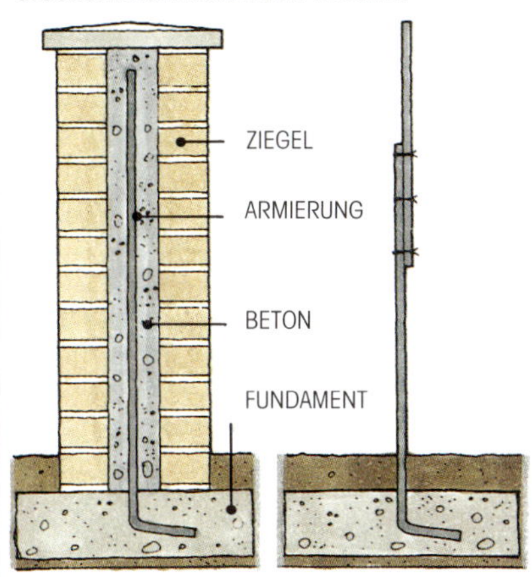

1 Bewehrter Pfeiler **2 Anschlußbewehrung**

SIEHE AUCH

unter:

Ziegel	309–310
Fundament	315
Ziegel vermauern	316–317
Maueranker	320

Eine Dehnungsfuge herstellen
Der Pfeiler wird mit verzinkten Metallstreifen mit der Mauer verbunden, indem man eine Dehnungsfuge herstellt (hier vor dem Einmörteln gezeigt). Die Fuge zwischen Mauer und Pfeiler wird mit Silikonkautschuk abgedichtet.

BAUEN MIT BETON-BLOCKSTEINEN

SIEHE AUCH

- **Bau von Pfeilern** Hohe, freistehende Gartenmauern aus Blocksteinen müssen im Abstand von 3 m mit Pfeilern abgestützt werden.

Betonblocksteine werden ähnlich verlegt wie Ziegel. Blockmauern benötigen Betonfundamente und dieselbe Mörtelmischung wie für Ziegel, obwohl schwere Blöcke mit einer kräftigen, festen Mischung verlegt werden sollten, um dem höheren Gewicht der Mauer standzuhalten. Blocksteine werden in vielen Größen hergestellt, und Sie können damit auch große Mauern in einem einfachen Läuferverband bauen. Die Blöcke dürfen vor dem Verlegen nicht angefeuchtet werden, sonst schrumpfen sie, und die Mörtelfugen reißen, wenn die Mauer trocknet. Eine dekorative Mauer mit Blendsteinen wird genauso verfugt wie eine Ziegelmauer. Strukturblocksteine, die verputzt werden sollen, werden glatt verfugt.

DEHNUNGSFUGEN

Mauern über 6 m Länge brauchen eine durchgehende Stoßfuge, damit sie sich ausdehnen können. Setzen Sie die Fuge in einen geraden Mauerabschnitt oder an einen Pfeiler, und überbrücken Sie die Lücke mit Metallankern wie beim Ziegelwerk. Die Lücken werden mit Silikonkautschuk abgedichtet. Müssen Sie eine Dehnungsfuge in eine Trennwand einbauen, setzen Sie die Fuge zwischen Türrahmen und Wand. In diesem Fall füllen Sie die Fuge mit Mörtel und kratzen sie an einem Ende des Sturzes und senkrecht zur Decke an beiden Seiten der Wand 18 mm tief aus.

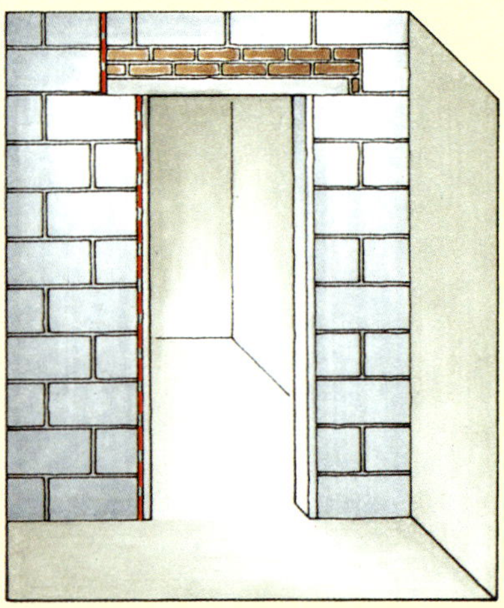

Dehnungsfuge neben eine Türöffnung setzen
Die Fuge an beiden Wandseiten um den Sturz und bis zur Decke legen.

Einziehen einer Trennwand

Der Bau einer nichttragenden Leichtbauwand ist die übliche Methode, große Räume in kleinere zu unterteilen. Hat das Haus ein Betonfundament, verwendet man am besten Betonblocksteine. Die Türöffnung der Trennwand setzen Sie so, daß Sie nicht zu viele Blöcke schneiden müssen. Planen Sie Türrahmen und Verkleidung mit ein, ebenso den vorbetonierten Sturz, um das Mauerwerk über der Öffnung abzustützen. Der Raum über dem Sturz wird mit Blocksteinstücken ausgefüllt. Schrauben Sie verzinkte U-Schienen an die bestehende Struktur, um beide Enden der Trennwand abzustützen. Sie müssen genau ausgelotet werden, damit die neue Wand nicht schief steht. Die erste Lage Steine wird ohne Mörtel durch den Raum verlegt, um die Abstände und die Lage der Tür zu überprüfen. Markieren Sie die Position der Blöcke, bevor Sie eine Abtreppung an beiden Enden des Mauerwerks mauern. Die Genauigkeit überprüfen Sie mit einer Wasserwaage. Dann füllen Sie den Raum zwischen den Abtreppungen mit Blocksteinen. Nach drei Schichten werden die Endblöcke in jeder Fuge mit Mauerankern an der U-Schiene verankert. Lassen Sie den Mörtel über Nacht härten, bevor Sie weiterbauen. Verbauen Sie immer nur das gleiche Material.

Einziehen einer Trennwand

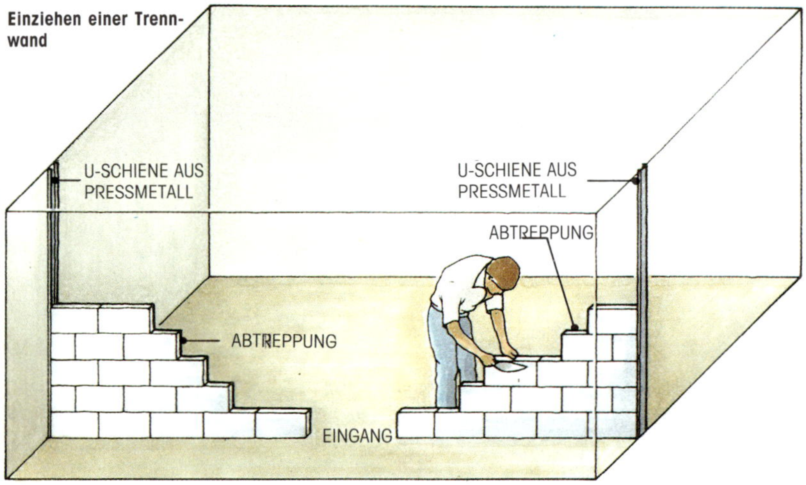

Zusammentreffende Mauern

Gartenmauern werden mit durchlaufender Stoßfuge aneinandergefügt, aber die Strukturen werden wie bei Ziegelwerk mit Mauerankern verankert **(1)**. Bauen Sie die Mauer aus Hohlblöcken, verwenden Sie Metallfugenbänder. Die Hohlräume werden zum Einbetten der Fugenbandenden mit Mörtel gefüllt **(2)**. In jede Schicht ein Fugenband einlegen.

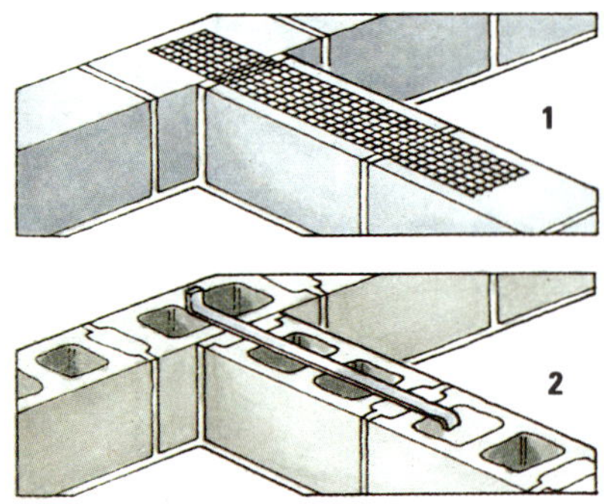

1 Streckmetallanker für massive Blöcke ▶
2 Metallfugenband für Hohllochblöcke

Blocksteine trennen

Mit Breitmeißel und Lineal die Schnittlinie auf den Block auftragen. Mit Hammerschlägen auf den Meißel wird die Rille vertieft. Der Meißel klingt hell bei jedem Schlag, bis der Riß mit einem dumpf klingenden Schlag durch den Block verläuft. Ein weiterer starker Schlag würde den Block splittern lassen.

Einen Block teilen
Mit Breitmeißel und Fäustel wird ein Block geteilt.

DEKORATIVE SICHTSCHUTZ-MAUERN

Beim Bau einer Sichtschutzwand aus Beton-Formsteinen geht man genauso vor wie beim Hochmauern einer freistehenden Ziegelmauer. Weil die mit angearbeiteten Falzen versehenen Steine nicht im Verband verlegt werden können, muß man die Wand mit einer waagrechten Bewehrung aus Drahtgeflecht und einer senkrechten aus Eisenstäben verstärken, sofern sie höher als 60 cm werden soll. Den Abschluß der Wand bilden Pfeiler, die nicht weiter als 3 m auseinanderliegen sollten. Für die Pfeiler können Sie auch Ziegel verwenden.

Aufbau der Sichtschutzmauer

Errichten Sie das Streifenfundament, das doppelt so breit sein muß wie die Formsteine. Setzen Sie an den Enden eine senkrechte Bewehrung aus Betonstahl für die Pfeiler ein, die bis zum Abbinden des Betons mit Schnüren festgehalten wird. Der erste Hohlstein des Pfeilers wird auf die Bewehrung gesteckt und in das Mörtelbett auf dem Fundament gelegt. Prüfen Sie seine waagrechte Lage und ob der Falz zur Mauer hin ausgerichtet ist. Füllen Sie den Hohlraum mit Beton, und verlegen Sie die beiden nächsten Steine **(1)**. Errichten Sie die anderen Pfeiler auf die gleiche Weise. Hohlsteine für Pfeiler innerhalb der Mauer haben an beiden Seiten einen Falz.

Den Mörtel über Nacht abbinden lassen und auf dem Fundament neben dem ersten Pfeiler ein Mörtelbett für zwei Formsteine aufbringen. Mörtel auf die Stoßfuge anschlagen und Stein in den Falz drücken **(2)** und auf dem Mörtelbett festklopfen. Nächsten Stein auf den ersten legen und darauf achten, daß er fluchtet. Beim Anschlagen des Mörtels an der Stoßfuge aufpassen, daß die Sichtseite der Steine nicht beschmutzt wird **(3)**.

Zwei Steine am anderen Pfeiler verlegen, Maurerschnur spannen und die ersten zwei Schichten zur Mitte hin fertig mauern, dabei auf genaue Ausrichtung achten. Vor dem Hochmauern der nächsten Schichten wird der Maschendrahtstreifen der Bewehrung von einem Pfeiler bis zum anderen auf das fertige Stück Mauer in ein Mörtelbett gelegt **(4)**.

Ziehen Sie nun die Pfeiler weiter in die Höhe, maximal 2 m, und legen Sie auf jede zweite Schicht eine Bewehrung. Wenn die Mauer fertig ist, werden die Abdeckelemente daraufgelegt **(5)**.

Sollten Ihnen die gewöhnlichen Mörtelfugen nicht gefallen, kratzen Sie sie aus, und verfugen Sie die Lager- und Stoßfugen mit Fugenmörtel und Fugenkelle.

1 Pfeiler hochmauern

2 Formstein einsetzen

3 Mörtel anschlagen

4 Drahtgitter-Bewehrung im Mörtelbett verlegen

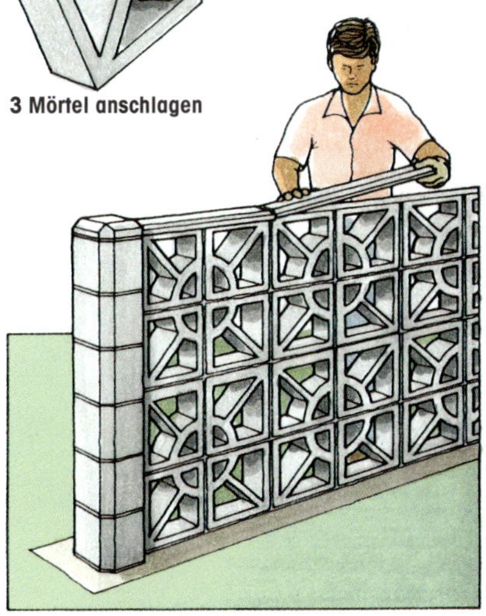
5 Pfeiler und Mauer abdecken

ZWEISCHALIGE MAUER

Mit zweischaligen Mauern erzielt man eine besonders gute Wärmedämmung. Dafür sorgt die Luftschicht zwischen den beiden Mauerschalen, deren Wirkung noch gesteigert wird, indem man eine Kerndämmung aus Isoliermaterial einbringt. Weil die beiden Mauerschalen voneinander getrennt gemauert werden, kann man für Innen- und Außenschale unterschiedliche Steinarten verwenden, z. B. Kalksandsteine innen und Klinkerarten für die Außenschale. Unabhängig von der Wahl der Steine müssen beide Schalen mit nichtrostenden Drahtankern miteinander verbunden werden. Man legt sie beim Mauern in die Fugen. Abtropfscheiben aus Kunststoff verhindern, daß Schwitzwasser am Drahtanker entlang ins Innenmauerwerk dringt. Meist ist die Innenschale die tragende Mauer und muß entsprechend sorgfältig ausgeführt werden, am besten vom Fachmann. Beide Mauerschalen sind mit einer Sperrschicht zu versehen, und es darf kein Mörtel dazwischen fallen, weil sonst eine Wärmebrücke entsteht.

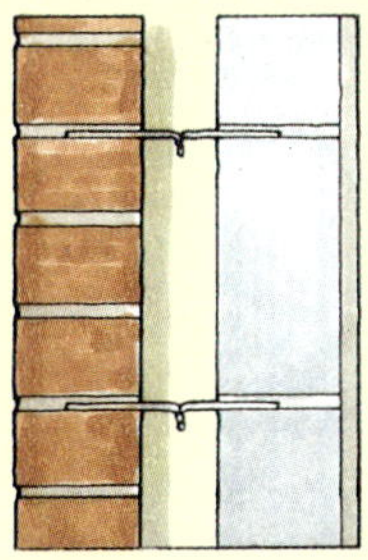
Zweischaliges Mauerwerk
Längsschnitt durch eine zweischalige Mauer mit Verblendschale aus Ziegeln und Kalksandsteinen innen. Als Verbindung dienen nichtrostende Maueranker.

Ziegelmauer mit Formsteinfeldern
Sie können Felder aus ornamentalen Formsteinen in eine Ziegelmauer einfügen. Errichten Sie die Sockelmauer mit Pfeilern, und sparen Sie ein nach der Größe der Formsteine berechnetes Feld aus. Die Pfeiler mauern Sie zusammen mit den Schichten aus Formsteinen hoch und verbinden beide auf jeder zweiten Schicht mit Drahgeflecht wie auf dieser Seite links dargestellt.

SIEHE AUCH

unter:

Verblender	311
Blocksteine	311–312
Fundament	315
Ziegel vermauern	316–317
Verfugen	320
Maueranker	321

- **Genehmigungspflicht**
  Ob eine Gartenmauer genehmigungspflichtig ist oder nicht, erfragen Sie am besten beim Bauamt Ihrer Heimatgemeinde. Dort wird man Sie auch über eventuelle Beschränkungen sowie über die – wahrscheinliche – Verpflichtung informieren, über Ihr Bauvorhaben einen Standsicherheitsnachweis zu erbringen.

BAUEN MIT NATURSTEINEN

SIEHE AUCH
unter:
Natursteine 312
Fundamente 315

Gartenmauern aus Natursteinen werden anders errichtet als solche aus Ziegeln oder Betonblöcken. Eine Natursteinmauer muß genauso stabil wie jede andere sein, aber ihr rustikales Aussehen beruht auf der Unregelmäßigkeit der Schichten. Schichten im üblichen Sinne gibt es nicht bei Mauern aus unbehauenen Steinen oder Bruchsteinen.

Grundsätzliche Überlegungen

Natursteinmauern benötigen für den Zusammenhalt der Steine nicht unbedingt Mörtel, obwohl er oft verwendet wird, besonders bei behauenen Steinen, um ihnen eine zusätzliche Stabilität zu geben. Deshalb verjüngen sich viele Mauern; der breite Sockel besteht aus schweren, flachen Steinen, die mit der Höhe der Mauer allmählich schmaler werden. Die traditionelle Bauweise verhindert das seitliche Umfallen der unvermörtelten Steine durch starken Winddruck oder Tiere. Wegen ihres natürlichen, rustikalen Aussehens passen Natursteinmauern insbesondere in ländliche Wohngebiete.

Trockenmauern aus Feld- und Bruchsteinen

Eine Trockenmauer wird ohne Mörtel gebaut; deshalb müssen die Steine gut ausgewählt und sorgfältig verlegt werden, damit eine stabile Mauer entsteht. Sie können natürlich auch Mörtel verwenden, vor allem innerhalb des Mauerkerns, wo man die Mörtelfüllung nicht sieht. Man kann statt des Mörtels auch Erde nehmen und in die mit Erde gefüllten Spalten Steingartenpflanzen setzen. Haben Sie das Mauerwerk ausgewählt, suchen Sie nach flachen Steinen in verschiedenen Größen, und vergewissern Sie sich, daß Sie genügend große für die volle Breite der Mauer haben, besonders für den Sockel der Mauer. Diese verbindenden, in regelmäßigen Abständen verlegten Steine sind wichtige Bestandteile, die die losen Bruchsteine zu einer geschlossenen und festen Struktur zusammenfügen. Selbst für eine niedrige Mauer benötigen Sie zwangsläufig einige schwere Steine. Heben Sie die großen Feldsteine mit geradem Rücken und geschlossenen Füßen, und benutzen Sie die kräftigen Muskeln Ihrer Beine, um die Belastung zu tragen.

TROCKENMAUER PLANEN

Jede trocken verlegte Mauer muß sich nach oben verjüngen, d. h. sie muß einen breiten Sockel und schräg nach innen laufende Seiten haben. Für eine Mauer mit 1 m Höhe – höhere Trockenmauern sind gefährlich – muß der Sockel mindestens 45 cm breit sein. Die Krone einer 60 cm hohen Mauer sollte 5 cm schmaler sein. Üblicherweise ruht der Sockel der Trockenmauer auf einem 10 cm starken Sandbett, das auf der verdichteten Erde am Boden eines flachen Grabens liegt. Um ein stabileres Fundament zu bekommen, verlegen Sie einen Betonuntergrund, der auf jeder Seite 10 cm breiter als die Mauer ist.

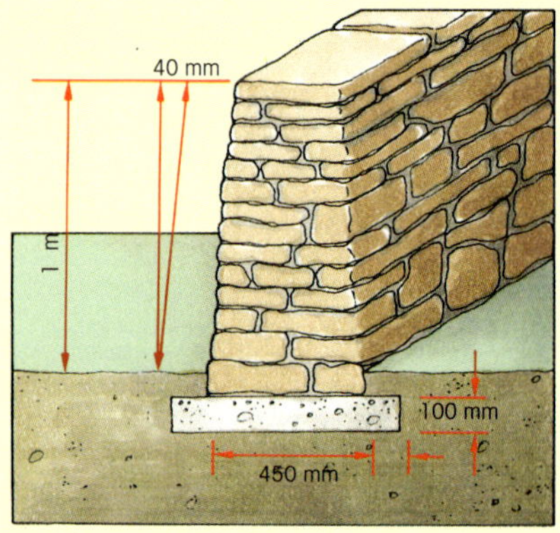

Abmessungen einer Natursteinmauer

Das Aufrichten der Trockenmauer

Wenn Sie die Steine der Trockenmauer in Erde verlegen, verteilen Sie eine 2,5 cm hohe Schicht über das Fundament und legen einen großen Verbindungsstein über die ganze Breite als Bett für die erste Schicht Steine **(1)**. Weitere Steine von derselben Höhe des Verbindungssteins werden an beiden Seiten der Mauer verlegt und fest in die Erde gedrückt, damit ein stabiler Sockel entsteht. Damit der Sockel gerade wird, spannt man eine Maurerschnur an beiden Seiten der Mauer. Kleinere Steine werden in die Zwischenräume des Sockels gelegt **(2)** und die Spalten mit Erde ausgefüllt. Nachdem eine weitere Erdschicht auf dem Sockel verteilt wurde, wird die zweite Steinschicht verlegt, wobei die Steine über den Fugen der unteren Schicht liegen **(3)**. Drücken Sie die Steine fest in die Erde und sorgen Sie dafür, daß sie schräg abwärts zur Mitte der Mauer hin verlaufen. Vergewissern Sie sich durch Augenmaß, ob die Schichtenanordnung während des Bauens waagrecht verläuft, und vergessen Sie nicht, Verbindungssteine in regelmäßigen Abständen zu verlegen. Große Spalten werden bepflanzt oder mit kleinen Steinen ausgefüllt, damit die großen Steine Halt bekommen **(4)**. Die Oberseite der Mauer füllen Sie entweder mit Erde zum Bepflanzen, oder Sie verlegen große, flache Abdecksteine und stabilisieren sie mit verdichteter Erde. Lose Erde wird von der Mauer abgefegt.

1 Verbindungsstein am Mauerende verlegen

2 Sockel mit kleinen Steinen ausfüllen

3 Die zweite Steinschicht verlegen

4 Die Spalten füllen

STÜTZMAUERN FÜR BÖSCHUNGEN

SIEHE AUCH

unter:

Böschungsmauern halten an Abhängen das Erdreich zurück. Bauen Sie aber niemals eine Stützmauer in steilem Gelände. Abgesehen von der Gefahr, daß die Mauer dem Druck nicht standhält, ist das Terrassieren des Abhangs mit mehreren niedrigen Mauern die attraktivere Lösung und schafft Möglichkeiten für eine abwechslungsreiche Bepflanzung.

Wahl des Materials

Ziegel und Betonblocksteine eignen sich besonders gut für eine Böschungsmauer. Am besten unterstützt man diese Mauern mit Bewehrungsstäben, die in das Fundament einbetoniert werden. Führen Sie die Stäbe durch den Hohlraum der Blöcke **(1)**, oder errichten Sie eine zweischalige Ziegelmauer, deren Schalen mit Maueranken zusammengehalten werden **(2)**. Dank ihrer Größe und des hohen Gewichts sind Natursteine ideale Baustoffe. Die Mauer muß alle 30 cm in der Höhe um 5 cm versetzt schräg verlaufen und gegen die Böschung geneigt sein **(3)**. Aus Sicherheitsgründen sollte sie nicht höher als 1 m sein. Ein erfahrener Maurer ist imstande, eine stabile Trockenmauer zu bauen, aber Laien sollten zur Befestigung der Steine mit Mörtel arbeiten.

Terrassenstufen aus Böschungsmauern

1 Böschungsmauer aus Hohlblocksteinen

2 Zweischalige Ziegelmauer mit Maueranken

3 Steinmauer gegen die Erdböschung lehnen

Das Aufrichten der Böschungsmauer

Schaufeln Sie genug Erde beiseite, um Platz zum Ausheben des Fundaments und den Bau der Mauer zu haben. Ist die Erde lose gestampft, wird sie vorübergehend mit Brettern, Wellblech oder ähnlichen Platten zurückgehalten, die mit langen Metallpflöcken im Erdreich befestigt werden **(1)**. Gießen Sie das Betonfundament am Fuß der Böschung, und lassen Sie es härten, bevor Sie mit dem Bau der Mauer beginnen. Ziegel und Betonblocksteine werden auf die übliche Weise gemauert. Feldsteine werden wie bei einer Trockenmauer aufgeschichtet, erhalten aber ebenfalls ein Mörtelbett. Verlegen Sie die Feldsteine mit versetzten Fugen, damit die Mauer abwechslungsreich aussieht. Die Drainage hinter der Mauer ist wichtig, damit sich die Erde nicht mit Wasser vollsaugt. Beim Verlegen der zweiten Schicht Steine werden Kunststoffrohre in den Mörtel eingelassen, die zur Vorderseite der Mauer hin leicht geneigt sind. Die Rohre sollten im Abstand von 1 m verlegt werden, durch die Mauer verlaufen und an der Vorderseite ein wenig überstehen **(2)**.

1 Erdreich mit Brettern abstützen

2 Entwässerungsrohre durch die Mauer führen

MAUER HINTERFÜLLEN

Wenn die Mauer steht, kratzt man die Fugen aus, damit sie ein unvermörteltes Aussehen erhält. Ein alter Pinsel ist ein nützliches Werkzeug zum Glätten des Mörtels in tiefen Spalten, um eine feste, wasserdichte Fuge herzustellen. Oder verfugen Sie jeden Stein wie eine Ziegelmauer. Nachdem der Mörtel gehärtet ist, füllen Sie den Raum hinter der Mauer mit Steinen, Kies und Packmaterial auf, damit das Wasser durch die Rohre abfließen kann. Zum Schluß verteilen Sie reichlich Mutterboden, damit Sie die Böschung bepflanzen können.

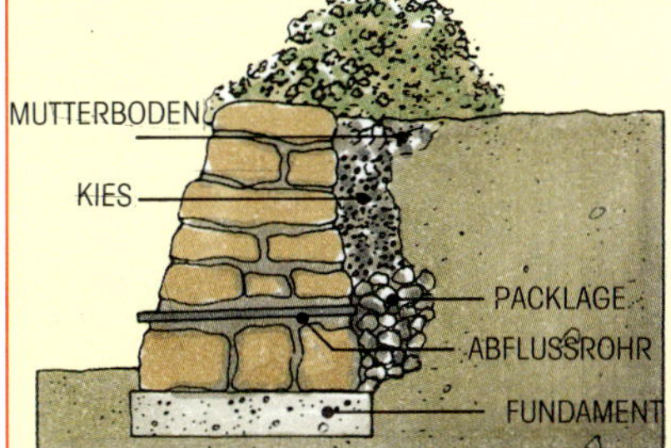

Der Raum hinter der Mauer wird aufgefüllt

SIEHE AUCH
unter:
Betonmischungen 329
Oberflächenbehandlung von Beton 333
Pflasterplatten 334

Für viele ist Pflastern gleichbedeutend mit der Vorstellung vom städtischen Hinterhofmilieu ohne Sträucher, Bäume und Rasen. In Wirklichkeit schafft Pflaster in einem Garten die Voraussetzung für geschützte Freiräume in der Natur, die durch die Wechselwirkung von Sonnenschein und tiefen Schatten zusätzlich belebt werden. Die rauhe Oberfläche der Steine kontrastiert mit dem sanften Grün des Laubes, Stauden, Büsche und Kübelpflanzen können so plaziert werden, daß sie wirkungsvolle Akzente setzen.

Gepflasterter Atriumhof
Gepflasterte Flächen, umgeben von Mauern aus Steinen oder Ziegeln, schaffen wind- und sichtgeschützte Aufenthaltsplätze im Garten.

Gepflasterte Flächen planen

Die gleichzeitige Verwendung verschiedener Materialien bietet zahlreiche Möglichkeiten. Gepflasterte Flächen werden als Wege, Zufahrten und Terrassen bezeichnet, aber das sind nur Namen für bestimmte Funktionen. Es spricht nichts dagegen, zwei oder mehrere solcher Flächen miteinander zu verbinden, indem Sie das gleiche Material oder ähnliche Farben verwenden. Andererseits können Sie auch Gegensätze schaffen und absichtlich grobe und weiche Strukturen nebeneinanderstellen, oder helle und dunkle Farbtöne, um eine Fläche von der anderen betont abzusetzen. Daß es so viele Möglichkeiten gibt, hat auch Nachteile. Es weckt die Versuchung, mit allen nur denkbaren Kombinationen zu experimentieren, mit dem Ergebnis, daß ein heilloses Durcheinander entsteht. Wenige sorgfältig ausgewählte Materialien, die zum Haus und seiner Umgebung passen, schaffen eine stimmige Atmosphäre zum Wohlfühlen.

Arbeiten mit Beton

Beton ist nicht jedermanns Sache, um einen Garten zu pflastern, aber es ist ein so vielseitig verwendbares Material, daß man nicht von vornherein darauf verzichten sollte. Es gibt beispielsweise gegossene Betonplatten, die wie Naturstein aussehen, oder man schafft so interessante geometrische Muster, daß das Material selbst in den Hintergrund rückt. Sogar gewöhnlicher Beton kann mit abwechslungsreichen Flächenstrukturen versehen werden, und als Material für die Fundamente von Nebengebäuden und Anbauten ist er unverzichtbar.

DIE ZUSAMMENSETZUNG VON BETON

Beton besteht in seiner einfachsten Form aus Zement und zerkleinertem Stein – Sand und Kies – als Zuschlagstoff. Die trockenen Bestandteile werden mit Wasser angerührt, um eine chemische Reaktion mit dem Zement einzuleiten, der den Zuschlag zu einem harten, dichten Material bindet. Der anfängliche Härtungsprozeß findet schnell statt. Die Mischung läßt sich, abhängig von Temperatur und Luftfeuchtigkeit, schon nach einigen Stunden nicht mehr verarbeiten, aber Beton braucht 27 Tage, um vollständig auszuhärten – an der Luft wie unter Wasser. Bei diesem Prozeß darf der Beton nicht zu schnell austrocknen. Deshalb müssen betonierte Flächen abgedeckt oder gelegentlich gewässert werden.

Zement

Portlandzement, vom Baustoffhändler oder Baumarkt in Säcken zu 50 kg verkauft, wird für die Herstellung von Beton benötigt. Trockener Zement ist ein feines graues Pulver.

Sand

Scharfer Sand, ein grobes und körniges Material, ist Bestandteil des Zuschlagstoffs für die Betonmischung. Kaufen Sie keinen feinen Sand, wie er für Mörtel verwendet wird, und auch keinen ungewaschenen Sand, denn dieser enthält Verunreinigungen, die die Qualität des Betons erheblich beeinträchtigen können. Der Sand wird vom Baustoffhandel nach Kubikmetern verkauft. In Säcken abgepackte kleinere Mengen können Sie selber transportieren.

Grobe Zuschlagstoffe

Grobe Zuschlagstoffe wie Kies oder Schotter bestehen aus Teilen, deren Größe zwischen 5 und 20 mm liegt. Zuschlagstoffe werden ebenfalls lose nach Kubikmetern verkauft oder in kleinen Mengen fertig abgepackt in Plastiksäcken.

Farbpigmente

Es gibt spezielle Farbpigmente zu kaufen, die der Betonmischung zugefügt werden können, aber es ist schwierig, einen einheitlichen Farbton bei verschiedenen Betonmischungen zu erreichen.

Gemischter Zuschlagstoff

Natürlich vorkommender Sand und Kies, sog. Ballast, wird als fertig gemischter Zuschlagsstoff für die Betonherstellung verkauft. Das richtige Verhältnis von Sand zu Kies wird nicht garantiert, wenn der Ballast nicht getrennt geliefert und von Ihnen selber im richtigen Verhältnis zugefügt wird. Auf jeden Fall muß er gewaschen sein, damit er keine Verunreinigungen enthält.

Erdfeuchter Beton

Zur Herstellung von Beton können Sie trockenen Zement, Sand und Zuschläge fertig gemischt, kaufen. Wählen Sie die für Ihren Zweck geeignete Mischung. Betonmischungen werden in Säcken bis zu 50 kg Inhalt verkauft. Die Fertigmischung ist teurer als der Kauf der einzelnen Bestandteile, bietet aber eine einfache und bequeme Methode, genau die benötigte Menge zu bestellen. Bevor Sie Wasser hinzuzufügen, müssen die Bestandteile gut vermischt werden.

Wasser

Zum Mischen des Betons nehmen Sie Leitungswasser – kein anderes

PVA-Additiv

Mit PVA-Additiv – erhältlich beim Baustoffhändler – erzielen Sie eine glattere Betonmischung, die weniger anfällig für Frost ist. Beachten Sie bei der Verwendung die Anweisungen des Herstellers.

DAS MISCHEN VON BETON

SIEHE AUCH
unter:
Mengen berechnen 329
Ausrüstung reinigen 329
Betonieren 330–333

Sie können eine Mischmaschine mieten, wenn Sie große Mengen Beton herstellen müssen. Für kleinere Arbeiten geht es auch von Hand. Mischen Sie die Komponenten einfach der Menge nach, indem Sie das Mischungsverhältnis mit der Schaufel abmessen.

Von Hand mischen

Mit der Schaufel oder Eimern – einen für den Zement und einen gleich großen für die Zuschläge – messen Sie die Bestandteile ab. Messen Sie das Material genau ab, und streifen Sie den Rand des Eimers glatt. Klopfen Sie mit der Schaufel gegen die Seite des Eimers, wenn Sie ihn mit Zement oder Sand füllen, damit die losen Teile zusammensacken. Sand und Zuschlagstoffe werden zuerst auf einer harten, ebenen Oberfläche gemischt. Schaufeln Sie eine Mulde für die Dosierung des Zements in den Haufen, und mischen Sie alle Bestandteile, bis sie gleichmäßig gefärbt sind. Formen Sie eine neue Mulde, und fügen Sie Wasser mit der Gießkanne hinzu. Die trockenen Zutaten werden vom Rand in das Wasser geschoben, bis das Oberflächenwasser aufgesaugt ist, dann wird der Haufen durch Umschaufeln gemischt **(1)**. Fügen Sie mehr Wasser hinzu, und wenden Sie die Mischung vom Boden des Haufens her schaufelnd, bis sie eine gleichmäßige Konsistenz hat. Zum Prüfen der Verarbeitungsfähigkeit der Mischung wird eine Reihe von Rillen mit dem Rücken der Schaufel in den glattgestrichenen Beton gedrückt **(2)**. Die Rillen müssen ihre Form halten und dürfen nicht zusammenfallen.

1 Bestandteile der Mischung
Die Bestandteile des Betons werden durch mehrmaliges Umschaufeln gemischt.

2 Die Mischung prüfen
Mit dem Schaufelrücken Rillen in die Mischung drücken, um ihre Verarbeitbarkeit zu prüfen.

Mischen mit der Maschine

Die Mischmaschine muß mit aufrechter Trommel auf einer harten, ebenen Oberfläche stehen. Mit einem Eimer schütten Sie den groben Zuschlag und den Sand in die Trommel und mischen beides gut durch. Danach Zement zufügen und erneut mischen, bis das Gemisch einheitlich gefärbt ist. Ein wenig Wasser zugießen und einige Minuten durchmischen lassen.
Prüfen Sie den Beton auf seine Konsistenz, und mischen Sie ihn gegebenenfalls – je nach Zustand mit mehr Wasser oder mehr Zutaten – weiter. Zum Reinigen wird die Trommel mit Wasser und einer Schaufel Kies gefüllt und laufen gelassen.

Sicherheitsvorschriften

- Lesen Sie die Bedienungsanweisung genau durch, bevor Sie die Betonmischmaschine einschalten.
- Die Maschine muß auf einer ebenen Fläche stehen. Schieben Sie gegebenenfalls Holzkeile unter.
- Niemals die Hände oder eine Schaufel in die Trommel stecken, wenn die Maschine in Betrieb ist.
- Lehnen Sie sich nicht über die Trommel, wenn die Maschine läuft, und tragen Sie eine Schutzbrille.

Lagerung des Materials

Kaufen Sie Sand und grobe Zuschlagstoffe in Säcken, verarbeiten Sie die Menge, die Sie jeweils brauchen, und lassen Sie den Rest eingesackt, bis Sie ihn benötigen. Lose gekauft, werden Sand und Zuschlagstoffe auf einer harten Oberfläche oder einer Plastikfolie aufgehäuft, nötigenfalls durch ein Holzbrett getrennt und mit beschwerten Plastikfolien gegen Regen abgedeckt.

Zement wird in Papiersäcken verkauft, die Feuchtigkeit aufsaugen. Deshalb müssen die Säcke auf einer Holzpalette gestapelt und in Schuppen oder Garagen gelagert werden. Müssen Sie sie im Freien lagern, bedecken Sie die Säcke mit Plastikfolien. Einmal geöffnet, nimmt Zement Feuchtigkeit aus der Luft auf. Teilweise verbrauchte Säcke werden deshalb in Plastiksäcke gesteckt.

FERTIGBETON

Benötigen Sie eine große Menge Beton für eine Zufahrt oder einen großen Innenhof, lohnt es sich vielleicht, eine Ladung Fertigbeton bei Ihrem Lieferanten zu bestellen. Besprechen Sie mit ihm Ihre besonderen Erfordernisse, und lassen Sie sich von ihm über die beste Zusammensetzung des Betons und Zusätze, wie zum Beispiel Härtungsverzögerer, beraten. Wird normal gemischter Beton angeliefert, haben Sie für seine Verarbeitung nicht mehr als zwei Stunden Zeit. Ein Härtungsverzögerer kann den Prozeß um zwei Stunden verlängern.
Für kleinere Mengen müssen Sie möglicherweise Anlieferungskosten bezahlen. Deshalb lohnt es sich unter Umständen, nach einem Lieferanten zu suchen, der keine solchen zusätzlichen Kosten in Rechnung stellt.
Überlegen Sie zusammen mit dem Lieferanten alle Schwierigkeiten, die beim Anliefern und Abladen des Betons auf der Baustelle auftreten können. Lassen Sie den Beton so dicht wie möglich am Bauplatz ausladen, damit Sie große Mengen nicht allzu weit mit der Schubkarre transportieren müssen. Die Rutsche des Transportmischers hat nur eine begrenzte Reichweite. Ist der Spezialtransporter zu groß oder zu schwer für Ihr Grundstück, benötigen Sie einige Helfer, um die Betonmenge zu bewegen, solange dieser verarbeitbar ist. Ein Kubikmeter Beton füllt 25 bis 30 große Schubkarren.

- **Fertigbeton liefern lassen**
  Es gibt Firmen, die nach Ihren Angaben fertig gemischten Beton zur Baustelle liefern. Allenfalls müssen Sie ihn noch mit dem Schubkarren transportieren und in die Verschalung schütten. Besser mieten Sie sich eine Betonpumpe. Nur die tatsächlich verwendete Menge muß bezahlt werden. Erkundigen Sie sich über Preise und Mindestmengen.

Sand und Zuschlagstoffe lagern
Die Haufen von Sand und Zuschlagstoffen mit einem Holzbrett trennen.

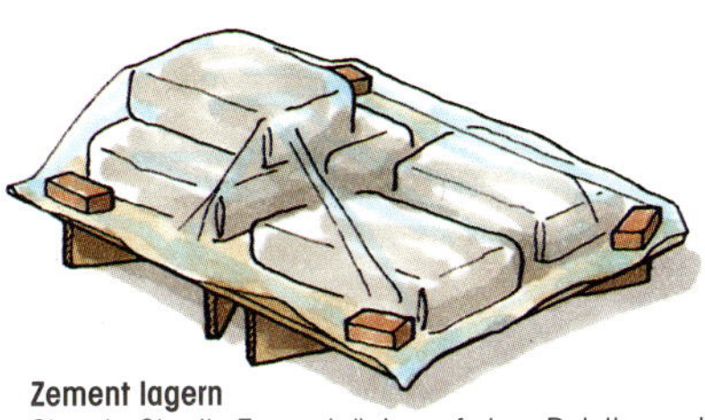

Zement lagern
Stapeln Sie die Zementsäcke auf einer Palette, und decken Sie sie mit einer Plastikplane ab

BETON-PFLASTER ENTWERFEN

SIEHE AUCH
unter:

Dampfsperre	158,207
Dehnungsfugen	331
Unterbau verlegen	332–333

- **Bodenneigung**
  Bodenplatten für eine Garage oder einen Carport sollten stets etwas geneigt sein, damit Wasser ablaufen kann. Bei Garagen baut man die Neigung in Torrichtung, so daß der Raum leichter mit Schlauch und Schrubber gereinigt werden kann.

Von betonierten Fußwegen müssen Sie keine Pläne zeichnen, aber es gibt wichtige Faktoren zu beachten, wenn der Beton lange halten soll. Zumindest müssen Sie die Stärke des Betons für die Last des Verkehrs festlegen und den Winkel des Gefälles bestimmen, damit das Oberflächenwasser ablaufen kann. In eine große oder unregelmäßige Fläche müssen Dehnungsfugen eingebaut werden, damit sich das Material ausdehnen und zusammenziehen kann, ohne zu reißen. Ist die Platte als Fundament für ein Wohnhaus vorgesehen, muß sie eine Dampfsperre einschließen. Auch das Verhältnis von Sand, Zement und Zuschlagstoff für die Betonmischung muß sorgfältig berechnet werden.

Gefälle bestimmen

Eine freistehende Betonplatte kann völlig eben verlegt werden, wenn sie als Fundament für ein Nebengebäude dienen soll, aber ein leichtes Gefälle verhindert, daß sich Wasserpfützen bilden, wenn die Oberfläche nicht völlig plan ist. Schließt die Platte direkt ans Haus an, muß sie ein deutliches Gefälle weg vom Gebäude haben. Wasser muß vom Parkplatz und von der Zufahrt abgeleitet werden, damit Fahrzeuge nicht rutschen und sich im Winter keine Eisschicht bildet. Wird Beton an ein Gebäude verlegt, muß er wenigstens 30 cm unter der bestehenden Sperrschicht liegen.

PFLASTER	GEFÄLLE
Fußweg	Nicht erforderlich
Einfahrt	2,5 cm pro Meter
Innenhof Parkplatz	1,6 cm pro Meter
Fundamente für Garagen und Nebengebäude	12.5 mm pro Meter

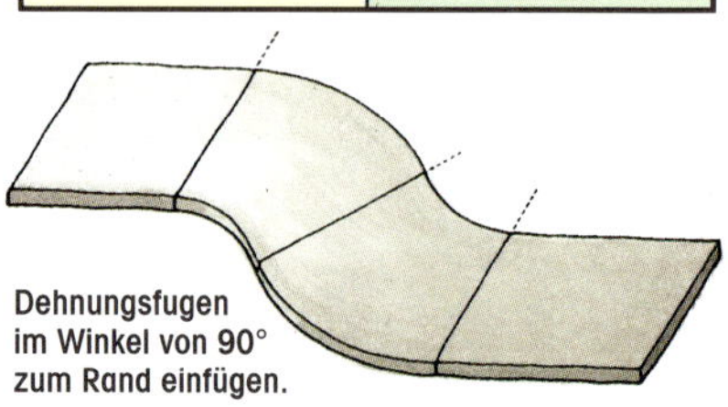

Dehnungsfugen im Winkel von 90° zum Rand einfügen.

EMPFOHLENE STÄRKEN VON BETONPLATTEN

Die normale Stärke eines Betonpflasters setzt voraus, daß es auf stabilem Unterboden verlegt wird. Ist die Erde lehmig oder torfhaltig, muß die Stärke um 50 % erhöht werden. Das gilt auch für einen neuen Bauplatz, wenn die Erde noch nicht genug verdichtet ist. Für einen Fußweg legen Sie eine Unterlage aus verdichtetem Kies unter das Pflaster. Diese nimmt die Bewegungen des Erdreichs auf, ohne daß der Beton selbst davon betroffen wird. Eine Unterlage ist für leichte Bauten, wie einen Holzschuppen, nicht erforderlich, aber wenn Sie eines Tages die Traglast erhöhen wollen, ist eine Unterlage zu empfehlen.

Fußwege

Nur für Fußgänger:
Beton: 7,5 cm
Unterlage: nicht erforderlich

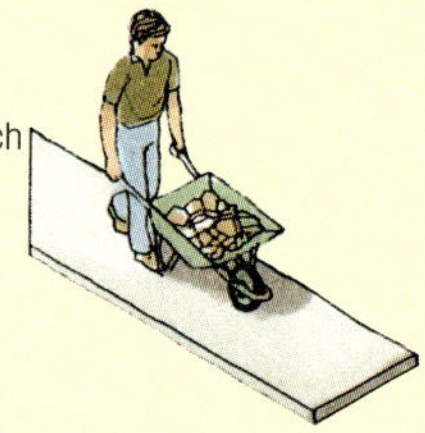

Leichte Nebengebäude

Betonplatte für Holz- oder Geräteschuppen und ähnliche Nebengebäude:
Beton: 7,5 cm
Unterlage: 7,5 cm

Innenhöfe

Jede ausgedehnte Betonfläche für eine größere Zahl von Leuten:
Beton: 10 cm
Unterlage: 10 cm

Parkplätze

Pflaster im Freien für Personenwagen:
Beton: 10 cm
Unterlage: 10 cm

Einfahrten

Zufahrten für Personenwagen:
Beton: 10 cm
Unterlage: 10 cm
Für mittelschwere Fahrzeuge wie Lieferwagen:
Beton: 15 cm
Unterlage: 10 cm

Garagen

Die Ränder der Betonplatte verstärken, um das Gewicht der Wände zu tragen
Beton:
Fußboden: 10 cm
Ränder: 20 cm
Unterlage:
Mindestens 15 cm

Materialausdehnung berücksichtigen

Temperaturschwankungen führen zum Ausdehnen und Zusammenziehen von Beton. Dabei kann eine Betonplatte oder ein Fußweg am schwächsten oder anfälligsten Punkt reißen. Eine elastische Dehnungsfuge absorbiert die Bewegungen oder konzentriert die Kräfte auf vorherbestimmte Flächen, wo sie wenig Schaden anrichten. Die Fugen sollten im Winkel von 90 ° auf die Seiten der Betonfläche treffen. Zwischen Platte und Hauswand muß immer eine Fuge gesetzt werden, ebenso um Revisionsschächte herum.

Position der Dehnungsfugen

Die Position der Dehnungsfugen hängt von der Fläche und der Form des Betons ab.

Fußweg
Alle 2 m eine Fuge

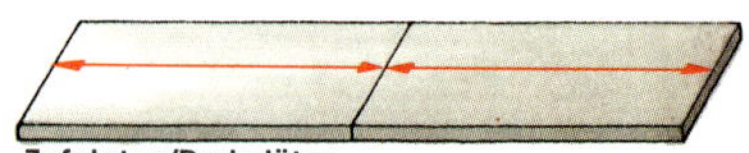

Zufahrten/Parkplätze
Alle 4 m eine Fuge

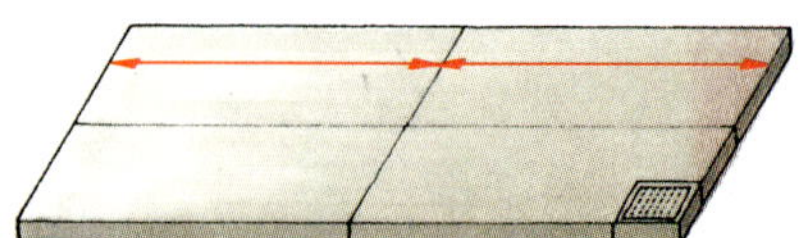

Betonplatten
Fugenabstand höchstens 4 m und um Revisionsschächte herum.

Betonplatte in gleich große Felder aufteilen, wenn:
- Länge mehr als doppelt so groß ist wie Breite.
- Längste Abmessung das 40fache der Stärke beträgt.
- Die längste Abmessung 4 m überschreitet.

BERECHNUNG BENÖTIGTER BETONMENGEN

SIEHE AUCH
unter:
Beton mischen 327

Schätzen Sie die Menge des benötigten Betons, indem Sie den Rauminhalt für Straße, Fußweg oder Zufahrt berechnen. Die Oberfläche des Bauplatzes wird ausgemessen und mit der Stärke multipliziert.

Betonmenge schätzen

Benutzen Sie das Rasterdiagramm zur Bestimmung des Betonvolumens, indem Sie auf der linken senkrechten Achse, die zu betonierende Fläche ablesen und dann waagrecht nach rechts bis zur Verbindungslinie zwischen Nullpunkt und Betonstärke fahren. Oben ist das Volumen in Kubikmetern angegeben.

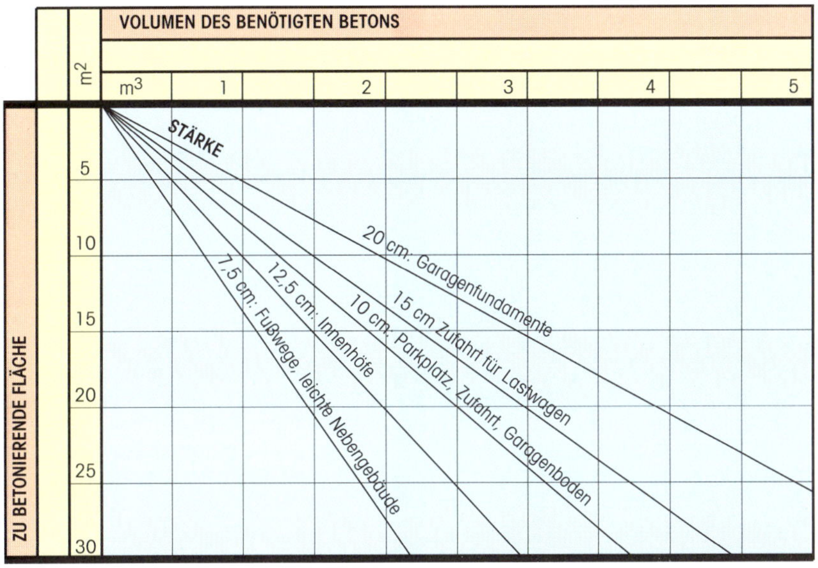

Menge der Bestandteile bestimmen

Bestimmen Sie mit dem Balkendiagramm, wieviel Zement, Sand und Zuschlagstoff gebraucht wird, um das errechnete Volumen des Betons zu mischen. Die Zahlen basieren auf der Menge der Bestandteile, die zum Anmischen von einem Kubikmeter Beton benötigt werden, der eine besondere Art von Mischung verwendet (siehe unten) und 10% Abfall einschließt.

		KUBIKMETER BETON								
		1,00	1,50	2,00	2,50	3,00	3,50	4,00	4,50	5,00
UNIVERSALMISCHUNG										
	Zement (50 kg)	7,00	10,50	14,00	17,50	21,00	24,50	28,00	31,50	35,00
plus	Sand (Kubikmeter)	**0,50**	**0,75**	**1,00**	**1,25**	**1,50**	**1,75**	**2,00**	**2,25**	**2,50**
	Zuschlag (Kubikmeter)	0,75	1,15	1,50	1,90	2,25	2,65	3,00	3,40	3,75
oder	Ballast (Kubikmeter)	**0,90**	**1,35**	**1,80**	**2,25**	**2,70**	**3,15**	**3,60**	**4,05**	**4,50**
FUNDAMENTMISCHUNG										
	Zement (50 kg)	6,00	9,00	12,00	15,00	18,00	21,00	24,00	27,00	30,00
plus	Sand (Kubikmeter)	**0,55**	**0,80**	**1,10**	**1,40**	**1,65**	**1,95**	**2,20**	**2,50**	**2,75**
	Zuschlag (Kubikmeter)	0,75	1,15	1,50	1,90	2,25	2,65	3,00	3,40	3,75
oder	Ballast (Kubikmeter)	**1,00**	**1,50**	**2,00**	**2,50**	**3,00**	**3,50**	**4,00**	**4,50**	**5,00**
PFLASTERMISCHUNG										
	Zement (50 kg)	9,00	13,50	18,00	22,50	27,00	31,50	36,00	40,50	45,00
plus	Sand (Kubikmeter)	0,45	0,70	0,90	1,15	1,35	1,60	1,80	2,00	2,25
	Zuschlag (Kubikmeter)	0,75	1,15	1,50	1,90	2,25	2,65	3,00	3,40	3,75
oder	Ballast (Kubikmeter)	1,00	1,50	2,00	2,50	3,00	3,50	4,00	4,50	5,00

Flächenberechnung

Quadrate und Rechtecke

Berechnen Sie die Fläche von rechteckigen Pflasterungen durch Multiplizieren von Breite und Länge.

Beispiel:
2 m x 3m = 6 qm

Kreise

Formel für Fläche eines Kreises: πr^2
(π = 3,14; r = Radius des Kreises)

Beispiel:
3,14 x 2 qm = 3,14 x 4 = 12,56 qm

Unregelmäßige Flächen

Zeichnen Sie unregelmäßige Flächen auf kariertes Papier. Zählen Sie die Quadrate, und ermitteln Sie den Durchschnitt der Teile, um die ungefähre Fläche herauszufinden.

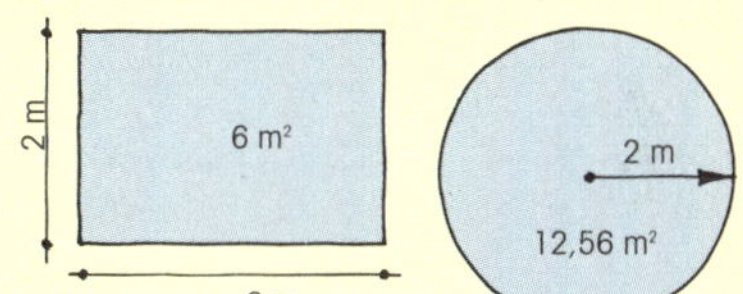

Rechteck **Kreis**

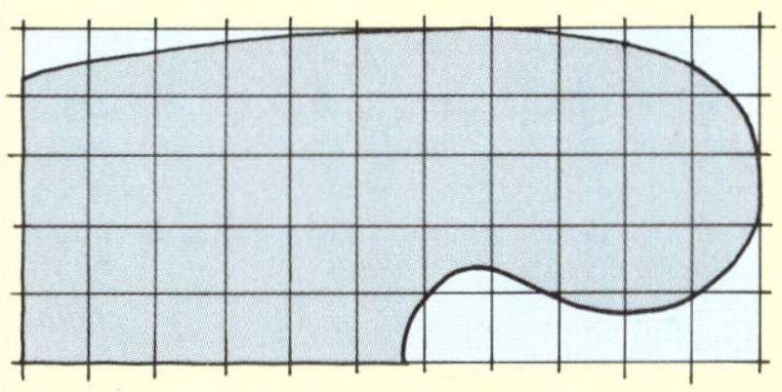

Aufrastern einer unregelmäßigen Form

WERKZEUGE UND MASCHINEN REINIGEN

Arbeiten Sie beim Mischen der Betonchargen mit sauberen Schaufeln, und waschen Sie am Abend alle Betonreste von den Werkzeugen und der Schubkarre. Zum Reinigen der Betonmischmaschine einige Schaufeln grobe Zuschlagstoffe und Wasser einfüllen und die Maschine eine Weile laufen lassen. Kippen Sie den Zuschlag heraus, und spülen Sie die Trommel mit sauberem Wasser aus. Nicht verarbeiteter Beton wird in Säcke geschaufelt, damit er sachgemäß entsorgt werden kann. Die Arbeitsfläche wird mit einem harten Besen und Wasser gesäubert. Spülen Sie niemals Beton oder Zuschlagstoffe in die Kanalisation.

PLATTEN BETONIEREN

SIEHE AUCH

unter:

Dehnungsfugen	328
Quergefälle	328
Betonplattenstärke	328
Beton glätten	333

Schon eine Fundamentplatte für einen kleinen Schuppen oder ähnliche Bauten verlangt Ihnen alle Kenntnisse über die Kunst des Betonierens ab: Verschalung, Schütten, Ausgleichen, Verdichten und Glätten des Betons. Wenn die Fläche kleiner als 2 x 2 m ist, braucht man wenigstens keine Dehnungsfugen vorzusehen.

Die Bestandteile nach dem Volumen zu mischen ist die einfachste und genaueste Art, die erforderlichen Voraussetzungen zu gewährleisten. Unabhängig vom Behälter, den Sie zum Abmessen verwenden (Eimer, Schaufel, Schubkarre), ist das Verhältnis das gleiche.

MISCHUNGSVERHÄLTNIS NACH VOLUMEN			
Art der Mischung		Verhältnisse	Für 1 m^3 Beton
MEHRZWECK			
Für die meisten Erfordernisse, ausgenommen Garagenböden.		1 Teil Zement	6,4 Säcke (50 kg)
	oder	3 Teile Zuschlag	0,672 m^3
		4 Teile Ballast	0,896 m^3
FUNDAMENT			
Für Fundamente am Sockel von Mauerwänden.		1 Teil Zement	5,6 Säcke (50 kg)
	plus	2,5 Teile Sand	0,49 m^3
	oder	3,5 Teile Zuschlag	0,686 m^3
		5 Teile Ballast	0,98 m^3
PFLASTER			
Für Wege im Freien wie Fußwege, Zufahrten, Garagenböden.		1 Teil Zement	8 Säcke (50 kg)
	plus	1,5 Teile Sand	0,42 m^3
	oder	2,5 Teile Zuschlag	0,7 m^3
		3,5 Teile Ballast	0,98 m^3

Baugrube ausheben

Stecken Sie die Fläche der Betonplatte mit an Pflöcken gebundenen Schnüren ab, die außerhalb der Arbeitsfläche in den Boden getrieben wurden **(1)**. Beim Ausheben der Grube entfernen Sie sie, setzen sie aber später wieder ein, weil Sie sie für die Verschalung brauchen. Mutterboden und alle pflanzlichen Stoffe in der Baugrube werden restlos entfernt. Vergrößern Sie die ausgehobene Fläche um 15 cm als Zugabe für die Platte. Alle Wurzeln werden abgeschnitten. Die Rasensoden werden zur Seite gelegt und später zum Bedecken der Hinterfüllung der fertigen Betonplatte genutzt. Falls die Grube zu tief wird, füllt man sie mit Kies oder Magerbeton. Nivellieren Sie die Füllung der Grube mit einem Brett **(2)**, und verdichten Sie diese mit einer Gartenwalze.

Schalung zusammenbauen

Bis zum Abbinden muß der Beton durch eine Schalung abgestützt werden. Für eine rechteckige Betonplatte bauen Sie die Schalung aus 2,5 cm starken, Holzbohlen. Die Breite der Bohlen entspricht der Stärke der Platte. Müssen Bohlen zusammengefügt werden, stoßen Sie die Enden stumpf zusammen und nageln eine Lasche über den Stoß an der Außenseite **(3)**.

Mit Hilfe der Richtschnur stellen Sie ein Brett am Kopfende der Platte auf und treiben Pflöcke in 1 m Abstand dahinter in die Erde, einen für jede Ecke. Oberkanten der Pflöcke und des Bretts müssen auf gleicher Höhe liegen, die zugleich die der geplanten Betonplatte ist. Das Brett wird an die Pflöcke genagelt **(4)**. Ein weiteres Brett wird ans andere Ende gesetzt, aber bevor Sie es an die Pflöcke nageln, legen Sie die Neigung des Quergefälles mit Richtscheit und Wasserwaage fest. Berechnen Sie den Höhenunterschied zwischen den beiden Plattenenden. Eine 2 m lange Platte sollte über diese Entfernung 2,5 cm abfallen. Eine Holzunterlage wird unter das eine Ende des Richtscheits geleimt und auf den niedrigen Pflock gelegt, während das andere Ende auf das gegenüberliegende Brett gesetzt wird **(5)**. Die niedrigen Pflöcke werden so lange eingeschlagen, bis die Wasserwaage waagrecht liegt. Dann wird das Brett bündig mit den Oberkanten der Pflöcke angenagelt. Errichten Sie die Seiten der Verschalung und lassen Sie die Bretterenden über die Ecken stehen, damit sie später leichter abmontiert werden können, nachdem der Beton ausgehärtet ist **(6)**. Mit dem Richtscheit, aber diesmal ohne Unterlage, werden die Bretter über die Verschalung hinweg ausgerichtet.

1 Fläche der Betonplatte mit Schnüren markieren

2 Boden der Grube ausgleichen

3 Bretter mit einer angenagelten Lasche verbinden

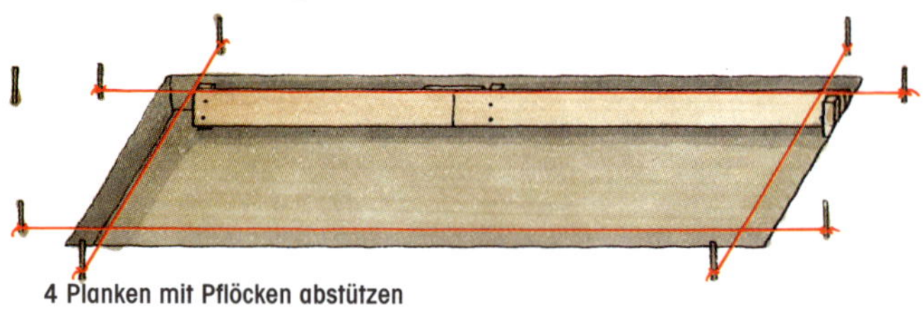

4 Planken mit Pflöcken abstützen

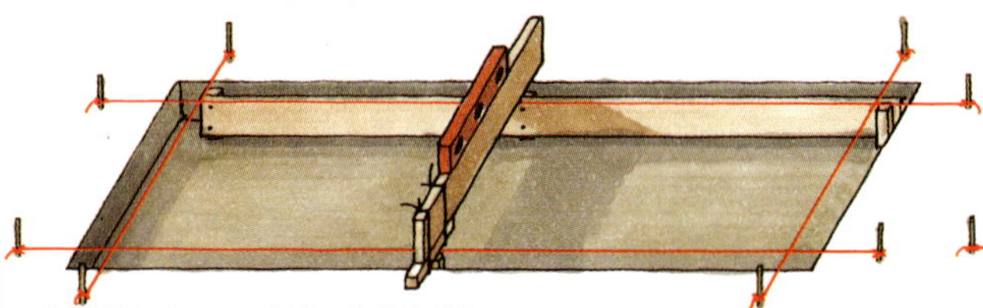

5 Mit Unterlage am Richtscheit Gefälle messen

6 Die fertige Verschalung

BETONPLATTE HERSTELLEN

SIEHE AUCH
unter:
Beton mischen 327

Untergrund anlegen

Kies mit Sand vermischt schafft eine feste Unterlage, aber man kann auch zertrümmerte Steine oder Ziegelabfälle verwenden. Entfernen Sie große Mauerbrocken, weil sie sich nicht gut verdichten lassen. Die Kiesschüttung wird in die Schalung geschaufelt und ausgeglichen, bevor sie mit einem Holzstampfer festgerammt wird **(7)**. Große Klumpen werden mit einem schweren Hammer zerschlagen. Mulden und Vertiefungen werden mit mehr Kiesschüttung oder scharfem Sand aufgefüllt, bis die Unterlage so hoch ist, daß sie an die Unterseite der Schalbretter reicht.

Mit Beton auffüllen

Der Beton wird so nahe wie möglich an der Baugrube angemischt und mit einer Schubkarre zur Schalung transportiert. Bei weichem Untergrund legt man stabile Gerüstbretter aus, vor allem um die Verschalung herum. Feuchten Sie die Unterlage und die Schalung leicht an, und lassen Sie das Oberflächenwasser verdunsten, bevor Sie den Beton hineinkippen. Man beginnt an einem Ende der Grube und drückt den Beton fest in die Ecken **(8)**. Harken Sie ihn eben, bis der Beton ca. 2 cm über der Schalung steht.

Mit einer langen Streichlatte wird der Beton abgezogen und mit stetigen Schlägen der Planke eingeebnet und verdichtet **(9)**. Wiederholen Sie den Vorgang auf der ganzen Fläche noch ein weiteres Mal, dann entfernen Sie überschüssigen Beton, indem Sie die Latte hin- und herbewegen **(10)**. Vertiefungen werden aufgefüllt und noch einmal ausgeglichen.

Damit der Beton nicht zu schnell austrocknet, wird die Platte mit Plastikfolien abgedeckt, die an den Verbindungen geklebt und am Rand mit Ziegeln beschwert werden **(11)**. Oder Sie verwenden nasse Säcke, die Sie durch Besprühen drei Tage lang feucht halten. Beton sollte nicht bei kaltem Wetter verlegt werden, ist es aber unvermeidbar, breiten Sie eine Schicht aus Erde oder Sand auf der Folie aus, um den Beton vor Frost zu schützen. Nach drei Tagen kann man den Beton begehen, aber warten Sie eine Woche, bevor Sie die Schalung entfernen und auf der Platte den Schuppen oder ein ähnliches Nebengebäude errichten.

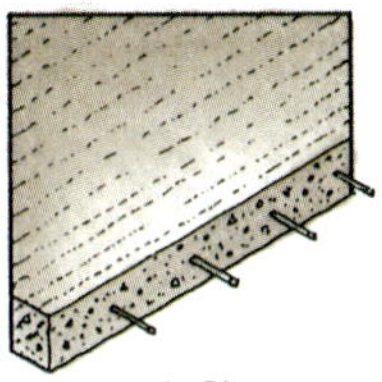

Bestehende Platte verlängern
Zum Vergrößern einer Terrasse fügen Sie ein neues Betonteil an die bestehende Platte an. Der stumpfe Stoß wird zur Dehnungsfuge. Zum Anfügen eines schmalen Streifens, zum Beispiel für einen größeren Schuppen, werden Löcher in den Rand der Platte gebohrt und kurze Bewehrungsstäbe mit Epoxydkleber eingeklebt, bevor der frische Beton geschüttet wird.

Oberfläche glätten
Überstehende Kanten haben scharfe Ränder. Runden Sie sie mit einem selbstgefertigten Kantenhobel ab. Ein Stück Blech wird über einem starken Stab gebogen und ein Handgriff in der Mitte angeschraubt. Ziehen Sie das Handbrett wie beim Glätten der Betonoberfläche über die Verschalung.

7 Kiesschüttung mit dem Holzstampfer ausgleichen

8 Beim Einschütten des Betons in den Ecken beginnen.

9 Beton mit einer Bohle verdichten

10 Mit einer sägeähnlichen Bewegung überschüssigen Beton entfernen

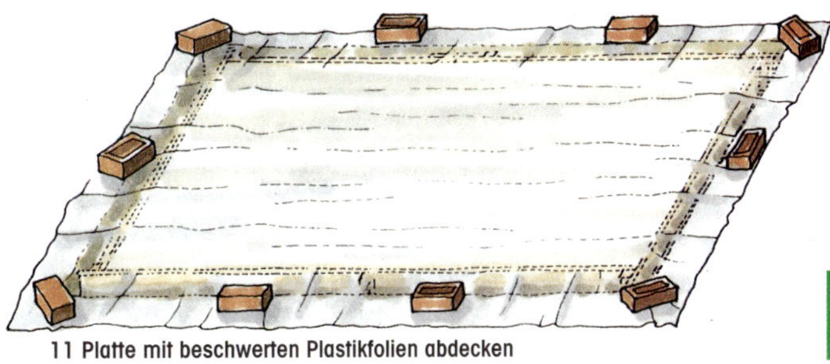

11 Platte mit beschwerten Plastikfolien abdecken

FUSSWEGE UND EINFAHRTEN

SIEHE AUCH
unter:
Dehnungsfugen 328
Quergefälle 328
Plattenstärke 328
Verschalung 330
Beton verdichten 331

Wege und Zufahrten werden genauso wie Platten mit Verschalung betoniert und verdichtet. Die Länge der meisten Wege und Zufahrten erfordert den Einbau von Dehnungsfugen. Unter einer Zufahrt muß eine Unterlage installiert werden, ein Fußweg kann dagegen auf verdichtete, mit scharfem Sand ausgeglichene Erde verlegt werden. Ein leichtes Quergefälle ist für die Ableitung des Regenwassers notwendig. Frischer Beton darf 10 Tage lang nicht befahren werden.

1 Schlauchwaage aus einem Gartenschlauch

2 Schalung mit einem Richtpflock ausrichten

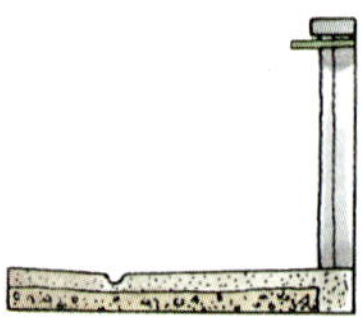

Abschüssige Einfahrt
Bei einer Zufahrt auf abschüssigem Gelände wird der Übergang von der Erdbodenhöhe so sanft wie möglich gestaltet. Verläuft das Gefälle in Richtung einer Garage, läßt man es auf den letzten 2 m zum Tor hin ansteigen. Mit einem Rundholz wird am tiefsten Punkt eine Rinne in den Beton eingedrückt.

5 Brett mit Beton und Nägeln abstützen

6 Dehnungsfuge mit einem T-Eisen eindrücken

Wege und Zufahrten anlegen

Baugrube in der Tiefe der Unterlage und des Betons ausschachten. Der Boden der Grube wird mit einem Brett ausgeglichen und geglättet. Genau ausgerichtete Pflöcke werden als Richtmaß für die Schalung in den Boden entlang der Grube getrieben. Ordnen Sie sie im Abstand von 2 m in der Mitte des Fußwegs an. Der erste Pflock wird so weit eingetrieben, bis die Oberkante mit der vorgesehenen Oberfläche des Betons bündig liegt. Benutzen Sie zur Höhenmessung ein langes Richtscheit und eine Wasserwaage, oder besser noch eine Schlauchwaage, die Sie selbst anfertigen können. Stecken Sie offene durchsichtige Plastikröhrchen in beide Enden eines Gartenschlauchs, oder verwenden Sie einen durchsichtigen Kunststoffschlauch. Die Enden werden hochgehoben, und der Schlauch wird mit Wasser gefüllt. Die durchsichtigen Enden zeigen die Höhe des Wassers an, die an beiden Seiten gleich ist. Auf diese Weise kann man Höhen auch über sehr große Entfernungen und um Hindernisse und Ecken herum sehr genau bestimmen. Ein Ende des Schlauchs wird an den ersten Richtpflock gebunden, wobei der Wasserspiegel mit der Oberkante des Pflocks übereinstimmt. Mit dem anderen Schlauchende wird die Höhe der anderen Pflöcke entlang des Weges festgelegt **(1)**.

Verschalung errichten

Die Schalung wird wie bei einer Betonplatte aus Brettern zusammengesetzt. Zum Prüfen der Ausrichtung wird ein Richtscheit über den nächsten Richtpflock gelegt **(2)**. Holzverschalungen für lange Zufahrten und Wege sind teuer, deshalb ist es eventuell günstiger, eine Schalungsschiene zu mieten **(3)**. Eine gerade Schalung besteht aus starren Teilen, flexible Teile werden für Krümmungen verwendet. Eine Holzverschalung läßt sich in beschränktem Umfang biegen, ohne daß das Holz bricht, wenn Sie im Bereich der Krümmung an der Innenseite des Bretts mehrere parallele Sägeschnitte anbringen **(4)**.

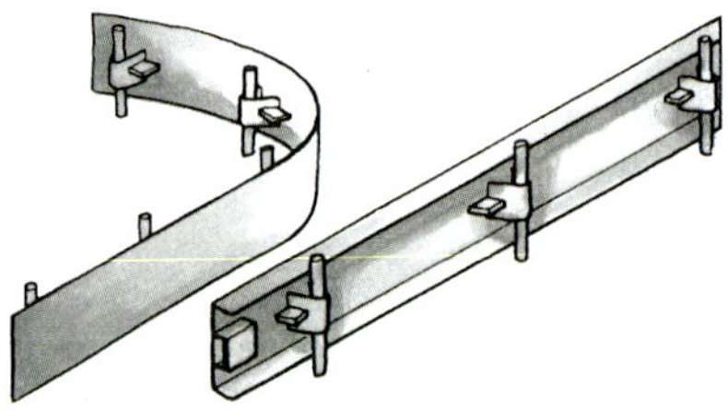

3 Gekrümmte und gerade Schalungsschienen

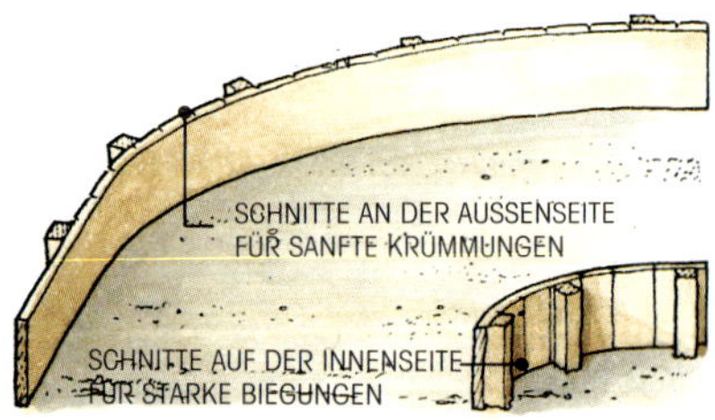

4 Gekrümmte Schalung aus Holzbohlen

Dehnungsfugen einbauen

Eine dauerhafte Dehnungsfuge wird bei Fußwegen alle 2 m, bei Zufahrten alle 4 m eingebaut. Schneiden Sie aus imprägniertem Hartholz oder 12 mm starkem Weichholz Streifen, die genau in die Verschalung passen und der Höhe des Betons entsprechen. Vor der Schüttung halten Sie die Streifen für die Dehnungsfugen mit Betonhaufen an ihrem Platz und nageln sie an beiden Enden an den Schalbrettern fest **(5)**. Vor dem Füllen der Schalung mit Beton packen Sie mehr Beton an die Seiten der Streifen, damit sie sich nicht verschieben. Da die Fugen dauerhafte Einbauten sind, müssen sie mit der Betonoberfläche eben sein. Ähnliche Fugen werden beim Bau einer Terrasse oder einer Felderkonstruktion verwendet (siehe gegenüberliegende Seite).

Um das Reißen des Betons zwischen den Fugen eines schmalen Wegs zu verhindern, schneiden Sie 18 mm tiefe Rillen über den verdichteten Beton, um Dehnungsfugen zu bilden, die sich mit den eingebauten Fugen abwechseln. Am einfachsten ist es, eine T-Schiene zwischen die Schalbretter zu setzen. Legen Sie sie auf den Beton, und klopfen Sie sie mit dem Fäustel hinein **(6)**. Den Streifen dann vorsichtig aus dem Beton nehmen, damit ein sauberer Eindruck bleibt. Bewegt sich der Beton dabei, entsteht ein verborgener Riß am Boden der Rille. Legen Sie dicke Teerpappestreifen zwischen den Beton und eine angrenzende Mauer, damit die Ausdehnung absorbiert wird. Die Pappe wird mit Betonhaufen gehalten, bevor der Beton geschüttet wird.

OBERFLÄCHENBEHANDLUNG VON BETON

SIEHE AUCH
unter:

Die Oberfläche, die durch Stampfen oder Abziehen hergestellt wurde, ist völlig ausreichend für Bodenplatten, Zufahrten oder Fußwege. Man kann weitere Oberflächenabschlüsse mit einfachem Handwerkszeug herstellen, nachdem der Beton verdichtet und eingeebnet wurde.

Reibebeton

Der gestampfte Beton wird geglättet, indem ein Holzreibebrett über die Oberfläche gezogen wird; eine noch feinere Struktur wird mit einer Stahlglättkelle hergestellt. Der Beton muß eine Weile austrocknen, bevor man das Reibebrett benutzt, sonst wird Wasser an die Oberfläche gebracht und diese geschwächt, was zu einem staubigen Rückstand auf dem gehärtetem Beton führt. Die Verschalung wird mit einer starken Bohle überbrückt, damit Sie die Mitte erreichen.

Oberfläche mit einem Holzreibebrett glätten

Bürstenbehandlung

Eine fein strukturierte Oberfläche wird mit einem Hofbesen geschaffen. Zuerst wird der Beton mit einem Holzreibebrett abgerieben, dann werden parallele Linien mit dem flach gehaltenen Besen gezogen.

Oberfläche mit Besen strukturieren

Bürstenbehandelter Beton

Waschbeton

In die Oberfläche eingebettete kleine Steine oder Kies schaffen einen reizvollen und zweckmäßigen Abschluß, aber es erfordert Übung, um erfolgreich zu sein. Streuen Sie angefeuchteten Kies auf den frischen Beton, und stampfen Sie ihn mit einem Stück Holz fest, bis er bündig mit der Oberfläche ist **(1)**. Legen Sie eine Bohle über die Schalung, und stellen Sie sich darauf, damit Sie sicher sein können, daß die Oberfläche eben ist. Lassen Sie den Beton härten, bis das Oberflächenwasser verdunstet ist, dann sprühen Sie ihn ein und fegen den Zement um den Kies herum weg, bis der Kies hervorragt **(2)**. Beton für 24 Stunden abdecken und erneut abwaschen, um ihn von Ablagerungen zu reinigen. Wieder abdecken und gründlich härten lassen.

1 Kies in den Beton stampfen

2 Zement vom Kies abwaschen

So muß Waschbeton nach der Reinigung aussehen

VERSETZTE FELDER BAUEN

Es ist nicht immer möglich, die gesamte Betonmenge in einem Arbeitsgang zu verlegen. In solchen Fällen ist es einfacher, die Schalung kreuzweise mit zusätzlichen Bohlen in gleich große Felder abzuteilen. Werden die Felder mit Beton gefüllt, haben Sie viel Zeit, jeden Abschnitt zu verdichten und auszugleichen, und mehr Platz zum Arbeiten. Dieses Unterteilen in kleine Flächen ist auch die einzige Möglichkeit, wenn Zufahrten oder Wege unmittelbar an eine Mauer angrenzen, weil die Wand das Arbeiten von beiden Seiten verhindert. Versetzte Felder werden häufig für Zufahrten an steilen Hängen gebaut, damit die schwere Betonmasse nicht abrutscht. Dehnungsfugen sind nicht erforderlich, weil die stumpfe Stoßfuge zwischen den Feldern genügend Spielraum für Bewegung im Beton bietet.

Versetzte Felder betonieren
An einer Mauer verlegter Beton wird von den leeren Feldern aus verdichtet. Danach werden die Sperreinlagen entfernt und die Lücken gefüllt. Als Richtmaß dient die Oberfläche des festen Betons.

REVISIONSSCHÄCHTE

Revisionsschächte umgibt man mit Dehnungsfugen. Eine Verschalung wird um den Schacht gebaut und mit Beton gefüllt. Hat er sich gesetzt, werden die Bretter entfernt und Filzstreifen oder imprägnierte Bretter um alle vier Seiten gelegt.

Verschalen des Revisionsschachts

PFLASTER-PLATTEN

SIEHE AUCH
unter:
Pflasterklinker 337

Sofern Sie nur die eintönigen Platten kennen, aus denen öffentliche Gehsteige bestehen, werden Sie keine Lust verspüren, Gußbetonplatten in Ihrem Garten zu verlegen. Informieren Sie sich in einem Baumarkt über die breite Palette an Material, Formen, Farben und Strukturen.

Farben und Oberflächenstrukturen

Wegeplatten werden in Formen gepreßt oder betoniert, um die gewünschte Oberfläche zu schaffen. Pigmente und ausgewählte Zuschlagstoffe werden der Betonmischung beigegeben, um den Eindruck von Naturstein erwecken oder Farbigkeit zu erzeugen. Die Kombination von Farben in einer Pflasterfläche kann zu erstaunlichen Ergebnissen führen.

1 Kiesplatten
Große Betonplatten ähneln einer Fläche aus Kiesplatten. Sorgfältiges Verlegen und Verfugen sind wichtig. Platten werden in geraden Reihen oder Kurven verlegt.

2 Pflanzsteine
Vier Platten werden zum Quadrat verlegt; in der Mitte bleibt ein ausgesparter Kreis für die Bepflanzung.

3 Waschbeton
Steinsplittbeton hat eine grobe Struktur, oder er ist geschliffen und ähnelt Terrazzo.

4 Bürstenbehandlung
Eine gebürstete Betonplatte mit parallelen Rillen, die ein harter Besen in den feuchten Beton gezogen hat, sieht gut aus und ist rutschfest. Es gibt gerade und wellige Muster.

5 Bruchgestein
Die fertige Oberfläche ähnelt der von Naturstein. Platten von guter Qualität sind aus Echtsteinoriginalen, in einer breiten Auswahl mit feiner Struktur, betoniert. Verläuft die Struktur über den Rand der Platten hinaus, können sie für Stufen und Abdeckungen verwendet werden.

GRÖSSEN UND FORMEN

Die Hersteller bieten eine abwechslungsreiche Produktpalette an, halten sich aber weitgehend an genormte Formen und Elementgrößen. Die größten Platten lassen sich mit einer Hand tragen, aber beim fachgerechten Verlegen ist es von Vorteil, wenn einem jemand dabei hilft.

Quadratische und rechteckige Formen
Platten von gleicher Größe und Form bilden ein rasterähnliches Muster; versetzte Platten schaffen einen verbandähnlichen Effekt. Rechteckige Wegeplatten erzeugen ein würfelähnliches Muster. Oder man kombiniert verschiedene Größen zu einem unregelmäßigen Pflaster.

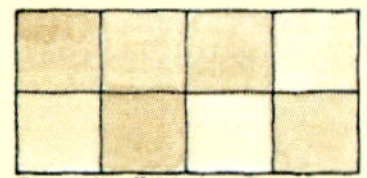
Regelmäßiges Raster

Versetzte Platten

Würfelmuster

Fischgrätenmuster

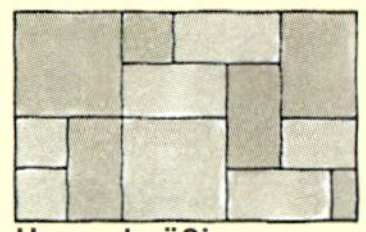
Unregelmäßiges Muster

Sechseckige Formen
Sechseckige Platten bilden wabenförmige Muster. Halbe Platten, die von Fuge zu Fuge verlaufen, randen gepflasterte Flächen in geraden Linien ein.

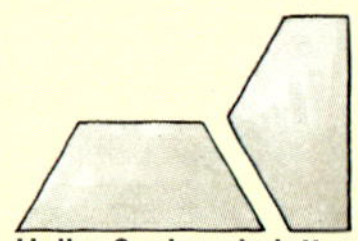
Halbe Sechseckplatten

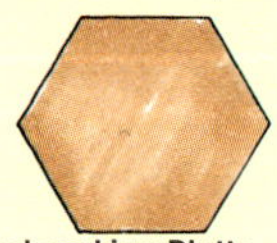
Sechseckige Platte

Wabenmuster

Keilförmige Platten
Keilförmige Platten werden für Umrandungen, Wege und Stufen verwendet. Kopf- und Fußseiten werden aneinandergelegt, um gerade Abschnitte herzustellen. An den Enden werden rechts- oder linksseitige Plattenhälften verwendet.

Ganze und halbe keilförmige Platten

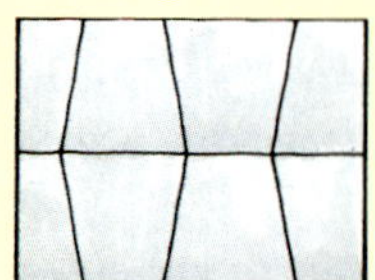
Gerader Abschnitt

Runde Formen
Runde Platten ergeben Einzeltrittstufen für einen Rasen oder ein Blumenbeet. Für eine breite Fläche werden die Zwischenräume mit Feld- oder Kieselsteinen gefüllt.

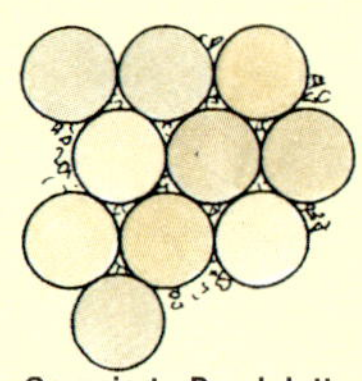
Gruppierte Rundplatten

WEGEPLATTEN VERLEGEN

SIEHE AUCH
unter:

Mörtel anmischen	313
Gefälle pflastern	328
Untergrund anlegen	331

Das Verlegen von Wegeplatten ist schwere Arbeit, aber die Technik ist nicht komplizierter als beim Verfliesen einer Wand. Sorgfältiges Abstecken und Verlegen von Anfang an führen zu einem zufriedenstellenden Ergebnis. Beachten Sie besonders beim Verlegen von Sechseckplatten, daß die letzten Platten sauber passen.

BETONPLATTEN TRENNEN

Ziehen Sie eine Linie über eine Platte. Dann stemmen Sie mit einem Breitmeißel eine Rille von 3 mm Tiefe entlang der Linie **(1)**. Die Linie muß über beide Seiten und die Unterseite der Platte fortlaufen. Die Platte wird in Sand gebettet, und an ein Ende der Rille wird ein Holzklotz angelegt. Schlagen Sie mit dem Hammer auf den Klotz, während Sie ihn an der Rille entlangziehen, bis ein Riß durch die Platte verläuft **(2)**. Die rauhe Kante wird mit dem Breitmeißel besäumt. Für einen sauberen Schnitt kann man einen Winkelschleifer mit Steintrennscheibe verwenden. Ritzen Sie eine tiefe Rille auf beide Seiten der Platte und klopfen Sie wie beschrieben.

1 Mit dem Breitmeißel eine Ritze schneiden

2 Platte mit Holzklotz und Hammer trennen.

SCHUTZ DER AUGEN

Wenn Sie Betonplatten mit Meißel oder Trennscheibe trennen, müssen Sie Ihre Augen mit einer Schutzbrille gegen Splitter schützen. Der Winkelschleifer wirbelt viel Staub auf, weshalb Sie eine Maske aus Stoff tragen sollten.

Pflasterfläche abstecken

Vermeiden Sie es nach Möglichkeit, Platten zuschneiden zu müssen, indem Sie eine Fläche planen, die nur aus ganzen Platten besteht. Benutzen Sie eine gerade Mauer als Richtlinie und messen Sie von ihr ausgehend. Lassen Sie 10 bis 15 cm Rand aus Kies zwischen Pflaster und Mauer, wenn Sie gezwungen sind, in Richtung des Hauses zu pflastern. Ein Kiesrand spart nicht nur Zeit und Geld, weil man weniger Platten braucht, sondern schafft auch eine Fläche für Kletterpflanzen und eine geeignete Wasserabführung, um die Mauer trocken zu halten. Legen Sie das Pflaster mit einem Gefälle von 16 mm pro Meter an, damit das Oberflächenwasser in den Garten abläuft. Das Pflaster muß 30 cm unter der Sperrschicht liegen. Da die Abmessungen der Wegeplatten ziemlich genau sind, müssen Sie auch die Fläche exakt vermessen und 6 bis 8 mm für die Lücke zwischen den Platten zugeben. Einige Platten werden mit abgeschrägten Kanten gegossen **(1)** und sollten mit den Rändern zusammenstoßen. Mit Pflöcken und Schnur wird der Umfang der zu pflasternden Fläche markiert und überprüft, bevor sie ausgehoben wird.

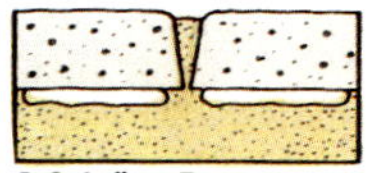

1 Schräge Fugen

Unterkonstruktion vorbereiten

Wegeplatten müssen auf einem stabilen, ebenen Bett verlegt werden, aber Tiefe und Beschaffenheit des Unterbaus hängen von der Art der Erde und der vorgesehenen Benutzung des Pflasters ab. Für ebene Terrassen und Wege heben Sie den Untergrund bis zur tragfähigen Kiesschicht aus. Darauf legen Sie eine Schicht Kies, der verdichtet wird. Die Oberfläche der Kiesschicht soll ca 5 cm plus Stärke der Pflasterplatten unter der umgebenden Erdoberfläche liegen.

Decken Sie die Kiesschicht mit einer 2,5 cm starken Schicht Bausand ab, auf der das Pflaster verlegt wird. Das Pflaster soll knapp 2 cm unter dem umgebenden Rasen liegen, damit der Rasenmäher beim Mähen nicht beschädigt wird.

Nach Verdichten der Kiesschicht verteilen Sie den Sand mit einer Harke und ebnen ihn durch Kratzen und Stampfen mit einem Balken ein **(2)**, damit Sie eine ebene Oberfläche erhalten.

2 Sandbett ebnen

Wegeplatten verlegen

Schnüre werden als Richtlinien gespannt und die Randplatten, von einer Ecke in beide Richtungen arbeitend, in den Sand gelegt. Sind Sie mit der Lage zufrieden, heben Sie eine hoch und betten sie in steifen Mörtel (1 Teil Zement, 4 Teile Sand). Ein handgroßer Klacks wird unter jede Ecke gesetzt und zum Abstützen einer in die Mitte der Platte **(3)**. Soll ein Auto über die Platten fahren, wird ein durchgehendes 5 cm starkes Mörtelbett verlegt. Verlegen Sie drei Platten gleichzeitig, mit einem 6-mm-Abstandsholz dazwischen. Jede Platte wird durch Schläge mit einem schweren Hammer auf einen Holzklotz ausgerichtet **(4)** und überprüft.

Für das Gefälle werden Richtpflöcke entlang der erhöhten Seite errichtet, die in die Erde geschlagen werden, bis ihre Oberkante mit der Oberfläche des Pflasters übereinstimmt. Dann prüfen Sie das Gefälle der Platten mit einem Richtscheit **(5)**. Die Reste der Platten werden jedesmal von der Ecke aus verlegt, damit die Fugen rechtwinklig verlaufen. Vor dem Härten des Mörtels die Abstandshölzer entfernen.

3 Mörtelklekse

4 Platten ausrichten

5 Gefälle mit Wasserwaage prüfen

Die Fugen füllen

Gehen Sie die nächsten drei Tage nicht auf dem Pflaster, bis der Mörtel sich gesetzt hat. Müssen Sie die Fläche überqueren, legen Sie Bohlen über die Platten, um das Gewicht zu verteilen. Mit einer Mörtelmischung aus 1 Teil Zement und 3 Teilen Sand werden die offenen Fugen verfüllt **(6)**. Überschüssiges Material wird vom Pflaster entfernt, und dieses wird leicht eingesprüht, damit der Mörtel sich festigt. Vermeiden Sie trockenes Vermörteln, wenn Regen droht; er kann den Mörtel auswaschen.

6 Fugen füllen

UNREGELMÄSSIGES PFLASTER

SIEHE AUCH

unter:

Der ungezwungene Charakter von Wegen oder Terrassen aus unregelmäßig geformten Pflastersteinen war schon immer beliebt. Der wie zufällig wirkende Puzzleeffekt, der attraktiver ist als die exakte geometrische Ausrichtung der Platten, ist leicht zu erzielen. Ein sicherer Blick für Form und Ausgewogenheit ist wichtig.

Material für unregelmäßiges Pflaster
Man kann zerbrochene Betonplatten verwenden, wenn genügend vorhanden sind, aber sehr viel schöner wirkt ein Pflaster aus Schichtgestein, das von selbst in dünne Schichten zersplittert, wenn es zutage gefördert wird. Es ist zu einem verhältnismäßig günstigen Preis erhältlich, wenn man es sich selbst zusammensucht. Suchen Sie in Größe und Form sich unterscheidende Steine, die ca. 4 bis 5 cm stark sind.

Unregelmäßiges Muster aus Bruchstücken

UNTERBAU ABSTECKEN UND ANLEGEN

Man kann Schnüre spannen, um Flächen mit geraden Kanten zu verlegen, obwohl die Ränder des unregelmäßigen Pflasters niemals genau verlaufen. Oder Sie bilden absichtlich einen Rand, bei dem die Plattenstücke so angeordnet sind, daß sie mehr oder weniger weit in den Rasen hineinragen.

Die Ränder der Pflasterfläche verlaufen im Rasen

Unregelmäßige Platten verlegen

Die Platten werden so ausgesucht, daß sie gut zusammenpassen, aber möglichst wenige gerade, durchlaufende Fugen bilden. Besäumen Sie die Platten gegebenenfalls mit Breitmeißel und Hammer. Große Steine werden für den Rand der Pflasterfläche verwendet, weil kleine leicht wegbrechen. Mit Fäustel und Holzblock, werden die Platten einzeln in den Sand gebettet **(1)**, bis sie stabil und eben liegen. Nachdem eine Fläche von 1 m² verlegt ist, richten Sie die Steine mit Richtscheit und Wasserwaage aus **(2)**. Falls nötig, muß Sand zugefügt oder entfernt werden, damit die ganze Fläche eben ist. Ist die Hauptfläche vollständig, schließen Sie die großen Lücken mit kleineren Plattenstücken **(3)**. Zum Ausfüllen der Fugen verteilen Sie Sand auf dem Pflaster und fegen ihn von allen Seiten in die Fugen **(4)**. Oder Sie mischen einen steifen, fast trockenen Mörtel an und drücken ihn mit der Kelle in die Fugen, damit keine Lücken bleiben. Mit einem alten Pinsel werden die eingemörtelten Fugen geglättet und die Steine mit einem feuchten Schwamm gereinigt.

1 Die Steine in Sand einbetten

2 Die Höhe über mehrere Platten hinweg prüfen

3 Lücken mit kleinen Pflasterstücken füllen

4 Trockenen Sand in die Fugen fegen

Trittsteine im Rasen verlegen

Einzelne Steine oder Platten werden über einen Rasen verlegt, um eine Reihe von Trittsteinen zu bilden. Die Form jedes Steins wird mit dem Spaten oder einer Kelle abgestochen und der unter dem Stein liegende Rasen entfernt. Heben Sie die Erde für ein 25-mm-Bett aus Bausand und den Stein aus, der 18 mm unter der Rasenoberfläche liegen muß. Der Stein wird festgeklopft, bis er nicht mehr wackelt, wenn man darauftritt.

Umrisse der Platten mit der Kelle ausstechen

Trittsteine schonen die Rasenfläche

MIT ZIEGELN PFLASTERN

SIEHE AUCH
unter:
Ziegel 309–310
Mauerwerksverbände 314
Beton mischen 327
Gefälle bestimmen 328
Schalung 330
Untergrund anlegen 331

MUSTER AUS ZIEGELN

Betonziegel haben eine Oberfläche mit abgerundeten Kanten. In die Seiten des Ziegels sind Distanzstücke für genaue Fugen geformt. Gebäudeziegel können auf die Kante oder mit der Schmalseite nach unten gelegt werden. Anders als Ziegelmauern, die zur Stabilität in einer bestimmten Art von Verbänden gelegt werden, können Ziegelwege in einem Muster verlegt werden, das Ihnen gefällt.

Fischgrätenmuster mit gerader Umrandung

Gewinkeltes Fischgrätenmuster mit geradem Rand

Ganze Ziegel mit gefärbten Halbsteinen

Versetztes Würfelmuster

Ziegel im Läuferverband

Rohrgeflechtmuster

Wege aus Ziegeln sehen gut aus. Die große Auswahl an Oberflächenstrukturen und Farben ermöglichen eine Vielfalt an Mustern, aber wählen Sie die Ziegel sorgfältig im Hinblick auf die Verwendung des Pflasters.

Material für Ziegelpflaster

Oft werden gewöhnliche Hausziegel für Wege und kleine Terrassen verwendet, obwohl dies nur bei frostfreiem Klima sinnvoll ist. Ansonsten muß man zumindest Hartbrandklinker verwenden. Auch gebrauchte Ziegel werden wegen ihrer unregelmäßigen Struktur und Färbung für Gartenpflaster gern herangezogen, zerfallen aber bei Frost binnen weniger Jahre. Hausziegel sind auch nicht zum Pflastern eines Parkplatzes geeignet, vor allem wenn er auch von Lastwagen benutzt wird. Verwenden Sie Betonziegel für eine dauerhafte Oberfläche und wenn hohe Belastbarkeit erwünscht ist. Betonziegel sind etwas kleiner als Hausziegel (20 x 10 x 65 cm). Rote oder graue Ausführungen sind am verbreitetsten; weitere Farben können bestellt werden.

Ziegelpflasterklinker
Tonziegelklinker *(obere Reihe)* werden in einer breiten Auswahl an Farben und Strukturen hergestellt. Betonziegel *(untere Reihe)* sind nicht so bunt, aber in mehr Formen erhältlich.

Unterkonstruktion für ein Ziegelpflaster

Fußwege und Terrassen aus Ziegeln werden auf eine 7,5 cm starke Packlage und eine 5 cm starke Schicht aus Bausand verlegt. Beim Verlegen von Betonziegeln für eine Zufahrt wird eine Stärke auf 10 cm empfohlen. Verdichten Sie die Unterkonstruktion, und füllen Sie alle Hohlräume, damit der Sand nicht in die Unterkonstruktion läuft. Terrassen und Zufahrten müssen ein Quergefälle haben. Achten Sie in allen Fällen darauf, daß die Oberfläche des Pflasters mindestens 30 cm unter der Sperrschicht des angrenzenden Gebäudes liegt.

Randeinfassung gestalten

Ist der Ziegelweg nicht gegen eine Mauer oder ähnliche Struktur verlegt, müssen die Kanten des Pflasters durch eine dauerhafte Umrandung eingefaßt werden. Imprägniertes Holz, wie bei der Schalung für Beton, ist eine Möglichkeit. Die Randbretter sollten bündig mit der Oberfläche des Weges sein, aber die Pflöcke müssen im Erdreich versenkt werden, damit sie mit Erde oder Rasen bedeckt sind **(1)**. Oder Sie setzen eine Kante aus Ziegeln in den Beton **(2)**. Graben Sie eine Rinne, die tief und breit genug ist, eine Reihe auf die Enden gestellte Ziegel und ein 10 cm starkes Betonfundament aufzunehmen. Die Ziegel werden in feuchten Beton verlegt. Sie werden von einem Brett gehalten, während Sie mehr Beton hinter die Kante packen. Hat der Beton sich gesetzt, wird das Brett entfernt, und Packmaterial und Sand werden in die Grube gefüllt.

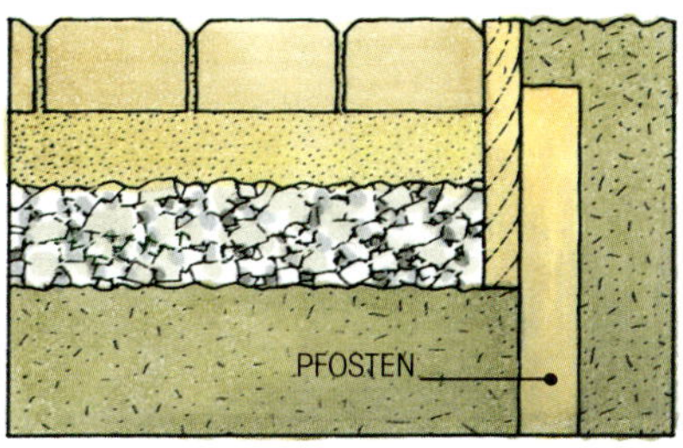

1 Randeinfassung aus Holz

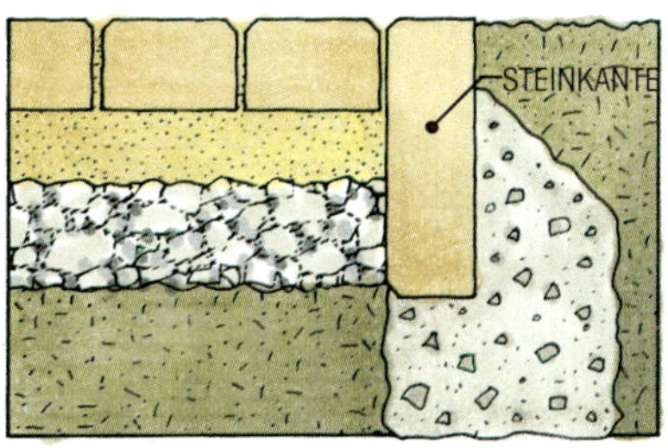

2 Randeinfassung aus Ziegeln

MIT ZIEGELN PFLASTERN

SIEHE AUCH
unter:

ZIEGEL VERLEGEN

Nachdem Sie die Ziegel gewählt, den Untergrund vorbereitet und Randsteine gesetzt haben, beginnen Sie mit dem Pflastern. Werden Ziegel zuerst auf Sand gelegt, sollten sie 1 cm über die Randsteine stehen und später eingebettet werden **(1)**. Zum Ausgleichen des Sandes für einen Weg sägen Sie einen eingekerbten Glätter, der die Ränder überspannt **(2)**. Ist der Weg für den Glätter zu breit, legen Sie Ausgleichslatten auf die Kiesschüttung und kratzen mit einem Richtscheit den Sand auf die erforderliche Tiefe **(3)**. Nach Entfernen der Latten werden die Hohlräume mit Sand gefüllt. Das Sandbett muß die ganze Zeit trocken bleiben. Regnet es, bevor Sie die Ziegel verlegen können, muß der Sand gründlich austrocknen oder gegen trockenen Sand ausgetauscht werden. Legen Sie eine Ziegelfläche im gewünschten Muster auf den Sand. Man arbeitet von einer Seite des Bauplatzes aus, indem man auf einem über die Ziegel gelegtem Brett kniet **(4)**. Niemals auf dem Sandbett stehen. Verlegen Sie nur ganze Ziegel, und lassen Sie Lücken an den Rändern, die Sie mit Ziegelstücken füllen, nachdem eine Fläche von ca. 2 m² verlegt ist. Betonziegel haben Distanzstücke, so daß Sie sie fest zusammenstoßen müssen. Verbleibende Lücken werden mit Ziegeln gefüllt, die mit einem Breiteisen zugerichtet wurden. Ist die zu pflasternde Fläche vollständig, stampfen Sie die Ziegel in das Sandbett, indem Sie mit einem Fäustel auf eine starke Latte klopfen. Die Latte muß lang genug sein, um über mehrere Ziegel zu reichen **(5)**. Eine fachmännische Oberfläche erzielt man mit einem gemieteten Rüttler, der über die gepflasterte Fläche geführt wird, bis alle Ziegel in den Sand gerüttelt und bündig mit der Außenkante sind **(6)**. Abschließend wird mehr Sand über die fertige Pflasterung gefegt und in die offenen Fugen gerüttelt.

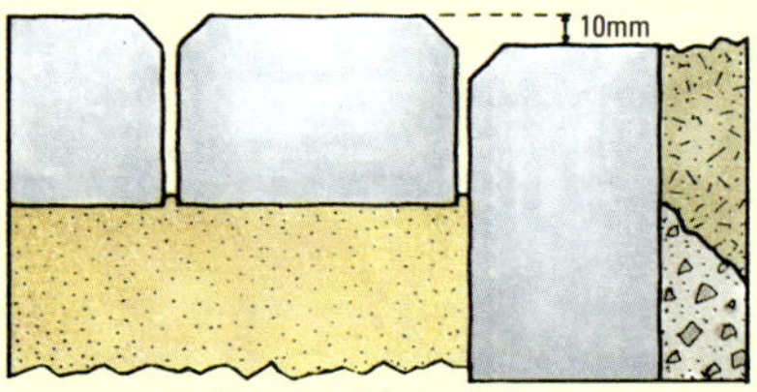

1 Ziegel 1 cm über den Randstein legen

2 Sand mit eingekerbtem Glätter verteilen

3 Oder Ausgleichslatten auf die Kiesschüttung legen

4 Ziegel zu einem Muster anordnen

5 Ziegel mit Fäustel und Latte stampfen

6 Der Rüttler gleicht das Pflaster aus

Zufahrt und Parkplatz aus Betonziegeln

Gartenweg aus Buntziegeln

Ineinandergreifendes Betonpflaster

Fischgrätenmuster aus Ziegeln

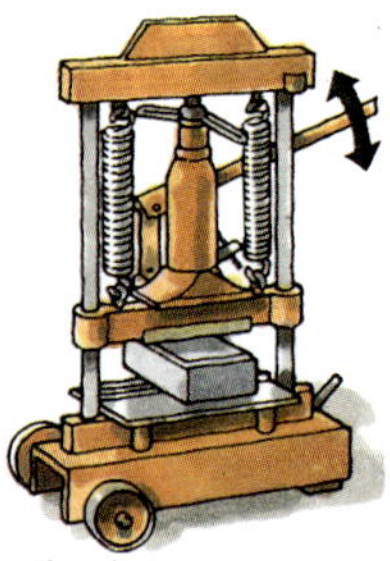

Ziegel trennen
Mieten Sie zum Trennen der Ziegel eine hydraulisch betriebene Schneidemaschine oder eine Steinsäge.

Flächen aus Feldsteinen und Kies werden vor allem wegen ihres dekorativen Aussehens verlegt; eine zweckmäßige Pflasterung sind sie allerdings nicht. Besonders Feldsteine sind zum Gehen unbequem. Rollkies eignet sich zwar für Parkplätze, aber man kann nicht gut darauf laufen. Beide Materialien erweisen sich als vorteilhaft für kleinere Flächen zwischen Betonplatten oder Ziegeln, als Terrassenränder und als breite Einfassungen für Pflanzen wie Zwergkoniferen und Heidekraut.

Feldsteine verlegen

Feldsteine können zusammen mit größeren Steinen und Pflanzen lose verlegt werden. Oft werden sie in Mörtel oder Beton gebettet, um eine regelmäßige Struktur zu schaffen. Verdichten Sie die Packlage, und bedecken Sie sie mit einer ausgeglichenen Schicht einer trockenen Betonmischung von 5 cm Tiefe. Feldsteine werden in die Trockenmischung gedrückt und sollen ein Stück herausragen. Mit einer starken Latte wird die Fläche festgestampft **(1)**. Sprengen Sie die ganze Fläche mit Wasser, damit der Härtungsprozeß des Betons verlangsamt wird, und um die Oberfläche der Feldsteine zu säubern.

Große Feldsteine als Umgebung für Pflanzen

1 Feldsteine in trockene Betonmischung stampfen

Rollkies schütten

Wird eine Kiesfläche als Fußweg oder für Fahrzeuge benutzt, baut man eine Einfassung aus Ziegeln, Betonbordsteinen oder Holzbrettern wie für Ziegelwege. Zum Bau einer Zufahrt aus Kies müssen Untergrund und Kiesauflage verdichtet und ausgeglichen werden, um zu verhindern, daß die Räder der Autos durchdrehen und das Material umherschleudern. Legen Sie ein 10 cm starkes Bett aus festem Packmaterial. Darauf schütten Sie 5 cm groben, mit Sand gemischten Kies und walzen das Bett flach. Eine 1,8 bis 2,5 cm dicke Schicht aus feinem Kies, wird auf den Untergrund geharkt und festgewalzt.

Rollkiesflächen im Garten

Um eine Kiesfläche anzulegen, tragen Sie den Mutterboden ab, um ein 2,5 cm tiefes Bett aus feinem Kies zu schaffen. Entweder legen Sie den Kies 1,8 cm unter die Höhe des Rasens, oder Sie umranden die Flächen mit Ziegeln oder flachen Steinen. Vor dem Einsetzen der Pflanzen wird der Kies von den Pflanzstellen entfernt und später wieder auf die Erde um die Pflanze gestreut.

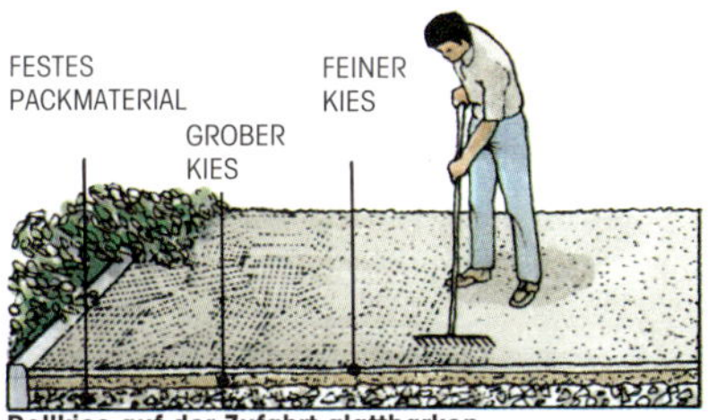

Rollkies auf der Zufahrt glattharken

Kiesgarten mit Bepflanzung ▶

GEHWEGE AUS HOLZ

In einer waldreichen Umgebung, wo es genügend Holz gibt, können Sie einen praktischen und hübschen Fußweg aus 15 cm langem, auf das Ende gestelltem Schnittholz machen. Entweder wird das Holz wie gestückeltes Pflaster verlegt, oder große Einzelstücke werden als Trittsteine verwendet. Verhindern Sie die Verrottung des Holzes, indem Sie es mit Holzschutzmittel imprägnieren.

Fußweg aus Rundhölzern

Die Fläche des Weges 20 cm tief ausschachten und eine 5 cm dicke Schicht Kies und Sand auf dem Boden verlegen. Verwenden Sie Betonzuschlagstoffe, oder machen Sie sich Ihre eigene Mischung. Gleichen Sie das Bett durch Kratzen und Stampfen mit einem Richtscheit aus. Dann stellen Sie die Baumstücke in das Bett und ordnen die Formen und Größen zu einem gefälligen Muster **(1)**. Die Abschnitte werden in den Sand gedrückt, bis sie fest und gerade stehen, dann schütten Sie mehr Sand und Kies dazwischen **(2)**. Das Material wird in alle Richtungen gefegt, bis die Lücken zwischen den Stämmen bündig mit der Oberfläche gefüllt sind **(3)**. Ragt ein Stamm zu weit heraus, schlagen Sie ihn mit einem schweren Hammer ein. Soll zwischen den Stämmen gepflanzt werden, kratzen Sie etwas Sand und Kies aus den Lücken und füllen die Lücken mit Pflanzerde.

1 Die Stammabschnitte auf das Sandbett stellen

2 Sand und Kies in die Lücken füllen

3 Das Füllmaterial gleichmäßig verteilen

SIEHE AUCH

- **Schwere Gartenwalze**
  Um Erde oder ein Sandbett zu verdichten, genügt eine leichte Walze. Für das Ausgleichen von Packmaterial benötigt man eine mit 100 kg Gewicht.

TEERBELAG AUFTRAGEN

SIEHE AUCH
unter:

Randeinfassung 337

- **Weg neu anlegen**
  Kaltasphalt ist zwar in erster Linie nur für Ausbesserungsarbeiten gedacht, kann jedoch auch für einen neu angelegten Untergrund verwendet werden, der verdichtet, geebnet und mit einer ziemlich dicken Bitumenschicht versiegelt wurde.
- **Für starke Belastung**
  Am Beginn von Einfahrten und an Biegungen verursachen Fahrzeugreifen stärkeren Abrieb als normal. Bedecken Sie diese Bereiche mit einer 2 cm starken Schicht aus gewalztem Kaltasphalt (siehe ganz rechts), bevor Sie Splitt aufbringen.
- **Doppelte Decke**
  Falls sich der Weg in einem sehr schlechten Zustand befindet oder der Untergrund lose ist, tragen Sie zuerst eine Schicht Bitumen auf. Streuen Sie Split darüber, und walzen Sie ihn gründlich ein. Nach zwei Tagen kehren Sie den losen Split ab und tragen, wie rechts beschrieben, eine weitere Schicht Bitumen und Split auf.

SPLITT AUFSTREUEN

Anstatt einen Weg oder eine Einfahrt zu teeren, können Sie auf einer Grundlage aus Bitumen eine Schicht Splitt aufbringen. Splitt gibt es in verschiedenen Farben in 25-kg-Säcken. Diese Menge reicht für 2 bis 3 m². Bevor Sie das Bitumen auftragen, behandeln Sie die Fläche mit Unkrautvernichter, und füllen Sie Löcher auf (siehe rechts).
Bitumen trocknet innerhalb von ca. 12 Stunden und ist während dieser Zeit nicht feuchtigkeitsbeständig. Deshalb sollten Sie vor Arbeitsbeginn auf den Wetterbericht achten. Bitumen läßt sich zwar auf einer feuchten Unterlage aufbringen, jedoch nicht auf einer Eisschicht.
Bitumen wird in Blecheimern mit 5 und 200 kg Inhalt verkauft. Ein 5-kg-Eimer reicht für 7 bis 8 m² Fläche, vorausgesetzt es handelt sich um verdichteten Schotter oder Beton. Lockerer Untergrund verbraucht wesentlich mehr Bitumen. Schütten Sie das Bitumen in einen Eimer, damit Sie es leichter auf die Fläche gießen können, und verteilen Sie es in nicht zu dünner Schicht (siehe rechts). Nachdem Sie einen Eimer Bitumen verarbeitet haben, schütten Sie Splitt darüber. Halten Sie die Schaufel waagrecht dicht über die Bitumenschicht, und lassen Sie den Splitt über den Schaufelrand rinnen **(1)**. Es sollen sich keine Haufen bilden, und der Auftrag darf nicht zu dünn sein. Bestreuen Sie eine Fläche von ca. 5 m², und walzen Sie sie ein. Nachdem alles mit Splitt bedeckt ist, gehen Sie noch einmal mit der Walze darüber. Auf freigebliebene Stellen wird scharfer Sand gestreut und eingewalzt (vgl. auch Randspalte links über starke Beanspruchung). Sie können den fertigen Weg sofort begehen und befahren. Nach einer Woche kehren Sie den losen Split ab. Kahle Stellen mit Bitumen und Split nachbehandeln.

1 Split mit der Schaufel aufbringen

Mit Kaltasphalt können Sie einen alten Teerweg oder eine geteerte Einfahrt wie auch jede befestigte Unterlage ausbessern bzw. neu belegen. Sie erhalten dadurch eine saubere, aber nicht sehr widerstandsfähige Fläche. Der Belag wird in Säcken geliefert und mit der Walze geglättet.

Wahl des Materials

Kaltasphalt gibt es nur bei Spezialanbietern für den Straßenbau. Man kauft ihn in 50-kg-Säcken. Diese Menge reicht für eine ca. 12 mm starke Schicht auf 2 m². Zum Lieferumfang gehört auch eine Tüte mit Split zum Aufstreuen. Kalt asphalt kann bei jedem Wetter verarbeitet werden, aber das Aufbringen und Walzen geht besser, wenn es draußen trocken und warm ist. Wenn Sie bei niedrigen Temperaturen arbeiten müssen, lagern Sie das Material über Nacht an einem warmen Ort. Es ist zwar nicht erforderlich, den Belag mit Ziegeln, Randsteinen oder Brettern einzufassen, sieht aber besser aus.

Unterlage vorbereiten

Entfernen Sie das Unkraut und behandeln Sie die Fläche mit Unkrautvernichter, den Sie mehrere Tage lang einwirken lassen müssen. Die zu teerende Fläche wird sauber gekehrt, und Mulden werden aufgefüllt. Bei tieferen Schlaglöchern werden die Ränder begradigt, die Vertiefungen sauber ausgefegt und mit Bitumen ausgestrichen. Nachdem es schwarz geworden ist, wird der Belag schichtweise eingefüllt und festgestampft. Tragen Sie auf der gesamten Fläche Bitumen auf, um eine feste Verbindung zwischen Belag und Unterlage zu schaffen. Einfassungsmauern, Randsteine und Kanaldeckel werden abgedeckt. Rühren Sie das Bitumen mit einem Stab um, bevor Sie es aus dem Eimer gießen, und verteilen Sie es mit einem harten Besen. Achten Sie darauf, daß das Bitumen nicht spritzt oder sich in Vertiefungen Lachen bilden. Lassen Sie den Aufstrich ca. 20 Minuten lang antrocknen. Während dieser Zeit waschen Sie den Besen mit heißem Seifenwasser aus. Bringen Sie kein Bitumen auf, wenn Regen angesagt ist.

Bitumen auf die zu teerende Fläche gießen

Belag aufbringen

Verteilen Sie den Teerbelag mit dem Rechen zu einer gleichmäßigen, ca. 2 cm dicken Schicht **(1)**, und glätten Sie die Oberfläche mit einer Latte. Klumpen werden mit dem Schuh flach getreten. Nachdem Sie drei Säcke Belag aufgebracht haben, können Sie zum erstenmal walzen. Die Walze muß feucht sein **(2)**, damit keine Klümpchen hängenbleiben, und darf nicht über Gras- oder Kiesflächen gezogen werden. Teeren Sie die gesamte Fläche, und verdichten Sie den Belag, indem Sie in verschiedenen Richtungen mit der Walze darübergehen. Vor dem letzten Durchgang mit der Walze streuen Sie Splitt auf **(3)**.
Sie können jetzt den Belag betreten, aber nicht mit Stöckelschuhen. Die folgenden zwei Tage sollte er nicht befahren werden, und falls Sie eine Leiter daraufstellen müssen, legen Sie ein Brett unter. Teerbeläge sind vor Verschmutzung durch Öl und Benzin zu schützen, insbesondere wenn sie noch frisch sind.

1 Belag verteilen

2 Walze feuchthalten

3 Splitt aufstreuen

STUFEN IM GARTEN

SIEHE AUCH
unter:

Fundament	315
Ziegel vermauern	316–317
Böschungsmauern	325
Betonplatten verlegen	335
Trittsteine	336

Ein Garten auf einem Hanggrundstück bietet vielfältige Gestaltungsmöglichkeiten. Mit Terrassen lassen sich Ebenen schaffen, hinter Böschungsmauern können Pflanzflächen angelegt werden. Auf Stufen gelangt man von einer Ebene zur anderen.

Stufen planen

Steigt Ihr Garten allmählich an, kann eine Reihe von Stufen mit breiten Auftritten und niedrigen Setzstufen sehr elegant aussehen. Ist der Hang steil, wählen Sie einen Stufenverlauf aus wenigen Trittstufen mit dazwischen gesetzten breiten, flachen Podesten. An den Podesten kann der Verlauf seine Richtung ändern, was ihn interessanter macht und eine unterschiedliche Betrachtungsweise des Gartens erlaubt. Tatsächlich kann ein flacher Verlauf wie ein Reihe von Absätzen sein, vielleicht kreisförmig angelegt, am Hang allmählich zu einer Kurve gekrümmt. Das Verhältnis der Trittstufe, dem Teil auf dem Sie stehen, zur Setzstufe, dem senkrechten Teil der Stufe, ist ein wichtiger Faktor für die sichere und bequeme Benutzung der Stufen. Als grobes Richtmaß bauen Sie die Stufen so, daß die Tiefe der Trittstufe (von vorn nach hinten) plus zweimal die Höhe der Setzstufen 65 cm beträgt. Zum Beispiel sollten 30 cm tiefe Auftritte Setzstufen mit 17,5 cm Höhe haben, 35 cm tiefe Auftritte Setzstufen mit 15 cm Höhe usw. Bauen Sie niemals Auftritte mit weniger als 30 cm Tiefe oder Setzstufen höher als 17,5 cm.

Gartenstufen aus Natursteinen

Stufen aus Betonplatten

Betonfußwegplatten verschiedener Formen eignen sich gut zum Bau von stabilen, flachen Auftritten für Gartenstufen. Errichten Sie die Setzstufen aus Betonfassadensteinen oder Ziegeln. Lassen Sie die Trittstufen 2,5 bis 5 cm überstehen, damit sie einen Schatten werfen, was auch die Kante der Stufe festlegt. Messen Sie den Höhenunterschied des Hanges, damit Sie die Anzahl der benötigten Stufen bestimmen können. Markieren Sie die Lage der Setzstufen mit Pflöcken, und legen Sie die Stufen grob im Erdboden an **(1)**. Die Betonplatten werden bündig mit der Erde am Fuß des Hangs in Sand eingebettet, oder ein Graben wird mit Packmaterial und einem 10 bis 15 cm tiefen Betonsockel gefüllt, auf dem die erste Setzstufe liegt **(2)**. Hat der Beton sich gesetzt, bauen Sie die Setzstufe wie eine Ziegelmauer. Die Ausrichtung wird mit der Wasserwaage überprüft **(3)**. Den Raum hinter der Setzstufe füllen Sie mit verdichtetem Packmaterial und legen die Trittstufe in ein Mörtelbett **(4)**. Mit der Wasserwaage klopfen Sie auf die Trittstufe, bis sie leicht nach vorn abfällt, damit Regenwasser ablaufen kann und sich bei Frost kein Eis bildet. Messen Sie von der Vorderkante der Trittstufe die Lage der nächsten Setzstufe auf den Betonplatten aus **(5)**, und bauen Sie die Stufe in der gleichen Weise. Die Abschlußstufe wird bündig mit der gepflasterten Fläche, dem Weg oder dem Rasen am Ende der Treppe gesetzt.

Behandlung der Seiten

Man kann den Hang an beiden Seiten des Treppenverlaufs landschaftlich gestalten. Oder man verlängert die Setzstufen, um jede Trittstufe zu umranden, oder man errichtet eine Mauer oder stellt Pflanzkübel auf. Eine andere Lösung ist das Zurückhalten der Erde durch große Steine, die sich als Steingarten gestalten lassen.

1 Form der Stufen aus der Erde ausstechen

2 Fundament der ersten Stufe ausheben

3 Setzstufe aus Ziegeln bauen und ausrichten

4 Trittstufe in Mörtelbett legen

5 Lage der nächsten Stufe markieren

Stufen aus Betonplatten
Querschnitt des Verlaufs von Gartenstufen aus Ziegeln und Betonplatten.
1 Betonfundament
2 Setzstufe aus Ziegeln
3 Packmaterial
4 Trittstufe aus Betonplatten

GEKRÜMMTE STUFEN

HOLZSTUFEN

SIEHE AUCH
unter:

Fundament 315

Pflasterplatten 334

Unregelmäßiges Pflaster 336

- **Stufen trittsicher machen**
Algen wachsen unter feuchten Bedingungen, besonders unter Bäumen, und Stufen können dadurch gefährlich glatt werden. Bürsten Sie sie mit einer Lösung aus 1 Teil Bleichmittel und 4 Teilen Wasser ab. Nach 48 Stunden werden sie mit sauberem Wasser abgewaschen und bei starkem Befall ein zweites Mal mit der Lösung behandelt. Man kann auch eine geeignete pilztötende Lösung verwenden, aber beachten Sie genau die Anweisungen des Herstellers.

STUFEN IM GARTEN REPARIEREN

Das Anlegen von Betonstufen erfordert eine so komplizierte Verschalung, daß das Ergebnis den Aufwand nicht rechtfertigt, zumal man sie auch aus vorgefertigten Betonplatten und Blöcken bauen kann. Sie müssen jedoch für den guten Zustand der Stufen sorgen. Beton platzt ab, wenn Frost in die Oberfläche eindringt. Das geschieht häufig entlang der Vorderkanten der Stufen. Reparieren Sie abgebrochene Kanten sobald wie möglich. Die Schäden sehen nicht nur häßlich aus, sie sind auch gefährlich, weil man beim Darauftreten abrutscht.

Abgebrochene Kanten ausbessern

Der Beton um die beschädigte Stelle wird abgeschlagen, damit der frische Beton besser hält. Tragen Sie bei dieser Arbeit eine Schutzbrille. Sägen Sie ein Brett entsprechend der Höhe der Setzstufe, und stützen Sie es mit Ziegeln gegen die Stufe **(1)**. Mischen Sie eine kleine Menge Universalbeton mit PVA-Haftzusatz an, damit er besser an der beschädigten Stufe haftet. 1 Teil Haftzusatz wird mit 3 Teilen Wasser verdünnt und auf die beschädigte Fläche der Stufe gestrichen. Mit Rissen verfährt man genauso. Beginnt die eingestrichene Fläche klebrig zu werden, füllen Sie Ausbruchstelle oder den Riß mit der Betonmischung, und zwar bündig mit der Kante des Bretts **(2)**. Die Vorderkante wird leicht mit einem selbstgemachten Kantenglätter abgerundet, indem er gegen das Brett gezogen wird.

1 Ein Brett gegen die Setzstufe stützten

2 Vorderkante mit Beton füllen

3 Einen Kantenglätter gegen das Brett ziehen

Gekrümmte Stufen anlegen

Wählen Sie für den Bau von gekrümmten Stufen Materialien, die die Arbeit so einfach wie möglich machen. Man kann für die Trittstufen sich verjüngende Betonplatten verwenden, die für den Kreisumfang der Stufen entworfen wurden, um den Proportionen der Betonplatten zu entsprechen. Oder Sie verlegen Stufen aus unregelmäßigem Pflaster, wobei Sie für die Vorderkante große Steine nehmen. Für die Setzstufen werden Ziegel verwendet. Setzen Sie die Ziegel strahlenförmig von der Mitte der Krümmung aus, und füllen Sie die leicht schräg zulaufenden Fugen mit Mörtel. Eine an einen Pflock gebundene Schnur dient als Zirkel, um die Krümmung an jeder Stufe zu markieren. Eine Latte wird ans Seil gebunden, um die Vorderkante der unteren Stufen abzumessen **(1)**. Formen Sie die Erde grob, und betonieren Sie ein Fundament für die untere Setzstufe. Tritt- und Setzstufen werden wie bei Betonplattenstufen gebaut.

Bau von kreisförmigen Podesten

Bei einem kreisförmigen Podest wird die Vorderkante wie bei einer gekrümmten Stufe gebaut. Hat der Mörtel sich gesetzt, füllen Sie die Fläche des Podests mit verdichtetem Packmaterial und schütten Kies bis zur Höhe der Trittstufe auf **(2)**.

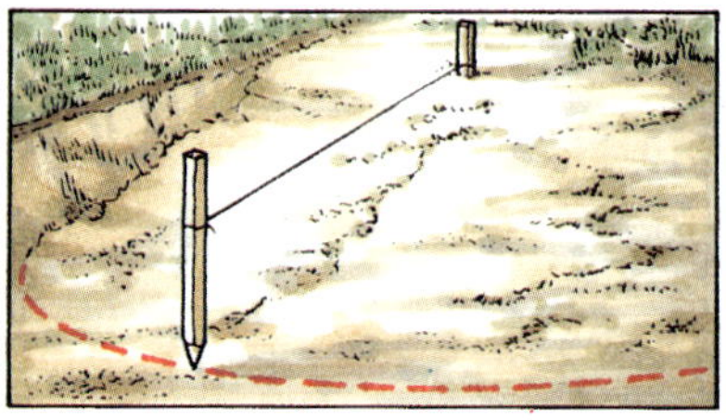

1 Kreisfläche mit improvisiertem Zirkel anreißen

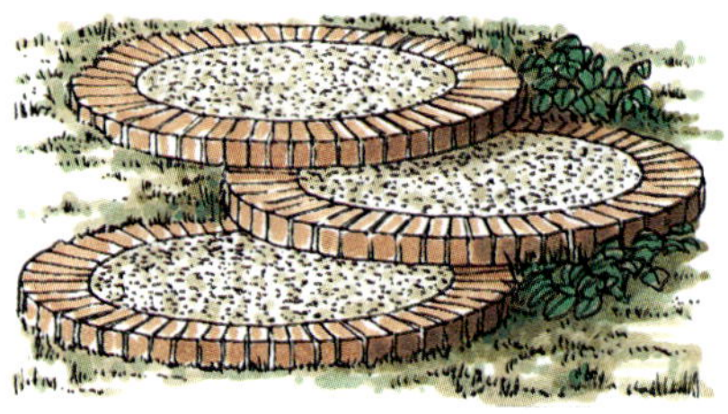

2 Runde Podeste aus Ziegeln und Rollkies

Stufen aus Baumstämmen

Für einen rustikalen Garten werden die Stufen aus imprägnierten Schnittholzstücken gebaut. Bemühen Sie sich, die Setzstufen gleichmäßig hoch anzulegen, damit niemand stolpert. Da man nicht immer gleich dicke Stämme erhält, muß man die Setzstufen oft aus zwei oder drei dünneren Stämmen zusammensetzen. Schneiden Sie einen Absatz ins Erdreich, und stampfen Sie den Mutterboden fest. Pflöcke aus 7,5 cm starken Stämmen werden an beiden Enden der Stufe in die Erde getrieben **(1)**. Hinter die Pflöcke wird ein dicker Stamm in die Erde gebettet **(2)** und der Raum dahinter mit Packmaterial gefüllt **(3)**. Für die eigentliche Stufe schaufeln Sie eine Schicht Kies auf das Packmaterial. Sind große Stämme nicht zu erhalten, bauen Sie eine Stufe aus zwei oder drei dünneren Hölzern. Füllen Sie Packmaterial hinter den ersten Stamm, damit der hält, wenn Sie den zweiten darauflegen.

1 Pflock an beiden Enden der Stufe einschlagen

2 Rundholz hinter die Pflöcke legen

3 Stufenfläche mit Packmaterial auffüllen

Gartenstufen aus Baumstämmen

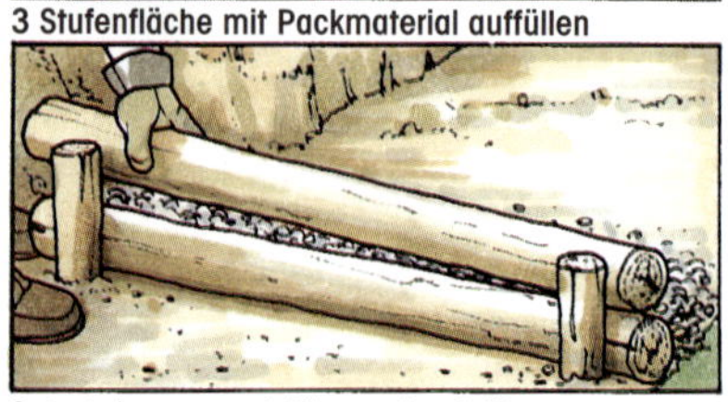

Setzstufe aus zwei dünnen Rundhölzern

GARTENTEICH ANLEGEN

SIEHE AUCH

unter:

Fertigteiche	344
Wasserfall	347

Stille oder fließende Gewässer beleben den Garten. Wasserfälle und Springbrunnen haben eine fast hypnotische Anziehungskraft, und das Geräusch von fließendem Wasser beruhigt. Selbst in kleinen Gartenteichen siedelt sich tierisches und pflanzliches Leben an.

Individuelle Teichgestaltung

Es ist kein Zufall, daß sich die Anzahl der Gartenteiche in den letzten Jahren erhöht hat. Ihre Beliebtheit ist vor allem auf das große Angebot einfach zu installierender starrer und flexibler Teichauskleidungen zurückzuführen, die es ermöglichen, einen Gartenteich in nur wenigen Tagen anzulegen. Bisher mußte man den Teich mit Beton auskleiden. Obwohl Beton ein vielseitig verwendbares Material ist, kommen Lecks immer wieder vor. Sie können sich aus Rissen entwickeln, die durch Bewegungen des Untergrunds oder den Druck gefrierenden Wassers verursacht wurden. Mit Teichfolien und Kunststoffbecken gibt es diese Probleme nicht. Zusätzlich zum Arbeitsaufwand und den Kosten, die ein Teich aus Beton erfordert, muß er einen Monat lang ruhen, während er mehrere Male gefüllt und geleert wird, bis die Wasserqualität für Fische und Pflanzen das biologische Gleichgewicht erreicht hat. In kunststoffverkleidete Teiche hingegen können Pflanzen schon nach kurzer Zeit eingesetzt werden.

Teichfolie bestellen

Mit einer einfachen Formel können Sie die Größe der benötigten Teichfolie berechnen. Vergessen Sie den aktuellen Plan, und ignorieren Sie Größe und Form der Pflanzufer. Nehmen Sie einfach nur die Gesamtlänge und Breite des Teichs, und addieren Sie die doppelte maximale Tiefe zu Länge und Breite hinzu, um die benötigten Maße der Folie zu erhalten. Kaufen Sie grundsätzlich die stärkste Folie, die Sie erhalten können. Dünne Folien werden leicht beschädigt, wenn der Teich gereinigt werden muß.

TEICHABMESSUNGEN	
Länge	3 m
Breite	2 m
Tiefe	45 cm
GRÖSSE DER FOLIE	
Länge	3 m + 0,9 m = 3,9 m
Breite	2 m + 0,9 m = 2,9 m

Gartenteich
Ein sorgfältig geplanter Gartenteich mit dichtem und artenreichem Bewuchs sieht aus wie ein natürlich entstandenes Gewässer.

WAHL DER TEICHAUSKLEIDUNG

Die Vorteile von Teichfolien und Kunststoffbecken gegenüber Beton sind offensichtlich, aber es gibt noch weitere Gestaltungsmöglichkeiten, abhängig von der Größe und Form des Teichs und den Kosten, die Sie tragen wollen.

Kunststoffbecken

Besucher von Gartencentern haben eine Vorstellung von der Vielfalt der angebotenen Kunststoffbecken. Die besten Becken bestehen aus glasfaserverstärktem Synthetikmaterial. Sie sind sehr stabil und frostbeständig. Bei vorsichtiger Handhabung und richtiger Installation sind Gartenteiche und Feucht-Biotope aus Kunststoffbecken zuverlässig wasserdicht.

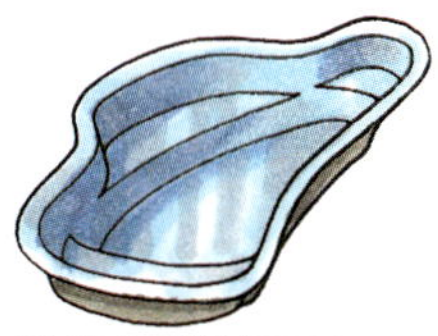

Steife Auskleidungen
Steife Gartenteich-Auskleidungen bestehen aus glasfaserverstärktem, geformtem Kunststoff.

Halbsteife Auskleidung

Halbsteife Auskleidungen aus vakuumgeformtem Kunststoff sind billiger als die aus Glasfaser, aber die Auswahl an Größen ist beschränkt. Sie sind ideale Wasserspeicher oder Oberbecken für Kaskaden oder Wasserfälle. Rechteckige oder unregelmäßig geformte Auskleidungen sind als steife oder halbsteife Kunststoffe erhältlich. Ein Feucht-Biotop kann aus mehreren verschieden geformten Becken gestaltet werden, die durch Wasserläufe verbunden sind.

Flexible Auskleidung

Für nahezu uneingeschränkte Gestaltungsfreiheit wählen Sie eine Folienauskleidung, die sich der Form des Teichbetts anpaßt. Ein Teich, selbst aus der teuersten Folie, ist billiger zu bauen und garantiert eine längere Haltbarkeit als ein entsprechender Teich aus steifer Kunststoffauskleidung. Polyesterauskleidungen, früher die einzige erhältliche flexible Auskleidung, sind noch auf dem Markt, aber sie sind relativ empfindlich und sollten nur für zeitweilige Teiche erwogen werden; aber selbst dann sollten sie doppelt verlegt werden. PVC-Auskleidungen, vor allem die nylonverstärkten, haben eine garantierte Lebenserwartung von bis zu 10 Jahren. Soll Ihr Teich 50 Jahre oder länger halten, wählen Sie eine synthetische Gummihaut auf Butylbasis. Nicht alle Auskleidungen aus Butyl haben die gleiche Qualität. Kaufen Sie deshalb nur die Produkte eines namhaften Herstellers. Schwarze und steinfarbene Butylauskleidungen sind in vielen Größen bis zu 6,5 x 9 m erhältlich. Darüber hinausgehende Abmessungen werden auf Bestellung angefertigt.

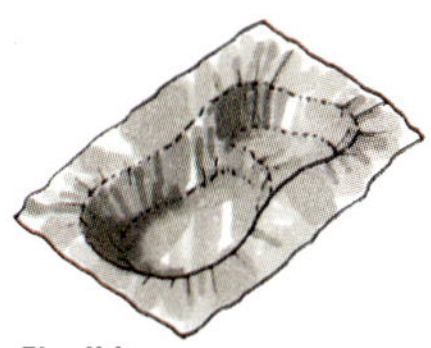

Flexible Auskleidungen
Beste Qualität bieten Gartenteichfolien aus Butyl.

GARTENTEICH PLANEN

SIEHE AUCH
unter:

Teichfolien	343
Kunststoffbecken	343
Steingarten	347

Die Lage eines Gartenteichs muß gut überlegt sein. Legen Sie den Teich nicht unmittelbar unter einem Laubbaum oder unter Sträuchern an. Herabfallendes Laub verunreinigt das Wasser, wenn es verfault, verenden die Fische. Goldregen ist in dieser Hinsicht besonders gefährlich.

Sonneneinstrahlung

Ein Teich braucht viel Licht, etwa 4 bis 6 Stunden täglich. Sonnenlicht begünstigt zwar das Wachstum von Algen, fördert aber auch das Wachstum anderer Wasserpflanzen. Üppiger sauerstofffördernder Pflanzenwuchs konkurriert mit den Algen um die Mineralsalze und sorgt dafür, daß das Wasser im Teich verhältnismäßig klar bleibt.

Form und Größe

Die Proportionen des Teichs sind wichtig für die Lebensbedingungen von Pflanzen und Fischen. Es ist kaum möglich, ideale Bedingungen für klares Wasser in einem Teich zu schaffen, dessen Oberfläche kleiner als 4 m^2 ist, aber das Volumen an Wasser ist noch ausschlaggebender. Ein Teich mit einer Fläche von 9 m^2 muß 45 cm tief sein. Wird die Fläche vergrößert, muß man 60 cm oder tiefer graben, aber es ist selten notwendig, tiefer als 75 cm zu gehen. Teichfolien passen sich den Wölbungen und Krümmungen besser an, aber Querschnitt und Umriß müssen so entworfen werden, daß sie bestimmte Anforderungen erfüllen. Im Uferbereich benötigen Sie eine Pflanzzone mit ca. 10 – 40 cm Wassertiefe. Als Pflanzgrund eignet sich humusarmer Mutterboden oder ein Sand-Lehmgemisch. Seerosen brauchen eine Teichtiefe von 60 – 80 cm. Wenn Sie Fische einsetzen wollen, muß die Wassertiefe ca. 80 cm betragen. Der Böschungswinkel sollte nicht steiler als 45° angelegt werden, damit die Erde nicht ins Rutschen kommt. Für eine individuelle Gestaltung empfehlen sich Teichfolien, die besonders reißfest und widerstandsfähig gegen UV-Strahlung sind. Damit können Sie sich ein Biotop in Größe und Form ganz nach Ihren Vorstellungen schaffen.

Gartenteich auf Hanggrundstück

Hangseitig wird eine Böschungsmauer errichtet oder ein Steingarten angelegt. Die andere Seite wird mit Erde aus dem Teichbett aufgefüllt und mit ausgestochenen Rasensoden befestigt.

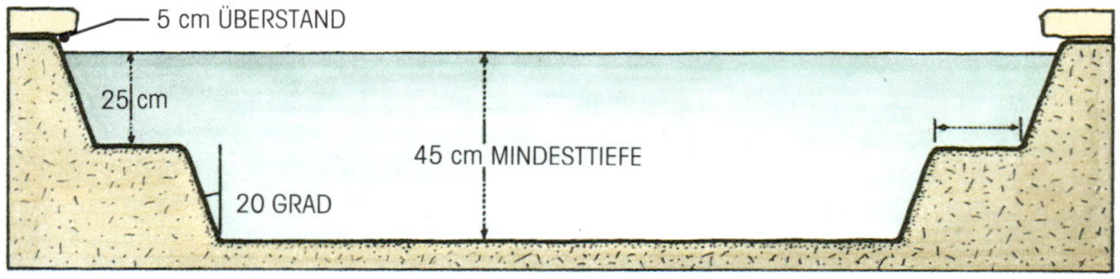

Abmessungen für einen Gartenteich

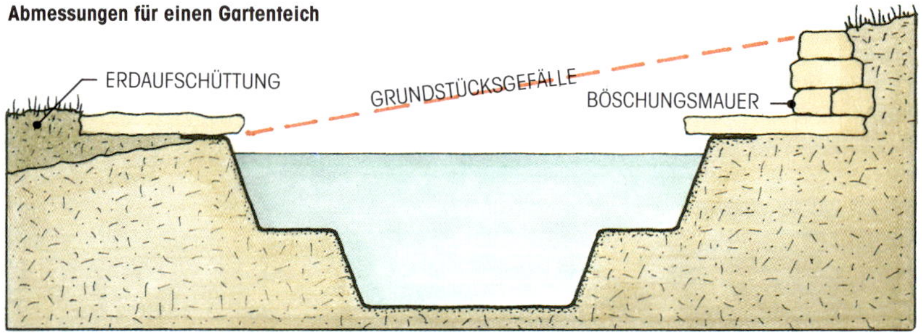

Gartenteich auf einem Hanggrundstück

Kunststoffbecken und Fertigteiche

Stellen Sie das Kunststoffbecken auf, und stützen Sie es ab, um den Umriß auf dem Boden anzureißen. Mit der Wasserwaage werden Fixpunkte auf dem Boden aufgetragen **(1)** und mit Pflöcken markiert. Schaffen Sie den Aushub mit der Schubkarre weg, oder schütten Sie ihn in der Nähe auf, falls Sie ihn für einen Steingarten verwenden wollen. Ein Richtscheit wird über die Grube gelegt und die Tiefe gemessen, einschließlich der Erdbänke am Rand **(2)**. Schachten Sie die Grube möglichst in der Form des Beckens aus, und geben Sie an allen Seiten ca. 15 cm zu. Der Untergrund wird verdichtet und 3 cm hoch mit Sand bedeckt. Das Becken wird in die Grube gestellt und fest in den Sand gedrückt.

Achten Sie darauf, daß es waagrecht steht **(3)**, und verkeilen Sie es an den Rändern vorübergehend mit Holzlatten, bis es von der Hinterfüllung aus Erde oder Sand gehalten wird. Mit dem Gartenschlauch läßt man Leitungswasser ins Becken laufen, gleichzeitig werden die Lücken zwischen Becken und Ausschachtung aufgefüllt **(4)**. Man braucht sich dabei nicht zu beeilen, denn es dauert ziemlich lange, bis das Becken voll ist. Sitzt das Becken fest in der Erde, bedecken Sie die aufgefüllten Ränder mit Steinen wie bei einer Teichfolie (siehe gegenüberliegende Seite). Sie können auch Rasenstücke verwenden oder Trittplatten aus Naturstein auf einem Sandbett verlegen.

1 Umriß des Kunststoffbeckens markieren

2 Tiefe des Teichbetts ausmessen

3 Waagrechte Lage des Beckens überprüfen

4 Lücken mit Erde oder Sand auffüllen

GARTENTEICH ANLEGEN: TEICHFOLIE

SIEHE AUCH
unter:
Teichauskleidung 343

Teichgrube ausschachten

Die Teichumrisse auf dem Boden markieren und Grube bis zur Höhe der Pflanzbänke ausheben. Erneut markieren und tiefer graben **(1)**. Steine und Wurzeln müssen entfernt werden, damit sie keine Löcher in die Folie drücken. Die Oberfläche des Teichs muß eben sein, und die Stein- oder Betonplatten am Rand sollten ca. 2 cm unter der Rasenoberfläche liegen. Deshalb tragen Sie den Rasen ab und treiben im Abstand von 1 m Nullpunktpflöcke in die Vertiefung für die Randeinfassung. Die Oberkanten der Pflöcke werden mit einem Richtscheit ausgerichtet **(2)**, ebenso wird die Höhe des Teichs überprüft. Nivellieren Sie die Randzone, indem Sie Erdreich zugeben oder abtragen. Wenn der Randstreifen eben und verdichtet ist, entfernen Sie die Pflöcke und legen ein Teichbett aus einer 2 cm dicken, angefeuchteten Sandschicht an, das über die Seiten der Grube bis zum Rand hinaufreicht **(3)**.

Teichfolie einsetzen

Die Folie wird in die Grube gelegt. Sie steht an allen Seiten ca. 30 cm über und wird mit Steinen beschwert, während Sie den Teich mit Wasser aus dem Schlauch vollaufen lassen **(4)**. Es dauert einige Stunden, einen großen Teich zu füllen, aber sehen Sie regelmäßig nach, und verrücken Sie die Steine in dem Maße, wie sich die Folie spannt. Einige Falten sind unvermeidlich, aber die meisten verschwinden, wenn Sie die Folie strecken, während das Wasser steigt. Der Teich wird bis 5 cm unter dem Rand gefüllt. Der Folienrand wird rundherum gleichmäßig abgeschnitten **(5)** und im Sandbett der Randeinfassung eingegraben. Zuletzt verlegen Sie die Randsteine.

Teich mit Steinen einfassen

Verlegen Sie flache Steine zunächst probeweise, wobei Sie Formen auswählen, die möglichst dicht mit dem Teichrand abschließen. Lassen Sie die Steine ca. 5 cm über die Wasseroberfläche ragen, damit sich ihr Rand im Teich spiegelt. Mit dem Meißel werden Steine zurechtgeschlagen, damit sie in die Aussparungen hinter den großen Randsteinen passen. Etfernen Sie einige Steine, um das Mörtelbett (1 Teil Zement, 3 Teile Sand) anzulegen **(6)**. Steine mit dem Fäustel eben klopfen, Fugen mit der Kelle verfüllen und glätten. Lassen Sie keinen Mörtel ins Wasser fallen, sonst müssen Sie den Teich leerpumpen und erneut mit Wasser füllen, bevor Sie Pflanzen und Fische einsetzen können.

DRAINAGE EINBAUEN

Die empfohlene Wasserhöhe für einen Teich liegt ca. 5 cm unter dem Rand, aber nach starkem Regen kann es ansteigen und überfließen. Als vorbeugende Maßnahme legen Sie eine Drainage unter die Randsteine, die überfließendes Wasser ableitet. Damit wird nicht nur eine Überschwemmung vermieden, sondern auch ein Zugang für eine Elektroleitung für Pumpe oder Teichbeleuchtung geschaffen. Schneiden Sie eine Kunststoffwellplatte in zwei Streifen von 15 cm Breite und lang genug, um unter den Randsteinen durchzulaufen. Die Streifen werden übereinandergelegt und mit Poppnieten verbunden **(1)**. Erde und Sand unter der Folie entfernen, um Platz für die Drainage zu schaffen **(2)**. Darüber werden die Randsteine gelegt. Graben Sie entlang der Drainage eine nicht zu flache Sickergrube, die mit Rollkies und Split gefüllt wird und das überfließende Teichwasser ableitet, und decken Sie sie mit Rasensoden ab.

1 Drainage

2 Drainage unter die Teicheinfassung legen

1 Grube entsprechend der Teichform ausschachten

2 Rand mit Nullpunktpflöcken nivellieren

3 Bett aus feuchtem Sand in der Grube anlegen

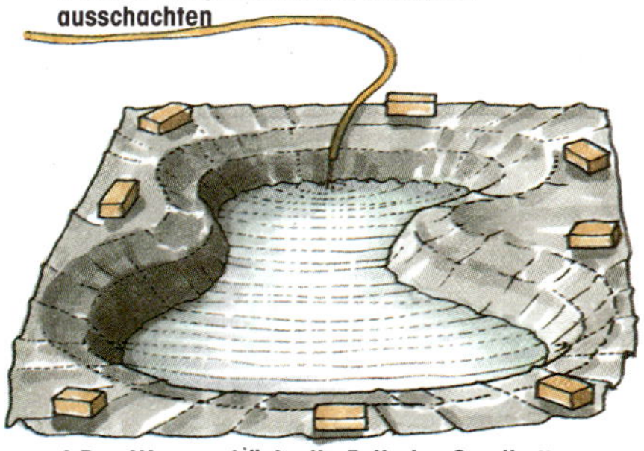

4 Das Wasser drückt die Folie ins Sandbett

5 Rand der Folie passend zuschneiden

6 Teichrand mit Steinplatten einfassen

- **Mit Teichvlies Löcher in der Folie vermeiden** Normalerweise genügt ein ca. 2 cm dickes Sandbett, aber wenn der Untergrund sehr steinig ist, schützt man die Folie zusätzlich, indem man zwischen Sandbett und Teichfolie ein Teichvlies aus Polyester legt, das es in Gartencenter und Baumärkten zu kaufen gibt.

TEICH MIT EINFASSUNGSMAUER

SIEHE AUCH
unter:

Ziegel	309–310
Betonsteine	311–312
Fundament	315
Ziegel vermauern	316–317
Teichfolie	343
Teichdrainage	345

Für einen Teich, dessen Oberfläche über dem Bodenniveau liegt, brauchen Sie eine Einfassungsmauer aus Ziegeln oder Betonblendsteinen. Die 45 cm hohe Wand verhindert, daß Kleinkinder in den Teich fallen und dient als Sitzbank. Soll die Mauer nur 25 cm hoch sein, graben Sie den Teich in der Mitte tiefer aus und schaffen Pflanzbänke in der Uferzone. Sonst stehen die Pflanzkörbe auf Betonsteinen am Ufer.

Teich anlegen

Zur Abstützung der Mauer werden 10 bis 15 cm starke Betonfundamente gesetzt. Die Mauern werden zweischalig aus getrenntem Mauerwerk gebaut, das zur Breite der flachen Abdecksteine paßt. Lassen Sie einen Überhang von 5 cm über den Rand des Wassers, und überlappen Sie die äußere Wand um 1,5 bis 2 cm. Aus Kostenersparnis bauen Sie die innere Wand aus Betonsteinen oder einfachen Ziegeln und verwenden die teueren Ziegel oder Betonblendsteine für die Außenschale. Erhöhte Teiche können mit normaler Teichfolie ausgelegt werden, oder man bestellt eine nach Maß vorgefertigte Auskleidung. In beiden Fällen liegt der Folienrand unter der letzten Steinschicht der Mauer.

Erhöhte Einfassung
Großer Gartenteich mit hochgemauerter Einfassung, der sich in das Hanggrundstück harmonisch einfügt.

Teilweise versenkter Teich

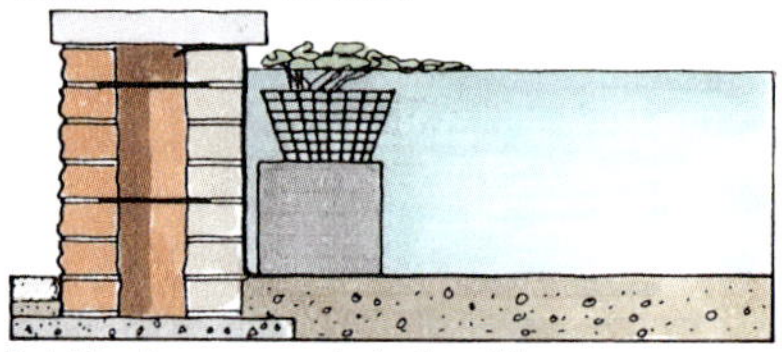

Teichbecken aus zweischaliger Mauer

Pumpen und Wasserspiele

Kleine Tauchpumpen für Fontänen und Wasserfälle werden entweder direkt vom Hauptstromnetz versorgt oder über einen Transformator, der die Betriebsspannung auf 24 Volt herabsetzt. Treffen 220 Volt und Wasser zusammen, kann das tödliche Folgen haben, deshalb ziehen Sie einen Elektriker hinzu, wenn Sie eine 220-Volt-Pumpe installieren wollen. Eine Niedervoltpumpe ist sicher und kann einfach eingebaut und verkabelt werden. Legen Sie die Pumpe ins Wasser, und ziehen Sie das Kabel unter den Randsteinen hindurch, vorzugsweise durch die Drainage. Mit einer wasserdichten Kupplung schließen Sie die Pumpe an das zum Transformator führende Erdkabel an. Wenn Sie die Pumpe warten wollen, brauchen Sie nur den Stecker herauszuziehen. Teichpumpen müssen ständig in Betrieb sein, auch im Winter. Pumpe und Filter nach Angaben des Herstellers reinigen. Lassen Sie sich im Fachgeschäft beraten, welche Pumpe für Ihre Zwecke die richtige ist. Legen Sie sie in den Uferbereich, damit Sie leichter an sie herankommen, wenn Sie beim Herausnehmen den zum Wasserfall führenden Schlauch abziehen wollen. Damit der Strahl der Fontäne senkrecht in die Höhe steigt, wird sie auf einen flachen Stein im Teich oder eine Unterlage aus Ziegeln gestellt. Wenn Sie Wasserlilien anpflanzen wollen, halten Sie einen genügend großen Abstand zur Fontäne ein, denn wenn Wassertropfen darauffallen, schließen sich die Blüten.

Niedervolt-Teichpumpe und Transformator

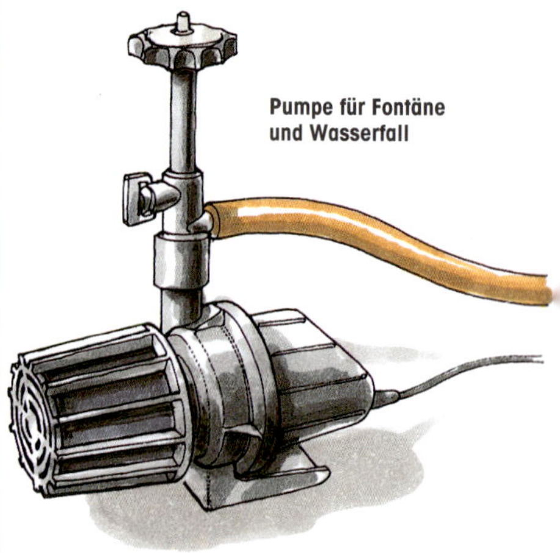

Pumpe für Fontäne und Wasserfall

WEITERE MÖGLICHKEITEN DER TEICHUMRANDUNG

Eine Teicheinfassung aus Steinplatten erlaubt den unmittelbaren Zugang zum Teich. Häufig wird aber eine natürlichere Umrandung bevorzugt, insbesondere für kleine Oberbecken in einem Steingarten. Errichten Sie eine Erdbank für die Randbepflanzung, diesmal jedoch für eine Umrandung aus Felssteinen. Wenn man sie richtig zusammenfügt, brauchen sie nicht gemörtelt werden. Felssteine hinter der Umrandung bedecken die Folie **(1)**. Um eine flache Umrandung zu schaffen, schrägen Sie die Erde etwas ab, und legen Sie große Kiesel- oder flache Felssteine auf die Folie. Sie können sie in einen Steingarten übergehen oder eine natürliche Uferlinie bilden lassen **(2)**. Damit Katzen aus der Nachbarschaft nicht die Fische im Teich wildern, wird eine Umrandung aus Kriechpflanzen geschaffen. Auf so unsicherem Untergrund fühlt sich keine Katze wohl. Legen Sie unter den flachen Randsteinen einen Streifen Maschendraht in den Mörtel. Das Drahtgeflecht soll zur Abstützung der Pflanzen ca. 15 cm über das Wasser vorstehen **(3)**. Die Pflanzen verbergen die Oberfläche der Teichfolie.

Umrandung aus Felssteinen

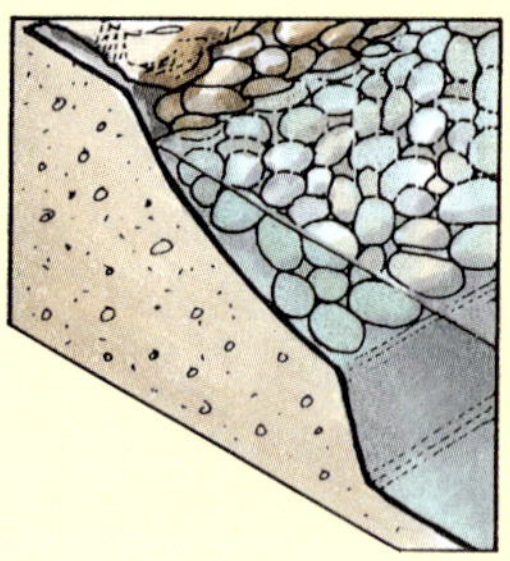

Uferbank aus Kies

Pflanzen mit Draht abstützen

STEINGARTEN UND WASSERFALL

SIEHE AUCH
unter:
Natursteine 312
Teichfolien 343

Ein Wasserlauf, der durch einen Steingarten mit Gebirgsblumen oder Sträuchern und Bäumen wie Japanischer Ahorn oder Zwergkoniferen zum Teich herabplätschert, ist eine attraktive Ergänzung Ihres Wassergartens. Das Anlegen von Kaskaden ist nicht so kompliziert, wie es zunächst scheint. Bei dieser Gelegenheit kann auch ein Steingarten angelegt werden.

Material

Es ist schon erstaunlich, wieviel Erdreich beim Ausschachten des Gartenteichs anfällt. Um den Aushub nicht abtransportieren zu müssen, verwenden Sie ihn zum Anlegen eines Steingartens neben dem Teich. Wenn Sie ein kleines Becken auf höhergelegenem Terrain anlegen, können Sie aus dem Hauptteich Wasser hinaufpumpen und über eine Wassertreppe oder einen Bachlauf zurückleiten. Erde gibt es genug, aber die für den Steingarten benötigten Steine müssen Sie in einem Gartencenter kaufen, und das wird teuer. Billiger ist die Verwendung von Gußhohlsteinen, die sehr wetterfest sind. Natursteine kauft man am günstigsten direkt im Steinbruch. Weil Felssteine sehr schwer sind, lassen Sie sie so dicht wie möglich an die Baustelle liefern. Mieten Sie gegebenenfalls eine Sackkarre o. ä., um die Steine durch den Garten zu transportieren. Steingarten und Wasserlauf werden in einem Arbeitsgang gebaut, aber um die Vorgänge deutlicher zu machen, werden sie hier getrennt beschrieben.

Überanstrengung vermeiden

Steine hochheben
Beim Hochheben eines Steins Rücken gerade halten (rechts). Bei sehr großen Steinen arbeiten Sie zu zweit und benutzen dabei Tragseile (unten).

Wasserlauf anlegen

Um den Wasserlauf direkt in den Hauptteich zu leiten, lassen Sie an der Einmündung ein großes Stück Teichfolie überstehen. Errichten Sie niedrige Wälle zu beiden Seiten der Einmündung, und verkleiden Sie sie mit Steinen **(1)**. Legen Sie die Rinne zum oberen Becken in Stufen an, und kleiden Sie sie mit Folienstücken aus, die an jeder Stufe überlappen. Schieben Sie den Rand der unteren Folie unter den Rand der darüberliegenden, und befestigen Sie sie mit Steinen. Damit das Wasser auf den Terrassen stehenbleibt, erhält jede Stufe eine nach hinten gerichtete Neigung **(2)**, die mit Steinen verkleidet wird, über die das Wasser fließt **(3)**. Ein flacher Stein erzeugt einen Bogen, Kiesel schaffen eine plätschernde Kaskade. Testen Sie das Verhalten des Wasser auf jeder Stufe mit fließendem Wasser aus dem Gartenschlauch, denn wenn die Rinne fertig ist, wird es schwierig, die Steine auszurichten. Der Schlauch der Teichpumpe wird im Steingarten vergraben, wobei darauf zu achten ist, daß er keine Knicke bekommt, die den Fluß des Wassers behindern. Der Schlauch muß so lang sein, daß er ein Stück ins obere Becken hineinreicht. Zum Befestigen und Abdecken nimmt man einem flachen Stein **(4)**. Kunststoffbecken haben am Rand eine Rinne, durch die das Wasser abfließen kann. Ist das obere Becken mit Folie ausgekleidet, zieht man als Überlauf einen kleinen Graben durch den Erdwall am Beckenrand und drückt die Folie hinein. Die Rinne wird mit einem flachen Stein abgedeckt, damit man die Folie nicht sieht **(5)**.

Kaskade
Der Querschnitt zeigt eine Kaskade, die von einem Wasserreservoir in den Gartenteich läuft.
1 Gartenteich
2 Kaskadenstufe
3 Überhängender Stein erzeugt einen Wasserbogen
4 Zuleitungsschlauch
5 Überlaufrinne zur Kaskade
6 Reservoir

Steingarten anlegen

Ordnen Sie die Steine im Steingarten so an, daß er wie ein Miniaturgebirge aussieht. Planlos aufgehäufte Steine sehen aus wie eine Geröllhalde. Überanstrengen Sie sich nicht beim Hochheben der Steine. Halten Sie die Füße geschlossen, verlagern Sie das Gewicht auf die Beinmuskulatur, und halten Sie den Rücken möglichst gerade. Zum Bewegen sehr schwerer Steine werden Seile verwendet (siehe Abb. links). Große, flache Felsen bilden die Außenseiten des Steingartens, dazwischen wird Erde verteilt, damit eine ebene Plattform entsteht. Verdichten Sie die Erde, damit keine Hohlräume zurückbleiben, wo die Wurzeln nicht Fuß fassen können. Die nächsten Steinschichten werden unregelmäßig in schmalen und breiten Terrassen verlegt. Lassen Sie Zwischenräume für die Bepflanzung mit Steingartengewächsen. Wenn Sie Sträucher und Zwergbäume vorgesehen haben, müssen Sie die Terrassen so anordnen, daß für die Pflanzlöcher genügend Platz bleibt und sie tief genug gemacht werden können.

Steingarten anlegen
Ein Steingarten sollte aus unregelmäßigen Terrassen bestehen.

Sumpfbeet neben dem Teich anlegen

Eine Fläche aus nasser, sumpfiger Erde, wo Sumpfblumen gedeihen können, ergänzt den Teich. Schon beim Ausheben der Teichgrube legen Sie an einer Seite des Teichs einen breiten, mit Folie ausgekleideten Pflanzstreifen an. Ein kleiner Steinwall dient als Absprerrung zwischen Teich und Sumpfbeet. Die Steine werden in eine 5 cm dicke Mörtelschicht verlegt. Nach dem Aushärten des Mörtels muß sein Kalkanteil neutralisiert werden, indem man ihn mit einem wasserfesten Anstrich versieht. Für ein Sumpfbeet am Fuß des Steingartens legen Sie den Umriß zunächst mit Steinen an, kleiden die Mulde mit Folie aus und füllen sie mit Pflanzerde. Die Folie sorgt dafür, daß die Erde ständig feucht bleibt. Aber machen Sie das Sumpfbeet so tief, daß die Wurzeln nicht im Wasser auf dem Grund des Beetes hängen, sonst »ertrinken« die Pflanzen.

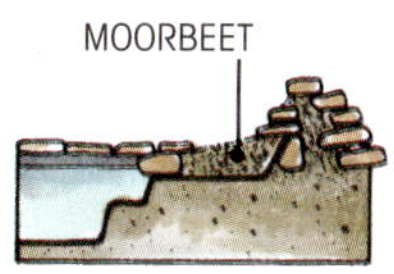

Sumpfbeet
Für Sumpfblumen wird am Rand des Teichs ein Beet angelegt.

SWIMMING-POOL AUSWAHL

SIEHE AUCH
unter:
Keramikfliesen 79

Ein Schwimmbecken im eigenen Garten ist heute kein Statussymbol für Reiche mehr. Es gibt Hersteller, die Bausätze zum Selberbauen zu vernünftigen Preisen anbieten. Allerdings sollte man mit den Ausschachtarbeiten eine Baufirma beauftragen, die auch für den Abtransport des Aushubs sorgt. Bis auf den Einbau einer einfachen Heizungsanlage sollten auch die Installationsarbeiten von Fachleuten erledigt werden. In der Regel benötigen Sie für ein privat genutztes Schwimmbecken keine Baugenehmigung, sofern es nicht überdacht werden soll. Ist das Becken mit Wasser gefüllt, braucht man nur noch von Fall zu Fall nachzufüllen, damit es immer randvoll ist. Trotzdem empfiehlt es sich, einen eigenen Wasserzähler für den Pool anschließen zu lassen.

Beckenbausatz selber aufstellen
Ein als Baussatz geliefertes Schwimmbecken kann genauso elegant aussehen wie ein an Ort und Stelle errichtetes, ist aber wesentlich preiswerter.

Einbausätze für versenkte Pools
Massivwände mit Vinylauskleidung oder Holzkonstruktion.

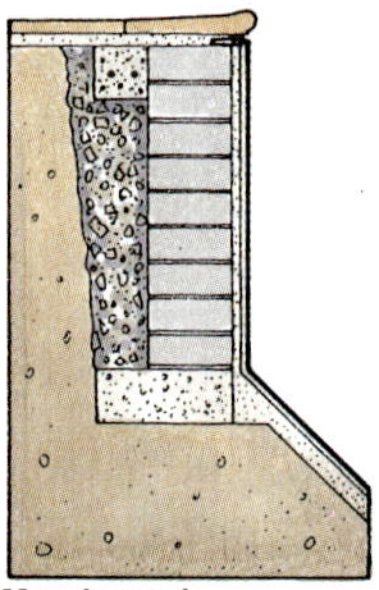

Massivwandkonstruktion

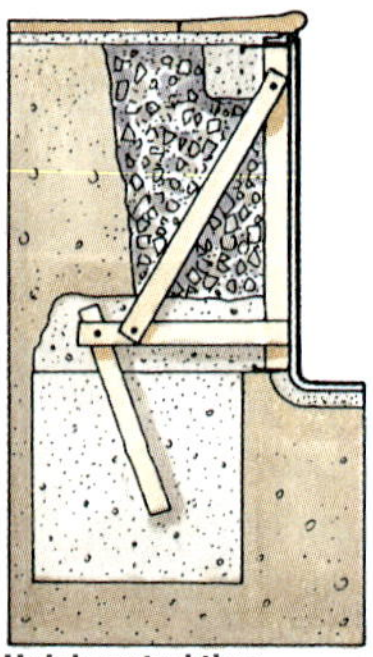

Holzkonstruktion

- **Betonbecken mit gefliesten Wänden**
Das Fliesen von Schwimmbecken beherrschen nur wenige Spezialisten. Heimwerker erleiden fast sicher Schiffbruch. Bei Außenbecken sind Frostschäden unvermeidlich, so daß Fliesen nur für überdachte Schwimmhallen sinnvoll sind.

Der günstigste Platz für ein Schwimmbecken

Von der Größe des Gartens hängt es ab, in welchen Ausmaßen und Formen Sie einen Pool bauen können. Auf keinen Fall sollten Sie ihn unter Bäumen anlegen, damit er die meiste Zeit in der Sonne steht und kein Laub hineinfällt. Meistens stellt man das Becken möglichst nahe ans Haus, um die vorhandenen Installationen für Strom, Wasser und Heizung besser nutzen zu können oder die Filteranlage in der Garage unterzubringen. Am einfachsten ist es, den Pool auf ebenem Gelände anzulegen, aber man kann ihn auch in den Hang hineinbauen und nimmt den Aushub, um das Gefälle auszugleichen.

Bausätze für freistehende Becken

Freistehende Pools sind kostengünstig und einfach zu errichten. Die meisten Ausführungen sind rund oder oval und bestehen aus Stahlblechplatten mit Verstrebungen. Als Beckeneinsatz dient eine widerstandsfähige, elastische Vinylplane. Eine Abdeckplane verhindert, daß Laub und Schmutz ins Becken geweht werden. Das Becken läßt sich genauso leicht abbauen wie aufbauen, und man kann es mitnehmen, wenn man in ein anderes Haus zieht. Die hohen Wände haben den Vorteil, daß kleine Kinder nicht ins Wasser fallen. Falls es gewünscht wird, kann man das Becken auch teilweise im Boden versenken.

Bausätze für versenkte Becken

Für im Boden versenkte Becken gibt es eine große Auswahl an Formteilen, so daß Sie bei der Gestaltung viel Spielraum haben. Die etwa 1 m hohen Wandteile werden ins Fundament einbetoniert. An einem Ende des Pools wird tiefer ausgeschachtet und die Grube mit einem Zement-Sand-Gemisch ausgekleidet, bevor der passend zugeschnittene Vinyleinsatz eingelegt wird. Die Beckenwandung wird mit Rollkies hinterfüllt, um dem Wasserdruck standzuhalten, und mit vermörtelten Steinplatten abgedeckt. Ähnlich verfährt man mit Betonfertigteilen, die auf ein durchgehendes Fundament gestellt werden. Wände und Boden des Beckens müssen glatt abgezogen werden, damit sich scharfkantige Erhebungen nicht durch die Vinylplane drücken. Diese Arbeiten überlassen Sie lieber einer Baufirma, das Hinterfüllen mit Kies können Sie selber besorgen. Ein Beckeneinsatz hält normalerweise jahrelang, und sollte er ein Loch bekommen, läßt es sich flicken, ohne daß das Becken entleert zu werden braucht.

SWIMMINGPOOL-ZUBEHÖR

Zubehör wie Sprungbretter, Rutschen und Beckenbeleuchtung erhöhen das Badevergnügen. Unbedingt erforderlich sind aber Einrichtungen zum Sauberhalten des Wassers.

Skimmer und Filter
Ein am Beckenrand befestigter Skimmer saugt das Oberflächenwasser ab, das in einem Filter neben dem Becken von Schmutzteilchen gereinigt und zurück ins Becken gepumpt wird. Filteranlagen gehören meistens zum Lieferumfang.

Bodenabsauger
Zum Entfernen auf den Boden gesunkener Schmutzteilchen benötigen Sie ein langes Absaugrohr mit Bodendüse. Der Saugschlauch wird an die Filteranlage angeschlossen.

Kescher
Mit einem Netz an einer langen Stange fischen Sie Blätter aus dem Pool, bevor sie den Skimmer verstopfen.

Beckenabdeckung
Abdeckplanen aus leichtem Kunststoff gibt es für freistehende und versenkte Becken. Sie verhindern, daß Laub, Zweige und andere vom Wind herangetragene Fremdkörper in den Pool fallen, und sorgen dafür, daß das aufgeheizte Wasser über Nacht nicht zu stark abkühlt.

Ermittlung der Wasserqualität
Beigaben von Chlor und Algenschutzmitteln zum Wasser sorgen dafür, daß Bakterien abgetötet und der Algenbefall verhindert werden. Für die Analyse der Wasserqualität gibt es spezielle Testpackungen, mit deren Hilfe Sie Wasserproben selbst analysieren können.

Schwimmbeckenheizung
Die billigste Methode, die Temperatur des Wassers im Becken zu erhöhen, bieten Schwimmelemente, die Wärmeeinstrahlung speichern und an das Wasser abgeben. Damit lassen sich die Kosten für eine aufwendigere Art der Heizung reduzieren. Letztere wird über einen Wärmeaustauscher an die Zentralheizung des Hauses angeschlossen, oder Sie lassen einen Elektroboiler für die Beheizung des Beckens aufstellen. Beide Installationen sind teuer, und der Energieverbrauch ist hoch. Im Unterhalt kostengünstiger ist eine Wärmepumpe.

WINTERGARTEN

SIEHE AUCH
unter:
Jalousien 183
Isolierverglasung 213

Ein solide gebauter Wintergarten trägt wesentlich zur Wohnqualität eines Hauses bei. Mit moderner Verbundverglasung und Anschluß an das Heizungssystem ausgestattet, erweisen sich Wintergärten nicht nur als Garten im Haus, sondern sie vergrößeren die Wohnfläche, da man sie als Wohn- und Eßzimmer, für Handarbeiten und Hausaufgaben nutzen kann. Wintergärten gibt es in standardisierten Größen und Typen. Oder man läßt sich einen nach eigenen Vorgaben bauen und aufstellen.

Die für Wintergärten am häufigsten verwendeten Baustoffe sind Holz, Metall und Kunststoff, gelegentlich in Verbindung mit Mauerwerk. Letzteres dient als Fundament oder Sockelmauer, aus ersteren bestehen die Rahmen für die Rundum-Verbundverglasung der Wände, der Türen und Fenster. Für das Dach kann man auch Stegdoppel- oder Stegdreifachplatten aus Acryl-Kunststoff (Plexiglas) verwenden.

Wählen Sie einen Wintergarten, der zum Stil des Wohnhauses paßt. Wenn Sie beispielsweise in einer Gründerzeitvilla wohnen, darf er ruhig etwas altmodisch und verschnörkelt aussehen. Für ein modernes Gebäude wird man mehr Wert auf klare Linienführung und Funktionalität legen. Was aber nicht heißen soll, daß alt und neu sich grundsätzlich nicht vertragen. Den Ausschlag geben die Proportionen und das Material. Darauf sollte man also bei der Auswahl der Konstruktion das Hauptaugenmerk richten.

Entscheidet man sich für Holz, gilt es zu bedenken, daß es Jahr für Jahr mit einem Schutzmittel behandelt werden muß. Weniger Arbeit macht eine Konstruktion aus kunststoffbeschichtetem Aluminium. Sie ist witterungsbeständig und bedarf keiner Pflege oder Wartung.

Dieser als Pavillon gestaltete Wintergarten paßt sich dem Stil des Hauses an

Eine günstige Lage wählen

Auch wenn für den Bau eines Wintergartens keine Genehmigung erforderlich sein sollte, verständigen Sie sich vorher mit den Nachbarn, und fragen Sie bei der zuständigen Behörde nach. Beraten Sie sich auch mit dem Architekten der Baufirma, der Sie den Auftrag erteilen wollen, über die Größe des Wintergartens im Verhältnis zum Haus, Fragen der Bodenentwässerung und eventuelle Probleme, die durch Bäume oder vorhandene Gartenanlagen entstehen könnten. Vorher geklärt werden müssen auch die Art des Zugangs vom Haus zum Wintergarten, Möglichkeiten der Belüftung und Heizung und nicht zuletzt die Lage in Bezug auf den Stand der Sonne. Ein Wintergarten an der Südseite des Hauses wird das ganze Jahr über Sonne haben, so daß es darin auch an sonnigen Wintertagen angenehm warm wird. Andererseits kann die Hitze im Sommer unerträglich werden und neben einer wirksamen Beschattung ein ausgeklügeltes Entlüftungssystem erforderlich machen. Ein nach Westen hin liegender Wintergarten schafft einen hellen Raum mit weniger direkter Sonneneinstrahlung, in dem man den Nachmittag und Abend verbringen kann. Auf der Ostseite kann man nur die Morgensonne genießen, und auf der Nordseite gibt es gar kein direktes Sonnenlicht, weshalb es im Sommer angenehm kühl ist, dafür aber auch empfindlich kalt im Winter, so daß man eine gute Heizung braucht, um sich in solch einem Wintergarten wohl zu fühlen.

Entlüftung und Heizung

In Wintergärten machen sich Temperaturschwankungen besonders deutlich bemerkbar, und es muß Vorsorge getroffen werden, daß sie im Sommer nicht zu heiß und im Winter nicht zu kalt werden. Dank der großen Glasflächen speichern sie die Sonnenenergie sehr schnell, im Winter jedoch strahlen sie Wärme ab. Zur Wärmespeicherung sind Verbundverglasungen unerläßlich, insbesondere wenn man den Wintergarten das ganze Jahr über nutzen möchte.

Man sollte unbedingt Glas mit einem niedrigen k-Wert verwenden, damit die durch das Material entweichende Energiemenge gering bleibt. Wenn es draußen kalt ist und und die Sonne nur kurz scheint, muß geheizt werden. Dies geschieht in der Regel durch einen an die Zentralheizung angeschlossen Heizkörper oder mit Elektrolüftern.

Im Hochsommer kann es im Wintergarten unangenehm heiß werden. Dagegen hilft eine Beschattung mit Jalousetten aus wärmereflektierendem Material hinter den Scheiben und unter der Dachverglasung. Diese Schattenspender werfen das Sonnenlicht zurück und verhindern im Winter übermäßige Wärmeabstrahlung. In Spezialgeschäften können Sie Jalousetten und Rollos in den erforderlichen Maßen bestellen.

Mag diese Art der Beschattung auch noch so nützlich sein, eine wirkungsvolle Entlüftung können sie nicht ersetzen. Ständiger Luftaustausch sorgt nicht nur für Kühlung im Sommer, sondern er verhindert auch, daß sich im Winter Kondenswasser an den Scheiben niederschlägt. Die meisten Wintergärten besitzen deshalb Fenster und Oberlichter. Falls der Durchzug nicht reicht, installieren Sie unter der Decke einen elektrischen Ventilator.

AUFBAU EINES WINTERGARTENS

SIEHE AUCH
unter:
Fundament 315
Ziegel vermauern 316–317
Zweischalige Mauer 323
Betonplatten 328–331

Wintergärten sind zwar verhältnismäßig leichte Bauwerke, benötigen aber trotzdem ein Fundament. Sie dürfen also nicht auf einer bereits vorhandenen Terrasse errichtet werden. Die Hersteller legen fest, welchen Anforderungen das Fundament zu genügen hat, und man muß sich auch mit der zuständigen Baubehörde in Verbindung setzen. Weiterhin ist zu klären, ob und in welchem Umfang Leitungen und Kanäle von den Ausschachtungen für das Fundament berührt werden könnten. Normalerweise wird ein Betonfundament empfohlen, aber unter Umständen genügt auch eine Metall-Rahmenkonstruktion.

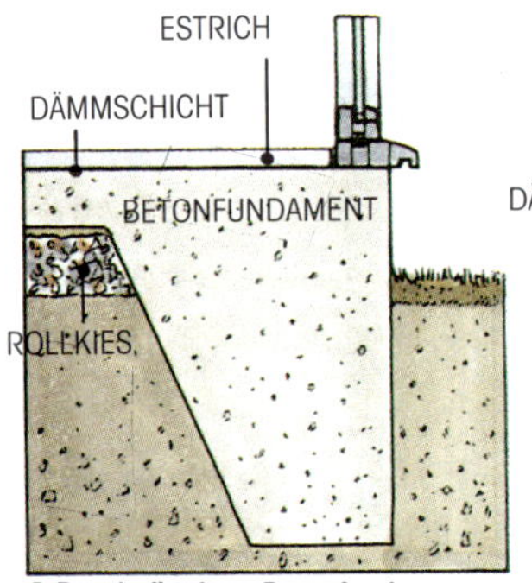

1 Durchgängiges Betonfundament

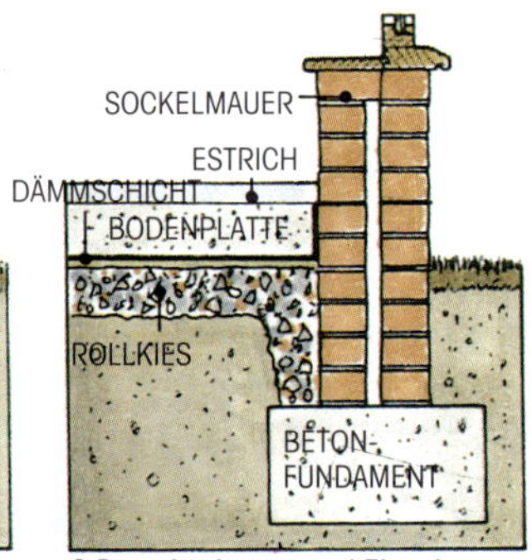

2 Betonfundament und Ziegelmauer

Bestandteile eines Wintergartens
1 Betonfundament
2 Sockelmauer
3 Untere Abdichtung
4 Sperrschicht
5 Mauerabschluß
6 Kiesschüttung
7 Bodenplatte
8 Dämmschicht
9 Schwimmender Estrich
10 Seitenverglasung
11 Dachverglasung
12 Abweisblech

Betonfundamente

Für einen Wintergarten genügt normalerweise ein der Bodenbeschaffenheit entsprechend tiefes Streifenfundament mit einer 10 cm starken Bodenplatte mit oder ohne Estrich über einer mindestens 10 cm hohen verdichteten Kiesschüttung **(1)**. Soll der Wintergarten auf einer Sockelmauer stehen, legt man zunächst ein Streifenfundament aus Beton, auf dem die Mauer hochgezogen wird. Dann wird die Kiesschüttung aufgebracht und die Bodenplatte gegossen **(2)**. Der Estrich kann unmittelbar auf der Rohdecke hergestellt werden oder als schwimmender Estrich über einer Schicht aus Dämmstoff und Ölpapier.

Betonieren der Fundamente

Hier wird die Herstellung eines Streifenfundaments beschrieben. Zuerst reißt man mit Kreide an der Hauswand die vorgesehene Höhe des Wintergartenbodens an. Mit einem Schnurgerüst werden zunächst die Außenmaße des Fundaments nach den Angaben des Herstellers abgesteckt. Stellen Sie mit dem Senkblei fest, ob die Hauswand in der Senkrechten fluchtet. Neigt sie sich nach außen, benutzen Sie das Senkblei aus Richtmaß für das Fundament, nicht die Wand.
Für eine einschalige Ziegelmauer sollte das Streifenfundament 30 cm breit sein, für eine zweischalige mit 5 cm Isolierung 45 cm. Ein 50 cm breites Fundament, dessen Höhe ca. 15 cm unter der Erdoberfläche liegt, dürfte für alle Bodenbeschaffenheiten ausreichen. Die Fundamentgräben werden ausgeschachtet, und der Beton wird bis zur vorgesehenen Höhe eingebracht.
Beim Ausschachten der Bodenfläche innerhalb des Fundaments sind die Höhen des Estrichs, der Bodenplatte, der Dämmschicht und der Kiesschüttung zu berücksichtigen. Wenn die Ziegelmauer so hoch ist, daß sie mindestens 15 cm über dem Erdboden liegt, wird die Kiesschüttung eingebracht. Darauf kommen eine ca. 5 cm dicke Sandaufschüttung und eine Sperrschicht aus Polyethylen-Folie. Die Ränder der Folie werden über die Oberkante der Mauer bzw. an die Hauswand gelegt. Nun können die Dämmschicht verlegt und die mindestens 10 cm starke Bodenplatte gegossen werden.
Zum Schutz gegen Feuchtigkeit wird in die Mauer eine Sperrschicht eingebaut und an der Hauswand mit der Sperrschicht des Hauses verbunden. Nachdem die Mauer ihre endgültige Höhe erreicht hat, wird darauf der Rahmen des Wintergartens errichtet. Estrichbeton wird auf die Bodenplatte aufgetragen und entlang der Oberfläche abgezogen. Nach dem Aushärten des Estrichs wird der Bodenbelag aufgebracht.

Rahmen aufrichten

Beim Zusammenfügen der Rahmenkonstruktion folgen Sie den Anleitungen des Herstellers. Da PUR-Schaum nicht witterungsbeständig ist, werden Lücken an der Hauswand mit Silkonkautschuk versiegelt. Das gilt auch für den an der Hauswand liegenden Dachsparren. Dieser benötigt außerdem ein Abweisblech, damit bei Schlagregen das Wasser nicht entlang der Hauswand in den Wintergarten fließt. Früher hat man dafür Streifen aus Bleiblech verwendet, heute nimmt man meist feste Folie. Die eine Längsseite wird in einen oberhalb des Dachsparrens mit der Flex in die Hauswand geschnittenen waagrechten Schlitz gesteckt und mit Silikondichtmasse versiegelt, die andere befestigt man auf dem Dachsparren.

BODENDÄMMUNG

Für den Boden eines Wintergartens ist keine Wärmedämmung vorgeschrieben, es sei denn, er soll als Wohnraum genutzt werden. Trotzdem sollte man aus Gründen der Energieeinsparung eine Dämmschicht einziehen.
Wärmedämmplatten aus Kunststoffschaum wie Polystrol oder Polyethylen werden zwischen Kiesschüttung und Bodenplatte **(1)** oder unter dem Estrich verlegt **(2)**. Darunter liegt eine Sperrschicht aus Folie, die an der Wand über den Estrich hochgezogen wird. Die Platten werden vom Gewicht des Estrichs zusammengedrückt, was bei der Berechnung der Schichtdicke berücksichtigt werden muß. Das Maß, um das der Dämmstoff zusammengedrückt wird, ist auf der Verpackung angegeben.

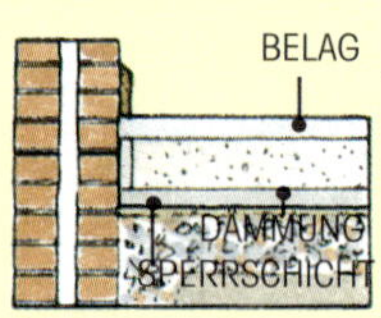

1 Dämmschicht unter der Bodenplatte

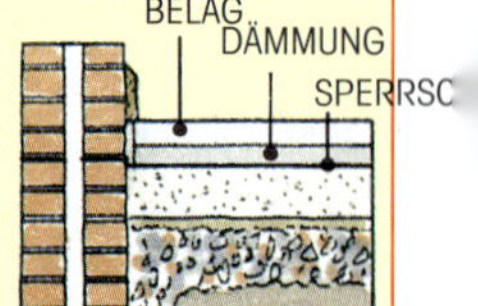

2 Dämmschicht unter dem Estrich

NEUNTES KAPITEL

9

WERKZEUGE

WERKZEUGE FÜR DIE HOLZBEARBEITUNG

SIEHE AUCH
unter:
Holzverbindungen 365–367

IHR GANZ PERSÖNLICHER WERKZEUGKASTEN

Wenn Sie mit Menschen sprechen, die viel mit Werkzeugen umgehen, werden Sie mitunter feststellen, daß diese ihre Schätze eifersüchtig hüten, nur nach einigem Zureden ausleihen und wenn, dann nur unter ausgiebigen Belehrungen. Tatsächlich sind Werkzeuge etwas sehr Persönliches. Allein die Art und Weise, in der ein Handwerker ein Werkzeug schärft und handhabt, stellt sicher, daß ebendieses Werkzeug in seinen Händen besser funktioniert als in fremder Hand. Dies trifft besonders auf alte Holzwerkzeuge zu. Die Klinge einer alten hölzernen Rauhbank läßt viele Rückschlüsse auf den Eigentümer zu – seine Sorgfalt, seinen Arbeitsstil, sogar seine Persönlichkeit. Und wenn Sie sich an die Handhabung eines Werkzeugs gewöhnt haben, wird es Ihnen nicht selten schwerfallen, sich auf ein anderes umzustellen – mag dieses noch so modern und hochwertig sein.

Ein Werkzeugkasten drückt auch die persönlichen Vorlieben seines Besitzers aus. Achten Sie einmal auf die Werkzeugausstattung von Profis der gleichen Branche. Sie werden keine zwei Handwerker finden, die exakt über das gleiche Werkzeug verfügen.

Kein Heimwerker kauft sein Werkzeug auf einen Schlag. Abgesehen von einer Grundausstattung an Schraubenziehern und Zangen, die in jedem Haushalt vorhanden sein sollte, kauft man sein Werkzeug bei Bedarf. Das ist zum einen eine Frage der Kosten. Denn gutes Werkzeug hat seinen Preis. Es ist aber auch eine Frage der Zweckmäßigkeit. Wozu heute mehrere Scheine für eine Oberfräse hinlegen, die veraltet ist, wenn ich sie frühestens in fünf Jahren zum erstenmal benötige?

Kaufen Sie also nur, was Sie wirklich brauchen. Aber wenn Sie ein Werkzeug benötigen, kaufen Sie die beste Qualität, die Sie sich leisten können. Das gilt auch für die Dimensionierung eines Werkzeugs – besonders wenn es sich um Werkzeugmaschinen handelt. Wenn Sie z. B. ein paar Löcher in Holz bohren müssen und dies zum Anlaß nehmen, sich eine elektrische Bohrmaschine zu kaufen, dann ist es sinnvoll, ein paar Scheine draufzulegen und zu einem Gerät zu greifen, mit dem Sie in ein paar Wochen auch die Dübelbohrungen für die seit langem von der Gattin geforderte Holzdecke im Beton anbringen können.

Gutes Werkzeug wird Ihnen über viele Jahre hinweg gute Dienste leisten, und nur mit gutem Werkzeug kann auch gute Arbeit geleistet werden. In diesem Sinne ist Ihr Werkzeugkasten der Schlüssel zu Ihrem persönlichen Erfolg als Heimwerker.

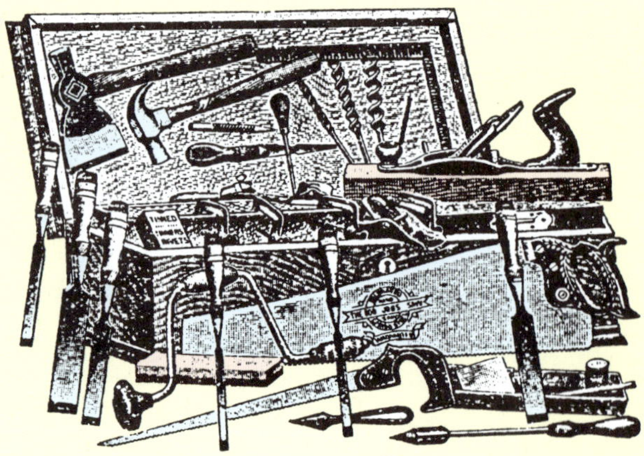

HOLZBEARBEITUNG

Eine komplette Schreinerwerkstatt kostet ein Vermögen. Für die meisten Anwendungen genügt aber eine hochwertige Grundausstattung.

MESSEN UND MARKIEREN

Werfen Sie Ihre Meterstäbe und Bleistifte nicht achtlos in die Werkzeugkiste. Ein Bandmaß muß vor dem Aufräumen immer ganz eingeschoben werden, da das Metallband leicht knickt.

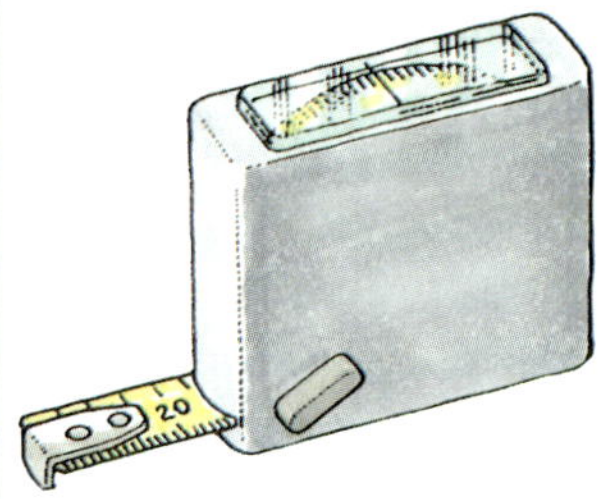

Metermaße
Zollstöcke und Bandmaße sind typische Werbegeschenke und werden selten gekauft. Entsprechend ist die Qualität. Es handelt sich in aller Regel um Wegwerfartikel. Tatsächlich gibt es auch Zollstöcke aus zähem Kunststoff, die nicht bei der ersten unpassenden Gelegenheit brechen. Wer viel mit diesen Werkzeugen arbeitet, sollte sich den Luxus eines Qualitätszollstocks gönnen. Er muß ihn aber schon kaufen.

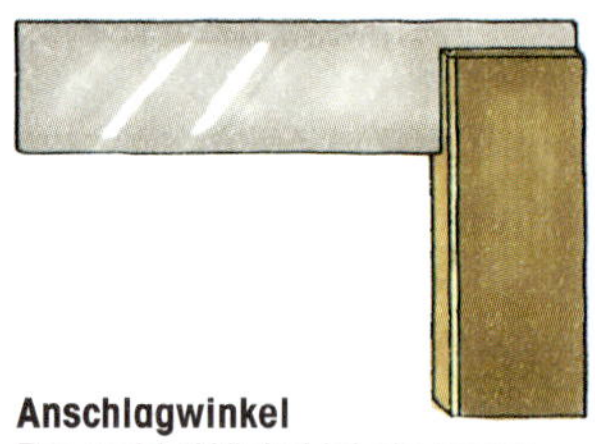

Anschlagwinkel
Der rechte Winkel ist ein unverzichtbares Kontrollinstrument nicht nur für den Schreiner. Jeder Heimwerker, der auch nur ein Regal bauen will, braucht ihn, um die Rechtwinkligkeit seiner Arbeit zu prüfen. Nicht weniger unentbehrlich ist er für den Maurer und beim Trockenausbau.
Anschlagwinkel werden in zahlreichen Größen und Materialausführungen angeboten. Der klassische Holzwinkel ist weniger zu empfehlen, weil bereits ein mäßiger Schlag genügt, ihn »aus dem Winkel« zu bringen. Ideal ist eine solide Metallausführung mit Zentimeterskala.

Innenwinkel prüfen

Gehobelte Hölzer prüfen
Halten Sie das Bauteil während der Prüfung gegen das Licht.

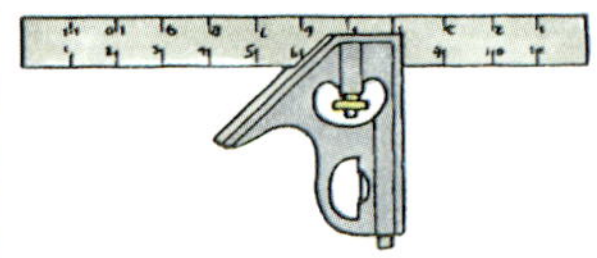

Kombiwinkel mit Wasserwaage
Es ist eigentlich schade, daß dieses praktische Vielzweckwerkzeug keine allzu große Verbreitung gefunden hat. Denn dank der angebauten kleinen Wasserwaage läßt es sich für eine Vielzahl von Kontrollen verwenden, für die sonst zwei oder mehrere Meßvorgänge erforderlich wären. Auf Grund der kurzen Wasserwaagenauflage hält sich die Präzision aber in Grenzen.

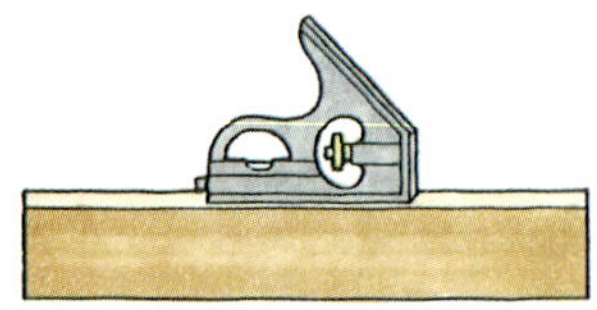

Horizontale prüfen
Einfach Schiene abnehmen und als Wasserwaage verwenden.

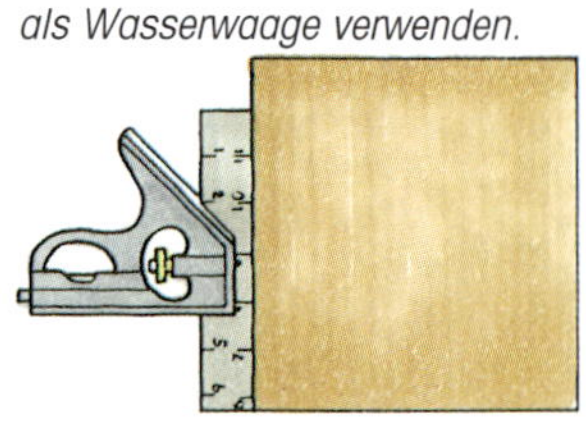

Vertikale prüfen
Schiene an die Vertikale anlegen und Horizontale der Wasserwaage prüfen.

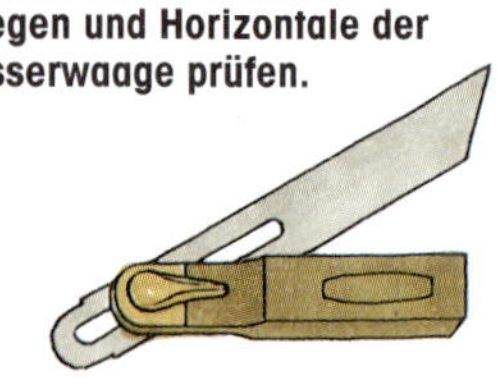

Schmiege
Die Schmiege ist ein Anschlagwinkel mit verstellbarem Winkel. Damit lassen sich z. B. Gehrungen gleichen Winkels markieren.

WERKZEUGE FÜR DIE HOLZBEARBEITUNG

SIEHE AUCH
unter:
Sägen schärfen 355

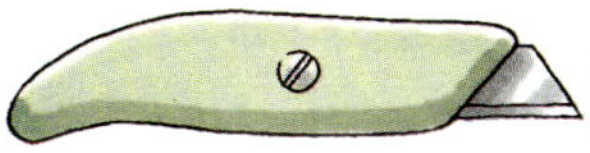

Klingenmesser
Wenn es beim Holzschnitt um größte Präzision geht, etwa bei Schnitten mit der Stichsäge, ist es mitunter besser, die Schnittlinie mit einem feinen Schnitt anstelle einer breiten Bleistiftlinie zu markieren. Das Klingenmesser ist ein vielseitiges Instrument und in der Werkstatt unentbehrlich.

Streichmaß
Mit dem Streichmaß lassen sich Linien markieren, die parallel zu einer Schnittfläche laufen. Dazu wird ein Anschlagblock auf einer Holzschiene nach Bedarf verschoben und mit einer Klemmschraube fixiert. Ein in die Schiene eingelassener Dorn reißt beim Entlangstreichen die Linie an.

Streichmaß mit Klinge
Wenn Sie mit einem gewöhnlichen Streichmaß eine Linie quer zur Maserung markieren wollen, kann es geschehen, daß die Linie fransig und zackig wird. Das vermeiden Sie mit einem klingenbewehrten Streichmaß.

Nutenstreichmaß
Dieses Streichmaß hat zwei Dorne, mit denen die Maße einer Nut angerissen werden können. Im Handel werden Sie es kaum finden, und für den Heimwerker ist es denkbbar überflüssig. Wenn Sie allerdings eine Serie von Möbeln, z. B. Stühle mit Zapfverbindungen herstellen wollen, lohnt es sich vielleicht, ein Streichmaß selbst entsprechend zu präparieren, indem man zwei Stahlstifte einschlägt.

1 Länge des Ausschnitts anreißen

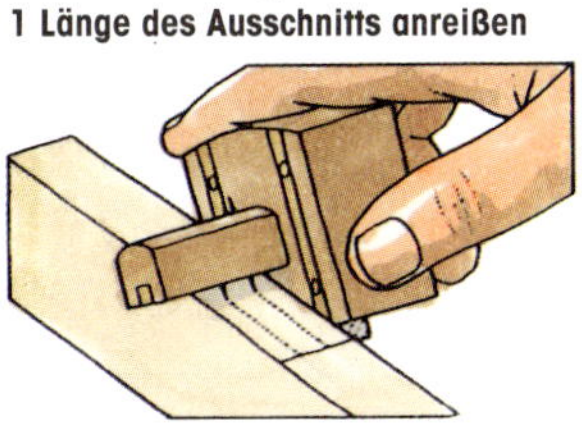

2 Parallellinien anreißen

SÄGEN

Mit einem Fuchsschwanz allein werden Sie nicht weit kommen. Für fast jeden Schnitt gibt es die richtige Säge.

HANDSÄGEN

Handsägen werden für gerade Schnitte in massivem Holz oder Holzfaserplatten verwendet. Man unterscheidet zwei klassische Typen: den Fuchsschwanz und die Gestellspannsäge. Letztere ist das traditionelle Werkzeug der Zimmerleute.

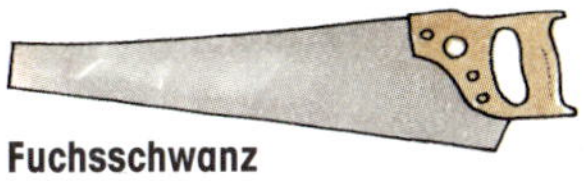

Fuchsschwanz
Der Fuchsschwanz ermöglicht gerade Schnitte in Holzplatten beliebiger Länge. Als vielseitiges Universalwerkzeug gehört er in jede Werkzeugkiste. Sie können damit nicht nur Bretter längs und quer schneiden, sondern auch Leisten ablängen. Dickere Hölzer allerdings kann der Fuchsschwanz wegen seines flexiblen Sägeblattes kaum bewältigen. Der Umgang mit dieser Säge will gelernt sein, und ehe ein gerader Schnitt gelingt, wandert viel Holz in den Ofen. Beste Qualität ist hier besonders wichtig.

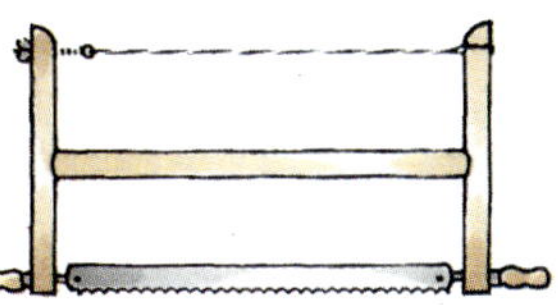

Gestellspannsäge
Dieses Traditionswerkzeug ist zum Sägen gerader Schnitte weit besser geeignet als ein Fuchsschwanz. Vor der Erfindung der elektrischen Kreissäge war die Gestellspannsäge auch im Möbelbau unentbehrlich. Heute findet man sie nur noch selten.

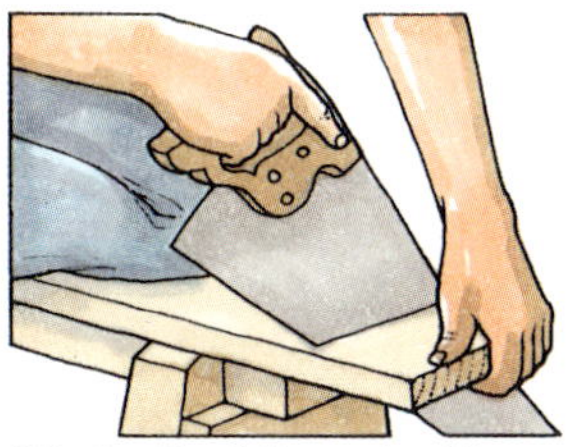

Mit der Handsäge schneiden
Für einen präzisen Schnitt halten Sie die Säge in der rechten (Linkshänder in den linken) Hand. Setzen Sie das Sägeblatt exakt an der markierten Schnittlinie an. Stützen Sie das Sägeblatt mit dem Daumen der anderen Hand ab, und schieben Sie es am Daumen entlang ohne Druck nach vorn ***(1)****. Auf diese Weise schaffen Sie eine Führung für den Schnitt. Ohne diesen Ansatz würde Ihnen das Sägeblatt beim ersten Hub nach einer Seite ausbrechen.*
Führen Sie die ersten Sägehübe ohne Druck langsam und vorsichtig aus, bis der Einschnitt tief genug ist, daß das Sägeblatt bei der Hin- und Herbewegung nicht mehr aus der Führung springt. Führen Sie den Schnitt mit ruhigen, gleichmäßigen Bewegungen weiter. Die Säge darf dabei niemals klemmen. Beim Ablängen müssen Sie daher das abzuschneidende Holzstück mit der Hand abstützen ***(2)****.*

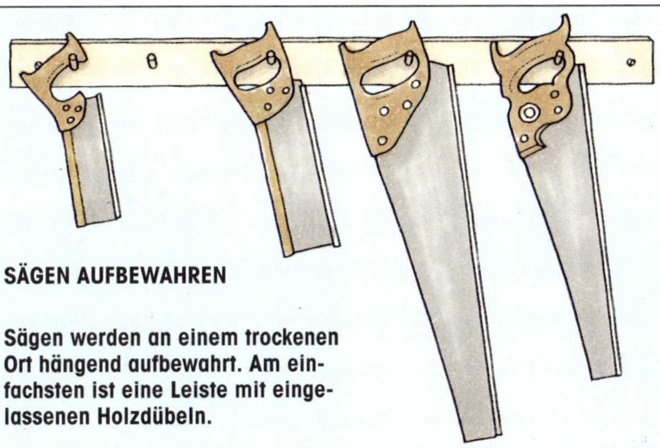

SÄGEN AUFBEWAHREN

Sägen werden an einem trockenen Ort hängend aufbewahrt. Am einfachsten ist eine Leiste mit eingelassenen Holzdübeln.

RÜCKENSÄGEN

Als Rückensägen bezeichnet man Sägen mit geraden, breiten Sägeblättern, die auf einer Seite mit einem Falz zur Versteifung versehen sind.

Rückensäge
Eine Säge mit feiner Zähnung und geschlossenem Handgriff. Sie dient für gerade Präzisionsschnitte in allen Holzarten sowie zum Ablängen.

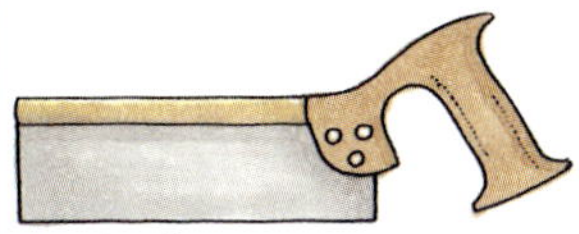

Furniersäge
Eigentlich keine Rückensäge, sondern eine Art Fuchsschwanz mit sehr feiner Zähnung. Dient, wie der Name sagt, zum Schneiden von Furnieren.

Feinsäge
Eine kleine Rückensäge mit geradem, seitlich versetztem Griff.

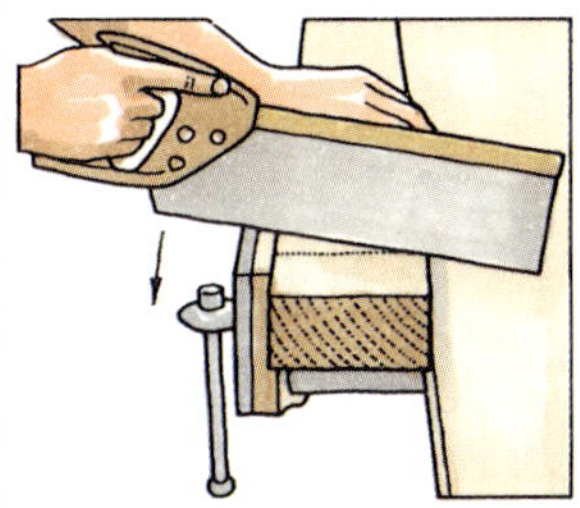

Mit der Rückensäge schneiden
Für einen Präzisionsschnitt spannen Sie das Werkstück in der Werkbank ein, oder Sie fixieren es mit Schraubzwingen. Setzen Sie die Rückensäge schräg am Daumen an, schneiden Sie zunehmend waagrecht.

Anschlag verwenden
Nehmen Sie ein Leistenstück, das dicker sein muß als das Werkstück. Legen Sie es bündig an die Schnittmarkierung an und verwenden Sie es bei Präzisionsschnitten anstelle des Daumens zur Führung des Sägeblatts.

- **Grundausstattung**
  Bandmaß
  Zollstock
  Klingenmesser
  Fuchsschwanz
  Feinsäge

WERKZEUGE FÜR DIE HOLZBEARBEITUNG

SIEHE AUCH
unter:
Rückensägen 353
Handsägen 353
Feilen 380

BÜGELSÄGEN

Bügelsägen haben schmale Sägeblätter für Kurvenschnitte. Der stabile Bügel sorgt für die nötige Spannung.

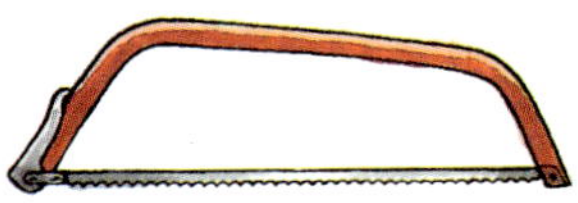

Bügelsäge
Diese Säge, die der ganzen Gattung ihren Namen verliehen hat, besteht aus einem Stahlrohrbügel mit Schnellspanneinrichtung und einem grob gezähnten Sägeblatt. Der Anwendungsbereich umfaßt alle groben Arbeiten vom Brennholzschneiden bis zum Absägen von Ästen und kleinen Bäumen. Die Handhabung erfolgt wie bei der Gestellspannsäge, deren Blatt allerdings weit feiner gezähnt ist, so daß feinere Schnitte möglich sind. Die Bügelsäge gehört als Universalwerkzeug zur Grundausstattung einer Werkstatt.

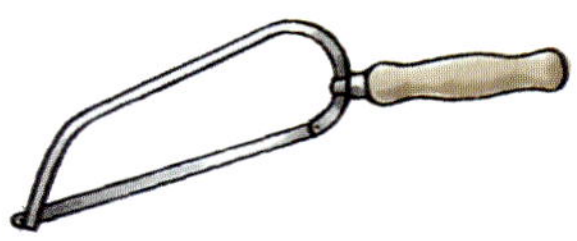

Puksäge
Diese handliche, kleine Säge ist gewissermaßen die Miniaturausführung der Bügelsäge. Sie kostet sehr wenig, ist aber außerordentlich vielseitig und gehört daher ebenfalls zur Grundausstattung eines Werkzeugkastens. Die Puksäge besteht aus einem soliden Stahlbügel, der zur Befestigung des Sägeblattes zwei Schlitze aufweist, und einem Holzgriff. Die Sägeblätter werden mit Hilfe zweier kleiner Querbolzen einfach in den Bügel eingehängt. Dieser wird dazu etwas zusammengedrückt. Das Sägeblatt erhält seine Spannung wie bei der Laubsäge durch die Federkraft des Bügels. Für die Puksäge sind sowohl Holz- als auch Eisensägeblätter erhältlich.

- **Grundausstattung**
  Bügelsäge
  Puksäge
  Laubsäge

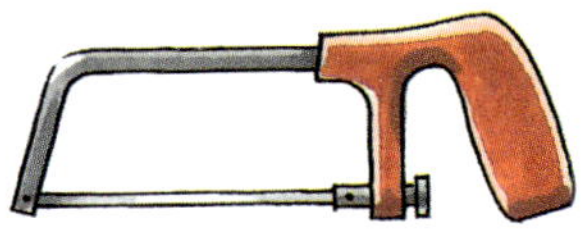

Universalsäge
Gewissermaßen die Komfortausführung der primitiven Puksäge. Die Universalsäge verwendet die gleichen Sägeblätter, weist aber einen etwas komfortableren Griff sowie eine Schraubspannvorrichtung auf, mit der die Spannung des Sägeblatts feinfühlig dosiert werden kann. Sowohl die Puck- als auch die Universalsäge eignen sich nur für kleine Arbeiten mit geringer Schnittiefe, etwa zum Ablängen von Leisten und kleineren Rohren. Sie sind da einzusetzen, wo die Bügel- oder Eisensäge zu grobe Werkzeuge sind.

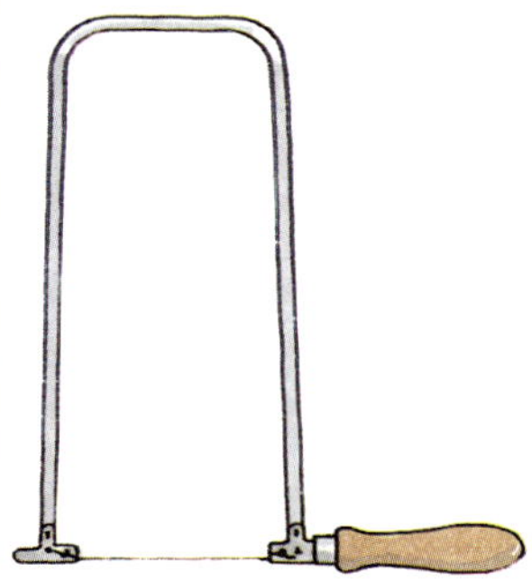

Laubsäge
Die Laubsäge ist das klassische Sägewerkzeug für Bastler und Modellbauer. Sie weist einen sehr tiefen Bügel auf, an dem ein schwenkbarer und mit einer Arretierschraube feststellbarer Handgriff befestigt ist. Die Sägeblätter werden ebenfalls mit dieser Klemmschraube sowie mit einer Klemmschraube am anderen Bügelende befestigt.
Laubsägeblätter sind sehr dünn und bruchgefährdet. Es gibt sie für die verschiedensten Werkstoffe wie Holz, Metall und Kunststoff. Dabei unterscheiden sich die Ausführungen sowohl in der Stärke des Blattes als auch in der Feinheit der Zähnung. Generell verwendet man für grobe Umrisse dickere Sägeblätter mit grober Zähnung, für filigrane Konturen dünne Blätter mit feiner Zähnung. Beim Einsetzen der Blätter ist darauf zu achten, daß die Zähnung des Sägeblatts zum Handgriff weist. Die Laubsäge schneidet also im Gegensatz zu den anderen Bügelsägen nur auf Zug. Die meisten besitzen eine Laubsäge aus der Kinderzeit.

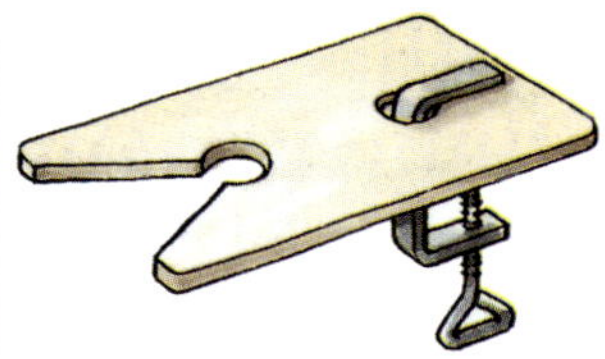

Für feine Arbeiten mit der Laubsäge benötigen Sie ein spezielles Laubsägebrett, das mit einer kleinen Zwinge am Arbeitstisch befestigt wird. Wenn Sie Ihr Werkstück so auf das Brettchen legen, daß sich das Sägeblatt innerhalb des runden Ausschnitts befindet, liegt das Werkstück auf allen Seiten auf und das Sägeblatt kann nicht verkanten und klemmen.

Arbeiten mit der Laubsäge
Die Arbeit mit der Laubsäge erfordert sehr viel Geduld und Gefühl und nur wenig Kraft. Sie ist geeignet für feine und feinste Sägearbeiten, und die meisten Kinder werden in ihrer Jugend Figuren mit der Laubsäge ausgeschnitten und anschließend bemalt haben. Größeren Kindern und Jugendlichen leistet sie beim Modellbau unentbehrliche Dienste. Mit der Laubsäge lassen sich Sperr- und dickere Balsahölzer zu exakten Formen schneiden.
Mit der Laubsäge arbeitet man im Sitzen an einem soliden Werktisch. Das oben beschriebene Laubsägebrett ist auch für größere Arbeiten nützlich.
Zum Sägen setzen Sie die Laubsäge an die Markierung und führen die Säge mit leichtem Druck auf und ab. Wenn Sie das Sägeblatt richtig eingespannt haben, schneidet die Säge in der Abwärtsbewegung. Die Laubsäge muß während des Sägens ständig in Bewegung sein. Scharfe Richtungsänderungen lassen sich erreichen, indem man die Säge ohne Druck unter Auf-und Abbewegung in die neue Richtung dreht. Scharfe Richtungswechsel im Stillstand sowie Verkanten und Klemmen führen zum Verdrehen und Bruch des Sägeblatts.

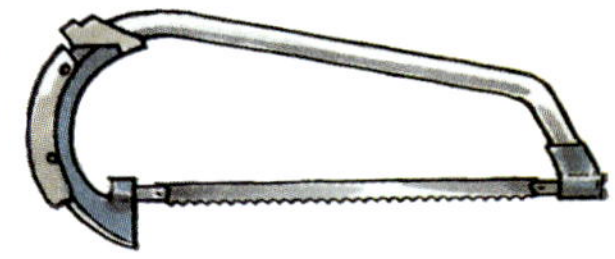

Baumsäge
Eine handliche Bügelsäge mit Schnellspannvorrichtung zum Ausschneiden von Bäumen. Dieses Werkzeug brauchen Sie nur, wenn Sie Gartenbesitzer sind und regelmäßig Ihre Obstbäume ausschneiden – dann aber unbedingt. Das Blatt der Baumsäge schneidet auch in saftigem Holz sehr gut. Für schwierige Schnitte an unzugänglichen Stellen läßt es sich in der Neigung verstellen.

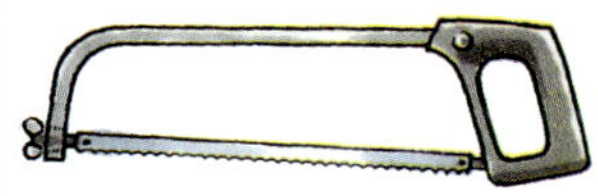

Metallsäge
Eine einfach gebaute Bügelsäge mit Schraubspannvorrichtung. Das Metallsägeblatt weist eine sehr feine Zähnung auf.

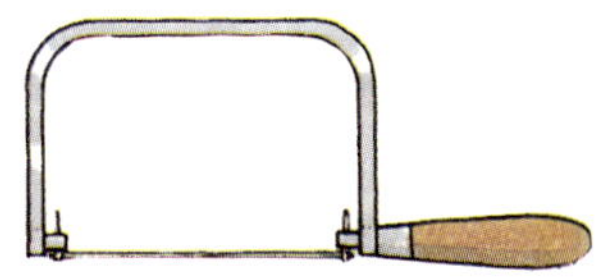

Fliesensäge
Die Fliesensäge sieht aus wie eine Laubsäge mit verkürztem Bogen. Ihre Besonderheit ist das nach allen Seiten schneidende Sägeblatt. Die Fliesensäge dient zum Schneiden kleinerer Durchbrüche für Rohre oder Armaturen in Keramik.

Gehrungssäge
Mit der hölzernen Gehrungslade und einer Feinsäge lassen sich leidliche 45-Grad-Winkel schneiden. Für anspruchsvollere Arbeiten brauchen Sie eine Gehrungssäge mit Winkeleinstellung. Exakte Gehrungsschnitte sind nur mit diesem Werkzeug möglich – das leider recht teuer ist.

WERKZEUGE FÜR DIE HOLZBEARBEITUNG

SIEHE AUCH
unter:
Fuchsschwanz 353
Rückensägen 353

SÄGEN SCHÄRFEN

Früher war es noch allgemein üblich, Sägen nachzuschleifen, sobald sie stumpf und abgenutzt waren. Man benutzte dazu spezielle Sägefeilen und Schränkungszangen, mit denen Zahn um Zahn geschärft und in die richtige Schränkung gebogen wurde. Diese Arbeit verlangt einige Sachkenntnis – und viel Zeit –, so daß sie hier nicht beschrieben werden soll.
Die meisten Sägeblätter sind im Baumarkt zu Preisen zu bekommen, die eine Nacharbeit nicht lohnen. Wenn sie abgenutzt sind, werden sie einfach ausgewechselt.
Nachschärfen lohnt im allgemeinen nur bei teueren Werkzeugen wie Kreissägeblättern und Kettensägen. Da diese Werkzeuge nicht ungefährlich im Betrieb sind, muß auch das Nachschärfen mit einiger Sachkenntnis erfolgen und sollte daher dem Fachmann vorbehalten bleiben.

Stichsäge
Die Stichsäge ist eine Art Fuchsschwanz mit sehr schmalem Sägeblatt. Vor dem Aufkommen der elektrischen Stichsägen diente sie zum Ausschneiden von Kurven. Heute wird sie kaum mehr verwendet.

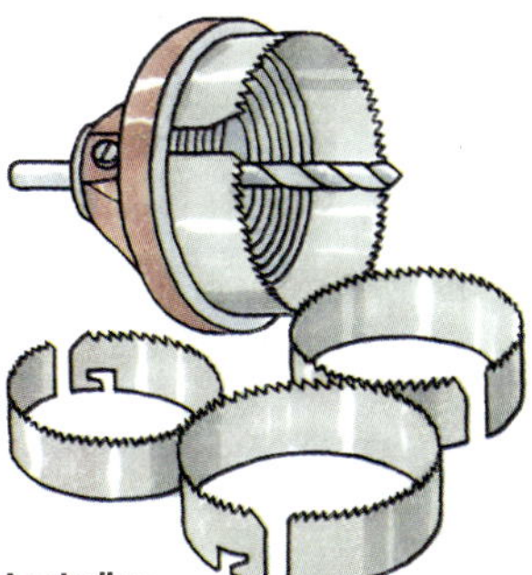

Lochsäge
Die Lochsäge besteht aus mehreren kreisrunden Sägeblättern verschiedener Durchmesser, die in eine gemeinsame Trägerplatte eingesetzt sind. Diese können durch einfaches Zusammendrükken ausgerastet und entnommen werden. Zum Sägen setzt man nur den benötigten Radius ein. Der als Achse eingesetzte Bohrer läßt sich verschieben, so daß auch Scheiben geschnitten werden können

ELEKTRISCHE SÄGEN

Motorgetriebene Sägen haben auch im Heimwerkerbereich die Handsägen vielfach in den Hintergrund gedrängt. Besonders zum Sägen großer Werkstücke sind sie unentbehrlich.

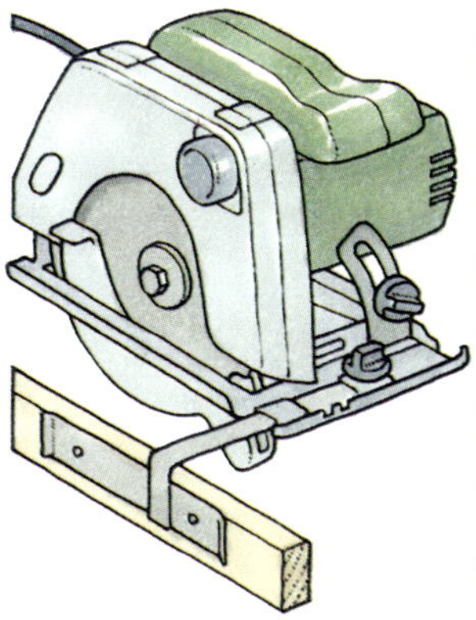

Kreissäge
Die Kreissäge ist das richtige Werkzeug für lange, gerade Schnitte. Angeboten wird sie als Hand- sowie als Tischkreissäge. Da die letzteren sehr groß und sehr teuer sind, kommt für den Heimwerker vor allem die Handkreissäge in Betracht. Die Durchmesser reichen von 127–235. Wählen Sie Ihre Kreissäge nach Ihren Bedürfnissen. Starke Maschinen sind sehr schwer und unhandlich. Sie lohnen sich nur, wenn sie auch als Standgeräte genutzt werden, etwa zum Schneiden größerer Platten oder von Kaminholz. Passende Sägetische zum Einbau sind erhältlich. Normalerweise reicht eine Maschine mittlerer Leistung.

Gerade Schnitte
Gerade Schnitte gelingen auch mit einer Kreissäge nicht von allein. Parallelschnitte geringer Breite sind mittels des mitgelieferten Parallelanschlags ohne weiteres möglich. Gerade Schnitte durch Platten gelingen aber nur mit Hilfe einer Anschlagsleiste, die mit Zwingen auf der Platte befestigt wird. Testen Sie an einem Stück Abfallholz, in welchem Abstand zum Schnitt Sie die Leiste befestigen müssen.

Mit freier Hand sägen
Wenn es nicht so genau geht, lassen sich auch ohne Anschlag leidlich gerade Schnitte erzielen. Handkreissägen haben zu diesem Zweck eine Markierung in der Sohle, die beim Schnitt exakt an der angerissenen Schnittkante entlanggeführt werden muß. Etwas Übung ist erforderlich.

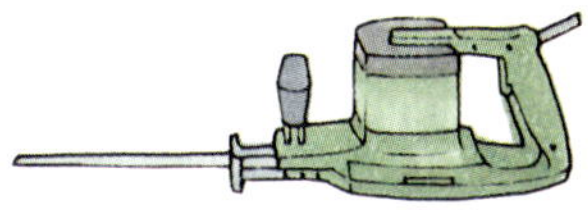

Multisäge
Diese auch als elektrischer Fuchsschwanz bezeichnete Säge ist äußerst vielseitig. Sie läßt sich sogar mit Drahtbürsten ausrüsten und zum Entrosten verwenden.

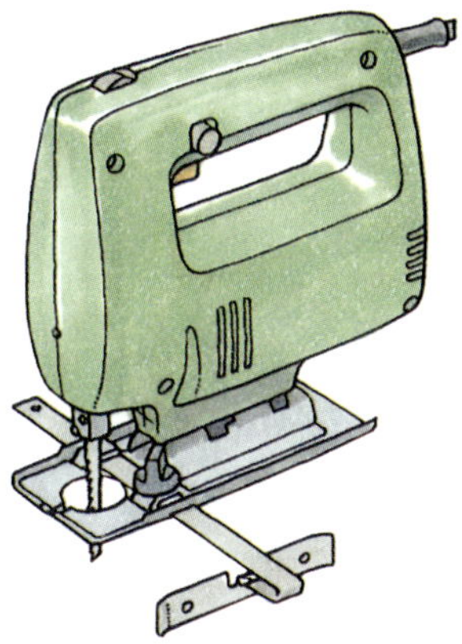

Stichsäge
Stichsägen eignen sich besonders für Kurvenschnitte in den verschiedensten Materialien. Für alle möglichen Hölzer, Metalle und Kunststoffe, für dickes und dünnes Material, für weite und enge Kurvenschnitte sind spezielle Sägeblätter verfügbar, und da sie nicht viel kosten, lohnt es sich, das geeignete Sägeblatt zu kaufen. Leisten Sie sich, wenn irgend möglich, eine leistungsstarke Pendelhubmaschine.

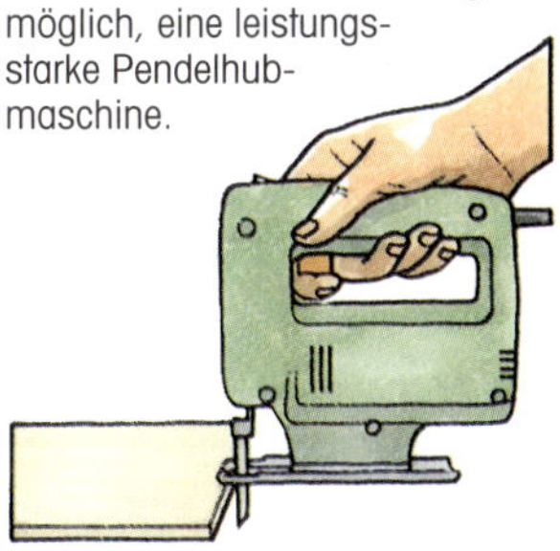

Arbeiten mit der Stichsäge
Führen Sie die Stichsäge mit mäßigem Schub an der Schnittmarkierung des Werkstücks entlang. Mit Parallelanschlag und breitem Sägeblatt gelingen auch gerade Schnitte leidlich. Pendelhubmaschinen laufen fast »von selbst«.

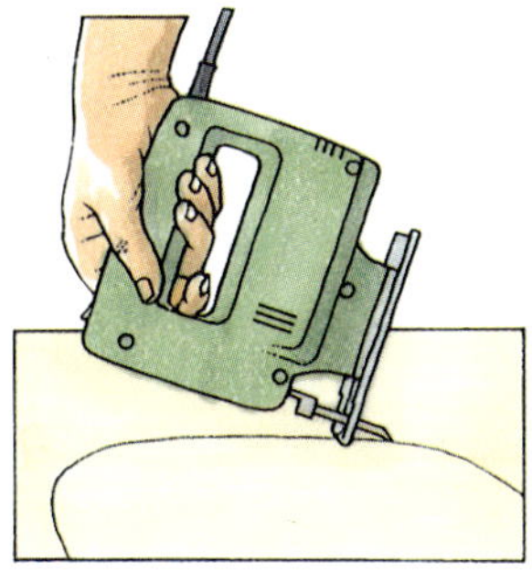

1 Durchs Holz sägen

Öffnungen ausschneiden
Der beste Weg, einen Ausschnitt zu sägen, besteht immer noch darin, ein oder mehrere genügend große Löcher in das Werkstück zu bohren und die Stichsägen einzuführen. Es geht aber auch anders: Schalten Sie die Stichsäge ein, stellen Sie sie »auf den Kopf und senken Sie das Sägeblatt vorsichtig schräg auf die Schnittmarkierung ab. Lassen Sie die Säge ins Holz »knabbern«, bis sie das Material durchstößt.

SICHERHEIT

Eine Kreissäge ist ein perfektes Werkzeug – wenn Sie die Bedienungsanweisungen des Herstellers und ein paar Sicherheitsregeln beachten.

- Ziehen Sie stets den Netzstecker, bevor Sie bei einer Kreissäge das Blatt auswechseln oder auch nur die Funktion des Handschutzes überprüfen.
- Arbeiten Sie nie mit stumpfen oder beschädigten Sägeblättern. Wenn ein Blatt nachgeschliffen wird, dann bitte vom Fachmann.
- Kaufen Sie nur Sägeblätter, die vom Hersteller ausdrücklich empfohlen werden. Vergewissern Sie sich beim Einbau, daß die Zähne in Laufrichtung stehen.
- Achten Sie darauf, daß der Handschutz beim Sägen in ein Werkstück leicht zurückgleitet und daß er sofort nach Abheben der Säge in die Ausgangsstellung zurückkehrt.
- Das Werkstück muß vor dem Schnitt verrutschungssicher auf der Werkbank befestigt werden.
- Das Kabel muß stets hinter der Säge verlaufen.
- Wenn das Sägeblatt klemmt, Maschine zurückziehen, bis sie ihre maximale Drehzahl wieder erreicht hat.
- Maschine erst ablegen, wenn der Motor steht.

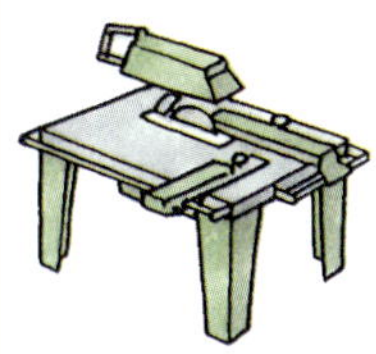

Sägetisch
Die meisten Hersteller von Handkreissägen, aber auch Fremdanbieter stellen Sägetische für Handkreissägen her. Manche dieser Tischen nehmen auch die Stichsäge und die Oberfräse auf.

WERKZEUGE FÜR DIE HOLZBEARBEITUNG

SIEHE AUCH
unter:
Klingenmesser 353
Fräser 358

HOBEL

Früher gehörten die Handhobel zu den wichtigsten und meistbenutzten Werkzeugen des Schreiners, und auch der ambitionierte Heimwerker, der gelegentlich ein kleineres Möbelstück anfertigte, tat gut daran, in seiner Werkstatt die wichrigsten Hobeltypen bereitzuhalten. Heute ist der Handhobel weitgehend vom Elektrohobel verdrängt worden, obwohl er für einige Arbeiten wesentlich besser geeignet ist als das schwere Elektrowerkzeug. Tatsächlich findet sich in den meisten Baumärkten nur noch eine sehr begrenzte Auswahl an einfachen Holzhobeln für bescheidene Ansprüche. Wer einen erstklassigen Handhobel sucht, wird eher im gutsortierten Werkzeugfachhandel fündig.

HANDHOBEL

Hobel dienen zum Glätten sowohl von Flächen als auch von Kanten, aber auch zum Abrichten eines Werkstücks auf vorgegebene Maße. Ihre praktische Bedeutung in der Hobbywerkstatt ist in den letzten Jahren dank des zunehmenden Angebots an hobelglatten Leimhölzern stark zurückgegangen. Puristen, die ihr Holz noch immer sägerauh beim Holzhändler kaufen, sind aber nach wie vor auf den traditionellen Hobel angewiesen. Handhobel gibt es für verschiedene Einsatzzwecke und zumeist jeweils in Holz- oder Metallausführung. Ungeübte Anwender werden mit einem hochwertigen Metallhobel mit exakter Klingenführung vermutlich besser zurechtkommen, da sich bei diesem die Spanstärke leichter einstellen läßt. Wer es aber gelernt hat, kann ohne Nachteil zur meist preisgünstigeren Holzausführung greifen.

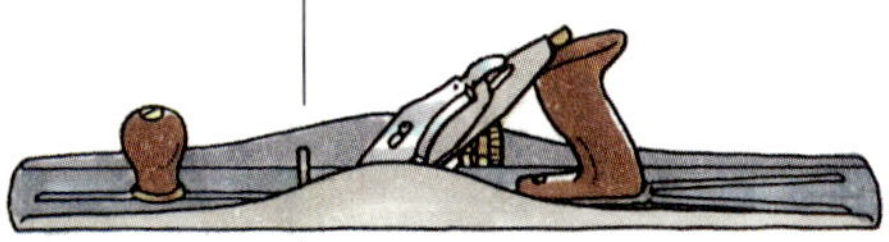

Rauhbank
Mit einer Sohlenlänge von 60 cm und mehr ist die Rauhbank der größte aller Handhobel. Seiner Aufgabe nach ist er ein Putzhobel, dient also zur Endbehandlung des mit Schrupp- und Schlichthobel vorbearbeiteten Werkstücks. Die beachtliche Länge hat ihren Sinn. Denn beim Planhobeln größerer Flächen mit einem kurzen Hobel geraten diese leicht zur Berg- und Talbahn. Hier gute Arbeit zu leisten ist auch für den gelernten Schreiner keine Kleinigkeit. Dagegen verhilft die lange Auflagefläche der Rauhbank zu einer geraden Oberfläche. Zunächst sollte das Werkstück aber mit dem Schrupphobel bearbeitet werden.

• **Grundausstattung**
Doppelhobel

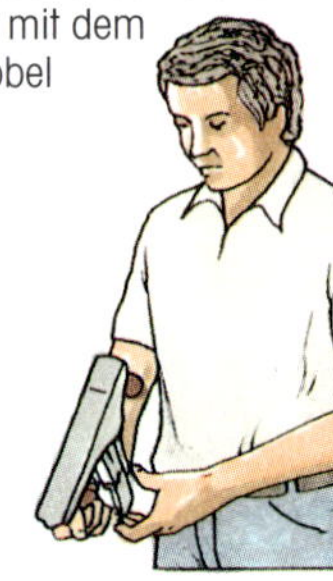

1 So prüft man den exakt winkeligen Sitz des Eisens

PFLEGE

Legen Sie Ihren Hobel niemals mit der Sohle nach unten auf die Werkbank oder eine Ablage. Nur wenn Sie ihn auf die Seite legen, sind Sie vor Scharten im Eisen sicher. Da die wenigsten Hobeleisen rostfrei sind, sollten sie regelmäßig herausgenommen und gefettet werden.

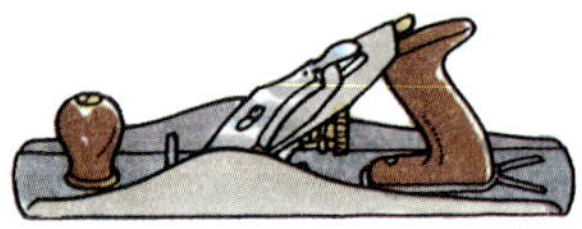

Ein Schlichthobel mit einer Sohlenlänge von 35–37,5 cm ist ein gutes Allzweck-Werkzeug. Je nach eingestellter Spanstärke läßt er sich sowohl zum Schruppen als auch zum Schlichten einsetzen. Wenn Sie sich nur einen Handhobel leisten wollen, sollten Sie diese Ausführung wählen. Das Werkzeug muß gut in der Hand liegen und darf nicht zu schwer sein, da Sie sonst bei der Arbeit zu schnell ermüden.

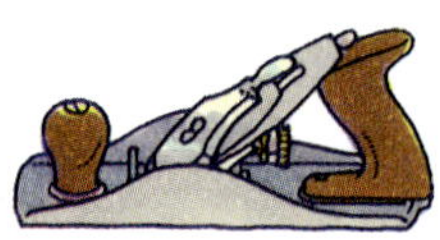

Putzhobel
Verwenden Sie den Putzhobel zum Glätten des mit Schrupphobel und Schlichthobel vorbearbeiteten Werkstücks. Putzhobel sind üblicherweise kleiner und leichter gebaut als die Kollegen »fürs Grobe«. Technisch unterscheiden sie sich von den anderen Hobel durch die Spanbrecherklappe, ein auf dem Hobeleisen befestigtes Zusatzeisen, das den Span bricht. Putzhobel werden daher auch als Doppelhobel bezeichnet. Anfänger kommen mit diesem Typ besonders gut zurecht.

Geraden Sitz des Eisens prüfen
Bevor Sie einen Handhobel benutzen, müssen Sie den Sitz des Hobeleisens kontrollieren. Es darf nicht zu weit überstehen und muß vor allem gerade sitzen. Zur Kontrolle genügt ein Blick über die Sohle.
Das exakte Justieren ist besonders bei den gängigen Hobby-Holzhobeln nicht einfach und bedarf einiger Erfahrung, da das Eisen nur mit einem Holzkeil verkeilt wird. Bei Metallhobeln läßt die Konstruktion eine exaktere Justierung zu. Es gibt aber auch aufwendiger konstruierte Holzhobel, bei denen sich das Eisen sehr exakt einstellen läßt.
In jedem Fall sollten Sie einen neuen Hobel an Abfallholz ausprobieren, um ein Gefühl für das Werkzeug zu entwickeln, ehe Sie an ein Werkstück gehen.

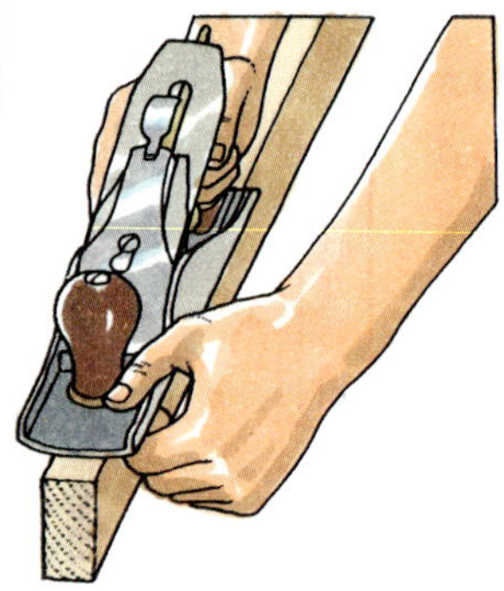

Gerade Kante hobeln
Führen Sie den Hobel mit der rechten Hand exakt im richtigen Winkel, während der Daumen der Linken die Sohle niederdrückt. Die Finger der linken Hand dienen dabei als Führung. Die Breitseiten des Werkstücks sollten bei dieser Arbeit bereits hobelglatt sein, da Sie sich sonst mit Sicherheit Holzspreißel in die Haut ziehen. Wenn nicht – tragen Sie wenigstens Handschuhe.
Was so leicht aussieht, erfordert einige Übung. Meist dauert es geraume Zeit, bis dem Anfänger eine wirklich gerade, rechtwinklige Kante gelingt. Hier hilft nur Übung. Leichter geht die Arbeit mit einem Elektrohobel mit Winkelanschlag.

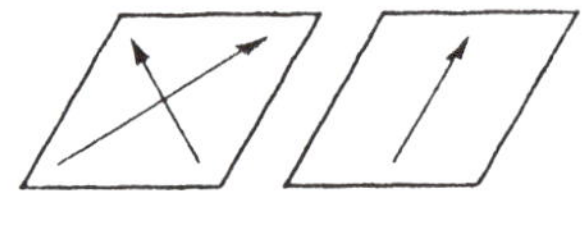

Fläche hobeln
Um eine größere Fläche glattzuhobeln, arbeiten Sie zunächst mit dem Schlichthobel – bei sehr unebenen Flächen mit dem Schrupphobel – diagonal zum Werkstück, aber der allgemeinen Faserrichtung folgend. Ist die Fläche mit den groberen Werkzeugen ausreichend bearbeitet, hobeln Sie mit Rauhbank oder Putzhobel in Faserrichtung parallel zur Kante weiter, bis eine einwandfrei glatte Oberfläche entstanden ist, die nur noch geschliffen werden muß.
Es bedarf großer Erfahrung und Übung, bis dem Heimwerker gelingt, was schon für den gelernten Schreiner nicht ganz einfach ist. Mangelndes Können läßt sich in diesem Fall auch nicht durch noch so kostspielige Elektrowerkzeuge kompensieren. Im Zweifelsfall hilft nur Üben – oder der Weg zur Abrichthobelmaschine Ihres Schreiners.

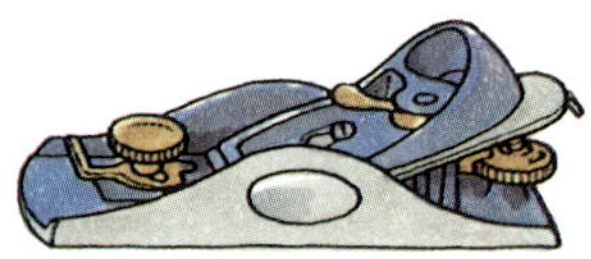

Blockhobel
Bei diesem Hobel ist der Anstellwinkel des Eisens flacher als bei den anderen Ausführungen. Das Risiko, daß Späne ausbrechen, wird dadurch verringert. Der Blockhobel eignet sich daher besonders für die feine Endbearbeitung. Da er außerdem handlich und leicht ist, verwendet man ihn gern zum Versäubern und Bestoßen von Kanten.

Hirnholzkante bestoßen
Hirnholzkanten sind mit dem Hobel weitaus schwieriger zu bearbeiten als Kanten parallel zur Faser. Wenn Sie ein Werkstück – z. B. eine Türunterkante – auf ein bestimmtes Maß abhobeln

müssen, laufen Sie stets Gefahr, daß das Holz reißt. Wenn Sie einfach drauflosarbeiten – möglichst noch mit einem starken Elektrohobel –, werden Sie zumindest einige Splitter an den Außenkanten aus dem Holz reißen. Hobeln Sie Hirnholz daher nie in einem Zug von einem Ende zum anderen, sondern arbeiten Sie stets von beiden Enden der Kante zur Mitte.

Wenn ein größeres Stück abzuhobeln ist, gehen Sie am besten folgendermaßen vor: Mit einem Klingenmesser reißen Sie das neue Endmaß des Werkstücks gut sichtbar an. Spannen Sie dieses in der Werkbank ein. Hobeln Sie nun, von beiden Seiten arbeitend, eine Schrägkante in eine Seite des Werkstücks. Hobeln Sie nun, wiederum von beiden Seiten arbeitend, den Überstand im rechten Winkel bis zur Markierung ab. Bei dieser Methode können Sie ziemlich sicher sein, daß Ihnen das Werkstück nirgends reißt oder absplittert. Besonders vorteilhaft läßt sich hier ein Elektrohobel mit verstellbarem Winkelanschlag einsetzen.

Elektrohobel

In den letzten Jahren hat der Elektrohobel die verschiedenen Handhobel auch aus der Heimwerkerwerkstatt weitgehend verdrängt. Man erkennt dies auch am schwindenden Angebot an Handhobeln in den Baumärkten. Alles, was der Heimwerker gemeinhin mit einem Hobel anfängt, kann der Elektrohobel auch, und er kann es in fast allen Fällen besser.

Gute Elektrohobel sind nahezu universelle Werkzeuge. Dank stufenloser Spantiefe lassen sich sich sowohl als Schrupp- als auch als Schlicht- und Putzhobel einsetzen. Ein meist einsteckbarer und mit Klemmschrauben gesicherter Winkelanschlag – am besten verstellbar – sorgt beim Hobeln von Kanten für eine sichere, winkelgerechte Auflage, eine dreieckige Nut in der Sohle führt das Werkzeug beim Bestoßen scharfer Kanten.

Elektrohobel gibt es in verschiedenen Preis- und Leistungsklassen. Bei den billigen Geräten ist Vorsicht geboten: Vielfach sind wichtige Zubehörteile nicht verfügbar. Andererseits steigt mit der Leistungsklasse zwangsläufig das Gewicht. Wenn Ihr Schwerpunkt also nicht gerade auf der Holzbearbeitung liegt, sind Sie mit einem Gerät mittlerer Leistung wahrscheinlich am besten bedient.

Gute Elektrohobel sind so konstruiert, daß sie auch als Simshobel einzusetzen sind. Die Falztiefe beträgt dabei bis ca. 20 mm. Die Spantiefe läßt sich zwischen 0 und 1 mm in der unteren, 0 und 3 mm in der oberen Leistungsklasse stufenlos einstellen.

Achten Sie beim Kauf darauf, daß für das Modell Ihrer Wahl eine Abricht- und Dickenhobelvorrichtung angeboten wird. Auf diese Weise wird Ihr Handhobel zur stationären Hobelmaschine, mit der sich bis zur Arbeitsbreite von 82 mm Werkstücke plan- und auf eine gewünschte Dicke abhobeln lassen.

Spezialhobel

Neben den Schlicht- und Putzhobeln zum Glätten größerer Flächen gibt es eine Reihe von Spezialhobeln für besondere Aufgaben. Am verbreitetsten sind Simshobel. Bei diesen Werkzeugen entspricht die Breite des Hobeleisens der Breite des Gesamtwerkzeugs, so daß damit Falze, z. B. an Türen und Fenstern, geschnitten oder nachbearbetet werden können.

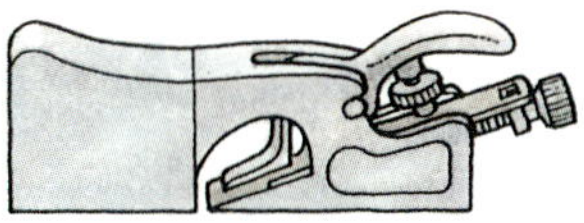

Simshobel gibt es in verschiedenen Breiten sowohl in Holz- als auch in Metallausführung.

Eine besonders schmale Ausführung des Simshobels ist der Falzhobel, mit dem sich auch Nuten schneiden lassen. Um einen geraden Schnitt zu ermöglichen, weisen viele Falzhobel einen Parallelanschlag zur Führung auf.

Mit dem Profilhobel lassen sich Profile in Holzkanten schneiden, während Hobel mit gezahnten Eisen das Holz zum Verleimen aufrauhen.

Die meisten der von diesen Spezialhobeln gemeisterten Aufgaben werden heute aber von der Oberfräse übernommen.

HOBELEISEN ABZIEHEN

Das Hobeleisen muß regelmäßig auf einem Abziehstein abgezogen werden. Bei beschädigten oder schartigen Eisen ist ein vorhergehender Grobschliff auf der Schleifmaschine erforderlich.

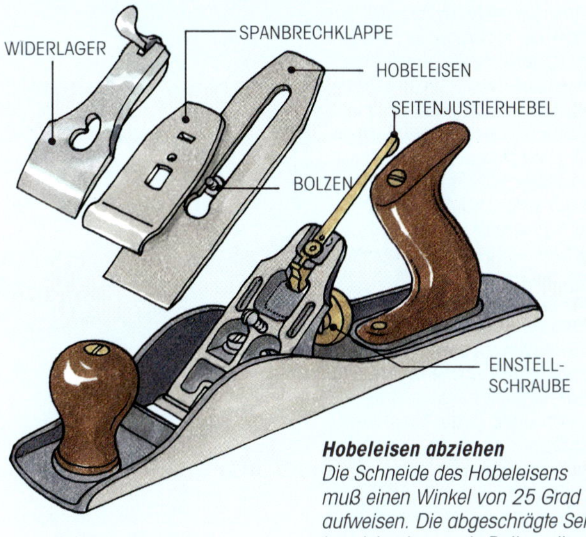

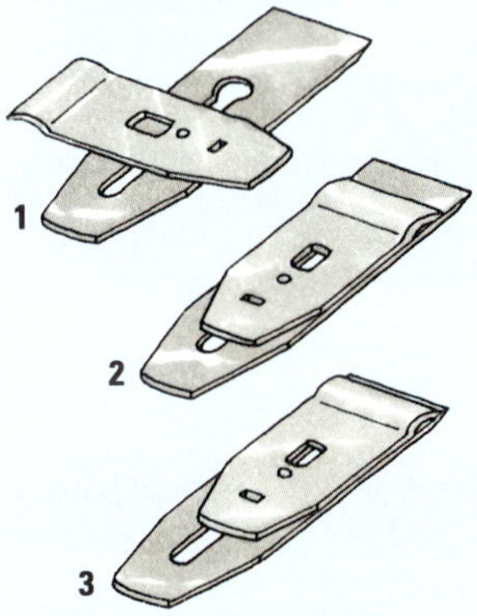

Hobeleisen aus- und wieder einbauen

Beim Holzhobel liegt das Hobeleisen in einem rechteckigen Ausschnitt. Dort wird es mit einem eingeschlagenen Holzkeil festgehalten. Diese Bauart ist seit Jahrhunderten bewährt. Zum Lösen des Keiles genügen einige Hammerschläge auf den Schlagknopf des Hobels. Zum Wiedereinsetzen wird das Eisen mit dem Keil eingelegt und mit dem Daumen festgedrückt. Die Feineinstellung erfolgt durch leichte Hammerschläge auf das Eisen oder den Schlagknopf. Man darf das Eisen kaum überstehen sehen. Bei richtiger Einstellung ist der Span 0,08–0,1 mm dick.

Beim Metallhobel erfolgt die Montage wie auf der Abbildung gezeigt. Die Feineinstellung ist dank Justierschraube und -hebel einfacher als beim Holzhobel.

Hobeleisen abziehen

Die Schneide des Hobeleisens muß einen Winkel von 25 Grad aufweisen. Die abgeschrägte Seite bezeichnet man als Ballen, die gerade als Spiegel.

Zum Abziehen verwendet man einen Karborundum-Abziehstein. Der Stein wird mit einigen Tropfen Nähmaschinenöl genetzt. Man beginnt mit dem Spiegel. Dieser wird flach aufgelegt und unter mäßigem Druck 8–10mal hin- und herbewegt. Dann setzt man den Ballen des Eisens im exakt richtigen Winkel in der ganzen Breite aufliegend auf und macht 8–10 Züge. Man wechselt wieder zum Spiegel usw., bis das Eisen rasiermesserscharf ist. Dabei sollte die Schneide leicht konisch sein.

1 Ballen abziehen

2 Spiegel abziehen

WERKZEUGE FÜR DIE HOLZ-BEARBEITUNG

SIEHE AUCH

unter:
Fräser 353

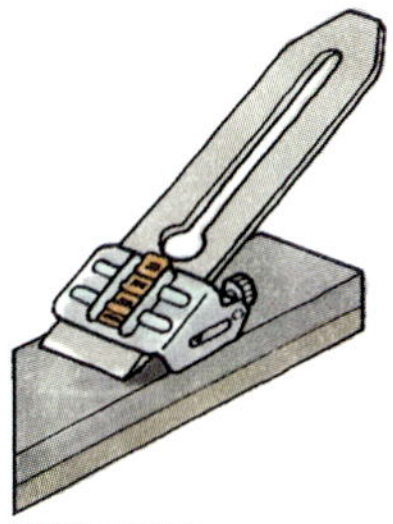

Winkellehre

Damit beim Abziehen der exakte Winkel eingehalten wird, findet man in Fachgeschäften hin und wieder Winkellehren.

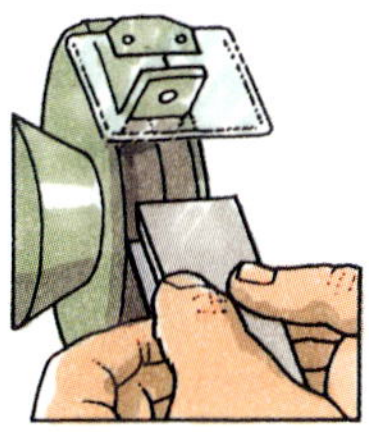

Schartiges Hobeleisen schleifen

Bei den meisten Doppelschleifmaschinen sind die Auflagen nicht breit genug für ein 5 cm breites Hobeleisen. Lassen Sie sich vom Schlosser eine Auflage bauen, die breit genug ist und sich auf den vorgeschriebenen 25-Grad-Winkel einstellen läßt. Der Schleifstein sollte nicht unter 15 cm Durchmesser haben. Bewegen Sie das Eisen mit leichtem Druck an der Scheibe entlang. Es darf nicht zu heiß werden. Hobeleisen sollen leicht konisch sein. Hier hilft nur gutes Augenmaß.

WERKZEUGE FÜR DIE HOLZ-BEARBEITUNG

SIEHE AUCH
unter:

Hobel 356–357

Holzhammer/
Gummihammer 363

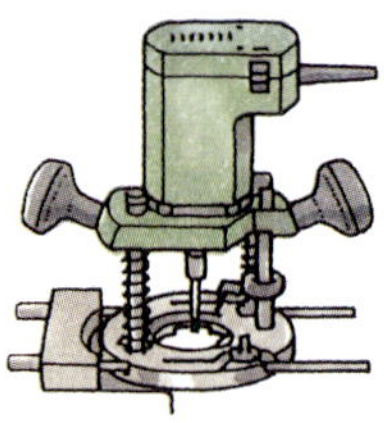

Oberfräse

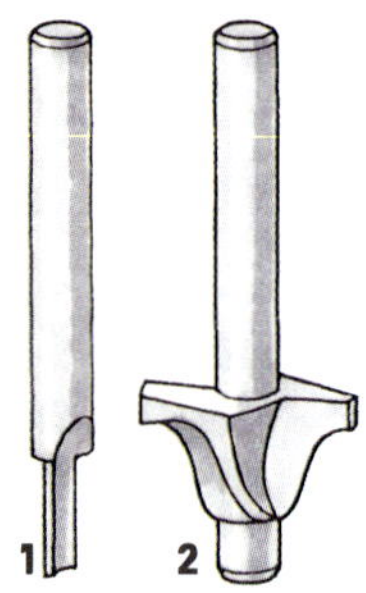

Fräser
1 Nutfräser
2 Profilfräser

- **Grundausstattung**
  Schmaler Stechbeitel 10 mm
  Breiter Stechbeitel 35 mm
  Runde Raspel
  Breite Raspel

FRÄSER

Die elektrische Oberfräse ist heute aus der häuslichen Werkstatt nicht mehr wegzudenken. Ob Profile schneiden, nuten oder falzen – nahezu alle einschlägigen Arbeiten erledigt die Oberfräse einfacher, schneller und besser als die entsprechenden Hobel.
Mit hohen Drehzahlen bis zu 30 000 U/min ist sie allerdings kein ganz unproblematisches Werkzeug. Im Betrieb ist stets darauf zu achten, daß Fräser und Werkstück nicht überhitzen. Wichtig ist außerdem die Wahl der richtigen Fräser. Für den Betrieb in Oberfräsen sind ausschließlich hochwertige HSS-Fräser (Hochleistungs-Schnellstahl) oder HM-Fräser (Hartmetall) geeignet. Diese Fräser haben ihren Preis. Billige Fräser, wie sie in Baumärkten immer wieder angeboten werden, taugen nur für den Fräsvorsatz der Bohrmaschine mit niedrigen Drehzahlen.

Arbeiten mit der Oberfräse
Lassen Sie den Motor stets auf Höchstdrehzahl kommen, ehe Sie den Fräser am Werkstück ansetzen, und lassen Sie ihn vor dem Abschalten frei laufen. Führen Sie die Maschine mit festem Griff an einer soliden Führung entlang. Randprofile fräsen Sie mit leichtem Druck in mehreren Frásgängen.

Fräsen mit der Bohrmaschine
Zum Fräsen brauchen Sie nicht unbedingt eine teuere Oberfräse. Für viele Arbeiten reicht ein verhältnismäßig billiges Vorsatzgerät zur Bohrmaschine aus. Diese Geräte werden zusammen mit den entsprechenden Fräsern von Spezialherstellern in guter Qualität angeboten und zumeist über Baumärkte vertrieben. Die Fräsvorsätze eignen sich zum Nuten, Schlitzen und Profilfräsen. Bessere Ausführungen können als Handfräse, Oberfräse und, am Werktisch befestigt, sogar als Tischfräse betrieben werden.

Einfacher Fräsvorsatz für die Bohrmaschine

Fräsen einer Fase mit dem Vorsatzgerät für die Bohrmaschine

Nuten fräsen
*Eine parallel zu einer Außenkante verlaufende Nut schneidet man mit dem Parallelanschlag **(1)**. Reicht dessen Verstellbereich nicht aus, wird eine Führungsleiste angeklemmt **(2)**. Für breite Nuten fräst man zwei parallele Nuten und stemmt das dazwischenliegende Material aus **(3)**.*

1 Fräsen mit Parallelanschlag

2 Fräsen mit Führungsleiste

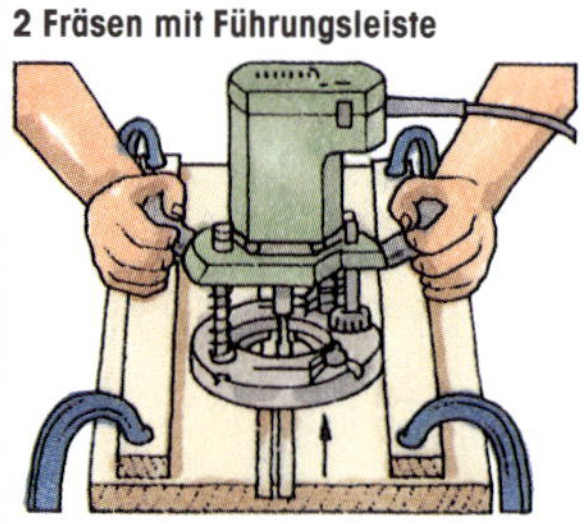

3 Breite Nut fräsen

Randprofil fräsen
Setzen Sie die Oberfräse an, und lassen Sie den Motor auf Höchstdrehzahl kommen. Führen Sie das Werkzeug unter leichtem Druck gegen die Laufrichtung wiederholt an der auszufräsenden Kante entlang. Das Material soll in mehreren Frásgängen abgetragen werden. Die Drehzahl darf dabei nicht wesentlich abfallen.

STUMPFE FRÄSER

GUTE FRÄSER SIND TEUER. WIDERSTEHEN SIE DENNOCH DER VERSUCHUNG, EIN SOLCHES WERKZEUG NACHZUSCHLEIFEN, WENN ES STUMPF GEWORDEN IST. ABGENUTZTE FRÄSER SIND ABFALL.

STECHBEITEL

Stechbeitel gehören ebenso wie eine Auswahl guter Sägen zur Grundausstattung einer Werkstatt. Auch im Zeitalter der elektrischen Werkzeuge sind sie ebenso unentbehrlich wie das Können und Geschick des Handwerkers. Wenn Sie eine Aussparung für einen eckigen Beschlag fräsen, müssen Sie von Rand die Rundungen in den Ecken ausstemmen, und auch beim Zinken, der Paradeverbindung eines geschickten Schreiners, sind scharfe Beitel unentbehrlich.
Stecheitel gibt es in zahlreichen Größen zwischen 3 und 50 mm. Für den Heimwerker reicht ein kleines Sortiment an Beiteln zwischen 10 und 25 mm vollkommen aus.

Stemmeisen
Ein normales Stemmeisen – die Begriffe »Stemmeisen«, »Stecheisen« oder »Stechbeitel« bezeichnen das gleiche Werkzeug – besteht aus einer Klinge mit Ballen und Spiegel, die an einem schlagfesten Holz- oder Kunst-

stoffgriff befestigt ist. Holzgriffe werden am Ende meist mit einem Metallring gefaßt, damit das Holz beim Treiben mit Hammerschlägen nicht ausbricht. Allerdings sollten Stechbeitel nur mit dem Handballen oder einem Holzhammer getrieben werden.
Beitel gibt es mit unterschiedlichen Klingenformen. Der normale Stechbeitel hat eine seitlich gerade, meist aber leicht facettierte Klinge und dient zum Ausarbeiten von Nuten und Ausstemmen von Zinken.

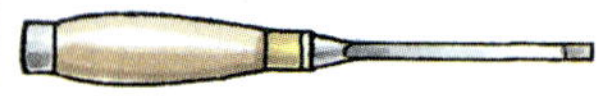

Der Lochbeitel weist eine Klinge auf, die im Vergleich zum Stechbeitel höher als breit ist. Dadurch ist er sehr biegefest und stabil. Im Schnitt dreieckig ist die Klinge des Kantbeitels. In der Heimwerkstatt wird man mit dem universellen Stechbeitel auskommen.

Ausschnitt ausstemmen.
Ein Ausschnitt, etwa für eine überblattete Verbindung, wird zunächst angezeichnet. Dann werden mit der Feinsäge die Schnitte angebracht. Das zwischen den Schnitten liegende Material wird Span um Span mit dem Stechbeitel abgetragen.

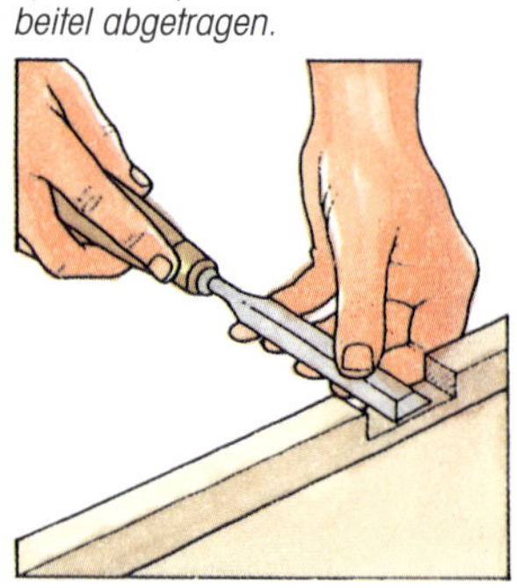

Glätten
Vollenden Sie einen Ausschnitt, indem Sie mit dem Stechbeitel sehr feine Späne abheben. Dies gelingt am besten, wenn Sie die Klingenspitze mit Daumen und Zeigefinger führen und die Hand dabei am Werkstück abstützen.

WERKZEUGE FÜR DIE HOLZ-BEARBEITUNG

SIEHE AUCH
unter:

Poren füllen	31
Hobeleisen	357
Holzschleifen	360

Hohlbeitel mit Innenballen

Hohlbeitel mit Außenballen

Hohlbeitel
Hohlbeitel werden in der Hobbywerkstatt nur selten benötigt, so daß sich eine Anschaffung kaum lohnt. Wenn Sie sich allerdings für die Kunst des Drechselns interessieren – einfache Drechseleinrichtungen für die Bohrmaschine werden preiswert angeboten –, werden Sie in jedem Satz Drechselbeitel auch Hohlbeitel finden.

STECHBEITEL AUFBEWAHREN

Stechbeitel müssen sorgfältig aufbewahrt werden, damit sie nicht schartig werden. Bewährt hat sich ein einfacher Lattenrahmen, der an die Wand gedübelt wird. Dort werden die Beitel einfach eingesteckt.

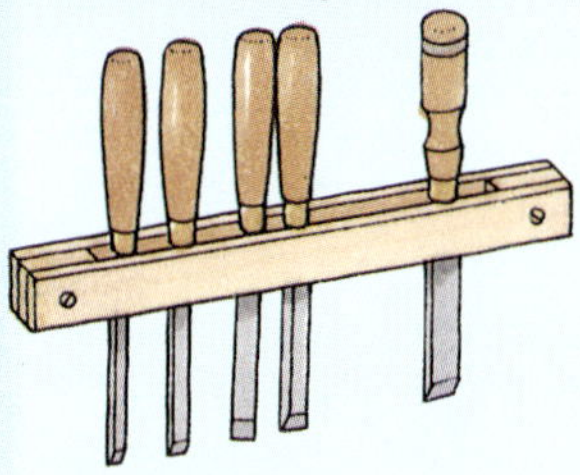

RASPELN UND FEILEN

Raspeln und Feilen gehören zu den traditionellen Werkzeugen des Schreiners. Sie dienen zum Brechen von Kanten und zum freihändigen Ausarbeiten von Kurvenschnitten im Holz. Das unten abgebildete Raspelsortiment gehört zusammen mit einer Feile mit mittelgrobem Hieb zur Grundausstattung der Heimwerkstatt. Für viele Aufgaben gibt es Profilraspeln für die Bohrmaschine.

Handelsübliche Raspelformen

Raspeln
Traditionelle Raspeln gibt es in drei Formen: der halbrunden mit flach gewölbtem Rücken, der runden und der flachen, die meist eine schneidende Kante aufweist. Eine sehr brauchbare Sonderform ist die Sägeraspel, eine Art Bündel aus zickzackförmig zusammengesetzten Sägeblättern. Sie bleibt lange scharf.

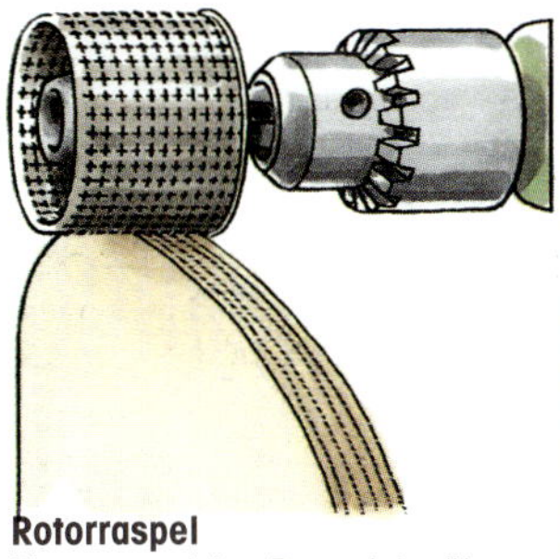

Rotorraspel
Einer von vielen Raspeleinsätzen für die Bohrmaschine.

Arbeiten mit der Raspel
Eine Raspel schneidet nur in der Schubbewegung. Fassen Sie das Werkzeug mit der einen Hand am Griff, und führen Sie es mit den Fingern der anderen an der Raspelspitze.

Raspel säubern
Wenn sich die Raspel mit Holzfasern zugesetzt hat, wird sie mit einer feinen Drahtbürste quer zur Zähnung gereinigt.

SCHLEIFER UND SCHLEIFMITTEL

Schleifpapier, umgangssprachlich meist als Sand- oder Glaspapier bezeichnet, gibt es in vielen Körnungen von 40 bis 1000. Damit läßt sich vom ersten Grobschliff bis zum kaum sichtbaren Aufrauhen von Hochglanzlacken für Ausbesserungsarbeiten praktisch jede Schleifarbeit ausführen.
Unterschiedlich sind auch die Qualitäten. Schleifmittel gibt es auf Papier- und Leinenbasis, für Naß- und Trockenschliff. Generell steigt mit dem Preis die Standzeit. Naßschleifpapiere sind standfester als Trockenschleifpapiere, Schleifleinen ist besser als Schleifpapier. Heute werden im allgemeinen nur noch kleine oder kompliziert geformte Teile von Hand geschliffen. Für alle größeren Arbeiten stehen leistungsfähige Schleifmaschinen mit Elektro- oder Preßluftantrieb zur Verfügung.

SCHLEIFEN VON HAND

Obwohl die meisten Schleifarbeiten inzwischen maschinell erledigt werden, steht der Heimwerker immer wieder vor der Aufgabe, Schleifarbeiten von Hand zu erledigen, weil ihm entweder das geeignete Gerät nicht zur Verfügung steht oder die Arbeit von Hand geleistet werden sollte.
Beim Schleifen von Holz sind einige Grundregeln zu beachten: Holzoberflächen werden grundsätzlich in Faserrichtung geschliffen. Nur wenn das Holz deckend lackiert werden soll, wird auch quer zur Faser geschliffen.
Verwenden Sie keine zu groben Schleifmittel. Schleifpapier der Körnung 60 verursacht Kratzer, die bei glänzenden Oberflächen wieder sichtbar werden. Für den Grobschliff von Weichholz und Furnieren ist Körnung 120 ausreichend.
Nach dem Wässern und für den Zwischenschliff wird nur noch von Hand geschliffen. Körnung 220 ist angemessen. Lacke, die überlackiert werden, schleift man am besten naß.
*Verwenden Sie zum Schleifen einen Schleifklotz aus Kork oder Hartgummi. Schneiden Sie den Schleifpapierbogen in Streifen, die in der Breite der Länge des Schleifklotzes knapp entsprechen. Wickeln Sie die Streifen um einen Schleifklotz **(1)**.*
*Um Hohlkehlen zu schleifen, wickeln Sie ein passendes Stück Schleifpapier um ein Rundholz geeigneten Durchmessers **(2)**.*
Innenkanten schleift man, indem man Schleifpapier um die Außenecke eines Kantholzes legt.

1 Gerade Oberfläche schleifen

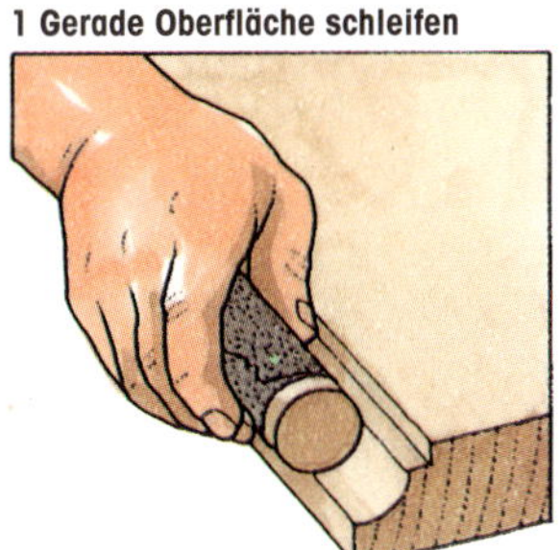

2 Hohlkehle schleifen

STECH- UND HOHLBEITEL SCHLEIFEN

Ziehen Sie einen Stechbeitel ab wie ein Hobeleisen, aber führen Sie den Ballen nicht in gerader Linie auf dem Abziehstein auf und ab, sondern in Form einer Acht. Auf diese Weise wirken sich eventuelle Unebenheiten im Stein am wenigsten auf die Schneide aus. Wichtig ist, daß auch die Schneide eines Beitels in einem 25-Grad-Winkel angeschliffen und abgezogen wird. Das bedarf einer gewissen Erfahrung. Ermitteln Sie den richtigen Winkel durch Kippen auf dem Abziehstein. Geben Sie ein paar Tropfen Nähmaschinenöl auf den Stein.

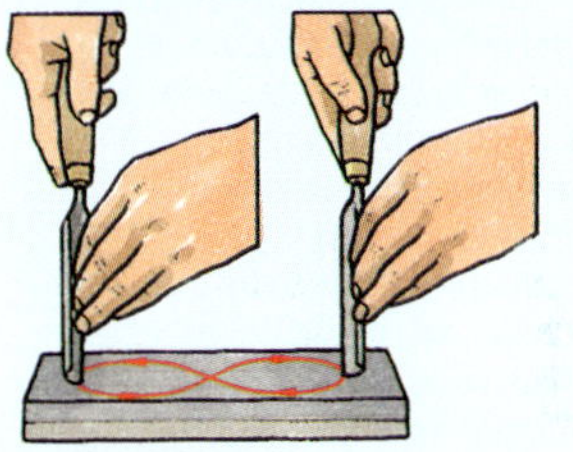

1 Ballen abziehen

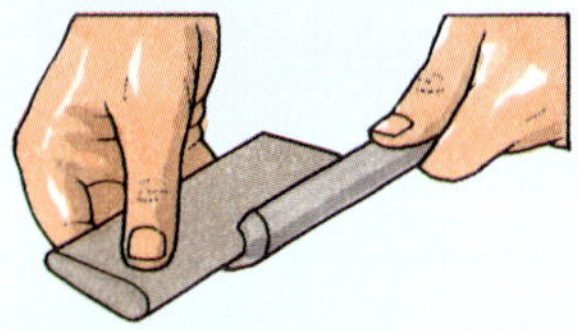

2 Spiegel abziehen

Hohlbeitel abziehen
*Für Hohlbeitel gibt es spezielle Schleifsteine, die allerdings meist nur in gutsortierten Fachgeschäften erhältlich sind. Das Abziehen erfolgt sinngemäß genauso wie beim geraden Beitel, indem wechselweise Spiegel und Ballen bearbeitet werden **(1,2)**.*

1 Kanten anschleifen

2 Spiegel abziehen

- **Grundausstattung**
  Schleifpapier der Körnungen 80, 120 und 220. Schleifklotz aus Kork

WERKZEUGE FÜR DIE HOLZBEARBEITUNG

SIEHE AUCH
unter:

Poren füllen	31
Holzfußböden abschleifen	33
Schleifen von Hand	359
Kanten glätten	381

● **Grundausstattung**
Schwingschleifer

SCHLEIFMASCHINEN

Schleifmaschinen können in kurzer Zeit ziemlich viel Material abtragen. Der Endschliff sollte allerdings weiterhin von Hand erfolgen.

Bandschleifer
Der Bandschleifer arbeitet mit einem endlosen Schleifband, das über zwei Walzen läuft, von denen eine von einem starken Elektromotor angetrieben wird. Zum Einsetzen des Bandes läßt sich der Abstand der Laufrollen mit einer Hebelmechanik verringern. Der Bandschleifer wird eingesetzt, wenn in kurzer Zeit viel Material abgetragen werden muß, z. B. beim Abschleifen kleinerer Dielen- oder Parkettflächen. Die meisten Bandschleifer lassen sich mit passenden Zwingen auch als stationäre Schleifmaschinen betreiben. Die Schleifbänder bestehen aus besonders hochwertigem und standfestem Material. Sie lassen sich nach dem Zusetzen meist mehrfach mit der Drahtbürste reinigen und weiterverwenden. Dem Charakter des Gerätes entsprechend, sind in erster Linie gröbere Körnungen verfügbar.

Mit dem Bandschleifer arbeiten
Legen Sie ein Schleifband passender Körnung in die Maschine, und spannen Sie es mit dem eingebauten Spannhebel. Schalten Sie das Gerät ein, und setzen Sie es vorsichtig auf die zu bearbeitende Fläche. Schleifen Sie Holz ausschließlich längs zur Faser. Führen Sie die Maschine mit langsamen, stetigen Bewegungen über das Werkstück. Vorsicht! Ein starker Bandschleifer übt einen beträchtlichen Zug aus und will gut festgehalten werden.
Beim Schleifen genügt das Gewicht der Maschine zum Anpressen. Üben Sie keinen zusätzlichen Druck aus. Lassen Sie das Gerät nicht über die Kante der zu schleifenden Fläche hinauslaufen, da diese im Nu abgerundet wird. Achten Sie darauf, daß Sie keine Kanten ins Material schleifen. Das Gerät muß immer in Bewegung sein. Tragen Sie beim stationären Betrieb Arbeitshandschuhe und eine Schutzbrille.

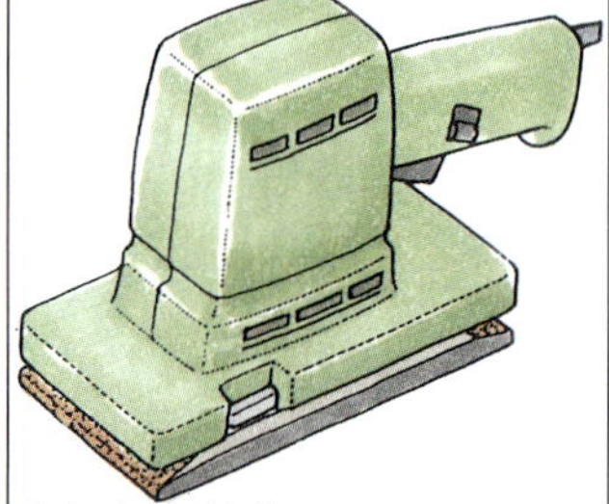

Schwingschleifer
Unter allen angetriebenen Schleifmaschinen ist diese die universellste. Wenn Sie also mit dem Gedanken spielen, Schleifgeräte anzuschaffen, sollte der Schwingschleifer auf Ihrer Liste an erster Stelle stehen. Sie brauchen diese Maschine für praktisch alle Schleifarbeiten an planen Flächen. Da der Schwingschleifer mit normalem Schleifpapier – bitte ausschließlich gute Qualitäten oder am besten Schmirgelleinen verwenden – arbeitet, steht die ganze Palette an Körnungen zur Verfügung.
Bei allen Schwingschleifern wird das Schleifmittel mit leichtem Längenübermaß zugeschnitten und mit zwei Klammern befestigt. Für neue Modelle gibt es Austauschplatten für Befestigung mit Klettverschluß.
Eine Staubabsaugung ist bei guten Geräten Standard und aus gesundheitlichen Gründen unerläßlich. Dabei ist eine Absaugung über den Staubsaugerschlauch zwar unhandlicher, aber effektiver. Die Absaugung erfolgt durch Löcher im Schleifpapier, die meist nach der Montage mit einer Dornplatte eingestanzt werden. Wenn Sie einen Kompressor besitzen, sollten Sie den Kauf eines preßluftgetriebenen Modells in Erwägung ziehen. Diese Werkzeuge sind im Gegensatz zum elektrischen Schwingschleifer sehr leicht und handlich – nicht zu vergessen der Sicherheitsvorteil beim Naßschleifen.

Mit dem Schwingschleifer arbeiten
Statten Sie das Gerät mit dem Schleifmittel Ihrer Wahl aus. Lassen Sie den Antrieb anlaufen, und setzen Sie den Schwingschleifer auf das Werkstück. Führen Sie das Gerät mit langsamen, gleichmäßigen Bewegungen in Faserrichtung über die Fläche. Mit dem Schwingschleifer lassen sich auch die Kanten gut schleifen. Furnierte Flächen sollten nur mit diesem Werkzeug und von Hand geschliffen werden.

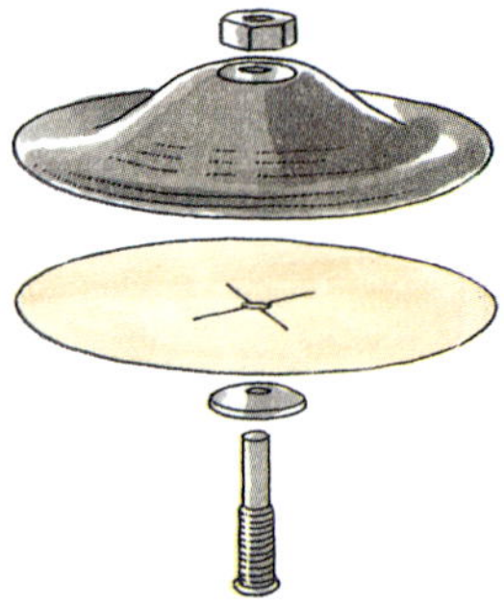

Schleifteller
Der ins Bohrfutter der elektrischen Bohrmaschine eingespannte Schleifteller aus Gummi ist die einfachste Methode für maschinelles Schleifen. Sie kann aber nur für grobe Arbeiten empfohlen werden, etwa zum Entrosten von Blechen. Mit einer Polierhaube läßt sich der Schleifteller trotzdem sinnvoll verwenden: zum Auto polieren. Der Gummischeibe entspricht auf dem Druckluftsektor der Einhandschleifer, der allerdings weit leistungsfähiger ist und mit hohen Drehzahlen über 15 000 U/min arbeitet – ein Schleifgerät für sehr grobe Arbeiten.

Arbeiten mit der Schleifscheibe
Halten Sie die rotierende Schleifscheibe schräg geneigt an das Werkstück. Feine Arbeiten sind damit nicht auszuführen.

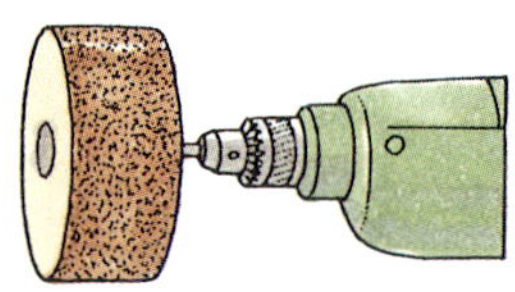

Schleifrolle
Als elastischer, strapazierfähiger Schleifkörper für Bohrmaschinenantrieb hat sich die Schleifrolle vielfach bewährt. Die Gewebeschleifbänder sind auswechselbar.

Exzenterschleifer
Als weiteres universelles Schleifgerät hat sich in den letzten Jahren der Exzenterschleifer auf dem Markt durchgesetzt. Dieses Gerät vereinigt durch seine Arbeitsweise – Exzenterbewegung plus Rotation – die Vorteile von Schleifscheibe und Schwingschleifer in

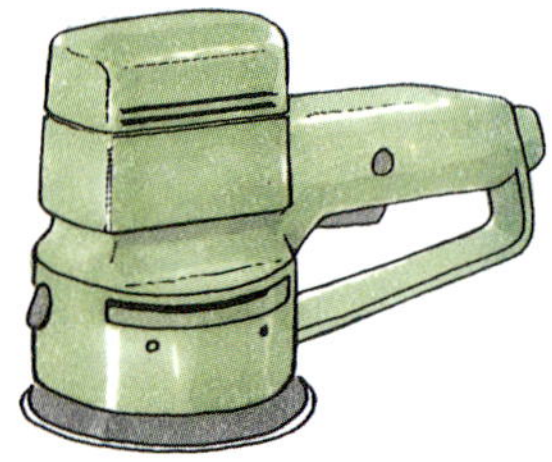

einem kompakten Gerät. Der Exzenterschleifer schleift alles: Holz, Metall, Spachtelkitt und Lack. Dank auswechselbarer Schleifteller mit unterschiedlicher Elastizität und zusätzlich einlegbarer weicher Adapter eignet er sich auch für gekrümmte Flächen. Eine Schleifstaubabsaugung ist bei hochwertigen Geräten selbstverständlich. Das hochwertige und leider nicht ganz billige Schleifmittel wird mit einem Klettverschluß sehr einfach befestigt. Mit der ebenfalls lieferbaren Lammfellhaube oder dem Polierschwamm wird der Exzenterschleifer zum wirksamen Polierwerkzeug.
Wie die meisten Schleifmaschinen gibt es auch den Exzenterschleifer in druckluftbetriebenen Ausführungen.

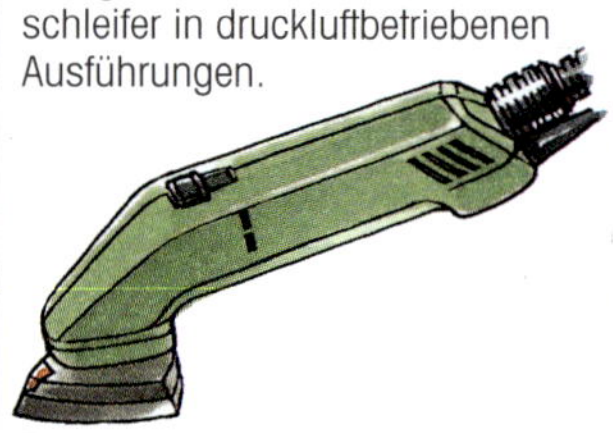

Deltaschleifer
Die letzte Entwicklung auf dem Gebiet der Schleifwerkzeuge. Mit ihrer verhältnismäßig kleinen dreieckigen Schleiffläche kommt diese Maschine auch in Winkel und an Randbereiche, die bisher mühselig von Hand geschliffen werden mußten. Sie eignet sich daher besonders für den Möbelbau, für Restaurationen und kleinere Fahrzeugreparaturen. Ähnlich wie beim Exzenterschleifer wird das Schleifmittel mit Klettverschluß am Schleifteller befestigt.

Wichtig für alle Schleifarbeiten ist die Wahl der richtigen Kombination von Schleifwerkzeug und Schleifmittel. Richten Sie sich in diesem Punkt nach den Empfehlungen der Hersteller, und kaufen Sie mit Bedacht. Denn auch die aufwendigste Geräteausstattung kann Erfahrung und handwerkliches Können nicht ausgleichen.

WERKZEUGE FÜR DIE HOLZ-BEARBEITUNG

SIEHE AUCH

unter:

BOHRER

Die elektrische Bohrmaschine ist das einzige Elektrowerkzeug, das unverzichtbar auch in eine bescheiden ausgestattete Werkzeugkiste gehört.

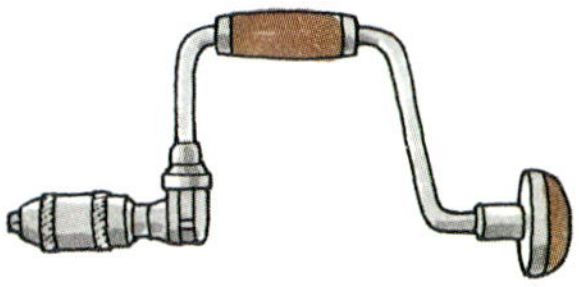

Bohrkurbel
Dieses seit dem späten Mittelalter gebräuchliche Werkzeug hat mit dem Siegeszug der elektrischen Bohrmaschine eigentlich ausgedient. Wer noch eine hat, muß sie aber dennoch nicht zum Altmetall werfen. Denn für präzise, gefühlvolle Bohrungen mit großen Durchmessern ist dieses archaische Werkzeug gelegentlich zu gebrauchen

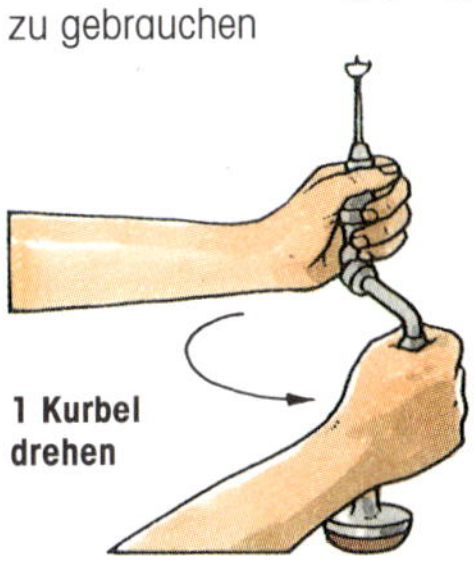

Bohrer für Bohrkurbel
Für den Einsatz in Bohrkurbeln gibt es besondere Bohrer, die mit ihrem vierkantig auslaufenden Schaft ins Bohrfutter der Bohrkurbel passen. In Baumärkten mit modernem Sortiment findet man dergleichen nur noch selten, wohl aber im gutsortierten Fachhandel, der nach wie vor erstaunlich viele Traditionswerkzeuge anbietet.

Schlangenbohrer
Der Schlangenbohrer ist annähernd bis zur Mitte mit um den Schaft liegenden Windungen versehen. Diese dienen dazu, das von der Bohrspitze ausgebohrte Material mit der Drehung aus dem Bohrloch zu entfernen. Für den erforderlichen Vortrieb im Material sorgen die Schneiden an der Spitze des Bohrers. Die Schlange dient auch zum Zentrieren im Bohrloch.

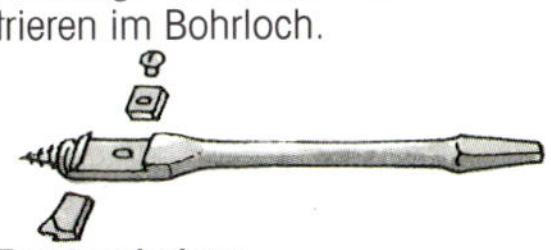

Forstnerbohrer
Der Forstnerbohrer ist die derzeit aktuellste Form des Holzbohrers für Bohrungen bis 50 mm.

Zentrumsbohrer
Dieser Bohrer schneidet sehr schnell in Holz und Holzfaserplatten, da die Drehung nicht durch eine Spirale gehemmt wird, aber er neigt dazu, während des Bohrens nach der Seite auszuwandern. Für Holz und Holzfaserplatten ist er dennoch sehr gut geeignet

Arbeiten mit der Bohrkurbel
Achten Sie darauf, daß Sie nicht durchs Holz stoßen. Dabei würden Sie unweigerlich Späne ausbrechen. Sobald die Spitze durchstößt, Bohrung von der anderen Seite fertigstellen.

Handbohrmaschine
Für kleine Bohrungen an filigranen Werkstücken, etwa im Modellbau, hat dieses Werkzeug nach wie vor seine Berechtigung. Allerdings hat es inzwischen Konkurrenz durch elektrische Kleinbohrmaschinen bekommen, die mit Netzgeräten betrieben werden und noch präziseres Arbeiten ermöglichen

Mit dem Handbohrer arbeiten
Achten Sie beim Drehen der Kurbel darauf, daß Sie die Maschine dabei nicht nach den Seiten schwenken.

Spiralbohrer
Spiralbohrer sind die meistverwendeten Bohrer. Sie sind sowohl für Holz als auch für Kunststoffe und Metalle zu verwenden. Kaufen Sie ausschließlich gute Qualitäten aus Hochleistungs-Schnellstahl. Sie sind an der »HSS«-Prägung

SPIRALBOHRER SCHLEIFEN

Es ist zwar auch möglich, Bohrer aus der freien Hand zu schärfen, aber dazu bedarf es großer Geduld und Erfahrung. Für sinnvolles Arbeiten benötigen Sie eine Doppelschleifmaschine und einen Schleifhalter, der an die Werkbank geschraubt wird und für den richtigen Schleifwinkel sorgt – angesichts der bescheidenen Preise für neue Bohrer ein kaum vertretbarer Aufwand.

Werkzeugstahl

Diese Bezeichnung tragen Materialien, die bereits ohne Härtung große Widerstandsfähigkeit gegen Druck, Reibung und Verschleiß aufweisen. Die Härte läßt sich durch Kohlenstoff oder Legierungsstoffe weiter steigern.

C 38	Qualitätswerkzeugstahl mit 0,38 % Kohlenstoffanteil
WS	Legierter Werkzeugstahl mit Chrom-Vanadium-Anteil bis 5%
CV	Hochwertiger legierter Werkzeugstahl mit über 5% Chrom-Vanadium-Anteil
HSS	Hochleistungs-Schnellstahl. Mit Chrom-Wolfram-Molybdän, Vanadium oder Kobalt legierter Stahl
HSCo	Hochleistungs-Schnellstahl mit über 5% Kobaltgehalt
TiN	Mit Titannitrit beschichteter Stahl. Die goldfarbene Schicht ist härter als Hartmetall. Das beste Material für Bohrer mit höchster Schnittgeschwindigkeit und Standzeit
HM	Hartmetall, gegossene oder gesinterte Werkstoffe aus Metallkarbiden

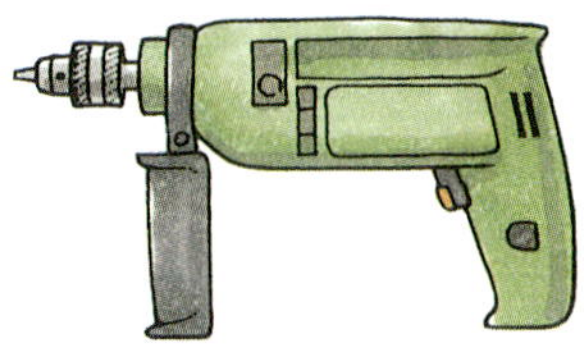

Bohrmaschine
Die Bohrmaschine ist das vielseitigste Elektrowerkzeug und gehört in jeden Haushalt. Kaufen Sie die beste, die Sie sich leisten können. Die Leistung sollte zwischen 600 und 1000 Watt liegen.

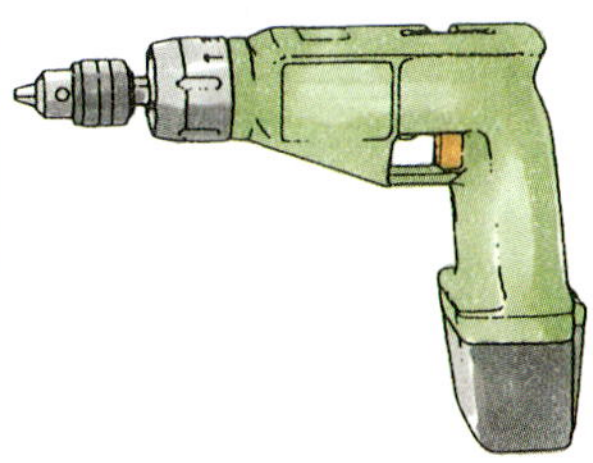

Akkuschrauber
Akkuschrauber sind kleine Bohrmaschinen, die als Energiequelle mit auswechselbaren Akkupacks bestückt sind. Als Ergänzung zu einer guten Bohrmaschine sehr praktisch, aber kein Ersatz. Die Qualitätsunterschiede liegen vor allem im Ladegerät: Dieses sollte sowohl für Schnell- als auch für Dauerladung geeignet sein.

AUSSTATTUNGSMERKMALE

Folgende Ausstattungsmerkmale sollte Ihre neue Bohrmaschine aufweisen:

● **Elektronische Drehzahlregulierung**
Mit der elektronischen Drehzahlregulierung steht Ihnen für jede Arbeit die richtige Drehzahl zur Verfügung. Die Regulierung erfolgt zumeist stufenlos über den Abzug im Pistolengriff, seltener (bei älteren Maschinen) über einen Drehschalter.

● **Elektronische Drehmomentregulierung**
Damit wird die Drehkraft der Bohrmaschine automatisch nach Voreinstellung geregelt. Die beachtlichen Drehkräfte moderner Bohrmaschinen sind nicht für alle Arbeiten erforderlich und für manche sogar schädlich. So sorgt die Drehkraftregulierung z. B. dafür, daß die Maschine beim Schrauben nicht den Schraubenschlitz ausbricht.

● **Schnellspann-Bohrfutter**
Mit diesem Bohrfutter lassen sich Bohrer oder andere Einsätze ohne Werkzeug wechseln. Damit entfällt das umständliche Gefummel mit dem Bohrfutterschlüssel, der ohnehin nie zu finden ist, wenn man ihn braucht. Die Bohrspindel sollte sich auch zur direkten Aufnahme von Schraubendreher-Bits eignen und Bohrer bis mindestens 16 mm Durchmesser aufnehmen.

● **Schlagbohr- oder Bohrhammerfunktion**
Heimwerker-Bohrmaschinen ohne Schlagbohreinrichtung werden heute von Markenherstellern kaum noch angeboten. Wer aber öfter in Beton bohren muß, stößt mit einem solchen Werkzeug schnell an seine Grenzen. Da hilft nur der pneumatische Bohrhammer. Bohrhammer und Schlagbohrmaschine sind grundsätzlich zwei unterschiedliche Maschinen, doch können einige Bohrhämmer mit Adaptern und zusätzlichem Bohrfutter auch für die üblichen Bohr- und Schraubarbeiten eingesetzt werden.

● **Rechts- und Linkslauf**
Eine Umschaltungsmöglichkeit für die Laufrichtung gehört inzwischen eigentlich zum Standard. Sie brauchen dieses Ausstattungsmerkmal z. B. zum Ausdrehen von Schrauben.

● **Grundausstattung**
Schlagbohrmaschine
Satz HSS-Spiralbohrer

WERKZEUGE FÜR DIE HOLZBEARBEITUNG

SIEHE AUCH
unter:
Bohrmaschinen 361

BOHRER FÜR BOHRMASCHINEN

Es gibt eine große Auswahl an Bohrern, passend für die verschiedenen Materialien

Spiralbohrer
Universalbohrer, die in jeder Größe bis zur Aufnahmegrenze des Bohrfutters verwendet werden können. HSS ist außer für Holzbohrungen Mindestqualität

Zentrumbohrer

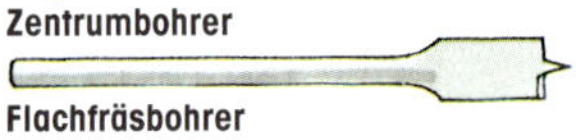

Flachfräsbohrer

Zentrum- und Flachfräsbohrer
Mit beiden Bohrertypen lassen sich Löcher bis zu einem Durchmesser von 38 mm bohren. Beide arbeiten mit geringsten Reibungsverlusten, beiden haftet aber der Nachteil an, daß sie zum Auswandern neigen, so daß gerade Bohrlöcher ohne Verwendung eines Bohrständers schwierig auszuführen sind. Sie haben ihre einstige Marktbedeutung inzwischen weitgehend an den Forstnerbohrer verloren.

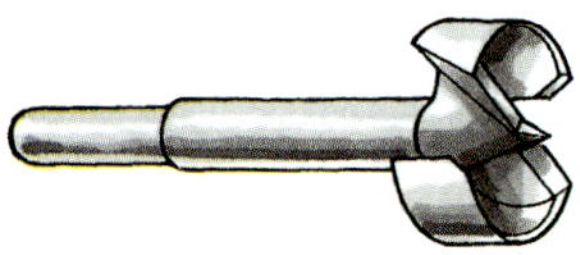

Bohrständer
Für Präzisionsbohrungen ist ein Bohrständer unerläßlich. Wenn es sehr exakt werden soll, muß das Werkstück überdies in einen am Bohrständer fest montierten Maschinenschraubstock gespannt werden.

- **Grundausstattung**
  Satz HSS-Spiralbohrer

Forstnerbohrer
Zum Bohren ausrißfreier, exakt maßhaltiger Sacklöcher sowie Randlochbohrungen in allen Weichhölzern hat sich der Forstnerbohrer als anerkannt bestes Werkzeug durchgesetzt. Forstnerbohrer gibt es in Größen zwischen 10 und 50 mm Durchmesser mit festen oder verstellbaren Schneiden. Auch Sets mit Wechselschaft sind erhältlich. Als Nachteil schlägt allein der verhältnismäßig hohe Preis zu Buche.
Ähnlich in Konstruktion und Funktion sind Zylinderbohrer, die ebenfalls mit Zentrierspitze und Vorschneidern arbeiten.

Holzbohrer
Zentrierspitze und Vorschneider sind auch das Merkmal der typischen Holzbohrer. Diese sind länger als Forstnerbohrer und damit auch für tiefe Löcher und Durchbohrungen geeignet. Die handelsüblichen Standardmaße liegen zwischen 5 und 20 mm Durchmesser.

Senker
Dieser Bohrmaschineneinsatz ist ein kleiner Fräskopf zum Versenken von Flachkopf-Schrauben im Holz. Der Senker kommt nach dem Bohren des Schraubenlochs zum Einsatz. Bei Verwendung eines Bohrständers erhält man Senkungen gleicher Tiefe.

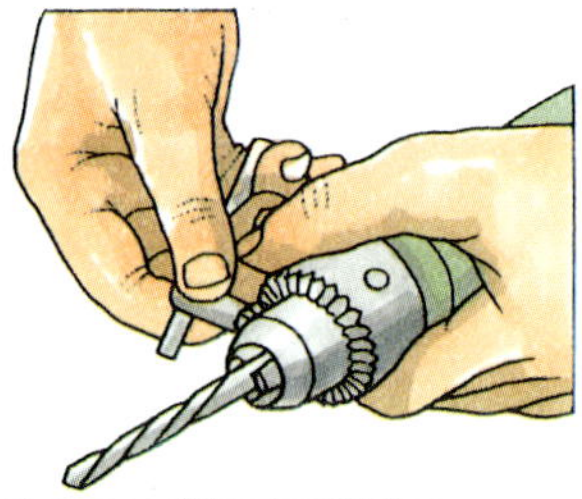

Bohrmaschine bestücken
Bei alten Bohrmaschinen müssen Sie das Bohrfutter mit dem Bohrfutterschlüssel öffnen. Dessen Bolzen wird in eine der Bohrungen gesetzt und betätigt das Bohrfutter über den Zahnkranz.

SICHERHEITSHINWEISE

- **Mustern Sie Altmaschinen aus, die nicht der Schutzklasse 2 – vollständig isoliertes Kunststoffgehäuse – entsprechen.**
- **Ziehen Sie stets den Netzstecker, ehe Sie die Maschine – etwa zum Wechseln der Kohlen – öffnen.**
- **Betreiben Sie die Maschine nie mit Schleif-und Rühreinsätzen mit für Dauerbetrieb arretiertem Einschalter.**

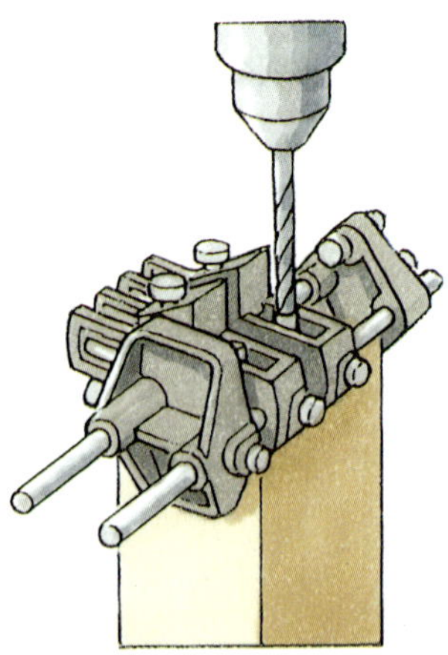

Dübellehre
Damit gelingen auch dem Anfänger einwandfrei sitzende Dübelverbindungen, da die Bohrungen exakt gesetzt werden.

SCHRAUBEN

Die Fortschritte der Bohrmaschinentechnologie wie stufenlos einstellbare Geschwindigkeit und elektronisch regelbares Drehmoment haben dazu geführt, daß moderne Bohrmaschinen ebensooft zum Schrauben wie zum Bohren verwendet werden. Die Industrie trägt diesem Umstand durch ein großes Angebot an Zubehörteilen Rechnung.

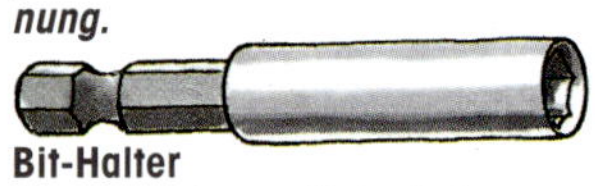

Bit-Halter
Wer vor Jahren mit der Bohrmaschine schrauben wollte, brauchte sehr viel Gefühl oder einen Schraubervorsatz mit Rutschkupplung, der verhinderte, daß die hoch drehende Bohrmaschine den Schraubenschlitz ausbrach. Heute lassen sich die Schrauberbits problemlos direkt ins Bohrfutter einsetzen – mit Schnellspann-Bohrfuttern eine Sache von Sekunden. Als Verlängerung – in manchen Fällen praktisch – gibt es Bit-Halter, die mit starken Dauermagneten sowohl Bit als auch Schraube festhalten.

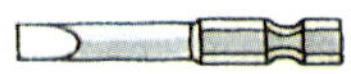

Bits
Schrauberbits gibt es in verschiedenen Qualitätsstufen und zahllosen Ausführungen. Standardbits genügen den Ansprüchen des Heimwerkers in den meisten Fällen. Wenn aber größere Schraubarbeiten erforderlich sind, z. B. zum Anbringen einer Holzvertäfelung, lohnt die Anschaffung höherwertiger Bits allemal. Dazu bieten sich für Verschraubungen im Holz ISO-Temp-Bits, die sich durch große Elastizität und besten Sitz der Klinge im Schraubenkopf auszeichnen. Die höchste Qualität bieten TIN-beschichtete Bits – erkennbar an der Goldfarbe.

Kopfformen
Entscheidend für den Erfolg beim Schrauben ist die Wahl des für den Schraubenkopf passenden Bits. Neben den klassischen Schlitz- und Kreuzschlitzformen haben sich in den letzten Jahren auch andere Formen durchgesetzt, die sich besonders für Elektroschrauber eignen.
- Schlitz
- Kreuzschlitz
- Pozidriv
- Torx
- Innensechskant

HAMMER

Das Einschlagen eines Nagels ist die sprichwörtlich einfachste handwerkliche Tätigkeit. Zur Verbindung von Holzteilen ist das Nageln nach Leimen und Schrauben aber eindeutig die schlechtere Wahl. Dennoch, Hammer und Nagel gehören zur Grundausstattung der Werkstatt.

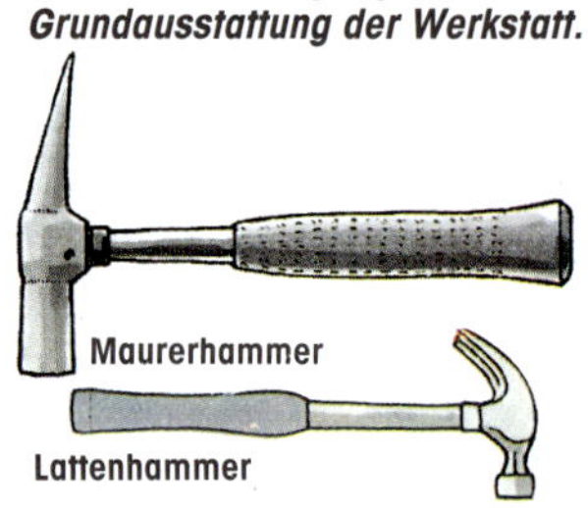

Maurerhammer
Lattenhammer

Latten- und Maurerhammer
Diese Werkzeuge sind einander recht ähnlich. Bei beiden handelt es sich um schwere Gebrauchshämmer mit universellen Einsatzmöglichkeiten. Der schwere Hammerkopf eignet sich zum Einschlagen auch großer Nägel, während die gekrümmte Finne – das spitze Ende – zum Abhebeln von Latten, Abschlagen von Putzresten usw. dient. Der verjüngende Schlitz im spitzen Hammerende dient zum Ausziehen von Nägeln. Der Lattenhammer weist eine zusätzliche Nut im Kopf auf. In diese wird ein Nagel eingelegt, der dann einhändig eingeschlagen werden kann.

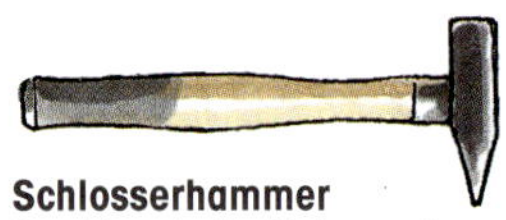

Schlosserhammer
Der klassische Universalhammer. Mit 300 g gehört er zur Grundausstattung der Werkstatt. Ob man den Schlosserhammer oder den Schreinerhammer vorzieht, ist Geschmackssache

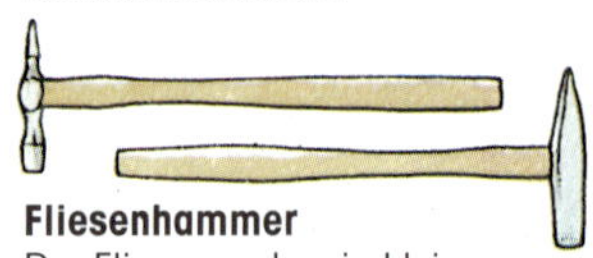

Fliesenhammer
Der Fliesen- oder ein kleiner (100 g) Schlosserhammer dient für kleine Nägel.

Nagel einschlagen
Halten Sie den Nagel zwischen zwei Fingern an die richtige Stelle. Zwei bis drei leichte Schläge, bis er »anspitzt«, also ohne Halten im Holz steckt, dann mit kräftigen Schlägen einschlagen. Hammer am Stielende halten.

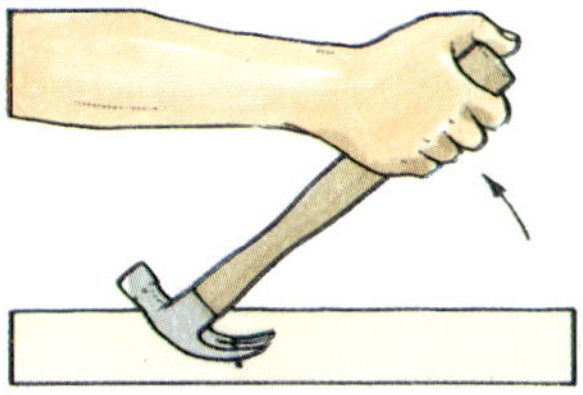

Krummen Nagel ausziehen
Wenn Ihnen das Mißgeschick widerfahren ist, einen Nagel krummgeschlagen zu haben, werden Sie die Vorzüge des Lattenhammers schätzen lernen. Fassen Sie den Unglücksnagel mit dem Schlitz in der Hammerfinne möglichst weit unten, bis er fest eingekeilt ist, und rollen Sie die Hammerfinne in Richtung Auge ab. Der Nagel wird ohne größere Beschädigung des Holzes ausgezogen.

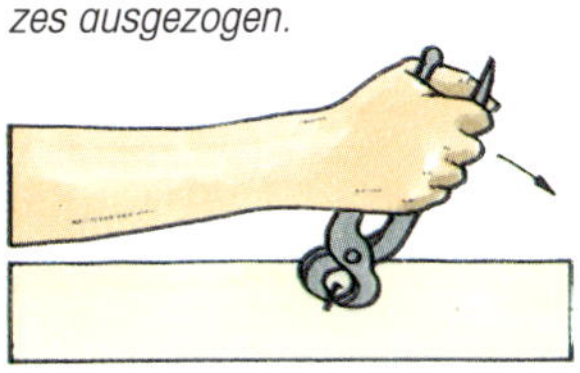

Bei kleineren Nägeln ist der Schlitz der Hammerfinne nicht eng genug, um den Nagel zu fassen. In diesem Fall greifen Sie zur Beißzange. Fassen Sie den Nagel möglichst weit unten und rollen Sie das Werkzeug seitlich ab: Auf diese Weise wird der Nagel sauber herausgehebelt.

Hammerbahn anschleifen
Wenn die Bahn (Schlagfläche) zu glatt ist, steigt die Gefahr, Nägel krumm zu schlagen. Anschleifen mit Schleifpapier hilft.

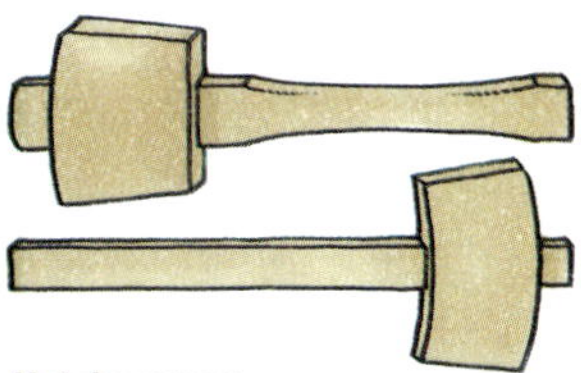

Holzhammer
Der Holzhammer ist das traditionelle Werzeug zum Treiben von Beiteln. Er leistet überall gute Dienste, wo Metallteile ohne Beschädigung getrieben werden müssen, z. B. beim Öffnen festsitzender Muttern.

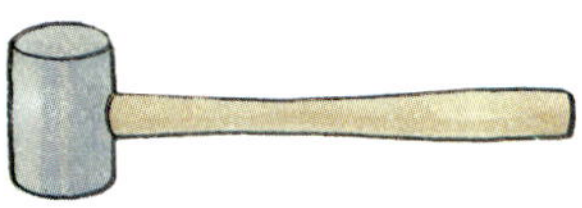

Gummihammer
Wenn auch der Holzhammer noch zu hart ist, kommt der Gummihammer zum Einsatz, etwa um verzapfte Holzverbindungen einzuschlagen.

SCHRAUBENDREHER

Eine Reihe guter Schraubendreher gehört ebenfalls zur Grundausstattung eines jeden noch so bescheidenen Werkzeugkastens. Sie brauchen jeweils drei Gerad- und Kreuzschlitzschraubendreher, klein, mittel und groß. Achten Sie auf Qualität. Gute Schraubenzieher halten sehr lange.

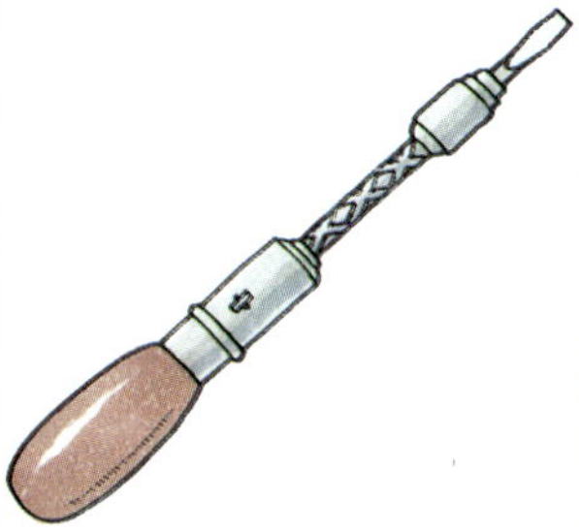

Drillschraubendreher
Sie setzen die Schraubenzieherklinge mittig in den Schraubenschlitz, drücken auf das Heft, und die Schraube dreht sich von selbst ein. Klingt verlockend, aber in Wahrheit ist der Drillschraubenzieher ein Werkzeug, das Sie sich schenken können. Zum Festziehen der Schraube brauchen Sie den normalen Schraubenzieher.

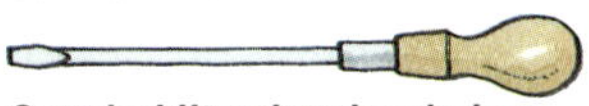

Geradschlitzschraubendreher
Der klassische Schraubendreher. Es gibt ihn in zahllosen Ausführungen: lang, kurz, isoliert, mit Holz- oder Kunststoffheft. Zu empfehlen sind die bis zur Klingenspitze isolierten sowie jene mit Holzheft und Schlagknopf.

Kreuzschlitzschraubendreher
Kreuzschlitzschraubendreher werden seltener als Meißel mißbraucht, müssen also nicht schlagfest sein. Achten Sie auf gute Qualität und kaufen Sie, was Ihnen gefällt.

Ratschenschrauber
Ein weiterer Vertreter der Kategorie »überflüssige Werkzeuge«, wenngleich vielleicht noch etwas nützlicher als Drillschraubendreher.

Akkuschrauber
Uneingeschränkt zu empfehlen. Wenn Sie sich daran gewöhnt haben, hat die große Bohrmaschine öfter Pause. Das Ladegerät muß Dauerladung erlauben. Lassen Sie den Akkupack im Ladegerät, dann ist er voll, wann immer Sie ihn brauchen.

SCHRAUBENDREHERKLINGEN

Geradschlitzklingen sollten gelegentlich auf einem Abziehstein nachgeschliffen werden.

Holzschrauben eindrehen
Schrauben können ein hölzernes Werkstück sprengen, wenn nicht sachgerecht vorgebohrt wird. Bei Spanplattenschrauben genügt eine Bohrung mit halbem Schraubendurchmesser, bei traditionellen Flachkopf-Senkholzschrauben ist mehr Aufwand erforderlich: Bringen Sie in dem aufzuschraubenden Teil zunächst die Durchgangsbohrungen an. Der Durchmesser entspricht dem des Schraubenschafts. Diese Bohrungen werden mit dem Senker leicht angesenkt. Bringen Sie dann die Vorbohrungen mit halbem Schraubendurchmesser an, drehen Sie die Schrauben ein.

Vorstecher

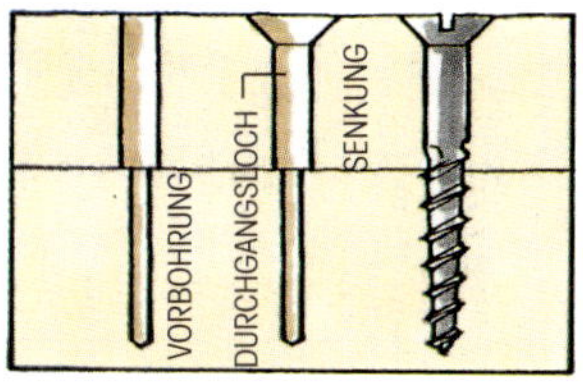

Bohrungen für Schrauben

Tips
Bei dünnen Spanplattenschrauben genügen zum Vorbohren oft ein paar Hammerschläge auf den Vorstecher.

Alte Schrauben ausdrehen
*Es ist oft gar nicht so einfach, alte Schrauben zu lösen. Vielfach sind die Köpfe mit mehreren Schichten Farbe verklebt, die Schlitze ausgebrochen. Zum Säubern des Schlitzes drücken Sie die Ecke der Schraubendreherklinge am Rand des Schlitzes an und treiben sie mit einem leichten Hammerschlag durch den Schlitz **(1)**. Bei guten Schraubendrehern endet der Schaft oft in einem Sechskant. Pressen Sie das Werkzeug möglichst fest in den Schlitz, und drehen Sie es vorsichtig mit einem angesetzten Gabelschlüssel*

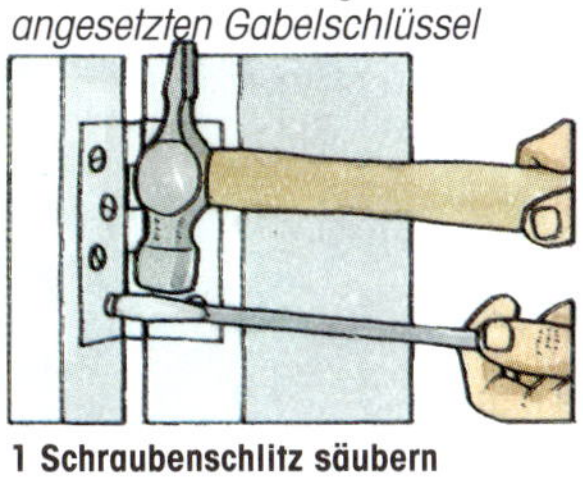

1 Schraubenschlitz säubern

ZWINGEN

Geleimte Verbindungen müssen bis zum Abbinden unter Druck zusammengefügt werden. Dazu dienen Zwingen, die in großer Auswahl angeboten werden.

Schraubzwinge
Schraubzwingen sind die meistverbreiteten Spannwerkzeuge. Sie sind in zahlreichen Ausführungen, Größen und Qualitäten erhältlich. Preiswerte Bastlerausführungen bestehen aus Druckguß, Profiausführuingen aus Temperguß. Große Schraubzwingen werden auch als Knechte bezeichnet. Zum Verleimen breiter Werkstücke gibt es sog. Flächenspanner, bei denen sich der Druck auf die gesamte Breite der Backen verteilt. Mit normalen Schraubzwingen und Beilagen aus Holz erreichen Sie aber den gleichen Effekt.

Schnellspannzwinge
Bei dieser Zwingenart wird der Druck nicht durch ein Gewinde, sondern einen Exzenterhebel erzeugt. Der erzielbare Anpreßdruck liegt weit unter dem der Schraubzwinge, so daß die Backen der Schnellspannzwinge meist aus Holz gefertigt sind.

Spannzwinge
Kleine Schraubzwinge ohne Längenverstellung. Die Spannzwinge dient zum Zusammenspannen kleinerer Werkstücke oder von Brettern, aber auch zum Festklemmen von Werkzeugen am Arbeitstisch.

Gehrungsklemme
Dieses auch als Winkelspanner bezeichnete Werkzeug ist eigentlich keine Zwinge, da es keinen Anpreßdruck erzeugen kann. Es ist aber äußerst praktisch zum Fixieren von Platten für Schraub- oder Dübelverbindungen.

Bandspanner
Unentbehrliches Werkzeug zum Verleimen größerer Gegenstände wie Bilderrahmen, Regale usw. Aber auch Ladegut und Gepäck lassen sich mit dem Bandspanner fixieren.

WERKZEUGE FÜR DIE HOLZBEARBEITUNG

SIEHE AUCH
unter:
Körner 376

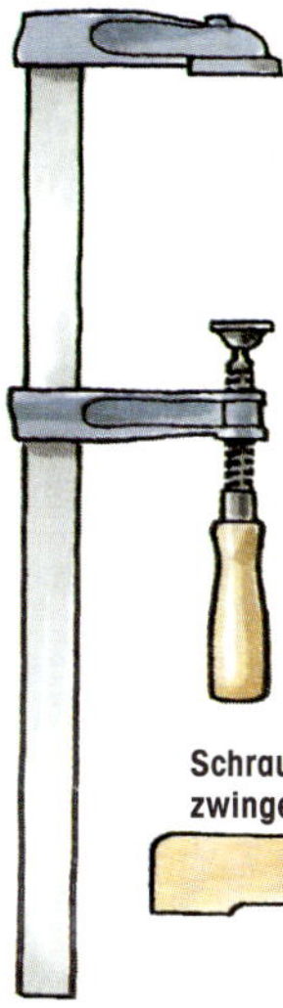

Schraub zwinge

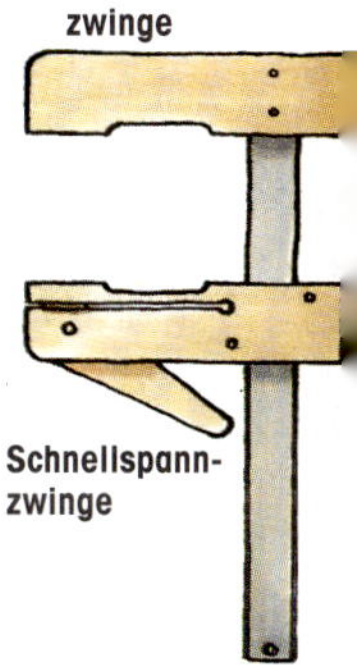

Schnellspann-zwinge

Gehrungsklemme

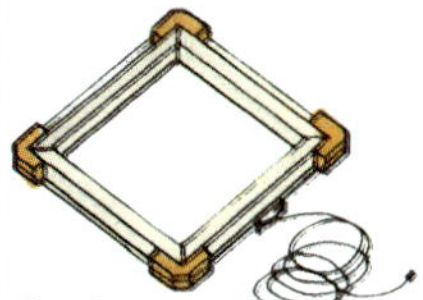

Bandspanner

- **Grundausstattung**
  3 Geradschlitzschraubendreher
  3 Kreuzschlitzschraubendreher
  Schraubzwinge

WERKZEUGE FÜR DIE HOLZBEARBEITUNG

SIEHE AUCH
unter:

Zwingen 363

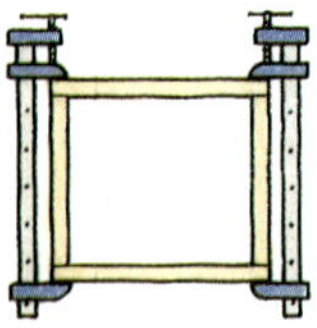

1 Schraubzwingen gerade ansetzen, ...

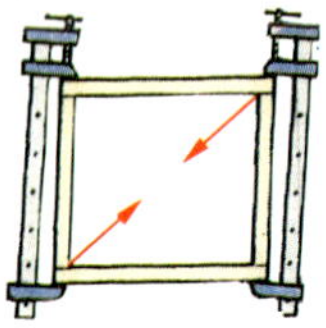

2 ... sonst ziehen Sie das Werkstück aus dem rechten Winkel.

Rahmen verleimen

Die Verleimung auf Stoß gehört dank der ungeheueren Haltekraft moderner Weißleime zu den dauerhaftesten Verbindungen. Leimproben haben ergeben, daß das Holz reißt, ehe die Verleimung nachgibt.
*Legen Sie für die Verleimung eines größeren Plattenrahmens je nach Tiefe mindestens 4 Knechte und ausreichend Holzbeilagen bereit. Streichen Sie die Kante einer Seitenwand mit Leim ein, und setzen Sie diese auf die Bodenplatte Sichern Sie die Verbindung mit einem Winkelspanner. Bestreichen Sie die übrigen Kanten der Seitenwände mit Leim, und setzen Sie den Plattenrahmen an den Verleimungsstellen genau bündig zusammen. Setzen Sie die Knechte mit Beilagen so an, daß sie genau parallel zu den Seitenwänden stehen **(1)**. Ziehen Sie die Knechte nur leicht an, und richten Sie die Seitenwände noch einmal aus. Nun ziehen Sie die Schraubzwingen fest an. Falls Sie die Zwingen schief ansetzen, gerät die Konstruktion unweigerlich aus dem Winkel **(2)**.*

Bretter zu Platten verleimen

Legen Sie die kantengerade gehobelten Bretter mit eingeleimten Kanten aneinander. Legen Sie oben und unten je eine starke Hartholzleiste quer, und spannen Sie diese Leisten mit 2 leicht angezogenen Schraubzwingen zusammen, um ein Durchbiegen der Platte zu verhindern. Bei größeren Platten brauchen Sie mindestens 2 solche Leistenpaare. Pressen Sie die Bretter mit mindestens 3 Knechten zusammen. Beilagen nicht vergessen.

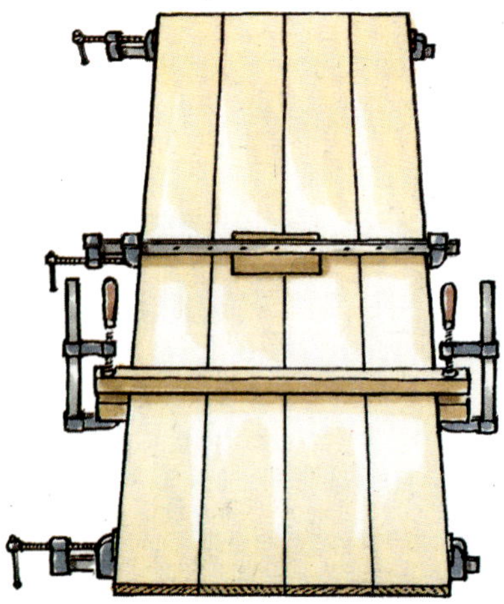

Spannen Sie die Platte mit mindestens 3 Knechten ein. Mit Leisten gegen Durchbiegen sichern.

WERKBÄNKE

Wenn immer möglich, stellen Sie sich eine »richtige« Hobelbank mit Spannvorrichtungen und Werkzeugrinne in die Werkstatt. Bei Platzmangel leistet auch eine zusammenklappbare Kleinwerkbank mit Holzspannbacken gute Dienste

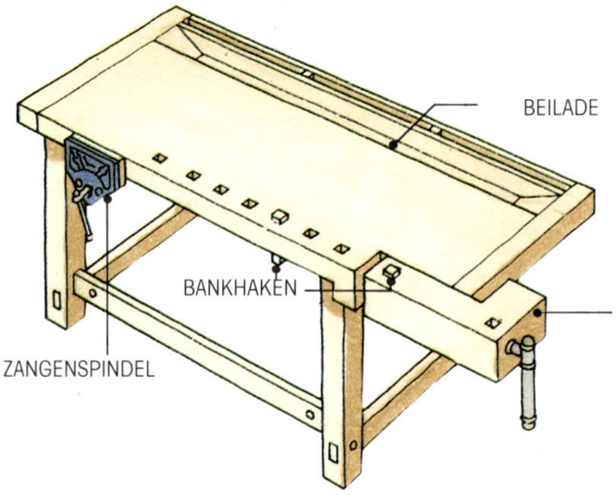

Hobelbank

Die klassische Hobelbank ist aus schweren Hartholzbohlen, zumeist Buche, gefertigt. Die Platte liegt auf einem massiven Untergestell, das Schwingungen bei der Arbeit ausschließt. Eine »Beilade« genannte Rinne im hinteren Teil der Platte dient zur Aufnahme von Werkzeug. Traditionell weist die Hobelbank zwei meist aus Holz gefertigte, bei neuen Ausführungen aber auch metallene Zangenspindeln zum Einspannen von Werkstücken auf. Größere Werkstücke können mit Hilfe der Spindeln und eisernen Bankhaken eingespannt werden.

Klappbare Werkbank

Zusammenlegbare Werkbänke werden von verschiedenen Herstellern angeboten. Qualität und Zweckmäßigkeit sind sehr unterschiedlich. Die meisten Bänke weisen Holzspannbacken mit Kurbelantrieb auf, größere Werkstücke können mit Hilfe von Bankhaken aus Kunststoff eingespannt werden. Beachtung verdient ein Modell, das Sägetisch und Werkbank kombiniert.

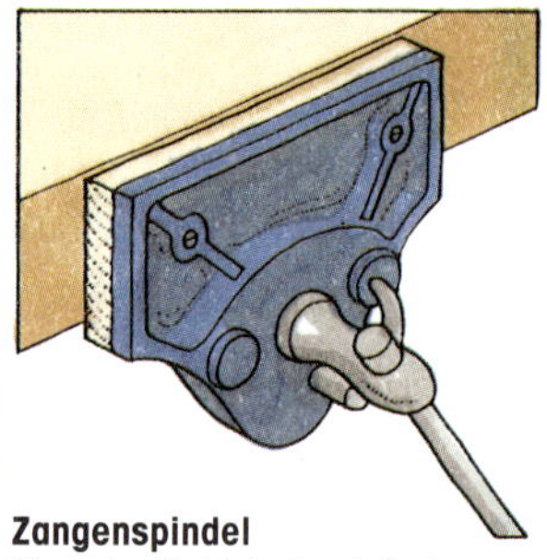

Zangenspindel

Diese in die Hobelbank fest eingebaute Spannvorrichtung besteht bei alten Hobelbänken aus Holz. Neuere Ausführungen sind mit Metallspindeln ausgestattet. Das Zangenbrett der Zangenspindel schließt bündig mit der Tischoberfläche ab. Die stirnseitig angebrachte Spindel weist meist eine Aufnahme für einen Banknagel auf, so daß auch größere Platten zur Bearbeitung eingespannt werden können.

Auflagebock

In jeder Heimwerkstatt müssen hin und wieder Werkstücke bearbeitet werden, die länger sind als die zur Verfügung stehende Werkbank – selbst wenn es sich dabei um eine ausgewachsene Hobelbank handelt. In solchen Fällen werden die Werkstücke auf Auflageböcke gelegt. Dieses nützliche Zubehör gibt es für wenig Geld in jedem Baumarkt. Meist ist der Preis so niedrig, daß sich das Selbermachen nicht lohnt. Zwei Unterstellböcke gehören zur Grundausstattung einer Heimwerkstatt. Wer sich vier davon leistet und eine zerlegbare Tischtennisplatte besitzt, braucht sich über die Tafel bei großen Familienfeiern keine Gedanken mehr zu machen.
Professioneller sind Unterstellböcke aus Aluminium, die sich, in der Höhe verstellbar, der Arbeitshöhe Ihrer Werkbank exakt anpassen lassen. Daß dieser Luxus seinen Preis hat, liegt auf der Hand.

WERKZEUGE FÜR DIE HOLZ-BEARBEITUNG

SIEHE AUCH

SCHREINER- UND ZIMMERMANNSVERBINDUNGEN
Für den Heimwerkerbedarf genügen die einfachsten aus der reichen Auswahl zweckmäßiger und teilweise raffinierter Verbindungstechniken.

STUMPFE VERBINDUNG

Stumpfe Verbindungen sind die primitivsten unter den möglichen Verbindungen. Damit sie haltbar werden, müssen verschiedene Arten von Verbindern eingesetzt werden. Die Verfahren sind einfach.

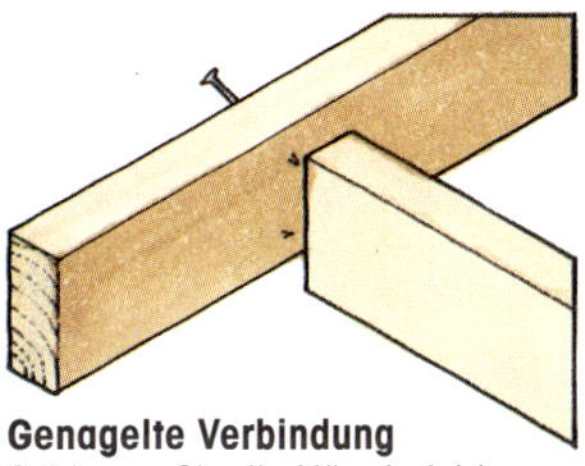

Genagelte Verbindung
Schlagen Sie die Nägel nicht parallel, sondern gegeneinander geneigt ein.

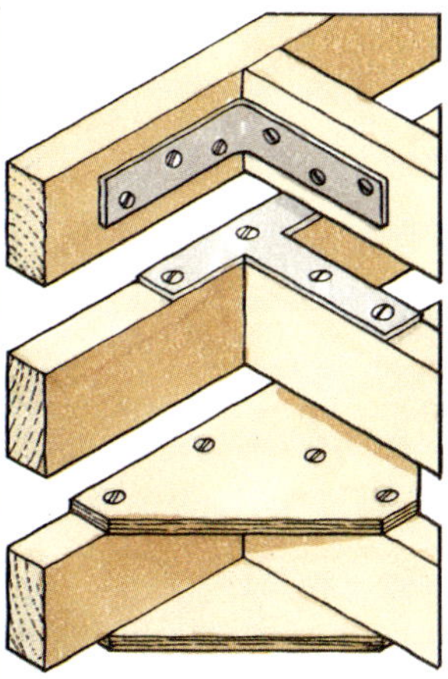

Winkel und Platte
Angeschraubte Winkel- oder Flachverbinder sorgen für hohe Festigkeit. Wer kein Metall am Holz mag, sägt sich einen passenden Verbinder aus Sperrholz.

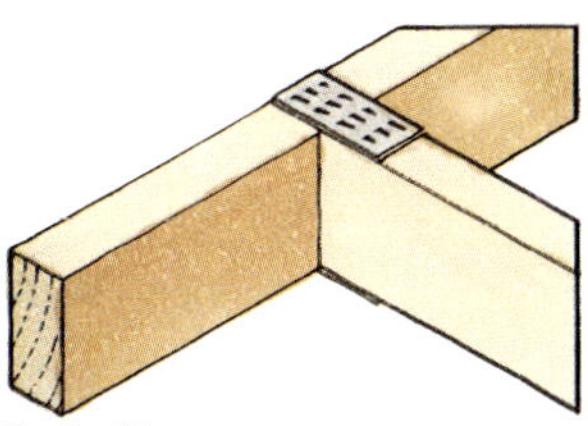

Tackerklammern
Wenn es ganz schnell gehen soll und keine hohe Belastbarkeit gefordert ist, genügen ein Stück Sperrholz und Tackerklammern.

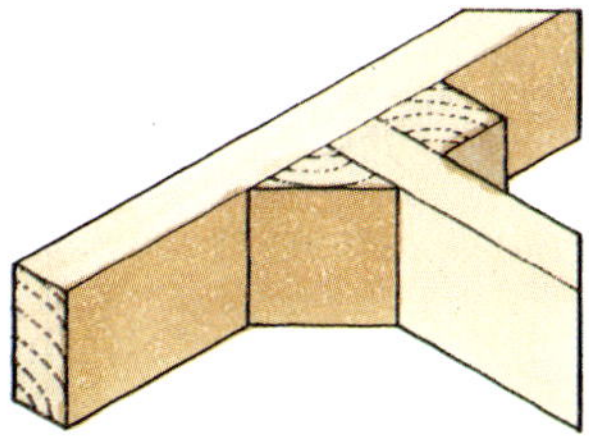

Einleimer
Stumpf verleimte Verbindungen gewinnen durch drei- oder rechteckige Einleimer Festigkeit.

T-VERBINDUNG

Diese Verbindung ist so primitiv, daß sie nur für den Bau von Provisorien und an unsichtbaren Stellen akzeptabel ist.

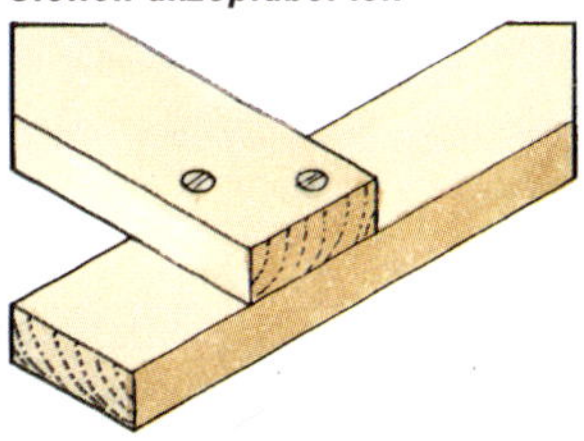

T-Verbindung
Spannen Sie die beiden Latten mit einer kleinen Schraubzwinge zusammen. Kontrollieren Sie den rechten Winkel mit dem Schreinerwinkel. Vorbohren und mit Schrauben verbinden.

ÜBERBLATTUNG

Mit diesen Verbindungen beginnt die Handwerkskunst, und mit weniger sollte sich der Heimwerker nicht zufriedengeben.

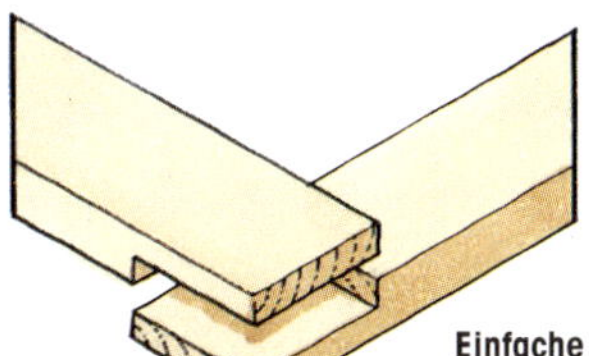

Einfache Überblattung

1 An Brustlinie schneiden

2 Schrauben

Überblattete Eckverbindung
Markieren Sie die Mitte der Schmalseiten. Schneiden Sie die beiden Leisten an der Brustlinie bis zur Markierung ein. Stemmen Sie die Vertiefung mit einem scharfen Beitel nur so weit aus, daß die Flächen bündig anliegen.

Überblattete T-Verbindung
*Legen Sie die beiden zu verbindenden Teile exakt passend aufeinander, und markieren Sie die Größe der Ausschnitte **(1)**. Reißen Sie mit dem Streichmaß die Mitte der Leisten an **(2)**. Reißen Sie mit dem Schreinerwinkel und einem spitzen, harten Bleistift die Brustlinie an **(3)**. Spannen Sie das Längsstück im 45°-Winkel in die Zangenspindel der Hobelbank ein, und schneiden Sie mit einer Feinsäge schräg entlang der markierten Mittellinie bis zur Brustlinie **(4)**. Da Sie sich auf diese Weise an zwei Linien orientieren können, fällt der Schnitt sehr wahrscheinlich gerade aus. Spannen Sie das Längsholz hochkant ein, und schneiden Sie es gerade bis zur Brustlinie durch **(5)**. Schneiden Sie das Abfallstück entlang der Brustlinie ab **(6)**. Schneiden Sie das Querholz im Bereich des Ausschnitts mehrfach mit der Feinsäge bis auf die Mittellinie ein **(7)**. Tragen Sie das Abfallholz mit einem scharfen Stechbeitel Span um Span ab **(8)**. Prüfen Sie den genauen Sitz der Überblattung, und verleimen Sie die Verbindung.*

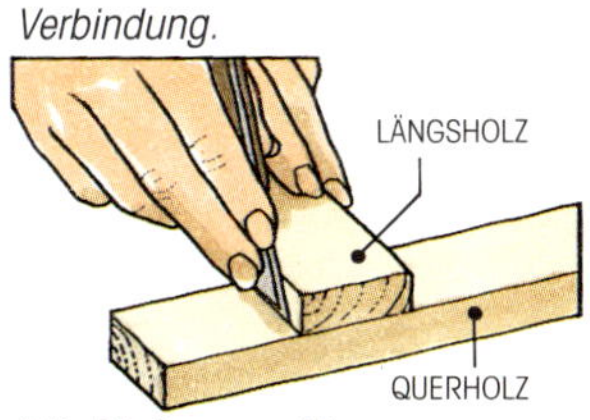

1 Verbindung anreißen

2 Mittellinie anreißen

3 Brustlinie anreißen

4 Schräg bis zur Marke schneiden

5 Längsschnitt fertigstellen

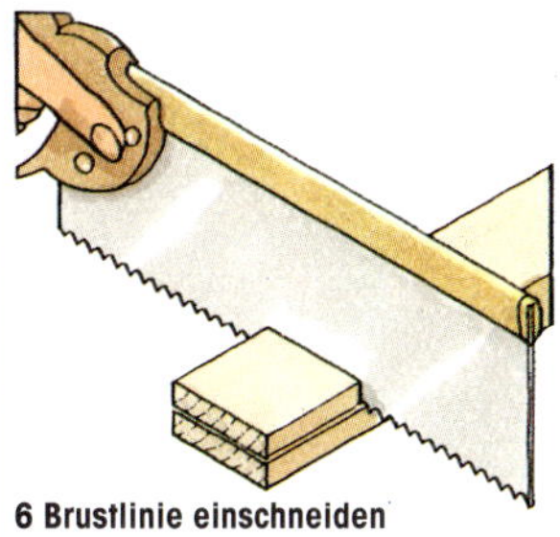

6 Brustlinie einschneiden

7 Ausschnitt mehrfach einschneiden

8 Abfallholz abtragen

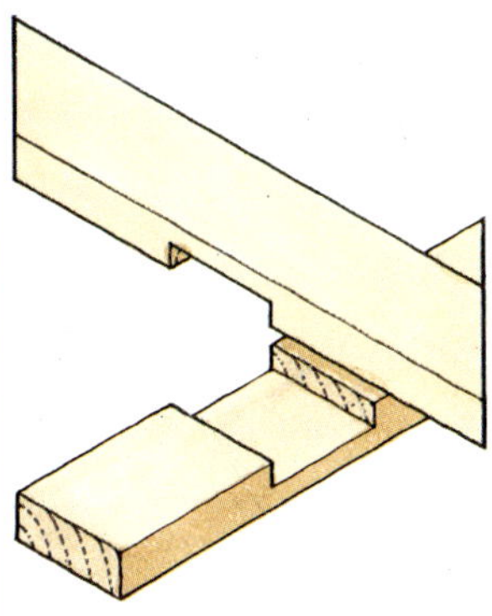

Kreuzblatt
*Für eine Kreuzblattverbindung machen Sie zwei Ausschnitte wie unter **(7)** und **(8)** beschrieben. Da Überblattungen am besten verleimt werden, darf nur soviel Holz abgetragen werden, daß alle Flächen bündig aufeinanderliegen.*

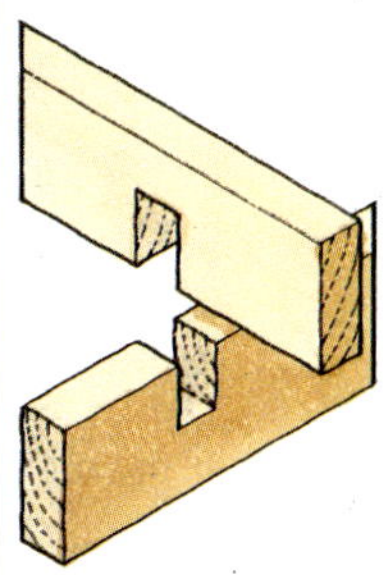

Kreuzblatt-Verbindung

WERKZEUGE FÜR DIE HOLZBEARBEITUNG

SIEHE AUCH
unter:

FALZVERBINDUNG

Einfache Eckverbindung für größere Platten

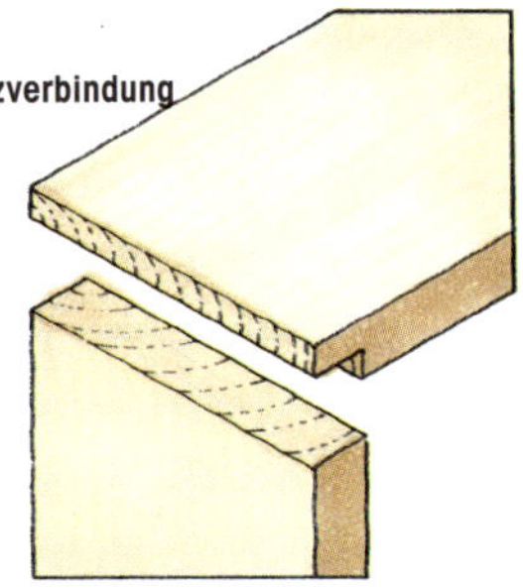
Falzverbindung

Falz schneiden
*Legen Sie das Querbrett bündig an, und markieren Sie die Falzbreite **(1)**. Reißen Sie mit dem Streichmaß die Falztiefe an **(2)**. Schneiden Sie den Falz mit der Feinsäge ein, und stemmen Sie ihn aus, oder fräsen Sie ihn mit der Oberfräse aus.*

1 Falzbreite markieren

2 Falztiefe markieren

VERZAPFUNG

Verzapfungen gehören zu den stabilsten Verbindungen.

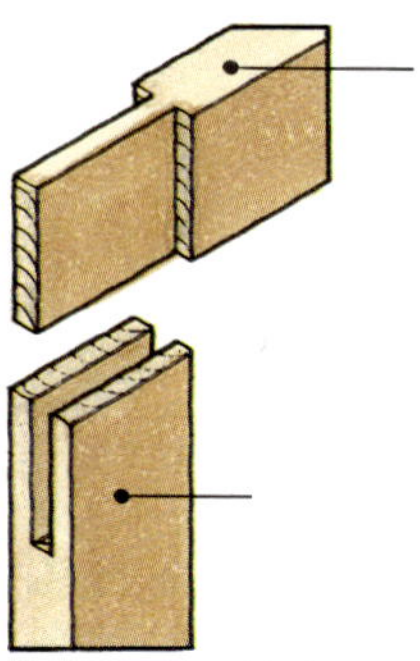
Gezapfte Eckverbindung

Gezapfte Eckverbindung
Eine gezapfte Verbindung besteht stets aus Schlitz und Zapfen. Meistens haben Schlitzwände und Zapfen die gleiche Materialstärke. Reißen Sie die Verbindung an wie unter »Überblattung« beschrieben. Reißen Sie an beiden Verbindungsteilen von beiden Seiten ein Drittel der Materialstärke an. Bringen Sie mit der Feinsäge an beiden Teilen Schnitte bis zur Brustlinie an. Stemmen Sie den Schlitz mit einem scharfen Stemmeisen aus. Sie können den Schlitz auch mit einer Reihe nebeneinanderliegender Bohrungen ausbohren und mit dem Beitel versäubern (Bohrständer!). Sägen Sie den Zapfen entlang der Brustline aus.

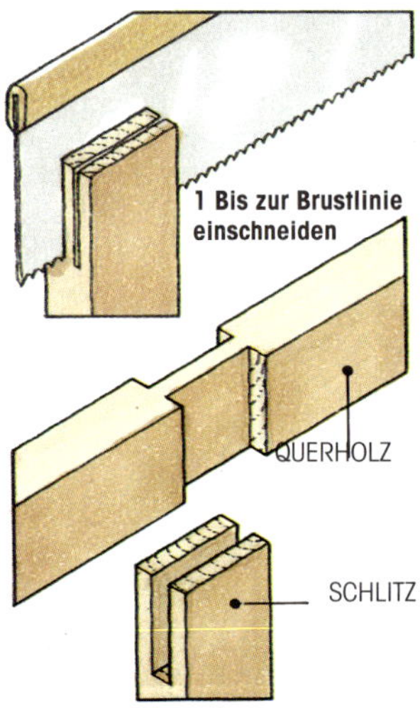

1 Bis zur Brustlinie einschneiden

Gezapfte T-Verbindung
Anfänger kommen mit der T-Verbindung leichter zurecht, wenn sie den Schlitz ins Längsholz einarbeiten. Wenn Sie diesen aber ausbohren, sollten Sie die professionellere Version mit Schlitz im Querholz wählen.

GENUTETE VERBINDUNG

Genutete Verbindungen werden gern für Regale verwendet. Abgesetzte Nuten ergeben ein sauberes Bild. Die hohe Schule stellt allerdings die abgesetzte gegratete Verbindung dar, die mit der Oberfräse gefräst wird.

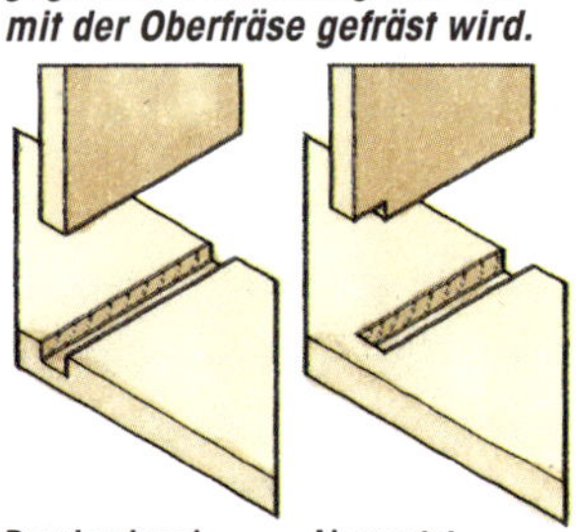
Durchgehend **Abgesetzt**

Durchgehende Nut schneiden
*Reißen Sie die Seitenkanten der Nut **(1)** sowie deren Tiefe an **(2)**. Schneiden Sie mit der Feinsäge bis zur Markierung **(3)**. Stemmen Sie das Abfallholz mit einem scharfen Stechbeitel aus **(4)**. Für die professionellere gegratete Verbindung brauchen Sie Oberfräse und Zinkenfräser. Die Nut soll am Boden 2 mm schmaler sein als das eingegratete Brett dick ist. Die genaue Einstellung des Parallelanschlags muß nach den Fräsermaßen berechnet werden.*

1 Nutbreite anzeichnen

2 Nuttiefe anzeichnen

3 Nut an beiden Kanten schneiden

4 Mit dem Beitel ausstemmen

Abgesetzte Nut arbeiten
*Markieren Sie die Maße der Nut wie links beschrieben, aber lassen Sie diese ca 2 cm vor der Kante enden. Mit einem passenden Forstnerbohrer und dem Bohrständer setzen Sie nun Bohrung an Bohrung bis ans Ende der Nut **(1)**. Arbeiten Sie die Nut mit einem sehr scharfen Stemmeisen sauber aus. Aus dem einzusetzenden Brett klinken Sie mit der Feinsäge ein 2 cm tiefes Stück in der Breite der Nuttiefe aus.*

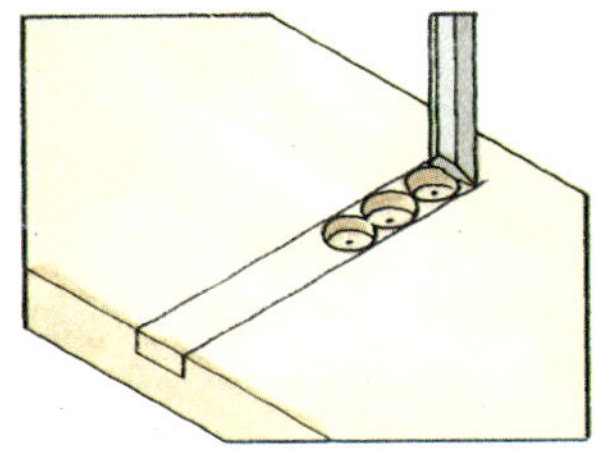
1 Nut ausbohren

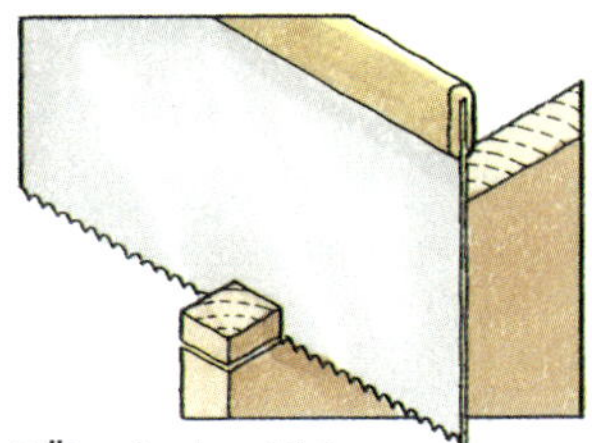
2 Überstand ausklinken

DÜBELVERBINDUNG

Dübelverbindungen sind sehr stabil. Es gibt eine Reihe sehr brauchbarer Dübellehren, die sicherstellen, daß die Bohrungen absolut passend gesetzt werden.

Gerade Dübelverbindung

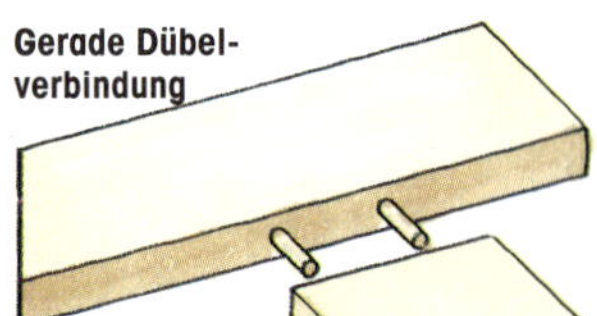

Gehrungsverbindung

Gedübelte Eckverbindung

WERKZEUGE FÜR DIE HOLZ-BEARBEITUNG

SIEHE AUCH

Dübelverbindung

*Als Dübel können Sie im Grunde jeden Rundstab aus Hartholz verwenden. Allerdings müssen Sie in jeden selbstgefertigten Dübel eine Längsnut schneiden **(1)**, damit überschüssiger Leim austreten kann. Sonst kann das Holz beim Einschlagen des Dübels reißen. Aber der versierte Heimwerker wird natürlich auf fertige, geriffelte Holzdübel aus Buchenholz zurückgreifen, die gut zu verarbeiten sind.*
*Entscheidend für die Qualität einer Dübelverbindung ist die Präzision, mit der die Bohrungen gesetzt werden. Wer über keinerlei Hilfsmittel verfügt, reißt die Stoßfläche an und markiert mit dem Streichmaß deren Mitte **(2)**. Dann schlägt man Goldleistenstifte an den Stellen ein, an denen die Dübel stehen sollen – nur ein kleines Stück, da sie wieder ausgezogen werden müssen –, knipst sie knapp über der Holzfläche ab **(3)** und preßt die beiden Verbindungsteile paßgenau zusammen **(4)**. Die Stifte werden wieder ausgezogen, die Löcher, die sie in beiden Teilen hinterlassen, dienen als Markierung für die Bohrungen.*

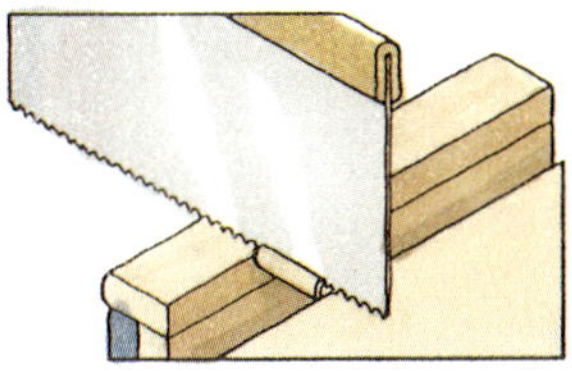

1 Rinne für Leim schneiden

2 Mitte Stoßfläche markieren

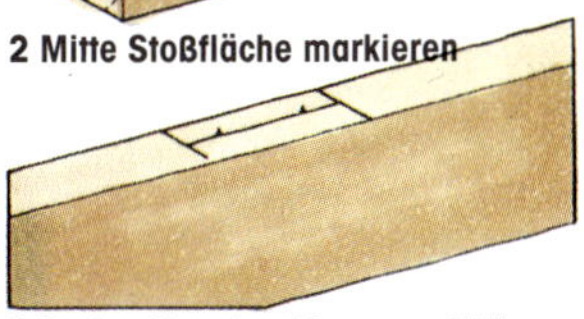

3 Drahtstifte einschlagen und kürzen

4 Löcher im Querholz markieren

GEZAPFTE VERBINDUNG

Gezapfte Verbindungen werden wegen ihrer außerordentlich hohen Belastbarkeit besonders für den Bau von Stühlen und Tischen bevorzugt.

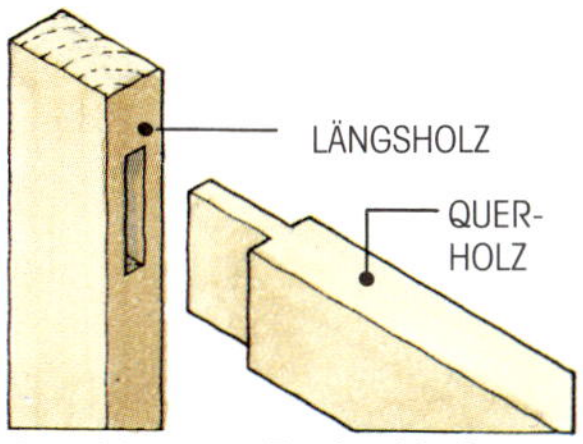

Geschlossene Zapfverbindung

*Wer einen geschlossenen Schlitz nur mit dem Stemmeisen ausstemmen will, braucht gutes Werkzeug und einiges Können. Reißen Sie zuerst Brustlinie und Breite von Schlitz bzw. Zapfen an **(1, 2, 3)**. Arbeiten Sie nun mit einem sehr scharfen Stemmeisen passender Breite Span um Span aus dem Schlitz. Leichter und effektiver ist es, mit Bohrmaschine, Holzbohrer und Bohrständer Loch an Loch zu setzen und die Grate abzustemmen. Stellen Sie den Bohrtiefenanschlag auf die gewünschte Tiefe ein.*

1 Mit Streichmaß markieren

2 Brustlinie anzeichnen

3 Schlitzbreite markieren

4 Schlitz ausstemmen

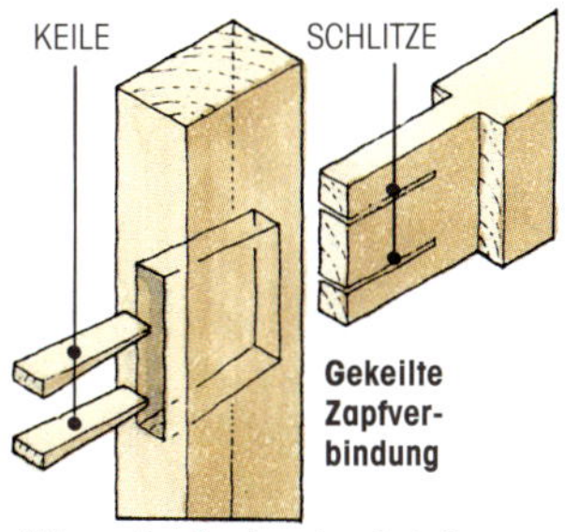

Gekeilte Zapfverbindung

Wenn der Zapfen durchstoßen soll, schneiden Sie ihn ein wenig länger als die Tiefe des Schlitzes. Schneiden Sie nun zwei ca. 1 mm breite Schlitze bis zur Brustlinie in den Zapfen. Setzen Sie den Zapfen unter Leimzugabe in den Schlitz. Schlagen Sie von der anderen Seite zwei schmale Holzkeile unter Leimzugabe in die Zapfenschlitze.

GEHRUNGSVERBINDUNG

Gehrungsverbindungen werden besonders für Rahmen aller Art verwendet, aber auch für andere sichtbare Eckverbindungen.

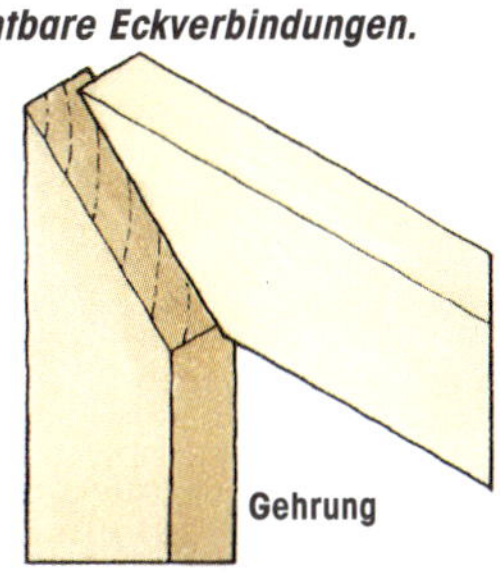

Gehrung

Gehrung schneiden

Schneiden Sie die Enden der zu verbindenden Leisten mit der Gehrungssäge im 45°-Winkel ab. Streichen Sie die Schnittflächen mit Leim ein, und setzen Sie den Rahmen zusammen. Setzen Sie die Spannbacken des Bandspanners auf die Ecken, und ziehen Sie diesen zusammen. Durch die rechtwinkligen Backen bleibt der Rahmen im Lot. Zur Verstärkung können Sie mit der Schlitzfräse Schlitze über die Gehrung schneiden und Verbindungsplättchen einleimen.

1 Verbindungsplättchen einleimen

BLATTFUGE

Mit der Blattfuge werden zwei Langhölzer verbunden

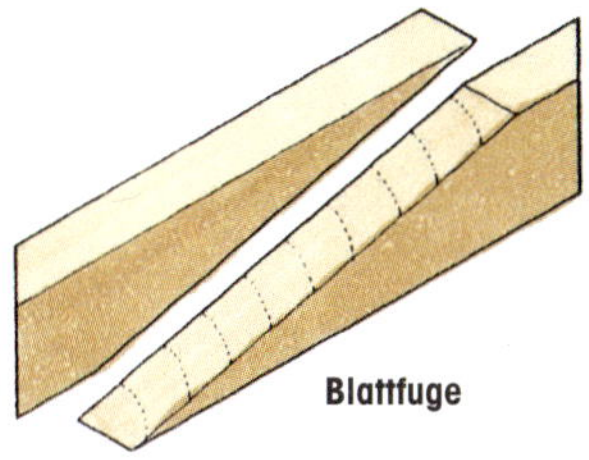

Blattfuge

Langhölzer verbinden

*Legen Sie die zu verbindenden Balken bündig nebeneinander, und reißen Sie den Winkel an. Die Länge des Keils soll der vierfachen Breite des Holzes entsprechen **(1)**. Schneiden Sie die Abfallkeile ab, bestreichen Sie die Schnittflächen mit Leim, und fügen Sie diese zusammen. Sichern Sie die Verbindung bis zum Trocknen des Leims mit Schraubzwingen **(2)**. Blattfugen werden häufig durch seitliche Sperrholz-Aufleimer verstärkt **(3)**. Bei stärkeren Balken dient dazu ein quer durch die Fuge laufender Schraubbolzen.*

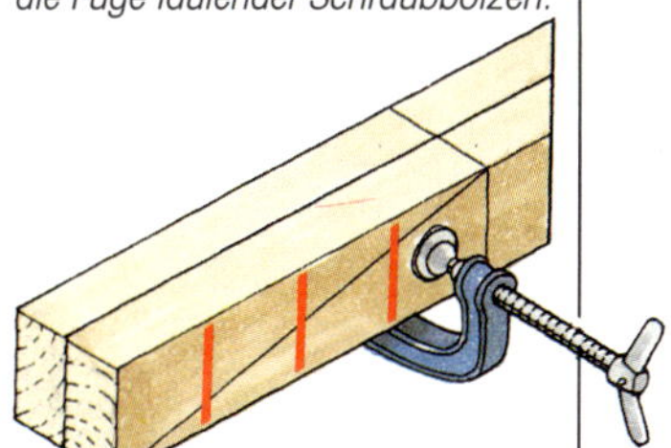

1 Proportionen der Blattfuge

2 Mit Schraubzwingen sichern

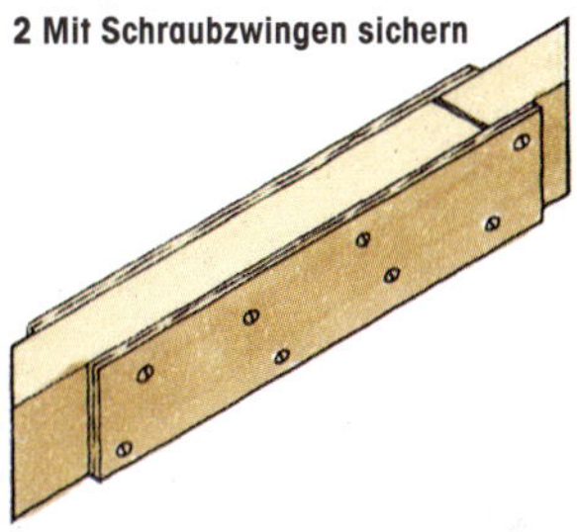

3 Verstärkte Blattfuge

MAURER-WERKZEUGE

SIEHE AUCH
unter:

Putzarbeiten	124–143
Mörtel	313
Ziegel vermauern	316–317
Beton-Oberflächenbehandlung	333
Wasserwaage	368, 375
Anschlagwinkel	352

Putz- und Fugenplatte
Ein nützliches Werkzeug, besonders zum Fugen. Sie geben dazu Mörtel auf die Platte und streichen ihn mit der Fugenkelle über die anliegende Plattenkante in die Fuge.

- **Grundausstattung**
  Maurerkelle
  Glättkelle
  Senkblei

MAURERWERKZEUGKASTEN
Bauspezialisten – Maurer, Putzer, Fliesenleger – verfügen natürlich alle über ihre eigenen Spezialwerkzeuge. Für den Heimwerker, der sich auf gelegentliche Ausbesserungs- und Verschönerungsarbeiten beschränkt, sind die meisten davon überflüssig. Er ist mit ein paar Spachteln und einer Maurerkelle ausreichend ausgestattet. Wer sich aber anspruchsvolleren Aufgaben stellen will, kommt um die Anschaffung einiger Spezialwerkzeuge nicht herum. Zum Glück sind die meisten Maurerwerkzeuge einfach und nicht allzu teuer.

KELLEN UND TRAUFELN

Der professionelle Maurer hat für fast jeden Arbeitsgang eine spezielle Kelle. Der Heimwerker muß es damit nicht so genau nehmen. Verwenden Sie die Kelle, mit der Sie am besten zurechtkommen.

Stukkateurspachtel

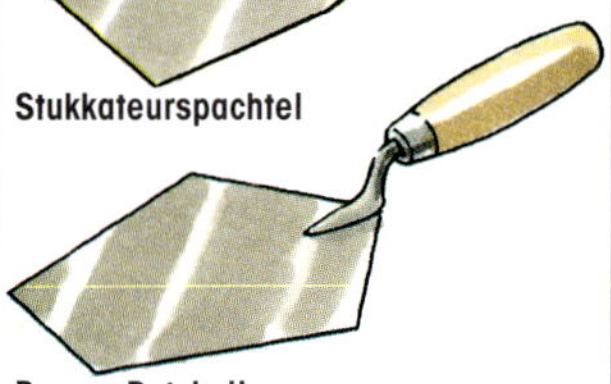

Berner Putzkelle

Maurerkellen
Die Maurerkelle dient dazu, den Mörtel beim Mauern auf den Ziegeln zu verteilen. Profis verwenden dazu ziemlich große Werkzeuge mit bis zu 30 cm Länge, die für den Heimwerker aber zu schwer und zu sperrig sind. Grundsätzlich ist zum Aufbringen und Verteilen des Mörtels auf den Ziegeln die Bayerische Maurerkelle, auch Dreieckskelle genannt, das am besten geeignete Werkzeug. Sie hat den günstigsten Schwerpunkt, ist in der Handhabung aber gewöhnungsbedürftig. Als Allroundwerkzeug nicht zu empfehlen ist die tropfenförmige Fliesenkelle.
Erfahrungsgemäß kommen Heimwerker mit der eckigen Berner Putzkelle am besten zurecht. Auch dieses Werkzeug gibt es in mehreren Größen. Mit kleinerem Werkzeug arbeiten Sie langsamer, aber ermüdungsfrei.

Hamburger Spitzkelle
Diese schlanke Form ist in ihren kleineren Ausführungen besonders für Ausbesserungsarbeiten geeignet.

Fugeisen
Dieses Werkzeug brauchen Sie, um bei Sichtmauerwerk die ausgefüllten Mauerfugen zu glätten und in die gewünschte Fugenform zu bringen.

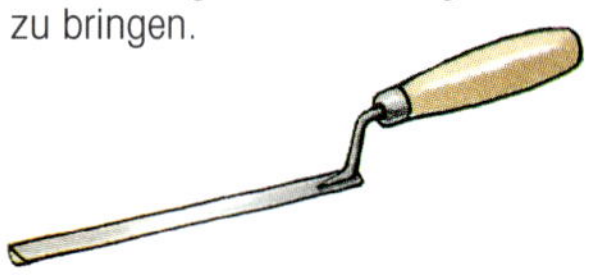

Fugenkelle
Die Fugenkelle dient dazu, den Mörtel von der bündig an der Fugenunterkante anliegenden Fug- und Putzplatte in die Fuge zu streichen.

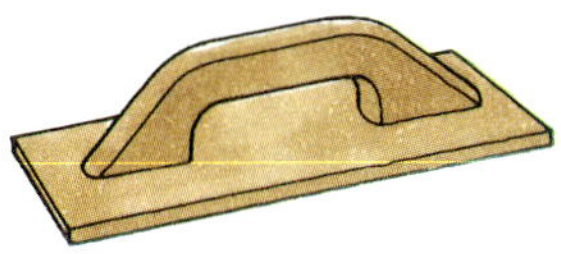

Holzreibebrett
Reibebretter dienen zum Glätten des aufgezogenen Putzes. Strukturputz erhält durch das Reiben seine charakteristische Oberfläche. Reibebretter gibt es in Holz und Kunststoff. Mit Filzbelag beklebte Reibebretter dienen zum Filzen, dem nassen Glätten von Feinputzen.

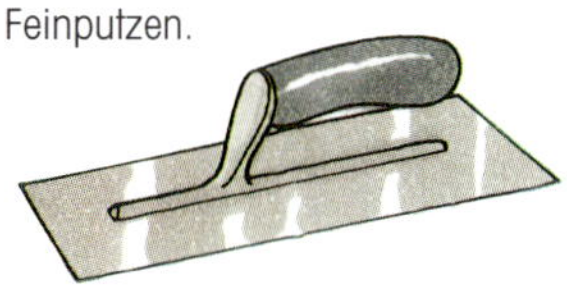

Glättekelle
Die Glättekelle besteht aus einem glatten, scharfkantigen Stahlblech mit oben angeschweißtem Griff. Sie dient zum Glätten des frisch angeworfenen Putzes. Anders als das Reibebrett wird sie immer im flachen Winkel über die Fläche geführt. Ähnlich aufgebaut, aber breiter ist die Aufziehglätte zum Aufziehen des Putzes, wenn dieser nicht angeworfen werden soll.

PUTZ- UND FUGENPLATTE

Die Putz- und Fugenplatte ist in Metallausführung im Fachhandel erhältlich. Allerdings sind die handelsüblichen Modelle nicht übermäßig groß, und vielleicht taucht irgendwann der Wunsch auf nach einem größeren Mörtelbrett. Ein solches kann man sich ohne weiteres selbst bauen. Schneiden Sie dazu aus einer wasserfest verleimten Sperrholzplatte ein passendes Stück zu. Maße um 30 x 40 cm haben sich bewährt. Leimen Sie auf einer Seite mittig ein ca. 3 cm dickes Füllstück ein, das Sie mit einer Bohrung versehen haben. In diese Bohrung setzen Sie ein passendes Rundholz als Griff ein.

Selbstgebautes Mörtelbrett

MESSWERKZEUGE

Meßwerkzeuge sind die Grundlage für exaktes Arbeiten am Bau. Wasserwaage und ein gutes Bandmaß sind die Grundausstattung.

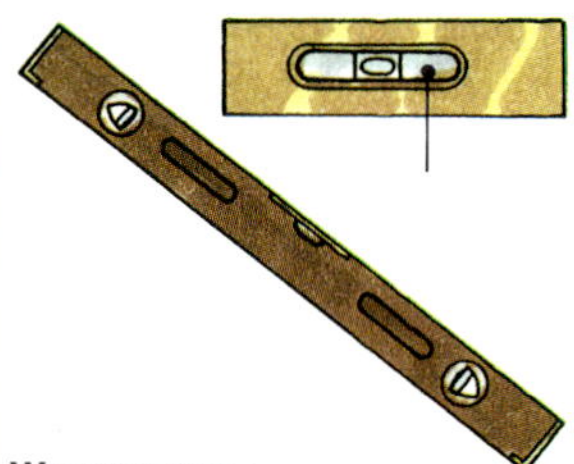

Wasserwaage
Eine Wasserwaage enthält ein langes, leicht nach unten gekrümmtes Glasrohr, das bis auf eine kleine Luftblase mit Flüssigkeit gefüllt ist. Durch die Erdanziehungskraft wird die schwerere Flüssigkeit stärker angezogen als die Luft, so daß die Luftblase immer den höchsten erreichbaren Punkt einnimmt. Wenn die Luftblase exakt die Mitte des Schauglases einnimmt, befindet sich die Wasserwaage exakt in der Waagrechten. Am Bau bevorzugt man Wasserwaagen um 90 cm Länge aus Metall. Gute Werkzeuge sind sehr stabil.

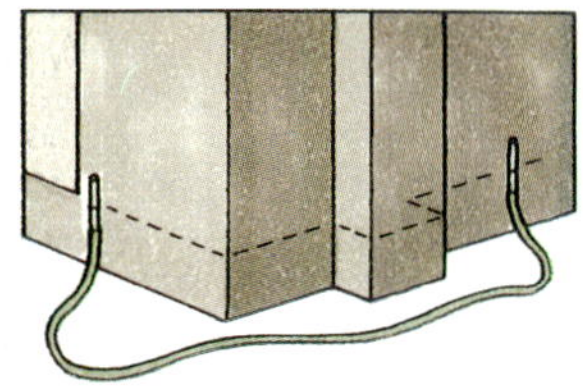

Schlauchwaage
Auch die längste Wasserwaage kann nicht über größere Entfernungen messen. Hier hilft ein transparenter Gartenschlauch oder ein Schlauch mit je einem eingesteckten Glasrohr an beiden Enden. Der Schlauch wird mit Wasser gefüllt. Am Wasserstand in den lotrecht gehaltenen Enden läßt sich über beliebige Entfernung die Waagrechte exakt ermitteln.

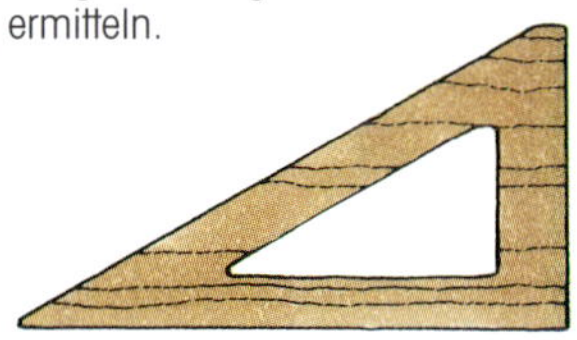

Maurerwinkel
Auch am Bau ist die Einhaltung des rechten Winkels wichtig. Der Maurer verwendet dafür ein großes ungleichschenkliges Dreieck aus Holz oder Metall. Die Hypotenuse (längste Seite) sollte mindestens 75 cm messen. Auch große Stahl- oder Aluminiumwinkel werden am Bau gern verwendet.

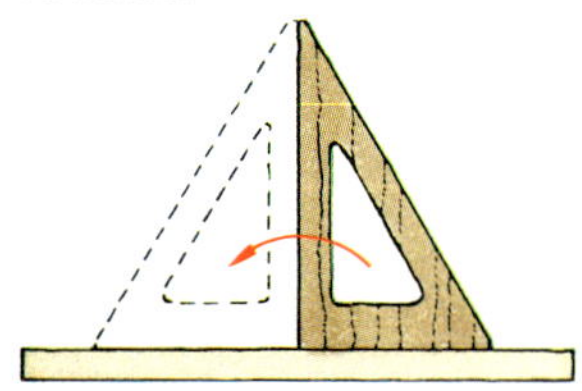

Rechtwinkligkeit prüfen
Man prüft die Rechtwinkligkeit eines Winkels, indem man diesen auf einer ebenen Fläche vor eine Wand stellt. Markieren Sie Fuß und Spitze und drehen Sie den Winkel um 180°. Die Markierungen an Fuß und Spitze müssen wieder übereinstimmen.

Stahlschiene
Zum Anreißen von Schnittkanten auf Holz.

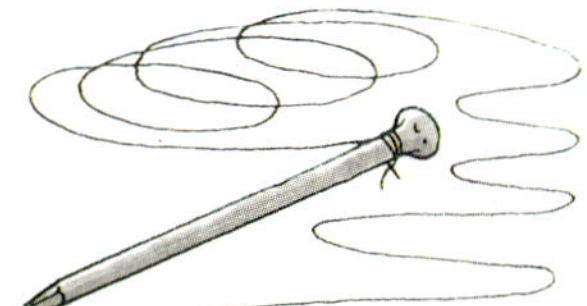

Lot nehmen
Um das Lot zu ermitteln, genügt ein einfacher Nagel an einer dünnen Schnur. Profis verwenden ein Senkblei.

MAURER-WERKZEUGE

Richtschnur
Diese dünne, aber sehr reißfeste, kräftig eingefärbte Nylonschnur dient am Bau als Hilfe beim exakten Ausrichten längerer Reihen von Ziegeln oder Blocksteinen. Dazu wird sie mit Flacheisen oder Nägeln an der Mauer befestigt. Maurerschnüre dienen auch zum Abstecken des Schnurgerüsts, nach dem Aushub und Fundament gearbeitet werden.

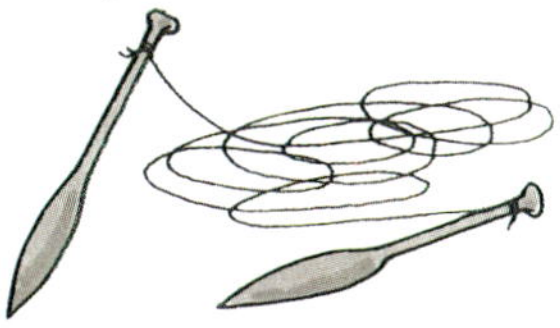

Mauernägel
Diese flachen Nägel kann man kaufen oder aus einem 10-cm-Nagel selbst hämmern.

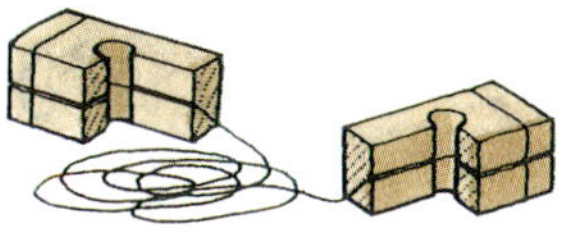

Holzblöcke
zum Spannen der Richtschnur entlang einer Reihe von Bausteinen.

Abziehlatte
Ein einfaches Holzbrett, mit dem der Maurer beim abschnittweisen Verputzen den Putz abzieht.

Richtlatte
Jede gerade Latte kann als Richtlatte dienen, etwa um zusammen mit einer Wasserwaage zu prüfen, ob sich eine Mauer im Lot befindet oder eine Fläche eben ist.

Maßstab
Zum Ausmessen der Mauerhöhen fertigen Sie sich einen Maßstab aus einer Hartholzlatte. Messen Sie die Höhe des Bausteins plus Läuferfuge, und sägen Sie in diesen Abstäben Kerben ins Holz.

Bandmaß
Normalerweise reicht ein handelsübliches Metallmaßband von 2 m Länge. Bei Bauarbeiten oder zur Gartenplanung sollten Sie aber über ein Bandmaß von 30 m Länge verfügen.

Zollstock
Auch auf dem Bau ist der meist als Zollstock bezeichnete Gliedermaßstab ein unentbehrliches Meßwerkzeug. Gute Qualitäten erhält man selten als Werbegeschenk.

HAMMER

Mehrere Arten sind am Bau gebräuchlich

Vorschlaghammer
Diesen schwersten unter den handelsüblichen Hammern brauchen Sie für Abbrucharbeiten, aber auch zum Einschlagen von Pfosten ins Erdreich.

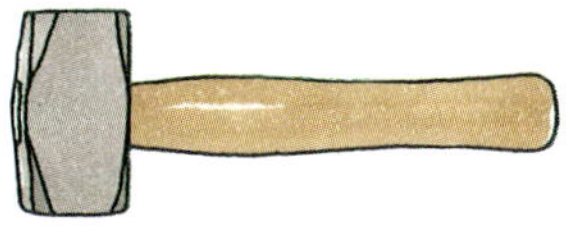

Fäustel
Der Fäustel dient zum Treiben von Meißeln und für andere Arbeiten, bei denen wuchtige Schläge erforderlich sind. Als Heimwerker wählen Sie nicht den schwersten.

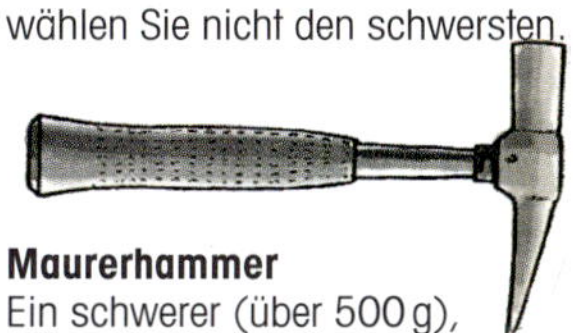

Maurerhammer
Ein schwerer (über 500 g), solider Hammer, oft mit Metallstiel und stets mit gekrümmter und geschlitzter Finne zum Ausziehen von Nägeln. Da bei dieser Arbeit hohe Biegekräfte wirken, ist ein stabiler Stiel besonders wichtig.

Holzhammer
Ein hölzerner Zimmermannshammer ist das ideale Werkzeug zum Treiben von Beiteln, kann aber auch anstelle eines Gummihammers verwendet werden.

SÄGEN

Auf dem Bau sind mehrere Arten von Sägen im Einsatz. Dabei hat der Anteil der Handsägen im Zuge der Mechanisierung stark abgenommen, da für die meisten Arbeiten zeit- und kräftesparende Maschinen verfügbar sind. Dennoch sind Handsägen für den Heimwerker in den meisten Fällen die bessere, weil billigere Lösung.

Fuchsschwanz
Die universelle Handsäge, die sich zum Ablängen von Bauhölzern ebenso eignet wie zum Schneiden von Holzfaserplatten. Handsägen gibt es in unterschiedlichen Größen und verschiedenen Grifformen.

Feinsäge
Dank des gefalzten Rückens biegefester als ein Fuchsschwanz, eignet sich die Feinsäge für alle Präzisionsschnitte. Zusammen mit einer Gehrungslade auch als Gehrungssäge zu verwenden.

Puksäge
Kleine Säge mit auswechselbaren Sägeblättern für kleinere Arbeiten an Holz und Metall.

Kopiersäge
Ähnlich einer Laubsäge, aber mit kleinerem Bügel und breiterem Blatt. Diese Säge eignet sich besonders für Kurvenschnitte in kleineren Werkstücken.

Dielensäge
Diese Säge ähnelt im Aufbau einer Feinsäge, weist aber eine gekrümmte Schneide auf. Damit lassen sich bei Schnitten quer zur Faser Beschädigungen an den Nachbardielen leichter vermeiden.

Eisensäge
Die feingezähnten, gehärteten Blätter der Eisensäge eignen sich zum Schneiden von Metallen und Kunststoffen. Sie sind auswechselbar.

Tip
Die meisten der bisher hier angeführten Sägen lassen sich in der Heimwerkerpraxis durch den elektrischen Fuchsschwanz ersetzen. Dieses nützliche und vielseitige Werkzeug wird inzwischen von fast allen namhaften Herstellern elektrischer Werkzeugmaschinen hergestellt. Das Angebot an Sägeblättern für gerade, gekurvte und bündige Schnitte in verschiedenen Materialien ist sehr reichhaltig.

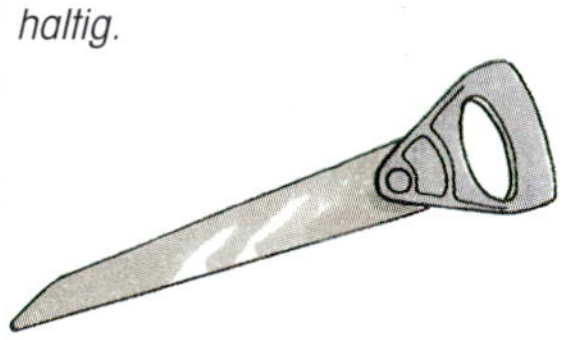

Universalsäge
Die Universalsäge, vielfach auch als Mehrzwecksäge bezeichnet, schneidet sowohl Holz als auch Metalle, Kunststoffe und Bauplatten. Diese Säge ist besonders wertvoll, wenn Schnitte durch altes Holz geführt werden, bei dem man nicht weiß, ob es nicht mit Nägeln gespickt ist, die andere Sägen ruinieren würden.

ELEKTRISCHE SÄGEN

Bestückt mit einem hochwertigen Sägeblatt, schneidet die **Kreissäge** sauber durch alle Platten. Mit großen Handkreissägen lassen sich auch Balken ablängen, wenn auch nur mit mehreren Schnitten.
Die **Kappsäge** ist eine Kreissäge mit absenkbarem und im Winkel einstellbarem Sägeblatt. Damit können sehr präzise Schnitte zum Ablängen sowie für Gehrungen geführt werden.
Die Stichsäge ist ein Allroundwerkzeug, das Holz, Metall und Kunststoffe schneidet. Die Auswahl an Sägeblättern läßt an Vielfalt keine Wünsche offen. Wählen Sie eine Pendelhubstichsäge.

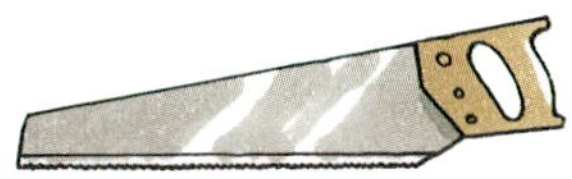

Mauersäge
Die hartmetallbestückten Zähne dieser Säge fressen sich durch Gasbeton und ebenso durch Ziegel und andere Bausteine.

BOHRMASCHINEN

Eine kräftige Bohrmaschine wird am Bau vielfach benötigt. Wenn besonders beim Innenausbau viele Schrauben eingedreht werden müssen, ist der Akkuschrauber eine sinnvolle Ergänzung.

Schlagbohrmaschine
Kaufen Sie stets die stärkste und bestausgestattete Schlagbohrmaschine, die Sie sich leisten können. 600 W Leistung sind das Minimum. An elementarem Zubehör brauchen Sie hartmetallbestückte Mauerbohrer und Schrauberbits. Weiteres nützliches Zubehör sind eine Mauerfräse als Vorsatzgerät zum Schlitzen von Wänden für die Installation sowie eine Bohrkrone zum Schneiden von Öffnungen für Einbaudosen in die Wand.

Bohrhammer
Der pneumatische Bohrhammer ist in seinem Element, wenn die Schlagbohrmaschine allmählich kapituliert. Bessere Ausführungen eignen sich auch zum Meißeln. Schlagbohrmaschinen und Bohrhammer haben unterschiedliche Bohrfutter, so daß die Bohrer nicht kompatibel sind.

SIEHE AUCH
unter:

Mauerbohrung
Stellen Sie die Schlagbohrmaschine auf Schlagbohren und langsame Drehzahl. Stellen Sie die erforderliche Bohrtiefe fest, und markieren Sie diese mit einem Stück Klebeband am Bohrer, oder stellen Sie den Bohrtiefenanschlag entsprechend ein. Dieses Zubehör ist bei den meisten Bohrmaschinen im Lieferumfang enthalten. Es wird in den Zusatzhandgriff eingeschoben und mit einer Klemmschraube fixiert. Bei Maschinen mit elektronischer Drehzahlregulierung beginnen Sie mit sehr langsamer Drehzahl. Zur Vermeidung von Schmutz kleben Sie eine Papiertüte unter das Bohrloch.

- **Grundausstattung**
  Maurerhammer
  Fuchsschwanz
  Bandmaß
  Schlagbohrmaschine

BAUWERKZEUGE

SIEHE AUCH

unter:

Fenster	170–183
Glas schneiden	175, 219
Glas entfernen	176

ZUSÄTZLICHE BAUWERKZEUGE
Folgende Werkzeuge sind eine nützliche Ergänzung für Ihren Werkzeugkasten, wenn größere Reparaturen und Änderungen durchzuführen sind.

Brechstange
Ein Brecheisen dient zum Aufhebeln von genagelten Holzkonstruktionen. Man treibt das flache Ende zwischen die Bauteile und nutzt die Hebelwirkung des langen Schaftes. Nehmen Sie eine Stange mit Klaue am Ende, mit der auch große Nägel entfernt werden können.

Dachdeckerhammer
Zum Auswechseln einzelner Dachschiefer muß man die Nägel durchtrennen, ohne die Schiefer zu beschädigen. Man schiebt die lange, mit Haken versehene Schneide zwischen die Schiefer, setzt einen Haken auf dem Nagel an und zieht kräftig nach unten, um ihn durchzutrennen.

- **Grundausstattung**
  Glasschneider
  Kittmesser
  Flachmeißel
  Schalbrett
  Spaten
  Schaufel
  Rührstange
  Schubkarre
  Normschraubendreher
  Kreuzschraubendreher

GLASERWERKZEUGE

Glas ist hart und bricht leicht. Es kann deshalb nur mit Spezialwerkzeugen bearbeitet werden.

Glasschneider
Der Glasschneider schneidet nicht, sondern ritzt das Glas an. Das geschieht mit einem kleinen Rädchen aus gehärtetem Stahl oder einem Industriediamanten, der in den Halter eingesetzt ist. Das Glas bricht beim Gegendrücken entlang der Ritzlinie.

Zirkelschneider
Ein Zirkelschneider dient zum kreisförmigen Ritzen des Glases, wenn man z. B. ein rundes Loch in der Fensterscheibe zum Einbau eines Ventilators braucht. Das Schneidrädchen sitzt an einer verstellbaren Stange, deren zentraler Drehpunkt mittels Saugkraft an der Glasscheibe befestigt ist.

Glasbohrer mit Dreikantspitze
Ein Glasbohrer hat eine flache, pfeilartige Spitze aus Hartmetall. Ihre Form verringert die Reibung, die sonst zum Brechen des Glases führen würde. Gebohrt wird mit einem Schmiermittel (Öl, Paraffin oder Wasser).

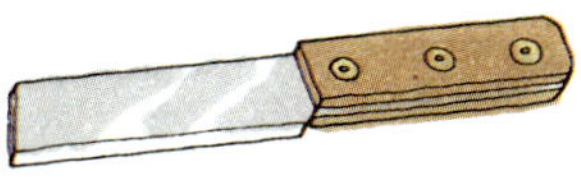

Hackmesser
Das Hackmesser hat eine dicke Stahlklinge zum Auskratzen des Kitts aus dem Falz, damit das Glas entfernt werden kann. Man setzt die Spitze zwischen Kitt und Rahmen an und klopft leicht mit dem Hammer auf das Griffende.

Spitzes Kittmesser

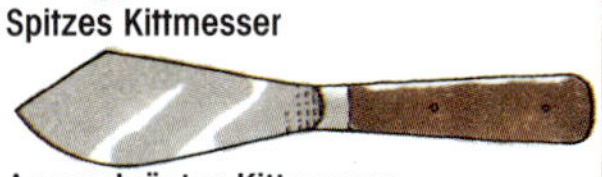

Angeschrägtes Kittmesser

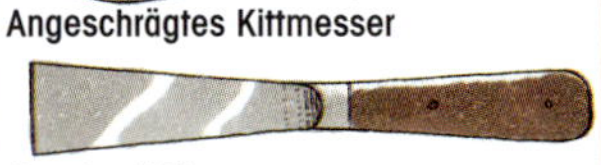

Gerades Kittmesser

Kittmesser
Die stumpfe Klinge des Kittmessers dient zum Formen und Glätten des frischen Kitts. Man hat die Wahl zwischen Messern mit gerader, spitzer und angeschrägter Klinge.

MEISSEL

Neben Meißeln zum Beschneiden und Auschälen von Holzfugen brauchen Sie einige Spezialtypen für Maurerarbeiten.

Flachmeißel
Flachmeißel bestehen aus einem massiven Sechskantstahl. Sie dienen vor allem zum Auftrennen von Metallstäben und Köpfen von Nieten. Der Maurer braucht ihn zum Einmeißeln einer Rinne in Putz und Mauerwerk oder zum Zerstoßen von Fugen zwischen alten Ziegeln. Schieben Sie einen Plastikschutz auf den Meißel, um Ihre Hand vor »Fehlschlägen« mit dem Hammer zu schützen.

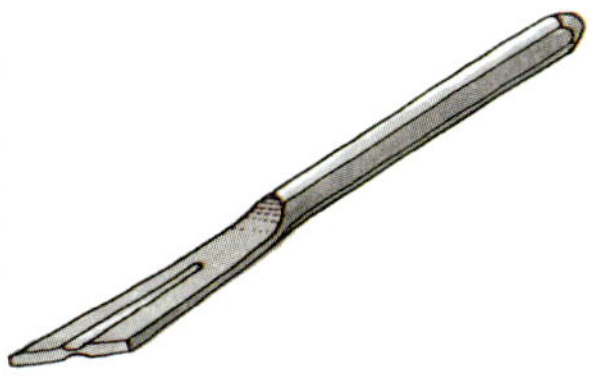

Nutmeißel
Ein Nutmeißel hat ein abgeflachtes Ende mit einer Nut zum Auftrennen alter Fugen. Unbedingt zu empfehlen, wenn große Mauerflächen neu zu verfugen sind.

Flachspatmeißel
Mit seiner breiten Angriffsfläche lassen sich Ziegel und Betonblöcke auftrennen und auch Bodenbretter mühelos aufhebeln.

ARBEITSHANDSCHUHE

Ziehen Sie stets feste Arbeitshandschuhe zum Tragen von Pflasterplatten, Betonblöcken oder Holz an. Normale Schutzhandschuhe tun's auch, halten aber auf der Baustelle nicht lange. Am besten sind welche mit Lederbesatz an den Innenflächen und Fingern. Bei heißem Wetter sind solche mit freiliegendem Handrücken bequemer.

WERKZEUGE ZUM GRABEN

Fast immer muß bei Bauarbeiten auch gegraben werden, z. B. beim Ausheben der Streifenfundamente, Betonsockel, Pfostenlochreihen usw. Sofern man die Werkzeuge dazu nicht besitzt, kann man sie mieten.

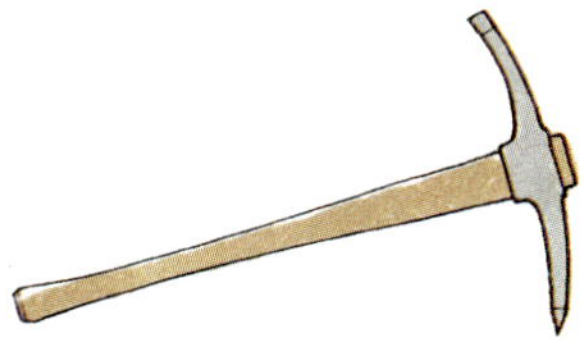

Kreuzhacke
Nehmen Sie eine mittelgroße Kreuzhacke zum Aufbrechen stark verdichteter Böden, besonders wenn sie viel Geröll enthalten.

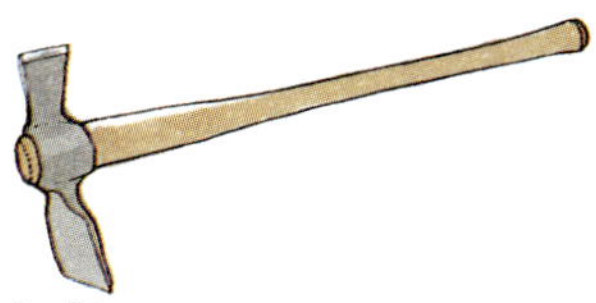

Breithaue
Die breite Klinge ist ideal zum Aufbrechen schwerer Lehmböden, und sie eignet sich besser als die Kreuzhacke, wenn der Boden mit Baumwurzeln stark durchsetzt ist.

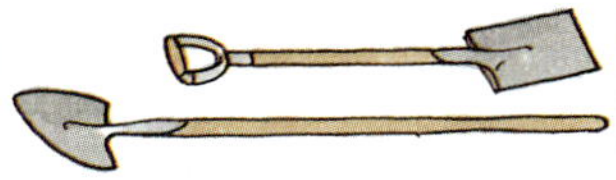

Spaten
Nehmen Sie einen Spaten guter Qualität zum Graben, möglichst mit einem Blatt aus rostfreiem Stahl. Auch eine Stahllegierung hält lange bei guter Pflege. Zur Kraftersparnis wählt man einen mit D-Griff, dessen Hartholzschaft gespalten und mit Metallplatten am Kreuzstück vernietet ist. Stielfassung und Blatt müssen aus einem Stück geschmiedet sein. Rechteckige Spaten sind wohl am verbreitetsten, aber es gibt auch welche mit abgerundetem Blatt und langem Stiel zum Ausheben tiefer Gräben und Löcher.

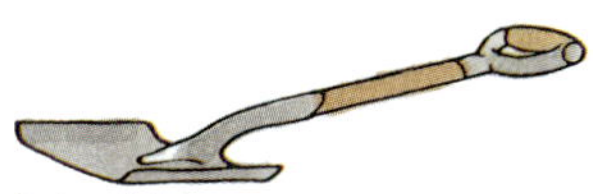

Schaufel
Man kann Beton oder Mörtel mit dem Spaten mischen und verteilen. Besser ist eine Schaufel mit hochgezogenen Kanten.

Gartenharke
Kies oder frischen Beton verteilt man mit einer normalen Gartenharke. Danach sofort abwaschen, bevor der Beton härtet.

Erdbohrer
Leihen Sie sich einen Erdbohrer zum Ausheben der Löcher für Zaun- und Torpfosten. Er arbeitet wie ein Korkenzieher: eindrehen und samt Erde herausziehen.

Schubkarre
Die normale Gartenschubkarre ist nicht stabil genug für Arbeiten auf der Baustelle, wo schwere Lasten auf nassem Beton und Geröll transportiert werden müssen. Ist das röhrenförmige Untergestell nicht robust verstrebt, kann sich der dünne Blechkörper verziehen, und die Ladung wird verschüttet, wenn Sie über Unebenheiten fahren. Prüfen Sie auch, ob die Achse stabil befestigt ist. Billige Schubkarren verlieren oft die Räder, wenn die Last in Hohlräume gekippt wird.

SCHRAUBENDREHER

Einen Satz Schraubendreher verschiedener Größen hat heute fast jeder. Schneller und müheloser arbeitet man mit einem Akkuschrauber, für den es Einsätze in unterschiedlichen Größen zu kaufen gibt.

Normschraubendreher
Man braucht mindestens einen großen Normschraubendreher. Standardtypen leisten gute Dienste, aber für große Holzkonstruktionen empfiehlt sich ein Drillschrauber, um große Schrauben schnell eindrehen zu können.

Kreuzschlitz-Schraubendreher
Größe und Typ werden je nach Art der Schrauben gewählt. Es gibt keine Allround-Größe, da der Schraubendreher genau in den Schraubenschlitz passen muß.

HOBEL

Feine Rahmenarbeiten können Leisten- oder Nuthobel erfordern. Meistens genügt aber ein Abschälen, um eine ausreichend glatte Oberfläche zu erzielen.

Langhobel
Als mittelgroßer Bankhobel ist der Langhobel das am besten geeignete Allzweck-Werkzeug.

WERKZEUGE FÜR INNEN-AUSSTATTUNG

SIEHE AUCH

INNENAUSSTATTUNG

Viele Leute erledigen die Innenausstattung von Haus oder Wohnung größtenteils selbst und besitzen bereits das Werkzeug dafür. Der Traditionsbewußte arbeitet lieber mit erprobten Werkzeugen und Materialien, während andere Neuerungen bevorzugen, die die Arbeit erleichtern und beschleunigen.

VORBEREITUNGSWERKZEUGE

Ob Sie anstreichen, tapezieren oder fliesen, in jedem Fall ist es wichtig, für sauberen und festen Untergrund zu sorgen.

Gerader Schaber

Zahnschaber

Tapeten- oder Farbschaber
Mit der breiten, steifen Klinge wird vorgeweichte Farbe oder Tapete entfernt. Die besten Schaber haben hochwertige Stahlklingen und genietete Rosenholzgriffe. Für Tapeten benutzt man eine 10 bis 12,5 cm breite Klinge und zum Entfernen der Farbe von Tür- oder Festerrahmen eine schmale. Der Zahnschaber dient zum Aufrauhen von wasserfesten Wandbelägen, damit Wasser oder Löser schneller einziehen. Bei seiner Benutzung ist eine Beschädigung der Wand hinter dem Belag zu vermeiden.

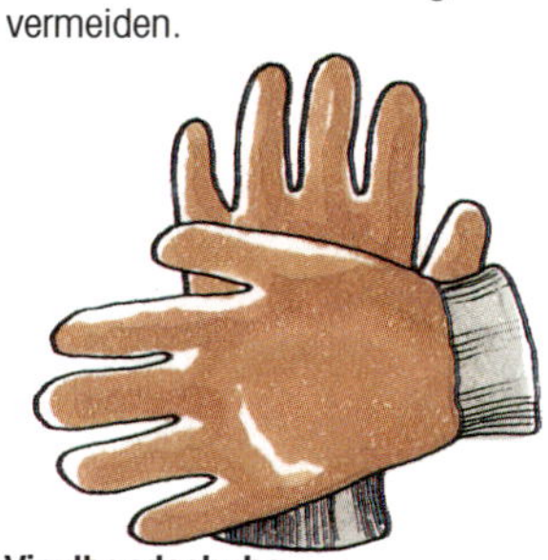

Vinylhandschuhe
Die meisten Leute schützen ihre Hände beim Entfernen oder Vorbereiten von Anstrichen mit normalen Gummihandschuhen. Besser sind jedoch PVC-Arbeitshandschuhe, weil sie länger halten und vor vielen ätzenden Chemikalien schützen.

HOLZBEARBEITUNG

Neben Werkzeug für die Innenausstattung brauchen Sie einen Grundwerkzeugsatz für Holz, um beschädigte Rahmen oder Dielenbretter zu reparieren und Wandvertäfelungen oder Parkettböden zu verlegen.

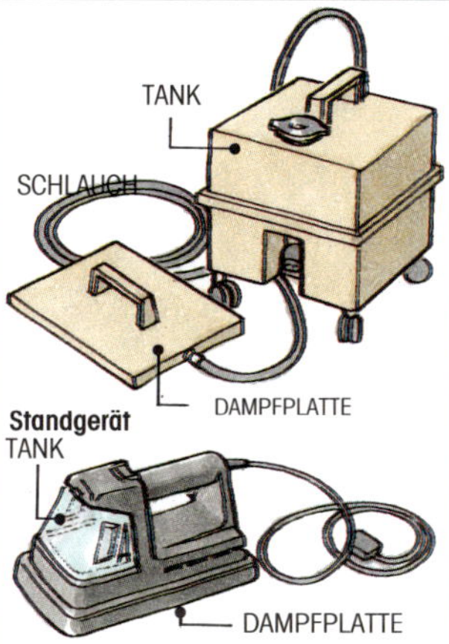

Standgerät

Handgerät

Dampf-Tapetenablöser
Zum schnellen Ablösen alter Tapeten – vor allem bei dicken Sorten – sollten Sie einen elektrisch betriebenen Dampfablöser mieten. Alle diese Geräte arbeiten zwar nach demselben Prinzip, aber beachten Sie trotzdem die Gebrauchsanleitung!

Verwendung des Dampfablösers
15 Minuten vor Arbeitsbeginn füllt man den Behälter des Geräts und schließt es an die Steckdose an, damit genügend Dampfdruck entsteht. Halten Sie die Dampfplatte an die Tapete, bis sie aufgeweicht ist und mit dem Schaber entfernt werden kann.

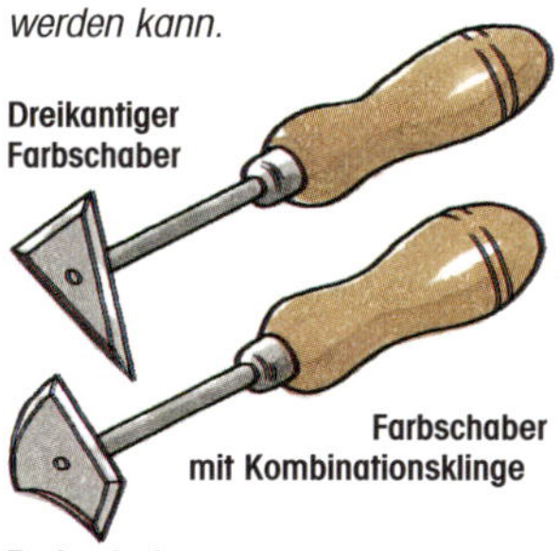

Dreikantiger Farbschaber

Farbschaber mit Kombinationsklinge

Farbschaber
Dieser Schaber dient zum Ablösen alter Farben und Lacke. Die Dreikantklinge eignet sich gut für ebene Flächen und die Kombinationsklinge auch für nach außen und innen gewölbte Flächen. Beim Entfernen der vorgeweichten Farbe den Farbschaber zum Körpers hin ziehen.

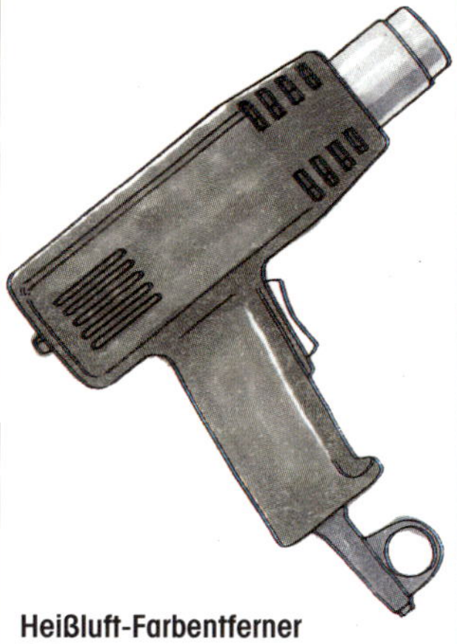

Heißluft-Farbentferner
Früher weichte man die Farbe vor dem Ablösen mit dem Gasbrenner auf, heute nimmt man dazu elektrische Heißluftgebläse, die das Holz nicht so leicht versengen. Diese Geräte sind leicht und einfach zu handhaben. An manchen Geräten läßt sich die Lufttemperatur regeln. Andere haben austauschbare Düsen, die entweder den Luftstrom konzentrieren oder beispielsweise von Glasscheiben wegleiten.

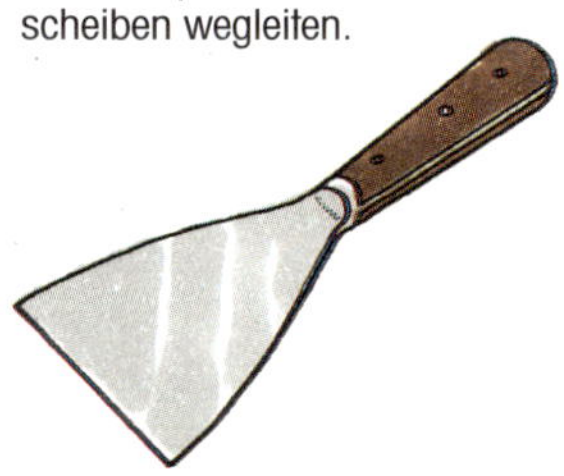

Füllspachtel
Die Füllspachtel ähnelt dem Farbschaber, hat jedoch eine biegsame Klinge, um Füllmaterial in Risse oder Fugen zu pressen. Für große schadhafte Wandflächen nimmt man eine Putzkelle.

Drahtbürste

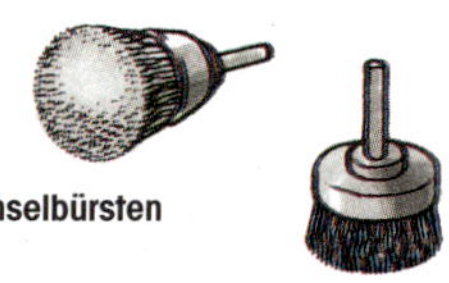

Pinselbürsten

Drahtbürsten
Vor dem Neuanstrich entfernt man abblätternde Farbreste und Rostpartikel von Metallteilen mit einer Handbürste mit Stahldraht-Borsten. Wesentlich schneller und müheloser geht das mit einer elektrischen Bohrmaschine mit Pinselbürstenaufsatz. Tragen Sie bei der Arbeit mit Bohrmaschine und Pinselbürsten immer einen Augenschutz.

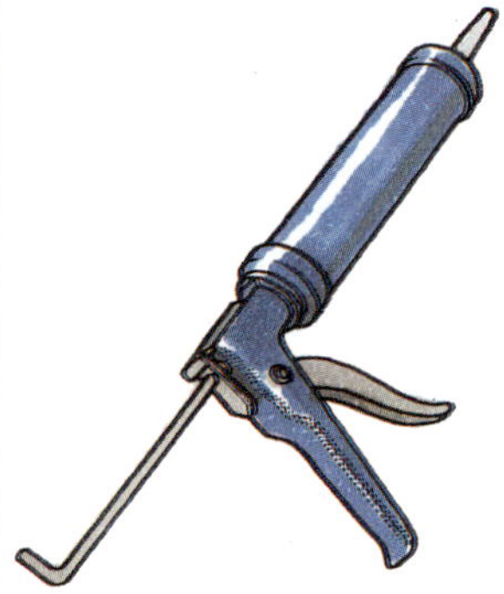

Kartuschenpressen
Mit Mastixharzen werden Lücken zwischen Mauerwerk und Holzrahmen oder Fugen zwischen Materialien abgedichtet, deren unterschiedliche Ausdehnung zum Bruch und Ausreißen eines starren Füllmaterials führt. Mastixmassen gibt es in Tuben zu kaufen oder in Kartuschen, die in Federpressen geladen werden.

Harztuch
Ein mit Harz imprägniertes Tuch ist schwer zu bekommen, aber ideal zum Aufnehmen von Staub- oder harten Farbpartikeln vor dem Neuanstrich. Anderenfalls nimmt man ein fusselfreies, mit Lackbenzin getränktes Tuch.

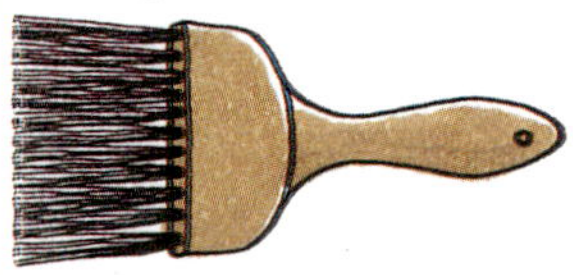

Staubpinsel
Ein Staubpinsel besitzt lange, weiche Borsten zum Ausfegen des Staubs aus Fugen und Spalten, kurz bevor das Holz gestrichen wird. Man kann auch einen gewöhnlichen Pinsel verwenden, sofern er sauber ist und ausschließlich für diese Arbeiten benutzt wird.

NASS/TROCKEN-SCHLEIFPAPIER

Naß/Trocken-Schleifpapier dient zum Glätten von frischen Farbanstrichen vor dem Auftragen der letzten Schicht. Man taucht einen Bogen in Wasser und reibt über den Anstrich, bis sich ein Schlamm aus Farbe und Wasser bildet. Vor dem Trocknen wird er mit einem Tuch abgewischt. Man wäscht das Papier aus und fährt mit dem Schleifen fort.

- **Grundausstattung**
  Tapetenschaber
  Kombinations-Farbschaber
  Füllspachtel
  Drahtbürste

WERKZEUGE FÜR INNEN-AUSSTATTUNG

SIEHE AUCH

unter:

Farbeimer
Um Farbe an den Arbeitsort zu transportieren, gießt man ein wenig davon in einen billigen, leichten Plastikeimer.

- **Grundausstattung**
  Flachpinsel
  12, 25 und 50 mm
  Flächenstreicher
  150 mm

MALERPINSEL

Manche Pinsel bestehen aus echtem Tierhaar. Am besten sind Schweineborsten, die aber oft aus Kostengründen mit geringwertigem Pferde- oder Ochsenhaar gemischt werden. Synthetische Borsten sind meist am billigsten und reichen für unsere Zwecke durchaus.

Borstenarten
Borsten sind ideal für Pinsel, da sich jedes Haar natürlich verjüngt und an der Spitze in noch feinere Filamente aufspaltet, die die Farbe gut halten. Auch sind Borsten fest und widerstandsfähig. Synthetische Borsten – meist aus Nylon – ersetzen echte Borsten, und ein hochwertiger Nylonpinsel leistet ebenso gute Dienste wie einer mit echten Borsten.

Auswahl des richtigen Pinsels
Die Borsten eines guten Pinsels – die Besteckung – stehen dicht zusammen. Fächert man sie mit den Fingern auf, sollten sie in die Grundlage zurückfedern. Biegen Sie die Enden auf, und prüfen Sie, ob sich Borsten lösen. Auch ein guter Pinsel verliert zuerst ein paar Borsten, verklumpt jedoch nie. Die Metallzwinge sollte fest mit dem Griff verbunden sein.

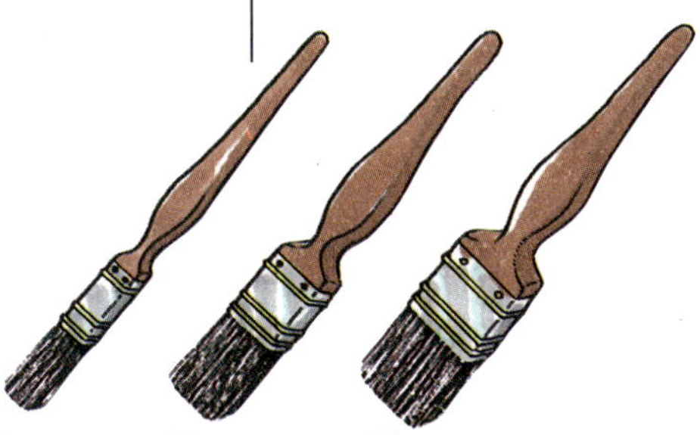

12 mm 25 mm 50 mm

Flachpinsel
Die Besteckung ist mit Gummi oder Harz eingeklebt und am Holz- oder Plastikgriff mit einer aufgepreßten Metallzwinge befestigt. Man braucht verschiedene Größen zum Streichen, Lackieren und Beizen von Holz.

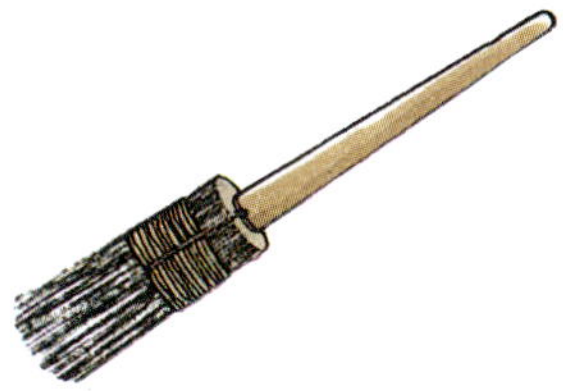

Ringpinsel abgebunden
Die Borsten eines Ringpinsels sind mit Schnur, Draht oder einer Metallzwinge am zylindrischen Griff befestigt. Durch ihre Anordnung sind sie sehr elastisch, aber beim Andrücken an einer Fläche fächern sie auseinander wie die Borsten des häufiger verwendeten Flachpinsels.

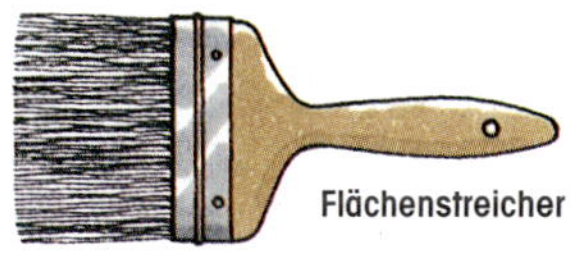

Flächenstreicher

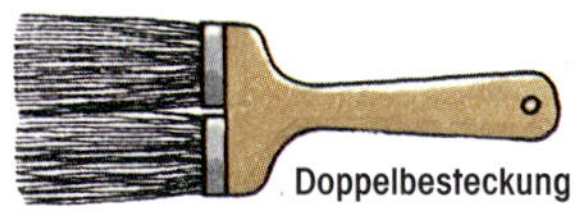

Doppelbesteckung

Flächenstreicher
Emulsionsfarbe verstreicht man mit einem 15 cm breiten, flachen Flächenstreicher oder mit einem Pinsel mit Doppelbesteckung für Maler und Dekorateure.

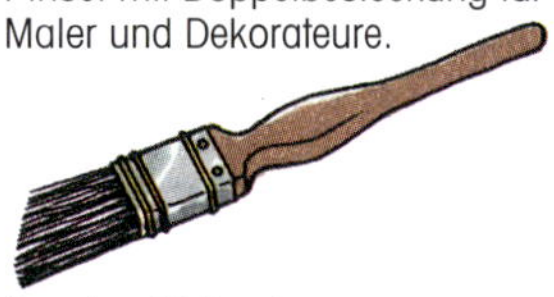

Beschneidpinsel
Die Besteckung dieses Pinsels ist keilförmig geformt, um schräge Fenstersprossen bis in die Ecken und gegen das Glas streichen zu können. Die meisten Maler arbeiten jedoch mit einem normalen 12-mm-Flachpinsel.

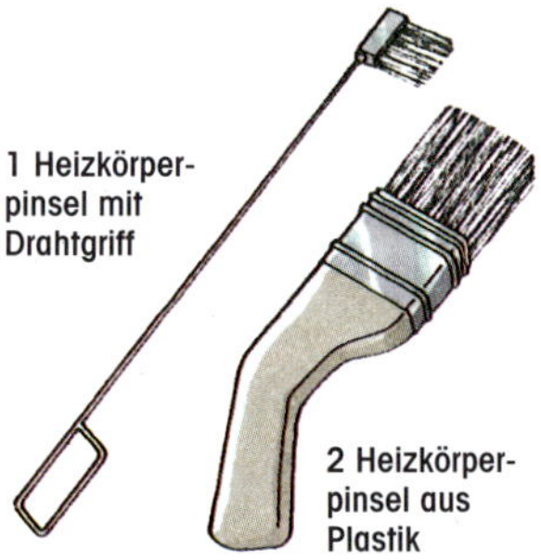

1 Heizkörperpinsel mit Drahtgriff

2 Heizkörperpinsel aus Plastik

Heizkörperpinsel
Um Heizkörper nicht abmontieren zu müssen, nimmt man einen Spezialpinsel zum Streichen der Rückseite und der Wand dahinter. Es gibt zwei Typen: Der eine hat einen langen Drahtgriff mit rechtwinkligem Standardflachpinselkopf **(1)**, der andere ist ein normaler Pinsel mit angewinkeltem Kunststoffgriff **(2)**.

Bürste mit Bügelhandgriff
Nehmen Sie eine Haushaltsbürste mit Bügelhandgriff zum Streichen von groben Rauhputzwänden.

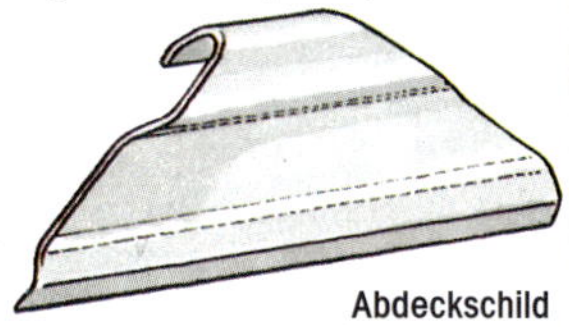

Abdeckschild

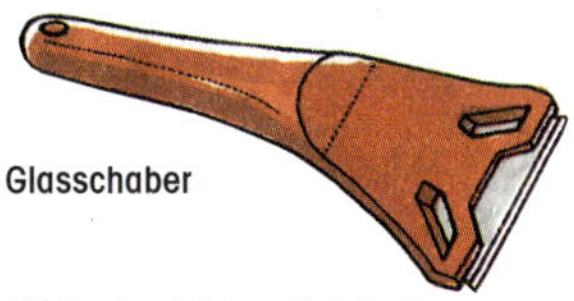

Glasschaber

Abdeckschild und Schaber
Es gibt verschiedene Plastik- und Metallschilder zum Schutz des Glases, wenn Fensterrahmen und Sprossen gestrichen werden. Farbspritzer auf dem Glas werden mit einer Rasierklinge in einen speziellen Halter entfernt.

SCHABLONEN- UND MARMORIERPINSEL

Schablonenpinsel
Ein Schablonenpinsel hat kurze, steife Borsten. Die Farbe wird mit den Borstenspitzen aufgetüpfelt. Eine ausgeschnittene Schablone bestimmt die Farbkonturen.

Marmorierpinsel
Mit Spezialpinseln wird ein natürlicher Holzmasereffekt simuliert. Ein Melierer mit dichter, weicher Besteckung aus Eichhörnchenhaaren erzeugt Farbbänder oder Streifen, um hartholzähnliche Strukturen zu simulieren. Der Stiftmarmorierer hat eine Reihe feiner Pinsel in einem Griff, um parallele Linienmuster zu ziehen.

Schablonenpinsel

Melierer

Stiftmarmorierer

PINSEL REINIGEN

- **Emulsionsfarbe**
  Nach dem Streichen von Emulsionsfarbe den Pinsel mit warmem Seifenwasser auswaschen und dabei die Borsten hin- und herbiegen, um die Farbe zu entfernen. Dann den Pinsel mit klarem Wasser ausspülen und ausschütteln, die Borsten glätten und zur Erhaltung der Form Besteckung vorn mit Gummiband fixieren.

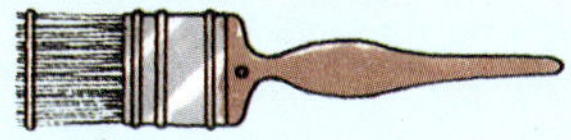

So hält der Pinsel die Form

- **Ölfarbe**
  Bei der Arbeit mit Ölfarbe hängt man die Pinsel über Nacht so in ein Wassergefäß, daß die Borsten bedeckt sind. Am nächsten Tag mit Haushaltspapier trocknen und weiter streichen.
  Zum Schluß den Pinsel auf Zeitungspapier ausstreichen und Borsten in Verdünner hin- und herbiegen. Manche Farben erfordern spezielle Verdünner (Beschriftung beachten). Sonst nimmt man Lackbenzin oder chemischen Pinselreiniger. Schmutzigen Verdünner mit heißem Seifenwasser abwaschen und nachspülen.

Pinsel einweichen

- **Hartgewordene Farbe**
  Bei angetrockneter Farbe muß man die Borsten in Pinselreiniger einweichen. Die Farbe wird weich und wasserlöslich, und man kann sie mit heißem Wasser auswaschen. Reicht dies nicht, taucht man die Borsten in Farbentferner

Pinsel aufbewahren
Nach dem Reinigen wird weiches Papier um die Besteckung gewikkelt und mit einem Gummiband um den Metallring befestigt.

WERKZEUGE FÜR INNEN-AUSSTATTUNG

FARBKISSEN

Farbkissen sollen Anfängern helfen, Öl- und Emulsionsfarben schnell und gleichmäßig aufzutragen. Sie sind nicht überall beliebt, aber niemand bestreitet ihren Nutzen, wenn große Flächen zu streichen sind. Sie decken gut und klecksen nicht bei sachgemäßer Anwendung.

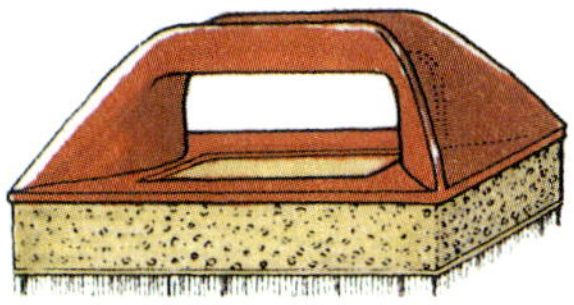

Standardkissen
Es gibt eine Auswahl von viereckigen Kissen zum Anstreichen von Wänden, Decken und Holzflächen. Sie haben Streichflächen aus Velours und einen Griff auf der Rückseite.

Kantenkissen
Um z. B. einen geraden Abschluß zwischen Wand und Decke zu ziehen, nimmt man dieses Kissen mit Rädchen oder Rollen, die für parallele Führung an der Grenzfläche sorgen.

Sprossenkissen
Dieses Kissen mit kleiner Mohairsohle dient zum Streichen von Fenstersprossen. Meistens haben sie hinten auch Plastikführungen, um sie vom Glas fernzuhalten.

FARBKISSEN REINIGEN

Bevor Sie ein neues Kissen in Farbe tauchen, bürsten Sie es mit einer Kleiderbürste ab, um lose Nylonfäden zu entfernen.

- Nach der Arbeit das Kissen auf einer Zeitung ausstreichen und in Lösungsmittel waschen (Emulsionsfarbe: Wasser, (Ölfarbe: Lackbenzin, Pinselreiniger oder andere Verdünner laut Hersteller). Schaumstoff ausdrücken, Flor mit Fingerspitzen abreiben (dabei Handschuhe anziehen!), in heißem Seifenwasser waschen und gründlich abspülen.
- Selbst nach gründlichem Waschen kann ein neues Farbkissen noch verfärbt sein. Das hat jedoch keine Auswirkungen auf den nächsten Farbansatz.

Wanne für Farbkissen
Kissen und Wannen gibt es meist als Set. Bei separatem Kauf sollte man eine Wanne mit Auftragsrolle nehmen, mit der sich die Farbe gleichmäßig auf der Streichfläche verteilen läßt.

FARB-PUMPSYSTEM

Mit einem Farb-Pumpsystem können Sie ohne Pause arbeiten, solange sich Farbe im Tank befindet. Eine gewöhnliche Sodasiphon-Patrone fördert die Farbe langsam, aber gleichmäßig, und ein Kontrollknopf im Griff gibt sie in den austauschbaren Farbkopf frei, der je nach Bedarf Rolle, Pinsel oder Farbkissen sein kann. Man kann den Tank in der Hand tragen oder zur besseren Bewegungsfreiheit am Gürtel befestigen.

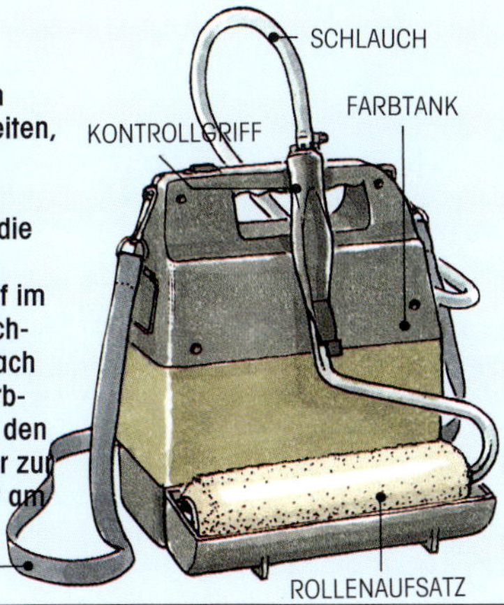

FARBROLLER

Wir empfehlen Roller, bei denen die Farbauftragswalze auf einem drehbaren, gefederten Drahtgestell mit abgewinkeltem Griff sitzt. Dann können die Walzen leicht ausgewechselt werden. Meiden Sie Roller, deren Walze mit einer Mutter befestigt ist. Sie löst sich, rostet irgendwann und verklumpt stets mit der Farbe.

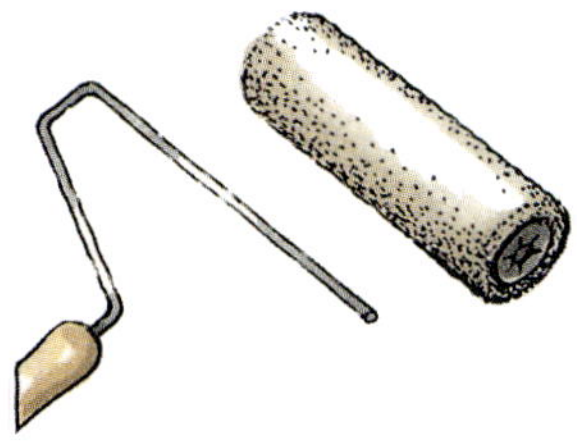

Walzengrößen
Walzen für Standard-Roller sind 17,5 bis ca. 33,7 cm lang. Es gibt auch kleinere zum Streichen von Wand- oder Holzstreifen.

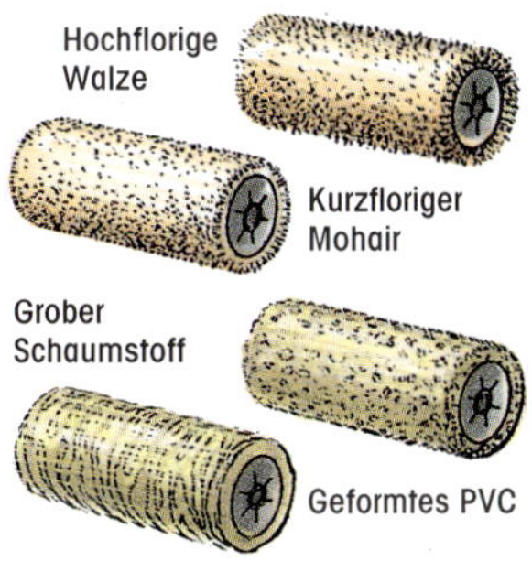

Walzentypen
Es gibt Walzen aus verschiedenen Materialien für unterschiedliche Farben und Untergrundstrukturen. Meist bestehen sie aus **Lammfell** oder **Kunstfaser**. Beide eignen sich für Emulsionsfarben und liefern gleichmäßige, feinstrukturierte Oberflächen. Nehmen Sie eine **hochflorige Walze** für stark strukturierten Untergrund und eine mit **mittlerem Flor** zum Streichen glatter Wände und Decken. **Kurzflorige Walzen** bestehen meist aus Mohair und dienen zum Verstreichen von Ölfarben. Am billigsten sind **Schaumstoff-Walzen**, aber sie liefern bei Emulsions- und Ölfarben keine optimalen Resultate. Weil die Schaumstoffschicht weich und porös ist, hinterlassen sie winzige Luftblasen in der Farbschicht, und außerdem verformen sie sich meist nach dem Waschen. Sie sind aber so preisgünstig, daß man sie nach dem Auftragen von Deckanstrichen, wie z. B. Bitumenfarbe, die auch kurzflorige Walzen dauerhaft verschmutzt, ruhig wegwerfen kann.

Zum Auftragen strukturierter Farbschichten nehmen Sie eine **grobe Schaumstoff-Walze**. Es gibt auch **geformte PVC-Walzen** mit geprägten Oberflächen zur Erzielung unterschiedlich strukturierter Flächen und Schichten.

Reichweite vergrößern
Hat Ihr Roller einen Hohlgriff, können Sie einen teleskopartigen Stiel aufstecken Es gibt Systeme mit eingebautem Vorratstank, der den Roller mit Farbe versorgt.

FARBROLLER REINIGEN

Man streicht die restliche Farbe aus dem Roller auf einer alten Zeitung aus. Wollen Sie am nächsten Tag weiterstreichen, gießen Sie einige Tropfen Verdünner auf die Walze, die mit Plastikfolie umwickelt wird. Zur Lagerung muß die Walze gesäubert, gewaschen und abgespült werden, bevor die Farbe antrocknen kann.

- **Emulsionsfarbe**
  Emulsionsfarbe läßt sich größtenteils unter fließendem Wasser abspülen. Dann etwas flüssiges Waschmittel einmassieren und erneut abspülen.
- **Ölfarbe**
  Bei Ölfarbe füllt man etwas Verdünner in die Farbwanne und rollt die Walze langsam hin und her. Dabei Flor mit den Fingerspitzen ausdrücken und auflockern. Ist alle Farbe gelöst, die Walze mit heißem Seifenwasser waschen.

Farbwanne
Den Farbroller walzt man in einer abgeschrägten Plastik- oder Metallwanne mit der Farbe ein, und zwar vom tieferen Ende, das als Reservoir dient, mehrmals über den geriffelte Boden auf und ab, bis die Farbe gleichmäßig auf der Walze verteilt ist.

SIEHE AUCH
unter:

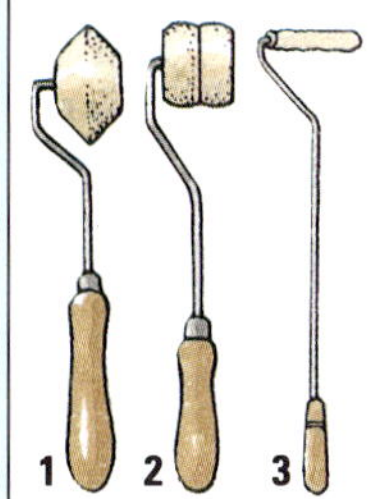

1 Eckenroller
Ecken kann man nicht mit dem normalen Roller streichen. Hier wird mit dem Eckenroller vorgestrichen, wenn die angrenzenden Flächen gleichfarbig sind.
2 Rohrroller
Beim Rohrroller sind zwei schmale Walzen nebeneinander angeordnet, die sich gut der zylindrischen Röhrenform anpassen.
3 Heizkörper-Roller
Ein dünner Farbroller mit langem Drahtgriff zum Streichen hinter Heizkörpern und Sanitärrohren.

Rollerwäscher
Ein Rollerwäscher vereinfacht die Arbeit. Er wird in den Ausguß gestellt und mit einem Schlauch am Wasserhahn angeschlossen. Man steckt Roller und Walze zusammen in den Wäscher und dreht den Wasserhahn auf. Durch den Wasserdruck dreht sich die Walze mit dem Roller, und die Farbe wird in Minutenschnelle abgespült.

- **Grundausstattung**
  Großer Farbroller
  und verschiedene
  Walzen
  Farbwanne

WERKZEUG FÜR INNEN-AUSSTATTUNG

SIEHE AUCH
unter:

Spritzpistole 44

Tapezieren 73

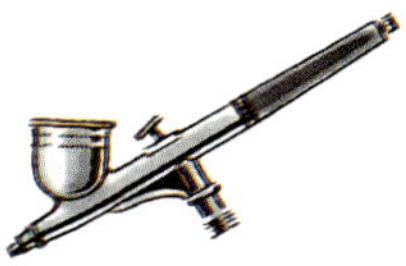

Airbrush
Für feine Bastelarbeiten, aber auch für künstlerische Betätigung eignet sich diese kleine Spritzpistole, die mit Reduzierstücken an den Kompressor angeschlossen werden kann.

FARBSPRITZGERÄTE

Wegen der Schnelligkeit und Wirksamkeit dieser Geräte sind sie sehr zu empfehlen, wenn ein ganzes Gebäude außen zu streichen ist. Wegen des hohen Kaufpreises sollte man sich das Gerät mieten. Richtig verdünnt lassen sich die meisten Außenfarben verspritzen. Geben Sie an, welche Farbe Sie verwenden wollen, damit Sie die richtige Spritzpistole und Düse erhalten. Gleichzeitig leihen Sie sich Schutzbrille und Gesichtsmaske.

Vorbereitung

Sehen Sie für die Arbeit einen trockenen, windstillen Tag vor, und berücksichtigen Sie die Zeit für das Abdecken von Fenstern, Türen und Rohrleitungen. Befolgen Sie die Gebrauchshinweise für das Gerät. Anfänger probieren vorsichtshalber erst einmal an einer unauffälligen Wandstelle.

Spritzen mit Kompressor

Bei diesem Gerät wird die Farbe mit Preßluft vermischt und tritt als Sprühnebel aus. Die meisten Kompressoren leiten die Preßluft in einen Zwischentank und füllen die verbrauchte Luft stets nach, aber viele Leihgeräte versorgen die Pistole direkt mit Luft. Der Auslöser öffnet ein Ventil für den Luftzustrom und zugleich den Farbaustritt an der Düse. Die Farbe wird aus dem meist unter der Pistole sitzenden Tank abgezogen und an der Mündung mit Preßluft vermischt. Viele Pistolen haben Luftstutzen neben der Düse zum fächerartigen Sprühen.

Kompressor

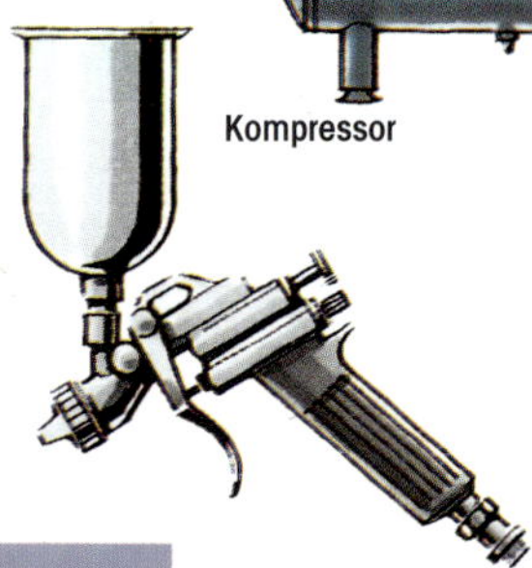

Spritzpistole

Luftlose Spritzgeräte

Bei luftlosen Spritzgeräten fördert eine elektrische Pumpe die Farbe mit hohem Druck in die Spritzpistole. Die Farbe wird durch ein Rohr im Farbtank aufgenommen und von der Pumpe durch einen Hochdruckschlauch zu einem Filter und Druckregulierer geleitet, an dem das gewünschte Sprühmuster eingestellt werden kann. Die Farbe verläßt die Düse mit so starken Druck, daß sie die Haut verletzen kann. Deshalb haben solche Sprühpistolen meist Schutzschilder an den Düsen. Quasi die kleinere Ausführung des Luftlosen Spritzgeräts ist die Airless-Spritzpistole. Dieses

praktische Gerät ermöglicht eine gute Lackierqualität, ohne allerdings die einer Druckluft-Spritzpistole zu erreichen.

SICHERES ARBEITEN

Befolgen Sie die Gebrauchshinweise. Beachten Sie aber immer folgende Vorsichtsmaßregeln:

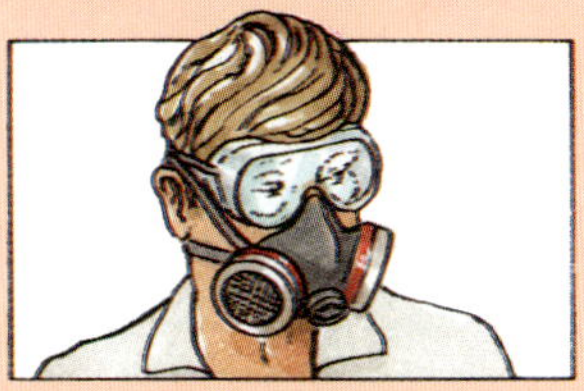

- Beim Spritzen Schutzbrille und Gesichtsmaske tragen.
- In geschlossenen Räumen nicht ohne Entlüftungsgerät arbeiten.
- Ölfarben-Sprühnebel sind hochentzündlich, daher beim Sprühen kein offenes Feuer und nicht rauchen.
- Nie die Geräte unbeaufsichtigt lassen, besonders wenn Kinder in der Nähe sind; hat die Pistole einen Sicherheitsriegel, betätigen Sie ihn immer in Sprühpausen.
- Stecker ziehen und Druck aus Schlauch ablassen, bevor Sie verstopfte Düsen reinigen.
- Nie die Pistole auf sich selbst oder andere richten. Suchen Sie sofort einen Arzt auf, wenn die Haut aus nächster Entfernung mit einer Airless-Spritzpistole verletzt wurde.

SPRÜHPISTOLE REINIGEN

Restliche Farbe aus dem Tank leeren und etwas Verdünner einfüllen. So lange sprühen, bis der Verdünner rein austritt. Druck ablassen und Spritzdüse abnehmen. Alle Teile mit lösungsmitteIgetränktem Lappen säubern und den Tank auswischen.

HÄUFIG GEMACHTE FEHLER

Streifen im Anstrich

Wenn nicht überlappend gesprüht wird, entstehen ungleichmäßige Streifen im Deckanstrich.

Fleckiger Anstrich

Die Farbe deckt ungleichmäßig bei bogenförmigem Auftrag. Die Pistole muß direkt auf die Wand gerichtet und parallel dazu geführt werden.

Orangenschaleneffekt

Ein faltiger Farbfilm ähnlich der Struktur einer Apfelsinenschale ist meist auf das Aufsprühen von zu dicker Farbe zurückzuführen. Aber auch bei richtiger Konsistenz kann dies auftreten, wenn Sie die Pistole zu langsam führen.

Tränenbildung

Zu Tränenbildung kommt es, wenn zuviel Farbe aufgetragen wird – z. B. wenn man die Pistole zu nahe an die zu streichende Fläche hält.

Pulverartige Oberfläche

Dies passiert, wenn die Farbe trocknet, bevor sie die Wand erreicht. Halten Sie die Pistole etwas näher an die Wandfläche.

Spritzflecken

Bei zu hohem Druck ergibt sich eine gesprenkelte Oberfläche. Stellen Sie den Druck niedriger ein, bis die Fläche glatt wird.

Spucken

Bei teilweise verstopfter Düse beginnt die Pistole zu »spucken«. Sie wird dann mit einer steifen Pinselborste – niemals Draht dafür verwenden – gereinigt und mit einem mit Verdünner getränkten Lappen abgewischt.

TAPEZIERWERKZEUGE

Beim Tapezieren kann man zwar improvisieren, weil aber Spezialwerkzeug zum Tapezieren nicht teuer ist, lohnt sich die Anschaffung der Grundausstattung.

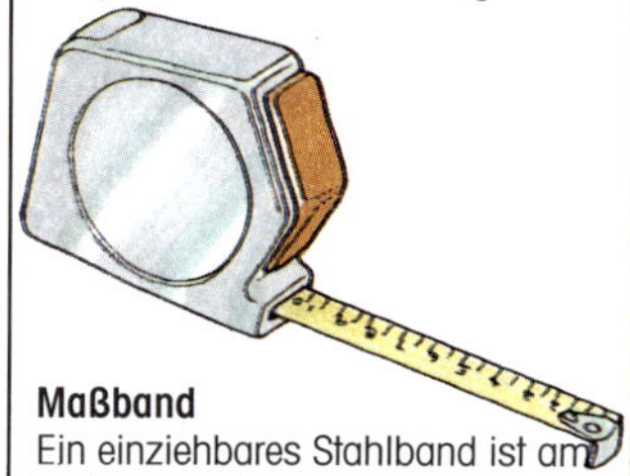

Maßband

Ein einziehbares Stahlband ist am besten zum Vermessen von Wänden und Decken, um die Zahl der Tapetenrollen abzuschätzen.

Senklot mit Schnur

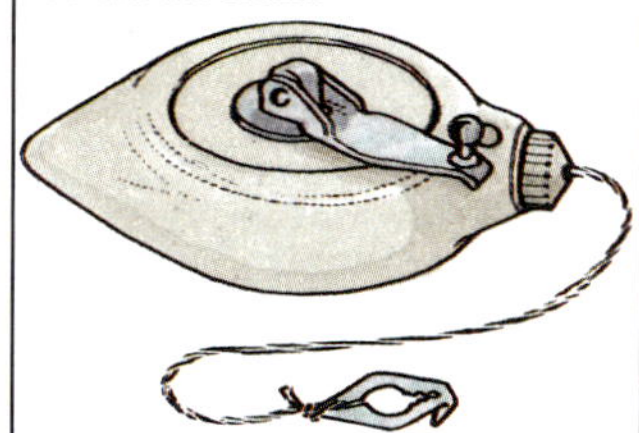

Aufziehbares Schnurlot

Schnurlot

Mit einer dünnen Schnur, an der ein kleines Gewicht hängt, läßt sich die Position des Tapetenrands markieren. Man hält das Ende der Schnur möglichst weit oben fest, wartet ab, bis das Gewicht ruhig hängt und markiert an der Wand die Punkte entlang der Schnurlinie. Ein Spezial-Schnurlot hat ein spitzes Metallgewicht. Bei teuren Typen mit Schlagschnur läßt sich diese in das hohle Lot einziehen, das farbige Kreide enthält. Die Schnur färbt sich ein und wird, wenn sie senkrecht hängt, wie beim Flitzebogen etwas angezogen, gegen die Wand geschnellt und ergibt eine Kreidemarkierung.

Kleisterbürste

Die Tapete wird auf der Rückseite mit dem breiten Flächenstreicher eingekleistert. Man kann dazu auch einen kurzflorigen Mohair-Roller nehmen.

WERKZEUGE FÜR INNEN-AUSSTATTUNG

SIEHE AUCH

unter:

Tapeten einkleistern	73
Tapezieren	74–75
Wasserwaage	368
Glasschneider	370

TAPEZIERTISCH

Man kann zwar die Tapete auf jeder geeigneten ebenen Fläche einkleistern, besser ist jedoch ein richtiger Tapeziertisch. Er ist höher als ein normaler Eßtisch und nur 2,5 cm breiter als eine Standard-Tapetenrolle, wodurch das Auftragen des Kleisters vereinfacht wird, ohne die Arbeitsfläche zu verschmieren. Untergestell und Arbeitplatte sind zusammenklappbar, so daß man den Tapeziertisch im Kofferraum transportieren, von einem Raum zum anderen tragen und nach Gebrauch gut unterbringen kann.

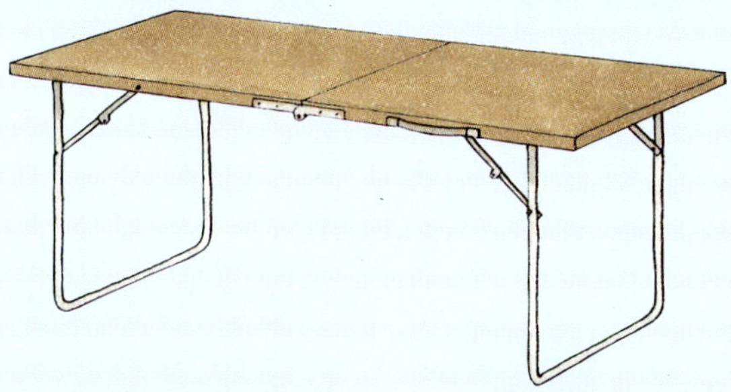

Tapezierbürste
Diese Bürste dient zum Glattstreichen der Tapete auf dem Untergrund. Die Borsten müssen weich sein, um die Tapete nicht zu beschädigen, aber elastisch genug, um überschüssigen Kleister und Luftblasen herausbürsten zu können. Die Bürste nach der Arbeit waschen, damit der Kleister nicht auf den Borstenenden antrocknet.

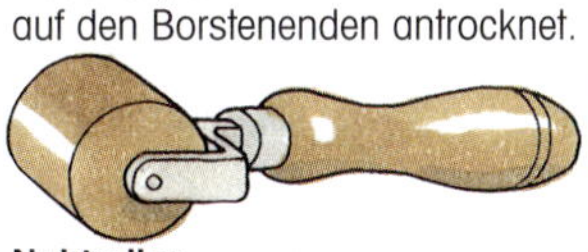

Nahtroller
Mit einem Nahtroller werden die Stoßkanten der Tapetenbahnen angedrückt. Nicht für empfindliche oder strukturierte Wandbeläge geeignet.

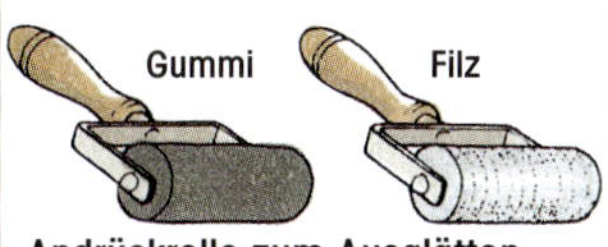

Andrückrolle zum Ausglätten
Es gibt Rollen zum Ausrollen der Lufteinschlüsse hinter dem Wandbelag. Bei empfindlichen Tapeten nimmt man eine Filzrolle.

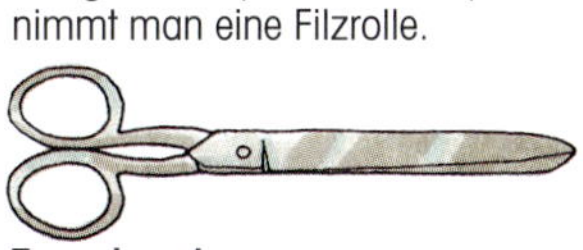

Tapezierschere
Man kann jede größere Papierschere zum Zuschneiden der Tapete nehmen, aber die speziellen Tapezierscheren sind besonders lang.

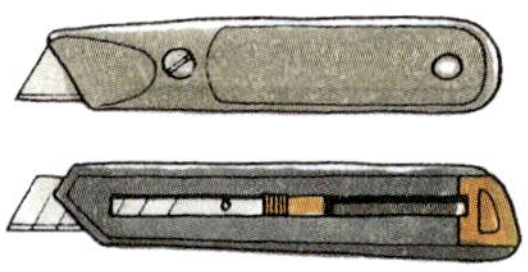

Universalmesser
Damit schneidet man die Tapete an Lampensockeln und Schaltern aus und erzielt akkurate Stöße, indem man beide überlappende Bahnen zusammen durchtrennt. Das Messer muß sehr scharf sein, damit das Papier nicht reißt, also nimmt man eins mit Wechselklinge, die weggeworfen wird, wenn sie stumpf ist. Es gibt Messer mit kurzen doppelseitigen Klingen, die in einem Metallgriff eingeklemmt werden, oder mit langen einziehbaren Segmentklingen, die abgebrochen werden und eine neue Schneide ergeben.

FLIESENWERKZEUGE

Die meisten Werkzeuge braucht der Fliesenleger zum Verlegen von keramischen Wand- und Bodenfliesen und weitere für weiche Fliesen und Vinylbeläge.

Wasserwaage
Man braucht eine Wasserwaage zum horizontalen und vertikalen Ausrichten eines Fliesenfeldes mit behelfsmäßigen Richtleisten.

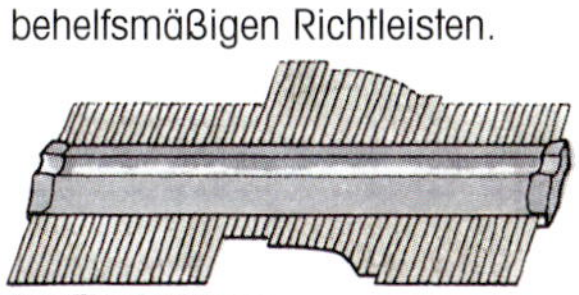

Profilschablone
Damit wird das Profil von Rohrleitungen oder Türsimsen kopiert, so daß eine Vorlage für das Zuschneiden weicher Bodenbeläge gezeichnet werden kann. Man drückt die Stahlnadeln der Schablone gegen das zu kopierende Objekt, wodurch diese zurückgleiten und ein Abbild des Profils ergeben. Die Schablone ist immer wieder verwendbar.

Gezähnte Glättekelle
Kleberbett für Keramikfliesen auftragen, indem die gezahnte Seite der Fliesenkelle durch den Kleber gezogen wird.

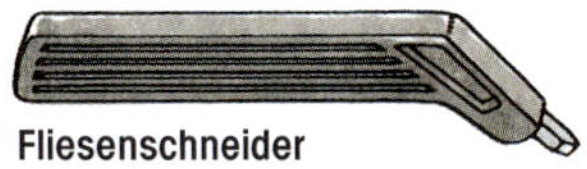

Fliesenschneider
Vierkantiger Stahlstab mit Hartmetallschneide oder Stahlrädchen. Damit wird die Glasur der Keramikfliese angeritzt, um eine saubere Trennung entlang der Ritzlinie zu bewirken.

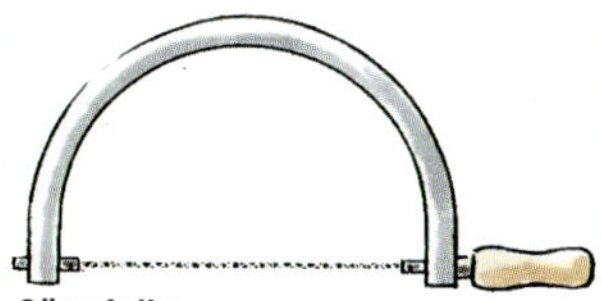

Sägefeile
Eine Sägefeile hat einen Metallbügel, der den dünnen Draht unter Spannung hält. Der Draht ist mit Hartmetallpartikeln besetzt, die auch Keramikfliesen trennen können. Dank ihres runden Profils schneidet die Feile in jeder Richtung, so daß sowohl runde als auch gerade Schnitte gleich gut gelingen.

Gummispachtel
Ein Rakel aus Hartgummi mit Holzgriff. Damit verstreicht man die Fugenmasse und drückt sie zwischen die Keramikfliesen.

Fliesenzange
Es ist unmöglich, einen schmalen Streifen auf einmal aus einer Keramikfliese zu kneifen. Statt dessen ritzt man die Linie mit dem Fliesenschneider an und knabbert den Ausschnitt stückweise aus. Die Hartmetallbacken sind schärfer als bei normalen Zangen und können dank der Federung mit einer Hand betätigt werden.

FLIESENSCHNEIDLEHREN

Dieses Gerät vereinfacht Schneiden und Einpassen der Randfliesen. Damit können Sie die Lücke messen, die Fliese anreißen und entlang der Ritzlinie trennen.

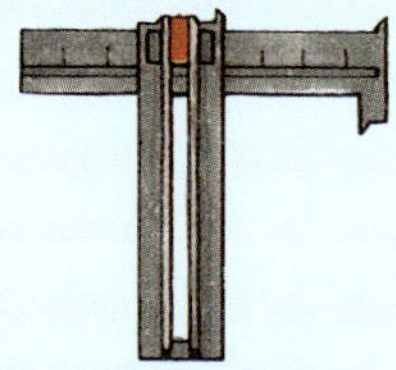

Arbeiten mit der Fliesenlehre
Um die Randfliesengröße zu messen, wird die Lehre geöffnet, bis ein Schenkel an der angrenzenden Wand und der andere am Rand der letzten Vollfliese anliegt ***(1)****. Fugen werden automatisch berücksichtigt. Die Lehre auf der Fliese ansetzen und mit dem Schneider durch den Schlitz in der Lehre ritzen* ***(2)****.Zur Lehre gehört eine Brechzange mit abgewinkelten Backen. Ritzlinie auf die Backenmarkierung ausrichten und die Griffe zusammendrücken, bis die Fliese sauber bricht* ***(3)****.*

1 Rand messen

2 Fliese einritzen

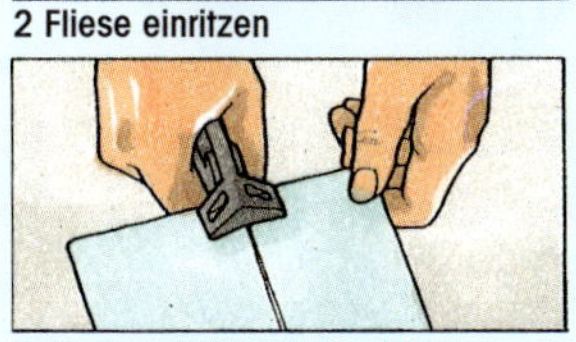

3 Fliese auseinanderkneifen

Bodenfliesen-Schneidemaschine
Schneidemaschinen für Bodenfliesen und -platten kann man in Heimwerkermärkten ausleihen.

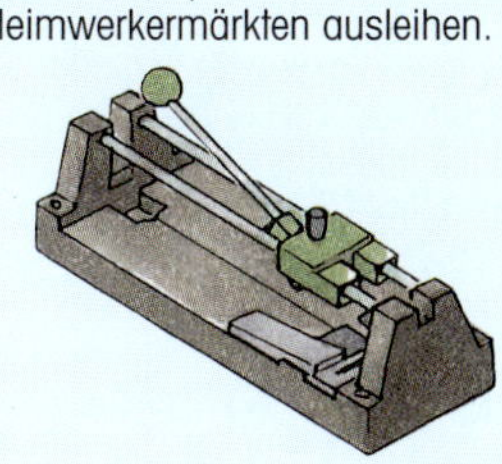

- **Grundausstattung**
  Stahlmaßband
  Senklot
  Kleisterbürste
  Tapezierbürste
  Nahtroller
  Schere
  Universalmesser
  Tapeziertisch
  Wasserwaage
  Gezahnte Glättekelle
  Fliesenschneider
  und -lehre
  Fliesenzange
  Sägefeile
  Gummispachtel

KLEMPNER-WERKZEUGE

SIEHE AUCH
unter:

KLEMPNER- UND METALLBEARBEITUNGSWERKZEUGE
Kunststoffe verdrängen immer mehr die Metalle in der Installation. Während schon seit einigen Jahren Kunststoffe für Abflußleitungen benutzt werden, finden sie jetzt auch weite Verbreitung in den Hauptversorgungssystemen und Heißwasserleitungen. Aber Messing-Fittings und Rohrleitungen aus Kupfer und anderen Metallen sind in der Heiminstallation noch immer weit verbreitet, so daß man zum Klempnern stets Werkzeuge für die Metallbearbeitung braucht.

GERÄTE ZUR AUSGUSS- UND ABFLUSSREINIGUNG

Zum Reinigen verstopfter Abflüsse und Leitungen braucht man keinen Klempner zu rufen. Das benötigte Werkzeug kann man kaufen oder mieten.

Ausgußreiniger

Saugreiniger
Einfach, aber wirksam zum Lösen der Verstopfung im WC-Becken. Die Pumpwirkung an der Gummikappe drückt Luft und Wasser durch das Rohr und löst die Verstopfung auf. Beim Kauf einer Saugglocke ist zu beachten, daß die Kappe groß genug ist, um den Abfluß ganz zu umschließen. WC-Reiniger können eine Konuskappe aufweisen, die dicht in den Geruchsverschluß paßt.

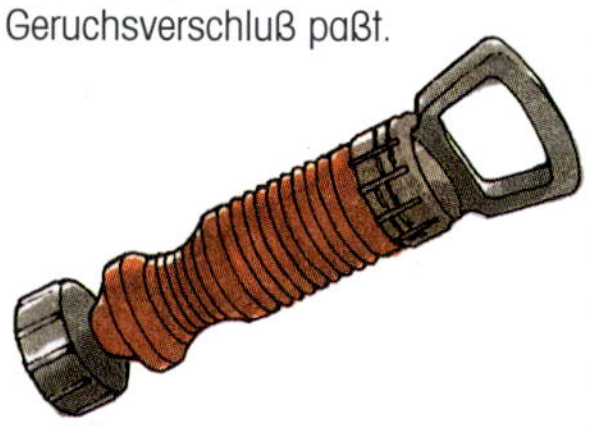

Druckluftpistole
Ein verstopfter Abfluß kann mit einer Druckluftpistole freigemacht werden. Mit einer Handpumpe drückt man die Luft im Zylinder der Pistole zusammen und »schießt« sie per Fingerabzug in das Rohr. Das Gerät hat drei austauschbare Düsen für verschiedene Abflußgrößen.

WC-Reinigungswelle/-spirale
Diese kurze Reinigungswelle dient zum Freimachen von WC- und Gully-Geruchsverschlüssen durch Drehen einer Kurbel in einem starren Hohlstiel. Ein Vinylmantel schützt vor dem Zerkratzen des WC-Beckens.

WC -Reinigungswelle

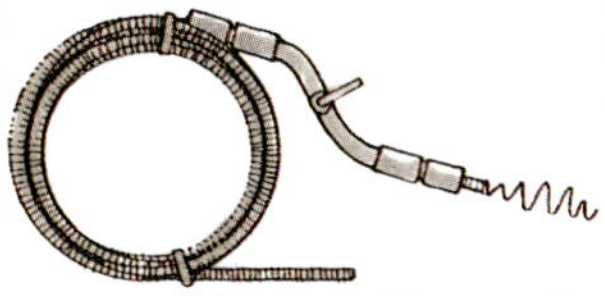
Abflußrohr-Reinigungswelle

Abflußrohr-Reinigungswelle
Die flexible Reinigungswelle paßt auch durch enge Abflußrohre, um Verstopfungen zu lösen. Man schiebt den korkenzieherartigen Krallenkopf in das Rohr bis zum Pfropfen, setzt die Drehkurbel an und schraubt die Kralle in das Hindernis. Dann Welle abwechselnd stoßen und ziehen, bis das Rohr frei ist.

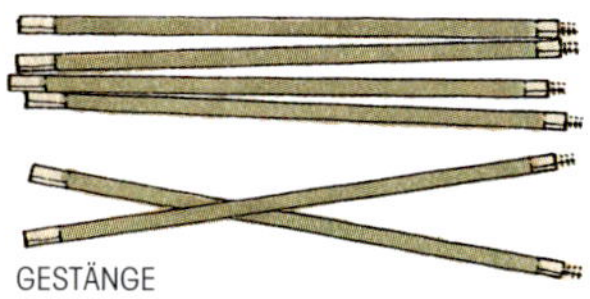
GESTÄNGE

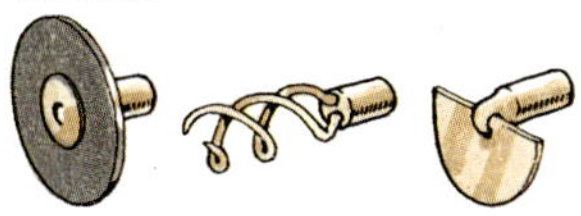
GUMMISCHEIBE KRALLE KRATZER

Abfluß-Reinigungsgestänge
Man kann einen Satz Stangen und Aufsätze mieten, um Hauptrohre und Kontrollschächte freizumachen. Bei älteren Systemen bestehen die Stangen aus flexiblem Drahtrohr, bei modernen aus 1 m langen Polypropylen-Stangen mit Messinggewinden. Als Aufsätze gibt es eine zweizinkige Kralle, eine 100-mm-Gummischeibe und einen Kratzer zum Freimachen der Kanäle in Kontrollschächten.

MESS- UND MARKIERUNGSWERKZEUGE

Die Werkzeuge zum Messen und Markieren von Metall ähneln zwar Geräten für Holz, sind aber präziser hergestellt und geeicht, da die Metallteile äußerst genau zusammenpassen müssen.

Reißnadeln
Zum präzisen Arbeiten markiert man Linien und Bohreransätze mit der Reißnadel. Zum Anzeichnen von Biegungskanten nimmt man einen Zeichenstift, da Ritzlinien sich an der äußeren Knickkante aufspalten können, wenn das Metall umgebogen wird.

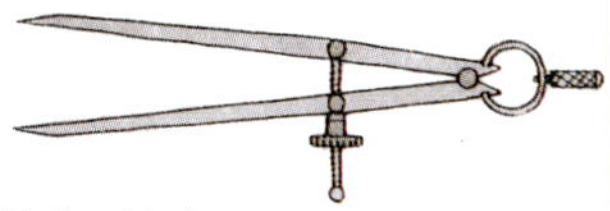

Federzirkel
Federzirkel ähneln Zirkel mit Bleimine, haben aber zwei Stahlspitzen. Der gewünschte Abstand wird mit einer Spannmutter auf einem Gewindestift eingestellt, der beide Schenkel verbindet.

Arbeiten mit dem Federzirkel
Man steckt damit Abschnitte auf einer Linie ab ***(1)*** *oder ritzt Kreise* ***(2)****. Führt man eine Spitze an der Kante eines Werkstücks, läßt sich auch eine Linie parallel zu dieser Kante ziehen* ***(3)****.*

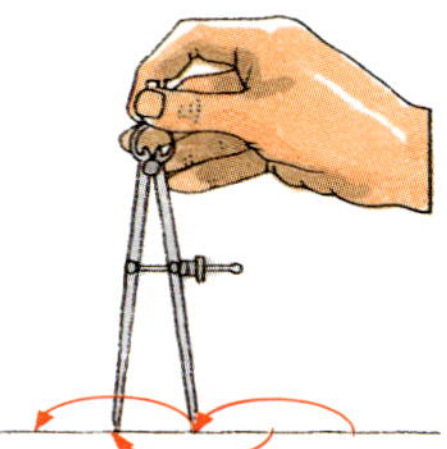
1 Abstecken

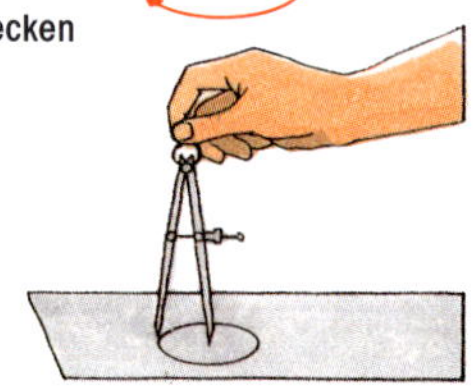
2 Kreis ritzen

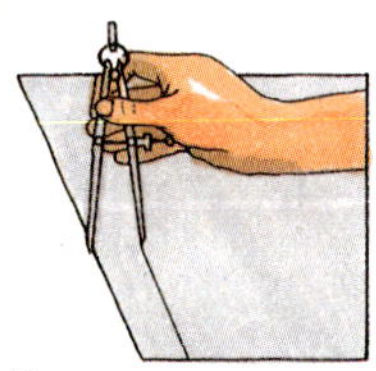
3 Parallel anreißen

Körner
Zum Bohren von Löchern körnt man damit die Bohrungsmitte an.

Arbeiten mit dem Körner
Man setzt die Spitze auf dem Mittelpunkt an und markiert mit Hammerschlägen. Stimmt der Punkt nicht, winkelt man den Körner in Richtung des korrekten Ansatzes an, erweitert die Markierung und körnt an der richtigen Stelle.

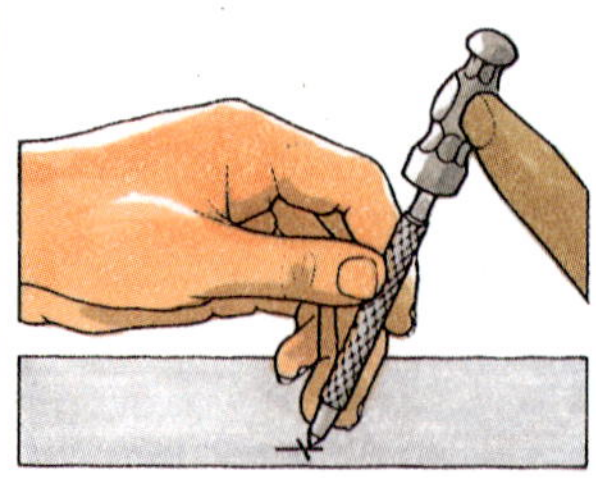
Korrigieren einer Ansatzmarkierung

Stahlmaßstab
Sie brauchen ein Bandmaß zum groben Vermessen von Leitungsrohren und Installationen. Nehmen Sie einen Stahlmaßstab (30 oder 60 cm) zum Anmarkieren von Bauteilen, wenn es auf Präzision ankommt.

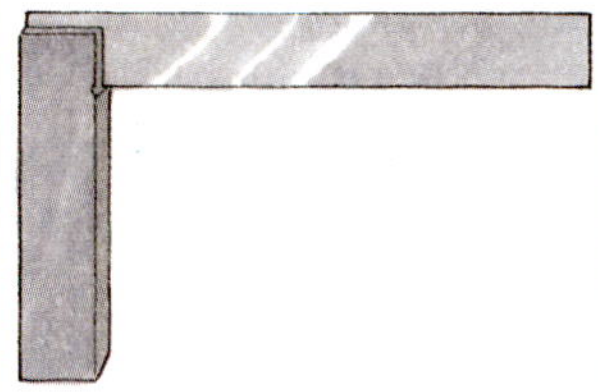

Anlegewinkel
Man kann zur Markierung oder Kontrolle von rechten Winkeln einen Schreinerwinkel nehmen. Zur genauen Metallbearbeitung ist ein Präzisions-Schlosserwinkel besser geeignet. Dank der kleinen Kerbe zwischen den beiden Schenkeln läßt er sich auch bei gratigen Ecken korrekt an ein rechtwinkliges Werkstück anlegen. Für den universellen Einsatz nehmen Sie einen 150-mm-Winkel.

SCHNEIDEN VON METALL

Sie können massive Metallstangen, Bleche und Rohre mit einer Handbügelsäge schneiden. Zur schnelleren und genaueren Bearbeitung gibt es Spezialwerkzeuge.

FLÜGELSPANNMUTTER

Universal-Handbügelsäge
Moderne Handbügelsägen haben einen Stahlrohrrahmen mit Gußmetallgriff. Der Rahmen ist für verschieden lange Blätter verstellbar, die durch Anziehen der Flügelmutter gespannt werden.

RICHTIGES SÄGEBLATT FÜR HANDBÜGELSÄGE AUSWÄHLEN

Es gibt Bügelsägeblätter in den Längen 20, 25 und 30 cm. Probieren Sie aus, mit welcher Länge Sie am besten arbeiten können. Härte und Zahnung wählt man entsprechend dem zu sägenden Metall aus.

- **Grundausstattung**
  Saugglocke
  Reißnadel
  Körner
  Stahlmaßstab
  Anlegewinkel
  Universal-Handbügelsäge

KLEMPNER-WERKZEUGE

SIEHE AUCH
unter:
Rohre schneiden 269, 277
Abziehstein 359

1 Räumzahnung / -schränkung

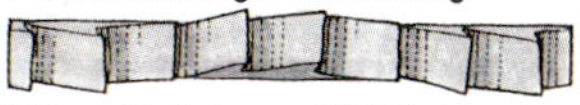

2 Gewellte Zahnung / Schränkung

Größe und Zahnung
Ein grobes Blatt hat 14–18 Zähne und ein feines 24–32 auf 25 mm. Die Zähne sind seitwärts gebogen, damit der Schnitt breiter als das Blatt wird und dieses nicht verklemmt. Grobe Blätter haben eine »Räumzahnung« **(1)**, wobei die Zahnpaare jeweils entgegengesetzt gebogen sind und jeder dritte oder fünfte in Blattebene liegt, um die Schnittlinie von Metallspänen freizuräumen. Feine Zähne sind für eine Räumzahnung zu klein und insgesamt als »gewellte Zahnung« **(2)** aufgebaut. Nehmen Sie ein grobes Blatt für weiche Metalle (Messing, Alu), die feine Zahnungen verstopfen können, und ein feines für Bleche und Hartmetalle.

Härte
Das Sägeblatt muß härter als das zu sägende Metall sein, oder die Zähne werden schnell stumpf. Ein flexibles Blatt mit gehärteten Zähnen kann die meisten Metalle sägen, aber es gibt voll gehärtete Sägeblätter, die länger scharf bleiben und nicht so leicht Zähne verlieren. Wegen ihrer Starrheit brechen sie leicht. Schnellstahl-Sägeblätter zum Sägen harter Legierungen sind teuer und noch zerbrechlicher als voll gehärtete.

Sägeblatt einsetzen
Länge des Sägenrahmens einstellen und Blatt auf die seitlichen Stifte setzen, wobei die Zähne vom Griff wegzeigen, dann mit der Flügelmutter spannen. Die Mutter nachziehen, wenn das neue Blatt beim Sägen auswandert. Muß man beim Sägen das Blatt wechseln, verklemmt das neue Blatt vielleicht im Schnittspalt, da die Schränkung breiter ist als beim alten, abgenutzten. Also beginnt man von neuem von der anderen Seite des Werkstücks.

Sägeblatt drehen
Zum Einspannen des Blattes im rechten Winkel zum Bügel verdreht man die vierkantigen Zapfen (1/4 Umdrehung), bevor das Blatt auf die Stifte gepaßt wird.

1 Erste Schnittfuge weg vom Körper

Metallprofile sägen
*Stange in einen Schraubstock einklemmen, die Schnittmarkierung so nah an den Backen wie möglich. An der Verschnittseite der Linie mit kurzen Hüben beginnen, bis der Spalt etwa 1 mm tief ist, dann die Stange um 90 Grad drehen, so daß der Spalt von Ihnen wegzeigt, und auf der neuen Seite genauso verfahren **(1)**. Dies wiederholen, bis die Fuge rund um die Stange verläuft, dann den Rest mit langen gleichmäßigen Hüben durchsägen. Das Ende der Säge mit der freien Hand stabilisieren und ggf. etwas Leichtöl auf das Blatt geben.*

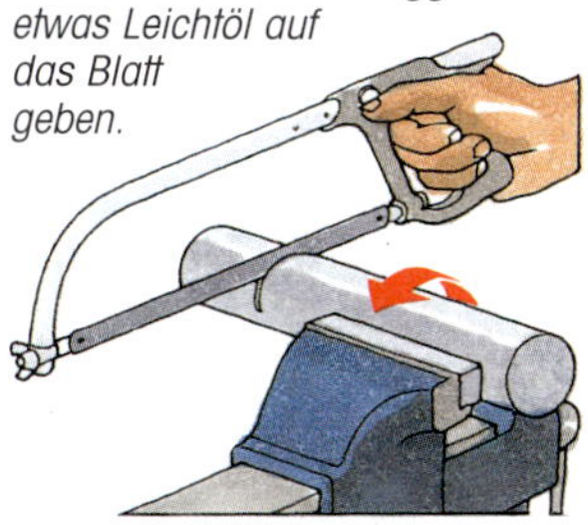

Rohre und Stangen sägen
Beim Sägen von Stangen oder Rohren drehen Sie das Werkstück immer wieder vom Körper weg, bis die Fuge ganz herumreicht.

Bleche sägen
Kleine Bleche zwischen zwei Holzstreifen legen und in den Schraubstock klemmen. Darauf achten, daß die Schnittlinie nahe an den Streifen liegt, dann an der Verschnittseite mit gleichmäßigen Hüben nach unten sägen, wobei die Säge schräg angewinkelt wird. Dünnes Blech zwischen zwei Sperrholzteile legen. Dann alle Teile zusammen durchsägen.

Rillen sägen
Zum Aussägen von Schlitzen, die breiter sind als das Sägeblatt, setzt man zwei oder mehr Blätter auf einmal in die Säge ein.

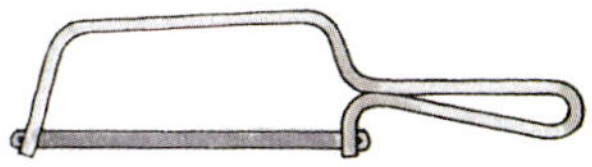

Kleine Bügelsäge (Puksäge)
Diese kleine Bügelsäge ist ideal für Rohre mit kleinem Durchmesser und dünne Metallstäbe. Bei den meisten Typen wird das Blatt durch den Stahlbügel gespannt.

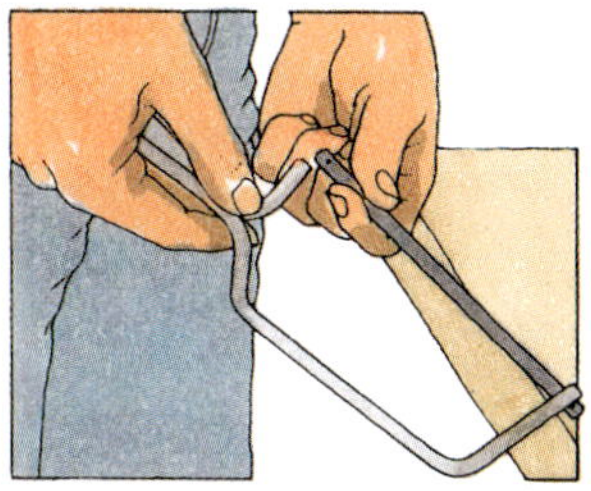

Neues Sägeblatt einsetzen
Eine Seite des Blatts in den vorderen Bügelschlitz stecken, Bügel zusammendrücken und das andere Ende hinten einsetzen.

Schraubstock
Ein großer Werkstattschraubstock ist auf die Werkbank geschraubt, aber es gibt auch kleinere zum Anklemmen. Die Backen weich ausfüttern, um die eingeklemmten Werkstücke zu schonen.

Flachmeißel
Klempner benutzen ihn meist zum Herauslösen alter Leitungen aus Mauerwerk. Man kann damit auch Metallstangen durchtrennen und Nieten köpfen. Spitze an der Schleifmaschine nachschärfen.

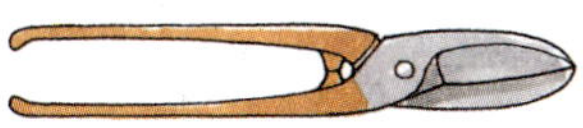

Geradeschneidende Blechschere

Universalschere

Blechscheren
haben starke Schneiden zum Schneiden von Blech. Die **geradeschneidende Schere** hat breite Schneiden für gerade Kanten. Will man damit rund schneiden, verfängt sich der Verschnitt an den Schneiden. Konvexe Bögen kann man schneiden, indem man sich buchstäblich »abschnittsweise« vorarbeitet. **Universalscheren** haben dicke, schmale Schneiden, und man kann mit ihnen im Bogen und auch gerade schneiden.

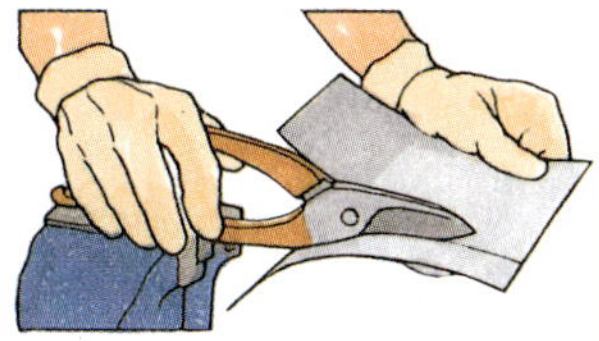

Arbeiten mit der Blechschere
Beim Schneiden lassen Sie den Verschnitt unter dem Blech abrollen. Ist das Metall für einhändiges Schneiden zu dick, klemmen Sie einen Schenkel der Schere in den Schraubstock und legen Ihr ganzes Gewicht auf den anderen. Sie sollten nicht bei jedem Schnitt die Schneiden ganz zusammendrükken. Beim Schneiden von Blech dicke Arbeitshandschuhe tragen!

BLECHSCHERE SCHÄRFEN

Einen Schenkel in den Schraubstock klemmen und die Schneidkante mit einer Schlichtfeile schärfen; an der anderen Schneide wiederholen und mit geöltem Abziehstein abgraten.

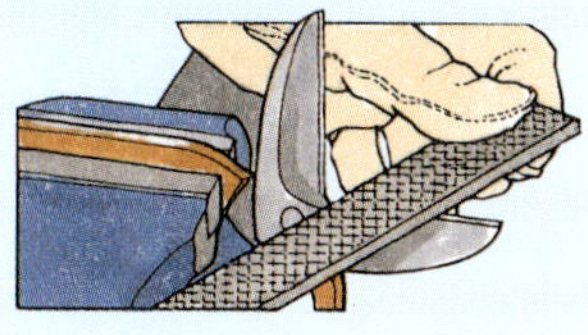

Blechschneider
Im Gegensatz zur Blechschere, die schmale Verschnittstreifen ab der Schnittlinie verformt, behalten diese beim Blechschneider ebenso perfekt ihre Form wie der größere Abschnitt. Er schneidet auch gut Hartkunststoff, der mit der Blechschere leicht bricht.

Rohrschneider
Ein Rohrschneider schneidet die Rohrenden genau im 90°-Winkel auf Länge. Das Rohr wird zwischen das Schneidrad und den verstellbaren Gleitschuh mit zwei Rollen geklemmt und durchtrennt, indem man das Werkzeug dreht und vor jeder Drehung die Schraube nachzieht. Den Rohrschneider bei der Benutzung leicht ölen.

Kettengliedschneider
Damit schneidet man Rohre mit großem Durchmesser. Kette um das Rohr legen, Endglied an der Klammer befestigen und Regler anziehen, bis der Schneider an jedem Kettenglied in das Metall greift. Griff hin- und herbewegen, um das Rohr zu schneiden, und Regler immer fester anziehen, bis das Rohr durchtrennt ist.

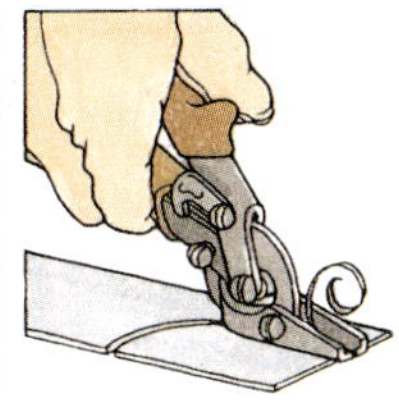

Blechschneider

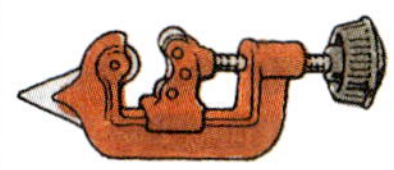

Rohrschneider

Rohrschneider

Kettengliedschneider

- **Grundausstattung**
  Kleine Bügelsäge
  Flachmeißel
  Blechschere

KLEMPNER-WERKZEUG

SIEHE AUCH
unter:

Rohre löten	269
Rohre biegen	271
Bohrständer	362
Körner	376
Federwinkel	376

- **Grundausstattung**
  Satz HSS-Bohrer
  Bohrmaschine
  Lötkolben

BOHRER UND LOCHEISEN

Für Bohrungen in Metall verwenden Sie Bohrer hoher Qualität. Mindestqualität ist HSS, besser sind TiN-Bohrer

Spiralbohrer
Spiralbohrer für Metall unterscheiden sich äußerlich kaum von solchen für Holz. Wohl aber unterscheiden sie sich in der Materialqualität. Denn für Bohrungen in Metall kommen nur die besten Qualitäten in Frage. Je besser die Qualität, desto höher die Standzeit.
Metall bohrt man nach Möglichkeit im Bohrständer bei eingespanntem Werkstück. Ist das nicht möglich, muß man zumindest die Ansatzstelle für den Bohrer ankörnen. Grundsätzlich gilt beim Bohren in Metall: niedrige Drehzahl und hoher Druck. Die früher übliche Kühlung bei dicken Werkstücken ist nicht unbedingt erforderlich, wenn die Drehzahl niedrig genug bleibt.

Locheisen
Große Löcher in Bleche stanzt man am besten mit dem Locheisen. Reißen Sie zuerst die Umrisse des gewünschten Loches mit dem Federzirkel an. Legen Sie das Werkstück dann auf ein Stück Sperrholz oder ein Brett aus Weichholz. Setzen Sie das Locheisen exakt auf die angerissene Kontur, und schlagen Sie es mit dem Hammer leicht ein. Prüfen Sie, ob der Abdruck mit dem Riß übereinstimmt. Setzen Sie das Locheisen wieder an, und treiben Sie es mit einem harten Schlag durch das Blech.

Zirkelschneider
Der Zirkelschneider eignet sich nur für Kreisschnitte in Kunststoff oder weicheren Metallen.

BIEGEWERKZEUGE

Dickes oder hartes Metall läßt sich nur in erhitztem Zustand biegen, aber bei Rohren aus entspanntem Kupfer ist das kein Problem.

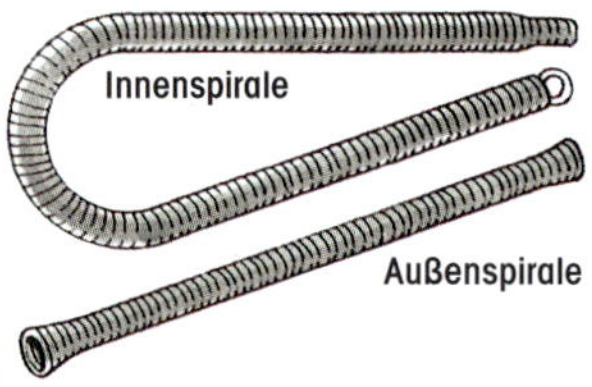

Biegefedern
Kupferrohre kleinen Durchmessers lassen sich ohne weiteres von Hand biegen. Aber ohne Biegehilfe wird man sie in den meisten Fällen dabei knicken. Das verhindert eine Biegefeder, die einfach vor dem Biegen auf das Rohr aufgesteckt wird – Trichter zum kürzeren Ende.

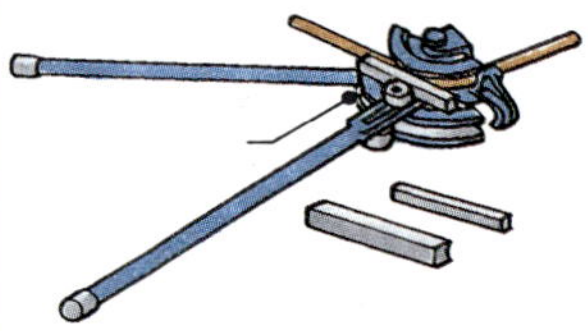

Biegevorrichtung
Gehärtete Stangenware läßt sich mit der Biegefeder kaum biegen. Dafür benötigt man eine professionelle Biegevorrichtung. Bei diesem Werkzeug wird das Kupferrohr in eine Führung gelegt, an die sich zwei Formteile in dem gewünschten Biegeradius anschließen. Durch Betätigen zweier Scherenarme wird das Rohr um das Formteil herumgehebelt.

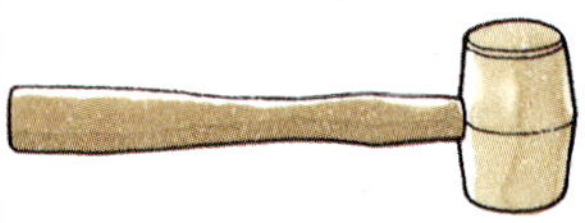

Gummi- oder Plastikhammer
Wie die Bezeichnung sagt, bestehen die Hammerköpfe dieser Werkzeuge aus Hartgummi oder Kunststoff. Früher wurden die Köpfe solcher Hämmer auch aus Rohleder gefertigt.
Um Blechteile der Bandeisen um enge Radien zu biegen, spannt man sie in den Schraubstock ein und klopft das Material allmählich über die Spannbacken.

METALLE VERBINDEN

Dauerhaft wasserdichte Verbindungen zwischen Kupferrohren und -fittings stellt man am besten durch Löten her. Dabei wird Lötzinn unter Wärmeeinfluß verflüssigt. Es fließt durch die Kapillarwirkung in den Spalt der zu verbindenden Rohre und wirkt dort wie Klebstoff.
Daneben werden Verbindungen verwendet, die auf der Dichtwirkung durch Verschraubung gegen das Material gequetschter elastischer Dichtungen beruhen.

Beim Löten unterscheidet man zwei unterschiedliche Verfahren: Hart- und Weichlöten. Während bei Temperaturen zwischen 200 und 400 °C weich gelötet werden kann, müssen zum Hartlöten Temperaturen über 450 °C erreicht werden. Waagrechte Verbindungen lassen sich problemlos weich löten, während Steigleitungen grundsätzlich hart gelötet werden sollten. Zum Hartlöten brauchen Sie einen starken Gaslötbrenner, vorteilhafter ist jedoch die Verwendung eines Acetylen-Schweißbrenners.

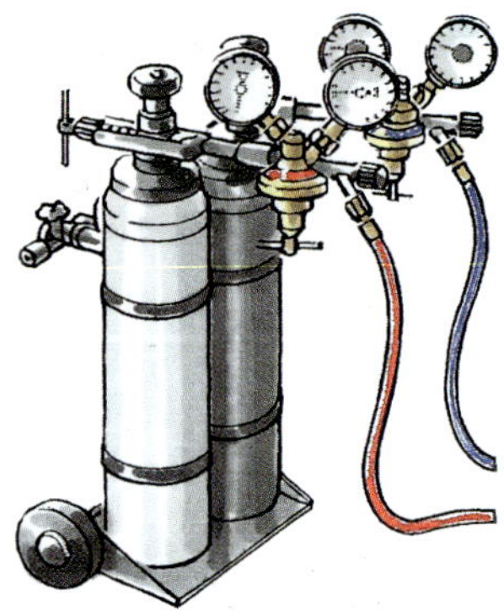

Die Gasflaschen werden gemietet …

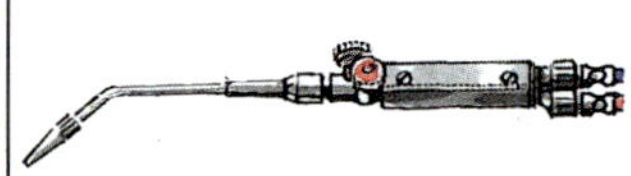

… den Brenner kauft man

LOT

Lote sind Metallegierungen, die bei relativ niedrigen Temperaturen schmelzen. Für Lötungen an Trinkwasserleitungen dürfen nur bleifreie Lote verwendet werden, die den DIN-Normen 1707 (Weichlot) und 8513 (Hartlot) entsprechen. Für Kaltwasserleitungen auch Zinn-Blei-Lot L-Sn 50 Pb.

FLUSSMITTEL

Damit zwei Metallteile erfolgreich miteinander verlötet werden können, müssen die Verbindungsstellen absolut sauber und frei von Oxidationen sein. Doch auch wenn die metallischen Flächen noch so sorgfältig mit Stahlwolle oder feinem Schmirgelleinen gereinigt worden sind, können sich in kürzester Zeit neue Oxide bilden, die eine feste Lötverbindung verhindern. Um diese Oxidation auf chemischem Weg zu verhindern, werden Flußmittel eingesetzt.
Selbstverständlich müssen auch Flußmittel toxikologisch unbedenklich sein und bestimmten Normen entsprechen. In Deutschland ist das die DIN 851 für Weichlote. Beim Hartlöten können Kupferrohre und -fittings auch ohne Flußmittel miteinander verlötet werden. Dagegen ist bei Verbindungen zwischen Kupferrohr und Rotguß sowie zwischen Kupferrohr und Messing das Flußmittel F-SH 11 zu verwenden, für Hartlötungen zwischen Stahl- und Kupferrohren, Fittings aus Stahl, Kupfer, Messing und Rortguß F-SH 1.

Lötkolben
Für eine erfolgreiche Lötung muß die Lötstelle so heiß werden, daß das Lot schmilzt. Eines der Werkzeuge zum Erhitzen ist der Lötkolben. Die meisten Lötkolben sind allerdings nur für kleine Lötstellen (Elektronik) verwendbar.

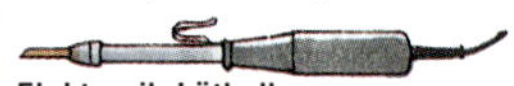

Elektronik-Lötkolben

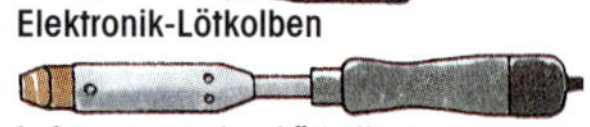

Leistungsstarker Lötkolben

Für Lötverbindungen im Installationsbereich sind nur die leistungsstärksten Lötkolben zu verwenden. Besser eignet sich aber der Gaslötbrenner.

Lötkolbenspitze
Um löten zu können, muß die Lötspitze verzinnt – mit flüssigem Lot überzogen – sein. Dazu taucht man die saubere, erhitzte Lötspitze in Lötfett und läßt etwas Lot schmelzen, das verläuft.

KLEMPNER-WERKZEUG

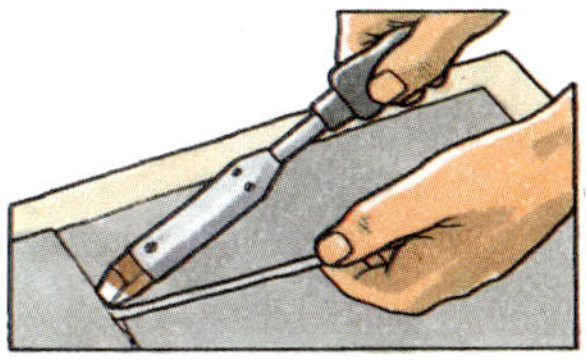

Lötkolben
Säubern Sie die zu verbindenden Metallstellen, und streichen Sie diese dünn mit Flußmittel ein. Halten Sie den Lötkolben an, bis die Verbindung ausreichend erhitzt ist, und lassen Sie das Lot zwischen Lötkolben und Verbindungsstelle einfließen. Elektronikverbindungen werden ohne Flußmittel mit speziellem Radiolot gelötet.

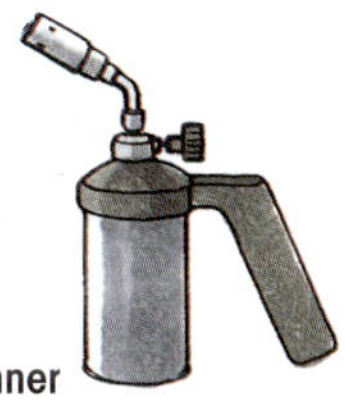

Lötbrenner
Auch der größte Lötkolben kann größere Lötstellen, wie sie etwa auf dem Installationssektor auftreten, nicht so schnell und stark erhitzen, daß eine stabile Lötverbindung zustandekommt. Auch Hartlötungen sind mit dem Lötkolben nicht möglich. Hier hilft nur der Gaslötbrenner. Dieses Werkzeug hat die früher übliche benzinbetriebene Lötlampe vollständig abgelöst.
Gaslötbrenner werden von verschiedenen Herstellern betriebsfertig angeboten. Zur Energieversorgung dient eine Gaskartusche, die eine ausreichend lange Betriebsdauer ermöglicht. Die im gewerblichen Bereich verwendeten, mit großen Propangasflaschen betriebenen Brenner sind für den Heimwerker überdimensioniert. Für Hartlötarbeiten ist ohnehin der Schweißbrenner vorzuziehen.

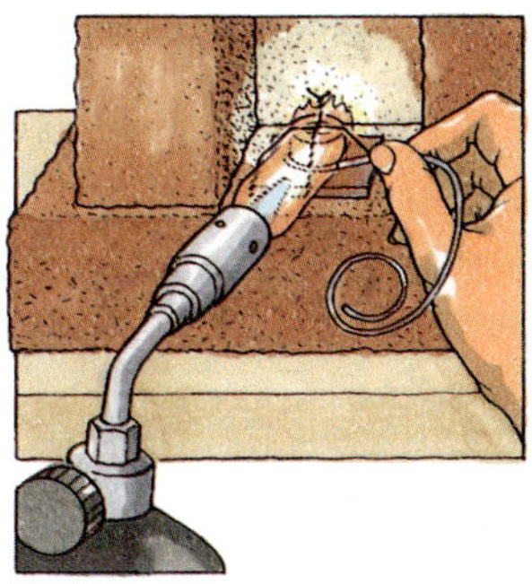

Hartlöten
Für kleinere Lötungen genügt der Lötbrenner, bei größeren ist der Schweißbrenner überlegen. Säubern Sie die Lötstelle, und tragen Sie dünn das geeignete Flußmittel auf. Verbinden Sie die zu verlötenden Teile positionsgenau, indem Sie diese z. B. im Schraubstock zusammenspannen. Erhitzen Sie die Verbindungsstelle, bis das Metall leicht zu glühen beginnt. Halten Sie das Hartlot direkt auf die Lötstelle, und erwärmen Sie es, bis es schmilzt und in die Verbindungsstelle fließt.

Brandschutz
Im Fachhandel gibt es feuerfeste Matten, mit denen brennbare Materialien vor der heißen Brennerflamme geschützt werden.

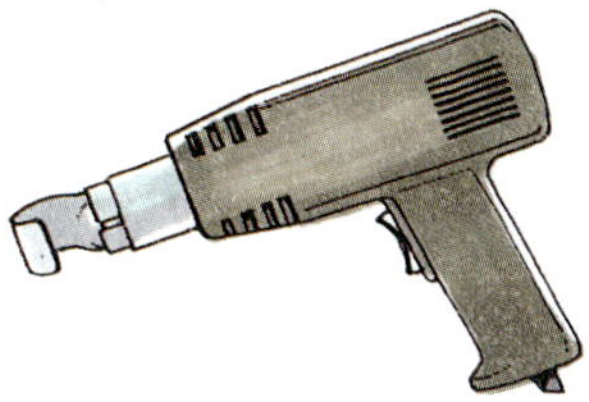

Heißluftgebläse
Gute Heißluftgebläse lassen eine stufenlose Temperaturregelung in einem Bereich von 50–ca 600 °C zu – genug also zum Löten. Einige dieser Werkzeuge bieten besondere Umleitbleche an, die dafür sorgen, daß die Heißluft auch an die Rückseite gelangt.

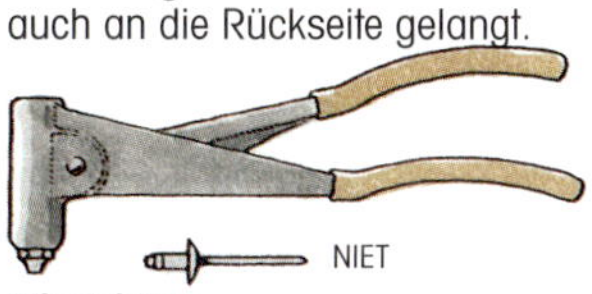

Blindnieten
Blindnieten ist eine sehr elegante Form, um zwei Bleche miteinander zu verbinden. Der Bildniet wird mit einem Nagel auf Zug gestaucht, bis dieser abreißt.

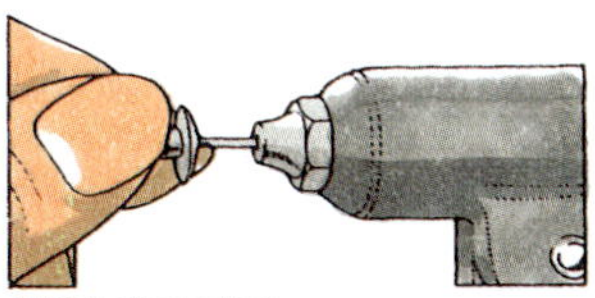

1 Niet einstecken

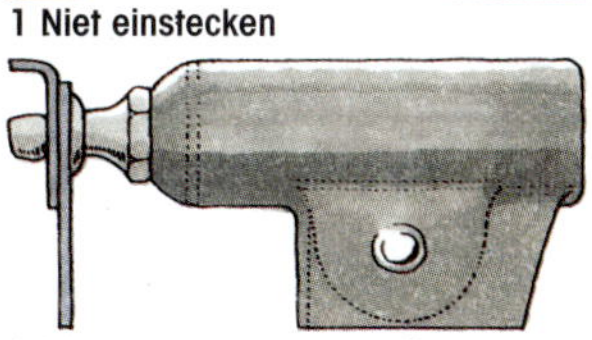

2 Nietzange zusammendrücken

Nieten
Spannen Sie die beiden Bleche zusammen. Markieren Sie die Bohrungen. Körnen Sie die Bohrungen an und bohren Sie die Löcher mit einem genau passenden Bohrer. Falls möglich, verwenden Sie dazu den Bohrständer zur Bohrmaschine. Schrauben Sie den passenden Einsatz in die Nietzange. Setzen Sie den Niet in die Zange, spannen Sie ihn leicht an, führen Sie ihn ein, und pressen Sie die Zange zusammen, bis der Nagel reißt.

SCHRAUBENSCHLÜSSEL

Installateure verfügen über eine große Auswahl an Schraubenschlüsseln. Sie brauchen sicher nicht alle, aber da Sie diese Werkzeuge u. a. auch fürs Auto brauchen, sind ein paar Schlüsselsätze eine gute Investition.

Maul- oder Gabelschlüssel
Ein Satz Gabelschlüssel gehört in jeden Werkzeugkasten. Bei diesen einfachen Werkzeugen kann man getrost auf Baumarktqualitäten zurückgreifen, sofern es sich um Chrom-Vanadium-Werkzeug handelt. Da aber etwa zum Verschrauben von Quetschverbindungen zwei Schlüssel einer Größe gebraucht werden, kauft man am besten gleich einen zweiten Satz dazu – vielleicht kombinierte Gabel-Ringschlüssel.

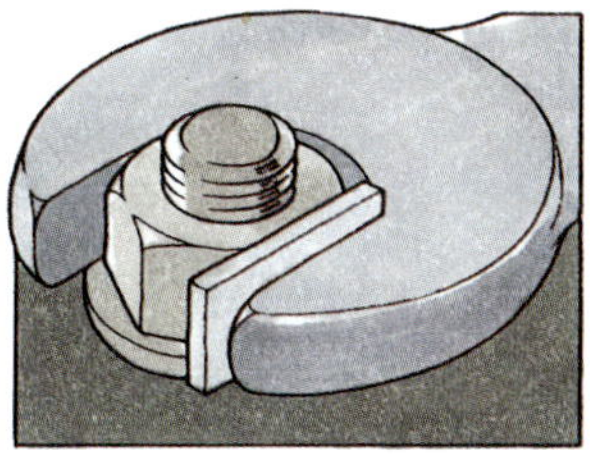

Beschädigte Mutter öffnen
Wenn der Schlüssel nicht mehr exakt angesetzt werden kann, hilft bisweilen ein eingesetzter Metallstreifen die Lücke schließen, so daß der Schlüssel greift.

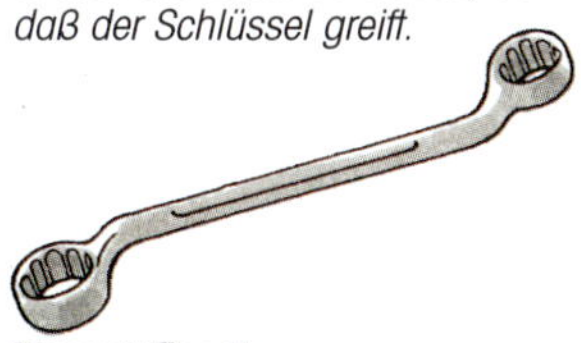

Ringschlüssel
Mit einem Ringschlüssel lassen sich Muttern sicherer greifen als mit einem Gabelschlüssel. Deshalb sollte überall, wo sich der Schlüssel von oben auf eine Mutter oder einen Maschinenschraubenkopf aufsetzen läßt, diese Schlüsselart zum Einsatz kommen. Ringschlüssel werden heute fast nur noch mit Zwölfkant angeboten, was das Greifen der Mutter an unzugänglichen Stellen erleichtert. Für Vielschrauber lohnt sich ein Steckschlüsselsatz.

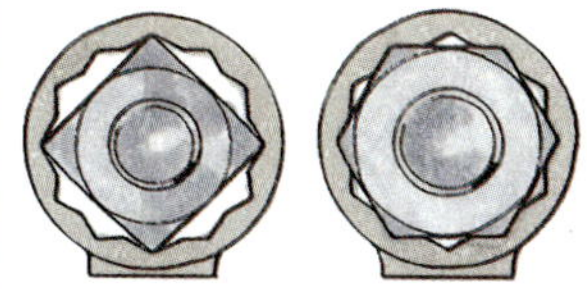

Vierkantmutter **Sechskantmutter**

Ringschlüssel kaufen
Ringschlüsselsätze sind nicht sehr teuer, da Sie auf Nobelmarken verzichten können. Beim Kauf eines Steckschlüsselsatzes sollten Sie aber auf bewährte Markenqualität achten.

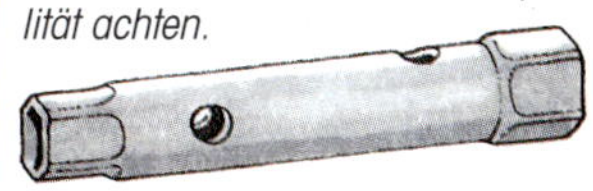

Rohrsteckschlüssel
Diese einfachen, aber praktischen Schlüssel bestehen aus einem Stahlrohr mit zwei angeformten Sechskantenden. Gedreht werden sie mit einem Stift, der durch Bohrungen gesteckt wird. Oft als Radmuttern- und Zündkerzenschlüssel verwendet.

Verstellbare Schlüssel
Verstellbare Schraubenschlüssel gibt es in großer Auswahl, vom einfachen, mit einem Schneckengewinde verstellbaren Rollgabelschlüssel bis zum soliden, mit einem Drehgriff zu justierenden »Engländer«. Grundsätzlich ist jeder Verstellschlüssel nur als Notbehelf anzusehen. Selbst ein präzise einstellbarer Engländer, an gut zugänglicher Stelle angesetzt, ist einem einfachen Ringschlüssel deutlich unterlegen.

WINKELSCHLÜSSEL

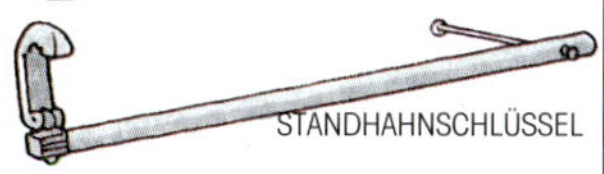

STANDHAHNSCHLÜSSEL

Winkelschlüssel und Stanhahnschlüssel
Beide Werkzeuge dienen zum Lösen bzw. Anziehen der Befestigungsmutter einer Wasch- oder Spülbeckenarmatur. Diese Muttern sind wegen ihrer Lage anders kaum zu erreichen.

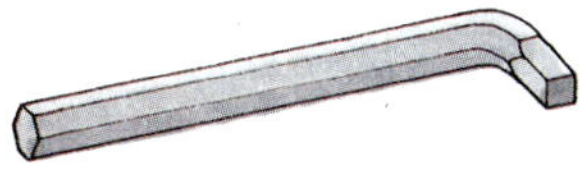

Innenvierkant
Dieses einfache Werkzeug dient zum Öffnen von Ablaßschrauben an Heizkörpern, Kaminkehrertürchen in Schornsteinen und dergleichen mehr.

SIEHE AUCH
unter:
Fittings 268, 281

- **Grundausstattung**
  Gabelschlüsselsatz
  Ringschlüsselsatz
  Kleiner Lötkolben

KLEMPNER-WERKZEUG

SIEHE AUCH
unter:

Quetschverbindung 270
Werkzeugstahl 361

- **Grundausstattung**
  Rohrzange
  Flachfeile
  Rundfeile
  Multigrip-Zange

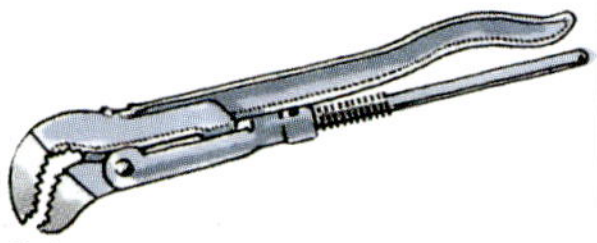

Rohrzange
Mit den verstellbaren Backen einer Rohrzange haben Sie alle Rohre für Versorgungsleitungen fest im Griff.

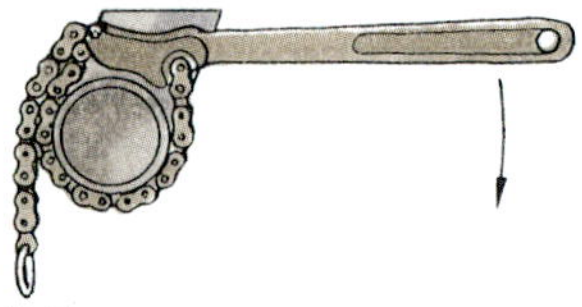

Kettenspanner
Dieses Werkzeug dient dem gleichen Zweck wie die Rohrzange, kann allerdings für weit größere Durchmesser verwendet werden. Für den Heimwerker ist der Kettenspanner keine sinnvolle Anschaffung, da Abwasserleitungen heute überwiegend aus Kunststoff bestehen.

Bandspanner
Mit dem Bandspanner lassen sich verchromte Rohre sicher greifen, ohne die Hochglanzoberfläche zu beschädigen. Wickeln Sie den weichen Leder- oder Gewebestreifen um das Rohr, stecken Sie ihn durch den Schlitz und ziehen Sie ihn fest. Mit dem Griff dreht man das Rohr.

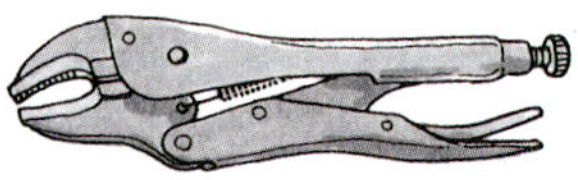

Multigrip-Zange
Bei dieser Zange läßt sich der Griff feststellen. Vorher muß die Maulweite mit einer Schraube eingestellt werden.

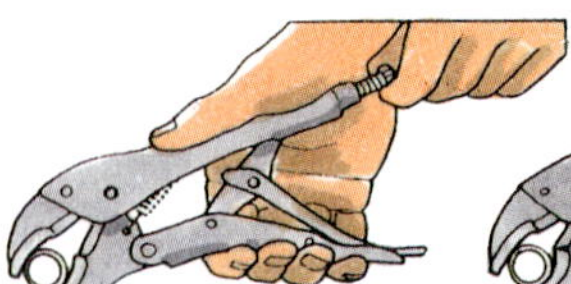

1 Maulweite einstellen

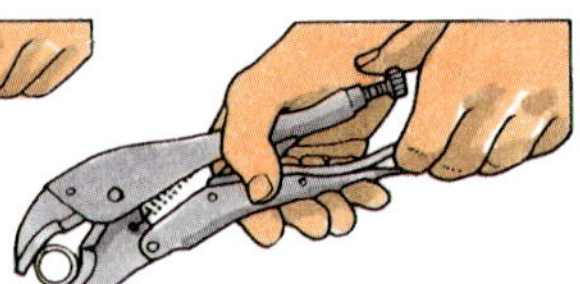

2 Griff lösen

Multigrip-Zange verwenden
Greifen Sie das Werkstück mit den Backen der Zange, und verdrehen Sie die Einstellschraube so, bis die Griffe so nahe zusammenstehen, daß sie sich nach Überwinden eines Widerstands schließen lassen. Durch Ziehen des kleinen Hebels am unteren Griff wird die Zange gelöst.

FEILEN

Feilen werden zum Glätten, Entgraten und Kantenbrechen verwendet.

FEILENARTEN

Die Arbeitsfläche einer Feile besteht aus mehr oder weniger eng gesetzten Kanten oder Zähnen. Die Einteilung erfolgt nach einhiebigen oder doppelhiebigen Feilen, nach Form und Größe der Zähne.

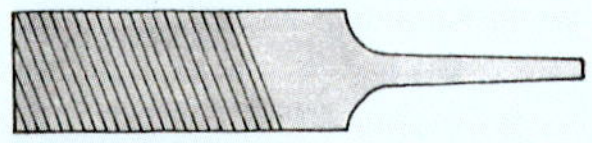

Einhiebige Feile

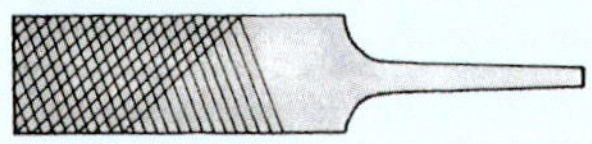

Doppelhiebige Feile

Die **einhiebige** Feile weist eine Reihe von Zähnen auf, die in einem bestimmten Winkel zur Längsachse stehen, dem »Hiebwinkel«. Bei der **zweihiebigen** Feile sind es zwei Reihen von Zähnen, die einander im gleichen Hiebwinkel überkreuzen. Deshalb wird diese Feile auch als Kreuzhiebfeile bezeichnet.
Feilen dienen zur spanenden Bearbeitung von verschiedenen Werkstoffen. Während Raspelhiebfeilen zur Holzbearbeitung dienen, verwendet man die übrigen vorwiegend für Metalle.

Einteilung

Schruppfeilen (Grobfeilen) – Grober Hieb, 26 Zähne pro Zoll, für erste Bearbeitung
Schlichtfeilen – mittlerer Hieb, 36 Zähne pro Zoll, zum Glätten und entgraten
Präzisionsfeilen – Feiner Hieb, 47 Zähne pro Zoll, für Feinmechaniker und Werkzeugmacher

FEILE SÄUBERN

Weichmetalle pflegen die Zähne einer Feile zuzusetzen. Wenn das Werkzeug nicht mehr richtig schneidet, bearbeiten Sie die Feile mit einer feinen Drahtbürste parallel zum Hieb.

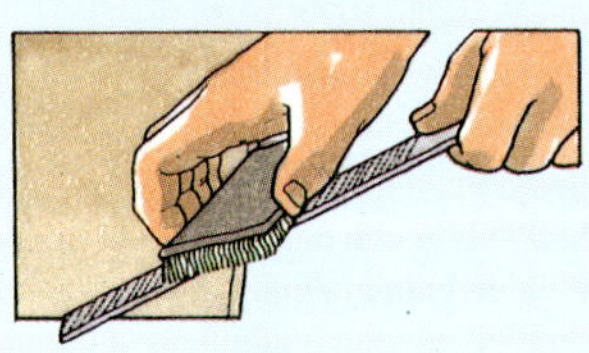

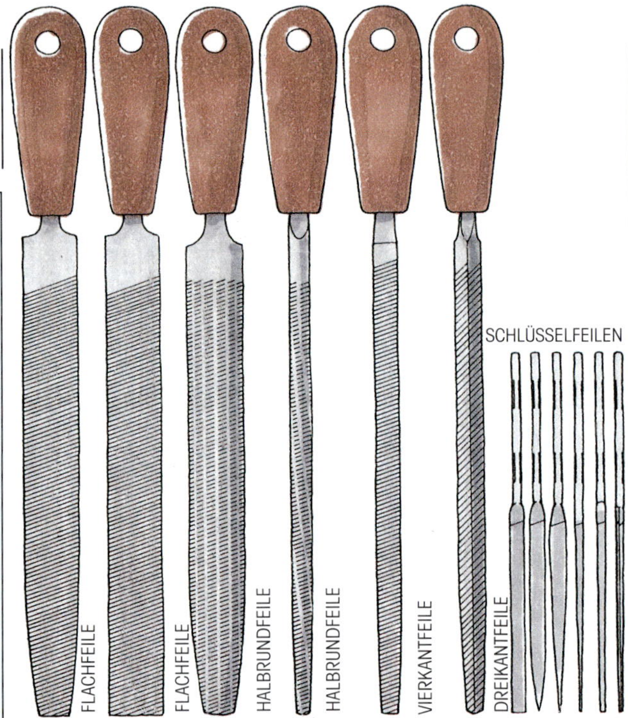

Flachfeile 
Flachfeilen gibt es in verschiedenen Ausführungen. Eher selten findet man die abgebildete Form mit verjüngender Spitze.

Flachfeile 
Die meisten Flachfeilen entsprechen dem abgebildeten Werkzeug. Meist ist eine Seitenkante gezähnt, die andere glatt. Die Kanten laufen parallel.

Halbrundfeile 
Mit dem abgerundeten Rücken lassen sich Krümmungen feilen.

Rundfeile 
Zum Ausfeilen von Bohrungen und engen Radien.

Vierkantfeile 
Zum Ausfeilen schmaler Schlitze sowie zum Glätten und Kantenbrechen bei Ausschnitten.

Dreikantfeile 
Diese Feilen braucht man in erster Linie zum Kantenbrechen und Ausarbeiten von Winkeln unter 90°.

Schlüsselfeilen 
Kleinausgaben von Standardformen für feinmechanische Zwecke, aber auch zum Bearbeiten von Sägen, Bohrern und Schraubereinsätzen.

SICHERHEIT

Montieren Sie vor dem Gebrauch stets einen Griff aus Holz oder Kunststoff.

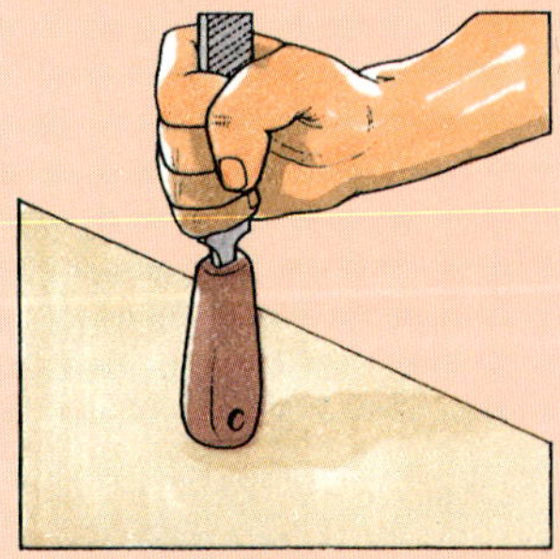

1 Handgriff festklopfen

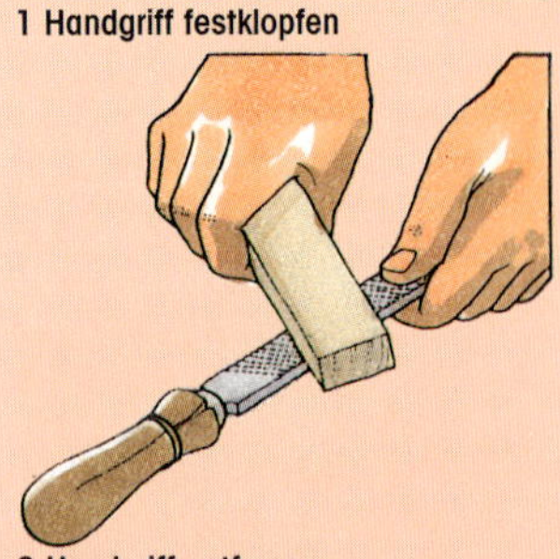

2 Handgriff entfernen

Feilen sollten niemals ohne Griff eingesetzt werden. Alle Feilen laufen in einem spitzen Dorn aus, der im Heft steckt. Sollten Sie ohne Heft arbeiten, steckt er vermutlich bald in Ihrer Handfläche. Der Griff wird einfach aufgesteckt und festgeklopft **(1)**.
Zum Entfernen klopfen Sie ihn mit einem Stück Hartholz ab **(2)**.

KLEMPNER-WERKZEUGE

SIEHE AUCH
unter:
Metall vorbereiten 38–39
Wasserhahn reparieren 260
Dichtungen wechseln 260
Holzbearbeitungs-werkzeue 352–364

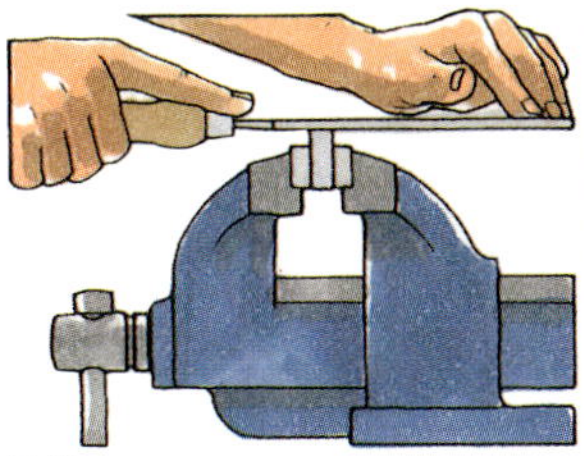

Feilen
Führen Sie eine Feile stets flach und gut kontrolliert über das Werkstück. Die eine Hand führt den Griff, Ballen und zwei Fingerspitzen der anderen liegen auf der Feilenspitze. Führen Sie die Feile mit langsamen, kräftigen Schüben über die gesamte Feilenlänge. Spannen Sie das Werkstück stets in den Schraubstock.

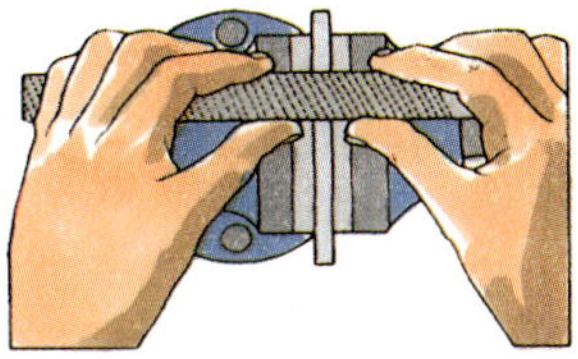

Kanten glätten
Mit einer Präzisionsfeile lassen sich erstaunlich glatte Flächen erzielen, besonders an Schnittkanten. Führen Sie das Werkzeug beidhändig quer über die Kante, und polieren Sie diese mit feinstem Schmirgelleinen, das Sie um die Feile wickeln.

ZANGEN

Zangen verstärken den Griff der menschlichen Hand und halten Werkstücke zur Bearbeitung unverrückbar fest.

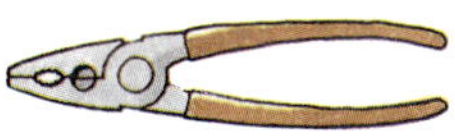

Kombizange
Diese meistverwendete Zange ist Flachzange, Gripzange und Seitenschneider in einem. Die gezähnte, runde Backenfläche dient zum Halten von Rohren und anderen runden Werkstücken.

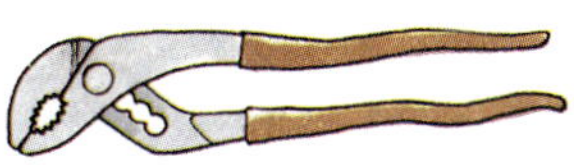

Wasserpumpenzange
Diese Zange hat ein verstellbares Scharnier für einen variablen Abstand der Backen und lange Griffe für einen festen Halt an Rohren und anderen Installationsteilen. Ein ähnliches Werkzeug mit glatten Backen wird als Armaturenzange bezeichnet.

METALLFINISH

Metall muß blank und rostfrei sein, ehe es gelötet oder gestrichen werden kann.

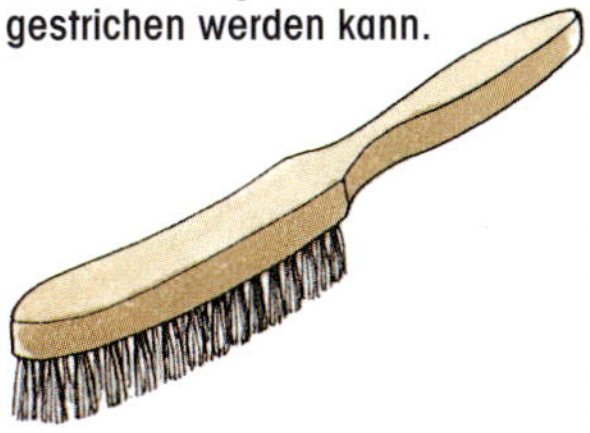

Drahtbürste
Schmutz und loser Rost können damit entfernt werden

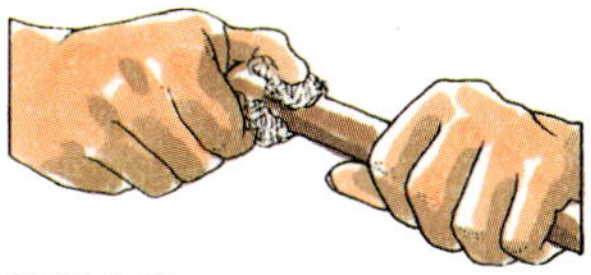

Stahlwolle
Unterschiedlich feine Stahlwolle dient zur Entfernung groben Schmutzes bis hin zum Polieren blanken Metalls.

Schmirgelleinen
Schmirgel ist ein natürlich vorkommendes Schleif- und Poliermittel, das sich besonders gut zur Metallbearbeitung eignet. Beginnen Sie mit groben, und arbeiten Sie mit immer feineren Körnungen weiter.

1 Schmirgelpapier aufziehen

2 Rohr mit Schmirgelleinen schleifen

Mit Schmirgelleinen schleifen
*Wenn scharfe Kanten nicht gebrochen werden dürfen, klebt man Schmirgelleinen auf eine glatte Fläche und zieht das Werkstück darüber **(1)**. Rundungen schleift man, indem man einen Streifen darüber hin- und herzieht* **(2)**.

Polierscheibe
Metalle können mit der Polierscheibe und verschiedenen Polierpasten auf Hochglanz poliert werden. Dazu wird die Polierscheibe in die Bohrmaschine eingespannt.

Metall polieren
Tragen Sie etwas Polierpaste auf die rotierende Polierscheibe auf, und bewegen Sie das Werkstück von allen Seiten daran entlang. Polieren Sie mit Hochglanz-Polierpaste nach.

Ventilsitzfräse
Wenn der Ventilsitz einer Armatur so verschlissen oder verkalkt ist, daß das Ventil auch mit einer neuen Dichtung nicht mehr abdichtet, kann der Sitz mit dem Ventilsitzfräser nachgearbeitet werden. Schrauben Sie das Werkzeug in das zerlegte Ventil, drehen Sie den Fräskopf herunter, bis er den Ventilsitz berührt, und fräsen Sie den Ventilsitz durch Drehen des Knebels ab.

HOLZBEARBEITUNGSWERKZEUG

Zum Verlegen von Leitungen braucht der Klempner auch eine Anzahl von Werkzeugen für die Holzbearbeitung.

- **Grundausstattung**
  Kombizange
  Wasserpumpenzange
  Drahtbürste

ELEKTRIKER-WERKZEUG

SIEHE AUCH

unter:

Kabel anschließen	229
Kabel abisolieren	229
Phasenprüfer	69
Leitungen verlegen	233
Stromversorgung prüfen	240

Handlampe
Eine gute Handlampe gehört zwar nicht unbedingt zum Werkzeug, ist aber gerade für Elektroarbeiten sehr wichtig, da vielfach bei unterbrochener Stromversorgung gearbeitet werden muß.

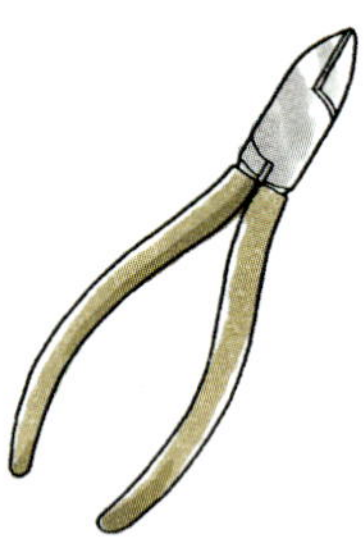

Seitenschneider

- **Grundausstattung**
  Isolierte Schraubendreher
  Seitenschneider
  Kombizange
  Elektrikerzange
  Phasenprüfer

ELEKTRIKERWERKZEUGE

Sie brauchen zwar nur eine bescheidene Ausstattung für die eigentlichen Elektrikerarbeiten, aber einen wohlsortierten Bestand an Werkzeugen für Schreiner- und Maurerarbeiten, um Installationen ausführen zu können.

SCHRAUBENDREHER

Kaufen Sie für Elektroarbeiten nur hochwertige Schraubendreher mit bis zur Spitze isolierter Klinge. Leisten Sie sich auch einen (billigen) Schraubendreher mit Phasenprüfer.

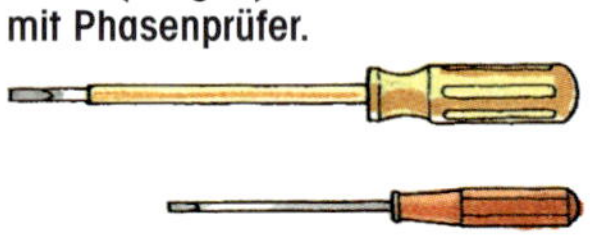

Schraubendreher für elektrische Anschlüsse
Normalerweise darf es niemals geschehen, daß Sie unter Spannung an elektrischen Geräten oder Installationen arbeiten. Sollte dies aber einmal durch Unachtsamkeit dennoch der Fall sein, gibt ein vollisolierter Schraubenzieher zusätzliche Sicherheit. Gutes Werkzeug trägt das VDE-Prüfzeichen, entspricht DIN 7437 und ist bis 1000 Volt isoliert.

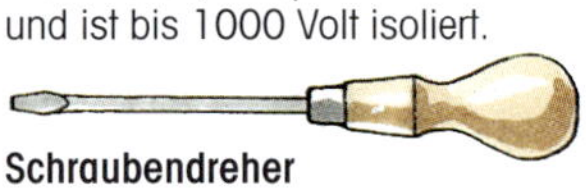

Schraubendreher
Für Holz- und Befestigungsarbeiten verwenden Sie Gerad- und Kreuzschlitzschraubendreher.

ZANGEN

Zangen werden in der Elektrotechnik vielfältig verwendet. Sie dienen zum Ablängen von Kabeln, zum Halten, zum Einführen von Phasen in Anschlüsse usw.

Elektrikerzangen
Zur Ausrüstung des Elektrikers gehören die gerade und die gekröpfte Spitzzange,

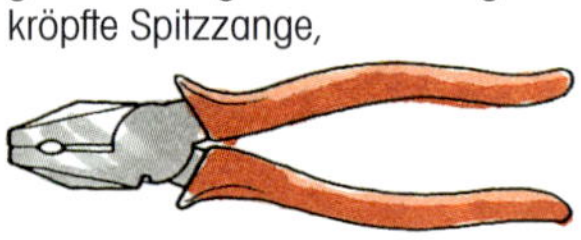

dazu eine normale Kombizange und, ganz wichtig, die Klemmzange für Aderendhülsen. Daß eine Zange für Elektroarbeiten isolierte Griffe aufweisen muß, versteht sich von selbst.

Seitenschneider
Zwar ist auch jede Kombizange mit einem Seitenschneider ausgestattet, aber das Spezialwerkzeug ist handlicher und wird von Profis bevorzugt.

ABISOLIERWERKZEUG

Zum Abisolieren eignet sich notfalls auch ein Klingenmesser, aber mit Spezialwerkzeug geht es besser.

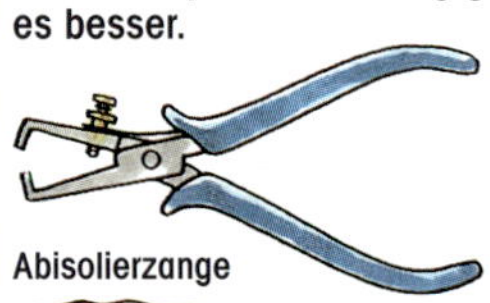

Abisolierzange

Elektrikerzange

Abisolierwerkzeuge
Die Abisolierzange hat eine stufenlose Einstellung und kann damit jeder Leiterstärke angepaßt werden. Die Elektrikerzange weist demgegenüber eine Reihe von Durchgängen auf, unter denen sich schon der passende findet – meist die schnellere Lösung.

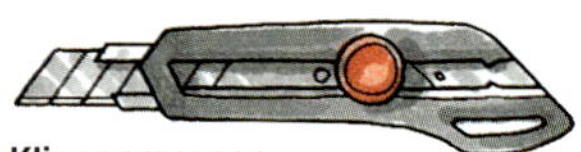

Klingenmesser
Das Klingenmesser ist trotz Abisolierwerkzeugen unentbehrlich zum Schlitzen von Kabelmänteln und -isolierungen.

BOHRER

Elektrische Bohrmaschine
Auch hier gilt, was bereits wiederholt festgestellt wurde: Kaufen Sie die stärkste und bestausgestattete Bohrmaschine, die Sie sich leisten können. Wählen Sie ein gutes Markenfabrikat, bei dem auch langfristig die Versorgung mit Ersatzteilen und Zubehör gesichert ist. Die Maschine muß stark genug sein, um Beton zu bohren, Mauerkronen und -fräsen anzutreiben, sie sollte eine elektronische Drehzahlkontrolle haben, damit Ihnen bei Bohrungen durch Fliesen oder in Metall die erforderlichen niedrigen Drehzahlen zur Verfügung stehen, und sie sollte eine elektronische Drehmomentregelung besitzen. Wenn Sie selbst Leitungen verlegen wollen, sind ein Satz Hartmetallbohrer Grundausstattung, Werkzeuge wie die Mauerfräse als Vorsatzgerät, Schalungs- und Mauerdurchbruchsbohrer sowie Mauerkronen sinnvolles Zubehör.

Bohrhammer
Für den Heimwerker, der umfangreiche Renovierungen mit Elektroinstallationen plant, lohnt sich diese – kostspielige – Investition unbedingt. Kaufen Sie eine Maschine, die meißeln kann.

PRÜFGERÄTE

Auch wenn Sie die Sicherungen abgeschaltet haben, müssen sie Anschlüsse und Phasen auf Spannungsfreiheit prüfen.

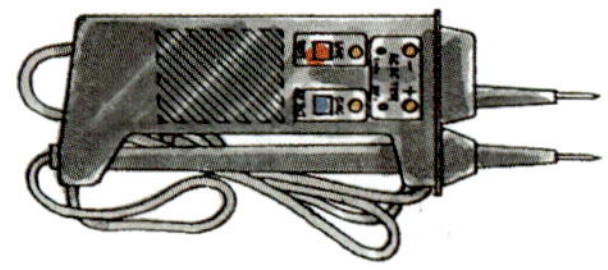

Phasenprüfer
Vermutlich in jedem Haushalt findet sich zumindest ein einfacher Phasenprüfer. In den meisten Fällen handelt es sich dabei um einen jener preiswerten isolierten Schraubendreher mit eingebauter Prüflampe. Die Funktion ist denkbar einfach. Legen Sie einen Finger auf den Kontakt auf dem Griff des Spannungsprüfers, und halten Sie die nicht isolierte Spitze an spannungsführende Teile. Sobald der Kontakt hergestellt ist, fließt ein kleiner und völlig harmloser Strom durch das Gerät – dem Sie als Erde dienen – und bringt die Glimmlampe zum Aufleuchten.
Dieser Spannungsprüfer weist allerdings einige Schwächen auf. Denn die Glimmlampe sagt nicht viel über die Höhe der Spannung aus, sie ist bei hellem Licht schlecht zu erkennen, und Null- und Schutzleiter können nicht geprüft werden.
Besser ist da schon der zweipolige Spannungsprüfer. Denn dieses Gerät unterscheidet zuverlässig zwischen einer tatsächlich anliegenden Spannung und einer bloßen Aufladung des Leiters – der einpolige Phasenprüfer signalisiert in beiden Fällen Spannung –, und es unterscheidet auch zwischen der normalen 220-Netzspannung und Drehstrom mit einer Spannung von 320 V. Und es kann auch erkennen, ob Nulleiter und Schutzleiter angeschlossen sind. Der zweipolige Spannungsprüfer ist dem einpoligen also in jedem Fall vorzuziehen.

Durchgangsprüfer
Der Durchgangsprüfer sieht nicht nur aus wie eine Taschenlampe, er ist dieser auch technisch nicht unähnlich. Denn auch er bezieht seine Energie aus einer 4,5-V-Flachbatterie, und auch er hat eine Taschenlampenglühbirne. Tatsächlich kann er auch als Taschenlampe verwendet werden. Darüber hinaus weist dieses einfache Meßgerät einen Summer für akustische Signalgebung und zwei Leitungen auf, von denen eine mit einer Krokodilklemme, die andere mit einer Prüfspitze versehen ist. Mit einem Schalter kann der Benutzer zwischen optischem und akustischem Prüfsignal wählen.
Der Durchgangsprüfer meldet jede Verbindung mit einem Signal. Man braucht ihn bei der Suche nach zusammengehörigen Leitungsenden bei komplizierten Verkabelungen, bei der Prüfung von Glühlampen und Wicklungen von Elektromotoren. Für die Prüfung müssen die zu prüfenden Teile unbedingt spannungsfrei sein.

Multitester
Das universelle Testgerät ist der Multitester. Dieses nicht ganz billige Gerät verlangt aber erweiterte Kenntnisse der Elektrotechnik. Der Multitester informiert über sämtliche Spannungsquellen von der Batterie bis zum Netz, mißt Stromstärken und Widerstände und ist natürlich auch als Durchgangsprüfer zu verwenden.

MEHRZWECKWERKZEUGE

Jeder Elektriker benötigt über sein Spezialwerkzeug hinaus weitere Werkzeuge zur Montage und zum Verlegen von Leitungen.

Lattenhammer
Zum Annageln von Schellen.
Fäustel
Zum Treiben von Meißeln.
Meißel
Zum Aufstemmen von Wänden beim Verlegen von Leitungen und Dosen.
Brecheisen
Zum Aufbrechen von Dielen.
Stechbeitel
Zum Aufstemmen von Holz.
Stichsäge
Zum Schneiden von Öffnungen in verschiedene Materialien.
Bohrmaschine
Für alle Bohrungen beim Verlegen von Installationen oder bei der Montage.
Mauerfräse
Zum Schlitzen von Putz und Mauersteinen beim Verlegen von Leitungen.
Spachteln und Kellen
Zum Eingipsen bzw. Einputzen von unter Putz verlegten Leitungen und Einbaudosen.
Zwingen und Klemmen
Eine kleine Klemme braucht man z. B. zum probeweisen Anklemmen von Schutzerdungen.

ZEHNTES KAPITEL

10

ANHANG

WEICH- UND HARTHÖLZER

SIEHE AUCH
unter:
MDF 152

HOLZ UND HOLZFASERPLATTEN
Naturholz wird in zwei große Kategorien eingeteilt: Harthölzer und Weichhölzer. Diese Unterscheidung ist in der Praxis identisch mit der Einteilung in Laub- und Nadelhölzer; denn in der Tat sind fast alle Laubhölzer härter als Nadelhölzer, obgleich es auch innerhalb dieser Gruppen beträchtliche Härteunterschiede gibt.
Der Heimwerker wird sich überwiegend mit der Bearbeitung von Weichholz zufriedengeben. Es ist verhältnismäßig preiswert und läßt sich leicht bearbeiten.
Hartholz weist eine Reihe von Eigenschaften auf, die es eher für die Verarbeitung durch den Fachmann prädestinieren. Auch sollten ausschließlich einheimische Hölzer verwendet werden. Denn tropische Hölzer stammen meist aus dem für die Weltklimaentwicklung so entscheidenden und in seiner Existenz bedrohten tropischen Regenwald. Wer sie kauft, trägt mit zu dessen Vernichtung bei.

WEICHHOLZ

An Weichhölzern hält der Fachhandel meist Fichte, Kiefer, Tanne, Pitchpine und Redwood vorrätig. Der Grad der Vorbearbeitung ist maßgeblich für den Preis.

Weichholz kaufen
Im Holzfachhandel können Sie die genannten Holzsorten erwerben. Zumeist wird es sich dabei um gehobelte Ware in verschiedenen Maßen handeln. Diese Hölzer sind mehr oder weniger vorgetrocknet und verarbeitungsfertig. Sägerauhe Ware erhält man hingegen auch im Sägewerk. Inwieweit diese Bretter getrocknet und verarbeitungsfertig sind, muß von Fall zu Fall erfragt werden. Da die wenigsten Heimwerker über eine Abrichthobelmaschine verfügen und die Kunst des Planhobelns von Hand auch nicht weit verbreitet ist, sollte sägerauhe Ware nur für sehr grobe Außenarbeiten (oder erwünschte optische Effekte) verwendet werden.
Sinnvollerweise greifen Sie also zur weitestgehend verarbeitungsfertig vorbereiteten Ware. Hier wurde in den vergangenen Jahren ein breites Angebot entwickelt, das für den Heimwerker sehr komfortabel ist.

Weichholz auswählen
Obwohl Weichholz im allgemeinen in guter Qualität in Baumärkten und Holzhandlungen angeboten wird, findet man doch auch bei gehobelter und vorgetrockneter Ware immer wieder vorkommende, typische Fehler, auf die Sie beim Kauf achten sollten. Sortieren Sie solche Teile nach Möglichkeit aus.

Äste
Manche Hölzer wie Kiefer »leben« von ihrer kräftigen Maserung und den dekorativen Ästen. In Fichtenleisten und -kanthölzern sind sie störend, formgefräste Leisten machen sie an den betroffenen Stellen unbrauchbar.

Verzüge
Verzogene Hölzer sind ein anderes alltägliches Problem, besonders bei Leisten der unteren Preisklassen.

Risse
Risse treten bevorzugt an den Enden von Leisten, aber auch bei Nut- und Federbrettern auf. Häufig entstehen sie durch unsachgemäße Lagerung des gesägten und gehobelten Holzes. Der Fachmann unterscheidet mehrere Arten von Rissen, die an dieser Stelle nicht weiter erläutert werden müssen, da sie letztlich alle zum gleichen Ergebnis führen: daß Sie das betroffene Stück Holz ins Holzregal zurücklegen.

Andere Mängel
Achten Sie beim Kauf von Holz auch auf rauhe Stellen. Diese treten mitunter auf, wenn beim Sägen der Leisten und Bretter zu nahe an den Rand des Stammes gegangen wurde. Mitunter findet man an den Kanten von Leisten und Kanthölzern sogar noch Rindenreste.
Achten Sie auch auf bläuliche Verfärbungen. Diese als Blaufäule bezeichnete Erscheinung rührt von Pilzbefall her.

Das Angebot
Weichholz wird heute meist in Form von gehobelten Kanthölzern oder von Leimholz angeboten. Nur billige Dachlatten gibt es auch in den Baumärkten in sägerauher Qualität.
Kanthölzer bestehen normalerweise aus Fichtenholz. Es gibt sie in verschiedenen Längen, Breiten und Stärken bis hin zum massiven Pfosten für den Trockenausbau. Meist ist eine bestimmte Anzahl davon in einem Gebinde in Kunststoffolie eingeschweißt. Leimholzplatten bestehen aus verleimten Stäben vorgetrockneten Fichten- oder Kiefernholzes. Die Platten sind gehobelt und an den Längskanten abgefast. Leimholzplatten sind meist einzeln in Kunststoffolie eingeschweißt. Die Standardstärken betragen 19 und 28 mm, doch sind z. B. Tischplatten auch in größeren Stärken lieferbar.
Für den Heimwerker, der Massivholz verarbeiten will, ist das Leimholzangebot eine wahre Fundgrube. Vom Regal über die Bank bis zum Tisch läßt sich alles mögliche Mobiliar daraus schreinern. Der einzige Nachteil: Leimholz ist nicht billig, und manches selbstgeschreinerte Stück kann man im Möbeldiscount an der Ecke billiger erstehen – aber eben nicht selbstgemacht.
Eine weitere große Gruppe an massiven Weichhölzern sind die Nut-und-Feder-Bretter. Diese erfreuen sich für Vertäfelungen großer Beliebtheit und werden in einer Fülle von Ausführungen, Oberflächenbehandlungen und Maßen angeboten. Meist werden zehn Bretter zusammen eingeschweißt, so daß eine genaue Materialprüfung im einzelnen nicht möglich ist (und rein zufällig liegen schadhafte Bretter natürlich nie obenauf). Zum Glück lassen sich verzogene Bretter bei der Montage meistens zurechtbiegen.

Holzplatten und -leisten prüfen
Obwohl mit beträchtlicher Sorgfalt gefertigt und verpackt, weisen auch Leimholzplatten hin und wieder Mängel auf. Prüfen Sie jedes Stück auf Schäden, ehe Sie es auf Ihren Einkaufswagen legen. Ist die Oberfläche plan oder weist sie Dellen und Verformungen auf? Sind die Enden eines Kantholzes gerissen oder angefault? Prüfen Sie besonders bei stehend angebotenen Holzstücken beide Enden auf Beschädigungen. Verzüge und Unregelmäßigkeiten erkennen Sie am besten, wenn Sie einen prüfenden Blick flach über die Oberfläche werfen.

HARTHOLZ

Harthölzer verarbeitet in der Regel nur der erfahrene und ambitionierte Heimwerker. In den einschlägigen Märkten hält sich das Angebot deshalb sehr in Grenzen. Mitunter erhält man Eiche und Buche – die meistverwendeten einheimischen Harthölzer, meist aber nur in Eichendekor bedruckte Spanplatten. Wer also Harthölzer verarbeiten will, geht am besten gleich dorthin, wo auch die Profis kaufen: zum Holzfachhändler.

Hartholz ist dichter als Weichholz und damit schwerer. Es enthält weniger Harz, aber mehr Gerbsäure. Da es noch stärker zum Verziehen neigt, macht es wenig Sinn, es »massiv« in Form von Brettern zu verarbeiten. Massives Hartholz verwendet man im Möbelbau normalerweise nur für kleinere Teile, die besonderer Belastung ausgesetzt sind, wie Tisch- und Möbelbeine, oder als Aufleimer für furnierte Platten. Wer mit Hartholz arbeiten will, sollte sich der Unterstützung eines versierten Schreiners versichern. Denn über kurz oder lang steht er vor einem Problem, bei dem kein Baumarkt der Welt mit seinem konfektionierten Angebot mehr weiterhelfen kann. Dort findet man Leisten und Profile zwar in vielen Größen und Formen, aber nur in wenigen Holzarten. Wer für seine kirschbaumfurnierte Kommode einen Aufleimer aus massiver Kirsche sucht, ist auf einen Schreiner mit Herz für Heimwerker angewiesen, der ihm das Gewünschte aus dem vollen fräst – kein billiger, aber der einzig erfolgversprechende Weg.

Furnier
Furniere sind dünne Holzblätter, die auf weniger edles Material aufgeleimt werden, um den Anschein von massivem Edelholz zu erwecken. Sie wurden früher relativ dick gesägt (ca. 3 mm), werden heute aber fast ausschließlich auf großen Maschinen sehr dünn geschnitten oder geschält. Furnierte Platten sind das ideale Material für den Möbelbau. Der Heimwerker kann nur relativ kleine Flächen selbst furnieren, aber auch Schreiner greifen gern auf Fertigfabrikate zurück.
Denken Sie auch bei der Auswahl von Furnieren an die Umwelt, und kaufen Sie keine Hölzer aus tropischen Regenwäldern.

SPERRHOLZ UND HOLZFASERPLATTEN

SIEHE AUCH
unter:
Oberflächen vorbereiten 31

PLATTEN

Platten werden aus Holzbestandteilen in verschiedenen Verfahren hergestellt. Im Gegensatz zu Massivholzbrettern sind sie verzugsfrei und deshalb für Schreinerarbeiten besonders gut geeignet.

Sperrholz

Was man im allgemeinen Sprachgebrauch Sperrholz nennt, wird korrekt als Furnierplatte bezeichnet. Diese Platten bestehen aus mindestens drei Holzschichten, die in großen Pressen kreuz und quer miteinander verleimt werden. Bei dünnen Platten sind sie oft gleich dick, stärkere Platten weisen oft ein sehr starkes Mittelfurnier auf, meist aus billigem Material wie Fichtenholz. Hochwertige Qualitäten sind meist fünf- bis siebenfach verleimt und dementsprechend teuer. Sie können sehr gut mit Edelholzfurnieren beleimt und für den Möbelbau verwendet werden. Furnierplatten werden für viele Verwendungszwecke in normalen und wasserfesten Qualitäten hergestellt. Für besondere Belastungen werden auch neunzehnfach und mehr verleimte Platten mit bis zu 40 mm Stärke angeboten. Diese besonders hochwertigen Platten werden meist als Multiplex-Platten bezeichnet.

Eine Sonderform des Sperrholzes ist die Tischlerplatte. Bei ihrer Herstellung werden Leisten, Stäbe oder Stäbchen zwischen zwei Absperrfurniere geleimt. Dabei unterscheidet man zwischen blockverleimten Tischlerplatten, bei denen die Füllung nur mit den Absperrfurnieren verleimt ist, und stäbchenverleimten, bei denen ca. 6 mm breite Stäbchen sowohl untereinander als auch mit den Absperrfurnieren verleimt sind. Für den Möbelbau kommt nur diese Qualität in Frage.

Sowohl Furnier- als auch Tischlerplatten werden mit unterschiedlichen, wenn auch nicht übermäßig wertvollen Deckfurnieren geliefert, darunter auch für den Möbelbau tauglichen Qualitäten wie Gabun, Limba, Kiefer, Birke und Buche.

Hartfaserplatten

Hartfaserplatten sind die ältesten Holzfaserplatten und seit ca. vierzig Jahren in Gebrauch. Als billiges Material sind sie für Schubladenböden und Möbelrückwände nach wie vor unentbehrlich. Hartfaserplatten dienen überwiegend als Trägermaterial für Kunststoffbeschichtungen. In Heimwerkermärkten werden meist nur weiß beschichtete Hartfaserplatten mit 3,2 mm Dicke vorrätig gehalten. Diese sind für die genannten Zwecke gut zu verwenden, wenn sie nicht übermäßig belastet werden. Im Fachhandel gibt es Hartfaserplatten in einer Fülle von Dekoren, auch perforiert und sogar strukturiert. Wer es mag, kann sie sogar als Fliesen- und Edelholzimitationen verbauen.

Spanplatten

Zur Herstellung von Spanplatten werden aus minderwertigem Holz gewonnene Späne unter hohem Druck mit Kunstharzleimen zu dichten Platten verklebt. Diese sind zwar schwer, aber absolut verzugsfrei. Es gibt sie in unterschiedlichen Stärken und Qualitäten und mit sehr vielen Beschichtungen. Die handelsüblichen Stärken reichen von 6–32 mm. Für Kleinmöbel lassen sich 16-mm-Platte, für normale Möbel solche mit 19 mm Stärke optimal verwenden. Melaminbeschichtete Spanplatten werden in den meisten Baumärkten in Weiß, Schwarz und Nußbaumdekor als billiges Material zum Bau von Möbeln und Regalen angeboten. Wasserfeste Nut-und-Feder-Spanplatten dienen als Fußbodenplatten und können sogar mit Fliesen beklebt werden. Bessere Qualitäten lassen sich deckend lackieren, allerdings müssen die Kanten zuvor mit Aufleimern abgedeckt oder gespachtelt werden.

Kunststoffbeschichtete Spanplatten sind ein idealer und vielfach einzusetzender Werkstoff für den Heimwerker. Dabei wird unterschieden zwischen der in Baumärkten bevorzugt angebotenen einfachen »Seitenqualität« mit 80 g Beschichtung pro m^2 und der dicker beschichteten (120 g/m^2) »Türenqualität«, die natürlich vorzuziehen ist.

Eine Sonderform, die inzwischen aber von fast allen Heimwerkermärkten angeboten wird, ist die kunststoffbeschichtete Arbeitsplatte mit 38 mm Stärke und 600 mm Tiefe. Diese wird nach laufenden Metern verkauft und ist vielseitig als Küchenarbeitsfläche, aber auch für Hausarbeitsräume, Labors, Büros und Werkstätten zu verwenden.

Das ideale Material für den Möbelbau stellt jedoch die edelholzfurnierte Spanplatte dar. Da diese natürlich teurer sein muß als kunststoffbeschichtetes Material, ist die Auswahl in Heimwerkermärkten ziemlich begrenzt. Meist sind es die kleineren Holzhandlungen oder der Schreiner, die ein gutes Sortiment furnierter Spanplatten bereithalten. Sollte das Dekor Ihrer Wahl nicht aufzutreiben sein, lassen Sie sich Ihre Platten vom Schreiner furnieren.

MDF-Platten

Die Mitteldichte Faserplatte (MDF) ist quasi die vornehme Verwandte der Spanplatte. Sie besteht wie diese aus verleimten Holzfasern, ist jedoch in ihrer Struktur weit feiner, in der Oberfläche glatter, weniger schwer und in den allgemeinen Eigenschaften holzähnlicher. Alles, was die Spanplatte kann, kann die MDF-Platte besser – zu einem höheren Preis.

Platten
1 Sperrholz
2 Spanplatte
3 Tischlerplatte
4 Hartfaserplatte
5 Perforierte Hartfaserplatte
6 Struktur-Hartfaserplatte
7 MDF-Platte

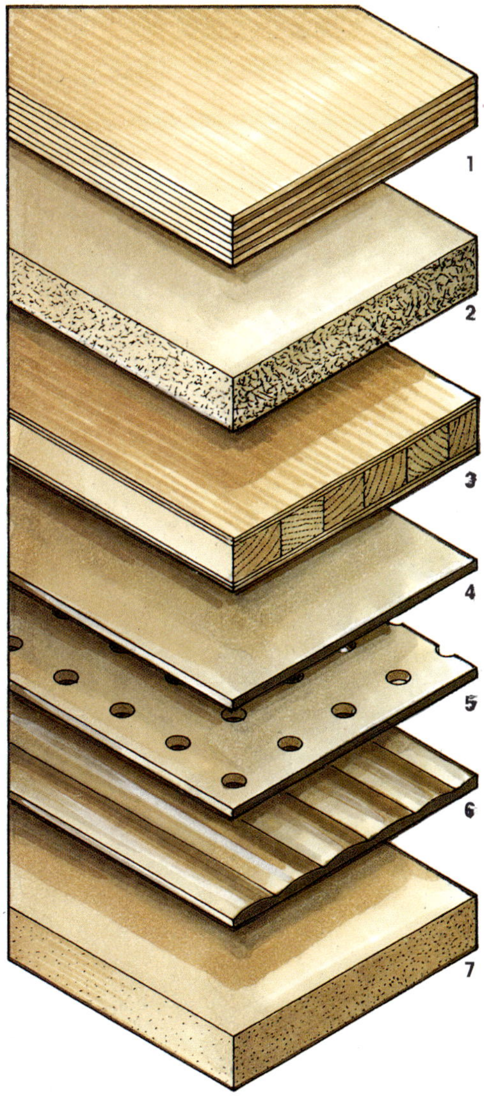

LEISTEN UND KLEBSTOFFE

SIEHE AUCH unter:

Lücken schließen 32
Holzfußboden aufdoppeln 35
Bodenfliesen 87–91
Deckenverkleidung 142
Klebstoffe 387

LEISTEN UND PROFILE

Handelsübliche Leisten bestehen meist aus Kiefer oder Ramin. Sockelleisten sind auch in zahlreichen Edelholzausführungen erhältlich, zum Teil gebeizt und lackiert. Für Schreinerarbeiten mit Weichhölzern ist das Angebot, das Baumärkte und der Holzhandel bereithalten, meistens ausreichend. Wer jedoch mit edelholzfurnierten Platten arbeitet, braucht auch Aufleimer und Zierleisten aus den entsprechenden Hölzern. Hier hilft nur der Weg zu einem Schreinereibetrieb oder einem Fachhändler. Meist sind es die kleineren Betriebe, die ein offenes Ohr für die Probleme des Heimwerkers haben und an Kleinaufträgen interessiert sind.

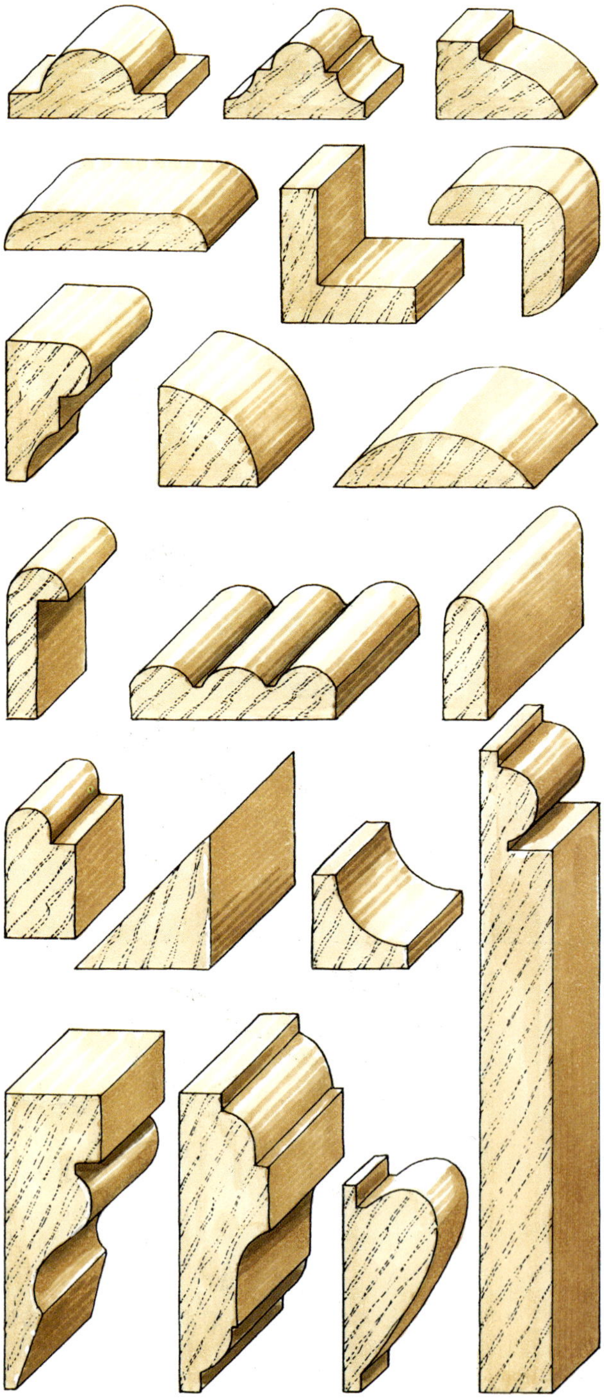

KLEBSTOFFE

Moderne Leime und Klebstoffe sind den traditionellen Werkstoffen weit überlegen. Obwohl es nach wie vor den universellen Klebstoff nicht gibt, stehen dank der Fortschritte der chemischen Industrie heute fast für jeden denkbaren Verwendungszweck Materialien zur Verfügung, die eine haltbare und dauerhafte Klebeverbindung garantieren. Nachdem die Wirkung dieser Klebstoffe nahezu optimal ist, stehen Ziele wie Verringerung der Geruchsbelästigung und Schadstofffreiheit als nächstes auf der Wunschliste der Chemiker.

Holzverbindungen

Für Verleimungen zwischen Hölzern und Holzfaserplatten im Innen- und Außenbereich sind heute die PVA-Kleber Standard. Diese werden korrekt als Polyvinylacetat-Leim und umgangssprachlich meist als Weißleim bezeichnet. Es gibt sie von mehreren Herstellen je nach Mengenbedarf in Tuben, Kunststoffflaschen und Eimern verschiedener Größe.
Die einzelnen Fabrikate unterscheiden sich nach Abbindezeit und Verwendungszweck. So gibt es PVA-Leime für innen und außen oder für Verleimungen auch lackierter Flächen.
Die Klebkraft von PVA-Leimen ist außerordentlich hoch. Leimproben, bei denen Verleimungen durch gewaltsames Aufspalten getrennt wurden, haben ergeben, daß praktisch in jedem Fall die Verleimung stabiler war als das verleimte Material. Stumpfe Verleimungen, früher verpönt, stellen deshalb mit den heutigen Materialien eine legitime, weil haltbare Dauerverbindung dar, die keiner Verstärkung durch Dübel oder Schrauben bedarf.
Verleimungen mit PVA-Leimen müssen unter mäßigem bis hohem Druck eingespannt werden, um ihre Festigkeit zu erreichen. Dabei genügt es nicht, das Werkstück bis zum Erreichen der angegebenen Abbindezeit einzuspannen. Vielmehr sollte die Verleimung unter Spannung durchtrocknen können, am besten über Nacht.
Um zwei Holzteile miteinander zu verleimen, bestreichen Sie die Kontaktflächen einseitig und gut deckend mit Weißleim. Fügen Sie die Teile zusammen, und spannen Sie diese mit geeigneten Spannwerkzeugen zusammen. In den meisten Fällen werden das Schraubzwingen oder Knechte sein, die Spindel der Hobelbank oder, bei sehr großen Werkstücken, ein Bandspanner. Spannen Sie die Werkstücke zunächst nur leicht ein, korrigieren Sie erforderlichenfalls den Sitz – bei Weißleimverbindungen innerhalb der Abbindezeit möglich –, und ziehen Sie die Spannvorrichtung fest.

Kontaktkleber

Diese Klebergruppe ist geeignet, poröse Materialien mit hoher Klebkraft zu verbinden. Im Heimwerkerbereich verwendet man sie z. B. zum Aufkleben von Kunststoffbeschichtungen (Melamin) auf Holzfaserplatten, zum Verkleben von Leder auf Holz und Leder auf Leder oder Kunststoff. Auch dicke Stoffe lassen sich (bitte nur nach Materialprobe) auf kleinen Flächen mit Kontaktklebern verkleben.
Vielfach werden Kontaktkleber auch anstelle von Weißleimen zum Furnieren verwendet, wenn keine ausreichende Preßmöglichkeit zur Verfügung steht. Diese Methode führt allerdings nur bei kleinen Flächen, etwa beim Aufleimen von Echtholzfurnier auf Kanten, zu befriedigenden Ergebnissen. Auf größeren Flächen sind einwandfreie Oberflächen mit Kontaktklebern nur schwer zu erzielen.
Beim Verkleben werden die Verbindungsflächen beidseitig dünn mit Kontaktkleber bestrichen. Dies erfordert wegen der gummiartigen Konsistenz des Klebers ein wenig Erfahrung. Man läßt den Kleber ablüften, bis sich die Klebeflächen nicht mehr klebrig anfühlen, und fügt die Teile paßgenau zusammen. Das muß sehr sorgfältig geschehen, denn eine Korrektur ist nicht möglich. Dann wird die Verbindung so fest wie möglich zusammengepreßt. Im Gegensatz zum Weißleim entscheidet beim Kontaktkleber nicht die Dauer, sondern die Höhe des Drucks über die Haltbarkeit der Verbindung.

Baukleber

Bauklebstoffe verwendet man zum Verkleben von keramischen Wand- und Bodenbelägen im Dünnbettverfahren auf Beton, Gipsbauplatten und allen üblichen Mauerbausteinen und -blöcken. Mit vielen Bauklebern können auch mineralische oder Hartschaum-Dämmplatten im

Innen- wie Außenbereich verklebt werden. Die meinsten Baukleber werden wie Mörtel mit Wasser angerührt, Dispersions-Baukleber sind fertig gemischt.

Zweikomponentenkleber
Diese modernen Klebstoffe auf Epoxy- oder Acrylbasis bestehen aus dem eigentlichen Klebharz, dem in einem bestimmten Verhältnis ein ebenfalls zähflüssiger oder pulverförmiger Härter beigemischt wird. Nach einer bestimmten Verarbeitungszeit reagieren beide Komponenten miteinander und erhärten zu einer klaren oder milchigen, leicht elastischen oder steinharten Masse.
Zweikomponentenkleber kleben praktisch alles: Holz, Metall, Stein, Glas usw. Die Klebkraft ist sehr hoch, so daß sie für Industrieverklebungen verwendet werden. Im Heimwerkerbereich werden Zweikomponentenkleber nicht zuletzt auch wegen des hohen Preises überwiegend für kleine Reparaturen an problematischen Werkstoffen oder als vielseitige Problemlöser im Modellbau verwendet

Schmelzkleber
Diese modernen Klebstoffe werden mit Hilfe einer Klebepistole aufgetragen, die den stangenförmigen Kleber schmilzt und auf Abzugdruck durch eine Düse in zähflüssiger Form austreten läßt. Schmelzkleber sind ideal für punktförmige Verklebungen und Verklebungen kleiner Flächen. Ähnlich den Zweikomponentenklebern kleben sie fast alle Materialien, und ähnlich dem Kontaktkleber ist die Klebeverbindung praktisch sofort fest und voll belastbar: Die Aushärtzeit beträgt meist weniger als eine Minute.

Sekundenkleber
Diese Sofortkleber auf Cyanoacrylatbasis kommen dem Ideal des Allesklebers schon sehr nahe. Sie verbinden praktisch alle Materialien mit außerordentlicher Klebkraft – auch die menschliche Haut, weshalb Sekundenkleber mit größter Vorsicht verwendet werden muß: Die Auslaufdüse sollte sehr fein sein.

LÖSUNGSMITTEL

Verklebungen gehen nicht immer ohne Pannen ab. Wohl dem, der die geeignete Verdünnung parat hat, wenn Klebstoff auf Textilien, auf unbehandeltes Holz oder auch nur auf die Hand tropft. Klebstoffflecken müssen in jedem Fall sofort mit dem passenden Lösungsmittel entfernt werden

Klebstoff	Lösungsmittel
PVA Weißleime	Klares Wasser
Kunstharz	Wasser
Zweikomp. Acrylharz	Methylalkohol
Kontaktkleber	Azeton
Kautschuk	Benzin
Latexkleber	Wasser
Epoxyharz	Azeton oder Methylalkohol Abbeizer nach nach Erhärten (ätzend!)
Sekundenkleber (Super glues)	Spezialverdünnung
Dispersions-Baukleber	Wasser
Polyurethan-Schaum	Spezialverdünnung (Herstellerang.)

LISTE HANDELSÜBLICHER KLEBSTOFFE

Für einige Arbeiten werden bestimmte Klebstoffarten vorgeschrieben. Doch für den Heimwerker ist es nicht immer leicht, sich im reichhaltigen Angebot zurechtzufinden. Die nachfolgende Liste nennt gängige Fabrikate, stellt aber keine Empfehlung dar.

Weißleime
Bostik Wood Adhesive Rapide
Building Adhesive
Humbrol Extra Bond
Humbrol Cascorez
Loctite Wood Bond Rapid
Unibond Universal PVA
Polycell Super Bond
Ponal
Ponal Express
Ponal Super 3
UHU coll
UHU coll express
UHU holzfest

Kontaktkleber
Bostik Contact
Dunlop Powerfix
Dunlop Thixofix
Pattex
Pattex compact
Pattex transparent
Pattex lösungsmittelfrei
UHU Greenit

Zweikomponentenkleber
Bostik Epoxy
Humbrol Superfast Epoxy
Loctite Tough Bond
Ponal duo
Stabilit express
UHU plus sofortfest
UHU plus endfest 300

Zweikomponenten-Acrylkleber
Loctite Multi-bond

Alleskleber
Pattex Montage
Pritt
Pritt-Stift
UHU Alleskleber
UHU stic
UHU flinke Flasche

Sekundenkleber
Bostik Superglue
Hermetite Super Glue Plus
Humbrol Wonderbond
Loctite Super Glue-3
Pattex power pen
Pattex Sekundenkleber
Pattex Supergel
Supergluematic

Schmelzkleber
Pattex hochfest
Pattex transparent elastisch

Montageschaum
Assil Universal
Assil Schnellmontage
Assil K2 (Türmontage, Zweikomponentenschaum)

Spezialkleber
Pattex plasti (Plastikkleber)
Tangit (PVC-Kleber für Installationsmontage)
UHU hart (Spezialkleber für den Modellbau)
UHU plast (Plastikkleber)
UHU schraubensicher (Schraubensicherung)

SIEHE AUCH
unter:

Welcher Kleber für welches Material?	HOLZ/ HOLZFASER-PLATTEN	MAUERWERK	PUTZ	METALL	STEIN	GLAS	KERAMIK	HARTSCHAUM
HOLZ/HOLZFASERPLATTEN	1,2,3	10	10	4		4, 8	4, 8	4, 8
METALL	4, 8			4, 7, 8	4, 7	4, 7, 8	4, 7 ,8.	4, 8
KUNSTSTOFFLAMINATE	3	3	3		3			
BODENBELÄGE	6	6			6		6	
DECKENFLIESEN/-PANEELE	6,10	6,10	6,10		6,10			
KERAMIK	8, 9	9	9	8	9	4, 7, 8	4, 7, 8	8
STEIN		4			4	4		
GLAS	3, 4	4	4	4, 5, 7	4	4, 7, 8	4, 7, 8	4, 8
HARTSCHAUM	1	9	9	10	9			1, 4

SCHLÜSSEL ZU DEN KLEBSTOFFARTEN
1 PVA-Weißleim
2 Alleskleber
3 Kontaktkleber
4 Epoxy-Zweikomponentenkleber
5 Schmelzkleber
6 Latexkleber
7 Sekundenkleber
8 Acrylharz-Zweikomponentenkleber
9 Dispersions-Baukleber
10 Montageschaum

NÄGEL

SIEHE AUCH
unter:
Holzbearbeitung 352–368

- **Risse im Holz** Beim Nageln treten mitunter Risse im Holz auf. Diese Gefahr läßt sich verringern, wenn man den Nagel vor dem Einschlagen mit einem leichten Hammerschlag auf die Spitze staucht
- **Delle im Holz ausbessern** Wenn Sie mit einem mißlungenen Hammerschlag eine Delle ins Holz geschlagen haben, träufeln Sie einige Tropfen heißen Wassers auf die Schadensstelle. Lassen Sie das Holz quellen, und schleifen Sie es wieder plan.
- **Die roten Symbole auf den Abbildungen der Nägel zeigen den Schnitt.**

VERBINDUNGEN

Die Wahl der richtigen Verbindung ist ein kritischer Aspekt bei jeder Heimwerkerarbeit. Nägel und Schrauben sind in einer schwer überschaubaren Fülle an Formen und Qualitäten auf dem Markt, und nur der Fachmann vermag hier einigermaßen den Überblick zu behalten. Bau- und Heimwerkermärkte führen allerdings jeweils nur eine auf die Bedürfnisse des Heimwerkers zugeschnittene Auswahl, die aber für fast alle Arbeiten im Do-it-yourself-Bereich mehr als ausreichend ist.

NÄGEL

Nägel bilden eine ebenso billige und einfache wie grobe Möglichkeit, verschiedene Holzteile miteinander zu verbinden. Da bei feinen Schreinerarbeiten Nägel kaum mehr verwendet werden, kommen Nagelverbindungen in erster Linie für einfache Außenkonstruktionen sowie für robuste Zimmermannskonstruktionen in Frage.
Nagelverbindungen sind schnell und einfach herzustellen und durchaus haltbar, solange sie nicht auf Zug beansprucht werden. Um diesem prinzipiellen Nachteil des Nagels abzuhelfen, haben sich die Hersteller verschiedene Kniffe ausgedacht, vom Schraub- bis zum quergerillten Ankernagel.

Flachkopfnagel
Der klassische Eisennagel für Befestigungen in weichen Hölzern und leichten Gesteinen. Glatter oder geriffelter Kopf.

Stauchkopfnagel
Vorwiegend für unsichtbare Schreinerverbindungen, da der kleine Kopf leicht eingeschlagen und das Loch ausgekittet werden kann.

Lattennagel
Wie Flachkopfnagel, aber gedrungenere Form und noch flacherer, glatter Kopf.

Ankernagel
Eisennagel, verzinkt, mit hohen Auszugswerten dank eines ringförmigen Widerhakengewindes. Besonders geeignet zur schraubenlosen Befestigung von Holzverbindern.

Schraubnagel mit Senkkopf
Eisennagel mit hohem Auszugswiderstand, besonders zur Befestigung von Span- und Hartholzplatten sowie von Fußbodenbrettern.

Stahlnagel mit Senkkopf
Besonders widertandsfähige Qualität aus gehärtetem Stahl mit geriffeltem Schaft. Für alle Befestigungen in Beton und Ziegel, besonders zum Anschlagen von Latten und Installationen.

Konsolhaken
Eisenhaken für schwere Bilder und anderen Wandschmuck.

Ovaler Drahtstift
Für alle Zimmermannsarbeiten. Der Stift entspricht dem Flachkopfnagel, reduziert aber die Gefahr, daß beim Einschlagen das Holz reißt.

Ovaler Stauchkopfnagel
Wie Stauchkopfnagel, doch geringeres Risiko, daß beim Einschlagen das Holz reißt.

Gipskartonstift
Schaft glatt oder mit Warzen zur Verbesserung der Ausziehfestigkeit. Der Hohlkopf verbessert die Haftung der Spachtelmasse beim Verspachteln.

Paneelstift
Gehärteter und gerillter Stahlstift für den Innenausbau, z. B. zum Befestigen von Paneelen, usw.

Furnierstift
Stahlstift zum Befestigen kleiner Leisten.

Scheibenkopfnagel
Kurzer Nagel aus gehärtetem und gerilltem Stahl zum Anschlagen von Blech, Drahtgeflecht usw. auf Beton, Mauerstein oder Putz.

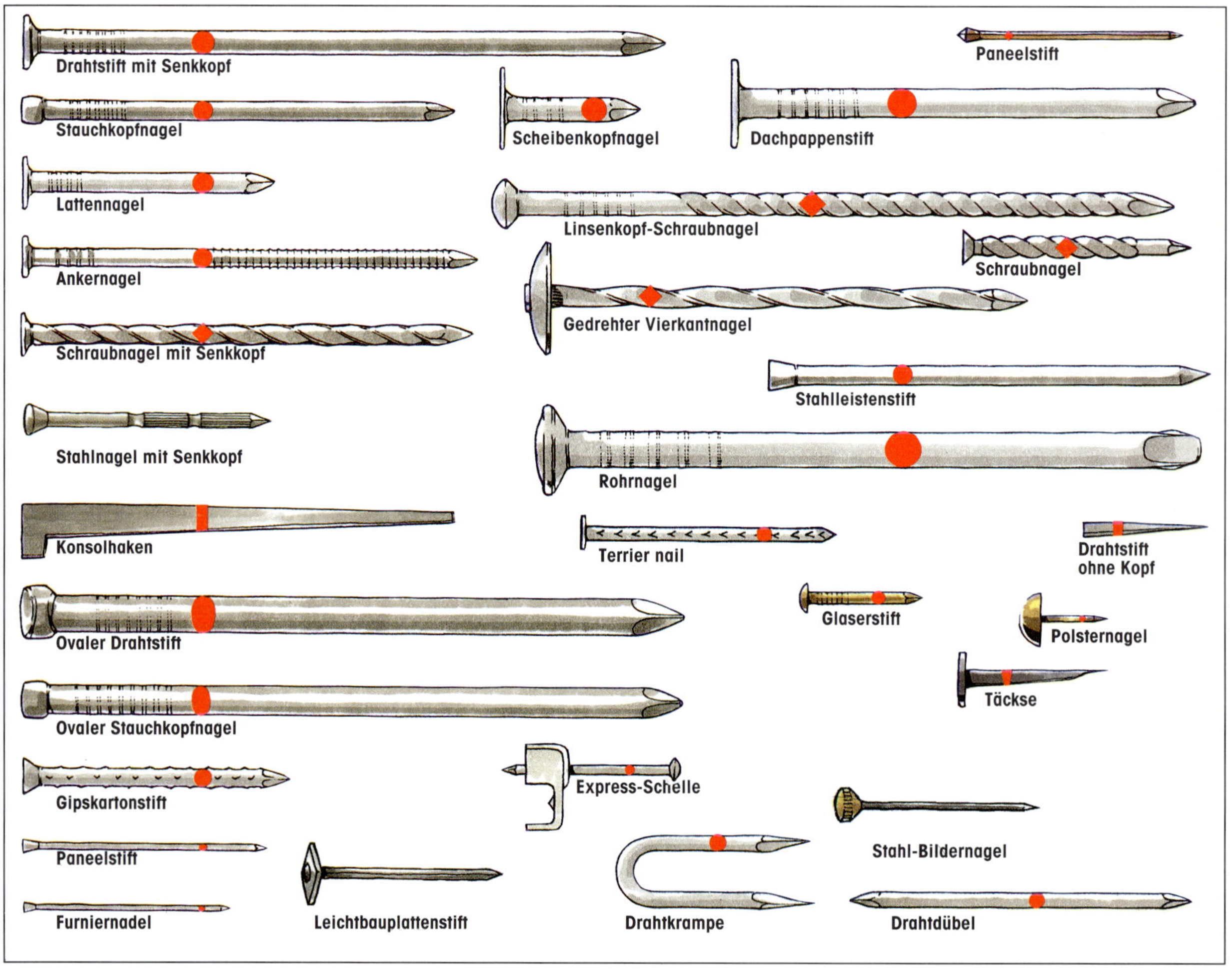

Dachpappenstift
Verzinkter Eisennagel mit relativ breitem Kopf zur Befestigung von Dach- und Preßpappe sowie von Folien aller Art im Außenbereich.

Paneelstift
In verschiedenen Holzfarben gefärbter Paneelstift speziell zur Befestigung von Naturholzpaneelen und -leisten.

Linsenkopf-Schraubnagel
Zum Befestigen von Wellblechdächern

Ziernagel
Zur sichtbaren Befestigung von Paneelen, Balkonbrettern usw.

Stahlleistenstift
Zur Befestigung von Sockelleisten aus Holz oder Kunststoff auf Mauerwerk und anderen harten Untergründen.

Rohrnagel
Spezialnagel mit breiter, meißelförmiger Spitze zur Befestigung von Wasserleitungen. Spezialnagel, der in Heimwerkermärkten kaum zu finden ist.

Terrier nail
Spezieller Ankernagel.

Glaserstift
Vermessingter oder verchromter Rundkopf-Zierstift.

Polsternagel
Kurzer Stift mit großem, halbrundem Kopf, vermessingt, verchromt oder farbig lackiert.

Täckse
Gebläuter, kurzer Stift zur Befestigung von Textilien auf Holz.

Express-Schelle
Kunststoffschelle mit eingesetztem Stahlstift zum Verlegen elektrischer Leitungen.

Stahl-Bildernagel
Der klassische Stahlstift zum Hängen von Bildern und anderem Wandschmuck, oft in Verbindung mit Wandhaken verwendet.

Drahtkrampe
U-Haken für Drahtzäune

Leichtbauplattenstift
Eisenstift mit festvernieteter Kopfscheibe zur Befestigung von weichem und porösem Material wie Styropor oder Gipskarton.

Drahtdübel
Beidseitig gespitzter Drahtstift.

SCHRAUBEN

Die Auswahl an Schrauben ist ähnlich unüberschaubar wie jene an Nägeln. Grundsätzlich unterscheidet man Maschinenschrauben und Holz- oder Mehrzweckschrauben. Die erstgenannten werden in eine in Gewindegröße und -steigung passende Mutter bzw. ein entsprechend geschnittenes Gewinde im Material eingedreht. Die übrigen Schrauben schneiden das zum Halt erforderliche Gewinde selbst ins – weichere – Material, entweder mit entsprechenden Vorbohrungen oder, wie bei den meisten modernen Schrauben, selbstschneidend.

Schraubverbindungen
Die Schraubverbindung ist die vielseitigste und praktischste Verbindung, die wir kennen. Sie verbindet Maschinenteile – hält z. B. unsere Autos zusammen –, verbindet Holz- und Blechteile und hält im Zusammenwirken mit einem Dübel Lampen und Regale zuverlässig in Wand und Zimmerdecke. Sie läßt sich einfach ausführen und bei Bedarf wieder lösen.
Auch der Heimwerker bevorzugt bei der Holzbearbeitung die Schraubverbindung – zumindest seit gewisse skandinavische Möbelhäuser sichtbare Schraubenköpfe gesellschaftsfähig gemacht haben. Eine mit Verleimung kombinierte Verschraubung ist die haltbarste Holzverbindung und erspart dank der starken Zugwirkung der Schraube auch das Einspannen.

Kopfformen
Für normale Holz- und Blechschrauben sind sechs verschiedene Kopfformen gebräuchlich.
Senkkopf *Dies ist die meistverwendete Kopfform für Holzschrauben, und dies aus gutem Grund. Denn die Senkkopfschraube kann man elegant in einer mit dem Senker schnell gefertigten Versenkung verschwinden lassen. Leicht unter die Holzoberfläche versenkt oder bündig mit dieser abschließend fällt die Schraube am wenigsten auf, und wenn man die Vertiefung mit Kitt füllt, hat man eine unsichtbare Verschraubung.*
Rundkopfschrauben *Ganz korrekt heißen sie ja »Halbrundkopf-Schrauben«. Früher wurden sie viel verwendet, galten als die klassische Holzschraube. Heute findet man sie kaum noch.*
Linsenkopfschraube *Ein Mittelding zwischen Rund- und Senkkopfschraube. Bei sichtbaren Verschraubungen können Linsenkopfschrauben aus Messing recht dekorativ wirken.*
Pan head *und* ***Flange head*** *sind angelsächsische Schraubenformen, die als Blechschrauben auch bei uns angeboten werden. Flange-head-Schrauben sind eine Art Rundkopfschrauben mit angesetzter Scheibe.*

Senkkopf

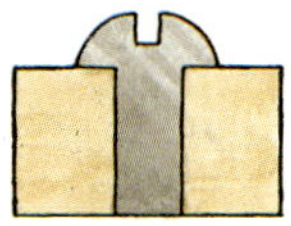
Halbrundkopf

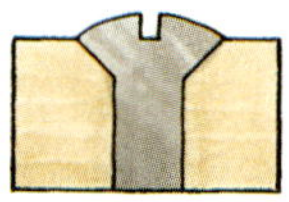
Linsenkopf

Kopflochbohrung

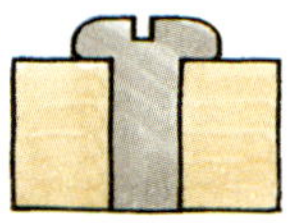
Pan head

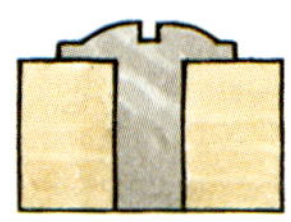
Flange head

Die zuunterst abgebildeten Schraubenkopfformen gehören meist nicht zum Sortiment der Heimwerkermärkte, sondern sind nur in Fachgeschäften erhältlich. Senkkopfschrauben mit Kopflochbohrung dienen für sichtbare Verschraubungen, bei denen die Schraube als Zierelement eingesetzt wird. Dazu werden in die mit einem Gewinde versehene Kopflochbohrung entsprechende Zierkappen eingeschraubt. Alternativ können Zierschrauben mit geschmiedeten Köpfen verwendet werden.
Sechskantkopfschrauben *Diese Schraubenform ist als Holz- und Blechschraube erhältlich. Bei Holzschrauben wählt man diese Kopfform für große Schrauben zur Befestigung stark beanspruchter Teile, bei denen das Drehmoment eines Schraubendrehers nicht ausreicht, z. B. zum Eindübeln von Pfostenträgern auf ein Betonfundament.*

Kappen, Scheiben, Rosetten
Zur Verbesserung der Druckverhältnisse und des Aussehens werden zwischen Schraubenkopf und Material vielfach Scheiben oder Rosetten eingelegt. Besonders die breiten Karoscheiben verteilen den Druck der Verschraubung auf eine große Fläche. In jedem Baumarkt sind die einfachen Blechrosetten für Senk- und Linsenkopfschrauben zu haben, andere nur im Eisenwarenfachgeschäft.

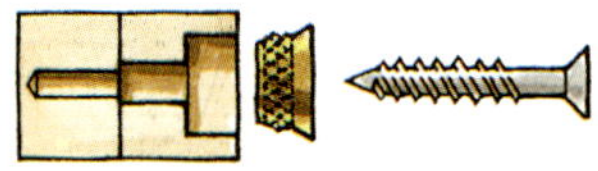
Versenkte Messingrosette

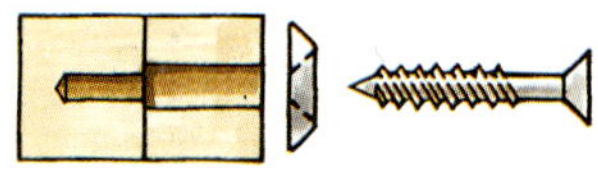
Blechrosette

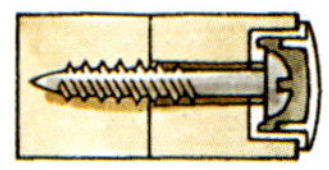
Zierkappe für Rundkopfschrauben

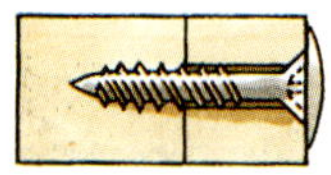
Zierkappe für Senkkopfschrauben

Ebenfalls in jedem Baumarkt gibt es Kunststoffzierkappen für Senkkopfschrauben.

Größen und Maße
Die Wahl der passenden Größe ist bei Verschraubungen entscheidend für den Erfolg. Die Bemaßungen sind zum Glück keine Geheimwissenschaft, sondern denkbar einfach und sinnvoll geregelt. Ob Maschinen- oder Holzschraube – die Größe wird stets durch zwei Ziffern gekennzeichnet, von denen die eine den Durchmesser, die andere die Länge beschreibt. Bei Maschinenschrauben mißt man als Durchmesser den der Gewindespindel, bei Holzschrauben den Durchmesser des Schaftes bzw. bei durchgehendem Gewinde den Außendurchmesser.
Die Länge bemißt sich immer von der Spitze bis zum Abschluß mit der Oberfläche. Das heißt, daß die bündig abschließende Senkkopfschraube mit ihrer tatsächlichen Länge angegeben wird, während sich bei der Halbrundkopfschraube die Höhe des Kopfes zur angegebenen Länge addiert.

Schlitze
In zunehmendem Maße werden Schrauben nicht mehr von Hand in zuvor gebohrte Schraubenlöcher gedreht, sondern mit Bohrmaschine und Schraubendreher-Bit ohne Vorbohren ins Material gedreht. Mit den traditionellen Geradschlitzschrauben war dies nur unter ständiger Gefahr des

SIEHE AUCH
unter:

Schraubendreher	363
Akkuschrauber	361, 363
Bohrmaschine	362

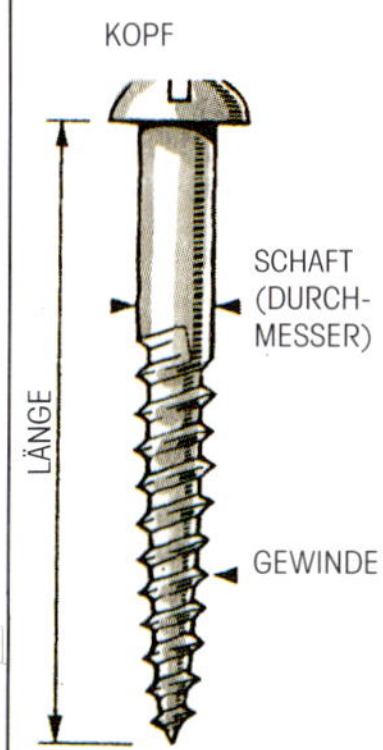

Bemaßung
Sie vermeiden Irrtümer, wenn Sie bei der Bestellung die korrekten Maße angeben.

SCHRAUBEN UND MUFFEN

SIEHE AUCH
unter:

Akkuschrauber	363
Bohrmaschine	362
Schraubendreher	363

Abrutschens und der Beschädigung des Materials möglich. Als Reaktion auf diesen Wandel hat sich die Kreuzschlitzschraube auf dem Markt etabliert. Inzwischen ist der einfache Kreuzschlitz durch Modifikationen wie Pozidriv- und Phillipskopf verdrängt worden, in denen die Schrauberbits besseren Halt finden, und der Torx-Kopf mit seinem sternförmigen Ausschnitt setzt zum Siegeszug an. Bei Maschinenschrauben wird der Innensechskant vielfach verwendet.

Schlitz
Phillips
Pozidriv
Torx
Innensechskant

Mit Ausnahme der Schlitzschraube, die Sorgfalt und Erfahrung erfordert, lassen sich alle anderen Schraubenkopfarten ausgezeichnet maschinell verschrauben. Sie brauchen dazu eine elektrische Bohrmaschine mit Links- und Rechtslauf, am besten mit elektronischer Drehzahl- und Drehmomentregelung oder einen Akkuschrauber, dazu am besten einen magnetischen Bithalter, der nicht nur den Schraubereinsatz, sondern auch die aufgesteckte Schraube hält. Und natürlich brauchen Sie die passenden Bits. Alle Schraubenhersteller geben auf der Verpackung die Kopfsorte an, viele auch die Nummer des passenden Bits, z. B. »Pozidriv 2«.

Schrauben maschinell eindrehen

Dank der modernen Allzweckschraube mit Pozidriv- oder Torx-Kopf ist Schrauben ebenso leicht und zeitsparend wie Nageln – mit allen Haltbarkeitsvorteilen. Markieren Sie die Schraubenlöcher. Stellen Sie Ihre Bohrmaschine auf langsame Geschwindigkeit. Spannen Sie einen Bithalter ins Bohrfutter und setzen Sie das passende Bit ein. Dessen Bezeichnung steht manchmal auf der Schraubenpackung, aber Sie finden es auch so leicht heraus. Spannen Sie die zu verbindenden Werkstücke paßgenau und nach Belieben unter Leimzugabe zusammen. Setzen Sie die Mehrzweckschraube auf das Bit – sie wird dort mit Magnetkraft festgehalten –, setzen Sie die Schraube mit der Maschine gerade an, und schalten Sie diese ein. Bei mäßigem Druck zieht sich die Schraube von selbst ein und verschwindet bei Weichholz und richtig eingestelltem Drehmoment bündig im Holz. Nur bei Hartholz und entlang der Schnittkanten von Weichholz müssen Sie mit dem Senker vorarbeiten. Holzschrauben können nach entsprechendem Vorbohren ebenfalls maschinell eingedreht werden.

Material

Blech- und Maschinenschrauben bestehen überwiegend aus verzinktem Eisen, Holzschrauben gibt es in Stahl verzinkt oder vermessingt oder auch in blankem oder verchromtem Messing. Dabei ist zu beachten, daß Messingschrauben zwar äußerst korrosionsfest, aber nicht annähernd so fest wie Stahlschrauben sind. Die derzeit marktführenden Mehrzweckschrauben bestehen aus einsatzgehärtetem Stahl, gleitbeschichtet, verzinkt, gelb passiviert. Sie sind sehr abreißfest, aber nur bedingt korrosionsbeständig.

Gängige Schraubensorten

*Die im Heimwerker- wie im professionellen Bereich gleichermaßen dominierende Schraube ist die verzinkte und gelb passivierte **Mehrzweckschraube**. Sie hat die früher meistverwendete Holzschraube weitgehend ersetzt.*

Mehrzweckschrauben weisen Phillips-, Pozidriv- oder Torxköpfe auf, dazu eine exakt zentrierte Spitze, so daß sie ohne Vorbohren eingedreht werden können. Mehrzweckschrauben gibt es mit durchgehendem und mit Teilgewinde. Mit den letzteren können Holzteile dank der hohen Zugkraft auch ohne Spannen verleimt werden. Von der Holzschraube unterscheidet sich die Allzweckschraube mit Teilgewinde durch den schmalen Schaft, dessen Durchmesser dem der Gewindespindel entspricht. So kann die Schraube beim maschinellen Eindrehen das Holz nicht sprengen, und bei Weichholz wird sie sich mit etwas Geschick – oder gut eingestelltem Drehmoment – auch ohne Senkkopfvorarbeit bündig einziehen.
Die Mehrzweckschraube ist im wesentlichen für den Innenbereich geeignet, da der verzinkte Stahl nur bedingt rostbeständig ist – korrosionsbeständiger ist die phosphatierte, sonst aber ähnliche Schnellbauschraube.

***Holzschrauben** werden trotz des Siegeszugs der Mehrzweckschraube auch heute noch viel verwendet, obwohl sie umständlicher in der Handhabung sind. Ehe Sie eine Holzschraube eindrehen können, sind im Prinzip drei Arbeitsgänge erforderlich: Die Durchgangsbohrung mit etwas Übermaß gegenüber dem Schraubendurchmesser schafft Platz für den Schaft. Die Vorbohrung erleichtert dem Gewinde das Eindringen – besonders wichtig bei den weniger haltbaren Messingschrauben. Die Senkung läßt den Kopf im Material verschwinden. Der Vorteil der Holzschraube liegt in den vielen verfügbaren Kopfformen und Materialien. Sie ist immer dann angebracht, wenn bei sichtbaren Verschraubungen ein bestimmter optischer Effekt erzielt werden soll.*

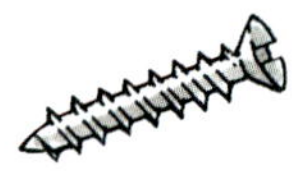

***Blechschrauben** weisen selbstschneidende Gewinde auf und lassen sich nicht nur in Blech, sondern auch in Kunststoffen verwenden. Es muß aber in Größe des Spindeldurchmessers (knapp) vorgebohrt werden.*

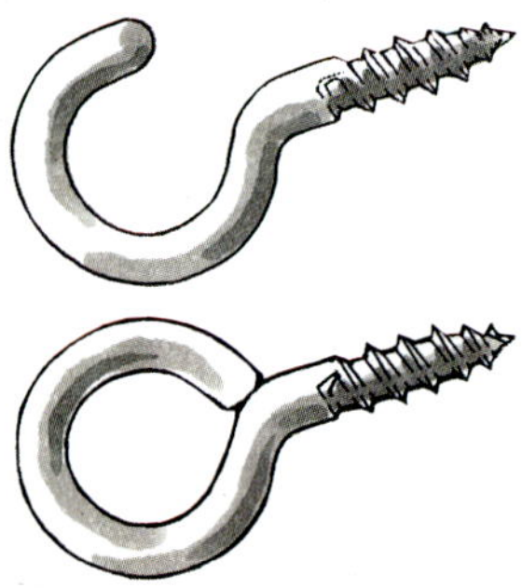

***Schraubhaken und -ösen** gibt es in vielerlei Formen und Größen. Die kleinsten Haken dienen in runder oder eckiger Form als Schlüssel- oder Gardinenhaken, die größeren dienen, in Holz oder Dübel gesetzt, zum Ein- und Aufhängen der verschiedensten Gegenstände. Die gängigsten Formen sind die runden Decken- und Wäscheleinehaken und die eckigen Einschraubhaken. Sonderformen sind z. B. Sicherheitsschaukelhaken, Sturmhaken und Fahrradhaken. Ösen gibt es als Ringschrauben mit Holz- oder Maschinengewinde.*

MUFFEN UND DÜBEL

Holzschrauben sind zwar die einfachste und meist auch eleganteste Form, zwei Holzteile miteinander zu verbinden, aber in vielen Fällern reicht die damit erzielbare Belastbarkeit nicht aus. Das gilt besonders dann, wenn die Verbindung nicht zusätzlich geleimt werden kann, wie dies im Möbelbau häufig der Fall ist. Wenn Zerlegbarkeit gefordert ist, gibt es bei Verschraubungen in Hirnholz, besonders aber in Spanplatten Probleme, da die Schrauben beim wiederholten Eindrehen oft nicht mehr halten. Abhilfe schaffen Muffen, Kreuzdübel und Verbinder.

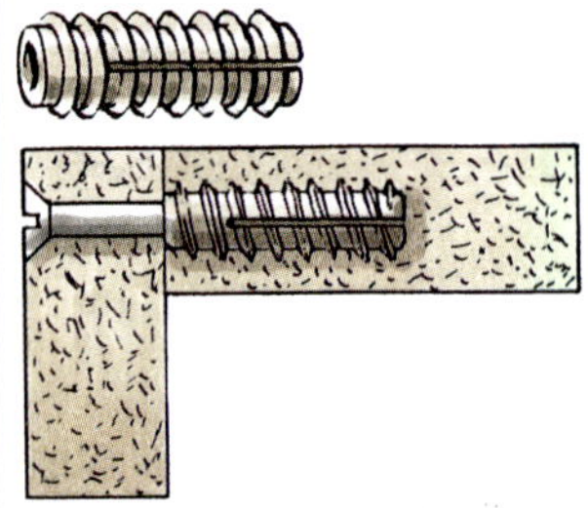

*Die **Schraubmuffe mit Innengewinde** besteht aus Nylon. Sie wird wie ein einschraubbarer Dübel in eine Bohrung in der Spanplatte eingedreht und nimmt das Schraubengewinde auf.*

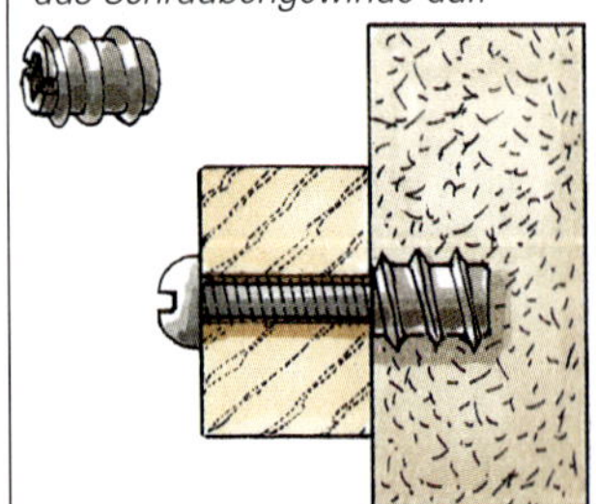

*Die **Schraubmuffe mit Maschinen-Innengewinde** besteht aus Metall. Hölzer verbindet man so mit Maschinenschrauben.*

*Die **Einschlagmutter** dient ebenfalls dazu, Hölzer mit Maschinenschrauben zu verbinden. Gegenüber der Schraubmuffe bietet sie größere Haltbarkeit, weil sie nicht ausbrechen kann. Zu verwenden nur an unsichtbaren Stellen.*

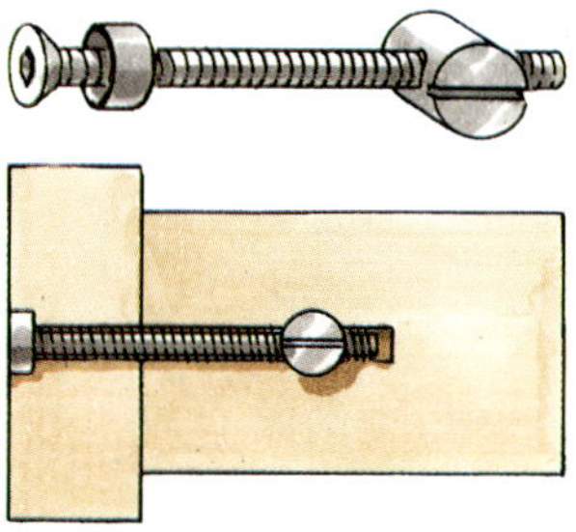

Kreuzdübel aus Stahl sind eine bewährte und auch im kommerziellen Bereich vielverwendete Möglichkeit, Spanplattenkonstruktionen zerlegbar, aber dennoch mit größtmöglicher Festigkeit zu verbinden. Das Anbringen der nötigen Bohrungen erfordert allerdings etwas Übung.

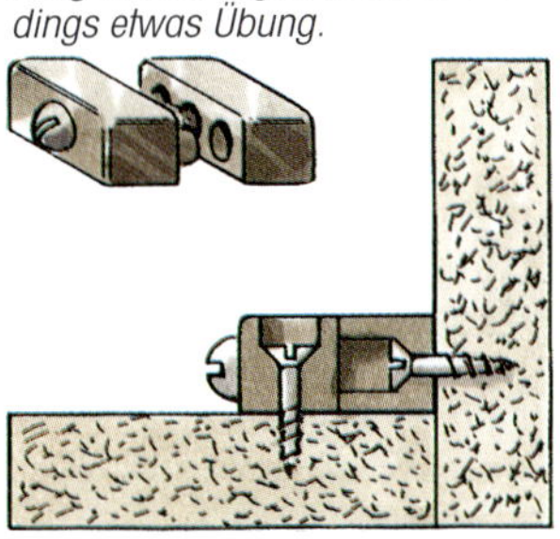

*Der **Blockverschluß** ist nur ein Beispiel für zahlreiche Arten von Möbelverbindern. Deren Entwicklung wurde durch den Umstand erforderlich, daß Industriemöbel weitgehend aus billigen Spanplatten gefertigt werden. Um zu verhindern, daß die Verbindungen aus dem relativ weichen und porösen Material ausbrechen, müssen Zug und Druck auf eine möglichst große Fläche verteilt werden. Bei lösbaren Verbindungen dient der Verbinder dazu, das Zerlegen und Wiederzusammensetzen zu vereinfachen und zu vermeiden, daß in Spanplatten oder Hirnholz Schrauben mehrfach eingedreht werden müssen und ausbrechen. Wählen Sie Verbinder entsprechend dem Verwendungszweck. Lassen Sie sich dabei von Ihrem Fachhändler beraten. Bei den meisten Verbindern ist es von Vorteil, wenn Sie die Verbindung durch einige eingesteckte Holzdübel zusätzlich stabilisieren. Mit den im Baumarkt wie beim Werkzeugfachhändler angebotenen und auf die Bedürfnisse des Heimwerkers zugeschnittenen Dübelhilfen ist das paßgenaue Setzen der Bohrungen kein Problem.*

WANDDÜBEL

Dübel ermöglichen eine sichere Befestigung auch schwerer Lasten in allen Baustoffen mit Ausnahme von Holz. Bei den meisten Dübeln bewirkt die beim Eindrehen der Schraube eintretende Spreizung die Haftung im Material. Entscheidend für guten Halt ist, daß Bohrer, Dübel und Schraube genau zueinander passen.

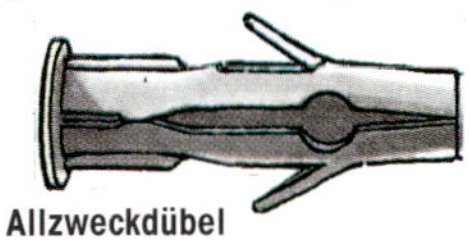

Allzweckdübel

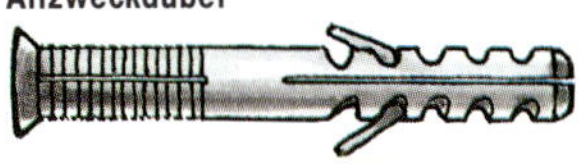

Hülsendübel

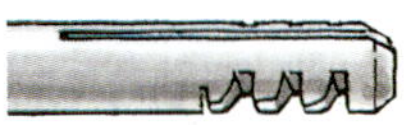

Hakenbefestigung

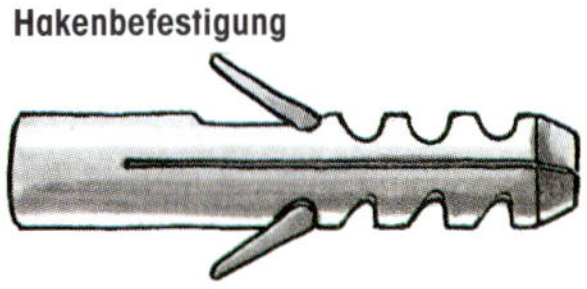

Universaldübel

Wanddübel

Wanddübel aus Kunststoff werden in reicher Auswahl von mehreren Herstellern angeboten. Die Vielzahl der Formen und die vielen phantasievollen Bezeichnungen täuschen ein wenig darüber hinweg, daß die Funktion letztlich immer gleich ist, so daß man oft für ein und dieselbe Funktion mehrere Dübelarten zur Auswahl hat.
Unter welcher Bezeichnung er auch immer daherkommt – jeder Dübel für massive Wände ist im Prinzip ein **Spreizdübel.** Dieser wird in eine Bohrung eingeschoben und mittels einer eingedrehten Schraube fest gegen die Bohrungswände gepreßt. Der Reibungswiderstand in dem rauhen Material der Wand wird dadurch so erhöht, daß die Schraube auch durch hohe Lasten nicht ausgezogen wird.
Der **Universaldübel** ist dem Prinzip nach ebenfalls ein Spreizdübel. Durch eine ausgeklügelte Konstruktion weist er aber die zusätzliche Fähigkeit auf, sich in Hohlräumen aufzuklappen oder zu verknoten, Er bildet damit eine Art Mutter für die eingedrehte Schraube.
Hülsendübel sind eine weitere Erscheinungsform des Spreizdübels. Sie dienen zur Befestigung von dickeren Materialien, die selbst nicht auf Spreizung belastet werden dürfen, etwa von Fenster- oder Türrahmen. Das in der Wand steckende Ende wird gespreizt.

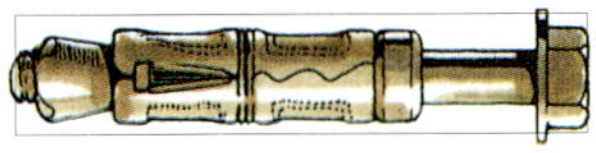

Schwerlastanker
Besonders stark belastete Befestigungen können mit den relativ weichen Kunststoffdübeln nicht gehalten werden. Solche Aufgaben werden von Schwerlastankern übernommen. Diese arbeiten ebenso wie Spreizdübel nach dem Reibschluß-Prinzip. Sie bestehen üblicherweise aus einer am hinteren Ende gespaltenen Stahl- oder Messinghülse, die beim Eindrehen einer starken Maschinenschraube durch einen Konus gespreizt wird. Schwerlastanker halten nur in massiven Wänden.

Einschlagdübel

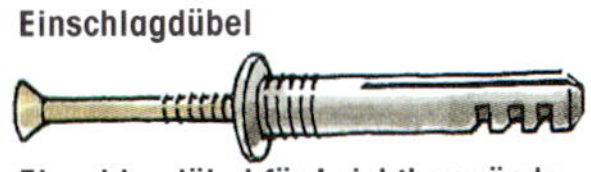

Einschlagdübel für Leichtbauwände

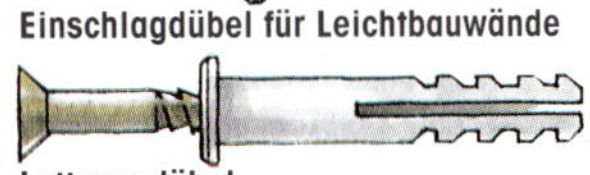

Lattungsdübel

Einschlagdübel

Es müssen nicht immer Schrauben sein, durch die ein Dübel ins Bohrloch gespreizt wird. Wenn die Befestigung nicht zu stark auf Zug belastet wird, z. B. beim Aufhängen schwererer Bilder oder Wandbehänge, reicht auch ein Nagel aus.
Ein Zwischending aus Einschlagdübel und Schraubdübel ist der mit einem Schraubnagel bestückte Lattungsdübel. Er weist durch den Schraubnagel einen relativ hohen Ausziehwiderstand auf.

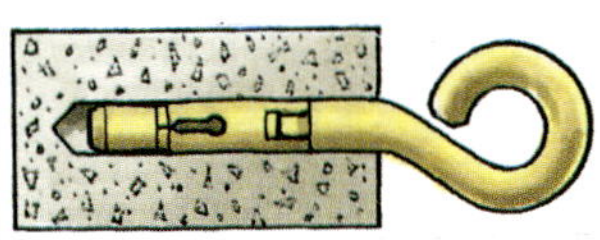

Nagelanker

Der Herkules unter den Einschlagdübeln ist der Nagelanker. In hartem Material genügen einige Hammerschläge für bombenfesten Halt.

Hohlwanddübel

Die Spreizwirkung des normalen Dübels ist in Leichtbauwänden aus Span- und/oder Gipsbauplatten ziemlich nutzlos. Hier braucht man spezielle Hohlwanddübel. Diese werden wie Spreizdübel in die Bohrung gesteckt. Beim Eindrehen der Schraube klappen oder falten sie sich auf und bilden so ein solides Widerlager.

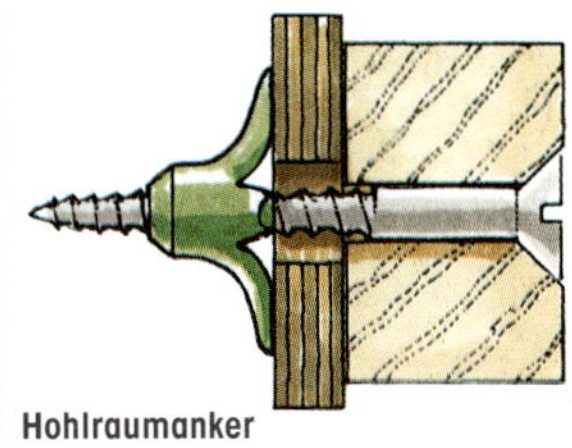

Hohlraumanker

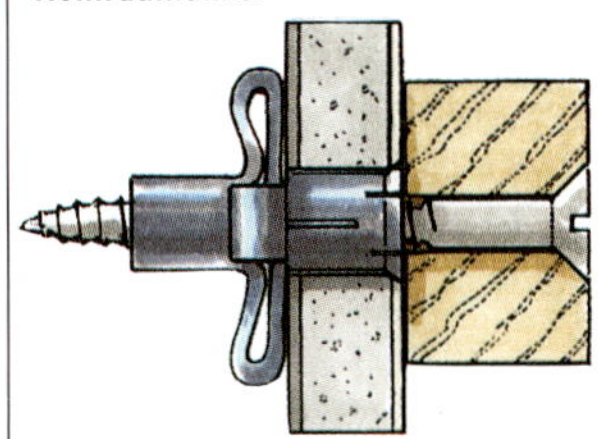

Universaldübel

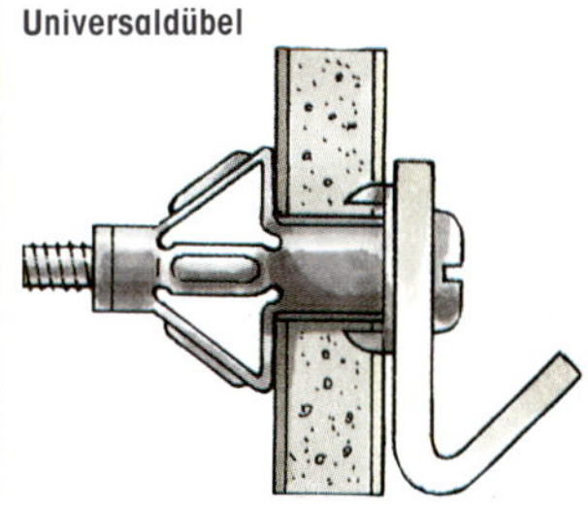

Metall-Hohlraumdübel

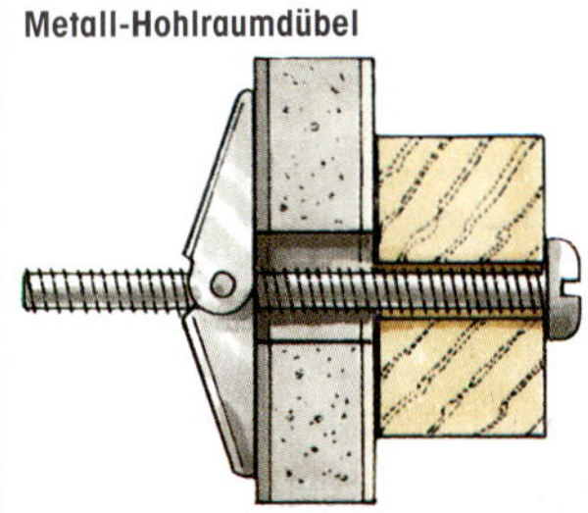

Federklappdübel

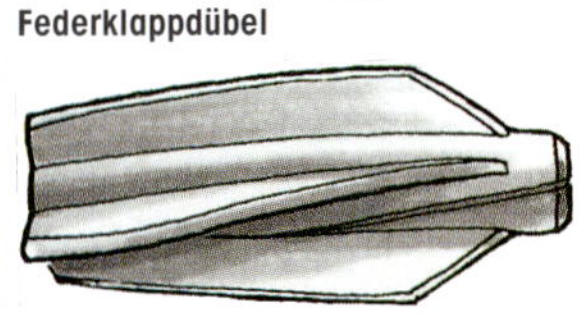

Gasbetondübel
Diesem Dübel geben »Flügel«, die sich ins weiche Material pressen, beim Spreizen zusätzlichen Halt.

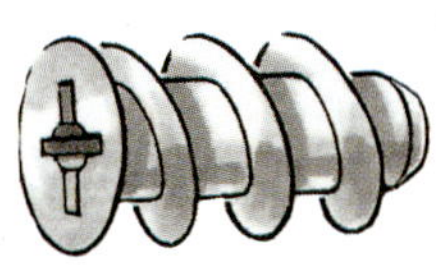

Gipskartondübel
Der Gipskartondübel ist eigentlich eine große Kunststoffmuffe. Zum Einbau wird mit dem beiliegenden Werkzeug und der Bohrmaschine sowohl die Bohrung gesetzt als auch der Dübel eingedreht.

SIEHE AUCH

unter	
Bohrer	361
Bohrmaschinen	361–362

GLOSSAR

DIE HIER ANGEBOTENEN WORTERKLÄRUNGEN BESCHRÄNKEN SICH AUF WENIGER GELÄUFIGE BEGRIFFE SOWIE AUF WERKZEUGE UND MATERIALIEN, DIE AUF GRUND IHRER NEUARTIGKEIT NOCH NICHT ALLGEMEIN BEKANNT SIND.

Abbeizen
Entfernen von Lackschichten mit chemischen Mitteln. Diese werden einfach satt auf die abzubeizende Fläche aufgestrichen. Nach entsprechender Einwirkungszeit kann der Lack mit Spachtel oder Schaber abgetragen werden. Vorsicht bei der Anwendung: Abbeizmittel sind ätzend.

Abbrennen
Entfernen alter Anstriche durch Wärmeeinwirkung. Früher diente zu diesem Zweck die benzinbefeuerte Lötlampe. Heute verwendet man den Gaslötbrenner oder, besser, das Heißluftgebläse.

Abziehen
Wird in verschiedener Bedeutung verwendet:
a) Für das Glätten angeworfener oder aufgezogener Putze bzw. Betonflächen mit der Abziehlatte.
b) Für das Schärfen von Werkzeugen wie Stechbeiteln und Hobeleisen mit Hilfe des Abziehsteins.

Akkuschrauber
Netzunabhängige Bohrmaschine, die mit wiederaufladbaren NC-Akkus betrieben wird. Das Netzgerät sollte Dauerladung ermöglichen.

Armatur
Im Installateurgewerbe Sammelbegriff für alle Arten von Wasserventilen. Sonst verwendet für festinstallierte Meßinstrumente.

Asbestzement
Meist mit dem Markennamen »Eternit« bezeichnete Mineralfaserplatte zur wärmedämmenden Verkleidung von Fassaden. Darf wegen der krebserregenden Wirkung des Asbests nicht mehr verwendet werden. Sehr problematisch bei Abbau und Entsorgung.

Balkenschuh
Massives Beschlagteil aus korrosionsbeständigem Blech zur Aufnahme von Boden- und Deckenbalken. Wird meist in eine Mörtelfuge eingelegt, gelegentlich aber auch mit Dübeln befestigt. Schützt das Holz bei aufsteigender Feuchtigkeit vor dem Verrotten.

Bandschleifer
Große und schwere Handschleifmaschine, bei der die Schleifwirkung durch ein über zwei Rollen laufendes Schleifband erreicht wird. Wegen des großen Materialabtrags sollte der Bandschleifer nur für grobe Schleifarbeiten verwendet werden.

Bandspanner
Spanner zum Verleimen von Bilderrahmen, Regalen und allen kastenförmigen Werkstücken. Der Bandspanner besteht aus vier Spannbacken, die an das Werkstück angelegt werden, und einem mit einer Spannvorrichtung zu straffenden Band, das die Spannbacken anpreßt. Der erzielbare Druck reicht zum Verleimen meist aus, ist aber nicht dem Druck einer Schraubzwinge vergleichbar.

Bankhaken
Solider Eisenpflock zum Einstecken in die Bohrungen der Hobelbank. Dient zusammen mit der Spindel und hölzernen Beilagen zum Einspannen von Werkstücken.

Baustützen
Teleskopartig ein- und ausziehbare, schwere Eisenrohre mit Stützplatten an beiden Enden, durch Bohrungen und Einsteckbolzen in verschiedenen Längen fixierbar. Dienen zum Abstützen schwerer Lasten am Bau.

Beilage
Zum Einspannen von Werkstücken im Schraubstock oder in der Hobelbank bzw. bei Verwendung von Zwingen zwischen Spannwerkzeug und Werkstück gelegter Block aus weicherem Material, der die Beschädigung des Werkstücks durch das Spannwerkzeug verhindert.

Bewegungsmelder
Sensor für bestimmte Umwelteinflüsse, meist Infrarotstrahlung, die typisch für Personen sind. Beim Erkennen einer Wärmestrahlungsquelle bestimmter Stärke gibt der Bewegungsmelder einen Stromkreis frei, der ein beliebiges Signal in Betrieb setzt. Meist als Bestandteil von Alarmanlagen oder in Kombination mit Außenleuchten verwendet.

Bewehrung
Auch als »Armierung« bezeichnete Einlage aus Baustahl in Beton. Dieser Baustoff ist auf Druck sehr hoch, auf Zug aber nur wenig belastbar. Die Stahleinlage sorgt für eine hohe Belastbarkeit auf Zug, so daß Beton auch für entsprechend belastete Bauteile wie Decken und Brücken verwendet werden kann.

Blockverschluß
Möbelbeschlag zur lösbaren Verbindung zweier rechtwinkelig aneinanderstoßender Teile. Die Verwendung von Verschlüssen vermeidet sichtbare Verschraubungen.

Dämmung
Jede Form, die Wirkung unerwünschter Umwelteinflüsse auf umbauten Raum abzumildern. Am Bau vor allem in Form von Wärme- und Schalldämmung.

Dampfablöser
Elektrisches Gerät zum Ablösen von Tapeten, das durch Einwirkung von Dampf den wasserlöslichen Kleister aufweicht.

Dampfsperre
Luft- und wasserundurchlässige Schicht, meist als durchgehende Kunststoff- oder Alufolie verlegt. Die Dampfsperre verhindert, daß die Feuchtigkeit der beheizten Raumluft bei wärmegedämmten Dachkonstruktionen in oder hinter der Dämmschicht zu Wasser kondensiert und zu Feuchtigkeitsschäden führt.

Deltaschleifer
Erst vor wenigen Jahren eingeführtes elektrisches Schleifgerät mit dreieckiger, schwingender Schleiffläche. Dient zum maschinellen Schleifen von Stellen, die mit anderen Schleifgeräten nicht zu erreichen sind.

Dimmer
Schalter zur stufenlosen Regulierung der elektrischen Spannung. Handelsübliche Ausführungen für Netzspannung und Niedervolttechnik (Halogenbeleuchtung). Nur für Beleuchtungszwecke zu verwenden.

Exzenterschleifer
Erst seit wenigen Jahren eingeführtes mechanisches Schleifgerät mit Elektromotor oder Druckluftantrieb, das die Schwingbewegung des Schwingschleifers mit der Rotationsbewegung des Schleiftellers kombiniert.

Farbkissen
Neuartiges Werkzeug zum Streichen und Lackieren. Anders als beim Pinsel wird die Farbe nicht durch Borsten, sondern durch ein Spezialgewebe gehalten, dessen Struktur einen sehr gleichmäßigen Farbauftrag ermöglicht. Seitenrollen ermöglichen ein sehr präzises Streichen von Innenkanten. In Deutschland noch nicht überall erhältlich.

Fittings
Verbindungsteile für Wasserrohrleitungen. Fittings und Leitungen werden meist durch Schraub-, Löt- oder Quetschverbindungen miteinender verbunden.

Fungizide
Mittel zur Bekämpfung von

Pilzbefall sowohl im Garten als auch im Haus (Schimmel).

Gehrung
Verbindung zweier Werkstücke durch einen schräg geschnittenen Stoß. Bei rechtwinkligen Verbindungen beträgt der Winkel üblicherweise 45°, doch sind auch andere Winkel möglich. Die Gehrungssäge erlaubt Schnitte mit beliebigen, nach Winkelgraden einstellbaren Winkeln, während mit Gehrungslade und Feinsäge nur rechtwinklige und 45°-Schnitte möglich sind.

Grundierung
Vorbereitender Anstrich zur Verbesserung der Qualität des Deckanstrichs. Zur Grundierung verwendet man meist spezielle Grundierfarben (Primer), die je nach Material dazu dienen, poröse Untergründe zu verfestigen, Poren zu schließen und einen glatten Untergrund für den Deckanstrich zu schaffen.

Halogenglühlampe
Glühlampe, deren Kolben unter hohem Druck mit Halogengas, meist Brom, gefüllt ist. Der Halogenkreisprozeß bewirkt, daß sich die beim Betrieb von der Wolfram-Glühwendel abgespaltenen Wolframatome wieder an der Wendel anlagern. Die Folge ist eine im Vergleich zur normalen Glühlampe dreifache Lebensdauer sowie ein dank der heißeren Glühwendel helleres und weißeres Licht.

Hohlwanddosen
Einbaudosen zur Montage von Schaltern und Steckdosen in Leichtbauwände. Hohlwanddosen werden nicht eingegipst, sondern mittels zweier auf die Wandbekleidungsstärke einstellbarer Klemmen befestigt.

Kammzug
Bäuerliche Malerei, meist in Zusammenhang mit Kleistermalerei. Dabei wird auf eine vorgestrichene Fläche eine zweite Farbe aufgetragen und mittels eines Kammes teilweise abgewischt. Dient zur Imitation von Edelholzmaserung auf Weichholz

Kleistermalerei
Traditionelle bäuerliche Malerei unter Verwendung von Mehlkleister, vermischt mit Staubfarben. Heute meist zur Restauration alten bäuerlichen Inventars, aber auch für Neuschöpfungen verwendet.

Makulatur
Untertapete aus billigem Material. Als Streichmakulatur wasserlösliche Mischung aus Leim und Zellulose zur Verfestigung stark saugender Untergründe.

Maueranker
In die Mörtelfuge eingemauertes Metallteil zum Verbinden von Bauteilen mit einer Mauer, meist zum Abstützen der Verblenderschale bei zweischaligem Mauerwerk verwendet.

Multimeter
Vielfachmeßgerät für Elektrotechnik und Elektronik, das Spannungs- und Leistungsmessungen in allen gängigen Spannungsbereichen zuläßt. Außerdem ist es als Durchgangsprüfer und zur Messung des elektrischen Widerstands einsetzbar.

Multisäge
Elektrische Säge mit langen, schmalen Sägeblättern. Auch als elektrischer Fuchsschwanz bezeichnet. Dieses Werkzeug ist erst seit wenigen Jahren auf dem Markt und außerordentlich vielseitig in Haus und Garten einzusetzen. Dabei eignet es sich dank entsprechender Vorsätze auch zum Schleifen und mit einer Drahtbürste sogar zum Entrosten.

Niedervoltanlagen
Inzwischen weitverbreitetes Beleuchtungssystem, das nicht mit Netzspannung, sondern mit einer ungefährlichen Kleinspannung von meist 12 V arbeitet. Die Stromversorgung erfolgt über einen Transformator.

Pendelhub-Stichsäge
Bei dieser elektrischen Stichsäge führt das Sägeblatt nicht nur Auf- und Abbewegungen aus, sondern bewegt sich auch in Längsrichtung. Ein Verklemmen des Sägeblattes ist damit fast ausgeschlossen. Außerdem wird die Schnittleistung des Geräts verbessert. Heute bei hochwertigen Stichsägen Standard.

Pfeifenschlüssel
Auch als Rohrsteckschlüssel bezeichnetes Metallrohr mit angeformtem Innensechskant an beiden Enden.

Phillipsschraube
Allzweckschraube mit Kreuzschlitzkopf.

Porenfüller
Farblose Spezialgrundierung für Holz zur Vorbereitung eines Deckanstrichs mit mattem, seidenglänzendem oder hochglänzendem Klarlack

Pozidrivschraube
Allzweckschraube mit einem speziellen Kreuzschlitz, der besonders für Elektroschrauber geeignet ist.

Profilschablone
Werkzeug mit einer langen Reihe in einer Metallfassung verschiebbarer Drahtstifte. Damit lassen sich Profile durch Andrücken abnehmen. Die Profilschablone dient zur Herstellung von Schablonen vor allem für die Herstellung von Stuckprofilen.

Sichtmauerwerk
Ziegelmauer ohne Putz oder sonstige Verkleidung. Da der Verbund sichtbar bleibt, muß Sichtmauerwerk besonders sorgfältig gemauert werden. Neues Sichtmauerwerk wird aus Gründen der Wärmeisolation überwiegend in zweischaliger Bauweise als Verblenderschale ausgeführt.

Standhahnschlüssel
Spezialschlüssel zum Befestigen und Abbauen von Waschtischarmaturen. Dieses Werkzeug ist erforderlich, da die Befestigungsmutter der Armatur meist mit keinem normalen Schraubenschlüssel erreichbar ist.

Streichmaß
Mit Meßskala und Anreißdorn versehene Holzleiste zum Anreißen parallel zu Kanten verlaufender Linien. Dabei dient ein mit einer Klemmschraube versehener, verschiebbarer Block als Anschlag.

Sturz
Bauteil zum Überspannen von Maueröffnungen. Meist handelt es sich um vorgefertigte Bauteile aus Ziegel oder Beton, bei Fensterstürzen vielfach mit eingearbeitetem Rolladenkasten.

Torxschraube
Vielzweckschraube mit Spezialkopf zur Aufnahme sternförmig gezackter Schrauberbits. Das Torxsystem ist für Elektroschrauber noch besser geeignet als der Pozidriv-Kreuzschlitz und dürfte den Markt in Zukunft dominieren.

Thixotropische Farben
Geleeartige Lackfarben, die sich durch Bewegung – Rühren, Schütteln, Streichen – verflüssigen. Diese Lackfarben tropfen nicht und neigen nicht zur Bildung von Nasen.

Ventilfräse
Werkzeug zum Reinigen und Glätten des Ventilsitzes bei herkömmlichen Wasserhähnen. Es wird eingesetzt, wenn das Ventil trotz neuer Dichtung nicht mehr abdichtet.

Winkelspanner
Werkzeug zum winkelgerechten Einspannen zweier Platten. Dadurch werden exakt rechtwinklige Verleimungen und Verschraubungen möglich. Verleimungen sind zusätzlich zu spannen.

REGISTER

A-C

A

B

C

D

REGISTER

F-H

REGISTER

H-O

I

J

K

L

M

N

O

REGISTER

P-S

REGISTER

W-Z

Z